NIPPERDEY

DEUTSCHE GESCHICHTE

1866–1918

Zweiter Band

THOMAS NIPPERDEY

Deutsche Geschichte 1866–1918

Zweiter Band
Machtstaat vor der Demokratie

VERLAG C.H.BECK MÜNCHEN

CIP-Titelaufnahme der Deutschen Bibliothek

Nipperdey, Thomas:
Deutsche Geschichte / Thomas Nipperdey. - München : Beck.
1866–1918.

Bd. 2. Machtstaat vor der Demokratie. - 2., durchges. Aufl. - 1993

ISBN 3-406-34801-7

ISBN 3 406 34801 7

Zweite, durchgesehene Auflage. 1993

Satz: Fotosatz Otto Gutfreund, Darmstadt
Druck- und Bindearbeiten: Ebner Ulm
Gedruckt auf alterungsbeständigem (säurefreiem) Papier,
gemäß der ANSI-Norm für Bibliotheken
Printed in Germany

Den Freunden früher und später Jahre
Hans Eggers · Nico und Kezia Knauer · Gottfried Herbst

Inhalt

Anhang

I.

Der Weg zur Reichsgründung: Deutschland 1866–1871

Am Anfang war Bismarck.

Vor zehn Jahren habe ich meine Geschichte des 19. Jahrhunderts mit dem Satz begonnen: Am Anfang war Napoleon. Das hat mir viel Kritik und wohl auch Spott eingetragen. Die Strukturhistoriker wittern dabei gleich eine personalistische Geschichtsauffassung, die Vorstellung einer von großen Männern, von Individuen und ihren individuellen Taten bewegten Geschichte. Sie halten sich lieber an den Gegensatz: Am Anfang war keine Revolution. Es ist nicht die Selbstverliebtheit des Autors in eine Stilfigur oder deren Erhebung zu einem Markenzeichen, nicht die Lust an einer provokativen Wiederholung und schon gar nicht das Bekenntnis zu einer allgemeinen und wirklich unhaltbar personalistischen Geschichtsansicht, wenn ich trotzdem noch einmal so anfange. Es gibt Zeiten, in denen Personen, wie immer sie wiederum Produkte ihrer Zeit sind, den Lauf der Dinge prägen, ja in denen *eine* Person diesen Lauf der Dinge prägt, an die Spitze der Zeittendenzen und -prozesse tritt, so daß es ganz unmöglich ist, sie wegzudenken oder für auswechselbar zu halten, wie das doch das Charakteristikum der Normalität ist. Die Gründung des nach zwei Menschenaltern wieder untergegangenen Deutschen Reiches, von dem dieser Band handelt, hat vielfältige Ursachen, steht in einem Geflecht von Strukturbedingungen und überindividuellen Prozessen, von denen wir ausführlich reden werden. Aber es läßt sich nicht bestreiten: Bismarck hat diese Reichsgründung bestimmt; er hat die Zeittendenzen, die ihn getragen haben, auch gelenkt. Ohne ihn wäre alles anders gewesen. Das macht seine Rolle in der deutschen Geschichte mit der Napoleons vergleichbar.

Die Geschichte hat es mit den Geschichten zu tun, und die Aufgabe des Historikers ist es, auch und wieder, Geschichte zu erzählen. Erzählte Geschichte hat, anders als in der Wirklichkeit sonst, einen deutlichen Anfang und dann ein Ende, zwischen beiden verläuft sie. Der lapidare Einsatz – mit dem Paukenschlag sozusagen – soll auch meine Absicht betonen zu erzählen, von Anfang und Ende, von der Epoche im alten Sinne des Wendepunkts zu sprechen. Auch darum wiederhole ich den Beginn. Am Anfang war Bismarck.

1866 hatte Bismarcks Politik eine erste Entscheidung in der deutschen Frage herbeigeführt: Preußen hatte im Kampf um die Vorherrschaft in Deutschland gesiegt, Österreich war aus Deutschland ausgeschieden. Diese Teilung Deutschlands war endgültig und eindeutig – bis 1918 jedenfalls, Österreich war keine deutsche Macht mehr. Anders war es mit der Organisation des außerösterreichischen Deutschland. Im Norden hat Bismarck Preußen durch die Annexion von fünf Staaten erheblich vergrößert und den von ihm klar dominierten Norddeutschen Bund etabliert, das schien irreversibel. Dieser Norden war vom Süden durch die international sanktionierte Mainlinie geschieden, das Rest-Deutschland von 1866 war zweigeteilt, die süddeutschen Staaten waren eine eigene politische Wirklichkeit. Aber sie waren mit Preußen und dem Norden zollpolitisch und militärpolitisch verbunden, standen zum Norden in einem besonderen Verhältnis. Die Frage war, wie provisorisch oder wie definitiv dieses Verhältnis war, wie es sich entwickeln würde.

Politik in Deutschland zwischen 1866 und 1870 fand auf drei Ebenen statt: als europäische Politik zwischen den großen Mächten, als Deutschlandpolitik zwischen den deutschen Staaten, dem preußischen Norden und den Südstaaten, als Innen- und Verfassungspolitik der Einzelstaaten und des Norddeutschen Bundes. Diese drei Weisen von Politik standen natürlich in ständiger Wechselwirkung, beeinflußten sich gegenseitig. Gerade wenn man das im Auge behält, dient es der analytischen Klärung, sie voneinander abzuheben und nacheinander vorzuführen.

1. Deutschland und Europa 1866–1869

Die Entwicklung der deutschen Verhältnisse war eng mit den europäischen Machtverhältnissen verknüpft: Veränderungen in Deutschland, die Bildung eines preußisch-deutschen Nationalstaates z. B., berührten natürlich die anderen, vor allem auch Nachbarn und Großmächte; eine neue Macht im Zentrum verschob die Gewichte aller Mächte im europäischen „System“ und beeinträchtigte sie womöglich. Diplomatische Vereinbarungen und Friedensverträge, wie der von 1866, der die Mainlinie „festschrieb“, waren Teil des europäischen Völkerrechts, sie waren grundsätzlich nicht ohne Zustimmung der anderen Mächte zu ändern. Deutschlandpolitik also war von der europäischen Politik und Machtlage abhängig.

Wie war diese Lage nach dem Friedensschluß von 1866? Die Flügelmächte England und Rußland, weltpolitisch die eigentlichen Antipoden dieser Jahrzehnte, hatten die Entscheidungen hingenommen und verharrten gegenüber deutschlandpolitischen Entwicklungen in abwartender Neutralität. England war im Interesse der Friedenssicherung an einer Konsolidierung Mitteleuropas einigermaßen interessiert, die Labilität der deutschen Verhältnisse war ein Störpotential für das europäische Gleichgewicht. Es hatte zwar Vorbehalte gegen das konservative Preußen Bismarcks, aber fast noch mehr gegen die unruhige Hegemonialpolitik Napoleons. Dennoch, die Distanz zu kontinentaleuropäischen Fragen war 1864/66 groß geworden, das war die Hauptsache. Rußland beanspruchte zwar ein Mitspracherecht auch in Mitteleuropa, aber jetzt war es gegenüber den möglichen Entwicklungen, wie gesagt, halbwegs neutral. Es hatte 1866 einen europäischen Kongreß zur Friedensvermittlung gefordert, war gegen die preußischen Annexionen eingetreten und für die Unabhängigkeit der hessischen wie württembergischen Dynastien; erst als Bismarck mit nationaler Revolution drohte, hatte es widerwillig nachgegeben. Es hatte weiterhin einige auch dynastisch bedingte Sympathien für die relative Unabhängigkeit der süddeutschen Staaten, aber zugleich Sympathien für Preußen, seinen einzigen einigermaßen verläßlichen Quasi-Partner in Europa gegenüber Österreich und zumal gegenüber allen nationalpolnischen Bestrebungen. Österreich, der Besiegte von 1866, war potentiell revisionistisch – zumal als der bisherige sächsische Minister Beust, entschieden großdeutsch-föderalistisch, Ende Oktober die Leitung der Wiener Politik übernahm, damit schien die Deutschlandpolitik noch einmal Priorität zu bekommen. Zunächst freilich stand Österreich im Schatten der Niederlage und war primär vom „Ausgleich“ mit Ungarn (1867), der wichtigsten innerstaatlichen Folge dieser Niederlage, in Anspruch genommen. Aber auch auf längere Sicht war eine offen revisionistische Politik, wie wir sehen werden, in Rücksicht auf die schwierigen Nationalitätenverhältnisse zwischen Deutschen, Magyaren und Slawen nicht möglich; immerhin, Österreich war entschieden für den Status quo der Mainlinie, für Eindämmung Preußens wenigstens, da ein Zurückwerfen aussichtslos erschien, für „moralische Eroberungen“ im deutschen Süden, für eine eigene Rolle in der Deutschlandpolitik. Einen Bündnisfühler Bismarcks im Frühjahr 1867 lehnte Wien ab, da er auf einen deutschlandpolitischen Verzicht hinauslief und keine – orientalische – Kompensation enthielt.

Die Protagonisten der europäischen Politik, im Blick auf die deutsche Frage, waren Preußen und Frankreich, und das hieß damals auch Bismarck und Napoleon. Das Ziel zunächst der preußischen Politik war langfristig dynamisch, war die Veränderung des Status quo in Deutschland. Die Ordnung von 1866 war – mit ihrem Nebeneinander von Trennung und Bindung – unfertig und instabil. Wirtschafts- wie Sicherheitspolitik schienen von „Fortschritten“ der nationalen Einheit abhängig. Die deutsche Nationalbewegung, mit der sich Bismarck verbündet hatte, war unbefriedigt; sie betonte die Vorläufigkeit, sie wollte die „Vollendung“ der deutschen Einheit, und sie hatte ihre eigene Dynamik. Und: Bismarck – wie immer es mit seinen großpreußischen Machtambitionen stehen mochte – hatte die Neuordnung von 1866 im Norden auf den Kompromiß mit der liberalen Nationalbewegung gegründet, das gerade sollte die konservative preußische Monarchie und ihre Autoritäts- und Machtstrukturen unter den Gegebenheiten des neuen bürgerlichen Zeitalters bewahren. Aber um diese neue staatliche Ordnung auf Dauer zu stabilisieren und zu legitimieren, mußte der Staat Nationalstaat werden, das allein sicherte die endgültige Integration. Insofern war die Deutschlandpolitik Preußens auch, und zwar wesentlich, innen- und verfassungspolitisch begründet. Bismarck konnte sich mit dem

Ergebnis von 1866 nicht auf Dauer begnügen, seine Politik war darum notwendig nicht-saturiert, war revisionistisch, war potentiell „offensiv". Und insofern die nationalstaatliche Neuordnung in Deutschland eine Revolution der europäischen Machtverhältnisse bedeutete, war diese Politik revolutionär. Sich in den Verhältnissen von 1866 einzurichten, dazu war Bismarck – trotz manchmal gegenteiliger Äußerungen – und war Preußen nicht bereit, nicht in der Lage. Jedenfalls nicht auf Dauer.

Wenn man das klar und scharf herausgestellt hat und festhält, muß man nun auch gegen alte und neue „nationalpatriotische" wie „kritische" Legenden betonen: Man darf die Politik nach 1866 nicht von dem Ergebnis 1870/71 her konstruieren. Bismarck ist 1866/67, von Nikolsburg bis zur Luxemburg-Krise, erst allmählich von einer primär großpreußischen Politik zu einer deutschen Nationalpolitik übergegangen. Aber auch dann gab es keine Teleologie, keinen Determinismus, keinen Meisterplan, keine fortschreitende Offensive, keine „revolutionierende" Politik. In welcher Zeit das große Ziel realisiert werden könne, das war eine ganz und gar offene Frage. Es gibt zahllose Äußerungen Bismarcks wie seines alten Königs in dieser Richtung: Man hat die Zeit nicht in der Hand, alle Ungeduld ist fehl am Platz, vielleicht wird erst die nächste oder gar die übernächste Generation die Einigung erleben – das war nicht taktische Bemäntelung, nicht beiläufig dahergesagt, das war durchaus ernst gemeint. Man stand unter keinem unmittelbaren Handlungszwang, man konnte auch abwarten; Situationen z. B. mochten sich entwickeln, „machen" konnte man sie nicht. Keineswegs auch war für Bismarck die Konfrontation mit Frankreich von vornherein und auf Dauer vorgegeben. Er hat eine „Juniorpartnerschaft", eine stille Allianz, einen Ausgleich durchaus und wiederholt erwogen – die Hoffnung, die Friedenspartei in Paris und die Friedensneigung Napoleons würden sich durchsetzen, spielte dabei eine Rolle.

Freilich, nationale Einigung, das Ziel dieser Politik, war kein gleichsam von selbst ablaufender Prozeß, dem man nur zu folgen brauchte. Insofern stand die preußische Politik schon unter dem Gebot, keine Chance vorübergehen zu lassen, Initiative zu ergreifen und, soweit die Situation es zuließ, die Gefahren des unkonsolidierten Status einzudämmen. Die Frage, ob es deshalb, wenn schon keinen unmittelbaren, so doch einen mittelbaren Handlungs- und Zeitdruck gegeben habe, ist darum legitim, sie läßt sich aber nur von Fall zu Fall entscheiden. Im ganzen: Bismarck steuerte nicht einfach auf die Reichsgründung los, und seine Politik war auch nicht auf rasche Erfolge angewiesen. Auf die Dauer aber zielte sie auf die Lösung der nationalen Frage und auf den nationalen Erfolg. Nach außen hin hat Bismarck das Abwarten, das lediglich defensive Reagieren betont – das sollte Europa beruhigen und nationale Heißsporne, Störfaktoren gleichsam, aus dem Gang der wirklichen Dinge heraushalten; das hinderte ihn aber nicht, aus der Defensive heraus initiativ zu handeln, ja, das war für Bismarck die angenehmste Position. Daß jede Änderung in Deutschland mit der Lage in Europa korrespondierte und nur unter besonderen europäischen Bedingungen möglich war, wußte er wie alle Diplomaten der damaligen Welt und besser als die Mehrzahl seiner überwiegend innen- und nationalpolitisch orientierten Zeitgenossen.

Zu dieser Politik gehört nun auch eine uns nicht mehr vertraute Grundgegebenheit der Zeit: Der Krieg war in Europa noch ein legitimes Mittel der Politik, ultima ratio, wenn eine andere Lösung von Machtkonflikten unmöglich schien. Die Bereitschaft, einen Krieg zu riskieren, war in allen Krisen vorhanden und darum die Bereitschaft, bis an den Rand eines Krieges zu gehen. Freilich, das galt für Bismarck wie für Europa: In dieser Zeit war ein Krieg nur noch möglich, wenn der Kriegsgrund nach innen wie außen „legitim“ war – so gewiß man über solche Legitimität streiten mochte.

Wir müssen bei der Erörterung von Bismarcks Grundposition in der deutschen und europäischen Politik noch eine Frage im Vorgriff wenigstens erwähnen, wir gehen, wenn wir nach der Bilanz der Reichsgründung fragen, noch ausführlicher darauf ein. Bismarck, die preußische Monarchie, der preußische Staat und ihre norddeutschen Bundesgenossen wollten, wenn sie denn „nationale“ Politik machten, diese fest in ihrer Hand haben; es sollte Politik der Regierungen und Staaten sein, Politik „von oben“. Die nationale Bewegung war ein Bundesgenosse, die öffentliche Meinung ein wichtiger Faktor – auch im außenpolitischen Spiel; und die Drohungen mit der nationalen Revolution, mit Volkserhebungen, Unruhen und Umsturz spielten eine Rolle. Aber: Die nationale Einigung sollte nicht „von unten“, von Volk und Massen, kommen, ungesteuert und unsteuerbar, jenseits von Establishment und Institutionen, das hätte die innen- und verfassungspolitischen Gewichte verschoben. Nationaldemokratische Alternativen sollte es nicht geben. Das war die Bedingung, unter der sich Bismarck mit der Nationalbewegung eingelassen hatte, ihre Politik in die seine übernahm. Auch das muß man bei Erörterung der Krisen zwischen 1866 und 1870 immer mitbedenken. Hier war für Bismarck noch eine andere Frontlinie. Aber es kam darauf an, daß sie gerade nicht aufbrach.

Soviel zur Grundeinstellung Bismarcks und Preußens. Der andere Protagonist im Zusammenhang von Deutschlandpolitik und europäischen Machtverhältnissen war das Frankreich Napoleons III. Die französische Politik beruhte auf einer widersprüchlichen Grundposition. Frankreich beanspruchte eine halbhegemoniale Stellung im nicht-russischen Kontinentaleuropa. Aber ideenpolitisch legitimierte es diesen Anspruch als Wortführer gegen die Reaktion, gegen den Status quo von 1815 und darum als Protagonist der populären und nationalen Bewegungen, des auf sie gegründeten Friedens und des Fortschritts. Europa sollte – in Polen, in Italien, ja in Mitteleuropa – national reorganisiert werden, Frankreich war dann der gegebene Protektor eines solchen Europas. Das Dilemma lag auf der Hand. Die nationale Neuordnung Deutschlands ließ eine neue Großmacht jenseits des

Rheins entstehen, das mußte das Machtgewicht Frankreichs schwächen und seine Sicherheitsinteressen berühren: Das war eine Herausforderung der französischen Staats- und Nationalraison. Dieses Dilemma zwischen nationaler Neuorganisation Europas und der Ablehnung eines neuen deutschen Nationalstaates verschärfte sich aus zwei Gründen: Zum einen war das System des Bonapartismus – plebiszitär-revolutionär begründet – im Inneren besonders krisenanfällig, es besaß keine traditionelle oder selbstverständliche (oder liberaldemokratische) Legitimität. Die in unserem Zusammenhang entscheidende Folge war: Das Herrschaftssystem war nicht auf außenpolitische Ruhe angewiesen, sondern auf außenpolitische Erfolge und auf Prestige, und das Maß für Erfolg und Prestige war der reizbare französische Nationalismus der damaligen Wortführer der Nation. Schon der seltsame Ruf nach „Rache für Sadowa" (Königgrätz), also für einen preußischen Sieg über Nichtfranzosen, war ein Ausdruck des populären und emotionalisierten Prestigedenkens. Der innenpolitisch vorgegebene Erfolgszwang wurde – in unvergleichlich anderem Maße als bei Bismarck – zu einem wesentlichen Faktor der Außenpolitik und erschwerte die traditionellen rationalen Kalkulationen der Diplomaten über Risiken und Chancen, kurz- und langfristige Ziele. Zum anderen: Mehr noch als überall sonst gab es Gegensätze unter den Beratern Napoleons, zwischen Konfrontations- und Appeasementpolitikern etwa; das war durch die innenpolitischen Gegensätze zwischen Liberalen und Konservativen, zwischen pro- und anti-klerikalen Bonapartisten noch verschärft.

Aber Napoleon selbst wurde trotz seiner eher friedlichen Neigungen zum Gefangenen seines Systems und dessen außenpolitischer Prestigebedürfnisse. Frankreich hatte im Krieg 1866 nicht die erhoffte entscheidende Rolle spielen können, der preußische Sieg und Bismarcks Friedensschluß kamen zu schnell; es hatte die preußische Expansion durch die Mainlinie begrenzt, aber die Grundentscheidung hatte es nicht hindern können. Europäisch gesehen war der preußische Erfolg eine relative Machteinbuße Frankreichs. Nach dem Friedensschluß gab es im Grunde zwei Alternativen. Die eine war, Preußen zu einer Art Juniorpartner in einem französisch geführten Europa zu machen: entweder, indem man auf weitere nationale Neuordnung verzichtete, Preußen sich mit Norddeutschland begnügte und das französisch besetzte Rom nicht an das neue nationale Italien fiel (das hätte den Rücksichten Napoleons auf seine entschieden katholischen Wähler entsprochen) – oder indem Frankreich zwar irgendeinen „Anschluß" des deutschen Südens an den Norden zuließ, aber dafür durch „Kompensationen" entschädigt wurde (eine Art Erwerbsgemeinschaft der beiden Partner). Und natürlich war auch eine andere Form des Ausgleichs denkbar. Sowohl Napoleon selbst wie eine Reihe seiner Berater haben die Partnerschaftsalternative sehr ernsthaft in Erwägung gezogen; und auch Bismarck war lange und immer wieder einer Art „stillen" Allianz gegenüber keineswegs abgeneigt. Die andere Alternative für Frankreich war die entschiedene Eindämmung Preußens und jeder weiteren Expansion, Konfrontation statt Kooperation also, das verwies auf andere europäisch-antipreußische Allianzen, auf eine gemeinsame Front der Eindämmungsmächte. Solche Politik war auf den Status quo orientiert, insoweit defensiv, zugleich freilich aggressiv interventionistisch gegen jegliche Veränderung anderswo in den europäischen Kernländern.

Eine frühe Entscheidung fiel 1866/67 in der ersten großen außenpolitischen Krise nach dem Krieg, der Luxemburg-Krise. Luxemburg, mit dem Königreich der Niederlande durch Personalunion verbunden, hatte zum Deutschen Bund gehört und besaß – deshalb – eine preußische Garnison. Hier war mit dem Ende des Deutschen Bundes 1866 eine Neuregelung fällig. Und hier gab es französische Ambitionen. Bismarck hatte 1866 im Ringen um die französische Neutralität zwar Kompensationsforderungen im linksrheinisch-deutschen Gebiet strikt abgelehnt, aber angedeutet, daß Frankreich gegenüber Luxemburg und Belgien – auf dem Boden der Frankophonie – eher freie Hand habe; er hatte einen gewissen Druck auf Luxemburg und die Niederlande nicht ausgeschlossen, ja, wenn Frankreich die preußische Deutschlandpolitik toleriere, das mögliche Eingehen auf sein Bündnisangebot signalisiert; er verpflichtete sich jedoch zu nichts, ein vom französischen Botschafter aufgesetztes Abkommen unterschrieb er nicht. Napoleon hat die Situation – Bismarck war auf seine Neutralität angewiesen – nicht ausgenutzt; der schnelle Friedensschluß nahm Frankreich das Druckpotential und führte insoweit zu einer gewissen Verstimmung in Paris. Als Napoleon die Sache im Winter 1866/67 wieder aufgriff, war ein preußischer „Preis" für die längst gewährte Neutralität nicht mehr aktuell. Die Pariser Regierung verhandelte mit dem König von Holland über einen Verkauf Luxemburgs; das schien aussichtsreich, weil der König in Geldnöten und die Regierung im Haag an Luxemburg uninteressiert war. Bismarck schien das im Sinne einer profranzösischen Option zu tolerieren, ja Frankreich zu solchen Schritten zu ermuntern; aber zu irgendeiner Kooperation, in die ihn Paris hineinzuziehen suchte, war er nicht bereit. Er lehnte es ab, dem holländischen König gegenüber aktiv zu werden oder sich sonstwie vor der öffentlichen Meinung in dieser national sensitiven und zunehmend erhitzten Frage – Luxemburg, ein altes deutsches Territorium und zuletzt Gliedstaat des Bundes – zu engagieren und irgendwie, worauf Frankreich zielte, kompromittieren zu lassen. Vielmehr ließ er in dieser Situation im Einvernehmen mit den süddeutschen Staaten die „Schutz- und Trutzbündnisse" von 1866 veröffentlichen. Das hatte weniger außenpolitische als deutschland- und verfassungspolitische Gründe, das sollte die Nationalbewegung beruhigen und zufriedenstellen. Das demonstrierte seine „nationale" Position; und man kann überhaupt feststellen, wie er in diesen Monaten von einer mehr großpreußischen zu einer mehr nationaldeutschen Politik überging. Der holländische König – ob nun wegen der Veröffentlichung der Bündnisse oder aus anderen Gründen – forderte, der preußische König müsse sein förmliches Einverständnis mit dem Verkauf erklären. Das schuf endgültig eine Situation, die Bismarck bis dahin auf jeden Fall hatte vermeiden wollen. Er konnte nun diesen Wunsch, der natürlich auch der Wunsch Frankreichs war, zwar nicht einfach ablehnen, aber er „bestellte" eine parlamentarische Anfrage zu jener Forderung. Das entfachte einen Sturm nationaler Entrüstung, auf den Bismarck sich jetzt bei seiner Ablehnung berufen konnte. Vor das Risiko gestellt, sich die nationale Bewegung zu entfremden, ging er zur entschiedenen Abwehr des französischen Vorstoßes über.

Es ist sehr unwahrscheinlich, daß Bismarck Paris in dieser Sache in eine Falle gelockt hat, also z. B. jene Anfrage des holländischen Königs provoziert (oder auch nur vorausgesehen) hat; es war die – ungeschickte – französisch-holländische Verhandlungstaktik, die die Situation produziert hatte. Bismarcks Reaktion freilich war so, daß es mit dem französischen Plan endgültig vorbei war; er konnte – mit der mobilisierten öffentlichen Meinung – von seinem angedeuteten undeutlichen „halben" Einverständnis wegkommen und sich deutschlandpolitisch profilieren. Er hatte sich (gegen jede Kompensationspolitik älteren Stils) an die Spitze einer deutschen Nationalpolitik gesetzt. In der Folge haben er und die Neutralen auf einer Konferenz, die den Abzug der preußischen Garnison und die Neutralisierung Luxemburgs – also sein Ausscheiden aus „Deutschland" – beschloß, Frankreich einen „ehrenvollen Abgang" ermöglicht, der wenigstens noch wie ein halber Erfolg aussah. Sie wollten eine massive (und neue) französische Niederlage vermeiden, auf die Napoleon hätte mit Krieg reagieren können (oder müssen). Auch in Bismarcks Überlegungen hat Krieg eine Rolle gespielt, er lehnte ihn – gegen Moltke – in dieser Situation ab. Luxemburg war kein „legitimer" Kriegsgrund, aber er fand, daß sein Entgegenkommen die äußerste Grenze seines Friedenswillens sei.

Man kann spekulieren, ob die Verständigung zwischen Preußen und Frankreich über die Kompensation in Luxemburg (und vielleicht auch Belgien) hätte gelingen können, Bismarck hat sie ja anfangs durchaus ernst genommen. Aber das hätte für die deutsche Seite vorausgesetzt, daß die deutsche Einheitsfrage gleichzeitig oder doch in der unmittelbaren Folge vorangekommen wäre; in dieser Hinsicht drängte Bismarcks Veröffentlichung der „Schutz- und Trutzbündnisse" auch auf „Anschluß". Aber die deutsche Nationalbewegung wollte keine „Kompensationen" und der französische Nationalismus keinen deutschen Nationalstaat, daran wäre auch jene hypothetische Vereinbarung aufgelaufen.

Das Ergebnis dieser Krise war mehr als episodisch: Für Frankreich war die Idee eines Ausgleichs, einer Juniorpartnerschaft und Erwerbsgemeinschaft mit Preußen, die dessen nationale Ambitionen eingebunden und die eigene Position – ein nationales Europa unter französischer (Halb-)Hegemonie – gestärkt hätte, unmöglich geworden. Napoleon selbst zwar sah im Ausgang der Sache eigentlich keine Niederlage, wohl aber war das die Meinung der meisten seiner Anhänger und auch seiner Gegner. Und das bestimmte nun die Politik. Kompromisse schienen nicht möglich. Frankreich fühlte sich düpiert; es stellte sich nun klar gegen Preußen, gegen eine nationaldeutsche Einigungspolitik. Eindämmung, nicht Kooperation, das war jetzt das Programm. Trotz des abschließenden Kompromisses in der Luxemburg-Frage, eine Versöhnung war jetzt fast ausgeschlossen. Das Scheitern der französischen Pläne, ein Kaisertum in Mexiko zu gründen, hat die französische Politik zusätzlich unter Erfolgszwang gestellt.

Bismarck zog aus dem Ausgang der Krise andere und nicht so eindeutige Schlüsse. Er sah die neue Pariser Eindämmungspolitik als vorläufigen innerfranzösischen Sieg der Konfrontations- und Kriegspartei. Er sah, daß eine stillschweigende Allianz mit Frankreich kaum mehr möglich war. Er erwartete darum vermehrte Widerstände und Gefahren bei einer expansiven preußischen Südpolitik. Zugleich verstärkte sich seine Überzeugung, daß er Nationalpolitik nur mit der öffentlichen Meinung und der nationalen Bewegung treiben konnte, nicht gegen sie, nicht ohne sie.

Die beiden folgenden Jahre 1867/69 sind nicht von direkten Konfrontationen erfüllt, sondern von Versuchen, die europäischen Mächtebeziehungen zugunsten der Eindämmungsstrategie zu verändern. Es kam darauf an, wie sich das Verhältnis Frankreichs einerseits zu Rußland, andererseits zu Österreich entwickelte. Dabei spielte wie so häufig in der europäischen Politik des Jahrhunderts die „orientalische Frage", die Frage der Balkannationen und der Zurückdrängung des Osmanischen Reiches, eine wichtige Rolle. Sie war gerade wieder durch einen Aufstand der Kreter gegen die Türken und durch rumänische Probleme für Europa aktuell geworden; Österreich und Rußland hatten sich unmittelbar, Frankreich mehr mittelbar, aber sehr stark engagiert.

Es gab viele Befürworter einer französisch-russischen Annäherung, aber auf Dauer kam sie nicht zustande. Die Interessen waren zu ungleich: Rußland erwartete von Frankreich Unterstützung in der orientalischen Frage, die wollte Frankreich nicht geben; Rußland wollte sich nicht ohne Not und nicht ohne greifbare Vorteile auf die anti-preußische Seite schlagen (z.B. gegenüber Belgien), nur darin aber konnten die Franzosen den Sinn einer Annäherung sehen. Und ebensowenig wollte Frankreich sich in den Weltgegensatz Rußlands zu England hineinziehen lassen (etwa durch Unterstützung Rußlands auf dem Balkan). Schließlich, das moralisch innenpolitische Engagement vieler Franzosen für die Polen hinderte auf beiden Seiten eine Annäherung. Die Begegnung zwischen dem Zar und Napoleon war darum ein Mißerfolg.

Preußen hatte zwar mit Geschick vermieden, Rußland in den orientalischen Fragen gegen Österreich schlichtweg zu unterstützen und dadurch sowohl Österreich wie den Weltgegner Rußlands, England, gegen sich und an die Seite Frankreichs zu treiben und sich selbst in neue Abhängigkeit zu begeben; aber es isolierte Rußland auch nicht, die Gemeinsamkeit der dynastischen Interessen und der polnischen Teilung blieben starke Bindungen. Bismarck hatte sogar gegen eine französisch-russische Annäherung im

Orient, die Frankreich an die Peripherie abgelenkt hätte, nichts einzuwenden, ja selbst eine französisch-österreichische Gemeinsamkeit im Orient hätte für Preußen Vorteile gehabt, weil sie Rußland an Preußen gebunden hätte. Aber das blieben eher Strategiespiele. Eine gewisse Sorge Rußlands, die preußische Unterstützung zu verlieren, hatte bei der Mehrheit der russischen Führung umgekehrt zur Folge, angesichts französisch-österreichischer Gemeinsamkeiten in der Orientpolitik, daß es Preußens deutsche Politik eher unterstützte oder doch wenigstens tolerierte. Andere freilich waren angesichts der fehlenden Gegenleistungen Preußens gegen eine pro-preußische Option. Insofern blieb die russische Position doch in der Schwebe.

In den Vordergrund der französischen Politik rückte, als aus der russischen Option nichts wurde, die Annäherung an Österreich. Schon im August 1867 trafen sich die beiden Kaiser in Salzburg und dann im Oktober in Paris. Beide Mächte waren vital an der Eindämmung Preußens interessiert und gegebenenfalls an einer Revision von 1866. Aber die gemeinsame Basis blieb schmal. Für Österreich spielte das Nationalitätenproblem eine zentrale Rolle: Die Deutschen Österreichs wollten keine Neuauflage des Bruderkrieges, gar an der Seite Frankreichs, und die Ungarn wollten keine Neuauflage der früheren Deutschlandpolitik, weil das ihre gerade errungene Mitherrschaft in Frage gestellt hätte. Das galt nicht nur für eine eigentliche Revisionspolitik, sondern auch für das – kleinere – Eindämmungsziel, die Unabhängigkeit der süddeutschen Staaten zu erhalten. Und der Versuch der Regierung, in Süddeutschland moralisches Terrain zu gewinnen, mußte auf die starken anti-französischen Stimmungen dort Rücksicht nehmen. In Wien konnte die Regierung Beust nur darauf setzen, daß eine allgemeine Machtverschiebung in Europa auch Österreich zugute kommen würde. Wenn man z.B. eine französische Garantie gegen die russische Konkurrenz auf dem Balkan bekommen würde, dann mochte das eine noch aktivere russische Balkanpolitik und ein russisch-preußisches Gegenbündnis provozieren. Über ein solches russisches Bündnis würde Preußen in einen Konflikt mit dem Westen gezogen und so von Süddeutschland getrennt werden. Das war eine Art große Revisionsstrategie. Das hatte zudem den Vorteil, Österreichs deutsche Politik in relativer Distanz zu Frankreich zu halten, auch darum schien der Umweg über den Orient günstig. Aber Frankreich wollte sich unter keinen Umständen gegen Rußland benutzen lassen, zumal Österreich nicht bereit war, sich direkt gegen Preußen zu engagieren.

Ein französischer Allianzvorschlag von 1867 zeigt noch einmal die Phantasien über Territorialverschiebungen, die das vergangene Jahrzehnt bestimmt hatten. Frankreich sollte das linke Rheinufer, Österreich Schlesien bekommen und die Vormacht in Süddeutschland werden. Wenn das denn wirklich ernst gemeint war, auch für Österreich war ein solcher Vorschlag jetzt unannehmbar.

Im ganzen: Frankreich wollte Österreich gegen Preußen benutzen und Österreich Frankreich unmittelbar gegen Rußland. Daraus konnte letzten

Endes nichts werden, alle Kombinationen blieben in der Schwebe. Frankreich ließ sich nicht in die Orientpläne Wiens ziehen, und Wien wollte einen unbedachten Angriff Frankreichs auf Preußen gerade verhindern. Es gab immer auch – kurzfristig – Alternativen, z. B. eine französisch-preußische Verständigung über den Orient, aber eine solche durfte nicht gegen Rußland gerichtet sein und war, von seiten Preußens, eher ein Warnsignal an Rußland. Als Österreich Ende 1868 versuchte, gegen rumänische Provokationen eine Krimkriegskoalition mit den Westmächten zustande zu bringen, brachte Bismarck den rumänischen Fürsten dazu, seine supernationalistischen Minister zu entlassen; das entschärfte die russisch-österreichische Krise, Preußen konnte die ungeliebte Parteinahme vermeiden.

Zu einer formalen Allianz der Eindämmungsmächte also, insbesondere zwischen Frankreich und Österreich, kam es nicht. Dennoch aber wurde eine Annäherung und eine entschiedenere Konfrontation gegenüber Preußen deutlich. Im Herbst 1869 trafen die Monarchen briefliche Absprachen über gegenseitige wohlwollende Neutralität im Kriegsfall und eine Neutralisierung Rußlands in einem französisch-preußischen Konflikt durch Aufmarsch Österreichs, eine Neutralisierung Preußens in einem russisch-österreichischen Konflikt durch Aufmarsch Frankreichs. Auch Italien war ganz lose in diese Absprache einbezogen, aber es stand wegen seiner Ansprüche auf das Trentino immer noch in Gegnerschaft zu Österreich, und wegen der französischen Truppen im päpstlichen Rom zumal in Gegnerschaft zu Frankreich. Ob über diese eher losen Absprachen hinaus mehr zu erwarten war, blieb offen; Österreich jedenfalls wollte ohne abgeschlossene Kriegsrüstung nicht in eine mögliche französische Offensive gegen Preußen hineingezogen werden. Immerhin, im Frühjahr 1870 fanden in Paris französisch-österreichische Militärbesprechungen mit dem Erzherzog Albrecht über einen gemeinsamen Krieg statt. Auf der anderen Seite hatten Rußland und Preußen erwogen, daß Rußland im Fall eines französisch-preußischen Konfliktes Österreich und Preußen bei einem österreichisch-russischen Konflikt Frankreich zum Stillhalten zwingen werde. Gegenseitige Hilfsversprechungen oder auch nur ein Abkommen gab es aber nicht. Bismarck wollte keine festen Blöcke und Allianzen, wollte nicht in einen österreichisch-russischen Krieg hineingezogen werden und auf diese Weise dann in einen Krieg mit Frankreich.

England endlich war gegenüber diesen Kombinationsspielen neutral; was die deutsche Frage betraf, so konnte und wollte es nur eine friedliche Lösung unterstützen. Seit 1868 freilich schien sich der Gegensatz zu Napoleon abzuschwächen, die „liberale" Umorientierung in Frankreich fand gerade bei den frankophilen Ministern Sympathien, eine Appeasementpolitik gegenüber Napoleon und seinen gefährlichen belgischen Ambitionen (der Kauf der belgischen Eisenbahnen 1869 scheiterte am englischen Einspruch) schien wenigstens möglich, wenn es auch weiterhin viel Mißtrauen gab. Insoweit konnten weder Frankreich noch Preußen mit absoluter Sicherheit auf die englische Neutralität rechnen.

Insgesamt hat die Entwicklung dieser Jahre aus Bismarcks Sicht kaum Raum für außenpolitische Bewegung in der deutschen Frage gelassen. Die Eindämmungsmächte Frankreich und Österreich waren zwar nicht eben geschlossen, aber doch in einer Art diplomatischer Offensive 1869/70 stärker geworden, und die neutralen oder wohlwollenden Flügelmächte England und Rußland waren nicht sicher, sie traten eher für den Status quo der Mainlinie ein als für irgendeine greifbare Einigungspolitik, ja, sie waren gegen eine Druck- und Expansionspolitik Preußens im Süden. Für Napoleon schien das Bild umgekehrt, er konnte auf das Einverständnis der anderen Eindämmungsmacht und vielleicht auf das Wohlwollen der Flügelmächte rechnen. In dieser Situation nun hing der Fortgang der preußischen Deutschlandpolitik – zumal sie in diesen Jahren auf viel partikularistischen, katholischen und demokratischen Widerstand stieß – von einer Veränderung der europäischen Lage (und deren Rückwirkungen auf den deutschen Süden) ab. Von daher kann man sagen, daß Bismarck an einer europäischen Situation gelegen sein mußte, die sich zuungunsten Frankreichs und zugunsten Preußens auswirkte. Aber das heißt ganz und gar nicht, daß er in erster Linie danach trachtete, eine solche Situation (beinahe um jeden Preis) herbeizuführen. Er hatte keinen „großen Plan", er rechnete immer mit der Vielzahl der Unbekannten in der zukünftigen Politik. Es gab viele Möglichkeiten und viele Kombinationen, und darum hielt er sich viele Optionen offen.

Bismarck hat mancherlei versucht, aber einstweilen kam er nicht weiter. Anfang 1870 lancierte er den Plan, den preußischen König zum Kaiser des Norddeutschen Bundes zu krönen; das war einerseits ein Versuchsballon, ob nicht das sich liberalisierende napoleonische Frankreich eine Einigung bei freier Zustimmung des Südens tolerieren würde, andererseits, weil der Plan für den Süden doch nicht allzu attraktiv war, mochte es auch eine Demonstration der Selbstbescheidung des Norddeutschen Bundes vor Europa durch „bloße" Titelerhöhung sein und natürlich ein Stück Symbolpolitik gegenüber der Nationalbewegung. Er zog den Plan wegen des französischen Widerstands und auch aus deutschland- und innenpolitischen Gründen zunächst schnell zurück, behielt ihn aber durchaus im Auge. Gegenüber den europäischen Mächten benutzte er gern die Warnung vor einer nationalen Revolution (und dem dann drohenden Chaos), um so für seine moderate Politik zu werben. Das Argument hatte in London und zumal in Petersburg Gewicht. Aber entscheidend war es auch nicht. Es änderte nicht die Lage. Ob eine große plebiszitär-populare Welle in Süddeutschland den französischen Widerstand gegen Fortschritte der nationalen Einigung hätte überwinden können, wissen wir nicht. Es hat sie – vor 1870 – nicht gegeben. In Bismarcks Interesse, das auf eine Lösung der deutschen Frage von oben zielte, lag dergleichen nicht. Vermutlich hätte auch die französische Politik sich dadurch nicht geändert.

2. Deutschlandpolitik

Das zweite zentrale Gebiet der Politik war in diesen Jahren die Deutschlandpolitik im engeren Sinne, die Frage, wie sich das Verhältnis von Norden und Süden entwickeln würde. Wenn wir im Rückblick von 1870/71 her denken, geht es um die historische Frage, ob die Deutschlandpolitik, abgesehen einmal von der europäischen Lage, auf eine friedlich-evolutionäre Einigung hinauslief oder gerade in einer Sackgasse, in Stagnation und Blockade, endete. Der Friede von 1866 und die ihn begleitenden Abmachungen mit Frankreich hatten das außerösterreichische Deutschland entlang des (unteren) Mains geteilt. Das war primär das Ergebnis des französischen Drucks, daneben spielte eine gewisse abwartende Zurückhaltung Bismarcks eine Rolle. Er sah in einem übereilten „Anschluß" des schwierigen Südens auch Nachteile, in der vorläufigen Konsolidierung nur des Nordbundes und einer langsamen Annäherung des Südens, nach der Vernarbung der Wunden des Krieges, auch Vorteile. Im Norden konstituierte sich der preußisch dominierte Norddeutsche Bund, Hessen-Darmstadt mußte mit der nordmainischen Provinz Oberhessen in den Norddeutschen Bund eintreten, seine südmainischen Kerngebiete blieben außerhalb. Den süddeutschen Staaten war die Möglichkeit eröffnet, sich zu einem Südbund zusammenzuschließen. Ob einzeln oder in einem solchen Bund, ihre international unabhängige Existenz war von den beteiligten Mächten (und im Grunde von Europa) garantiert. Das war ein „Anschluß"verbot. Freilich, wie die nationalen Bindungen zwischen Süden und Norden, der Zollverein z. B., sich entwickeln würden, das war den Beteiligten ausdrücklich selbst überlassen – gleichsam unterhalb der Maximallösung von „Anschluß" oder staatlichem Zusammenschluß. Daß zwischen beiden Bestimmungen eine gewisse Spannung bestand, war klar. Der „Südbund" ist schon im Spätsommer 1866 aufgegeben worden, Baden vor allem, aber auch Württemberg waren dagegen – sie bezweifelten seine innere wie äußere Lebensfähigkeit; auch Bismarck ließ die Idee fallen, da ein solcher Bund das Verhältnis von Norden und Süden eher erschweren mußte.

Die Frage war, ob diese Lage dauern konnte oder ob sich engere Beziehungen zwischen Norden und Süden entwickeln würden, ob es gar – friedlich-evolutionär – zu einer nationalen Einigung kommen würde und wenn, in welcher Form. Gewiß darf man die Sache nicht von 1871 her ansehen, so als ob die Nationalstaatsbildung zwangsläufig gewesen wäre. Es gab wesentliche Unterschiede zwischen Norden und Süden, mehr noch als zwischen dem Osten und dem Westen Preußens. Sozialökonomisch war der Süden weniger industrialisiert und zugleich weniger feudal, konfessionspolitisch war er zerklüfteter, in den Institutionen und der politischen Kultur etwas liberaler, etwas bürgerlich-egalitärer, weniger militär- und autoritätsgeprägt. Aber diese Unterschiede waren in den Augen der meisten schwächer als die nationalen, die deutschen Gemeinsamkeiten. 1866 war fast allen Beteiligten klar, daß die Lage in Deutschland, die Lage der Deutschen unfertig und provisorisch war, daß sie nicht so bleiben würde. Deutschlandpolitik war eines der selbstverständlichen und zentralen Themen der Zeit. Das galt für die Parteien, die „Bewegungen“ von Bürgergesellschaft und Volk, die öffentliche Meinung wie für Staaten und Regierungen.

Für die bürgerlich liberale Nationalbewegung kleindeutscher Observanz (den alten Nationalverein von 1859) war die Errichtung des einheitlichen deutschen Nationalstaats, die deutsche Einheit, ein absolutes Ziel, ein Wert an sich – und also die „Mainlinie“ nichts als ein Provisorium, ein Hindernis, ein Übel. Sie war so sehr vom „Bankrott des Partikularismus“ (Th. Mommsen) überzeugt, daß sie die Herstellung der Einheit nur unter preußischer, unter Bismarckscher Führung für möglich hielt, davon, daß auch der freie Verfassungsstaat an der Herstellung der Einheit hänge, ja daß man der Einheit – als Stufe auf dem Weg zur Freiheit – einstweilen und temporär einen Vorrang einräumen könne. Das war mit nur kleinen Varianten die Position des Nationalliberalismus im Norden wie im Süden. Auch die kleindeutsch-preußische Linke, die die Gegnerschaft zu Bismarck nicht aufgab, die das Ziel der Einheit nicht – auch nur temporär und taktisch – vor das Ziel der „Freiheit“, des vollendeten Verfassungsstaates, setzen wollte, die preußische Fortschrittspartei also, hatte deutschlandpolitisch keine anderen Ziele und Vorstellungen. Das war wichtig genug, das wirkte jetzt auch über den liberalen Kern hinaus auf das nationale Bewußtsein anderer Gruppen, z. B. der Nationalkonservativen (der sogenannten Freikonservativen) oder eines Teiles der Katholiken, und auf viele Nichtfestgelegte.

Wie aber das Ziel der nationalen Einheit zu erreichen sei, ob z. B. als Anschluß des Südens an den Norden, durch einen Zusammenschluß oder über den Zollverein, ob in Einzelschritten oder als Gesamtlösung, ob mehr „von unten“, durch die Nationalbewegung und die Parlamente, oder mehr „von oben“, durch die Regierungen, oder – das war die Hauptmeinung – in irgendwelchen Formen des Zusammenwirkens, ob ohne europäische Krise oder gerade durch eine solche und was der denk- oder wünschbaren Alternativen mehr waren – darüber gab es keine einhellige und keine sich durchhaltende Meinung. Niemand hatte einen „Meisterplan“, ein stufenweise zu realisierendes Programm; es gab sehr viele individuell unterschiedliche Einschätzungen der jeweiligen Lage und ebenso viele unterschiedliche taktische Vorstellungen, zwischen den Zentren der Aktion, z. B. zwischen Berlin, Karlsruhe, Stuttgart und München, aber natürlich auch zwischen den Personen am Ort. Alle wußten, daß man von den sich wandelnden Konstellationen in Europa, bei den deutschen Regierungen und in den Einzelstaaten, abhängig war, alle waren brieflich, publizistisch, mündlich in einen ständigen Diskussionsprozeß verwickelt. Alle glaubten – mehr oder minder ungeduldig –, daß die Zeit die Einigung herbeibringen werde, die Stimmung war, auch bei vorübergehenden Rückschlägen, von dieser Hoffnung getragen.

Die Gegner der Kleindeutschen waren bis 1866 in erster Linie die Großdeutschen gewesen. Diese Alternative existierte seit Königgrätz im Grunde nicht mehr, und das galt natürlich auch für die sogenannte Triaslösung, bei der die Mittelstaaten neben Österreich und Preußen und mit ihnen die deutschen Verhältnisse geordnet hätten. Auch die radikal demokratischen Anhänger eines dritten Weges, nämlich einer nationalrevolutionären Einigung Deutschlands „von unten", waren gänzlich ins Abseits geraten, das war keine reale Alternative mehr. Die Besiegten von 1866, soweit sie sich nicht mit der preußischen Hegemonie auch in einer künftigen deutschen Neuordnung abfanden und sie nur noch föderalistisch einzudämmen suchten, gruppierten sich neu. Die konservativen – und vor allem katholischen – Großdeutschen verbanden sich mit den immer schon starken, aber schweigsamen und oft übersehenen einzelstaatlichen Partikularisten oder wurden notgedrungen Partikularisten; die bayerische oder die württembergische Eigenstaatlichkeit, ja, die schlichte Abwehr einer preußisch geprägten Lösung der nationalen Frage, das hatte für sie Priorität.

Die linken und demokratischen Großdeutschen – die württembergischen und südwestdeutschen Demokraten und Volksparteiler – blieben zwar entschiedene Anhänger der Bildung des Nationalstaates, aber sie sahen in jeder preußisch-hegemonialen Lösung eine tödliche Gefahr für den demokratisch-föderalistischen Nationalstaat, den sie wollten. Preußen lasse sich nicht, wie die Nationalliberalen wähnten, liberalisieren oder gar demokratisieren; nur wenn es in seine Provinzen aufgeteilt werde, sei es für das künftige Deutschland erträglich. Konkret hatte der Anti-Borussismus einen auch nationalpolitisch begründeten Vorrang vor allen anderen Perspektiven. Darum verbanden sich die Demokraten mit den anderen anti-borussischen Kräften ganz entgegengesetzter politischer Überzeugung, mit partikularstaatlichen Fürsten, Konservativen und Ultramontanen und mit revolutionären Sozialisten. Wie die Nationalliberalen glaubten, „alles Weitere", vor allem die freiheitliche Verfassungsordnung, werde sich nach der nationalen Einigung unter preußischer Führung schon finden, so glaubten umgekehrt diese Demokraten, „alles Weitere", nämlich der Weg zur deutschen Einheit, würde sich finden, wenn erst einmal die preußische Hegemonie verhindert sei; beide Gruppen vertrauten, wenn auch in unterschiedlicher Richtung, auf die Zukunft. Als gesamtdeutsche Bewegung ist diese nationaldemokratische Richtung, die von Württemberg über Frankfurt (und andere süddeutsche Städte) bis nach Sachsen reichte, gescheitert, ihre deutschlandpolitischen Konzepte waren zu widersprüchlich und so die Positionen gegenüber Sozialdemokratie und sozialer Frage; der Zusammenschluß zur Volkspartei von 1868 war nur noch vom Anti-Borussismus getragen.

Wir werden sehen, wie in die anti-preußische, anti-nationalliberale und konkret also partikularstaatliche deutschlandpolitische Front auch ganz andere Motive hineinreichten, wie ganz anders motivierte Gruppen sich ihr anschlossen: die vom Antiklerikalismus herausgeforderten Katholiken, die Gegner der marktwirtschaftlichen Liberalisierung, die Gegner der Militär- und Steuerbelastungen etc. Gerade deshalb muß man aber sehen, daß die deutschlandpolitische Frontstellung in der politischen und halbpolitischen Gesellschaft nicht starr fixiert war, sie war labil, Schwankungen und wesentlichen Änderungen unterworfen.

Natürlich gab es nicht nur im Süden, sondern auch im Norddeutschen Bund die Besiegten von 1866, großdeutsche Konservative, wie in Hamburg, Hannover oder Sachsen, großdeutsche Demokraten wie in Sachsen. Wo sie sich nicht in Resignation oder bloße Opposition zurückzogen, hielten sie auch Verbindung mit den süddeutschen Anti-Borussen und Anti-Unitaristen, insgesamt jedoch setzten sie mehr auf föderalistische Gegengewichte gegen eine zentralistische preußische Hegemonie.

Aber zunächst waren doch die Staaten die Hauptfaktoren der Politik und auch der Deutschlandpolitik, sie war Außenpolitik von Staaten, nicht von Parteien. Und die europäische Garantie der Mainlinie befestigte dieses Faktum. Zudem waren Monarchen und Regierungen, die unmittelbar wenigstens noch die Politik machten, nur ganz am Rande von der nationalen Bewegung berührt – wie der Herzog von Coburg oder der badische Großherzog und die liberale Regierung in Karlsruhe. Die Deutschlandpolitik der Regierungen war von vielen – herkömmlichen und realpolitischen – Motiven und Erwägungen geleitet, sie war nicht vornehmlich von der Nationalbewegung bestimmt.

Bismarck zunächst war zu altmodisch, zu altpreußisch, zu staats- und machtorientiert, um in der Nation, der nationalen Selbstbestimmung und Einheit, und in der nationalen Loyalität den obersten Wert seiner (und aller) Politik zu sehen, das war ihm nicht fraglos Herzenssache, jenseits aller Kalküle. Er war nicht von einem „Willen zu Deutschland" geleitet, er war nicht in die Politik gegangen, um das Deutsche Reich zu gründen (oder zu schmieden, wie man dann gerne sagte), und das galt auch für seine bisherige Politik als preußischer Ministerpräsident. Aber er hat doch das Reich begründet und seit 1866 eine Politik getrieben, die langfristig und letzten Endes darauf zulief. Das hat mehrere Gründe. Relativ unwichtig wurde das noch 1866 so entscheidende Motiv der preußischen Machtbehauptung und -erweiterung, des simplen Machtwillens – das Reden von der großpreußischen Reichsgründung, was immer darin an Struktureinsicht in den „borussischen" Charakter des neuen Reiches steckt, ist, insofern es um Motive und Gründe geht, ganz irreführend. Wichtig für Bismarck war 1. ein außenpolitisches Motiv: In Süddeutschland bestand sozusagen ein Machtvakuum, das angesichts des österreichischen Revisionismus und der französisch-napoleonischen Ambitionen ein Sicherheitsrisiko darstellte, eine konsolidierte Ordnung in Mitteleuropa und die Stellung Preußens als Hegemonialmacht, als Großmacht in Europa bedrohte. 2. Militärische Bündnisse und die Existenz des Zollvereins machten Deutschlandpolitik zu einer Normalfrage der Alltagspolitik. 3. Bismarcks scharfer Sinn für die Tendenzen (den Strom) der Zeit und ihre Unausweichlichkeiten machte eine endgültige Lösung der deutschen Frage, die Vollendung der nationalstaatlichen Einigung, zu einem gleichsam „natürlichen" Vorgang, dem sich niemand widersetzen oder entziehen könne: Darum aber galt es, sich selbst an die Spitze zu setzen, die Sache zu steuern; er wollte – in solchen Umständen – lieber Revolution „machen" als „erleiden". 4. Dem entsprach Bismarcks innenpolitische Entscheidung für das Bündnis mit der liberal-nationalen Bewegung, ihrem gemäßigten Flügel; und das hieß, daß er das Hauptziel seines Juniorpartners, das Vorantreiben der nationalen Einigung, in seine Ziele aufnehmen mußte. 5. Lothar Gall hat noch eine tieferliegende Dimension herausgearbeitet und allerdings auch spekulativ überbetont. Bismarck, der den monarchisch obrigkeitlichen Staat erhalten wollte, aber sich gerade darum von den nicht mehr tragfähigen Traditionen der konservativen Welt löste und eine neue und moderne Verfassungs- und Gesellschaftsordnung schuf, habe eine neue Basis gebraucht, die Integration und Legitimation begründete und sein System stabilisierte (wenn die monarchische oder etatistische Loyalität nicht mehr hinreichte), die Kräfte zusammenfaßte und die Diagonale zog, die Regierungsfähigkeit und Regierung sicherte. Das habe in dieser Welt-Zeit letzten Endes nur der Nationalstaat leisten können: Darum habe der hellsichtige Konservative Bismarck zum Begründer des Nationalstaats werden, nationale Politik adaptieren und treiben müssen. Das ist gewiß ein grundlegender Wirkungszusammenhang. Ob er – über die vage Idee vom Bündnis mit der Zeit hinaus – in die Motive Bismarcks eingegangen ist, steht dahin. Keinesfalls aber folgt aus einem solchen innerlich notwendigen Zusammenhang ein Zwang zum Handeln, eine Unfähigkeit abzuwarten. Bismarck hatte keinen Ideologiebedarf, er war kein Bonaparte, der sich vor dem alten Europa oder zwischen den modernen Klassen in Legitimationsnöten quälen mußte; die nationale Integration war Metapolitik und reichte bei einem pragmatischen Realisten und Machiavellisten wie Bismarck nicht unmittelbar, nicht kurzfristig in seine Politik. Seine zahllosen Äußerungen, daß die Bewegungen der Zeit (und so die deutsche Einigung) langsam und nach ihrem Gang abliefen und nicht nach der Ungeduld und dem Aktionswillen von Politikern, lassen sich nicht als Verhüllungstaktik beiseite schieben.

Konkret war Bismarcks Deutschlandpolitik dann von einer Reihe von Maximen bestimmt. 1. Er hat 1866 die Mainlinie nur als ein Provisorium, nicht eigentlich als ein (mögliches) Definitivum angesehen; er wollte den Süden in keinem Moment sich selbst – oder anderen – überlassen. Er war zu einer aktiven Deutschlandpolitik entschlossen. 2. Er wollte den Süden gewinnen, aber nicht zwingen; er wollte den Süden nicht im Zuge der Niederlage von 1866 anschließen, er war gegen eine Politik der Stärke und der unmittelbaren Pressionen, er setzte auf Freiwilligkeit. 3. Er wollte den ganzen Süden gewinnen, dabei kam es am meisten auf den stärksten und eigenwilligsten Partner an, auf Bayern. Darum war er – 1866 wie 1870 – entschieden gegen eine separate Aufnahme Badens in den Norddeutschen Bund, wie das die dortige Regierung und die Liberalen wollten. 4. Alle großen Lösungen waren von der europäischen Lage abhängig, darum stand die Deutschlandpolitik immer im Rahmen der Europapolitik. Ein friedliches Zusammenwachsen hatte – so scheint es jedenfalls – Vorrang vor einer Lösung mit Hilfe eines Krieges. 5. All das führte zu einer Politik der Geduld, der kleinen Schritte und des Abwartens. Man sollte nicht vorschnell handeln, sollte die Dinge „reifen" lassen. Das war gewiß Taktik. Aber es war durchaus auch mehr als Taktik. Dem entsprach eine andere Priorität: nämlich die Notwendigkeit, zuerst die norddeutsche Ordnung zu konsolidieren. 6. Bismarcks Politik war doppelgleisig: Sie war Politik mit den Fürsten und Regierungen, den ordentlichen Entscheidungsträgern zwischenstaatlicher Politik; wie der Norddeutsche Bund sollte ein zukünftiges Gesamtdeutschland aus verfassungs- und systempolitischen Gründen auf dem Bündnis der Fürsten und Regierungen zuerst beruhen. Aber sie war dann auch, gemäß seiner Überzeugung von den Grundgegebenheiten moderner Politik, Politik mit der öffentlichen Meinung, den politischen Bewegungen der bürgerlichen Gesellschaft im Süden wie im Norden, mit der Nationalbewegung und ihren verschiedenen Zweigen zumal; das war ein Druckpotential gegenüber den Regierungen und ihrer Betonung der Eigenstaatlichkeit. Insgesamt jedoch hatte die Politik mit den Regierungen Vorrang vor der Politik mit der Bewegung.

Wie war die Position der Regierungen in Süddeutschland? Hessen-Darmstadt war durch die Mainlinie geteilt und insoweit ohnmächtig und wenig handlungsfähig; die anti-preußische und einigungsfeindliche Gesinnung des Großherzogs und vor allem des leitenden Ministers Dalwigk, eines der letzten Überbleibsel der Reaktionszeit, der auf eine Revision der Ergebnisse von 1866 durch einen europäischen Krieg, durch Österreich und Frankreich, hoffte, konnten daran nichts ändern, beide gerieten überdies in ihrem Staat in zunehmende Isolierung. Baden war vom Großherzog über die liberale Regierung unter einem neuen Ministerpräsidenten bis zur Kammermehrheit einigungswillig, pro-preußisch, anschlußgeneigt. Weniger eindeutig war die Politik der Regierungen in Bayern und Württemberg. Auf sie vor allem kam es beim Fortgang der Deutschlandpolitik an. Ihre Haltung war zunächst realpolitisch motiviert. Preußen und der Nordbund waren eine Macht, mit der man sich arrangieren mußte, sicherheits- wie zollpolitisch war man eindeutig auf sie angewiesen; zeitweise spielte auch die Rücksicht auf die nationale Bewegung im eigenen Lande eine Rolle, das verwies wiederum auf das Arrangement mit dem Norden. Zugleich wollte man die Eigenstaatlichkeit wahren, jedenfalls möglichst viel davon. Schließlich wollte man sich nicht isolieren, die Südstaaten sollten zusammenstehen. Insgesamt kam es bei dieser Motivlage dem Establishment in beiden Ländern darauf an, das schier Unvereinbare zu vereinen, die Eigenstaatlichkeit zu bewahren und die gesamtdeutschen Bindungen auszubauen und zu verstärken. Der bayerische Ministerpräsident Hohenlohe (seit Ende 1866), liberalkonservativ, deutschlandpolitisch aktiv und einigungsgeneigter als Monarchen wie Ministerkollegen, meinte auch, durch eigene Initiativen des Südens, die nicht dem unmittelbaren Zwang einer Situation entsprangen, die Bedingungen für einen gesamtstaatlichen Verband im föderalistischen Sinne prägen zu können: ein Stück Souveränität aufzugeben, um möglichst viel an Souveränität zu retten und zu konsolidieren. So läßt sich die Ausgangslage beschreiben. Wir wenden uns dem Gang der Ereignisse zu.

Im Sommer 1866, noch während des Krieges, hatten die drei größeren süddeutschen Staaten mit Preußen geheime „Schutz- und Trutzbündnisse" geschlossen, Defensivallianzen angesichts der französischen Kompensations- und Interventionsneigungen. Im Frühjahr 1867 wurden sie, wir haben es erwähnt, teils zur Beruhigung der Nationalbewegung, teils als Warnung an Frankreich, veröffentlicht. Diese Bündnisse unterstellten die süddeutschen Armeen im Kriegsfall dem Oberkommando des preußischen Königs. Das war zweifellos eine wichtige Einschränkung der Souveränität. Offen blieb die Frage, ob der Bündnis„fall" bei einem Krieg automatisch eintrat – so die preußische Version – oder erst nach freier Prüfung der Partner, ob es sich um einen Verteidigungsfall handele – so die süddeutsche Version. Die Tatsache, daß die Bündnisse unkündbar waren – auch wenn das politisch keine Ewigkeit garantierte –, machte die Bindungen des Südens an Preußen in jedem Falle sehr stark.

Zunächst auch unabhängig davon wollten die drei Staaten nach der Niederlage von 1866 ihr veraltetes Militärwesen reformieren und modernisieren, und zwar, indem sie wesentliche Elemente des preußischen Systems, so etwa die allgemeine Wehrpflicht, übernahmen. Darüber gab es eine Verständigung der süddeutschen Regierungen, so freilich, daß das Maß der Angleichung unterschiedlich blieb – der Süden trat nicht als Einheit auf. Zudem erregten die Reorganisation des Militärs, die damit verbundenen Kosten und Lasten und die Angleichung an das gerade in dieser Hinsicht ungeliebte Preußen heftigen Protest in den Landtagen und im Volk. Durch sogenannte Konventionen wurde Hessen sehr eng und Baden lockerer mit der preußischen Heeresorganisation, -ausbildung und -bewaffnung verbunden. In Bayern und Württemberg (und auch in Baden) wurden neue Militärgesetze verabschiedet, die auf Angleichung an das preußische Wehrpflichtsystem hinausliefen, wenn auch mit mancherlei Einschränkungen aus Rücksicht auf die widerstrebenden Landtage. Das Ergebnis war: Der Süden, ohne ausreichende Sicherheitsgarantie und ohne Möglichkeit eigenständiger Sicherheitspolitik – die Milizidee der Opposition blieb illusionär –, mußte sich militärisch-politisch an Preußen anlehnen. Das bedeutete jedoch nicht einen völligen Anschluß. Im Frühjahr 1867, in der Luxemburg-Krise, hatten die Südstaaten sich gegen eine automatische Bündnisverpflichtung erklärt und Preußen gegenüber sehr zurückhaltend agiert. Die parlamentarischen Widerstände gegen die Militärgesetze blieben in den Königreichen stark und verhinderten eine dynamisch-expansive Auswirkung der militärpolitischen Halb-Integration. Dennoch, nimmt man Militärbündnisse und die Angleichung der Militärverfassungen zusammen, so entwickelten sich daraus gemeinsame Pläne für den Kriegsfall – das intensivierte die Gemeinsamkeit der Beteiligten.

Das zweite konkrete Problem der Deutschlandpolitik neben der Sicherheits- und Militärfrage war die Fortdauer des Zollvereins, der relativen Einheit des Wirtschaftsgebietes, also die wirtschaftliche Integration. Die Neufassung der Zollvereinsverträge stand seit den Friedensverträgen von 1866 an. Hohenlohe schlug in diesem Zusammenhang einen „weiteren Bund“ vor, der neben Zoll- und Wirtschaftsfragen auch Zuständigkeiten für Verkehr und Justiz erhalten sollte. Er sollte mehr staatenbündisch als bundesstaatlich verfaßt sein, die süddeutschen Regierungen sollten zum Bundesrat im Norden dazutreten, ein gemeinsames Parlament aber sollte es nicht geben. Vielmehr sollten die süddeutschen Landtage das Recht haben, Gesetze zu ratifizieren oder eben nicht zu ratifizieren. Zudem sollte dieser weitere Bund in ein Bündnis mit Österreich eintreten, das war Nachwirkung der Ideen von 1848/49 und des süddeutschen Großdeutschtums. Auch Bismarck hatte mit einem ähnlichen Plan gespielt, er aber wollte einen solchen Bund mit Parlament und als Zwischenstufe zu fortschreitender Integration. Bayern und Württemberg waren gegen diesen Plan, Frankreich und Österreich gegen jeden „weiteren Bund“, Hessen und Baden – aus unterschiedlichen Gründen – gegen den Hohenlohe-Plan. Insgesamt war nach der Beilegung der Luxemburg-Krise das Sicherheitsbedürfnis des Südens nicht mehr so akut, und darum nahm das Interesse an einem derartigen Bund ab. Auch Bismarck mußte zurückstecken. Statt dessen kam nur eine Neuorganisation des Zollvereins in Frage: Aus dem bisherigen Zoll-Staatenbund sollte ein Zoll-Bundesstaat werden, mit Mehrheitsbeschlüssen des Zollbundesrats, also ohne Vetorecht – nur Preußen behielt das –, und einem gemeinsamen Zollparlament; 85 süddeutsche Abgeordnete sollten, nach allgemeinem und gleichem Wahlrecht gewählt, zu diesem Zweck zum norddeutschen Reichstag (297 Abgeordnete) hinzutreten. Dieser Vertrag freilich, und das blieb ein entscheidendes Machtmittel Preußens, war befristet und also kündbar. Unter dem Druck der preußischen Auflösungsdrohung mußten auch die zögernden unter den Südregierungen das annehmen (Juni/Juli 1867); Bayern wurde durch zwei zusätzliche Stimmen im Zollbundesrat gewonnen; die Kammern haben den neuen Verträgen zugestimmt, der bayerische Reichsrat freilich mit knappster Mehrheit. Ein eigener süddeutscher Zollverein war wirtschaftlich keine Alternative, der Süden war wirtschaftlich, vor allem im Export, im Energie- und im Kapitalbedarf, ganz auf den Norden angewiesen. Trotz starker Opposition gegen die „preußische Diktatur“ wurden die Verträge im württembergischen und bayerischen Landtag ratifiziert.

Die Sache mit dem Zollparlament war eine lange und oft erörterte Reformidee gewesen. Bismarck hatte sie aufgenommen, weil sie seinem Bündnis mit der Nationalbewegung entsprach und weil er sich von einem Parlament ein zentralisierendes Gegengewicht gegen zuviel Föderalismus erhoffte. Konkret kam für ihn in der Situation von 1867/68 hinzu: Die

Wahlen sollten eine Demonstration popular-nationalen Einigungswillens sein, das Parlament ein Forum und ein Instrument, ein Druckmittel aktiver Nationalpolitik gegenüber zögernden Regierungen (und den mißtrauischen Großmächten); das Parlament sollte eine neue Dynamik in die Deutschlandpolitik bringen, gegebenenfalls eine „Anschlußbewegung“ auslösen. Zugleich mochte es dazu dienen, daß Bismarck sich als Bändiger nationalrevolutionärer Kräfte profilieren könnte.

Dieser weiterreichende Plan ist vollständig gescheitert. Die ersten Wahlen 1868 endeten mit einem großen Sieg der Partikularisten: 27 gegenüber 12 (und 9 Abgeordneten einer Mittelpartei) in Bayern, sämtliche 17 Sitze in Württemberg an Partikularisten und nur in Baden 6 zu 8, in Hessen sogar überhaupt kein Partikularist unter den 6 Abgeordneten. Das bedeutete für den Süden, wenn man die Mittelparteiler nach ihrem Stimmverhalten aufgliedert, ein Ergebnis von 53 zu 32 für die Partikularisten. Dieses für die Zeitgenossen ganz überraschende Ergebnis hatte vornehmlich zwei Gründe. Zum einen: Die anti-borussische und anti-liberale Opposition verband großdeutsche und partikularstaatliche Konservative und Demokraten, vom liberalen Antiklerikalismus provozierte Katholiken, Gegner der liberalen Wirtschaftspolitik und Gegner der strafferen Militärverfassung. All das war ja gleichzeitig akut. „Steuern zahlen, Soldat werden, Maulhalten“ – das war für einen richtigen Württemberger Demokraten der Inbegriff des Preußischen und der preußischen Einigung, das war der Schlachtruf bei den Wahlen. Und sodann: Diese Kräfte waren so stark, weil zum ersten Mal nach dem allgemeinen Wahlrecht gewählt wurde – das brachte den begrenzten Rückhalt der Liberalen, dieser Bürger, im Volk allererst zu Tage. Natürlich war dabei auch viel aktuelle Proteststimmung, 1870/71 und auch 1874 waren die Wahlergebnisse anders, die Liberalen und die Nationalen waren noch nicht eine strukturelle Minderheit (und insoweit nicht „gescheitert“). Aber es war eine schwere Niederlage sowohl der Nationalpartei wie Bismarcks. Die Einheitsbewegung hatte, so schien es, kein bedeutendes populares Fundament. Der Widerstand der partikularstaatlichen Regierungen und der Widerstand Europas mußten sich verstärken.

Diese Wahlniederlage vertiefte sich noch, gerade zu Beginn der Parlamentsverhandlungen: Die „Süddeutsche Fraktion“ der Partikularisten verband sich mit norddeutschen Föderalisten und Katholiken, der katholische Althannoveraner Windthorst wurde zu einem der politischen Führer, ja, mit den Konservativen ergab das eine Mehrheit, die alle Versuche blockierte, das Zollvereinsparlament durch rechtliche oder faktische Erweiterung seiner Kompetenzen zu einem allgemeinen Parlament zu machen, zum Forum und Motor der nationalen Einigung, der moralischen Eroberungen, die es strikt auf die Zollvereinskompetenzen beschränkt hielt. Der Versuch der Nationalliberalen, den Zollverein zur Vorstufe des Nationalstaates zu machen, von Bismarck begrüßt und gefördert, scheiterte auch in diesem zweiten Anlauf; er war blockiert, jedenfalls einstweilen jeder Dynamik beraubt. Die Hoffnungen auf einen friedlichen Fortschritt der Deutschlandpolitik schienen, vorerst, zerronnen.

Freilich, im eigentlichen Kompetenzbereich des Zollvereins lagen die Dinge anders. Hier überkreuzten sich viele Fronten; weder 1868 noch 1869 war ein neuer Tarif erreichbar, und auch um die Steuern gab es zwischen Exekutive, Bundesrat und Parlament den zeitüblichen Konflikt. 1870 kam über einen nationalliberal-konservativen Kompromiß – nun doch gegen die „Süddeutsche Fraktion" wie gegen die Linke – eine Tarifregelung zustande, die Freihandelsbefürworter und die Nationalpolitiker dominierten letztendlich und lösten die politische Blockade auf. Bismarck hatte trotz des Wahlergebnisses auf Dauer auf die integrative Wirkung praktischer parlamentarischer Arbeit (und auf „bessere" Ergebnisse bei späteren Wahlen) gesetzt. Dafür sprach vieles. Natürlich konnten die Gegner der Kompetenzausweitung nur deshalb so scheinbar selbstgewiß agieren, weil der Zollverein insgesamt in seiner Existenz feststand. Und es war schon bemerkenswert, daß sich die Vertreter von Regionen schließlich doch in überregionalen Parteien zusammenschlossen. Man mag spekulieren, ob das Zollparlament in der Wirtschaftskrise nach 1873 und den aufflammenden Kämpfen um den Schutzzoll sich wieder stärker blockiert und nach außen lahmgelegt hätte, also die Erwartung der Ökonomen, daß die zollpolitische auch zur allgemein politischen Einigung führen „mußte", widerlegt hätte. Sicher war schon 1868/70, daß die preußische Kündigungsmöglichkeit 1877 eine neue Dynamik entfesseln würde – Preußen würde sie zu nationalpolitischen Forderungen benutzen; der Süden wäre – das hatten alle Krisen seit 1834 gezeigt – nicht in der Lage, solchem Druck zu widerstehen, denn keiner der Staaten konnte allein oder auch gemeinsam wirtschaftlich ohne den „Verein" mehr existieren. Insofern war langfristig die nationalpolitische Perspektive der Zolleinigung nicht so negativ wie kurzfristig. Ende der 60er Jahre aber gab es auf diesem Feld einstweilen keine deutschlandpolitische Bewegungsmöglichkeit.

Auf die politische Lage, vor allem in Bayern und Württemberg, hatten die Zollvereinswahlen natürlich auch erhebliche Auswirkungen. Die Patrioten in Bayern und die Demokraten und Großdeutschen in Württemberg bekamen Auftrieb, die leichte Distanz der nationalliberalen Fortschrittspartei in Bayern und der Deutschen Partei in Württemberg gegenüber zuviel „Borussismus" änderte daran – zunächst – nichts Wesentliches.

Im Winter 1867/68, während die erneuerten Zollvereinsverträge ratifiziert und das Zollparlament gewählt wurden, hat Hohenlohe seine Idee einer staatenbündischen Assoziation zwischen den süddeutschen Staaten und dem Norden in anderer Weise noch weiter verfolgt: Ein „Verfassungsbündnis" sollte Annäherung des Südens an den Norden und seine Unabhängigkeit zugleich sichern, die süddeutschen Staaten sollten sich überdies zu einem Südbund zusammenschließen. Auch Österreich und Frankreich drängten auf einen solchen Versuch. Der – staatenbündische – Südbund sollte Justiz,

Staatsbürgerrechte und Militärwesen sowie Verkehrs- und Wirtschaftsfragen, die nicht in die Kompetenz des Zollvereins fielen, gemeinsam regeln. Diese Gemeinsamkeit sollte einerseits eine Art Damm gegen weitere Souveränitätsverluste darstellen und andererseits gleichzeitig Angleichungen an den Norden erleichtern. Diese Doppelfunktion machte das Widersprüchliche des Projekts aus. Wieder waren die Partner – aus entgegengesetzten Gründen – dagegen: Württemberg, weil es darin eher eine Bedrohung seiner Souveränität sah, die Gefahr einer zu starken Annäherung an den Norden und die Gefahr bayerischer Hegemonie, Baden, weil der Südbund die weitere Einigung blockieren, Hessen, weil er sie forcieren könnte. Ein Südbund hätte zudem langfristig doch zu einem Parlament tendiert, so forderten es schon die „partikularistischen" Parteien, und die Monarchien geschwächt. Aus dem Plan also wurde nichts. Bismarck hat nicht aktiv dagegen agiert, aber er rechnete nicht ungern mit seinem Scheitern. Als Hohenlohe solche Ideen Anfang 1869 noch einmal aufgriff, wieder um Bayern besser gegen den Sog unitarischer Einheit zu schützen und zugleich die Verständigung mit Preußen zu erleichtern, sind sie – aus denselben Gründen – wieder gescheitert: Hier also gab es keine nationalpolitische Alternative. Der Status quo schien für die württembergische wie dann auch für die bayerische Regierung – nach den militär- und zollpolitischen Bindungen – das Angemessene und Richtige. Zwischen dieser moderaten Status-quo-Politik und der anti-borussischen Opposition gab es massive Spannungen, die in beiden Ländern zu Krisen führten und insoweit zu neuen dynamischen Faktoren wurden.

Den von Baden – und den norddeutschen Nationalliberalen – wieder und wieder, zuletzt im Frühjahr 1870, vorgebrachten Wunsch nach „Anschluß" an den Norddeutschen Bund hat Bismarck weiterhin strikt abgelehnt – im Blick auf Europa wie auf Bayern; das hätte den Anschluß Bayerns und Württembergs unendlich erschwert. Die wilde Schärfe, mit der er gegen einen entsprechenden Antrag des Abgeordneten Lasker polemisierte, machte die betonte Distanz des Kabinettspolitikers zu seinen parlamentarischen Bundesgenossen auch öffentlich schmerzhaft deutlich, das war Regierungspolitik gegen Volks- und Parlamentspolitik, da war die Bruchlinie in jenem Bündnis.

1870 hat Bismarck, wir haben es erwähnt, eine andere Initiative ergriffen. Er wollte den preußischen König, nachdem die preußischen Diplomaten gerade dem Norddeutschen Bund und seinem „Präsidium" unterstellt waren, zum Kaiser proklamieren lassen. Das war einerseits eine „nationale Parole", die den Süden anziehen sollte; das war andererseits auch ein Test, wieweit Frankreich diese Titeländerung (mit ihrem impliziten nationalen Anspruch) tolerieren würde. Französischer und bayerischer Widerstand veranlaßten Bismarck zwar nicht, die Sache endgültig und gleich wieder aufzugeben, wohl aber sie zu vertagen, sie wurde dann von der „Parallelaktion" der spanischen Thronkandidatur und der daraus entstehenden Krise überholt.

Ob Bismarcks Deutschlandpolitik Anfang 1870, wie es den Anschein haben mochte, festgefahren war, ob es noch evolutionäre Chancen gab oder ob es gar eine Nötigung gab, einer hoffnungslosen Stagnation durch Krieg zu entkommen, werden wir gleich zu Beginn des übernächsten Abschnitts, wenn es um den Krieg von 1870/71 geht, diskutieren.

Zusammenfassend kann man sagen: Der Süden, das dritte Deutschland, hätte aus der Perspektive der europäischen Mächte wie der der Anti-Borussen, Partikularisten und Föderalisten durchaus Gewicht haben, eine selbständige Existenz auf Dauer erringen können, in losem Verbund mit dem Norden. Die sicherheitspolitische und die wirtschaftliche Lage hingegen zwangen zu einem Arrangement mit dem Norden und ebenso die innenpolitisch notwendige Rücksicht auf die nationale Bewegung im Süden, auch wenn sie, wie in Württemberg und Bayern, nicht die Mehrheit ausmachte. Jedes Arrangement mit dem Norden war labil und enthielt eine innere Dynamik, die auf mehr Angleichung, wenn nicht gar „Anschluß“ tendierte, ein definitiv konsolidiertes Arrangement der beiden Staatengruppen ist schwer vorstellbar. Dazu kam, entscheidend, daß „der Süden“ keine Einheit darstellte und über keine anerkannte Führung verfügte, er war nicht geschlossen, nicht handlungsfähig.

3. Innere Entwicklungen

Der preußische Sieg von Königgrätz und die Neuordnung Deutschlands 1866 mußten zwangsläufig gewaltige innen-, verfassungs-, parteipolitische Rückwirkungen haben, mußten auch diese Verhältnisse revolutionieren.

Das galt zunächst für Preußen. Bismarck, der Erzreaktionär, der im preußischen Konflikt gegen alle Verfassung regiert, die Liberalen zu unterwerfen, ja politisch zu vernichten getrachtet und so ungeheure Erbitterung erregt hatte, der Mann der Gewalt und des Unrechts, der Junker, der Militarist, der Nurpreuße und der Mann großpreußischer Machtambitionen, hatte gesiegt und mit ihm das Preußen des ultrakonservativen und militärischen Establishments. Und dieser Bismarck hatte zugleich das erste Ziel der kleindeutsch-nationalen Bewegung des deutschen Bürgertums erreicht, das Problem des deutschen Dualismus aufgelöst, eine Teileinigung wenigstens durchgesetzt und weitere nationale Zukunftsaussichten eröffnet. Daß er sich schon vor dem Krieg von 1866 der nationalen Parolen bedient hatte und den Krieg geradezu mit einer nationalrevolutionären Proklamation – der Forderung nach dem Nationalparlament – begonnen hatte, hatte man zumeist nicht ernst genommen, für demagogische bonapartistische Taktik gehalten. Der bisherige Gegner also war der Sieger, und er hatte das eigene Ziel der Liberalen für sich und seine Politik okkupiert.

Die erste innenpolitische Rückwirkung zeigte sich schon bei den preußischen Wahlen – am Tag von Königgrätz, also noch vor dem Siege: Die

Konservativen gewannen an Sitzen (von 35 stiegen sie auf 136), und die entschiedenen Liberalen verloren (von 247 auf 148) entsprechend, ja die Liberalen insgesamt verloren nicht nur eine reichliche Zweidrittelmehrheit, sondern die Mehrheit überhaupt (von ca. 70% auf knapp 49%, wenn man auch die Liberalkonservativen dazuzählt). Zu fürchten stand, in Preußen zunächst, eine Politik des autoritären Neoabsolutismus, die gänzliche Entmachtung des Parlamentes; das war in der Tat die Vorstellung der Ultrakonservativen und der Militärs (und vielleicht auch des Königs). Und wenn man sich mehr auf Bismarck und seine Reden von einem Parlament des allgemeinen Wahlrechts einstellte, mußte man mit einer plebiszitär-cäsaristischen (oder wie man gern sagte: bonapartistischen) Halb-Diktatur rechnen.

Insofern war es erstaunlich, daß Bismarck in der Thronrede zur Eröffnung des Landtags am 5. August das Parlament um „Indemnität" ersuchte. Was dieser Begriff bedeutete und was er umfaßte, war zwar umstritten und die Formulierungen waren alle bewußt elastisch gewählt. Aber es ging um die nachträgliche Entlastung der Regierung und um die nachträgliche Genehmigung der Ausgaben, die die Regierung ohne die erforderlichen Haushaltsbewilligungen des Parlaments in den vorangegangenen Jahren getätigt hatte; und wenn man es so lesen wollte, ging es um die nachträgliche Befreiung von der Verantwortlichkeit für das Regieren ohne Budget, damit aber um die grundsätzliche Anerkennung der solange übergangenen Rechte des Parlaments. Da waren die Formeln so, daß beide Seiten – Regierung wie Opposition – ihre Interpretation der Verfassungs- und Rechtslage hineinlesen mochten. Die Vorlage der Regierung war kein Schuldbekenntnis, dem eine Bitte um Amnestie folgte. Die Regierung hielt an ihrem moralischen Recht fest, in einer Notlage so zu handeln, und sie gab auch ihren Rechtsstandpunkt nicht auf, daß eine Lücke in der Verfassung bestehe, daß sie diese auszufüllen berechtigt und verpflichtet sei. Sie betonte das zwar nicht sonderlich, aber es war klar, daß das, was in der Vergangenheit rechtens gewesen war, es auch in Zukunft – möglicherweise – sein werde; Wiederholung war nicht ausgeschlossen. Daran nahmen die Gegner der Indemnität – selbst ein so moderater Liberaler wie Gneist – Anstoß; er meinte, nur eine juristisch gefaßte Ministerverantwortlichkeit (die Anklagemöglichkeit durch das Parlament) helfe gegen Wiederholung. Aber es blieb doch ein Friedensangebot der Regierung im Budgetkonflikt, eine Anerkennung der verfassungsgemäßen Kompetenz des Landtags in Budgetfragen, und es mochte doktrinär erscheinen, auf dem Extremfall der Wiederholung oder einem Schuldbekenntnis zu beharren. Man konnte die Indemnität als einvernehmliche Lösung und als Kompromiß in der Budgetfrage verstehen.

Davon unberührt war – das ging damals fast unter –, daß in der Ursprungsfrage des Konfliktes, der Frage nach der militärischen „Kommandogewalt" (ob die Heeresorganisation allein Sache des Königs sei), die Regierung schlicht sich durchgesetzt hatte. Hier gab es keine nachträgliche Indemnität oder Genehmigung; die Indemnität, um die es im Herbst 1866 ging, war nur die budgetrechtliche. Im Kampf um das Budgetrecht, kann man sagen, gaben beide Seiten nach, im Kampf um die Militärverfassung aber war der Sieg der preußischen Militärmonarchie, deren Kern eben die „Kommandogewalt“ war, stillschweigend zu einem Grundfaktum der Staatsordnung geworden. Das mußte weitreichende Folgen haben.

Bismarcks Indemnitätspolitik war primär von zwei Erwägungen geleitet. 1. Er war überzeugt, daß man nicht gegen die Tendenz (den „Strom“) der Zeit, also nicht gegen die mächtigste Bewegung der bürgerlichen Gesellschaft, die liberalnationale, regieren könne. Er wußte, was an der Zeit war. Indemnität war ein Versuch, die Regierbarkeit des Landes auf Dauer wiederherzustellen. 2. Er wollte gewiß die preußische Monarchie und das sie tragende Gesellschaftssystem erhalten, ja ihre Macht erweitern, er war insoweit und letzten Endes konservativ. Das aber war in seiner Sicht nur möglich, wenn man eben ein Bündnis mit den Mächten der Zeit abschloß, sich selbst an die Spitze des Bündnisses setzte und jene Mächte auf diese Weise zähmte und einband. Darum trennte er sich – wie bereits in der Frage des Verhältnisses zu Österreich, zu den anderen deutschen Staaten und zur Legitimität der Dynastien in den annektierten Staaten Hannover, Kurhessen und Nassau – nun auch in der verfassungs-, ja systempolitischen Grundfrage von seinen konservativen Freunden, mit denen er aufgestiegen war. Er wollte die Liberalen nicht vernichten, er wollte sie gewinnen. Zu diesen Grundmotiven kamen dann taktische Erwartungen dazu: Eine parlamentarische Mehrheit aus nationalen Liberalen und Konservativen konnte Staat und Regierung auch stärken, ja seine eigene Position – und man darf den ständig präsenten Machtehrgeiz und den Machtbehauptungswillen Bismarcks keinesfalls verkennen. Die Versöhnung mit dem preußischen Abgeordnetenhaus sollte seinen Kredit in den annektierten Provinzen, in den norddeutschen Bundesstaaten und auch im Süden erhöhen. Schließlich: Die Indemnität mochte die doktrinären und die pragmatischen Elemente bei Liberalen wie Konservativen voneinander trennen, die Parteien spalten und eine neue Mehrheit herbeiführen, eine Bismarck-Mehrheit. Nicht eigentlich in der Absicht (obschon das bei der Vorliebe Bismarcks für alternative Kalküle nie auszuschließen ist), wohl aber im Ergebnis war die Indemnitätsvorlage auch Mehrheitsbeschaffungspolitik.

Von den Parteien reden wir ausführlich, wenn wir die Grundsituation des Reiches von 1871 beschreiben. Hier muß, im Vorblick, weniges genügen. Man darf, wenn man ihre Haltung in der Situation von 1866 betrachtet, nicht, wie es meist geschieht, nur die Liberalen ins Auge fassen. Für die „alten“ Konservativen war Indemnität ein Abgehen von den ideenpolitischen Prinzipien des Konservativismus, war eine Preisgabe des Sieges, war Revolution – wenn auch von oben. Die Konservativen im Landtag haben zwar wohl oder übel, vielfach mit innerem Widerwillen, für das Gesetz gestimmt, aber die Spaltung der Partei in die intransigenten, altpreußischen, ideenpolitisch mobilisierten Altkonservativen und die moderateren, national- und realpolitisch gerichteten „Frei"konservativen, in die oppositionellen Traditionalisten und die gouvernementalen Modernisten, wurde schnell deutlich.

Die Reaktion der Liberalen war zwiespältig. Die einen sahen in der Indemnitätspolitik eine Ausgeburt des schlimmsten Machiavellismus: Die Liberalen sollten dem, was ihnen so teuer gewesen und wofür sie gekämpft hatten, abschwören. Bismarck wollte sie durch Teilhabe am Erfolg korrumpieren. Das sagten nicht nur, wenn auch vornehmlich, die alten Demokraten, die Linkeren und Radikaleren, wie Waldeck, sondern auch ein moderater Professor wie Gneist: Keine Indemnität, ich wiederhole es, sondern nur ein Gesetz über Ministerverantwortlichkeit schütze vor Wiederholung. Auf der anderen Seite standen die Realisten, für die der aufrechte und entschieden liberale Twesten stehen mag: „Die Geschichte" selbst habe Bismarck die Indemnität erteilt; man müsse, statt in fruchtlos negativer Opposition derer, die Recht haben wollen, zu verharren, gerade im Interesse des Liberalismus das Versöhnungs- oder Verständigungsangebot annehmen, die goldene Brücke, die Bismarck den Liberalen zu bauen suche, beschreiten. Schon während des Konfliktes hatte sich, 1863 z.B., zwischen Waldeck und Twesten, eine ähnliche Bruchlinie abgezeichnet: Ob man das unfreiheitliche, ja gegenreformerische Preußen, also die Regierung Bismarck, wenn sie sich an die Spitze der nationalen Politik setzen würde, stützen sollte – in der Hoffnung auf zukünftige Liberalisierung – oder nicht, eben weil sie innerlich nicht zur Freiheit bereit sei; ob es also auf dem Weg zu dem von allen gewollten Deutschland in Einheit und Freiheit einen Vorrang der Einheit vor der Freiheit geben sollte oder nicht. Die Alternativen, so hat es Hermann Baumgarten in Baden – für den gesamten deutschen Liberalismus – in seiner berühmten „Selbstkritik" im Spätherbst 1866 formuliert, waren das Verharren in der Opposition gegen Bismarck und Preußen, de facto Rückzug in eine pläneschmiedende Ohnmacht, oder eben die Kooperation mit ihm, die Teilnahme an der wirklichen Politik, die Juniorpartnerschaft, in der man regierungsfähig werde, die Politik der kleinen Schritte. Dahinter stand – noch einmal – die Meinung, Geschichte und Wirklichkeit hätten das unbürgerliche Preußen und hätten Bismarck legitimiert; stand die Meinung, nur über den Nationalstaat, nicht einen Kleinstaat der „Zwergpolitik", ein liberales Baden z.B., lasse sich auch das parlamentarische System einführen; oder die Meinung, Liberalisierung der Verwaltung und Selbstverwaltung, wie sie der Kooperationskurs verhieß, habe gleichen Rang wie die Umgestaltung der Verfassung oder gar Vorrang vor ihr.

Die Haltung Twestens und seiner Freunde war im Berliner Abgeordnetenhaus darum nicht Kapitulation, Erfolgsanbetung, Opportunismus. Sie entsprang einem realistischen Kalkül über die Chancen des Liberalismus. Man wollte keine Ziele aufgeben, aber man glaubte sie eher durch Kooperation denn durch Konfrontation – hoffnungslos gegen einen Sieger mit solchem populären Prestige – erreichen zu können, der entstehende Unterschied war also zunächst nicht ein Unterschied von Zielen und Grundsätzen, sondern nur ein Unterschied der Taktik. Natürlich wußten auch diese Liberalen, wie riskant eine Verständigung, ja ein Bündnis mit dem anti-liberalen Gegner von gestern war – aber sie waren der festen Überzeugung, daß sie ihn zu ihrem „Alliierten" machen könnten (R. Haym), daß die Zeit für sie arbeite, daß andere Situationen, sei es auch nur Thron- oder Kanzlerwechsel, ihre Position stärken würden. Gewiß spielt auch die alte (und immer wieder neu gestellte) Frage nach dem Verhältnis von Einheit und Freiheit eine Rolle. Aber es war nicht so, daß die Verständigungs-Liberalen, die alsbald Nationalliberale hießen, die Freiheit der Einheit opferten; sie glaubten vielmehr – lange schon – durch mehr Einheit zu mehr Freiheit zu kommen, und die Haltung der Liberalen aus den Kernländern der Reaktion, aus Hessen und Hannover, schien das zu bestätigen. Nur die Einheit der Nation werde die partikularstaatlichen Reaktionen überwinden, werde Preußen mit seiner autoritären, feudalen, militärischen Struktur, die z. T. als Ergebnis seiner sicherheitspolitischen Überlastung als einziger Militärmacht unter den deutschen Staaten angesehen wurde, liberalisieren. Diese Liberalen konnten nicht darüber hinwegsehen, daß jetzt und mit Bismarck die nationalstaatliche Einigung Tatsache geworden war und jedenfalls auf der Tagesordnung – auch der Wähler – Vorrang vor der Ausgestaltung eines stärker parlamentarisch ausgerichteten Verfassungsstaates gewonnen hatte, und das galt gerade für die Liberalen im Süden. Fortführung von Konflikt und Opposition, das hatte bei den Wählern keinen Rückhalt. Endlich, Bismarck trennte sich von den Ultrakonservativen, machte Revolution von oben, das schmeckte den Rechten wie den Linken nicht, für die anti-revolutionären, aber evolutionär-reformerischen Liberalen hingegen war das eher eine Möglichkeit – auch wenn sie wie alles in der Welt Risiken barg.

Das Ergebnis war also – noch einmal – nicht eine Kapitulation, sondern ein Kompromiß und ein Bündnis; die Alternative wäre der Ausstieg aus der realen Politik gewesen. Der Einstieg unter den Bedingungen des Bündnisses war ein vernünftiges Kalkül. Es war klar, daß damit einstweilen ein Verzicht auf weitere Parlamentarisierung gegeben war, das mußte man zurückstellen. Und es war klar, daß die Spaltung des Liberalismus ihn schwächte (nicht aber, daß sie die Tragödie des deutschen Liberalismus recht eigentlich eingeleitet hat). Die Spaltung war auch ein anderer Sieg Bismarcks, war noch einmal eine Niederlage der Liberalen, aber sie schien unabwendbar, und vielleicht war sie zu verkraften, wie die Schwäche der oppositionsliberalen Fortschrittspartei in den nächsten Jahren zu zeigen schien. Und manche der Verständigungsliberalen waren ideenpolitisch natürlich nicht unglücklich, von „demokratischen" Ideologen sich trennen zu dürfen (obwohl das zwischen 1867 und 1870 noch keine bedeutende Rolle spielt). Man mag in dieser Entscheidungssituation auch den Konflikt von Gesinnungs- und Verantwortungsethik sehen, wie es bei Baumgarten anklingt: Doktrinäre und wirkungslose Prinzipienpolitik auf der einen Seite, pragmatische und wirksame

Realpolitik auf der anderen, so sahen es die Verständigungsliberalen; blanker Opportunismus gegenüber dem Festhalten am großen Ziel freiheitlicher Verfassung für jetzt und für später, so die Oppositionsliberalen. Daß mit solchen Polarisierungen Gefahren und mögliche Entwicklungen benannt waren, ist klar; die Realpolitik konnte in den Sog der Anpassung geraten, die die liberalen Ziele aufzehrte – aber diese Lage war 1867 nicht gegeben, und sie war trotz mancher Kassandra-Rhetoriker schlechterdings nicht prognostizierbar. Wir wissen, wie es am Ende wurde. Aber das darf unser Urteil über das, was damals möglich schien, nicht – wie Besserwisser wollen – trüben. Die Indemnitätsvorlage ist im Abgeordnetenhaus von 41 Mitgliedern der „Fortschrittspartei" abgelehnt, von 34 angenommen worden, von der Nachbarfraktion des „linken Zentrums" stimmten 38 dafür, 22 dagegen; die altpreußischen liberalen Abgeordneten entschieden sich zu gleichen Teilen für die alternativen Positionen. Im November 1866 haben die Verständigungsliberalen – dazu gehörten auch Gegner der Indemnitätsvorlage wie Gneist, umgekehrt gab es auch Indemnitätsbefürworter, die bei der Fortschritts-Opposition blieben – in Preußen die „neue Fraktion der nationalen Partei" gegründet, das war der Anfang der Nationalliberalen Partei; der größte Teil der Liberalen aus den neupreußischen Provinzen und den anderen nord- wie süddeutschen Staaten schloß sich ihr an.

Neben diesen revolutionären Veränderungen des Verhältnisses von Regierung und liberaler Mehrheit und der liberalen Partei selbst steht die andere innere Revolutionierung, die Begründung des Norddeutschen Bundes und seiner Verfassung.

Ein Ergebnis des Krieges von 1866 war, daß Preußen freie Hand erhielt, Norddeutschland zu organisieren. Radikalnational-unitarische Ideen eines Anschlusses des ganzen Nordens an Preußen, wie sie z. B. Heinrich v. Treitschke äußerte, lagen neben den Realitäten. Frankreich, der preußische König und das konservative Establishment hätten sich dagegen gestellt und erst recht die „Opfer" solcher Angliederung; jede Chance einer Verbindung mit dem Süden wäre verbaut worden. Bismarck hat dergleichen nicht erwogen. Er wollte einen Norddeutschen Bund unter starker preußischer Führung. Demgemäß schloß Preußen zuerst mit seinen Verbündeten, dann mit den Kriegsgegnern – vor allem mit dem im Friedensvertrag gesondert behandelten Sachsen – und auch mit Hessen-Darmstadt für das nördlich des Mains gelegene Oberhessen Verträge über die Gründung eines Bundes. Über dessen Verfassung wollten sich die Regierungen verständigen und sie dann einem Parlament zur Beratung und Vereinbarung vorlegen; dieses Parlament sollte auf Grund des allgemeinen und gleichen Wahlrechts von 1849 gewählt werden. Als der preußische Landtag mit diesem Verfahren wegen des Wahlgesetzes befaßt war, erhob sich Widerspruch von rechts gegen das allgemeine Wahlrecht, von links gegen die Einberufung eines Konkurrenzparlamentes, gegen den vermuteten Versuch Bismarcks, ein Parlament durch das andere lahmzulegen, gegen das Entscheidungsmonopol eines neuen Bundesparlaments und eine Ausschaltung des Zustimmungsrechts des preußischen Landtags. War es nicht einfacher, die Abgeordneten der anderen Staaten zum preußischen Abgeordnetenhaus hinzuzuziehen, Restkompetenzen an die Provinziallandtage zu verweisen und vielleicht sogar das Herrenhaus, die Erste Kammer, die Bastion der Junker, abzuschaffen oder zu reformieren? Und auch die Konservativen wollten die Kompetenzen Preußens stärker wahren. Der Gegensatz zwischen einzelstaatlichem und gesamtstaatlichem Parlament machte sich wie 1848/49 trotz allen nationalen Konsenses sofort bemerkbar; aber das war einstweilen nur ein Vorklang der Zukunft. Das Gesetz wurde angenommen – daß es dem neuen Parlament nur das Beratungsrecht zubilligte, blieb ohne Belang.

Es ging also um die Verfassung des Bundes, dessen Gründung beschlossen war. Im Kern stammt der Entwurf zu dieser Verfassung von Bismarck selbst. Anders als die Verfassungen des 19. Jahrhunderts, die aus dem Geist des Liberalismus und der Aufklärung stammten, war er untheoretisch, nicht von normativen Prinzipien bestimmt, vielmehr pragmatisch, auf die gegenwärtige Konstellation der Kräfte bezogen, nicht abgeschlossen, sondern auslegungs- und entwicklungsfähig. Es fehlte der übliche Grundrechtsteil – Bismarck scheute die hier virulenten wilden ideenpolitischen Grundauseinandersetzungen, die Konkurrenz mit den Gliedstaaten, deren Verfassungen unterschiedliche Kataloge von Grundrechten enthielten. Das Ganze war mehr ein Organisationsstatut. Der Text sollte – so Bismarcks Anweisung, so seine strategisch taktische Absicht – durch „elastische Formeln" den gesamtstaatlichen Kernbestand hinter den Rechten der Gliedstaaten zurücktreten lassen. Die Verfassung sollte damit, das war für Bismarck wichtig, den Beitritt der süddeutschen Staaten offen halten, ja jederzeit ermöglichen; diese Rücksicht begründete auch, warum sie einen so provisorischen Charakter erhielt. Wir werden diese Verfassung näher durchleuchten, wenn wir von den Grundgegebenheiten der Reichsordnung von 1871 sprechen. Hier genügt ein kurzer Vorblick zunächst auf das, was Bismarck wollte, und dann auf das Ergebnis.

1. Bismarck wollte einen Bundesstaat mit gemeinsamen Kompetenzen und Entscheidungen nach dem Mehrheitsprinzip (nur bei Verfassungsänderungen sollte Preußen ein Vetorecht haben), aber mit den beiden Wesenselementen des Föderalismus, mit viel Autonomie der Gliedstaaten und mit starken Mitwirkungsrechten dieser Gliedstaaten an den Entscheidungen des Gesamtstaates – damit wollte er die deutschen Traditionen wie die süddeutschen Sondertendenzen berücksichtigen. Da der heutige Beurteiler dazu neigt, Ernst und Gewicht des Föderalismusproblems in diesen Jahren zu unterschätzen, muß man die hohe Priorität des Problems der Versöhnung von Einheit und Vielheit und die hohe Priorität der föderalistischen Lösung betonen.

2. Bismarck wollte diesen Bundesstaat unter preußischer Hegemonie; dabei sollte die Hegemonie aber hinter dem Bundesprinzip nicht zu deutlich

hervortreten, darum z. B. beanspruchte Preußen nicht – trotz seiner Größe – die Mehrheit der Stimmen im eigentlichen Föderativorgan, dem Bundesrat (17 von 43); sein faktisches Gewicht, so die Meinung, würde eine Mehrheit immer bewirken.

3. Bismarck wollte eine starke monarchische Ordnung. Das hieß unter den gegebenen Umständen: Der Bundesstaat sollte ein Bundesstaat der Fürsten und ihrer Regierungen sein; sie waren Inhaber und Träger der Souveränität. Sie sollten auch als Exekutive, als Regierung, fungieren und zugleich als ein Teil der Legislative maßgeblich an der Gesetzgebung teilnehmen. Fürsten und Regierungen bildeten, was Bismarck zunächst traditionell Bundestag nannte und was dann endgültig Bundesrat hieß. An der Spitze dieses Organs stand das starke Bundespräsidium, das dem König von Preußen zukam – da waren das föderative und das hegemoniale Element verklammert. Das Bundespräsidium war unter anderem für Außenpolitik sowie für Militär und Krieg zuständig und ernannte den Bundeskanzler. Der sollte als Geschäftsführer fungieren. Das Eigentümliche dieser Konstruktion war die Koppelung von Fürstenbund und Regierung. Das Organ der verbündeten Fürsten (und Städte), der Bundesrat, war selbst die Regierung, eine seltsame und schwer praktizierbare Konstruktion. Zugleich war der Bundesrat ein Teil der Legislative, eine Art Ober- oder Staatenhaus. Diese Verbindung hatte einen doppelten politischen Sinn: Sie berücksichtigte die Tradition, die bisherigen Inhaber von Souveränität und Macht, und band sie in die neue Form ein; zugleich sicherte und verstärkte sie das monarchische Prinzip. Dem anderen Organ der Verfassung, dem Parlament, stand nicht nur ein Monarch – der Bundesmonarch – gegenüber, sondern die Gesamtheit der Monarchen, de facto das kaum greifbare Gremium „Bundesrat". Jede Verschiebung der Machtverteilung zwischen Monarchen und Parlament zugunsten des Parlaments betraf darum auch die föderative Organisation: Das monarchische und das (monarchisch geprägte) föderative Element der Verfassung stützten und zementierten sich gegenseitig, das sollte eine Machterweiterung des Parlaments blockieren.

4. Der föderal-monarchischen Bundesexekutive – Bundesrat und Präsidium – sollte ein Parlament mit den damals üblichen legislativen Kompetenzen gegenüberstehen. Das entsprach Bismarcks Einsicht, daß nur mit den Kräften der Zeit zu regieren war, und seinem Entschluß zum Bündnis mit der bürgerlich nationalen und gemäßigt liberalen Bewegung. Das sollte zugleich ein Gegengewicht gegen zuviel Einzelstaatlichkeit und zuviel Hofmacht sein, sollte die Regierungsfähigkeit der faktischen Exekutive stärken. Das Parlament war Einbindung der Bewegungsmächte in den Bund und war „Einheitskitt", ja Einigungsmotor zugleich. Es stand nicht im Zentrum der Verfassung, aber doch auch nicht am Rande. Dieses Parlament sollte aus allgemeinen und gleichen Wahlen hervorgehen; das war Bismarcks Parole vom Frühjahr 1866 schon gewesen, das entsprach seinem damaligen Mißtrauen gegen die Bourgeoisie und das Klassenwahlrecht, seinem Vertrauen in

eine königstreue Landbevölkerung, und – obwohl er das abstritt – seiner Neigung, bei Konflikten mit einem Bürgerparlament einen plebiszitären Cäsarismus ausspielen zu können. Aber es war keineswegs seine Absicht, das Bürgertum auszuschalten. Das allgemeine Wahlrecht sollte ausbalanciert werden durch das strikte Verbot von Diäten (das diene nur dem „gebildeten Proletariat" und den Demagogen) und den Ausschluß der Beamten, dieser unpraktischen Leute, fern von den realen Interessen, wie er meinte, Kern aller bisherigen liberalen Opposition. Die auch in Regierungskreisen erwogene Idee eines Oberhauses wurde von Bismarck fürs erste jedenfalls abgelehnt, das sei zuviel und zu schwerfällig.

Der für die Verfassungsberatung gebildete Reichstag war auf Grund des allgemeinen (Männer-)Wahlrechts gewählt worden (Februar 1867), bei „normaler", im Vergleich zu den preußischen Landtagswahlen hoher Wahlbeteiligung (64,9 %); einen Boykott der Wahlen hat es, auch in den von Preußen annektierten Provinzen, nicht gegeben, gelegentlich war die Wahlbeteiligung dort geringer. Das starke Interesse der Wähler ist bei der Neuheit der Institution des allgemeinen Wahlrechts und der geringen Organisation der Parteien ein erstaunliches Phänomen; das politische Interesse war durchaus wach. Sodann ist erstaunlich, daß diese Wahl nach allgemeinem Wahlrecht politisch nicht zu wesentlich anderen Ergebnissen führte als die Wahlen nach dem Klassenwahlrecht, vorerst jedenfalls. Die Spaltung der Liberalen wirkte sich noch kaum so aus, daß man gegeneinander kandidierte, insgesamt verloren sie in Ostelbien, die Nationalliberalen gewannen im Westen, den neuen preußischen Provinzen und den Mittel- und Kleinstaaten. Der Regierungsapparat hat die Wahlen beeinflußt, gewiß, aber gemacht hat er sie nicht. Die Mehrheit im Reichstag bildeten die neuen Nationalliberalen und die neuen „Frei"konservativen, dazwischen sogenannte Altliberale und noch viele nicht festgebundene Unabhängige. Das waren die potentiellen Bismarckanhänger, 180 von 297. Daneben gab es 59 Altkonservative, 13 Polen, 18 Welfen und andere „Föderalisten" sowie 19 Linksliberale. Die liberal-freikonservative Mitte konnte ihre Mehrheit nach links erweitern oder den Zuzug von rechts erhalten – je nachdem, wo die Trennlinien der Mitte konkret verliefen. Freilich, die Liberalen insgesamt hatten, einschließlich von 6,4 % Linksliberalen, nicht die Mehrheit; zu ihren 47,1 % (das waren 138 Abgeordnete) gehörten 9,1 % „Altliberale" (27) mit manchen konservativen Neigungen.

Insgesamt ist aber auch die liberale Linke stärker am Zustandekommen der Verfassung beteiligt gewesen als die publizistische Polemik der liberalen Wortenthusiasten es vermuten läßt. Anders als 1848/49 stand die Verfassungsberatung dieses Reichstags unter keinem Außendruck, selbst Petitionen und Adressen hat es kaum gegeben.

Bismarck hatte sich ermächtigen lassen, falls die „Vereinbarung" mit dem Reichstag scheitere, die Verfassung auch ohne Parlament zu oktroyieren oder gar das ganze Projekt scheitern zu lassen. Mit dieser Drohung im

Hintergrund setzte er, das war genau seine Absicht, sich gegen Widerstände durch. Sein Veto verhinderte häufig die endgültige Annahme von Veränderungsbeschlüssen. Aber es kam doch auch zu Kompromissen. Zwar hatten rechte, föderalistische und linke – unitarisch parlamentarische – Änderungsvorstöße angesichts der freikonservativ-nationalliberalen Grundmehrheit wenig Chancen, jedoch gab es in einigen Kernfragen Widerstand der Mitte, und die Nationalliberalen konnten, wie gesagt, auch andere Mehrheiten zustande bringen.

Von den Streit- und Änderungspunkten sind einige erwähnenswert, weil von zentraler Wichtigkeit.

1. Es gelang nicht, aus dem Bundespräsidium einen Bundesmonarchen zu machen – das widersprach Bismarcks komplizierter Konstruktion, den kaum greifbaren Bundesrat als Gegenpol des Parlamentes zu installieren und so eine Parlamentarisierung nach Möglichkeit zu blockieren. Eben darum führte der Versuch der Linken, den Bundesrat auf die Legislative zu beschränken und dem Bundespräsidium die Exekutive zu übertragen, zu nichts. Der Zusammenhang einer zuerst starken unitarischen Exekutive mit einer dann starken parlamentarischen Legislative war Bismarck so klar wie den linken Liberalen.

2. Die Einfügung von Grundrechtsgarantien in die Bundesverfassung lehnte Bismarck im Blick auf die Rechte der Einzelstaaten und die enormen Schwierigkeiten bei der Formulierung solcher Regelungen ab – ein Zentralpunkt wäre der Konflikt zwischen Liberalen und Katholiken über Kirche, Schule und Ehe gewesen.

3. Zentral war, wenn es schon keinen Bundesmonarchen gab, die Frage eines „verantwortlichen" Bundesministeriums. Das gehörte zum klassischen Verfassungsideal der Liberalen. So gut wie niemand unter den Liberalen zwar wollte das parlamentarische System einführen, den Vorwurf, Anhänger einer Parteiregierung zu sein, wiesen sie weit von sich. Formal wollten sie eine juristische Verantwortlichkeit, die Möglichkeit des Parlaments zur Ministeranklage vor einem Staatsgerichtshof. Aber es war klar, und das war viel wichtiger, daß die Übernahme der öffentlichen und parlamentarischen „Verantwortung" eines Ministers für Regierungsakte – das Rede- und Antwortstehen, die Anerkennung des Begründungs- und Rechtfertigungszwangs – eine viel weiter reichende verfassungspolitische Bedeutung hatte und die Gewichte zwischen Parlament und monarchischer Regierung auch im konstitutionellen System verschob. Darum hatte der dunkle und scheinbar nur moralische Begriff der Ministerverantwortlichkeit einen scharfen system- und machtpolitischen Sinn. Dazu kam, daß die liberale Forderung auch auf ein kollegiales Ministerium hinauslief, die Ressortchefs sollten einzeln wie die Regierung insgesamt „verantwortlich" sein, das schloß ein Kanzlersystem aus. Mit der Forderung nach einem verantwortlichen Bundesministerium sind die Liberalen an Bismarck gescheitert, unter seinem Druck ergab sich eine Mehrheit von einer Stimme gegen die Forderung. Was hin-

gegen neu eingeführt wurde, war das Prinzip der „Verantwortlichkeit“ des Bundeskanzlers. Bennigsen, der nationalliberale Parteiführer, hatte beides beantragt, nur mit dem zweiten, ursprünglich von einem Freikonservativen eingebrachten Antrag kam er durch – obwohl sein Hauptvorhaben gescheitert war, hieß und heißt dieses Relikt seines Antrags seither „lex Bennigsen“. Ob das eine Niederlage oder ein Teilerfolg war, darüber wird noch heute gestritten. Jedenfalls war das eine fundamentale Veränderung des Bismarckschen Entwurfs. Aus dem „Bundeskanzler“ genannten Geschäftsstellenleiter des Bundesrats wurde ein eigenes Organ der Reichsexekutive. Dadurch wurde auch das „Bundespräsidium“, das den Kanzler ernannte, gegenüber dem Bundesrat verselbständigt. Kanzler und Präsidium wurden doch gesamtstaatliche, wenn man will: unitarische Einrichtungen, nicht mehr absolut an das Föderationsorgan Bundesrat gebunden, ja sie gewannen die Substanz der Bundesexekutive. Insoweit hat die unscheinbare Bestimmung über die Verantwortlichkeit des Kanzlers die Stellung des Präsidiums und das Gefüge der Exekutive überhaupt geändert. Zugleich bewirkte diese Bestimmung den Übergang zu einer Form des Bundeskonstitutionalismus. Präsidium und Kanzler rückten in die Stellung von Monarch und Minister im konstitutionellen System. Der Kanzler stand dem Reichstag und der öffentlichen Meinung gegenüber und mußte seine Politik öffentlich vertreten. Er war somit nicht nur rechtlich vom Bundespräsidium – dem preußischen König – abhängig, sondern politisch auch, in Maßen, vom Reichstag. Die doppelte Abhängigkeit stärkte seine Unabhängigkeit, seine Macht.

Bismarck hat das sehr wohl gesehen – das war die Position, die für ihn paßte, darum war er mit dieser Regelung durchaus einverstanden, so sehr sie von seinem ersten Konzept abwich. Man darf aber bei dieser Regelung nicht nur an Bismarck, nicht nur an den Bundes- und Reichsmonarchen denken. Gewiß haben beide gewonnen. Doch auch die Liberalen haben trotz der Ablehnung des verantwortlichen Ministeriums einen wichtigen Teilsieg errungen. Der Bundeskonstitutionalismus war installiert, das bot allererst einen Ansatz, das Verhältnis von Parlament und Regierung evolutionär zu verändern. Das Scheitern der Absicht, das gesamte Ministerium verantwortlich zu machen, bedeutete darum noch nicht eine Blockade aller weiteren Entwicklung.

Natürlich, Verantwortlichkeit des Kanzlers hieß nicht, wir wiederholen es, Abhängigkeit vom Vertrauen des Parlaments; die politischen Folgewirkungen der moralisch öffentlichen Verantwortung jedoch kann man schlechterdings nicht übergehen. Davon wird noch des öfteren die Rede sein.

4. In einem zweiten Hauptpunkt kam es zu einem Kompromiß. Bismarck erzwang sein Diätenverbot, aber die Liberalen und die Mehrheit dieses Beamten-Reichstags setzten dagegen die Wählbarkeit der Beamten durch. Das machte jedenfalls in den Augen Bismarcks und unter den damaligen sozialen Gegebenheiten das Diätenverbot ziemlich wirkungslos.

Dazu setzte die Reichstagsmehrheit – an sich mißtrauisch gegenüber dem allgemeinen Wahlrecht, aber nicht mehr in der Lage, öffentlich zu widersprechen oder gar es zu revidieren – die geheime Wahl anstelle der offenen Stimmabgabe durch. Damit war Bismarcks Spekulation auf Wahlen unter den Augen der staatlichen und sozialen Hierarchien, auf Wahlen nach bonapartistischem Muster gescheitert. Das hat die Konsequenzen der Einführung des allgemeinen Wahlrechts tiefgreifend beeinflußt und verändert.

5. Was schließlich die Stellung des Reichstags betraf, so wurde die zentrale Gesetzgebungskompetenz im Justiz- und Finanzbereich erweitert. Die Nationalliberalen waren für eine Verstärkung der Bundeskompetenzen, nicht – wie manche ihnen vorwarfen – aus zentralistisch-etatistischer Leidenschaft, sondern weil sie im Bund die Institution der Reform sahen; sie wollten nicht den Bund „verpreußen", vielmehr Preußen über den Bund liberalisieren. Vor allem wurde das Budgetrecht verstärkt: Die Bewilligung sollte sich nicht nur auf die Ausgaben, sondern auch auf die Einnahmen erstrecken, und sie war jährlich – nicht für längere Fristen – zu erteilen; hier gab Bismarck nach. Der Heeresetat (und damit auch die Stärke des Heeres), Hauptsektor der Ausgaben, blieb – einstweilen – jedoch davon ausgenommen. Zwar konnte Bismarck, wie er beabsichtigte, eine Dauerbewilligung (das sogenannte Äternat) noch nicht durchsetzen; aber das Normale, was die Liberalen wollten, eine jährliche Bewilligung, scheiterte an seinem Veto, er erzwang ein Provisorium, eine Bewilligung für vier Jahre, und auch danach sollte sie – falls keine Einigung gefunden wurde – in gleicher Höhe weiterlaufen. Im harten Kern der Staatsgewalt, dem Militärwesen, blieb das Recht des Parlaments begrenzt (selbst wenn die Heeresstärke nun doch durch Gesetz festgelegt war); das war freilich nach dem Ausgang des Konflikts in Preußen kaum anders zu erwarten.

Am 16. April 1867 wurde die Verfassung vom Reichstag mit 230 gegen 53 Stimmen, also mit großer Mehrheit, zu der auch die Konservativen gehörten, angenommen.

Die Frage, ob die Verfassung ein Kompromiß war oder ein Sieg Bismarcks, ist falsch gestellt. Trotz einiger wichtiger „Konzessionen" und trotz der Umfunktionierung des Kanzleramtes trägt sie vor allem die Handschrift Bismarcks, sein Wille und sein Entwurf bestimmten die Grundlinien. Aber die Verfassung fixierte gleichsam die bestehende Machtlage, sie setzte das Gewicht der bürgerlichen Bewegung neben das des „alten" Establishments – das ergab zwar kein vollkommenes Gleichgewicht, aber es war weit mehr als eine partielle Konzession oder ein bloßes Ornament, geschweige denn eine Illusion. Was herauskam, war für die Liberalen eine entwicklungsfähige Juniorpartnerschaft, ein Übergang, eine Abschlagsleistung, verbesserungsfähig, aber immerhin ein Schritt auf dem Weg zur „Freiheit". Im Blick auf die weitere Entwicklung lag eine der wesentlichen Spannungen dieser Verfassung und ihre Dynamik darin, daß zwar die Kompetenzen des Reichstags beschränkt waren, er zugleich jedoch auf dem allgemeinen Wahlrecht beruhte. Natürlich, die Verfassung spiegelte den Machtgewinn der „alten" Mächte von 1866 und schrieb ihn fest, aber das andere bleibt genauso wahr: Bismarcks Überzeugung, daß ohne die Kräfte der gesellschaftlichen Bewegung (oder gar gegen sie) nicht und nicht mehr zu regieren sei und daß auch der napoleonische Cäsarismus keine Lösung und keine Stabilität biete, ging in die Verfassung ein. Insofern war sie ihrem Wesen nach Vermittlung, so freilich, daß die Regierung, daß Bismarck selbst bei der Auslegung der Vermittlung die Oberhand hatte, vorerst jedenfalls.

Im August 1867 wurde der Reichstag neu gewählt – die Wahlbeteiligung war jetzt deutlich geringer (40,5 % in Preußen), das ging vor allem zu Lasten der unterlegenen Kandidaten. Die Verwaltung begünstigte „gouvernementale" oder jedenfalls eher regierungszugeneigte Kandidaten. Das Ergebnis war wenig verändert, wiederum eine nationalliberal-freikonservative Mehrheit. Die innerliberale Trennung kam jetzt etwas stärker, in großen Städten und im Westen, zur Geltung; der Fortschritt behauptete sich in den alten Provinzen (14,2 % Stimmenanteil, gegenüber 13,8 % der Nationalliberalen), die Nationalliberalen gewannen ihre Stärke in den neuen Provinzen (39,9 % gegenüber 6,3 % Fortschritt) und in den kleineren Staaten. Insgesamt verloren die Freikonservativen und die Altliberalen 17 Mandate, die Nationalliberalen gewannen drei, die Fortschrittler zehn, die Konservativen vier.

Der Bund entfaltete nun eine – so kaum voraussehbare – Aktivität auf dem Gebiete der Verwaltung und Gesetzgebung, daran nahm der Reichstag einen prägenden, manchmal fast bestimmenden Anteil. Neue parlamentarische Verfahren – Wahlprüfungen, drei Lesungen, Kommissionsbesetzung und Rednerliste nach den Fraktionsverhältnissen, Ältestenrat etc. – spielten sich schnell ein. Die Einrichtungen des Bundes – das Bundeskanzleramt vor allem – wurden ausgebaut. Der Sache nach ging es um Rechts-, Gesellschafts- und Wirtschaftsreform.

Es beginnt die große Modernisierung der (nord)deutschen Gesellschaft und Wirtschaft im Zeichen des Liberalismus. Bismarck hat das im einzelnen seinem Stellvertreter Rudolf Delbrück, wirtschaftspolitisch ein Liberaler, überlassen; insofern knüpfen die Reformen an die liberale Tradition der preußischen Bürokratie an. Aber Bismarck blieb doch auch dabei führend; das Erstaunliche ist, daß er, Junker und Reaktionär ursprünglich, dadurch wider Neigung zum modernisierenden Reformer wurde – Reform war an der Zeit, und deshalb wollte er sie steuern und leiten: Das war Modernisierung unter konservativem Vorzeichen – unter dem Vorbehalt der Begrenzung. Solche Begrenzung glaubte Bismarck halten zu können, während die Liberalen langfristig von solcher Modernisierung den Abbau auch der realen Machtpositionen der Konservativen erwarteten und insofern eine Liberalisierung der staatlichen Herrschaft. Wie immer die Erwartungen waren – Bismarck trat an die Spitze des gesellschaftlichen Fortschritts. Es war ja nicht zu verkennen, daß die Macht Preußens inzwischen auch und gerade auf seiner fortgeschrittenen Wirtschaft (und sehr direkt: ihrer finanziellen Leistungsfähigkeit) beruhte. Es war nicht so, wie manchmal gesagt wird, daß diese Politik die Liberalen wirtschaftspolitisch entschädigen und von den Verfassungsfragen ablenken sollte; dazu war das Eigeninteresse des Staates an dem so ausgelösten Wirtschaftswachstum – es waren und wurden die Jahre eines gewaltigen Booms – viel zu groß. Insofern war Bismarcks Gesellschaftspolitik, ganz losgelöst damals von altkonservativen Bedenken gegen ihre sozialen Folgen oder „Kosten", auch Machtpolitik. Zugleich festigte sie das Bündnis mit den moderat Liberalen – der Staat stand nicht mehr im Dienst einer konservativen Sozialordnung und ihrer Interessen.

Zunächst wurden die liberalen wirtschafts- und gesellschaftspolitischen Normen, die in Preußen schon länger gegolten hatten, auf den ganzen Norden übertragen, und überhaupt wurde die Rechtsordnung, die ja den Rahmen setzte, vereinheitlicht: allgemeine Freizügigkeit (1867) – sie hatte Grundrechtsqualität –, ein einheitliches Maß- und Gewichtsystem (1868), ein einheitliches liberales Handelsrecht (Handelsgesetzbuch und Oberstes Handelsgericht in Leipzig), die ganz der Gewerbefreiheit verpflichtete Gewerbeordnung von 1869, das Grundgesetz aller modernen Wirtschaftsaktivität, der Abschluß der Emanzipation der Juden und – jenseits der Wirtschaft, aber im Kernbereich des Rechtes – das einheitliche Strafgesetzbuch (Mai 1870). Das Wichtigste an all dem war, daß der Staat die Wirtschaft freigab und die vielerlei Protektion wegfiel, die es in den traditionalistischen Staaten noch gegeben hatte – man denke an Zünfte und an die vielen Wettbewerbsbeschränkungen. Man nennt das „liberal" und nicht zu Unrecht, man muß aber auch sehen, daß die Großlandwirtschaft, politisch konservativ, lange schon auf dieser Linie lag, während der alte „Mittelstand", politisch liberal, da seine Vorbehalte hatte. Das war der Grund, warum diese Politik auch erhebliche Widerstände auslöste.

Der Anteil des Reichstags an dieser Gesetzgebung war groß, er entfaltete eine ungeahnte Initiativkraft, ja setzte die Verwaltung unter Druck, er bestimmte das Tempo. Das neue Parlament wurde sogleich zu einer vitalen politischen Institution, es schien funktionsgerecht und funktionstüchtig. Es war, so hat Pollmann zu Recht bemerkt, weder ein scheinkonstitutionelles Akklamations- noch ein oppositionelles Konfliktparlament, es war ein Vereinbarungsparlament. Die bestimmende Gruppe der Mehrheit waren die Nationalliberalen, der Fortschritt stärkte ihren linken Flügel, die Freikonservativen vermittelten zwischen der Partei und der Regierung; die Trennlinie in strittigen Fragen lief trotz der Dominanz zwischen der linken (liberalen) und der rechten (moderat konservativen) Mitte, zu der manchmal die Konservativen stoßen mochten. Da es viele Unabhängige gab und Nationalliberale wie Freikonservative selten auch nur halbwegs geschlossen stimmten, waren viele wichtige Entscheidungen bis zuletzt offen. Im Verhältnis zur Regierung gelang es den Nationalliberalen, zwischen purem Gouvernementalismus und einem Bruch mit Bismarck durchzusteuern und die Zersplitterung der Parlamentspartei zu vermeiden.

Trotz des Einstiegs in eine große und fruchtbare Gesetzgebungstätigkeit und der – im Sinne einer Juniorpartnerschaft anscheinend gelingenden – Vereinbarungs- und Kompromißpraxis zwischen Parlamentsmehrheit und Regierung muß man auch die Grenzen dieses Parlaments, dieses Parlamentarismus deutlich sehen. Es gab eine Art Zuständigkeitsteilung: Wirtschaft und Recht wurden eine Domäne der Liberalen, Militär und Außenpolitik blieben allein Sache der monarchischen Regierung. Zu irgendwelchem verfassungspolitischen Ausbau oder einer grundsätzlichen Änderung (z. B. die Fixierung einer juristischen Ministerverantwortlichkeit anläßlich der Einführung einer Schuldenverwaltung) kam es nicht. Das galt auch für die Grenzfragen, wie eine Beteiligung des Bundes – und damit des Reichstags – an den Einkommensteuern und andere Steuerfragen; das Veto der Regierung (via Bundesrat), genauer: die Veto-Drohung, dämmte alles Ausgreifen des Parlaments entschieden und nachhaltig ein, in der metapolitischen Sonderfrage der Todesstrafe auch auf dem Gebiet der Justizgesetzgebung. Wahlrechtsfragen – die Angleichung des preußischen Klassenwahlrechts an das von Bismarck ja noch favorisierte Reichstagswahlrecht oder umgekehrt die Einschränkung des Reichstagswahlrechts, mit der die konservativeren Liberalen liebäugelten – wurden umgangen und vertagt, da waren die Dissense sogar zwischen und in den Parteigruppen zu stark. Ein Grund, warum Bismarck 1870 den erwähnten Kaiserplan aufgriff und wieder zurückzog, war, daß die Nationalliberalen wieder ihre alte Lieblingsidee von der Ministerverantwortlichkeit hervorholten. Daß 1871 ein neuer Konflikt über die – endgültige – Regelung des Militäretats anstand, warf einen langen verfassungspolitischen Schatten.

Abgesehen von Gesetzgebung und Parlament wollen wir hier noch zwei Sachverhalte aus der Geschichte des Norddeutschen Bundes wenigstens kurz nennen. Der eine ist: In der Verwaltungs- und Regierungsorganisation ergab sich sehr schnell – auch jenseits des Verantwortungsproblems –, daß der Bundesrat nicht als Exekutive wirklich fungieren konnte und daß infolgedessen das Bundeskanzleramt sich sehr schnell, eigentlich sofort, gegenüber dem Bundesrat verselbständigt hat. Das andere ist: Das Sich-Abfinden der norddeutschen Klein- und Mittelstaaten mit dem Ende ihrer vollen Souveränität, dem Aufgehen im Norddeutschen Bund, ging unterschiedlich schnell; überall blieben eigenstaatliche Verwaltungen und Besonderheiten bestehen, in den Monarchien auch – vom Sonderfall des welfischen Braunschweig abgesehen – die Landesloyalität und die dafür so wichtigen Höfe sowie in den Hansestädten die Senate. Das vor 1866 weithin großdeutschliberale Hamburg, zudem noch außerhalb des Zollgebiets, blieb im Bund besonders zögernd. In Sachsen gab es eine konservative und eine radikal demokratische Doppelopposition; die Regierung suchte, so gut es ging, Eigenständigkeit zu bewahren, den Föderalismus und die Unterschiedlichkeit gegenüber hegemonial zentralistischen Tendenzen Preußens oder des Reichstags zu betonen. Es ist nicht untypisch, daß ein Teil der hannoverschen Offiziere, die nicht in die preußische Armee eintreten wollten, in sächsischen Dienst trat.

In den wirklich souveränen deutschen Ländern liefen die Entwicklungen noch anders. In Preußen zunächst ergaben die Landtagswahlen von 1867 – nun mit Einschluß der neuen Provinzen – keine wesentlichen Änderungen gegenüber 1866/67. Die Liberalen hatten selbst einschließlich der halbkonservativen Altliberalen keine Mehrheit; die liberalen Abgeordneten der neuen Provinzen schlossen sich mehrheitlich den Nationalliberalen an, die Fortschrittspartei und jetzt auch die Altkonservativen stagnierten. Die freikonservativ-nationalliberale „Mitte“ hatte, zusammen mit den fraktionslosen Wilden, nur von Fall zu Fall eine Mehrheit, das war für Bismarck ein Problem. Sein Appell an die Konservativen, „gouvernemental“ zu werden, blieb vergeblich. Vor allem blieb die konservative Regierung der Konfliktzeit im Amt, nur der hochkonservative Justizminister wurde – wegen seines schroffen Vorgehens gegen die Immunität des liberalen und früher oppositionellen Abgeordneten Twesten – durch einen Liberalkonservativen ersetzt, und 1869 wurde ein zweiter Mann dieser Couleur, Otto Camphausen, Finanzminister. Es blieb vorerst bei der strikt konservativen Volksschul- und Kulturpolitik der Reaktionszeit. Ein Hauptstück liberaler Reformwünsche, die Selbstverwaltung der (Land)Kreise, welche die Kreisverwaltung entfeudalisieren (z. B. durch Aufhebung der gutsherrlichen Polizeihoheit) und zugleich etwas mehr verstaatlichen sollte und die darum von Teilen der Beamtenschaft wie auch von den Freikonservativen unterstützt wurde, kam erst 1869 vor den Landtag und blieb wegen des Krieges unerledigt. An alte liberale Programmforderungen, die die Nationalliberalen noch 1867 neu formuliert hatten – Ausgestaltung des Budgetrechts, jährlicher Militäretat, Reform des Herrenhauses – war schon gar nicht zu denken. Kurz, in Preußen gab es noch keine liberale Ära.

Freilich, das vordringliche Hauptproblem der preußischen Innenpolitik dieser Jahre war ein anderes, nämlich die Eingliederung der annektierten Provinzen Schleswig-Holstein, Hannover und – aus Kurhessen, Nassau und Frankfurt zusammengefügt – Hessen-Nassau. Die Mehrheit der dortigen Liberalen, die alte Opposition gegen die Hochburgen mittelstaatlicher Reaktion und Unterdrückung, Kurhessen und Hannover, empfanden den Anschluß an das nationale Preußen als Befreiung, sie wurden nationalliberal. Aber in Hannover – abgesehen von den neu-hannoverschen Gebieten wie Ostfriesland, Osnabrück oder Hildesheim – gab es einen entschiedenen Widerstand der Anhänger des entthronten Königs, der bald sogenannten Welfen, ja eine kleine Emigration der Königstreuen nach Österreich; auch alte Linksliberale, Altliberale und Konservative schlossen sich den Welfen an. In Schleswig-Holstein gab es eine generelle Reserve der bis dahin ja augustenburgisch, d. h. mittelstaatlich liberal gerichteten Bevölkerung. In Frankfurt schließlich, wo die Okkupation besonders schroff und demütigend gewesen war und das noch bis 1869 eine hohe Kontribution leistete, herrschte eine Grundstimmung ohnmächtiger Wut und Antipathie; dazu kam, daß die Stadt der neuen Regierungshauptstadt Wiesbaden nachgeordnet wurde – eine reichsstädtisch-demokratische Opposition gegen den „Borussismus" und seinen harschen Stil war die Folge. Die ersten Wahlen von 1867 wurden jedoch auch von diesen Annexionsgegnern nicht boykottiert, das war eine Hinnahme der neuen Verhältnisse. Parteimäßig war nur die welfische Opposition, die knapp die Hälfte der hannoverischen Wahlkreise gewann, organisiert.

Für das alte Preußen, Regierung und Landtag, Verwaltung und Gesetzgebung, ergab sich das Problem der Integration der neuen Provinzen. Läßt man die Vielzahl der Einzelheiten beiseite, so gab es zwei unterschiedliche Tendenzen: Einerseits die Tendenz zur Vereinheitlichung und Angleichung, zur Zentralisierung; vor allem die altpreußische Bürokratie wollte „ihr" System in Verwaltungs- sowie Selbstverwaltungs- und Gerichtsorganisation, „ihr" Finanz- und Militärwesen und anderes mehr auf die neuen Provinzen übertragen; Beamte dieses zentralistischen altpreußischen Geistes sollten die Führungsstellen in den neuen Provinzen übernehmen. Andererseits gab es die mehr politische als bürokratische Tendenz, die Bevölkerung zu gewinnen; das hieß, die bestehenden Ordnungen wo möglich zu erhalten, unterschiedliche Verhältnisse zu tolerieren, zu dezentralisieren und mit unorthodoxen, auf Dauer auch mit den eingesessenen Beamten zu arbeiten. Bismarck war zu solcher Politik eher bereit als die Ministerial- und Verwaltungsbürokratie. Im Falle Hannover beispielsweise sind es gerade die dortigen Nationalliberalen gewesen, die ihn dazu gedrängt und darin bestärkt haben. Das Ergebnis ist insgesamt von beiden Tendenzen bestimmt worden: Das Militär wurde preußisch und die neue Wehrpflicht überall straff durchgeführt; Verwaltung und Gerichtsorganisation, Steuerwesen und Fiskus wurden preußischer, auch wo alte Namen und Einrichtungen bestehen blieben; im Beamtenapparat suchte man, nach Möglichkeit „Landeskinder" zu übernehmen; Die Selbstverwaltung freilich war weiterhin in den Provinzen uneinheitlich; und vor allem blieb das emotional so sensible Schul- und Kirchenwesen (einstweilen) unterschiedlich. Die Übernahme des Vermögens und der Schulden der ehemaligen Staaten wurde dezentralistisch geregelt, nämlich so, daß daraus besondere Provinzialfonds gebildet wurden, de facto Jahreszuweisungen, die einer provinzialen oder regionalen Selbstverwaltung unterstanden. Das war ein nicht unbedeutendes Stück Eigenständigkeit, und auf die Dauer, kann man sagen, ist die Integration der Provinzen in das neue Preußen ohne ein Übermaß an Borussifizierung gelungen.

Die Regelung der Provinzialfonds wurde von den Altpreußen als ungerechte Begünstigung der Neupreußen empfunden, sie hat die wachsende Opposition der Altkonservativen gegen Bismarck noch verschärft. Im Herrenhaus wurde zum ersten Mal ein gouvernementaler Pairsschub notwendig. In dieser Frage zeichnete sich auch im preußischen Abgeordnetenhaus eine Bismarck-Koalition von Freikonservativen und Nationalliberalen schon ab.

Aber gerade die preußischen Nationalliberalen blieben der Regierung gegenüber nach wie vor distanziert. Ihr Ziel blieb letzten Endes die Parlamentarisierung des Verwaltungs- und Regierungssystems, das sollte der Preis dafür sein, daß man Bismarck zu der von ihm gewünschten festen parlamentarischen Mehrheit verhalf; das war nur langfristig zu verwirklichen, aber das hielten sie noch durchaus im Auge.

Ein Sonderproblem bleibt zu erwähnen. Ein Abfindungsvertrag mit dem ehemaligen König von Hannover, Georg V., kam, anders als bei den anderen Fürsten, nicht zur Ausführung. Bismarck sistierte ihn (nachdem er ihn gerade durch das Abgeordnetenhaus gebracht hatte), weil der König an seinem Protest gegen die Annexion und an seinem Thronanspruch festhielt, ja in Holland (während der Luxemburg-Krise) und dann in Frankreich, später in Österreich eine „welfische Legion" unterhielt. Mit Hilfe einer Notverordnung – also jenseits des zu der Zeit vertagten Parlaments – ließ Bismarck das Privatvermögen der Hannoverschen Dynastie beschlagnahmen. Die Zinsen sollten der Überwachung und Bekämpfung der welfischen Bewegung dienen, doch in Wahrheit wurde der „Welfenfonds" der unkontrollierte Geheimfonds der Regierung für alle möglichen pressepolitischen und politischen Unternehmungen – bis hin zur „Bestechung" des bayerischen Königs 1870.

Aus der inneren Entwicklung der anderen deutschen Staaten können wir hier nur weniges für die gesamtdeutsche Entwicklung Wichtige aus dem Süden hervorheben.

1. Die Welle der moderat liberalen Gesetzgebung, die – außer in Hessen – Anfang der 60er Jahre eingesetzt hatte, dauerte an und ergriff jetzt auch Hessen-Darmstadt, trotz seiner konservativen Regierung. Die Verwaltung und zumal die Selbstverwaltung, Justiz, Presse und Vereinswesen, auch das Wahlrecht wurden „liberalisiert", auch die Wirtschafts- und Gesellschaftsverfassung (Freizügigkeit, Heiratsfreiheit, Gewerbefreiheit) wurde – zögernder als im Norden und noch mit manchen Einschränkungen – liberal reformiert. In Baden und Bayern erlebte diese Entwicklung gerade Ende der 60er Jahre ihren Höhepunkt. Liberale Schulgesetze (Baden) oder Schulgesetzentwürfe (Bayern) riefen den entschiedenen Widerstand der Katholiken hervor, das waren Vorklänge des Kulturkampfes.

2. In allen süddeutschen Ländern war die Innenpolitik mit der Deutschlandpolitik und dem Verhältnis zu Preußen verkoppelt. Die Reform der Militärorganisation war eine Angleichung an Preußen; die Wirtschaftspolitik war von der Politik im preußisch dominierten Zollverein und seinem Parlament nicht zu trennen. Die liberalen Parteien waren – mit Ausnahme der Demokraten in Württemberg – fast durchweg die Parteien der kleindeutsch-preußischen Einigung; liberal und nationalstaatlich-preußisch, das war eng verschwistert.

3. Aus diesen Gegebenheiten bildet sich die Gegengruppe, zunächst und zumeist als Opposition: die Gegner der Wirtschaftsfreiheit, die katholischen

Gegner der liberalen und antiklerikalen Schul- und Kirchenpolitik, die großdeutschen oder partikularstaatlichen Gegner der „Verpreußung", der Angleichung oder gar eines „Anschlusses" an Preußen. In Bayern gewinnt diese Richtung – die Patriotenpartei – die Mehrheit, in Baden ist sie lautstarke Opposition. In Württemberg ist die Bewegung nicht eigentlich katholisch und nicht grundsätzlich konservativ, sondern großdeutsch – antiborussisch demokratisch (etwa nach dem Vorbild der Schweiz) –, freilich wirtschafts- und gesellschaftspolitisch doch eher konservativ, jedenfalls nicht liberal.

4. In Bayern und Württemberg sind die Regierungen Beamtenregierungen, in Bayern liberalkonservativ, in Württemberg eher moderat staatskonservativ. Sie suchen – in unterschiedlicher Weise – bei aller Wahrung der Einzelstaatlichkeit aus den schon genannten realpolitischen Gründen, die Bindungen mit dem Norden zu stärken. In beiden Ländern kommt es angesichts der Stärke der parlamentarischen Opposition zu Regierungskrisen. Sie sind für die gesamtdeutsche Lage am Vorabend des Krieges von 1870 wichtig.

In Württemberg hatten die Demokraten und die – konservativen – Großdeutschen 1868 die erste Landtagswahl nach allgemeinem und gleichem Wahlrecht gewonnen (40 zu 30 Sitze), nur über die dazukommenden sogenannten Privilegierten ergab sich etwa ein Gleichgewicht. Die Regierung suchte gegenüber den heftigen Angriffen der Linken, eine ausweichende Politik zu treiben. Die Volkspartei beantragte eine Kürzung der Militärausgaben sowie eine Verringerung der Präsenzzeit und sammelte dafür 1869/70 150000 Unterschriften (das waren 75% der Wähler von 1868, 43% der Wahlberechtigten); sie widersprach der preußischen und preußenfreundlichen Auslegung der „Schutz- und Trutzbündnisse", wonach es einen Automatismus des Bündnisfalls gebe, nicht die freie Prüfung der konkreten Lage. Die Regierung mußte mit der Ablehnung des Budgets rechnen, sie vertagte deshalb den Landtag und ermäßigte den Heeresetat um einiges. Der Kriegsminister wollte das nicht mittragen, und so kam es zu einem Revirement im Ministerium. Der König ernannte einen neuen Innen- und einen neuen Kriegsminister, beide Verfechter der Regierungsautorität und eines relativ preußenfreundlichen Kurses, das war das „Ministerium der Energie". Zwar signalisierte die Regierung auch jetzt ein leichtes Entgegenkommen in Militärfragen, aber am Kern des preußischen Bündnisses hielt sie entschieden fest. Das erregte einen neuen Proteststurm der Demokraten und der Großdeutschen – eine Kampfansage gegen die „rechte" Regierung. Im Herbst 1870 steuerte die Krise auf einen weiteren Höhepunkt zu. Der König und die Minister schienen zur Unnachgiebigkeit gegenüber der Mehrheit entschlossen, nur so könnten die innere Ordnung, die Unabhängigkeit und Eigenstaatlichkeit aufrechterhalten werden.

Auch in Bayern kam es zu einer Krise. Der liberalkonservative und deutschlandpolitisch aktive Ministerpräsident Hohenlohe geriet in schärfsten Gegensatz zu den „Patrioten". Die errangen im Mai 1869 die Hälfte und nach nochmaliger Auflösung des Landtags und Neuwahlen (und trotz Neueinteilung der Wahlkreise zugunsten der Liberalen) im November 1869 die Mehrheit der Landtagssitze (80 zu 74, im Frühjahr 1870 83 zu 71). Sie bekämpften die Militärbündnisse, jedenfalls soweit daraus die kostspielige Umorganisation der bayerischen Armee gefolgert wurde, und eine drohende Steuererhöhung von 30%; in diese Haltung ging auch ein, daß sie die militärpolitische Budgethoheit des Landtags nicht durch irgendwelche Bündnispflichten eingeschränkt sehen wollten. Sie bekämpften überhaupt jegliche Annäherung an Preußen; Hohenlohe galt ihnen, obwohl er durchaus die bayerische Eigenstaatlichkeit betonte, als Preußenfreund. Es war die klare Meinung der patriotischen Mehrheit, daß die Beantwortung der Frage, ob und wann der Bündnisfall mit Preußen in einem Konflikt gegeben sei, allein bei Bayern liege; es sei frei. Sie bekämpften den liberal-antiklerikalen Kurs der Regierung, die liberalen Wirtschaftsgesetze sowie den liberalen Schulgesetzentwurf und den pro-liberalen Kurs der Verwaltung; das Engagement des Ministerpräsidenten gegen das vatikanische Konzil und die Ultramontanen intensivierten die Spannung. Hohenlohe wollte gleich nach der Herbst-Wahl zurücktreten, ließ sich jedoch vom König zum Bleiben bewegen; aber die beiden wichtigsten liberalen Reformminister wurden entlassen. Im Januar/Februar 1870 kam es zu Mißtrauensvoten der Kammern. Daraufhin trat Hohenlohe – gegen den Wunsch des Königs und auch Bismarcks – am 7. März zurück; er war sich einerseits bei weiterer Zuspitzung des Konflikts, einer erneuten Kammerauflösung z. B., des Rückhalts beim König nicht sicher, andererseits rechnete er darauf, daß die Opposition nach seinem Rücktritt zerfallen werde. Sein Nachfolger, Bray-Steinburg, katholisch-konservativ, schien der Richtung der Patrioten näher. Seine Berufung sollte zwar kein Kurswechsel sein, aber doch eine Modifizierung. Deutschlandpolitisch wollte er eine Politik des Status quo und des Abwartens, in enger Verbindung mit Württemberg, treiben. Doch die Krise schwelte innenpolitisch fort. Ende März strich die Zweite Kammer die Hälfte des außerordentlichen Militäretats, weitere Kürzungen und vor allem die Verminderung der Präsenzzeit waren absehbar, es gab eine lebhafte Petitionsbewegung im Lande für diese Politik; damit aber stand die militärpolitische Angleichung an Preußen insgesamt auf dem Spiel. Auch die neue Regierung war in diesen Fragen weder zum Nachgeben noch zu Kompromissen bereit. Der König und seine Umgebung waren anti-ultramontan, sie waren entschlossen, gegen die Mehrheit zu regieren, ohne Budget z. B., ja selbst die Möglichkeit eines Staatsstreichs wurde erörtert. Insofern bahnte sich eine neue Krise erst an. Der erste Erfolg der partikularstaatlichen Opposition war keineswegs schon endgültig.

Die württembergische und die bayerische Krise sind deshalb allgemein historisch wichtig, weil sie integral zu dem Komplex deutschlandpolitischer Stagnation oder evolutionärer Entwicklungsmöglichkeiten gehören und damit eng mit der Frage zusammenhängen, ob Bismarck in einer Situation war, in der eigentlich nur die Flucht nach vorn, die Flucht in den Krieg, als Ausweg blieb. Eine nähere Analyse jener unabgeschlossenen Krisen zeigt, daß man sie nicht einfach, wie es heute häufig geschieht, als ein anderes Symptom der Stagnation und Entwicklungsblockade ansehen kann.

Die beiden süddeutschen Könige wollten zunächst aus verfassungspolitischen Gründen ihren Parlamentsmehrheiten nicht nachgeben, das schien ihnen das Ende monarchischer Herrschaft. Das allerdings mußte, in Württemberg jedenfalls, fast zwangsläufig zu einem Bündnis mit den preußenfreundlichen Nationalliberalen führen, vielleicht ebenso in Bayern, hier war aber auch die Abspaltung der konservativ-royalistischen Teile der Opposition möglich. In jedem Falle waren die Regierungen auf ein Bündnis mit Preußen verwiesen; der württembergische Minister Varnbüler dachte gelegentlich sogar, daß nur ein Anschluß an Preußen das Land vor der Anarchie retten könne. Kurz, die Monarchien waren eher bereit, sich mit Nationalliberalen, ja Preußen zu verbünden als mit Demokraten oder Ultramontanen. Insoweit boten gerade die scheinbaren Erfolge der anti-preußischen Bewegungen im Süden neue Chancen für einen Fortgang der Deutschlandpolitik.

Noch ist ein Hinweis auf Baden nötig, wenn auch aus ganz anderen Gründen. Hier gab es zwischen Regierung und Mehrheit keine deutschlandpolitischen Spannungen: Beide waren entschieden für den Anschluß an den Norden und gegen die entstehende katholische und anti-borussische Opposition. Aber Baden war – unter deutschen Bedingungen – damals ein großes Verfassungsexperiment: Der Liberalismus war „regierende Partei“ (Gall), die Parteiführer stellten die leitenden Minister. Die evolutionäre Alternative der Liberalen, genau auf diese Weise zu einer faktischen tiefgreifenden Veränderung der Verfassung zu kommen, zur Parlamentarisierung, schien hier gegeben. Bei näherem Zusehen zeigt sich freilich, wie schwierig das Verhältnis von konstitutionell monarchischen Ministern zu einer Parlamentspartei blieb, auch wenn das einmal ihre eigene gewesen war oder immer noch war. Die Geschichte dieser Jahre ist voll von Konflikten zwischen Regierung und Mehrheit, von Ablenkungs- und Kompensationsstrategien der Regierung (etwa mit dem Kulturkampf, dem die Liberalen so leicht verfielen), von zunehmender Ablösung der Regierung vom Parlament und von drohenden Mehrheitseinbußen. Gall hat darin ein Scheitern des Experiments sehen wollen, eine Widerlegung der liberalen Strategie. Mir scheint das stark überspitzt. Weder kann man Baden, zumal unter den deutschlandpolitischen Druckbedingungen zwischen 1866 und 1871, mit einem gesamtdeutschen Nationalstaat vergleichen, noch kann man die Spannungen zwischen Regierung und Parlamentsmehrheit absolut setzen, dergleichen gibt es schließlich auch in funktionierenden parlamentarischen Staatswesen (im damaligen England z. B.) und im Parteienstaat unserer Zeiten erst recht; über die Endgültigkeit ist – nach der Reichsgründung – nicht mehr entschieden worden. Daß die Spannungen zwischen der deutschen, eindeutig oppositionellen Parteitradition und der Übernahme von Regierungsverantwortung stark waren und auf Dauer bei der sozialstrukturellen Minderheitenposition des vorwiegend bürgerlichen und protestantischen Liberalismus erst recht, ist freilich evident.

4. Der Krieg von 1870/71

a) Die Entstehung des Krieges

Wir wenden uns dem Krieg von 1870/71 zu und zuerst natürlich seiner Entstehung und seinen Ursachen. Darüber besteht Streit, und dieser Komplex ist wichtig genug für den Charakter der Bismarckschen Politik und noch mehr für den von Reichseinigung und Reich, der durch diesen Gründungskrieg geprägt ist. Darum müssen wir etwas ins einzelne gehen.

Die Frage ist zunächst, ob die Deutschlandpolitik und zumal Bismarcks bis dahin verfolgte Deutschland- und Innenpolitik in eine Sackgasse geraten war, blockiert und stagnierend, und von daher Krise und Krieg der naheliegende und wünschbare, ja der einzige Ausweg waren oder ob es noch evolutionäre Möglichkeiten gab, auch für ein mittelfristiges Kalkül. Stand Bismarck 1870 unter einem akuten innen- und deutschlandpolitischen Erfolgsdruck? Dies ist letzten Endes nicht zu beantworten. Natürlich gab es die Summe der Mißerfolge: Die Zollparlamentswahlen, das Erstarken der süddeutschen Opposition, die Regierungskrisen in Bayern und Württemberg, die Enttäuschung und Unruhe der ungeduldigen Nationalliberalen und der beitrittswilligen Badener, das Zurückziehen des Kaiserplans, und es gab den drohenden Konflikt über die Regelung des Militärbudgets 1871, der sich, das war vorauszusehen, zu einer Belastung der innerdeutschen Beziehungen und der Beziehungen zwischen Bismarck und den Nationalliberalen ausweiten mußte. Auf der anderen Seite: Seit 1866 waren die Bindungen zwischen Süden und Norden enger geworden, vor allem militär- und zollpolitisch. Trotz der Rückschläge (und der Erfolge der partikularistischen Opposition) war das Zollparlament auf dem Wege zu einer nationalen Politik, mochten die bayerische und die württembergische Krise sich zugunsten einer preußischen und nationalen Lösung entwickeln. Mit der Erneuerung der Zollvereinsverträge, die für 1877 anstand, hatte Preußen ein ideales Druckmittel in der Hand, auf engeren Anschluß, in welcher Form immer, hinzuwirken. Das haben kluge Nationalliberale wie Miquel ebenso in ihr Kalkül einbezogen wie die bayerischen Patrioten, die von der „Daumenschraube“ der Zollvertragskündigung sprachen. Demgegenüber hatte der Süden eigentlich keine Alternative. Freilich, das war erst nach einer mittleren Frist, und inzwischen konnte sich vieles – wie z. B. die Wirtschaftslage und die zollpolitische Konstellation – ändern. Insgesamt aber scheint der Status quo für den Süden keine Alternative auf Dauer gewesen zu sein.

Die Einschätzung der Lage durch die Beteiligten war ähnlich zwiespältig wie unsere Beurteilung der Chancen für eine Weiterentwicklung. Die Partikularisten fühlten sich fast überall in der Defensive und am Ende ihrer Möglichkeiten, die französischen Diplomaten sahen sich mit einer Art Zwangsläufigkeit des Einigungsprozesses konfrontiert. Die Nationalen dagegen waren oft ungeduldig und nicht immer hoffnungsvoll. Bismarcks oder des alten Königs Verweise auf den langsamen Gang der Zeit und die langen Fristen großer Umschwünge mochten taktische Mahnungen zur Geduld sein, wirkliche Hoffnung oder auch Hoffnungsbeschwörung gegen Skepsis und Befürchtung. Daß Bismarck sich unter einem besonderen Zeitdruck fühlte – von der normalen menschlichen Ungeduld und dem Tatwillen eines so aktiven Politikers abgesehen –, kann man meines Erachtens nicht sagen; und nicht, daß er objektiv unter Zeitdruck stand, daß er ohne weitere Erfolge seine Position oder zumindest sein Ziel der neuen, nationalen Legitimation der preußischen Monarchie gefährdete. Er konnte, so meine ich, mit dem Status quo eine Zeitlang noch leben, bis 1877 zum Beispiel. Seine politischen Allianzen waren nicht so labil, daß sie das nicht ausgehalten hätten.

Insoweit bestand keine Nötigung zu einer Flucht nach vorn, dazu, auf Krieg und Krise auszugehen. Es galt zwar den Zeitgenossen als wahrscheinlich, und es war in der Tat wahrscheinlich, daß Frankreich selbst einer evolutionären Einigung kriegerisch intervenierenden Widerstand entgegensetzen würde; aber gewiß war das nicht, angesichts des Gesundheitszustands Napoleons und der widerstreitenden Kräfte im französischen Establishment mochte auch eine Appeasement-Lösung möglich sein. Die entscheidende historische Frage zielt natürlich auf etwas anderes: Ob nicht ein europäischer Krieg, der der Einigung vorausging, diese gewaltig beschleunigen würde. Das war für Bismarck wie für alle einsichtigen Mithandelnden klar, so sehr man die Unwägbarkeiten eines Krieges und die möglichen gegenteiligen Effekte in Rechnung stellte. Aber daß ein – natürlich „gerechter" – Krieg ein Katalysator der Einigung wäre, das machte ihn nicht nur denkbar, das war er beim damaligen Stand der internationalen Beziehungen sowieso, sondern wünschbar. Krieg war eine Alternative vielleicht auch zur friedlich-evolutionären Einigung in langen Fristen. Wenn er sich ergab, konnte man ihn als Möglichkeit ergreifen. Das hieß jedoch nicht – wenn man nicht annimmt, daß Bismarck unter zwingendem Zeitdruck stand –, daß man diesen Krieg um jeden Preis herbeiführte.

Wir wenden uns der eigentlichen Vorgeschichte des Krieges von 1870 zu. In Spanien hatten im Herbst 1868 die Militärs die absolutistische Königin gestürzt. Sie suchten nach einem konstitutionellen Monarchen, den von Frankreich favorisierten bourbonischen Bewerber lehnten sie ab und verfielen, wie Griechen oder Belgier vor ihnen, auf eines der vielen deutschen Fürstenhäuser, diesmal, wie ein paar Jahre vorher die Rumänen, auf die süddeutsch-katholische (Sigmaringer) Linie der Hohenzollern. Das war normal und nicht normal zugleich. Denn es waren in diesem Fall nicht Coburger oder andere Kleindynastien, sondern Hohenzollern, zwar katholisch, eigentlich mehr mit Napoleon als mit dem preußischen Königshaus verwandt, aber doch in Hausgemeinschaft mit den Preußen und mit demselben Namen. Bismarck hat das Projekt, das Rückwirkungen auf Frankreich haben mußte und insofern Chancen wie Risiken enthielt, von Anfang an mit Interesse, aber als ein Problem zweiter Ordnung mit Zurückhaltung verfolgt. Ganz unbeteiligt, wie spätere Apologeten es dargestellt haben, war er nicht, auch der Gedanke eines Bündnisses zwischen Preußen und Spanien tauchte auf. Für die französische Politik war die Sache ein Himmelsgeschenk. Daß es sich um ein Engagement Preußens in Spanien handelte, konnte niemandem zweifelhaft sein. Das schuf die Möglichkeit, die preußische Politik als großpreußisch und „reaktionär" darzustellen und in den Augen Europas wie vielleicht auch Deutschlands von der Politik der Nationalbewegung zu trennen. Zugleich konnte man dem Dilemma des napoleonischen Regimes entkommen, daß man sich auf das Nationalprinzip berief, aber gegen die deutsche Nationalstaatsbildung eintrat. Darum hat die französische Regierung es vermieden, frühzeitig durch ihr Veto die ganze Sache zu torpedieren. Im Winter 1869/70, als die Sache konkret zu werden schien, engagierte auch Bismarck sich stärker, ist er, außenpolitisch zum ersten Mal seit 1866, initiativ geworden und hat die Hohenzollernkandidatur entschieden gefördert. Er warb bei König Wilhelm – die Argumente sind auf den Adressaten gezielt – mit der Erinnerung an die Weltstellung der Habsburger unter Karl V., mit dem Verweis auf den nationalimperialen und den monarchischen Erfolg (von Rumänien bis Spanien), er kalkulierte daneben die Wirkung, die der mit Hilfe Preußens erreichte Aufstieg eines katholischen süddeutschen Fürsten auf den Süden haben werde und auf das deutsche Nationalgefühl insgesamt. Gewiß wußte er, daß es sich nicht um eine kleine Sache handelte, sondern um die Chance, einen Platzvorteil im Machtkampf, „einen diplomatischen Erfolg" zu erzielen, und um das entsprechende Risiko, einen Rückschlag zu erleiden. Aber das war – die weitere Geschichte zeigt es – noch keineswegs Politik und Provokation zum Kriege, wie radikale Bismarck-Kritiker (J. Becker z. B.) meinen. Bismarck wollte die intensivierte Eindämmungspolitik Napoleons und Österreichs konterkarieren, eine Gegenoffensive beginnen, wollte die französische Politik in Verlegenheit bringen, das Ringen von Konfrontations- und Ausgleichspartei in Paris beeinflussen. Das mochte vielleicht gar über eine Mobilisierung des Nationalgefühls die deutsche Frage aus der Stagnation, in der sie auch unter europäischen Bedingungen sich befand, herauslösen. Keine Möglichkeit – Ausgleich und friedliche Hinnahme einer deutschen Nationalstaatsgründung durch Frankreich, diplomatische Niederlage Frankreichs und eine Krise, im Grenzfall bei einer besonders schweren Niederlage auch Krieg – schloß er aus seinen Kalkülen aus; eine etwaige Gegenoffensive Napoleons glaubte er auffangen zu können.

Die Lage verschärfte sich. Zwar, der Kandidat, Leopold, lehnte am 20. April 1870 ab, weil der preußische König, der „Chef" des Hauses, die

Sache nicht positiv befürworten wollte; Bismarck sah die Angelegenheit schon als sozusagen erledigt an. Aber in Paris änderten sich die Verhältnisse: Am 15. Mai wurde ein „Falke", der bisherige Botschafter in Wien, Gramont, Außenminister. Er wollte das System Napoleons mit außenpolitischen Erfolgen stabilisieren, mit einer aggressiven und entschieden anti-preußischen Politik. Das hieß nicht mehr nur Eindämmung, geschweige denn „appeasement", sondern (diplomatisches) „rollback". Bismarck nahm die in Aussicht stehende Konfrontation auf. Weder er noch die Regierung in Paris scheuten vor Provokationen im Interesse eines diplomatischen Erfolges zurück. Bismarck wurde nun erst recht offensiv. Die spanische Kandidatur war – in Spanien – neu belebt worden. Es gelang Bismarck, den hohenzollernschen Erbprinzen Leopold jetzt in der Annahme der Kandidatur zu befestigen und den preußischen König zur Zustimmung zu bewegen (19./21. Juni). Das war zwar nicht der unbedingte Wille schon zum Krieg – aber Kompromisse, ein diplomatisches Patt ohne Gesichtsverluste, waren jetzt schier ausgeschlossen. Dabei hielt Bismarck die Fiktion aufrecht, daß es sich allein um eine Angelegenheit der Dynastie, nicht jedoch des Staates und der Regierung handele. Das war nicht mehr als eine Sprachregelung; sie sollte Frankreichs feindliche Reaktion von vornherein in ein negatives Licht setzen – Hegemoniedemonstration angesichts einer doch „bloß" dynastischen Frage –, ja es in eine ungünstige Position manövrieren und zugleich die Rückzugsmöglichkeiten sichern. Daß Frankreichs Gegenangriff das Nationalgefühl der Deutschen mobilisieren sollte, gehörte zu diesem Kalkül. Bismarcks Versuch aber, durch die Abfolge von Annahme der Kandidatur und darauf folgende Wahl schnell vollendete Tatsachen zu schaffen, scheiterte, weil die Daten des entscheidenden Telegramms falsch dechiffriert wurden. Die Sache wurde – vorzeitig – öffentlich, die „spanische Bombe platzte", die französische Regierung protestierte (2. Juli), Gramont erklärte im Parlament (6. Juli), indem er die dynastische Fiktion vom Tisch wischte und Preußen und seine Regierung für die Sache haftbar machte, die Wahl eines Hohenzollern wäre eine unerträgliche Machtverschiebung zugunsten Preußens, eine Wiederholung der Zweifrontenbedrohung wie zur Zeit Karls V., und – etwas verklausulierter – Frankreich könne darauf nur mit Krieg antworten. Dahinter stand auch die Absage an Bismarcks Kalkül, über die spanische Angelegenheit die nationale Einigung voranzutreiben. Frankreich legte sein unbedingtes Veto ein, es schnitt Rückzug und Ausgleich ab, es setzte auf unbedingten Sieg. England und Rußland – bisher im preußisch-französischen Gegensatz neutral – äußerten Verständnis für die französische Haltung. Die preußische Offensive war gescheitert. Bismarck sah, daß seine Sache unhaltbar war und trat den Rückzug an; zugleich versuchte er, die Niederlage nach Kräften abzumildern. Einerseits erklärte er erneut die Angelegenheit für eine Sache der Dynastie, genauer: der Sigmaringer, andererseits gab Fürst Karl Anton von Hohenzollern, auch auf Rat des preußischen Königs, am 12. Juli öffentlich den Verzicht seines Sohnes Leopold auf die spanische Thronfolgekandidatur bekannt. Noch schien es, als könne Preußen sein Gesicht wahren.

Damit aber war die Sache nicht zu Ende. Napoleon hätte sich mit diesem klaren diplomatischen Eindämmungssieg zufrieden gegeben, aber die öffentliche Meinung trieb weiter, die Regierung ging zu einer Gegenoffensive über. Erfolgsabhängig, wie sie war, wollte sie ihren faktischen Erfolg ausbauen, öffentlich deutlicher und wirksamer machen, wollte sich nicht mit den „Ausflüchten" der Berliner Regierung, der künstlich-altmodischen Trennung von Dynastie und Staat, zufrieden geben. „Prestige" und kollektive „Ehre" spielten damals in der Politik noch eine überragende Rolle. Darum wollte Paris Preußen demütigen – oder, wenn es denn die Demütigung nicht hinnahm, zu einem Krieg provozieren. Man hat – im Sinne solcher Prestigepolitik – auch in Berlin erwogen, von Paris eine Art Entschuldigung für die Rede Gramonts zu verlangen oder eine russisch-englische Dankerklärung an die Hohenzollern (und Preußen) zu veranlassen; das jedoch waren und blieben Erwägungen, die allenfalls die Niederlage entschärfen sollten, keineswegs Ultimaten, die einen Krieg herbeiführen konnten oder sollten. Frankreich aber handelte. Benedetti, der französische Gesandte, verlangte vom preußischen König in Bad Ems (am 13. Juli) eine Erklärung, daß er mit seiner ursprünglichen Zustimmung zur Kandidatur Leopolds den Interessen und der Ehre der französischen Nation nicht habe zu nahe treten wollen und daß er einer neuerlichen Kandidatur niemals seine Zustimmung geben werde, also eine Quasi-Entschuldigung und eine schriftliche Garantie. Das lehnte Wilhelm, obwohl er dem Verzicht des Kandidaten noch einmal ausdrücklich zustimmte, in durchaus verbindlich diplomatischen Formen ab – das hätte nicht seinem Gefühl für monarchische Würde und preußische Machtstellung entsprochen. Jetzt war der französische Vorstoß, soweit er auf eine deutlichere diplomatische Niederlage und einen öffentlichen Prestigeverlust Preußens zielte, gescheitert. Aber immer noch war es Preußen, das eine Schlappe erlitten hatte.

Wiederum ging Bismarck zum Gegenangriff über. Das lange, berichtende Telegramm des Königs aus Bad Ems stilisierte er für die Öffentlichkeit um: Er verkürzte die Folge der Ereignisse und verschärfte die Begegnung zur Konfrontation, zu einem Versuch der Franzosen, einen durchaus verständigungsbereiten König – und mit ihm die ganze Nation – zu demütigen, und zu einer brüsken Zurückweisung solcher Zumutung durch den König. Das war die seither so berühmte „Emser Depesche". Die französische Provokation war in provozierender Form zurückgewiesen, aus der diplomatischen Niederlage Preußens schien sich eine Niederlage Frankreichs zu ergeben. Zugleich machte sie – nun endlich öffentlich – aus einer dynastischen Sache eine nationale, aus einer diplomatischen Affäre eine Volkssache. „Die spanische Kandidatur verschwindet, die deutsche Frage beginnt", so bemerkte ein süddeutscher Politiker; die drohende Demoralisierung der Nation – ein Ziel der französischen Diplomatie – verwandelte sich in eine nie gesehene enthusiastische Erhebung. Solche Niederlage wollten Regierung und Parlament in Paris nicht hinnehmen. Die Pariser Regierung antwortete noch am selben

Tag (14. Juli) mit der Mobilmachung und mit flammenden Kriegsreden, die den donnernden Beifall der Parlamentarier fanden. Denn die gesamte französische öffentliche Meinung war ebenso wie Deutschland von der Nationalisierung des Konfliktes ergriffen, war gegen die drohende Bildung eines deutschen Nationalstaats und darum vor allem zum Krieg entschlossen, das war im Grunde von dem Verlauf der spanischen Krise unabhängig. Am 19. Juli erklärte Frankreich Preußen den Krieg. Damit war der Bündnisfall für die süddeutschen Staaten gegeben. Aber wichtiger: Seit der Emser Depesche hatte Bismarck den weit überwiegenden Teil der Nation auf seiner Seite, der Seite Preußens. Ohne solche Zustimmung der Nation, so wußte er lange, war ein Krieg zwischen Preußen und Frankreich im letzten Drittel des Jahrhunderts nicht zu führen, Bismarck hatte diese notwendige Mobilisierung der Nation bei all seinen Schachzügen immer einkalkuliert (und den Großmächten gegenüber hatte er oft auf die Möglichkeit einer nationalen Revolution hingewiesen, auch diese „Karte“ gespielt). Der Krieg war von Anfang an ein nationaler, ein deutscher Krieg. Die französische Regierung hatte, von Bismarck verlockt, aus Ungeschick und aus eigenem Antrieb gleichermaßen, am Ende der Krise genau das provoziert, was sie ursprünglich gerade hatte vermeiden wollen: die Mobilisierung des deutschen Nationalgefühls an der Seite Preußens.

Bismarcks Politik war die des kalkulierten Risikos, und das schloß den Krieg ein. Er war wie seine Gegner in Paris – und das gehörte zu den Grundvoraussetzungen der europäischen Politik jener Zeit – entschlossen, eher einen Krieg zu riskieren als eine schwere diplomatische Niederlage, die die nationale Ehre berührte, hinzunehmen. Insoweit war seine Politik nicht anders als die seiner Pariser Kontrahenten. Und er war, weil ein – siegreicher – Krieg seine wesentlichen politischen Ziele befördern mußte, auch zum Krieg bereit. Aber seine Politik war keine „Kriegspolitik“, steuerte durchaus nicht auf einen Krieg zu. Gall hat gemeint, Bismarcks erster Rückzug – im Juli – sei in Wahrheit ein Mittel gewesen, Frankreich zum Krieg zu provozieren: Er habe Paris verleiten sollen, eine scheinbare Schwäche Preußens auszunutzen und diese Niederlage offenkundig zu machen; eine solche Situation aber, so Bismarcks Taktik, werde es leicht machen, Frankreich vor aller deutschen und europäischen Öffentlichkeit ins Unrecht zu setzen; die Selbststilisierung Bismarcks – er habe dem französischen Angriff ausweichen wollen, der nachgiebige König habe Preußen in die Niederlage manövriert und nur die Maßlosigkeit der französischen Forderung habe die Lage umgekehrt – sei eine der großen Legenden des Dramaturgen Bismarck. Gewiß war Bismarck ein großer Stratege, gewiß ist die Stilisierung vom friedlichen Ausweichenwollen unglaubwürdig; aber einen solchen „Meisterplan“ hat es nicht gegeben. Bismarck verfuhr in der spanischen Frage – wie immer – mehrgleisig. Er wollte in den letzten Phasen der Krise im wesentlichen die drohende Niederlage abwenden, und erst zuletzt (mit der Emser Depesche) hat er den Krieg ins Auge gefaßt. Die überspitzten Forderungen Frankreichs an den preußischen König wie die innerfranzösische Entwicklung von 1870 überhaupt waren nicht voraussehbar oder gar kalkulierbar; ja selbst auf die Emser Depesche noch waren andere Reaktionen als eine Kriegserklärung möglich. Die Aktionen Gramonts und Benedettis haben den Krieg provoziert. Mehr als alles Hin und Her der Argumente zeigt die negative Reaktion Europas auf die französische „Kriegspolitik" der Monate Juni/Juli, daß diese Politik nicht Reaktion auf die Schachzüge eines Meister-Machiavellisten Bismarck war, der hinter dem Schein eines Rückzugs den Gegner in einen von ihm gewollten Krieg lockte, sondern ihre eigene Qualität und Struktur hatte. Die Bonapartisten brauchten nicht provoziert zu werden; sie wollten ihren diplomatischen Sieg bis zum letzten ausnutzen, und als sie damit in Schwierigkeiten gerieten, mündete ihre bisherige Risiko- und Kriegsbereitschaft in den Willen zum Krieg.

Die Frage nach der Verantwortung für den Kriegsausbruch hängt auch damit zusammen, wie hoch man den Erfolgszwang einschätzt, unter dem sich die leitenden Politiker befanden. Sicher ist, daß das napoleonische System selbst eine nur diplomatische Niederlage nicht riskieren konnte – das war nicht nur die Position der Kriegspartei –, das erklärt die Bereitschaft und zuletzt den Willen zum Krieg. Bei Bismarck (hier muß man den preußischen Staat und seine Regierung mit dem Mann identifizieren) ist die Sache schwieriger. Wir haben die Ausgangslage seiner deutschen Politik und ihre Alternativen und die Deutungsmöglichkeiten geschildert. Die Bismarck-Kritiker meinen, er habe einen Einigungs- und Integrationskrieg angezettelt (mit dem Schein nur der Defensive), um die liberale „Gefahr" auszuschalten und den preußisch-militärischen Charakter des neuen Reiches und seine eigene Stellung zu sichern. Das ist abwegig, hier wird von Folge-Wirkungen der Reichsgründung auf Ursachen und von Grundanliegen Bismarcks, für deren Verwirklichung er viele Wege hatte, auf konkrete Motive in einer konkreten Lage geschlossen. Gall hat vom Zwang zum Erfolg gesprochen: Stagnation und Rückschläge in der deutschen Frage hätten Bismarcks Position und Politik insgesamt bedroht, Stillstand hätte alles Erreichte in Frage gestellt, nur eine europäische Krise hätte, gerade im Blick auf den deutschen Süden, die nationale Politik voranbringen und so das Erreichte sichern können. Das aber ist nur die abstrakte Logik, die man aus Bismarcks prinzipiell dynamischer Nationalpolitik herauskonstruieren kann. In der Wirklichkeit der Zeit war die Lage Bismarcks 1869/70, wie gesagt, nicht so, daß sie ihn à tout prix zu einem Krieg gezwungen hätte. Er hätte warten können, er hätte auch ohne die spanische Krise politisch überlebt (in der Fülle der Möglichkeiten, die in der labilen europäischen Lage dauernd entstanden – und vergingen). Was seine schwierige deutschlandpolitische Lage freilich erklärt, ist die Bereitschaft, mit einer Krisen- und Kriegsmöglichkeit, die sich gleichsam von selbst bot, zu experimentieren. Gewiß, die Lage, die aus der spanischen Sache entstand, und die französische Politik, die darauf antwortete, waren für Bismarcks eigentliche Ziele extrem günstig: Sie mobilisierten das deutsche Nationalgefühl, mehr als jede eigene Aktion es vermocht hätte, und das war im Süden entscheidend; Nationalpolitik „von oben" bei genügender Unterstützung von unten, das war ideal für Bismarcks gesamtpolitisches Programm. Es ist falsch zu meinen, er habe die Situation deshalb geschaffen. Aber er hat sie gerne ergriffen. Er hat die Krise mit herbeigeführt, gewiß. Er hat nicht den Krieg geplant oder vom Zaune gebrochen, aber er hat die Kriegsmöglichkeit gerne genutzt.

Wir wenden die Sache noch einmal anders. Beide Mächte, Preußen wie Frankreich, haben – zu unterschiedlichen Zeiten und in unterschiedlichem Maße – an der Zuspitzung der Krise gearbeitet. Beide Mächte wollten lieber Krieg riskieren als eine schwere diplomatische Niederlage hinnehmen, beide wollten den eigenen Erfolg und die Abwehr der gegnerischen Offensive zu einer Niederlage des Gegners zuspitzen. Die kriegerische Zuspitzung – noch immer als Mittel der Politik anerkannt – war beiden Mächten zuletzt nicht unwillkommen, insofern traten sie durchaus mit Willen und Bewußtsein in den Krieg ein. Beide kämpften für legitime Ziele ihrer Staatsräson – die Bildung eines Nationalstaates, die Abwendung eines entschiedenen Machtverlustes. Insoweit ist die Frage nach der Kriegsschuld der einen oder anderen Seite falsch gestellt, insoweit waren beide verwickelt. Aber weiter: Auf seltene Weise treten bei diesem Krieg Ursache und Anlaß auseinander. Von den Ursachen her hat Bismarcks deutsche Politik Vorrang – auch vor der Prestigepolitik Napoleons –, von dem Anlaß und der konkreten Vorgeschichte her wiegen die Aktionen und Überreaktionen Frankreichs schwerer. Frankreich verfolgte eine Status-quo-Politik, wollte die europäische Machtlage erhalten, wie sie war: mit seiner eigenen (Halb-)Hegemonie und der Teilung Deutschlands. Das war defensiv, war machtpolitisch verständlich, fast legitim. Preußen dagegen war die Macht der dynamischen Veränderung des Status quo und also nicht defensiv. Es war somit fast eine Verkehrung der Haupttendenzen, daß in der konkreten Krise Frankreich weit stärker auf den Krieg zusteuerte als Preußen und ihn schließlich auslöste. Im Sinne des „neuen" europäischen Legitimitätsprinzips aber, dem der Nation, war die Sache umgekehrt. Die preußische Deutschlandpolitik – expansiv und dynamisch, wie sie war – war durch und durch legitim. Die französische Politik, die eine nationale Neuordnung jenseits ihrer Grenzen, also die deutsche Einigung, notfalls mit Krieg verhindern wollte (oder sie nur gegen irreale „Kompensationen" tolerieren wollte), war – trotz der Status-quo-Orientierung – interventionistisch und aggressiv, ermangelte der neuen ideenpolitischen Legitimität. Gleichgewicht und Machterhalt konnten gegen nationale Neuordnung nicht zählen.

Aggressivität wie Ungeschick der französischen Politik und ebenso Bismarcks Öffentlichkeitspolitik haben bewirkt, daß der Krieg nicht – wie Paris in den Anfängen der Krise kalkuliert hatte – ein preußisch-französischer Krieg (mit einem neutralen Süddeutschland) war: Er war ein deutscher Krieg. Die Regierungen, die Öffentlichkeit, das Volk standen (fast) einhellig zu Preußen, gegen Frankreich; auch die bayerischen Patrioten stimmten im Juli 1870 für den Krieg und die notwendigen Kredite. Das französische Kalkül, das auf den bisherigen Anti-Borussismus im Süden gesetzt hatte, war gescheitert; Bismarcks Kalkül, die gesamte Nation und zumal den Süden zu mobilisieren, und zwar „von oben", war aufgegangen. Bismarck hat also den Krieg mit der Emser Depesche, kann man sagen, zum Nationalkrieg gemacht, und Frankreich hat ihm dazu alle Chancen gegeben. Es ging jetzt nicht mehr um den Bündnisfall unter Regierungen, sondern um einen nationalen Aufbruch der Verteidigung, der alle eben noch so starken partikularen und anti-preußischen Stimmungen hinwegschwemmte. Und die Deutschen hatten ein überzeugendes Kriegsziel: Es ging darum, die nationale Einheit gegen das offensive Veto Frankreichs durchzusetzen. Frankreich hatte dagegen kein irgend akzeptables Kriegsziel: Die Verteidigung des deutschen Südens gegen preußische Vorherrschaft (gegen den Willen dieses Südens selbst) oder die Revision des preußischen Machtgewinns von 1866 oder ein neuer Einfluß am Rhein – das hatte, in Europa jedenfalls, keine Legitimität mehr.

Zuletzt, ich folge einem einleuchtenden Gedankengang von Gall: Das preußisch-deutsche, das Bismarcksche Kriegsziel richtete sich gegen den Status quo, zielte auf Neuordnung, war dynamisch. Aber in der Konzeption Bismarcks, der aus alten europäischen konservativen Traditionen kam, kein Moderner und kein Nationalist war, von Staaten und Gleichgewichten her dachte, in seiner Konzeption sollte der Krieg nicht die Mächteordnung Europas umstürzen und revolutionieren; er sollte diese Ordnung nur modifizieren, sollte den Widerspruch zwischen Realität und Legitimität – den deutschen Teilstaaten und dem Nationalstaatsprinzip – beseitigen. Das Kriegsziel war ein Minimum, das auch durch Ausgleich oder Kompromiß hätte erreicht werden können. Insoweit war der Krieg, der Europa revolutionierte, doch eigentlich konservativ geprägt. Er sollte die Veränderungen kanalisieren, sie innerhalb der Grundstrukturen des Bestehenden, der Gesellschaft und der Machtverteilung Europas, halten. Der Krieg sollte nicht die Welt umstürzen, er hatte ein von vornherein begrenztes Ziel. Das muß man im Auge behalten.

b) Der Verlauf des Krieges

Zu Beginn des Krieges gab es militärisch keine eindeutige Überlegenheit, weder zahlenmäßig noch nach Organisation, Ausbildung oder Bewaffnung; Schwierigkeiten der Umorganisation betrafen beide Armeen etwa in gleicher Weise. Zwar, anfangs waren die deutschen Armeen stärker, ca. 520000 Mann gegenüber 340000, aber das war nicht von Dauer, im Herbst standen sich zwei Millionenheere gegenüber. Der französische Plan einer schnellen Offensive kam wegen Organisationsmängeln nicht voran. Der deutsche Plan zielte auf eine schnelle Umfassungs- und Entscheidungsschlacht. Das Moderne war zunächst der Eisenbahnaufmarsch, dazu der Einsatz des Telegraphen und war sodann die Führung der Operationen durch den Generalstab. Der Generalstabschef Moltke hatte den Feldzug aber noch nicht voll in der Hand, darum kamen die ersten Schlachten im August – Weißenburg, Wörth, Spichern, ja noch Gravelotte und St. Privat – gleichsam neben seiner großen Strategie zustande. Aber sie waren erfolgreich, und das hatte für die Stimmung und die öffentliche Meinung in Deutschland große Wirkung. Militärisch führte es dazu, daß die Franzosen zurückwichen. Ein Teil der französischen Armee wurde in Metz eingeschlossen; der Hauptteil, dessen Oberbefehlshaber MacMahon sich lieber auf Paris zurückgezogen hätte, aber aus politischen Gründen versuchen mußte, Metz zu entsetzen, wurde durch ein kühnes und schnelles Manöver Moltkes – ein Schwenk der auf Paris vorrückenden Armeen – bei Sedan eingekreist und zur Kapitulation (2. September) gezwungen; mit 100000 Soldaten kam auch Napoleon in Gefangenschaft. Das war eine fast klassische Entscheidungsschlacht. Das änderte den Charakter des Krieges.

In Paris wurde die Republik ausgerufen, und die neue Regierung erklärte am 6. September ihre Bereitschaft, Frieden zu schließen: Sie verzichtete förmlich auf jeden Einspruch gegen neue Regelungen in Deutschland, also gegen die Bildung eines deutschen Nationalstaats, bekannte sich aber zur unbedingten Verteidigung der territorialen Integrität Frankreichs. Das hatte guten Sinn, denn inzwischen hatten sich die deutschen Kriegsziele verändert: Die Abtretung von Elsaß und Lothringen stand jetzt auf der Tagesordnung, wir reden gleich ausführlich davon. Aus diesem Grund wie auch aus ideologisch-politischen Sympathien und machtpolitischem Kalkül – eine bonapartistische Regierung schien mehr von der friedenswilligen Bourgeoisie abhängig und stärker auf Deutschland angewiesen – wollte Bismarck lieber mit dem gefangenen Napoleon oder anderen Männern seines Systems verhandeln. Aber entsprechende Versuche verliefen im Sande.

Für Frankreich wurde der Krieg nun, nach dem Sturz Napoleons und angesichts der Gebietsforderungen der Kriegsgegner, aus einem Offensivkampf gegen die deutsche Einheit zu einem Verteidigungskrieg um die Behauptung seines territorialen Bestandes; aus dem Krieg der Dynastien, Regierungen oder Staaten wurde jetzt endgültig auch für Frankreich der Nationalkrieg. Die deutschen Armeen schlossen (19. September) Paris ein. Das neue republikanische Frankreich, unter Führung von Gambetta, entfaltete einen gewaltigen Widerstandswillen, stellte neue Armeen auf, der Krieg wurde zum Volks-, ja mancherorts schon zum Guerilla- und Partisanenkrieg (Franctireurs). Das war in Europa – nach dem amerikanischen Sezessionskrieg – der erste Schritt zu einer epochalen Modernisierung und Radikalisierung des Krieges. Militärisch war er jetzt gleichzeitig Stellungs- und Bewegungskrieg. Nach zum Teil schweren Rückschlägen setzten sich dann die gut ausgebildeten deutschen Truppen gegen die neuen Massenarmeen durch, Qualität gegen Quantität, der Entsatz von Paris scheiterte an der Loire (Oktober bis Januar). Paris wurde besetzt. Der Aufstand der Kommune veränderte die Lage noch zusätzlich – er schuf die moderne Bürgerkriegssituation –, die republikanische Regierung wie Bismarck waren auf das Niederringen der Kommune aus. Bis zum Februar waren die noch vorhandenen französischen Truppen geschlagen, der nationale Widerstand brach zusammen. Die Regierung – mit der Nationalversammlung in Bordeaux – war bereit, Waffenstillstand und Frieden zu schließen.

Während des Krieges entstanden scharfe Gegensätze zwischen Bismarck und der militärischen Führung, zumal dem Generalstabschef Moltke. Es ging dabei zunächst um das Verhältnis von Politik und Kriegführung, genauer: um unterschiedliche Wege, den Krieg zu beenden. Es gab noch keine institutionellen Regeln der Kooperation an der Spitze. Die Entscheidung lag formal beim Monarchen. Auch der mächtige Kanzler war nicht der Vorgesetzte der Generale, er mußte die „Kommandogewalt" des Königs respektieren: Der mochte sich allein auf seine militärischen Ratgeber verlassen. Bismarck war von den militärischen Lagebesprechungen, ja sogar vom Empfang der wichtigsten Informationen ausgeschlossen; er war voller Zorn auf die „Halbgötter", die Generalität; die Generale empfanden ihn als Zivilisten und Dilettanten, der alle Entscheidungen, selbst die militärischen, an sich ziehen wollte. Das wurde zuerst nach Sedan akut. Bismarck tendierte, wie gesagt, dazu, die Chancen zu Friedensverhandlungen – mit Napoleon oder mit der Kaiserin Eugénie und dem in Metz eingeschlossenen Marschall Bazaine als möglichen Vermittlern – zu prüfen und zu nutzen. Je kürzer der Krieg, so dachte er, desto geringer die „Demütigung" des Besiegten, desto haltbarer der Friede, desto möglicher ein neu etabliertes bonapartistisches Regime – das war seine große Perspektive. Taktisch zumindest kam es dann nicht auf schnelle Vernichtung der gegnerischen Truppen an, ja ein zeitweises Stoppen des Vormarsches schien für solche Pläne eher günstig. Die Militärs dagegen wollten den vollen militärischen Sieg und auch Triumph, sie begegneten Bismarcks Vorstellungen mit permanenter Obstruktion.

Seit der Einschließung von Paris und dem Beginn des Volkskriegs verschärften sich die Spannungen weiter. Bismarck wollte noch immer einen schnellen Frieden (am liebsten bis zum Oktober), notfalls jetzt mit einer republikanischen Regierung, auch um eine Intervention der europäischen Mächte unmöglich zu machen. Daraus zog er die militärstrategische Konsequenz, es komme auf einen schnellen Sieg an und konkret auf die Beschießung und schnelle Eroberung von Paris; dazu gehören die in den privaten Äußerungen oft brutalen Empfehlungen zum Kampf gegen die neuen Armeen und die Franctireurs – terroristisch und an den äußersten Grenzen des Völkerrechts –, der Volkskrieg versetzte ihn in gesteigerte nervöse Unruhe, man sollte ihn rücksichtslos schnell beenden. Die andere Konsequenz war friedenspolitischer Art. Die Kapitulationsbedingungen sollten so sein, daß sie keine friedenswillige Regierung abschreckten; man sollte den Feind nicht auf den Tod erbittern und demütigen. Beide Folgerungen trafen auf den Widerstand der Militärs. Moltke und die Mehrheit der Generale waren aus militärischen Gründen, auch z. B. wegen der hohen Verluste, gegen die Beschießung und Erstürmung von Paris; sie wollten es belagern und aushungern. (Es ging, wie man sieht, nicht um humanitäre Fragen oder, wie Bismarck mutmaßte, um „englische" politische Einflüsse.) Und Moltke wollte – nicht aus altmodischen Prestigegründen, sondern aus ganz modernen, fast sozialdarwinistischen Überlegungen – einen totalen Sieg, eine vollkommene Niederlage, keine Schonung, sondern die Vernichtung des Gegners, einen „Exterminationskrieg", wie der Kronprinz sagte, einen Triumph unter demütigenden Bedingungen, einen Diktatfrieden, der den Gegner für 100 Jahre mindestens fesseln sollte; gerade der Volkskrieg hat ihn in solchen Vorstellungen bestärkt. Die Idee vom totalen Sieg wurde dann ein halbes Jahrhundert später ja sehr modern, Bismarcks Vorstellung von der Einbindung des Sieges in einen diplomatischen Frieden war dagegen noch – trotz seiner Neigung zur Gewalttätigkeit – altmodisch. In dem Kompetenzkonflikt war es klar, daß militärische Entscheidungen politische, und politische Entscheidungen militärische Konsequenzen haben mußten, es ging nicht um ein Entweder/Oder, sondern um die Priorität. Aber es ging gar nicht nur um den Gegensatz von Politik und Kriegführung. Es ging um eine eigene Politik der Militärs, es ging um die Bestimmung des Kriegsziels. Für die Militärs war das die totale Niederwerfung Frankreichs. Für Bismarck war es die Gründung des deutschen Nationalstaates. Die totale Niederwerfung Frankreichs hätte ganz Europa gegen Deutschland aufgebracht, das wäre ein absurdes Kriegsziel gewesen. Bismarck, der Machiavellist der Machtpolitik, verlor nicht das Augenmaß.

In äußerst leidenschaftlichen Auseinandersetzungen im Winter 1870/71 hat sich Bismarck schließlich – nachdem er die Presse und alle sonst mögliche Hilfe mobilisiert hatte – bei dem, der zu entscheiden hatte, beim König, der lange eher den Militärs zuhörte und zuneigte, durchgesetzt: Ende Dezember fiel der Beschluß zur Beschießung von Paris und der nachfolgenden Erstürmung, am 20. Januar wurden die Waffenstillstandsverhandlungen Bismarck anvertraut, der Waffenstillstand wurde zu vergleichsweise gemäßigten Bedingungen und ohne betonte Demütigung abgeschlossen (28. Januar 1871). Die Mehrheit der französischen Regierung und des Parlaments war jetzt friedenswillig oder friedensresigniert – auch natürlich unter dem Eindruck der Kommune –, den Versuch eines zweiten „Volkskriegs" hat man nicht mehr unternommen. Bismarcks Verhandlungsführung wollte diese Stimmung und die noch andauernde Handlungspause der neutralen Großmächte ausnutzen. Bis zum 26. Februar gelang es ihm, mit dem französischen Unterhändler J. Favre, der mit Geschick von Bismarcks Furcht vor einer europäischen Intervention profitierte, zu einem Vorfrieden zu kommen. Frankreich mußte Elsaß und Lothringen abtreten – auf Belfort verzichtete Bismarck schließlich, während er auf Metz bestand; dazu mußte es fünf, statt der ursprünglich geforderten sechs Milliarden Goldfrancs Kriegsentschädigung zahlen.

c) Der Krieg und die europäischen Mächte

Neben den eigentlichen Kriegsereignissen ist das Verhalten der europäischen Mächte, sind die diplomatischen Aktionen und Bewegungen von entscheidender Bedeutung.

Die Rolle Frankreichs in der letzten Phase vor Kriegsausbruch und die Tatsache, daß es Frankreich war, das den Krieg erklärte, haben – in erster Linie zunächst und auch auf Dauer – dazu geführt, daß der Krieg auf Deutschland und Frankreich begrenzt blieb, die europäischen Mächte neutral blieben. England hatte anläßlich der französischen Forderungen und Drohungen nach dem 15. Juli alle Vermittlungsversuche eingestellt. Wenn die europäische Situation im Blick auf die spanische Krise für Frankreich zunächst etwas günstiger gewesen war als für Preußen, die Umstände des Kriegsausbruchs haben sie zuungunsten Frankreichs revidiert. Bismarck hat auch jetzt die Möglichkeit einer nationalen Revolutionierung Europas angedeutet, das sollte die Mächte von einer freilich kaum zu erwartenden antideutschen Position abhalten; zugleich hat er sich ganz und gar von jeglichen groß- oder alldeutschen Ideen, die Österreich, Rußland oder die kleineren Neutralen hätten beunruhigen können, scharf distanziert. Die – gewiß unsicheren, aber doch nicht unberechtigten – französischen Hoffnungen auf Unterstützung durch Österreich und Italien, auf Wohlwollen bei Rußland und England, erwiesen sich unter den neuen Umständen als eitel. Österreich konnte aus innen- wie deutschlandpolitischen Rücksichten in einen so eindeutig national defensiven und von der öffentlichen Meinung getragenen Krieg nicht eintreten; zudem spielten der – auch militärische – Druck Rußlands und die faktische Nichtangriffsgarantie Preußens eine Rolle. Nur bei einem französischen Sieg, den Beust wie viele andere erwartete, mochte sich die Lage ändern; dann hätte Österreich ein Protektorat über den deutschen Süden beanspruchen können. Beust hätte darüber hinaus gern die „formelle“, also deklarierte Neutralität vermieden – das war ein leicht profranzösischer Kurs –, aber der pro-preußische, weil anti-russische Andrássy setzte eine formelle Deklaration durch. Italien blieb trotz der vorangegangenen Annäherung an die Eindämmungsmächte in Rücksicht auf die allgemeine europäische Lage wie im Blick auf die französische Besatzung in Rom ebenfalls neutral. England, Gegner der Hohenzollernkandidatur in Spanien, erklärte seine Neutralität, nachdem Frankreich wie Preußen die Neutralitätsgarantie für Belgien bestätigt hatten. Das entsprach den Präzedenzfällen von 1864 und 1866, der Dominanz innerer und imperialer Fragen in der englischen Politik, der Priorität des Weltgegensatzes zu Rußland; das entsprach der fortdauernden Ambivalenz, ja dem Mißtrauen gegenüber Napoleon, und um das wach zu halten, ließ Bismarck französische Vorschläge von 1866 über den Erwerb Belgiens in der "Times“ veröffentlichen (25. Juli 1870); das entsprach schließlich der englischen Ambivalenz auch gegenüber Preußen, dem – zurückhaltenden – Interesse an einer endlichen und am liebsten preußisch-liberalen Konsolidierung der deutschen Verhältnisse und dem gleichzeitigen Unbehagen gegenüber dem illiberalen, dem Gewalt-Politiker Bismarck. Zudem war der pro-französische englische Außenminister Clarendon, den schon die französischen Eisenbahnpläne in Belgien irritiert hatten, im Juni 1870 gestorben.

Daß Rußland neutral blieb, war seit langem zu erwarten, diese Neutralität hatte einen leicht pro-preußischen Zug. Von einem französischen Sieg mußte Petersburg ein Neuaufwerfen der polnischen Frage erwarten und eine Stärkung Österreichs, des klassischen Balkan- und Orientgegners; Preußen schien eine Art Juniorpartner, seine Schwächung hätte zugleich Rußlands Position geschwächt. Es gab jedoch auch pro-französische Stimmungen – die Erwartung, Frankreich werde siegen und das könne man hinnehmen – und Abneigung gegen eine preußische „Expansion" nach Süddeutschland. Vor allem war Rußland dafür, den Krieg zu lokalisieren; durch Truppenverschiebungen etc. hielt es eine potentielle Neigung Österreichs zum Kriegseintritt in Schach. Das war weniger pro-preußisch als anti-österreichisch motiviert, Abreden mit Preußen gab es nicht; aber es kam Preußen zugute. Kurz, keine der großen europäischen Mächte hatte ein unmittelbares Interesse an einer diplomatischen oder kriegerischen Intervention, keine war vom Ausgang des Krieges, wie immer er aussehen mochte, unmittelbar bedroht. Ja, eine nationaldeutsche Lösung, so schien es zunächst, würde einen Spannungsherd beseitigen und mehr Stabilität für Europa bedeuten. Von einem französischen Sieg dagegen war eine Verstärkung der französischen Hegemonie-Ambitionen zu erwarten. Zudem schien Preußen ein sinnvoll legitimes Kriegsziel zu haben, die Lösung der deutschen Frage, Frankreich aber nicht. Die Umstände des Kriegsausbruchs sprachen gegen Frankreich. Insoweit war wohl die Mehrheit der öffentlichen Meinung und der Politiker im neutralen Europa etwas mehr preußengeneigt, trotz der weit verbreiteten starken Abneigung gegen die Person Bismarck. In England hielten sich die Sympathien mit den Kriegsgegnern etwa die Waage – aber an der Neutralitätspolitik änderte das gar nichts.

Seit Kriegsbeginn gab es – das gehörte zur diplomatischen Tradition des Jahrhunderts – Pläne der Neutralen, einen europäischen Kongreß zur Friedensvermittlung zu organisieren (so ein russischer Vorschlag) und schon im August, nach den schnellen ersten Siegen, Preußen zu mäßigen. Aber zuerst diese schnellen Erfolge, dann – im Oktober 1870 – die Zurückhaltung, ja Ablehnung Englands ließen diese Pläne einstweilen im Sande verlaufen. Österreich schied bereits im Herbst 1870 ebenfalls aus dem Kreis der potentiellen „Vermittler" aus: Es setzte jetzt, nachdem eine Niederlage Preußens jedenfalls nicht mehr zu erwarten stand, auf Verständigung mit Preußen, um so die Anziehung des neuen Reiches auf die Deutschen Österreichs aufzufangen und vielleicht Unterstützung für seine Balkanpolitik zu gewinnen. Entscheidend wurde schließlich, daß Rußland am 31. Oktober die sogenannte „Pontus-Klausel" des Pariser Friedensvertrages, die das Schwarze

Meer neutralisierte, kündigte und seine Flottensouveränität wiederherstellte. Niemand zwar wollte das aktiv hindern, aber da es ein einseitiger und brüsker Akt Rußlands war, führte das zu erheblichen Spannungen vor allem mit England und verhinderte vorerst eine gemeinsame Aktion der Neutralen. Bismarck hatte, weil er das voraussah und erhoffte und weil Rußland zeitweise mit mancherlei Bedenken gegen die deutschen Territorialforderungen zu einer anti-preußischen Kombination zu tendieren schien, es zu diesem Schritt durchaus ermuntert; er wollte keine wie immer geartete Intervention der Neutralen.

Dabei hatten sich die Gründe, die für eine solche Intervention der neutralen Großmächte sprachen, eigentlich verstärkt. Nach Sedan hatten die Deutschen ihre Annexionsforderungen erhoben, die neue französische Regierung hatte einerseits ihre Friedensbereitschaft (und die Hinnahme einer preußischen Lösung der deutschen Frage) erklärt und andererseits ihren unbedingten Willen zur Verteidigung der territorialen Integrität des Landes. Das änderte die Stimmung in Europa, Kritik gegenüber den nun expansiven preußischdeutschen Ansprüchen fing an, die Sympathien zu überwiegen. Und die neue französische Regierung suchte eine Intervention der Neutralen zu befördern – das konnte ihr nur helfen. Gerade in England mit seiner moralpolitischen Tradition ist dieser Umschlag zu einer eher pro-französischen Stimmung merklich; Gladstone, der Premier, war besonders engagiert, er wollte darum die europäische Intervention voranbringen. Freilich, schon sein Kabinett folgte ihm nicht, als er eine Volksabstimmung in Elsaß-Lothringen zur unabdingbaren Forderung machen wollte. Und die Zeit verrann.

Die Kündigung der Pontus-Klausel brachte England zuerst einmal gegen Rußland auf und ließ es um preußische Hilfe für eine internationale Lösung dieser Frage werben. Der Einmarsch Italiens in Rom, so wenig Protest er auslöste, war ein anderes Ausscheren eines Neutralen aus einer gemeinsamen europäischen Front; Italien machte sich die französische Niederlage zunutze, nahm sich sein Teil am französischen Machterbe, jenseits der Neutralität. Zwar war eine Einigung Londons mit Petersburg durchaus möglich, und auch Rußland hatte, so sehr es Berlin in der Pontus-Frage verpflichtet war, durchaus die Tendenz, bei einer deutschen Neuordnung Europas mitzusprechen. Jedoch irritierten den Zaren die neue republikanische Regierung, und erst recht die Aktivität von Exilpolen, so blieb die Berlin-Orientierung stärker als irgendwelche Vermittlungsneigungen. Bismarck fürchtete dennoch eine englisch-russische Verständigung über die diplomatische Intervention einer Mächtekonferenz, das war ihm – immer schon – geradezu ein Alptraum. Er suchte Zeit zu gewinnen, spielte beide Mächte gegeneinander aus und regte – angesichts der zeitweilig drohenden Gefahr eines großen europäischen Krieges – eine Pontus-Konferenz an, was auch allgemeine Zustimmung fand. Eine solche Konferenz tagte seit dem 1. Februar 1871 in London. Sie konnte nichts anderes tun als den russischen Schritt sanktionieren. Aber als sie am 13. März zu Ende ging, hatte Bismarck den Vorfrieden mit Frankreich (am 26. Februar) unter Dach und Fach gebracht – ohne diplomatische Intervention Europas und der Londoner Konferenz. Bei allem Hin und Her: Die englisch-russischen Spannungen hatten ein gemeinsames Handeln der Mächte solange hintangehalten, bis die Gelegenheit für die von Bismarck befürchtete Intervention verstrichen war. Bismarck hatte auf Zeit gespielt und inzwischen das Problem ohne internationale Beteiligung gelöst.

d) Deutsche Kriegsziele: Elsaß und Lothringen

Wir müssen uns schließlich dem schon erwähnten Problem der deutschen Kriegsziele eigens zuwenden. Anfänglich hatte es keine besonderen Kriegsziele gegeben – Frankreich hatte den Krieg erklärt, es ging um Abwehr und Sieg. Und es war klar – die Kriegsgemeinsamkeit der Deutschen stand dafür –, daß der Krieg auf eine nationale Lösung der deutschen Frage, einen wie immer gearteten deutschen Nationalstaat zielte, das französische Veto gegen eine nationale Lösung endlich zu Fall bringen sollte. Das war nach Sedan erreicht. Aber jetzt gingen die deutschen Forderungen weiter, es ging jetzt um die Abtretung von Elsaß und Lothringen. Angesichts der außerordentlichen und verhängnisvollen Nachwirkung dieser dann realisierten „Annexion" müssen wir etwas näher zusehen, wie es dazu kam.

Nach langen Kontroversen hat sich heute etwa folgendes Bild herausgeschält.

1. Unmittelbar nach den ersten Siegen entstand in der deutschen Öffentlichkeit spontan in verschiedenen Kreisen und verschiedenen Regionen die Forderung nach den „alten" deutschen Reichsgebieten im Westen, die schon 1815 eine Rolle gespielt hatte. Aber man legitimierte diese Forderung nicht historisch-territorial, sondern national. Die Elsässer und ein gut Teil der Lothringer seien Deutsche, so meinte man, und setzte den eigenen historisch-kulturellen, ethnisch-sprachlichen Begriff der Nation voraus. Sie waren deutsch, weil sie deutsch geboren waren, deutsch sprachen, in einer deutschen Kultur lebten. Daß sie inzwischen mindestens in den wortführenden politisch handlungsfähigen Schichten französisch gesinnt waren, sich als Franzosen fühlten und bei einer Abstimmung für Frankreich optiert hätten (und bei der Wahl der Staatsangehörigkeit mit 10,4 % so optiert haben), galt demgegenüber als vernachlässigenswert, man durfte nicht allein die gegenwärtig Lebenden im Auge behalten, die waren „irregeleitet", man mußte an die Dauer, die Folge der Generationen denken, die Entfremdeten zurückholen. Darin steckte der Konflikt zweier Nationalismen, zweier – in sich legitimer – Nationsbegriffe, abgekürzt: Die Sprach- und Kulturnation der Deutschen, der man objektiv und durch Geburt zugehörte, stand gegen die politische Nation der Franzosen, gegen die Nation, der man durch subjektive Entscheidung, das tägliche Plebiszit, wie Renan das genannt hat, zuge-

hört. Die Forderung nach dem Elsaß und nach Lothringen war allgemein und bedurfte kaum besonderer Rechtfertigung, im Zeitalter des Nationalismus hätte jeder, in ähnlicher Situation angegriffen und dann siegreich, solchen Anspruch erhoben. Sie reichte von rechts, Konservative waren bis dahin eigentlich keine Nationalisten gewesen, bis links – nur wenige, wie die „Frankfurter Zeitung" und die Sozialdemokraten um Bebel und Liebknecht oder der baltendeutsche Journalist Julius Eckardt, widersprachen. Besonders in Süddeutschland war die Forderung lautstark und populär; hier spielte neben dem nationalen auch das sicherheitspolitische Argument eine Rolle. Im Laufe der Agitation verschob sich dabei schon vor Sedan das Bild des Kriegsgegners: Anfangs war es Napoleon, dann wurden es mehr und mehr die Franzosen insgesamt. Und der Verteidigungs- und Einheitskrieg gewann schließlich Züge eines Eroberungskrieges.

2. Dann gab es – altmodisch und scheinbar modern zugleich – unmittelbar nach den ersten Siegen die Forderungen der Militärs. Sie wollten – wie gesagt – einen harten Niederwerfungs- wenn schon nicht Bestrafungsfrieden, der dem Gegner auf lange Sicht keine Chance zu einem Wiederaufstieg bot. Die Landabtretung war ein klassisches Mittel eines derartigen Friedens. Dazu kam jetzt die Idee der geostrategischen Sicherung: Straßburg galt als Einfallstor nach Süddeutschland, die ostfranzösischen Festungen von Metz über die Vogesen bis Belfort als Bedrohung, die Übernahme von alldem als Sicherheitsriegel gegen künftige französische Aufmärsche.

3. Wie stand Bismarck dazu? Die Forderungen der Militärs allein haben ihn nicht zur Annexion gezwungen. Er hat den Entschluß zur Annexion vielmehr auch aus eigenem Antrieb und Willen gefaßt und in die Tat umgesetzt; dabei hat er natürlich sowohl die öffentliche Meinung wie die Position der Militärs in seine Entscheidungen einbezogen. Es waren im wesentlichen drei Motive, die ihn in dieser Frage bestimmten: ein friedens-, ein sicherheits-, ein einigungspolitisches Motiv.

a) Er wollte – trotz seiner Gegensätze zu den Militärs – einen Frieden, der Frankreich niederwarf und schwächte. Er ging davon aus, daß Frankreich sich mit seiner Niederlage niemals abfinden werde, Revanche, Revision der Machtverschiebung anstreben werde – aus Gründen der Machträson wie der National„ehre". Frankreich bliebe auf Dauer ein potentieller Gegner Deutschlands. Das bedeutete, daß Ausgleich oder gar Versöhnung längerfristig nicht möglich wären und darum ein Ausgleichsfriede wie der von 1866 mit Österreich außer Frage stand. Der Friede müßte Frankreich weniger gefährlich machen, müßte ihm die Möglichkeit nehmen, allein und mit begründeter Aussicht auf Erfolg einen Revisionskrieg zu beginnen. Diese Überlegung mündete in die Forderung nach Abtretung von Grenzgebieten und Festungen. Das war altmodisches Denken: Territorien waren bisher als Basis von Macht angesehen worden, nicht Bevölkerungszahlen und Industriepotential, also statische, nicht dynamische Gegebenheiten. Und Territorialverschiebungen hatten bis dahin zum Normalbestand europäischer Politik gehört; sie änderten Gewichts- und Machtverteilung, ohne die Norm vom Gleichgewicht außer Kraft zu setzen. In dieser Hinsicht also war Bismarck der Erbe einer langen kontinentaleuropäischen Tradition. Solche Vorstellungen standen in einer gewissen Spannung zu seiner Einsicht, daß der Friede doch relativ dauerhaft und darum für die Besiegten „erträglich" sein müsse. Gelegentlich hat Bismarck wohl auch gemeint, Frankreich könne und werde sich mit dem Verlust der Ostprovinzen abfinden; bei der Frage nach dem Umfang der Annexionen spielten solche Erwägungen eine Rolle. Aber im Zweifel siegte das Interesse an der Schwächung des Gegners und die Überzeugung, daß die eigene Forderung berechtigt sei und keineswegs unerträglich.

b) Von daher war es fast selbstverständlich, daß Bismarck die sicherheitspolitischen Vorstellungen der Militärs wenigstens im Grundsatz teilte: Ein französisches Straßburg war auch ihm eine beständige Bedrohung des deutschen Südens. Auf Metz und Lothringen hätte er von sich aus vielleicht verzichtet und sich mit Belfort „begnügt"; nicht weil das eher der Sprachgrenze entsprochen hätte – Metz und der größere Teil von Lothringen waren französischsprachig –, sondern weil das die französische Zustimmung erleichtert hätte – das war ein andermal sein Interesse, den Frieden dauerhaft zu machen. Aber zuletzt gaben dann auch für ihn die strategischen Erwägungen der Militärs den Ausschlag für die „große" Lösung mit Metz, die Machträson blieb militärisch geprägt.

c) Die nationalpolitische Begründung der Annexion spielte für Bismarck keine Rolle. Aber sobald die Nationalbewegung diese Forderung erhob, benutzte Bismarck sie, um seine eigene Position vor der europäischen Öffentlichkeit zu verbessern und um die Einigung gerade im Süden voranzutreiben, die nationale Woge dort gegen partikulare Widerstände zu intensivieren. Das gemeinsam gewonnene „Reichsland" sollte überdies die Einheit von Nord und Süd und die Stellung der Monarchien stärken. Daß die Annexionsforderung den Friedensschluß hinausschob und zwischen September 1870 und Januar 1871 der Deutschland-, der Reichsgründungspolitik genügend Zeit ließ, war freilich nur eine günstige Nebenfolge. Ein Verzicht auf die Elsaß-Lothringen-Forderung war angesichts der nationalen Bewegung nicht mehr möglich. Das hätte einen Sturm der Entrüstung hervorgerufen, ja die ganze Einigungspolitik gefährdet: Für die Nation wie auch für Bismarck waren seit dem Herbst 1870 Einigung und Reichsgründung mit dem „Siegespreis" unlösbar verkoppelt – das war, mag man sagen, eine tragische Verstrickung. Auch daß der preußische König Wilhelm die Forderung aufgegriffen hatte, war für Bismarck ein nicht zu übergehendes Faktum. Aber gemäß der Machträson, die seine Politik bestimmte, stand ein Verzicht für ihn von vornherein außer Frage. Er hat Vorschläge anderer Mächte (Englands z. B.), Elsaß-Lothringen zu „neutralisieren" oder statt dessen Luxemburg zu kaufen oder das Reich in Indochina zu engagieren, schlichtweg abgelehnt – und dabei blieb es dann, weil die neutralen Großmächte erst um seine Hilfe für die Pontus-Konferenz warben und, wir sagten es, diese dann so spät zustande kam und so lange dauerte, daß der Zeitpunkt einer möglichen europäischen Intervention längst verstrichen war.

So scheint die Annexionsforderung unausweichlich gewesen zu sein – für die Nationalbewegung, für die Militärs, für Bismarck. Man kann dennoch fragen (und das hat man bald nach 1871 schon getan), ob denn die für Bismarck so entscheidende Einschätzung der zukünftigen französischen Politik zutraf oder nicht und ob die verhängnisvolle Folge der Annexion, die bleibende Vergiftung des deutsch-französischen Verhältnisses, bei Nicht-Annexion wäre vermieden worden. Das ist nicht mit Sicherheit zu beantworten. Gewiß, das Elsaß war für die Franzosen nicht nur ein Territorium (und gar das einer Sprachminorität), sondern ein Teil der eigenen Nation; und es wurde – mit Lothringen – zum Symbol verlorener Größe. Es gibt aber viele Gründe, warum man in jedem Fall, also auch ohne Annexion, einen Revisionismus der Besiegten für sehr wahrscheinlich halten muß. Bismarck selbst meinte in diesem Sinne, der Ruf „Rache für Sadowa" zeige doch, daß die französische Politik von dem Inhalt der Friedensbedingungen ganz unabhängig sei. Und der Historiker mag urteilen, daß im Zeitalter des Nationalismus und des nationalen Prestiges Ausgleich und Versöhnung – wie mit dem übernationalen Österreich 1866 und 1879 – unwahrscheinlich waren, auch wenn es keinerlei Territorialverschiebungen gegeben hätte. Der Verzicht auf Lothringen und Metz, die Beschränkung auf das Elsaß und das Festhalten an der Sprachgrenze hätten gewiß nicht grundsätzlich, wie der französische Verhandlungsführer von 1871, Thiers, zu bedenken gab, die Ausgleichs- und Befriedungschancen verbessert. Eine Wunde wäre geblieben, wenn auch vielleicht ohne Stachel. Allerdings schließen solche Überlegungen große und dynamische Änderungen der Machtkonstellationen und der nationalen Ambitionen in der Zukunft aus, das ist ihre Grenze. Kurz, es ist nicht sehr wahrscheinlich, daß sich das deutsch-französische Verhältnis ohne Annexionen oder gar bei auf die Nationalität begrenzten Annexionen anders entwickelt hätte, positiver, aber wir können es nicht wissen.

Daß es sich nach der Annexion nicht anders entwickeln konnte, daß hier für die Franzosen eine unheilbare Wunde blieb, das ist gewiß. Das entsprach der pessimistischen Komponente in Bismarcks Prognosen und Erwartung. Und die Kritiker Bismarcks und der Annexionspolitik, Altkonservative und Altliberale, Radikaldemokraten und Sozialisten, haben das sofort scharfsinnig herausgestellt. Marx hat in der Annexion die Grundlage eines künftigen Weltkonflikts, einer künftigen Katastrophe gesehen und das Zusammengehen Frankreichs mit Rußland als Konsequenz des in diesen Frieden eingebauten Revisionismus vorausgesagt.

Anders als in Deutschland steht es mit der Wirkung der Annexionen auf Europa. Zwar hatten einerseits, wie gesagt, Territorialveränderungen im herkömmlichen Denken ihren Platz, aber andererseits griff eine neue anti-machiavellistische Moralpolitik von England aus zunehmend um sich, zumal wenn eigene Interessen nicht zu unmittelbar berührt waren. Darin steckte viel Machtverschleierung und Heuchelei, ja Zynismus, und die deutschen Nationalisten sind nicht müde geworden, darauf hinzuweisen, aber Moralpolitik war durchaus mehr als das. In dieser immer wichtiger werdenden Perspektive war die Annexion ungerechtfertigt, war eine Herausforderung und eine schwere Hypothek, die sich keineswegs mit der Zeit abschwächte. Hier hätte das Festhalten an der Sprachgrenze, wenn denn die von Gladstone gewünschte Abstimmung für Bismarck, aber auch für die Nationalliberalen nicht in Betracht kam, oder die Beschränkung auf das Elsaß allein eine andere Basis geboten, das wäre ein diskutables und halbwegs anerkanntes moralisches Legitimationsprinzip gewesen. Aber noch jenseits solcher Frage nach der moralischen Legitimation, nach der Gerechtigkeit: Die Annexionen mußten das überall wache Mißtrauen gegen Bismarck verstärken und auf das neue Reich ausdehnen. Die nationale Einigung der Deutschen war, ob nun gern oder weniger gern gesehen, als legitim anerkannt; aber jetzt kam, so schien es Europa, das Element der – nackten – Eroberung dazu. Und der Verdacht lag nahe, daß das der Anfang eines Aufbruchs zur Hegemonie war. Die Deutschen (und Bismarck) haben dergleichen weit von sich gewiesen und sich auf die national- und sicherheitspolitischen Argumente und die Logik der Machtverhältnisse im europäischen System, an dem man ja durchaus festhalten wollte, berufen, aber das überzeugte kaum jemanden. Dieses Mißtrauen mußte nicht dauern, aber es konnte einen neuen Grundton setzen. Es war eine Hypothek. Der Friede bekam einstweilen nicht nur für die Franzosen, sondern auch für das neutrale Europa den ungeliebten Geruch der Gewaltsamkeit. Kurz, die Annexion von Elsaß und Lothringen, so verständlich sie nach den deutschen Gegebenheiten war, hat die Zukunft der Deutschen erheblich belastet.

Der Friede wurde schließlich – gemäß dem Vorfrieden – in Frankfurt geschlossen. Er sah, wir sagten es, im wesentlichen die Abtretung von Elsaß und Lothringen vor, die Zahlung einer Kriegsentschädigung von fünf Milliarden Francs – das war nach damaligen Begriffen eine hohe, wenn auch nicht exorbitante Forderung, Bismarck glaubte immerhin, Frankreich werde dadurch auf lange Zeit gelähmt sein –, eine deutsche Besetzung von Teilen Frankreichs, bis die Entschädigung gezahlt war, und natürlich die Anerkennung der Reichsgründung. Rüstungsbegrenzungen und Wirtschaftsauflagen gab es nicht. Das war weder ein Versöhnungs- noch ein Karthagofriede. Wie der Krieg kein Kabinettskrieg mehr gewesen war, so war der Friede nicht mehr allein von der Regierung der Siegermacht bestimmt, sondern auch von den lautgewordenen Interessen der Nation. Es sollte sich freilich zeigen, wie viel schwieriger es im Zeitalter des Nationalismus wurde, zu relativ beständigen und relativ anerkannten Friedensabschlüssen zu kommen.

In Europa war das wichtigste Kriegsergebnis, die Reichsgründung, als legitim anerkannt, man konnte sich damit arrangieren. Beliebt war sie nicht, dazu hatte die Annexionsfrage das Ihre beigetragen. Die ursprüngliche

Hoffnung auf eine Stabilisierung des mitteleuropäischen Unruheherdes und eine Befriedigung über das Ende der napoleonischen Hegemonial- und Abenteuerpolitik wurde von der Sorge vor den Ambitionen einer neuen Großmacht überlagert.

5. Die Reichsgründung

Natürlich, mit dem Beginn des Krieges war über die nationalstaatliche Einigung und gar über deren Form noch nicht entschieden. Aber daß die bisher ungelöste deutsche Frage jetzt zur Lösung anstand, eine neue Regelung fällig war, das war jedermann klar. Ein Sturm nationaler Begeisterung nach Kriegsausbruch und den ersten gemeinsamen Siegen ging durch die süddeutschen Länder und drängte die eben noch so starken Anti-Preußen und eigenstaatlichen Patrioten in die Defensive, plötzlich war die Nation in einem großen Gefühl geeint. Diese Bewegung forderte – etwa auch in Adressen und Petitionen – die Herstellung des einheitlichen Nationalstaates. Gerade in Bayern ist ein zeitweiliger Umschlag in der Volksstimmung und Mehrheitsmeinung unverkennbar.

Die Verfechter der partikularen Eigen- und Einzelstaatlichkeit in den Regierungs- und Führungskreisen der süddeutschen Staaten wurden nicht über Nacht Anhänger des Nationalstaates, und sie behielten auch gegenüber popularen Strömungen ihre Entscheidungskompetenz. Aber sie mußten realistisch mit den veränderten Machtgegebenheiten rechnen, mit der öffentlichen Meinung und den Parteiverschiebungen in den Landtagen, mit den Folgewirkungen des Kriegs- und Siegesbündnisses mit dem Norden, mit dem Sicherheitsproblem, das sich gerade so überdeutlich für alle gestellt hatte, mit dem Wegfall des europäischen Vetos, hinter dem man sich hatte auch verschanzen können, mit der Machtsteigerung des Nordens und seiner Möglichkeit, die Zollfrage für eine „Anschluß"politik zu benutzen. Und sie mußten damit rechnen, daß ein Teil des Südens jedenfalls in den Nationalstaat eintreten würde und ein möglicher „Rest" dann ganz isoliert wäre. In Baden, seit 1866 schon für den Beitritt zum Norden, war die Sache klar; in Hessen waren der anti-preußische Großherzog und sein Minister Dalwigk gänzlich isoliert und zu keiner Gegenpolitik mehr in der Lage. In Württemberg entließ der an sich anti-preußische König den bisherigen Verfechter einer Sonderpolitik, den Minister Varnbüler; sein Nachfolger Mittnacht war ein ausgesprochener „Realist", zudem gewannen die württembergischen Nationalliberalen („Deutsche Partei" hießen sie hier) jetzt die Mehrheit. In Bayern schließlich blieben zwar König und Ministerpräsident eigenstaatlich gerichtet, aber andere Minister setzten die Einsicht durch, daß angesichts einer drohenden Isolierung die einzige konkrete Möglichkeit Bayerns war, ein neues Verhältnis zum Norden zu finden; die Verstärkung der „nationalen" Kräfte in der Öffentlichkeit und im Landtag, anläßlich z. B. der Erörterung der Bündnisfrage beim Eintritt in den Krieg, unterstützte diese Schwenkung.

Was Bismarck anging, so war sein Ziel klar: Er wollte den Zusammenschluß des Südens mit dem Norden. Aber er wollte sich weder von der nationalen Bewegung noch von großpreußischen Hegemonialinteressen den Weg zum neuen Reich und seine Struktur vorschreiben lassen. Das hieß, er wollte die Einigung durch Verhandlungen und Bündnisse mit den süddeutschen Fürsten und Regierungen erreichen, keineswegs über eine Politik der Stärke, über Druck und Mobilisierung der Nationalbewegung gegen „partikularistische" Fürsten und Regierungen (obwohl er dergleichen als Drohpotential im Auge behielt); das war anders als 1866. „Wir wollen kein verstimmtes Bayern im Bunde, ein freiwilliges, kein verstimmtes." Reichsgründung also durch Verhandlungen der beteiligten Regierungen – das hatte mehrere Gründe. Das war zunächst einfach „realistisch", war Realpolitik, die mit den Gegebenheiten operierte. Das war sodann Rücksicht auf die föderalen Traditionen und Kräfte – das verkennen die heutigen wie die damaligen liberalen Kritiker nur zu leicht. Bismarck rechnete mit der Stärke dieser Kräfte und wollte sie einbinden und – moderater Föderalist, der er selbst war – auch erhalten; das war nur mit den Staaten, den Fürsten und Regierungen, möglich. Dazu kam ein anderes, ein systempolitisches Motiv. Bismarck wollte den Nationalstaat als Föderation monarchischer Staaten, und so wollte er ihn auch bilden. Der monarchische Föderalismus war das wesentliche Gegengewicht gegen den Parlamentarismus, auch ein obrigkeitlicher Reichsunitarismus war ihm kein Ideal – er mochte leichter in den Parlamentarismus umschlagen. Diese systempolitische Grundposition bestimmte den Weg der Einigungspolitik im Herbst und Winter 1870 ebenso wie die realpolitischen Erwägungen.

Man darf nicht, wie es heute gern geschieht, den systempolitischen Gesichtspunkt verabsolutieren, so als ob Bismarck in der bürgerlichen Bewegung permanent seinen einzigen und hauptsächlichen Gegner gesehen hätte; aber man darf den Gesichtspunkt, daß er mit seiner nationalen Revolution die revolutionärdemokratischen Bestrebungen eindämmen wollte und daß er auch deshalb Politik wie selbstverständlich mit den alten Autoritäten machte, nicht herunterspielen. Er wollte die Nationalbewegung, obwohl er sich mit ihr verbündet hatte, in dem konkreten Prozeß der Reichsgründung kurz halten. Wer bei der Gründung mitzureden hatte, würde ihren Charakter bestimmen, das sollten in erster Linie Fürsten und Regierungen sein, nicht Parlamente, Nationalbewegung oder -partei, nicht Abgeordnete und Volk. Darum blieb die Rolle der führenden Leute der Nationalbewegung, der Bennigsen, Bamberger und Lasker, der Hölder und Barth, in den Monaten der Gründungsverhandlungen, die teils mit, teils gegen Bismarcks Willen aktiv wurden, begrenzt. Sie konnten und sollten, so Bismarck, die öffentliche Meinung mobilisieren, vor allem in Württemberg und Bayern, durch Koordination aller liberalnationalen Kräfte, eine Petitionenflut z. B., Druck auf die Regierungen ausüben, das gehörte zu Bismarcks Kalkül – mehr nicht. Gewiß ist die Reichsgründung, ist Bismarcks Politik ohne die Kräfte der Nationalbewegung nicht zu verstehen. In den Monaten der Gründungsverhandlungen und gar bei diesen Verhandlungen hat die Bewegung nur eine Nebenrolle spielen können.

Bismarck also wollte einen Zusammenschluß auf Grund von Verhandlungen zwischen Staaten und Regierungen. Er bevorzugte eine vorsichtige Taktik: Er lehnte, solange es ging, eine Politik der Stärke und des Druckes ab, er setzte auf die Freiwilligkeit des Südens – denn nur das konnte inneres Widerstreben überwinden und auf Dauer zu einer funktionierenden Partnerschaft führen. Diese Taktik war möglich, weil in seinen Augen der Süden ja gar keine realistische Alternative mehr hatte. Im einzelnen sah Bismarck in Bayern das Hauptproblem. Er regte darum andere an, Bayern zu einem ersten Schritt zu bewegen; das hatte Erfolg, Bayern ergriff Anfang September die Initiative zu Verhandlungen über die Neuordnung Deutschlands. Vier Möglichkeiten der Einigung waren damals in Regierungskreisen im Spiel: Der einfache Anschluß an den Norddeutschen Bund, das war z. B. das Ziel Badens; ein ganz und gar neuer Bund, eine „Totalrevision", das wollte Sachsen; ein Doppelbund, ein engerer, nach dem Muster des Norddeutschen Bundes, ohne Bayern, und ein weiterer, für Außen- und Militärpolitik zuständig, mit Bayern, das war das Maximalziel der bayerischen Regierung; oder endlich eine begrenzte Revision der norddeutschen Bundesordnung bei der „Übertragung" auf den Süden. Zeitweise entwickelte eine Gruppe um den preußischen Kronprinzen mit Ernst von Coburg und einigen Föderalisten noch ein Alternativkonzept zur Bundesverfassung – ein Staatenhaus als Erste Kammer und ein verantwortliches Ministerium, ein moderat konservatives Parlamentarisierungsmodell –, aber das hatte weder bei Bismarck noch bei den Regierungen eine Chance.

Bismarck selbst wollte im Grunde den Norddeutschen Bund erhalten und ihn, mit einigen Modifikationen, auf den Süden ausdehnen. Es war für seine Absichten günstig, daß Hessen und Baden im Oktober ihren „Beitritt" zum Norddeutschen Bund, so wie er war, beantragten. Statt einer durchgreifenden Revision der Bundesverfassung versuchte Bismarck, Württemberg und Bayern durch Verstärkung der Rechte des – föderalen – Bundesrates, vor allem aber durch Gewährung von Reservat-(Ausnahme)rechten ebenfalls zum Beitritt zu bewegen. Bayern war, wenn es sich darauf einließ, in keiner schlechten Verhandlungsposition, da Bismarck den bayerischen König gewinnen wollte, die Übertragung der Kaiserwürde an den preußischen König in die Wege zu leiten. Sofern es jedoch an seinem Maximalziel festhalten sollte, nur einem „weiteren" Bunde beizutreten, war Bismarck entschlossen, einen Fürstenkongreß und den Reichstag oder das Zollparlament nach Versailles zu berufen und Bayern dann durch Isolierung unter Druck zu setzen. Aber das erwies sich als überflüssig. Es gelang Bismarck, im November 1870 in Versailles multilaterale Verhandlungen, die den Südstaaten eine stärkere

Position gegeben hätten, zu vermeiden und statt dessen mit den Kontrahenten einzeln zu verhandeln. Bayern mußte den Sonderbund und die Forderung nach Totalrevision aufgeben, es sah sich isoliert. Nach manchem Hin und Her, nicht nach einem einheitlichen Plan, sondern in einem Gemisch von Teilaktionen, von Zufällen und auch von Willkür, hat Bayern – gegen Gewähr einer eigenen Militärhoheit in Friedenszeiten vor allem – am 23. November 1870 den Vertrag über die Gründung eines Deutschen Bundes abgeschlossen, wie Hessen und Baden zuvor; Württemberg, das zeitweise „abgesprungen" war, um dieselben Bedingungen wie Bayern zu erreichen, schloß, nachdem die Minister ihren König unter Druck gesetzt hatten, den entsprechenden Vertrag am 25. November.

Das Ergebnis war insofern paradox, als Bayern und Württemberg den Eindruck eines bedeutenden Verhandlungserfolges im Sinne ihrer Eigenstaatlichkeit hatten und Bismarcks nationalliberale Bundesgenossen den einer schweren Beeinträchtigung der nationalen Einheit, in Wahrheit aber die gewährten Reservatrechte ohne große Bedeutung blieben. Was war der Inhalt der „Konzessionen"? Die Rechte des Bundesrates wurden ein wenig verstärkt, z. B. durch einen eigenen Auswärtigen Ausschuß unter bayerischem Vorsitz; das Vetorecht bei Verfassungsänderungen stand nicht mehr Preußen allein zu, sondern auch einem Stimmenblock von drei Mittelstaaten. Die Reservatrechte Bayerns (in etwas geringerem Maße auch Württembergs) betrafen in erster Linie Fragen der Militärhoheit – Oberbefehl im Frieden, Offiziersernennungen –, des Post- und Eisenbahnwesens und einige Verbrauchssteuerfragen (Bier z. B.) sowie bestimmte Sonderrechte bei den diplomatischen Beziehungen (z. B. eine eigene Gesandtschaft beim Vatikan) und bei Friedensverhandlungen – diese geheime Bestimmung kam erst 1917 bei den Verhandlungen von Brest-Litowsk zu Tage.

Formal und erst recht der Sache nach aber handelte es sich – trotz der nur geringen Änderungen der Verfassung von 1867 – nicht um einen „Anschluß" an den Norddeutschen Bund, sondern um eine Neugründung. Die Verträge mußten von den Landtagen ratifiziert werden; das war freilich nur in Bayern ein Problem, doch auch hier fand sich – im Januar 1871 – die notwendige Zweidrittelmehrheit in der Zweiten Kammer, indem 32 „gemäßigte" Patrioten für die Annahme stimmten; das Ergebnis 102 zu 48 Stimmen (davon 47 Gegenstimmen radikaler Patrioten) war knapp, aber ausreichend. Die für den Notfall vorgesehenen Neuwahlen brauchten nicht anberaumt zu werden.

Im Norddeutschen Bund waren die Liberalen wenig glücklich über die, wie sie glaubten, schwerwiegenden Konzessionen an den „Partikularismus" und die Verstärkung der föderalistischen Elemente der Verfassung. Aber es blieb ihnen keine Wahl, Bismarck setzte sich mit dem Verweis auf die realpolitisch notwendige Rücksicht auf die vorhandenen Traditionen und Kräfte durch. Insgesamt hat sich Bismarcks Erwartung bestätigt, daß die „Sonderrechte" mehr symbolische und marginale als substantielle Bedeutung hätten;

gegenüber der faktischen Integrationskraft des neuen Reiches sind sie in den Hintergrund gerückt. Dennoch, Bismarck hatte sich bei den Verhandlungen als Föderalismusfreund profilieren können und für die Zukunft ein Partnerschaftsverhältnis mit den süddeutschen Staaten etabliert.

Der neue Bund, das Reich, war nach den Umständen seiner Entstehung keine Schöpfung aus einem Guß, nicht ohne Risse und Sprünge. Von seinen inneren Widersprüchen und den ihm eingeborenen Belastungen werden wir später eingehend sprechen. Aber es ist ein utopisches Verlangen, eine politische Neugründung ohne Schlacken und Erdenreste auch nur zu denken.

Inzwischen hatte Bismarck die „Kaiser"frage vorangetrieben. Das war Symbolpolitik von eminenter Bedeutung. Es gab in der öffentlichen Meinung, bei den Liberalnationalen wie auch bei alten Großdeutschen und bei Föderalisten das Begehren nach Kaiser und Reich – schon 1848 waren ja diese Symbolbegriffe gewählt worden –; das „Reich", das für die einen gerade das Föderative betonte, für die anderen den zerschlissenen und verhaßten Föderalismus des ehemaligen Deutschen Bundes gerade ablöste und für alle große Erinnerungen wachhielt. Dem entsprach der Kaisertitel. Bismarcks eigene Überlegungen in der Kaiserfrage waren nüchterner: 1866 war er noch in Rücksicht z. B. auf Napoleon oder auch Österreich gegen den Kaisertitel gewesen, jetzt wollte er den Süddeutschen (und zumal den Fürsten) die preußische Führung mit dem neuen, altehrwürdigen und eben nicht-preußischen Titel erleichtern, die preußische Hegemonie verhüllen – dem König von Preußen könne sich der bayerische König nicht unterstellen, wohl aber einem Kaiser. Und Bismarck wollte der Nationalbewegung einen Ausgleich für die föderalen Mängel des Nationalstaates, sein Zugeständnis der Reservatrechte, bieten. In Geheimverhandlungen hat er den bauwütigen bayerischen König Ludwig nicht gerade „fein" und schon gar nicht „patriotisch" gegen die erst einmalige und dann jährliche Zahlung von vermutlich vier bis fünf Millionen Mark, die er aus dem „Welfenfonds" nehmen konnte, zur Absendung des von ihm selbst, Bismarck, entworfenen „Kaiserbriefes" veranlaßt, in dem Ludwig den preußischen König im Namen der deutschen Fürsten zur Übernahme der Kaiserwürde aufforderte. Das änderte zwar formal nicht die Verfassung, hatte aber symbolisch-politischen Rang. Es war die Gemeinschaft der „verbündeten" Fürsten, die dem Präsidium eines Bundes, einem der Könige unter anderen, die Reichsgewalt eines Kaisers delegierte; das war durchaus die Absicht des Briefschreibers Bismarck gewesen. Eine Deputation des norddeutschen Reichstags, die dem König die Übernahme der Kaiserwürde antrug, war dem ausgesprochen nachgeordnet, anders als 1849 geplant: Die Fürsten und nicht ein Parlament sollten den Kaiser „machen".

Der preußische König, altmodisch und altpreußisch, hatte wenig Neigung zum neuen Titel, aber er fügte sich der Staatsräson, so wie sie Bismarck interpretierte. Er wollte aber nicht den Verfassungstitel „Deutscher Kaiser" annehmen (das schien ihm ohne rechten Inhalt, ein „Charaktermajor" – der

Majorstitel, der dem Hauptmann, der keine Karriere mehr machte, unter der Bedingung des Ausscheidens noch verliehen wurde), sondern wollte Kaiser von Deutschland sein. Aber in dieser Betonung der Gebietsherrschaft sah Bismarck zu sehr eine Überordnung über die anderen Fürsten. Beinahe wäre die Kaiserproklamation am Unwillen des alten Königs über den Titel gescheitert, der Großherzog von Baden vermied den genauen Titel und brachte das Hoch auf „Kaiser Wilhelm" aus.

Das Reich ist formal am 1. Januar 1871 mit dem Inkrafttreten der Verträge ins Leben getreten; der später sogenannte Reichsgründungstag, der 18. Januar, der alte preußische Krönungstag seit 1701, war der Tag der Kaiserproklamation. Aber diese Symbolhandlung entsprach doch der eigentlichen Realität des neugegründeten Staates – der 18. Januar ist nicht „irrtümlich", sondern wirklich Geburts- und Gründungstag dieses Reiches. Ort und Mitwirkende sind nicht weniger wichtig als das, was gegründet wurde. Der Spiegelsaal von Versailles verband die Reichsgründung mit dem Sieg im Kriege, ja mit einem Triumph und einem fatalen Auftrumpfen und so der Dominanz der Uniformen, die zugleich das Militärstaatselement dieses Reiches demonstrieren. Fürsten (wenn auch nicht die Könige), Prinzen, Minister und Diplomaten, Generale, kurz, das alte Establishment, stellten das repräsentative Personal, die zivilen Parlamentarier spielen kaum eine Rolle. Aber man mißversteht diesen augenfälligen Tatbestand, wenn man daraus schließt, die bürgerliche Nationalbewegung sei nicht auch ein konstitutives Element dieser Gründung und dieses Reiches gewesen. Die Sichtbarkeiten zeigen allerdings, daß sie gleichsam Juniorpartner war und nicht mehr. Die Szene vom 18. Januar 1871 wirft einen langen Schatten auf die kommende Geschichte dieses Reiches.

Das Reich von 1871 war vieles zugleich: Bundesstaat, konstitutioneller Verfassungsstaat, Kaiserstaat, preußischer Hegemonialstaat, Macht- und Militärstaat, vor allem war es ein Nationalstaat – trotz allem aus dem Bündnis der preußischen Monarchie und ihres revolutionären Ministers Bismarck mit der nationalbürgerlichen Bewegung hervorgegangen. Dieses Reich hat weltgeschichtlich nicht lange Bestand gehabt: 1918, nach 42 Jahren, ist das Kaisertum, 1945, nach 74 Jahren, ist der Staat und ist die europäische Macht untergegangen. Und auch in der Geschichte der Deutschen, der deutschen Nation, umspannt „das Reich" nur einen kurzen Zeitraum. Und unsere Republik steht auch seit 1990 nur vermittelt und verstümmelt in der Nachfolge jenes Reiches. War das Reich eine Fehlgründung? War es der militärisch-kriegerische, der großpreußische, der monarchisch-obrigkeitliche, antiparlamentarisch-antidemokratische Charakter, der das Reich von Geburt an so belastete, daß es keine geschichtliche Dauer haben konnte? Oder war es die späte Gründung eines Nationalstaats überhaupt, den Europa auf Dauer nicht ertrug oder die Deutschen nicht ertrugen, weil sie ihn nicht frei von Hybris halten konnten? Oder war dieser Nationalstaat nicht lebensfähig, weil er unvollendet war? Ist nicht die Entwicklung zu Hitler hin eine Perspektive, die noch die Reichsgründung ganz und gar verdunkelt? Seit dem Untergang des Deutschen Reiches ist diese Frage viel erörtert, jene Gründung viel kritisiert worden.

Um die Frage aus der puren Subjektivität der spätgeborenen Klügeren zu lösen, muß man sie in den zeitgenössischen Kontext stellen, muß man nach den alternativen Optionen der Zeitgenossen fragen. Der Nationalismus und die Formierung der Nationen in Nationalstaaten war ja nichts Zufälliges und nichts spezifisch Deutsches, sondern das Charakteristikum Europas seit der Französischen Revolution und seit 1848 erst recht, das Charakteristikum der neuen Weltordnung von 1918/19 (mit der Deklarierung des Selbstbestimmungsrechts der Völker) und der von 1945 (der Gründung der „Vereinten Nationen" und dem Beginn der Dekolonisierung). Gab es nun, so die Überlegung, zu der Bismarckschen Reichsgründung nationalpolitische Alternativen? Am meisten diskutiert worden ist von Zeitgenossen die großdeutsch-föderalistische Alternative. Sie war zwar durch die Entscheidung von 1866 (beinahe) ausgeschlossen worden, aber es gab Nostalgiker, die ihr nachtrauerten – und nach 1945 erlebte das eine Art Renaissance; die Nostalgie, die mancherorts die österreichisch-ungarische Doppelmonarchie umgibt, entspricht dieser postnationalen Verklärung einer großdeutschen Alternative. Aber man muß an die inneren Widersprüche erinnern: Eine großdeutsch-föderalistische Lösung, die nur die deutschen Teile Österreichs einschloß, war (ohne Revolution und Zerschlagung des Gesamtstaats) nicht möglich. Eine Mitteleuropa-Föderation war nicht lebensfähig; sie war als Großraum und Großmacht für Europa „erst recht" unerträglich; sie war, weil sie kein funktionierendes, unmittelbar gewähltes Parlament haben konnte – denn sie hätte kein homogenes Staatsvolk gehabt –, für alle Liberalen und Demokraten unakzeptabel; sie war – wie die Geschichte des nationalen Zerfalls der Doppelmonarchie bis 1918 lehrt, des „Völkergefängnisses", wie die Väter der Nostalgiker sie nannten – im Zeichen der nationalen Selbstbestimmungsansprüche und Identitätsbegeisterungen nicht mehr lebensfähig; sie hätte ein Reich in all jene Konflikte der Sprachen- und Völkerkämpfe verwickelt und diese Kämpfe gerade nicht neutralisiert oder eingehegt. Das großdeutsche Problem war angesichts der Existenz Österreich(-Ungarn)s nur durch die kleindeutsche Lösung zu bewältigen.

Die zweite Möglichkeit wäre eine nationalrevolutionäre, nationaldemokratische Staatsgründung, eine Garibaldi-Gründung, gewesen und mit ihr die Mediatisierung oder Regionalisierung Preußens – davon träumten die radikalen Demokraten und manche Sozialdemokraten noch in den 1860er Jahren. Aber das war nach dem Scheitern der 48er Revolution, nach der Selbstbehauptung der deutschen Fürstenstaaten, nach der Scheidung von Liberalismus und revolutionärer Demokratie und angesichts des Mißtrauens der europäischen Mächte gegen jede zentraleuropäische Neubildung, eine revolutionäre zumal, ganz ausgeschlossen. Die Nation für eine solche Gründung gab es nicht. Auch Bismarcks Drohung mit der nationalen Revolution ändert das Bild nicht, er sah dieses Drohpotential immer nur in Verbindung mit „seinem“ Preußen, das es entfesseln konnte.

Insofern also war der preußische hegemoniale Charakter eines deutschen Nationalstaates, seit 1866 jedenfalls, vorgegeben. Man kann weiterhin zwei kontrafaktische Überlegungen anstellen. Das eine wäre eine friedliche Einigung der deutschen Staaten unter Bismarckscher Führung – ohne den Beschleuniger Krieg und sein Druckpotential gegen den fürstlichen Föderalismus. Das Ergebnis wäre weniger militärisch geprägt wohl, aber in der Verfassung kaum anders (oder noch föderalistischer) gewesen, wäre eine Einigung „von oben“ doch geblieben. Das war nicht ausgeschlossen – eine solche Gründung hätte die Last der deutsch-französischen Feindschaft von dem neuen Reich genommen; ob es die europäischen Lebenschancen des Reiches und seine inneren Chancen erhöht hätte, wissen wir nicht. Die andere Denkmöglichkeit wäre eine Lösung ohne Bismarck – er hätte sterben können, oder der Thronfolger mochte einen anderen, „liberaleren“ Kanzler wählen –, eine mehr parlamentarische Gründung, eine Friedrich III.-Bennigsen-Gründung mit noch immer starkem konservativem (vielleicht freikonservativem) Gewicht, noch immer monarchisch, militärisch und preußisch dominiert – aber mit der Chance, Preußen im Sinne der liberalkonservativen Reformtraditionen zu entwickeln, im Sinne der Kooperation von Regierung und sezessionistischem (also mittlerem) Liberalismus der 70er Jahre. Ein Phantasieprodukt, gewiß; das wäre eine andere Gründungskonstellation gewesen. Und da man weiß, wie tief und lang eine solche Konstellation das, was entsteht, prägt: Aus ihr hätten sich andere Entwicklungschancen ergeben. Die Hoffnung der Liberalen zwischen 1871 und 1884, daß man die Ausnahme Bismarck heil und ungebrochen überleben werde, wäre dann sogleich wirklicher geworden. Ob die großen Krisen – Kulturkampf, zollpolitischer Interessenkonflikt, Auseinandersetzung mit dem Sozialismus und um die Sozialreform –, ja auch nur die Konflikte um den Militäretat (denn Friedrich war da keineswegs „soft“) sich hätten vermeiden oder mildern lassen, ist unwahrscheinlich; aber man weiß es nicht. Ein Punkt ist sicher, und der bringt alle Gründungskritik zur Verzweiflung: Eine weniger Bismarcksche, eine moderat liberalere Lösung hätte am Nationalismus der Deutschen kaum etwas geändert, am Groß- und später Weltmachtanspruch – das war nicht die Folge der Gründungskonstellation. Die Geschichte der Annexionen von 1871 zeigt, daß die anti-französische Einstellung in einem liberaleren Deutschland nicht geringer gewesen wäre. Ob die altliberale Sympathie für England die aufkommenden Rivalitätsgefühle der Zu-kurz- und Zu-spät-Gekommenen überwunden hätte, ist zweifelhaft; stärker antirussisch wäre die Außenpolitik vermutlich gewesen und 1887 z.B. wohl auch kriegerisch. Aber ob das die Groß- und Weltmachtpolitik geändert, die Einfügung in ein europäisches Friedenssystem wesentlich erleichtert hätte, ist doch sehr unwahrscheinlich.

Es gab viele Besiegte der Reichsgründung und also viele Oppositionelle – aber sie hatten eigentlich keine Alternative mehr, wie sie auch vorher keine gehabt hatten, nicht die Minderheiten und nicht die Partikularisten. Nicht auch die Föderalisten: Ein höheres Maß an Föderalismus wäre doch in den Sog der unifizierenden Tendenzen von Politik und Gesellschaft geraten. Nicht die – ehrenwerten – borussischen Altkonservativen; sie standen, wie Bismarck am besten wußte, so gegen alle Mächte der Zeit, daß sie keine Zukunft hatten. Nicht auch die Katholiken, die ohne Kulturkampf nicht „Reichsfeinde" waren und deren leichte Distanz mit der Zeit überwunden worden wäre. Nicht die radikalen und sozialen Demokraten – sie hatten keine Chance. Nicht auch die alten Fortschrittler – sie wurden altmodisch und gerieten gänzlich in die Minderheit – außerhalb des konflikterschütterten Altpreußen war die nationale Einigung für die allermeisten der wesentliche Freiheitsfortschritt; hier kam die Krise erst, als die Hoffnungen der linken Nationalliberalen Ende der 70er Jahre zerrannen. Freilich, wenn man alle diese zusammen nimmt, Nichtnationale und Anhänger anderer und utopischer nationaler Lösungen, dann war das eine nicht geringe Zahl: Man kann die Sorgen der Nationalliberalen und auch Bismarcks um die innere Konsolidierung und die inneren Gefährdungen dieses Reiches verstehen. Man wird an Bismarcks Konfliktpolitik der beiden kommenden Jahrzehnte gegen immer neue „Reichsfeinde" hart kritisieren können, nichts zu einer „inneren" Reichsgründung beigetragen zu haben. Aber diese vielfältige politische Opposition gegen das neue Reich war keine Erblast der Gründung. Bis 1914 ist dieses Reich doch in steigendem Maße zusammengewachsen; 1919 waren es die „Reichsfeinde" von vorgestern, Linksliberale, Katholiken und Sozialdemokraten, die das Reich zusammenhielten. Es bleiben die klugen Intellektuellen – mit ihrer Abneigung gegen das laute Getöse von Siegern, ihrer Witterung für die Gefahren des Nationalismus und gegen den neumodischen Typus des Erfolgsdeutschen, für die Bruchlinien der neuen Gründung: Jacob Burckhardt, alteuropäisch pessimistischer Bürger von Basel, der die ganze deutsche Geschichte (und Kultur) jetzt „siegesdeutsch" angestrichen sah; Nietzsche, der von der „Exstirpation" des deutschen Geistes als Gefahr sprach und die Frage nach einer Idee, einer Kultur- und Sendungsidee stellte, die den neuen Staat der Einheit und Macht rechtfertigen könne; selbst den Germanenfreund Wagner hat die Reichsgründung nicht glücklich gemacht und erst recht nicht den kulturkonservativen Nationalisten und demnächst völkisch modernen Kulturkritiker Lagarde. Da bleiben viele Distanzen. Aber intellektuelle Idealisten sehen immer den Abstand kulturbestimmter Ideale von der macht- und interessen-, der durchschnittsgeprägten prosaischen Realität. Auch die Kulturideen anderer Nationen sind prätentiöse Höhenflüge gewesen oder schlicht skurril; niemand trauert ihnen heute noch nach.

Es gibt keine kritische Verwerfung der Reichsgründung von irgend historischer Legitimität – und es gibt keine metahistorische Apologie. Es gibt das historische Verstehen. Das Deutsche Reich war ein Nationalstaat, die Idee der Nation und das Bekenntnis zu ihr waren der ihn tragende Glaube; auch die anfangs Distanzierten wurden davon ergriffen. „National" – das war die Selbstverständlichkeit eines gemeinsamen politischen, auch intellektuell-sozialen Bewußtseins. Wir haben in dem Band über Deutschland zwischen 1800 und 1866 den europäischen Nationalismus des Jahrhunderts zu charakterisieren gesucht: Die Nation ist die innerweltlich am höchsten rangierende überindividuelle Gruppe – nicht der Stand, die Konfession, das Territorium des Staates, die Landschaft und Region und nicht die Klasse oder die politische Richtung im Weltbürgerkrieg; die Nation ist die Gruppe, die den höchsten Loyalitätsanspruch stellt und stellen darf, die den Einsatz und das Opfer des Lebens lohnt und fordert, die die Kultur und Erziehung, also die gemeinsame Weltauslegung trägt und prägt, ja, je mehr Religion schwindet, auch den Sinn des gemeinsamen und des individuellen Lebens. Die Nation ist es, die die Unterschiede der Menschheit in allem Kosmopolitismus oder Internationalismus bestimmt – und auf diese Unterschiede, diese Pluralität von Individualitäten und Identitäten gegenüber allen egalitären und nivellierenden Uniformitäten kommt es an: Nationalismus ist Glaube an die Pluralität von Identitäten. Darüber, was eine Nation konstituiere, Sprache oder Staatsbürgerschaft, Geburt oder Bekenntnis z. B., darüber waren die Nationen, je nach ihrer Geschichte und ihrer Lage, und waren die unterschiedlichen Nationalisten unterschiedlicher Meinung. Daß aber eine Nation auf einen, ihren Staat zielte und daß der Staat eigentlich auf die Nation gegründet sein solle, daß also der Nationalstaat die gegebene Form der Nation und des Staates sei, darüber waren sich im Westen und in der Mitte, im Süden und im Norden Europas alle einig, und auch im Osten war das die Meinung der Mehrheit der Nationalgesinnten. Wenn also Nation und Nationalstaat so hoch rangierten (und im Konfliktfall Priorität hatten), dann war auch die Ordnung der Staaten untereinander vom Prinzip der Nation bestimmt, waren der internationale Friede wie die Konkurrenz der Mächte, Gleichheit oder Machtvorrang der Staaten nationale Fragen. All das ist europäische Gemeinsamkeit und nicht der postnationalen Aufregung der Spätgeborenen, die die Katastrophe des Nationalismus erlebt haben, wert – da ist kein „deutscher Sonderweg"; und wenn in England der Nationalismus in Worten verhüllter erscheint als auf dem Kontinent, so muß man nur die irische Frage und die Empire-Ideologie ins Auge fassen, um zum richtigen Vergleich zu kommen.

Die gemeineuropäische Perspektive von Nationen und Nationalstaaten ist zunächst das Wichtigste, wenn man die Gründung des deutschen Nationalstaates historisch angemessen einordnen will.

II.

Grundstrukturen und Grundkräfte im Reich von 1871

1. Verfassung

Die Verfassung des Deutschen Reiches von 1871 – im Kern die des Norddeutschen Bundes von 1867 – war Ausdruck des Kompromisses zwischen den vorwaltenden Kräften der Zeit, zwischen dem Nationalstaat und seiner Einheit, den Gliedstaaten und ihrer Vielheit und der Hegemonie Preußens, zwischen der starken Monarchie und der – schwächeren – nationalen Demokratie, zwischen Adel und Militär einerseits, dem Bürgertum andererseits, ein Kompromiß freilich, den Bismacks konservative Überformung der Modernität geprägt hat. Der Verfassungstext war – ohne Grundrechtsteil – nicht viel mehr als ein Organisationsstatut, insofern war er kurz, und zudem dunkel, er ließ vieles ungeklärt und offen, er bedurfte der ständigen politisch-praktischen Interpretation; daher enthielt er Chancen für manche Weiterentwicklung wie für eine sich verfestigende Blockierung. Wir fragen, welche Rahmenbedingungen diese Verfassung von 1867/1871 der Politik nach der Reichsgründung gesetzt hat und wie es mit der realen Verfassung, der institutionellen Machtbildung und Machtverteilung stand. Wir sparen dabei, der Leser soll das im Gedächtnis halten, ein besonders zentrales Stück der Realverfassung, die Stellung und Organisation des Militärs, für ein eigenes Kapitel auf.

Das Deutsche Reich war, um mit dem anzufangen, was von nationalliberalen wie sozialliberalen kritischen Historikern wenig geliebt und gern an den Rand geschoben wurde und wird, ein Bundesstaat. Das war zunächst die zentrale Tatsache seiner Existenz. Es gab den Gesamtstaat, und es gab die Einzel-, die Glied-, die Bundesstaaten, die das Reich gegründet hatten, die an ihm teilhatten mit einem Stück Autonomie und mit einem Stück Mitbestimmung. Es gab den Reichsunitarismus und den Reichsföderalismus, auch und gerade der Bundesstaat war ein Gefüge von föderalen und unitarischen Zügen.

Das hieß zunächst: Die Einzelstaaten hatten ihre eigene Hoheit, auch wenn sie nicht mehr souverän waren, ihre eigenen Aufgabenbereiche und Zuständigkeiten und ihre eigenen Institutionen. Sie waren – mit wenigen Ausnahmen – Träger der Verwaltung, einschließlich des Justiz- und des Schulwesens, sie stellten darum das Verwaltungspersonal, regelten die Verwaltungsorganisation, sie führten die Reichsgesetze durch ihre Vorschriften „verwaltungsmäßig" – und darum verschieden – aus, sie prägten den Stil der Verwaltung im Umgang auch mit der Bevölkerung. Die Verwaltung also war föderalisiert, der Reichsföderalismus war darum umgekehrt zuerst einmal Verwaltungsföderalismus. Die Einzelstaaten verfügten über eigene Einnahmen und Steuern – de facto hatten sie ein Monopol auf direkte Steuern; der Reichsföderalismus war Finanzföderalismus. Die Einzelstaaten waren zuständig für Schul- und Hochschulangelegenheiten und die wichtigsten Kirchensachen, der Reichsföderalismus war Kulturföderalismus. Infolge dieser Kompetenzen bildeten die Bundesstaaten eine eigene und zum guten Teil unabhängige Gesetzgebung aus: in der Organisation der Verwaltung, einschließlich der Selbstverwaltung und der Verwaltungsgerichte, in der Finanz- und Steuerpolitik, in der Kulturpolitik und manchem anderen mehr, der Verkehrspolitik (Eisenbahnwesen, Straßen- und Kanalbau) oder der Regelung der Armenunterstützung z. B. Daß Württemberg und vor allem Bayern noch einige Sonder- oder Reservatrechte hatten, verstärkte zwar ihre Teilautonomie, z. B. in Fragen der militärischen Personalhoheit oder der Biersteuer, erwies sich freilich im ganzen sehr schnell als weniger relevant.

Vor allem behielten die Bundesstaaten die Zuständigkeit für ihre eigene politische Ordnung, für ihre Verfassung und ihr Wahlrecht und also auch für deren Reform. Das Reich konnte ihr Verfassungswesen nicht normieren. Aber die Verfassungen der Bundesstaaten gehörten zur Gesamtverfassung des Deutschen Reiches. Der Reichsföderalismus war Verfassungsföderalismus. Zwischen den Ländern schon und erst recht zwischen ihnen und dem Reich gab es Unterschiede der Herrschaftsordnung und der politischen Machtverteilung. Zwar waren die Verfassungen der meisten Bundesstaaten ähnlich, insoweit nicht antagonistisch. Sie entsprachen alle (bis auf die der beiden Mecklenburg) dem Typus der konstitutionellen nicht-parlamentarischen Verfassung; fast überall – von der patrizischen Sonderverfassung der Hansestädte abgesehen – gab es neben dem gewählten Abgeordnetenhaus, der Zweiten Kammer, eine Erste Kammer, ein Oberhaus mit geborenen (und zusätzlich mit berufenen) Mitgliedern; das Wahlrecht war gemeinhin beschränkt oder ungleich – der Reichstag war zweifellos moderner als die deutschen Landtage. Insofern waren die Bundesstaaten mit ihrem klassischen Konstitutionalismus und ihren erst teildemokratisierten Parlamenten auch ein Gegengewicht gegen die Machtverteilung zwischen Parlament und Regierung auf der Ebene des Reiches. Aber innerhalb der Bundesstaaten war das Verhältnis von Regierung und Parlament doch überall unterschiedlich, sei es aus rechtlich-institutionellen, aus historischen, gesellschaftlichen, persönlichen Gründen oder wegen der Parteienkonstellationen; in Baden war die Realverfassung liberal getönt, in Preußen konservativ. Das verstärkte sich mit der Zeit: Im Süden wurde das Wahlrecht demokratisiert, die Regierungen suchten mit den gegebenen Mehrheiten auszukommen, wenn auch die ersten Kammern ein konservatives Gegengewicht blieben; in Preußen dagegen, wo sich das Wahlrecht auf die Dauer ganz konservativ auswirkte, wurde nichts geändert, Preußen blieb, ja wurde verstärkt der Adelsstaat. Seine Regierung wurde zum Hort des Status quo auch im Reich. Denn natürlich hatte die Verfassung des Hegemonialstaats eine zentrale Bedeutung auch für das Gesamtreich. Kurz, der Verfassungsföderalismus wurde aus einem Moment der Gemeinsamkeit zwischen den Staaten der Reichsgründung und einem gewollten Gegengewicht gegen das nationaldemokratische Element im Reich, den Reichstag, zu einem Spannungsmoment zwischen den Bundesstaaten und vor allem zwischen Bundesstaaten und Reich.

Der Kompetenz der Bundesstaaten gegenüber stand die Kompetenz des Reiches. Außenpolitik und Militär waren seine erste Domäne, gesetzgeberisch war es darüber hinaus für Wirtschaft und für das Rechtswesen, für die Zoll- und also Außenhandelspolitik und dann für die Sozialpolitik zuständig. Wo die Grenzen undeutlich oder strittig waren, hatte das Reich, wenn es denn tätig wurde, die Vorhand. In den 70er Jahren erwies es sich als noch relativ einfach, die Reichskompetenz durch einfaches Gesetz zu erweitern – so auf den Bereich des Zivilrechts. Es gab auch gewisse Oberaufsichtskompetenzen des Reiches. Da Deutschland kein Staatenbund mehr war, rangierte Reichsrecht vor Landesrecht, es „brach" Landesrecht.

Die Kompetenzteilung in der Gesetzgebung bei einem Verwaltungs„monopol" der Bundesstaaten hatte politisch wichtige Folgen. Die dynamischen neuen, einheitlichen Gesetze, die das Rechts-, Wirtschafts- und Sozialwesen betrafen, die die Welt und das Leben jedes einzelnen mobilisierten oder die, wie Militär- und Zollgesetze, den einzelnen belasteten, das öffentliche Interesse und den öffentlichen Streit auf sich konzentrierten, waren die Gesetze des Reiches. Sie standen im Zentrum der Aufmerksamkeit, die Ländergesetze traten dagegen zurück. Darum rückte die Tätigkeit des Reichstags und die Frage nach der Erweiterung seiner Rechte in den Vordergrund. Für diesen politischen Aufmerksamkeitsvorrang des Reichsparlamentarismus gab es noch einen anderen Grund in der Sache. Die Landtage haben zwar mehr oder weniger kontinuierlich ihre Rechte ausgeweitet; sie haben ihr Budgetrecht verstärkt, Verordnungs-, Organisations- und Polizeigewalt der Regierungen stärker an von ihnen zu beschließende Gesetze gebunden, und die Zunahme von Gesetzen kam ganz generell ihrer Stellung zugute. Aber zugleich gewann die Exekutive, die Regierung im expandierenden Verwaltungsstaat der Bundesstaaten, doch an Gewicht. Insoweit waren die Probleme der Bundesstaaten-Verfassungen und ihre Gegensätze zur Reichsverfassung doch nicht so wichtig. Nur mit Preußen, dem Groß- und Hegemonialstaat, war es anders. Aber die preußische Verfassungsordnung war mit der des Reiches ganz und gar, wie wir noch sehen werden, verzahnt.

Das andere Element des Bundesstaates neben der Teilautonomie der Gliedstaaten war ihre Mitwirkung an der Politik des Reiches. Die Fiktion der Verfassung war, daß die Gliedstaaten – die „verbündeten Regierungen" – die Träger der Souveränität seien und mit dem „Bundesrat" die eigentliche Exekutive stellten, ja, Bismarck hat später die staatsrechtliche Legende vertreten, daß das Reich ein Fürstenbund sei, daß die Fürsten (und Freien Städte) Gründer des Reiches und Urheber der Verfassung seien und darum gar auch ein Notstands-, Nullifizierungs- und Revisionsrecht hätten, das Reich „kündigen" und qua Staatsstreich neu gründen, die Verfassung zurücknehmen oder ändern, oder z. B. das Reichstagswahlrecht abschaffen könnten: Jeder weiß, daß das weder der Rechts- noch der Machtlage entsprach und schon gar nicht der Geschichte der Reichsgründung und der sie tragenden Kooperation von Bismarck und nationaler Bewegung. Auf die reale Bedeutung, die diese Fiktion dennoch hatte, kommen wir zurück.

Für die Beteiligung der Bundesstaaten an den zentralen Entscheidungen, der Führung und Gesetzgebung des Reiches im ganzen gab es das Verfassungsorgan Bundesrat. Im Bundesrat waren alle Bundesstaaten durch Bevollmächtigte ihrer Regierungen vertreten. Preußen hatte 17, Bayern 6, Sachsen und Württemberg hatten je 4, Baden und Hessen-Darmstadt je 3, Mecklenburg-Schwerin und Braunschweig je 2, alle übrigen 17 Staaten je eine Stimme, insgesamt waren das 58, seit 1911 mit den 3 halbselbständigen Stimmen des Reichslandes Elsaß-Lothringen 61. Die Zahlenverhältnisse entsprachen weder irgendwelchen Größen noch gar den Machtverhältnissen, sie waren eine Scheinkonzession Bismarcks an die partikularen Traditionen der Monarchien und Stadtrepubliken in Deutschland und im Deutschen Bund, und sie dienten der Verhüllung der preußischen Hegemonie. Preußen, das zwei Drittel des Reichsgebietes und der Reichsbevölkerung umfaßte, hatte weniger als ein Drittel der Stimmen und nur bei Militärfragen und Verfassungsänderungen eine Sperrminorität. Aber diese Stimmenverhältnisse spielten de facto keine Rolle. Die nord- und mitteldeutschen Kleinstaaten waren mit ihren einzigen Stimmen im wesentlichen, vielleicht mit Ausnahme der Hansestädte, eine preußische Klientel, Statisten der preußischen Hegemonie – wenn sie einmal zweifelten, hatte Preußen immer genügend Druckmittel zur Verfügung. Auch die Mittelstaaten waren in ihrer Mehrheit jeweils mehr mit Preußen als untereinander verbunden, sie konnten, auch mit Kleinstaaten-Zuzug, keine eigene Mehrheit bilden. Schließlich, der geheime Sinn der Verfassung zielte auf die Solidarität der Regierungen, die Einmütigkeit des Bundesrates, nicht auf Mehrheiten und Minderheiten; und Bismarcks Praxis von Vorverhandlungen oder Druck wie auch ein relativer politischer Machtverlust des Bundesrates, von beidem werden wir noch reden, haben das zur Wirklichkeit gemacht, Mehrheitsbildung oder Minderheitenposition im Bundesrat waren kein verfassungspolitisches Problem.

Der Bundesrat war maßgeblich an der Gesetzgebung beteiligt, hier stand er dem Reichstag gleichrangig gegenüber, beide Organe besaßen das Initiativrecht, nicht aber die Reichsleitung. Ohne ihn und seine Zustimmung kam kein Gesetz zustande, jeden Initiativ- oder Änderungsvorschlag des Reichstags konnte er mit seinem Veto blockieren. Formell gingen alle Gesetzesvorschläge der Reichsleitung, über Vermittlung der Hegemonialmacht Preußen, von ihm aus, er verabschiedete die ersten Ausarbeitungen und legte sie dem Reichstag vor, er mußte die Gesetzesformulierungen des Reichstags zuletzt sanktionieren oder ablehnen. Freilich, die Versuche, den Bundesrat als gewähltes Staatenhaus oder Oberhaus parallel zum Reichstag zu konstituieren, hatte Bismarck bei den Verfassungsberatungen brüsk abgelehnt. Es waren Föderalisten oder Anhänger des britischen konservativen Parlamentarismus gewesen, die in diese Richtungen dachten, Bismarck aber setzte durch, daß der Bundesrat weder ein reines Föderativorgan wurde, das war ihm zu partikularistisch, noch ein Oberhaus, das hätte die Regierung oder einzelne ihrer Mitglieder zu einem quasi-parlamentarischen Verhalten nötigen oder verleiten können und damit den Parlamentarismus überhaupt begünstigt. Der Bundesrat war darum weit mehr als ein Organ der Gesetzgebung, er war mit dem Reichstag zusammen Gesetzgeber, und er war ein Stück weit auch Lenker der Exekutive.

Zwar, Bismarcks ursprüngliche Idee, den Bundesrat als „Regierung" zu konstruieren, mit den preußischen Ministerien im Hintergrund und einem Kanzler, der nicht mehr als sein Geschäftsführer sein sollte, war gescheitert, war wohl von vornherein undurchführbar. Als die Nationalliberalen die „Verantwortlichkeit" des Kanzlers vor dem Reichstag zum Verfassungsprinzip machten, schaltete Bismarck um. Der Kanzler wurde zum Kern der Exekutive des Reiches, der „Regierung". Der Bundesrat war nicht die Regierung des Reiches. Aber der Bundesrat behielt formal doch auch einige wichtige Exekutivfunktionen. Er hatte zusammen mit dem Kaiser, dem – wie es ursprünglich hieß – Präsidium des Bundes, das dem preußischen König zustand, die Kompetenz, den Reichstag aufzulösen, das war eine der wesentlichen Beschränkungen der Macht des Parlaments; und er hatte, noch einmal zusammen mit dem Kaiser, über eine Kriegserklärung zu entscheiden. Ja, es gab einen Ausschuß für Auswärtige Angelegenheiten unter Vorsitz Bayerns. Daß diese Befugnisse zur bloßen Zustimmung zu Entscheidungen von Kaiser und Kanzler zusammenschrumpften, daß jener Ausschuß vor dem Krieg nie eine irgend entscheidende Rolle spielte, ein Papier- und Schattendasein führte, war freilich die Verfassungsrealität. Dann gab die Verfassung dem Bundesrat Recht und Kompetenz zum Erlaß allgemeiner Verwaltungsanordnungen und Rechtsverordnungen, zu denen der Text eines Gesetzes jeweils einzeln bevollmächtigte, das ergab sich beinahe von selbst aus der Verwaltungskompetenz der Bundesstaaten. Er hatte, soweit es sie gab, die Reichsaufsicht inne. Und noch einmal, er hatte, anders als der Kanzler oder seine Staatssekretäre, formal das Recht, Gesetzesinitiativen einzubringen. Was in anderen politischen Systemen Regierungssache war, war also im Reich vielfach Sache des Bundesrats.

Der Bundesrat hat die Rolle eines starken und aktiven Staatsorgans, die ihm nach dem Verfassungstext wie den Intentionen Bismarcks zweifellos zukommen sollte, nicht erfüllt, so unübersehbar sein Anteil an der Gesetzgebung blieb. Er verlor an Selbständigkeit, er wurde zu einer Macht im Hintergrund. Das hatte mehrere Gründe. Der Bundesrat war keine Ministerrunde, schon gar nicht eine ständige. Er war ein Gremium instruktionsgebundener Bevollmächtigter – manchmal Landesminister, meist die Berliner Gesandten der Bundesstaaten. Manche der Bevollmächtigten vertraten mehrere der Kleinstaaten, später bürgerte sich zunehmend die Stellvertretung durch hohe Ministerialbeamte ein. Vieles wurde aus dem Plenum an – wiederum mit Beamten besetzte – Ausschüsse delegiert. Ein Versuch Bismarcks 1880, das Stellvertretungs- und Ausschußwesen einzudämmen, das Plenum zu beleben, führte zu nichts. Der Bundesrat repräsentierte primär Verwaltungen, er wurde Organ eines Verwaltungsbundesstaates. Der Bundesrat hatte kein eigenes Gebäude, er war im Reichskanzleramt untergebracht; er verhandelte nichtöffentlich, die Veröffentlichung von trockenen und knappen Ergebnisprotokollen konnte das niemals kompensieren. Öffentlich rückte der Reichstag neben Kanzler und Staatssekretären ins Zentrum der Politik. Und öffentlich hat sich auch die Exekutive an ihm vor allem orientiert. Der Bundesrat hatte keinen eigenen Apparat. Gesetzesentwürfe kamen normalerweise aus Berlin, aus den preußischen Ministerien oder – und zunehmend – aus den Reichsämtern, als preußische oder als Präsidialvorlagen, immer nach Vorentscheidung im preußischen Staatsministerium. Wenn die Sachen im Bundesrat anstanden, waren sie lange schon vorberaten. Für die Verhandlungen gab es zwei Vorgehensweisen. Sofern die Berliner Stellen, Ressortchefs, Minister, der Kanzler, davon ausgingen, daß vitale Interessen der Bundesstaaten, zumal der großen und mittleren, nicht berührt waren, wurden die Vorlagen, man war immer in Zeitnot, in letzter Minute in den Bundesrat eingebracht. Die Bevollmächtigten oder ihre Vertreter waren uninformiert und, jedenfalls die der kleineren Staaten, ohne Sachkunde, sie waren den Berliner Ministerialen gänzlich unterlegen; die Kleinstaatenbevollmächtigten und die beamteten Vertreter waren oft ohne politische Erfahrung und ohne diplomatisches Verhandlungsgeschick. Die Bevollmächtigten waren zudem in einem Dilemma: Sie waren instruktionsgebunden, auf eine heimische Beschlußfassung angewiesen, die hing wieder von ihren Berliner Informationen ab, aber sie sollten auch kompetent verhandeln und mußten gegebenenfalls selbständig entscheiden. Wenige Tage Ausschußverhandlungen vor den entscheidenden Plenarsitzungen setzten alle unter Zeitdruck. Die nichtpreußischen Bundesratsmitglieder hatten oft das Gefühl, von den Vorlagen überrumpelt, von deren Initiatoren überfahren zu werden, das Gefühl, ohne Alternativen aktualisieren zu können, „zähneknirschend" ja sagen zu müssen. Sie waren gemeinhin auf bloßes Reagieren beschränkt, eine spontane Opposition mit anderen Mitgliedern ließ sich nicht bilden, im Zweifel stimmte man mit Preußen und jedenfalls mit der Mehrheit (nur das Fürstentum Reuß ältere Linie war des öfteren eine skurrile Ausnahme). Kurz, die Institutionen der Berliner Zentrale waren mächtig, der Vertreter der Peripherie nicht. Bismarcks Verhandlungsstil verstärkte, solange er während seiner Kanzlerschaft den ihm zustehenden Vorsitz selbst wahrnahm, den Zwang zur Geschlossenheit. Er neigte dazu, Einzelfragen sehr schnell ins Grundsätzliche auszuweiten, eine Art Monopol für die Auslegung der Verfassung zu beanspruchen, auf Einwände oder gar Widerspruch harsch zu reagieren, ja wie 1878 bei der Reichstagsauflösung und beim Sozialistengesetz Einstimmigkeit geradezu zu fordern und den Widerspruch Badens so niederzubügeln.

Nun gab es natürlich Fragen, in denen die Eigenstaatlichkeit der Bundesstaaten vital berührt war oder das Gleichgewicht zwischen den nichtpreußischen Staaten und Preußen oder die – wie die Schutzzollfrage – ganz grundsätzliche Probleme aufwarfen. Jede Ausgabenfreudigkeit des Reiches mußte z. B. die Finanzkraft der Bundesstaaten über die Matrikularbeiträge, die Steuerumlage des Reiches auf die Bundesstaaten, belasten. Die Stellvertretung des Reichskanzlers durch Staatssekretäre mußte das föderalistische Gefüge berühren. Darum gab es neben dem Überfahren des Bundesrats und dem direkten Zwang zur Geschlossenheit die von Bismarck eingeführte Praxis der Vorverhandlungen zwischen Berlin und den größeren Bundesstaaten. Die wichtigen Entscheidungen und Abstimmungen fanden außerhalb des eigentlich zuständigen Bundesrats im Vorfeld seiner formellen Beratungen statt. Auch bei weniger hochpolitischen Fragen erwies es sich für die Berliner Ämter – aus gesetzestechnischen wie verwaltungspraktischen Gründen – als wichtig, solche Vorklärungen vorzunehmen. Bayern als „Vizehegemon" des Reiches war der erste Ansprechpartner für solche Vorverständigungen, dann das relativ widerspenstige Sachsen oder die süddeutschen Staaten überhaupt oder alle Königreiche (und seit 1890 auch Baden). Zu anti-preußischen Koalitionen kam es bei diesen Verhandlungen nie, jeder einzelne der Bundesstaaten war mit Preußen enger verbunden als mit anderen.

Für das Verhalten des Bundesrates dann gegenüber dem Reichstag gab es verschiedene Modelle. Manchmal, und mit der Zeit zunehmend, legte er einen Verhandlungsspielraum fest, häufig signalisierte er während der Kommissions- oder Plenarverhandlungen des Reichstags sein zu erwartendes Veto; oder die Frage von Zustimmung oder Ablehnung gegenüber Änderungen des Reichstags an Gesetzentwürfen blieb bis zuletzt offen. Da Kanzler und Bundesrat im allgemeinen daran interessiert waren, vorgelegte Gesetze auch durchzubekommen, und davon ausgehen konnten, daß auch der Reichstag am Zustandekommen der Gesetze interessiert war, spielte das Signalisieren von Veto- oder Kompromißbereitschaft eine wesentliche Rolle. Das aber war der Natur der Sache nach eine Domäne des Kanzlers, der Staatssekretäre oder der preußischen Minister. Das verstärkte ihre Führungsrolle im Bundesrat.

Aber es wäre ganz falsch, den Bundesrat als eine große Zustimmungsmaschine anzusehen. Bismarck, so sehr er seinen Willen durchzusetzen suchte, legte entschiedenen Wert auf bundesfreundliches Verhalten, auf freiwillige Absprachen, auf Konsens, nicht zähneknirschende Zustimmung. Die Solidarität der Regierungen zu bewahren oder zu erlangen, das war eine wichtige Maxime seiner Entscheidungen. Dazu gehörten Geben und Nehmen, Durchsetzen und Nachgeben, Verzichte und Konzessionen, und die Bundesstaaten wußten diese Praxis zu schätzen und zu honorieren. Der Appell an die monarchische (und im Falle der Hansestädte senatoriale) Solidarität und die Notwendigkeit, sich wechselseitig zu stützen, wirkte.

Im Ergebnis: Der Bundesrat blieb ein Bollwerk des Föderalismus, er verhinderte – nicht eigentlich in Konflikten, aber als Barriere und durch passiven Widerstand – eine überstarke und institutionelle Ausdehnung von Reichskompetenzen auf Kosten der Eigenstaatlichkeit der Bundesstaaten, Änderungen des Verfassungsgefüges durch Unitarisierung oder Borussifizierung des Reiches. Wo gesetzliche Vereinheitlichung unvermeidlich schien, wie in der Rechtsordnung, suchte man Kompromisse, die unterschiedliche Traditionen anerkannten. Daß de facto die Unitarisierung des Reiches fortschritt, durch das Militär, die Wirtschaft, die Sozialgesetze, die Rechtsordnung und die Rechtsprechung, durch Bildung und Kultur, durch Freizügigkeit, durch die Rolle von Kaiser und Reich, Reichskanzler, Reichstag und Reichstagswahlen, Nationalismus und Imperialismus, kurz, durch die Angleichung der Lebensverhältnisse und politischen Orientierungen –, das konnte auch der Status-quo-orientierte, aber eben wenig initiative und aktive Bundesrat nicht verhindern. Nur eine durchgreifende Reform der Finanz- und Steuerverfassung des Reiches, wie sie seit Ende der 70er Jahre anstand, war mit dem Bundesrat schwer möglich, wenn nicht blockiert. In allen anderen wesentlichen Fragen der Reichspolitik dominierten die Berliner Zentralen, die nichtpreußische Mehrheit des Bundesrates folgte. Die bürokratisch harte Linie des Überfahrens und die diplomatisch weiche Linie der Vorverhandlungen setzten generell das Modell der Einmütigkeit des Bundesrates, der „verbündeten Regierungen“, durch, der Zustimmung zur Politik des Kanzlers, der preußischen Staatsregierung, der Reichsämter. Es gab Meinungsverschiedenheiten, die sich in gegensätzlichem Stimmverhalten niederschlugen, etwa den Widerspruch der Freihändler gegen die Einführung des Schutzzolls, aber das änderte nichts an der Mehrheit und dem Ergebnis, und es blieb eine Ausnahme.

Anders gewendet: Der Bundesrat (die verbündeten Regierungen) hat de facto keine Regierungsfunktion, er hat nicht die Politik des Reiches gemacht, initiativ, eigenständig, aktiv, er hat auch nicht, intern, die „Richtlinien der Politik“ gesetzt, darüber wurde gar nicht diskutiert. Aber er blieb durch seine bloße Existenz ein bedeutender Machtfaktor, eine Barriere gegen Veränderungen des Status quo. Er war insgesamt gesehen nicht ein Gegengewicht gegenüber der preußisch-deutschen Reichsleitung, sondern eine ihrer Stützen und ihr Schutzschild.

Wir kommen zu dem eigentlichen Geheimnis der deutschen, der Bismarckschen Reichsverfassung, das war die Konstruktion des Bundesrates als Gegenpart des Reichstags, war die Indienstnahme des Föderalismus gegen jede mögliche Entwicklung zu einem Parlamentarismus. Die eigentliche Funktion des Bundesrates war es, die Macht des Reichstags auf Dauer einzuschränken, jeden Weg zu irgendeiner Art von Parlamentsherrschaft auf

Dauer zu blockieren. Das war Bismarcks Absicht, und das war die wichtigste und folgenreichste Wirkung dieser Konstruktion. Der Bundesrat und die verbündeten Regierungen waren für den Reichstag ungreifbar, sie waren jeder öffentlichen, politischen Verantwortlichkeit entzogen, und sie stellten doch – und da konnten sie sich dann auf die bundesstaatlichen Landtage stützen – eine gewaltige Macht der Tradition und des deutschen Lebens dar. Der „verantwortliche" Reichskanzler und der Reichsmonarch standen nicht allein dem Reichstag gegenüber, sondern ebenso der Bundesrat, die verbündeten Regierungen, auch wenn beide vom Kanzler (oder später auch vom Kaiser) gelenkt wurden. Der Kanzler, erst recht Staatssekretäre und preußische Minister traten auf der Tribüne des Reichstags als Sprecher des Bundesrates auf, verhüllten damit die Wurzeln ihrer Macht; nur als Bundesratsbevollmächtigte (Preußens) konnten sie die Geschäfte führen, Reichsleitung und Bundesrat waren auch damit ganz und gar verzahnt. Die verfassungsmäßige Stellung der unverantwortlichen verbündeten Regierungen relativierte die Verantwortlichkeit des Kanzlers, konterkarierte eine verantwortliche Regierung des Reiches – das war der Sinn der komplizierten Konstruktionen. Der Föderalismus war als Schutzschild des monarchischen Prinzips gegen ein Vordringen des Reichsparlaments und gar den Parlamentarismus organisiert. Eine unscheinbare Bestimmung der Verfassung war, wie Max Weber später immer wieder betont hat, dafür wichtig. Wer dem Reichstag angehörte, konnte nicht dem Bundesrat angehören. Darum konnte ein Abgeordneter niemals, ohne sein Mandat aufzugeben, Staatssekretär oder Kanzler werden, denn ohne auch (preußischer) Bundesratsbevollmächtigter zu werden, wären diese Ämter nicht zu führen gewesen. Kurz, der Bundesrat sollte eine feste Barriere gegen jede Parlamentarisierung oder Quasi-Parlamentarisierung des Kanzleramtes und der Reichsleitung werden, Bollwerk des deutschen konstitutionellen, also nichtparlamentarischen Systems, des monarchisch-bürokratischen Obrigkeitsstaates, der monarchischen Herrschaft über Parlament und Parteien. Das monarchische und das föderalistische Interesse der Bundesfürsten waren auf intrikate Weise gegen die Tendenz zur Parlamentarisierung mit ihren notwendigerweise unitarischen Zügen verbunden. Bismarcks primäres Argument war, wenn man den Föderalismus verteidigen wolle, müsse man sich gegen die Machtansprüche des Parlamentes stellen. Aber es galt natürlich auch das Umgekehrte: Weil man das Parlament niederhalten wollte, jede parlamentarische Machterweiterung verhindern wollte, verteidigte man die gegebene föderalistische Struktur. Daß dieser antiparlamentarisch instrumentalisierte Föderalismus zugleich Schutzschild und Bastion auch der Hegemonie des monarchischen Preußens war, werden wir gleich sehen.

Gewiß kann man sagen, daß der Bundesrat weit weniger Macht war, als der Verfassungstext sagte, daß die Entscheidungsmacht vor allem bei Kaiser und Kanzler und der preußischen Regierung und der preußischen Armeeführung lag, aber das mindert seine Bedeutung im Verfassungssystem nicht, nach positivem Verfassungsrecht blieb er ein entscheidendes Verfassungsorgan, de facto war und blieb er eine Barriere, ein latentes Machtpotential für jeden Krisenfall, der öffentlichen, politischen Verantwortung ins schier Unangreifbare entzogen.

Zwei Nebenwirkungen der eigentümlichen Konstruktion des Bundesrates sind im Zusammenhang mit der Blockierung jeder Parlamentarisierung zu erwähnen, sind auch von Bismarck durchaus kalkuliert worden. Die eine: Die antiparlamentarische Funktion des Bundesrats diente dem Zusammenhalt der verbündeten Regierungen, ja der Einmütigkeit, verpflichtete sie zu Solidarität, schränkte ihren natürlichen Partikularismus und ihre Machtansprüche ein. Das Föderativorgan hatte so paradoxerweise eine unitarische Wirkung, hielt die Regierungen als Block zusammen, gegenüber dem Reichstag und unter der – diplomatisch dosierten – preußischen Hegemonie. Und indirekter: Der Reichstag sollte durch das Gegenüber des Bundesrates auch auf Dauer zur Parlamentarisierung unfähig gemacht werden. Die andere: Der Bundesrat sollte die Staatssekretäre und Minister gegen alle parlamentarischen Rücksichten immunisieren und die Reichsstaatssekretäre vor allen Unabhängigkeitsgelüsten bewahren, das reine Kanzlersystem, die persönliche Macht Bismarcks erhalten, jede kollegiale Reichsleitung, jede Ausweitung des Verantwortlichkeitsprinzips verhindern. Antiparlamentarismus und Abneigung gegen das Kollegialsystem stützten sich dabei gegenseitig. Die obersten Reichsbeamten konnten nicht als solche im Reichstag auftreten, sie waren darum – preußische – Bundesratsbevollmächtigte, in den Bundesrat und in die Disziplin des preußischen Staatsministeriums eingebunden. Das sollte sie gegen alle Vorausrücksichten auf eine Reichstagsmehrheit oder gar Vorverhandlungen immun machen – und Bismarck reagierte mit geradezu neurotischer Empfindlichkeit, wenn jemand auch nur in einer Geschäftsordnungsfrage, in Stil oder Wortwahl gegen die formale Einbindung in den Bundesrat verstieß. Auch insoweit verhinderte die Bundesratskonstruktion das Entstehen einer verantwortlichen Reichsregierung.

Auch der Bundesrat war, wie der Föderalismus im Deutschen Reich überhaupt, eingebunden in die zweite Grundtatsache der Reichsverfassung, die preußische Hegemonie. Ja, man kann sagen, die föderalistischen Verfassungselemente kamen dem stärksten Gliedstaat, Preußen, besonders zugute, sie garantierten seine Hegemonie und verhüllten sie zugleich.

Preußen hatte zwar, obwohl es etwa zwei Drittel des Reichsgebietes und der Reichsbevölkerung umfaßte, im Bundesrat keine Mehrheit, aber es war von vornherein klar gewesen, daß genügend viele Kleinstaaten mit ihm stimmen würden. Für den – nie eintretenden – Krisenfall hatte Preußen in Grundsatzfragen ein Vetorecht. Bismarck aber „pflegte", wie gesagt, den Bundesrat und suchte die Beziehungen zu den süddeutschen Staaten kooperativ auszugestalten, das sollte ihnen die Eingewöhnung im Reich erleichtern und die monarchisch-föderalistische Solidarität gegenüber allen parlamentarisch-demokratischen Strömungen stärken. Insofern suchte er die preußische Hegemonie nicht überzustrapazieren. Die Arbeitspraxis des Bundesrates machte die Frage nach der Stimmenmacht beinahe gegenstandslos.

Aber die Nähe zwischen Reich und Preußen und dessen hegemoniale Macht formten selbstverständlich die Verfassungspraxis ganz entscheidend. Das „Präsidium des Bundes" war der König von Preußen. Den Vorsitz im Bundesrat hatte der von ihm ernannte Reichskanzler inne, und in wichtigen Fragen nahm Bismarck diesen Vorsitz auch selber wahr; aber er war eben auch – fast durchweg – preußischer Ministerpräsident, immer preußischer Außenminister, der die Bundesratsbevollmächtigten „instruierte", ja stimmführender preußischer Bevollmächtigter. Real und institutionell war der Kanzler ein Geschöpf Preußens. Preußen war die Führungs- und die „Hausmacht" des Reiches, die preußischen Ministerien agierten – zunächst – quasi als Hilfsämter des Reiches oder der entstehenden Reichsämter. Auch als es schließlich zwei getrennte Bürokratien gab, blieben sie, beide in Berlin, eng miteinander verbunden und verzahnt. Die Gesetzentwürfe, die Bundesratsvorlagen waren zunächst gemeinhin preußische Vorlagen. Aber es geht nicht nur um eine Verflechtung von Bürokratien, sondern um die der entscheidenden Machtinstanzen, der Ressortchefs. Preußische Vorlagen wurden natürlich immer im preußischen Staatsministerium, dem Kabinett, vorberaten und abgesprochen. Als die Reichsämter anfingen, eigene Vorlagen auszuarbeiten, die dann als Präsidialvorlagen ohne den formalen Umweg über preußische Ministerien kamen, wurden auch sie im preußischen Kabinett abgesprochen – Präsidium und Preußen waren ja identisch. Diese vorwaltende Mitwirkung der preußischen Regierung an der Reichsgesetzgebung wie auch an den anderen wesentlichen Entscheidungen der Reichspolitik, wie z. B. der Auflösung des Reichstags, blieb ein Kernelement des preußisch-deutschen Machtgefüges. Dazu gehört noch anderes.

Es kam im Bundesrat, wie geschildert, auf die preußischen Stimmen an, die formal vom preußischen Außenminister instruiert wurden. Der Kaiser, der den Reichskanzler ernannte und dessen wesentliche Entscheidungen mittragen mußte, war doch in erster Linie König von Preußen, eingebunden in die Traditionen und Machtstrukturen dieses Staates. Das Heer, eine der Säulen des Reiches, war in erster Linie preußisch oder preußisch dominiert. Der preußische Kriegsminister fungierte de facto als Reichskriegsminister. Der Reichskanzler war, wir wiederholen es, ganz selbstverständlich eine preußische Geburt. Er konnte Reichspolitik nicht ohne Preußen treiben, er bedurfte des festen Machtrückhalts in Preußen, er brauchte eine preußische Machtposition. Das hieß konkret, wie gesagt, der Reichskanzler war zugleich preußischer Ministerpräsident und preußischer Außenminister. Das war eine notwendige Konsequenz der Machtorganisation; die kurzfristige Trennung der beiden Führungsämter unter Bismarck und dann Caprivi, sei es zur Entlastung, sei es zur Machtteilung in einer Krise, hat sich nicht bewährt – sie machte das Regieren erheblich schwieriger, man kam schnell auf die Konzentration der Ämter wieder zurück, sie wurde ein Stück ungeschriebener Verfassungsrealität. Als der von Hause aus fränkisch-bayerische Fürst Hohenlohe 1894 Kanzler wurde, wurde er selbstverständlich auch preußischer Ministerpräsident.

Um die Kooperation und Koordination zwischen Preußen und dem Reich weiter zu sichern, den Rückhalt des Reiches einerseits und die Führungsrolle der Hegemonialmacht andererseits, hat man, wie erwähnt, mit der Zeit zu allerlei Hilfskonstruktionen gegriffen. Die Staatssekretäre des Reiches wurden zu den Beratungen des preußischen Ministeriums zugezogen oder dann zu preußischen Ministern ohne Portefeuille ernannt, oder sie agierten zumindest als preußische Bundesratsbevollmächtigte. Sie waren, formell über den Bundesrat, in das preußische System eingebunden. Das Reich war ohne Preußen nicht zu regieren.

Daraus ergab sich mit der Zeit ein gewissermaßen dialektisches Spannungsverhältnis. Nicht nur standen zwei Bürokratien und ihre Behördenchefs neben- und gegebenenfalls auch gegeneinander – wobei die preußischen Minister dem Ministerpräsidenten gleichgeordnet, die Reichsstaatssekretäre dem Reichskanzler untergeordnet waren. Die Staatssekretäre und der Kanzler mußten Rücksicht auf außerpreußische Belange nehmen und vor allem mit dem Reichstag des allgemeinen Wahlrechts zurechtkommen, die preußischen Minister waren primär auf preußische Interessen konzentriert und konnten mit einem im allgemeinen „bequemen" konservativen Landtag rechnen. Die Einbindung der Staatssekretäre in die preußische Kabinettsloyalität und -disziplin mochte zugunsten des preußischen Elementes der Gesamtpolitik ausschlagen oder mehr zugunsten einer Indienstnahme Preußens für das Reich, dann sprach man von der „Staatssekretarisierung" Preußens. Das mochte auf die Alternative einer „Verpreußung" des Reiches oder einer „Entpreußung" Preußens hinauslaufen. Das Problem war früh schon angelegt, akut wurde es erst im Jahrzehnt vor 1914, als die preußische Hegemonie zu größeren Schwierigkeiten führte.

Grundsätzlich und für die ersten Jahrzehnte der Geschichte des Reiches gilt: Auch wenn man von einem Dualismus Preußen-Reich sprechen kann, war das Moment der preußischen Hegemonie das Bestimmende. Es gab gewiß Hemmfaktoren, die die Praktizierung der Hegemonie eindämmten. Das waren vor allem die Rücksicht auf die Mittelstaaten – des Südens und auf Sachsen –, die Scheu, das preußische Machtgewicht überzustrapazieren, das langfristige Interesse an einem kooperativen Föderalismus der Monarchien und konservativen Stadtrepubliken. Dann trat dazu die erwähnte relative Verselbständigung der Reichspolitik, das Entstehen einer eigenen Staatsräson des Reiches, der gegenüber selbst preußische Interessen manchmal als partikularistisch erscheinen konnten, selbst in den Augen eines so preußischen Politikers wie Bismarck. Die Zunahme von „Präsidialvorlagen" zeigt trotz der Vorberatungen in Preußen einen langsamen Verfassungswandel an, eine gewisse Unitarisierung. Aber die Hegemonialmacht Preußen war zugleich die Vormacht eines föderalistischen Systems von Gliedstaaten, sie konnte die Hegemonie nicht gegen den Föderalismus wenden; sie hatte zwar eigene einzelstaatliche Interessen, aber sie lebte von der Solidarität der Glieder der Föderation. Preußen mußte als Vormacht eben des Föderalismus die Reststaatlichkeit und die monarchische Struktur der anderen Gliedstaaten schützen, das war eine Interessengemeinschaft zur Erhaltung des Status quo auf Gegenseitigkeit, die man nicht durchbrechen konnte; Hegemonie und Föderalismus waren beide nur im Zusammenwirken Klammern des Systems. Und das Prinzip des Föderalismus war für Preußen auch Schutzschild und Verhüllung der eigenen Hegemonie, jede Opposition der parlamentarisch-popularen Kräfte gegen Preußen berührte, so schien es, alle Monarchien in Deutschland, ja das von den Nichtpreußen jedenfalls geliebte föderale System.

Nun, trotz solcher Differenzierungen und Einschränkungen: Die preußische Hegemonie war und blieb eines der dominanten Kernelemente, wenn nicht das Kernelement der Verfassung des Reiches: Die Ämter des Kaisers und des Reichskanzlers waren preußisch gegründet. Der Kaiser war König von Preußen, der Reichskanzler preußischer Ministerpräsident, da lagen – was immer es an Verselbständigung geben mochte – die Wurzeln der Macht. Insoweit ragt das preußische System mit seinem Überhang unbürgerlicher, feudaler, bürokratischer Strukturen, mit der Sonderstellung des Militärs, dem konservativen Parlament mit „Herrenhaus" und dem Abgeordnetenhaus des Dreiklassenwahlrechts (das seit dem Ende der 70er Jahre zunehmend konservative Effekte hatte), der Dominanz der monarchischen Regierung, dem obrigkeitsstaatlichen Stil unmittelbar und tief in das zentrale Machtgefüge des Reiches herein. Der institutionelle Konservativismus Preußens und die konservative Rekrutierung des Regierungspersonals waren ein wesentlicher Teil der Verfassungswirklichkeit des Reiches. Bei der Dominanz von Monarchie, Hof und Adel, Militär und Bürokratie in Preußen hieß das, daß die Chancen einer Verfassungsfortbildung, einer Parlamentarisierung gar, auf die die Liberalen noch hofften, von vornherein eingeschränkt waren.

Noch einmal freilich müssen wir die Gewichte austarieren: Das Reich war nicht ein Großpreußen – mit föderalistischen und demokratischen Einsprengseln nur. Eine solche Charakterisierung würde seine Mischverfassung, seine Modernität und sein Spannungsgefüge gänzlich verkennen. Es war etwas Neues, und die Probleme seiner Geschichte in den nächsten Jahrzehnten ergaben sich daraus, daß es eine neue Fügung natürlich alter, aber auch neuer Elemente war. Die Altpreußen damals und ihre nostalgischen Nachfahren von heute haben nicht ganz zu Unrecht den Untergang des „eigentlichen" Preußen auf 1866/71 datiert.

Das deutsche Reich war föderalistisch und preußisch-hegemonial strukturiert. Es war zugleich ein einheitlicher (insoweit unitarischer) Nationalstaat, mit national-monarchischen und national-demokratischen Elementen, mit Reichsmonarch, Reichsexekutive und Reichsparlament. Die „verbündeten Regierungen“ haben nicht, wie die konservative Staatslegende wollte, allein das Reich gegründet, sie waren auch nicht allein die Träger der Souveränität. Das Reich war Bund der Gliedstaaten und Staat der Nation zugleich, die Verfassung selbst war auch ein konstitutives Element seiner Existenz.

Das Reich war, wir haben davon gesprochen, für die wichtigeren Teilbereiche der Politik zuständig: für die Außen- und Verteidigungspolitik, die Wirtschafts-, Rechts- und Sozialpolitik – und es besaß das Recht, seine Zuständigkeiten zu erweitern, freilich nur mit qualifizierter Mehrheit; schon 14 Gegenstimmen im Bundesrat konnten eine solche Verfassungsänderung blockieren. Dieses Reich hatte einheitliche und zentrale Führungsinstitutionen: neben dem zentralen Föderativorgan Bundesrat den Kaiser, den Reichskanzler und die ihm nachgeordneten Reichsstaatssekretäre und den Reichstag.

An der Spitze des Reiches stand der Kaiser. Auch das Reich war eine Monarchie, wenn auch eigenen Typs. Es steht in der Tradition der deutschen Monarchien des 19. Jahrhunderts, obrigkeitsstaatlich-bürokratisch, nichtparlamentarisch, aber durch Verfassung und Parlament eingeschränkt. Der Reichsmonarch bestimmte als der oberste Kriegsherr über das Militär, verfügte über den Kriegsfall und den Belagerungszustand – kurz, über Ausnahmezustand und Ernstfall. Er bestimmte – aus freien Stücken – über die Exekutive, ernannte und entließ den Kanzler und das leitende Regierungspersonal (in Preußen die Minister, im Reich die Staatssekretäre und die wichtigsten Botschafter), insoweit schon bestimmte er die Richtlinien der Politik mit. Das galt erst recht für die auswärtige Politik, die noch alleinige und arkane Domäne der Exekutive war; hier war er an jeder Grundsatzentscheidung beteiligt.

Diese verfassungs- und gewohnheitsrechtlichen Befugnisse des Monarchen lagen seit 1867 fest. Dennoch hat sich seine Stellung seit 1871 ganz wesentlich gewandelt: Aus dem Föderationsorgan des „Bundespräsidiums“, das der König von Preußen innehat und dem zunächst – 1871 – nur der Titel „Deutscher Kaiser“ zugesprochen wird, wird ein Reichsorgan, wird der Reichsmonarch, wird – auch wenn der Kaiser nicht als solcher am Zustandekommen der Gesetze beteiligt war – das Gegenüber zum Reichsparlament. Das hat zwei Gründe: Der eine ist die einsetzende leichte Unitarisierung des Reiches: der Autoritätsverlust des Bundesrats, der Autoritätsgewinn des Reichskanzlers und auch des Reichstags, der Bedeutungszuwachs der Reichsgesetzgebung und der Reichspolitik, des Reiches insgesamt, kurz, die Veränderung des Machtgefüges. Wenn die wichtigen Entscheidungen auf der Ebene des Reiches fallen und wenn überdies die Mitwirkung der Gliedstaaten in den Hintergrund rückt, so werden die Reichskompetenzen des Monarchen, und nicht mehr vornehmlich seine preußischen, die wichtigen, sich verselbständigen. Der andere Grund ist eine gleichsam metapolitische Veränderung – von enormer Tiefenwirkung und Realitätskraft: Der Kaiser wird – wider Erwarten – auch zur Integrations- und Symbolfigur der Nation, bis ins Lied, bis in die Sieges- und Friedensdenkmäler, bis zu den vielen nationalen Festakten, bis zu den seltsamen Blüten nationaler Rhetorik, von Barbarossa und Barbablanca, wie Felix Dahn dichtete, bis zu der ritualisierten Formel von „Kaiser und Reich". Es ist der Kaiser, der den nationalen Traum erfüllt. Das Alter des ersten Kaisers und seine verhaltene Würde, die Koppelung der Kaiserproklamation mit dem Sieg über Frankreich und der Reichsgründung selbst, das alles hat dazu beigetragen – wenn auch die Linksliberalen und noch mehr die Katholiken nur langsam, die Sozialisten und Protestler überhaupt nicht an diesem Integrationsprozeß teilnahmen. Die Überleitung der alten monarchischen Loyalitäten der bayerischen oder badischen Bürger in die neue Doppelloyalität „Kaiser und König", Kaiser und Großherzog ist außerhalb Preußens viel leichter und schneller gegangen, als zu vermuten stand. Bismarck hat solche „Gefühle" dann sehr bewußt „eingesetzt" – beim zweiten Attentat auf den Kaiser von 1878 und der nachfolgenden Wahl z. B. oder bei der Proklamation seiner Sozialversicherungspolitik in Form einer „Kaiserlichen Botschaft" 1881. Die Tatsache, daß die Liberalen in den 70er und 80er Jahren auf den Thronfolger, den neuen Kaiser Friedrich III., setzten und Bismarck diesen Wechsel fürchtete, ist ein anderes Indiz dafür, wie schnell der Kaiser, das Amt des Reichsmonarchen, an politischem Gewicht gewonnen hat. Daß der deutsche Kaiser als preußischer König lebte und webte, Militärmonarch war, in Preußen seine Machtgrundlage hatte, geriet außerhalb des altpreußischen Establishments darüber leicht in Vergessenheit.

Die Monarchie im Reich war nicht mehr absolutistisch oder halb-absolutistisch. Sie war konstitutionell. Gewiß, sie hatte noch einen extrakonstitutionellen Kern, die „Kommando"gewalt des „obersten Kriegsherrn"; sie war borussisches Erbe, daran konnten sich – wie unter Wilhelm II. – „kryptoabsolutistische" Tendenzen anschließen. Es gab apokryphe Beratungs- und Büroinstanzen des Monarchen, das Zivil- und das Militärkabinett (und später das Marinekabinett), aus denen, wiederum nach 1890, personalpolitisch maßgebliche „Neben-Regierungen" werden konnten; aber Küchen-Kabinette sind auch durch eine demokratische oder liberale Verfassung niemals auszuschließen. Wir kommen auf das Problem, seinen Ernst und die mit ihm verbundenen Gefahren, zurück. Dennoch, gesamtpolitisch war die Monarchie im Reich konstitutionell: Sie war an die Verfassung, die rechtsstaatlichen Normen, die Mitwirkung des Parlaments gebunden, an die Form der Regierung durch Beamten-Minister oder den einen Reichskanzler, die die politisch-moralische „Verantwortung" für das Handeln von Monarch und Regierung vor der Öffentlichkeit und formell durch Gegenzeichnung monarchischer Erlasse übernahmen, und darum an einen – wenigstens prinzipiellen langfristigen – Konsens der bürgerlichen Öffentlichkeit, ihrer Mehrheit. Daß die Regierung nicht vom Vertrauen des Parlaments abhängig war (und auch die Lieblingsidee der Altliberalen, die Möglichkeit der Ministeranklage vor einem Staatsgerichtshof, nie realisiert wurde), ist demgegenüber kein Einwand. Die innere Geschichte des Reiches ist demgemäß vom Verhältnis der Regierung zu Parlament und Öffentlichkeit bestimmt.

Der Monarch also regierte zunächst, wenn wir die Sphäre des Militärs außer acht lassen, durch seine Minister, der Kaiser durch den Reichskanzler allein. Bismarck hatte 1867 eine kollegiale Regierung mit „verantwortlichen" Ministern durch sein Veto verhindert, vor allem weil er darin einen Schritt auf dem in seinen Augen unheilvollen Weg zu einer möglichen Parlamentarisierung sah und weil er eine kollegial-kollektive Leitung der Politik für unpraktisch hielt und nicht mit seinen eigenen Machtambitionen vereinbar. Die Ministerverantwortlichkeit war im Reich auf eine Person beschränkt, auf den Reichskanzler.

Er wurde vom Monarchen ernannt und auch entlassen, er beriet den Monarchen, und er hatte das Monopol auf jedenfalls verfassungsgemäße Beratung, er bestimmte in Absprache mit dem Monarchen die Richtlinien und Grundentscheidungen der Politik. Er mußte die Regierungsakte „gegenzeichnen", damit übernahm er vor dem Reichstag und der Öffentlichkeit die Verantwortung; der Reichskanzler war schon verfassungsmäßig wegen dieser Verantwortlichkeit mehr als ein Diener des Monarchen, ein Ausführungsorgan seines Willens. Man weiß, wie stark Bismarck im Verhältnis zu seinem König/Kaiser war, wie die Rücktrittsdrohung, das Entlassungsgesuch Mittel wurden, seinen Willen auch gegen das Widerstreben des Monarchen durchzusetzen. Das lag natürlich auch an der außergewöhnlichen Persönlichkeit Bismarcks, an seinem Beginn als preußischer Ministerpräsident, als er den rücktrittsbereiten König durch das rückhaltlose Eintreten für seine militär- und verfassungspolitische Position gewann, sich unersetzlich machte, und dann an seinen Leistungen und Erfolgen, lag auch an der Einsicht und Bescheidenheit des Monarchen und der lange gewachsenen gegenseitigen Loyalität. Aber hinter dieser besonderen und wie zufälligen Personenbeziehung steckt ein verfassungspolitisches Faktum. Der Kanzler war gewiß abhängig vom Monarchen, aber das galt auch umgekehrt. Die Stellung der Monarchie war nicht mehr so, daß der Monarch den leitenden Politiker einfach auswechseln konnte; er mußte auf dessen Format und Sachkompetenz sehen, mußte auf das Establishment des Landes, die Bundesfürsten und die Spitzenbürokratie, ein wenig auch auf auswärtige Höfe und Regierungen Rücksicht nehmen, auch die Wirkung auf die Öffentlichkeit bedenken. Ein Personenwechsel sollte nach Möglichkeit nicht zu irgendeiner inneren oder äußeren Krise führen. Insofern war die verfassungsrechtliche Freiheit des Monarchen, den Kanzler zu entlassen, verfassungspolitisch doch eingeschränkt und, etwas weniger stark, auch die Freiheit zur Wahl eines Nachfolgers. Selbst Wilhelm II., der scheinbar absolutistisch selbst regieren wollte, war in dieser zentralen Frage, auf die Dauer jedenfalls, nicht so frei, wie er es gern gesehen hätte (und wie manche Historiker meinen). Es war das Verfassungsprinzip der politischen Verantwortlichkeit vor dem Reichstag und der Nation – dieses Prinzip einer nicht rechtlich machtmäßigen, aber moralischen Abhängigkeit –, das dem Kanzler auch eine eigene Stärke gab, ein Stück Unabhängigkeit gegenüber dem Monarchen, die Rücktrittserwägung konnte jedenfalls ein Druckmittel sein.

Die lange Kanzlerschaft Bismarcks, die Stärke seiner Persönlichkeit und sein Machtehrgeiz, die Zurückhaltung des ersten Kaisers haben die Verfassungswirklichkeit zu einem Kanzlersystem, manche meinen einer Kanzlerdiktatur, gerinnen lassen. Das Schwergewicht der Macht lag beim Kanzler, er regierte, er bestimmte den Kurs und gegebenenfalls den Kurswechsel. Er mußte bei manchen wichtigen Dingen mit dem Kaiser ringen – bei der Einführung der Zivilehe, beim Abschluß des Zweibunds z. B. –, er konnte sich seiner nicht in allen Fragen sicher sein, die Entlassung z. B. des Chefs der kaiserlichen Admiralität und Kronprinzenfreundes Stosch konnte er 1877 nicht erreichen, er sorgte sich wegen Hofintrigen und wegen des möglichen Einflusses der Kaiserin; aber all das tat seiner dominierenden Machtstellung keinen Abbruch. Die Macht des Kaiser-Königs ging zurück, sie war im wesentlichen nur noch (und immerhin) potentielle Macht. Der Kanzler hatte die wichtigsten Entscheidungsfunktionen des Monarchen übernommen. Er hielt die Staatssekretäre des Reiches klein und unterwarf sich, spätestens bei der großen Wende von 1878/79, auch die preußischen Minister. Starke und selbständige Leute ließ er nicht mehr neben sich aufkommen.

Wir werden im nächsten Abschnitt noch erörtern, wie aus dem Amt des Reichskanzlers zunächst eine neue Behörde, das Reichskanzleramt, und dann andere neue „Reichsämter“ herausgewachsen sind, unter der Leitung von dem Kanzler nachgeordneten Staatssekretären. Diese Staatssekretäre sind nach Bismarcks Sturz, und je nach politischem Gewicht unterschiedlich, in die Stellung von Quasi-Ministern hineingewachsen. Es entstand dann um den Kanzler herum etwas, was zwar nicht „Regierung“, aber Reichsleitung hieß. Das Prinzip der normalen konstitutionellen Monarchien, daß der Monarch nicht nur durch einen Kanzler, sondern durch mehrere Minister regiert, hat sich in gewissem Maße zuletzt auch im Reich durchgesetzt, freilich ein Ministerium hat es nicht gegeben, die Staatssekretäre blieben dem Reichskanzler nachgeordnet.

Zwei Punkte sind, wenn wir die Verfassungswirklichkeit der Exekutive begreifen wollen, noch von Bedeutung. Das Verhältnis von Monarch und beamteter Exekutive, dem Regierungspersonal also, war sehr unterschiedlich, unter Wilhelm II. ganz anders als unter Wilhelm I., aber gerade unter Wilhelm II. auch nach Zeitphasen anders; auch die „Nähe“ einzelner Minister oder Staatssekretäre zum Monarchen war sehr verschieden. Und ebenso stand es mit der Frage, welche Instanzen und Personen aus der Umgebung des Kaisers, dem Hof, zwischengeschaltet waren, und der Frage, wie die unklaren Beziehungen zwischen dem Monarchen, der verantwortlichen politischen Führung und der militärischen Führung abliefen. Der verfassungspolitische Spielraum des Monarchen, zumal wenn er wie Wilhelm II. ein so starkes Selbstbewußtsein entwickelte, war groß. Das darf man über dem System Bismarck und über der späteren Konstitutionalisierung der Regierung nicht übersehen. Davon werden wir im einzelnen im historischen Ablauf berichten.

Der andere Punkt, den wir schon hier vorweg betonen wollen: Der Monarch ernannte das Regierungspersonal, die Staatssekretäre, die Minister. Sie waren vornehmlich adlig – das war noch immer der erste Kreis der Königsnahen –, und sie waren vornehmlich als Beamte aufgestiegen, daneben als Diplomaten oder – in den Verteidigungsressorts – als Offiziere. Sie kamen aus „Laufbahnen". Das definierte auf die Dauer die Herkunft der regierenden Elite. Der adlige Dilettant, der bei Hof noch eine Rolle spielte, oder der Nur-Offizier, wie er in der persönlichen Umgebung Wilhelms II. reüssierte, waren kaum noch geeignete Ministerkandidaten. Auch der ältere Typ des adligen Politikers mit einer selbstgebauten politischen Karriere, wie Bismarck, der als Parlamentarier sich profiliert hatte und als solcher dann Diplomat geworden war, oder des adeligen Grandseigneurs, wie Hohenlohe, wurde selten. Die Reichskanzler zwar kamen zunächst noch nicht aus der Beamtenlaufbahn, weder Bismarck und Hohenlohe noch der General Caprivi oder der Botschafter Bülow. Aber sonst wurde die Beamtenlaufbahn charakteristisch; mit Bethmann Hollweg wurde 1909 auch ein Spitzenbeamter der regulären inneren Verwaltung – mit freilich besonderen persönlichen Beziehungen zum Kaiser – Reichskanzler. Der Beginn in der Beamtenlaufbahn galt für aufsteigende Bürger erst recht; der alte nationalliberale Parlamentarier, Bankdirektor und Oberbürgermeister Miquel, der als preußischer Finanzminister endete, war eine Ausnahme. Die Verhältnisse im parlamentarisch geprägten England, der Einstieg des Adels wie der Bürger in Ministerämter über die Tätigkeit im Parlament, waren ein Gegenbild zum preußisch-deutschen Modell. Die bürokratische Herkunfts- und Aufstiegswelt der deutschen Regierungselite und die für sie maßgebenden Auswahlkriterien formten ihre Fähigkeiten als Politiker und ihre Mängel ganz wesentlich, davon wird noch mehrfach die Rede sein.

Gegenüber dem vom Monarchen ernannten Kanzler (und der „Regierung") und gegenüber den im Bundesrat institutionalisierten verbündeten Regierungen stand das Parlament, der Reichstag, Organ der einen Nation, unitarisch insoweit, national-demokratisch: das vierte Element dieser Verfassung neben Föderalismus, Hegemonie und monarchisch-bürokratischer Exekutive. Da der Reichstag keinen Einfluß auf die Zusammensetzung der „Regierung" und damit jedenfalls keinen bestimmenden Einfluß auf den Kurs der Gesamtpolitik hatte, steht er bei nachgeborenen Historikern nicht in hohem Ansehen. Aber so einfach ist es mit seiner Macht oder Ohnmacht nicht.

Der Reichstag hatte, damit muß man beginnen, drei bedeutende Kompetenzen, die bis hin zu einer gesamtpolitischen Kompetenz entwickelt, aber auch blockiert werden mochten. Er war an der Gesetzgebung beteiligt, ohne ihn, gegen ihn gab es keine Gesetze; freilich, gegen den Bundesrat, de facto gegen den Kanzler und Preußen, konnte auch er kein Gesetz und keine Gesetzesänderung durchsetzen. Die Gesetzgebungskompetenz war bedeutend und unbegrenzt: Der Reichstag billigte nicht nur Gesetze, sondern beriet und beschloß sie in allen Details; Regierungshandeln bedurfte im Zeitalter des Rechtspositivismus generell der Gesetzesform, die Regierung konnte nicht mehr auf Verordnungen ausweichen; Verordnungen waren nun auf die Fälle vorhergehender gesetzlicher Ermächtigung und auf verwaltungsinterne Durchführungsrichtlinien beschränkt. Das neugegründete Reich hatte noch keine Gesetze, und es brauchte Gesetze, einheitliche Gesetze, viele Gesetze. Gesetzgebung rückte ins Zentrum, auch die Regierung brauchte sie, um regieren zu können. 1871–1875 alleine sind 167 Gesetze, z. T. freilich Übernahmen aus der Gesetzgebung des Norddeutschen Bundes, verabschiedet worden. Die zunehmende Komplizierung der Rechts- und Wirtschaftswelt und der Sozialbeziehungen erzeugte einen fortgesetzten Gesetzgebungsdruck. Die Regierung war darauf angewiesen, eine Mehrheit für die Gesetze im Parlament zu finden, das erhöhte das Gewicht des Parlaments; man konnte es auf Dauer nicht durch gesetzgeberische Untätigkeit „austrocknen".

Das zweite „klassische" Recht des Parlaments war das Budgetrecht, die Einnahmen- und Ausgabenbewilligung. Hier war die Sache ambivalenter. Einerseits: Das Parlament legte jährlich – nicht wie Bismarck gewollt hatte, alle drei Jahre – den Haushalt fest, und zwar in Gesetzesform; außerplanmäßige Ausgaben bedurften eines Nachtragshaushalts. Dabei waren die Ausgabeposten nicht mehr pauschal, sondern detailliert aufgeführt, auf jeden Einzelposten konnte der Reichstag Einfluß nehmen. Die Haushaltsdebatte wurde darum zur klassischen Debatte über sämtliche Bereiche der Regierungspolitik. Und da noch die altmodische Rollenteilung zwischen dem sparsameren Parlament und der ausgabenfreudigeren Regierung bestand, hatte das Bewilligungsrecht des Reichstags besonderes Gewicht, die Regierung wollte etwas, der Reichstag mußte zustimmen oder konnte ablehnen. Andererseits lag der Militäretat, das war der Löwenanteil des Reichsetats, langjährig fest durch die Provisorien von 1867 und 1874 und dann durch die Septennate, später die Quinquennate, die die Friedenspräsenzstärke fixierten. Eine Reduzierung des Militärbudgets war de facto niemals möglich. Auch der Versuch des Einflusses auf spezielle Etatposten stieß immer auf heftigsten Widerstand der Regierung. Bismarck, in der Pose des Verfassungsauslegers, hielt für den hier möglichen Konfliktfall an seiner alten „Lückentheorie" fest: Weil der Monarch die gesetzlich festgelegte Präsenzstärke der Armee realisiere, müsse er auch die Möglichkeit haben, die notwendigen Ausgaben zu tätigen. Das preußische Vetorecht im Bundesrat gegen Änderungen des militärpolitischen Status quo konnte ebenso verstanden werden. Das Notwendige, so hieß das kurz, könne nicht verweigert werden.

Aber auch hinsichtlich der Einnahmen war es mit dem Budgetrecht des Reichstags schwierig. Da die Einnahmen des Reiches zum guten Teil aus indirekten Steuern und Zöllen bestanden, diese aber der Natur der Sache nach längerfristig festlagen, waren hier die Möglichkeiten der variierenden parlamentarischen Einnahmebewilligung begrenzt; die andere Hauptquelle der Reichseinnahmen waren die Matrikularbeiträge der Gliedstaaten, da war der Reichstag erst recht nicht frei. Der Reichstag konnte neue Einnahmen zwar ablehnen, aber er konnte sie nicht, wenn er sie für erforderlich hielt, allein durchsetzen. Sodann, Einnahmen und Ausgaben wuchsen kontinuierlich; die Möglichkeit, Ausgaben und Steuern herabzusetzen, die der liberalen Theorie der Parlamentsmacht über die Haushalte Substanz gegeben hatte, wurde immer geringer. Und endlich wurde, als der Staat anfing, Interventions- und Wohlfahrtsstaat zu werden, das klassische Mittel einer entschiedenen Opposition, die Budgetverweigerung, unmöglich – das hätte jetzt nicht mehr die Regierung allein, sondern zahlreiche am Verteilungskampf beteiligte gesellschaftliche Gruppen betroffen. Dennoch blieben natürlich die Finanzkrisen, wenn der Staat neue Einnahmen brauchte, Phasen, in denen der Reichstag eine erhebliche gesamtpolitische Entscheidungsmacht entfalten und Weichen neu stellen konnte.

Endlich gab es so etwas wie ein Kontrollrecht des Reichstags; durch Anfragen und – stärker – Interpellationen, Behandlung von Petitionen oder durch Haushaltsanträge konnte er so gut wie jedes Thema – im Bereich der Außen- und Militärpolitik freilich begrenzt – zum Gegenstand einer öffentlichen Debatte oder einer Ausschußdebatte machen und die Regierung zur Stellungnahme veranlassen; Bismarck hat dieses Recht im Bereich der Außenpolitik auch gern zu öffentlichen Erklärungen benutzt. Der Herausforderung durch Abgeordnete hat sich die „Regierungs"bank kaum entzogen. Das war eine Form der öffentlichen Kontrolle, im Blick gemeinhin auch auf die Wähler. In innenpolitischen Angelegenheiten ist die parlamentarische Kontrolle in den einschlägigen Ausschüssen (Kommissionen) weiterentwikkelt worden. Aber die Folge der „parlamentarischen Verantwortlichkeit", das Mißtrauensvotum gegen einen Staatssekretär oder gar den Kanzler, den Zwang zum Rücktritt, das gerade gab es nicht, das System war eben nicht „parlamentarisch".

Der Reichstag beruhte auf Wahlen nach dem allgemeinen und gleichen (Männer)Wahlrecht und dem Mehrheitswahlrecht in Einmannwahlkreisen, davon im einzelnen handeln wir später. Man muß aber sofort die gewaltige Spannung betonen, die damit in die deutsche Verfassung kam, ein in der Zeit fast beispiellos demokratisches Wahlrecht, ein politisches Teilhaberecht der Massen, und eine relativ beschränkte Kompetenz des so gewählten Parlamentes. Die „normale" Legislaturperiode des Reichstags dauerte zunächst (bis 1888) drei Jahre, seither fünf Jahre. Aber es war eine der einschneidenden Einschränkungen der Reichstagsmacht, daß die „Regierung", der Kaiser und – via Bundesrat – der Kanzler, den Reichstag jederzeit auflösen und, in vorgeschriebenen Fristen, Neuwahlen ansetzen konnten: Das war der Appell an die Wähler, das war die schärfste Waffe der Regierung gegenüber dem Parlament.

Die Abgeordneten erhielten keine Diäten, das hatte Bismarck gleichsam als Gegengewicht gegen das allgemeine Wahlrecht abgelehnt; das begünstigte lange Zeit die Beamten-Abgeordneten; das befürchtete Aufkommen von Berufspolitikern – mit Vermögen, sicheren Positionen oder politiknahen Berufen – hat es auf die Dauer nicht verhindert. Das Parlament basierte auf dem liberalen Prinzip der Repräsentation, also des „freien Mandats"; in den ersten Reichstagen gab es eine Menge Fraktionslose, „Wilde"; Aus- und Übertritte waren durchaus möglich. Freilich, die Abgeordneten schlossen sich in Fraktionen zusammen; deren Bedeutung nahm sehr schnell zu, sie füllten de facto die Geschäftsordnung, die das Parlament sich gab, aus, sie bestimmten Präsidium, Rednerliste oder Besetzung der Ausschüsse; sie waren die Organe der Vor- und Kompromißverhandlungen. Die moralische Erwartung der Fraktions„disziplin" auch bei individuell abweichender Meinung setzte sich allmählich durch – allerdings mit der Möglichkeit des Fernbleibens; bei den Mittelparteien war individuelles Abstimmungsverhalten (und darum Unberechenbarkeit) noch lange durchaus häufig. Die Verhandlungen waren öffentlich, und der Parlamentsbericht war noch ein wichtiger Teil aller mittleren und großen Zeitungen.

Der Reichstag war ein Ort von Diskussion und Öffentlichkeit, war – an sich – die Vermittlungsinstanz des gesellschaftlich-politischen Pluralismus, der Konflikte und der Konsensfindung oder Entscheidung – freilich, diese Funktion war überlagert vom Gegenüber von Reichstag und Regierung, von der Notwendigkeit der Zustimmung der Regierung zu Konsens und Entscheidung, ja von ihrem Anspruch, im wesentlichen zuerst und zuletzt selbst zu entscheiden und die erforderliche Reichstagsmehrheit dann zusammenzubringen, die eigene Konsensvorstellung durchzusetzen. Insofern war die Verfassungswirklichkeit des Reichstags in erster Linie vom Verhältnis zwischen ihm und der Regierung bestimmt.

Stärke oder Schwäche des Reichstags gegenüber der Regierung hingen – nicht nur, aber doch auch – wesentlich von seiner inneren Struktur ab, von den Mehrheitsverhältnissen, von der Homogenität und Handlungsfähigkeit einer Mehrheit. Auf die Dauer war es schwer vorstellbar, gegen eine Mehrheit zu „regieren", man denke an die zunehmenden Sachzwänge zur Gesetzgebung. Aber das deutsche Mehr-, genauer Fünf-Parteiensystem, wir sprechen noch davon, war einer eigenwüchsigen Mehrheitsbildung nicht günstig, und es gab nicht, wie in parlamentarischen Systemen, die Prämie eines Anteils an der Regierungsmacht für diejenigen, die eine Koalition bildeten und zusammenhielten. Mehrheiten waren eher „negative", Regierungsvorlagen ablehnende Mehrheiten als positive, die sich um ein eigenes Konsensprogramm sammelten, und, das war am häufigsten, sie waren Mehrheiten von Fall zu Fall, durch Druck oder Konzessionen der Regierung zusammengebracht. Man kann spekulieren, ob sich nicht doch handlungsfähige Mehrheiten hätten ausbilden oder – wie in den 70er Jahren – halten können. Aber Bismarcks Regierungspraxis und -stil, seine Auffassung von konstitutionellem Regieren als Regieren über den Parteien und gegen sie, haben dergleichen blockiert, ja ausgeschlossen. Er spielte, wir werden davon im einzelnen sprechen, die Parteien gegeneinander aus, entzog sich jeder Bindung, suchte auf die Dauer nur eine gefügige Mehrheit, sonst aber zog er wechselnde Mehrheiten vor. Darauf haben die Parteien sich eingerichtet, zumal nachdem Bismarck sich 1878/79 von der liberal-konservativen Mehrheit abwandte. Die mögliche Politik der Parteien war seither, endgültig fast, aufs „Negative", aufs Verhindern und Reagieren konzentriert. Der Parteienpluralismus und die geringe Koalitionsfähigkeit der Parteien erleichterte es der Regierung seither, sich unabhängig von den Parteien, ja auch gegen sie zu behaupten. Beides, die Tatsache, daß die Parteien wenig integrations- und koalitionsfähig, wenig regierungsfähig waren, und die Tatsache, daß sie am Regieren verfassungsmäßig nicht beteiligt waren, bedingte sich wechselseitig und steigerte sich gar.

Die entscheidende Waffe, die dem Kanzler, dem Monarchen, dem Bundesrat in einer Auseinandersetzung mit der Mehrheit des Parlaments zur Verfügung stand, war, wie gesagt, Auflösung und Neuwahl. In der frühkonstitutionellen Theorie sollte so im Konfliktfall durch Appell an die Wähler eine Entscheidung herbeigeführt werden. In der Bismarckzeit hat sich daraus aber ein Instrument zur Einschüchterung des Parlaments, zur Umgruppierung der Parteien und so zur Änderung der Mehrheitsverhältnisse entwickelt; die Regierung hatte es in der Hand, einen ihr genehmen Anlaß (nicht immer der wahre Grund) zur Auflösung zu finden und eine demagogische Wahlkampagne zu entfesseln, in der es z. B. um die Person des Kanzlers und um den „Bestand" des Reiches ging; und die Mittel der Regierung, die öffentliche Meinung zu beeinflussen, waren erheblich. Das plebiszitäre Element, dem konstitutionellen Parlament gleichsam kompensatorisch zur Krisenlösung zugeordnet, verselbständigte sich – gegen das Modell der politischen Entscheidungsfindung durch Repräsentanten. Das war Bismarcks Werk. Das war das, was schon Zeitgenossen und erst recht spätere Analytiker als Bismarcks plebiszitären Cäsarismus bezeichneten, eine aus der Vielzahl seiner politischen Möglichkeiten. Wichtig ist, daß der Ausnahmefall solcher Konfrontation dann auch die Normalität der Beziehungen prägte; die Auflösungsdrohung – das Damoklesschwert über dem Reichstag – war ein Stück Verfassungsrealität. Und wenn Bismarck später mit der Idee eines „Staatsstreichs", einer Verfassungs- oder Wahlrechtsänderung umging, spielte die mehrfache Auflösung des Reichstags immer eine Hauptrolle.

In den Zusammenhang des antiparlamentarischen Cäsarismus gehört natürlich auch Bismarcks Strategie, oppositionelle Parteien als „Reichsfeinde" zu stilisieren, ja überhaupt alle Konflikte zu verschärfen. Auch das hat, wie seine Mitwirkung bei der Sprengung der nationalliberalen Partei 1879/80, zum konstitutionellen Antagonismus der deutschen Parteien, zu ihrer mangelnden Mehrheitsfähigkeit beigetragen, so gewiß es dafür eigene Gründe gab.

In der Nachbismarckzeit verlor das Auflösungsrecht der Regierung an Bedeutung, die Wahlgeographie, die großen „Lager" und die großen Trends wurden stabiler und ebenso die hohe Wahlbeteiligung, so daß die Mobilisierung von Nichtwählern keine großen Veränderungen versprach. Vor 1914 brachten Neuwahlen, trotz der Ausnahme von 1907, keine erdrutschartigen Verschiebungen mehr, die die Position der Regierung verbessert hätten; der Antagonismus der parteipolitischen Lager aber war tiefer geworden. Das Auflösungsrecht also hat, je nach Konstellation, unterschiedliche Wirkungen gehabt, es ließ die Druckpolitik Bismarcks und die Ohnmacht des Reichstags zu wie die späteren Gewichtsverschiebungen zwischen Regierung und Parlament zur Zeit Bethmann Hollwegs.

Für das Machtgewicht des Reichstags gilt, was allgemein für die Verfassung von 1867/71 zutrifft: Sie war ein Kompromiß zwischen monarchisch-obrigkeitlicher Regierung und liberaler Bewegung, mit einstweilen deutlichem Übergewicht des Kanzlers und seiner Regierung – die Unabhängigkeit vom Vertrauen des Parlaments und das Auflösungsrecht sind die beiden entscheidenden Momente –, aber sie war zugleich entwicklungsfähig, sie bot auch den Liberalen, etwa nach der „Ausnahme" Bismarck und unter einem ihnen geneigteren Thronfolger, eine Chance zur langsamen Umbildung. Man muß sich hüten, von späteren dunkleren Zeiten her zu urteilen. Ja, man muß noch einmal an Bismarcks Ausgangspunkt erinnern – er wollte ein Bündnis mit der stärksten Bewegung der Zeit, mit dem liberal-nationalen Bürgertum, schließen und so die Monarchie in modernen Zeiten befestigen und jene Bewegung zugleich einhegen. Als revolutionärer Konservativer brauchte er die Zustimmung der Öffentlichkeit, und das hieß auch, bei all seinen cäsaristischen Neigungen, der die Parlamente tragenden Gruppen. Bismarck liebte das Parlament nicht, aber er brauchte es, und er brauchte es auch – wie er 1867 oft genug gesagt hat – als Gegengewicht gegen ein Übermaß an föderalistischem Partikularismus, als Antriebskraft zur Festigung des einheitlichen neuen Großstaates des Reiches. Der Reichstag war nicht nur eine Konzession. Das gilt, obwohl Bismarck sich wandelte, eine wachsende Skepsis und Abneigung gegenüber dem Reichstag, der doch auch sein Geschöpf war, entwickelte.

Ein vergleichender Blick auf das britische Unterhaus ist nützlich. Die Unterschiede springen in die Augen. Das Wahlrecht im Reich war weit demokratischer, der Reichstag weit weniger elitär; es gab kein Zwei- oder Drei-Parteiensystem; es gab kein nebengeordnetes aristokratisches Oberhaus. Aber politisch war das Unterhaus unmittelbarer Sitz der Macht, seine Mehrheit stellte und prägte die Regierung; die Oppositionsrolle war anerkannt. In Deutschland war die Regierungselite die der hohen Beamten und Militärs, die parlamentarischen Führer und die von ihnen vertretenen Bürgerkreise waren eine zweitrangige politische Elite, fast ein halbes Jahrhundert „im Wartestand“ und so allmählich ausgetrocknet und verkümmert.

Über Rechtsstaat und die dritte Gewalt (die Rechtsprechung) sagte die Verfassung kaum etwas, ein Verfassungsgericht gab es, wie auch im parlamentarischen England übrigens, nicht. Über die Bundesstaatsverfassungen und die ungeschriebenen Normen der Zeit aber gehört das Prinzip des Rechtsstaates zur Verfassung des Reiches. Davon handeln wir in einem eigenen Kapitel.

Wir suchen zum Schluß das Ganze in den Blick zu nehmen. Denkt man von den Aufgaben her, so war das neue Reich gewiß ein Macht- und darum auch ein Militärstaat. Aber es war auch ein Rechts- und Kulturstaat, dem Westen mehr als dem Osten zugehörig. Und es wurde zunehmend ein Wirtschafts- und dann auch ein Sozialstaat. Es war ein Obrigkeitsstaat und ein Verfassungsstaat, zugleich zusammengehalten in der Idee des Nationalstaates.

Die Verfassung von 1867/71 war, noch einmal, ein Kompromiß, zwischen der revolutionär umgeformten konservativen Monarchie und dem Juniorpartner der nationalen und liberalen Bewegung des Bürgertums. Bismarck hatte, wir sagten es, ein doppeltes Ziel im Auge. Er wollte die Monarchie preußischer Prägung, den Obrigkeitsstaat und die privilegierte Stellung von Adel und Militär sichern und die preußische Hegemonie im Reich, und das hieß auch, daß er die Parlamentarisierung abblocken wollte. Aber er wollte zugleich einen funktionsfähigen und modernen Großstaat in Übereinstimmung mit den stärksten Kräften der Zeit und der bürgerlichen Gesellschaft, der nationalen und moderat liberalen Bewegung, er wollte mit der Zeit gehen, und er wollte sie beherrschen, wollte das Alte modernisieren und so die Monarchie befestigen und das Neue benutzen und einhegen, zwischen altpreußischer Reaktion und liberal-parlamentarischer „Revolution“. Das Reich war keine Neuauflage bisheriger konservativer Staatlichkeit, kein „altes Reich“, kein Deutscher Bund, kein Großpreußen. Es war etwas Neues. Es war der Nationalstaat, in dem konservative Monarchie und bürgerliche Gesellschaft sich zusammenfanden. Darum auch war der Reichstag nicht eine Art Konzessionszusatz, sondern ein integraler Bestandteil der Verfassung.

Die Einführung des allgemeinen Wahlrechts zeigt am deutlichsten die Ambivalenz der Bismarckschen Verfassungspolitik und der Verfassung. Bismarck wollte kein starkes Parlament. Dem diente neben dem Übergewicht der verbündeten Regierungen und Preußens, der Monarchie und des Kanzlers auch die Demokratisierung des Wahlrechts. Sie sollte das Parlament nicht etwa stärken, sondern schwächen. Bismarck hat sich geirrt in der Meinung, das allgemeine Wahlrecht würde den konservativen Kräften zugute kommen, aber mit der Einschätzung, daß es sich gegen die liberalbürgerlichen Eliten der älteren Parlamentskultur auswirken würde, behielt er recht. Er konnte das Wahlrecht benutzen, um die Monarchie und seine

Machtposition plebiszitär-cäsaristisch und gegen das Parlament zu befestigen. Aber dennoch ist die Kehrseite nicht minder wichtig und auf Dauer wohl noch wichtiger. Ein Ergebnis der Bismarckschen demokratischen Revolution war es, daß dieses Wahlrecht, einmal eingeführt, den Reichstag als Verfassungsorgan, als Vertretung des Volkes konsolidiert und gestärkt hat, da war nichts zurückzunehmen, das blieb ein Schritt ins Moderne; der Cäsarismus konnte nicht mehr als ein Intermezzo sein.

Das Ergebnis des Kompromisses unter der bestimmenden Prägung des Siegers Bismarck war das komplizierte Gefüge der Verfassung und ihrer Verhüllungsformeln, das Neben- und Gegeneinander von Bundesrat, Reichskanzler und Reichstag, von Reich und Preußen, ein Gefüge gegenseitiger Abhängigkeiten und Hemmungen, die Eindämmung eines möglichen Parlamentarismus durch den Föderalismus und die Eindämmung des überlieferten „Partikularismus" durch den unitarischen Zug des Reiches. Daraus ergaben sich die vielen Spannungen dieser Verfassung, zwischen Föderalismus und Unitarismus, Preußen und dem Reich oder „den anderen" – zwischen Monarch und Kanzler, zwischen beiden und dem Reichstag, ja zwischen den Parteien, die ohne Machtprämie integrations- und kompromißschwach blieben. Die Frage war, ob die Verfassung so bestehen und funktionieren würde, ob sie sich stillschweigend ändern würde durch Gewichts- und Kompetenzverschiebungen, vor allem, ob sie liberal-parlamentarisch ausgebaut werden könnte.

Das war die Erwartung und die Hoffnung der nationalliberalen Juniorpartner – für eine Zeit nach der Ausnahme Bismarck, eine Zeit der Normalität, etwa der Thronfolge des nicht anti-liberalen Kronprinzen. Für die Liberalen waren die Verfassung wie der nationale Staat ein gewaltiger Fortschritt; Bismarck, ein Saulus-Paulus, war objektiv ein Mann des Fortschritts. Aber Reich und Verfassung waren für die Liberalen unvollendet, harrten der Vollendung. Daß die Zukunft sie bringen würde, war ihr noch unerschütterter Glaube.

Auch die beiden anderen Großparteien stellten sich auf den Boden der Verfassung: Das Zentrum war zunächst ganz auf die Wahrung der Kirchen- und Minderheitenrechte, auf den Föderalismus und das Reichstagswahlrecht aus, die Konservativen waren auf die konservativen Elemente der Verfassung, die Eindämmung des Reichstags durch diese und auf ihre Endgültigkeit eingeschworen. Nur die Sozialisten und die Partikularisten konnten sich nicht auf den Boden dieser Verfassung stellen, da war für sie kein Platz.

2. Verwaltung

Nicht minder wichtig als die Verfassung in dieser Zeit war die Verwaltung. Verwaltung war ein Stück Verfassungswirklichkeit. Da Verwaltung Sache der Bundesstaaten war, war fast alles überall und oft selbst innerhalb der Staaten anders, zudem gab es natürlich zahllose Änderungen – das lassen wir beiseite und konzentrieren uns auf größere Gemeinsamkeiten, etwa auf die des preußisch-ostelbischen und des west- und süddeutschen Typus.

a) Expansion und Differenzierung

Nach dem Absolutismus hatte sich der Staat aus zahllosen Gebieten der „Wohlfahrts"politik zurückgezogen – aus Wirtschaft und Sozialordnung, Fürsorge und Baurecht z. B. – und sich im Zeichen des Liberalismus beschränkt auf die klassischen Funktionen Sicherheit und Ordnung, auf die klassischen Bereiche Außen- und Verteidigungspolitik, Rechtswahrung und Rechtspolitik, Verwaltungspolitik zur Setzung der Rahmenbedingungen und Finanzpolitik zur Beschaffung der Mittel; dazu kam in Deutschland seit der Reformzeit die Kultur-, d. h. vor allem die Schulpolitik. Dementsprechend waren die Zweige der Verwaltung begrenzt.

In der Zeit des Kaiserreiches haben sich die Aufgaben des Staates und der Verwaltung allmählich wieder ausgedehnt. Die Ordnungsfunktionen wachsen gewaltig an – mit der Ausbildung des Rechts- und Justizstaates, der Rahmenbedingungen der Wirtschaft, des Steuer- und Zollstaates, der Wehrpflicht, des Schulstaates (und seiner Beziehung zu den Kirchen). Und neben der Hoheits- entsteht eine „Leistungsverwaltung", öffentliche Institutionen übernehmen Daseinsfür- und -vorsorge. Aus dem Nicht-Interventionsstaat wird der Interventionsstaat. Davon werden wir noch ausführlicher handeln. Im Vergleich zu heute war das alles auch 1914 erst Ansatz, aber im Vergleich zu 1866/70 war es eine fundamentale Änderung, die Staatsaufgaben wuchsen exponentiell.

Das spiegelt sich nun im Wachstum und in der Differenzierung der Verwaltung. Schon im frühen 19. Jahrhundert hatten sich – neben Militär und Auswärtigen Beziehungen – aus der einen „inneren Verwaltung" Finanzen, Unterricht und Kultus und Justiz ausgegliedert, waren eigene Verwaltungen geworden. Kleine Sonderverwaltungen im Wirtschaftsbereich – für Landwirtschaft, Bergbau, Münzwesen, Handel und Gewerbe, Verkehr – hatten es hier mit den staatlichen Eigenbetrieben zu tun und mit den wenigen Ordnungs- und Förderungsmaßnahmen der vor- und frühindustriellen Zeit. Das dehnte sich gewaltig aus; je mehr Wirtschaftspolitik, desto mehr Wirtschaftsverwaltung: Verwaltung der Förderungsmaßnahmen und entsprechende Anregung, Aufnahme neuer Tatbestände und ihre Ordnung (z. B. die Sicherheitsprüfung von Dampfkesseln), Aufsicht über selbstverwaltete Aktivitäten. Das gilt für Landwirtschaft, Gewerbe (Industrie und Handwerk), Handel, Notenbank, Banken und Börsen, Versicherungen, Wettbewerbs-, Patent-, Markenzeichen- und Kartellfragen, für Maße und Gewichte, für Statistik, für den Verkehr (Eisenbahn- und Postaufsicht, Schiffahrt, Wasser- und Straßenbau), und das erst recht, wo Eisenbahn und Post als Großbetriebe in Staatsbesitz und -verwaltung übergehen. Dazu kommt mit der Sozialpolitik die Sozialverwaltung (Gewerbeaufsicht, Gewerbegerichte, Sozialversicherungen), dazu kommt die Gesundheitsverwaltung und vieles, was man sonst noch nennen könnte – und überall natürlich die Vorbereitung entsprechender Gesetze und Verwaltungsanordnungen durch die Verwaltung selbst. Diese Intensivierung und Expansion der staatlichen Tätigkeit, in Politik und Verwaltung, ist der erste und wichtigste Tatbestand.

Es gibt jedoch Unterschiede. Die Spezialisierung der Verwaltung, ein Hauptfaktor der Expansion, fängt zumeist an bei den Zentralbehörden, in vielen Fällen ergreift sie auch die Mittelbehörden – oft allerdings mit Verzögerung, z. B. entstehen Versicherungsämter für Aufsicht und Schiedsverfahren bei den Bezirksregierungen erst 1911 – und in einigen Fällen auch die Unter-, die Kreisbehörden. Aber es gibt auch den umgekehrten Weg. Gerade die sozialen Probleme (Armenwesen, Wohnungen, Krankheit) sind so, daß sie die Verwaltung an der „Basis" drücken – in den Gemeinden, in den Städten zumal. Dort entstehen die ersten entsprechenden Sonderverwaltungen. Schließlich gibt es die Differenzierung durch nebeneinander existierende durchgängige Sonderverwaltungen oder durch Aufgliederung der unteren und mittleren Instanzen der allgemeinen Verwaltung.

Wenn man Leistung und Stil der Verwaltung beurteilen will, muß man diese Tatbestände im Auge halten. Sie führen zu einer zunehmenden Versachlichung (Entpersonalisierung) der Verwaltung, zu starken Innovationen und dann auch zu mehr Bürokratisierung. Es war die Leistung der deutschen Verwaltungen, die Probleme der modernen Wirtschaft und deren gesellschaftliche Folgen aufzunehmen und mit vielen innovativen Maßnahmen zu beantworten. Juristisch geschulte Beamte, insoweit also Nicht-Fachleute, waren es, die den Sozialstaat, die Anfänge der ökonomischen Intervention (über Zölle und Steuern vor allem) wie die Wirtschaftsförderung in Gang gesetzt haben.

Diese Seite, diese Funktion der Verwaltung ist genauso wichtig wie die, die gemeinhin im Zentrum der Betrachtung steht: die hoheitlich politische und polizeimäßige Ordnungsverwaltung. Daraus ergeben sich entscheidende Unterschiede der Tätigkeit und des Stils, zwischen der Schreibtisch- und Verhandlungsarbeit von Regierungs- und Ministerialräten und der Exekutivrolle von Regierungspräsidenten und Landräten, ja zum Teil eine unterschiedliche Einstellung des leitenden Verwaltungspersonals. Man kann von einem Janusgesicht der deutschen Verwaltung sprechen: modern, initiativ, sachbezogen, der Industriegesellschaft zugewandt einerseits, traditionell, autoritär, einem älteren Gesellschaftsmodell verhaftet andererseits. Natürlich, auch die Modernisierer waren konservativ, aber doch eher bürokratisch- und reform-konservativ, nicht, wie jedenfalls im ostelbischen Preußen, vornehmlich autoritär-obrigkeitlich oder gar reaktionär geprägt. Soweit man sehen kann, gehört die nicht-preußische Beamtenschaft eher zur ersten Gruppe. Es bleibt wichtig, daß der Aufstieg in den Reichsressorts wesentlich den modernen Beamten gelang oder daß sie, wie Posadowsky oder Bethmann Hollweg, in solchen Ämtern die moderneren Perspektiven übernahmen.

b) Verwaltungskontrollen und Selbstverwaltung

Die Expansion der Staatsaufgaben und der Verwaltung hat, wie gesagt, alle Ebenen betroffen. Eigentlich und zunächst war Verwaltung ja Sache der Bundesstaaten, und alle unteren und mittleren Instanzen waren Teile ihrer Verwaltungen. Deren Expansion, vor allem der Zentralen, war freilich normalerweise ein evolutionärer Prozeß – weniger Neubildung als Untergliederung, Differenzierung und Anreicherung von älteren (klassischen) Ministerien und Zentralbehörden. Nur die Verstaatlichung der Eisenbahnen schuf jeweils eine ganz neue „Verwaltung" und Verwaltungsspitze.

Weniger revolutionär und politisch bedeutsamer ist die expansive Entwicklung der Zentralinstanzen des Reiches. Denn hier verknüpft sich die Geschichte von Staatsaufgaben und Verwaltung mit der Verschiebung der Machtverhältnisse im föderalistischen System, zwischen Reich und Ländern. Es gab wenige Staatsaufgaben, für die das Reich allein zuständig war: Auswärtige Politik, Flotten, Post, außer in Bayern und Württemberg; später die Kolonien, dafür gab es eigene Reichsverwaltungen. Eine Sonderstellung hatte das Heer, der größte Teil unterstand preußischer Verwaltung, eine Reichsheeresverwaltung gab es nicht. Sonst aber galt das Prinzip des Verwaltungsföderalismus, das war ein Kernstück der Verfassung, die Verwaltungshoheit der Bundesstaaten eines der Palladien ihrer Rechte. Reichsgesetze auszuführen, war Sache der Länderverwaltungen – darum gab es da, z. B. beim Sozialistengesetz, auch bezeichnende Unterschiede. Wo das Reich keine oder fast keine Verwaltungsbefugnisse hatte, war es doch über seine Gesetzgebungskompetenz mit den Sachen befaßt, in den Bereichen Wirtschaft, Finanzen, Justiz, Soziales, Gesundheit z. B., auch Gerichtsverfassung und -organisation waren reichsrechtlich geregelt, in den 70er Jahren sind solche Verfassungskompetenzen noch durch einfache Gesetze erweitert worden. Oder das Reich hatte Aufsichtsbefugnisse wie im Eisenbahnwesen. Selbst in klassischen Ländersachen, wie den Fragen des Staatskirchenrechts oder der Wissenschaftsförderung, zog das Reich manche Kompetenzen an sich oder schuf sie neu. Insofern war das Reich an der Wahrnehmung vieler der alten wie neuen Staatsaufgaben beteiligt, und es legte viele der Normen, nach denen die Verwaltungen der Bundesstaaten vorzugehen hatten, ja auch ihre Institutionen fest. Darum entwickelt sich ein dichtes System von Zentralinstanzen des Reiches.

Wir erinnern uns: Die Verfassungen des Norddeutschen Bundes und des Deutschen Reiches kannten keine Reichsregierung – nach mancherlei Umwegen war aus den Verfassungsverhandlungen von 1867 der „verantwortliche" Bundes-/Reichskanzler als einziges Exekutivorgan von Bund und Reich hervorgegangen. Als Behörde dieses Kanzlers wurde das Bundes-/Reichskanzleramt eingerichtet. Es war gleichsam allzuständig, zumal für alle Fragen der Gesetzgebung und alles, was Bund/Reich und Länder gemeinsam anging. Für die Auswärtige Politik, für die Bund bzw. Reich allein zuständig waren, war seit 1870/71 das aus dem preußischen Außenministerium heraus entwickelte Auswärtige Amt unter einem Staatssekretär zuständig und damit auch für den diplomatischen und konsularischen Dienst. Das andere Gebiet der (Fast-) Allein-Kompetenz war das Kriegswesen – aus mancherlei Gründen, auch weil Bismarck keinen Nebenkanzler wollte, wurde kein Reichskriegsministerium errichtet, der preußische Kriegsminister übernahm de facto diese Funktion; wir werden von dieser seltsamen und spannungsvollen Konstruktion im Zusammenhang mit dem Militärwesen sprechen. Für die Flotte wurde erst 1872 eine Zentralbehörde geschaffen, die kaiserliche Admiralität, aus der 1889 das Reichsmarineamt mit einem Staatssekretär an der Spitze sich entwickelte – auch davon reden wir noch. In unserem Zusammenhang der Verwaltungsgeschichte vor allem entscheidend ist der Aufstieg des Bundes-/Reichskanzleramtes. Es wurde aus einem Sekretariat immer mehr zu einer mächtigen Behörde, die z. B. in der Vorbereitung der Gesetze den Bundesrat schnell ganz in den Schatten stellte. Das war auch das Werk seines ersten Leiters, Rudolf Delbrück, der von Bismarck eingesetzt gleichsam sein Beauftragter und Stellvertreter in Fragen der Wirtschafts-, Finanz-, Sozial- und Rechtspolitik sein sollte. Das Amt funktionierte mit Hilfe der preußischen Ministerialbehörden, gewann aber seit 1871 auch in dieser Hinsicht an Selbständigkeit. Seit 1873 gliedern sich aus diesem Amt Teile als neue „Reichsämter" aus. Bismarck hat diesen organisationspolitischen Kurs eingeschlagen, weil er Delbrücks Machtstellung einschränken wollte (der trat auch daraufhin 1876 zurück) und weil er in weiteren Reichsämtern eine Stütze sowohl gegen zuviel preußischen Partikularismus wie gegen die liberale Forderung nach einem verantwortlichen Reichsministerium sah – natürlich auch, weil die Aufgaben wuchsen, je mehr die Reichsgesetzgebung zur Geltung kam. Denn diese Gesetzgebung, und insoweit die Tätigkeit des Reichstags, hatte eine unitarisierende Wirkung. So entstanden das Reichspostamt (1876/80), das Reichseisenbahnamt (1873 – damals wurden die Pläne einer Übernahme der Eisenbahnen durch das Reich akut), das Reichsjustizamt (1877), das Reichsschatzamt (1879) und die Sonderverwaltung für Elsaß-Lothringen (1876/77, 1879 als Reichsstatthalter in Straßburg). Die Restabteilungen wurden 1879 als Reichsamt des Innern organisiert, das fortan für Wirtschaft und Soziales zuständig war. Das reine Sekretariat des Reichskanzlers wurde zur Reichskanzlei; hier, in der Wilhelmstraße, residierte der Kanzler, hier blieb das Zentrum der Politik. Ein Gesetz von 1878 regelte die Stellvertretung des Reichskanzlers – de facto durch die Staatssekretäre. An Stelle des Bundesrates „regierten" endgültig Kaiser und Kanzler und, de facto, die Staatssekretäre, die „Reichsleitung". Daneben gab es noch mancherlei andere „oberste" Reichsbehörden: Rechnungshof (1871) und Reichsschuldenverwaltung (1874), Statistisches Amt (1872), Kaiserliches Gesundheitsamt (1876), Patentamt (1877), Reichsversicherungsamt

(1884) und andere mehr und natürlich – seit 1877 – das Reichsgericht. Als die Verteilung der Zolleinnahmen zwischen Reich und Ländern wichtiger wurde, hat das Reich auch seine Aufsicht über die Zollverwaltungen, die solche der Bundesstaaten waren, stärker und mit einer eigenen Behörde organisiert, dem „Reichsschnüffler", wie die Länderbeamten spottend sagten. Die Kolonien verblieben zunächst (1884) bis 1907 bei einer Abteilung des Auswärtigen Amtes. Alle diese Ämter, vor allem die Reichsämter, gewannen Selbständigkeit und Eigenleben und nahmen zumeist an Aktivität, Personal und Bedeutung zu. Im ganzen: Erst im Verlauf von Jahren hat sich eine oberste Reichsverwaltung gebildet. Das gab dann dem Reich im föderalistischen System ein neues faktisches Gewicht und verstärkte den dynamischen Prozeß, in dem das Reich (an Stelle der Bundesstaaten) Zentrum der Politik und der großen Entscheidungen wurde, verstärkte die Reichsexekutive, indem sie das spezifisch föderale Organ des Reiches, den Bundesrat, ganz in den Hintergrund drängte.

Zwei Dinge sind überdies für die politische Struktur von Bedeutung. Zum einen: Es gab auch nach der Entstehung der obersten Reichsbehörden keine Reichsregierung, kein Reichskabinett, kein „Ministerium". Die Behördenchefs waren Staatssekretäre, waren, obschon der Kaiser die Staatssekretäre ernannte und entließ, dem Reichskanzler unterstellt, seine weisungsgebundenen Vertreter; nicht sie waren dem Reichstag gegenüber verantwortlich, sondern allein der Reichskanzler. Bismarck, eifersüchtig sein eigenes Führungsmonopol verteidigend und immer in Sorge, eine ministerähnliche Stellung der Staatssekretäre werde die Abhängigkeit vom Parlament stärken, hat scharf darauf geachtet. Der amtliche Verkehr der Staatssekretäre und zumal ihr Kontakt mit dem Monarchen liefen allein über ihn. Erst unter seinen Nachfolgern haben die Staatssekretäre größere Selbständigkeit gewonnen – Hohenlohe war führungsschwach, Caprivi und Bethmann Hollweg waren Befürworter einer kollegialen Reichsleitung; manche traten in Sonderbeziehungen zum Monarchen und/oder zum Reichstag. Damit nahmen natürlich auch der Ressortpartikularismus und die Reibungsflächen zwischen den Ressortchefs zu – ohne institutionelle Kollegialentscheidung und ohne große Führungskompetenz des Reichskanzlers, der in Personalfragen auf den Kaiser angewiesen war. Bis 1914 entwickelt sich in diesem Hin und Her doch etwas Ähnliches wie eine Reichsregierung.

Zum anderen: Mit der Entstehung der Reichsbehörden und der Staatssekretärsverfassung spitzt sich eines der Kernprobleme des deutschen Föderalismus zu: das Verhältnis zwischen dem Reich und der Hegemonialmacht im Bund, Preußen. Wir haben davon gesprochen, und wir werden das Problem immer wieder zu erörtern haben. Hier genügt weniges. Die Bildung von Reichsämtern und die Ernennung von Staatssekretären machte „das Reich" einerseits unabhängiger von Preußen. Jeder Kenner von Verwaltungen weiß, daß, wenn es im gleichen System zwei Verwaltungen gibt, beide ein größeres Maß von Unabhängigkeit entwickeln. Freilich, die Beamten kamen vielfach aus der preußischen Verwaltung, die preußischen „halfen“ bei Gesetzesvorlagen oder wirkten mit, Regierungsvorlagen liefen gemeinhin noch als Bundesratsvorlagen über Preußen, die Machtstellung des Reichskanzlers war mit seiner preußischen Machtstellung gekoppelt. Dennoch gab es Unterschiede zwischen den Reichsämtern und den preußischen Ministerien. Bismarck hat darum schon damit begonnen, „seine“ Staatssekretäre zu preußischen Ministern ohne Portefeuille zu machen, sie waren dann stimmberechtigt in den Sitzungen des preußischen Ministeriums, und andere Staatssekretäre waren, sofern es um Fragen ihres Ressorts ging, anwesend. Das sollte die Interessen der „Reichsführung“ auch in Preußen und gegenüber preußischen Sonderinteressen zur Geltung bringen. Aber das konnte natürlich auch umgekehrt den Einfluß der preußischen Minister auf die Reichspolitik verstärken; der Einfluß des Finanzministers Miquel ist dafür ein berühmtes Beispiel. Da preußische Minister auf die wesentlich konservative Mehrheit des preußischen Landtags angewiesen waren, die Staatssekretäre des Reiches aber auf die nicht-konservative des Reichstags, gab es auf die Dauer viele Gründe für abweichende politische Richtungen. Die Ausbildung einer ressortmäßig gegliederten Reichsleitung hat die preußische Hegemonie keineswegs außer Kraft gesetzt, aber doch dazu beigetragen, daß je länger je mehr zwischen Reich und Preußen (und ihren Beamten-Ministern) Spannungen, ja Konflikte um die Führung – die Verpreußung des Reiches, die Verreichung Preußens – sich entwickelten.

Die staatliche Verwaltung in Deutschland, nun also in den Bundesstaaten, war durchweg dreistufig aufgebaut: die Zentralinstanz der Staatsregierung, die „regionale“ Mittelinstanz der Bezirke und Provinzen, die untere „kantonale“ Instanz der Kreise (Ämter etc.). Nur in Preußen war die Mittelinstanz zweigeteilt: die Provinz mit einem Oberpräsidenten an der Spitze und die Regierungsbezirke mit einem Regierungspräsidenten. Das Verhältnis der beiden Instanzen war nicht ganz klar, es war nicht einfach Über-/Unterordnung, obwohl der Oberpräsident auch einen Regierungsbezirk wie ein Regierungspräsident verwaltete; sie hatten manche unterschiedliche Aufgaben (Bau der Staatsstraßen, Oberschul- und Kirchensachen z. B. ressortierten bei der Provinz), der Oberpräsident war ein Repräsentant der Provinz und ein Kommissar der Berliner Regierung zugleich, in den „neuen“ Provinzen von 1866 wie in dem von nationalen Konflikten geschüttelten Posen spielte er eine besonders herausragende Rolle. Aber wir lassen dieses Sonderproblem beiseite und ebenso die Kompetenzaufteilung zwischen Regierungsbezirk und Kreis – manche Sachen waren unmittelbar Angelegenheiten der Mittelbehörde (z. B. Kommunalaufsicht über kreisfreie Städte), in anderen war sie zweite Instanz, weisungs- wie aufsichtsbefugt, und in wichtigen Fällen – nach Ermessen – immer eingriffsberechtigt. Alles lief im Rahmen strenger Hierarchie und Dienstwege – vom Ministerium über die Regierung zum Kreis (oder zu den Städten) und umgekehrt. Wichtig ist, daß sich formal die bürokratische Organisation der Verwaltung (nach dem Präfektenmodell) durchsetzte, das ältere preußische Verwaltungsmodell einer kollegial organisierten Regierung wurde 1880 aufgegeben; der Behördenchef war der maßgebliche, verantwortliche und entscheidungsbefugte Beamte. Das galt für (Regierungs)Bezirks- wie Kreisverwaltungen. Freilich, auf der Bezirks- (und Regierungs)ebene hat die Vielfalt der Verwaltungsangelegenheiten und ihre Ausdehnung sich stärker noch als in den Kreisen ausgewirkt. Hier gab es die Aufgliederung in „Abteilungen", Arbeitsteilung und Spezialisierung, Sonderpositionen wie die der technischen und der Schulbeamten, kurz: einen großen (und wachsenden) Bürobetrieb, Schreibtischarbeit, d. h. schriftliche Erledigung von zahllosen Dingen, weniger Publikumsnähe. Darum spielten im „Regierungspräsidium" oder der „Regierung" doch neben den repräsentativen und in allem eigentlich „Politischen" maßgebenden Präsidenten die Regierungsräte eine wesentliche Rolle.

Die untere Einheit waren die Kreise; weil die größeren Städte „kreisfrei" waren und sich selbst verwalteten, waren die Kreise vor allem für „das Land", die kleinen und zumeist auch die mittleren Städte wie auch für die Industriedörfer trotz deren großstädtischen Charakters zuständig. Die Kreise hatten kleine Verwaltungen mit wenigen höheren Beamten, publikumsnah, mit dem weithin sichtbaren „Landrat" (Bezirkshauptmann etc.) an der Spitze. Der Landrat war für den Normalbürger der Vertreter des Staates in allen politischen, polizeilichen, administrativen Dingen. In Preußen sagte man, der Staat reichte bis zum Landrat. Die Aufgaben der Kreise nahmen zu, nicht in dem Maße wie in den Städten, aber doch erheblich: Zu Schulen, Gemeindeaufsicht, bestimmten Fragen des Armenwesens und den allgemeinen Polizeiangelegenheiten traten zuerst Verkehrssachen – in Preußen gehört dahin die Übertragung der „Kreisstraßen" – und dann die ersten wirtschaftlich-sozialen und gesundheitspolitischen Maßnahmen der „Leistungs"verwaltung und Daseinsvorsorge, Entwässerungsprojekte und andere Landwirtschaftsförderung, Sparkassen und Krankenhäuser z. B.; Versorgungsbetriebe spielten in den Kreisen noch keine große Rolle, von den Industrie„dörfern" abgesehen, nach 1900 freilich stiegen auch Kreise z. B. in die Elektrizitätswirtschaft, im Westen in das RWE, ein.

Das Amt des Landrates war in Preußen besonders ausgeprägt, er war politischer Beamter, war grundsätzlich zur Vertretung der Regierungspolitik verpflichtet, war Repräsentant der hierarchisch-autoritären, der obrigkeitlichen Verwaltung, ja der eigentlichen Macht und Herrschaft. Seit 1872 war er endgültig ernannter Staatsbeamter, nicht mehr von adlig beherrschten Kreisständen vorgeschlagener Kreisvertreter (wobei der König nur ein Auswahlrecht unter den Vorgeschlagenen gehabt hatte). Diese Verstaatlichung des Amtes war sowohl bürokratisch wie liberal motiviert gewesen. Sie führte zu einer gewissen Entfeudalisierung des Amtes sowie, als die Verwaltungsaufgaben zunahmen und mehr Kompetenz erforderlich war, zu seiner Professionalisierung.

Juristisch-administrative Ausbildung war Voraussetzung für das Amt; die „kreiseingesessenen" Landräte gingen auch in Ostelbien zurück, Landräte wurden versetzt, in die Ämterrotation einbezogen, das Amt wurde auch Station einer Karriere. Auch dadurch wurde der Landrat stärker Vertreter des (zentralen) Staates als Vertreter seines Kreises. Trotz der Professionalisierung blieb aber der Anteil des Adels unter den Landräten hoch, das entsprach der preußischen Beamtenpolitik zumal bei der Besetzung von selbständigen Exekutivpositionen, deren Inhaber im Licht der Öffentlichkeit agierten. Die Landräte sollten konservativ sein, der Adel war konservativ. Der politische Führungsanspruch des Adels machte sich gerade bei diesen Positionen, die zugleich Ausgangsbasis für alle höheren Exekutivämter waren, geltend. Die vermutete Fähigkeit zur sozialen Repräsentation und der bei schmalen Gehältern notwendige finanzielle Rückhalt waren andere Gründe zur Bevorzugung des Adels. Gewiß, 1910 waren „nur" noch 58% der Landräte adlig, gegen 72% 1848, im Westen und in Ostpreußen war bis 1918 der Anteil der bürgerlichen Ernennungen auf ca. 60% gestiegen. Bürger, die Landräte wurden, mußten sich aber über Leistungen hinaus durch Herkunft aus „guten" (zuverlässigen) Familien und staatsloyal-konservative und „stramme" Gesinnung auszeichnen. Auch die „Vorbereitung" von künftigen Landräten als Assessoren in Landratsämtern diente der Einübung in den notwendigen konservativ-autoritären „Stil".

Die Landräte waren zunächst die entschiedenen Vertreter im staatlichen „Kampf" gegen Reichsfeinde und Umsturz, gegen Katholiken und Linksliberale zuerst, gegen Sozialdemokraten und Polen sodann, Bismarck hat das besonders forciert, und ebenso hatten sie die Pflicht, bei Wahlen „regierungsfreundliche" Kandidaten zu begünstigen und, im Osten jedenfalls, die Opposition mit den vielen Mitteln der Bürokratie zu hindern. Soweit Landräte noch politisch aktiv waren, saßen sie als Abgeordnete im preußischen Abgeordnetenhaus meist bei den Deutsch-Konservativen (1898 waren es 19 von 33 im Abgeordnetenhaus sitzenden Landräten, 1908 15 von 23); als viele von ihnen gegen Regierung und Kaiser/König die Mittellandkanal-Vorlage ablehnten, wurden sie zwar ihrer Ämter enthoben, aber später doch wieder eingestellt und auch befördert. Die Landräte waren zum großen Teil nicht einfach staatsloyal, sondern partei-konservativ, mit dem altpreußischen Machtestablishment auf dem Lande wie in der Zentrale verflochten. Die Klage des Reichskanzlers Hohenlohe aus den 90er Jahren, daß ohne Ablösung der Landräte in Ostelbien keine liberalere, das hieß eigentlich: reformkonservative Politik in Preußen und im Reich durchzusetzen sei, war berechtigt. Und im Osten blieb der sozialfamiliäre Zusammenhang so vieler Landräte mit dem Landadel erhalten. Das spielte z. B. bei der Kontrolle der Selbstveranlagung der Großgrundbesitzer zur Einkommensteuer und in zahllosen anderen Fragen eine ganz reale Rolle. Staatliche und feudale Herrschaft auf dem Lande stützten sich in Ostelbien auch weiterhin gegenseitig.

Man darf über der Betonung der politischen Einstellung und Praxis freilich nicht übersehen, daß es auch im Osten manche hervorragende und viele tüchtige und sachlich verwaltende adlige Landräte gab, die Landkreise im Umland von Berlin sind berühmte Beispiele für große Verwaltungstalente und Modernisierer unter den Landräten. Aber auch sonst wird man – trotz der konservativen Überhänge – seit der Professionalisierung von einer effektiven, initiativen, einigermaßen sachgerechten und einigermaßen wohlmeinenden Verwaltung, nicht von unerträglichen Kleindespoten, Faulpelzen und Versagern, sprechen können.

Die preußische Kreisverwaltung hatte noch eine andere Seite, das waren die Elemente der Selbstverwaltung. Darüber wollen wir im Zusammenhang mit der Selbstverwaltung im ganzen gleich sprechen.

In den preußischen Westprovinzen war vieles anders, erst recht in anderen deutschen Ländern, zumal im Süden. Hier war der Verwaltungsstil liberaler und kooperativer, die politische Funktion weniger scharf profiliert, hier gab es nicht die Verflechtung mit dem regionalen Herrschaftsestablishment. Aber auch hier, in Bayern oder Baden z. B., gab es das deutliche Autoritätsgefälle des staatlichen Beamten gegenüber den Bürgern und den kleinen Leuten erst recht. Auch ohne Adelsprivilegien und militärisch-polizeiliche Schroffheit, etatistisch war das süddeutsche System schon.

Es gab weitreichende Ansätze zu einer gerichtlichen Kontrolle der Verwaltung, unterschiedlich in den einzelnen Ländern. Das war neben der Selbstverwaltung ein altes Postulat der liberalen Rechtsstaatsverfechter zur Verrechtlichung der Verwaltungsmacht, zur Kontrolle der Verwaltungsherrschaft, zur Sicherung gegen Mißbrauch und Willkür, Parteilichkeit oder Ungleichbehandlung – manchen war das wichtiger als die Idee der parlamentarischen Teilhabe an der Macht. Die Liberalen wollten eigentlich ordentliche Gerichte mit der Kontrolle der Verwaltung betrauen, während Regierungen und Verwaltungen nur besondere höhere Instanzen der Verwaltung selbst für Beschwerden gegen Verwaltungsakte vorsehen wollten und dafür auch die Gewaltenteilungsdoktrin anführen mochten. Das Ergebnis war ein Kompromiß und ein Mischsystem. Im allgemeinen gab es bei unteren und mittleren Verwaltungen Instanzen, die für Beschwerden zuständig waren, gerichtsförmig vorgingen und insoweit Gerichtsfunktionen wahrnahmen, aber Teil der Verwaltung blieben, darüber dann eigenständige Gerichte. Charakteristisch dafür ist Preußen. Hier wurden auf Kreis- wie Regierungsbezirksebene gewählte Laien an dem Verfahren beteiligt. Das entsprach den Ideen Gneists, dem es nicht so sehr um individuellen Rechtsschutz ging, sondern um die Unparteilichkeit der Verwaltung. In der oberen Instanz dann aber gab es „reine" Gerichte für Verwaltungssachen – mit unabhängigen Richtern, teils Juristen, teils Verwaltungsleuten, so seit 1875 das berühmte Preußische Oberverwaltungsgericht (OVG). In den meisten Ländern waren die einzelnen Klagemöglichkeiten festgeschrieben, aber wegen einer Generalklausel – Aufgabe der Gerichte sei es zu prüfen, ob die Verwaltung sich an Recht und

Gesetz hielt –, war das keine besondere Einschränkung. Grundsätzlich unterlag zwar das, was im „Ermessen“ der Verwaltung stand, keiner gerichtlichen Kontrolle. Da aber die Grenzen fließend waren – ob Ermessen oder Rechtsfehler bei der Anwendung unbestimmter Rechtsbegriffe vorlag –, hat die Rechtsprechung hier das Recht fortgebildet, so hat z. B. das preußische OVG aus einer Generalklausel in bezug auf Polizeimaßnahmen ein „Polizeirecht“ entwickelt. In Württemberg und bis etwa 1900 auch in Bayern war das obere Verwaltungsgericht eher auf seiten der Exekutive; was nicht verboten war, war der Polizei und der Verwaltung erlaubt. In Preußen galt umgekehrt, was nicht erlaubt war, war verboten; Generalklauseln wurden einschränkend interpretiert, der Handlungsspielraum der Verwaltung war enger, die Polizei konnte Generalklauseln nicht als Ermächtigungsreserve nutzen, nach 1900 wurden auch Maß und Art des Verwaltungseingriffs in die Kontrolle einbezogen und bei „Willkür“ oder „Ungleichbehandlung“ (wenn z. B. nur ein Strandkorbbenutzer unter mehreren herausgegriffen wurde) für nicht rechtens erklärt. Die Stärke des preußischen OVG geht wohl darauf zurück, daß es einen Gegendruck gegen die so starke preußische Verwaltung institutionalisierte, während in Württemberg die Verwaltung traditionell viel zurückhaltender war und lange ständisch gezügelt. Sachsen und Baden folgten mehr dem preußischen Modell und Bayern etwa seit der Jahrhundertwende.

Es gehört zu den bleibenden liberalen Erfolgen noch der 70er Jahre in Preußen, diese Rechtskontrolle im Obrigkeitsstaat installiert zu haben. In gewisser Weise entsprach das freilich auch älteren preußischen Rechtstraditionen: Darum haben auch die gewiß regierungs- und systemloyalen Richter, die ja von Regierung und König ausgewählt wurden, diesen Ansatz so bedeutend fortgebildet. Katholiken, Sozialdemokraten, Dänen und Polen kamen in den Genuß des Minderheitenschutzes, den die Rechtsprechung des OVG zum polizeilichen Eingreifen ins Versammlungs- und Vereinsrecht schuf – die Sache hatte durchaus ihre politische Seite. Aber auch die so wichtige Städteplanung, von der wir noch reden werden, ist ein Ergebnis der Rechtsprechung und Rechtsfortbildung des OVG. Man darf freilich Liberalität und Bürgerfreundlichkeit dieses Gerichtes nicht übertreiben. Als der Bürgermeister von Husum, Schücking, der eine aufsehenerregende Kampfschrift „Die Reaktion in der inneren Verwaltung Preußens“ (1908) publiziert hatte, wegen erheblicher Pflichtverletzung zu einer Geldstrafe verurteilt wurde, ging das dem OVG nicht weit genug. In einer Berufungsverhandlung verurteilte es Schücking wegen Verletzung der Treuepflicht und erkannte ihm Titel und Pensionsanspruch ab; der drohenden Dienstentlassung war Schücking von sich aus zuvorgekommen.

Neben der staatlichen Verwaltung stand überall in Deutschland, zumal auf lokaler Ebene, die Selbstverwaltung. Sie war neben der Verwaltungsgerichtsbarkeit das Instrument der Liberalen zur Zähmung der staatlichen Verwaltung, seit Stein war sie ihnen eine wahre Herzenssache; sie war vor allem in den Städten stark und erfolgreich – wir handeln davon in einem eigenen Abschnitt –, hier gab es ein bürgerlicheres und freieres Gegenstück gegen die stärker obrigkeitliche Staatsverwaltung von großer Macht und Wirksamkeit, das darf man bei einer Gesamtwürdigung des öffentlichen Lebens in Deutschland keinesfalls übersehen oder unterbewerten.

Auch in den ländlichen Gemeinden, auf dem Dorf also zumeist, galt grundsätzlich das Prinzip der Selbstverwaltung. Überall in Deutschland, seit 1872 auch in den preußischen Ostprovinzen, zunächst außer Posen, wählten die Dörfer ihre Bürgermeister und Gemeinderäte selbst – und in bäuerlichen Regionen war das überall ein eifersüchtig gehütetes Recht und eine Sache des Stolzes; Dorfpolitik war wichtig. Das Wahlrecht war, wie bei den städtischen Gemeinden, überall anders, zumeist und die längste Zeit nicht allgemein, sondern an Grund- und Hausbesitz und/oder einen Steuerzensus gebunden (in Preußen standen vielfach den Grundbesitzern zwei Drittel der Sitze zu, in der Rheinprovinz gab es geborene Mitglieder); und oft war das Wahlrecht wie in Preußen, aber nicht nur dort, ungleich – nach Besitz-/Steuerklassen geschichtet. Auf dem Dorf waren gemeinhin die Bauern Träger der Selbstverwaltung, nicht die unterbäuerlichen Gruppen. Die neuen Industriestädte, die kommunalrechtlich Dörfer blieben, wurden von einer traditionellen Grundbesitzer-Oligarchie geleitet, die Arbeiter waren de facto ausgeschlossen, das war auch zumeist der politische Sinn der Nicht-Stadterhebung; hier blieben soziale Probleme darum gänzlich ungelöst, ja unangegangen, anders als in den „richtigen" Städten.

Überall war die dörfliche Selbstverwaltung schwächer als die städtische. Das hatte vor allem drei Gründe.

1. In vielen Ländern (wie in Preußen) bestand schon gesetzlich ein Unterschied zwischen Städten und Landgemeinden: Die Aufgabenteilung zwischen Staat und Gemeinden ließ den Landgemeinden weniger Befugnisse, sowohl was eigene Angelegenheiten wie Ausführung staatlicher Funktionen (Auftragsverwaltung) betraf. 2. Auch unabhängig von solcher Kompetenzzuweisung: Die „Staatsaufsicht" über die Landgemeinden wurde – fast immer – viel straffer gehandhabt als gegenüber den Städten, sie war de facto nicht nur „Rechts-", sondern Fachaufsicht; das war nicht nur politisch motiviert, sondern lag auch an der geringen Professionalität und der geringen Kontrolle der Dorfverwaltungen. 3. Schließlich: Die Aufgaben der Landgemeinden haben sich kaum erweitert – Schule, Arme, Wege, das war die klassische Trias, und das blieb so. Versorgungsbetriebe, Baurecht, Wirtschafts- und Sozial„politik" spielten noch kaum eine Rolle; wo sie aufs Land übergriffen, waren die Dörfer zu schwach, dergleichen zu übernehmen, das wurde Sache der Kreise (oder der Gemeindeverbände, der „Ämter" und „Samtgemeinden", z. B. in den preußischen Westprovinzen), oder die Dörfer brauchten dafür staatliche Zuschüsse. Darum blieb die Dorfverwaltung auf die nächsthöhere staatliche Instanz stark angewiesen, und jenseits aller rechtlichen Ordnung machte sich die professionelle, soziale und politische

Überlegenheit des Landrats und seines Stabes geltend. Man wird die dörfliche Selbstverwaltung im nachhinein nicht geringschätzen, aber man muß ihre Grenzen sehen.

Das war natürlich auch nach Ländern und Regionen unterschiedlich, es gab ein Gefälle abnehmender Selbständigkeit vom Südwesten zum Nordosten Deutschlands. In Preußen war z. B. die Stellung des Landrats besonders stark und, wir haben es berichtet, obrigkeitlich-autoritär, das bestimmte auch den Verwaltungsstil. Im Osten kam dazu das traditionell ausgeprägte soziale Gefälle, die geringe Übung bäuerlichen Selbstbewußtseins. Dazu kam aber noch ein Sondergrund: In den Gutsregionen – außerhalb der ostpreußischen und niederschlesischen Bauerngebiete z. B. – waren die Dörfer fast alle klein und ökonomisch schwach, und sie waren von den abgesonderten Gutsbezirken getrennt. Sie waren kaum leistungsfähig. Die liberale Idee, starke Landgemeinden mit Einschluß der Gutsbezirke zu bilden, ist in der Herrfurthschen Landgemeindeordnung von 1891 gescheitert, vor allem am konservativen Widerstand; es gab freilich auch nicht-konservative Zweifel, ob ein Zusammenlegen der starken Güter und der schwachen Dörfer „richtig“, nämlich gut für die Dörfer sei. Auch darum gab es die Idee, die Dörfer von den Gütern zu befreien, die Idee der Trennung. Ein wichtiger Interessenpunkt wurde dann, daß die Realsteuern (Grund- und Gewerbesteuern) den Gemeinden überwiesen werden sollten und wurden, d. h. auch den Gutsbezirken; die wollten dieses „Steuergeschenk“ – wir kommen darauf zurück – nicht mit dem Dorf teilen. Darum ist auch die Möglichkeit zur Zusammenlegung, die die Ordnung von 1891 eröffnete, kaum genutzt worden. Die lokale Polizeigewalt über die Dörfer hatten die Guts„herren“ schon 1872 verloren, das war ein altes liberales Ziel zur Überwindung der feudalen Ordnung gewesen; aber über die Kreisverfassung konnten sie als Honoratioren doch oft Träger der verstaatlichten Polizeihoheit werden, vom Kreistag vorgeschlagene und vom Oberpräsidenten ernannte, ehrenamtliche Amtsvorsteher, wenn auch nun unter stärkerer staatlicher Aufsicht. Daran änderte auch die Landgemeindeordnung von 1891 nichts. Im Ergebnis ist die liberale Idee, durch eine starke dörflich-bäuerliche Selbstverwaltung die Herrschaftsverhältnisse auf dem platten Land in Ostelbien zu „entfeudalisieren“, gescheitert. Das lag daran, daß Bauernbefreiung und Agrarrevolution den Gutsbesitz so begünstigt hatten (obschon man im Westen unter Historikern die Rolle der Bauern in Ostelbien fast immer unterschätzt), ferner daran, daß die Staatsverwaltung konservativ und junkernah blieb, nur eine bürokratisch-liberale Verwaltung hätte eine Änderung durchsetzen können; schließlich daran, daß die Landgemeindeordnung 1891 zu spät kam. 1872 oder nach 1848 – das hätte, meine ich, noch andere Möglichkeiten eröffnet; 1891 wiesen Struktur und Politik in dieselbe Richtung. Daß umgekehrt im Süden die ländliche Selbstverwaltung stärker war, lag natürlich zum Teil an den anderen sozialen und politischen Gegebenheiten; zum Teil aber auch daran, daß die Selbstverwaltungsgesetze zuletzt in der Hochzeit des einzelstaatlichen Liberalismus, in den 70er/80er Jahren, reformiert wurden.

Über die Verwaltungstätigkeit der Dörfer wissen wir wenig. Durchschnittlich gaben sie (in Preußen) 1883/84 6,42 Mark pro Kopf aus (die Städte 28,75), im Westen mehr, im Osten weniger. Für die Folgezeit gibt es für die Angaben der Dörfer nur Schätzungen: 1895/96: 8,60, 1907: 14,70, 1914: 19,95 Mark. Die Einnahmen stammten vor allem aus Abgaben und Steuern, besonders aus Zuschlägen zu den Realsteuern, dazu kamen staatliche Zuweisungen; Vermögen und eigene Betriebe spielten, anders als in den Städten, keine Rolle. Die Gemeindeverwaltung wurde intensiver, die Verbesserung der Schulen spielte eine Hauptrolle, dazu dann Straßen- und Wegebau, später und zum Teil gab es auch kommunale Bemühungen auf dem Gebiet der Versorgung, etwa beim Wasser. Kurz, auch auf dem Dorf drang spät und langsam die Leistungsverwaltung vor.

Über der Selbstverwaltung der Gemeinden gab es eine solche höherer regionaler Gebietskörperschaften. Das waren freilich seltsame Mischgebilde. Besonders charakteristisch sind die Regelungen in Preußen. Hier spielten bei den – rechten – Liberalen die Ideen des Freiherrn vom Stein eine große Rolle, und zwar in der Form, in die sie der liberale Selbstverwaltungspapst der 60er/70er Jahre, Rudolf von Gneist, gebracht hatte: Selbstverwaltung nicht als Eigenbereich und Selbständigkeit kommunaler Einheiten, sondern als ehrenamtliche Mitwirkung von Bürgern an der staatlichen Beamtenverwaltung, als Gegengewicht und Kontrolle jeder Parteilichkeit des Staatsapparates, aber innerhalb desselben, ja politisch-metaphysisch als Versöhnung von Staat und Gesellschaft. Außerdem glaubte Gneist mit realistischem Blick, die Selbstverwaltung auf dem platten Land in Ostelbien eher über die Kreise als über die viel zu schwachen Dörfer durchsetzen zu können; die neuen Aufgaben der Sozial- und Wirtschaftsverwaltung schienen ihm bei den Kreisen besser aufgehoben. 1872 wurde in Preußen die Kreisordnung entsprechend gefaßt. Der Kreis war danach eine Einheit der Staatsverwaltung und zugleich eine der Selbstverwaltung, der Landrat war Staatsbeamter und stand auch an der Spitze einer Selbstverwaltung. Es gab einen gewählten Kreistag. Das Wahlrecht war noch halb-ständisch; Städte und Dörfer und Gutsbezirke, großer Grundbesitz, waren die Wahleinheiten. Die „Macht" war nicht dem Adel, wohl aber dem Besitz zugewiesen; auch im Osten führte die Neuordnung vielfach zu nicht-adligen Mehrheiten in diesen Gremien. Freilich, der Kreistag tagte nur zweimal im Jahr, insofern war seine Bedeutung in der Praxis nicht sehr groß. Wichtiger war der kontinuierlich arbeitende Kreisausschuß aus Kreistagsdelegierten, da hatte der Kreistag eine wichtige Funktion, und Bürgermeistern mit dem Landrat an der Spitze – das war das typische Mischgremium dieser Ordnung. Es besaß immerhin eine ganze Reihe von wichtigen Entscheidungsbefugnissen, z. B. in der Kommunalaufsicht, und war zugleich gerichtsähnliche Beschwerdeinstanz. Auch die örtliche Polizeigewalt wurde in dieses Mischsystem einbezogen, die gutsherrliche Polizei wurde, wie gesagt, abgeschafft (und insoweit verstaatlicht); aber sie wurde von einem ehrenamtlichen Amtsvorsteher wahrgenommen; bei großen Gemeinden (und Landstädten) war das der Gemeindevorsteher und Bürgermeister, in den vielen Kleingemeinden wurde de facto einer der Guts„herren“ ernannt, dann war zwar Rechtsgrundlage und Aufsicht anders, aber konkret blieb vieles so wie ehedem. Generell erwies sich der Landrat im Kreisausschuß den „Ehrenamtlichen“ überlegen, als Vertreter der Staatsautorität, auf Grund seiner sozialen Stellung und – je stärker die Geschäfte wuchsen – weil seine professionelle Sachkompetenz überlegen war. Das Ehrenamt wurde altmodisch, die Ungleichheit von Staat und Gesellschaft war durch die Gneistsche Versöhnungssynthese nicht aufzuheben. Insoweit ist die kommunale Selbstverwaltung auf Kreisebene schwach geblieben, war ein Mißerfolg; sie hat die ostelbischen Herrschaftsverhältnisse auf dem Lande nicht aufgehoben. Wenn das gesagt ist, muß man freilich auch die verändernde Wirkung sehen: Die Selbstverwaltungselemente haben, auch ohne Entscheidungsmacht, eine wesentliche Kontrollfunktion installiert; das führte zu größerer Transparenz der staatlichen Maßnahmen, zum Begründungszwang (und damit zu mehr Rationalität als Willkür) und über die Verwaltungsgerichtsfunktion zu einer – relativen – Stärkung der Bürgerposition.

Die Kreisordnung von 1872 war ein Produkt der liberal-konservativen Zusammenarbeit auch in Preußen – sie ist gegen die hochfeudale Mehrheit des Herrenhauses nur durch einen Pairsschub durchgebracht worden. Der hochkonservative Widerstand richtete sich gegen den Verlust der adligen Übermacht in den Kreistagen und gegen die Entfeudalisierung des Landratsamtes, gegen das Mehr an Staat wie das Mehr an nicht-feudaler Selbstverwaltung. Daß die konservative Machtstellung auf dem Lande dann doch, wenn auch in anderen Formen, erhalten blieb, etwa auch durch die ökonomische Solidarisierung von Junkern und Bauern, war damals noch nicht vorauszusehen. 1872 hatte die Kreisordnung immerhin eine Chance, das Machtgefüge im Osten nachhaltig zu verwandeln. In Posen wurde die Ordnung, aus nationalpolitischen Gründen, nicht eingeführt, in den Westprovinzen erst zwischen 1884 und 1888.

Auch wo das ostelbische Problem der Guts„herrschaft“ nicht bestand (wie schon in den preußischen Westprovinzen), auch wo die Betonung der Staatsautorität weniger ausgeprägt war als in Preußen, haben Ansätze zur Selbstverwaltung auf Kreis-(Distrikts)ebene auf Dauer kaum andere Ergebnisse erzielt. Insoweit muß man auch von einer Überstrapazierung der Idee der Selbstverwaltung sprechen. Nur wo Gemeinden sich zu Kommunalverbänden, meist zu konkreten Zwecken (Wasser z. B.), zusammenschlossen, waren das erfolgreiche Selbstverwaltungsorgane, in der Regel freilich aus Bürgermeistern und Magistratsinstanzen, nicht aus Bürgern oder ihren unmittelbaren Vertretern selbst zusammengesetzt.

In Preußen schließlich gab es auch eine provinziale Selbstverwaltung – Erbe des vormärzlichen Verfassungsersatzes der Provinziallandtage. Die Verwaltungsmaxime der „Dezentralisierung“, die politische Rücksicht auf den Regionalismus im Großstaat und nach 1866 auf die Sonderstellung der annektierten Gebiete (Hannover etc.) waren die wesentlichen Motive. Auch hier gab es einen, von den Kreistagen gewählten, Provinziallandtag und den wichtigeren kontinuierlichen Provinzialausschuß. Es gab bestimmte Zuständigkeiten – von Staatsstraßen bis zu Irrenanstalten und den Landarmen (das waren die, die zwischen den Verpflichtungen der einzelnen Gemeinden hängen blieben) –, es gab selbst übernommene Aufgaben – Landwirtschaftsförderung oder Museums- und Denkmalsbau (Kaiser-Wilhelm-Denkmäler) und anderes mehr. Die Kompetenz reichte von Beratung über Mitwirkung bis zu Mitbestimmung, und da die sogenannten Dotationen des Staates der provinzialen Selbstverwaltung Finanzmittel zuwiesen, gab es auch reale Möglichkeiten, etwas zu verwalten. Auch hier hatte natürlich der vorsitzende Oberpräsident einen erheblichen Einfluß auf die Mitglieder solcher Gremien; auch hier spielten Amtsträger der Selbstverwaltung und Honoratioren eine große Rolle.

In diesem Zusammenhang müssen wir auf ein Sonderproblem hinweisen. Neben der – im Prinzip beinahe gemeineuropäischen – kommunalen Selbstverwaltung hat sich in Deutschland auch die eigenartige Sonderform einer Selbstverwaltung von Wirtschaftsbereichen, Berufen und Berufsständen entwickelt, und zwar in der typischen Form der „Kammern", nach dem Vorbild der – auf Napoleon und auf die freiwillige Korporation der Kaufmannschaften zurückgehenden – (Industrie- und) Handelskammern. Sie sind zwar in erster Linie Interessenvertretungen und daneben (manchmal auch zuerst) Beratungsorgane der Staatsverwaltung gewesen. Aber staatlich oder gesetzlich geregelte Bezirkseinteilungen und zum Teil innere Organisation sowie vor allem das Prinzip der Zwangsmitgliedschaft und der Zwangsbeiträge (in Preußen bei den Handelskammern gemäß der Gewerbesteuer) machten sie zu halbstaatlichen Organen, eben der Selbstverwaltung. Unterstrichen wurde das durch die Zuweisung von Kompetenzen zur Regelung bestimmter (Berufs-)Angelegenheiten, früh z. B. schon der Aufsicht über Börsen, und von Autonomie bei der Regelung ihrer staatlich gesetzten Aufgaben. Zur Zeit der Reichsgründung gab es schon fast in allen Staaten – wenn auch nicht in jedem Bezirk – Handelskammern, die die Industrie einschlossen; im Deutschen Handelstag hatten sie seit 1861 eine gemeinsame Vertretung. In den 80er Jahren spielten mancherlei Pläne eine Rolle, allgemeine Wirtschaftskammern zu bilden, Bismarck wollte über sein Vorhaben eines Volkswirtschaftsrats ein Gegenparlament aufbauen – davon erzählen wir noch; daraus wurde nichts, und auch Bismarcks Versuche, freihändlerische Kammern einer staatlichen Zensur zu unterwerfen, verliefen zuletzt im Sande. 1894/95 wurden in Preußen Landwirtschaftskammern errichtet, das war eine Maßnahme der Regierung zum Abfangen der Radikalisierung der landwirtschaftlichen Interessenvertreter; die Aufgaben dieser Kammern – Landwirtschaftsförderung und Beratung der Regierung – entsprachen denen der alten Landwirtschaftlichen Zentralvereine (in den Provinzen), sie waren freie, aber regierungsgeförderte Zusammenschlüsse. Andere Staaten folgten diesem Vorbild. 1897/1900 wurde – wiederum zur Beruhigung einer radikalen Bewegung – den Handwerkern die Möglichkeit zur Errichtung von Handwerkskammern gegeben (63 entstanden 1900/01). Diese Kammern erhielten ganz konkrete Selbstverwaltungskompetenzen für Lehrlingsausbildung und Gesellenprüfung. Arbeits- oder Arbeiterkammern, die seit 1908 im Gesetzgebungsprozeß diskutiert wurden, kamen nicht zustande. Schließlich entstanden Kammern für bestimmte freie Berufe, für Rechtsanwälte, für Ärzte (in Preußen 1887/96), für Apotheker (1901 in Preußen); sie sollten unter anderem den Ehren- und Moralkodex der Profession auch mit Disziplinarrechten aufrechterhalten. Alle diese Kammern haben die Staatsverwaltung bei Gesetzgebung wie Verwaltung ständig beraten, haben Informationen gesammelt und Berichte erstattet. Weil sie „amtlich" waren, war die Artikulation von Interessen gemäßigter und weniger lautstark als in den freien Verbänden. Es bleibt erstaunlich, daß das Deutsche Reich fast allein diese eigentümliche Form einer staatlich installierten Berufsorganisation und -selbstverwaltung entwickelt hat. Gewiß spielten bei den Regierungen korporative Ideen, bei den Betroffenen und Beteiligten „Staatsnähe", Staatsvertrauen und Interesse an Privilegierung und Schutz durch den Staat eine Rolle, das war Erbe deutscher politischer Tradition wie Ergebnis des politischen Systems: Schwache Parteien und eine starke Regierung machten das Kammersystem attraktiv. Die Regierung verfolgte mit diesen Organisationen die Taktik, Interessen zu kanalisieren, gesellschaftliche Kräfte in den Staat einzubinden.

Endlich ist noch ein Sondergebiet staatlich organisierter Selbstverwaltung zu erwähnen: die Sozialversicherungen – die der Krankenkassen, der Unfallversicherung (Berufsgenossenschaften), der Alters- und Invalidenversicherung (Landesversicherungsanstalten), die Mischung von Selbst- und Staatsverwaltung bei der Angestelltenversicherung –, davon haben wir früher berichtet. Das war so gegen den Willen Bismarcks zustande gekommen – weil die Reichstagsmehrheit keine neuen Domänen von Staats- und gar zentralisierender Reichstätigkeit wollte. Angesichts der enormen Bedeutung der Sozialversicherung und ihrer innovativen Rolle ist es schon der besonderen Beachtung wert, daß im Obrigkeitsstaat Deutschland ein so wichtiger Sektor Sache der Selbstverwaltung der Beteiligten wurde.

c) Polizei

Das Organ, durch das den Bürgern am unmittelbarsten der Staat als Macht vor Augen trat, war die Polizei. Zwar hatte sich der alte Zweck der „Polizey", die Sorge für die Wohlfahrt – da waren Polizei und innere Verwaltung noch identisch –, im Zeitalter des Liberalismus verflüchtigt; Polizei war zur Gefahrenabwehr und zur Wahrung der Sicherheit (und Verbrechensbekämpfung) da. Aber die Grenzen waren – über Generalklauseln, die natürlich nötig waren, weil das Leben in „Spezialgesetzen" nicht zu fassen war – locker gezogen, „Sicherheit" und „Gefahr" bezogen sich auch auf Ruhe und Ordnung. Und obschon, wir sagten es, das preußische Oberverwaltungsgericht nach 1880 ein einschränkendes und festlegendes Polizeirecht entwickelt hat: Die öffentliche Ordnung war ein weiter Begriff und verband sich, von der politischen Ordnung nicht zu reden, mit Religion, Sittlichkeit und Herkommen; der Begriff des öffentlichen Ärgernisses war geeignet, viel polizeiliches Vorbeugen wie Einschreiten zu rechtfertigen. Das Deutsche Reich war kein Polizeistaat, aber viele Dinge, so fiel Ausländern, Engländern vor allem, auf, waren polizeilich geregelt – verboten oder eigens und unter Auflagen erlaubt: Prostitution, wilde Ehen, Nacktbaden, auf Parkbänken schlafen, neben dem Weg gehen, Betrunkensein, auf eisglatten Bahnen „schliddern", Öffnungs- und Ausschankzeiten von Kneipen, Theateraufführungen, das „Nachtleben" etc. Auch auf die Polizei kamen mit der wachsenden Komplizierung des modernen Lebens neue Aufgaben zu: Gewerbepolizei, Lebensmittel- und Schlachtviehkontrolle, Baupolizei, Gesundheits-/Seuchenpolizei und dann die Straßenverkehrsregelungen. Viele Regelungen waren örtlich, Übertretungen waren mit Sanktionen bedacht, überall hatte die Polizei ausreichende Zwangsbefugnisse. Die „Ordnungslust" war im ganzen im preußischen Norden größer als im Süden, da gab es weniger Generalermächtigungen.

Im Bereich der Politik spielte der „Einsatz" der Ordnungshüter bei öffentlichen Versammlungen und Demonstrationen („die Straße dient dem Verkehr"), bei Vereinsaktivitäten und bei „Preßvergehen" (Majestätsbeleidigung, Hochverrat oder Umsturzpropaganda in Zeitungen) sowie natürlich bei Streiks – vor allem der Konfrontation von Streikposten und Arbeitswilligen – eine wichtige Rolle: Nahezu jeder aktive Sozialdemokrat hatte einschlägige Erfahrungen mit der Polizei. Gerade die politische Aktivität der Polizei – im Blick auf Versammlungen und Vereine – freilich ist in Preußen nach 1890 durch das Oberverwaltungsgericht immer wieder eingeschränkt worden (ähnlich wie Theater-Verbote), aber das dauerte lange und setzte sich nur langsam durch.

Es gab auch eine besondere politische Polizei, deren Zentrale beim Polizeipräsidium von Berlin ressortierte. Sie war im wesentlichen mit der Überwachung und Beschaffung von Informationen befaßt: Das war eine Art Verfassungsschutz, in Berlin 1881 mit 138, vor 1914 mit 150 Beamten – also „relativ" klein.

Die Zuständigkeit, die örtliche Polizei„hoheit", war unterschiedlich geregelt – zwischen Gemeinden, Kreisbeauftragten (Amtsvorstehern in Preußen) und unmittelbar staatlicher Leitung waren in größeren Städten, jedenfalls in Preußen, fast überall die Polizeipräsidenten oder wie sie sonst heißen mochten, staatlich eingesetzt, unmittelbare Staatsorgane. Wo und soweit Gemeinden oder Kommunalverbände zuständig waren, handelte es sich nicht um Selbstverwaltung, sondern um staatliche Auftragsverwaltung; die Bürgermeister etc. waren weisungsgebunden und unabhängig von ihren Gemeinderäten.

Auf dem Lande gab es die staatlichen Gendarmen – dünn gestreut zwar, aber Vertreter des Staates. In Preußen gab es entsprechend der Zuständigkeitsregelung Gemeindepolizisten, Schutzmannschaften (in den Städten mit staatlicher Polizeiverwaltung) und Gendarmen auf dem Lande. Die beiden letzten Gruppen, zumal die Schutzleute, waren militärisch organisiert, in einer militärischen Hierarchie, der Helm des Schutzmannes wie des Gendarmen war Pflicht und war charakteristisch. Der Stil war bärbeißig und mehr oder weniger gutmütig – wesentlich vom Gefälle zwischen Amts- und Staatsautorität und Bürger bestimmt –, war obrigkeitlich.

Sonderaufgaben wie Gesundheits-, Gewerbe- oder Baupolizei waren und wurden stärker bürokratisiert. Die eigentliche Kriminalpolizei war natürlich noch anders organisiert. In Berlin wird 1872/73 dafür das „Kommissariat" gebildet, um alle kriminalpolizeilichen Anzeigen und Ermittlungen zu koordinieren, bei den Revieren gibt es jeweils einen kriminalistisch geschulten Beamten. Die Zahl der Kommissare wächst bis 1908 von 20 auf 52, die der unteren Kriminalbeamten von 77 (1880) auf 547. Ähnlich verfuhr man in anderen großen Städten; auf dem Lande und in Kleinstädten forderte man im Bedarfsfall Kripo-Beamte aus Berlin an. Rekrutierung und Laufbahn, Berufsauffassung, Bezahlung und Ansehen machten die Sonderstellung der Kriminalpolizei aus.

Die Dichte der Polizei – in Preußen – wächst: In Berlin kommen 1870 auf einen Polizisten 772 Einwohner, 1901 sind es 273; in den Städten mit staatlicher (königlicher) Polizei verringert sich das Verhältnis von ca. 1 zu 1800 Einwohner auf 1 zu 740, in den anderen Städten von ca. 1 zu 1900 auf 1 zu 1408, auf dem Dorf von ca. 1 zu 6000 auf 1 zu 4530. Bis 1913 hat die Zahl der Polizisten sich in Berlin etwa vervierfacht (auf 8900), in den staatsverwalteten Städten verneunfacht (7600), in den anderen mindestens verdreieinhalbfacht (ca. 8200), auf dem Lande knapp verdoppelt (5800). Die Polizei ist dezentralisiert, in den Städten ist das „Revier", Wache und Büro im Viertel zugleich, und sind die Straßenpatrouillen dafür typisch, das Polizeipräsidium ist die jeweilige Zentrale. Die militärische Organisation ermöglicht die Existenz einer Bereitschaftsreserve, zu der in Berlin auch die berittene Polizei gehört.

Insgesamt wuchsen die unterschiedlichen Polizeikräfte zu einem System zusammen, die staatliche Polizei setzte die Norm. Die ursprünglich von den Liberalen erstrebte Kommunalisierung der Polizei hörte auf ein Ziel zu sein. Im Umland der Industrie wurde die Gendarmerie verstärkt (im Landkreis Dortmund gab es 1883 nur und erst 17 Gendarmen); die kommunale Polizei in Oberschlesien oder im Ruhrgebiet wurde zum größeren Teil zuletzt unmittelbar staatlich (Essen, Bochum, Gelsenkirchen 1909). Die Gendarmerie bleibt als quasi-militärische Organisation unabhängig, untersteht nicht der Befehlsgewalt ziviler Behörden. Bis 1890 gilt das Militär immer als die letzte

Reserve der Polizei, z. B. bei Unruhen und großen Streiks, danach und nach 1900 zumal ist es das Ziel der Polizei, einen Militäreinsatz zu vermeiden und durch effektivere und elastischere Taktik überflüssig zu machen.

Im täglichen Leben geht es nicht um Umsturz und politische Demonstrationen, sondern um Ordnung und Verordnung. Den „unordentlichen Elementen" – Bettlern, Obdachlosen, Betrunkenen, Prostitutionsverdächtigen –, ihnen und allen, die „groben Unfug treiben", gilt die besondere Aufmerksamkeit der Polizei. Das schärfste Mittel der Polizei ist die Polizeihaft, die schon bei Widerstand gegen polizeiliche Anordnungen und Nichtbefolgen verhängt werden kann. Das läßt mancher Willkür Raum, den polizeilichen „Mißgriffen". Und da sich die normale Schutzpolizei aus ehemaligen Soldaten und Unteroffizieren rekrutiert, sind die Umgangsformen relativ rüde, Ordnungswahrung ist im Stil militärisch. Das trifft insbesondere die Unterschichten: Die Rechtswege gegen Mißgriffe sind für sie lang und schwierig, die Bürger haben es leichter.

Gleichzeitig ist freilich das Polizeiwesen verrechtlicht, der Kontrolle der Verwaltungsgerichte unterstellt; diese entwickeln durch Einschränkung der Generalklauseln ein Polizeirecht, das die Aufgaben, die Strukturen und die Umgangsformen Rechtsnormen unterwirft. Nach 1900 kann man von einer Zivilisierung der Gewaltverhältnisse sprechen, die Ausbildung und die Anweisungen – gelegentlich sogar das Disziplinarrecht – zielen auf die Einhaltung der Rechtsnormen und der Bürgerfreiheiten, auch die Polizeiführung und die Innenverwaltung haben ein Interesse an einer effektiven und unskandalösen Ordnungs- und Loyalitätssicherung, Polizeikritik ist schädlich, die Polizei soll dazu keinen Anlaß geben. Der Autoritätsstil und die Ordnungslust bleiben erhalten, auch das Gefälle zwischen Polizei und Bürger, aber im Normalfall ist das Verhältnis von Polizei und Bürger weniger gespannt.

d) Die Beamten

Das Personal des Staates und der Gemeinden waren die Beamten. Dazu gehörten natürlich auch die großen personalintensiven Staatsbetriebe Bahn und Post und die Kommunalbetriebe, insofern gab es neben dem Kern des staatlich-gemeindlichen Personals, den Beamten, den höheren (akademischen), mittleren und kleinen Beamten, zunehmend die Angestellten und natürlich die Arbeiter; die Unterscheidung zwischen „Angestellten" – das Wort gab es ja noch kaum – und Beamten war noch nicht immer scharf gezogen. Insgesamt hat der öffentliche Dienst ohne das Militär – auch wenn die Statistiken mit Vorsicht zu benutzen sind – zwischen 1882 und 1907 von 815 000 auf 2,042 Millionen Beschäftigte zugenommen, durchaus überproportional zur Bevölkerung (viermal so schnell), das war ein Wachstum von 4,6 % auf 8,0 % der Erwerbstätigen (nach einer anderen Berechnung wuchs die Zahl der im öffentlichen Dienst Beschäftigten von 1875 524 000 über

1881 648000 auf 1907 1,475 Millionen, verdreifachte sich also fast, das waren 1881 3,7% der Erwerbstätigen, 1907 5,5%). Zu Justiz und Verwaltung gehörten 1907 – wieder bietet die Statistik nur einen Anhaltspunkt – 55000 höhere, 257000 mittlere und 77000 untere Beamte. Die traditionelle Verwaltung im engeren Sinne selbst wächst insgesamt weniger als die auch nur langsam zunehmende Justiz; der Anteil beider Bereiche am öffentlichen Dienst sinkt darum von 41,8% 1875 auf 28,2% 1907. Obwohl die Zahl der Lehrer sich absolut verdoppelt, sinkt ihr Anteil von 18,6% auf 13,5%. Am stärksten wächst die Leistungsverwaltung, besonders der Bereich Post und Eisenbahn, ihr Anteil steigt von 39,2% auf 58,3%. Das Wachstum entspricht in etwa der Steigerung des Anteils der öffentlichen Ausgaben am Nettosozialprodukt von 10,6% (1875/79) auf 14,5% (1910/13). Der prägende Kern des Beamtentums waren die höheren, die akademisch gebildeten Beamten der Verwaltung und der Justiz – von den Lehrern haben wir früher geredet, die kleine Zahl der Bau- und Medizinalbeamten können wir vernachlässigen, auf die Diplomaten kommen wir zurück. Man muß von heute her auch sehen, wie klein z.B. die höheren Beamtengruppen doch noch waren, 1879 z.B. gab es im Reich nur 7026 Richter und 487 Staatsanwälte.

Wie sah diese Gruppe aus? Wir beginnen mit der Ausbildung. Seit dem zweiten Drittel des 19. Jahrhunderts galt in Deutschland überall das Juristenmonopol, Beamte hatten nicht Kameralistik, Nationalökonomie oder Verwaltungswissenschaften studiert, sondern Jurisprudenz – das hatten insbesondere die Liberalen, auf die Rechtsstaatlichkeit alles Verwaltungshandelns ausgerichtet, durchgesetzt. Es gab darüber auch weiterhin mancherlei Diskussionen, gelegentlich wurden für das Studium z. B. nationalökonomische Vorlesungen obligatorisch gemacht, die Beamtenfortbildung kam in die Hände der staatswissenschaftlichen Nationalökonomen (und damit der Kathedersozialisten), zuletzt wurde der Anteil der Verwaltungspraxis während der Referendarzeit erhöht. Aber im großen und ganzen blieb es dabei: Beamte waren Juristen, auch die späteren Verwaltungsbeamten, waren vor allem formaljuristisch geschult. An das (mindestens) dreijährige Studium schloß sich dann als zweite Ausbildungsstufe das vierjährige Referendariat an, im Lauf der Zeit und nach Ländern unterschiedlich für Justiz und Verwaltung getrennt, mit den noch heute üblichen Ausbildungsstationen bei Gerichten und Behörden. Irgendwelche Unterhaltszahlungen gab es in dieser Zeit nicht; in Preußen mußten Referendare bis 1911 vielmehr 7500 Mark hinterlegen und einen Lebensunterhalt von 1500 Mark pro Jahr nachweisen. Nach dem staatlichen Assessorexamen war der Assessor mehrere Jahre, in der Justiz durchschnittlich vier bis fünf Jahre, hilfsweise bei einem Gericht der ersten Instanz oder einer Kreisverwaltung z. B. tätig, auch in dieser Zeit im wesentlichen unbezahlt. Die endgültige Einstellung war zwar in Preußen sozusagen sicher – die Annahme als Assessor war die Hürde –, aber wann sie erfolgte, war ungewiß. Nur in Bayern wurden Assessoren nach dem Concours-System (der Platzziffer bei den Prüfungen) gleich eingestellt und erhielten ein Gehalt. Die Dauer dieser Übergangszeit schwankte natürlich – nach Angebot und Nachfrage, da spielten die fachlichen und natürlich auch persönlichen Beurteilungen eine Rolle – und war im Norden gemeinhin länger als im Süden, in der Justiz des öfteren länger als in der Verwaltung. Freilich, nur ein Teil der Assessoren suchte nach dem Examen in den Staatsdienst einzutreten, andere wurden Anwälte oder traten in die neue, oft besser bezahlte und weniger eingezwängte Konkurrenzgruppe ein, in die der Kommunalbeamten. 1883 gab es (in Preußen) ca. 3900 Referendare, aber nur knapp 700 Assessoren, 1913 über 7100 und ca. 3500. Man sieht zugleich, wie der Andrang auch zu den staatlichen Laufbahnen zunahm, die Zahl der Richterstellen hatte sich in derselben Zeit nur um etwas über 61 % vermehrt; angesichts des großen „Andrangs“ und der relativen Knappheit von Stellen war der auswählende Staat in einer starken Position.

Am Ende langer Jahre wurde man – zu alt, wie Kritiker meinten – dann Beamter, gewann eine Lebenszeitstellung und Pensionsberechtigung; die lebenslängliche Anstellung war in einer Zeit geringer Arbeitsplatzsicherheit gewiß ein bedeutender Vorteil und die Pensionsberechtigung in der Zeit minimaler Altersrenten ebenso; seit den 80er Jahren war – in Preußen – die Pensionsberechtigung auf Witwen und Waisen ausgedehnt. Beamte waren jederzeit versetzbar – nur bei den Richtern gab es wegen der Garantie ihrer Unabhängigkeit da Einschränkungen. Versetzung gehörte zum normalen Beamtendasein. Das war auch, wenn schon keineswegs immer, mit der „Karriere“ verbunden, dem Aufstieg in höhere Positionen in der Justiz- oder Verwaltungshierarchie. Beamte unterlagen einer besonderen Disziplin, einem eigenen Dienstrecht, und gewissen Normen der Laufbahnbeförderung.

Die Besoldung der Beamten war auskömmlich, aber mäßig – für ein Haus reichte es nicht; das Studium der Söhne, die Aussteuer der Töchter stellten immer große Probleme dar. Das Gehalt stieg mit dem Dienstalter, bei hohen Beamten kam eine Dienstwohnung dazu, bei den anderen ein Wohnungsgeldzuschuß, der Ortszuschlag der heutigen Beamtenbesoldung stammt daher. Das Durchschnittsgehalt einschließlich des Wohngeldzuschusses eines höheren Beamten in Preußen stieg von 1870 10800 Mark für einen Regierungspräsidenten und 4500 Mark für einen Regierungsrat auf 1914 16150 Mark und 7100 Mark; im selben Zeitraum stieg das Durchschnittsgehalt mittlerer Beamter von 2400 Mark für einen Regierungssekretär und 1650 Mark für einen Kanzleibeamten auf 3925 Mark und 2950 Mark; das der unteren Beamten (z. B. Boten, Pförtner) wuchs von 975 Mark auf 2030 Mark. Während in diesem Zeitraum die Gehälter der unteren Beamten ähnlich wie die Reallöhne um mehr als 100 % wuchsen, stiegen die der höheren Beamten nur um 50 – 60 %, die der mittleren Beamten um 60 – 80 %. Die Justiz zahlte lange geringere Gehälter – ein schier ewiger Klagepunkt –, Justizdienst war weniger „vornehm“ als der der höheren Verwaltung, erst seit 1906 wurden ihre Beamten denen der Verwaltung gleichgestellt. Seit der Jahrhundertwende spätestens zahlten die größeren Kommunen ihren Beamten oft bessere Gehälter, auch die Anwaltstätigkeit war für gute Juristen ökonomisch eine attraktive Konkurrenz. Die internen Klagen vor allem der Justiz, aber auch der Verwaltung darüber, daß besonders gute „Prädikatsjuristen" nicht die Staatslaufbahnen einschlugen, haben auch darin ihren Grund.

Wir fragen nach der Herkunft der höheren Beamten und nach der staatlichen Rekrutierungspraxis. Schon Studium, Ausbildungsdauer und Anstellungsfristen und die erforderlichen Finanzgarantien machten die Beamtenlaufbahn eigentlich nur für die Söhne der höheren und vermögenderen Klassen des Bürgertums und den Adel zugänglich. Für Aufsteiger war – anders als bei Lehrern, Pastoren oder Ärzten und Technikern – kaum Raum. Das galt bereits bei den Studenten: Die juristische Fakultät blieb die vornehmste Fakultät, in der, wir haben davon berichtet, die oberen und reicheren Klassen stärker dominierten. Zu diesen Klassenvoraussetzungen kam dann die staatliche Personalpolitik, die gerade für die Referendariatszeit und die Einstellung von Assessoren sehr wirksame Selektionsmechanismen, vor allem die Personalbeurteilungen der Präsidenten, ausgebildet hatte. Es gab erwünschte, weniger erwünschte und unerwünschte, bevorzugte und benachteiligte Gruppen, und es gab erforderliche individuelle Gesinnungen und Einstellungen. Dabei galt generell, daß die Verwaltung als der Kernbereich des Staates auf Grund einer besonders strikten sozialen und politischen Selektion ergänzt wurde, in der Justiz waren die Kriterien elastischer und liberaler, ein ähnlicher Unterschied bestand zwischen der preußischen und der außerpreußischen, vor allem süddeutschen Praxis beim Verwaltungspersonal.

Nehmen wir zuerst den Anteil von Religionsgruppen und Minderheiten. Juden, es sei denn, sie waren getauft, hatten in der Normalverwaltung – in Preußen – kaum Chancen, erst recht nicht Polen. Allerdings, 1907 gab es, freilich nur in Sonderverwaltungen, etwa 2,9% Juden unter den höheren Verwaltungsbeamten und allerdings 5,4% unter den Richtern und Staatsanwälten; der Bevölkerungsanteil der Juden lag in Preußen bei etwa 1,0%. Unter den höheren Beamten im Reich war der Anteil der Juden noch geringer, er lag 1907 bei 1,9%, bei Richtern und Staatsanwälten waren es 4,3%, in den anderen Ländern war es ähnlich. Der jüdische Anteil an der Justiz ist zwar, verglichen mit dem Bevölkerungsanteil (im Reich 0,9%), erstaunlich hoch, verglichen mit der Zahl jüdischer Juristen überhaupt und der Rechtsanwälte zumal, aber gering: Da werden die Schranken sichtbar. Deutlich benachteiligt waren auf dieser Ebene dagegen die Katholiken: 1907 lag ihr Anteil bei den höheren preußischen Verwaltungsbeamten bei 18,9%, etwas höher bei den Richtern und Staatsanwälten, 23,3%; der Bevölkerungsanteil der Katholiken lag in Preußen bei 35,8%. 1913 waren lediglich 13,6% der preußischen Landräte und 12,3% der Regierungsassessoren katholisch; im Reich waren es 1907 25,9% der Verwaltungsbeamten und 24,3% der Richter bei einem Bevölkerungsanteil von 36,5% Katholiken. Die faktische Zusammensetzung des Verwaltungsapparates prägte das Bild der Chancen: Es gab verständlicherweise überproportional viel weniger katholische Bewerber für Verwaltung und Justiz, ja auch Jurastudenten. Die generelle Benachteiligung von Katholiken schloß natürlich nicht aus, daß Katholiken vor allem in der Justiz auch in hohe Positionen aufsteigen konnten, politische Konzessionen und die Patronagepolitik der Zentrumspartei spielten dabei eine Rolle. Juden dagegen blieben – von Hamburg, Baden und Elsaß-Lothringen abgesehen – auch in der Justiz von höheren Ämtern (Oberlandesgerichtsratspositionen z. B.) fast ausgeschlossen.

Dann gab es in der preußischen inneren Verwaltung einen erheblich überproportionalen Anteil des Adels, diese alte Staatstradition lief weiter. Der Adel gehörte zum Herrschaftsestablishment in Preußen, ja dominierte es. Der Adel galt als besonders staatstragend und staatsloyal, und er erhob weiterhin Anspruch auf viele und auf leitende Herrschaftspositionen im Staat, für sich und seine Kinder. Es gab freilich mit der Ausbildung des modernen Staates – dem Expertentum, dem Leistungsprinzip, der Prüfung, der Lösung von familialen und lokalen Bindungen – eine Verbürgerlichung des Beamtentums, und mit der Zahl der Beamten wuchs der bürgerliche Anteil erst recht. Das gilt vor allem, wenn man bedenkt, daß in den meisten Statistiken auch die Neuadligen, bürgerliche Aufsteiger unter den besonders befähigten oder erfolgreichen Beamten, die geadelt wurden, und zumal deren Söhne einfach zum Adel gezählt wurden. Schließlich gehört zur Verbürgerlichung der Beamtenschaft auch, daß der Adel den bürgerlichen Leistungs-, Verhaltens- und Karrierenormen sich, weitgehend, unterwerfen mußte. Prüfungen und Leistungen verdrängten bei Einstellung wie Beförderung einigermaßen die Beziehungen.

Der „Kompromiß“ zwischen adliger Herrschaft und bürgerlicher Leistung ist eine Zweiteilung der preußischen Verwaltung. Die Behördenchefs, zumal bei sichtbaren Exekutivpositionen, die ständig öffentlich agieren mußten, waren, und zwar nach oben hin steigend, eher adlig: Landräte, Regierungs-, Polizei- und Oberpräsidenten und natürlich Minister; die Regierungs- und Ministerialräte – im Innendienst sozusagen – waren eher bürgerlich. Ende 1910 war das Verhältnis von Adligen und Bürgerlichen bei den Regierungs- und Oberpräsidenten 34 zu 14, bei den Landräten und Oberamtmännern 268 zu 213; 92 % der Ober-, 68 % der Polizei-, 64 % der Regierungspräsidenten und 56 % der Landräte waren adlig, immerhin 50 % der Oberpräsidialräte, dagegen nur 23 % der Regierungs- und Oberregierungsräte und wiederum 39 % der Regierungsassessoren (die seit 1885 ständig gewachsene Zahl der Neuadligen freilich ist dabei zum Adel gezählt). Zwischen 1885 und 1914 waren 16 Oberpräsidenten alt-adlig, fünf neu-adlig, acht bürgerlich, drei von ihnen wurden geadelt. In den Westprovinzen war der Anteil der Bürgerlichen auch an den Führungsämtern im ganzen höher, die Herrschaft des Adels über das Landratsamt ging hier zu Ende.

Natürlich, es gab den Aufstieg befähigter bürgerlicher Beamter auch in die leitenden Positionen, die Zahlen zeigen es. Und natürlich gab es unter den adligen Beamten ungemein befähigte Verwaltungsleute, die auch in anderen Systemen aufgestiegen wären, insofern entstand eine adlig-bürgerlich gemischte neue Beamtenelite – die Adelsverleihungen sind da sehr typisch, aber das Gewicht des Adels ist doch ebenso charakteristisch. Und natürlich haben die beschriebene Personalpolitik der Regierung, die Chancen und die Eintrittsbedingungen in die Gruppe der Verwaltungsbeamten das Verhalten der Kandidaten bestimmt. Adlige hatten eine gute Chance, und sie wußten es. Adelssolidarität und die ausgeprägten Familien-, ja Clanbeziehungen haben Laufbahnen (Beurteilungen und Beförderungen) gewiß auch erleichtert.

Man muß also die sich durchhaltende adlige Dominanz in den Führungspositionen sich vor Augen halten, wenn man die statistische Zunahme der Bürgerlichen unter den Beamten in die richtige Perspektive setzen will. Trotz der Bevorzugung des Adels wurde die Mehrheit auch der preußischen Verwaltungsbeamten, im Justizdienst selbst die der Gerichtspräsidenten, bürgerlich. Es gab zwei Barrieren. Die eine lag in der notwendigen finanziellen Ausstattung des Bewerbers, das definierte auch im großen und ganzen das soziale Herkunftsmilieu. Man mußte zu den „richtigen" Kreisen gehören. Auf der Basis regionaler Daten aus zwei Provinzen ergibt sich, daß im Zeitraum 1860–90 50% und im Zeitraum 1890–1914 43% der höheren Beamten, Verwaltung und Justiz zusammengenommen, aus Akademiker- und akademischen Beamtenfamilien kamen, 31 und 35% aus der Wirtschaft, und nur, aber auch immerhin, 17 und 19% aus dem mittleren Beamtentum, das waren die Aufsteiger. Die Selbstrekrutierung nimmt im Zeitraum 1890–1914, verglichen mit 1860–90, etwas ab. Der Herkunft entsprach in etwa das connubium: 41 und 35% heirateten im eigenen Milieu, 35 und 42% ins vor allem mittlere wirtschaftende Unternehmertum (oder den Gutsbesitz), 23 und 21% in andere („kleinere") bürgerliche Familien und nur wenige, nicht einmal 1%, in die Arbeiterschaft.

Die zweite Barriere: Man mußte die „richtige" Gesinnung haben, mußte staatsloyal, national, königs- und kaisertreu sein. Und man mußte diese Gesinnung auch unter Beweis stellen. Die Selektionsmechanismen während der Referendarzeit, bei der Einstellung als Assessor und noch bis zur festen Anstellung waren die Filter, die solche Gesinnung sicherstellten, ja das Klima so prägten, daß die Neueintretenden, zumal in der Verwaltung, von vornherein die erwartete Haltung internalisierten. Die Beförderungspraxis stützte das dann weiter. Hier spielte wieder der Unterschied zwischen Verwaltung und Justiz seine Rolle. In der Verwaltung mußte man im Grunde konservativ sein, im ostelbischen Preußen war der Verwaltungsapparat um 1900 konservativ „bis auf die Knochen". In der Justiz reichte das Spektrum bis ins Moderat-Liberale oder ins liberal-konservativ Katholische – hier war die Trennung von Berufspflicht und privater Gesinnung viel normaler, hier gab es mehr Pluralismus, hier spielten die Prädikate und Fachbeurteilungen eine größere Rolle; auch in der Verwaltung gab es natürlich große Spezialbereiche, in denen die politische Einstellung kaum eine Rolle spielte. Kurz, es gab einen vorherrschenden Geist im Beamtentum, es gab keine totalitär einheitliche Ausrichtung. Soweit man sehen kann, spielte das Reserveoffizierspatent wie überall in der bürgerlich-obrigkeitlichen Gesellschaft der Zeit seine Rolle, es war jedenfalls ein Ausweis der richtigen Gesinnung und des „Dazugehörens"; Henning, der beste Kenner der Verhältnisse, bezweifelt allerdings, daß es durchgängig Voraussetzung der Einstellung oder gar der erfolgreichen Karriere war. Die Zugehörigkeit zu einer studentischen Verbindung war weitverbreitet, zunächst sozusagen „normal", auch das mochte Indiz für die richtige Gesinnung sein; der Einfluß der Corps aber, von dem Kritiker früher wie heute gern reden, wird meist überschätzt. Von den höheren Ministerialbeamten in Berlin waren 1882 20,8%, 1912 16% Corpsangehörige, das war freilich die Spitze des stärker bürgerlichen Innendienstflügels der Verwaltung.

Eine zähe Legende unter Historikern will, daß der preußische Innenminister Puttkamer die Verwaltung seit Beginn der 80er Jahre von liberalen Elementen „gesäubert" habe; das kann heute als widerlegt gelten. Was es gab, war einmal die Zurückdrängung der – nie sehr starken – katholischen Teile der Beamtenschaft in der Kulturkampfära, einem Konflikt zweier konservativer Orientierungen; der wahre Kern der Sache aber ist, daß seither über die Einstellungs-, Ausbildungs- und Beförderungspraxis die konservative Linie entschiedener durchgesetzt wurde. Die liberale Beamtentradition Preußens, verkörpert in den liberalen Geheimräten in Berlin und den radikal-liberalen Kreisrichtern in der Provinz, brach ab. Die Grundorientierung der Beamtenschaft wurde einhelliger, sie wurde konservativ oder, wie in der Justiz, neutral und insoweit nicht-progressiv. Das lag zwar, strukturell, an den Wandlungen der deutschen Gesellschaft und ihrer Mentalität, daran, daß der Liberalismus schwächer wurde und konservativer und der Nationalismus, von links nach rechts gewandert, zur neuen Konsensideologie, aber es lag auch und konkreter noch an der betont konservativen Umorientierung der Innen- und Personalpolitik. Dabei spielte auch Bismarcks Mißtrauen gegen die Beamten – altadlig antibürokratisch und nach seinen früheren politischen Erfahrungen gegen den Geheimrats- wie den Kreisrichterliberalismus – eine wichtige Rolle.

In Süddeutschland spielt das Leistungsprinzip eine größere Rolle, hier ist die Verbürgerlichung der Beamtenschaft auch in den Führungspositionen deutlicher und durchgreifender: Um 1880 waren noch 55,6% der bayerischen Regierungspräsidenten adlig (von Geburt), um 1910 nur noch 28,6%. Alles war bürgerlicher und weniger schroff, aber auch hier gab es noch den Adelsüberhang aller älteren Monarchien. Und, wie wir im Blick auf die Landräte gesagt haben: Auch im Süden waren die Beamten eine herausgehobene Klasse mit deutlicher Autorität gegenüber dem einfachen Bürger und dem Volk.

Bei den höheren Reichsbeamten schließlich spielte ein anderer Gesichtspunkt noch eine Hauptrolle. Hier gab es eine Art föderalen Proporz und zugleich ein Mißtrauen der Preußen gegen die anderen, die „Partikularisten".

Die Frage nach der politischen Haltung der Beamtenschaft hing stark damit zusammen, daß von den Beamten im Zuge der öffentlichen Auseinandersetzungen zwischen und mit Parteien, des Auftretens radikaler Oppositionsbewegungen, die von Bismarck zu „Reichsfeinden" stilisiert wurden, und vor allem natürlich bei Wahlen ein entschiedenes öffentliches Eintreten für die Regierung erwartet wurde. Vor allem seit Ende der 70er Jahre wurde die „Wahlbeeinflussung" weit über eine bloße Meinungsbekundung hinaus zur praktischen Pflicht der Kreis- und Bezirksbehörden, der Landräte und Regierungspräsidenten gemacht: positiv die Einflußnahme auf die Kandidatenaufstellung und etwaige Wahlabsprachen der regierungsnahen Parteien, negativ die Behinderung der anderen Parteien durch eine Unzahl von kleinen und großen Verwaltungs- und Polizeischikanen oder z. B. durch Druck auf Wirte – wegen der Versammlungsräume – und lokale Zeitungen – wegen Werbung und Berichterstattung. Selbst Lehrer und Richter wurden zum aktiven Eintreten für den Regierungskurs gedrückt, abweichende Parteipräferenz oder Meinungsbekundung geriet in die Nähe der Dienstpflichtverletzung. Solche Überspannungen schwächten sich wieder ab, zumal als Friedrich III. 1888 während seiner 99 Regierungstage eine entsprechende Verlautbarung publizierte und den Innenminister entließ.

Was die politische Loyalitätspflicht betraf, so ergab sich eine Dreiteilung: Es galt ein striktes Verbot, „Verfassungsfeinde", Sozialdemokraten z. B. und nationale Minderheiten, auch nur indirekt zu unterstützen; es galt sodann eine allgemeine Loyalitätspflicht zur Zurückhaltung gegenüber anderen „oppositionellen" Parteien, Mittelparteien, Zentrum und Nationalliberale mochte man wählen, karriereförderlich war das kaum; politische Beamte schließlich, die jederzeit zur Disposition gestellt werden konnten, Landräte vor allem, blieben zur aktiven Vertretung des Regierungskurses verpflichtet, in Preußen zum konservativen Kurs. Generell blieb die regionale Verwaltung etwas weniger schroff und mit mehr Spielräumen, z. B. gegenüber dem Zentrum, als in der Bismarckzeit auf die Unterstützung gouvernementaler, das hieß auf dem Lande fast immer konservativer Parteien, verpflichtet. Freilich setzte die Wahlprüfungskommission des Reichstags, indem sie Wahlen für ungültig erklärte, relativ strenge Maßstäbe gegen direkte Behinderungen oder Begünstigungen. Mit der Zeit verlor solche Praxis an Wirkung, selbst in den agrarischen Wahlkreisen Ostelbiens war der Bund der Landwirte wichtiger als der Druck der Verwaltung. Dennoch, die politische Indienstnahme der leitenden eigentlichen Exekutivbeamten blieb. Wenn es zwischen der konservativen Partei und der Regierung Spannungen gab, führte das auch zu Konflikten zwischen der Regierungs- und der Parteiloyalität der konservativen Beamten, und oft genug war die letztere stärker.

Die parteipolitische Aktivität der Beamten, vor allem der Verwaltungsbeamten in den Parlamenten, war eingeschränkt. Die Zahl der Beamtenabgeordneten geht merklich zurück, von 27% der Abgeordneten 1871 auf 11,6% 1912. Das gilt auch für Lehrer, Professoren und Richter, obwohl in der Nach-Bismarckzeit Beamtenabgeordnete nicht mehr mit informellen Behinderungen und Benachteiligungen zu rechnen hatten. Selbst die konservativen Landräte im preußischen Abgeordnetenhaus werden weniger. Die Parlamente des Kaiserreichs waren – nach den 70er Jahren – nicht mehr wie die des Vormärz und noch nicht wie die der Bundesrepublik in starkem Maße Beamtenparlamente. Freie Berufe und politiknahe, ja Berufspolitiker dringen vor.

Die Frage nach der Verbindung von Beamtentum und Politik, Staatsapparat und Parteipolitik führt in die dialektischen Verstrickungen eines der Kernbestände der deutschen Realverfassung. Das Reich war, wie jeder Gliedstaat, ein Beamtenstaat. Die Beamten waren nicht einfach die Agenten, sie waren die Träger der Staatsmacht, waren die Verkörperung der Obrigkeit, aus ihnen rekrutierte sich die Regierung, sie regierten, sie waren so wichtig wie die Dynastie, der Adel, das Militär, sie hatten ihre eigene innere Dynamik und Selbständigkeit. Das Ethos des Beamten-Obrigkeitsstaats in diesen Jahrzehnten war, daß die Beamten die Anwälte des Allgemeinen, des Gemeinwohls, der Sachlichkeit – der sachlich besten Lösungen –, der Gerechtigkeit und des Ausgleichs seien, daß sie über den Parteien und über den Klassen und anderen Antagonismen und Pluralismen der Gesellschaft stünden. Sie sollten insofern nicht wie im Absolutismus Diener einer Person und ihrer politisch willkürlichen Meinung und nicht wie im Parteienstaat Diener einer Partei, der jeweils herrschenden Mehrheit sein. Diese Idee der Neutralität, die die Beamtenobrigkeit und die von Beamten getragene Monarchie rechtfertigen mochte, stieß sich mit der Tatsache, daß die Macht sehr wohl bei einer sozialen Gruppe und einer politischen Parteiung lag, zu deren Kern Adel, Militär und Konservative gehörten. Die Neutralität über den Parteien war, wie Radbruch gesagt hat, die Lebenslüge des Obrigkeitsstaates. Die Staatsdiener dienten durch ihr öffentliches Auftreten bei Wahlen, ob angeordnet oder freiwillig, oft genug einer bestimmten Parteikonstellation. Sie wollten – idealiter – über den Parteien stehen, aber diese Position konnten sie nur mit bestimmten Parteien vertreten, an deren Seite. Letzten Endes nahmen diese Parteien sie auch in Dienst. Das war die innere Widersprüchlichkeit der Idee der Beamtenherrschaft oder auch nur der Beamtenneutralität im Zeitalter der politischen Parteien. Das machte freilich auch ihre Sonderstellung gegenüber dem konservativen Parteiinteresse aus.

Man verfehlt indessen das Wesen des deutschen Beamtentums, wenn man es allein aus der kritischen Perspektive der Partei- und Anti-Parteipolitik sieht, man muß anderes genauso beachten.

In der Beamtenschaft gab es einen bestimmten Korpsgeist und einen bestimmten Stil. Es gab das eigene Beamtenrecht, das die Rechte und die

Pflichten der Beamten regelte. Ethos und Moral waren von den Grundsätzen der Pflicht, der Treue (gegenüber Staat und Monarch), der Sachlichkeit, der Unparteilichkeit bestimmt. Verhalten und Betragen im öffentlichen Bereich waren davon geprägt, daß der Beamte allezeit und unbedingt Vertreter der Staatsautorität war; das strahlte auch auf den privaten Bereich aus, er war zu besonderer „Würde" verpflichtet. Die ältere Nähe des Beamten und seines Ethos zu Religion und Kirche dagegen ist in unseren Jahrzehnten nicht mehr verbindlich: Wie überall in den „gebildeten" Klassen rückt die „Kultur" vielfach an die Stelle der Religion.

Die Beamten waren gemeinhin nicht kastenmäßig abgesondert, sondern mit der adligen wie der bürgerlich gebildeten Welt eng verflochten; in Berlin spielten etwa die Kontakte zwischen Professoren und hohen Beamten eine wichtige Rolle, die Beziehungen zum Wirtschaftsbürgertum waren, schon aus finanziellen Gründen, lockerer, aber durchaus vorhanden. Beamte hatten aufs Ganze gesehen in der Gesellschaft eine angesehene und herausgehobene Stellung.

Die Beamtenschaft war hierarchisch geordnet, insofern waren das Verhältnis zu Vorgesetzten und die Laufbahn von großer Bedeutung; Titel und Orden waren nicht Anciennitäts-Routine, sondern Prämien für Leistung und Loyalität, sie waren für das Sozialprestige wie das Selbstgefühl wichtig (und glichen ein wenig die mäßigen Gehälter aus). Es gab – aus frühkonstitutionellen Traditionen – manche Einrichtungen, die die Unabhängigkeit und Selbständigkeit der Beamten auch in der Hierarchie stärken sollten, z. B. das preußische Prinzip, daß in Kollegien der Jüngste zuerst und der Behördenchef zuletzt abstimmte. Aber der Blick auf die Karriere mochte die Norm der Unabhängigkeit auch unterlaufen. Das war in den einzelnen Verwaltungszweigen und in einzelnen Provinzen und auch in unterschiedlichen Zeiträumen verschieden, je nachdem wer nach welchen Maßstäben über Karrieren entschied. Das Negativbild ist, daß ein Übersoll an Gesinnungsbekundung, Forschheit, schroffem Vorgehen gegen Staatsfeinde und Autoritätszweifler und überhaupt Oppositionelle und betonte Autoritätswahrung gegenüber „Untergebenen" die Karriere förderten – das waren politische Gesichtspunkte, die auch das Verhalten prägten: In der allgemeinen Verwaltung und zumal wieder den Außendienstposten hat das eine wichtige Rolle gespielt. Aber dies war gewiß nicht so von Bedeutung, wie Satire und kritische Literatur es, als Zerrbild, darstellen – denn natürlich war ein Übermaß solcher Züge für die Wirksamkeit und Funktionstüchtigkeit der Verwaltung in einer nun doch bürgerlichen Gesellschaft schädlich. Es gab – nicht nur in der Öffentlichkeit, sondern in der hohen Beamtenschaft selbst – die Kritik am sogenannten „Karrierismus" oder „Assessorismus", einer Art superschneidige Radfahrermentalität; die lange Wartezeit der Assessoren, die für ihre endgültige Anstellung ja auf die Beurteilung ihrer Vorgesetzten angewiesen waren, galt auch deshalb als ein Übel, weil sie diese Tendenz förderte. Und man darf nicht übersehen, daß Leistungskriterien in der Personalpolitik doch auch eine ganz entscheidende Rolle spielten, bei gesicherter Loyalität mehr als Konnexionen, Anciennität oder auch Gesinnungsübersoll.

Auch die Justiz war von diesem Problem betroffen. Die lange Periode unbezahlter und abhängiger Tätigkeit als Hilfsrichter beeinträchtigte hier den Geist der Unabhängigkeit. Die Position des Staatsanwaltes, der, anders als der Richter, weisungsgebunden in die bürokratische Hierarchie eingeordnet war, galt als karriereförderlich und war darum bei manchen begehrter als die „bloße" Richterposition; die Wichtigkeit von Versetzung oder Beförderung – schon wegen der schmalen Gehälter – beförderte die Rücksicht auf die Meinung der Vorgesetzten. Wie in der Verwaltung gab es in der Justiz viele gerade hochgestellte Beamte, die – streng konservativ – diese Tendenzen für verderblich hielten.

Alle Verallgemeinerungen übertreiben – man muß das Doppelgesicht festhalten: Die Beamten waren in den politisch konservativen Obrigkeitsstaat eingeordnet (und sein Instrument), und sie waren an Sachlichkeit, Leistungsfähigkeit, ja Innovationen orientiert, sie waren autoritätsbewußt und waren modern effektiv, dabei gab es das Gefälle zwischen dem konservativeren und dem moderneren Typ vom preußischen Nordosten nach Westen und Süden, von der allgemeinen Verwaltung, zumal im „Außendienst", zu den Spezialverwaltungen und dem Innendienst, zur Justiz, vom preußischen zum Reichsdienst.

Die administrativen Leistungen dieser Beamtenschaft sind – wir haben das schon in der Einleitung dieses Kapitels angesprochen – beachtlich, die Effektivität der staatlichen Organisation bei der Bewältigung der öffentlichen Aufgaben spricht dafür. Vor allem sind die innovatorischen Leistungen hervorzuheben, die Bewältigung neuer Lagen im Übergang zur Industrie-, zur Massen-, zur Großstadtgesellschaft, zum Interventions- und Sozialstaat, zur Modernität der deutschen Kommunen. Das ging weit über Tradition und Routine und bloßes Reagieren hinaus und bewies ein enormes Maß an Initiative, Risikobereitschaft, ja Phantasie. Es bleibt erstaunlich, daß es „klassische" Juristen waren, die diesen Modernisierungsschub, der doch über die Anwendung von Rechts- und Rechtsverfahrensregeln weit, weit hinausführte, gestaltet haben. Und ebenso, daß die Modernisierer Konservative waren. Aber die Modernisierungsaufgaben konnten sie sich nicht wählen. Hier spielt die Reichsbürokratie eine besondere Rolle, da entwickelt sich ein neues Ethos der Reform. Es gibt das aufregende Faktum, daß hohe Beamte, von altpreußisch adliger Herkunft und von der ostelbischen Junker-Landratswelt geprägt, über Position und Aufgaben etwa in hohen Reichsämtern sich wandeln, von feudalen und borussischen Normalkonservativen zu modernen und reichsorientierten Reformkonservativen werden. Der Staatssekretär des Innern Posadowsky oder sein Nachfolger, der spätere Kanzler Bethmann Hollweg, sind Beispiele, ebenso der von Bethmann ernannte Posener Oberpräsident Schwartzkopff.

Eine Sondergruppe ist noch zu beschreiben: die Beamten des Auswärtigen Dienstes, die Diplomaten. Hier dauert – wie übrigens fast überall in Europa, auch in den parlamentarischen und republikanischen Ländern – die ganz starke Dominanz des Adels fort. Fast 70% der Diplomaten (377 von 548) waren zwischen 1871 und 1914 adlig, davon nur fast 10% neu nobilitiert. Auf den wichtigen Auslandsposten saßen fast nur Adlige (bürgerlicher Herkunft waren nur die Gesandten in Peru, Venezuela, Kolumbien und Siam). Anders als in der preußischen Innenverwaltung aber spielten hier der hohe (und reiche) Adel die führende Rolle und auch Nicht-Preußen und sogar Nicht-Protestanten. 1914 befanden sich auf den höheren Posten des Auswärtigen Dienstes acht Prinzen, 29 Grafen, 20 Barone, 54 andere Adlige und nur 11 Bürgerliche. Stil und gesellschaftliche Gewandtheit, Vermögen und Einkommen, das waren wichtige Kriterien bei der Auswahl, dazu auch Familien„beziehungen" (10 Bülows z.B.); zwischen 1871 und 1914 brachten 24 Diplomaten ihre Söhne (insgesamt 29) wieder als Diplomaten unter, 10 Diplomaten waren Brüder, 89 waren Vettern; die Familienclans hatten also eine gewisse Macht. Das hing auch damit zusammen, daß die europäische Gesellschaft der „Höfe", bei denen die Diplomaten akkreditiert waren, und auch das außenpolitische Establishment Europas noch weitgehend adlig waren, und damit, daß die notwendige Repräsentation nicht vom Gehalt gedeckt war und ein eigenes unabhängiges Einkommen erforderte – in den 1880er Jahren schätzte man 6000, 1900: 10000 Mark. Prüfungsleistungen waren zwar erforderlich: das Referendarexamen – es galt prinzipiell das Juristenmonopol –, das Assessorexamen und/oder Prüfungen des Amtes, aber ihre Ergebnisse entschieden nicht hauptsächlich über Ein- und Aufstieg. Die Bürgerlichen im Auswärtigen Dienst, die es natürlich auch und in steigender Zahl gab, waren im Innendienst, in den Handels- und Rechtsabteilungen und im von der Diplomatie getrennten Konsularbereich tätig, leitende Stellungen konnten sie, wie gesagt, fast nur in Übersee einnehmen, in Berlin war der Leiter der Kolonialabteilung bürgerlich, von Hause auch Jude.

Die „Schwäche" der deutschen Diplomatie aber hing nicht mit der Art ihrer Rekrutierung zusammen; die Diplomaten waren „moderner", als ihre Herkunft erwarten läßt, Außenpolitik war nicht Junkerpolitik, und der Sinn für moderne industriell-wirtschaftliche Fragen fehlte nicht, wenn auch manchmal der Sachverstand. Die Schwächen der deutschen Diplomaten vor 1914 – Mangel an Realitätssinn, Mangel an Takt nach außen, Mangel an Stehvermögen nach innen – waren im Grunde für einen gut Teil der deutschen Führungsschichten, ja für die Mehrheit der deutschen Gesellschaft charakteristisch. Was im Auswärtigen Dienst hinzu kam, waren die Kaisernähe, das persönliche Regiment Wilhelms II. in der Außenpolitik, die Abhängigkeit der Karrieren von der kaiserlichen Gunst und die dadurch beförderten Dispositionen. Die hochadligen Londoner Botschafter freilich – Wolff-Metternich oder Lichnowsky – hatten diese Position auf Grund ihrer

Qualität erreicht, sie blieben unabhängig, ja fast unbotmäßig. Aber das war nicht eben die Norm.

Endlich sind noch einmal – wir haben im Zusammenhang mit dem neuen Mittelstand davon gesprochen – die mittleren und unteren Beamten zu nennen, zumal wenn man Post und Eisenbahn einschließt: militärisch geprägt bei der Polizei, sonst staatsloyal, aber mit weiteren Spektren auch zu Linksliberalismus und Zentrum hin, hierarchisch geordnet, in vielfältigen Laufbahnen und Berechtigungen, mit kargen, aber sicheren Gehältern, der feste Unterbau des Staates. Lange Zeit ist es den Regierungen gelungen, eine gewerkschaftsähnliche Organisation in diesen Gruppen – vor allem bei Post und Bahn – zur Vertretung ihrer Interessen mit harten Disziplinarmaßnahmen und mit Gehaltssteigerungen zu verhindern, vor 1914 aber mußten sie sich mit solchen oft christlichen und nationalen Verbänden der „Beamtenbewegung" mehr oder minder abfinden.

Der Gesamteindruck der deutschen Verwaltung in der Zeit des Kaiserreichs bleibt ambivalent. Die interne Kritik richtete sich – wie üblich – gegen Kompetenzvielfalt, Wirrwarr, Ressortpartikularismus, überlange und überkomplizierte Entscheidungsprozesse, Überbürokratisierung und -zentralisierung – dagegen wurden Vereinfachung und Dezentralisierung angestrebt; zwischen Staats- und Selbstverwaltung gab es beträchtliche Zonen von Unklarheit und Konflikt – die wollten die Kritiker zugunsten der Selbstverwaltung bereinigen. Im weiteren Sinne: Die Verwaltung war relativ gerecht und sachlich, relativ effektiv, nicht nur reaktiv, sondern – wir sagten es – auch initiativ, ja innovativ, sie griff die modernen Probleme – der Technik, der Wirtschaft, der Sozialbeziehungen etc. – auf, am stärksten natürlich da, wo die politische Machtordnung nicht berührt war. Zugleich war die Verwaltung konservativ und obrigkeitsstaatlich, aufgeklärt und wohlwollend autoritär oder schroff, hierarchisch und reaktionär, den politischen und sozialen Status quo mit allen Mitteln verteidigend. Auch das gehörte zu ihrem Janusgesicht. Bürger- und volksnah war sie in keinem Fall. Anders als im Vormärz war sie nicht mehr, obwohl die Beamten das Reservoir des Regierungspersonals stellten, das Kernelement der Verfassung und forttreibender Motor. Sie diente der Verfassung, deren konservativen wie reformerischen Möglichkeiten.

3. Bürgerliche Selbstverwaltung und Lebensform: Die Stadt

Wie immer es mit der Selbstverwaltung auf dem Lande und in den Kreisen oder Provinzen gewesen sein mag, Kernbereich und Höhepunkt der Selbstverwaltung ist die Stadt. Sie ist auch im Kaiserreich eine eigene politische Wirklichkeit gewesen; darum muß man ihr ein eigenes Kapitel widmen.

Aber die Stadt ist nicht nur eine politisch-administrative Realität, sie ist eine Lebensform. Wir benutzen die Gelegenheit, in diesem Kapitel bestimmte Aspekte dieser Lebensform im ganzen vorzustellen. Trotz einer gewissen Willkür hat das einen Sach-Grund. Vom Land, vom Dorf, sozusagen der Gegen-Lebenswelt der Stadt, haben wir in einem Kapitel gesprochen, das von Landwirtschaft und ländlicher Gesellschaft handelte. Das sind die Bestimmungsmächte des Dorfes. Mit der Stadt ist es anders – sie vereint Bürger und Arbeiter, Industrie, Handel, Verwaltung, Kulturberufe. Die politische Struktur der Selbstverwaltung ist, so meine ich, zentral für die Welt der Stadt – auch wenn die „Kultur", das Leben der Stadt darin nicht aufgeht. Darum handeln wir im Zusammenhang mit Verfassung und Verwaltung von der Stadt.

Wir haben in dem Kapitel über Bevölkerung und Binnenwanderung den Prozeß der Verstädterung, das Wachstum der Städte, zumal der großen, in seinen verschiedenen Typen erörtert, im Zusammenhang des Wohnens die unterschiedlichen städtischen Wohnverhältnisse, im Zusammenhang der Wirtschaftsentwicklung die industriell-kommerzielle Schwerpunktbildung und die Einkommens- und Vermögenskonzentration in den Städten, im Zusammenhang mit der „sozialen Frage" die spezifische Lage der städtischen Arbeiter und auch die städtischen Maßnahmen der Gesundheits- und Sozialpolitik, im Zusammenhang mit der Architektur manches von der baulichen Gestaltung der Städte. Hier versuchen wir, vieles davon zu integrieren, indem wir von der Stadt als Ort der Selbstverwaltung und desgleichen der Stadt als Lebensform sprechen. Wir wollen uns auf vier Komplexe konzentrieren: auf die Sozialgeographie der Städte, auf Stadtbild und Stadtplanung, dann (und hauptsächlich) auf die Stadtverwaltung und ihre Wandlungen und schließlich auf den besonderen Typus städtischer Lebensweisen und die Beurteilung der Stadt als Lebensform. Wir erinnern an die vielen Unterscheidungen, die man zwischen den verschiedenen Typen von Städten machen muß – von kleinen, mittleren und großen; von Industrie-, Verwaltungs-, Handels- und Dienstleistungs- und multifunktionalen Städten (von anderen Typen wie Universitäts- oder Garnisons- oder Hafenstädten nicht zu reden); von alten und jungen; schnell und langsam oder kaum wachsenden Städten; von Städten mit hoher und niedriger Bebauungs- und, davon unterschieden, Wohn- und besonders Mietwohndichte, von östlichen und westlichen, preußischen und bayerischen, katholischen und protestantischen. Wir wollen das hier nicht vertiefen. Uns geht es hier vor allem um die Großstädte und die mittelgroßen Städte.

Wir reden zuerst von der sozialgeographischen Entwicklung der Städte. Dabei muß man sich von vornherein klarmachen, daß die Siedlungsballung und die administrativ-politischen Gemeindegrenzen (die Stadt der Statistik auch) sich überhaupt nicht decken – die Geographen reden beim ersten Tatbestand von der Agglomeration. Wir wollen uns zwei Komplexe ansehen: die innere Differenzierung der Stadt in Viertel und die territoriale Erweiterung des Stadtgebietes (und auf diese Weise meist auch die Vergrößerung der Einwohnerzahl). Beides hing miteinander zusammen. Zuerst die Differenzierung in Viertel.

In den alten Stadtkernen entsteht das, was später die City heißt, ein Geschäfts-, Büro- und Verwaltungsviertel, dazu die Einrichtungen der Kultur und der höheren Bildung und, zunächst, große Mietshäuser. Die Innenstädte werden um- und neugebaut, mit mehr haltbaren und feuersicheren Baumaterialien, mit mehrgeschossigen Häusern; schon die hygienische Sanierung drängt auf solchen Neubau. Die Bebauungsdichte wächst. Die Bevölkerung aber nimmt in diesen Vierteln nicht nur nicht zu, sondern ab, in Leipzig zwischen 1871 und 1910 je nach Straße bis auf 22%, in München bis auf 40%; in Berlin leben 1871 noch fast 65000 Menschen, 1910 nur noch knapp 24000 Menschen in der City. Die Boden- und Mietpreise in der City werden teuer, das vertreibt einen Teil der früheren Wohnbevölkerung. Vielerorts bleiben freilich Reste der „Altstadt", aber die Häuser, klein, altmodisch, unhygienisch, werden beinahe zu Slums. Nur selten hat die Erneuerung der Innenstädte historische Bausubstanz, außer Kirchen und Monumentalbauten, geschont. Die Citystruktur, der Kernbereich mit Gebäuden für gemeinsame (infrastrukturelle) Zwecke, alt-ursprünglich und in diesen Jahrzehnten charakteristisches „19. Jahrhundert" geworden, gründerzeitlich, strahlt von den Städten mit altem Stadtkern nach außen, auch die Vororte bilden Kerne, die ihnen mit Schulen, Kirchen, anderen öffentlichen Gebäuden, Läden etc. einen „urbanen" Charakter, ein „Gesicht" geben – wenn auch in mäßiger Kopie. Um den alten Stadtkern herum, der jetzt City wird, gibt es oft die Reste der Mauern – Wall, Park, Ringstraßen – und gibt es die Eisenbahn, das ist gleichsam die Wachstumsnaht zwischen den alten und neuen Teilen.

Ganz anders in den ganz neuen Städten, den aus Dörfern zusammenwachsenden des nördlichen Ruhrgebietes z. B. Da gibt es weder eine City noch überhaupt einen Stadtkern, einen vorgegebenen Bestand von Stadtsubstanz, Vorbildern, öffentlichem Raum und entsprechend „urbaner" Atmosphäre.

Dann gibt es die Industrieviertel. Die anfängliche Nähe von Fabrik und Arbeiterwohnviertel dauert nicht, Arbeitsplatz und Wohnung rücken auseinander. Die Industrie wandert zu den Eisenbahnanschlüssen und an den Rand der Städte, aufs freie Feld, in Rand-Dörfer, in die Vororte. Dort ist der Boden wesentlich billiger, später wird auch der innerstädtische Boden so teuer, daß es für alte Betriebe wirtschaftlich wird, ihn zu verkaufen und an den Rand umzuziehen. Freilich, „Rand" ist ein relativer Begriff, die Stadtexpansion holt den Rand immer wieder ein und macht ihn wiederum zu einem „inneren" Viertel. Zudem konkurriert die Industrie auf dem billigeren Boden am Rand mit den Mietskasernen. Insofern gibt es zuerst viele kleine und zerstreute Industrieviertel. Die Bodenpreise freilich und die Entstehung der feineren Viertel verweisen dann die Industrieviertel eher in den Osten und Norden – den Rauch- und Abgasgürtel der Städte. Die Gewerbeordnung von 1869 hatte Industriebauten bei Gefährdung oder Belästigung der Nachbarschaft (der „Umwelt“) genehmigungspflichtig gemacht und den Gemeinden die Möglichkeit eingeräumt, Gewerbe- und Nichtgewerbegebiete getrennt auszuweisen – davon wurde aber lange nicht Gebrauch gemacht, und später bedurfte es höchstrichterlicher Entscheidungen, um das durchzusetzen. Dresden machte 1878 den Anfang, 1887 folgte Breslau, 1891 Frankfurt a. M. mit einer ersten „Zonenbauordnung“.

Endlich entstehen die neuen Wohnviertel, der Vororte vor allem. Für diese Ausdifferenzierung, die Trennung von Stadtvierteln nach Funktionen, für das Entstehen spezifischer Wohnviertel sind zwei Voraussetzungen wichtig. Die eine ist die um sich greifende Arbeitsteilung und die Trennung von Haus und Beruf/Arbeit auch im bürgerlichen und sogar teilweise schon im kleinbürgerlichen Bereich. Vor allem aber ist die Entwicklung des Nahverkehrs von der Pferdebahn zur Trambahn und dann zur Schnell- und Untergrundbahn von entscheidender Bedeutung – die erste Straßenbahn zwischen Berlin und Charlottenburg schon 1865, die erste „Elektrische“ zwischen Berlin und Lichterfelde 1881, das Stadtbahn-System in Berlin seit 1882, die Hochbahn seit 1896. Man kann nach 1900 deutlich sehen (an Fahrplänen und Tarifen), wie z. B. die Außenlinien immer weniger einem sonntäglichen Ausflugsverkehr dienen als dem werktäglichen Berufsverkehr und wie die Fabriken mit Anfang und Ende ihrer Arbeitstage Stoßzeiten setzen, wie die Arbeiterwochenkarten immer wichtiger werden. Für die Arbeiter und ihren Weg zur Fabrik spielt dann auch das Fahrrad, das bald zu nahezu jedem Haushalt gehört, eine wesentliche Rolle. Die Wohnviertel scheiden sich bald in Bürger- und Arbeiterviertel, in Villen- und Einfamilienhausviertel, Mietshaus- und Mietskasernenviertel. Die ältere – leichte – Durchmischung, bei der die kleinen Leute unterm Dach wohnten oder im Souterrain, geht zurück, Angebot und Nachfrage im Wohnungsbau richten sich – mehr – nach Klassenstandards. Neben den großbürgerlichen Villenvierteln – Tiergarten in Berlin, Westend in Frankfurt – entstehen die Villen- (Einfamilien- oder Reihenhaus-)Kolonien, in Berlin z. B. in Friedenau oder Lichterfelde, Wilmersdorf oder im Westend, später – vornehmer – im Grunewald und noch später die Garten-Vororte (mit Eisenbahnanschluß oder nach Ausdehnung des Straßenbahnnetzes). Muthesius hat diese Vorstadt-Einfamilienhaus-Siedlung nach 1900 ganz entschieden propagiert, nun deutlich als Gegengewicht zum städtischen Geschäftsbetrieb und zum städtischen Leben außer Haus: das „Landhaus“ als Vermittlung von Stadt und Land über den Garten, als Haus, in dem das Leben sich – wieder – zentriert. Auch in den bürgerlichen Mietsvierteln gab es natürlich die vielen feinen und kleinen Unterschiede; es gab durchaus bürgerliche „Großkomplexe“ wie in Charlottenburg oder Schöneberg.

Man darf die funktionale Trennung der Viertel nicht überbetonen. Vororte, außer den reinen Villenvierteln, hatten Kerne; Schulen, Kirchen, Ladenzeilen, Kneipen und auch andere öffentliche Gebäude: Kasernen und

Krankenhäuser z. B., aber auch Gasanstalten und Wasserwerke, Schlachthöfe, Markthallen und Eisenbahnanlagen, Friedhöfe oder Zoologische Gärten oder Ausflugslokale, hatten Mischzonen zwischen Industrie- und Wohnvierteln und Übergangszonen zwischen Arbeiter- und Kleinbürgerwohnungen. Und in den provinziellen und kleinen Städten gab es mehr solcher Mischung. Zugleich, noch mikroskopischer, entsteht aber schon die Trennung von „reinen" Wohn- und Geschäfts- und Verkehrsstraßen.

Die Funktions-Viertel-Teilung und die „Vorortposition" überlagern sich, denn Vorort wird ein relativer Begriff. Vororte verdichten sich, durch Schließen der Baulücken und mehrgeschossiges Bauen, differenzieren sich funktionell, entweder in Viertel oder so, daß ein Vorort wesentlich einer Funktion dient.

Die Ausdehnung der Stadt, die andere sozialgeographische Realität, verlief im allgemeinen so, daß die verdichtete Bebauung an den Ausfall-, den „Radial"straßen und in den „Vor-Orten" einsetzte und erst dann die „dazwischen" liegenden Flächen ergriff. Für die Stadterweiterung ins freie, mehr oder minder unbebaute Land gab es zwei Wege. Einmal waren es sogenannte Terraingesellschaften (oder manchmal auch einzelne „Bauträger"), die ehemalige Äcker und Wiesen zusammenkauften, erschlossen, parzellierten und manchmal eben selbst bebauten, aber meist mit hohem Gewinn weiterverkauften. Das war das liberal-marktwirtschaftliche Verfahren in Reinkultur, und die in den Städten politisch maßgeblichen Haus- und Grundbesitzer verteidigten es bis zum äußersten, auch als es wegen der „unverdienten" Gewinne und der anarchischen, weil planlosen Ergebnisse unter Beschuß geriet, verteidigten es insbesondere gegen alle Planungseingriffe irgendeiner kommunalen Bürokratie. Der andere Fall war der, daß eine Stadt selbst das freie Gelände im Vorfeld der alten Stadt erwarb, fast ausschließlich in den Fällen der Entfestigung, wenn sie das bisherige Militärgelände vom Fiskus kaufte. Dann lief die Siedlungserweiterung (eher) nach einem Plan der jeweiligen Stadt ab – Mainz, Köln, Straßburg sind berühmte Beispiele.

Dann gab es die allmähliche „Verstädterung" von Randdörfern, durch Siedlungsausdehnung, Besiedlung des Zwischenlandes, durch Fabrik- und Arbeiterwanderung in diese Dörfer; sie wurden zunächst faktisch Vororte, nahmen nach ihrer Eingemeindung teil an der städtischen Straßenführung und -pflasterung, ja an Wasser- und gar Gasanschluß und Kanalisation und – an der städtischen Bodenpreisentwicklung. Man kann das eine Suburbanisation nennen – eben Verstädterung, aber noch ohne die innerstädtische Konzentration. Solche Vororte lagen größtenteils im engeren Radius von etwa 3 bis 4 km um das alte Zentrum herum, teils auch noch weiter außerhalb. Bis 1880 jedenfalls wuchsen sie deutlich schneller als die Stadtkerne, die Kernstädte.

Das städtebauliche Ergebnis dieser Entwicklung war, daß die Städte nicht mehr geschlossen, sondern offen gegen das Umland waren. Die Konzentration der Verdichtung auf Radialstraßen und Vororte hielt freilich das Zentrifugale in Grenzen. Aber zugleich wurde die weniger strukturierte Zerrasterung von Neubauland zum dominierenden Phänomen. Wer von draußen in die Stadt kommt, ist nicht mit ihrem geschlossenen Komplex konfrontiert, freilich auch nicht mit den modernen häßlichen Übergangszonen; die städtischen Vororte mit ihren kleinen Eigenzentren fangen doch deutlich an, wenn auch mit etwas ausgefransten Rändern.

Zu der baulichen, siedlungsgeographischen Erweiterung, dieser Veränderung der sichtbaren und sozialen Realität und neben sie tritt der administrativ-politische Vorgang der Eingemeindung. Anfangs, da die rechtlichen und administrativen Grenzen eines Stadtgebiets vielfach ganz disfunktional waren, war das noch eine Art territorialer Abrundung. Seit der Mitte der 80er Jahre und verstärkt nach 1900 folgten die Eingemeindungen der Siedlungsausdehnung oder der Siedlungsballung in Nachbargemeinden nach, oder – zuletzt und seltener – sie nahmen solche Entwicklungen vorausplanend schon vorweg. Für die Städte waren bei ihrer Eingemeindungspolitik die Interessen rationaler Verkehrs-, Bau- und Wirtschaftsplanung und das Interesse an der Effizienz ihrer großen Infrastruktur- und Versorgungseinrichtungen oder auch an der Verteilung der Steuerlast wichtig, das machte auch die politisch bedenkliche Aufnahme sozialdemokratisch dominierter Vororte erstrebenswert oder tolerabel. Die Randgemeinden – dabei stand oft die Einwohnermehrheit gegen die eingesessenen Gemeindeverwaltungen – waren an den besseren Versorgungsleistungen und der effizienteren und billigeren Verwaltung innerhalb der größeren Einheit, in der man praktisch sowieso schon lebte, interessiert – sie wollten die städtischen Dienstleistungen zum gleichen Preis oder, wenn sie denn „teurer" waren, sie wollten die besseren Leistungen, die sie selbst nie bieten konnten. Es gab Gegenkräfte und -gründe – etwa im berühmten Fall Berlin mit einer Anzahl von Großstädten in der unmittelbaren Nachbarschaft (Charlottenburg, Wilmersdorf, Schöneberg, Neukölln): Die staatliche Verwaltung, die zustimmen mußte, trieb hier eine politische Dezentralisierungspolitik gegen die Bildung eines liberal-sozialdemokratisch „regierten" neuen Großraums. Es gab auch Selbstbehauptungstendenzen der Einzelgemeinden zum Teil wieder aus politisch-sozialen Gründen, die reicheren z.B. waren gegen den Zusammenschluß mit den ärmeren. Ähnliche politische Probleme gab es im Ruhrgebiet, etwa in Essen, an der Grenze zwischen der Rheinprovinz und Westfalen, oder im Raum Nürnberg-Fürth. In vielen Fällen eilten die Gemeinsamkeit der Wasser- oder Gasversorgung oder gemeinsame Bauordnungen der Eingemeindung (oder dem Zusammenschluß) voraus, in anderen Fällen (Berlin z.B.) bildeten sich dann trotz beibehaltener kommunalrechtlicher Trennung „Zweckverbände". Manchmal, wie im Fall von Frankfurt a.M., liefen auch umfangreiche Landkäufe der Stadt in den Randgemeinden (bis zu 50% des Bodens) der Eingemeindung voraus. Immerhin, die Flächenausweitung der größeren Städte setzte seit 1885 mit Macht ein, 90% der Flächenausweitung zwischen 1850 und 1914 fielen in die Zeit ab 1885. Es blieben gewaltige Unterschiede zwischen dem Siedlungsgebiet und dem Gebiet der – administrativen – Stadtgemeinde: Während selbständige „Vororte" in München um 1900 nur noch einen Anteil von 0,4% an einem Fünf-Kilometer-Kreis um ein angenommenes Zentrum hatten (das ist die sogenannte innere Agglomeration), waren es in Essen 60,7%.

Ein Ergebnis der Eingemeindungswelle war eine gewisse Buntscheckigkeit der „sozialen Viertel", kleinbürgerliche und Arbeiter-Vororte und Landgemeinden lagen oft weiter draußen als altvornehme stadtkernnähere Viertel etc.: Das verstärkte sich, als vor 1914 mit der Einfamilien- und Landhauswelle die höheren Klassen wieder mehr an den Stadtrand zogen, jetzt meist nach Himmelsrichtungen geschieden, dabei wurden Westen und Süden (wegen der Windverhältnisse meist industrieferner) die „vornehmeren" Gegenden. In Köln z. B. waren Teile der Ringstraßen ursprünglich besonders vornehm, darum herum lagerte sich die angelegte und geplante Neustadt, eher „kleinbürgerlich", dann der Kranz kleinbürgerlicher und proletarischer Vororte und – schließlich – später und weiter draußen die feinen großbürgerlichen Villenvororte.

Für das Aussehen und die Sozialstruktur und die Entwicklungsmöglichkeiten der wachsenden Städte, für die Wohnverhältnisse und Lebensformen in ihnen waren „Städtebau" und Stadtplanung von entscheidender Bedeutung; die dürren stadtgeographischen Daten über Stadtdifferenzierung und -erweiterung werden erst unter dieser Perspektive konkret.

Zunächst galt bis zum Ende des 19. Jahrhunderts ein fast radikal liberales und marktwirtschaftliches Boden- und Baurecht – das war auch eine, vergessene, Folge der Bauernbefreiung, auch der städtische Boden war von Auflagen und Beschränkungen aller Art, von der patriarchalischen oder genossenschaftlichen Bevormundung, freigestellt worden. Der Grundstückseigentümer konnte grundsätzlich frei und ungehindert bauen – und auch abreißen. Und die liberale Rechtsprechung hat die „Baufreiheit" lange Zeit bis in die letzte individualistische Konsequenz hin durchgesetzt, befestigt und konserviert. Die erwähnte „Modernisierung" der historischen Altstädte ist eine jedermann anschauliche Folge – nur in Sonderfällen wie in Nürnberg kam es, vor einem rechtlich durchgreifenden Denkmalschutz, zur Erhaltung von „historischen" Bauten (und Mauern z. B.), ja von Ensembles und Stadtbild.

Die Konkurrenz von Monumentalbauten in den Innenstädten und die Tendenz zum Übertrumpfen, in Größe und Sicht, von denen wir im Zusammenhang mit der Architektur gesprochen haben – man denke an den Berliner Dom oder das Kaiser-Wilhelm-Denkmal in Berlin –, hat auch hier ihren Grund; auch wo nicht das Bodeneigentum entschied, blieb das Baudenken individualisiert; der Kölner Hauptbahnhof kam neben den Dom, dessen verwahrlostes Umfeld die Stadt aufgekauft hatte und auch abriß oder unbebaut ließ, um das große historische Bauwerk „frei" zu stellen, den Blick unverbaut zu lassen. Es gab freilich zwei Einschränkungen des Baurechts durch Kommunen und Polizei (in Festungsstädten auch durch das Militär): eine gewisse Rücksicht auf den Nachbarn (Belästigungsverbot) und vor allem die feuerpolizeilichen Schutzbestimmungen und Auflagen; die Höfe der Berliner Mietskasernen waren nach dem Wendekreis der Feuerwehrwagen bemessen und so die Tore; Brandmauern waren vorgeschrieben.

Aber zunächst also bestimmten die individuelle Nutzung des Bodeneigentums und darum auch die Spekulation die Städteentwicklung. Mit der – zunächst ungeplanten – räumlichen Erweiterung der Städte ergaben sich freilich neue Probleme: Straßenbau und Kanalisation, „Anschluß" der Häuser an beides (und an die Wasser- und Gasversorgung), Erschließung. Straße, Kanal, Wasserleitung waren in der Hauptsache Sache der Stadt; die Straßen wurden von den Städten durchweg gepflastert und mit Trottoirs und zumeist auch mit Gaslaternen versehen, die großen Ausfallstraßen auch mit Baumreihen. Aber das alles war auch eine Frage der Kosten, zu denen die Eigentümer mehr oder minder, über Anliegerbeiträge z. B., herangezogen wurden, und eine Frage der Abtretung von Straßengrundstücken und ihrer Erzwingbarkeit; in Preußen waren die Eigentümer zur Abtretung von Straßenland verpflichtet. Die Stadt plante die Straßen, die Straßenführung und die Breite, und zwar ganz wesentlich im Hinblick auf die Kostenaufteilung zwischen ihr und den Eigentümern. Die Straßenplanung bestimmte in den Altstädten auch über „Durchbrüche" und Abrisse, und in Neubaugebieten wieder bestimmte sie die Größe der Baugrundstücke, ja die Vorschriften über die zulässige Zahl von Geschossen und also die Dichte der Bebauung. Stadt„planung" war insoweit Sache der Straßen- und Kanalbauer, der Tiefbauingenieure, der – in geraden Radial- und rechtwinkligen Seitenstraßen denkenden – Geometer. Auch die maximale Höhe der Häuser hing von der Straßenbreite ab (zunächst ein- bis eineinhalbmal so hoch), die – geringe – Entfernung zur Straße, vor der später von den Städten festgesetzten Baulinie – sie regelte zwar die Straßenfront, aber überließ die Hinterhäuser dem Wildwuchs. So entstanden die ersten Ansätze zu dem, was wir alle kennen als Mittel der Bauplanung: Bebauungsplan und Bauordnung. Berühmt ist der Bebauungsplan des Berliner Tiefbauingenieurs Hobrecht (1862) – mit großen Baublöcken –, der den Bau von gewaltigen Mietskasernen (mit vielen Höfen) zur Folge hatte. Hobrechts Idee, in großen Mietshäusern würden sich die sozialen Schichten mischen, hat sich nicht verwirklicht. Die Tendenz zur maximalen Ausnutzung des vorhandenen Grundstücks führte, jedenfalls beim Mietshausbau und den geschlossenen Häuserreihen, zur Gleichförmigkeit der Häuser und je nach Entstehungszeit zu den gleichen Erkern oder Balkonen und den gleich dekorierten Fassaden.

Als mit steigenden hygienischen Anforderungen (mehr Hofraum, mehr Licht und Luft) und steigenden Verkehrsanforderungen (mehr Straßen mußten gebaut und gepflastert werden) die Kosten relativ zum Bauwerk wuchsen, wurden die Beiträge der Anlieger wichtiger und höher und also umstrittener. Die Städte gewannen – über die Frage des Anschlusses von Grundstükken an vorhandene Straßen – mehr Kompetenz, sie ließen sich auf solchen Anschluß nur ein, wenn ein ganzer Straßenzug (etwa zwischen vorhandenen Radialstraßen) bebaut wurde, sie bestimmten die Zonen, in denen festgelegte Dichte- und Höhenregeln, Baulinien galten, und damit – rechtlich oder faktisch – die Zonen der Bebauung. Die Erschließungskosten waren insoweit ein Motor zu fortschreitender Stadtplanung. Ähnliches galt für die immer wieder nötigen Verkehrsdurchbrüche und für die Kanalisation.

Aber die rechtlichen wie die finanziellen Möglichkeiten der Städte waren begrenzt. Im allgemeinen war das Sache der einzelnen Stadt, wenn es auch – früher oder später – gesetzliche Rahmenbestimmungen dafür gab (Preußen 1875, Sachsen 1900, Bayern 1863/64 und 1901 z. B.); in Preußen hinderte oft die staatliche Baupolizeiregelung – die Kompetenzen zwischen Kommune und staatlicher Polizei waren unklar aufgeteilt –, streng manchesterliberal, die zarten Ansätze städtischer Planungsbedürfnisse. In Berlin kehrte sich das freilich um die Jahrhundertwende um, jetzt trat die Stadt für maximale Ausnutzung des Bodens und dichte Bebauung ein, die staatliche Polizei für eher sozialplanerische Belange. Freilich, das Enteignungs- oder Umlegungsrecht war sehr unterschiedlich, in Frankfurt, Hamburg oder in Elsaß-Lothringen war dergleichen möglich, in Bayern nicht. Die Befugnisse der Städte, der kommunalen Baupolizei wuchsen dennoch überall. In der Praxis verfuhren die Städte mit ihren Kompetenzen noch einmal unterschiedlich: In Hamburg waren drei, in Berlin, München oder Dresden fünf Geschosse Norm, im Nordwesten, in Bremen vor allem, überwog das Einzelhaus (das hing auch mit lokalen Traditionen und dem Recht des Realkredits zusammen). Später konnte sich an die Planung über Straßen und Kanäle auch die Planung von Wohn- oder Industrievierteln anschließen.

Nur bei Neugründungen oder bei Wiederaufbau von Städten (wie früher, 1840, in Hamburg) oder wo die Stadt bei den Entfestigungen gleichsam das ganze Umland erwarb (Mainz, Straßburg, Köln u. ä.) war Planung von vornherein unabhängig von privaten Eigentümern und insofern durchgreifender.

Die soziale Kritik an der ersten Phase des Städtebaus richtete sich gegen die Miets„kasernen“: gegen das Prinzip unbegrenzter maximaler Verwertung des Baugrunds zu profitablem Wohnraum. Die Innenverhältnisse eines Hauses gingen Stadt (und Staat) ja nichts an: die Tatsache unbelichteter Zimmer, dunkler Rückgebäude und Rückflügel z. B., die Enge der Hinterhöfe unter dem Gesichtspunkt von Luft, Licht und Bewegung, das Fehlen von Spielraum (oder gar -plätzen) für Kinder. Auch wo es – außerhalb des Nordostens – weniger oder gar keine Mietskasernen gab, galten die Mietshäuser für die Arbeiter als „trostlos“. Mit der Zeit haben manche städtischen Bauordnungen diese Kritik aufgenommen und ganz anti-manchesterlich den Eigentümern Auflagen gemacht (München schon 1879, in Berlin wurde 1887 die bebaubare Fläche auf zwei Drittel begrenzt, und die Minimalerfordernisse für die Höfe wurden erhöht). Dann mußten mindestens Lichtschächte gebaut werden, oder das Ausmaß der Rückgebäude wurde eingeschränkt.

Neben den sozusagen normalen geschlossenen Straßenzügen, in denen die Häuser Brandmauer an Brandmauer stehen, entstand die sogenannte offene Bauweise, Einzelhäuser oder aufgelöstere Häuserkomplexe – bis zu 75 Meter Front –, zunächst freilich in geringen Abständen (sieben Meter z. B.). Das galt zuerst als ländlich, unstädtisch und unfein, aber das Argument von Licht, Luft und Hygiene – Pettenkofer lehrte, „stickige Luft" sei eine Ursache der großen Infektionen – wirkte dagegen; wenn dergleichen erst einmal als vornehm erkannt war, dann erhöhte sich auch der Wert so bebauter Grundstücke, und das Argument der maximalen Ausnutzung entfiel. So entstanden in Vororten und Neubaugebieten Viertel offener Bauweise, niedrigere Häuser mit Vorgärten zur Straße und mit Gärten, kostspieliger natürlich und darum eher mittel-/oberklassenorientiert. Hygienische Zielbestimmungen für städtische Bauordnungen, wie sie in Sachsen und Bayern (seit 1871), nicht freilich in Preußen, auch gesetzlich anerkannt waren, konnten das begünstigen. Das Umsichgreifen der neuen „offenen" Bauweise hat das Bild der Straßen und Stadtviertel grundlegend geändert. Wenn sie für ganze (Neubau-)Viertel galt, wurde auch die Stadt anders, weiträumiger und grüner.

Diese neue Differenzierung nun begünstigte ein andermal den Versuch, unterschiedliche Viertel zu schaffen und provozierte sodann die Idee eines Übergangs zwischen geschlossener und offener Bauweise, also vom Stadtzentrum zum Stadtrand, z. B. abnehmende Geschoßzahlen schon bei geschlossener und dann auch bei offener Bauweise. Seit den 90er Jahren werden solche Pläne der „Zonung" diskutiert (und provozieren viele Widersprüche der Eigentümer). Um 1900 wird die Zonung dann vielfach in den Bauordnungen eingeführt. Besonders interessant in dieser Hinsicht ist die Münchener Staffelbauordnung von 1904, ein Werk des Architekten und berühmten Stadtplaners – des ersten dieser Art in Deutschland – Theodor Fischer: An den Radialstraßen wird die innerstädtische Bauweise erlaubt, geschlossene, hohe Häuserzeilen, in den Zwischenbereichen gilt die der Vororte. Das durchdrang das starre Ringsystem der ersten Zonungen und ließ eine Zentrenbildung auch in den Vororten zu. 1903 hatten von 128 größeren Städten 20 eine sogenannte Staffelbauordnung, 1917 waren es schon etwa 60. Jetzt (nach der Jahrhundertwende) kam es dazu, daß die Städte auch das Stadtbild im ganzen stärker gestalten konnten. Jetzt wurde der Architekt und nicht mehr der Ingenieur für den Städtebau wichtig. Und zwar galt das nicht mehr nur für die wenigen Fälle (Mainz, Straßburg, Köln), wo eine Stadt ein großes Bebauungsareal erworben hatte und als Eigentümer hatte planen können, sondern eben für die „Normalfälle", wo die Stadt einer Mehrheit privater Eigentümer gegenüberstand. Es entstand damals der heute ja noch gültige Unterschied zwischen Flächennutzungs- und Bebauungsplan, es begann, damals ein Fortschritt gegenüber früherer Anarchie, die Verrechtlichung der Planung, die uns heute schon wieder unheimlich geworden ist. Die Städteplaner fühlten sich als Anwälte des Gemeinwohls gegenüber den unerwünschten Folgen einer allein von privaten Interessen bestimmten und insofern ungeplanten Stadtentwicklung. Die Art der Planung lief auf einen Interessenausgleich zwischen Eigentümern und Gemeinde heraus, Grundbesitz der Gemeinde im Planungsbereich war eine günstige Voraussetzung, die Installierung eines rechtlichen Verfahrens war das Hauptinstrument, die Planung durch kommunale Behörden und die liberale Eigentumsordnung kamen auf diese Weise zusammen. Die Verfügungsgewalt und Baufreiheit des Eigentümers waren damit erheblich eingeschränkt. In Süddeutschland ließen die Gemeindeverfassungen im allgemeinen der entstehenden Planung mehr Möglichkeiten als im Norden – es bleibt interessant genug, daß diese Planung sich auch mit und in den Grund- und Hausbesitzerparlamenten der vordemokratischen Gemeindeverfassungen durchsetzte, das „Gemeinwohl" hatte hier über den beamteten Sachverstand der Magistrate seine große Chance. Zu dieser Planung gehörte dann eine eigene Boden- und Bodenankaufspolitik der Kommunen, angesichts des gewaltigen Anstiegs der städtischen Bodenpreise ein ganz zentrales Problem; ebenso gehörte dazu, daß die modernen sozialreformerischen Ideen der Wohnungspolitik die Baupolitik der Kommunen prägten.

Wer plante eigentlich? Anfangs – in den 70er, 80er Jahren – hatte man vereinzelt in den Städten, die über große planbare Areale verfügten, schon Wettbewerbe für Stadtplanentwürfe ausgeschrieben; aber die Preis-Entwürfe waren doch häufig nicht durchsetzbar. Dann wurden einzelne mit der Planung beauftragt wie Stübben in Köln oder, als die Kommunalkompetenz installiert war, Th. Fischer in München: Die Komplexität und Vielseitigkeit der Perspektiven und des Ausgriffs in die Zukunft machten die Planung zur Sache besonderer Fachleute (und ihrer Büros).

In diese Geschichte von Stadtplanung und Städtebau gehören nun auch Theorie und „Wissenschaft" von Städtebau, gehört insbesondere die Wiederentdeckung der Ästhetik im Städtebau. In den 70er Jahren war es der Karlsruher Professor, noch für Ingenieurbau, Reinhard Baumeister gewesen, der das Standard- und Lehrbuch über Stadterweiterung („in technischer, baupolizeilicher und wirtschaftlicher Beziehung") schrieb und Verkehr und Kanalisation in den Mittelpunkt stellte. Ästhetisches kam als „System absoluter Regelmäßigkeit des Straßennetzes" vor. Joseph Stübben, Kölner Stadtbaumeister und Planer der „Neustadt" auf dem angekauften Festungsareal, hat schon entschieden Ideen der Funktionsgliederung von Stadtteilen propagiert (und auch realisiert). Die eigentliche Revolution des Städtebaus aber ist die Wiederentdeckung der „Schönheit" des Stadtbildes und im Stadtbild. Der Österreicher Camillo Sitte mit seinem Werk „Der Städtebau nach seinen künstlerischen Grundsätzen", 1889, hat diese Revolution eingeleitet, die vierte Auflage erschien 1909. Sitte wendet sich gegen die Rechtwinkligkeit und Symmetrie der Straßennetze der Geometer und die daraus sich ergebende Langweiligkeit und anonyme Unwirtlichkeit oder gegen die monumentalen Axialstraßen und Rundplätze in Haussmanns Paris, er betont dagegen das Malerische und das Vielfältige, das Uneinheitliche aller älteren Städte, er zeigt, daß ihre Schönheit auf der räumlichen Wirkung, auf Perspektiven der Straße und Plätze beruht, auf Begrenztheit und Abgeschlossenheit, geschwungenen krummen Straßen und asymmetrischen – wiederum geschwungenen – Einmündungen in (auch kleine) Plätze. Der Blick des Betrachters solcher Plätze bleibt im Nahen, statt ziellos in die Ferne zu schweifen. Und nicht der Einzelbau ist entscheidend, sondern das Ensemble. Der ästhetische Raum war dreidimensional, nicht wie der der Geometer zweidimensional aufgefaßt; das war eine funktionale und moderne Entdekkung, die zugleich historische Wiederentdeckung der unbewußten Weisheit der Alten war. Gewiß, Sitte hatte nostalgische Neigungen, seine Plätze sollten den Geist der Gemeinschaft wieder beleben, gegen den abstrakten Rationalismus und die entfremdete Gesellschaft der puren Individuen und ihrer reinen Kontraktbeziehungen volkstümlich sein – gegen allen rationalistischen Funktionalismus und gegen die Herrschaft der Nützlichkeit oder bloß ästhetische Autonomie. Aber darauf kommt es nicht an. Zunächst und zuvörderst war Sitte modern. Die Städteplaner, selbst wo es nur um Straßenführung geht, setzen das seither in die Praxis um. Um 1900 sind die Ideen Sittes Allgemeingut, sind in die Neuauflagen des Traditionalisten-Buches seines „Vorgängers" Stübben aufgenommen, sind trivialisiert zur Routine der leicht gekrümmten Straße. Die deutsche Städtebautheorie und -praxis gewinnt Vorbild- und Vorreiterfunktion gerade für die angelsächsische Welt.

In der Städtebautheorie gibt es dann noch eine zweite Revolution: Das ist die bewußte und entschiedene Einbeziehung des Stadtgrüns, seines „ästhetischen und sanitären" Wertes in die Stadtplanung, so hat Sitte schon 1904 gemeint; dann aber ist es vor allem Martin Wagner, der mit einem Buch von 1915 der entstandenen Praxis eine Grundlage gibt. Wagner berechnet, wieviel Flächen in Sport- und Spielplätzen, Grünflächen, Park und Stadtwald pro Einwohner nötig seien, in welchen – Fußgängern zumutbaren – Distanzen, also in welcher Verteilung. Das war noch Zukunftsmusik, aber fragmentarisch und in Vorformen spielte das in der Praxis schon eine Rolle.

Parkanlagen gehörten lange schon zum Stolz auch der „bürgerlichen" Städte: Sie sollten den „Sinn für Schönheit" bilden und damit der sittlichen Erziehung zur rechten Gesinnung dienen und natürlich der Gesundheit, der Erholung, der Kommunikation, dem Vergnügen; sie waren auch eine „Sehenswürdigkeit" der Stadt. Das war anfangs eine Sache der „besseren Leute" gewesen (Reiten, Tennis und Krocketspiel, Bootfahren) – der Park war englisch/französisch gemischt, Rasen mit Baum- und Strauchgruppen, vielen sich schlängelnden Wegen und Durchblicken, mit Rosengärten und breiten Alleen und dem einsamen oder dem zentralen Teich. Gartenkünstlerisch nahm die klassisch-romantische Einheit des Gartens ab, die Vielfalt und Abwechslung zu, zugleich wurden mehr formale Elemente hinzugefügt. Der

„Volkspark" und „-garten" sollte dann mehr für alle sein, ein wenig im Geiste eines bürgerlichen Paternalismus. Damit stiegen die Anforderungen an die Benutzbarkeit zu Spiel und Vergnügen. Der Berliner Humboldthain (1869/75) oder der Treptower Park (1870) oder der Bremer Bürgerpark (seit 1866) sind vor allem durch Promenaden, symmetrische Plätze, Spielwiesen charakterisiert. Die Städte mußten sich Gartenverwaltungen zulegen. Hierher gehören auch Idee und Realität der Park- und Waldfriedhöfe, von Hamburg über München bis Darmstadt. Freilich, der gewaltigen Stadtvergrößerung und der Herausbildung sozial differenzierter Wohnbezirke folgte diese Entwicklung noch nicht. Stadtgrün wurde ein soziales Problem, es fehlte weitgehend noch in den Arbeitervierteln. Immerhin entstehen die Schrebergärten (und Laubenkolonien), in Berlin waren es 1895 schon 40000, freilich entfernt von den Mietskasernen, am Stadtrand, ein Wochenend-Ort. In München gab es seit 1898 immerhin eine informelle Praxis, nach der 5% größerer (von Terraingesellschaften etwa) neu zu bebauender Areale für Grün zur Verfügung gestellt oder abgetreten werden mußten.

Man darf die Leistungen dieses späten planerischen Städtebaus nicht übertreiben: Weder konnte er die „Sünden" der Gründerzeit rückgängig machen, noch protzige oder brutale oder verspielt historistische Architektur konterkarieren. Aber zusammen mit dem Aufbruch der modernen Architektur seit 1905 hat er die Grundlagen für die Erneuerungen der 20er Jahre des 20. Jahrhunderts gelegt.

Hier sind in aller Kürze zwei, damals viel diskutierte „Reformbewegungen" zu erwähnen. Die erste sind die „Bodenreformer". Sie sehen im Anschluß an den Amerikaner Henry George das Grundübel der Stadt (und der Gesellschaft) in der privaten Verfügung über das knappe (und unvermehrbare) Gut Boden, zugespitzt in der „unverdienten" Erhöhung der Bodenrente und der Bodenpreise und der daraus folgenden Bodenspekulation. Statt dessen wollen sie ein öffentliches „Obereigentum" an Boden und eine Erb- oder längerfristige Pacht (99 Jahre) setzen und, ehe eine so radikale Änderung der Rechtsordnung möglich wird, eine Wertzuwachssteuer beim Verkauf von Boden oder ein staatliches Vorkaufsrecht. Bodenreform, das war für ihre Ideologen der wahre dritte Weg zwischen Kommunismus und Kapitalismus. 1898 hat Adolf Damaschke nach mancherlei Vorgängern den Bund Deutscher Bodenreformer (neu)begründet. Die Kritik an der liberalkapitalistischen Bodenpolitik breitete sich schnell aus – freilich, die Änderungsvorschläge waren nicht überzeugend, auch die Reichswertzuwachssteuer von 1911 brachte keine wesentliche Änderung, die Abwälzbarkeit der Steuer blieb ein offenes Problem.

Die andere war die „Gartenstadtbewegung", die sich im Anschluß an die Schriften des Engländers Ebenezer Howard (Garden-Cities of Tomorrow, 1898) und des deutschen Antisemiten Theodor Fritsch (Die Stadt der Zukunft, 1896) bildete. Durch neue städtische Siedlungen von begrenzter Größe, außerhalb der bestehenden Städte, umgeben von unbebautem Land und in lockerer Bauweise, sollte der Gegensatz von Stadt und Land versöhnt, sollten die Vorzüge beider Lebensformen verbunden werden; Wachstum sollte „organisch" und nicht mehr chaotisch sein. Man wollte anders – gesünder und humaner – wohnen, die Mietskasernen überwinden und mehr der Natur verbunden sein. Man wollte die Stadt auf dem Wege der Selbsthilfe dezentralisieren. Dazu kamen freilich von vornherein zwei andere ebenso wichtige Elemente. Das eine war der Antikapitalismus, eine Art kommunaler Sozialismus, in Deutschland zugespitzt und pragmatisch gewendet zur Idee des genossenschaftlichen Gemeinbesitzes am Boden der Gartenstadt. Das andere waren die Ideen einer utopischen „neuen Gemeinschaft" (so der Literat Heinrich Hart in einem gleichnamigen Buch von 1901 mit dem Untertitel: „Ein Orden vom wahren Leben. Vorträge und Ansprachen, gehalten bei den Weihefesten der neuen Gemeinschaft. Das Reich der Erfüllung. Band 2."), neuer Menschen, der sozialistischen Arbeitsverfassung, der Kultur- und Lebensreform: Man arbeitet, lebt und ißt gemeinsam. Auch der Sozialist, Halb-Anarchist und spätere Zionist Gustav Landauer gehört dazu. Und völkische und antisemitische Ideologen entwickeln vergleichbare Ideen: Eine solche Kommune soll Gemeinschaft und Mensch im Geist einer echt deutschen, germanischen, mittelalterlich-organischen Kultur erneuern. 1902 wird die „Deutsche Gartenstadtgesellschaft" gegründet. (Linke) Literaten wie Hart und Bölsche und Kampffmeyer und Bodenreformer wie Damaschke gehören zum Vorstand, Vegetarier, Impfgegner, Naturheilpropagandisten kristallisieren sich an. 1907 löst sich die Gesellschaft von der Dominanz utopischer und sektiererischer Gesellschafts- und Lebensreformer und wird pragmatischer; Werkbundleute, etablierte Kommunalpolitiker und Akademiker gehören jetzt zum Vorstand – von Muthesius bis zum Pastor Bodelschwingh. Nicht mehr um neue Gemeinschaft oder autarke Wirtschaft oder Obstbaumkolonien geht es, sondern um moderne „Siedlungen" am Stadtrand, geplant und mit genossenschaftlichem oder öffentlichem Oberbesitz. Jetzt werden die ersten „Gartenstädte", zumeist mit Hilfe von Darlehen aus dem Kapital der Sozialversicherung, gebaut; am berühmtesten Hellerau bei Dresden im Umkreis der Dresdner (später: Deutschen) Werkstätten, eine Kleinhaussiedlung – aber auf Mietbasis und nur für besser verdienende Arbeiter erschwinglich – mit einem Villen-, einem Werkstatt- (Fabrik-) und einem Gemeinschaftsviertel, mit Typenhäusern, aber noch 20 Typen, und Sicherung gegen alle späteren Umbauten durch die Oberaufsicht von sieben – streitenden – Architekten. Tessenows Pläne, stärkere Normierung und Vereinfachung des Bauens, konnten sich gegen den mehr individualisierenden Riemerschmid nur sehr zum Teil durchsetzen. Angelegt für 14000 Bewohner, wohnten 1913 de facto 2000 dort. Weiter „links" – genossenschaftlich-gewerkschaftlich – war Falkenberg bei Berlin; architektonisch durch viel Farbe („Kolonie Tuschkasten") und dorfauenähnliche Plätze bestimmt, Bruno Taut war der Architekt, ein erster Vertreter der „Kunstdiktatur" der Architekten gegenüber den Mietern; weiter „rechts" – mehr im

Geist der Heimatkunst – war Paul Schmitthenners Siedlung für Werkmeister und Facharbeiter der Munitionsfabrik Spandau in Staaken. Und es gab (Karlsruhe, Mannheim, Nürnberg etc.) viele ähnliche Siedlungen mehr und (vor dem Krieg) noch mehr Pläne. Im ganzen waren das gute Siedlungs- und Wohnformen, aber jenseits der vielen ideenpolitisch-utopischen Lebensreformideen; selbst das angestrebte Verbot von Untervermietung z. B. ließ sich nicht durchsetzen und schon gar nicht neues Gemeinschaftsleben. Die Utopien lebten bei den Intellektuellen des dezentralisierten Sozialismus, der inneren Kolonisation, des Zionismus fort.

Städte waren verwaltungsmäßig, insoweit politisch, gesonderte Einheiten, die sich „selbst verwalteten". Für sie galt ein besonderes Stadtrecht. Landgemeinden/Dörfer waren, wir haben davon berichtet, stärker der staatlichen Verwaltung und derem Eingriff unterworfen. Die Unterscheidung Stadt/Dorf war freilich noch nicht durchgängig rechtlich oder verwaltungspraktisch geregelt. Traditionen wie politische Ab-(und Rück)sichten spielten eine große Rolle. Zwar waren – in Preußen – die größeren Städte „kreisfrei", wurden zu Stadtkreisen, getrennt vom Land und den Kreisen, die so erst „Landkreise" wurden. Aber der rechtliche, verwaltungsrechtliche Stadtbegriff war damit nicht erschöpft. In Preußen gab es 1910 einerseits noch 288 (22,6%) „Städte", die weniger als 2000 Einwohner hatten – Orte, die vor Zeiten ein „Stadtrecht" erhalten, aber sich nicht weiter entwickelt hatten. Andererseits gab es 101 „Landgemeinden" mit über 10000 Einwohnern – im Reich waren es 128; nachdem Hamborn mit über 100000 Einwohnern kurz zuvor doch (!) Stadt geworden war, waren unter den größten in Preußen jetzt Borbeck mit 71000 Einwohnern oder Zabrze und Steglitz mit 63000; vor allem in den Industriegebieten, an der Ruhr, der Saar, in Oberschlesien, und im Großraum Berlin gab es diese „Dörfer" – die Gründe für die Beibehaltung eines längst überholten Status waren rein politisch: Die staatliche Bestätigung der Bürgermeister, die staatlichen Polizeirechte und eine kommunale Machtteilung zwischen verbliebenen Bauern und Unternehmern sollte Arbeiterstädte verhindern oder – wie in Steglitz – eine befürchtete Sogwirkung auf die Entstehung eines Groß-Berlin.

Überall war es mit der Selbstverwaltung anders in den deutschen Ländern, in Baden oder in Bayern oder in Preußen, und dort auch in den östlichen und westlichen, den alten und neuen Provinzen, ja den rechts- und linksrheinischen Landesteilen.

Die „Selbstverwaltung" hatte eine doppelte „Natur": Sie sollte staatliche Aufgaben durch – anfangs vor allem ehrenamtliche – Beamte erledigen, das war der Ursprung der Auftragsverwaltung, und sie sollte ihren „selbständigen Wirkungskreis" wahrnehmen. Die Theoretiker hatten seit dem Freiherrn vom Stein das erste Element stärker betont, zumal der liberale Papst der Verwaltungsreform und des Verwaltungsrechts in der Bismarckzeit, Rudolf Gneist. Das war mehr verwaltungsmäßig und von oben nach unten gedacht als verfassungsmäßig, im Sinne der Selbstverwaltung als Basis der Mitbestimmung überhaupt, des parlamentarischen Wesens. Aber in der Praxis war das in den Städten nicht so wichtig. Denn der „selbständige Wirkungskreis" wurde so interpretiert, daß alles Unbestimmte und insbesondere alles Neue da hereinfiel, man also da, wo das Gesetz nicht den Staat für zuständig erklärte, von dem Rechtsgrundsatz der Allzuständigkeitsvermutung zugunsten der Gemeinden ausgehen konnte. Anders gewendet: Gneist hatte den Städten/Gemeinden das Unpolitische zuweisen wollen, de facto übernahmen die Städte aber einen neuen Eigenbereich von Politik – nicht gegen den Staat, aber ein wenig neben ihm.

Über die Abgrenzung zwischen Staat und Gemeinde gab es dennoch mancherlei Verwirrung, Vermengung und Konflikt – über städtische höhere Schulen etwa und zumal über die Polizeibefugnisse, da gab es wesentliche staatliche Einschränkungen. Die meisten großen Städte hatten, wir haben davon berichtet, staatliche Polizei, „königliche" Polizeipräsidenten, bei den anderen war die staatliche Aufsicht stark. Es gab auch sonst die staatliche Aufsicht über städtische Beschlüsse und Maßnahmen, meist bei den Bezirksregierungen, zwischen der selbstverständlichen Rechts- und der konkreten und einschränkenden Fachaufsicht, locker in Preußen und Sachsen, Hessen und Württemberg, rigider in Bayern, in Elsaß-Lothringen und auch im liberalen Baden. Wo keine Genehmigung erforderlich war, konnte doch ein Widerspruch erfolgen. Streng, auch in den erstgenannten Gebieten, war die Aufsicht gegenüber der Schuldenpolitik der Städte. In Preußen war zwar 1883 das Aufsichtsrecht des Staates verstärkt worden, aber zugleich war es verrechtlicht worden – die Kommunen konnten im Konfliktfall vor das Verwaltungsgericht ziehen. Insgesamt war die preußische Staatsaufsicht gegenüber kleinen Städten und im Osten strenger, gegenüber den großen Städten und im Westen lockerer. Allgemeiner und auch wichtiger war das Recht des Staates, gewählte Bürgermeister und Magistrate zu bestätigen. Das richtete sich gegen „linke" oppositionelle Kandidaten – nach 1890 eigentlich nur noch, in Preußen aber ganz strikt, gegen Sozialdemokraten. Das hatte natürlich auch eine präventive Wirkung auf die Wähler: Wer keine Bestätigung bekommen würde, wurde nicht gewählt (so 1873 und 1878 in Berlin, als die Stadtverordneten deshalb auf ihren „Lieblingskandidaten" verzichten mußten). 1882 hat gar der preußische Innenminister die linksliberale Berliner Stadtverordnetenversammlung aufgelöst, die Neuwahlen brachten freilich kein „gouvernementales" Ergebnis, so ließ man es denn bei einer mühsamen Kohabitation. Auf der anderen Seite gehörte es zu den – gleichsam romantischen – Eigentümlichkeiten des preußischen Staates, daß eine Reihe von (Ober)Bürgermeistern der größeren preußischen Städte – 47 waren es 1911 – Mitglieder des preußischen Herrenhauses waren.

Wie funktionierte die städtische Selbstverwaltung, wer war es eigentlich, der sich selbst verwaltete, wer hatte das Sagen? Zwar war es auch in dieser Hinsicht überall zwischen den Staaten, ja auch zwischen Provinzen und

Bezirken anders, aber es gab doch gemeinsame oder vergleichbare Grundstrukturen. Es gab ein konstitutionelles (gemischtes) System der Stadtregierung: Gewählte Stadtverordnete, Gemeinderäte (oder wie immer sie hießen) und von diesen Gewählte – Bürgermeister und Magistratsmitglieder oder „Beigeordnete" –, das waren Legislative und Exekutive.

Das Wahlrecht war zunächst und zumeist beschränkt: auf die Männer über z. B. 24 Jahren, in Preußen auf diejenigen mit eigenem Hausstand, die ein Jahr keine Armenunterstützung empfangen hatten, Hausbesitzer waren oder festbezahlte Beamte oder/und eine Mindeststeuer zahlten (Zensus), mit Einschluß von Untermietern, aber mit Ausschluß von Schlafgängern oder Gesellen in der Meisterfamilie. Mit der Miquelschen Steuerreform von 1891 setzte die Steuerpflicht erst bei Einkommen über 900 Mark im Jahr mit 4 Mark ein; wer weniger verdiente, aber über 600 Mark, wurde nun mit einer fiktiven Steuerzahlung von 3 Mark („Dreimärker") veranlagt und war in der dritten Klasse wahlberechtigt – wenn nicht die Stadt einen höheren Zensus (maximal 6 Mark), wie in Köln und anderen rheinischen Städten, festgesetzt hatte. Ein Zensus war auch sonst das Normale. Oder das Wahlrecht hing noch, wie teilweise in Bayern, an dem gesonderten Erwerb eines Bürgerrechts gegen hohe Gebühren (mehrere Monatslöhne); deshalb gab es starke Unterschiede. 1906 z. B. waren in Amberg 2,41 % der Einwohner gemeindewahlberechtigt, in Fürth waren es 15,06 %. Zahl und Prozentsatz der Wahlberechtigten waren daher im allgemeinen viel geringer nicht nur als die Zahl der Reichstags-, sondern zumeist auch der Landtagswähler. So lag die Zahl der Kommunalwahlberechtigten im Vergleich zu der der Landtagswahlberechtigten (1888/98) in Köln bei 50 %, in Bielefeld waren es 1893 17,8 %.

In Preußen (außer Schleswig-Holstein, Hannover und Frankfurt) und in einer Reihe anderer Staaten war das Wahlrecht nicht nur nicht allgemein, sondern es war ungleich: Es galt das Dreiklassenwahlrecht, bei dem die Steuerzahler, die das oberste Drittel des Steueraufkommens zahlten, über ein Drittel der Stimmen verfügten, das war die „erste Klasse"; die – wichtige – Frage, in welcher Art Bezirken die Drittelung berechnet wurde, war – seit 1901 mit drei Optionsmöglichkeiten – weitgehend den Städten selbst überlassen. Der plutokratische Charakter dieses Wahlrechts wurde durch das Stimmrecht juristischer Personen (Unternehmen) noch verstärkt, der bürgerliche Charakter dadurch, daß die Hälfte der gewählten Vertreter jeder Klasse Hausbesitzer sein mußten. Die Steuer-(und Wahl)reform von 1891 hatte die erste Klasse verkleinert, die dritte vergrößert, die zweite, wo sie stark war, etwas eingedämmt. 1853/1891 gehörten 3–6 % zur ersten, 15–20 % zur zweiten, 79–80 % zur dritten Klasse, 1893/1913 waren es 0,2–2 %, 4–14 % und 84–94 %; in Berlin waren 1907 von den 381 028 männlichen Wahlberechtigten 0,45 % in der ersten, 8,72 % in der zweiten, 90,84 % in der dritten Klasse.

Die Wahlen waren zum Teil wie in Preußen noch indirekt, sie waren öffentlich und fanden werktags während der Arbeitszeit statt – das begrenzte die Wahlfreiheit und -beteiligung. Normalerweise galt das Mehrheitswahlrecht, in Bayern zuerst wurde (1908) das Verhältniswahlrecht eingeführt. Nur in Baden, der bayerischen Pfalz und Elsaß-Lothringen war das Wahlrecht – relativ – allgemein und gleich.

Die Auswirkungen solcher Wahlrechtsregelungen waren zwar unterschiedlich, aber doch auch wieder relativ ähnlich. Wo es ein Klassenwahlrecht gab, war die Zugehörigkeit zu einer Klasse – ob höhere Richter oder der Regierungspräsident oder die akademischen Freiberufler in der ersten, zweiten oder dritten Klasse wählten und wo die konsolidierten Handwerker – je nach der sozial-ökonomischen Struktur der Stadt ganz unterschiedlich. Generell wuchsen die unteren Klassen mit der Zunahme der Einwohnerzahlen schneller als die oberen, aber andererseits ging die Tendenz dahin, daß die „Honoratioren" und der Mittelstand sich arrangierten. Unter dem System des Klassenwahlrechts und/oder der öffentlichen Stimmabgabe blieb die Wahlbeteiligung jedenfalls der Masse niedrig, bei gleichem Wahlrecht war sie trotz Zensus etwas höher. Die Mobilisierung größerer Teile der Wahlberechtigten ist erst unter dem Einfluß der Parteien und der Politisierung der Wahlen geschehen. Begünstigt war – bei den meisten Systemen – das wohlhabendere Bürgertum, waren politisch die Liberalen. In den östlichen Provinzen und in Berlin waren die Linksliberalen die herrschende Kommunal„partei", im katholischen Westen und Süden die protestantischen Nationalliberalen, in den Industriestädten des Ruhrgebiets die „Hüttenpartei", in den neuen, weil ein katholisches Bürgertum fehlte, in den älteren wenigstens gelegentlich, weil sie auch die zweite und dritte Klasse dominieren konnte. Die liberale Vorherrschaft führte im preußischen Westen seit etwa 1890 zu einem „zweiten", jetzt kommunalen Kulturkampf – bei Schulen, Krankenhäusern, Friedhöfen, Wohlfahrtseinrichtungen war das Konfessionsproblem ja immer ein akutes kommunalpolitisches Problem; der im Zentrum organisierte Katholizismus versuchte, die entscheidende zweite Wählerklasse zu erobern. Immerhin, 1912 hatten von 39 größeren Städten im Westen 30 ein liberales, nur 9 ein Zentrums-Stadtregiment, und in 35 dieser Städte hatten „Parteilose" nur noch weniger als 10%. Im katholischen Bayern war es, trotz anderen Wahlrechts, ähnlich. Dennoch, die liberal-katholische Auseinandersetzung ging unterschiedlich aus, sie war ein wichtiger Faktor, der die Kommunalpolitik änderte.

Lange Zeit war Kommunalpolitik eine Domäne der bürgerlichen Vereine gewesen; sie nominierten die Kandidaten und trafen auch die zahlreichen (die faktischen Wahlmöglichkeiten begrenzenden) Vorabsprachen; man kann zeigen, wie stark der Einfluß von Traditionsfamilien bis ins 20. Jahrhundert hin bleibt oder wie stark der Einfluß der Hausbesitzer. In Preußen waren noch 1907 weit über das erwähnte Hausbesitzerprivileg hinaus nicht nur 50%, sondern 75% der Stadtverordneten Hausbesitzer. Aber das Honoratiorenregime geht zu Ende und damit die ältere „Konsensuspolitik" bei der Kandidatenaufstellung etwa. Zuerst sind es Handwerker-, Haus- und

Grundbesitzer-, Mieter-, ja Stadtviertelsvereine, die unterschiedliche Interessen formulieren, gleichzeitig schon dringen die Parteien in den Kommunalwahlen vor, und schließlich, nach 1900, beherrschen sie sie. Dafür spielt der genannte Gegensatz zwischen Liberalen und Zentrum die Hauptrolle und dann das Auftreten der Sozialdemokraten, aber auch die liberalen Bürger organisieren sich entlang den konservativ-progressiven Parteischeidungen (auch wenn manchmal hinter dem Parteinamen „liberal" noch die alte Vereinsoligarchie steht). Kurz, die Kommunalwahlen werden zunehmend und durchgreifend von den Parteien politisiert, auch wenn es in den Stadtparlamenten noch lange keine festen Fraktionen gibt. Das Zentrum wird mehrheitsfähig, nicht dagegen die Sozialdemokratie – selbst bei gleichem Wahlrecht hatte sie nur beim System der Verhältniswahl Chancen; immerhin, 1907 gab es insgesamt erst 4996 sozialdemokratische Gemeindevertreter in Deutschland, 1913 schon 2753 sozialdemokratische Stadtverordnete in 509 Städten und 8298 Gemeindevertreter in 2973 ländlichen Gemeinden, bei insgesamt etwa 75000 Gemeinden; in Stuttgart kam die Sozialdemokratie vor 1914 auf 40%.

Man muß insgesamt, neben der Politisierung der Kommunalwahlen und der Kommunal„politik" durch die Parteien, den anderen Grundzug festhalten: Die Städte blieben Bastionen des Liberalismus, das ist angesichts der gesamtpolitisch schlechten Lage des Liberalismus, seines geringen Einflusses, seiner fehlenden Gestaltungsmöglichkeit von nicht geringer Bedeutung; hier war auch noch ein Feld öffentlicher Karriere für Liberale gegeben.

Die parteimäßige Politisierung der Gemeindevertretung schlug aber auf die Leitung und Verwaltung der Gemeinden nicht direkt durch – hier gab es ein nicht unbedeutendes Maß an Selbständigkeit. Es gab zwei Typen der Stadt„regierung": den vorherrschenden Kollegialtyp, einen „Magistrat" aus teils – noch – ehrenamtlichen, teils berufsmäßigen (juristisch oder technisch vorgebildeten) Mitgliedern, zum größeren Teil mit bestimmten „Dezernaten"; der Magistrat entschied mit Mehrheit, der Bürgermeister war – in Bayern ausdrücklich: gleichberechtigter – Vorsitzender dieses Gremiums. Und es gab den „bürokratischen" französischen Typ, in der Rheinprovinz, der bayerischen Pfalz, in Hessen und in Elsaß-Lothringen: Hier hatte der Bürgermeister eine herausgehobene Stellung, die Dezernenten waren weisungsgebundene Beigeordnete. Im allgemeinen gewannen auch in den kollegialischen Magistraten die bedeutenderen Bürgermeister eine führende Position. Der Bürgermeister wurde in beiden Fällen von den Stadtverordneten – oder wie immer das Gemeindeparlament hieß – gewählt und von der Regierung bestätigt: zumeist auf Lebenszeit, in Bayern gab es zuerst eine Wahl auf drei Jahre. Die Bürgermeister werden eine „professionelle" Schicht. Es gab für Bürgermeister eine Karriere: eine de facto verbindliche juristische Vor- und Ausbildung, die Tätigkeit als Beigeordneter, die für die Bürgermeisterposition qualifizierte, der Wechsel in andere (und größere) Städte. Bürgermeister waren zumeist nicht – mehr – eingesessen, sie verstanden sich nicht als Parteileute und nicht als Leute „des Ortes", sondern als kommunale Fachleute; Adenauer, 1906 Beigeordneter in Köln, 1909 stellvertretender und 1917 Oberbürgermeister, machte insofern eine ausgesprochene Ausnahme-Karriere; auch seine Zentrumsbindung war eher ein Ausnahmefall. Die Oberbürgermeister wurden eine neue politische Führungsschicht, sie wurden Politiker, wurden ministrabel – Miquel oder Lentze z. B. wurden preußische Finanzminister, Schwander kurzzeitig Leiter des Reichswirtschaftsamtes und letzter Statthalter in Elsaß-Lothringen –, wurden ins preußische Herrenhaus oder in andere Erste Kammern berufen.

Mit den Bürgermeistern werden auch die Magistratsmitglieder mehr und mehr eine professionelle Schicht. Die Laienverwaltung wird de facto unmöglich, auch im Sozialbereich gehen die kleineren Ehrenämter zurück, Verwaltung wird bürokratisch-professionell. Obwohl es fortdauernd die ehrenamtlichen Magistratsmitglieder gab, nahm das Gewicht der „berufsmäßigen" doch zu. Sie waren – über 12-Jahres-Verträge oder gar Lebenszeitstellung – relativ unabhängig gestellt. Insoweit entwickelten Magistrate wie Bürgermeister eine gewisse politische Unabhängigkeit, sie wurden, wie gesagt, professionell. Es ist klar, daß das Gewaltenteilungselement der Stadtverfassungen, die weitgehende Unabhängigkeit der Stadtregierung und der Übergang zur Leistungsverwaltung diese Professionalisierung begünstigt und beschleunigt haben. Der Professionalität und Unabhängigkeit der Kommunalbeamten entsprach ihr Selbstverständnis: Sie fühlten sich als Anwälte der Sachlichkeit und des Gemeininteresses, als diejenigen, die in der Lage waren, die organisatorischen und ökonomischen, baulichen und sozialen Probleme der Kommunen, ja der Gesellschaft administrativ zu lösen. Nur die Professionalität und Selbständigkeit der gebildeten Kommunalbeamtenelite erklärt, wie sie für ihre zumeist relativ progressive Schul- und Sozialpolitik die Zustimmung der Hausbesitzer-Stadtverordneten gewannen. Fachkompetenz, Detailkenntnis und Bildungsprestige sowie die Vorteile der Initiativmöglichkeit gaben ihnen eine deutliche Überlegenheit, mit der sie als Vorreiter auch die auf die eigenen – guten und vielleicht nicht so guten – Interessen konzentrierten Gemeinderäte mitzogen und auch ihnen den städtisch-bürgerlichen Stolz auf die modernen Errungenschaften einer guten Stadtregierung vermittelten. Das heißt nicht, daß die Gemeinderäte einflußlos waren; politische, symbolisch-politische und zumal finanzielle Fragen (und insoweit die Basis aller Kommunalpolitik) unterlagen durchaus ihrer Entscheidung, und kein Bürgermeister und kein Magistratsmitglied konnte auf Dauer auf gute Beziehungen zu den einflußreichen Gruppen im Gemeinderat verzichten, wenn sie auch – da es keine eindeutigen, keine dauernden Mehrheiten oder Fraktionen gab – das Spiel der Kräfte mitsteuern konnten.

Die Tätigkeit der Städte nun dehnt sich gewaltig aus, entsprechend wachsen ihre Aufgaben. Zuerst übernahmen auch die mittleren Städte das, was die größeren für ihre stetig wachsende Bevölkerung schon seit der Mitte des

Jahrhunderts machten: Straßenpflasterung, -reinigung und -beleuchtung; Bereitstellung ausreichender Krankenhäuser – die Städte werden erst jetzt Hauptträger des gewaltig expandierenden Krankenhauswesens –, Armenhäuser, Schulen. Dann wird die Verbesserung der hygienischen Verhältnisse, die „Stadtsanierung" eine Hauptaufgabe: die Wasserversorgung, die Kanalisation, die Müllabfuhr und -beseitigung, die Einrichtung kommunaler Schlachthöfe, die Lebensmittelkontrolle; die Großstädte fangen auch damit – in der Reichsgründungszeit – an, bis zur Jahrhundertwende nehmen das die Mittelstädte auf. Dann kommen Wirtschaftsunternehmen dazu: Häfen und Lagerhäuser vor allem; Sparkassen und Markthallen, später Messen und Ausstellungen; dann die Bauplanung und die Ausgestaltung der Bauordnungen, die Friedhöfe, die Parks, ja gelegentlich schon Spielplätze und die weit überproportionale Zunahme kommunaler Bautätigkeit. Schließlich die großen Versorgungsbetriebe der neuzeitlichen Technologien: Gas- und Elektrizitätswerke und -versorgung und die Nahverkehrsunternehmen. Es ist für die deutsche Stadtentwicklung charakteristisch, daß diese Bereiche fast alle – nach privaten oder gemischtwirtschaftlichen Anfängen – von den Kommunen übernommen werden (oder inter-kommunal organisiert werden, wie das Rheinisch-Westfälische Elektrizitätswerk). Das Beispiel der Nahverkehrsunternehmen ist typisch. Sie waren zuerst (seit 1895 etwa, trotz der Pionier-Tram von Berlin nach Lichterfelde von 1881) oft private, von den Städten freilich geförderte und durch Konzessionserteilung stark beeinflußte Unternehmen, später gingen sie nach meist zähen Verhandlungen in städtischen Besitz über. Darin zeigt sich die Absicht der Städte: Die Grundversorgung war auch privatwirtschaftlich schon gesichert, bei der Kommunalisierung ging es um die finanziellen Erträge, die Steigerung der städtischen Einnahmen, und es ging um ein Hauptinstrument räumlicher und gesellschaftlicher Planung, um Bau- und Eingemeindungspolitik. Die Einführung von Arbeiterwochenkarten oder die Eröffnung zunächst unrentabler Linien in Außenbezirken sind dafür charakteristisch. Weil sie das wollten, mußten die Städte selbst einsteigen. 1913 waren 80% der Gaswerke kommunal (1870 erst 33%); in den Großstädten waren 80% der Elektrizitätswerke kommunal; insgesamt waren es zwar nur 40%, aber die meisten anderen Unternehmen waren – wie das RWE – gemischt-wirtschaftlich. Dieser „Municipal-Socialismus", wie man damals zustimmend oder kritisch sagte, ist ein erstaunliches Phänomen; die liberalen Stadtregimente haben ihn ohne Skrupel realisiert. Schließlich sind noch einmal die Institutionen der städtischen Gesundheits- und Sozialpolitik zu erwähnen – von Krankenhäusern und Armenunterstützung über Gesundheitsämter, Fürsorge und Beratung bis zur Wohnungsinspektion, zum Wohnungsbau für die kommunalen Arbeiter und den Arbeitsnachweisen und Arbeitslosenversicherungen und Notstandsarbeiten –, dann die städtische Kulturpolitik – Theaterbetrieb und Museumsgründungen und Büchereien z. B.; das breitet sich gerade im Vorweltkriegsjahrzehnt aus.

Zu alldem gehört eine aktive städtische Bodenpolitik: der planmäßige Aufkauf von Grundstücken; Freiburg, Frankfurt und Augsburg besaßen mehr als die Hälfte des städtischen Bodens, Köln, Straßburg, Mannheim, München, Halle und Breslau immerhin ein Viertel.

Das Ergebnis ist erstaunlich. Die Städte werden Hauptträger der modernen Daseinsvorsorge, der Leistungsverwaltung. Die deutschen Städte und ihre Entwicklung, das gehört in die Erfolgsbilanz Deutschlands und des deutschen Bürgertums vor 1914. Die städtische Verwaltung war effektiv, modern, flexibel, sie entwickelte brauchbare Antworten auf die sozialen und ökonomischen Probleme der Zeit – die Städte galten, wie die zahlreichen Besucher-Delegationen aus amerikanischen Großstädten z. B zeigen, als vorbildlich. Die obrigkeitliche Verfassung des Staates ließ (trotz staatlicher Aufsichtsrechte) diese Autonomie und diese Freiheitsräume zu, die besitzbürgerlich-plutokratische Stadtverfassung hat die gemeinbürgerliche (und manchmal sozialliberale) Fortschrittlichkeit nicht gehindert, den technokratischen Sachverstand und die Gemeinwohl-Orientierung nicht im Interessenkampf und -egoismus aufgezehrt, nicht einmal, letzten Endes, bei der Besteuerung, so klassenbezogen bürgerlich die war. Das liberale Honoratiorenelement verband sich mit der neuen Variante des Berufsbeamtentums, den professionellen Kommunalbeamten und der Selbständigkeit von Bürgermeistern und Magistraten. Gewiß, das war gut geschützt gegen die Massendemokratie (und darum war 1918/19 hier eine wirkliche Revolution), aber man mag an dieser liberalen Oase sehen, was ein liberales Bürgertum in einer Übergangsphase vor dem allgemeinen Wahlrecht auch im Gesamtstaat hätte leisten können.

Das gewachsene Selbstbewußtsein der Städte und ihrer Verwaltungen schlägt sich nieder auch in ihren gemeinsamen Aktionen und Organisationen. Schon 1879 hatte der Berliner Oberbürgermeister Forckenbeck die Vertreter der deutschen Städte gegen die Bismarcksche „innenpolitische Wende" zusammengerufen, 1903 gab es eine große gemeinsame – vielbeachtete – Städteausstellung in Dresden (und entsprechende Kongresse), 1905 endlich wurde der Deutsche Städtetag begründet, der die gemeinsamen Interessen der größeren Städte politisch-öffentlich formulierte und vertrat, und entsprechend gab es Städteverbände in den Einzelstaaten und preußischen Provinzen.

Wichtig für die Ausweitung der kommunalen Tätigkeit sind noch zwei Dinge. Das eine war die enorme Zunahme des städtischen Personals: Das war Folge der wachsenden Daseinsvorsorge und der Kommunalisierung der Versorgungsbetriebe (städtische Straßenbahner etc.) und Folge der generellen Bürokratisierung, Komplizierung und Differenzierung, Verrechtlichung und eben Intensivierung aller Verwaltung (und der selbstläufigen Vermehrung jeder Bürokratie). Mannheim hatte 1870 48, 1905 717 Bedienstete, das war erst wenig; Leipzig hatte 1904 schon 2852, München 1747. Berlin hatte 1904 430, 1908 schon 11000 Beamte und Angestellte und (1914) 18000 Arbeiter, große Teile der im kommunalen Dienst Beschäftigten wurden –

nach dem staatlichen Vorbild – Beamte, ein guter Teil, mehr als „beim Staat", blieb „angestellt", d. h. mit kündbaren Verträgen.

Das andere waren die Gemeindefinanzen. Städte lebten vom Vermögen, von Gebühren und Beiträgen (Anliegerbeiträgen z. B.), von Einnahmen der Gemeindebetriebe, von Staatszuweisungen (für Volksschulen z. B.) und vor allem von Steuern. Für zukunftsorientierte Investitionen nahm man Schulden auf. Die Gewichte verschoben sich von den Vermögenseinnahmen zu den Gebühren und dann zu den Steuern; vor 1891 kamen – in Preußen – 40–45 % der Einnahmen aus Steuern und Gebühren, 25–32 % aus Betrieben und vor allem Vermögen; 1913 aber kamen 57,5 % der Einnahmen – ohne Kredite – deutscher Städte aus Steuern, 20,3 % aus Gebühren etc., 10,7 % aus Wirtschaftstätigkeit, 7,3 % aus Zuweisungen, 4,2 % aus „sonstigen" Quellen. Mit den Investitionen und mehr noch als sie wuchs die Verschuldung. 1876 lag sie in 20 größeren Städten bei 88 Mark pro Kopf, 1901 bei 180 Mark, 1910 – in Städten über 200000 Einwohnern – bei 338 Mark. 1914 waren die Gemeinden insgesamt mit 7,5 Milliarden Mark verschuldet, das Reich hatte damals etwa 5 Milliarden Mark Schulden.

Die Besteuerung war ganz verschieden. In Bayern und Württemberg gab es nur Zuschläge zu den Staatssteuern, gleichmäßig für Real- wie Personal-(Einkommen)steuern, aber ganz unterschiedlich je nach Stadt; in Stuttgart betrug der Zuschlag 773 % (!), in Calw 212 %. In Sachsen gab es nur eigene städtische Realsteuern. In Preußen gab es sowohl Eigensteuern wie vor allem Zuschläge, die Miquelsche Steuerreform 1891/95 überließ den Gemeinden die ganze Grund-, Gebäude- und Gewerbesteuer und begrenzte die Zuschläge zur Einkommensteuer auf ein bestimmtes Verhältnis zu den Steuersätzen bei den Realsteuern. Zunächst sanken daraufhin die Personalsteuern, aber seit etwa 1905 stiegen sie, wie auch die Realsteuern, kräftig – die Städte brauchten mehr Geld –, ja es stieg auch ihr Anteil am Steueraufkommen wieder. Um 1900 lagen die Zuschläge zu den Personal(Einkommen)steuern bei 100 bis 150 % und 1910/11 eher zwischen 150 und 200 %, in Berlin waren sie mit 110 % niedrig, in Hagen mit 275 % hoch. Bei den Realsteuern stieg der Anteil der Gewerbesteuern weiter (schon von 1883–1900 von 7,7 auf 39 %), die Gebäudesteuern wiederum wuchsen stärker als die Grundsteuern. Das Steueraufkommen und sein Wachstum waren im Westen durchaus höher als im Osten, in Großstädten höher als in kleinen: In Städten mit über 200000 Einwohnern z. B. war 1910 das Steueraufkommen pro Kopf etwa dreieinhalbmal so hoch wie das in Städten unter 2000 Einwohnern. Aber auch abgesehen von solchen großen Strukturunterschieden gab es kommunalpolitisch viel Steuerungleichheit – ein Umzug auch nur von Berlin nach Charlottenburg mochte schon einträglich sein; Wiesbaden oder Düsseldorf waren für Bezieher hoher Einkommen günstig, und sie wurden auch deshalb zu Pensionistenstädten.

Ausgaben kann man – angesichts des Zustands der statistischen Quellen – nur schwer vergleichen. In den preußischen Städten stiegen die Gesamtausgaben von 13 Mark pro Jahr und pro Kopf (1869) auf 65,67 Mark (1913); die Zeit seit 1891 ist die eigentliche Wachstumsphase. Eindeutig und auffallend ist, wie stark der Anteil der Gemeindeausgaben – das schließt freilich die nicht-städtischen Gemeinden ein – am Sozialprodukt gegenüber anderen öffentlichen Ausgaben gestiegen ist; zwischen 1881 und 1913 stieg der Anteil des Reiches von 2,9 % auf 4,4 %, der der Länder von 4,5 % auf 5,6 %, der der Gemeinden von 2,6 % auf 5,8 %; betrugen 1881 die Anteile an der Summe öffentlicher Ausgaben noch 29,3 % für das Reich, 44,4 % für die Länder und 26,3 % für die Gemeinden, so war das Verhältnis 1913 25 % – 31,8 % – 32,9 %, der Rest entfiel auf die Sozialversicherung. Eindrucksvoller noch: Die Ausgaben der Länder sind etwa um das Fünffache, die der Gemeinden um das Elffache gestiegen – das betraf Personal- und Sachausgaben gleichermaßen.

Natürlich waren die Ausgaben der Großstädte, entsprechend ihren Leistungen, auch pro Kopf weit höher als die der kleinen: 1911 waren sie in Preußen in den Städten über 200000 Einwohner (ohne Berlin) siebenmal so hoch wie in Landgemeinden unter 5000, 153,30 Mark pro Kopf und 21,40 Mark.

Die wichtigsten Ausgabeposten in den städtischen Haushalten waren Erziehung (31,2 %), Verkehr (19,3 %) und Sozialleistungen (18,3 %): Volksschulen, Straßen und „Sozialhilfe" – das machte schon reichlich zwei Drittel aus. Die Ausgabenverteilung zwischen Groß-, Mittel- und Kleinstädten war natürlich unterschiedlich und auch die proportionale Entwicklung der Sektoren. „Ein Vergleich von Zahlen für 1883/84 und 1911 macht deutlich, daß in Preußen für alle drei Stadtgrößentypen die Ausgabenanteile für Bildung – Schulen waren gebaut – und für allgemeine Verwaltung sanken. In den Großstädten gingen auch die Ausgabenanteile für die Kommunalbetriebe zurück, während sie in den Kleinstädten gewaltig anstiegen, darin drückt sich die Phasenverschiebung beim Ausbau der städtischen Infrastruktur aus. Überall, besonders aber in den Großstädten macht sich ein deutliches Anwachsen des Schuldendienstes bemerkbar." Eine Zusammenstellung aus den preußischen Großstädten macht die Verhältnisse etwas anschaulicher. Da steigen die Ausgaben zwischen 1869 (4 Städte) und 1911 (33 Städte) von insgesamt 22,12 Mark je Einwohner auf 127,65 Mark; die Verteilung entwikkelt sich etwas anders: für Bildung von 4,18 auf 21,52 Mark; für Straßenbau u. ä. von 4,27 auf 19,82 Mark; für Soziales von 4,36 auf 18,65 Mark; für allgemeine Verwaltung von 4,62 auf 13,51 Mark; für Kommunalbetriebe von 2,35 auf 22,08 Mark und für Schuldendienst von 2,35 auf 31,66 Mark. Man muß bei all diesen Zahlen bedenken, daß die Steigerungsraten – fast ohne Inflation! – weit über dem Zuwachs der Bevölkerung lagen.

Die Frage nach dem Spezifischen, Charakteristischen und Neuen der (großen) Stadt als Lebensform im Unterschied zu der Lebensform des Landes und Dorfes, nach dem Typus Mensch, den die Stadt beziehungsweise das

Land hervorbrachte oder begünstigte, ist damals in der Hochzeit der Urbanisierung viel erörtert worden, von Ideologen und Schriftstellern vor allem, aber auch von den frühen deutschen Soziologen – zwischen Gesellschaftskritik und „objektiver" Wissenschaft: Eines der Grundwerke der Soziologie, F. Tönnies „Gemeinschaft und Gesellschaft" (1887), ist dafür klassisch. Die kritischen und ideologischen Überformungen und unser spätes Wissen, das aus einer Städte-Welt und der städtischen Durchprägung auch des Landes zurückblickt, machen ein angemessenes Urteil schwer. Man muß die alten Stadt-Land-Gegensätze und die ganz neuen, modernen ineinander sehen. Die älteren wirtschaftlichen Unterschiede (Gewerbe und Markt – Landwirtschaft) verschärfen und verändern sich: Industrie und Dienstleistung werden charakteristische Sektoren der Stadtwirtschaft. Die Eisenbahn intensiviert die Funktion des Verkehrszentrums gewaltig. Die Konzentration von Verwaltung und Kultur und Bildung in den Städten wird wichtiger, je größer das Gewicht der Staatstätigkeit einerseits, der Bildung und Kultur andererseits wird. Die technische Durchgestaltung der Welt und des alltäglichen Lebens, der technische Fortschritt und Komfort, ergreifen jetzt zuerst und ganz vornehmlich die Städte und vergrößern den Abstand zwischen Land und Stadt. Und die Stadt ist es, die in einer Welt mit etwas weniger Arbeit der moderne Ort der nicht nur sporadischen Unterhaltung wird. Die gesellschaftliche Schichtung wird mit den großen Wanderungen, dem Übergang der ländlichen Unterschicht in die städtische anders: Eine kleine Oberschicht, eine immer noch kleine (16% bis 18%) Mittelschicht und eine ganz breite Unterschicht charakterisieren die Stadt; die Mittelschicht erreicht in der Stadt nicht die Bedeutung, die sie – mit den Bauern – auf dem Land hat, die Klassengrenzen sind in der Stadt schärfer. „Das" Land oder „das" Dorf, das sich noch über die inneren Klassengegensätze hinweg gegen die Stadt absetzt, hat in der Stadt keine Entsprechung, „die" Stadt ist die bürgerliche oder/und ist die proletarische Stadt (was immer mit den Zwischenschichten sein mag). Die Stadt konzentrierte mehr Menschen auf engerem Raum, sie lockerte zugleich die sozialen (und nachbarschaftlichen) Bindungen und Strukturen, machte das Miteinanderleben individualistischer, pluralistischer, konfliktreicher, anonymer.

Man hat in der Geschichtsschreibung lange – im Blick auf 1933 – die Großstadtfeindschaft und die Agrarromantik in den Urteilen der Zeitgenossen betont. Das Phänomen ist unübersehbar. Die Konservativen, die ihren politischen Rückhalt auf dem Lande besaßen, und erst recht die Agrarier des Bundes der Landwirte, die das ökonomisch-politische Gewicht der Landwirtschaft und des Landes gegen die vordringenden Städte, den bürgerlichen Liberalismus und den proletarischen Sozialismus verteidigten, haben eine ganze Ideologie daraus entwickelt. Riehls ältere Entgegensetzung von Stadt und Land als den Mächten der Bewegung und der Beharrung wird nun entfaltet. Die Stadt ist anonym, entfesselt die Egoismen und die Vergnügungssucht, löst die Bindungen auf, ja die Religion und die Moral, sie entwurzelt den Menschen und läßt ihn orientierungslos in ihrer Unüberschaubarkeit und Hektik, sie nivelliert alle Unterschiede und Individualität, sie erzeugt die „Massen", die Gesellschaft, Staat und Kultur bedrohen, erzeugt die Kälte wie die ständige Unzufriedenheit und den überbordenden Ehrgeiz, erzeugt die Dekadenz, den Verfall. Die Modernisierungsängste und die Modernitätsmalaise werden so gleichsam gebündelt. Aber vieles war ja „objektiv" so – in der Stadt. Gesellschaft dominierte über Gemeinschaft, das Leben war weniger traditions- als innen- oder außengeleitet. Die Rationalität der Lebensführung nahm zu (und insoweit eine „Verbürgerlichung") und auch eine gewisse Offenheit gegenüber unterschiedlichen Lebensformen. Die Stadt wurde ein Markt der Möglichkeiten. Schließlich disponierte das städtische Leben mehr zu Veränderung, Wechsel, Dynamik; das Verhältnis zur Zeit war anders, vom Tempo und der Ausnutzung der Zeit bestimmt; die Fülle der Eindrücke und ihrer Abfolgen waren größer und darum die Eindrucksfähigkeit und Eindrucksverarbeitung, das ist, was die Zeitgenossen – wie Lamprecht oder Simmel – mit Reizsamkeit und Nervosität charakterisierten. Die Stadt war – institutionell wie erlebnismäßig – der Vorort der Modernität. Darum waren hier auch die Krisen der Modernisierung und die Modernitätsverluste – Rastlosigkeit, Entfremdung, Einsamkeit, Wertrelativismus – größer oder stärker erfahrbar, die größere Neigung der Städter zum Selbstmord mag als Beispiel dienen.

Zu der konservativen Kritik kamen neue sozial-biologische, demographische Argumente: Die Stadt kann sich nicht selbst erhalten, sondern lebt nur vom Überschuß, ja von der Substanz des Landes (G. Hansen), ja die Stadtbevölkerung entartet biologisch (O. Ammon). Die im 19. Jahrhundert noch höheren Mortalitätsraten der Städte und die geringere Wehrtauglichkeit der Städter wurden als Indizien angeführt. Daraus folgte bevölkerungspolitisch: Man mußte Bauern und Land stärken.

Neben diese und andere wilde Stadt-Kritik traten dann eine nostalgische Land-Neigung oder die literarische Verklärung ländlicher Werte und Lebensformen – der Ruhe, Stetigkeit und Schönheit, Tradition oder Gemeinschaftlichkeit des Landes, der größeren Menschlichkeit – oder bei mehr praktisch-sozialreformerisch Gerichteten (wie Heinrich Sohnrey) die Tendenz, dem Zug vom Lande in die Stadt (der sogenannten Landflucht) durch Verbesserung der Lebensbedingungen der ländlichen Unterschicht und durch einen zu erweckenden spezifischen Stolz auf die ländliche Lebensform und durch Schutz der ländlichen Um-(Dorf- wie Natur)welt zu begegnen. Auch das verband sich mit nationalisierten Beständen wie Heimat und Volkstum.

Läßt man die Interessenten-Ideologien beiseite, so ist in all dem natürlich manche grüne – umweltschützerische, großorganisationskritische – Wahrheit, für die erst heute wieder Sinn entstanden ist. Und in all dem ist, wie verzerrt auch, ein Stück Schicksal der Welt, des Übergangs zur Moderne erfaßt.

Noch wichtiger aber ist: Es gab eine ebenso kräftige Antikritik, eine Polemik gegen die Maßlosigkeiten der Stadtkritik und der Landverklärung, es gab den entschiedenen Stolz der Städter auf die städtische Lebensform und die städtischen Errungenschaften, es gab die entschiedenen Landkritiker und vor allem die, die den „Übeln" der Moderne, soweit sie mit der Stadt verbunden waren, durch städtische Reformen begegnen wollten. Auch die soziologischen Diagnostiker wie Tönnies und Simmel, die städtische Modernisierungsverluste konstatierten, haben nie einen Zweifel daran gelassen, daß es keinerlei Weg der Gesellschaft gegen die Großstadt ins utopisch nostalgisch erdichtete Landleben geben könnte. Insoweit war die Stadt als die große moderne Lebenswirklichkeit vor 1914 durchaus akzeptiert. Die Abstimmung mit Füßen, Herzen, Hirnen lief zu ihren Gunsten. Agrarromantik war doch ein Randphänomen.

4. Finanz- und Steuerverfassung

Die Haushalte, die Einnahmen und die Ausgaben der öffentlichen Hände, die Art, wie die Einnahmen aufgebracht, also die Lasten verteilt, und wie die Ausgaben aufgeteilt werden und wie beides sich quantitativ entwickelt – das ist ein Teil der realen Verfassung des Staates. Die politischen und sozialen Strukturen, die Machtverteilung und ihre Entwicklung wie die Entwicklung der Staatsfunktionen sind der harte Kern der Finanz- und Steuerverfassung, sie spiegeln sich in ihr, und sie werden gleichzeitig von ihr geprägt. Der moderne Staat ist Steuerstaat, die Steuerpflicht gehört – wie Schul- und Wehrpflicht – zu den Grundpflichten des Bürgers auch und gerade im liberalen Zeitalter der Bürgerrechte. Die öffentlichen Aufgaben in Deutschland wurden vom Reich, den Ländern und den Gemeinden und Kommunalverbänden wahrgenommen, alle drei waren an den Einnahmen wie den Ausgaben der öffentlichen Hand beteiligt. Sie belasteten den Steuerzahler mit – zum größeren Teil unterschiedlichen – Steuern und Abgaben.

Die Aufteilung von Steuern und Abgaben war das typische Problem des Föderalismus, des finanzpolitischen Föderalismus. Dieses Problem war, wie generell im Bismarckschen System, mit den anderen Kernbeständen der politischen Verfassung, dem Verhältnis von Regierung und Parlament und dem Wahlrecht, unlöslich verkoppelt. Nur im Reich galt das allgemeine Wahlrecht, in den Bundesstaaten und Kommunen galt ein Klassen- oder Zensuswahlrecht. Nur Reichssteuern waren Sache des auf dem allgemeinen Wahlrecht beruhenden Parlamentes. Jede Veränderung der Reichseinnahmen und erst recht von Reichssteuern oder -abgaben betraf also wesentlich die Machtstellung des demokratischen Parlaments, jede Ausdehnung mußte die Macht der vordemokratischen Parlamente einschränken. Darum war das Monopol der Bundesstaaten auf die direkten Steuern ein Zentralstück der politischen Verfassung, das sie ebenso wie die konservativeren Parteien mit

Zähnen und Klauen verteidigten und das die bürgerlichen Besitzschichten nicht eben mit Leidenschaft bekämpften.

Auch das traditionelle Verfassungsproblem im konstitutionellen System, das Verhältnis von Regierung und Parlament, war ganz grundlegend mit der Finanz- und Steuerverfassung verbunden. Soweit die Einnahmen des Staates aus Steuern und Zöllen herrührten, war das Parlament mit zuständig, ohne es ging nichts. Aber indirekte Steuern und Zölle waren aus wirtschaftlich-technischen Gründen weniger flexibel als direkte Steuern, d.h. das Parlament legte sich mit ihnen langfristig fest, wurde von der Regierung festgelegt, büßte so de facto an steuerpolitischer Souveränität ein. Mit den wachsenden Staatsausgaben engte sich auch im Bereich der direkten Steuern die reale Souveränität des Parlaments auf neue Steuern ein, eine verfügbare Masse zum Senken von Steuern gab es nicht. Bei der Ausgabenbewilligung und -gestaltung, einschließlich der Spezifizierung, hatten ursprünglich die Regierungen ein gewisses Übergewicht, aber hier gewannen die Parlamente, z.B. über die Ausschußberatungen, deutlich an Einfluß und Entscheidungskompetenz, im Reich vor allem nach Bismarck, auch wenn die juristische Frage nach dem Gesetzescharakter der Haushalts„gesetze" und also nach der parlamentarischen Mitwirkung in der zeitgenössischen Staatsrechtslehre umstritten blieb. Bei der Aufstellung des Haushalts, der Schätzung der Einnahmen, der Definition von ordentlichen und außerordentlichen Ausgaben und damit bei der Anleihepolitik – Anleihen waren nur zur Finanzierung außerordentlicher Ausgaben bestimmt –, hatten die Regierungen ein deutliches Prä, die Exekutive hatte die Informationen und die Initiative. Das Parlament konnte kontrollieren und im einzelnen auch substantiell korrigieren, die Schwerpunkte setzte – wenn die großen Entscheidungen über Steuer- und Zollgesetze, Flottenbau und Heeresstärke, Eisenbahnankauf etwa gefallen waren – die Regierung. Freilich, der größte Teil der Staatsausgaben war festgelegt (etwa der Kernbestand der Personalausgaben, der Bestand der Streitkräfte, die Zinsen- und Schuldentilgung), und je stärker die Staatsintervention wuchs, desto mehr. Die „freie" Manövriermasse für Regierung wie Parlament war geringer, als man meist annimmt, und sie war von den Zuwächsen abhängig.

Verfassungspolitische Grundprobleme also sind mit den Kernproblemen der Finanz- und Steuerverfassung gekoppelt. Dazu kommen nun gesellschaftspolitische Grundgegebenheiten. Von dem Einfluß der Besitz- und Einkommensklassen auf das Wahlrecht der Bundesstaaten, auf die Landtage, die Regierungen der Bundesstaaten und über sie – im Reich – auf den Bundesrat haben wir gesprochen. Auf zwei Punkte ist hier noch hinzuweisen. Natürlich hatten eine Reihe von Steuern (Konsumsteuern z.B.) und Abgaben etc. auch indirekte Wirkungen, vor allem bei den „Schutzzöllen" sind sie die Hauptsache. Die Agrarzölle waren nicht nur als Finanzzölle sozusagen Staatseinnahmen, sondern auch Subventionen für die Landwirtschaft, die die Verkaufspreise der landwirtschaftlichen Produkte über dem Weltmarktniveau stabilisierten und also die Einnahmen der Landwirtschaft auf Kosten der Konsumenten nicht unwesentlich verbesserten. Eine Reihe von komplizierten Sonderbestimmungen bei der Zucker- und der Branntweinsteuer wirkten ähnlich. Das kam der politisch mächtigen Großlandwirtschaft gewiß in nicht unbeträchtlichem Maße zugute, aber doch durchaus auch der bäuerlichen Wirtschaft. Man muß diesen Umverteilungseffekt mit bedenken, wenn man die Belastung des einzelnen und der einzelnen Schichten durch die staatlichen Abgaben analysiert, obwohl diese Subventionslast – trotz aller zeitgenössischen Propaganda – nicht annähernd genau zu quantifizieren ist.

Sodann: Der steuerpolitische Grundkonflikt der Zeit war der über direkte oder indirekte Steuern. Es gab zwar direkte Steuern – Grund- und Gewerbesteuern und nach Klassen geschichtete Kopfsteuern –, aber sie waren altertümlich, undifferenziert, „roh". Das Reformthema war zunächst die Entlastung der niedrigsten Einkommen und die stärkere Heranziehung von Kapitaleinkommen und wurde dann die Einführung einer Einkommensteuer mit einer wenn auch noch moderaten Progression. Die besitzenden Schichten standen einer solchen Steuer mit erheblichen Reserven gegenüber, das war überall so, in England und Frankreich z. B. in wilden Konflikten im Jahrzehnt vor 1914; das war keineswegs, wie manche Historiker glauben machen wollen, eine deutsche Besonderheit, von Junkern und Großbourgeoisie getragen. Denn natürlich belasteten Einkommensteuer und selbst die altmodischen direkten Steuern die Leistungsfähigeren, also die Bezieher mittlerer und höherer Einkommen stärker. Indirekte Steuern, außer bei den steuerlich uninteressanten Luxusgütern, waren nominell für alle gleich, aber waren für die geringer Verdienenden eine erhebliche, für die besser Verdienenden eine kaum der Rede werte Last. Darum waren überzeugte Sozialreformer Anhänger der Einkommensteuer. Altmodische Liberale und Konservative waren auch deshalb gegen die Einkommensteuer, weil sie ein Eindringen des Staates in die Privatverhältnisse bedeuten mußte. Bismarck, als Privatmann ein besonders unwilliger Steuerzahler und auch ein entschiedener Vertreter der Interessen seiner Klasse, hatte noch ein zusätzliches Argument: Indirekte Steuern, Konsumsteuern und Zölle seien einerseits gewissermaßen unmerklich, zum andern könne man durch Konsumverhalten darauf reagieren; was den Bürger und vor allem den kleinen Mann drücke, seien die direkten Steuern. Er wollte gewiß seine eigene Klasse vor stärkerer Besteuerung schützen, zudem aber wollte er auch die kleinen Leute und das Land von direkten Steuern entlasten, indem er die alle gleichermaßen treffenden indirekten Steuern favorisierte. In der Realität aber war das freilich nur eine Verschiebung zwischen Steuerarten, keineswegs eine Entlastung, eher eine neue Belastung. Daß in diesen steuerpolitischen Ideen- und Klassenkonflikten natürlich auch die Interessengegensätze zwischen Industrie und Landwirtschaft, Handwerk und Fabrik, Einzelunternehmern und Kapitalgesellschaften eine Rolle spielten, versteht sich von selbst.

Nimmt man das bisher Gesagte zusammen, so ist klar, daß alle Finanz- und Steuerpolitik, jede Veränderung der Einnahmen- und auch der Ausgabenstruktur im Reich Rückwirkungen auf die Finanz- und Steuersituation der Bundesstaaten hatte und alle Veränderungen in den Bundesstaaten (und manchmal auch solche im Reich) die Kommunen mitbetrafen, ja daß es auch umgekehrt solche freilich schwächeren Auswirkungen gab. Die Steuer- und Finanzsysteme bildeten ein Netz kommunizierender Röhren. Das muß man sich, auch wenn wir um der Klarheit willen die drei Ebenen der Finanz- und Steuerpolitik nacheinander behandeln, immer vor Augen halten.

Ausnahmsweise müssen wir hier den Leser mit einer methodischen Bemerkung behelligen. Die Zahlen, die im folgenden präsentiert werden, sind einigermaßen unsicher, und sie sind schwer vergleichbar. Was als Einnahmen, was als Ausgaben galt (ob es sich um ein Netto- oder ein Bruttobudget handelte z. B.), wie beides aufgegliedert war, nach welchem Ressort beispielsweise die Ausgaben und was dann wo zugerechnet wurde, das ist auf den verschiedenen Ebenen, zwischen Bundesstaaten, zwischen Kommunen und gar über die Zeit hin sehr unterschiedlich. Wir haben versucht, das Mögliche zu tun, aber der Leser sollte alles noch immer mit großer Vorsicht lesen. Sicher sind nicht die absoluten Zahlen und die Prozentanteile, wohl aber die Tendenzen und die grundsätzliche Gewichtsverteilung zwischen den Ebenen und den Hauptgruppen der Einnahmen und Ausgaben.

Dem Reich, das wir zunächst ins Auge fassen, standen nach der Verfassung drei Einnahmequellen zur Verfügung: Einnahmen aus Vermögen und Betrieben, z. B. der Post; aus indirekten, aus Verbrauchssteuern, auf Zucker, Salz, Tabak, Bier, Branntwein, Zündhölzer, aus Verkehrssteuern, Stempelsteuern auf Wertpapiertransaktionen und Lotterielose, später auch auf Fahrkarten und Schecks, und aus Zöllen, wie anfangs auf Kaffee, Tee und Tabak etc.; und sofern das nicht ausreichte (in der Verfassung galt das nur als Übergangslösung, bis „neue Reichssteuern" eingeführt wären), aus einer Umlage auf die Einzelstaaten, die wurde nach deren Bevölkerungszahl, nicht nach der Leistungsfähigkeit bemessen – d. h. die armen thüringischen Kleinstaaten zahlten soviel wie das reiche Hamburg –, das waren die sogenannten Matrikularbeiträge. Zu den in der Verfassung genannten, ja in Aussicht gestellten Reichssteuern, dem steuerpolitischen Ideal zunächst der Liberalen, ist es nicht gekommen. Darüber hinaus war es – viertens – natürlich möglich, Schulden aufzunehmen. Die Ausgaben des Reiches lagen, da seine eigene Verwaltung klein war und es keine Schulen, keine Justizbehörden, keine Polizei unterhielt, keine Straßen baute etc., vor allem auf dem Gebiet der Verteidigung (Heer, Flotte), in den 80er Jahren kam der – zunächst geringe – Anteil an der Sozialversicherung hinzu.

Die finanzpolitische Ausgangslage des Reiches war 1871 eigentlich günstig gewesen, denn die französische Kriegsentschädigung hatte seine „schuldenfreie Geburt" gesichert. Aber strukturell war die Finanzierung der Reichsaufgaben zwischen Reichstag und Einzelstaaten von vornherein schwierig und nicht optimal. Mit wachsenden Aufgaben stiegen die Ausgaben, die Notlösung der „Matrikularbeiträge" wurde in der zweiten Hälfte der 70er Jahre schnell aktuell, es entwickelte sich fast eine Finanzkrise. Bismarck hat versucht – wir werden davon erzählen –, dem Reich eine finanzpolitisch unabhängige Existenz zu sichern, es sollte nicht länger „Kostgänger der Länder" sein. Verstaatlichung der Eisenbahnen durch das Reich, ein Tabakmonopol und die Einführung neuer Zölle, Schutz- und Finanzzölle zugleich, sollten das ermöglichen. Damit ist Bismarck am Widerstand der parlamentarischen wie der föderalistischen Kräfte gescheitert. Zwar hat er die Zölle durchgesetzt, aber der Finanzverbund zwischen Reich und Ländern und die prinzipielle finanzpolitische Abhängigkeit des Reiches von den Ländern blieb, weitgehend jedenfalls, erhalten, ja wurde neu fixiert. Das hing mit der verqueren Verkoppelung von föderalen (Länder-)Rechten und Parlamentskompetenzen zusammen, mit ihrer gegenseitigen Blockierung. Die Liberalen, zunächst noch die Mehrheit im Reichstag, wollten das jährliche Einnahmebewilligungsrecht des Parlamentes nicht eingeschränkt sehen; bei Zöllen oder auch Verbrauchssteuern wäre das aus ökonomischen Gründen nicht praktikabel oder nur mit einem komplizierten Hilfssystem, der jährlich neuen „Quotisierung" einer Steuer z. B., partiell erreichbar gewesen. Die Matrikularbeiträge griffen im Prinzip wenigstens jährlich, außerdem stärkten sie das Besteuerungsrecht des preußischen Abgeordnetenhauses, das ja die Steuern, aus denen jene Beiträge zu zahlen waren, bewilligen mußte. Die föderalistischen Kräfte, zu denen im Reichstag vor allem die Zentrumspartei gehörte, wollten zuviel finanzpolitische Unabhängigkeit des Reiches – der Regierung wie des Reichstags – von den Ländern verhindern und das parlamentarische Mitbestimmungsrecht über die Landtage sichern. Das Ergebnis war der Sieg der Föderalisten und letzten Endes auch der Landtage, des Zensus- und Klassenwahlrechts. Mit den neuen Schutzzöllen wurde 1879 eine Bestimmung eingeführt, nach der das Reich alle über 130 Millionen Mark hinausgehenden Zolleinahmen an die Länder zu überweisen hatte und für seinen etwaigen höheren Bedarf wieder auf die Matrikularbeiträge der Länder angewiesen war. Das war die nach einem führenden Zentrumspolitiker sogenannte Franckensteinsche Klausel. Bismarck hatte lieber eine föderalistische als eine parlamentarische Konzession gemacht, er glaubte zudem, durch die Reichsüberweisungen die direkten Steuern in den Bundesstaaten und den Kommunen mindern zu können – das mußte die Parlamente schwächen und mochte als Erfolg einer steuerentlastenden Regierung bei Wahlen sich als nützlich erweisen.

Finanzpolitisch war das Ergebnis ein hochkompliziertes System der Verrechnung zwischen Reich und Bundesstaaten, zwischen Reichsüberweisungen und Länderbeiträgen. Die Matrikularbeiträge blieben eine ungeliebte Notlösung. Als die Zölle 1885 und 1887 erhöht wurden, hatte das Reich davon keinen direkten finanziellen Vorteil. Seit den 90er Jahren diente ein

Teil der Reichsüberweisungen einem ganz anderen Zweck, der Tilgung der Reichsschuld, kam also gar nicht mehr an die Länder. 1904 wurde die besagte Klausel aufgehoben, aber inzwischen war der Bedarf des Reiches stärker gewachsen als die neuen Zolleinnahmen.

Die Steuern, die das Reich herkömmlich erhob, waren schwer zu steigern – es gab die Sonderrechte, z. B. Bayerns bei der Biersteuer, es gab die Verteilungskämpfe zwischen Produzenten und Konsumenten und unter den Produzenten selbst, es gab „natürliche" Grenzen der Konsumbesteuerung –, längerfristig war eine Sanierung der Reichsfinanzen so nicht zu erreichen. Das Reich hat sich seit den 90er Jahren – vor allem wegen der Heeresreform von 1893 und dann wegen des Flottenbaus – immer stärker verschuldet. Die Umdefinition der Flottenbaukosten von ordentlichen in außerordentliche Ausgaben hat das formal ermöglicht. Seit der Jahrhundertwende stand darum das Problem einer „Reichsfinanzreform" an. Von den Versuchen dazu werden wir erzählen, wirklich gelungen sind die verschiedenen „Reformen" kaum. Hier ist auf das eingangs erörterte Verfassungsproblem hinzuweisen, auf eine neue Wendung des Föderalismus-Parlamentarismus-Komplexes.

Die Reichsfinanzen konnten letzten Endes nur durch einen Anteil an den direkten Steuern saniert werden, das aber hätte in eine „geheiligte" Domäne der Länder eingegriffen, hätte dem Reichstag des allgemeinen Wahlrechts einen, wie immer beschränkten, Zugriff auf Besitz und Eigentum ermöglicht, während das bis dahin, in den Ländern, Sache der Landtage gewesen war, die auf einem Besitzklassenwahlrecht für das Abgeordnetenhaus wie noch in Preußen beruhten und einem nicht gewählten Oberhaus wie fast überall. Der Reichstag des direkten Wahlrechts war in seiner Mehrheit gegen eine Erhöhung nur der indirekten Steuern, die Landtage dagegen waren gegen direkte Steuern und gar solche, über die der Reichstag verfügte. So überkreuzten sich die Fronten zwischen parlamentarischen, zwischen föderativen oder unitarischen, zwischen mehr demokratischen und mehr plutokratischen steuerpolitischen Vorstellungen.

Wir werfen einen Blick darauf, wie die Reichsfinanzen sich unter diesen Bedingungen zahlenmäßig entwickelt haben, wir müssen dabei den Leser mit der Mühsal der Einzelheiten behelligen. Die Reichsausgaben wuchsen beträchtlich. Wenn wir zunächst Bruttoausgaben nehmen, also einschließlich der Betriebsausgaben, z. B. der Post und der Sozialversicherung des Reiches und der Bruttoüberweisungen an die Länder, dann betragen sie 1872 1380 Millionen Mark, aber das war wegen der Kriegsfolgen und der Verteilung der französischen Reparationen zur Schuldenablösung ein Ausnahmejahr, 1875 betrugen sie noch nur 619, 1883 gar 504 Millionen Mark, danach setzt der Anstieg ein: 1890 1044, 1900 1094, 1910 2691 und 1913 3418 Millionen Mark; auch wenn man die Zahlen nach Preisen von 1900 umrechnet, ist die Tendenz fast die gleiche: 1024, 520, 540, 1060, 1494, 2380 und 2816 Millionen Mark; dabei entfielen 1872 auf Verwaltung 51 und auf Verteidigung 295 Millionen

Mark, 1913 238 und 1909 Millionen Mark. Geht man mit Witt von einer Berechnung der Nettoausgaben aus, ergibt sich noch einmal dieselbe Tendenz: 1872/75 (im Durchschnitt) 836,1 Millionen Mark, 1881/85 484,8, 1905 1394,6, 1913 2670,3 Millionen Mark. Witt legt einen ungewöhnlich weiten Begriff der Verteidigungsausgaben zugrunde, in dem er alle möglichen „indirekten" Kosten dazuschlägt, so kommt er (ich lasse die hier ungewöhnlichen frühen 70er Jahre beiseite) für 1881/85 auf 95% Verteidigungs- (461 Millionen) und 5% Verwaltungsausgaben (24 Millionen), für 1905 auf 88,4% und 8,4% (1233,5 und 116,9 Millionen), dazu jetzt 3,2% Zuschüsse zur Sozialversicherung (42 Millionen), 1913: 90,1%, 6,6%, 3,3% (2406,4, 176,0 und 87,9 Millionen). 1877/78 machte der Schuldendienst erst 2,3 Millionen aus, 1913 182 Millionen; nicht nur wuchs die Verschuldung, sondern die Anleihen wurden – bei der Enge des deutschen Kapitalmarkts – auch teurer.

Der Anteil der Reichsausgaben am Bruttosozialprodukt entwickelte sich in der Bismarckzeit noch ganz unstetig, insgesamt stieg er von 4,5% 1872/80 auf 5,4% 1901/13. Der Pro-Kopf-Anteil der Reichsausgaben entwickelte sich in Preisen von 1900 nach der Bruttorechnung mit der engeren Definition der Verteidigungsausgaben so:

Reichsausgaben 1872–1913 pro Kopf der Bevölkerung und in Preisen von 1900, in Mark

Jahr	Gesamt	Verteidigung	Verwaltung und Sonstiges	Schulden-dienst	Sozialversicherung (inkl. der Beitragstransfers)
1872	25	23,9	0,9	–	–
1881	12	10,3	1,7	0,3	–
1891	21	14,8	2,2	1,1	3,2
1901	30	18,1	2,7	1,5	7,6
1913	42	23,5	4,0	2,2	12,2

Quelle: Andic/Veverka, Growth of Government Expenditure, S. 264

Nach der Nettorechnung (Witt) mit ihrer extensiven Kalkulation der Verteidigungskosten sieht die Sache – jetzt in laufenden Preisen – so aus:

Reichsausgaben 1872/75–1913 pro Kopf der Bevölkerung und in laufenden Preisen, in Mark

Jahr	Gesamt	Verteidigung	Verwaltung	Sozialversicherung
1872/75	19,99	19,65	0,34	–
1881/85	10,53	10,01	0,52	–
1891/95	18,50	17,37	0,79	0,34
1901/05	22,43	19,93	1,88	0,60
1913	39,87	35,93	2,63	1,31

Quelle: nach Witt, Finanzpolitik, S. 380f.

Die Reichseinnahmen sind, wenn man die Anleihen dazu nimmt, entsprechend gestiegen, freilich verschiebt sich die Relation zwischen den verschiedenen Einnahmearten. Die Steuereinnahmen (Verbrauchs- und Verkehrssteuern) wachsen von 77 Millionen 1872 über 147 Millionen 1878 und 430 Millionen 1905 auf 980 Millionen 1913, ihr Anteil an den Reichseinnahmen (ohne Anleihen) bleibt mit um die 45% zwischen 1878 und 1907 relativ stabil, zwischen den Hauptsteuergruppen werden die Verkehrs- oder Stempelsteuern gegenüber den Verbrauchssteuern wichtiger. Die Zölle steigen von 1872 97 Millionen Mark auf 1911 734 Millionen, gehen aber bis 1913 auf 679 Millionen zurück; 1872 sind das 36% der Reichseinnahmen (ohne Neuverschuldung), 1881 45%, 1891 61%, 1901 54%, 1913 38%, aber davon mußte das Reich ja bis 1904 einen Teil an die Bundesstaaten überweisen. Die „Matrikularbeiträge", genauer: seit 1879 die Nettoüberweisungen der Bundesstaaten, lagen zwischen 1872 und 1882/83 durchschnittlich bei 50 Millionen Mark, das waren 15–20% der Einnahmen; zwischen 1883/84 und 1892/93 sowie 1895/96 und 1898 forderte das Reich keine solchen Beiträge ein; 1899 waren es 13, 1913 52 Millionen Mark, 1901 waren das nur 1,1% und 1913 2,4% der Reichseinnahmen. Betriebsüberschüsse – von Reichspost und Reichsbank vor allem – machten nach 1900 durchschnittlich 104 Millionen Mark, ca. 6% der Einnahmen im Jahr aus. Die Neuverschuldung wuchs seit 1877 beinahe jährlich, die Flottenrüstung seit 1898 wurde – finanztechnisch als außerordentliche Ausgaben deklariert – durch Anleihen finanziert, während das Reich, dem Gewicht des Föderalismus gemäß, immer noch Zollüberschüsse an die Bundesstaaten zahlte. 1909 lag die Neuverschuldung mit 639 Millionen Mark (28% der Brutto-Einnahmen) extrem hoch, 1913 bei 109 Millionen Mark (und 4,9%). 1890 belief sich die Reichsschuld auf über eine Milliarde Mark, 1895 auf über zwei, 1904 auf über drei, 1907 auf über vier Milliarden, 1913 auf 5,2 Milliarden Mark.

Von den Ländern, die sich natürlich im einzelnen unterschieden, wählen wir Preußen als Beispiel; das waren zwei Drittel des Reichsgebietes und zwei Drittel der Bevölkerung. Mit den Aufgaben stiegen die Ausgaben. Die Verwaltungsausgaben haben sich, wenn man, anders als im öffentlichen Haushalt üblich, die Betriebsausgaben, wie die der Eisenbahn, nicht mitrechnet, zwischen 1865 und 1914 mehr als versiebenfacht; von 122 Millionen über 1880 230 Millionen und 1900 494 Millionen auf 1914 888 Millionen; dabei sind die Ausgaben des Kultusressorts um das 20fache gestiegen, von 15 auf 281 Millionen. Das Bruttobudget war natürlich in absoluten Zahlen viel höher und wuchs auch schneller als die allgemeinen Verwaltungskosten, zwischen 1871 und 1913 von 684 Millionen auf 6,1 Milliarden Mark; die Verwaltungsausgaben (und die Matrikularbeiträge) betrugen 1880/84 durchschnittlich 33,6% des Budgets, 1910/13 nur noch 23,3%, die Betriebskosten – der Löwenanteil –, besonders für die Eisenbahn, wuchsen von 35,2 auf 45,5%, die Investitionen von 13,6 auf 14,7, die Schuldendienste von 11,0 auf 14,1%.

Die Einnahmen kamen aus zwei Hauptquellen: Den überwiegenden Anteil bildeten die Betriebseinnahmen der Staatsunternehmen, aus Domänen, Forsten, Salinen und Bergwerken, später besonders aus den Eisenbahnen. Auch wenn man die Betriebsausgaben abzieht, machten die Nettoeinnahmen immer noch einen wichtigen Teil der Staatseinnahmen aus – wenn man freilich auch die Betriebsinvestitionen abrechnet, wird der Anteil geringer. Zwischen 1871 und 1913 wuchsen die Betriebseinnahmen netto von 134 auf 835 Millionen Mark (brutto von 294 auf 3383 Millionen); berücksichtigt man auch noch die Investitionen, so betrug der Nettoüberschuß allerdings 1871/81 durchschnittlich nur 24,2 und 1911/13 252,3 Millionen Mark im Jahr. Die andere Quelle waren die – vornehmlich direkten – Steuern. Sie wuchsen zwischen 1871 und 1913 von 165 auf 507 Millionen Mark. Dazu kamen Verwaltungseinnahmen, die erwähnten Reichsüberweisungen aus den Zöllen (1883/84 bis 1892/93 und 1895/96 bis 1898/99 lagen sie höher als die Matrikularbeiträge) und natürlich Kredite; z. B. war die Verstaatlichung der Eisenbahnen Ende der 70er Jahre schon zunächst nur über Schulden zu finanzieren. Die Neuverschuldung stieg von 1871–81 durchschnittlich 128,3 Millionen im Jahr auf 1911/13 durchschnittlich 986,3 Millionen Mark. 1914 belief sich die Gesamtverschuldung schließlich auf 10,36 Milliarden Mark, davon 7,8 Milliarden Eisenbahnschuld; das waren 230,72 Mark pro Kopf; nur Bayern hatte mit 331,91 Mark unter den Bundesstaaten eine noch höhere Pro-Kopf-Verschuldung.

Solche Rechnungen sind für den Laien etwas verwirrend, entscheidend ist, daß der preußische Staat für seine Einnahmen nicht allein, nicht einmal immer vornehmlich auf Steuern angewiesen war: 1880/81 kamen 47,6% der Nettoeinnahmen des Staates aus Betriebsüberschüssen, 52,4% aus Steuern, 1893/94 waren es sogar 67,2% gegenüber 32,8% aus Steuern. Freilich, diese Überschüsse und ihre Inanspruchnahme durch Investitionen schwankten Jahr für Jahr stark. Zu dieser Feststellung gehört natürlich auch, daß man den wiederum schwankenden Anteil der Kredite an den Gesamteinnahmen festhält: 1880/84 waren es 11,4, 1910/13 16,9%.

Was die Steuern betraf, so lebten die Länder vor allem, wir sagten es, von direkten Steuern. In Preußen gab es in der Zeit Bismarcks eine Personalsteuer, bei der das Jahreseinkommen bestimmten Steuerklassen oder dem sozialen Status – Lohnarbeiter, geringerer Bürger- und Bauernstand, reichere Einwohner – zugeordnet war. Es war jeweils eine feste Summe zu zahlen, für die Masse der kleinen und mäßigen Einkommen, bis 3000 Mark, war die Einteilung recht roh, bei den mittleren und oberen Klassen wuchs zwar die Steuer je nach Einkommensgruppen, aber auch nach einer ersten Reform von 1875 keineswegs proportional. Es war eine Kombination von Klassensteuer und klassifizierter Einkommensteuer. Der Steuerbetrag lag bis 1873 zwischen 12 Mark und – bei über 750000 Mark Einkommen – 21600 Mark, bei 3000 Mark Einkommen lag die Steuerbelastung bei 2,4%. 1874 bis 1880 wurde der Betrag für Einkommen bis 600 Mark auf 3 Mark gesenkt und die Höchststeuer (bei 3 Millionen Einkommen) auf 88 200 Mark erhöht. Die Veranlagung war Sache der lokalen Selbstverwaltung, das führte auf dem Lande z. B. oft zu einer Unterveranlagung der höheren Einkommensbezieher. Trotz der geringen Anfangsbeträge waren, wie man aus der großen Zahl der Pfändungsverfahren sehen kann, die kleinen Steuerzahler offenbar überlastet. Seit Anfang der 80er Jahre, nach dem Einsetzen der Reichsüberweisungen, wurden die beiden untersten Klassen von der Steuerpflicht befreit.

Neben der Personalsteuer gab es Realsteuern: Die Gewerbesteuer, die sich nach Umfang und Art des Betriebes, nicht nach Umsatz oder Reinertrag richtete, die dazu nötige Offenlegung der inneren Betriebsverhältnisse schien Bürgern wie Beamten damals unzumutbar; und es gab die Grundsteuer – in Steuerklassen, die sich nach einem modellmäßig ermittelten Reinertrag richtete; die Steuer war an landwirtschaftlichen Verhältnissen orientiert, nicht an der neuen Realität des städtischen Bodeneigentums und des Baulandes. Nur die „Gebäudesteuer" entsprach dem etwas mehr, sie richtete sich nach dem sogenannten Nutzwert, aber auch sie war noch sehr schematisch.

Alle diese Steuern waren altmodisch, kaum individualisiert, ziemlich starr, die Gruppenzuweisungen blieben 10 bis 15 Jahre bestehen, nicht der Industrialisierung und nicht der Verstädterung angemessen.

1891 hat dann der Finanzminister Miquel im Zuge einer berühmten großen Steuerreform das System modernisiert, er hat eine moderne Einkommensteuer geschaffen. Das Ziel war nicht einfach fiskalisch, sondern gesellschaftspolitisch, es ging nicht eigentlich um mehr Steuern, sondern um mehr Klarheit und vor allem um Gerechtigkeit bei der Veranlagung; auch der verfassungspolitisch konservativ gewordene alte Liberale Miquel verfolgte progressive soziale Ziele, und das fand Resonanz in der Reformbürokratie Preußens, die soziale Monarchie war neben dem effektiven Staat ein Leitmotiv, das auch die Klassenegoismen wenigstens begrenzte. Die Reform war steuertechnisch also zunächst aufkommensneutral. Die neue Einkommensteuer orientierte sich durchgängig an der individuellen Leistungsfähigkeit; vieles, was uns noch wohlvertraut ist oder inzwischen wieder umstritten, Grundfreibetrag, Kinderfreibetrag, die Einbeziehung der Kapitalgesellschaften in die Besteuerung, ist damals eingeführt worden. Eine „Quellenerfassung", Lohnsteuer z. B., gab es noch nicht. Die Steuer war durchgängig, wenn auch für heutige Begriffe sehr gemäßigt, progressiv (von 0,6 % bei 900 Mark Einkommen bis 4 % bei 100 000 Mark ansteigend); die Reform stellte die kleinen Einkommen unter 900 Mark steuerfrei, entlastete die mittleren, vor allem die zwischen 3 000 und 6 000 Mark, etwas weniger aber auch die zwischen 900/1 050 und 3 000 Mark, bei 3 000 Mark – einem Beamteneinkommen oft noch in mittleren Jahren – lag der Steuersatz jetzt bei 1,73 %. Die höheren Einkommen über 9 500 Mark wurden stärker herangezogen, ihr Anteil am Gesamtertrag stieg von 31,0 % 1891/92 auf 45,3 % 1892/93; zwei Drittel der 75 Millionen Mehreinnahmen kamen von ihnen und den Kapitalgesellschaften. Besonders wichtig war endlich die Einführung der Selbstveranlagung (ab einem Einkommen von über 3000 Mark) mit anschließender Überprüfungsmöglichkeit der Behörden, die Beweislast lag im Konfliktfall jetzt beim Steuerpflichtigen, das verhinderte wenigstens die frühere Unterveranlagung durch lokale Kommissionen. 1893 gelang es Miquel zudem, eine, freilich verdeckte, Vermögenssteuer (ab einem Vermögen von 6000 Mark jährlich 0,5‰) einzuführen – 1891 war eine derartige Steuer wegen ihrer „konfiskatorischen" Wirkung abgelehnt worden, ebenso eine ähnlich konzipierte Erbschaftsteuer wegen des unerwünschten Eindringens der Behörden in private Verhältnisse; die Regelung von 1893 erleichterte die Kontrolle der Einkommensteuer. Im ganzen waren die neuen Methoden erfolgreich, ein Drittel aller Steuererklärungen, zwei Drittel davon bei Einkommen über 9500 Mark, wurden bis 1900 beanstandet, die Überprüfung führte zu einer Erhöhung des zu versteuernden Einkommens um durchschnittlich ein Drittel; es gab freilich immer noch Regionen in Ostelbien, wo auch die Überprüfung durch die Landratsämter den Großgrundbesitz, die Junker, „schonte".

Auch die Gewerbesteuer wurde modernisiert, sie richtete sich nach der tatsächlichen Leistungskraft, dem Reinertrag, entlastete wiederum die ganz kleinen Steuerpflichtigen, handwerkliche Betriebe z. B., und installierte eine gewisse staatliche Kontrolle.

Die Miquelsche Steuerreform hat lange Zeit als fortschrittliche und soziale Leistung des alten Preußen, als Ausweis seiner Modernisierungsfähigkeit und seiner nicht-plutokratischen Herrschaftsstruktur gegolten. In den letzten Jahrzehnten hat man eher Miquels Konzessionen an die Junker betont, die Risikolosigkeit bei einer etwas stärkeren Belastung des Kapitals, das Interesse der Regierung an Systemloyalität der Massen, das Zurückbleiben der Reform hinter späteren egalitären Zielsetzungen. Richtig ist daran, daß man die Reform nicht idealisieren und nicht zu einer Systemtendenz der preußischen Verwaltung und Politik hochstilisieren darf. Sie war unvollkommen wie alles Wirkliche, mußte sich an die politischen Möglichkeiten im klassengeprägten preußischen Landtag halten. Aber sie war, taktisch wie grundsätzlich, doch eine große, eine in und aus der Zeit herausragende Leistung – steuerpolitisch, gesellschaftspolitisch, systempolitisch. Sie ist das Exempel der Möglichkeiten der Reform auch in dieser Zeit noch.

Die Gemeinden – wir haben von den städtischen Finanzen in einem anderen Kapitel ausführlicher gehandelt – lebten, was Steuern betraf, von Zuschlägen zu Staatssteuern, besonders zur Grund- und zur Gewerbesteuer. Diese Zuschläge waren überall unterschiedlich und, verständlicherweise, in den Städten gemeinhin viel höher als auf dem Lande. Seit Ende der 70er Jahre und zumal dann in den 80er Jahren gab es in Preußen einen Steuerausgleich zugunsten der Kommunen, vor allem der – ostelbischen – Landkreise: Staatszuweisungen oder Dotationen für den Unterhalt der Schulen, den Straßenbau und andere Infrastrukturmaßnahmen. Auf Grund eines Sondergesetzes, der Lex Huene von 1885, erhielten sie aus Zollüberweisungen des Reiches zwischen 1885 und 1895 ca. 160 Millionen Mark.

1895 bezog man auch die Gemeindesteuern in die Miquelsche Reform mit ein. Jetzt wurden den Gemeinden Grund-, Gebäude- und Gewerbesteuer zugewiesen, die Erhebungssätze waren ihnen anheimgestellt. Freilich, eine durchgreifende Modernisierung der Grundsteuer gelang nicht, und auch die Zuschläge wurden nicht gänzlich abgeschafft. Den Gemeinden war aber vorgeschrieben, in welchem Ausmaß sie ihren Finanzbedarf aus direkten oder indirekten Steuern decken durften; Zuschläge zu Personalsteuern waren nur zulässig, wenn die Erhebungssätze zu den Realsteuern eine bestimmte Höhe hatten. Und für Realsteuern wie Personalsteuerzuschläge galt eine Obergrenze. Diese „systematisch“ relativ saubere Lösung war politisch freilich nur durch ein Steuergeschenk an den Großgrundbesitz ermöglicht worden: In den gleichsam gemeindefreien Gutsbezirken entfiel die Grundsteuer, ein „Geschenk“, dessen Wert zwischen 9,8 und 11,7 Millionen Mark geschätzt wird. 1906 wurde durch die Aufteilung der Steuerleistung größerer Unternehmen zwischen Sitz- und Betriebsgemeinde ein erster Schritt zu einem kommunalen Finanzausgleich getan.

Auch über die Ausgaben der Gemeinden haben wir in anderen Zusammenhängen gesprochen. Es genügt, weniges hier in Erinnerung zu rufen. Die Ausgaben der preußischen Landgemeinden wachsen von 1869 46,7 Millionen Mark (3,20 pro Kopf) über 1891/92 120,6 Millionen (7,40 pro Kopf) auf 1913 391,5 Millionen (19,95 pro Kopf), die der Kreise von 1869 25,8 Millionen Mark (1,16 pro Kopf) auf 1913 264,9 (9,62 pro Kopf). Die Gemeinden bauten und unterhielten Schulen, die Kreise (und Provinzen) Straßen, die Provinzen – sie „lebten“ von staatlichen Dotationen und Steuerzuschlägen, und ihr Finanzvolumen dehnte sich etwa entsprechend dem der Kreise aus – hatten für Geisteskranke und Behinderte und die zwischen die Gemeindekompetenzen fallenden „Landarmen“ zu sorgen.

Wir versuchen, einen allgemeinen Überblick über Ausgaben und Einnahmen der öffentlichen Haushalte, über die Anteile von Reich, Ländern und Gemeinden und über die Verschiebung zwischen den Sektoren zu gewinnen sowie über die Gesamtsteuerbelastung der Bürger. Da die Abgrenzung von Etatposten und die Ermittlung vergleichbarer Zahlen ungemein schwierig ist, kann es sich – noch einmal sei es gesagt – nur um Näherungswerte handeln; für einen Eindruck von Proportionen und Trends genügt das.

Nimmt man alle öffentlichen Haushalte zusammen, so wuchs ihr Umfang nicht nur in absoluten Zahlen erheblich, sondern auch im Vergleich zum Wachstum des Nettosozialprodukts, und zwar stieg der Staatsanteil am Nettosozialprodukt zu Faktorkosten von 10,6% im Jahresdurchschnitt 1875/79 auf 14,5% 1910/13, die Wachstumsrate der Staatsausgaben lag bei 3,4% im Jahr, die Wachstumsrate des Nettosozialprodukts bei 2,6%. (Nach einer anderen Berechnung, die die öffentlichen Betriebe einschließt, nicht freilich die Sozialversicherung, wuchs der Staatsanteil von 1890 13,0% auf 1913 16,5% des Nettosozialprodukts). Dabei wuchsen, geht man von den Ausgaben aus, die Anteile des Reiches und die der Gemeinden, der Anteil der Länder nahm ab: Der Reichsanteil betrug 1881 29,3 %, 1913 35,3 % (ohne Sozialversicherung 25,0 %), der Länderanteil 44,4 und 31,8 %, der Gemeindeanteil 26,3 und 32,9 %, oder in Pro-Kopf-Zahlen wuchsen die Reichsausgaben von 12 auf 51 Mark, die der Länder von 18 auf 46, die der Gemeinden von 10 auf 47, insgesamt von 40 auf 144 Mark (Andic/Veverka) – man sieht, alle Ausgaben wurden erheblich mehr, aber eben unterschiedlich, und die unterschiedlichen Anteile glichen sich – relativ – an. Freilich, diese Entwicklung ist, jedenfalls was das Reich betrifft, nicht gleichmäßig, 1910 liegt der Reichsanteil nur bei 29 %, die Steigerung bis 1913 hängt mit der Steigerung der Rüstungsausgaben zusammen.

Versucht man, Sektoren zu vergleichen, so sind wohl am stärksten die Bildungsausgaben gestiegen, dazu die Transferleistungen und die Schuldendienste. Der Anteil der Personalausgaben an den öffentlichen Ausgaben sank zwischen 1891 und 1913 leicht von 35,1 % auf 31,4 % (Hentschel). Die meist im Mittelpunkt des Interesses stehenden Verteidigungsausgaben waren natürlich erheblich und sind, gerade im Jahrzehnt vor 1914 und zumal 1912/13, den Hochrüstungsjahren, stark gestiegen; aber schon wenn man neben dem Reich, das die Verteidigung zu finanzieren hatte – und die Aufteilung nur des Reichsetats wird noch immer von manchen Militarismuskritikern als Beweis angeführt –, die Länder und Gemeinden nimmt, relativiert sich die Bedeutung der Verteidigungs-, der „Rüstungs"ausgaben; ihr Anteil an den Gesamtausgaben sinkt von 1875/79 34 % auf 1910/13 27 %, andere Staatsausgaben wachsen noch schneller; ihr Anteil am wachsenden Sozialprodukt blieb relativ stabil, 1875–1913 bei durchschnittlich 3,4 % (1910/13: 3,9 %) des Nettosozialprodukts zu Faktorkosten, das war nicht mehr als in Großbritannien. Sozialausgaben und solche für Infrastrukturen sind kaum abgrenzbar, aber natürlich sind auch sie mit dem Vordringen der öffentlichen, z. B. kommunalen, Daseinsvorsorge erheblich angewachsen.

Die Einnahmen-Gliederung der drei Gruppen der öffentlichen Haushalte lassen sich schlecht zusammenfassen oder vergleichen, der Vergleich führt nicht über das hinaus, was wir bisher über die Einnahmestrukturen gesagt haben. Über die Gesamtsteuer-(und Zoll)belastung sprechen wir gleich. Einzig ein Vergleich der Verschuldung und der Anleihepolitik ist interessant.

Bis zur Jahrhundertwende stieg die Verschuldung des Reiches am stärksten, zwischen 1880/81 und 1900/01 um das Siebenfache, die der Gemeinden nur um das Dreifache; nach der Jahrhundertwende wuchs sie bei den Gemeinden nahezu genauso stark weiter, nicht ganz um das Dreifache, die Verschuldung des Reiches verdoppelte sich jedoch nur; bei den Ländern stieg sie in sehr viel geringerem Maße, vor der Jahrhundertwende verdoppelte sie sich nur, nach der Jahrhundertwende nahm sie sogar nur um gut die Hälfte zu. Das Ergebnis dieser unterschiedlichen Zunahmen ist, daß der Anteil der Gemeinden an den öffentlichen Schulden erheblich steigt, von 12,2 % auf 32,9 %, der des Reiches auch wächst, aber doch nur von 4,9 % auf 15,8 %

und daß der Anteil der Länder zurückgeht, von 82,9% auf 51,3%, aber immer noch der größte bleibt. Insgesamt ist die öffentliche Verschuldung in dem Gesamtzeitraum von 6,3 auf 32,8 Milliarden Mark angestiegen, hat sich verfünffacht.

Nimmt man die Steuerbelastung insgesamt in den Blick, so steigt sie zwar an, pro Kopf zwischen 1890 und 1913 von 38 auf 73 Mark. Aber im ganzen war sie noch gering und blieb mit einem Anteil von 10% des durchschnittlichen Pro-Kopf-Einkommens nahezu konstant. Kennzeichnend, im Vergleich zu heute etwa, war der hohe Anteil der Zölle und Verbrauchssteuern und der indirekten Steuern (Grund- und Gewerbesteuer), die gemeinhin – auf Mieter oder Abnehmer – überwälzt werden konnten. Zwar war auch hier die Belastung unvergleichlich niedriger als später, aber sie betraf vor allem die Masse der einkommensschwachen Konsumenten, unabhängig von ihrer Leistungsfähigkeit. Erst mit steigendem Einkommen stieg die Belastung durch direkte Steuern an, nahm die durch indirekte ab. Bei der allgemeinen Steigerung von Einkommen und Löhnen blieben freilich die indirekten Steuern eher zurück, die Belastung minderte sich. Welchen Anteil die Steuer- und Zoll-Last an den niederen und höheren Einkommen hatte, darüber gibt es unterschiedliche Schätzungen. Die folgenden Zahlen für die Jahre 1906/12 scheinen einigermaßen typisch: Danach betrug die Steuerlast bei ganz kleinen Einkommen (unter 800/900 Mark) um 6%, bei Einkommen bis 1200 Mark („normales" Arbeitereinkommen) um 7%, bei solchen bis 2000/3000 Mark ca. 8%, zwischen 2000/3000 und 10000 Mark 8 bis 12%, über 10000 Mark 10–12%. Dabei sinkt die Verbrauchssteuer- und Zollbelastung von 5% bei Einkommen unter 1200 Mark auf 1% bei solchen über 10000 Mark (nach einer anderen Schätzung schon bei über 3000), bei den beiden untersten Gruppen machten die Getreidezölle knapp die Hälfte der Belastung aus. Adolph Wagner schätzte in den 90er Jahren das Existenzminimum auf 700 Mark, bei einem Jahreseinkommen von 1000 Mark nimmt er 200 Mark „freies" und 100 Mark relativ freies Verfügungsgeld an; 30–40% des „freien" und 60–80% des relativ freien Geldes gingen auf Steuern, bei 200000 Mark läge die Steuerlast dagegen nur mit 14,6% auf freiem und 24,2% auf relativ freiem Einkommen. Insgesamt kann von einer nennenswerten Umverteilung von Einkommen durch die Steuerpolitik vor 1914 nicht die Rede sein. Aber das war auch sonst in Europa vor 1914 das Normale.

Das andere steuerpolitische Problem der Belastungen war das der Lastenteilung zwischen den ökonomisch-sozialen Sektoren und Subsektoren der Gesellschaft, das Problem auch der Subventionswirkung der Steuern. Das war vor allem seit der Einführung der Schutzzölle akut, und die Zölle (und besondere zollpolitische Regelungen wie das System der sogenannten Einfuhrscheine, das den ostdeutschen Getreidebau begünstigte) blieben das Hauptthema im sektoralen Verteilungskampf, das Instrument der Subventionen. Aber die betrafen natürlich auch andere Verbrauchssteuern – die

Begünstigung der landwirtschaftlichen Schnapsbrenner durch die niedrigere Versteuerung eines festen „Kontingents“, die sogenannte Liebesgabe, die freilich nicht nur die Korn und Kartoffel brennenden Junker, sondern auch die Obstbrenner im Süden und Südwesten begünstigte, hat aus dem Branntweinsteuergesetz seit 1887 einen wahren Subventionsdschungel gemacht; ähnlich war es mit der Zuckersteuer. Freilich, die reale Bedeutung dieser Subventionen war viel geringer als ihre symbolpolitische Bedeutung. Auch die Real- und Gewerbesteuern betrafen die Sektoren unterschiedlich. Die älteren Steuern griffen vor allem wegen ihrer Altmodischkeit bei Industrieunternehmen und Kapitalgesellschaften weniger als bei anderen. Seit 1878/79 und erst recht seit 1893/94 ging es nicht mehr um diese Begünstigung, sondern um die auch steuerpolitische Rettung der „notleidenden“ Landwirtschaft, um eine Lastenverteilung, die sie nicht nur entlastete, sondern ihr Subventionen und Sondervorteile gewährte; dabei stand der ostelbische getreideanbauende Großgrundbesitz im Zentrum. Über die agrar- und wirtschaftspolitischen Gründe für solche Subventionspolitik haben wir früher gesprochen, die systempolitische Bedeutung liegt auf der Hand – es ging um die Erhaltung oder „Rettung“ einer der tragenden preußischen Herrschaftsschichten, der Junker, und des Rückhaltes konservativer Politik auch im Reich: der Bauern. Die Steuer- und Zollpolitik hat die Landwirtschaft bis 1914 durchaus begünstigt, Handel, Banken und Börsen benachteiligt, aber man darf weder dem Wehgeschrei derer, die sich benachteiligt fühlten, noch der Anti-Agrarier- (und Anti-Junker-) Polemik der doktrinären Freihändler und Subventionsgegner zuviel Gewicht beimessen. Handel, Banken und Industrie florierten trotz allem in ungeahnter Weise. Angesichts des enormen volkswirtschaftlichen Wachstums konnten die anderen Sektoren die Mehrbelastung tragen, angesichts der Steigerung von Realeinkommen und Reallöhnen vielleicht sogar die Konsumenten, aber das brauchen wir nicht zu entscheiden.

In diesen Zusammenhängen muß man eine wichtige verfassungspolitische Folge der steuerpolitischen Entscheidungen sehen. Im Frühkonstitutionalismus und noch in den Jahren des preußischen Verfassungskonflikts stand im Zentrum aller Steuerpolitik der Gegensatz zwischen Regierung und Parlament, das Verhältnis von Staat und Gesellschaft. Das änderte sich mit Beginn der Interventions- und Subventionspolitik radikal. Steuerpolitik wurde zum Feld der Interessen- und Verteilungskämpfe zwischen den mächtigen Gruppen der Gesellschaft selbst. Bismarcks Steuerpolitik bewegte sich noch zwischen diesen Polen; nach seiner Entlassung wurde, abgesehen von dem staatlichen Geldbedürfnis, der Verteilungskampf primär. Jetzt spielten auch die Konsumenten als Wähler eine, wenn auch deutlich schwächere, Rolle. Und die wachsenden Sozialausgaben riefen noch einen neuen Bereich von Verteilungskonflikten ins Leben. Aber das bedeutete nun, daß in der Finanz- und Steuerpolitik nicht mehr die Parlamentsparteien der Regierung gegenüberstanden, sondern untereinander und mit der Regierung um die Interessen ihrer Klientel an Subventionen, Entlastungen, der Vermeidung von Sonderlasten rangen. Geldausgeben wurde auch eine Sache des Parlaments, und die altliberale Drohung mit der Nichtbewilligung des Budgets wurde politisch irreal, weil das die eigenen Wähler negativ betroffen hätte.

Nimmt man all die einzelnen Tatbestände und Strukturen und die Entwicklungen, von denen in diesem Kapitel die Rede war, zusammen, so hat sich die Problematik der Finanz- und Steuerverfassung des Reiches verschärft. Trotz der wachsenden Verschuldung der Gemeinden, der Bundesstaaten und des Reiches und trotz aller notwendigen Relativierungen jeder einseitigen Konzentration auf die Finanzen des Reiches, alleine gilt doch: Die Finanzlage des Reiches war schlecht und wurde – bis 1909, ja eigentlich bis 1913 – immer schlechter, die Finanzlage der Bundesstaaten und der Gemeinden war demgegenüber doch noch passabel. Die Verfassung von 1871 hatte die Finanzmacht föderalistisch verteilt und den Bundesstaaten die wichtigsten Einnahmen gesichert, das 1871 aufgeschobene Problem von Reichssteuern war nach dem Ende der liberalen Ära von der Tagesordnung verschwunden, die Bismarckschen Versuche, das Reich finanziell unabhängig zu stellen, waren wegen ihrer antiparlamentarischen Tendenzen (und auch am Widerstand des Föderalismus) gescheitert, die Lösungen von 1879, die Franckensteinsche Klausel, befestigte die Finanzmacht der Bundesstaaten, die Abhängigkeit des Reiches fast endgültig. Kurz, die föderalistische Regelung der Finanzverfassung im Sinne der Vormacht der Bundesstaaten war keine Lösung, sondern wurde zum Problem, je länger, desto mehr. Das hatte auch klassenpolitische Auswirkungen, die Hauptmasse der Steuern, der direkten vor allem, blieb in den Händen der Landtage, die auf Zensus- und Klassenwahlrecht beruhten, sie waren dem Reichstag des allgemeinen Wahlrechts entzogen; der war wiederum auf Zölle und Verbrauchssteuern, also die Steuerbelastung der großen Masse, angewiesen. Und das gilt grundsätzlich auch trotz der steuerpolitisch „fortschrittlichen" preußischen Reform.

Das Ausgangsproblem verschärfte sich seit der Jahrhundertwende zusehends. Das Reich war für Verteidigung und Rüstung zuständig, diese Kosten wuchsen seit dem Entschluß zum Schlachtflottenbau gewaltig. Der zunächst eingeschlagene Ausweg der Finanzierung durch Anleihen vertagte das Problem nur und war nicht unbegrenzt fortzuführen. Das Reich hatte sich hoch verschuldet. Es brauchte neue Einnahmen. Jetzt wurden die steuerpolitisch-gesellschaftspolitischen Gegensätze aktuell, denn die Politisierung der Massen, die „Demokratisierung", machte die Mehrheit der Parteien stärker von den Wählern (nach allgemeinem Wahlrecht) abhängig. Nur eine Besteuerung von Besitz und Einkommen schien auch für die Mitte des Parteienspektrums akzeptabel. Der gemeineuropäische Konflikt um diese Art der Besteuerung ergriff auch das obrigkeitliche Deutsche Reich. Finanznot und steuerpolitische Klassenkonflikte machten „Finanzreform" zu einem Hauptthema der deutschen Innenpolitik im Jahrzehnt vor 1914; darum gruppierten sich die

Parteien neu. Damit stand aber die Machtverteilung, zwischen Reich und Bundesstaaten, Parlament und Regierung, Demokratie und Besitz, stand das System zur Frage. Die, wenn auch zunächst einmalige, Besitz-(Vermögens-)steuer von 1913 – mit den Stimmen der Sozialdemokraten und gegen die Konservativen verabschiedet – war ein Stück Systemreform.

5. Recht und Justiz

Das Deutsche Reich von 1871 war ein Rechtsstaat. Das ist ein zentrales Stück seiner Verfassungswirklichkeit.

Die Rechtsverfassung der Deutschen ist in der Reichsgründungszeit zusammengewachsen und dadurch neu gestaltet worden. Sie ist nationale, gesamtstaatliche Rechtsverfassung. Rechtspolitik galt als herausragend zentrale Aufgabe der Politik überhaupt. Es galt den Zeitgenossen als erste Aufgabe solcher Rechtspolitik, die Einheit der Rechtsordnung herzustellen. Das schien eine praktische Notwendigkeit: Die dynamische Wirtschaftsgesellschaft brauchte für eine einheitliche Volkswirtschaft ein einheitliches Recht, die liberale Bürgergesellschaft, die auf den Rechtsstaat setzte, brauchte im neugewonnenen Nationalstaat die Rechtseinheit, um eben diesen Rechtsstaat zu vollenden. Zudem waren für die liberalen Bürger seit 1848 Rechtseinheit und nationale Gerichtsbarkeit ein notwendiges „Organ" und Stück der nationalen Integration, sie waren von geradezu symbolisch-metapolitischer Bedeutung. Und ebenso waren die monarchisch-bürokratischen Herrschaftsorgane auf rechtliche Einheit und Geschlossenheit des Reiches aus; auch die obrigkeitlich verfaßte Nation bedurfte der Rechtseinheit, und der Zuwachs an staatlichen Regelungen verstärkte die Tendenz zu rechtsförmiger bürokratischer Nivellierung und Zentralisierung. Zugleich gehörte zu dieser nationalen Vereinheitlichung in der Rechtspolitik zum zweiten die liberale und auch bürokratische Vollendung des Rechtsstaates. Liberale Rechtsidee und bürokratische Rechtsidee waren gewiß verschieden, auf Freiheit oder Ordnung, individuelle Autonomie oder staatliche Autorität orientiert. Aber sie waren beide auf ein rationales Recht aus, auf System, Berechenbarkeit, Sicherheit, und, da alle Vertreter dieser Richtungen geschulte Juristen waren, auf Durchsetzung des bürgerlichen Systems der Rechtswissenschaft. Darin war die Rechtsstaatsidee des bürgerlichen Individualismus inkorporiert, auch der Staat hatte darin seine Grundlage. Alles sollte nach Gesetz und Recht gehen, auch der Staat war in seinen Gerichten und durch sie daran gebunden, und alle Bürger waren rechtsgleiche Subjekte.

Ursprünglich waren Norddeutscher Bund und Reich für die Einheit des Handelsrechts und des Strafrechts zuständig und sollten für Fälle besonderer Notwendigkeit eine konkurrierende Gesetzgebungskompetenz, ja Kompetenz-Kompetenz haben. Die Liberalen, die das durchgesetzt hatten, drängten weiter. Die Grenzen waren fließend: Wenn das Reich z. B. für das Handelsrecht zuständig war, konnten Schuld- und Sachenrecht davon auf die Dauer nicht unberührt bleiben. 1873 gab der Bundesrat seinen hinhaltenden Widerstand gegen mehr Reichskompetenz auf, das Reich wurde für das ganze bürgerliche Recht und das Verfahrensrecht zuständig. Das Reichsstrafgesetzbuch von 1871, das aus dem Strafgesetzbuch des Norddeutschen Bundes hervorging, und die Übernahme des Allgemeinen Deutschen Handelsgesetzbuches von 1861 – der einzigen rechtspolitischen Leistung des Deutschen Bundes – durch das neue Reich 1872, dann die „Justizgesetze" von 1877/79, die Zivil-, die Strafprozeß- und die Konkursordnung sowie das Gerichtsverfassungsgesetz, unter schweren Konflikten und Geburtswehen zustande gekommen, waren die ersten großen Akte der Rechtsvereinheitlichung; die Begründung eines Reichsgerichts 1877/79 stellte schließlich die praktische und symbolische Krönung dieses Vorgangs dar. Gerichtsverfassung und Prozeßrecht hatten als Garantien des rechtsstaatlichen Verfahrens immer schon eine besondere Stellung im liberalen Prioritätenkatalog gehabt.

Es gab Ausnahmen von der nationalen Rechtseinheit, Relikte und Konzessionen an den alten und neuen Föderalismus – das Einführungsgesetz zum Bürgerlichen Gesetzbuch (BGB) hat vieles davon noch einmal konserviert. Es gab spezifische Materien des Landesrechts – Schul-, Steuer- und Kommunalrecht z. B. – oder das neue Verwaltungsrecht, aber auch das alte Gesinderecht; für bayerische Bürger endete der Instanzenzug in vielen Zivilsachen bei dem bayerischen Obersten Gericht, da waren sie vom Reichsgericht exemt. Wichtiger ist, daß die zweite Säule der Rechtsverfassung neben den Gesetzen, die Justiz, der Verwaltung der Länder/Einzelstaaten unterstand, bei ihnen lag ja die Verwaltungshoheit. Die Länder hatten eigene Justizverwaltungen und Justizministerien. Sie waren z. B. für das Personal- und Ausbildungswesen (und damit für Einstellung und Beförderung von Richtern) zuständig – zwar an die reichsrechtlichen Normen vor allem des Gerichtsverfassungsgesetzes gebunden, aber doch selbständig und mächtig.

Diese Ministerien waren zugleich federführend bei den Vorlagen und Entscheidungen des Bundesrates zur Reichsgesetzgebung. Nach Lage der Dinge spielte dabei das preußische Justizministerium in Berlin eine besondere Rolle. Für das Reich insgesamt war seit 1877 das Reichsjustizamt – hervorgegangen aus einer Abteilung des Reichskanzleramts – unter seinem Staatssekretär zuständig; die kleine Behörde hatte wenig Verwaltungsaufgaben, das Reichsgericht gehörte dazu, wurde aber bei der Vorbereitung von Reichsgesetzen federführend und mit der Zeit auch dem preußischen Justizministerium gegenüber eigenständig, stärker reichsbezogen und moderner.

Von einem weiteren wesentlichen Stück der föderalisierten Rechtsstaatsordnung, vom Verwaltungsrecht, haben wir im Kapitel über die Verwaltung gehandelt. Das Verwaltungsrecht war Sache der Bundesstaaten und insoweit unterschiedlich, aber Grundprinzipien und Geist waren doch gemeindeutsch einheitlich.

Zum nationalen Rechtssystem nun gehört zunächst das Strafrecht. Wie erwähnt, war es den Liberalen gelungen, eine Verfassungsbestimmung durchzusetzen, welche die Strafrechtsgesetzgebung in die Kompetenz des Norddeutschen Bundes aufnahm. Schon 1870 war ein neues Strafgesetzbuch fertig und wurde, nach einem wilden Konflikt zwischen der liberalen Reichstagsmehrheit und Bismarck und dem Bundesrat über die Abschaffung der Todesstrafe und den „Widerstand gegen die Staatsgewalt", noch 1870 verabschiedet. Die Liberalen mußten in der Hauptsache nachgeben, die Todesstrafe blieb erhalten; der Tatbestand des Widerstands wurde zwar an die Rechtmäßigkeit der Amtsausübung gebunden, aber weil auch bei Irrtum der Staatsorgane der Widerstand strafbar war, hatte jene Bindung wenig Effekt. Es blieb hier bei einem „Kautschuk"paragraphen; das dornige Problem von „Polizeistrafen" blieb sozusagen ausgeklammert.

1871 wurde dieses Gesetzbuch das Strafgesetzbuch des Deutschen Reiches. Vereinheitlichung und Neuordnung dieser Materie gelangen so schnell, weil man sich an das Vorbild des preußischen Gesetzes von 1851 anschließen konnte, das in seiner Zeit als fortschrittlich und vorbildlich galt, und weil die Grundprinzipien des Strafrechts sich in Deutschland seit Aufklärung und Reformzeit relativ gleichmäßig entwickelt hatten. Dem Gesetzbuch lagen die klassischen liberal-bürgerlichen Auffassungen des 19. Jahrhunderts zugrunde. Das war das Rechtsstaatsprinzip: nullum crimen, nulla poena sine lege – also die strikte Bindung des Verbrechensbegriffs wie der Strafe ans positiv festlegende Gesetz, die gleichmäßige Anwendung jedes Rechts durch die Gerichte, die strenge Bindung des Richters an gesetzliche Definitionen, die Beschränkung des Ermessens auf das Strafmaß; die Konzentration auf die Tat, nicht auf den Täter, nicht auf soziale oder psychische Bedingtheiten also, die Reserve gegen ein Eindringen des Staates in die Privatheit der Personalität, auch des Täters, die Theorie von der Handlungsfreiheit jeder Person, die scharfe Differenzierung der Taten, Verantwortlichkeiten (Mord/Totschlag), beabsichtigten und unbeabsichtigten Kausalitäten; eine – relative – Humanisierung des Strafens, Maßhalten und Zurückhalten beim Strafen durch Konzentration auf den Ordnungszweck, die Beschränkung der Strafen – außer der Todesstrafe – auf nur zwei Haupttypen der Haftstrafe, Zuchthaus und Gefängnis; die Auffassung der Strafe vor allem als Vergeltung und Abschreckung (Generalprävention), kaum als Besserung oder gar Erziehung (Spezialprävention), das Restelement des Gesinnungsstrafrechts in der, wenn auch milderen, Verurteilung des Versuchs (auch mit untauglichen Mitteln oder am untauglichen Objekt, wie z. B. gegen eine Nicht-Schwangere, die mit einem unwirksamen Mittel abtreiben wollte). Über diese Grundsätze bestand 1871 relative Einmütigkeit auch zwischen den die Ordnung und Staatsautorität betonenden Konservativen und den die Bürgerfreiheit und Selbstverantwortung betonenden Liberalen. Das Strafgesetzbuch war noch auf der Höhe der Zeit, freilich eher ein Abschluß als ein Anfang. Spätestens um die Jahrhundertwende setzt dann die neue soziologisch-psychologische Richtung der Kriminalistik und der Strafrechtswissenschaft ein, welche die Resozialisierung und die sozialen und psychischen Eigenheiten des Täters in den Mittelpunkt stellte; wir haben in unserem Wissenschaftskapitel im ersten Band im Zusammenhang mit Franz v. Liszt davon berichtet.

An den Grenzen zum Politischen blieb das Strafrecht, auch jenseits von direktem Hoch- oder Landesverrat, eine Waffe, so im Kulturkampf – wegen Verletzung der Anzeigepflicht – und unter dem Sozialistengesetz; das Presserecht in puncto Beleidigung war scharf, die Beweislast für Unschuld oder Wahrheit war den Redakteuren zugeschoben.

Auch über die nationale Neuordnung des Strafverfahrens bestand zunächst Einmütigkeit, die Strafprozeßordnung von 1877 faßte die Fortschritte der letzten Jahrzehnte in der Tradition der französischen Revolution einheitlich und vereinheitlichend zusammen: das mündlich-öffentliche Verfahren, gedacht zum Schutz des Angeklagten; das Prinzip des rechtlichen Gehörs und generell der Schutz vor Willkür; die Trennung von Anklage und Urteil und die Funktionstrennung zwischen dem Staatsanwalt mit einem Anklagemonopol und dem unparteilichen Richter; die starke Stellung des Richters gegenüber der Polizei – mehr als vorübergehende Verhaftung war nur mit richterlichem Haftbefehl erlaubt; verstärkter Schutz des Angeklagten. Von heute her erscheint die Position des Angeklagten (und des Beschuldigten) noch relativ schwach, der Vorrang des Gerichts vor der Staatsanwaltschaft nicht zureichend gesichert, die Polizei war bei der Strafverfolgung doch zuerst Hilfsorgan der eigenständigen Staatsanwaltschaft, die Justiz kontrollierte; für die Zeitgenossen war die Prozeßordnung jedoch eine liberale Errungenschaft. Konfliktpunkte zwischen Liberalen und Obrigkeitsstaat blieben – z. B. im Presserecht die Zeugnisverweigerung oder die Verfolgung von Amtsmißbrauch, also die strafgerichtliche Kontrolle der Verwaltung, oder die Achtung des Briefgeheimnisses. Da mußten die Liberalen 1877 nachgeben, da blieb es bei konservativer Prägung.

An Strafgesetzbuch und Strafprozeßordnung wurde bis 1914 wenig geändert, wenn man vom Kanzelparagraph, Wucherparagraphen und Bestimmungen gegen Kuppelei und Zuhälterei absieht, die Neuorientierungen der Strafrechtstheorie und -diskussion wirkten sich da noch nicht aus. Wichtig aber waren zwei Änderungen in der Praxis. Die eine war die Einführung der bedingten Verurteilung auf „Bewährung" im Verwaltungswege – das entsprach der Reformkritik an kurzfristigen Freiheitsstrafen. Der Weg dazu war eine seltsame Umbiegung des landesherrlichen Gnadenrechts, eine bedingte Begnadigung; diese Gnade, archaischer Bestand der Monarchie eigentlich, wurde in den meisten deutschen Staaten 1895/96 zu einer Verordnungssache der Justizminister. Die andere war eine allmähliche Änderung der Strafpraxis der Gerichte, sie wurden immer milder, z. B. nahmen die Geldstrafen zu, im Gesetz eigentlich nur als Ausnahme für leichtere Vergehen und bei mildernden Umständen vorgesehen. 1882 waren 25,3% aller Strafen Geldstrafen,

1911 über 50% – jetzt auch bei gefährlicher Körperverletzung und Hausfriedensbruch (1911: 68,2 und 77,7%), bei Widerstand (44,3%) und Betrug (40,4%). 1882 wurden 4,1% aller Verbrechen mit Zuchthaus bestraft, 1911 nur noch 1,4%, und auch die kürzeren Gefängnisstrafen drangen etwas vor – selbst bei schwerem Diebstahl, eher eine Sache von Gewohnheitsverbrechern: Während hier 1882 bei annähernd 9000 Fällen das Urteil über 2000mal auf Zuchthaus lautete, geschah dies 1911 bei 13700 Fällen nur noch 520mal; zwischen den gleichen Jahren stieg die Zahl der Gefängnisstrafen von 6952 (darunter 2128 unter drei Monaten) auf 13199 (3934). Die Psychologisierung der Zeit führte zu diesen milderen Urteilen über die einzelnen Taten, ohne Rücksicht noch auf die Täter-Kriminalistik der Reformer, ohne also auf die kriminelle Persönlichkeit abstellen zu wollen und etwa die Fragen der Rückfall- und Jugendlichenkriminalität rational anzugehen.

In diesem Zusammenhang müssen wir einen Blick auf den Strafvollzug richten. Zwar war es damit in den deutschen Staaten überall unterschiedlich, es gab keine einheitliche Regelung. Aber solange der Zweck der Strafe neben der Vergeltung vor allem generelle Abschreckung war, genügten Sicherheit, strenge Disziplin, Sauberkeit und vielfach Einzelhaft. Die seit den 1840er Jahren schon diskutierte Gefängnisreform lief – nach angelsächsischen Vorbildern – auf allmähliche Besserung, Resozialisierung, Übergang zu einem möglichen Leben in Freiheit heraus, auf Bildung von Tätergruppen, auf Arbeit als Erziehungsmittel. Generell geschah in Deutschland in dieser Hinsicht wenig, Arbeit z.B. war eine Möglichkeit, nicht eine Notwendigkeit. Das Haftanstaltspersonal war nicht auf Psychologie und Pädagogik eingestellt, die karitativ erziehenden Bemühungen um Strafgefangene setzten im Grunde erst bei der Entlassung ein. Die Bemühungen um ein einheitliches Strafvollzugsrecht – auf eine Initiative des Reichsjustizamts wurde eine Kommission gebildet, zwischen 1909 und 1913 wurden drei Entwürfe diskutiert – blieben stecken; jede Reform des Strafvollzugs hätte Geld gekostet. Immerhin noch vor 1914 wurde das erste Jugendgefängnis – in Wittlich/Mosel – gegründet, das entsprang der Idee der Resozialisierung.

Das Strafrecht sollte Verbrechen ahnden und vor Verbrechern schützen. Die Kriminalität, gemessen an der Zahl der Verurteilungen auf 100000 Einwohner, der „Kriminalitätsrate", steigt besonders zwischen 1887/88 und den späten 90er Jahren: von 1005 (1885) auf 1176 (1895), zwischen 1900 (1143) und 1912 (1144) schwankt die Rate etwa auf gleichem Niveau; auch die Jugendkriminalität zeigt einen vergleichbaren Anstieg. Die Zahl vor allem der Rückfalltäter nimmt dabei zu, die der Ersttäter sinkt sogar ein wenig (1882: 736, 1911: 641 auf 100000 Strafmündige; 1882: 259, 1911: 540 Vorbestrafte unter 100000 Strafmündigen). Es gibt Grund zu der Annahme, daß die Entwicklung der Verurteilungen mit der der Taten, trotz der Dunkelziffern, trotz der statistischen Unsicherheiten, ob es nur mehr Anzeigen und bessere Erfassung gegeben hat, korrespondiert. Schlüsselt man die Globalzahlen nach Deliktgruppen und regionaler Verteilung auf, so zeigt ein erster

Blick und ein relativ grobes Raster typische Auswirkungen des Verstädterungsprozesses: Brandstiftungen und Kindstötungen, ganz überwiegend ländliche Delikte, sinken prozentual ab, Betrug und Untreue steigen stark an. Diebstähle (zweieinhalbmal soviel wie Betrugsfälle) stagnieren im ländlichen und steigen im städtischen Bereich (vor allem in den Industriezentren und rasch wachsenden Städten, weniger in alten Metropolen). Man kann bis 1900 eine positive Korrelation zwischen Diebstahlsraten und Getreidepreisen feststellen, und wenn man dann statt der Getreidepreise einen besseren Warenkorb nimmt, bleibt eine Relation zwischen Preisen und Diebstahlsraten auch danach erhalten. Dabei scheint es aber so, daß der Anteil notbedingter Kriminalität eher ländlichen (und östlichen) Lebensformen entspricht, während in den Städten die geringere soziale Kontrolle ein wichtigerer Faktor wird. Aber eindeutig sind solche Beziehungen kaum, und schon gar nicht ist es möglich, das Wachsen der Kriminalitätsrate auf die Auflösung von Bindungen beim Übergang von ländlicher Gemeinschaft zu städtischer Gesellschaft zurückzuführen oder eindeutig von der „Modernisierung" der Verbrechen zu sprechen. Das wird besonders klar, wenn man die Gewaltverbrechen ins Auge faßt. Gewalttaten waren auf dem Land häufig, gleichsam als ein älterer Typus des Delikts, und ebenso in neuen industriebestimmten, rasch wachsenden Städten mit starkem Landzuzug – da nahmen sie auch besonders zu, das war der moderne Typ des alten Delikts –, nicht dagegen in älteren, langsamer wachsenden, nicht so industriebestimmten Städten. Freilich, nach 1900 gehen die Gewaltverbrechen überhaupt leicht zurück. Insgesamt sind die Deliktraten in den Städten sehr unterschiedlich, von einem komplexen Gemisch von Wachstum, Größe, Dichte und von Beschäftigung, Wohnungsverhältnissen und Armut abhängig. Sozial schlechter gestellte ethnische Minderheiten spielen eine große Rolle, die Kriminalitätsrate in polnisch durchmischten Gebieten ist hoch. Zudem scheint die Schulbildung ein kriminalitätsdämpfender Faktor zu sein, und die ausgebildete Infrastruktur älterer Städte scheint die präventiven Wirkungen der amtlichen und gesellschaftlichen Gegenmaßnahmen zu erhöhen. Auf dem Land wie in den subproletarischen Schichten ist Verbrechen schließlich noch immer mit sozialem Protestverhalten verbunden.

Verbrechen sind in dieser Zeit zunächst einmal individuell, auch wo mehrere Täter beteiligt sind. Die ältere und archaische Periode der Banden (Räuber und Diebe) war vorbei, die spätere der organisierten Verbrechen noch nicht angebrochen. Wohl aber gibt es in unserem Zeitraum kriminelle Milieus, in Berlin oder in Hamburg z.B., Hehler-Diebe-Milieus, Zuhälter-Mörder-Milieus. Bei Kapitalverbrechen spielen Leidenschaften, Eifersucht z.B., und Familienspannungen noch eine große Rolle, die institutionelle und normative Durchordnung des Lebens schränkt die möglichen nicht-gewalttätigen Auswege aus Problemsituationen (etwa Scheidung) stark ein.

Ehe die mühsame Vereinheitlichung und Neuordnung des „bürgerlichen" Rechts weiter gedieh, kam es zunächst 1872 in Preußen zur Liberalisierung des Grundpfandrechtes, zum Abbau staatlicher Kontrolle (Eigentumserwerbsgesetz und Grundbuchordnung) und vor allem – im Zusammenhang der Reichsjustizgesetze 1877 – zu einer Vereinheitlichung und Teilliberalisierung der Gerichtsverfassung, die für Straf- und Zivilrecht wesentlich war, sowie des Zivilprozesses, beides Kernstücke der Rechtsverfassung in Deutschland. Dabei war die Zivilprozeßordnung unstrittig. Umgekehrt wie im Strafprozeß war hier der Prozeß ein Prozeß der Parteien; der Richter hatte eine schwache Stellung, er folgte den Sach- und Beweisanträgen und Terminierungen oder Verschiebungen der Parteien, er war von der Leitung des Prozesses ausgeschlossen, war – nach freier Beweiswürdigung – auf die Urteilsfindung beschränkt, er war Konfliktregler als Vermittler unter dem Gesetz, der die Autonomie der Privaten, der Prozeßparteien, zu achten hatte. Der Richter sollte nicht nach „Ermessen" die Dinge „gestalten" dürfen; der Staat sollte sich nicht – jenseits der Wahrung von Rechtsordnung und -frieden – in die Angelegenheiten der bürgerlichen Gesellschaft mischen. Ursprünglich ging es nicht um „Wahrheit", das war nicht Ziel des Prozesses, sondern um die Auflösung von Streit und Rechtsungewißheit, um die Herstellung formaler Ordnung. Darum galt z. B., wo kein Kläger, da kein Richter. Eine Neuerung freilich setzte der Staat durch, das war der Anwaltszwang. Die gesamtgesellschaftliche Bedeutung eines Prozesses – über Nichteinhalten von Fristen oder Strittigkeit von Vertragsnormen – galt im Zeitalter des Liberalismus gering. Erst die einsetzende, gewissermaßen sozialstaatliche Kritik, z. B. am Mißbrauch der Prozeßverzögerung, hat das Prinzip der Parteiherrschaft zurückgedrängt und die Funktion des Schutzes der Gesellschaft betont, so in der ersten bedeutenden Novelle über das amtsgerichtliche Verfahren von 1909, die die Allmacht der Parteien einschränkte, z. B. durch Ausgestaltung des Fragerechts des Richters zu einer Frage-, ja Aufklärungspflicht.

Ganz entscheidend für Rechtsleben und Rechtsordnung war die Gerichtsverfassung. Die Kompetenz des Reiches für das Verfahrensrecht ergab wie selbstverständlich die Kompetenz für die Gerichtsverfassung, die 1877 im Gerichtsverfassungsgesetz geregelt wurde. Das war ein Organisations- und ein Rechtsstaatsgesetz aus bürokratischem und liberalem Geist. Zum ersten sah es die endgültige Verstaatlichung der Rechtspflege vor, die Aufhebung der letzten feudalen, ständischen Gerichtsbarkeiten. Sodann schuf es zweitens den prinzipiell dreistufigen Aufbau der Gerichte – Amtsgerichte, Landgerichte, Oberlandesgerichte – und den ordentlichen Rechtsweg, den Instanzenweg, also die Möglichkeiten von Berufung (die eine neue Tatbestandsprüfung einschließt) und/oder Revision (nur Rechtsprüfung). Ferner regelte es die Binnenstruktur der Gerichte, die Frage der Urteilsfindung durch Einzelrichter (Amtsrichter in Zivilsachen) oder Kammern unterschiedlicher Größe, die erstinstanzlichen Zuständigkeiten (Amtsgerichte bei den kleineren, Landgerichte bei den größeren Sachen, Sonderregelung bei Hoch- und Landesverrat). Es wurde ein gemeinsames nationales höchstes Gericht gebildet, generell eine vierte Instanz, aber eigentlich nur für Revisionen, nur bei Hoch- und Landesverrat als erste Instanz, das Reichsgericht in Leipzig. Es löste das schon im Norddeutschen Bund bestehende Bundesoberhandelsgericht ab. Damit gab es über die festgelegten Verfassungskompetenzen hinaus auch eine Rechtsprechungskompetenz des Reiches. Bayerische Sonderinteressen wurden durch die Einfügung eines höchsten bayerischen Gerichtes (der vierten Stufe) berücksichtigt, das manche Zuständigkeiten, die sonst das Reichsgericht hatte, übernahm. Während alle anderen Gerichte traditionell im Namen des Landesherren Recht sprachen, urteilte das Reichsgericht nicht etwa im Namen des Kaisers, sondern im Namen des Reiches.

Die dritte Leistung war die institutionelle Sicherung der Gewaltenteilung, der Unabhängigkeit der Justiz. Das betraf einmal die Richter: ihre Unab- und Unversetzbarkeit. Der Reichstag hat solche einheitliche Regelung nur mit Mühe gegen den Bundesrat durchgesetzt. Denn sie begrenzte natürlich die Personalhoheit der Staatsverwaltungen über die Richter – wenn sie auch Beförderung und also Karriere in ihrer Hand ließ und insoweit die „Unabhängigkeit" der Richter relativ blieb. Diese Unabhängigkeit wurde sodann durch die Selbstverwaltung der Gerichte, ihre Objektivität durch die im voraus festgelegte „Kammer"besetzung (bei höheren Gerichten) und Geschäftsverteilung weiter gesichert. Der Bürger hatte einen „gesetzlichen" Richter; daran sollte niemand, und insbesondere kein Staatsorgan, etwas manipulieren können. Hinter und in diesen Bestimmungen steckt das liberale Leitbild vom Richter. Er ist nicht primär Staatsdiener, sondern allein dem Gesetz verpflichtet, er soll neutral und ausgleichend sein, über den gesellschaftlichen Gruppen stehen, zwischen Staat und Gesellschaft vermitteln. Der Richter ist Schiedsrichter der Gesellschaft, nicht bevormundender Sittenrichter in der Tradition obrigkeitlicher Monarchie. Und er ist „Mund des Gesetzes", zur Objektivität verpflichtet, kein Rechtsfinder, Friedensstifter, kein „Charismatiker der Rechtsanwendung" (Hattenhauer) – das sind absolutistische oder neumodisch mystische, auf ein Nahverhältnis zum gesunden Volksempfinden oder zur sozialen Gerechtigkeit abstellende Gegenideale. Die Richter sollten nicht, wie eine törichte Positivismuskritik will, geistlose Sklaven des Gesetzes sein, Subsumtionsautomaten, sondern rationale, loyale Vertreter des durch den Staat in Gesetzen festgelegten Rechts, durch das Gesetz eben kontrollierbar und sich selbst kontrollierend. Auch die anderen Juristen, Staatsanwälte, Anwälte und vor allem Verwaltungsbeamte, sollten die Befähigung zum Richteramt haben.

Das Gerichtsverfassungsgesetz enthielt viertens Bestimmungen über die Laienbeteiligung an der Rechtsprechung. Das war lange schon ein Lieblingskind des europäischen und deutschen Liberalismus, inzwischen mit angelsächsischen und französischen Vorbildern aufgefüllt; es ging um volkstümliche und volksnahe Rechtsprechung, um das Gegengewicht gegen alle obrigkeitlichen Tendenzen im Justizapparat und der Justizpersonalpolitik. Solche Laienrechtsprechung war vor allem im Süden und Westen seit 1848 institutionalisiert worden. Die Konservativen, zumal die preußische Regierung, tendierten hier teils aus politischen, teils aus pragmatischen Gründen zu Einschränkungen oder einer Kompromißlösung, zum Ersatz der Schwurgerichte durch Schöffengerichte, in denen Laien- und Berufsrichter zusammen urteilten und die Berufsrichter – so meinte man – die Laien stark beeinflussen konnten. Als das nicht durchzusetzen war, wollten sie die Schwurgerichte auf untere Instanzen beschränken, auf bestimmte Fragenkomplexe (Schuld z. B.), auf spezielle Delikte; insbesondere sollten politische und Pressesachen an Berufsrichtergremien kommen. Die Liberalen sahen gerade im Gegenteil, der umfassenden Schwurgerichtszuständigkeit, das Herzstück von Liberalität und Rechtsstaatlichkeit. Über diese Streitfragen wären die Justizgesetze von 1877 beinahe gescheitert. Trotz einiger Kompromißbereitschaft des Bundesrats haben die Nationalliberalen dem massiven Druck Bismarcks nachgeben müssen: Daß es eine einheitliche, wesentlich rechtsstaatliche Gerichtsverfassung geben sollte, war ihnen zuletzt doch das wichtigste. Der Kompromiß sah so aus: In Rücksicht auf den Reichstag und auf die süddeutschen Länder hatte der Bundesrat schon gegen den preußischen Vorschlag Schwurgerichte beibehalten. Für leichtere Delikte gab es beim Amtsgericht ein Schöffengericht, für schwere Delikte beim Landgericht ein Schwurgericht, für mittlere waren Strafkammern, also Berufsrichter beim Landgericht, zuständig; in den beiden letzteren Fällen gab es keine Berufung, sondern nur Revision. Bei Pressedelikten blieb es beim Status quo, Schwurgericht im Süden, Richterkammern in Preußen und anderswo; politische Delikte waren direkt dem Reichsgericht zugewiesen, also den Laienrichtern entzogen. In den Schwurgerichten hatten die Geschworenen über Schuld und über mildernde Umstände zu entscheiden, drei Richter über Prozeßführung und Strafe. Bei Diskrepanz zwischen den drei Richtern und den Geschworenen über einen Schuldspruch der Geschworenen konnte die Sache an ein neues Schwurgericht verwiesen werden, freilich nur einmal. Schöffen und Geschworene wurden durch einen Wahlausschuß – den Landrat, einen Richter und Beisitzer aus den Selbstverwaltungsgremien – gewählt, in Preußen war schon 1867 für die 1866 hinzugekommenen Landesteile die Auswahl der Geschworenen vom Regierungspräsidenten auf den Präsidenten des Appellationsgerichts übertragen worden; Wählbarkeit war nicht an Vermögen oder Bildung geknüpft, mit Ausnahme bestimmter Beamtengruppen war jeder über 30jährige wählbar. Die Geschworenen für Session und Prozeß wurden von einem Richterkollegium aus einer dreimal so großen Anzahl vom Wahlausschuß Vorgeschlagener gewählt; Staatsanwalt und Verteidigung hatten in gewissem Umfang ein Ablehnungsrecht.

Obwohl die Nationalliberalen in den ihnen zentralen Schwurgerichtsfragen nachgeben mußten und insoweit unmittelbar eine Niederlage erlitten, ist das Gesetz im ganzen und die damit eingeführte Gerichtsverfassung vom moderat liberalen Rechtsstaatsgeist erfüllt. Und die Bedeutung der Schwurgerichte – auch für Presseangelegenheiten – ist ohnehin von den Liberalen überschätzt worden, sie war am Ende des 19. Jahrhunderts nicht mehr so groß. Insofern war das „Nachgeben" der Liberalen langfristig ohne große Relevanz.

Mit der Gerichtsverfassung hängen nicht nur die Prozeßordnungen und die Vollzugsordnungen, wie z. B. die Konkursordnungen, zusammen, sondern auch die endgültige Institutionalisierung der anderen Hauptorgane der Rechtspflege neben Gerichten und Richtern. Das war die Staatsanwaltschaft, ein Staatsorgan, das zum einen nach den Prinzipien der Rechtsstaatlichkeit deutlich von der Rechtsprechung getrennt war, zum anderen fest in den bürokratisch-hierarchisch aufgebauten Staatsapparat eingegliedert, d. h. hier: weisungsgebunden gegenüber der Justizverwaltung, war. Dann wurde 1878 die Stellung und Tätigkeit der Rechtsanwälte geregelt (Rechtsanwaltsordnung), die Advokatur wurde staatsunabhängig, frei und frei zugänglich, ohne Numerus clausus, bei entsprechendem Examen und der Befähigung zum Richteramt an die bloße Formalität von Niederlassung und Zulassung zu einem bestimmten Gericht gebunden. Zugleich konnten sich die Anwälte eine eigene Ehrenordnung geben und über die Standards der Profession urteilen, dafür gibt es dann, nach typisch deutschem Modell, Anwaltskammern. Etwas anders, aber regional unterschiedlich, war es mit dem sozusagen öffentlichen Notariat, das für öffentliche Beurkundungen notwendig war; da galt im allgemeinen nicht die Gewerbefreiheit, sondern ein spezielles Zulassungs- bzw. Ernennungssystem.

1878 hat Preußen im Reich vergleichsweise hohe Gerichtskosten durchgesetzt, gegenüber den im Süden bis dahin durchaus geringeren Kosten – nicht freilich aus konservativ rechtspolitischen, sondern aus fiskalischen Gründen.

Fragen wir insgesamt nach dem Justizpersonal. Da ist zuerst festzustellen: Es gab die Länderjustizverwaltungen, die für die Personalangelegenheiten zuständig waren, und das Reichsjustizamt, dem das Reichsgericht „unterstellt" war. Natürlich nahmen diese Justizverwaltungen (und -ministerien) über den Bundesrat und das preußische Justizministerium an den Vorbereitungen von Vorlagen, von Reichsgesetzen teil. In diesen Verwaltungen und über sie hatte das juristische Expertentum und politisch die konservativ-liberale oder moderat-konservative Variante das Sagen. Im rechtspolitischen Konflikt, wie bei der Vorberatung des BGB, dominierte der Juristenkonsens, in der Personalpolitik die Mischung aus „unpolitisch" und moderat konservativ. Das Ergebnis der Personalpolitik war, daß die Richter zwischen Reichsgründung und Erstem Weltkrieg teils unpolitischer, teils konservativer geworden sind – der vornehmlich liberale Richtertyp der Jahrhundertmitte tritt zurück. Das juristische Expertentum und die eher konservative politische Haltung führten in der Personalpolitik auch zu Spannungen. Innerjuristisch rangierten Zivilrichter vor Strafrichtern, politisch hatten Strafrichter, die die Staatsautorität herauskehrten, wie auch die Staatsanwälte eine profiliertere Stellung, Staatsanwalts„bewährung" war nicht selten eine gute Voraussetzung für die Beförderung in höhere Ämter. Auch Assessoren, die sich schon in der Staatsanwaltschaft bewährt hatten, besaßen Karrierevorteile. Ein Ergebnis war: Die Richter der Zivilsenate am Reichsgericht z. B. waren deutlich liberaler als in den Strafsenaten, dort herrschte mehr Staatsanwaltschaftsgeist; bei der Beurteilung von Streiks etwa wird das seit 1902 deutlich. Schöffen und Geschworene waren kein Gegengewicht, waren politisch-sozial auch eher konservativ.

Die Gesetzesbindung der Richter war intensiv und streng, nur auf spezifisch modernen Gebieten, beim Kartell- und beim Arbeitsrecht beispielsweise, gab es Spielraum zur selbständigen Fortbildung des Rechtes durch die Richter, zum Richterrecht.

Die Zahl der Richter wuchs, in Preußen zwischen 1883 und 1913 um mehr als 60% auf über 6000; das war eine etwas geringere Wachstumsrate als die der Bevölkerung, aber sie lag weit unter dem Anstieg der Prozeßzahlen um über 100%; die Zahl der Assessoren hat sich verfünffacht (von annähernd 700 auf ca. 3500) und die der Referendare knapp verdoppelt, von ca. 3900 auf über 7100. Die Zahl der Staatsanwälte lag 1912 nur bei etwa 570.

Über die soziale Herkunft, die Ausbildung, die Lage und die Einstellung der beamteten Juristen haben wir im Zusammenhang mit den Beamten, dem Verwaltungspersonal überhaupt gehandelt. Juristen gehörten eher den oberen Mittelschichten zu, schon deshalb, weil die unbezahlte Referendar- und Assessorenzeit lang war und ein Familienvermögen verlangte. Die Aufnahme in den Assessorendienst und erst recht die Verbeamtung waren von den Beurteilungen der Justizhierarchie und den Normen der Justizverwaltungen abhängig, also nicht nur von Begabung und Leistung. Und ähnliches galt dann auch für die Karrieren. Ein zentrales Problem wurde schnell der aus Sparsamkeit bei neuen Richterstellen herrührende zunehmende Einsatz von Assessoren als außerplanmäßige unbezahlte Hilfsrichter. Da diese Assessoren noch stark von „oben" abhängig waren, konnte das auf die Dauer die reale Unabhängigkeit der Richter einschränken. Es gab neben solchen liberal rechtsstaatlichen Einwänden auch Eigeninteressen der Justizverwaltung gegen diese Art von Assessorenwesen, so daß die richterliche Unabhängigkeit doch erhalten blieb. Aber man kann von einer Bruchstelle sprechen.

Nach 1900 gab es vier wesentliche Richtungen der Kritik an deutschen Richtern: Kluge Juristen und Beamte kritisierten ein gewisses subalternes Schielen nach oben; die Konservativen kritisierten die Richter als „schlapp", weil sie die Gesetzes- und Formbindungen zu „sehr" in den Vordergrund rückten; die Wirtschaft kritisierte sie als weltfremd, und begriffsformalistisch-juristische Definitionsabsurditäten, z. B. von Eisenbahn und Elektrizität, sind berühmte Beispiele; die Linke schließlich kritisierte sie als nicht volkstümlich und ohne zureichende soziale Verantwortung, die Sozialisten als Klassenrichter in den meisten Fragen von Streiks und Koalitionen und Arbeitsverhältnissen, ja – so schien es – stets wenn Arbeiter betroffen waren; allerdings basierte der Vorwurf der „Klassenjustiz" immer und immer wieder auf denselben Fällen. Zweifellos war die Justiz ein Teil des „Systems" vor 1914, Organ des institutionellen Establishments, nicht volkstümlich, demokratiefern, obrigkeitsorientiert und im existierenden Klassenkampf nicht unparteiisch; die Richter kamen aus dem Bürgertum und dachten „bürgerlich". Klassenjustiz war nicht, wie die Apologeten behaupteten, pure Ausnahme, sie war aber auch nicht, wie die Sozialisten sagten, die Normalität; das Versammlungs- und Koalitionsrecht bietet für beide Behauptungen hinreichend Beispiele. Die Justiz war auch Erbe der justiziellen Rechtsstaatlichkeit des liberalen 19. Jahrhunderts – und es war der Erfolg des alten Liberalismus, Institutionen, Normen und Formen so geprägt zu haben, daß die Rechtsstaatlichkeit – trotz mancher Pannen – ganz außer Zweifel stand, die deutsche Ordnung eine rechtliche, rechtsbestimmte Ordnung blieb, in der auch der kleine Mann weit mehr als 70 Jahre vorher zu seinem Recht kommen konnte, in dem es doch ein Stück Gerechtigkeit gab. Der zu Unrecht später so geschmähte Rechts- und Gesetzespositivismus ist es gewesen, der die gewaltige Errungenschaft der Rechtssicherheit erst durchgesetzt hat.

Das langwierigste und größte Problem der Rechtspolitik des Reiches und dann ein Zentralstück der Rechtsverfassung war die einheitliche und neue Kodifikation des Zivilrechts, das 1900 in Kraft getretene Bürgerliche Gesetzbuch (BGB), die größte rechtspolitische Leistung der Zeit. In diesem Werk spiegeln sich noch einmal der Geist wie die Spannungen der Rechtskultur und -verfassung der Zeit. Vom staatlich-bürokratischen Interesse am rationalen Recht, vom liberalen Interesse an Vertragsfreiheit und Privatautonomie, vom bürgerlich-kapitalistischen Interesse an Rechtssicherheit, vom Interesse aller Beteiligten an der Vereinheitlichung der noch bestehenden unterschiedlichen Rechtsordnungen haben wir gesprochen. Die Gewerbefreiheit von 1869 mußte in ein einheitliches Recht überführt werden, das eher altmodische Boden- und das Erbrecht dem Geist der kapitalistischen Marktwirtschaft angepaßt werden. Beim Beschluß von 1873, dem Reich die Kompetenz für das Zivilrecht zuzuweisen, das hieß die Vereinheitlichung in die Wege zu leiten, spielten politische Sondergründe noch eine Rolle, z. B. das Kulturkampfinteresse an einem nicht-klerikalen Eherecht oder das liberale Interesse an einem freiheitlichen und gemeinsamen Vereinsrecht; aber das war nicht entscheidend.

Aus dem Entstehungszusammenhang des Gesetzbuches sind eine Reihe von Punkten auch für eine allgemeine Geschichte bemerkenswert.

1. Das politische Problem auf Regierungsebene war zunächst das des Rechtspartikularismus. Während vor 1866 der deutsche Süden gegen Preußen auf nationale Kodifikation gedrängt hatte, vertrat jetzt Preußen die Unitarisierung, die Süd-Länder und Sachsen waren eher defensiv, sie wollten

ihre jeweiligen Besonderheiten bewahren. Das erforderte Rücksichten und Kompromisse bei der Vereinheitlichung, gegebenenfalls Respektierung der Varianten, Ausklammerung zugunsten besonderer Landesgesetzgebung. Die Kodifikation konnte nicht primär eine reformierende Neuschöpfung sein, sie mußte in erster Linie vereinheitlichend Zusammenfassung des Bestehenden und Systematisierung sein, mehr Abschluß als Neubeginn. Das war das Ergebnis des Rechtspluralismus in einem föderalistischen System, das war die politische Grundgegebenheit der Rechtspolitik.

2. Das entsprach nun dem Verhältnis von Rechtswissenschaft und Recht in dieser Zeit. Wir haben im ersten Band davon gesprochen. Angesichts der unterschiedlichen Rechtsnormen und der Konventionen des gemeinen Rechts war es die Rechtswissenschaft mit ihrer römisch-rechtlich fundierten begrifflichen Systematik, die zur Grundlage der Rechtsprechung und Rechtspraxis geworden war. Die implizite „Philosophie" der Juristen war der rechtswissenschaftliche Positivismus der Begriffsjurisprudenz. Sie war zum Zusammenfügen der unterschiedlichen Systeme besonders geeignet. Staatliche Rechtssetzung und Kodifikation konnten unter diesen Umständen nur darauf zielen, das rechtswissenschaftliche „System", von dessen Güte man überzeugt war, in Gesetzesform zu bringen, Divergenzen zu lösen, Lücken zu schließen, Unklarheiten zu klären.

3. Dem entsprach nun, daß die Verfasser und Redakteure der Entwürfe und die stellungnehmenden Sprecher relevanter „Interessen" und die die Fraktionsmeinungen formenden Ausschußmitglieder sämtlich Juristen waren, die in der Disziplin einer noch weitgehend homogenen Wissenschaft standen (von Ausnahmen reden wir gleich noch). Das rechtswissenschaftliche System- und Begriffsdenken der maßgeblichen Berufsgruppe beherrschte mit den ihm eigenen Gemeinsamkeiten wie selten in der Geschichte den Gesetzgebungsprozeß. Auch von daher nun war in diesen Prozeß eine Status-quo-Tendenz eingelagert. Gegenüber den Kontroversen, die jede Neuerung auslösen mußte, war der Rückgang auf den Konsens der bisherigen Meinung ein Gebot des gesunden und auch des juristischen Menschenverstandes: Wenn Streit aufkam, so verdiente das bisherige Recht den Vorzug. Das bestehende, in der Wissenschaft fortgebildete und ausformulierte Recht hatte Vorrang vor den zumeist noch unklaren und kontroversen Forderungen z. B. des sozialen Wandels. Einer der Hauptverfasser, Gottlieb Planck, hat immer wieder betont, daß man sich angesichts der Meinungsverschiedenheiten und endlosen Kontroversen über jede Neuerung, angesichts des Antagonismus der Interessen, nur an die Systematisierung des Bestehenden halten könne: Das war politische Weisheit im Parteien- und Interessenpluralismus.

4. Die Juristenprägung des Zivilrechts macht seinen „bürgerlichen" Charakter im Sinn eines etatistischen Liberalismus aus. Weder irgendein demokratischer noch ein spezifisch kapitalistischer Liberalismus noch ein agrarisch-feudales Interesse am Kapitalismus haben das neue Recht bestimmt. Bürgerlich war es im Sinne der bürgerlichen Juristen. Es war in einem sehr

spezifischen Sinne „Juristenrecht". Und das entsprach dem moderat-liberalen Etatismus der Regierungen wie der Parteienmehrheit.

5. Zum Juristischen wie zum Bürgerlich-Liberalen gehört die grundlegende Tendenz, ja Entscheidung für die Trennung des Öffentlichen vom Privaten, des öffentlichen vom privaten Recht. Das wirft viele schwierige Abgrenzungsprobleme auf, gewiß. Aber es ist ganz abwegig, in solcher Scheidung eine „entpolitisierende" und gar eine konservative Tendenz der liberalen Leidenschaft für das Privatrecht zu sehen. Die altliberale Grundtendenz, das Individuum vor zuviel Staat wie vor korporativen und feudalen Bindungen zu schützen, ist das Entscheidende, das war eine andere Basis von Politik, mitnichten ein Rückzug aus der Politik. Daß Mischzonen erhalten blieben, ist unverkennbar: Der Staat regelte das Eisenbahnwesen, er schützte auch Aktionäre oder Grundeigentümer durch besondere gerichtliche Kompetenzen und die Setzung von Rahmenbedingungen.

Das Bürgerliche Gesetzbuch ist zunächst von einer Expertenkommission entworfen worden, in der ein „Praktiker", G. Planck, die dominierende Rolle spielte und aus der Wissenschaft der Einfluß des berühmten „Pandektisten" der Zeit, Bernhard Windscheid, wichtig war. Der Entwurf dieser Kommission wurde 1887 veröffentlicht und unter den Regierungen, dann in Anhörungen von Sachverständigen revidiert; 1890 wurde eine neue Kommission gebildet, deren (zweiter) Entwurf die Kritik berücksichtigte und mit Modifizierungen 1895/96 als dritter Entwurf die parlamentarischen Ausschußverhandlungen passierte.

Es gab drei Gruppen von – fundamentalen – Einwänden. 1. Der wissenschaftlich bedeutendste Kritiker war Otto von Gierke. Als Professor für deutsche Rechtsgeschichte stand er in der sogenannten „germanistischen" Tradition der Opposition gegen das römische Recht, dessen moderne Umformung den Entwurf bestimmte. Das war zunächst ein ideenpolitisches Problem. Die nationale Forderung nach Rechtseinheit, nach dem Recht als Ausdruck des nationalen Geistes, wurde nicht durch Rückgriff auf die als national geltende germanische Tradition gelöst, sondern durch Fortbildung einer freilich lange „rezipierten" fremden Tradition; und dieses Recht galt den Germanisten als „Juristenrecht", fremd gegenüber dem Ideal des „Volksrechts". Daran schloß sich eine populäre Meinung an, wonach der Entwurf „doktrinär" und „lebensfremd" sei. Während die konkreten Einwände Gierkes Resonanz fanden, hatte dieses prinzipielle ideenpolitische Argument keine große Wirkung mehr – dazu war die Zeit zu pragmatisch und zu bürgerlich, waren die Diskussionsführer genügend in den juristischen Konsens der „Zivilisten" einbezogen. Man konnte jetzt auch ohne Rückgriffe aufs Germanische national sein. Wichtiger waren die beiden politisch-sozialen Kritikpunkte, die sich aus Gierkes Kritik am kapitalistischen Charakter der römisch geprägten Normierung des Zivilrechts ergaben, vor allem eine eher rechte und eine eher linke Argumentation, die jeweils rechte bzw. linke Interessen aufnahmen. Gierke interpretierte das Recht des einzelnen auch an Sachen als Rechtsverhältnis zwischen Menschen und wollte es an Rechtspflichten binden, so vor allem das Eigentumsrecht. Das hieß zum einen: Das Grundeigentum sollte stärker mit seiner sozialen Funktion, z. B. der Bindung von Mensch und Familie an den heimatlichen Boden, verknüpft werden; das hieß, er trat gegen zuviel geldliche Mobilisierung, trat für ein Anerbenrecht ein, für Teilungsbeschränkungen. Und zum andern: Das Schuldrecht sollte durch soziale Schutzklauseln und strenge Formen in seiner personenrechtlichen Funktion erweitert werden; er kritisierte generell die zentrale Stellung des Vermögensrechtes. Und schließlich: Die Vereine, Genossenschaften, Gesellschaften müßten eine andere juristische Struktur, nicht nur die fiktive der juristischen Person bekommen; Verbandsrecht wie Arbeitsrecht müßten Teil der bürgerlichen Rechtsordnung werden.

2. Dann gab es – im Umkreis der „rechten" Argumente Gierkes – die Kritik an der bürgerlich-kapitalistischen Nivellierung der Besonderheiten des bäuerlichen Erbrechts, die Vernachlässigung der sozialen Folgen eines Erbrechts, das sich an der Teilung nach Kapitalwert orientierte, für die Existenz bäuerlicher Hofwirtschaften. Da die 90er Jahre von der Agrarkrise und der wirklichen wie propagandistisch aufgebauschten Sorge um die Existenzfähigkeit der Bauern bestimmt waren, hatte dieses Argument ein breites Echo bei den „Agrariern" und ihren Freunden. Sie brachten weiter auch Einwände gegen Bestimmungen des Grundschuld- und Hypothekenrechts vor, die ihrer Meinung nach die Gläubiger, die städtischen Kapitalgeber also, begünstigten. In die ähnliche Richtung der „Mittelstandspolitik" gehörte der Versuch, die Forderungen von Bauhandwerkern gegen Bauherren – im Vergleich zu denen der Kapitalgeber – besser abzusichern. Das also waren agrar- und mittelstandspolitische Einwände gegen anscheinend besonders kapitalfreundliche Rechtsbestimmungen.

3. Gierke hat auch die „linke" Kritik begründet, nicht in der Schärfe, wie sie der österreichische Jurist und Sozialist Anton Menger 1890 („Das Bürgerliche Recht und die besitzlosen Volksklassen") aussprach, aber in der sozialrechtlich-sozialreformerischen Variante. Das Gesetz sei von einem anti-sozialen Individualismus erfüllt, begünstige die Kapital-, Einkommens- und Machtstarken, die das zugrundeliegende Prinzip der Vertragsfreiheit auch nutzen könnten, es benachteilige die sozial Schwächeren, nicht nur Bauern und Handwerker, sondern vor allem die Lohnarbeiter, es fehle eine dieses Gefälle ausgleichende sozialrechtliche Komponente, etwa in der Regelung der Arbeits- oder auch der Mietverhältnisse. Daß z. B. Kauf nicht Miete breche und also Kündigungsfristen, wie der erste Entwurf gewollt hatte, war eine Forderung in diesem Sinne, der sich das Organ der Juristenzunft, der Juristentag, anschloß und die dann ins Gesetz kam. Das war der „Tropfen sozialen Öls", mit dem im Ergebnis doch alle das neue Recht versehen wollten. Ähnlich war es mit der Regelung des neuen Tatbestandes des Raten- und Abzahlungsgeschäfts. Dagegen haben weder konservativ-romantische, antiliberale Ideen von gerechtem Preis und gerechtem Zins

irgendwelche Chancen gehabt noch postindividualistische, sozialliberale Ideen, die Privatrechtsautonomie zugunsten der staatlich öffentlich-rechtlichen Sphäre einzuschränken.

Insgesamt hat der Entwurf die Kritik erstaunlich gut überstanden. Nur weniges wurde in ihrem Sinne revidiert. Noch eher kamen Änderungsvorschläge der „Praktiker" zur Geltung. Das ist erstaunlich, wenn man an die Priorität von Agrar- und Mittelstandspolitik in den 90er Jahren denkt und an die Macht der Konservativen und ihre Bastionen in der preußischen Regierung, die doch im Bundesrat ausschlaggebend war. Im wesentlichen waren zwei Günde dafür maßgebend. Einmal war da der Juristenkonsens, der auch die höheren Beamten und die Minister immun gegen interessenpolitische Zumutungen machte; das Recht sei der Allgemeinheit verpflichtet, könne nicht in den Dienst von Sonderinteressen genommen werden. Das Abwehr-Argument gegen agrarische und mittelständische Wünsche war primär immer, daß damit die juristische Systematik und die Interessenneutralität der Gesetzgebung zerstört werde. Entsprechende Wünsche wurden an die Landes- oder Spezialgesetzgebung verwiesen; dabei spielten auch ökonomische Hinweise eine Rolle, z. B. daß die geforderten Änderungen den Agrar- und den Hausbesitzerkredit schädigen würden. Gegenüber der sozialrechtlichen Kritik, die zwar politisch weniger mächtig, aber öffentlich doch sehr wirksam war, galt das juristische Status-quo-Argument: Das Recht sei nicht zur Umgestaltung der Gesellschaft, sondern zur Bewahrung des Bewährten da, in den Interessen- und Klassen- und Ideenauseinandersetzungen könne der Gesetzgeber nicht Partei nehmen, dann verdiene das Geltende Vorzug. Alle Interesseneinwände seien partikular und antagonistisch, nur bei sozialer Interessenneutralität lasse sich die Rechtseinheit herstellen. Der nationale Auftrag von 1871 hatte Vorrang vor Sozialreform-Ideen von 1890. Man muß den tiefen Ernst dieses Argumentes der rechtswissenschaftlichen Positivisten sehen und darf ihn nicht als sozialkonservativ verteufeln; für sie war die Rechtssicherheit in der Rechtseinheit ein oberster Wert für die Verwirklichung menschlicher Freiheit und Humanität, war stärker als alle strittigen Gesellschaftsreformen. Darum auch setzte sich der gouvernementale Staatsnationalismus gegen den germanistischen Volksnationalismus durch.

Der andere Gesichtspunkt war: Kanzler, Reichsjustizamt und auch das preußische Justizministerium waren wesentlich am Zustandekommen dieses „nationalen Werkes" interessiert, das war der Sache nach Reichsinteresse, das sollte politisch ein Erfolg werden. Dieses Erfolgsinteresse war ein „Paketinteresse", jedes „Aufschnüren" des Paketes mußte den Erfolg gefährden, darum mußte man alle Zumutungen des preußischen Landwirtschaftsministeriums, der Regierungslobby der Agrarier, abwehren.

Beide Argumentationsreihen wurden auch von den Ausschußmitgliedern der maßgeblichen Parteien, wieder von Juristen, geteilt, am meisten von den Nationalliberalen, die sich vom Zustandekommen der Rechtseinheit, was immer mit den Inhalten sein mochte, Auftrieb versprachen. Bei den Konservativen setzte sich der gouvernemental-juristische Flügel gegenüber den feudal-agrarischen Reserven durch. Am erstaunlichsten war die Zustimmung des Zentrums, ohne das es keine Mehrheit gegeben hätte. Es akzeptierte – auf Grund eines theologischen Gutachtens – die säkularen Eherechts- und Ehescheidungsbestimmungen, das bedeutete eine Anerkennung des paritätischen nicht-katholischen Staates. Einige pro-katholische Konzessionen – die Aufnahme der katholischen Trennung von „Tisch und Bett" als Rechtsinstitution, Abschaffung der einvernehmlichen Scheidung bei Zerrüttung – waren eher optisch als substantiell, zumal die Erschwerung der Scheidung von den Gerichten nachher durch Auslegung einer Generalklausel nicht zur Praxis gemacht wurde. Für die Haltung des Zentrums spielte zum einen die Juristen-Fraktion unter Führung des zum Parteiführer aufsteigenden Peter Spahn eine wichtige Rolle und zum anderen die Generallinie dieser Jahre, „positive" Reichspolitik zu machen.

Sozialrechtlich wurden im Entwurf gewisse Schutzvorschriften im „Dienstvertrags-" und, wie gesagt, im Mietrecht eingeführt, das Eherecht war etwas konservativer, das Vereinsrecht war etwas liberaler geworden, das jahrzehntelange Ärgernis des Zusammenschlußverbots politischer Vereine fiel endlich weg, die konservativen und föderalistischen Vorbehalte wurden im Einführungsgesetz aufgenommen und damit Rechtseinheit und rechtswissenschaftliches System allerdings eingeschränkt. Zuletzt war es so, daß bei allen die Vorteile des Gesetzbuchs die Einwände, das, was als Nachteil empfunden wurde, überwogen. 1895/96 schließlich fand das Gesetz die Zustimmung des Bundesrats und eine Mehrheit im Reichstag. Am 18.8.1896 wurde das Gesetz verkündet, am 1. Januar 1900 trat es in Kraft. Andere Rechtsmaterien wurden entsprechend angeglichen und neu gefaßt, so etwa das Handelsgesetzbuch.

Es kann hier nicht unsere Aufgabe sein, Vorzüge und Nachteile dieses Gesetzgebungswerkes zu beurteilen. Auf einiges müssen wir hinweisen. Das Gesetzbuch handelt von Personen, Sachen und Rechtsgeschäften. Zwischen der vorherrschenden Abstraktion und der zumeist vermiedenen Kasuistik versucht das Gesetz, mit den sogenannten Generalklauseln durchzusteuern, die dem Richter ein gewisses Maß von Eigenverantwortung zuteilen und ein gewisses Maß an übergesetzlichem Sozialethos anerkennen, („Treu und Glauben", „wichtiger Grund", „Wegfall der Geschäftsgrundlage" etc.). Der „denkende" – und nicht automatenhafte – Gehorsam des Richters gegenüber dem Gesetz hat es ermöglicht, mit Hilfe der Generalklauseln das Recht an die wirtschaftliche und soziale Entwicklung in einigem Maße anzupassen. Daß damit auch eine prinzipienlose Rechtsprechung der Billigkeit und des politischen Opportunismus begünstigt werden konnte oder subjektive Tendenzen der Richter gegen den Buchstaben und Geist der gesetzlichen Ordnung, kann man nicht bestreiten; das war der Grund, warum die Liberalen mißtrauisch gegen Generalklauseln waren. Nach 1933 beriefen sich die Juristen der Machthaber gern auf solche Klauseln. Die Generalklauseln von 1896 aber waren noch gebunden an einen festen Bestand gesicherter Rechts- und Richtermoral, das hielt ihre Gefahren für damals in Grenzen. Die positivistische Gesetzesbindung, später so oft zu Unrecht und aus Unkenntnis verketzert, war diesen Generationen die Garantie der Rechtssicherheit, das Fundament aller Gerechtigkeit, wie der emigrierte Anwalt des deutsches Rechtspositivismus, der große Hans Kelsen, bis in die 50er Jahre nicht müde wurde zu betonen.

Man hat später oft die unanschauliche Abstraktheit des Gesetzbuches und die Blässe praktisch moralischer Maximen der Gerechtigkeit getadelt. Der Mißbrauch moralischer Imperative und weltanschaulicher Bekenntnisse von Gesetzgebungsmehrheiten im Gegensatz zum Pluralismus der bürgerlichen Gesellschaft sollte diese Zurückhaltung in ein anderes Licht setzen. Sie hat ihren eigenen moralischen Ernst. Das BGB war nicht an das Volk und die Rechtsgenossen, sondern an die Juristen adressiert. Das BGB ist ein spätes Produkt der entwickelten Rechtswissenschaft, aber auch der bürgerlichen Kultur im ganzen. Es war eine große Leistung der Sachlichkeit, war trotz aller Widersprüche und der geringen popularen Resonanz ein Meisterwerk, seine internationale Ausstrahlung in der nicht-angelsächsischen Welt war gewaltig. Das BGB war freilich auch eher ein Endprodukt als ein Gründungsgesetz wie der Code civile. Es war nicht das Identifikationsbuch der deutschen Gesellschaft der Jahrhundertwende, nicht der Bauern, nicht der Arbeiter.

Das BGB steht zwar jenseits des konservativ-liberalen Parteigegensatzes, aber insgesamt ist es ein liberales Gesetzbuch, moderat-liberal, etatistisch-liberal, ein Gesetzbuch der Eigentums-, Vertrags- und Vererbungsfreiheit der bürgerlichen Erwerbsgesellschaft des 19. Jahrhunderts auf der Basis der Privatautonomie, der Vertragsfreiheit der selbständigen und gleichberechtigten Individuen, gegen alte Sonderrechte der Fürsten, des Adels, der Bauern und der Handwerker und gegen neue Sonderrechte der Lohnarbeiter. Es hat die „Stände“ egalisiert. Selbst in den Arbeitsbeziehungen war der Patriarchalismus durch das individualistisch gegründete Koalitionsrecht abgelöst. Aber der liberale Charakter des Gesetzeswerkes reicht noch tiefer. Die Privatautonomie des BGB war eine grundgesetzliche Garantie der subjektiven Rechte des einzelnen und, weil Recht Freiheit war, seiner individuellen Freiheit. Insofern hat dieses Grundprinzip des bürgerlichen Rechts – das wird zu oft und zu schnell vergessen – Verfassungs-, hat Grundrechtsrang.

Gewiß ist das BGB auch ein Produkt der kapitalistischen Wirtschaftsgesellschaft, sie war auf ein rationales und individuelles Rechtssystem, auf Vertragsfreiheit aus, Privatautonomie war mit der Sicherheit von Eigentum und Kredit verbunden. Die Priorität der Eigentumsrechte vor sozialrechtlichen Bindungen entsprach der kapitalistischen Ordnung. Aber die Kodifikation ist weniger als gelegentlich behauptet von Interessen und Interessenvertretern des Kapitalismus, auch nicht von den Hypothekeninteressen der agrarkapitalistischen Junker bestimmt gewesen, sondern von der juristischen

Bürokratie, den altbürgerlichen liberalen Juristen. Sie haben die Gesetzgebung im Zeichen des neuen Nationalstaates vornehmlich bestimmt.

Das Gesetzbuch trägt manche konservativen Züge, etwa im berüchtigten Wildschadensrecht und in den „Lücken", die durch das Einführungsgesetz den altmodischen Landesgesetzen überlassen blieben. Und es enthält einige wenige sozialrechtliche – in die Zukunft weisende – Elemente. Es suchte all das auszugleichen, aber es war insgesamt hinter manchen fortschreitenden Wirklichkeitsentwicklungen doch schon zurück. Das Ehe- und Ehegüterrecht z. B. ist ganz altmodisch-patriarchalisch, wirtschaftlich allenfalls auf Familienbetrieb orientiert, ebenso das Eltern- und Unehelichenrecht. Das Vereinsrecht weist noch starke polizeilich-staatliche Einschränkungen auf. Die sozialrechtlichen Ansätze waren schwach, mehr auf Wahrung der Moral ausgerichtet; gegenüber der damaligen und in gewisser Weise auch schon der Bismarckschen Sozialpolitik blieb das Gesetz zurück. Die Möglichkeit eines Widerspruchs zwischen Vertragsfreiheit und sozialer Freiheit kam nicht vor; das war die Zuversicht einer Gesellschaft bürgerlicher Mentalität. Auch hinter der Entwicklung des Kapitalismus blieb es zurück. Sozialökonomisches Leitbild war der persönliche Unternehmer, nicht eigentlich die Kapitalgesellschaft, mit dem neuen Gesellschaftsrecht war das allgemeine Vertrags- und Schuldrecht nicht reibungslos verflochten.

Die Rechtseinheit und der „bürgerliche" Charakter des Zivilrechts also hatten Lücken. Das Einführungsgesetz ließ einzelstaatliche Ausnahmen zu, sie galten als aussterbend und „nur" noch regional, aber solche Regionalisierung sicherte ihr Fortbestehen, das sicherte bestimmte quasi feudale Sonderrechte: Das Gesinderecht, also die Arbeitsverfassung auf dem Lande, und das Fideikommißrecht, auch das besondere Privatrecht der Fürsten blieben erhalten. Aus autoritär wohlfahrtsstaatlicher Tradition blieben das Bau- und Wasserrecht, das Jagd- und Fischereirecht und, soweit öffentliches Eigentum betroffen war, auch das Bodenrecht und in mancher Hinsicht Recht, das Bauern und Landwirtschaft betraf, öffentlich-rechtlich bestimmt; insoweit war das Prinzip der Privatautonomie eingeschränkt. Auch die allgemeine Verwaltung und das gerade entstehende Verwaltungsrecht – wir sprachen davon im Zusammenhang der Verwaltung – waren den Normen des Privatrechts nicht eingefügt.

Auf der anderen Seite, wenn auch mit diesen Traditionen verbunden, entstanden die neuen Rechtsordnungen des modernen Sozialstaats, die die Privatautonomie einschränkten. Sie gehören zur Rechtsverfassung wie das BGB. Am wichtigsten ist die Rechtsordnung der Sozialversicherungen. Dann gibt es Anfänge des Konsumentenschutzes, z. B. der Aktionäre im Aktienrecht, dessen Novellierung 1884 die Konsequenzen aus dem Gründungsschwindel zog, und die Ermöglichung von genossenschaftlichem Zusammenwirken durch das neue Haftungsrecht (beschränkte Solidarhaft) des Genossenschaftsgesetzes (1889). Und dann das Arbeitsrecht: das Koalitions- und Streikrecht (von der Regelung bestimmter streikbegleitender

Maßnahmen angefangen), das individuelle und kollektive Arbeitsvertragsrecht, das Betriebsverfassungsrecht. Das waren Ansätze, nur langsam drangen die Gerichte und Gesetze statt der Behörden in diese Sphäre vor. Die Einheit des Privatrechts löste sich – mit der Auflösung der einheitlichen liberal bürgerlichen Gesellschaft und der Konsolidierung der Arbeiterschaft – auf: Es entstand ein neues Sonderrecht. Der Sozialstaat veränderte auch die Rechtsverfassung. Davon haben wir im Kapitel zur Sozialpolitik ausführlich berichtet. Schließlich gibt es die modernen Fortbildungen des Wirtschaftsrechts, das Gesellschaftsrecht z. B. der Institutionen, der Aktiengesellschaft, der GmbH und der OHG mit den entsprechenden Gesetzen, des Kartell- und des Unternehmensrechts, nicht eigentlich durch die Gesetzgebung, sondern durch die Rechtsprechung, durch Richterrecht also.

Man darf weder diese großen Neuentwicklungen der Rechtsverfassung noch die Überhänge älterer Ordnung übersehen. Aber zentral bleibt der liberal-individualistische Kern der bürgerlichen Rechtsordnung.

6. Militär

Das Militär, das Heer zuerst und dann auch die Marine, war eine der tragenden Säulen des Reiches. Seine Existenz, seine Stellung, seine innere Ordnung gehörten zum Kerngefüge der Realverfassung, das Reich war nicht nur ein Staat mit Militär, sondern auch ein Militärstaat. Neben Regierung und Parlament war das Militär ein drittes Machtelement, durch die besondere Nähe zum Monarchen ausgezeichnet. Die Funktion des Parlaments und die Funktionsfähigkeit der Regierung waren durch das Militär, seine eigenständige Stellung in der Realverfassung eingeschränkt. Wo das Militär einen bestimmenden Einfluß auf die Politik ausüben konnte, sprechen wir von politischem Militarismus.

Das Militär war nicht nur ein Kernelement der Staats- und Verfassungsstruktur, es war auch ein Kernelement der Gesellschaft: Sein innerer Aufbau und sein Geist wie seine Ausstrahlung nach außen waren dafür entscheidend. Wo solcher Einfluß dominierte, sprechen wir von gesellschaftlichem Militarismus.

Das Militär war die bewaffnete Streitmacht der Nation und ihres Staates, Instrument aller Sicherheits- und aller Weltmachtpolitik. Man neigt in Deutschland seit 1945 dazu, über der Fixierung auf das „Militarismusproblem“, auf Verfassung und Gesellschaft, diese Funktion geringzuachten. Aber sie war primär, darin lag die selbstverständliche raison d'être seiner Existenz, daran wurden seine Qualität und seine Leistung zuerst gemessen, das begründete die Opfer, die das Militär fordern durfte – nicht ein mystischer Selbstzweck oder die Unterdrückung möglicher Revolution. Wir werden alle drei Komplexe erörtern, die beiden ersten trotz der eben geäußerten Warnung ausführlicher – dahinter stecken komplexere Probleme.

a) Militär und Verfassung

Zunächst also: das Militär in der Verfassung, im Staat. Wir beginnen mit einem kleinen Komplex, der Stellung des Militärs im Föderalismus des neuen Reiches. Das Heer zunächst war „an sich" föderalistisch organisiert, es gab eigene sächsische, württembergische und bayerische Teilformationen („Kontingente") mit einer Sonderbindung an die dortigen Könige, einem bestimmten Maß eigener Personalhoheit und eines eigenen Stils; der Oberbefehl aber lag auch im Frieden schon beim Kaiser – außer in Bayern, wo das erst für den Kriegsfall galt. Aber das Heer war kein Kontingentsheer, es war im ganzen ein einheitliches Heer. Der Oberbefehl des Kaisers, die Notwendigkeit gleicher Ausbildung, Bewaffnung und Organisation, die einheitliche Regelung der Wehrpflicht und des Heeresbudgets, das alles ergab den militärpolitischen Unitarismus. Dabei war die Hegemonie Preußens besonders ausgeprägt. Außer den Königreichen waren alle anderen Staaten der preußischen Armee angeschlossen, und generell war das deutsche Heer ein auf das gesamte Reich ausgedehntes preußisches Heer. Der Traum der Liberalen, durch den Nationalstaat die Heereslast zu nationalisieren und damit das Heer wie Preußen insgesamt zu entborussifizieren, konstitutioneller und weniger militärisch zu gestalten, ist gescheitert. Das Heer blieb preußisch, und Deutschland wurde preußischer. Die Liberalen haben gegen den Widerstand der preußischen Militärelite das System nicht liberalisieren können, sie haben den Wählerrückhalt für eine Parlamentarisierung der Militärpolitik verloren, ihre Hoffnung auf einen möglichen Rückgang des Rüstungsbedarfs erwies sich als Illusion.

Eine Folge der föderalistischen Restbestände der Militärverfassung wie der preußischen Hegemonie war, daß es keinen Reichskriegsminister gab und daß der preußische Kriegsminister, Vorsitzender der Militärkommission des Bundesrats, diese Funktion übernahm, diese Lücke der Verfassung ausfüllte. Er vertrat „das Reich" in Militärsachen gegenüber dem Reichstag – nachdem er bei Vorlagen zunächst das Einvernehmen mit den drei Königreichen hergestellt hatte. Diese Regelung war auch ein Ergebnis von Bismarcks Führungsansprüchen im Reich, er wollte keinen Leiter eines Reichsamtes, der als Militär den besonderen Zugang zum Monarchen besessen hätte und darum eine eigene Macht. Aber die Regelung war doch auch ein symbolischer Ausdruck der preußischen Militärhegemonie im Reich.

Anders als das Heer gehörte die Marine von vornherein in die Reichskompetenz, sie war von vornherein jenseits der Föderalismusprobleme und auch, trotz eines preußischen Überhangs und einer preußischen Vorbildfunktion, jenseits der Probleme mit der preußischen Hegemonie.

Das Militär stand dem Kern seiner inneren Struktur nach außerhalb der geschriebenen Verfassung, das war in der Verfassung festgeschrieben und geregelt, insofern gab es allerdings auch keine Militärdiktatur. Diese Stellung außerhalb der konstitutionellen Verfassung war Erbe des Absolutismus,

Substanz der preußischen Militärmonarchie, Ergebnis – trotz des verfassungspolitischen Kompromisses – auch des militärpolitisch eindeutigen Sieges der Monarchie im preußischen Konflikt und Ergebnis der militärisch-obrigkeitlichen Reichsgründung. Das bedeutete zum einen, daß das Militär in seinem Kern der parlamentarischen Mitbestimmung und Kontrolle entzogen war, und zum anderen, daß es auch gegenüber der politischen Führung eine Sonderstellung hatte. Die Sonderstellung des Militärs stand quer zu dem Systemmodell des Konstitutionalismus. Hier, und nur hier, ist es berechtigt, zwar nicht vom Pseudo-, aber von einem halben (oder Semi-) Konstitutionalismus und von kryptoabsolutistischen Elementen zu sprechen.

Das Kennwort für die Sonderstellung des Militärs hieß „Kommandogewalt". Sie lag beim König und Kaiser; die wenigen föderalistischen Einschränkungen haben wir erwähnt. Akte der Kommandogewalt waren nicht an die „Gegenzeichnung" eines Ministers oder Kanzlerstellvertreters gebunden, sie unterlagen nicht der Gesamtverantwortung des preußischen Ministeriums oder des Reichskanzlers. Kein Parlament (und keine Öffentlichkeit) konnte einen „verantwortlichen" Minister für Akte der Kommandogewalt zur Rechenschaft ziehen, zum Rede- und Antwortstehen, zur Begründung zwingen, kein Parlament konnte solche Akte kontrollieren. Das blieb reine Königsmacht, arcanum imperii. Zur Kommandogewalt gehörten inhaltlich die „inneren" Angelegenheiten des Militärs, Personalfragen und Stationierung, Armeebefehle und Verordnungen zum Beispiel. Die Grenzen waren nicht immer deutlich, im Zweifel konnte vieles als Sache der Kommandogewalt reklamiert werden, und ihr Bereich ist mit der Zeit insgesamt noch gewachsen.

Mit der Frage nach dem Inhalt der Kommandogewalt hing auch die sehr wichtige Frage nach dem Verhältnis von Militär- und Zivilgewalt zusammen. Militärgewalt war das Reservoir für den Kriegs- und den (revolutionären) Ausnahmezustand, das war klar; für die Ausrufung eines solchen Ausnahmezustands und die Übertragung der vollziehenden Gewalt an das Militär durch den Kaiser gab es bestimmte Formvorschriften. Undeutlicher war die Lage bei lokalen Unruhen, Demonstrationen und Streiks, bei einer Gefährdung der öffentlichen Sicherheit, der Ruhe, der Ordnung. Die Staatsstreichsüberlegungen des Generalstabschefs Waldersee in den späten 80er und 90er Jahren gingen immer davon aus, daß die Armee auch kleinere Unruhen gewaltsam unterdrücken werde und es dann ob solcher Provokation zu größeren Zusammenstößen kommen müsse oder aber daß sie gegen Unruhen nach einer staatsstreichartigen Aufhebung des Reichstagswahlrechts eingesetzt werde. Neben dem „äußeren" stand der „innere" Feind im Blick, und Wilhelms II. martialische Reden, daß „seine Soldaten" gegebenenfalls auf ihre sozialdemokratischen Väter und Brüder schießen müßten, hielten das im Bewußtsein. Daß die Armee nicht nur bei einer Revolution, sondern auch bei einem Staatsstreich oder aber sich ausweitenden Demonstrationen eingesetzt werden würde, wußte jeder mit den Dingen Vertraute. Das war ein innenpolitisches Drohpotential. Es gab seit 1890 Armeebefehle für den entsprechenden Fall; aber der faktische Einsatz von Militär bei Streiks freilich hatte im wesentlichen demonstrativen und einschüchternden Charakter. Und nach der Jahrhundertwende wurde die Armeeführung recht zurückhaltend: Es könne – so war z. B. die Meinung des preußischen Kriegsministers 1912 – in erster Linie nur um die Unterstützung der Polizei gehen, wenn die sich bei Unruhen als zu schwach erweise, es liege aber im Interesse der Armee, einen Einsatz im Inneren zu vermeiden. Und bei Streiks haben es auch die kommandierenden Generale vermieden – selbst der Umsturzbekämpfer Waldersee –, zu provozieren oder sich provozieren zu lassen, sich in größere Aktionen hineinziehen zu lassen. Die Problematik einer militärischen Gewaltlösung oder eines militärgestützten Staatsstreichs war auch den leitenden Militärs deutlich; diese alten Erwägungen verloren darum spätestens seit der Jahrhundertwende an Realitätsgewicht.

1913 allerdings stellte sich anläßlich der Affäre der Militärübergriffe von Zabern heraus, daß es eine alte Anordnung, eine Kabinettsordre gab, die dem Militär ein Selbsthilferecht zum Eingreifen gegen Zivilisten bei Störungen der Ordnung zubilligte, wenn die Zivilgewalt nicht willens oder nicht fähig war, die „Ordnung" wiederherzustellen. Die Entscheidung darüber lag beim Militär. Das wurde von den scharfmacherischen Militärs jetzt geradezu zu einem Inhalt der Kommandogewalt hochstilisiert. Die Verordnung ist dann freilich revidiert worden – künftig war ein Ersuchen der Zivilgewalt Voraussetzung jedes Truppeneinsatzes –, aber wir werden sehen, daß diese Lösung nur (wenn auch immerhin) ein halber Sieg in der Auseinandersetzung des Verfassungsstaates mit der Kommandogewalt war.

Man muß festhalten, daß die Kommandogewalt nicht nur die zivilen obersten Reichsorgane von militärischen und militärpolitischen Entscheidungen ausschloß, das Militär gegen sie abschottete, sondern dem Militär gar ein Eingriffsrecht in das öffentliche Leben zusprach, jedenfalls in Ausnahmefällen, die das Militär zunächst letzten Endes selbst definieren konnte.

Wir müssen sodann die Wirkung in der Kommandogewalt auf die Führungsstruktur des Reiches bedenken. Die Kommandogewalt des Monarchen war konkret zum guten Teil auf eine Reihe von Führungspositionen und -behörden aufgeteilt: Beim Heer waren das vor allem die kommandierenden Generale, der Generalstab und – wenn auch seit 1883 nur noch bis zu einem gewissen Grade – der preußische Kriegsminister. Sie alle standen in einem unmittelbaren Verhältnis zum Monarchen. Sie, oder im Falle des Generalstabs dessen Chef, hatten unmittelbaren, „immediaten" Zugang zum Monarchen – sie waren keinem Minister oder keinem Oberkommando unterstellt, und weder der eine noch das andere war in das Verhältnis zwischen ihnen und dem Monarchen eingeschaltet.

Die Marine, Reichsinstitution, hatte ursprünglich eine einheitliche Führung, die kaiserliche Admiralität; 1889 wurden dann aber auch hier die Funktionen geteilt: Es entstanden das Reichsmarineamt für die ministeriellen, sogenannten Verwaltungssachen und ein Oberkommando mit einer Admiralstabsabteilung für die im engeren Sinne militärischen (Kommando-) Sachen. 1899 wurde das Oberkommando auf Betreiben des mächtigen Staatssekretärs v. Tirpitz in sechs unabhängige und – natürlich immediate – Kommandostellen aufgeteilt, das sollte den Einfluß des Kaisers und des Reichsmarineamtes stärken. Anders als beim Heer der Generalstab wurde der jetzt eigenständige Admiralstab zu einer recht unbedeutenden bloßen Planungsbehörde.

Der Monarch nun bediente sich für den Umgang mit diesen Kommando-Verwaltungsstellen und für die ihm eigens vorbehaltenen Sachen, die Personalsachen vor allem, seiner Kabinette. Wie er fürs „Politische" ein Zivilkabinett hatte, so fürs Militärische das Militärkabinett und später (1889) das Marinekabinett. Ursprünglich waren solche Kabinette schlicht Sekretariate des Monarchen. Aber sie gewannen an Bedeutung. Sie wurden eigene Organe in der militärischen Führung und bei der Ausübung der Kommandogewalt.

1883 wurden die einschlägigen Zuständigkeiten, die beim Kriegsministerium, bei einer besonderen Personalabteilung, gelegen hatten, diesem endgültig genommen und nun Teil des Kabinetts; auch der Generalstab wurde vom Ministerium ganz unabhängig und dem Monarchen via Kabinett direkt zugeordnet. Der Kriegsminister Kameke wurde bei dieser Umorganisation gestürzt und sein Ministerium zusätzlich geschwächt, das verstärkte die monarchische Kommandogewalt auch de facto noch mehr. Die Kabinettschefs bereiteten Entscheidungen des Monarchen vor, verfügten über das, was vorgelegt wurde, und über Termine, über den Zugang zum Machthaber, und sie berieten ihn fast täglich; der Kabinettschef hatte drei Audienzen in der Woche, Generalstabschef und Kanzler eine, Minister mußten sich anmelden. Die Kabinette gewannen unter Wilhelm II. weiter an Macht – auch und gerade gegenüber dem Kriegsminister, sie wurden eine höfische Nebenregierung. Die 90er Jahre waren der Höhepunkt der Macht der Kabinette: Zwischen 1883 und 1896 sind vier Kriegsminister wesentlich durch ihr Zutun gestürzt worden. Nach 1901 ging ihr Einfluß langsam, nach 1908 schneller zurück.

Etwas Weiteres kam hinzu. Wilhelm II., mit seinem unruhigen Reiseleben, fühlte sich eigentlich nur im Kreise einer militärischen Umgebung wohl – aus einer Menge von Adjutanten und militärischen Hofchargen bildete sich die sogenannte maison militaire, das Königliche Hauptquartier, eine Art Potsdamer Kasino; zu dieser Entourage des Kaisers gehörten nicht einmal die wirklich klugen und bedeutenden Militärs. Das war in der Verfassung nicht vorgesehen und hatte doch erheblichen Einfluß auf Entscheidungen des Kaisers und die Politik. Diese Umgebung hat seine selbstherrlichen Tendenzen und seine Verachtung von Zivilisten und Reichstag erschreckend verstärkt. Die von Wilhelm II. praktizierte Form und Ausweitung der überlieferten und institutionalisierten Kommandogewalt begünstigte das persönliche Regiment. Hier wurde das alte Stereotyp gepflegt, daß Zivilisten nicht in die militärischen Sachen hineinzureden hätten – und die Grenzen bestimmten die Militärs –, ja daß umgekehrt Politik nach militärischen Vorstellungen gestaltet werden sollte. Die Chefs von Militär- und Marinekabinett gehörten jedenfalls unter Wilhelm II. zu den eigentlichen Machtträgern im kaiserlichen Reich.

Im ganzen: Der Geist und der Stil der Armee, Ausbildungs- und Dienstvorschriften, Personal-, Disziplinar-, Ehren- und Duellsachen, politische Richtung, Verhältnis zur Zivilgewalt – das alles war Gegenstand der Kommandogewalt, war Sache des Monarchen und seiner militärischen Berater. Das blieb fest in der monarchischen und feudal-preußischen Tradition, national und imperial „modernisiert".

Es gab nun aber andere Militärangelegenheiten, die trotz aller monarchischen Prärogativen der Gesetzgebung und also der Mitwirkung des Parlaments unterlagen, das Budget vor allem, und, damit verbunden, die Präsenzstärke, dazu auch die Gestaltung der Wehrpflicht und ihre Dauer sowie das Militärstrafrecht und -strafprozeßrecht. Für diese sogenannten Militärverwaltungssachen war der preußische Kriegsminister zuständig, gegenzeichnungspflichtig und dem Parlament verantwortlich, darüber hinaus war er für Nachschub und Versorgung zuständig. Nach der Teilentmachtung des Kriegsministers 1883 war seine Funktion weitgehend der eines Staatssekretärs im Reich ähnlich. Natürlich, die merkwürdige Aufteilung in Sachen der Kommandogewalt und Militärverwaltungssachen mußte zwangsläufig zu vielen Reibungsverlusten und Koordinationsproblemen führen.

Die Frage nach dem Gewicht der Gesetzgebungskompetenz des Parlamentes in Militärsachen ist nicht ganz leicht zu beantworten. Sie hängt mit der Frage der Militärausgaben und der Heeresstärke zusammen. Die blieben auch nach dem Ende des preußischen Militärkonflikts ein Streitgegenstand, und zwar zunächst nicht wegen der Höhe, sondern wegen der Dauer der Bewilligung. Auch der Reichstag war sicherheitspolitischen Argumenten gegenüber durchaus aufgeschlossen. Aber er wollte nur jährlich bewilligen – schon um seine Befugnisse geltend zu machen, zudem in der merkwürdigen zeitgenössischen Illusion, daß Bedarf und Ausgaben einmal sinken könnten. Die Regierung dagegen wollte langfristige Bewilligungen oder gar dauernde, das sogenannte Äternat, einmal um das Parlament auszuschalten und zum anderen um mit sicheren Größen rechnen und langfristig planen zu können. 1867 kam es, wir haben davon erzählt, zu einem Provisorium über vier Jahre, das sollte dann notfalls bis zum Zustandekommen eines neuen Gesetzes fortgelten; dahinter stand haushaltsrechtlich die alte Lückentheorie, das Bestehende sollte als festgeschrieben, dem Zugriff des Parlaments entzogen gelten. Das Provisorium ist 1871 einmal noch verlängert worden. Seit 1874 gab es das sogenannte Septennat, die siebenjährige Bewilligung, bei damals dreijährigen Fristen zwischen den Reichstagswahlen. Der Kompromiß war nach harten Auseinandersetzungen eher zuungunsten der Mitbestimmung des Parlamentes ausgefallen. Und als die oppositionelle Reichstagsmehrheit 1886/87 zwar eine Heeresverstärkung, aber kein neues Septennat akzeptieren wollte, sondern nur eine dreijährige Bewilligung, löste Bismarck 1887 den Reichstag auf. Er sprach wieder von der Alternative von kaiserlichem und Parlamentsheer, er drohte mit der Erneuerung der Konfliktpolitik, und er inszenierte die militärpolitisch national bestimmten Kartellwahlen. Mit deren Hilfe erhielt er eine regierungsloyale Mehrheit. Die Militäropposition war gegenüber einem national und gouvernemental mobilisierten Wählerwillen nicht stark genug; insoweit schränkte die Mitbestimmung des Parlaments den militärpolitischen Willen der monarchischen Regierung jetzt doch nicht mehr wirklich ein.

Das Kriegsministerium wollte nun seit Ende der 80er Jahre angesichts der wachsenden Zahlen von Bevölkerung und Wehrpflichtigen eine regelmäßig wachsende Dauerbewilligung, um die „Wehrkraft" besser auszuschöpfen; seit 1867 galt zwar die Regel, daß 1% der Bevölkerung zum Wehrdienst herangezogen werden sollten und 225 Thaler pro Mann nötig seien, das wurde jedoch nicht jährlich neu berechnet, und die Geldsumme war personal-, nicht sach- und rüstungsgüterbezogen. Bismarck war aber inzwischen von jeder Äternatsidee wieder abgekommen, weil er Militärfragen als Wahlthema schätzen gelernt hatte. Und für das Parlament verlor bei wachsender Heeresstärke, steigenden Rüstungsausgaben und nach Verlängerung der Legislaturperiode auf fünf Jahre die jährliche Bewilligung an Bedeutung.

1893 kam es zu einem echten Kompromiß – trotz Reichstagsauflösung und Neuwahlen, die unter der Militärparole mit einem bescheidenen Erfolg für die Regierung endeten. Präsenzstärke und Militärbudget wurden heraufgesetzt, jetzt aber für nur mehr fünf Jahre, und der alte Wunsch aller popularen und liberalen Parteien nach Herabsetzung der Dienstzeit auf zwei Jahre wurde (außer bei der Kavallerie) endlich erfüllt; damit konnte die Wehrungerechtigkeit – um 1890 wurden von 350000 Wehrpflichtigen nur 180–190000 tatsächlich eingezogen – ein gutes Stück eingeschränkt werden. Auch viele Militärs waren inzwischen dafür, vor allem weil das die Vermehrung der Reservisten ermöglichte. Seither gingen bis dahin allen Rüstungsausgaben gegenüber kritische Parteien, das Zentrum und ein Teil der Linksliberalen, in die Koalition der Bewilliger über, der alte Gegensatz verschwand; die Parlamentsmehrheit trug die steigende Militärlast freiwillig mit. Das hing freilich auch damit zusammen, daß die Militärstärke und die Ausgaben zwischen 1893 und 1912 nur wenig erhöht wurden: Zum einen rückte die Marine ausgabenpolitisch nach vorn, zum anderen lehnte die sozialkonservative Heeresführung eine wesentliche Vergrößerung der Armee ab, davon befürchtete man eine Beeinträchtigung der Qualität und demokratisierende Auswirkungen auf Offiziers- und Unteroffizierskorps.

Über das andere Gebiet der Militärpolitik, das nach 1897 in den Mittelpunkt rückt, die Flottenpolitik, sprechen wir am Schluß dieses Kapitels im

Zusammenhang. Hier, im Rahmen der Analyse der verfassungspolitischen Bedeutung von Rüstung und Verteidigung, genügen drei Hinweise. Einmal: Die Küstenschutz- und dann die Schlachtflotte sind nicht gegen, sondern mit dem Parlament und der öffentlichen Meinung gebaut und vergrößert worden, wenn auch bei der Schlachtflotte aus Initiative der Regierung und mit viel amtlicher Propagandanachhilfe und manchem Regierungsdruck. Neben den traditionelleren preußischen Militarismus tritt der moderne nationalimperiale „Navalismus", von vornherein nicht nur „von oben", sondern auch „von unten". Da Schiffe lange Planungs- und Bauzeiten hatten und dann auch veralteten, war überdies beim Flottenbau die jährliche Bewilligung des Parlaments nicht mehr ganz sachgerecht, hier ergaben sich längerfristige Gesetze und Haushaltsplanungen. Zum anderen: Bei der Flotte ging es in erster Linie um die Sachausgaben, hier ergab sich eine Sonderbeziehung zwischen militärischer Führung (dem Reichsmarineamt) und der Industrie. Wir erinnern an das, was wir im ersten Band im Zusammenhang mit der Wirtschaft gesagt haben: Der Staat geriet nicht in eine Preisabhängigkeit (und nicht unter Produzentendruck), er konnte die Konkurrenz der Werften zu seinen Gunsten ausnutzen (das Kruppsche Panzerplattenmonopol spielt in der Legende eine weit größere Rolle als in der Realität). Immerhin, Marinepolitik war insoweit doch ganz anders als Heerespolitik. Schließlich: Die Marine wuchs, mehr leise als laut, in eine Konkurrenzsituation zum Heer hinein. Sie nahm einen wachsenden Teil der Militärausgaben in Anspruch (17,9% 1901, 26,5% 1911 und dann 19,9% 1913), das begrenzte das Wachstum der Heeresausgaben, über die Verteilung mußte irgendwann abwägend entschieden werden. Kriegs-/Operationspläne der Marine standen neben denen des Heeres – das wurde ein anderes Kooperationsproblem, und das beeinflußte natürlich die außenpolitischen Optionen.

Wir sprechen von den verfassungspolitischen Rückwirkungen der Rüstungspolitik. Nimmt man das Ganze in den Blick, so gab es insgesamt drei Gewinne des Parlamentes; sie änderten die reale Verfassung. Zum einen: Seit der Heeresvorlage von 1893 und seit den Flottenvorlagen von 1898 und 1900 war es klar, daß Militärvorlagen nur noch mit dem Parlament und gegebenenfalls mit Konzessionen durchzubringen waren, von Reichstagsauflösungen war militärpolitisch nichts mehr zu erwarten. Das Parlament trug Verteidigungs- und Aufrüstungslast im wesentlichen mit. Insofern hatte sich auch das Parlament mit der Regierung arrangiert und nicht nur die Regierung mit dem Parlament: Der alte Konflikt hatte seinen Gegenstand verloren. Zum andern: Das Budgetrecht hat sich immer mehr im Sinne der Spezialisierung entwickelt, das Parlament kontrollierte und bewilligte auch die Einzelposten der Militäretats, besonders eklatant im Flottenbau – das war zweifellos ein Machtgewinn. Schließlich: Anläßlich der Haushaltsdebatten vor allem hat der Reichstag immer mehr Militärsachen, und das hieß auch Kommandosachen, in seine Diskussionen einbezogen und den Kriegsminister darüber zur Rede gestellt. Eigentlich sollten die Minister solche Versuche abwehren, aber die bloße Verschanzung hinter der Kommandogewalt und das Schweigen zur Sache wirkten oft lächerlich, es schien oft angebrachter, die Sache des Militärs vor Parlament und Öffentlichkeit offensiv zu vertreten, und das hieß mit Argumenten und Gegenargumenten. Kurz, das Parlament wurde mehr und mehr zum Forum der Militärpolitik überhaupt. Der Kriegsminister riskierte bei seinem Auftreten vor dem Reichstag den Zorn des Kaisers, ja seine Entlassung. Der Militärmonarch und die Generalität wollten die Armee ganz und gar gegen das Parlament abschirmen oder mit ihm nur in den schroffsten Tönen umgehen. Der Kriegsminister dagegen war wie der Marine-Staatssekretär auf ein gewisses Maß von Zusammenarbeit mit dem Parlament angewiesen, auf Unterstützung der politischen Parteien und der von ihnen mit bestimmten Öffentlichkeit. Als der Minister Kameke 1883 Angriffe auf bestimmte Prestigeausgaben, etwa für die Garde, und auf Steuerbefreiungen in Garnisonsstädten zu „schlapp" beantwortete, gerade er war für ein besseres Verhältnis zum Parlament, wurde das der Anlaß seines Sturzes. Seine ursprünglich „schneidigeren" Nachfolger aber kamen aus Einsicht in die Sachlage wieder und wieder in dieselbe Situation, der Kompetenzverlust des Kriegsministers schwächte allerdings, paradoxerweise und gegen die Absicht der Hof-Militärs, seine Kompetenz und Stärke auch gegenüber dem Parlament, das vergrößerte noch jene Schwierigkeiten.

Auch der Kanzler war in dieses Spannungsverhältnis einbezogen. Er regierte im Namen des Kaisers und war von dessen Vertrauen abhängig – darum mußte er mit der „Verfassungswirklichkeit" der militärischen Umgebung des Kaisers, ihrer Mystifizierung der Kommandogewalt und ihrem unpolitischen, ja antikonstitutionellen Antireichstagsyndrom rechnen. Und er mußte mit dem Reichstag, in der Gesetzgebung sowie eben beim Militärbudget, und mit der öffentlichen Meinung regieren. Die Spannung dabei war nicht die zwischen „zivilen" Politikern und „Militaristen" in der Heeresführung und der kaiserlichen Umgebung oder dem Militärmonarchen selbst, sondern zwischen einer modern-elastischen Strategie, die auf parlamentarische Zustimmung zum Militärsystem setzte, und einer altmodisch-starren Strategie, die schon darin eine unzulässige Konzession und Aufweichung sah. Caprivi, General doch ursprünglich, hatte z. B. 1893 die größten Schwierigkeiten, mit der Heeresverstärkung auch die Verkürzung der Dienstzeit auf zwei Jahre beim Kaiser durchzusetzen; in dessen militärischer Umgebung gab es geradezu eine Hetze gegen die „Schwäche" des Kanzlers, obwohl die Dienstzeitverkürzung nicht nur eine Konzession an die Reichstagsmehrheit war, sondern in den Augen technokratischer Modernisten im Generalstab durchaus eine militärisch erwünschte Maßnahme zur Vermehrung der Reserven. Die grundsätzliche Spannung zwischen Kommandogewalt des Monarchen und Angewiesenheit der Regierung auf Kooperation mit dem Parlament blieb ein latentes, ja immer wieder aktuelles Problem des deutschen Regierungssystems und aller deutschen Reichskanzler.

Insofern nun blieben auch die genannten Erfolge des Parlaments relativ. Sie waren nicht nebensächlich, ja sie konnten ein Beitrag zu einer, sehr langsamen, Umbildung des Systems überhaupt werden, und sie haben die Krise dieses Systems vor 1914 intensiviert. Aber zunächst änderten sie nichts daran, daß der harte Kern der Militärmonarchie, die Sonderstellung des Militärs im Staat – seine weitgehende Abschottung gegen das Parlament, die eigentliche Befehls- und Entscheidungsmacht des Monarchen, die ein Stück weit, wegen des Einflusses der militärischen Ratgeber, Selbstherrschaft des Militärs war –, erhalten blieb, ja die leichten Positionsgewinne des Parlaments verschärften den Abwehrkurs der Träger des Militärsystems. Trotz der Nationalisierung der Gesellschaft und ihrer prinzipiellen Anerkennung des „Systems", trotz der Bereitschaft der Reichstagsmehrheit, Militärausgaben zu bewilligen und also die wichtigste alte Oppositionsposition aufzugeben, bildete sich ein neues militärpolitisches Krisenpotential heraus, und das war immer zugleich systempolitisch. Wir werden von einigen der akuten Krisen gleich berichten. Zunächst müssen wir noch das andere Problem erörtern, das die Kommandogewalt im konstitutionellen System aufwarf.

Die Kommandogewalt und ihre Instanzen der Militärführung standen nicht nur im Gegensatz zum Parlament, sondern sie standen auch neben der eigentlichen Regierung und manchmal gegen sie. Das warf zwei Fragen auf. Einmal die Frage nach der militärpolitischen Willensbildung selbst, nach der Einheit der Militärpolitik, zum andern die Frage nach der Einheitlichkeit der Staatsführung, der politischen Willensbildung; die Frage also, bei wem die letzten Entscheidungen liegen sollten, ja die Frage nach dem Vorrang von Politik oder Militär. Wir erinnern an die Vielzahl der militärischen Führungsstellen: Kriegsminister, Generalstab und kommandierende Generale, Militärkabinett sowie die informelle maison militaire und dazu seit 1889 die verschiedenen Führungsstellen der Marine. Alle waren unmittelbar zum Kaiser, zwischen ihnen gab es keine Kompetenz- und Entscheidungshierarchie, ja nicht einmal eine geregelte Koordination. Am meisten klafften Heer und Marine auseinander, aber auch deren jeweilige Führungsstellen waren vielfältig, uneinheitlich und ohne Hierarchie. Die Aufspaltung der Kommandostellen begünstigte eine wenigstens relative Ämteranarchie und -polykratie oder ein bloßes Nebeneinander, in dem sich gegebenenfalls der Stärkere oder Einflußreichere – wie Tirpitz – durchsetzte. Natürlich gab es Zuständigkeiten, gab es Besprechungen und Abstimmungen der Ämter, aber ein geregeltes Verfahren, routinemäßige Konferenzen gab es nicht. Vor 1912 gab es kaum eine einheitliche Verteidigungs- und Rüstungspolitik, kaum eine einheitliche strategische Planung. Der, bei dem alles zusammenlief, war der Kaiser, er mußte koordinieren und entscheiden. Dazu war er, schon der Komplexität der Sache nach, nicht in der Lage. Und der letzte Kaiser, der die Kommandostellen so herauszuheben suchte und an seinem unmittelbaren Verhältnis zu ihnen allen betont festhielt, war dazu auch persönlich besonders ungeeignet.

Dieser Mangel an institutionalisierter Koordination, Planung und Führung nun galt erst recht für das Verhältnis von militärischer und politischer Führung, für die Abstimmung zwischen Militärpolitik und Innen-, Finanz- und Außenpolitik, ja Kriegsplanung. Es gab kein oberstes Beratungs- und Entscheidungsgremium. Das war zunächst kein so großes Problem. Solange es einen starken Kanzler gab, Bismarck, und einen Monarchen, der sich bei allem Eigenwillen auf seine konstitutionelle Rolle beschränkte und unter seinen Beratern dem Kanzler das letzte Wort zubilligte, blieben die Einheitlichkeit der Politik und im Konfliktfall der Vorrang politischer vor militärischen Gesichtspunkten gewahrt. Immerhin, Bismarck hat 1883 am Sturz des Kriegsministers Kameke und der Entmachtung des Kriegsministeriums auch deshalb maßgeblich mitgewirkt, weil er seine eigene Position durch eine Teilung der militärischen Führungsämter zu stärken suchte; mit der Einflußkonkurrenz der Militärs mußte auch er jederzeit rechnen. Die Militärs hatten auch unter ihm ihren eigenen Zugang zum Ohr des Machthabers, der eben Militärmonarch gewesen war und das blieb. Was Heeresstärke und -budget betraf, war es zunächst „normal“, daß die Militärbehörden ihre Wünsche vorbrachten und die Zivilbehörden sie zu erfüllen suchten, obwohl von Bismarck auch außen- oder innenpolitisch motivierte Ermunterungen an das Militär ausgingen, Rüstungsforderungen geltend zu machen.

Spannungen gab es in dieser Periode vor allem im Verhältnis des Kanzlers zum Generalstab und seinem Chef. Der Generalstab kannte natürlich die außenpolitische Lage und der Kanzler die militärpolitische. Aber der Generalstab plante, das war seine Aufgabe, für unterschiedliche mögliche Kriegskonstellationen. Dabei war es klar, daß er unter dem Gesichtspunkt, ob ein etwaiger Krieg gewinnbar sei, bestimmte außenpolitische Konstellationen bevorzugte. Kriegsführung sollte, das war die gültige Maxime für Politiker wie Militärs, Politik mit anderen Mitteln sein, aber ihre Planung mußte auf die Politik zurückwirken. Bismarck hatte im Krieg 1870/71 mit Mühe, aber erfolgreich den Vorrang seiner – auf den Frieden zielenden – Politik gegenüber davon abweichenden strategischen oder selbst politischen Zielen der militärischen Führung durchgesetzt. In den beiden folgenden Jahrzehnten kam es zu Spannungen, weil die Militärs die Idee eines Präventivkriegs, vor allem gegen Frankreich, dann nach 1886 auch gegen Rußland, verfolgten, um der vermutlich wachsenden Stärkung des Gegners zuvorzukommen – angesichts eines drohenden Zweifrontenkrieges galt der „Erst-Schlag“ als wichtiger Faktor zum Sieg. Bismarck hat Präventivkriege abgelehnt: Politische Entwicklungen seien letzten Endes unkalkulierbar, Konstellationen könnten sich ändern, friedliche Lösungen von Krisen seien nicht auszuschließen. Darum seien Präventivkriege nicht zu rechtfertigen – vor Gott, vor Europa, vor der Nation, vor der öffentlichen Meinung. Er hat sich 1874/75 wie 1886/87 gegen den Generalstab durchgesetzt. Auch die Präventivkriegspläne des politisch agilen Waldersee in den Übergangsjahren 1887/90 – die Idee eines österreichisch-deutschen Krieges gegen Rußland – sind noch an Bismarck, an Wilhelm II. und zuletzt an Caprivi gescheitert.

Bismarck – der, so kann man doch sagen, ein ziviler Politiker war, wie konservativ auch immer – konnte nicht über die Armee als Instrument der Politik einfach gebieten, er blieb an die von ihr gesetzten Bedingungen gebunden und an seinen eigenen Ursprung, an seine Absicht, der Stabilisierer der preußischen Militärmonarchie zu sein. Aber die Politik war Sache der Politiker und war seine Sache und die Außenpolitik schon gar, da hatte die Armee nicht mit zu entscheiden. Auch der Kriegsfall blieb – nach Zeitpunkt wie Konstellation – allein Sache der Politik. Der Krieg war ein Mittel (das letzte Mittel) der Politik, die Armee, so sehr die Regierung auf sie Rücksicht nahm, diente der Politik.

Die Lage änderte sich, seit der selbstherrliche Wilhelm II. die Entscheidungen auch de facto ganz an sich zu ziehen suchte, seit Militärs mehr und eher Gehör fanden und seitdem die Nachfolger Bismarcks sich dem Monarchen gegenüber in einer wesentlich schwächeren Position fanden. Zwar war der Reichskanzler auch weiterhin für die Gesamtpolitik verantwortlich, er konnte, wenn er die Verantwortung nicht mehr übernehmen zu können glaubte, zurücktreten, und der Monarch mußte abwägen, ob ein solcher Rücktritt „tragbar" sei. Aber die Probleme zwischen politischer und militärischer Führung wuchsen. Die Aufspaltung der Militärführung hat sich nicht zugunsten der „Politiker" ausgewirkt, sie verstärkte eher den Militäreinfluß. Es gab zwar einen innersten Kreis von obersten Amtsinhabern, die als engste Berater des Kaisers fungierten, aber weder Zugehörigkeit noch gemeinsame Sitzungen waren festgelegt. Bei einer berühmten Besprechung Ende 1912, die eine Zeitlang als „Kriegsrat" durch die historische Literatur geisterte, war der Reichskanzler nicht dabei, das mochte für die Dominanz der Militärs typisch sein, es minderte aber die Bedeutung der Zusammenkunft, wie sich bald zeigte, entscheidend. Kurz, die Art, wie Entscheidungen zustande kamen, blieb zwischen Kaiser, Militärs und Kanzler/Staatssekretär ungeklärt und offen.

Jeder Kanzler und jeder Staatssekretär im Auswärtigen Amt mußte immer mit der Sonderpolitik von Militär-Instanzen rechnen. So gab es z. B. die Nebendiplomatie der Militär- und später der Marineattachés, die der Generalstab unter Waldersee und das Reichsmarineamt unter Tirpitz gezielt auf- und ausbauten, um den Monarchen am eigentlich zuständigen Auswärtigen Amt vorbei im militärischen Sinne und einseitig zu informieren und im Sinne ihrer Sonderpolitik zu beeinflussen. Das waren klare Übergriffe der Militärs in die Außenpolitik; in der unmittelbaren Vorgeschichte des ersten Weltkriegs, vor allem in den deutsch-englischen Beziehungen, hat das eine verhängnisvolle Rolle gespielt.

Wichtiger war die allgemeine Atmosphäre, der Stil, der unter dem „persönlichen Regiment" des Kaisers oder seinem Streben danach sich ausbreitete. Der Einfluß der Militärs wurde stärker, der des Kanzlers schwächer; die sicht- und unsichtbaren Grenzen seiner Richtlinienkompetenz wurden deutlicher. Der von der kaiserlichen Umgebung forcierte Stil stellte die „zivilen“ Politiker und Diplomaten ständig unter den Verdacht der Schlappheit und ebenso eine Außenpolitik, die diplomatische Rücksichten nahm. Konfliktbereitschaft und Aggressivität wurden, obwohl sie natürlich auch zivile Wurzeln hatten, unter dem Einfluß der Militärs stärker, ja dominierend. Jede einigermaßen elastische Außenpolitik mußte sich verteidigen. Und es gab ungeschriebene Selbstverständlichkeiten, die die Grenzen der Politik und der Politiker gegenüber der Kompetenz der Militärs festlegten.

Charakteristisch für die Gewichtsverteilung und -verlagerung ist der Schlieffen-Plan. Schlieffen, der Nachfolger Waldersees, wollte nicht wie dieser ein politischer General sein, er verstand sich als militärischer Fachmann. Er betrieb auch keine Präventivkriegspläne mehr, ja er war nicht, wie viele in seiner Umgebung, ein Fatalist, der den Krieg für unvermeidlich hielt. Aber, das was seines Amtes war, den Krieg zu planen, das wollte er ganz unabhängig, rein nach militärischen Notwendigkeiten tun. Das Kriegsbild des Generalstabs hatte sich, schon seit Moltke, radikalisiert: nicht als begrenzten Kabinettskrieg, sondern als in Mitteln wie Zielen schier unbegrenzten Nationalkrieg – so stellte man sich den modernen Krieg vor. Von diesem Ausgangspunkt her relativierte sich die Formel vom Krieg als Mittel der Politik schnell, denn konkret mußte ein moderner Krieg, so die Meinung, ohne politische Rücksichten geführt werden, und das war dann auch die Maxime der Planung. Schlieffen also plante seine berühmte Westoffensive mit dem Durchmarsch durch das neutrale Belgien (und ursprünglich auch Holland). Er versuchte nicht, die deutsche Außenpolitik direkt zu beeinflussen, aber er stellte die Politiker gewissermaßen vor vollendete Tatsachen; der Bruch der belgischen Neutralität sei eine unbedingte militärische Notwendigkeit, die Politik müsse damit fertig werden. Das war die Umkehr des klassischen Modells, Politik wurde in den Dienst der Kriegführung gestellt. Über diese Frage ist im Kreise der Führung des Reiches niemals beraten worden. Selbst der Kriegsminister wurde erst 1902 über den Plan informiert; Hohenlohe (1900), Bülow (1904/05), Bethmann Hollweg (1909) nahmen den Plan zur Kenntnis, sie haben ihn nicht beraten und kaum bedacht, die politischen Implikationen der belgischen Frage haben sie, jedenfalls vor 1912, kaum wirklich ernst genommen, oder sie haben sich von Schlieffens Argument, andernfalls sei der Durchmarsch der Franzosen durch Belgien sicher, blenden lassen. Mindestens also durch Nicht-Widerspruch stimmten sie zu, machten den Plan zu einem Teil der gesamtpolitischen Strategie für den Fall eines Krieges. Das war nicht die „Schuld“ eines anmaßenden Militärs oder der schwachen Politiker. Holstein, die graue Eminenz des Auswärtigen Amtes, und Bethmann Hollweg haben unabhängig voneinander geurteilt, es sei ganz ausgeschlossen gewesen, dem höchsten militärischen Sachverstand zu widersprechen; die Diplomatie, so Holstein, habe das Entsprechende zu tun. Kurz, es war eine Art Systemzwang. Darum wurde auch die Frage nach möglichen Alternativen nicht gestellt, etwa nach einer Ost-Offensive, die –

weil sie weder Belgien noch die Existenz Frankreichs bedrohte – vielleicht die englische Neutralität erhalten hätte. Über die außenpolitischen Folgen des Neutralitätsbruchs hat man vor 1914 offenbar wenig nachgedacht.

Auch Schlieffen war politisch partiell blind, das Verhältnis zu England war für ihn kein Thema – und so weder der Seekrieg noch die Folgen des Flottenbaus und die durch ihn bewirkte Verschlechterung der deutschen Lage; aus der zunehmenden Isolierung Deutschlands hat er keine politischen und keine militärplanerischen Konsequenzen gezogen. Und die Politiker, im Banne des „Systems", haben den Militärs, wie gesagt, keine Fragen nach militärpolitischen Alternativen gestellt. Der Schlieffen-Plan war das Evangelium des Generalstabs geworden. Die Politik war ohne Alternative für den Fall eines Krieges an ihn gebunden.

Während der Schlieffen-Plan und der Bau der Schlachtflotte einer deutschen Verständigung mit England im Wege standen und insoweit die mögliche „Bündnispolitik" negativ beeinflußten, haben die Militärs in den letzten Jahren vor 1914 das einzig funktionierende Bündnis des Reiches, den Zweibund mit Österreich, gleichsam im Rücken der Politik positiv ausgebaut, das war Militärpolitik mit brisanten politischen Folgen. Der ältere Moltke und Schlieffen hatten keine gemeinsamen Planungen mit Österreich betrieben, und die Politiker hatten nicht in diese Richtung gedrängt. Der Schlieffen-Plan wurde dem Bundesgenossen nicht mitgeteilt, erst 1909 gab man den Hinweis, daß eine West-Offensive Priorität habe. Der jüngere Moltke aber glaubte seit 1909, Österreich von der deutschen Loyalität überzeugen zu müssen, er signalisierte der dortigen Kriegspartei freie Hand gegenüber Serbien. Das war nicht nur Militärtechnik, das war schlechterdings Politik. Der defensive Zweibund, der auch der Zügelung Österreichs hatte dienen sollen, gewann dadurch einen gänzlich anderen, einen offensiven Charakter: Österreich konnte durch einen Angriff auf Serbien das Eingreifen Rußlands provozieren; die deutsche Militärführung aber versprach, schon bei einer russischen Mobilmachung mobilzumachen.

Schließlich ist in diesem Zusammenhang noch einmal vorgreifend die Flotte zu erwähnen. Das Verhältnis von Land- und Seerüstung ist lange Zeit weder militärisch noch politisch diskutiert worden, die Operationspläne der Marine und des Generalstabs, des Seekriegs und des kontinentalen Landkriegs sind nicht aufeinander abgestimmt worden, ja die Strategie der Flottenführung selbst – Blockadebrechen, schnelle große Seeschlacht – ist nicht gemeinsam beraten worden, die Zweifel auch vieler Marinefachleute vor 1914 am Sinn des Weiterbaus der Schlachtflotte, weil der Gegner ausweichen und zur Fernblockade übergehen werde, sind nicht eigentlich diskutiert worden. Vor allem, wir wiederholen es, gab es keine Koordination zwischen Flottenpolitik und Außenpolitik, keine Entscheidung und keine Koordination über das Ausmaß der anti-britischen Konfrontation.

In einer Auseinandersetzung zwischen Tirpitz und dem Kanzler um das außenpolitisch tragbare Ausmaß der Seerüstung 1912 hat sich, wir handeln noch ausführlicher davon, die Flottenführung durchgesetzt, das war kein Zufall, war nicht nur die Narretei des deutschen Kaisers, sondern Ausdruck der strukturell starken Stellung der Militärs: Es setzte aller zivilen Politik und Diplomatie unübersteigbare Grenzen und setzte sich im Konfliktfall zumeist durch. Das Kaiserreich war – nicht nur, aber doch auch – eine Militärmonarchie, und dieser Wesenszug hat sich unter Wilhelm II. auch in der Gesamtpolitik wieder verstärkt.

Man muß drei Einschränkungen machen. 1. Man darf nicht übersehen, daß die Kommandogewalt – so sehr sie potentieller Rückhalt für die absolutistischen Neigungen des letzten Kaisers war, eine Barriere gegen grundlegendere Fortentwicklungen, eine Stütze des Militarismus in Staat und Gesellschaft und Anlaß der Verworrenheit der deutschen Führungsstruktur – sich nicht zu einer wirklichen Neben- oder gar Über-Regierung entwickelt hat. Dazu waren die politische Inkompetenz und die Aufspaltung der Kommandogewalt zu groß. Von den führenden Militärs hat nur Waldersee, als Generalstabschef, 1887–90 versucht, eigene Politik zu machen und sich beim Kaiser durchzusetzen; und als er, zunächst gestürzt – seine Manöverkritik hatte die Eitelkeit des Kaisers gekränkt –, 1897 noch einmal „im Kommen" schien, hat er es erneut versucht, auf Präventiv„krieg" gegen die Sozialdemokraten und auf Änderung des Wahlrechts, auf Staatsstreich gedrängt. Aber der politische General – mit einem wie immer gearteten gesamtpolitischen Konzept – war eine Ausnahme. Der andere politische Militär, der Marineoffizier Tirpitz, war doch nicht ein politisierender Admiral, er wurde Staatssekretär, trat in die „Reichsleitung" ein. Er beschränkte sich schon angesichts der finanz- wie außenpolitischen Implikationen der Flottenpolitik zwar nicht im strengen Sinn auf sein Ressort und gewann gesamtpolitisch erheblichen Einfluß, aber im ganzen wurde er zum rechten, national-imperialen Politiker mit der Hausmacht seiner Militärkompetenz, und letzten Endes blieb er doch ein Ressortpartikularist.

2. Beim Ausbruch des ersten Weltkriegs spielten zuletzt militärtechnische „Zwänge" eine große Rolle – wir werden davon im einzelnen erzählen: Mobilmachungs- und Eisenbahnaufmarschpläne, bei denen es um Tage und Stunden ging und die, einmal angelaufen, irreversibel waren. Diese Zwänge nun hingen kaum mit der Sonderstellung der deutschen Militärführung zusammen, mit dem deutschen Militarismus also, sie waren vielmehr eine gemeineuropäische Wirklichkeit, sie bestimmten überall die Politik, das entsprach den damaligen Möglichkeiten der Kriegsführung.

3. Man darf über den mancherlei – auch bitteren – Dissensen zwischen politischer und militärischer Führung natürlich nicht übersehen, daß grundsätzlich ein Konsens bestand, der immer selbstverständlich blieb: Das Reich sollte ein national-imperialer Machtstaat sein und bleiben, ein monarchischer Obrigkeitsstaat mit den überlieferten militärstaatlichen Zügen. Und innerhalb des Konsenses: Die Militär- und Kriegspartei war auch im zivilen Sektor stark, die Militaristen waren nicht nur Militärs, und ein Zivil-Politi-

ker wie Bethmann Hollweg war von der Unvermeidlichkeit des Krieges ebenso überzeugt wie zuletzt der Generalstab.

Wir fassen zusammen. Zwischen Militär und Parlament und auch zwischen Militär und Regierung bestanden Spannungen. Beide Spannungsfelder überlagern sich, beide bestimmen die Stellung des Militärs in der staatlich-politischen Realverfassung des Deutschen Reiches. Wir verdeutlichen das komplizierte Ineinander an drei Krisen-Stationen der Militärpolitik der wilhelminischen Ära, die immer zugleich Verfassungskrisen, Verfassungsumbrüche waren.

Die erste Krise entzündete sich in den 90er Jahren an der Reform der Militärstrafprozeßordnung, dem Bemühen, sie liberal rechtsstaatlichen Grundsätzen anzupassen und vor allem das Prinzip der Öffentlichkeit des Prozesses durchzusetzen. Das war eine Frage der Gesetzgebung, also auch Sache des Reichstags. Der Reichskanzler Hohenlohe und der Kriegsminister, denen beiden an einem passablen Verhältnis zum Reichstag gelegen war, aber auch viele kommandierende Generale befürworteten und betrieben die Reform, der Kaiser unter dem Einfluß seiner Militärumgebung widersetzte sich solcher „Liberalisierung". Das führte zu einer schweren Regierungskrise, während der der Kriegsminister und der Staatssekretär des Auswärtigen stürzten, im wesentlichen über die Machenschaften der Militärclique. Erst nach unendlichen Personal- und Sachquerelen konnte der Kanzler die Zustimmung des Kaisers zu einer Kompromißfassung erwirken, noch immer mit vielen Konzessionen an die Manie der damaligen Militärs, sich abzuschirmen, durch möglichen Ausschluß der Öffentlichkeit und Sonderrechte des obersten Kriegsherrn. Es wurde nicht mehr als ein liberaler Teilerfolg, der zustande kam, weil der in seiner Jugend moderat liberale Kanzler in einem angesichts seiner sonstigen Schwäche unerwarteten Alterseigensinn in dieser Sache fest blieb. Aber an eine Weiterentwicklung war nicht zu denken, eine „Verbürgerlichung" des Militärsystems war blockiert. Daß eine so relativ marginale Frage zu einer solchen Regierungs- und Verfassungskrise sich hatte entwickeln können, zeigt, wie sensitiv jede Militärverfassungsfrage war und unter Wilhelm II. erneut wurde.

Die zweite Krise entzündete sich an der Affäre von Zabern 1913. In Zabern hatte ein schneidiger junger Leutnant ein im Dienst ausdrücklich verbotenes Schimpfwort gegen Elsässer („Wackes") gebraucht und für den Fall von Auseinandersetzungen mit Zivilisten zu scharfem Vorgehen mit der Waffe aufgefordert, ja dafür Geldprämien ausgesetzt. Das kam in die örtliche Presse und löste Empörung aus. Die schlichte Versetzung des Leutnants lehnte das vorgesetzte Kommando ab, eine kleine Disziplinarstrafe wurde ausgesprochen, aber – das war die Abschirmung der Militärsphäre – der Öffentlichkeit nicht mitgeteilt. In Zabern kam es zu harmlosen Demonstrationen, dabei verhaftete das Militär willkürlich eine Reihe von Zivilisten – mit der nachgeschobenen Begründung, die Zivilgewalt, die ein Eingreifen der Polizei abgelehnt hatte, sei zur Aufrechterhaltung von Ruhe und Ordnung nicht in der Lage gewesen. Die Sache löste einen bis dahin kaum gesehenen Sturm der Empörung in der deutschen Öffentlichkeit und im Reichstag aus. Aber das schien wenig zu bewirken. Kanzler und Kriegsminister verteidigten – Bethmann Hollweg ziemlich verhalten – das Militär unter dem Fetisch der Kommandogewalt, obwohl der Kanzler den Rechtsverstoß einräumte. Das „Mißtrauen" der Reichstagsmehrheit gegen ihn blieb deklamatorisch. Der verantwortliche Offizier wurde nicht zur Rechenschaft gezogen. Dagegen wurde das betreffende Regiment verlegt, aber das wirkte wie eine Bestrafung der kleinen Stadt. Der Kaiser wurde von seiner Militärumgebung bewogen – gegen die dezidierte Meinung des Straßburger Statthalters und die diplomatisch vorgebrachte des Kanzlers –, das Militär jedenfalls nach außen hin ganz und gar zu decken, das Militärprestige durfte nicht beeinträchtigt werden, jede Entschärfung der Krise galt als Schwäche und Nachgiebigkeit, alle Schuld an dem natürlich ärgerlichen Zwischenfall wurde auf Presse und „Straße" geschoben. Das Kriegsgericht, jedenfalls in höherer Instanz, sprach die Offiziere mit fadenscheinigen Gründen (vermeintliche Notwehr) frei. Der Straßburger kommandierende General blieb, während der Statthalter seinen Abschied nahm und durch einen bis dahin als „stramm" und scharf konservativ bekannten Altpreußen ersetzt wurde.

Der flagrante Rechtsverstoß des Militärs war, so schien es, nicht zu ändern und nicht zu ahnden. Der Protest des Reichstags und der Öffentlichkeit versandete. Die Mehrheit wollte allerdings einen Systemkonflikt auch vermeiden. Es gelang dem Kanzler, eine rechtliche Regelung durchzusetzen, die das Einschreiten des Militärs nach dem Selbsthilfeprinzip unterband, freilich in der Form einer Verordnung, eben entsprechend der „Kommandogewalt", nicht, wie der Reichstag gewollt hatte, in Gesetzesform. Ob man das Ergebnis als Sieg der Militärgewalt oder der Zivilgewalt interpretieren soll, ist umstritten. Die Affäre zeigt die fortdauernde extrakonstitutionelle Stellung des Militärs. Es setzte jeder Politik Grenzen. Armee und monarchischer Obrigkeitsstaat waren aneinander gebunden. Die Armee garantierte nicht nur das System, sondern sie intensivierte den Kampf gegen jede auch moderate Systemveränderung, das Interesse des Militärs an seiner privilegierten Position war vom Selbsterhaltungsinteresse des Gesamtsystems und seiner Träger nicht zu trennen. Das zeigte sich auch darin, daß die Militärposition gerade auch von der zivilen alten wie neuen Rechten vehement verfochten wurde – gegen die Parlamentsmehrheit, die den Militärstaat moderat reformieren wollte. Die Krise zeigt aber zugleich, daß die extrakonstitutionelle Stellung des Militärs nicht mehr selbstverständlich war, daß es Grenzen des Konsenses gab, ohne den Kommandogewalt nicht mehr bestehen konnte, sie zeigt auch die Bruchlinien im Establishment, zwischen Kaiser und Kanzler z. B., sie zeigt also die Grenzen des Handlungsspielraums der politischen Führung, aber auch ihre Möglichkeiten. Reichstag und Kanzler haben eine gewisse Selbstbegrenzung der Armee durchgesetzt, das „System" aber blieb, wie es war, die Armee ein Staat im Staat. Freilich, die Frage, wie lange ein solches System hingenommen würde, dauern könnte, war deutlicher und dringlicher geworden. Gewiß, der Extremfall von Zabern beleuchtet die Normalität von 1913, die Machtverteilung im Konfliktfall; aber man darf den Extremfall doch nicht mehr mit der Normalität gleichsetzen.

Die dritte Krise, eine Doppelkrise, zunächst nur innerhalb der Reichsführung, entzündete sich an den Problemen der Auf- und Hochrüstung unmittelbar vor 1914 und ihrer finanziellen, sozialen und politischen Kosten. Seit 1893 wurde, wir sagten es, die Heeresstärke nicht wesentlich erhöht, nur die Marine wuchs. Die Zahl der Wehrfähigen, aber nicht Dienenden nahm zu. Angesichts dieser Lage gab es im ersten Jahrzehnt des Jahrhunderts zwei „Schulen" unter den Militärs. Die eine, vom preußischen Kriegsministerium vor allem vertreten, war konservativ; es komme auf Qualität, nicht auf Quantität an, eine Vermehrung der Truppenzahl müsse die erreichte Qualität mindern und, sehr wichtig, über die Einstellung neuer Offiziere zu einer immer stärkeren „Verbürgerlichung" des Offizierskorps führen. Dagegen stand die „moderne" Schule im Generalstab, unter Führung des – bürgerlichen – Chefs der Aufmarschabteilung Ludendorff, der auf volle Ausschöpfung aller verfügbaren Reserven drängte. Bei der großen Heeresverstärkung 1913, die auf Grund der politischen und militärpolitischen Lage des Reiches in Europa zuletzt nach den Balkankriegen notwendig schien, setzten sich die Ludendorffschen Vorstellungen nicht voll durch – der General fiel eine Zeitlang in Ungnade –, aber doch weitgehend, das Heer wurde entschieden vergrößert. Der modern technokratische Militär erwies sich unter dem Druck der Umstände als stärker denn die sozialkonservativen Altpreußen. Zwei Dinge kamen hinzu: Es entstand 1912 ein ziviler Agitationsverein, der Deutsche Wehrverein, unter Führung eines – beim Establishment nicht geliebten – Exgenerals, August Keim, der öffentlichen Druck auf die Regierung und das Parlament zugunsten der Heeresrüstung organisierte. Das war neu: Die Sache der Militärs wurde von popularen Kräften der neuen alldeutsch-nationalistisch geprägten Richtung aufgenommen und weitergeführt, auch im Gegensatz zum eigentlich militärischen Establishment. Der moderne bürgerlich-nationale und zivile Militarismus wurde eine organisierte politische Kraft, anders, populistisch und radikaler als der traditionelle, der konservative Militarismus des Militärs und seiner Parteigänger. Aber es gab noch eine zweite und gegensätzliche Modernisierungswirkung der Aufrüstung. Die Reichstagsmehrheit hat die gewaltigen Kosten dieser Rüstung durch eine direkte Reichssteuer auf Vermögen gedeckt, mit Zustimmung der Sozialdemokraten und gegen die Konservativen. Das sollte zwar noch eine einmalige Ausnahme sein, aber es war doch eine radikale Änderung der Finanz- und damit der Sozialverfassung, ein enormer Kompetenzgewinn des Reichstags, ein Stück Demokratisierung. Wie immer man diese Entwicklung einschätzt – wir kommen darauf zurück: Man muß sehen, daß die Sachnotwendigkeiten der militärischen Effizienz und Rüstung, gegen alle Absicht der Militärs, eine demokratisierende Wirkung hatten. Steigende Rüstungskosten erhöhten über die Steuerkompetenz den Einfluß des Parlaments.

Diese Rüstungsfrage war darüber hinaus mit dem dornigen Problem der Koordination von Heer und Marine und der Koordination der Gesamtpolitik durch den Kanzler verkoppelt. Die konkurrierenden Rüstungsansprüche von Heer und Marine haben dem Kanzler nur sehr beschränkt einen gewissen Manövrierraum geboten, 1911 z.B. hat er eine Heeresvorlage angeregt, auch um die Ansprüche der Marine einzudämmen und einen Ausgleich mit England zu ermöglichen. Aber bei dem großen Versuch, die Flottenrüstung durch ein Abkommen mit England zu begrenzen – die Mission Haldane 1912 –, ist er unterlegen: Der fast unnachgiebige Tirpitz hatte beim „Flottenkaiser" mehr Gewicht, die Flottenpolitik, die aus ihr hergeleitete Außenpolitik der Stärke, setzte sich gegen die zivile Außenpolitik des diplomatischen Ausgleichsversuchs durch. Auch das war inzwischen von popularen Kräften gestützt. Gewiß spielt das Individuelle hier seine Rolle, die subjektiven Vorlieben des Kaisers und die Stärke des zum Politiker gewordenen Admirals Tirpitz, aber letzten Endes war doch die strukturelle Sonderstellung und Stärke des Militärs bei den gesamtpolitischen Entscheidungen das Wesentliche, auch im Blick auf die Flotte und auch in seiner Spätzeit blieb die Militärmonarchie ein Kernelement der Reichsverfassung.

Wir werfen einen Blick auf die innere Ordnung des Militärs. Für den Geist der Streitkräfte wie für ihre politische und gesellschaftliche Sonderstellung prägend und tragend war in erster Linie das Offizierskorps. Es gehörte zum Herrschaftsestablishment des Reichs; es stand in einem Nahverhältnis zum Monarchen und in einem Gegenverhältnis zum Parlament, ja zur bürgerlichen Welt und Gesellschaft überhaupt. Das hing zunächst mit Herkunft und Bildung zusammen. Zur Tradition gehörte seit der frühen Neuzeit, daß der Offiziersberuf – mit Herrentum, Befehlsgewohnheit, Waffenführen, Kriegshandwerk – eine adlige Domäne war und in unmittelbarem Verhältnis zum Monarchen, der eben zumindest auch Militärmonarch war, stand. In Preußen mit seinem zahlreichen und armen Kleinadel, den Junkern, war das besonders stark ausgebildet. Diese Position hatte auch nach den großen Reformen angedauert. Es gab Berufstraditionen für die Söhne der Offiziere wie des Landadels. Eine Rolle spielte dabei auch, daß die Offiziers-Ausbildung billig war, im Unterschied zur Beamten-Ausbildung, die inzwischen auch der Adel absolvieren mußte, wenn er entsprechende Positionen anstrebte. Gegen die Idee der preußischen Reformer blieben die (acht) Kadettenanstalten – vor allem für die Söhne des armen Adels – erhalten. Die Ausbildung am Ende des Jahrhunderts kostete dort 8000 Mark, gegenüber den 12–25000 Mark allein für ein Studium und die Anschlußausbildung, ohne Berücksichtigung des Internats für Gymnasiasten außerhalb der größeren Städte.

Das Offizierskorps war zunächst ganz überwiegend adlig, in Preußen Anfang der 1860er Jahre noch zu fast zwei Dritteln (Stabsoffiziere zu vier Fünfteln); da freilich der neue (Offiziers- und Beamten-)Adel nicht gesondert ausgewiesen wird, war der Anteil des „richtigen" Adels etwas geringer. Zwar galt als Eingangsvoraussetzung die „Primareife", also eine bürgerliche Schulleistung, aber davon gab es oft genug Dispens, und die Standards der Kadettenanstalten waren denen der Gymnasien nicht gleichwertig. Die Reserve-Formation der Landwehr, mit ihren viel stärker bürgerlichen Offizieren, war durch die preußische Heeresreform der Konfliktjahre 1861/65 verdrängt worden.

Faßt man nun die Zeit des Kaiserreichs im ganzen ins Auge, dann ist ein Haupttatbestand zunächst, daß der Anteil des Adels wesentlich sinkt. Schon Ende der 60er Jahre – nach den Reformen und nach der Ein- und Angliederung der Armeen so vieler deutscher Klein- und Mittelstaaten – betrug der Anteil des Adels an den preußischen Offiziersaspiranten nur noch 49%. Jetzt setzt der Prozeß eines allmählichen Vordringens der Bürgerlichen ein. Zwischen 1860 und 1913 stieg ihr Anteil im preußischen (und württembergischen) Offizierskorps von insgesamt 35 auf 70%, parallel dazu stieg auch der Anteil der Neupreußen gegenüber den ostelbischen Altpreußen. Diese „Verbürgerlichung" hatte zwei Gründe. Einmal: Die Zahl der Offiziersstellen wuchs, von (im Reich) ca. 17000 (1874) auf etwa 30000 (1913); das Reservoir der adligen Aspiranten reichte nicht aus, ein Teil des Adels verarmte, Rittergutsbesitz wurde auch bürgerlich. Sodann: Die Bildungsanforderungen an die professionellen Militärs stiegen. 1870 hatte der preußische Kriegsminister grundsätzlich das Abitur als Eingangsvoraussetzung vorgesehen, das setzte sich zwar nur ganz langsam, aber schließlich doch durch: 1890 wurden noch 18% der preußischen, sächsischen und württembergischen Offiziersanwärter sogar von der Primareife dispensiert, nur 35% hatten das Abitur; 1912 aber waren die entsprechenden Anteile 3,7 und 65,1%.

Die „Verbürgerlichung" war freilich noch durchaus relativ: Es gab eine Rangordnung der Waffengattungen (Kavallerie; Infanterie; Artillerie – da wieder beritten oder zu Fuß; Pioniere und Train, Nachschub), eine der Regimenter nach Vornehmheit und Alter – an der Spitze standen die der Garde – und eine der Garnisonen, mit abgelegenen Provinzorten am Ende. In den jeweiligen Spitzen war der Anteil des Adels weit überdurchschnittlich, die Garde war fast ausschließlich adlig, die Bürger dominierten nur in den jeweils unteren Gruppen. Ähnliches galt auch, das ist genauso wichtig, für die höheren Offizierspositionen. 1913 waren nur und erst 48% aller Obersten und Generale des preußischen Offizierskorps bürgerlich – 1860 waren es nur 14% gewesen –, das lag zwar zum Teil an der langen Nachwirkung des ursprünglich hohen Adelsanteils, die Beförderungszeiten waren lang – bei Leutnants, Oberleutnants und Hauptleuten lag der Bürgeranteil 1913 bei 73% –, aber das lag nicht minder an der Personalpolitik des „Militärkabinetts", das, wo es anging, den Adel bevorzugte. Begabung und Leistung bestimmten zwar auch die Karriere, mehr wohl als Anciennität, aber eben nicht allein. Daß dennoch auch (und gerade) eine Menge Adlige bei der Beförderung zum Major (der „Majorsecke") scheiterten oder von jüngeren überholt wurden oder kein Bataillon bekamen, versteht sich von selbst, es gab dann den Ausweg der Nominalbeförderung bei gleichzeitigem Abschied, das war der „Charaktermajor"; aber auch ein Oberstleutnant, der kein Regiment bekam, nahm den Abschied. Der Generalstab sah besonders auf Schulbildung und intellektuelle Leistung, und ohne eine Zeit Generalstabsdienst waren höhere Positionen eigentlich nicht erreichbar; aber auch der Generalstab bestand 1906 noch zu 60%, 1913 zu 50% aus adligen Offizieren. Nur in den nicht-preußischen Armeen, in Bayern und Württemberg, war der Anteil des Adels während der ganzen Periode nicht höher als 13–25 %, das Gewicht, das auf Bildung gelegt wurde, war stärker, und ähnliches galt, zumindest nach 1900, auch für Sachsen.

Man darf aber vor allem die Unterscheidung nach Adel und Bürgerlichen nicht überschätzen. Viel wichtiger ist, wie sich die modernisierte Ergänzung des Offizierskorps vollzog und wie sie sich auswirkte. Wilhelm II. hatte in einer berühmten Kabinettsordre von 1890 schon die Rekrutierung der Offiziere aus anderen „gut gesinnten" Kreisen gefordert und vom Adel der Gesinnung gesprochen. „Janzer Adel abgeschafft. Allens nur noch Seelenadel", soll der Kommentarruf eines Berliner Zeitungsjungen gewesen sein. Aber es waren die sozial „erwünschten" Kreise, auf die die Militärführung zurückgreifen wollte: die Söhne von höheren Beamten und Akademikern, bürgerlichen Gutsbesitzern und Offizieren; die Söhne von (selbständigen) Kaufleuten und Unternehmern waren weniger erwünscht, die Söhne „kleiner Leute" waren unerwünscht. Während zwischen 1888 und 1913 der Anteil der Offiziere, Akademiker und höheren Beamten unter den Vätern von Offiziersanwärtern (Reichsheer ohne Bayern) leicht ansteigt (von 58 auf 65 %, der der Offiziere – das schließt oft den Adel ein – schwankt stetig um die 30%), sinkt der der (gutsbesitzenden) Landwirte von 20 auf 11 %, der der Kaufleute steigt von 10 auf 15 %; insgesamt liegt der Anteil der besonders „erwünschten" Kreise immer über 70% (79% 1903, 73% 1911). Im bayerischen Offizierskorps liegt der Anteil der besonders „erwünschten" Kreise 1883/84 bei 78,4%, steigt bis 1894 auf 81,6%, geht dann aber bis 1913 auf 64,3 % zurück. In die Rubrik des Erwünschten fällt – in Preußen – auch die evangelische Konfession (83 % des Offizierskorps waren 1907 evangelisch); es kam nicht auf Glauben und Kirchentreue mehr an, aber auf die formale Zugehörigkeit, auf das richtige preußisch-nationale Milieu; Katholiken waren erheblich benachteiligt, sie galten nicht als loyal; ungetaufte Juden waren, auch abgesehen von der Religionsfrage, wegen der antijüdischen (und antikapitalistischen) Vorurteile sowieso ausgeschlossen.

All diese Kriterien schon sollten die monarchische, nationale, sozialkonservative Gesinnung, die absolute politische Loyalität sichern helfen. Noch wichtiger war der Mechanismus der Auswahl: Nicht Prüfungen und Prüfungskommissionen vor allem waren für den Eintritt in die Offizierslaufbahn, die Zulassung als Fahnenjunker entscheidend, sondern Beurteilung und Vorschlag des Regiments- oder Bataillonskommandeurs, dabei spielten soziale Herkunft, finanzielle Verhältnisse und richtige Gesinnung eine Hauptrolle. Für die Annahme als Offizier dann war die Wahl durch das jeweilige Offizierskorps Voraussetzung. Das war eine Art Kooptation – ursprünglich von Scharnhorst und Boyen im Geist der Selbstverwaltung und eines gemeinsamen Ethos gedacht –, das sicherte jetzt die Homogenität, die Herrschaft und Tradierung der bestehenden Normen: Nur wer hineinpaßte, wurde „genommen". Die Folge war: Die bürgerlichen Offiziere wurden in die tradierten Verhaltensnormen integriert, sie wurden Teilhaber der Exklusivität und des homogenen Korpsgeistes. Insofern hat die zunehmend bürgerliche Herkunft an Geist und Stil des Offizierskorps wenig geändert – allenfalls die schulische Vor- und die technisch-intellektuelle Fortbildung gewannen an Gewicht.

Darum ist auch die Entwicklung des Marine-Offizierskorps nicht so sehr anders gewesen, wie man früher meinte. Natürlich war die Marine moderner, nicht so preußisch also, war bürgerlicher – 1895 lag der Anteil des Adels bei 21,6%, bei den Leutnants bei 21%, bis 1914 sank er bei ihnen auf nur noch 12%; 1907 kamen 11,2% der Seekadetten aus adligen, 45,7% aus Akademiker-, 26,4% aus Offiziersfamilien, 17,3% hatten Kaufleute oder Fabrikanten als Väter. Das Abitur als Eingangsvoraussetzung drang schneller vor: 1875/79 hatten 15,4%, 1890/94 45,4%, 1910/14 83,1% der Seekadetten das Abitur eines Gymnasiums oder einer Kadettenanstalt. Marine-Offiziere brauchten englische Sprachkenntnisse, sie waren insgesamt weltläufiger. Aber man sieht, auch das ging langsam, der traditionellere Anti-Intellektualismus älterer Offiziere blieb einflußreich; die Abgrenzung gegen die Ingenieur-Offiziere und erst recht gegen die Aufsteiger aus der Unteroffiziersgruppe, die technisch-navigatorisch versierten „Deck-Offiziere", blieb stark. Die Auswahl des Nachwuchses lief nach ähnlichen Methoden und Kriterien wie beim Heer, die Personalpolitik hat auch hier Gesinnungskonformität stark begünstigt. Die Marine-Offiziere, mit ihrem besonders ausgeprägten Korpsgeist, blieben vor-bürgerlichen Idealen des Herren-, Ritter- und Kriegertums und der Ehre verpflichtet, auf den Kaiser mehr als auf Staat und Nation orientiert, blieben Stand, wurden nicht Beruf.

Die Personalprobleme entstanden auch, weil der Offiziersberuf wirtschaftlich und im Blick auf die Unsicherheit der Karriere nicht unbedingt attraktiv war. Die Bezahlung war zunächst miserabel: Ein Leutnant oder Oberleutnant ohne Familienvermögen führte ein rechtes Hungerleider-Dasein, an Heirat war nicht zu denken; erst ein Hauptmann (mit vielleicht 35 Jahren) lebte in etwas konsolidierten, aber durchaus bescheidenen Umständen. Dem standen freilich gegenüber die Billigkeit der Ausbildung, die frühe Selbständigkeit und zumal das hohe Sozialprestige.

Natürlich, das wird leicht übersehen, es gab auch viel Professionalität und viel Professionalisierung: Die Bewaffnung und die Kriegsführung wurden „technischer", man denke allein an Eisenbahn und Nachrichtenwesen; ein modernes Wehrpflichtheer bedurfte mehr psychologisch trainierter Menschenführung; für die höheren Ränge und die mehr technischen Truppen, von der Artillerie bis zur Marine, waren die Strategie und die internationale Strategie – z. B. die Erfahrungen im russisch-japanischen Krieg, die Konsequenzen, die Franzosen, Russen oder Engländer daraus zogen – wichtig genug, und das schlug sich in den Änderungen von Ausbildungsvorschriften und Übungszielen nieder. Wir haben früher erzählt, wie die Militärs z. B. in den Schulkonferenzen das Abiturmonopol des humanistischen Gymnasiums bekämpften, weil es weder den modernen Sprachen noch der Mathematik und den Naturwissenschaften gerecht werde. Offiziersein wurde ein – technischer, organisatorischer, menschenführender – Beruf.

Der schnarrende und hirnlose Leutnant der Itzenplitz-Witze und des Simplicissimus war ein einseitiges Bild. Aber es gab dergleichen auch, durchaus, man denke an den Fall Zabern und den karikaturreifen Leutnant Forstner, der den Fall auslöste, und den Oberst Reuter, der ihn deckte. Und „Schneidig-Sein" war doch eine der Voraussetzungen beinahe jeder Karriere.

Die Offiziers- und Generalstabsausbildung war professionell „gut". Aber sie hat sich im Zeitalter von Positivismus, Rationalität und Effizienz aufs Militärtechnische verengt, diesseits eines allgemeinen analytischen Bildes von der Welt, von Politik, Wirtschaft und Geschichte, solche Einseitigkeit beförderte den Gedanken an die Eigengesetzlichkeit des Militärischen und des Krieges.

Militärisch wurde zwar das Professionelle das Wichtige. Aber politisch und gesellschaftlich blieb das Unprofessionelle maßgeblich: der Komplex exklusiver Sondernormen. Und das dominierte doch im ganzen. Die Offiziere hatten ein eigenes Wertgefüge und ein eigenes Weltbild, eigensinnig abgehoben von der Welt der Nicht-Militärs. Sie fühlten sich als eigener, als erster Stand in Staat und Gesellschaft. Politisch waren sie ihrem König und ihrem Kaiser (in den drei Königreichen waren das ja verschiedene Personen) ergeben als Vasallen, als Ritterorden, in einer Sonderloyalität, die mit Werten wie Pflicht und Dienst, Gehorsam und Treue nur unzulänglich umschrieben war. Der Eid auf den Monarchen, nicht auf eine Verfassung, war dafür Symbol, von überwältigender Realitätskraft. Offiziere waren selbstverständlich konservativ, das war der reale Sinn der Regel, daß ihnen „Politik" verboten war, sie verachteten die Parlamente und das Parteigetriebe. Die ältere Idee, daß sie damit die Hüter der Ordnung und des Staates überhaupt seien, hat sich nach der Reichsgründung national erweitert: Sie waren auf Vaterland und Nation, deutsche Selbstbehauptung und deutsche Weltgeltung verpflichtet. Das royalistische Offizierskorps wurde national. Das Nationale hatte unbedingt Geltung, und die Offiziere nahmen für sich ein Quasi-Monopol in Anspruch, Fels und Garant der nationalen Existenz zu sein, Gralsritter der Nation. Sie beanspruchten kraft ihrer Funktion eine Führungsstellung in der Nation: Das Reich war in Kriegen gegründet und auf Siegen, und es konnte nur durch die Stärke seiner bewaffneten Macht sich behaupten. Sie beanspruchten kraft ihrer Nähe, ihres Sonderverhältnisses zum Monarchen und ihrer royalistischen Sonderloyalität, „Prätorianergarde", Fels und Garant auch der Monarchie zu sein, gegen Parlamentarismus und Revolution, insofern beanspruchten sie die führende Stellung im monarchischen Staat. Das strahlte aus: In der ranggeschichteten deutschen Gesellschaft beanspruchten sie immer, bei jedem öffentlichen oder halböffentlichen Ereignis und Vorgang, bis ins Private hin einen Vorrang. Ein normaler Polizist durfte gegen Übertretungen von Regeln durch Offiziere nicht einschreiten. Dazu trat dann der Anspruch, daß militärische Werte und Kategorien nicht einfach Werte neben den zivilen Werten waren oder gar ihnen nachgeordnet, sondern eigentlich einen höheren Wert besaßen, dem eigentlichen Leben näher waren: Befehl und Gehorsam, Ordnung und Disziplin, Kampfbereitschaft und -fähigkeit, Willensstärke, Entschiedenheit und Härte, Freund-Feind- und Sieg-Niederlage-Denken, Denken von den Extremsituationen und -gefahren her, Konfliktlösung durch Kampf, ja Bereitschaft zum Sterben und auch zum Töten.

Mit diesen Perspektiven – des nationalen und monarchischen Gralsrittertums und der Kampforientierung – verbunden war dann das enge Zusammengehörigkeitsgefühl, der Korpsgeist, die Abgrenzung gegen die übrige Gesellschaft. Auch die kapitalistische Welt des Profits war Gegenstand der Verachtung, der bourgeoise Luxus und das neureiche Vergnügen, obwohl es da de facto natürlich viele Übertretungen gab. Darin steckte die Tendenz zur „Kaste", zur Herrenkaste. Die gemeinsame und männerbündische Lebensführung führte zu einem gemeinsamen Ton und Stil, dem Kasinoton, der sich in diesen Jahrzehnten durch eine gewisse forcierte „schneidige" Forschheit und betont anti-zivile Exklusivität auszeichnete, das was Nicht-Militärs leicht als „Dünkel" oder Arroganz empfanden, die altpreußische Bescheidenheit selbst von Offizieren trat zurück. Auch die Offiziersbildung lief auf die Demonstration von Selbstgefühl, Überlegenheit hinaus, das bedeutete im Grunde Unfähigkeit, Kritik von außen zu ertragen, und oft die Neigung zum nervösen Überreagieren.

Das wurde verstärkt durch den eigentümlichen Begriff einer besonderen „Ehre" und durch den seltsam archaischen Brauch des Duells, in dem man diese Ehre verteidigte. Ehre war damals noch eine, heute verlorengegangene, Wirklichkeit, die zum Menschen, zum Individuum gehörte, deren Verlust oder Kränkung ein Negativum war, aber für den Normal-Menschen gab es nur noch die bürgerliche Ehre, nicht mehr irgendwelche Sonderehre. Die Fortdauer des Duells war im bürgerlichen Zeitalter eigentlich ein Kastenmerkmal. Die mit dem Komplex von Sonderehre und Duell verbundene Unterscheidung zwischen denen, die satisfaktionsfähig waren, und denen, die es nicht waren, der Duellzwang in einer Reihe von Lebenssituationen, die Pflicht auszuscheiden, falls man diesem Zwang nicht nachkam – das betonte den archaisch exklusiven Kastengeist. Es gab mancherlei faktische Begrenzungen des Duellrisikos, ja auch des Duells selbst. Katholische Offiziere konnten sich dem Zwang unter Berufung auf ihr Gewissen entziehen, ohne den Abschied nehmen zu müssen; die Militärführung unternahm mancherlei, um dem Duellverbot des allgemeinen Strafrechts, dem Widerspruch der evangelischen Kirchen und auch dem militärischen Interesse, Skandale zu vermeiden, gerecht zu werden – Ehrengerichte z. B. sollten das Verhalten „zivilisieren". Aber vor allem und nach außen schützte die Militärführung, etwa gegenüber dem Reichstag, die Fortexistenz dieser exklusiven Sondertradition und schirmte auch sonst die Kriegerkaste von der normalen Bürgerwelt ab, suchte sie zu erhalten.

Man darf auch hier die Dinge nicht überzeichnen. Duelle, wegen Liebesaffären vor allem, waren auch im „zivilen" Paris der Zeit noch häufig, von den Mittelmeer- und den Balkanländern ganz zu schweigen. In Deutschland war die Soziabilität der Offiziere in der „besseren" Gesellschaft durchaus gegeben, Courtoisie, Werbung und Heiratswünsche hatten einen „zivilisierenden" Einfluß und ebenso die Familiengründung, es gab auch den vor allem oder ganz und gar professionellen Offizier. In Großstädten war es nicht immer „passend", Uniform zu tragen; im zu teuren oder zu billigen Restaurant oder im Theater, immer wenn man nicht „so steif" oder unauffälliger auftreten wollte, trug man Zivil. Die militärische Führung kämpfte gegen Spielleidenschaft, überhöht aufwendige Lebensführung, Schuldenmachen, gegen die offensichtlichen Verstöße gegen die, moderat kirchlichen z. B., sexualmoralischen Allgemeinnormen – das waren Zivilisierungsanstöße, die den Kastenstil eindämmten. Daß sie – bei dem erforderlichen Heiratskonsens – auf die „richtige" Heirat sah und die „falsche" verhinderte, diente der Zivilisierung wie der standesgemäßen „Einheit" des Offizierskorps und vor allem auch der Verhinderung von Ehen ohne zureichendes Einkommen; 1893 z. B. wurde der Heiratskonsens bei Marineleutnants nur in 12% der Fälle gewährt, bei Kapitänen zur See in 85%. Natürlich gab es unter Offizieren innerlich sehr differenzierte, problemoffene und vielseitige Naturen, gebildete und leidende, tragische Lebensläufe und besondere Schicksale, die in das Stereotyp vom „Schneidigen" nicht passen – wenn auch nicht so häufig, wenn man der Romanliteratur Glauben schenkt, wie offenbar in Österreich-Ungarn. Man denke an Fontanetypen oder an Joachim Ziemßen aus Thomas Manns „Zauberberg" oder den Vater der Gertrud von Le Fort, wie sie ihn in ihrer Autobiographie beschrieben hat. Die Streitkräfte wären im Ersten Weltkrieg verloren gewesen, wenn das Kastenmäßige allein dominiert hätte. Bei vielen höheren Generalen haben auch die wohlbekannten Eitel- und Taktlosigkeiten des Kaisers, die Farcen der „Kaisermanöver", bei denen er gewinnen mußte, eine zunehmende Distanz zur Person dieses Monarchen, wenn auch keineswegs zur Monarchie oder zur Dynastie bewirkt.

Dennoch, das politisch und sozial Wichtige und Charakteristische bleiben doch die Sonderstellung des Offizierskorps und die Mechanismen, die diese erhielten. Es blieb eine Säule des deutschen Militärsystems obrigkeitlicher außerkonstitutioneller Prägung und konservativ, ja feudal geprägt, eine Säule der Trennung der militärischen von der bürgerlichen Welt. Und da die deutsche Welt trotz allem bis 1914 bürgerlicher und moderner wurde, hat diese Trennung zu verstärkten Spannungen geführt.

An der Erweiterung und sozialen Umgestaltung des Offizierskorps vor allem entzündete sich der so wichtige Gegensatz innerhalb der Militärführung, von dem wir gesprochen haben, der Gegensatz zwischen Traditionalisten und Modernisten, der die Rüstungspolitik seit den 90er Jahren bestimmte. Die Traditionalisten, im Kriegsministerium und im Militärkabinett besonders, waren gegen ein zu schnelles und zu starkes Anwachsen der Armee. Hinter dem militärischen Argument, die schnelle Vermehrung der Quantität werde die Qualität beeinträchtigen, stand doch auch – und bei manchen vor allem – das sozialkonservative Argument: Das werde die Rekrutierung des Offiziersnachwuchses des Heeres demokratisieren und damit auf Dauer das Heer selbst. Die Modernisten im Generalstab, der bürgerliche Ludendorff z. B., wollten zuerst die Wehrkraft „voll ausschöpfen", das war für sie existenznotwendig. Die sozusagen altkonservativen Sorgen teilten sie nicht, sie waren vom neuen bürgerlichen Nationalismus und vom Glauben an Organisation, Rationalität und Effizienz bestimmt; das war eine ebenso gute, ja bessere, weil modernere sozial-moralische Basis für Offizierskorps wie Armee. 1913 endete die Sache, wie gesagt, mit einem Kompromiß, einer großen Heereserweiterung und Vermehrung der Offiziersstellen, die doch hinter den Planungen Ludendorffs durchaus zurückblieb.

Man muß im Blick auf die Frage nach den Entwicklungsmöglichkeiten des Kaiserreiches diesen inneren Gegensatz im Establishment der Militärmonarchie, den Sachzwang, der die Sozialideologie feudaler, ständischer, konservativer Art entschieden einschränken und schon deshalb „demokratisierend" wirken mußte, fest im Auge behalten. Man kann darin, wie im Nebeneinander von militärischen und zivilen Militaristen, einen „doppelten Militarismus" sehen. Gegensätze im Herrschaftsestablishment jedenfalls sind die Voraussetzung möglicher großer Wandlungen.

b) Innere Struktur

Wir können auf die innere Struktur des Militärs, auf den Ablauf der Dienstzeit, auf die Probleme der Menschenführung, auf die Wandlungen von Taktik-Konzepten und Ausbildungszielen, hier nicht ausführlicher eingehen. Weniges muß genügen. 1. Der Wehrpflichtige und Wehrtaugliche diente, wenn er eingezogen wurde, bis 1893 drei, seitdem zwei Jahre (in der Kavallerie weiterhin drei), Gymnasial- und Oberschulabsolventen mit der sogenannten Sekunda- oder Primareife – nach dem Abgangs-(und Versetzungs-) zeugnis der sechsten oder siebten Oberschulklasse, dem „Einjährigen" – ein Jahr als „Freiwillige" mit eigener Ausstattung – das war der überlieferte preußische Kompromiß zwischen Wehrpflicht und bürgerlicher Militärabneigung.

2. Zum Rückgrat von Heer und Marine gehörten die Unteroffiziere. Sie verpflichteten sich für zwölf Jahre und hatten die Möglichkeit, dann als Zivilversorgungsanwärter in untere, manchmal auch mittlere Beamtenstellen, z. B. bei der Polizei oder im Strafvollzug, bei den Gemeinden, bei Post und Bahn, einzutreten (und ähnliches galt für einfache, lang dienende Soldaten). Trotz karger Bezahlung war die gebotene Sicherheit für Söhne aus ländlichen und kleinbäuerlichen Familien offenbar attraktiv genug. Die Unteroffiziere waren absolut verläßlich; Disziplin und Befehlsgehorsamshierarchie waren ihnen in Fleisch und Blut übergegangen.

3. Die militärische Führung lebte in Angst vor einer sozialdemokratischen Unterwanderung. Jede sozialdemokratische Aktivität, bis hin zum Lesen einschlägiger Zeitungen und zum Besuch bestimmter Lokale, war verboten, wurde verfolgt und bestraft. Wer sozialdemokratischer Sympathien verdächtig war, und dafür gab es schwarze Listen, wurde entsprechend negativ behandelt. Das martialische Gerede des letzten Kaisers, daß „seine" Soldaten auch Verwandte, Brüder, Eltern niederschießen müßten, wenn er das zu befehlen für notwendig halte, war jedem Sozialdemokraten aus zahllosen Versammlungen nur zu vertraut. Wie immer es mit dem theoretischen Anti-Militarismus von Sozialdemokraten stehen mochte, das allein schon verfestigte ihren Gegensatz zum Militär. Der Versuch positiver Beeinflussung durch „vaterländischen Unterricht", durch Offiziere und vor allem Unteroffiziere, ist im ganzen gescheitert, dazu war das Lehrpersonal ungeeignet. Zuletzt hat man mehr auf die Wirkung von Vorbild, Kameradschaft, technisch-praktischem Zusammenwirken gesetzt, gerade dafür mochten die Unteroffiziere geeignet sein.

4. Eine strittige Frage ist, ob die großstädtischen, sozialismusverdächtigen Proletarier weniger zum Militärdienst einberufen wurden als die „fügsamere" und loyalere Landbevölkerung; nur ein Teil der Wehrpflichtigen mußte wegen der begrenzten Stärke von Heer und Marine den Wehrdienst ja wirklich ableisten. Es gab tatsächlich einen überproportionalen Anteil ländlicher Rekruten. Der hängt aber auch mit deren höherer Militärtauglichkeit zusammen – freilich weiß man nicht, ob die Musterungsergebnisse durchweg objektiv waren oder einem pro-ländlichen oder anti-städtischen Vorurteil entsprachen. Daß die Militärbehörden eine Vorliebe für ländlich-kleinstädtische Rekruten hatten, ist gewiß, daß Massen von jugendlichen Industriearbeitern, auch aus den großen Städten, gedient haben, ist ebenso gewiß und schließlich, daß es bei den einzelnen Einheiten eine – nicht ganz zufällige – Mischung von Rekruten unterschiedlicher Herkunft gegeben hat.

5. Es gab Exzesse von Brutalität, die Soldatenmißhandlungen, die alljährlich im Reichstag und in der Öffentlichkeit, zumal auf Initiative der Sozialdemokraten, ausführlich erörtert wurden. Das Beschwerderecht von

Soldaten war de facto – durch den „Dienstweg“, durch vorgeschaltete Abmahnungen, durch mögliche informelle Sanktionen gegen den Beschwerdeführer – nicht leicht wahrnehmbar, die Bestrafung von Schuldigen, Unteroffizieren eher als Offizieren, blieb begrenzt; die Furcht der Führung, die Hierarchie zu gefährden und die Befehlenden zu verunsichern oder irgendeinem Druck nachzugeben, hatte etwas Manisches. Dennoch gab es natürlich ein massives Eigeninteresse der Militärführung, dergleichen zu vermeiden und zu verhindern – man wußte nur zu gut, daß der Geist der Armee auch auf freiwilliger Zustimmung gründete. Auf Dauer haben sich die Verhältnisse gebessert, sind die Rechtsnormen eingehalten, Auswüchse von Brutalität verhindert worden. Unterhalb der eigentlichen Mißhandlungen gab es freilich eine breite Grenzzone.

6. Die Fortschritte der Waffentechnik haben das „Kriegshandwerk“ verändert. In raschem Tempo zunächst wurden Infanteriegewehre und Artilleriegeschütze verbessert, man konnte schneller und unauffälliger, ohne Pulverrauch, laden und schneller, weiter, genauer schießen. Das Maschinengewehr freilich fing vor 1914 gerade erst an, die Kriegführung zu revolutionieren. Nachschub-, Bau- und Nachrichtentechnik wurden in unseren Jahrzehnten wichtiger. Das alles hatte drei Folgen. Einmal: Die älteren Unterschiede der Truppenteile – schwer und leicht etc. – treten zurück, es entsteht der Einheits-Infanterist, -Artillerist, -Kavallerist, -Pionier. Sodann: Die Kavallerie verliert an Bedeutung, sie ist für Aufklärung nützlich, für den eigentlichen Kampf kommt es auf Infanterie und (leichte „Feld“-)Artillerie an. Vor allem endlich: Die neue Technik begünstigt zunächst – da sie nicht die Beweglichkeit, sondern die Feuerkraft erhöht oder, wie die Stacheldrahthindernisse, die feindliche Beweglichkeit einschränkt – die Verteidigung; dagegen versucht man mit Mitteln der Taktik anzukommen; für den Angriff kommt es auf Feuerüberlegenheit an, auf Zusammenwirken der Infanterie mit der Artillerie, auf Eingraben, auf zerstreutes Vorgehen, nicht primär auf geschlossenen „Sturmangriff“. Darum sind nicht die geschlossenen Großeinheiten so wichtig, sondern die kleineren, Kompanien, Züge und Trupps z. B., zerstreute Schwärme, infolgedessen kommt es mehr auf die Unterführer an, ja auf die Selbständigkeit des Soldaten. Daraus ergeben sich Probleme. Das Ideal der Selbständigkeit und die Realität von Drill, Routine, Disziplin stehen in Spannung zueinander. Die Tradition kriegerischer „Männlichkeit“ steht gegen Technik und neue Taktik, der Geist des bedingungslosen Angriffs, des Sturm- und Kavallerieangriffs, gegen die Rücksicht auf Feuerüberlegenheit und Eingraben, Umgehung oder – bloße – Aufklärung. Man kann z. B. im Infanteriereglement von 1906 wieder ein Vordringen solch traditioneller Gesichtspunkte gegenüber der kühlen Modernität des Reglements von 1888 beobachten, in den Artillerieanweisungen wird entsprechend die Nähe zum Offensivkampf stärker betont als technisch geboten, die – aristokratisch – hierarchisch mächtige Kavallerie läßt sich nicht auf die neuen Sachnotwendigkeiten reduzieren. Trotzdem, das sind Relikte, insgesamt ist die Rationa-

lität angesichts der neuen Technik stark genug, den Haupttrend zu bestimmen.

7. Die Ausbildung stand auf zwei Säulen, dem Exerzieren und den Gefechtsübungen (gelegentlich gab es auch einen Anteil schon von „Sport"). Das formelle Exerzieren spielte eine große, aber doch nicht die übergroße Rolle (in den 80er Jahren war das bei der Marine noch so gewesen und hatte zur Vernachlässigung der seemännisch-technischen Ausbildung geführt), die wichtigeren Gefechtsübungen wurden über das eben Besprochene hinaus auch im einzelnen ständig modernisiert, nach den Erfahrungen des russisch-japanischen Krieges oder der Kolonialaufstände z. B., nach Manöverergebnissen, nach Veränderungen der Waffentechnik; die technische Ausbildung drang bei den entsprechenden Waffengattungen, aber auch bei der Infanterie weiter vor. Die deutsche Militärausbildung unterschied sich im ganzen nicht von der in den anderen europäischen Armeen. Die Ausbildung war hart, die Disziplin streng. Aber das war nicht spezifisch preußisch, das war der Stil der Zeit. Die Ausbildung galt – militärisch-technisch gesehen – als sehr gut; auch der Teamgeist, die Selbständigkeit kleiner und kleinster Einheiten und der Unterführer wurde wohl genügend beachtet, das ist bei der vorherrschenden Konzentration auf Befehl und Gehorsam beachtlich. Internationale Vergleiche, wie sie damals angestellt wurden, die Übernahme von deutschen Organisations- und Ausbildungspraktiken in anderen Armeen wie in der Türkei oder in Chile oder in China und die Erfahrungen des Weltkriegs scheinen für diese hohe Qualität der Ausbildung zu sprechen.

Eine Bilanz ist notwendig ambivalent. Die Erinnerung der meisten (nicht aller) Wehrpflichtigen an ihre Soldatenzeit ist positiv gewesen. Das lag nicht nur daran, daß das immer ein Schritt gerade der Dörfler und Kleinstädter in die große Welt war, ein „Abenteuer" des Nicht-Alltäglichen und das Erlebnis einer neuen „Kameradschaft", weg von familialen und lokalen Bindungen; offenbar ist es dem Militär – den Offizieren und Unteroffizieren – doch gelungen, ein Stück Zugehörigkeitsgefühl und Stolz zu erzeugen. Die Blüte der „Kriegervereine" wie die Kampfbereitschaft von 1914 und der ersten Kriegsjahre sind anders nicht zu erklären. Auf der anderen Seite gibt es – nicht nur bei Pazifisten, sensiblen Intellektuellen, überzeugten Sozialdemokraten – die entschiedene Kritik an der inneren Form des Militärs, der inneren Führung, an den Unteroffiziers-Schindern wie Remarques Himmelstoß, an der Verletzung von Selbstachtung, an Willkür und irrationalem Autoritätsgehabe, am Gefälle zwischen Offizier und Mannschaften, und die Rebellion von 1918 gegen die Offiziere ist nicht nur mit Kriegsmüdigkeit und Aufbegehren gegen Durchhaltebefehle zu erklären, sondern ein Ausbruch lang unterdrückten und aufgestauten Widerwillens und Widerstandes. Die Überspannung von Disziplin und Hierarchie und der Mangel an einsichtiger Menschenführung, beides gehörte ja auch zur Wirklichkeit, schlugen hier durch.

c) Militär und Gesellschaft

Für das Verhältnis von Militär und Gesellschaft sind nicht nur die Binnenstruktur des Militärs, seine soziale und politische Exklusivität, wichtig, sondern genauso das Hineinwirken des Militärs in die Gesellschaft. Das ist wiederum ein komplexes Phänomen. Wir beginnen unsere Erörterung mit den unmittelbaren „Grenzzonen" zwischen Militär und ziviler Gesellschaft.

Wie überall in Europa bildeten die Gedienten (in einem weiteren Sinne auch die ungedienten Wehrtauglichen) die „Reserve", auf sie sollte im Krieg zurückgegriffen werden, sie machten mit der aktuell dienenden Friedensarmee die „Kriegsstärke" aus. Die Landwehr der beiden ersten Drittel des Jahrhunderts mit ihren Übungen und ihren bürgerlichen Offizieren war aufgelöst, die kriegsverwendungsfähigen jüngeren Reservisten waren den aktiven Einheiten organisatorisch verbunden, für die Älteren, nicht mehr Felddienstfähigen, gab es eigene Einheiten. Die Tatsache, daß jeder Gediente zur Reserve gehörte, einen militärischen Status hatte und behielt, war zwar wichtig, aber im Normalfall war sie für Leben, Gesinnung und zivilen sozialen Status nicht prägend.

Aber: Für die Reserve nun – im Kriegs- wie im Garnisonsdienst – brauchte man zusätzliche Offiziere, in den unteren Rängen jedenfalls, das waren die Reserveoffiziere, die an die Stelle der früheren Landwehroffiziere traten. Sie stellten ein erstes und besonders wichtiges Bindeglied zwischen Militär und Gesellschaft dar. Die Tatsache, daß einer Reserveoffizier war, war von erheblicher Bedeutung für Leben, Lebensführung und soziale Stellung. Formale Voraussetzung waren der gymnasiale Schulabschluß des „Einjährigen", die Selbstausrüstung und der einjährige Militärdienst. De facto zumeist und auf die Dauer freilich wurde es das Abitur. Das schloß einen Teil der ärmeren mittleren Bürger, die z. B. in mittlere Beamten- oder kaufmännische Positionen strebten, aus – das „Einjährige" wurde darum eine Institution des mittleren, der „Reserveoffizier" eine des höheren Bürgertums. Nach einer Grundausbildung in der Kaserne folgte, wenn man denn zugelassen wurde, – bei privatem Quartier – eine Sonderausbildung, die mit einer Offiziersprüfung abschloß. Dann folgte eine Reihe von Übungen, aber zum Reserveoffizier ernannt wurde man erst nach der Wahl durch die aktiven Offiziere der jeweiligen größeren Einheit. Zulassung, Prüfung und Wahl waren Barrieren, die Personalauswahl entsprach der der aktiven Offiziere; soziale Herkunft, aus den „erwünschten" Kreisen, freilich ein wenig ausgedehnt, aber mit Ausschluß der Söhne kleiner Ladenbesitzer, praktisch auch meist der Volksschullehrer, und politische Gesinnung waren bei der schließlichen Wahl, wenn denn militärische Eignung gegeben schien, maßgebend. Auch hier galt – in Preußen jedenfalls – die Benachteiligung von Katholiken, der Ausschluß von Juden, von Polen, Linksliberalen, Sozialdemokraten.

Zwischen 1906 und 1910 wurden knapp 32% der einjährig Dienenden immerhin Reserveoffiziersaspiranten. 1905 kamen – in den preußischen

„Kontingenten“ – 56% der Reserveoffiziere aus dem höheren Beamtentum und der Akademikerschaft, 14% aus kaufmännisch-unternehmerischen Kreisen, 16% aus der mittleren Beamtenschaft und der Angestelltenschaft – in großen Handelsstädten, Hamburg z.B., war der Anteil der Kaufleute natürlich höher. Die Söhne der großen Bourgeoisie wurden auch in „feinen“ (und sonst adligen) Regimentern akzeptiert, andere Bewerber dagegen wurden versetzt. 1914 gab es insgesamt etwa 120000 Reserveoffiziere.

Über diese Einrichtung sind viele Legenden im Umlauf. Sicher ist, daß die Qualifikation als Reserveoffizier in der militärisch, bürokratisch und auch feudal beeinflußten deutschen Gesellschaft ein Sonder-Prestige hatte, den Status erhöhte. Man setzte das zum Namen, manchmal schien es wichtiger als die Berufsbezeichnung (oder ein akademischer Grad), manchmal – auf dem Lande, bei etwas höheren Rängen – gehörte es zur Anrede; Minister legten öffentlich größten Wert auf diesen Status, ja wurden als Reserveoffiziere befördert: Bismarck wurde Kürassiergeneral, Bethmann Hollweg war Major, Michaelis wurde vom Hauptmann zum Oberstleutnant befördert; Bismarck und auch der anscheinend zivilere Bethmann Hollweg traten gern in Uniform auf. Das Reserveoffizierspatent war erstrebenswert. Der Prozeß, in dem man es erwarb, setzte eine Prämie auf Wohlverhalten, richtige Gesinnung, Anpassung an Konsens oder gar Komment. Entsprechende politisch-soziale Normen und Verhaltensformen wurden, wir haben davon erzählt, seit den 1870er Jahren auch in den meisten Studentenkorporationen gepflegt und eingeübt, die Corps übernahmen den schneidig forschen Offiziers- und Kasinoton und -stil oder imitierten ihn, und natürlich bestand zwischen dem Korporationskodex von Ehre, Satisfaktionsfähigkeit, Mensur und Schmissen und dem Ehren- und Duellkodex des Offizierskorps eine innere Verwandtschaft und Nähe. Kurz, Korporationsstudententum und Reserveoffizierswesen entsprachen, ja ergänzten sich.

Das Militärkabinett des Monarchen versuchte auch die Reserveoffiziere politisch zu disziplinieren, vor allem bei politisch oppositioneller Aktivität mit Verlust der Qualifikation zu bedrohen. Berühmt ist der Fall eines nationalliberalen Reichstagsabgeordneten, immerhin eines Prinzen, Schönaich-Carolath, der in einer Frage der königlichen Prärogative mit dem Oppositionsführer Eugen Richter gestimmt hatte: Nur weil er künftige Zurückhaltung gelobte und weil man den öffentlichen Skandal scheute, blieb er weiterhin Offizier, verlor aber die Erlaubnis, Uniform zu tragen; „welfische“ Reserveoffiziere sind tatsächlich entlassen worden. Im Normalfall freilich ließ sich dergleichen kaum durchführen. Angehende Akademiker, wenn sie nicht jüdisch oder katholisch waren, und die Söhne größerer Unternehmer wurden meist Reserveoffiziere, wie sie sich dann entwickelten, war nicht vorauszusehen, der Kadercharakter des aktiven Offizierskorps war bei diesen Reservisten nicht zu wiederholen. Keineswegs waren die bürgerlich städtischen Reserveoffiziere in ihrer Mehrheit eingeschworene Protagonisten des Obrigkeitsstaates wilhelminisch-militärischer Prägung. Das was ihnen politisch gemeinsam war, der entschiedene und hochpotenzierte Nationalismus, war nicht eine Folge ihrer Militärkarriere, und der Respekt vor allem Militärischen war es auch nicht. Insoweit ist es übertrieben zu sagen, es seien die Reserveoffiziere (oder das Institut des Reserveoffiziers sei es) gewesen, die die deutsche Gesellschaft „militarisiert" hätten. Dennoch bleibt wahr, daß diese Institution die Geltung des Militärischen in Deutschland und die Hinnahme der Sonderstellung des Militärs befestigt und intensiviert hat.

Eine andere Institution der Reservisten, der einfachen Rekruten, waren die Kriegervereine, vor allem im Gefolge des Krieges von 1870/71 entstanden, oft regional und lokal, spontan wie offiziell gegründet oder gefördert. Sie wurden Vereine für alle Gedienten, die Zahl der Vereine und die der Mitglieder wuchsen gewaltig. Ein erster Zusammenschluß, der Deutsche Kriegerbund, begann 1873 mit knapp 28000 Mitgliedern, 1890 waren es 404000, 1898 über eine Million, er blieb freilich auf Nord- und Mitteldeutschland beschränkt; insgesamt schätzt Saul schon für 1888 etwa 10000 Kriegervereine mit 800000 bis 900000 Mitgliedern. 1899 wurde der gesamtnationale Kyffhäuserbund der Deutschen Landes-Kriegerverbände gegründet, in ihm waren damals ca. 22000 Vereine mit 1,8 Millionen Mitgliedern organisiert, 1913 32000 mit 2,8 Millionen. Das war bei weitem die größte Massenorganisation, die es in Deutschland gab. Der Bund stand unter quasimilitärischer oder militärnaher Führung; jeder Verein hatte eine vom Militär genehmigte Fahne zu führen. Das sollte den Fahneneid und die Bindung an den Monarchen wachhalten. Die Vereine sollten den militärischen, nationalen und monarchischen Geist pflegen und erhalten und ihre Mitglieder gegen die Sozialdemokraten immunisieren. Sozialdemokraten sollten nicht Mitglieder sein können und eigentlich auch nicht sozialdemokratische Wähler. Anfangs blieben solche Vereine auf protestantische Regionen beschränkt, nach 1900 spielen sie auch in katholischen eine wachsende Rolle, überall – vor allem auf dem Lande und in kleinen bis mittleren Städten. Da waren diese Vereine populär, sie konnten an eine Männer-Erinnerungswelt anknüpfen, die an den Vereinsabenden (mit Bier) weitergesponnen wurde, im Fest- und Symbolhaushalt spielten sie eine erhebliche Rolle – mit Fahnen, Musik und Umzügen, mit Denkmalsbauten oder -enthüllungen, beim Sedan- und Reichsgründungstag, dem Geburtstag des Monarchen, dem Stiftungsfest und dem Ball –, in überschaubaren Sozialbeziehungen setzten sie schon ein Kriterium des Dazugehörens. Daß die Verbandsführung wie die sozialdemokratische Partei Ausschluß oder Austritt der Sozialdemokraten fordern und einschärfen mußten, deutet darauf hin, daß auch Sozialdemokraten Wert auf Zugehörigkeit legten und die Vereine vor Ort es nicht immer so genau nahmen. Insgesamt waren diese Vereine eine zwar nicht aggressive, aber durchaus massenwirksame Stütze des Militärgeistes, eine Quelle national-patriotischer Normalideologie und ein entsprechendes emotionales Milieu und ein Bollwerk jedenfalls gegen die sozialistische Revolution.

Wichtiger noch als Reserveoffiziere und Kriegervereine für das Verhältnis von Militär und Gesellschaft und umgreifender war die allgemeine Hochschätzung des Militärs und alles Militärischen. Das hat sich in der deutschen Gesellschaft ebenso sehr spontan entwickelt, wie es vom Staat massiv gefordert und gefördert worden ist.

Die Notwendigkeit des Militärs war im ganzen Jahrhundert und in ganz Europa unbestritten, niemand hat es abschaffen wollen, im preußischen Verfassungskonflikt wollten auch die Liberalen eine starke Armee. Dennoch war zwischen 1848 und den 60er Jahren eher das Mißtrauen gegenüber dem Militär dominant gewesen. Das Militär war teuer, es war privilegiert und exklusiv, anti-zivil und anti-bürgerlich, es war anti-parlamentarisch, innenpolitische Waffe der Gegenrevolution und des Staatsstreichs. Der süddeutsche, katholische und demokratische Anti-Borussismus zwischen 1866 und 1871 war ganz wesentlich Anti-Militarismus gewesen: gegen jedes Zuviel, gegen den Stand außerhalb der Verfassung, gegen den preußischen Stil. Die drei Kriege von 1864, 1866 und 1870/71 und die in ihnen erreichte Einheit haben das Verhältnis der Deutschen zum Militär verwandelt, zuerst im Norden, dann auch im Süden. Man war jetzt in erster Linie stolz auf das Militär, man bewunderte es, auf ihm beruhte das Reich, und es garantierte seine Existenz. Diese Bewunderung führte dazu, daß man jetzt auch die Sonderstellung des Militärs und seine besonderen Ansprüche als mehr oder minder notwendig anerkannte, kurz, das – preußische – Militär, wie es war. Die gewaltige Polemik gegen das preußische Militärsystem, die Bayern und vor allem Württemberg zwischen 1867 und 1870 beherrscht hatte, verschwand wie mit einem Schlag – jedenfalls bei den Schichten, die in der Öffentlichkeit das Wort hatten. Militärkritik trat zurück, mußte sich stets gegen den Vorwurf des mangelnden Patriotismus rechtfertigen, dominant wurde jetzt eine gewisse Militärfrömmigkeit. Im öffentlichen Patriotismus – dem Geschichtsunterricht der Schulen, den patriotischen Festen wie dem Sedantag, den Liedern und Gedichten, den Denkmalsbauten, dem Totengedenken, den öffentlichen Ehrungen – spielten die Erinnerungen an Helden, an Krieg, Schlachten und an Sieg, die Gegenwart von Armee und Generalen, spielten Paraden z. B. eine herausragende Rolle. Die Armee war der Träger des nationalen Fortschritts gewesen. Selbst die privaten Erinnerungen waren von Militär und Krieg mitbestimmt. Das war keine Manipulation von oben, sondern Enthusiasmus des Sieges und der Reichsgründung. Das prägte den neuen Reichsnationalismus, und die superpatriotische Rhetorik akzentuierte das militärische Element natürlich besonders stark. In Treitschkes einflußreichen Berliner Politikvorlesungen galt die militärische Erziehung sogar zu nahezu blindem Gehorsam als Charakterschule, galten Generale beinahe als politische Genies. Aber auch die Normalität des Nationalismus war von der Hochschätzung des Militärischen geprägt, die Taten der Väter waren kriegerische Taten, Bismarcks Rede von Eisen und Blut wurde nicht mehr perhorresziert; und nach 1890 wurde er zum bewaffneten kämpfenden Recken aus dem Sachsenwald stilisiert. Als dann der Imperialismus die deutsche Gesellschaft durchdrang, wurden die Armee und jetzt auch die Flotte zu Garanten der Großmachtstellung und Weltgeltung. Demgegenüber war Militärkritik, das Unbehagen an Militärlast und den militärischen Exzessen – Brutalität und Kastengeist und Arroganz –, auch an der extrakonstitutionellen Stellung des Militärs, sozusagen kleinkariert. Bismarck hat gegen nicht-gouvernementale Reichstagsmehrheiten, zumal wenn sie sich seinen Wünschen nach langfristigen Festlegungen des Militäretats und der Heeresstärke nicht fügten, mit patriotisch-sicherheitspolitischen Parolen und viel Demagogie Wähler und Nichtwähler für sich und seinen antiparlamentarisch-konservativen Block mobilisiert, 1877 und 1887 vor allem. Das Zentrum und die Linksliberalen, zunächst Erzgegner aller Erhöhung von Rüstungsausgaben, wurden zu Mitträgern der Rüstungshaushalte. Noch 1893 – und in gewisser Weise 1906/07 – hat die Regierung, mit erst kleinerem und dann noch einmal größerem Erfolg, die „Militärfrömmigkeit" der Wähler für ihre Politik genutzt.

Dieser allgemein positiven Haltung zum Militär entsprach, daß auch das Ansehen der Offiziere hoch war und der Respekt, ja das mündete zum Teil in schreckliche Servilität und widerstandslose Hinnahme der Anmaßung von Offizieren – die Geschichte vom „Hauptmann von Köpenick", dem armen Schuster, der eine ganze Stadt an der Nase herumführt, und dem Kaiser, der bei allem Gelächter den Respekt vor der Uniform preist, bleibt dafür ein anschauliches Beispiel. Militärische Stilelemente von besonderer Kraßheit werden von Teilen des Bürgertums übernommen – das Forsche und Schneidige z. B. Die Überstrapazierung von Disziplin, Befehl und Gehorsam in der deutschen Gesellschaft, von Hierarchie und Klassensonderung war ein Verlust an Zivilität und Bürgerlichkeit, dafür war die Prägung durch den bewunderten Militärgeist mitverantwortlich. Auch die extrakonstitutionelle Sondermacht des Militärs war internalisiert und damit fest im Bewußtsein der Bürgergesellschaft verankert. Man muß zwar sehen, daß in allen imperialen Gesellschaften der Zeit die Geltung des Militärs und seiner Repräsentanten, der Generale und Marschälle der Kolonialkriege in England und Frankreich beispielsweise, stark zunahm und daß Militärfreudigkeit überall als nationale Tugend galt. Aber – jedenfalls in West- und Mitteleuropa – nur im Deutschen Reich hat das die gesellschaftliche Zivilität eingeschränkt und dem Militär einen so entscheidenden Anteil an der politischen Führung erhalten und garantiert.

Man darf gewiß die kritischen Stimmen nicht übersehen, die Kritik am Militarismus, auch dem Militarismus der Bürger, am Reserveoffizierston und der Servilität oder dem militärischen Stammtisch-Bramarbasieren, darf die ungeheuren Erfolge des Simplicissimus und seiner Karikaturen z. B. oder die gewaltige öffentliche Empörung bei den militärischen Übergriffen in Zabern 1913 nicht unbeachtet lassen. Seitdem alle bürgerlichen Parteien die starke Militärmacht bejahten und das Prinzip jedenfalls der Militärmonarchie nicht in Zweifel zogen, konnte man darüber hinaus auch wieder eine kritische Position einnehmen. Die Gesellschaft vor 1914 war nicht militarisiert wie in totalitären Systemen. Aber der Respekt vor dem Militär war doch das, was dominierte. Ein Konflikt der betont „zivilen" Gesellschaftsgruppen mit den militaristischen war doch erst latent gegeben. Jedenfalls konnte die Militärmonarchie sich auf eine genügend große gesellschaftliche Gruppe von Militärfrommen stützen und die anderen, außer den Sozialdemokraten, durch den Appell an die nationale Pflicht in Loyalität halten. Deutsche Professoren z. B. waren normalerweise, von den Alldeutschen abgesehen, keine „Militaristen", aber sie alle verteidigten 1914 gegen westliche Kritik das preußisch-deutsche System mit der starken und abgesonderten Stellung des Militärs; das Argument von der Gefahr der Mittellage, die die Militärstaatlichkeit erforderlich mache, war überzeugend genug.

Militärische Kategorien, wie Befehl und Gehorsam, Disziplin und Ordnung, Freund/Feind- und Kampf-Denken, bestimmten darüber hinaus eine breite Rechtskoalition, die für den Vorrang der Ordnung vor der Freiheit, der Disziplin vor der Spontaneität, der Geschlossenheit vor der Pluralität, dem Konfliktaustrag vor dem Kompromiß (jedenfalls in der Außenpolitik) eintrat, für die Erhaltung des Obrigkeits- und Klassenstaates. Auf seiten dieser Rechten, nicht nur im extremen Radikalnationalismus, sondern auch im vulgären Normalnationalismus, gab es zudem viel törichtes Gerede ziviler „Militaristen" über „strammes" und „schlappes" Verhalten etc.

Ebenso wichtig wie die grundsätzliche Anerkennung des preußisch-deutschen Militärwesens, so wie es war, und die Übernahme militärischer Denk- und Verhaltensformen in das Denken und Verhalten von Bürgern ist die objektive, die institutionelle Prägung sozialer und politischer Beziehungen durch militärische Strukturen. Wir haben bei der Analyse der Klassenschichtung und der Klassenbeziehungen von der militärischen Überformung gesprochen – man erinnere sich an das Einjährigenprivileg und die Formierung einer kleinbürgerlichen Mittelklasse –, und bei den Herrschaftsbeziehungen zwischen jedem Inhaber von Amtsautorität und dem Bürger/Untertanen war es ebenso: Auf dem platten Land in Ostelbien stützte das militärische Autoritätsgefälle zwischen Reserveoffizier und einfachem Mann nicht nur die ökonomische Klassenschichtung, sondern auch die politische Machtverteilung. Wichtige Einrichtungen des täglichen Lebens hatten einen militärähnlichen Charakter, die Polizei oder die Eisenbahn z. B., abgeschwächt griff das auch auf Schulen oder auf das Verhältnis von Behörden und Publikum, Bürokraten und Bürgern über. Man darf, auch hier, nicht übertreiben und nicht einseitig werden. Autorität, Amtsautorität und soziale Autorität, und Autoritätsgefälle gehörten zum allgemeinen Stil der Zeit, in Europa und selbst in Amerika, das war legitim, ja war der Grund aller Legitimität. Der Verwaltungs- und Staatsstil der etatistischen Länder Kontinentaleuropas war davon besonders bestimmt, man denke an Frankreich, der imperiale Herrschaftsstil im britischen Empire war im Kern durchaus militärisch, anderswo, wie in Amerika, war die Autorität z. B. der kapitalistischen Bosse viel größer als in Deutschland. Und Autorität läuft letzten Endes auf Anordnen und Folgeleisten, Befehlen und Gehorchen hinaus – dagegen scheint die Bedeutung von „Stil"unterschieden zu verblassen, also der mehr und der weniger militärischen Formen. Aber die Zuspitzung auf Befehl und Gehorsam, die Formalisierung der Autoritätsbeziehungen und der Disziplin, die sie von ihren Funktionen löst und zu einer Sache „an sich" machte, waren doch eine Besonderheit der preußisch-deutschen, eben vorbürgerlich-militärischen Ausformung der normalen Autorität.

Zur Frage nach dem Verhältnis von Gesellschaft und Militär, kritisch zugespitzt: nach so etwas wie einer „Militarisierung" der deutschen Gesellschaft gehört zentral, welche Anschauungen vom Krieg sich entwickelten. Dafür waren zunächst die Schriften und Meinungen von Militärs und Ex-Militärs wichtig, die sich gleichsam professionell mit dem Krieg beschäftigten, sie fanden eine zunehmend breite Resonanz. Aber ebenso wichtig waren und wurden Nicht-Militärs, die sich mit dem Krieg beschäftigten, sie unterschieden sich nicht wesentlich von den Militärs. Gewiß, der Krieg war damals noch ein Mittel der Politik, ein grundsätzlicher Pazifismus ganz selten und eine dezidierte Antikriegsstimmung auf Sozialdemokraten und wenige Linksbürgerliche, wie den Historiker und Publizisten Ludwig Quidde z. B., beschränkt. Das war in vergleichbaren Ländern nicht viel anders. Allerdings waren die Bestrebungen, internationale Schiedsregelungen zur Eindämmung und Verhinderung von Kriegen einzuführen, in den kleinen neutralen Ländern und in den angelsächsischen (wenn es nicht gerade für England um das Seekriegsrecht ging) stärker. In Deutschland war die Überzeugung von der Machtbestimmtheit der internationalen Politik ganz dominant, und jeder Versuch, sie zu „verrechtlichen", galt als Illusion oder als Heuchelei, als moralische Maskerade des Machtinteresses. Insgesamt galt der Krieg, der Krieg zur Verteidigung eigener existentieller Interessen – das ließ viele Interpretationen zu –, in Europa als legitim und in Deutschland schon gar. Es gab, noch einmal gemeineuropäisch, die Überzeugung vom sittlichen Recht des Krieges, ja idealistisch getönt von seiner reinigenden Kraft – selbst der humanistisch machtkritische Jacob Burckhardt hat sich 1862 über die positiven Wirkungen des Krieges gegenüber den Erschlaffungen der Zivilisation geäußert –, und es gab die Überzeugung von der Schicksalhaftigkeit des Krieges. Diese ältere Ansicht von der Unvermeidlichkeit von Kriegen erhielt neuen Auftrieb und eine neue Zuspitzung, als der Sozialdarwinismus in Europa und Amerika um sich griff – die passende Begleitmusik für den Übergang der Machtpolitik in die imperialistisch weltpolitische Konkurrenz. Das Verhältnis der Völker sei der Kampf um Dasein und Überleben, um Räume und Märkte und Volkszahlen, sei Kampf von „Rassen", Weißen und Nichtweißen, Angelsachsen und „den anderen", Germanen und Slawen, von Gesunden, Starken, Instinktsicheren, „Herrenmenschen" gegen die

Kranken, Schwachen, Überzivilisiert-Dekadenten, „Herdenmenschen". Neben die schrecklichen Optimisten, die vom eigenen Sieg in solchem Überlebenskampf ausgingen, traten die „realistisch" pessimistischen Fatalisten, die vor allem die Unvermeidlichkeit solchen Krieges betonten. Natürlich, niemand glaubte ernstlich, daß der Krieg besser sei als der Friede, aber die Schwelle gegenüber dem Kriegsrisiko war nicht sehr hoch und sank eher ein wenig, Friedenswahrung um den Preis eines Rückschlags, einer eigenen diplomatischen Niederlage galt nicht als legitime Option.

All das spitzte sich in Deutschland mit der Zeit freilich zu, so die realpolitisch anti-moralistische Rechtfertigung des Krieges im Geiste Hegels: wenn mit gleichem Recht Lebensmacht gegen Lebensmacht stehe; die idealistische Überhöhung und Umdeutung, die aus der „reinigenden" (Neben-)Wirkung und (Neben-)Funktion des Krieges gleichsam sein Wesen, sein Ziel und seinen Zweck bestimmte. Die geopolitische Analyse der Situation betonte die besondere Bedrohtheit des Reiches. Als die französisch-russische Verständigung und später die englisch-französische dem aufmerksamen Beobachter nicht mehr entgehen konnte, entstand das Gefühl, in ständiger Gefahr, in einer Dauerkrise zu sein, von Feinden umgeben. Das Einkreisungssyndrom bildete und intensivierte sich. Darauf reagierte ein Teil der Publizistik mit der Forderung nach immer stärkerer Rüstung, nach ständiger Kampfbereitschaft, ja ständiger Demonstration des Kampfwillens, des Willens, gegebenenfalls loszuschlagen. Kompromisse galten dann als Schwäche. Das Kämpferische, Drohende, Aggressive und Provokative, das sollte die Politik bestimmen. Das war Politik am Rande des Krieges, zwischen der normalen Kriegsbereitschaft und dem besonderen Kriegswillen. Der Krieg hatte dann nichts Schreckendes, und die Politik wurde unter den Extremfallkategorien des Krieges gedacht, man kann von einer Militarisierung der Politik sprechen. In dieses Kriegsgerede mündete natürlich viel irrationale Leidenschaft der öffentlichen Meinung, wie sich solche Leidenschaft wiederum auch an solchem Gerede entzündete.

Solche Ansichten vom Krieg und von der Natur und den Aufgaben der Politik, konkret der deutschen, wurden die Überzeugung des neuen und populistischen Ultranationalismus der Rechten vor 1914, der Alldeutschen, des Flotten- und Wehrvereins und ihrer Propagandisten wie der Ex-Offiziere Liebert und Keim. Der Militärschriftsteller und ehemalige Generalstabsoffizier Friedrich von Bernhardi hat in einem Buch von 1912, „Deutschland und der nächste Krieg", das damals viel Aufsehen erregte, die „Philosophie" der Kriegspartei zusammengefaßt. Er wandte sich gegen die Friedenspolitik der Regierung Bethmann Hollweg und trat für eine aggressive Außenpolitik zur Erringung der Suprematie in Europa ein; angesichts der deutschen Alternative: Weltmacht oder Niedergang, dürfe man den Krieg weder scheuen noch herausschieben. Das war nun freilich keineswegs – wie „kritische" Geschichtsbilder glauben machen wollen – die allgemeine Meinung oder Stimmung auch nur der maßgeblichen Kräfte und Gruppen in

Deutschland. Hans Plehn publizierte, von dem Londoner Botschaftsrat Richard von Kühlmann angeregt und informiert, ein Gegenbuch gegen Bernhardis Kriegstrompete: „Deutsche Weltpolitik und kein Krieg". Er plädierte für eine Junior-Partnerschaft mit England. Kurt Riezler, der Privatsekretär Bethmann Hollwegs, publizierte „Die Erforderlichkeit des Unmöglichen" (1913) und 1914 unter dem Pseudonym J.J. Ruedorffer „Grundzüge der Weltpolitik der Gegenwart". Beide Bücher wiesen in ähnliche Richtung wie Plehn; die Hemmschwelle gegen die Auslösung eines Krieges sei international höher denn je, das gebe der deutschen Politik ihren Spielraum. Vom Gegensatz beider Weltmachtstrategien werden wir im Zusammenhang mit dem Kriegsausbruch von 1914 noch ausführlich handeln.

Für unsere Frage nach Militär und Gesellschaft, nach dem Einfluß des militärischen Denkens und seiner Orientierung an Konflikt und Krieg auf das politische Weltbild der Deutschen, ihr Politik- und ihr Kriegsverständnis, sind im Ergebnis drei Dinge wichtig.

1. Unmerklich haben sich in der Diskussion – schon der Theoretiker und Publizisten – die Gewichte verschoben. Daß Kriegführung ein Mittel der Politik sei, hat zwar niemand bestritten, aber die Perspektive war anders: Der Krieg rückte ins Zentrum, Politik konnte auch als Vorstufe zum Krieg aufgefaßt werden, zivile Schriftsteller wie der Historiker Treitschke wurden zu Kriegstheoretikern und Lobrednern des Krieges, Militärschriftsteller nahmen in der Politik-Diskussion eine bis dahin ungewöhnliche führende Rolle ein. Das Bernhardische Buch war, auch wenn man es ablehnte, in der Situation von 1912 insoweit nicht exzentrisch.

2. Der rechte Nationalismus wurde eine politische und bürgerliche Macht, die die Militarisierung der Außen- wie der Gesamtpolitik und der öffentlichen Meinung entschieden vorantrieb. Er trat dabei in Opposition zur Regierung, etwa in und nach der zweiten Marokko-Krise, die Regierung geriet unter Druck. Auch gegenüber der etablierten Militärführung waren die alldeutschen oder ultranational-popularen Militärfreunde fast eine Quasi-Opposition, jedenfalls waren sie vom traditionellen Militärestablishment durchaus unterschieden. Man kann noch einmal vom „doppelten Militarismus" (Stig Förster) sprechen, hier von einem neuen zivilen Militarismus, der nicht mehr feudal-konservativ und autoritätsgeprägt war, sondern bürgerlich nationalistisch und populistisch. Das konnte sich mit den Militärideen Ludendorffs verbinden.

3. Die Mehrheit der „Normal"-Nationalen und „Normal"-Bürgerlichen, der Gouvernementalen und auch der Regierung dachte nicht so. Aber auch bei ihnen war die Kriegsbereitschaft groß, die Schwelle zum Kriege war niedriger geworden; die Predigt der protestantischen Kirche, von der wir gesprochen haben, ist dafür charakteristisch. Der Umgang mit Kategorien des militärischen Kampfes hatte einen gewissen Gewöhnungseffekt gehabt und insofern die Grenzlinien der Politikauffassung verschoben.

d) Sicherheitspolitik und Kriegsplanung

Trotz der Bedeutung des Militarismus für die politische Verfassung des Reiches und für seine Gesellschaft darf man nicht vergessen, daß die eigentliche Aufgabe und Funktion des Militärs sicherheitspolitisch war. Das legitimierte seine Existenz, darin gründete seine politische wie soziale Bedeutung.

Man muß zunächst noch einmal die Größe der Armee und der Flotte, das Ausmaß der Rüstung, die Höhe des Rüstungsetats unter sicherheitspolitischem Aspekt ansehen und nicht, wie es zu schnell und zu leicht in „kritischer" Überheblichkeit geschieht, als Produkt eines zum Selbstzweck gewordenen Militarismus. Das Reich brauchte angesichts seiner internationalen und geostrategischen Lage eine große Armee, und es war klar, daß es diese Armee bei Verschlechterung seiner demographischen, militär- und außenpolitischen Situation verstärken mußte. Armee und Flotte beruhten, wie auch sonst auf dem Kontinent, auf dem Wehrpflichtsystem, das hieß, es gab ein Friedensheer und Massen von ausgebildeten Reservisten, die im Kriegsfall eingesetzt werden konnten. Die Heeresstärke war – wir wiederholen es – von 401000 Mann 1874, über 468000 1887 und 557000 1893 bis April 1914 auf 761000 gestiegen, die Personalstärke der Marine betrug zu diesem Zeitpunkt 75000 Mann. Man muß das einmal ins Verhältnis zu den anderen großen Kontinentalarmeen Europas setzen: Die Friedensstärke betrug in Frankreich 927000, in Österreich-Ungarn 478000, in Rußland ca. 1,5 Millionen Mann. Zum anderen muß man die „Ausschöpfung" der Wehrkraft beachten: In Deutschland waren 1913 von insgesamt etwa zehn Millionen Wehrpflichtigen etwas mehr als die Hälfte ausgebildet, 6% der Einwohner gehörten zum Kriegsheer, in Frankreich waren etwa 80% der Wehrpflichtigen ausgebildet, 60% eines Jahrgangs 1913, 9,1% der Einwohner. Verglichen mit Frankreich war die Militärersatzpolitik des Reiches nicht besonders militant. Wir haben von den Gründen der konservativen Militärs gesprochen, andere Gründe lagen natürlich in der Finanzsituation und der Flottenrüstung. Auch der Anteil der Militärausgaben an den öffentlichen Ausgaben, bis 1912 mit einem Drittel einigermaßen konstant, und am Sozialprodukt, der ging sogar leicht zurück, ist im europäischen Vergleich nicht besonders auffallend. Natürlich gab es seit langem ein Wettrüsten der Großmächte, aber in bezug auf das Heer war das Reich angesichts seiner sich verschlechternden Lage da nicht eigentlich eine treibende Kraft. Anders stand es mit dem Flottenbau, mit dem es das Wettrüsten mit England herausgefordert hatte. Dennoch muß man auch hier die Relationen im Auge haben: 1913 gab das Reich pro Kopf 6,92 Mark für die Flotte aus, Frankreich 10,82, England 20,54. Man kann 1912/13 von Hochrüstung und Rüstungswahn sprechen, Sonderexzeß eines deutschen Militarismus war das nicht. Bei Rüstung und Rüstungsausgaben spielten auch die Sachausgaben für Kasernen, Pferde, Fahrzeuge, Uniformen eine Rolle, vor allem die für die Waffen, und mit der Zeit wirkten sich die Fortschritte der Waffentechnik im Bereich der Artillerie, die Gewehr- und

Munitionsherstellung, bis hin zu den Anfängen des Maschinengewehrs aus. Aber im Unterschied zu später: Das war noch nicht entscheidend, noch überwogen die Personalkosten durchaus. Das Problem des Veraltens war noch nicht vordringlich; Waffenbeschaffung und das, was polemisch später militärisch-industrieller Komplex genannt worden ist, spielten darum – trotz mancher Skandale bei Waffenkäufen und mancher Extraprofite von Waffenfabriken – noch keine bedeutende Rolle. Die Teilhabe des Herres an der modernen Technologie lief noch vor allem über die Eisenbahn (ein Hauptstück aller Generalstabsplanung – bei einem klaren Zugriffsrecht der Armee im Kriegsfall) und über das Nachrichtenwesen (Telegraph etc.). Neuerungen wie Telephon, Auto, Flugzeug (Luftschiff) drangen erst kurz vor 1914 ein wenig vor.

Was die Waffenrüstung im internationalen Vergleich betraf, so waren offenbar Franzosen und Engländer bei der leichten (Feld-)Artillerie, die Deutschen bei der mittleren und schweren überlegen, die Ausstattung mit Maschinengewehren war überall noch gering, beim deutschen Heer gab es pro Regiment eine Kompanie mit sechs Maschinengewehren. Auch die Ausstattung mit Nachrichtenmitteln war dürftig.

Was die taktische Ausbildung betraf, so war die deutsche Armee, wie gesagt, vergleichsweise hervorragend, damit und mit dem Vorteil der inneren Linie, so glaubte die Führung, ließe sich die zahlenmäßige Unterlegenheit ausgleichen. Kurz, sicherheitspolitisch waren Armee und Flotte funktionsfähig.

In einer Zeit, in der Krieg noch ein mögliches Mittel der Politik war, war es die erste Aufgabe von Heer und Flotte, einen möglichen Krieg zu führen, Abschreckung war keine primäre Aufgabe. Wir müssen einen Blick auf die Planungen möglicher Kriege werfen, das war für die Militär- wie die Außenpolitik ein entscheidendes Faktum. Das führt uns noch einmal in das Problem der Kriegführung und Politik.

Ganz generell galt, daß die Strategie seit Moltke von den neuen Gegebenheiten der Technik und der Massenheere bestimmt war, von Straßen und Eisenbahnen, Telegraphen und dann Telephon, von der Schnelligkeit der Mobilmachung, der Aufmärsche und der Verschiebungen, von der Nachschubsicherung. Wer die meisten Soldaten in kürzester Zeit an die Front bringen könne, das wurde eine der zentralen Fragen aller europäischen Armeen. Wie sah die deutsche Kriegsplanung konkret aus?

Seit den 70er Jahren schon rechnete der Generalstab mit der Möglichkeit und Gefahr eines Zweifrontenkrieges, ja mit seiner Wahrscheinlichkeit, das war die Logik der deutschen Mittellage. Während es für diesen Fall anfangs noch Pläne einer Westoffensive gab, liefen seit dem Ende der 70er Jahre die Pläne des älteren Moltke darauf heraus, im Westen – mit kurzer Grenze, durch Festungen und Vogesen geschützt – defensiv zu bleiben; 1887 hat er allerdings auch einen Durchmarsch durch Belgien entworfen, in der Annahme, daß auch Frankreich dergleichen plane, aber das war nicht mehr als eine Variante. Die Offensive sollte viel mehr gegen Rußland geführt werden, die geographischen Bedingungen und die Langsamkeit der russischen Mobilmachung ließen das aussichtsreich erscheinen. Aber Moltke rechnete, anders als 1866 und 1871, weder mit einem kurzen Krieg noch mit einem totalen Sieg. Defensive Erfolge und halbe Siege sollten diplomatische Lösungen ermöglichen, anderes war bei der Lage des Reiches nicht erreichbar, der Krieg blieb insoweit noch mit der Politik verbunden, so sehr Moltke die Kriegführung der politischen Führung zu entziehen suchte.

Das änderte sich, als von 1891 bis Ende 1905 Schlieffen Generalstabschef war. Das Kriegsbild wurde anders: Jetzt war der Krieg endgültig der Nationalkrieg, in Zielen und Mitteln kaum begrenzt und begrenzbar. Angesichts der fatalen Zwei-Fronten-Bedrohung wollte Schlieffen den einzigen deutschen Vorteil, den der inneren Linie, zur Geltung bringen, nicht auf defensive Behauptung gegen zwei Gegner setzen, auf einen langen Krieg also, den Deutschland bei seiner wirtschaftlichen Abhängigkeit vom Ausland schwerlich durchhalten könne, sondern auf Offensive und schnellen entscheidenden Sieg. Dazu mußte man alle Kraft auf einen Gegner konzentrieren; das war wegen der langen russischen Aufmarschzeiten und der gefährlichen Tiefe des Raumes im Osten Frankreich. Darum die Umkehr von Planung und Option zugunsten der Westoffensive: Mit allen Kräften sollte hier die Entscheidung, d. h. die militärische „Vernichtung“ der Hauptkräfte des Feindes, gesucht werden, bei der Langsamkeit der russischen Mobilmachung könne man sich eine zeitweise Entblößung der Ostgrenze leisten. Ein Frontalangriff, so ging das Argument weiter, bot keine Chancen für den entscheidenden, den „Vernichtungs“-Sieg – zumal angesichts der Enge des Raumes in Elsaß-Lothringen und der französischen Festungen. Nur bei einem Flankenangriff, einem Umschwenken deutscher Armeen, die auf Paris vordrangen, nach Südosten ließe sich der Feind schließlich vom Rücken her fassen und vernichten, das war die Idee eines Cannae, einer Umfassungs- und Vernichtungsschlacht. Dazu war der Durchmarsch durch Belgien „notwendig“ – der Bruch der belgischen Neutralität, so hieß es, sei das Notwehrrecht in einer Zwangslage, zudem werde andernfalls Frankreich durch Belgien marschieren. Dazu war es weiter nötig, den „rechten“ Angriffsflügel so stark wie irgend möglich zu machen – sieben zu eins gegenüber dem Gegner, rechnete Schlieffen –, die Ostfront gänzlich und die Vogesen weitgehend von Truppen zu entblößen. Das ist der berühmte Schlieffen-Plan. Bis 1897 war die Entscheidung für die Offensive im Westen gefallen, 1905 endlich war der große Plan in seiner endgültigen Form fertig, auf ihn war der Generalstab seither im wesentlichen, wenn auch mit Varianten, eingeschworen. 1913 hat der jüngere Moltke, Schlieffens Nachfolger, den Plan für eine Ostoffensive endgültig fallenlassen.

Die militärische Logik des Schlieffenschen Planes war nicht von der Hand zu weisen, ein schneller Sieg, ja überhaupt ein Sieg war anders nicht in Sicht. Hinterher ist man immer klüger. Dennoch, zwei Dinge bleiben in jedem Fall erstaunlich. Der Plan basierte auf einer Fülle von Voraussetzungen, allein z. B. was Transport- und Nachrichtentechnik betraf, und barg eine Fülle von Risiken, im Osten wie im Westen, er kalkulierte weder ungünstige Umstände noch unerwartete gegnerische Reaktionen ein, und er stand unter einem gewaltigen Zeitdruck, er setzte unter vielen Bedingungen der Ungewißheit alles auf eine Karte, die eines „Blitzkriegs". Schon die militärische Problematik macht es schwer verständlich, daß der Plan zum Evangelium der Armeeführung wurde. Das andere ist die Nichtachtung der politischen Implikationen. Der Durchmarsch durch Belgien mußte eine englische Intervention provozieren, die Neutralität, die bei einem Ost- oder/und Südostkrieg und defensiver Kriegführung im Westen immerhin möglich schien, unmöglich machen. Die Furcht vor einem französischen Durchmarsch durch das neutrale Belgien war zwar nicht unverständlich, aber sie war nicht begründet. Schlieffen hat weder die politisch-moralische Bedeutung der belgischen Frage einkalkuliert, noch die militärpolitische Wirkung der englischen Intervention. Die Option für den Krieg im Osten hätte den Verzicht auf einen militärisch entscheidenden Sieg bedeutet, das war nicht mehr die Linie des Generalstabs. Daß die politische Führung dem Generalstab eine so grundlegende gesamtpolitische Entscheidung, die Entscheidung über die Existenz dieses Reiches, so fast unbesehen überließ und in gewisser Weise überlassen mußte, zeigt, noch einmal sei es betont, daß die deutsche Regierungsverfassung und Entscheidungsfindung von der Sonderstellung des Militärs geradezu pathologisch belastet, ja gestört war. Auch ein Kanzler, der es versucht hätte, den Operationsplan aus politischen Gründen zu konterkarieren, wäre damit wohl unter den deutschen Bedingungen gescheitert. Die Kriegführung beanspruchte gegenüber der Politik Selbständigkeit, das aber hieß praktisch Dominanz. Für unsere gegenwärtige Erörterung sind die Änderungen, die der jüngere Moltke nach 1906 an dem Plan vorgenommen hat (Verzicht auf den Durchmarsch durch Holland, Abgabe von Verteidigungskräften nach Ostpreußen und auf den linken Flügel der „Westfront"), nicht wichtig, wir werden darauf im Zusammenhang mit dem Weltkrieg noch zurückkommen.

Nach der ausführlichen Erörterung des Heeres, seiner Stellung in Staat und Gesellschaft, seiner Binnenstruktur und seiner sicherheitspolitischen Funktion müssen wir uns den Problemen der Flotte noch einmal gesondert zuwenden, hier sind militärpolitische Strategie und verfassungspolitische Bedingungen und Wirkungen gar nicht zu trennen.

In der Zeit der Reichsgründung war die preußische Flotte zur Bundesflotte und dann zur kaiserlichen geworden. Die Flotte des neuen Reiches wurde in der Bismarckzeit allmählich auf- und ausgebaut. Anders als beim Heer – ohne vorangegangenen Konflikt, ohne Septennat, ohne Vorwalten der preußischen Prägung – war die Flotte Reichssache und Sache der jährlichen Etatberatungen, Sache der „Reichsregierung" und auch des Reichstags. Und die Liberalen waren – seit 1848 – Freunde der Flotte, sie war „bürgerlich" und ganz und gar reichsnational.

Der erste und bedeutende Flottenpolitiker, der die Funktionen des Oberkommandos und des späteren Staatssekretariats noch vereinte, war der Admiral-General Stosch, ein politischer Kopf und ein Mann des Kronprinzen, der Flottenpolitik in einen weiten Rahmen von Innen- wie Weltpolitik stellen wollte. Unter ihm wurde die Flotte überhaupt erst aufgebaut. Er scheiterte Ende der 70er Jahre an den Umständen (ein neues Großschiff ging unter, auch weil die Mannschaften zu wenig seemännisch geschult waren), an eigenen Fehlern, an Bismarck, an den Liberalen endlich. Flottenpolitik wurde jetzt eine begrenzte Ressortsache, der 1883 aus dem Heer abgeschobene General Caprivi übernahm sie; die Kolonialpolitik z. B. lief ganz an der Marine vorbei.

Die Aufgaben der Marine waren in diesen Jahrzehnten zunächst klar begrenzt: Schutz der Küsten vor Angriffen und gar Landungen, Schutz der Ostseezugänge und sodann – unklarer – der Schutz des deutschen Handels mit der Welt, in der Welt. Die Aufgabe also war defensiv – irgendwelche Offensivfähigkeit hatte nur als Element der generellen Defensive einen relativen Sinn. Der wichtige potentielle Gegner war das seemächtige Frankreich, am Rande auch Rußland oder sogar noch Dänemark. Während man ursprünglich dafür auch Panzerschiffe vorsah, wie überall in der Welt, um gleichsam offensive Defensivschläge (Ausfälle) führen zu können, glaubte man um 1880 an kleinere Torpedoboote und Minen, das wurde auch die Meinung der Mehrheit des Reichstags; der Panzerschiffbau war, auch international, in einer schweren Krise, dieser Typ schien keine Zukunft zu haben.

Wir machen einen Sprung. 1897 beginnt das Reich mit dem Aufbau einer Schlachtflotte, nun auch gegen Großbritannien gerichtet. Der neuernannte Staatssekretär des Reichsmarineamtes Tirpitz ist der Architekt dieser neuen Flotte und bestimmt für 20 Jahre die deutsche Marinepolitik und über sie ein gut Teil der Außen- wie der Innenpolitik.

Für diesen, wie man weiß, verhängnisvollen Aufbau seiner Schlachtflotte gab es eine ganze Reihe von Gründen, gute und nicht so gute. 1. Zunächst spielten seestrategische Überlegungen eine Rolle. Die Unterscheidung zwischen Defensive und Offensive war nicht so eindeutig, wir haben das erwähnt. Für den Küstenschutz schien die Kapazität oder mindestens Drohkapazität zu wenigstens kleineren Offensivschlägen nötig, für die Ostseeherrschaft und den Schutz der Sundpassage brauchte man größere Schiffe, die Torpedoboote erfüllten die Erwartungen nicht. Eine sinnvolle Küstenverteidigung schien nur auf hoher See in der Deutschen Bucht möglich, erst recht ein Schutz gegen die Möglichkeit feindlicher Landungen im dänischen Jütland. Dazu brauchte man Panzer-(oder Linien-)schiffe, auch England rüstete seit 1890 in diesem Sinne neu auf, es suchte gegenüber Rußland und Frankreich die Übermacht, den two-power-standard, zu halten. Langsam verschoben sich die Akzente. Tirpitz meinte schon 1894, daß die Vernichtung der feindlichen (zunächst russischen und französischen) Großkampfschiffe die Voraussetzung eines wirksamen Schutzes der Küsten wie der Handelsinteressen in Übersee sei, ja des Durchbrechens einer Nahblockade, des Angriffs auf gegnerische Handelsschiffe; auch darum trat die Offensive vor die Defensive. Solche Überlegungen waren nicht auf Deutschland beschränkt, sie waren Teil der internationalen Marinediskussion. Aber 1894 war diese Meinung noch nicht dominant und schon gar nicht parlamentarisch, also etatmäßig, durchsetzbar.

2. Die konkurrierende und zunächst erfolgreiche Idee war die einer Kreuzerflotte; sie sollte den Handel im Kriegsfall schützen, die Durchsetzung von Handelsinteressen und den Schutz deutscher Staatsbürger in weniger entwickelten Staaten ermöglichen, das Reich in der Welt präsent halten. Die gezielte Kanonenbootdiplomatie der USA, die sich Sondervorteile in Lateinamerika zu sichern und die Konkurrenz auszuschalten suchte, machte diese Idee erst richtig plausibel, die bis dahin reservierten Handelskreise engagierten sich für den Zusammenhang von Weltinteressen und maritimer Rüstung. Auch seestrategisch gab es viele Argumente für eine Auslandskreuzerflotte. 1894/95 zählte auch der Kaiser zu ihren Anhängern.

3. Die irrationale und eigenwillige Begeisterung Wilhelms II. für eine Flotte war angesichts seiner Rolle im deutschen Machtgefüge und Entscheidungsprozeß und seiner selbstherrlichen Verbissenheit, ja Intransigenz ein politisches Faktum erster Ordnung. Als der bisherige Marinestaatssekretär und Kaiservertraute, der Admiral Hollmann, ein Gegner des Schlachtflottenbaus, mit seinen Nachrüstungsvorschlägen 1897 im Reichstag scheiterte – sein schrittweises Vorgehen brachte ihn und den Kaiser in den Verdacht, „uferlose Flottenpläne" zu verfolgen –, entließ ihn der Kaiser aus diesen und anderen Gründen und machte den energischen Tirpitz, der 1894 zunächst kaltgestellt worden war, zu seinem Nachfolger. Wilhelm II. wollte vor allem die starke Flotte „an sich". Trotz seiner Vorliebe für Kreuzer wählte er den Anwalt der Schlachtflotte, weil er glaubte, in ihm den starken Mann gegen den Reichstag und den „Handlanger" zur Ausführung seiner eigenen Entschlüsse gefunden zu haben. Statt dessen freilich trat ein neuer starker Mann in den innersten Zirkel der Macht und sollte darin fast zwei Jahrzehnte verbleiben.

4. Die Welt der großen Mächte und ihrer Öffentlichkeit wurde damals durchflutet von einer neuen Tendenz, die man in Analogie zum Militarismus als Navalismus bezeichnet. Der amerikanische Admiral und Marineschriftsteller Mahan hatte Leitidee und Stichworte geliefert: Weltmacht sei historisch schon immer an Seemacht gebunden gewesen, der Kampf um die Vormacht in der Welt, in den alten Machträumen wie in den neuen Kolonialsphären, in der entstehenden Weltwirtschaft werde durch Seemacht entschieden. Die modernen Mittel des Seekriegs seien die gepanzerten Großkampfschiffe; der Seekrieg ziele auf die große Seeschlacht. Das war der Hintergrund für die neue Intensivierung der deutschen Flottenpolitik und die Wendung zum Schlachtflottenbau.

Tirpitz wollte keine Kreuzer-, sondern eine Schlachtflotte. Diese Flotte war nicht mehr von den traditionellen Aufgaben her gedacht, von Küstenschutz- und Handelskrieg, sie war etwas Eigenes und Neues. Sie war eine für große Seeschlachten bestimmte Offensivflotte, die die „Seeherrschaft" erringen sollte – darauf war sein strategisches Denken fixiert. Das hieß, daß die deutsche Flotte nicht in erster Linie wie die Kreuzer für die Weltmeere bestimmt sein sollte, sondern für Nord- und Ostsee, eine Waffe in einem europäischen Hegemonialkampf. Dabei konstruierte er eine eigentümliche Verbindung: Die deutschen „See-Interessen", ein Lieblingswort der Zeit, würden und könnten letzten Endes durch die Erringung der Seeherrschaft, d. h. in der Nordsee, geschützt werden. Noch wichtiger als diese Wendung des seestrategischen Denkens und Planens war, daß Tirpitz die Flotte gegen England bauen wollte. Das war 1897/98 noch nicht das Ergebnis einer außenpolitischen Zwangslage. Frankreich und Rußland waren die potentiellen Kriegsgegner des Reiches, deren – großen – Flotten gegenüber hatte der deutsche Flottenbau einen klaren sicherheitspolitischen und strategischen Sinn. Aber England stand zu den beiden kontinentalen Flügelmächten im Gegensatz und war dem Reich gegenüber neutral, ja ein möglicher Bündnispartner. Hinter dieser Wendung von Tirpitz stand einmal die Vorstellung, England werde seine Wirtschaftsvormacht gegen den neuen Konkurrenten, zumal die drohende deutsche Wirtschaftshegemonie auf dem Kontinent und – ein besonders seltsamer Gedanke – im Seezwischenhandel, durch irrationale Abwehrschläge zu verteidigen suchen, wenn Deutschland nicht entsprechend rüste; das stützte noch einmal das Argument, nur Flottenrüstung schütze die „See-Interessen". Später, als die Flotte im Bau war, verdichtete sich diese Bedrohungskonzeption; England werde die entstehende deutsche Flotte durch einen Präventivschlag vernichten – wie zur Zeit Napoleons die dänische, das war der sogenannte Kopenhagenkomplex. Sodann aber: Die Flotte sollte die weltpolitische Gleichberechtigung gegenüber England ermöglichen, die Durchsetzung weltpolitischer Ansprüche. Es ging nicht eigentlich um einen Angriff auf England, wohl aber um eine Art Drohpotential; das Risiko einer bewaffneten Auseinandersetzung war einkalkuliert. Später, schon in der Vorbereitung des zweiten Flottengesetzes von 1900, hat Tirpitz argumentiert, die Flotte müsse so stark sein, daß sich für jeden Gegner, sprich: England, im Konfliktfall das klare Risiko eines empfindlichen Machtverlustes, ja des Verlustes der Seeherrschaft etwa gegenüber den rivalisierenden anderen Seemächten ergebe, das war die sogenannte „Risikotheorie"; sie ließ freilich die andere Idee eines weltpolitischen Machtgewinns des Reiches hinter dem Defensivzweck zurücktreten. Ein anderes Zusatz-Argument war, daß eine starke Flotte die „Bündnisfähigkeit" steigern werde. Die Flotte war, vor allem jedenfalls, eine Waffe der Abschreckung, sie sollte England von einem Krieg gegen Deutschland abhalten, ja es zu einem Einlenken in weltpolitischen Konflikten nötigen. Ein Verhältnis der deutschen zur britischen Flotte von zwei zu drei schien Tirpitz, bei den vielfältigen Verpflichtungen Englands in der Welt und im Mittelmeer, erstrebenswert, das würde die deutsche Selbstbehauptung sichern, das Risiko für den Gegner groß genug machen, ja die Chance eines entscheidenden Sieges eröffnen. Aus diesem Gemisch von defensiven und offensiven Momenten ragt der deutsche Weltmachtanspruch gegen Großbritannien, der Anspruch auf Teilhabe an der Weltherrschaft, auf Gleichberechtigung, auf unbedingte Freiheit der eigenen Aktionen heraus, gleichgültig, ob man mehr das Droh- und das Abschreckungspotential oder mehr die Bereitschaft zu einem schließlichen und unvermeidlichen Machtkampf betont. Die Verkoppelung von Seemacht und Weltmacht führte auf Dauer in gewisser Weise dazu, daß die Marine und ihre Aufrüstung auch zu einer Art Selbstzweck wurden. Die Zirkelhaftigkeit mancher Argumente zeigt das schon früh an: Die Flotte und nicht nur der Handel brauchte Stützpunkte wie Kiautschau, und Stützpunkte brauchten zu ihrem Schutz eine Flotte.

Man muß die einfachen Wahrheiten festhalten. Es gab viele gute Gründe, daß das Reich wie alle anderen größeren Mächte eine Flotte auf- und ausbaute. Normal war auch, daß dabei der Blick besonders auf England gerichtet wurde. Spezifisch dagegen ist einmal die betonte und einseitige Wendung gegen England und sodann die Unabhängigkeit, ja Vorrangigkeit der deutschen Flottenpolitik gegenüber der deutschen Außenpolitik. Die von zwei Großmächten bedrohte Kontinentalmacht Deutschland legte sich ohne zwingenden Grund zusätzlich mit der Seemacht England an. Aus einer Neben-Außenpolitik wurde eine Über-Außenpolitik.

Die deutsche Flotte wurde gegen England gebaut. Sie wurde nicht, jedenfalls nicht im gleichen Maße, gegen das Parlament gebaut, wie manche kritischen Historiker, von Eckart Kehr bis Volker Berghahn, glauben machen wollen. Daß der Flottenbau das Verhältnis von Regierung und Parlament berührte, ist unbestritten, und gewiß hat Tirpitz Nebenfolgen des Flottenbaus, die die Entscheidungsmacht und -freiheit des Parlaments beeinträchtigten, gern erwähnt, schon im Blick auf den Kaiser. Aber auch die Kalkulation von Nebenfolgen macht sie nicht zur Hauptabsicht. Tirpitz wollte eine langfristige und systematische Flottenplanung, mit einem klaren Verhältnis von Neu- und Ersatzbauten, er plante nicht mehr einfach Schiffe, sondern Verbände, „Geschwader". Dazu mußte der Reichstag sich langfristig (und in Gesetzesform) festlegen und auf sein jährliches Etat-Entscheidungsrecht im wesentlichen verzichten. Die bisherige Situation, in der Flottenforderungen für die Parteien Anlaß zu Kompensationsverlangen waren, sollte im Zeichen eines „Eisernen Etats" aufhören. Indem Tirpitz, geschickt die Mentalität der Abgeordneten – auch seiner Regierungskollegen – einkalkulierend, den Eindruck der Zufälligkeit der Anforderungen vermied und ein anscheinend rationales System mit überschaubaren Lasten und Zukunftsfolgen vortrug, gewann er an Boden bei den Abgeordneten. Dabei freilich hatte er listenreich das Überspielen des Reichstags von vornherein einkalkuliert. Auf das erste – derart planmäßige – Flottengesetz von 1898 folgte überraschend 1900 ein zweites, folgten 1906, 1908, 1912 drei Novellen, aus den ursprünglich 19 Großkampfschiffen waren in knapp anderthalb Jahrzehnten 61 geworden. Diese Erweiterung der 1898 noch scheinbar moderaten Planung war nicht allein Anpassung an neue Gegebenheiten, den „Dreadnought-Sprung" der Engländer 1905/06 zu größeren Schlachtschiffen z. B., sondern von vornherein im Prinzip eingeplant. Auch das Entstehen neuer „Sachzwänge", z. B. die Notwendigkeit, freie Baukapazitäten auszunutzen, war eingeplant, indem das Reichsmarineamt vorher das Bautempo entsprechend manipulierte und bewilligte Bauten vorzog, und also der Druck zu weiterer Expansion. Das Erstaunliche war, daß Tirpitz, der das Parlament fest in den konstitutionellen Schranken halten wollte, sich durchaus modern und geschickt auf die Wirklichkeit des Parlaments einstellte, ein großer und erfolgreicher Taktiker, etwa durch Pflege der Kontakte zur ausschlaggebenden Zentrumspartei, durch Organisation von Flottenbesuchen der Abgeordneten etc. Zudem setzte er ganz auf ein neues und ausgesprochen modernes Konzept, er mobilisierte die Öffentlichkeit, beeinflußte so die Parteien. Er gründete im Reichsmarineamt eine eigene Propaganda- und Informationsabteilung (1897), die ganz professionell und im wesentlichen indirekt arbeitete, organisierte breite Unterstützung aus der Wissenschaft und schließlich (1898) einen großen bürgerlich volkstümlichen Verein, den Deutschen Flottenverein, mit starker finanzieller Hilfe der Rüstungsindustrie, die natürlich nicht uninteressiert war und in der Führung des Vereins eine ganz wesentliche Rolle spielte. Wir kommen auf den Verein im Zusammenhang mit dem Nationalismusproblem ausführlich zurück. Die Über-Aktivität des Flottenvereins (unter dem General Keim) 1907/08 führte zu Spannungen, aus taktisch-politischen Gründen wurde sie mit Mühe abgeblockt und der Verein wieder auf Regierungskurs gebracht. Zum ersten Mal hatten sich die Geister, die man gerufen hatte, selbständig gemacht, und man wurde sie schwer wieder los. Das war ein Vorklang der Problematik, die seit 1912 die deutsche Politik so gewaltig erschwerte.

Zur strategischen Planung gehörte die allmählich zum Mythos werdende Idee der Entscheidungsschlacht, gehörte die Konzentration auf die Nordsee, und politisch gehörte es zum Konzept des Flottenbaus, den Konflikt in der Aufbauphase der Flotte, der „Risikozone", tunlichst zu vermeiden und die Flottensache „herunterzuspielen", wobei Tirpitz freilich der redselige, bramarbasierende Kaiser immer wieder in die Quere kam. Daß England unter dem Druck der imperialen Ansprüche des Reiches wie seiner Flottenrüstung sich mit seinen weltpolitischen Jahrhundertgegnern Frankreich und auch Rußland verständigen könnte, war in der ursprünglichen Planung – natürlich – nicht einkalkuliert.

England hat die deutsche Flottenrüstung zunächst nicht sonderlich ernst genommen, alle Welt baute ja Flotten. Die provokativ anti-deutschen Maßnahmen der Engländer im Burenkrieg – die Beschlagnahmung deutscher Schiffe – waren freilich zusätzlich ein unverhoffter gewaltiger Auftrieb für das zweite Flottengesetz. Nach 1902 dann galt den Engländern die deutsche Flottenrüstung als unfreundlicher Akt, ihr aggressiver Charakter wurde hinter den defensiven Argumenten wahrgenommen, aber noch galt sie nicht als gefährlich; erst 1904/05 änderte sich die Einschätzung. Jetzt hielt der britische Admiral Fisher, nicht weniger machtbesessen und aggressiv als Tirpitz, seine großen öffentlichen Drohreden. Der englisch-französische Ausgleich entlastete zwar die Engländer, aber die Deutschen steckten deshalb nicht etwa zurück, sondern ließen nun die politische Abschreckungsstrategie des Flottenbaus mit gesteigerter Heftigkeit weiterlaufen, ja die Flotte wurde fast ein Selbstzweck der Weltpolitik. 1905/06 gingen die Engländer nach den Erfahrungen des russisch-japanischen Krieges zum Bau neuer, wesentlich größerer und stärker bewaffneter Schiffe über, der Dreadnoughts. Das Reich nahm die Herausforderung der neuen Waffe sofort auf. Wenn beide Rivalen mit den neuen Kampfwaffen von vorn anfingen, dann – so schien es – zählte die bisherige quantitative Überlegenheit der Briten nicht mehr so stark, ja wurde eigentlich entwertet. Die deutsche Hoffnung freilich, die Engländer „totzurüsten", trog, denn diese steigerten wider Erwarten Flottenausgaben, Baukapazität, Bautempo und Bauaufträge so, daß ihre Überlegenheit bestehenblieb. Daraus wurde das gewaltige Hoch- und Wettrüsten des Jahrfünfts vor 1914. Daß England das „Rennen" gewann, war schon vor dem Krieg klar.

Ebenfalls wichtig für die Geschichte der Rüstungspolitik ist die schnelle Entwicklung der Technik im Schiffbau und in der Seekriegstechnik. Die Schiffe wurden schneller – erst recht mit dem Übergang von Kohle zu Öl und zu Dieselmotoren –, das Verhältnis von Energievorräten, Gewicht und Reichweite änderte sich ständig; die Geschütze wurden größer und schwerer, schossen weiter und genauer; damit korrespondierend wurde die Panzerung der Schiffe besser, stärker und schwerer; die telegraphische Nachrichtenübermittlung spielte für jede Operation eine immer entscheidendere Rolle. Neben den Großkampfschiffen (den Schlachtschiffen und Kreuzern) gab es die kleinen und schnellen Torpedoboote – der Torpedo galt lange als eine Art Wunderwaffe – und dagegen wieder die Zerstörer, als Waffen schließlich auch die Minen. U-Boote waren erst in den Anfängen. 1913 war die Entwicklung eines brauchbaren Dieselmotors der MAN abgeschlossen, von den 28 deutschen U-Booten waren 1914 freilich erst wenige mit diesen Motoren ausgestattet.

Bei Kriegsausbruch 1914 verfügte Deutschland über 17, England über 27 große Kampfschiffe, 4 bzw. 12 waren im Bau (je nach Definition weichen alle solchen Zahlen ein wenig voneinander ab, nach einer anderen Angabe besaß Deutschland 22 und England 34 große Kampfschiffe). Bei den leichteren Schiffen war die englische Überlegenheit noch größer. Bei Unterseebooten wie auch bei Torpedos und Minen war die deutsche Flotte leicht überlegen. Und die deutschen Schiffe hatten kürzere Wege, brauchten weniger Kohle, hatten zum Teil mehr Kanonen.

Mit der eigentlich militärstrategischen Planung für den Einsatz der Abschreckungswaffe Flotte war es noch sehr viel schwieriger als mit ihrem „weltpolitischen Sinn". Das Reich war, auf den Überseehandel angewiesen und ohne freien Zugang zu den Weltmeeren, in einer seestrategisch miserablen Lage. Tirpitz' Planungen gingen von einer sogenannten „engen" Blokkade der Deutschen Bucht aus, gegen die man Offensivstöße unternehmen könnte, und davon, daß England eine große Seeschlacht suchen werde; dann kam es darauf an, sie nur bei günstiger zeitlicher und örtlicher Gelegenheit anzunehmen. Die Seeschlacht wurde geradezu zum Mythos der deutschen Planung. Daß England die Fernblockade – im Kanal, auf der Linie Schottland-Norwegen – wählen und die Seeschlacht vermeiden könne, war in den deutschen Plänen, mindestens bis 1913, nicht vorgesehen. Als England 1914 in den Krieg eintrat und diese nicht vorausgesehene Strategie verfolgte, die deutsche Flotte in ihren Basen hielt und an jedem Ausbruch in den Atlantik hinderte, war die deutsche Operationsplanung endgültig gescheitert. Von den seestrategischen Aufgaben konnte die Flotte allein den Küstenschutz und Schutz und Abschirmung der Ostsee übernehmen. Der deutsche Handel war gegen eine Fernblockade nicht zu schützen, der Handel der Gegner war, da die U-Boot-Waffe noch nicht sehr weit entwickelt war, einstweilen unangreifbar. Die Schlachtflotte erwies sich als militärisch wenig sinnvoll, schließlich kam es nur darauf an, sie als Faustpfand für den Frieden zu erhalten.

1911/12 etwa kann man in der Marineführung erste Einsichten in den Fehlschlag der Flottenplanung feststellen: Die Idee, England totzurüsten und zu überflügeln, war gescheitert; das Kalkül der großen Seeschlacht und der englischen Nahblockade, die die deutschen Seestreitkräfte durchbrechen könnten, wurde allmählich als Illusion, von den neuen englischen Plänen nicht gedeckt, erkannt. Es gab in der Marine Opposition gegen die Tirpitz-Strategie, die auch bis zum Kaiser vordrang. Aber dagegen und selbst gegen etwaige eigene Zweifel hielt die Führung am einmal eingeschlagenen Kurs fest.

Hinterher ist man immer klüger. Daß es keine Alternativplanungen gab und daß die marine-internen Kritiker der Planung nicht einmal ernsthaft Gehör fanden, war ein Mangel der deutschen Marineführung. Erst recht war es ein Mangel, daß es keine Koordination mit der Armee gab: Die Frage eines englischen Expeditionskorps und die Bedeutung der Kanalhäfen und des Kanalverkehrs sind zwischen Heer und Marine nicht, wie es auf der Hand liegen mußte, erörtert worden. Die Strukturmängel der Polykratie unter dem Mantel der Militärmonarchie waren hier, noch einmal, entscheidend.

Zwei Bemerkungen schließen dieses Kapitel mit der nötigen Ambivalenz. Einmal: Die Rolle des Militärs, des Heeres wie der Flotte, war in allen Nationalstaaten groß und weit größer, als es geschriebene oder ungeschriebene Verfassungen vorsahen. Die Achtung vor dem Militär und seinen Ansprüchen war eine nationale Pflicht. Das Militär war in der Gesellschaft angesehen. Paraden wie die Fast-Allgegenwart von Militärkapellen bei populären Festanlässen zeugen davon. Die imperialen militärischen Kolonialstatthalter Englands und Frankreichs waren populäre politische und auch mächtige Figuren. Ja, die Trennung von Militär und Zivil, die Abneigung der Militärs gegen zivile Politiker und gar Parlamentarier und erst recht gegen Linke, die Ausbildung eines besonderen Normenkodex unter den Offizieren und der autoritäre Umgangsstil mit den Mannschaften, das ist ein Stück weit gemeineuropäisch, die Überlegenheitsgefühle und -praktiken der Kolonialarmeen sind extreme Beispiele.

Man muß sodann – nun für das Reich – festhalten, daß das martialische Gerede vom „inneren Feind" und das Spielen mit dem Staatsstreich bei führenden Militärs, innerhalb der kaiserlichen Umgebung vor allem, zu nichts geführt hat. Es gab genügend politische, auf die Dauer auch militärpolitische Vernunft und genügend Kräfte gegen solche Erwägungen. Wer die innere und die äußere Lage der Nation und der Monarchie bedachte, konnte dergleichen nur für bares Abenteurertum halten. Auch 1914 sind ja die sozialdemokratischen Führer eben nicht verhaftet worden, und die Militärführung hat mit ihnen auf Dauer kooperieren müssen. Man darf die konsolidierte Kraft des deutschen National- und Verfassungsstaates nicht unterschätzen, den Bürgerstaat; der Militärstaat, die Militärmonarchie war nicht allmächtig, sie war in ihn integriert, teilintegriert. Aber, und das ist gegenüber der Normalität und der Konsolidiertheit der zivilen Verfassungen doch noch wichtiger: Die Sonderstellung des Militärs bleibt, auch im europäischen Vergleich, das herausragende Phänomen, politisch wie gesellschaftlich. Die relative Unbürgerlichkeit der deutschen Gesellschaft und die gewisse Zerfahrenheit wie die aggressive Auftrumpfneigung der deutschen Außenpolitik hängen damit zusammen. Das Militär, genauer die Kommandogewalt als Kern der Militärmonarchie blockierte darüber hinaus bis auf weiteres eine Fortentwicklung und Änderung des politischen Systems, es blieb Drohpotential gegen solche Änderungen. Kommandogewalt und Sondergeist des Militärs stützten sich gegenseitig, die Militärs waren zuerst Gefolgs„mannen" des Monarchen, nicht Staatsbürger. Darum blieben Ausnahmezustand und anti-revolutionäre Staatsstreiche als potentielle Drohung voll politischer Kraft doch gegenwärtig.

7. Nationalismus und Nationalstaat

Unsere Welt ist auch im späten 20. Jahrhundert eine Welt der Nationen, der nationalen Staaten. Das bestimmt die kollektive Identität, in der jeder steht. Im 19. Jahrhundert ist Europa eine Welt der Nationalismen, derer, die eine Gestalt der Nation noch suchen und derer, die sie gefunden haben. Nationalismus ist europäische Normalität. Und die Steigerung des Nationalismus im letzten Drittel des Jahrhunderts und bis zum Weltkrieg hin ist ebenso europäische Normalität. Das muß man fest im Auge behalten, wenn man über den deutschen Nationalismus spricht und über seine Besonderheiten. Wir handeln vom Nationalismus, einer Bewegung, einem Kern der politischen Kultur, einem metapolitischen Glauben so vieler Menschen, und von seiner Dynamik. Die Tatsache, daß das Deutsche Reich ein Nationalstaat war, ist in dieses größere Phänomen eingebettet, erst von daher werden das Wesen und die Formen dieses Nationalstaates verständlich. Darum erörtern wir das Thema: das Reich als Nationalstaat im Zusammenhang mit den Schicksalen des Nationalismus.

Das Wichtigste und zunächst Grundlegende ist, daß die deutsche Nationalbewegung, Trägerin und Verkörperung des deutschen Nationalismus, 1871 gesiegt hat, ihr Ziel, die deutsche Einheit, den deutschen Nationalstaat, erreicht hat. Aus dem hoffenden und strebenden war der erfolgreiche Nationalismus geworden, er war nicht mehr auf die Zukunft hin orientiert, sondern an etwas Gegebenem und Gewonnenem, etwas Gegenwärtigem; das galt es zu erhalten. Die Frage war, was aus einer Bewegung wurde, die ihr Hauptziel erreicht hatte, ob sie sich neue Ziele setzte oder in eine Selbstverständlichkeit und Ruhelage modifizierte. Anders gewendet: Was geschah, wenn das, wogegen man gekämpft hatte, die deutsche Teilung und der deutsche Staatenpartikularismus, verschwunden war. Wir wissen es: Der Nationalismus blieb und wuchs und änderte sich. Dieser Wandel hat viele Dimensionen.

In die Wogen der verständlichen Freude und Dankbarkeit über Einheit und Sieg 1871, in den Enthusiasmus auch, mischte sich viel nationales, intellektuelles wie vulgäres Sieges- und Triumphgeschrei mit manchen Zügen eines kollektiven Rausches, jedenfalls im protestantischen Bürgertum. Man wird diese Pauken- und Trompetenrhetorik nicht zu ernst nehmen, sie entsprach einstweilen der Situation; ihre stilprägende Kraft hat sie erst langsam gewonnen, auf Grund der inneren Veränderungen des Nationalismus, von denen wir sogleich reden. Aber man muß die Sorge der frühen Kritiker hören und ernst nehmen. Ein Realist wie der Balte Julius von Eckardt sah in der Annexion des Elsaß den Keim einer künftigen Katastrophe. Der alteuropäisch-ästhetische Baseler Jacob Burckhardt faßte seine Verachtung des vulgären Reichsnationalismus in der Bemerkung zusammen, jetzt werde die ganze Geschichte siegesdeutsch angestrichen. Sein Kollege, der sächsische Pfarrerssohn Friedrich Nietzsche, formulierte schon 1873, es bestehe die Gefahr, daß die deutsche Einigung mit der „Exstirpation des deutschen Geistes" erkauft werde. Und ein berühmter Mitkämpfer der liberal-nationalen Bewegung, anders als jene esoterischen Kulturkritiker ein politischer Mensch gewiß, Theodor Mommsen, warnte vor einer drohenden moralischen Brutalisierung. Ein nüchterner konservativer und zugleich zeitnaher evangelischer Theologe wie Martin Kähler sprach von nationalistischer

Machtverherrlichung. Was bis dahin auch für den national gesonnenen Menschen eine lebendige Realität gewesen war, das Über-, ja das Internationale, trat zusehends zurück; selbst die frühnationale Internationale der Nationalisten, die man noch 1859 und 1866 gegen Österreich anrufen konnte, spielte gegenüber der Konzentration auf die eigene Nation keine Rolle mehr.

Neben solchem Siegesgebrüll und solcher Kritik gab es die Liberal-Nationalen, die sich wie Sybel die Frage stellten, was denn, nachdem ihr solange und intensiv erstrebtes höchstes Ziel erreicht sei, noch dem Leben Sinn und Ziel geben könne. Wir wenden uns der Frage zu, wie sich der Vor-Einigungsnationalismus 1871 und in den beiden folgenden Jahrzehnten gewandelt hat.

1. Der deutsche Nationalismus war, bei der Vielstaatlichkeit und Nicht-Einheit war das nicht anders zu erwarten, kein Staatsnationalismus wie jener der Franzosen und Schweizer und Belgier, sondern ein Kultur- und Sprachnationalismus. Er berief sich nicht auf Wille und Bekenntnis zuerst, sondern auf gemeinsame Herkunft und gemeinsames geschichtliches Schicksal, gemeinsame Kultur und gemeinsame Sprache. Der Anspruch auf das Elsaß – gegen das Selbstbestimmungsrecht der politisch zu Wahlfranzosen gewordenen Elsässer Führungsschicht – oder die Aufregung über die Luxemburg-Frage hatten das bestätigt. Aber die lange schwärende großdeutsche Frage und die endgültige Entscheidung von 1866 hatten den Kultur- und Volksnationalismus doch relativiert. Die liberal-nationale Mehrheit außerhalb Österreichs hatte sich schon 1849 ja kleindeutsch entschieden, notgedrungen zuerst, aber doch auch, weil Preußen der Staat des Protestantismus und der vernünftigen Reform war. Und das galt 1866 und 1871 erst recht. Nicht alle Deutschsprechenden also (von den Deutsch-Schweizern ganz abgesehen), „von der Etsch bis an den Belt", nicht alle Deutschen gehörten zur neuen Reichsnation. Man „beanspruchte" nicht die Deutschen in den Streusiedlungen des Ostens und Südostens und nicht die Baltendeutschen – obwohl die Russifizierungspolitik des Zaren Emotionen auslöste –, nicht Übersee-Siedlungen in Amerika. Bismarck, von Haus aus kein Nationalist, hat da scharfe Grenzen gezogen, auch in der Publizistik: Niemand durfte die Außenpolitik, die auf Beziehungen von Mächten und nicht von Völkern beruhte, durch Irredenta-Gerede stören. Es gab im deutschen Mitteleuropa eine Zweistaatenrealität: den Nationalstaat Deutsches Reich und das übernationale alte Österreich-Ungarn. Der Nationalstaat konnte europäisch nur deshalb stark sein, weil er auf die Vollendung des Nationalprinzips gerade verzichtete, das war Bismarcks Weisheit, die Reichspolitik kam so – entgegen den Legenden der Reichskritiker – mit der alten Mitteleuropa-Politik überein. Die Reichsdeutschen von 1871 waren nicht groß-, nicht alldeutsch, nicht irredentistisch. Es bleibt erstaunlich, wie schnell man sich mit der staatlichen Trennung von den österreichischen Deutschen – beim Fortbestehen kultureller Sonderbeziehungen etwa im Hochschulbereich, in dem der Konfessionen, in den Alpenvereinen, bei Turnern und Sängern – abgefunden hat. Der

Kulturkampf erleichterte das, indem er den Antikatholizismus der Kleindeutschen so sehr verstärkte. Einer der wenigen, der die neue Bestimmung der Nation als der nur der Reichsdeutschen bekämpfte, war der Volks- und Kulturnationalist Paul de Lagarde, aber vorerst war er nur ein Einzelgänger. Was es an Narben und bei den Katholiken auch an Wunden gab, hat der Zweibund heilen lassen, zumal seine emotionale Weiterentwicklung zum „Bund der Brudervölker". Die Deutschen im Südosten Europas haben sich nach Wien orientiert. Nur die Baltendeutschen und dann die anti-habsburgischen Deutsch-Österreicher wurden, je länger je mehr, vom Reich angezogen. Für die Reichsdeutschen verschwand das Problem der Deutschen jenseits der Grenzen zunächst jedenfalls weitgehend. Ein Allgemeiner Deutscher Schulverein von 1881, der spätere Verein für das Deutschtum im Ausland, wollte das deutsche Schulwesen in Ungarn schützen, das stand ganz in der Tradition des Kulturnationalismus, ohne allen Irredenta-Ton. Als Max Weber 1895 von der Fortführung der Reichseinigung sprach, redete er nicht von einer Überwindung der Teilung von 1866, sondern von der Weltpolitik. Freilich, wir wissen aus den Erfahrungen nach 1918, vom deutschen Österreicher Hitler nicht zu reden, wie real das Problem der Deutschen außerhalb der Reichsgrenzen war und welche Latenz es im reichsdeutschen Nationalismus hatte. Das kam schon in der „alldeutschen Phase" vor 1914 wieder zum Vorschein.

2. Die Reichsgründung hat die deutschen Partikularstaaten – außer Österreich – in einen Nationalstaat zusammengeschlossen. Es blieben natürlich, während die Großdeutschen schwiegen, resignierten oder emigrierten, diejenigen, die bis zuletzt gegen diese Lösung gewesen waren – von den Nationalen als Partikularisten bezeichnet –, unbedeutend und bald verschwindend, wie in Hessen-Kassel oder Schleswig-Holstein, und stärker, wie in Hannover und in Bayern. Dennoch, insgesamt waren die Partikularisten schwach, sie konnten nur an dynastische Loyalitäten oder an anti-borussische Sentiments appellieren, sie standen jetzt im Gegensatz zum stärksten Potential eines möglichen Partikularismus, zu Preußen. Sie amalgamierten sich mit den Föderalisten. Aber, den Nationalen, den Siegern im jahrzehntelangen Kampf, fehlte die Gelassenheit, auf die Macht der Zeit und der angleichenden Institutionen und Lebensbedingungen zu setzen, sie sahen in den Partikularisten weiter ihre Gegner, weiter eine Gefahr. Das verschärfte sich über der Frage nach dem Föderalismus. Die Verfassung hatte – ein Kompromiß nicht zu aller Freude – zwischen eher unitarischen und eher föderalen Elementen vermittelt. Aber die verfassungspolitischen Gegensätze der Gründungskonstellation traten bald zurück – was zählte, war die Praxis der Verfassung, etwa die Betonung der einzelstaatlichen Sonderrechte, vor allem aber die Bewahrung eigener Traditionen, eigenen Sonderbewußtseins, wie sie in Schulbüchern, in dynastischen Feiertagen oder sogar, wie in Bayern, in Denkmälern zum Ausdruck kam. Die Nationalen, auch wenn sie Vernunft-Föderalisten geworden waren, waren eher fürs Unitarische, sie witterten

hinter der föderalistischen Eigenständigkeit, gerade der Bayern und Württemberger und erst recht der „Welfen“, zu der natürlich immer ein guter Schuß Anti-Borussismus gehörte, Partikularismus. Betonte Föderalisten waren Partikularisten, das hielt das Problem am Leben und intensivierte es ständig neu. Und das verband sich mit dem deutschen Nord-Süd-Gegensatz und seinen verfassungspolitischen, gesellschaftlich-wirtschaftlichen, kulturellen und konfessionellen Dimensionen. Kurz, der siegreiche Reichsnationalismus von 1871 sah in den alten Gegnern neue Gefahren und Bedrohungen, focht den alten Kampf weiter, focht nach der äußeren jetzt für die „innere“ Reichsgründung, das lebendige Zusammenwachsen der Regionen und „Stämme“.

3. Die neue Wendung gegen den sozusagen inneren Partikularismus gab dem Nationalismus dauernde neue Nahrung. Zugleich und wichtiger: Das färbte und intensivierte andere alte und neue Gegensätze. Zunächst kann man eine schärfere Wendung des Nationalismus gegen Minderheiten konstatieren – vor allem gegen die Polen, da gilt nicht mehr das romantisch-ethnische Sprachprinzip, das die Nation und ihre Rechte begründete, sondern die historische Territorialherrschaft. Und dann entstand, neu im Prozeß des Nationalismus, bei einem Teil der Nationalisten die Wendung gegen die Juden. Wir werden davon ausführlich sprechen. Hier genügt es festzustellen, daß die Ansprüche an die nationale Identität und an die innere Ausfüllung der nationalen Existenz, seitdem der staatliche Rahmen geschaffen war, anwuchsen und daß sich die Abgrenzung gegen das „Fremde“, ja die Ausgrenzung des Fremden verstärkte.

Daraus ergab sich der Konformitätsdruck auf alle, die nicht mit vollem Herzen und Enthusiasmus der Bismarckschen Form der Reichsgründung zustimmten, andere Loyalitäten, Vorbehalte, Gegenbilder noch hatten. Am wildesten war die Verkoppelung des Nationalismus mit dem kulturkämpferischen Antikatholizismus (in nationaler Terminologie: Antiultramontanismus), mit dem Nationalprotestantismus und dem säkularistischen Kulturprotestantismus. Das Charakteristische ist, daß der antikatholisch-antiklerikale Liberalismus und auch der konservativ antikatholische Protestantismus sich auf diese Weise national einfärbten. Sie setzten die neue deutsche Nation und ihren Staat mit dem protestantischen Erbe fast gleich, sahen in der „römischen“ Kirche und ihrem Internationalismus per se einen Anschlag auf die Nation. Im Grunde waren sie auf eine einheitliche (und moderne) nationale Kultur auf der Basis einer national-zivilen Religion aus, auf Homogenität der Nation gegen so tiefreichende Pluralitäten wie die religiösen. Gewiß sind es auch Bismarcks Konfliktstrategie und Haßleidenschaft gewesen, welche die Gegner als Reichsfeinde stigmatisierten. Gewiß boten die außenpolitisch skurrilen Eskapaden von Katholiken in der römischen Frage auch dem tolerantesten Liberalen Anlaß zur Irritation. Gewiß muß man nicht alle überhitzten nationalistischen Antikatholizismen der Liberalen der 70er Jahre auf die Goldwaage legen, es gab ja danach viele

Versöhnungen. Gewiß, es war der Liberalismus so gut wie der Nationalismus, der zu diesen Verwandlungen trieb. Aber die Verwandlung des Nationalismus in diesen Übersteigerungen eines Konfessions- und Religionskrieges ist doch unverkennbar. Der Nationalismus stiftete neue Gegnerschaft, ja Feindschaft, er erweiterte seinen Anspruch ins Universale und seine Intensität jenseits der älteren Toleranz ins Integrale. Das ging zwar wieder zurück, weil es in der deutschen Mehrkonfessionalität so erfolglos blieb – aber die antikatholisch säkulare Umprägung des Nationalismus blieb doch eine fortdauernde Wirklichkeit mit außerordentlichen Folgen.

4. Ehe wir der Wendung des Nationalismus gegen „innere Feinde" und der Verschärfung von Identitäts-, Homogenitäts- und Konsensforderungen weiter nachgehen, müssen wir einen bedeutenden, epochalen Wandel betonen, der mit dem Sieg der Nationalbewegung und der Nationalstaatsgründung von 1871 zusammenhängt. Der Nationalismus war in Europa seit 1789 und auch im von der Romantik geprägten Deutschland eine linke und progressive Bewegung gewesen, oppositionell, ja revolutionär, auf die Veränderung des Bestehenden aus, auf den Sturz der Legitimitäten und Autoritäten der Tradition. Er hatte sich gegen das fürstlich-etatistische Establishment, gegen die Konservativen, gegen die Reaktion gerichtet, er hatte die modernen Kräfte, die bürgerliche Gesellschaft, die öffentliche Meinung, ja auch das „Volk" für sich mobilisiert und emanzipiert. Vor 1871 herrschten die Nicht-Nationalen, die Nationalen waren Opposition. Seit 1871 herrschen die Nationalen. Damit wurde der Nationalismus eine Macht des Bestehenden, er war nicht mehr die Macht der Veränderungen. Der Nationalismus wurde – schon durch die schlichte Lageveränderung – eine „rechte" Sache, war nicht mehr eine „linke". Dazu kam Bismarcks Bündnis mit der Nationalbewegung – der Anschluß von Fürsten und Regierungen und von Teilen schon der Konservativen. Kurz, die bisherigen Gegner, die Rechten, übernahmen die nationalen Ideen und Ziele und suchten sich als die Spitzen und Garanten des neuen Nationalismus zu profilieren. Das war nicht Taktik vor allem, sondern ein tiefgreifender Wandel. Wer vorher konservativ gewesen war und darum nicht-national, durfte jetzt national sein, ja mußte es. Der Royalismus des Establishments, der evangelischen Kirchen und der Massen wurde zur Kaisertreue des Reichsnationalismus.

Zur Koordinatenveränderung und zur Aufnahme des Nationalismus kamen Veränderungen in der Substanz. 1871 ist der deutsche Nationalismus nationalmonarchisch und nationaldemokratisch zugleich, das ist der erste Kompromiß der Reichsgründung. Dann verschieben sich langsam die Gewichte. Die Nationalisierung der Regierungen und des Konservativismus machte umgekehrt den Nationalismus und seine bisherigen Träger auch gouvernementaler und konservativer; teils trat die „Freiheit" hinter der „Einheit" zurück, teils wurde sie vertagt, teils drängten die Sozialistenfurcht und die Massenmobilisierung durch das allgemeine Wahlrecht und die Interessenverbände die Liberal-Nationalen nach rechts. Ideologisch wurden die nicht-liberalen Züge des deutschen Nationalismus betont, die Überordnung der nationalen Gemeinschaft über das Individuum, die Betonung von Ordnung, Macht und Autorität, die Wendung gegen das Naturrecht, den Westen, den Internationalismus. Sodann: Nationale Politik der national gewordenen Regierung und der konservativer werdenden Nationalen war auch Militärpolitik. Die Unterstützung der militärischen Rüstung wurde in einem spezifischen Sinn zu einer „nationalen Frage". Zurückhaltung gegenüber Militärforderungen und der entsprechenden Steuerlast wurde „un-national". Endlich: Während die „nationaldemokratische Linke" das Monopol auf die nationale Sache verlor, verselbständigten sich ihre linken und progressiven Ziele; das trennte sie von den anderen konservativeren Nationalen und rückte diese noch mehr nach rechts.

Man darf diese Rechtswendung des Nationalismus nicht überstrapazieren. Auch die bürgerliche Linke in Deutschland blieb national; später gab es, in Frankreich z. B., einen deutlich linken Radikalnationalismus. Aber insgesamt ging die Tendenz des Nationalismus in Europa und in Deutschland zumal nach rechts. Die alte frühnationale Koppelung von Nation und innerer Reform, Nation und Parlament verblaßte. Als die Rechte sich Ende der 70er Jahre dem Schutzzoll zuwandte, fand sie mit dem Slogan vom „Schutz der nationalen Arbeit" eine neue „schöne" nationale Parole, Freihändler wurden jetzt Internationalisten, waren nicht-national.

Schließlich gab es – rhetorisch oft über die Verteidigungs- und Militärfrage – die Identifizierung der bestehenden Gesellschafts- und Staatsordnung mit dem nationalen Interesse, mit der Nation. Und die Nation ist es wiederum, welche die Solidarität und Stabilität der Gesellschaft begründet. Alle Systemveränderer – seien sie sozial-revolutionär oder verfassungsrevisionistisch – wurden dann „un-national". Und die Nation konnte man gegen die Pluralität von Parteien anrufen, wenn sie deren Einheit mehr zu gefährden als zu stärken schienen. Mindestens konnte solche Anrufung der Nation kompensatorisch gegenüber dem Parteienpluralismus sein.

Die Sozialdemokratie, die die Art der Reichsgründung von 1871 und das neu entstandene Reich ablehnte, wurde zum Reichsfeind, zu einem der permanenten Feinde des Reichsnationalismus. Ihr Bekenntnis zum Internationalismus ließ ihre nationaldemokratische Orientierung für den Normalbürger gänzlich zu einem Nichts schrumpfen; man warf den Sozialdemokraten vor, die bestehende Staats- und Gesellschaftsordnung, die man gerade anfing als die nationale Ordnung anzusehen, revolutionieren und umstürzen zu wollen. Wir wissen nicht, wie sich die Dinge ohne die internationalistische Orientierung der Partei entwickelt hätten, aber diese war für jeden Nationalisten eine schreiende Provokation. Die Ausgrenzung der Sozialdemokratie wurde ein Kernbestand des Reichsnationalismus.

Auch die Linksliberalen gerieten leicht in den Verdacht des Mangels an nationalem Sinn, Bismarck hat das besonders gepflegt. Die Dramatisierung einiger Reichstagswahlen durch das Schreckgespenst nationaler Bedrohung von außen, der Vorwurf der Unwilligkeit zur Verteidigung im Innern verstärkten diese – der Sache nach künstliche – Koppelung. In den 80er Jahren hat Bismarck auch die Haltung zu den Kolonien, die er selbst ja nur sehr halbherzig erwarb, zum Test der nationalen Fragen und Zuverlässigkeiten gemacht.

5. Ebenso wichtig wie die Tendenz des siegreichen Nationalismus von 1871 gegen innere Gegner, alte und vor allem neue Feinde, ist die Wendung nach außen; der Akzent verschiebt sich von der inneren Einigung der Deutschen zur Machtstellung Deutschlands in Europa und in der Welt. Dieses Element war natürlich immer mit dem Nationalismus verbunden gewesen, teils weil die Deutschen sich zu kurz und zu spät gekommen fühlten, teils und vor allem, weil die deutsche Einigung ja auch von den Großmächten abhing, wie 1848 in Schleswig-Holstein von England und Rußland. 1866/71 war die nationale Einheit nur gegen Frankreich zu erringen gewesen; das wurde eine Erblast der Gründungsumstände. Aber vor der Reichsgründung war doch Deutschlandpolitik ganz und gar die Hauptsache. Das änderte sich nach 1871. Zwar stand die Außenpolitik noch keineswegs wie in der Ära der wilhelminischen Weltpolitik im Vordergrund des öffentlichen, des nationalen täglichen Interesses, und real ging es nicht nur dem Friedenspolitiker Bismarck, sondern auch der großen Mehrheit der öffentlichen Meinung um Erhaltung und Sicherung der deutschen Machtposition, nicht um Expansion. Aber ideenpolitisch wurde die Macht jetzt stärker akzentuiert, stärker jedenfalls als Recht, Freiheit oder Wohlfahrt. Die Wendung zur Realpolitik führte in der populären Rhetorik dazu, daß man nicht mehr primär die deutsche Innerlichkeit und Kultur, die Dichter und Denker feierte, sondern die reale Macht. Der gewonnene Krieg gegen einen äußeren neidischen Feind machte diese Wendung fast zwingend, das deutsche Schwert wurde in der Öffentlichkeit – anders als in der Diplomatie – mehr und mehr ein wesentliches Symbol der Deutschen. Darin mündeten rhetorische Überkompensationen vermeintlicher früherer idealistischer Schwäche; darum war dieses Machtgetön etwas schärfer und unangenehmer als in anderen Nationen wie England und Frankreich, denen Groß- und Weltmachtstellung selbstverständlicher waren. Dazu kam die realpolitisch-machiavellistische Freisetzung des nationalen Egoismus von den Normen der gemeinen Moral, ja seine Verklärung. Freilich, die Außenpolitik Bismarcks und das Außenpolitikmonopol der Regierung zügelten noch solche Tendenzen des deutschen Nationalismus. Aber etwa in der aufflammenden Kolonialbewegung Anfang der 1880er Jahre, in den Konkurrenzgefühlen gegenüber England kam doch auch das dynamische Potential des neuen Macht-Nationalismus zum Vorschein. Deutschlands Stellung in der Welt fing an, zum nationalen Thema zu werden, und verdrängte die ältere Konzentration auf das Selbstbestimmungsrecht der Nation.

6. Man muß sich vor Übertreibungen und Überspitzungen hüten, wie sie die Perspektive von der wilhelminischen Zeit her und die Blütenlesen vulgär-

nationalistischer Rhetorik nahelegen können. Der ehedem linke Nationalismus ist 1871 nicht etwa einfach und vollständig rechts geworden, die Konservativen wurden nicht zu seinen eigentlichen Bannerträgern, Nationalismus war nicht identisch mit Bismarcks Politik und Bismarckloyalität, der Kompromiß nationaldemokratischer und national-monarchischer Elemente bestimmte die Welt der 70er und sogar noch zum Teil der 80er Jahre. Wovon wir gesprochen haben, das sind Tendenzen, nicht mehr, nicht weniger: die – langsame – Verschiebung der Akzente ins Konservative oder die langsam möglich werdende Abkoppelung der liberalen Freiheitsideale von den nationalen Einheits- und Machtidealen, die Verselbständigung des Nationalen zu einem Selbstzweck, der keiner weiteren – z. B. liberalen – Legitimation bedurfte. Nation allein konnte, ich betone: konnte, zu einem obersten Wert werden, allein die stärksten Loyalitäten beanspruchen.

Zunächst lebte auch der genuin liberale Nationalismus kräftig weiter: Der liberale Ausbau des Reiches war für ihn nationale Notwendigkeit. Aber auch der moderate Nationalliberalismus der Professoren sah in Rechts-, in Wirtschafts- und in Kulturerrungenschaften, im Reichsgericht, in der Reichsuniversität Straßburg, in der Reichsbank und der Reichsgewerbeordnung, im einheitlichen Markt, im Niederlassungsrecht der Reichsbürger, in der Flotte des Reiches und auch im Reichstag und im Reichstagswahlrecht nationale Ziele und Errungenschaften, oft im Gegensatz zu den Konservativen. Und auch die Konservativen, partikularistisch-royalistisch wie sie waren, haben Zeit gebraucht, sich mit dem Reichsnationalismus zu arrangieren. Bismarck benutzte nationale Parolen und Emotionen, aber darin blieb, so sehr er sich mit dem Nationalstaat Reich identifizierte, immer ein Stück Distanz. Schließlich: Der langsam sich nach rechts verschiebende Nationalismus blieb vom nationaldemokratischen Erbe durch und durch geprägt; nicht der Monarch, das fürstliche oder das sonstige Establishment, sondern das Volk war und blieb der Kern der Nation, es selbst hatte sich zur Nation integriert.

Von den Parteien sind die Liberalen und allmählich die Konservativen national, die Partikularisten sind es nicht, Zentrum und erst recht Sozialdemokraten werden ausgegrenzt und betonen gegen allen nationalen Überschwang das Über- und Internationale, die Freisinnigen nehmen das Nationale mehr selbstverständlich, sie halten an manchen internationalistischen kosmopolitischen Elementen fest. Unter den Parteien suchen sich die Nationalliberalen nach 1879 als Kerngruppe der Nationalisten zu profilieren, und das gelingt ihnen auch. Das hängt damit zusammen, daß ihr Restliberalismus nicht mehr ausreicht, Wähler und soziale Gruppen zu integrieren; die nationale Programmatik, wie immer im einzelnen bestimmt, gewinnt für sie eine integrative Funktion.

Wenden wir uns einer weiteren Dimension von Nationalismus und Nationalstaat in Deutschland zu. Der Reichsnationalismus ergreift seit den 70er

Jahren – auch mit offiziöser Unterstützung – die bürgerlich-bäuerlichen Massen, die bis dahin unpolitisch oder regional und dynastisch loyal gewesen waren. Symbole und Institutionen, Organisationen und eine Fülle von Aktivitäten haben diese Nationalisierung der Massen getragen und bewirkt. Zugleich sind die Symbole und ein Teil der Institutionen, die Symbolkraft gewinnen, der öffentliche Ausdruck des Nationalstaats, der besonderen Form, in der sich der Staat auf die Nation bezieht, sie repräsentiert. Selbstdarstellung des Nationalstaats und Nationalisierung der Massen gehen ineinander über. Wir greifen einiges Wichtige heraus.

Politisch war neben dem bald jedermann geläufigen Namen „Reich" der wichtigste Ausdruck der gesamten Nation die Institution des Kaisertums mit dem symbolgeladenen Titel „der Kaiser". Daß die Formel „Kaiser und Reich" – das war das, wofür man eintrat – sich durchsetzte, ist ein wichtiger Vorgang des Nationalisierungsprozesses. Ideenpolitisch war die „Kaiserfrage" 1871 unklar gewesen und blieb es auch. Preußen und Konservative waren gegen das Neumodische und auch das Bonapartistische, viele Liberale gegen den mittelalterlichen Universalismus und das Österreichisch-Übernationale. Bismarck sah das Populäre und das Bündisch-Föderale, Nationalprotestanten redeten emphatisch vom „evangelischen Kaisertum". Der Kaiser selbst war, wie wir erzählt haben, dem Titel gegenüber reserviert. Aber Bismarcks Witterung war richtig. „Der Kaiser", das setzt sich als Integrationssymbol bald durch, in Preußen wie in den anderen Monarchien; es bleibt relativ abgelöst von den ideenpolitischen Assoziationen und Gegenassoziationen, obwohl das Mittelaltervorbild in die Kaiservorstellung eingeht, aber ohne Italienzug und Universalherrschaftsansprüche, als Erinnerung an Glanz und Größe der nationalen Vergangenheit. Die monarchischen Loyalitäten in den nicht-preußischen Ländern werden zwischen Landesherrn und Reichsoberhaupt geteilt. „Der Kaiser" ist mehr als nur der Name oder der Titel des Präsidiums des Bundes, mehr als ein bloß formelles Staatsoberhaupt, er wird eine Integrationsfigur. Die würdige, ruhige und respekteinflößende Art, in der Wilhelm I. das „Amt" ausfüllt, hat viel zu dieser Entwicklung beigetragen, er wird der „alte Kaiser". Einen eigentlichen Kaiserkult gibt es trotz Geburtstag und Kaiserbesuchen nicht. Der Anfang war nicht eine Krönungszeremonie, sondern die Proklamation vom 18. Januar 1871 gewesen, und so blieb es. Allerlei Erwägungen, eine zeremoniale Tradition zu schaffen oder „wieder" zu beleben, mit Thron und Krone, blieben Pläne. Erst der Enkel Wilhelm II. hat versucht, einen Kult für seinen Großvater zu installieren, etwa mit den monumentalen Provinzialdenkmälern in Preußen, aber das blieb künstlich. Nur in Namen von Straßen, Plätzen und Brücken, Schulen, Krankenhäusern, Kirchen oder dem des Nord-Ostsee-Kanals dringt der Kaiser in die tägliche Wirklichkeit vor. Soweit man sehen kann, ist dabei die Namensgebung trotz aller offiziellen Prägung mehr als Symbol der Nation gemeint, denn als Bekenntnis zur Monarchie, obschon beides zusammengeht. Unter Wilhelm II. gewinnt das Kaisertum eine neue

Bedeutung, indem er der eigentliche Leiter der Reichspolitik sein will und aus dem Traditionsamt ein modern-cäsaristisches Imperialkaisertum zu entwickeln sucht. Aber das provoziert dann im Nationalgefühl und -bewußtsein die eigentümliche Trennung zwischen dem jetzt durchaus geliebten „Amt" des Kaisers und dem individuellen Träger desselben. Der Nationalismus ist monarchisch, ohne sich mit Wilhelm II. identifizieren zu können.

Neben dem Kaiser hat die Verfassung als Basis des Reiches keinen Symbol- und Emotionswert gewonnen. Dazu war sie zu sehr Organisationsinstitut, dazu waren die liberal-demokratischen Kräfte (auch in der „Verfassungspartei" Zentrum) zu schwach. Von den Reichsorganen gewann der Bundesrat nie öffentliche Geltung. Wichtig in dieser Hinsicht wurden allein Reichskanzler und Reichstag. Vor allem der Reichstag wurde über die Wahlen zu einem lebendigen Stück der nationalen Einheit, sie war in ihm nicht nur repräsentiert, sondern auch gegenwärtig. Die offiziöse nationale Rhetorik ignorierte den Reichstag, aber im Bewußtsein der Wähler machte er doch den Nationalstaat dauernd präsent – nicht mit dem Glanz und der Würde des Kaisers und den Emotionen des nationalen „Glaubens", aber mit der Praxis der mehr und mehr ins Leben eingreifenden Politik. Auch deshalb wurde Berlin der zentrale Bezugspunkt der Nation.

Es gab nationale Feiertage. Anfangs war umstritten, ob es einen Nationalfeiertag geben sollte und zu welchem Anlaß, z. B. Reichsgründung oder Sieg über Frankreich. Das wurde nicht verordnet. Der Tag der Kaiserproklamation, der 18. Januar, war ein Monopol Preußens. Der Tag des militärischen Sieges, der Sedantag, entwickelte sich dann relativ schnell zum eigentlichen Reichsfeiertag. Ursprünglich war das, im Geiste Ernst Moritz Arndts, eine volkspädagogisch-religiöse Idee des Pastors Bodelschwingh gewesen; es sollte ein anderer Buß-, Besinnungs- und Danktag sein, nicht wie französische Feste mit Essen, Trinken und Tanzen, sondern mit religiösen Feiern am Anfang und am Ende. Daraus wurde doch ein Tag des patriotischen Siegesgetöses, mit Fahnen und Paraden, sehr ausgelassen oft, und in den 70er Jahren natürlich protestantisch antikatholisch überformt. Die Katholiken konnten nicht anders als diesen Feiertag zu boykottieren, lange Zeit jedenfalls. Daneben gewann „Kaisers Geburtstag" Popularität, außerhalb Preußens neben dem traditionell gefeierten Geburtstag des Landesherrn. Ferner gab es eine Fülle von lokalen und regionalen und halböffentlichen Festen mit spezifisch nationalem Charakter: Kaiserbesuche, Grundsteinlegung und Enthüllung von nationalen Denkmälern, zuweilen sogar deren Jahresgedenkfeiern, die Stiftungsfeste der vielen volkstümlich nationalen Vereine, der Turner, Sänger, Schützen und später der Krieger, der studentischen Verbindungen und ihrer alten Herren, die Feiern der Gründungstage städtischer und öffentlicher Institutionen. Bei den großen Festen war schulfrei, es gab Umzüge, Fahnen, Blaskapellen, immer patriotische Reden, Gesänge, Gedichte oder Vorführungen, Hurrapatriotismus, Trivialrhetorik und Getöse, neben allem „Offiziellen" doch mit Feststimmung von Massen, die gemeinsam auf Plätzen oder in Sälen, gesellig, festlich gekleidet, essend und trinkend und auch ausgelassen tanzend feierten. Das Nationale durchdrang den Jahreskalender des normalen bürgerlich-bäuerlichen Lebens.

Zu den klassischen Symbolen des Nationalstaats gehören Hymne und Flagge. Eine gleichsam offizielle Nationalhymne gab es im Reich nicht. Die „Wacht am Rhein" hat sich neben dem monarchischen „Heil Dir im Siegerkranz" in den 70er Jahren eingebürgert. Später, seit den 90er Jahren, gewann das Deutschlandlied Verbreitung, mit einem nationaldemokratischen Text, dessen „Über-alles"-Formel ins Weltmachtpolitische umgedeutet wurde, und der monarchischen Erinnerung der Melodie der Haydnschen Kaiserhymne. Die Reichsflagge paßte sich zwar der nationaldemokratischen Tradition der Trikoloren an, aber statt des Schwarz-Rot-Gold der liberalen Einheitsbewegung und der Revolution von 1848 war sie künstlich betont preußisch, aus dem Schwarz-Weiß der Preußen wurde das Schwarz-Weiß-Rot. Ursprünglich war sie nur für die Handelsschiffahrt im internationalen Verkehr wichtig, erst mit dem Aufstieg der deutschen Flotte wurde sie ein Herzenssymbol des Nationalismus.

Ein besonders zeittypischer Ausdruck des Selbstverständnisses und der Selbstvergewisserung der Nation wurden die Denkmäler, wir haben in unserem Kunstkapitel im ersten Band davon gesprochen. Dazu gehören die beiden großen pathetisch monumentalen „Nationaldenkmäler" der 70er Jahre: die Germania auf dem Niederwald, die einen konservativ-liberalen Mischmythos von der Reichsgründung durch die Fürsten und das Volk präsentiert und, so scheußlich sie ist, Einigung und Frieden und eine ganz defensive „Wacht am Rhein" deutlich vor Sieg und Krieg stellt; und das 1838 begonnene, 1875 endlich vollendete Hermannsdenkmal, martialisch mit dem erhobenen Schwert, wider die „Welschen" gerichtet und, so die Kulturkampfdeutung, wider „Rom". Aber überall gibt es regionale und lokale Sieges- oder Friedensdenkmäler, die die Reichseinigung feiernd vor Augen stellen. Dazu kommen die kleineren Krieger-, Ehren- und Totendenkmäler, die nun fast ubiquitär werden, zu jeder Kleinstadt und jedem Dorf gehören. Auch die Personendenkmäler, für die Großen der Geschichte, haben immer einen nationalen Zug – von Luther über Lessing und Schiller bis zu Stein oder zum Turnvater Jahn. Dessen 1872 vollendetes Denkmal in Berlin, von deutschen Turnern in aller Welt errichtet, spricht noch davon, daß man die deutsche Einheit „der Reaktion" abgerungen habe. Aber das ist ein nationaldemokratischer Nachklang, der in diesen Jahren schnell altmodisch wird. Mit den Denkmälern sind, wir erwähnten es, Feste verbunden, zur Grundsteinlegung und Enthüllung und manchmal, wie beim Hermannsdenkmal, auch Jahresfeste. Wo sie außerhalb stehen, werden sie Ziele von Sonntags- und Schulausflügen, in den Städten Platzmittelpunkte und Straßen-(Pferde)-bahn-Haltestellen.

Öffentliche Gebäude werden mit nationalen Allegorien geschmückt, die Wahl architektonischer Stile wird national begründet – so die der Gotik, wenn man sie als Ausdruck deutschen Bürgergeistes auffaßt oder sie protestantisch zu einer Vorform der Reformation umdeutet, oder die der „deutschen Renaissance" z. B. Baudenkmäler der nationalen Geschichte, der Kaisergeschichte zumal, werden gepflegt, restauriert oder gar, wie die Goslarer Kaiserpfalz, mit Historienbildern ausgemalt, und in Rathäusern und Burgen gibt es ähnliches.

Die Geschichte der Deutschen wird national gedeutet und so auch öffentlich präsentiert. Das gilt vor allem natürlich für die wenigen gesamtnationalen Ereignisse, Gestalten und Epochen, die glorreiche Kaiserherrlichkeit des Mittelalters. Felix Dahn popularisiert einmal mehr die Kyffhäuserlegende, indem er von Kaiser Rotbart und Kaiser Weißbart, Barbarossa, Barbablanca, dichtet: In den 70er Jahren ist dergleichen in der Canossa-Perspektive oft antikatholisch eingefärbt. Zudem gewinnt die germanische Früh- und Urgeschichte an Bedeutung. Auch in den zahllosen regionalen und kommunalen Erinnerungssetzungen, den Jubiläen und Festumzügen wird dies national Gemeinsame beschworen, etwa wo die Hanse eine Rolle spielt. Das verbreitet das nationale Geschichtsbild über Anschauung und Darstellung. Die „lebenden Bilder" bei Vereinsfesten und bürgerlicher Geselligkeit, ja das noch häufige Theaterspiel von Laien, sind von dieser nationalen Historienwelle mitgefärbt. Außerhalb Altpreußens läßt sich die allmähliche und langsame preußisch-kleindeutsche, nationale Einfärbung eines regional-territorialen Geschichtsbildes beobachten, die Befreiungskriege z. B. werden zum gesamtnationalen Ereignis. Und je mehr die Reichseinigung Geschichte wird, desto mehr wird sie gemeinsame nationale Geschichte.

Die trivialere und konventionellere Literatur weist in ähnliche Richtung: nationale Lieder in den Kommersbüchern und dem Repertoire der Männergesangvereine, ja aller Vereine, nationale Reimereien in Anthologien, die nationale Einfärbung des historischen Romans, des historischen Epos, von der wir berichtet haben; Freytags „Ahnen" und seine „Bilder aus der deutschen Vergangenheit" als gehobene Versuche, eine bürgerliche Nationaltradition zu etablieren; nicht zu vergessen natürlich die bürgerliche Jugendliteratur, „Raupenhelm und Pickelhaube" z. B., das von bayerischen und preußischen Knaben in den Jahren der Einigung handelt.

Die beiden staatlichen Großinstanzen der Nationalisierung der Massen in Europa, Schule und Militär, rücken im föderalistischen und zweikonfessionellen Deutschland erst allmählich in diese Funktionen. Schulbücher und selbst Lehrpläne, zumal für die Elementarschulen, lassen sich nur langsam verändern, und auch die Nationalisierung der Lehrer braucht ihre Zeit. Das Militär hat in Bayern, Württemberg und Sachsen noch einen eigenen Charakter, sonst wird es zuerst einmal preußisch. Auf die Dauer freilich ist die selbstverständlich unauffällige, aber permanente Nationalisierung der Massen durch die Armee und die nationale Kooperation der föderalen Schulsysteme ganz außerordentlich wirksam geworden.

Politisch gibt es zwei Komplexe, die in spezifischer Weise jenseits der normalen Kompetenzenteilung zwischen Reich und Ländern national besetzt sind, jedenfalls für das gebildete und halbgebildete Bürgertum. Zunächst in den 70er Jahren werden das Reichsland Elsaß-Lothringen, dann in den 80er Jahren die Kolonien Symbole für Einheit und Größe der Nation. Später werden es die Flotte und die Weltpolitik und am Rande die Polenfrage, die die nationalen Sentiments auf sich vereinen.

Die Frage nach dem Verhältnis zwischen dem neuen Reichsnationalismus von 1871 und der Kultur ist schwer zu beantworten. Das Reich und die deutsche Nationalbewegung hatten keine kulturelle Sendungsidee, die außerhalb der eigenen Identitätsvergewisserung und -abgrenzung irgendeinen missionarischen Zug gehabt hätte. Es hat keine Reichs- und keine Nationalkunst gegeben, kein Kunstwerk von Rang, das den Geist der Reichsgründung ausdrückt und symbolisch überhöht; in der Literatur wäre einzig Conrad Ferdinand Meyer mit seinem Epos „Huttens letzte Tage" von 1871 zu nennen, aber er ist Schweizer. Auch Richard Wagners „Ring" ist mitnichten das Kunstwerk der Nationalstaatsgründung, des siegenden Nationalismus. Die Idee, die Bayreuther Festspiele zur Reichs- und Nationalsache zu machen, war nicht einmal konsensfähig, sie scheiterte an Bismarck, dem alten Kaiser, dem größeren Teil des Hofes. Aber die Götter-Tragödie um den Fluch des Goldes konnte auch innerlich kein nationales Integrationssymbol werden. Es gab freilich auch keine irgend beachtliche national-kritische Anti-Systemkunst. Es gab auch keine große philosophische Apotheose des deutschen Nationalstaats, zwischen wissenschaftsfixiertem Neukantianismus und populärem Schopenhauer-Pessimismus. Die reichskritischen Großintellektuellen, Burckhardt, Marx und Nietzsche, waren (und blieben einstweilen) Außenseiter. Anders war es mit der Wissenschaft. Sie hielt zwar eine internationalistische Distanz zum Übernationalismus; aber in den Geistes-und Sozialwissenschaften, wo es um Recht, Staat und Wirtschaft, um Geschichte, Sprache und Literatur ging, um „nationale" Tatbestände doch auch, verband sie sich mit den nationalen Antrieben oder mit den nationalen Funktionen, lebte – auch mit der Idee der Wertfreiheit – vom nationalistischen Wertwillen; Größe der Wissenschaft und Größe der Nation waren eng miteinander verbunden, wir haben das in den einzelnen Wissenschaften verfolgt.

Seit Helmuth Plessner ist die Kritik an dem Reich als einem Nationalstaat ohne Idee wieder für ein halbes Jahrhundert Intellektuellenmode geworden. Mir scheint die Vorstellung, daß ein Nationalstaat überhaupt eine universale Kultur- oder Sendungsidee haben sollte, antiquiert und skurril; daß die Eigenart einer Kultur eine Bereicherung der Vielfalt der Menschheit ist, genügt vollständig.

Nehmen wir den „Normal-Nationalismus" der 70er Jahre noch einmal zusammenfassend ins Auge. 1. Dieser Nationalismus war der Nationalismus als Volksbewegung, von Bürgern vor allem, von Bauern und Arbeitern, wie sie sich besonders in den Vereinen organisierten. Und er war ein offiziöser Nationalismus der Autoritäten und des Establishments im neuen Reich, das ergab ideenpolitisch die national-monarchische und nationaldemokratische Allianz. Daß sich, wo Patriotismus en vogue war, auch ein kruder und cleverer Geschäftspatriotismus einstellte, nicht ohne Komik heutzutage, verwundert kaum. Dieser Nationalismus äußerte sich wie andere Grundüberzeugungen in all den uns oft fremden Stilformen der Zeit. 2. Der Nationalismus wird intensiviert und mehr noch als in den Anfängen moralisiert. Die Nation ist der Ort der Moralität, denn in der Hingabe an die Nation überwindet der Mensch seinen Egoismus. Nationaler Egoismus liegt jenseits moralischer Verurteilungen. Die Besonderheit der deutschen Nation, die alle Nationalisten immer betont und herausgehoben hatten, wird ohne Bedenken und oft forciert vor und über die Besonderheiten anderer Nationen gestellt; man ist natürlich stolz darauf, ein Deutscher zu sein, die Deutschen sind besser als die anderen, sie sind einzigartig. Die seltsamen Dichotomien, die später in die Ideologisierung der deutschen Nation eingehen, Kultur gegen Zivilisation, Seele gegen Intellekt, Ganzheit gegen Zerteilung, Geist gegen Empirismus etc., fangen damals an und so die Konzentration aufs Eigene, die Abgrenzung gegen das Fremde, ein Ethnozentrismus, eine Germanomanie. 3. Das Ganze war ein nationaler Gefühls- und Stimmungspatriotismus vom „Fürst und Volk"-Typ mit lauten Hurratönen und bombastischer Rhetorik, aber noch ohne die chauvinistischen Extreme der wilhelminischen Jahrzehnte. Man kann die popularen Spiegelungen der konservativen Verschiebungen im Ideengefüge natürlich leicht feststellen: in der Wendung gegen den äußeren Feind, die Franzosen, die zum Erbfeind stilisiert werden, vielleicht noch mehr defensiv als offensiv, aber arrogant, machtbetont, mit der Geste der moralischen Überlegenheit; in der Wendung gegen den inneren Feind, die Ultramontanen zuerst, die Sozialisten dann; im Zurücktreten der liberalen Elemente der nationalen Tradition, der Erinnerung an 1848 z. B. und der Verfassung. Was blieb, waren Erinnerungen an die preußischen Reformen als Anfänge der freiheitlichen Modernität, ein Bewußtsein von der Größe der deutschen Kultur – wie immer das bei Banausen zur Worthülse verblaßte –, das Bekenntnis zur „Geistesfreiheit" und zur Gemeinsamkeit von Fürsten und Bürgervolk. 4. Der Nationalstaat von 1871 war „unvollendet" (Th. Schieder), nach außen und innen. Es blieben die Ausgegrenzten, die zugleich die Distanzierten waren, vor allem die Katholiken, voller Vorbehalte gegen den offiziösen nationalen Kult und Pomp; ihre ältere eigene romantisch-universalistische Nationalidee haben sie nur mit Schwierigkeiten noch wahren können, im Grunde löste sie sich auf. Für die Katholiken wurde die Ausgrenzung aus der neuen, der wahren Nation ein Trauma, das sie nur langsam nach dem Ende des Kulturkampfes überwunden haben. Ausgegrenzt waren erst recht die Sozialisten, die ihre nationaldemokratische Tradition nicht weiterführen konnten, den Nationalismus jetzt als etwas Bürgerliches, Obrigkeitliches, Borussisches ansahen und sich ideenpolitisch und verbal jedenfalls an ihrem programmatischen Internationalismus orientierten.

Eine wichtige Änderung wird seit Ende der 70er Jahre deutlich, im Zusammenhang mit der Abkehr vom Liberalismus, bei manchen auch mit dem Antisemitismus. Es entsteht ein neuer, ein integralistischer, dynamischer Nationalismus. Charakteristisch dafür ist Treitschke, er wird zum einflußreichen Sprecher. Die liberal-nationalen Ziele nach 1871, das innere Zusammenwachsen des Reichsvolks, der Ausbau der Verfassung und der Kulturkampf genügten nicht mehr. Treitschke, kultur- und modernitätskritisch, anti-katholisch, anti-demokratisch, anti-sozialistisch wie er war, sah Gefahr für die nationale Einheit und Existenz, und er potenzierte zugleich die nationale Einheit zur moralischen Forderung der größeren Identität: Die Deutschen waren nicht genug, nicht eigentlich Deutsche, sie mußten deutscher noch werden, alles Nicht-Deutsche abstreifen, alles Indifferente mit diesem Deutschsein erfüllen. Die Nation war gefahrbedroht, sie wurde aus Bestand und Selbstverständlichkeit wieder etwas, was in der Zukunft lag, eine pädagogisch-politische Aufgabe; und weil Nation etwas Unbedingtes und Absolutes war, war diese Aufgabe im Grunde unbegrenzt und unendlich. Das bedeutete eine radikale Dynamisierung des Nationalismus jedenfalls der Intellektuellen und einen integralen allumfassenden Anspruch, offen für viele mögliche Ziele und für viele mögliche Abgrenzungen von „Feinden". Und das entsprach offenbar einer breiten Stimmung. Die Studenten, die Treitschke folgten, sahen z. B. in der christlich-sozialen Politik von Reform und Klassenversöhnung eine neue nationale Sache (Treitschke war ganz dagegen), oder sie schrieben den Antisemitismus auf ihre Fahnen, wofür Treitschke Anstoß gegeben hatte und Verständnis zeigte. Darin steckte auch ein Stück Kritik am pompösen Vulgärnationalismus, steckte der Versuch, ein neues, idealistisches, „innerliches" Nationalbewußtsein zu entwickeln. In der Realität wurde das, zumal wegen der Feindbilder und der je konkreten Aufgaben, doch wieder robust und lautstark und endlich imperial und machtpolitisch. Darin steckte auch das Leiden der Liberalen am Pluralismus und der Relativität der modernen Gesellschaft, steckte die anti-pluralistische Wendung zum absoluten Primat von Konsens und Homogenität, die Überspitzung alter liberaler Einsicht, daß Staat und Gesellschaft einen gewissen Basiskonsens, auch jenseits des staatlichen Gewaltmonopols, brauchten. Dieser integrale neue Nationalismus bot der jungen Generation neue Ziele; das erklärt, warum National-Sein wieder ein zukunftweisendes Ideal wurde. Die Möglichkeit, mit der Verschiedenheit von Traditionen und Lebenswelten, dem Pluralismus von Parteien und Interessen, in dem die integralistischen Nationalisten ein kleinliches Gezänk sahen, zu leben, Dissense tolerieren zu können, wurde dadurch nicht erleichtert.

8. Probleme des Nationalstaates: Minderheiten und Kolonien

Das Deutsche Reich hatte Einwohner und Staatsbürger, die nicht Deutsche oder nicht eindeutig Deutsche waren, nationale Minderheiten; das war in vielfältiger Hinsicht ein Problem. Das war ein Spezifikum des Nationalismus auch und ein Komplex von Hybris und Untergang später, darum wollen wir davon ausführlich handeln.

a) Polen und Dänen

Am wichtigsten unter den Minderheiten waren die Polen. Preußen hatte spätestens seit den polnischen Teilungen, ja schon seit der Eroberung Schlesiens und endgültig seit der Neuordnung von 1815 polnische Untertanen, seitdem es eine Verfassung gab, polnische Staatsbürger; das galt seit 1867/71 natürlich auch für den Norddeutschen Bund und das Deutsche Reich. „Polnisch" bedeutete zunächst: Diese Menschen sprachen als Muttersprache polnisch oder einen damit engverwandten Dialekt. Im emphatischen Sinne bedeutete „polnisch", daß man sich – nach Herkunft, Geschichte und Kultur – zur polnischen Nation zählte und bekannte, daß dies die Gruppenzugehörigkeit, das Wirgefühl und auch den politisch-sozialen Horizont von Werten und Zielen bestimmte. Dieser emphatische Nationsbegriff hat sich freilich über Regionen und Klassen erst im Laufe eines Jahrhunderts durchgesetzt, und dieser Prozeß erfüllt auch noch unsere Jahrzehnte. Darum gab es noch „schwebende", unbestimmte Nationalität – in Oberschlesien z. B. oder bei den Kaschuben in West-, den Masuren in Ostpreußen; darum gab es, wo die polnisch Sprechenden (fast) ausschließlich als Unterschichtenangehörige waren, wie in Oberschlesien oder im nordwestlichen Westpreußen, noch lange kein eigentliches Bewußtsein, Pole zu sein. Am eindeutigsten und frühesten war das nationale Bewußtsein der Polen in der Provinz Posen ausgeprägt – einem Kernland des alten Polen, einer Region mit klarer Ständeschichtung und mit einem mächtigen Adel, der der erste Träger eines modernen polnischen Nationalbewußtseins war. Ähnlich, wenn auch nicht ganz so stark, war es im südlichen Westpreußen.

In diesen Provinzen gab es rein oder ganz überwiegend polnische und andererseits deutsche Gebietsteile und Kreise; aber wichtiger ist, daß es gemischte Gebiete gab, Nebeneinanderwohnen ohne geographische Sprachgrenze. Die Städte z. B. waren ursprünglich oft deutsche Bürgergemeinden gewesen in polnischem Umland; bis zum letzten Drittel des 19. Jahrhunderts wurden daraus Städte mit einer überwiegend deutschen (und jüdischen) bürgerlichen Ober- und Mittel- und einer überwiegend polnischen Unterschicht, freilich waren in unterschiedlichen Städten die Nationalitätenverhältnisse auch sehr unterschiedlich. Es gab auch deutsche oder polnische Dörfer in anderssprachiger Umgebung. 1910 gab es neun Kreise, in denen über 60% der Bevölkerung „deutsch" waren, in acht waren es zwischen 40 und 60%, in neun weniger als 40%, in sechzehn weniger als 20%. Viele Deutsche also lebten in überwiegend polnischen Kreisen, viele Polen in überwiegend deutschen Kreisen.

Mit der geographischen Verteilung hängen Unterschiede der sozialen Schichtung zusammen. Polen waren stärker als Deutsche in der Landwirtschaft, als Bauern und Landarbeiter, und dann in den städtischen Unterschichten vertreten; immerhin (um 1882) waren doch 51% der Deutschen in der Provinz Posen in der Landwirtschaft tätig, 14% als Selbständige, 37% als Landarbeiter; und natürlich gab es umgekehrt in Städten wie Posen einen polnischen Mittelstand. Adel und Großgrundbesitz gab es unter den Polen wie unter den Deutschen. Die Polen waren fast ausschließlich katholisch, die Deutschen in der großen Mehrheit (1905: ca. 80%) protestantisch, bis 1900 etwa muß man zumeist von der Konfession auf die Sprach- und Nationalitätenverhältnisse schließen. Die Juden in den Städten (in Posen 1895: 7%, 1910: 3,5% der Stadtbevölkerung), im kleinen und auch großen Handel vor allem, waren eine wichtige Sondergruppe: Kulturell und darum auch politisch waren sie deutsch orientiert.

Für die Deutschen nun gab es, zugespitzt gesagt, zwei Probleme. Das erste, sozusagen ältere Problem war die Loyalität der Staatsbürger polnischer Sprache und Nationalität zum preußischen (und deutschen) Staat. Das hieß negativ, es galt, eine Irredenta zu verhindern, einen Separatismus, alle Versuche, einen unabhängigen großpolnischen Nationalstaat zu bilden, der große Teile der preußischen Ostprovinzen eingeschlossen hätte, jede Verbindung mit der aktiven polnischen Emigration oder nationalrevolutionären Kreisen in Russisch-Polen. Positiv hieß das Ziel: Eingliederung der Polen in den preußisch-deutschen Staat, gegebenenfalls und altmodisch so, daß ihnen eine gewisse kulturelle, soziale und wirtschaftliche Eigenständigkeit und Autonomie belassen wurde. Bismarck, der von Staat und Macht her dachte und in den polarisierenden Kategorien des Entweder/Oder, hat im Grunde in jeder Form des polnischen Nationalbewußtseins eine Gefährdung des preußisch-deutschen Staates gesehen, das war für ihn die Logik der Dinge, alles andere waren Träumereien.

Das zweite Problem war jenseits der Sphäre des Staates das Verhältnis der Nationen und Nationalitäten, der Völker oder Volkstümer selbst. Es war die Frage nach friedlicher Koexistenz entweder unter dem Dach einer Nationalitätenpolitik, die den Polen eine gewisse Autonomie gewährte oder andere pragmatische Ausgleichslösungen fand – oder aber nach dem Konflikt, nach Stärkung der deutschen oder der polnischen, Zurückdrängung der polnischen oder der deutschen Nationalität, Germanisierung oder Polonisierung der „schwebenden" Nationalität – oder gar, weil die Deutschen ganz im Besitz der staatlichen Macht und zudem sozial überlegen waren, nach Eindeutschung der Polen.

Man darf sich den Blick nicht durch das nationalistische Reden von der polnischen „Bedrohung" oder dem deutschen „Chauvinismus" verstellen lassen. Worum es ging, war der Zusammenstoß zweier kräftiger Nationalismen, des deutschen und des polnischen. Die Entwicklung seit 1848 und besonders die der ersten Hälfte unseres Jahrhunderts scheinen dafür zu sprechen, daß eine Koexistenzlösung nicht möglich war, wie Wohlmeinende wähnen, daß der Konflikt unvermeidlich und unausweichlich war, tragisch. Das Ideal des Nationalstaates bestimmte das Denken und Handeln, und dieses Ideal füllte sich mit der Vorstellung der ethnischen Homogenität.

Die Polen wollten nationale Selbstbestimmung, die Wiedererrichtung ihres Staates, die Polonisierung aller polnisch oder ähnlich Sprechenden, ja im Grunde auch der „Minderheiten", der Deutschen und Juden im mehrheitlich polnischen Gebiet. Sie wollten nicht Minderheit sein, sondern Gegennation. Die Deutschen wollten keinen Teil ihres Staates verlieren. Sie wollten die ethnische Homogenität des Nationalstaates, die Herrschaft über eine Minderheit und weil das eine wirkliche Autonomie nicht zuließ, letzten Endes ihre Eindeutschung. In den gemischten Regionen wollte jeder die Oberhand haben.

Aber: Die „Logik" der Nationalitätenverhältnisse und das gewiß tragische Verhängnis erklären die Entwicklung der deutsch-polnischen Probleme nicht allein. Denn über den Grundgegensatz und seine Unlösbarkeit hinaus hat sich in unseren Jahrzehnten das deutsch-polnische Verhältnis zunehmend und eben auch sehr spezifisch verschlechtert, die Spannung hat sich verschärft. Die Existenz der Polen in Österreich z. B. stand weniger unter Druck als in Deutschland. Gewiß, das war ein multinationales Reich, auf die Koexistenz von Nationalitäten angewiesen, und es ist daran vor allem zerbrochen; aber das polnische Problem war es nicht, was die Doppelmonarchie gesprengt hat.

In den 1860er Jahren, nach dem polnischen Aufstand von 1863, war die Lage so: Bismarck sah zwar nicht in den Polen „an sich", aber in allen nationalpolnischen Bestrebungen, in jeglichem „Polonismus" eine massive Gefahr für den Staat, für die preußische und die deutsche Sicherheit. National engagierte Polen waren ihm Revolutionäre und Reichsfeinde, und darein mischten sich auch anti-slawische Töne. Man mußte jede kleinste Regung solchen Nationalismus unterdrücken, mußte jede polnischnationale Hoffnung auf Dauer zerstören. Staatsloyalität, „Deutsch-Treue", das war das Ziel. Die Polen sollten polnisch sprechende Preußen werden, dazu war es freilich nötig, daß sie doppelsprachig wurden, auch deutsch sprachen. Deutschkenntnis machte die Vorteile der Zugehörigkeit zu Preußen erst sichtbar. Das war Bismarcks – vornationalistisches – Verständnis von „Germanisierung". Dieses Ziel schien ihm möglich, weil er unterschied zwischen nationalistischen Führungsschichten, Adel und Klerus, und dem vornationalen unpolitischen Volk der Bauern, wie es außerhalb Posens und des südlichen Westpreußens friedlich und loyal lebte und mit den Deutschen koexistierte. Der patriarchalische Staat wandte sich an die unteren Schichten. Auch die Masuren und Kaschuben, Litauer und Oberschlesier waren ja gute

Preußen geworden. Bismarcks Kampf galt den politischen Protagonisten des Nationalismus, galt Adel und Klerus vor allem in Posen, die ihren Einfluß auf die Massen verlieren sollten. Und zwar war es Sache des Staates und seiner Bürokratie und Polizei, den staatsgefährlichen, später: reichsfeindlichen Polonismus zu bekämpfen und zu unterdrücken. Dabei spielte für den (altmodischen) Etatisten Bismarck, wie gesagt, die Sprachenfrage eine besondere Rolle: Sie war Instrument und Symbol von Integration und Loyalität (oder gar Assimilation). Seine Vorstellung zielte darauf, daß Deutsch die „Staatssprache" war und sein sollte, die Amts- und Gerichtssprache, und das hatte für die Frage der Schulsprache natürlich Konsequenzen; die „Volkssprache" daneben konnte Polnisch bleiben. Aber das führte schier unvermeidlich in weitere Konflikte. Denn die eine Staatssprache wurde wichtiger als die Achtung vor einer anderen Volkssprache. Und auch staatsloyale Polen mußten in der Sprache und der Schulsprache gar den Kern ihrer Identität und Selbstbehauptung sehen. Insofern haben wir schon in der Politik des Etatisten Bismarck ein Beispiel für den klassischen Konflikt, in den fast alle europäischen Mehrheitsnationen mit den Sprachen ihrer Minderheiten gerieten. Auch andere preußische Politiker vor Bismarck haben die Dinge nicht viel anders gesehen, aber Bismarck hatte die Tendenz, Probleme unter die Kategorie des Kampfes zu stellen. Das besaß eine dynamisierende Wirkung: Er sah mehr und mehr Konflikte, mehr und mehr die Notwendigkeit, offensiv und repressiv vorzugehen. Das hat die Lage in der Zeit der Reichsgründung verschärft.

Freilich, Preußen war inzwischen ein Rechtsstaat, dessen Rechts- und Freiheitsgarantien und dessen Rechtsprechungssystem auch den Polen zugute kam, und es ist auf Dauer das Preußische Oberverwaltungsgericht gewesen, das die Bürgerrechte der Polen, z. B. den Gebrauch ihrer Sprache in Versammlungen, geschützt hat. Und auch die Polen hatten das Wahlrecht. All das setzte dem staatlichen Vorgehen Grenzen, sicherte den Polen (mehr z. B. als im zaristischen Rußland) rechtliche, ökonomische und politische Spielräume.

Rechtsstaatlichkeit und staatsbürgerliche Gleichheit, das waren zunächst auch Kernpunkte der Polenpolitik der Liberalen. Daran wollten sie festhalten, das sollte die Verhältnisse entspannen. Sie hatten ihre alte Polenliebe freilich insoweit relativiert, als auch sie jeden Separatismus, jedes Ausscheiden der Polen aus dem preußisch-deutschen Staatsverband ablehnten, auch deshalb, weil das die deutschen Minderheiten in mehrheitlich polnischen Regionen tangiert hätte; die Teilungsideen von 1848 hatten sich nicht bewährt. Die preußischen Polen jedenfalls sollten auf den Traum, einem etwaigen polnischen Nationalstaat zuzugehören, verzichten. In den Nationalbestrebungen der Polen sahen auch die Liberalen etwas Feindliches und gerne etwas vor allem von außen Gesteuertes. Die Liberalen glaubten zudem an die Überlegenheit und Attraktivität der deutschen Kultur, im Osten war das mit mancherlei negativen Stereotypen gegenüber Polen und der „polnischen" Wirtschaft versetzt; sie glaubten zunächst noch an die Selbstverständlichkeit der Assimilation der Polen an das „Deutschtum" als Träger der fortgeschrittenen, der höheren Zivilisation und Kultur. Darum war auch für sie das Sprachenproblem so wichtig. Gerade in der Polenfrage verschoben sich die Gewichte vom Liberalen zum Nationalen; die altliberale, von Herder stammende Achtung vor (und für) fremde Volkssprache und Kulturidentität ging zu Ende, Assimilation wurde das Ziel, zuerst hegelianisch etatistisch, dann sozialdarwinistisch „volksbiologisch". Die relative Sprachentoleranz des alten Preußen geriet so bei bürokratischen Etatisten wie bei Liberalen in Gefahr, schließlich ins Hintertreffen.

Daß die polnischen Nationalbestrebungen zunächst eher eine Sache von Führungsgruppen und nicht von Massen waren, ist zwar richtig. Aber zum einen verkannten Bismarck und seine Berater altmodisch patriarchalisch den neu entstehenden polnischen bürgerlichen Mittelstand. Und zum andern reichte der nationale Gegensatz doch schon weit über die Kreise der bewußten „Nationalisten" hinaus. Die alltäglichen Beziehungen zwischen den Nationalitäten in den Grenzprovinzen waren – soweit man sehen kann – eher unfreundlich und kalt, auch wo sie nicht mit Klassenunterschieden verflochten waren; man lebte getrennt: Es gab extrem wenig „Misch"ehen, die gegenseitige Abneigung und die gegenseitigen Vorurteile waren groß.

Die Deutschen haben die unterschiedlichen Richtungen eines polnischen Nationalbewußtseins einseitig über einen Leisten geschlagen. Die Tatsache, daß auch die nationalbewußten polnischen Adligen und Geistlichen in keinem konkreten Sinn Irredentisten und Revolutionäre waren – so konsequent waren die meisten gar nicht –, geriet aus dem Blick; daß für die Polen weder Preußen noch Deutschland ein geliebtes Vaterland sein konnte, genügte. Man hat gemeint, die Polen hätten zwar in dem vornationalen Preußen leben können, aber nicht im neuen deutschen Nationalstaat. Die polnischen Abgeordneten haben in diesem Sinne 1867 und 1871 gegen die Einbeziehung der polnischen Gebiete in einen neuen Gesamtstaat protestiert. Aber die Unterscheidung ist etwas künstlich, weder im Nationalitätenkonflikt noch in der preußischen Polenpolitik hat die Reichsgründung die Kontinuität unterbrochen. Die Polen in den Parlamenten waren eine Fraktion, blieben Opposition. Erst aus langfristiger Perspektive kann man sagen, daß die Tatsache des Nationalstaats von 1871 den deutschen Nationalismus intensiviert hat und damit den Druck auf die fremden Nationalitäten, den Volkstumskampf wie die staatliche Nationalitätenpolitik. Preußen wurde zur Speerspitze einer modernen, einer nationalistischen Nationalitätenpolitik. Aber das dauerte konkret noch eine Weile.

Die erste Phase der deutsch-polnischen Beziehungen und die erste Verschärfung der staatlichen „Polenpolitik" ist vom Kulturkampf bestimmt. Wir werden sehen, welche Bedeutung hier zu Beginn für Bismarck der Kampf gegen den polnischen Klerus hatte, der in seinen Augen alle nationalpolnischen Bestrebungen unterstützte und verhinderte, daß die Schulkinder Deutsch lernten. Das Schulaufsichtsgesetz von 1872 hatte insoweit eine spezifisch anti-polnische Stoßrichtung. Es wurde gerade in Posen und Westpreußen strikt durchgeführt, hier wurden polnische Geistliche durchweg durch weltliche Inspektoren ersetzt. Zugleich wurde die Sprachenpolitik verschärft: 1872 wurde an den höheren Schulen die Unterrichtssprache Deutsch auch im Religionsunterricht eingeführt. 1873 hat der Oberpräsident von Posen das auch für die Volksschulen, soweit die Schüler dem folgen konnten, verfügt, und der polnische Sprachunterricht wurde eingeschränkt – das zeigt, daß es sich nicht mehr um die Etablierung einer besseren Zwei-Sprachen-Erziehung handeln sollte. 1876 wurde zudem – unabhängig vom Kulturkampf – durch das Geschäftssprachengesetz Deutsch als Amts- und Gerichtssprache verpflichtend gemacht. Die antikatholische Schulpolitik weckte die einhellige Opposition des Klerus und des katholischen polnischen Volkes, und erst recht bewirkten das die weiteren Zwangsmaßnahmen gegen Priester, wie die „Absetzung" des ursprünglich eher staatsloyalen Erzbischofs von Gnesen-Posen 1874. Kirchen- und Sprachenfrage verschmolzen miteinander. Sprachenkampf und Religionskampf, der katholische und der nationalpolnische Widerstand, beide mobilisierten die Massen und verschärften erst die nationalen Spannungen. Die wirklich entschiedene nationalpolnische Agitation steht nicht, wie Bismarck meinte, am Anfang des Kulturkampfes, sie ist sein Ergebnis. Daran hat auch der Abbau des Kulturkampfes, hat auch ein „deutscher" Erzbischof in Posen nichts geändert.

Die Schulsprachenpolitik war nicht sonderlich erfolgreich. Die ältere Schulpolitik hatte die polnischen Kinder gleichsam wie von selbst in die höhere, deutsche, Zivilisation hineingezogen, der gezielte Einsatz der Schule im Nationalitätenkampf, der von den Polen als Entnationalisierung aufgefaßt werden mußte, war in dieser Hinsicht gerade kontraproduktiv. Die Abschaffung der polnischen Unterrichtssprache hatte zur Folge, daß die Kinder weniger deutsch sprechen, aber auch weniger polnisch schreiben lernten, das war eine relative Analphabetisierung.

Eine neue und radikale Verschärfung tritt Mitte der 80er Jahre ein. Der erste Grund dafür war, daß die Nationalitätenverhältnisse sich objektiv veränderten. Bis Anfang der 1870er Jahre wuchsen beide Nationalitäten etwa gleichmäßig, die Deutschen auf Kosten der Juden um ein weniges mehr sogar, und die Deutschen verbesserten bei guter Konjunktur ihre ökonomische Position – in Posen verschob sich das Verhältnis von polnischem zu deutschem Grundbesitz nach 1850 von 70 : 30 auf 55 : 45. Seit den 70er Jahren änderte sich die Lage dramatisch: Die polnische Bevölkerung wuchs jetzt weit stärker als die deutsche (und gar die jüdische). Auswanderung und Abwanderung nach Westen, in die Städte und Industrieregionen („Ostflucht"), davon waren die Deutschen viel mehr betroffen. Die Gutsverfassung und die Einführung der Saisonarbeit führten zur Abwanderung der überschüssigen, dann auch der mit Lohn und Lebensstandard unzufriedenen Landarbeiter; die Chancen in den Industrieregionen, in den großen Städten, in Berlin und im Westen, begünstigten die Abwanderung der Juden und Handwerker aus den Städten. Im Zeitalter nationalistischer Reizbarkeit und gut ausgebildeter Statistik trat dieses Phänomen sofort ins öffentliche Bewußtsein und beeinflußte die Politik. Zunächst wurden seit März 1885 32000 Polen (und Juden) nichtdeutscher, im wesentlichen russischer, Staatsangehörigkeit ausgewiesen. Das war ein bis dahin international – nicht nur wegen der Schroffheit der Durchführung – ganz unerhörter Vorgang, das hatte zwar außenpolitische, aber eben auch „nationalpolitische" Gründe. Das Wichtigste aber wurde, daß die preußische Regierung nun zu einer Eindämmungspolitik überging: gegen den Polonismus, der „im Kampf ums Dasein" Fortschritte gemacht habe (Bismarck am 28. 1. 1886). Das „Ansiedlungsgesetz" von 1886 ermöglichte es ihr, (polnische) Güter mit Steuergeldern zu erwerben und sie an „Ansiedler" aufzuteilen. Bismarck, der – altmodisch – nicht in polnischen Landarbeitern, sondern nur im polnischen Adel den Gegner sah, hatte den einfachen Übergang in deutsche Staatsdomänen mit gegebenenfalls polnischen, jedoch eben staatsabhängigen Pächtern gewollt; aber die Ansiedlung war der Preis, den er den Nationalliberalen zahlen mußte, der Kritik an der Rittergutsverfassung und der neu aufkommenden Idee, daß Bauern und „innere Kolonisation" das Vordringen der Polen besser aufhalten konnten. Die Ansiedlungsidee ging über eine bloße „Defensive" ganz und gar hinaus, wollte „Mehrheit" gewinnen, machte die Polenpolitik zu einer aggressiven Verdrängungs- und Germanisierungspolitik. Die konservativ-etatistische Phase war damit zu Ende. In den Debatten über das Ansiedlungsgesetz kam schon die Forderung nach einem Enteignungsrecht auf, in einem Existenzkampf rangiere „Notwehr" vor der Gleichheit vor dem Gesetz. Diese Zuspitzung fand freilich einstweilen noch keine Mehrheit. Allerdings wurde nun auch die Schulsprachenpolitik verschärft. 1887 fiel der obligatorische polnische Sprachunterricht. Die Anstellung der Volksschullehrer wurde den Gemeinden genommen und ganz auf den Staat übertragen. Auch sonst wurde die Selbstverwaltung, soweit sie polnisch war, stark eingeschränkt. Linksliberale und Zentrum hatten gegen das Gesetz gestimmt, auch in den Grenzprovinzen waren diese Parteien gegen den neuen „scharfen" Kurs.

1886–92 sind 53000 ha „polnischen" Landes (und allerdings auch 5000 ha „deutschen" Landes) aufgekauft und in Bauernstellen parzelliert worden. Die Polen „wehrten" sich, indem sie bankrotte polnische Güter zu stützen oder selbst aufzukaufen suchten. Der „Kampf um den Boden" hatte begonnen, das gab dem nationalen Gegensatz eine ganz neue Qualität und hat ihn radikalisiert.

Nach Bismarcks Sturz kommt es zunächst zu einem Zwischenspiel, einer Milderung der staatlichen Politik. Caprivi glaubte nicht an die Unvermeidlichkeit des Konfliktes; zudem ging er darauf aus, daß man die Polen gegen

Rußland brauchen werde, und außerdem war er auf die polnische Fraktion im Reichstag angewiesen. Er suchte mit dem preußischen Kultusminister und den 1891 ernannten Oberpräsidenten von Westpreußen und Posen (Goßler und Wilamowitz-Moellendorff) über gerechte Verwaltung nach einem Ausgleich. Das hieß Lockerung der Schulsprachenregelung (polnischer Religions- und auch Sprachunterricht, de facto zum Teil auch Polnisch als Unterrichtssprache), Erleichterungen für – polnische – Genossenschaftsbanken, Zustimmung zu einem polnischen Erzbischof von Posen-Gnesen. Die polnischen Politiker konservativer Prägung waren solchen Ausgleichsbemühungen gegenüber nicht abgeneigt. Freilich, die Chancen solcher Politik waren nicht – mehr – groß. Die konservativen Polen hätten schnelle Erfolge vorweisen müssen, um diesen Kurs durchsetzen zu können, sie gerieten unter massiven nationalistisch-populistischen Druck ihrer Konkurrenten, sie hatten bald keine Mehrheit mehr. Und bei den Deutschen provozierte Caprivi die vehemente Opposition sowohl der konservativen wie der liberaleren Nationalisten und der Bismarckfreunde.

Im November 1894 wurde nach einer Wallfahrt zu Bismarck, der in einer Rede Caprivis Polenpolitik wie die Polen scharf angriff, der Verein zur Förderung des Deutschtums in den Ostmarken gegründet (seit 1899 schlicht: Ostmarkenverein), nach seinen Gründern Hansemann, dem Sohn des Gründers der Diskonto-Gesellschaft, Kennemann und Tiedemann die „Hakatisten" genannt. Er wurde der große Agitationsverein für eine radikal-nationalistische Polenpolitik; von den anderen Caprivi-Feinden, den konservativen Agrariern und Nationalisten des Bundes der Landwirte freilich waren die „Hakatisten" geschieden, weil sie für Bauernkolonisation und gegen polnische Landarbeiter eintraten.

Nach Caprivi, zumal seit Ende der 90er Jahre und erst recht unter Bülow, war die preußische Polenpolitik wieder vom harten Kurs bestimmt; das Scheitern eines Ausgleichs verhärtete die deutschen Kampfpositionen. Der Oberpräsident des Ausgleichs in Posen nahm 1899 seinen Abschied; die alte etatistisch-bürokratische Unterdrückung aller nationalpolnischen Regungen und der Zwang zur Sprachintegration waren gekoppelt mit der neuen nationalistischen Unterstützung der deutschen Nationalität (etwa über einen „Dispositionsfonds" von 1898) und der Zurückdrängung des polnischen Volks- und Bodenanteils; die nationalistische Motivlinie wurde dominant. Die Eindämmung war offensiv, und die numerische Majorität der Deutschen – und nicht mehr, wie bei Bismarck, die Entmachtung des polnischen Adels – war das Ziel. Jeder Versuch zu Ausgleich oder Versöhnung, so die Meinung, sei sinnlos und diene im Gegenteil nur der Stärkung des polnischen Nationalismus. Natürlich spielte bei der preußischen Politik auch Abhängigkeit von den nationalistischen Gruppen innerhalb der Rechtsparteien und der öffentlichen Meinung eine Rolle, Rücksicht auf sie, aber die Beamten und Minister in Preußen wie im Reich haben durchaus auch aus eigenen Überlegungen und Motiven diese Politik initiiert und verfolgt.

Drei Komplexe sind wichtig:

1. Nach 1898 wurden die Erleichterungen im Schulsprachengebrauch zurückgenommen, ja die Reste des polnischsprachigen Religionsunterrichts – 162000 von 250000 Kindern hatten in Posen 1906 noch polnischen Religionsunterricht – und der damit zusammenhängende polnische Sprachunterricht wurden immer mehr zurückgedrängt (1906 auch in den Oberstufen); die Pflicht, Religion auf deutsch zu geben, betraf Kinder, die kaum Deutsch verstanden. Die Polen antworteten mit „Schulstreiks" (1901, 1906/07), das schlug hohe Wellen und das bürokratisch-gerichtliche Vorgehen dagegen erst recht. Die Streiks blieben zwar erfolglos, aber die Regierung hat nach 1908 zunächst keine weiteren Maßnahmen in Schulen getroffen. Der öffentliche Dienst – auch bei Post und Eisenbahn – wurde bis nach unten hin möglichst „deutsch" besetzt, die polnischen Volksschullehrer wurden zurückgedrängt. Alle Beamten waren verpflichtet, die nationaldeutschen Ziele zu verfolgen. Polnische Aktivitäten wurden bürokratisch eingeengt.

2. Um die Kolonisierung, die Ansiedlungspolitik fortzuführen, wurde 1908 – als die Regierung vom pro-polnischen Zentrum unabhängig war – die Möglichkeit zur Enteignung polnischen Landes geschaffen. Zwar hatte die Ansiedlungskommission bis 1907 insgesamt 325000 ha Land erworben und 14000 deutsche Bauern angesiedelt, fünf- bis sechsköpfige Familien im Durchschnitt, und von der Plazierung der Ansiedlungen in sonst polnischen Gebieten oder um polnische Kleinstädte herum versprach man sich eine besondere „nationale" Wirkung. Aber schon seit den frühen 90er Jahren hatte sie kaum mehr polnische Güter kaufen können. Die polnischen Organisationen brandmarkten entsprechende Verkäufe als Verrat, Banken und Siedlungsgesellschaften überboten die Kommission, die landhungrigen polnischen Bauern zahlten hohe Preise. Diese Konkurrenz steigerte die Bodenpreise und machte auch für nicht bankrotte Deutsche den Verkauf an die Kommission attraktiv; die Kommission kaufte jetzt vor allem deutsche Güter, und Polen konnten auch bisher in deutschem Besitz befindliches Land erwerben. Kurz, im „Kampf um den Boden" waren sie es, die Fortschritte machten. 1904 wurde polnische „Ansiedlung" von einer Genehmigung des Regierungspräsidenten abhängig gemacht, aber solche Hemmung hatte nur begrenzte Effekte. Demgegenüber schien deutschen Nationalisten das Programm der Enteignung die einzig noch verfügbare Waffe. Es gab manche rechtsstaatliche und auch konservative Vorbehalte gegen einen so prinzipiellen Schritt; der entsprechende Gesetzesparagraph war mit vielerlei Beschränkungen und mancherlei Konzessionen an die „Junker" verbunden und insoweit „entschärft". Die Hauptsache aber war, er wurde – gegen die Linke, das Zentrum und eine Minderheit der Konservativen – beschlossen, man wollte „Stärke" demonstrieren. Die Regierung hat dann freilich aus innen- und auch außenpolitischen Gründen gezögert, das Gesetz anzuwenden, und als das 1912 geschah, handelte es sich um vier kleine Güter, die sowieso gerade den Besitzer wechselten. Das minderte nicht den polnischen

Widerstand, erhöhte aber die Spannungen zwischen Regierung und der nationalistischen Rechten, die sich in ihren Erwartungen getäuscht sah.

3. Lange hatte das preußische Oberverwaltungsgericht das Polnische als Versammlungs- und Vereinssprache gegen die Verwaltung geschützt. 1908 legte das ansonsten liberale Reichsvereinsgesetz für öffentliche Versammlungen (außer bei Wahlen und internationalen Kongressen) den Gebrauch der deutschen Sprache fest – das war der schon lange geplante Schlag gegen die polnische „Agitation"; Preußen hatte gedroht, das Polnische sonst noch viel extensiver zu verbieten. Auf Betreiben der Linksliberalen wurden diese Bestimmungen allerdings in mehrheitlich nicht deutschen Bezirken (60%) noch für 20 Jahre ausgesetzt. Das und die Tatsache, daß das Gesetz in seinem Grundtenor vereinsfreundlich war, bot freilich genügend Möglichkeiten zu polnischen Versammlungen. Die Absicht griff nicht, sondern provozierte nur.

Kommen wir zur letzten Phase seit 1909. Bethmann Hollwegs Politik war ambivalent. Er mußte mit den Parteien des Reichstags – auch mit Zentrum, Linksliberalen, ja Polen – leben, und er mußte außenpolitische Rücksichten nehmen, z. B. auf Österreich und seine Polen; er suchte nach einem moderaten, vernünftig konservativen Kurs, ohne Aggressivität und Schroffheit, jenseits der Eindämmungs- und Verdrängungspolitik, und suchte auch, mit dem von ihm ernannten Posener Oberpräsidenten Schwartzkopff, nach einem modus vivendi mit polnischen Konservativen. Das brachte ihn – wie auch sonst – in Gegensatz zu den nationalistischen hardliners der neuen Rechten, zu Alldeutschen und „Hakatisten". Auf der anderen Seite mußte er diesen Gruppen (und den von ihnen beeinflußten Parteiflügeln und Ministerialabteilungen) gegenüber Konzessionen machen – daher die „kleine" Enteignung von 1912, Subventionen für deutsche Zwecke, zumal der Landwirtschaft und des Großgrundbesitzes, zuletzt 1914 der Entwurf eines „Parzellierungsgesetzes", das die polnischen Möglichkeiten im Kampf um den Boden drastisch beschnitt. Im Grunde verfocht ja auch er die ostpolitischen Ziele, die seit 1886 allgemein geworden waren, freilich in milderen und versöhnlicheren Formen; aber, so meinte er, erst wenn die Deutschen die Mehrheit hätten, sei eine liberale „Assimilations"politik gegenüber den Polen möglich. Doch für solche Zwischenpositionen waren die nationalistischen Frontstellungen schon zu sehr verhärtet.

Sehen wir die Entwicklung im ganzen an, so müssen wir zwei Dinge festhalten. 1. Der Kampf um den Boden, den die preußische Regierung jedenfalls als politische Maßnahme eingeleitet hatte und den die polnischen Banken, Genossenschaften und Siedlungsgesellschaften aufnahmen, hat zwar die Agrarverfassung in Posen wesentlich verändert: Von der bewirtschaftbaren Bodenfläche sind 16,2% vom preußischen Staat neu besiedelt und 16,8% privat neuverteilt worden; der Anteil der Güter über 100 ha ging von 58,5% 1882 auf 46% 1907 zurück; die Ansiedlungskommission hat – mit einem

Aufwand von einer Milliarde Goldmark – fast 22000 neue Höfe geschaffen, dazu kamen annähernd 5000 „Rentengüter" (das war ein anderes, nicht national motiviertes Programm). Polnischer wie deutscher Großbesitz gehen zum Teil in bäuerlichen Besitz über, der Bauernbesitz der Deutschen nimmt stärker zu als jener der Polen. 1913 ist das Land fast genau zur Hälfte deutsch, zur Hälfte polnisch. Aber die Bevölkerungsverhältnisse haben sich von 1871 über 1890 bis 1910 wenig geändert. (Polen: 61 – 63,3 – 64,7%, Deutsche: 35,1 – 33,9 – 34%, Juden: 3,9 – 2,5 – 1,3%); nur zwischen 1900 und 1910 nahm die deutsche Landbevölkerung mehr als die polnische zu (11,5 zu 6,5% in Posen), das war auch eine Folge der Ansiedlung, aber das holte kaum die „Verluste" früherer Jahrzehnte ein. Die Zuwanderung infolge der Ansiedlungspolitik (ca. 81000) und die seit 1890 einsetzende polnische Abwanderung haben die weit höheren polnischen Geburtenzahlen nicht kompensiert; die Abwanderung der Juden kam fast ganz den Polen zugute (auch im Einrücken in städtische Handwerks- und Kaufmannspositionen). Die Ansiedlungspolitik hat für eine Weile die Lage stabilisiert – auf die Dauer konnte sie das nicht. Insgesamt: Weder Sprachen- und Schulpolitik noch Boden- und Ansiedlungspolitik haben die Polen germanisiert und integriert oder zurückgedrängt, sie haben den Prozeß ihrer Nationalisierung auch nicht aufgehalten, sie haben ihn befördert.

2. Der deutsche wie der polnische Nationalismus intensivierten und polarisierten sich ins Extreme. Man muß sich zwar davor hüten, „die" Deutschen und „die" Polen als Einheiten anzusehen. Das gilt zumal für die Deutschen, nicht nur im Reichstag und im preußischen Landtag mit den rechtsstaatlich orientierten und nicht anti-polnischen Parteien – Zentrum, Sozialdemokratie und Linksliberale –, sondern auch und besonders in den Grenzprovinzen, in Posen. Das städtische Bürgertum war und blieb linksliberal und mit der jüdischen Minderheit verbunden – gegen die Junker und Agrarier und Antisemiten, gegen die konservative Herrschaft in Preußen, gegen die Germanisierungspolitik, die man als Unrecht und als absolut kontraproduktiv ansah, gegen „Polenkoller" und Scharfmacher, für das Recht der Polen auf ihre Nationalität, natürlich: innerhalb des Deutschen Reiches. Diese Bürger entwickelten keinen radikalen „Grenzlandnationalismus", sie sahen in dergleichen vielmehr einen „fremden" Import von außerhalb. Auch auf dem Land gab es keine Einheitsfront: Teile der Konservativen und Agrarier waren und blieben mißtrauisch gegen die Antijunker-Elemente der nationalistischen Ansiedlungspolitik, das agrarische und konservative Interesse dominierte, das war national genug. Auch mit dem Antisemitismus war es schwierig. Er stand zum deutsch-polnischen Gegensatz quer; die Nationalisten, auf eine Einheitsfront auch mit den Städtern angewiesen, suchten ihn zu vermeiden. Das galt auch und gerade für die „Hakatisten". Natürlich, es gab in den Grenz- und Mischzonen genügend fanatische deutsche Nationalisten. Aber Macht und Rückhalt hatten sie vor allem anderswo: Die Politik wurde in Berlin gemacht, zumal von Regierung und Verwaltung. Gegenüber dem

polnischen Nationalismus freilich gehörten „die" Deutschen der Provinz dann doch (und mehr und mehr) zusammen, bei Stichwahlen und Wahlabsprachen etwa, seit 1906 gab es ein deutsches Wahlabkommen, das die erreichbaren Sitze verteilte: Konservative stimmten für Linksliberale (und Juden), Linksliberale für Konservative. Der nationale Gegensatz war stärker als jeder Partei- (und oft auch Konfessions-) Gegensatz.

Es ist nicht so, wie man nach anderen imperialistischen Phänomenen vermuten könnte, daß eine halbpopulare alldeutsch chauvinistische Bewegung wie die der „Hakatisten" der Ursprung der Radikalisierung des Nationalismus gegenüber den Polen gewesen ist – Bismarck und die preußische Bürokratie stehen vielmehr am Anfang, und die Verwaltung bleibt zentral, gerade als das Ansiedlungsprogramm seine Eigendynamik entwickelt. Dennoch ist natürlich die Bedeutung der „Hakatisten" und Alldeutschen als Speerspitze eines ost-orientierten Nationalismus gar nicht zu verkennen. Der Ostmarkenverein – 1913 hatte er 48 000 Mitglieder, davon ein Sechstel außerhalb der fünf Ostprovinzen – war eine große Propagandaorganisation, die zumal durch ihre Publizistik die extremen Forderungen der Polenpolitik im ganzen Reich (und seinen nationalen und nationalistischen Kreisen) ausbreitete – bis hin zu durchaus ernst gemeinten Überlegungen über eine „Umsiedlung". Und er entwickelte oder vervollkommnete die Ideologie der deutschen Sendung und Mission im Osten – die Mythisierung des Deutschen Ordens, von Marienburg und Tannenberg, gehörte dazu –, der deutschen Kulturüberlegenheit und Ordnung, der polnischen Unterlegenheit und Unordnung; das wurde dann dem Geist der Zeit entsprechend mit rassisch-unhistorischen Kategorien wie Germanentum und Slawentum und mit sozialdarwinistischen Vorstellungen vom „Kampf ums Dasein", von Bevölkerungszahlen und Raumgrößen, von der „slawischen Flut", von der deterministischen Unvermeidlichkeit solcher biologisch gedeuteten Konflikte aufgeladen. Guten Gewissens verstand man die offensive Richtung des eigenen Nationalismus als Defensive – es gab ein wirkliches und dann freilich zunehmend reflexiv intensiviertes und stilisiertes Gefühl der Bedrohung (der „biologischen" Unterlegenheit), des Abwehrkampfes. In diesem Nationalismus steckte ein gutes Stück Angst, das dann vom Glauben an die eigene Überlegenheit kompensiert wurde. Wo man (wie schon Bismarck gelegentlich) die nationalen Ansprüche der Polen als natürlich-legitim anerkannte, galt dann die Unerbittlichkeit des Kampfes nationaler Egoismen: wir oder sie, und die Position war klar. Die ältere liberale Hemmung, Staatsbürger als solche zweiter Klasse zu diskriminieren, ist in diesen Ideologisierungen weitgehend abgebaut worden.

Der polnische „Nationalismus", der Wille der Gegen-Nation zu „polonisieren", ergriff und mobilisierte aus eigener Dynamik wie unter dem permanenten und provozierenden Druck immer breitere Massen, die Bauern, die städtischen Bürger – und dann auch die Unterschichten. 1873 schon wurde in Posen der erste polnische Bauernverein gegründet, bis 1880 waren es 120.

Ein dichtes Netz von wirtschaftlichen und kulturellen, sozialen und politischen Organisationen – Genossenschaften und Banken, Bauern- und Arbeiter- und Volksbildungsvereine – und eine große Versammlungstätigkeit haben die Polen in Posen und Westpreußen zu einem eigenen Gemeinwesen gemacht, wirtschaftlich mächtig, quasi-autark, zum gefürchteten Staat im Staat, haben eine nach außen abgeschlossene, nach innen integrative Subkultur entstehen lassen. Die polnischen „Erfolge" bei der bäuerlichen Siedlung und dem Aufbau eines mittelständischen Sektors beruhen darauf. Man muß zwei Dinge – gegen die nationalen Perspektiven – festhalten: Zum einen war es die fortdauernde Rechtsstaatlichkeit Preußens, auch – bei aller Abhängigkeit der vom Staat ernannten Richter – die Rechtsprechung des Oberverwaltungsgerichts, die das ermöglichte. Unterdrückung und Benachteiligung hatten klare Grenzen. Zum anderen, ganz paradox: Das nationale Organisationsnetz und der hohe Grad des Nationalbewußtseins, die Fortschrittlichkeit hingen durchaus damit zusammen, daß diese Polen preußische Polen waren. Das preußische Schul- und Bildungssystem, das Rechtswesen und die Wirtschaftsverfassung haben die Disposition zur Organisation und Aktivität ganz wesentlich gestärkt wie das Stil-Vorbild von Ordnung und Effektivität. Gleichzeitig hat der polnische Nationalismus sich radikalisiert: Die Konservativen, eher Adel und Klerus, verlieren; nach einer „populistischen" Phase gewinnen die radikalen – und antisemitischen – Nationaldemokraten die Führung, in der Reichstagsfraktion schon 1903, das verändert auch die Konservativen. Das war nicht nur ein ideen- und innenpolitischer Unterschied, das war auch die endgültige Absage an die Kräfte, die noch an einem Ausgleich zwischen polnischem „Kulturnationalismus" und preußischer Staatsloyalität hätten interessiert sein können, die Absage an eine Koexistenzpolitik. Es blieb freilich zwischen konservativ-katholischen und demokratisch-radikalen Elementen des polnischen Nationalismus eine fortdauernde latente Spannung. Auch der polnische Nationalismus entwickelte eine emotionalisierte Feindschaftsideologie gegen „die" Deutschen und Germanen, auch hier spielte das (Feind-)Bild vom Deutschen Orden, spielten sozialdarwinistische Kategorien und Haß- und Rachebilder eine große Rolle.

Trotz aller Differenzierungen, die Polarisierung war stärker. Deutsche und Polen lebten in Posen sozial und kulturell voneinander abgeschottet, außer in den Arbeitsbeziehungen, lebten in kalter Distanz; in der Stadt Posen heirateten nur etwa 2% der polnischen Männer nicht-polnische Frauen, 9–10% der deutschen Männer polnische Frauen; Boykott, ja Haß und Feindschaft waren verbreitet. Das hat sich in den Jahrzehnten vor 1914 noch wesentlich verschlechtert; das waren die Früchte auch der Repression, der „Germanisierungs"versuche.

Wenn wir noch einmal auf die Anfangsfrage nach der Unvermeidlichkeit des nationalen Konfliktes zurücksehen, so kann man zweierlei sagen. Die Konfrontationspolitik – Repression und Germanisierung – war nicht unvermeidlich. Die Polen waren keine deutschen Patrioten, aber deshalb waren sie keine Revolutionäre, die Preußen oder das Reich sprengen wollten. Ein polnisches Staatswesen war nur von einer gänzlichen Veränderung der europäischen Verhältnisse zu erhoffen – die war unabsehbar. Eine Option für Rußland und gegen Preußen-Deutschland, etwa im Fall eines russisch-deutschen Krieges, lag nicht im Interesse oder Sinn der preußischen Polen. Was sie wollten, war zuerst: Rechtsgleichheit und kulturelle Autonomie. Das hatte auch Befürworter unter den Deutschen. Nicht nur die Posener Bürger und die moderat konservativen Beamten, auch ein liberalkonservativer Gelehrter und Publizist wie Hans Delbrück trat für eine Anerkennung der polnischen Nationalkultur und Sprache ein und gegen die – zudem aussichtslose – Enteignungspolitik. Die Meinung aber, nur die obrigkeitlich anti-demokratischen Preußen hätten, gar um von der Demokratie abzulenken, eine aggressive Polenpolitik gemacht, ist ganz absurd. Der anti-polnische Nationalismus war auch, ja primär eine Partei-, eine Bürger-, eine Volkssache. Und auf der anderen Seite: Die chauvinistische Intensivierung des polnischen Nationalismus, die Verdrängung der konservativen potentiellen Ausgleichspolitiker, hätte auch eine andere polenfreundliche Schul- und Bodenpolitik auf die Dauer nicht verhindern können – das war eine strukturelle Tendenz der gesellschaftlich-politischen Entwicklung. Freilich, Geschwindigkeit und Intensität waren nicht vorbestimmt. Ein Ausgleich war, selbst in einem übernationalen Staat wie Österreich-Ungarn, so scheint das tschechisch-böhmische Beispiel zu lehren, selbst in einem liberalen Staat wie Großbritannien, so das Beispiel Irland, unmöglich. Aber wir wissen es nicht, und andere Formen des Konflikts waren gewiß möglich. Auch mit schier unlösbaren (und insoweit tragischen) Nationalkonflikten konnte man anders umgehen.

Posen war sozusagen die Kernregion des deutsch-polnischen Gegensatzes wie der repressiven preußischen Polenpolitik gewesen, weil hier das polnische Nationalbewußtsein alt und stark war. Aber auf die Dauer hat sich das auch in den meisten anderen Regionen ausgebreitet. Von den slawischen sprachverwandten Gruppen wurden die südostpreußischen protestantischen Masuren, die polnischsprachigen unter den katholischen ostpreußischen Ermländern und ein Teil der Kaschuben zwischen Danzig und Pommern zwischen 1871 und 1918 zu Deutschen oder wandten sich von den Polen ab. Andere westpreußische Kaschuben wurden Polen. In Westpreußen gab es insgesamt eine deutsche Mehrheit; hier war es vor allem die Schulsprachenpolitik und der Kulturkampf, die den Nationalitätenkonflikt angefacht und intensiviert haben, die polnische Bevölkerung nahm bald an den polnischen Aktivitäten ähnlichen Anteil wie in Posen. Die Zahlenverhältnisse verändern sich leicht, aber nicht dramatisch (1870: 900000 Deutsche gegenüber 400000 Polen, 1910: 1228000 gegenüber 475000).

Am interessantesten ist der „Fall" Oberschlesien. Hier gab es keinen polnischen Adel, deshalb zunächst lange keinen polnischen Nationalismus. Die

Unterschichten sprachen einen Dialekt, „wasserpolnisch", sie wurden als Preußen oder Deutsche betrachtet, oder die Nationalität war unbestimmt, war „schwebend". Der Konfessionsgegensatz spielte, weil die Deutschen ja auch katholisch waren, keine Rolle. Es gab nationale Einflüsse aus Posen und „Kongreß"-(Russisch-)Polen, aber das war zunächst mehr eine Intellektuellensache. Zuerst waren es die Volksschullehrer, die aus pädagogischen, romantisch idealistischen Traditionen die „Muttersprache" kultivierten. Als 1872 im Kulturkampf Verfügungen gegen die polnische Sprache erlassen wurden, trieb das Lehrer wie Kirche zum Widerstand; das Zentrum machte sich zum Anwalt der oberschlesischen Sprache, polnisch sprechende Deutsche vertraten die Wahlkreise. Insgesamt hat der Kulturkampf die staatliche Autorität bei den Oberschlesiern gelockert, die Kirchlichkeit verstärkt, und die Schule hat sie polnisch gelehrt. Zu dieser Verbindung von Glaube und Sprache tritt seit Ende der 80er Jahre dann die neue nationalpolnische Agitation – zumeist aus Posen. Seit 1890 gibt es Pfingstfahrten nach Krakau, nach 1900 wird Oberschlesien als „Teil der polnischen Erde" reklamiert, bezeichnen sich Oberschlesier als Teil der polnischen Nation.

Der Burgfrieden zwischen deutschen und polnischen Katholiken innerhalb des Zentrums geht zu Ende. Die polnischen Nationaldemokraten entfalten eine eigene Agitation – der berühmte Adalbert Korfanty, seit 1903 der erste polnische Reichstagsabgeordnete aus Oberschlesien, gründet 1902 in Kattowitz den ersten polnischen Wahlverein und 1905 die führende polnische Zeitung; die polnischen Katholiken bedrängen das Zentrum, die deutschen Rechtsparteien wenden sich – nun gerade darum – scharf gegen das Zentrum. 1903 stimmen noch 38000 Polen für das Zentrum, 44000 für die Nationaldemokraten; polnische Katholiken und sonst eher antiklerikale Nationaldemokraten kooperieren. Die Vermittlungsposition des Zentrums – für die polnische Sprache, aber gegen die politische Absonderung der Polen – wird unhaltbar; der Wahlkreis Kattowitz-Zabrze wird als erster „polnisch". 1907 ist die Polarisierung in ganz Oberschlesien klar, im Regierungsbezirk Oppeln gehen fünf Wahlkreise an „Polen", sechs an das Zentrum, einer an die Konservativen, die Polen hatten 115000 Stimmen. 1912 freilich geht die Zahl der polnischen Stimmen auf 94000 (30,8%) zurück, die des Zentrums steigt wieder von 92000 auf 111000, der Rest entfällt auf Rechtsparteien und Sozialdemokraten, die ihre Stimmenzahl mehr als verdoppeln und 14% erreichen. Die Verhältnisse waren noch im Fluß. Noch 1914 stimmten weniger als die Hälfte der polnisch Sprechenden für polnische Kandidaten, die alten konfessionellen und die neuen sozialdemokratischen Loyalitäten und – vor allem bei den Nichtwählern – die nationale „Neutralität" waren noch kräftig. Auch die anfängliche Gemeinsamkeit der sozialistischen Arbeiter hatte nicht lang Bestand, und auch die dann praktizierte Zusammenarbeit zwischen den deutschen Sozialdemokraten und den polnischen Sozialisten kam über deren nationaler Intransigenz bald zu Ende; sie wollten zur gesamtpolnischen sozialistischen Partei gehören. 1913 wurde ein polnischer Nationalrat mit Vertretern Oberschlesiens gegründet. Die deutsche Gegenwehr war – anders als in Posen – auf freundliche Eindämmung aus: Kindergärten, Vereine, Büchereien, Fortbildung – das hatte angesichts der Vielen, die nicht wußten, ob sie Deutsche oder Polen sein sollten oder gar waren, auch gewisse Erfolge.

Die Zahlen (vor 1910 gab es keine amtliche „Sprachzählung", und auch dann ist sie nicht sehr verläßlich) helfen uns wenig weiter: 1870 ist von 1,45 Millionen Deutschen und 750000 Polen die Rede, 1910 von 1,04 (einschließlich der Doppelsprachigen) und 1,17 Millionen. In Oberschlesien spielte die Westwanderung keine so große Rolle, die Wanderung ging in die dortige Industrie. In den Zahlen steckten die vielen individuellen Entscheidungen der Sprachzugehörigkeit: Das ist der Nationalisierungsprozeß gerade der polnisch sprechenden Bevölkerung.

Wir haben früher im Zusammenhang mit Bevölkerungsentwicklung und Wanderungen von den Polen im Ruhrgebiet berichtet (und die Verbreitung ursprünglich polnischer Namen zeugt ja noch heute davon). 300000–400000 sprachen vor 1910 im Revier polnisch. Die ersten Organisationen waren katholisch gewesen; über Verbindungen mit dem Posener Nationalkatholizismus und Konflikten über polnische Seelsorge separierten sie sich vom deutschen Katholizismus, verselbständigten sich. Sie organisierten sich in polnischen Vereinen und kirchlichen Gemeinschaften und in eigenen durchaus radikalen, aber mehrheitlich nicht sozialistischen Gewerkschaften. Es gab eine polnische Subkultur, mit polnischen Organisationen in Oberschlesien und Posen verbunden. Ja, ein Viertel der polnischen Wähler stimmte für polnische Kandidaten. Oberschlesien und das Ruhrgebiet zeigen, wie stark auch außerhalb der Region administrativer Kampfpolitik Anziehung und Integrationskraft des polnischen Nationalismus waren.

Im Nordosten gab es noch eine kleine litauische Minderheit (im Kreis Memel-Heydekrug etwa 50%), aber sie war nicht separatistisch. Einen litauischen Nationalismus gab es noch nicht.

Das zweite nationale Spannungsgebiet, wenn auch von bescheidenerer Bedeutung, war Nordschleswig (Südjütland), mit einer überwiegenden dänischen Land- und einer eher deutschen Stadtbevölkerung. Bismarck hatte die ursprüngliche Zusage einer Abstimmung im Zeichen seiner europäischen Erfolge 1871 und der Ablehnung einer Abstimmung in Elsaß-Lothringen fallenlassen, auch weil man sich über die Modalitäten nicht einigen konnte. Wer für Dänemark, d. h. die dänische Staatsangehörigkeit, optierte, auch um dem „preußischen" Militärdienst zu entgehen, wurde zunächst ausgewiesen, das waren die sogenannten Optanten. 1872 wurde diese Frage endlich friedlich geregelt, und zunächst schien sich eine einigermaßen moderate Integrationspolitik anzubahnen. Ende der 70er Jahre – nach der Aufhebung der Nordschleswig-Klausel des Friedens von 1866 über eine Volksabstimmung – verschärfte sich auch in Nordschleswig der nationale Konflikt. Der „Integrationsdruck" der Regierung wurde stärker – gegen im Lande gebliebene Optanten mit dänischer Staatsangehörigkeit und deren wehrpflichtige Söhne z. B., bis hin zu Ausweisungsdrohungen, jetzt griff man auch zu Maßnahmen „germanisierender" Sprachpolitik; 1878 wurde Deutsch, wenn der Schulträger es beantragte, Unterrichtssprache in höheren und mittleren, ja auch in vielen Volksschulen, 1888 wurde das – bis auf den Religionsunterricht – allgemein. Das führte zu einem erbitterten Widerstand der Dänen, zur Steigerung des kulturellen Selbstbewußtseins und einer national-defensiven Einigelung, zur Gründung von Schul- und anderen Kultur- und Nationalvereinen, Genossenschaften und auch zur Bildung „freier" Gemeinden gegen eine deutsch geführte Kirche. Die Gegensätze schaukelten sich hoch, die Regierung hatte Angst vor „Schwäche". Ein Deutscher Verein für das nördliche Schleswig war eine Art Speerspitze „hakatistischer" Propaganda, eine Nationalisten-Lobby, die Druck auf die Regierung ausübte. Milderungen der Optantenpolitik, die Bismarck aus außenpolitischen Gründen wünschte, z. B. 1883 und 1887/88, änderten kaum etwas. Das Schwanken machte die Minderheit intransigenter, die forcierte Integrationspolitik verfehlte es gerade, die Schwankenden und Schwebenden zu gewinnen. Als die Regierung, zumal der Oberpräsident v. Köller, Exponent eines Ruhe- und Ordnungsfanatismus zwischen 1897 und 1901, mit hartem Verwaltungsdruck, Polizeimaßnahmen und Ausweisungen gegen diesen Widerstand vorging, heizte das Konflikt und Widerstand mittels dänisch unterstützter, südjütländischer Vereine nur neu an; auch der Kaiser mischte sich als „Scharfmacher" ein. Erst auf Druck des Auswärtigen Amtes und des Generalstabs kam es zu einer Milderung und 1907 endlich zu einem großzügigen Optantenvertrag. Aber die Sprachenpolitik, wie es etwa die Kirche befürwortete, wurde nicht revidiert. Wer wie der konservativ-liberale Berliner Professor und Herausgeber der „Preußischen Jahrbücher" Hans Delbrück für „Vernunft" und Mäßigung eintrat, fand kein Gehör, ja stieß auf erbitterte Gegnerschaft der Regierung. Der dänische „Fall", in dem ja kein deutsches Interesse eigentlich bedroht war, ist exemplarisch für einen spezifisch preußisch bürokratischen Nationalismus der zentralistischen Assimilation.

b) Elsaß-Lothringen

Das dritte „nationale" Problem war Elsaß-Lothringen. Zwar sprach die Mehrheit dort deutsch, nur in Lothringen waren immerhin 28% (1900, 1910: 24%) französischsprachig. Das wurde im Gegensatz zum Osten und Norden kein Thema. Aber zur Frage stand die Integration dieses gegen die Willen der Bewohner, der führenden Schichten jedenfalls, annektierten Gebietes in das Reich, den deutschen Nationalstaat. Zwei Dinge sind zunächst wichtig.

1. Elsaß und Lothringen, zwei bis dahin durchaus nicht zusammengehörige Gebiete (drei départements), wurden dem föderalistischen Deutschen

Reich als „Reichsland“ eingegliedert. Bismarck hatte in Rücksicht auf die divergierenden Interessen der deutschen Einzelstaaten und ihrer Dynastien und in Sorge um die Loyalität der neuen Reichsangehörigen andere Möglichkeiten – wie Eingliederung in einen der deutschen Staaten, Teilung oder Bildung eines neuen monarchischen Teilstaates – verworfen. Verfassungspolitisch hieß dies, daß Kaiser und Bundesrat, die anfangs sogar zusammen die Legislativgewalt ausübten, über den Reichskanzler das Land regierten, daß – nach dem Ende des anfänglichen Ausnahmezustandes – eine Kanzleramtsabteilung in Berlin über dem Oberpräsidenten (1871–79) fungierte, daß der Reichstag an der Landesgesetzgebung beteiligt war. Diese Konstruktion mochte für das Reich – Reichstag, Bundesrat, Öffentlichkeit – eine integrative Wirkung haben, alle Fragen des neuen Landes waren eine nationale Sache. Für die Bewohner des Reichslandes war diese Sonderstellung im föderalistischen System diskriminierend. 1874 wurde die Reichsverfassung in Elsaß-Lothringen eingeführt und ein sogenannter Landesausschuß geschaffen, das war freilich ein indirekt gewähltes Honoratiorengremium mit nur beratender Funktion. Zudem wurden allmählich mehr Zuständigkeiten von Berlin nach Straßburg übertragen. 1879 endlich wurde in Straßburg ein kaiserlicher Statthalter – der bekannte General Edwin von Manteuffel – als Vertreter des Landesherrn mit eigenem Ministerium eingesetzt, die Landesverwaltung von der Reichsverwaltung getrennt und der Landesausschuß gestärkt. Aber das Reichsland blieb unter dem Statthalter weiter an Berlin gebunden, es war kein gleichberechtigter und in Landessachen autonomer Gliedstaat. Das Provisorium des „Kaiserlichen Statthalters“ blieb bestehen, das Land hatte keine Verfassung, es gab Vorbehaltsrechte des Kaisers für den Ausnahmefall, das Land wirkte im Bundesrat nicht gleichberechtigt mit. Zudem war die Verwaltung mit ihrem Personal deutsch. Und – eigentümliche Dialektik – weil die französischen Rechts- und Verwaltungsinstitutionen lange bestehen blieben, blieb auch der staatliche Einfluß stark, die Selbstverwaltung z. B. schwächer als im „Altreich“. Auch die Tatsache, daß Diktaturbestimmungen für den Ausnahmezustand auf französisches Recht zurückgingen, änderte nichts daran, daß diese Bestimmungen jetzt Besatzungsgeruch hatten. Obschon und auch weil sie wenig angewandt wurden, wirkten sie als Provokation.

2. Die erste Reaktion auf die Annexion im Lande war Protest, bei den Bürgermeistern, den Vereinen, einer Ligue d'Alsace, in der Presse. Ein Zehntel der Bevölkerung optierte für Frankreich, nur ein Drittel von ihnen freilich wanderte nach Frankreich „aus“. Aber auch Nicht-Optanten, Reichsangehörige also, gingen nach Frankreich – schon deshalb gab es starke Familienbindungen über die neue Grenze hinweg. Wieder andere, die schon vor 1870 in Frankreich gelebt hatten, optierten für das Land ihrer Wahl, aber hielten an ihrer Heimatberechtigung fest. Manche der sogenannten Optanten kehrten auch nach einiger Zeit zurück. Aus all dem ergaben sich viele Probleme und Konflikte. Die neue deutsche Verwaltung reagierte repressiv

auf Protest und Optantenprobleme – mit Verboten, Absetzungen, Ausweisungen. Das steigerte den Protest. Dazu kam, daß überall außerhalb der französischsprachigen Orte Deutsch als Amtssprache eingeführt sowie an allen öffentlichen Volksschulen und höheren Schulen als Unterrichtssprache verbindlich wurde. Dies widersprach, obwohl Napoleons umgekehrte Sprachpolitik scharfe Widerstände provoziert hatte, bestimmten Gepflogenheiten der städtischen Bürgerschichten. Die schulpolitischen Maßnahmen während des Kulturkampfes schließlich bewirkten, daß katholischer und anti-„deutscher" Widerstand sich gegenseitig verstärkten. Für lange Zeit bestimmten immer neue Wellen der Dialektik von Protest und Repression, Repression und Protest die Entwicklung. Bismarck hat erwogen, dem Land eine „Verfassung" zu geben, wenn Loyalitätsbeweise vorlägen; was die Elsässer und Lothringer aber wollten und brauchten, war ein Vertrauensvorschuß.

Neben den katholischen und radikalliberalen Protestgruppen gab es die moderateren „Autonomisten", sie fanden sich schweren Herzens mit der neuen Lage ab, forderten aber Autonomie. Während sie 1874 noch kein Reichstagsmandat erhielten, waren es 1877 immerhin fünf gegenüber zehn der Protestbewegung. Der seit 1879 amtierende Statthalter versuchte mit versöhnlichen Maßnahmen, die „Honoratioren" für einen solchen partikularen Regionalismus zu gewinnen; die Boulanger-Krise von 1887 und die scharfen deutschen Reaktionen – Visumzwang, Ausweisungen, Vorgehen gegen Musik- und Turnvereine etc. – führten aber noch einmal zum vollen Sieg des Protests.

Nach 1890 setzt sich in Politik und Verwaltung langsam, sehr langsam und nie ununterbrochen die Tendenz zur Normalisierung durch (Gemeindeordnung, Bestätigung elsässischer Bürgermeister, Erleichterungen für Vereine und Presse; Aufhebung der „Diktatur"-Ausnahmeparagraphen 1902); seit 1894 gab es einen, seit 1898 zwei Elsässer in der fünfköpfigen Regierung. Die älteren „Notabeln" gingen eher zu einer opportunistischen Realpolitik über. Der französische Nationalismus des Protestes wandelte sich in den Partikularismus der Autonomisten. Um 1900 kann man von einer relativen Annäherung sprechen, deutsche Parteien und Autonomisten gibt es nebeneinander. Aber die Stillhaltepolitik Berlins mußte enttäuschen: Man wollte nicht Deutscher zweiter Klasse bleiben. Bei den Jüngeren gab es eine zweite – durchaus radikale – Protest- und Anti-Ausgleichsbewegung, aber es gab auch mehr und mehr Autonomisten, bei den Katholiken in Verbindung mit der sich ja in das Reich integrierenden Zentrumspartei. Die entscheidende Frage der Normalisierung wurde die nach einer eigenen Verfassung und dem Status eines Bundeslandes. Das war es, was die Autonomisten forderten.

Der Reichskanzler blieb lange reserviert. Die Frage, wer das Land im Bundesrat vertreten sollte, schien zu kompliziert, sie berührte so oder so das Problem der preußischen Hegemonie. Und die Verfassung mußte die Frage des Wahlrechts aufwerfen, das im Südwesten einzig mögliche allgemeine

Wahlrecht mußte – im Blick auf Preußen – eine Sogwirkung entfalten. Die für eine Verhandlungslösung günstige Lage nach 1900 – die Abneigung der Elsässer gegen das Frankreich des Panamakanals und der Dreyfussards – blieb ungenutzt, in Berlin wußte man nichts Besseres als eine Stillhaltepolitik. Erst 1911 ist eine Verfassung zustande gekommen, mit einer Landesregierung, einem Parlament nach dem Zweikammer-System mit Gesetzgebungskompetenz und dem allgemeinen Wahlrecht für die Zweite Kammer. Freilich, der Kaiser behielt ein Vetorecht, und er war es, der den Statthalter einsetzte und de facto für das Abstimmen im Bundesrat instruierte. Die Stimmen des Reichslandes sollten im Bundesrat zudem bei Fragen einer Verfassungsreform nicht zählen. Die Selbständigkeit war nur „halb", eine absolute Gleichberechtigung war das nicht. Unter den Elsässern gab es Gegner wie Befürworter, bei den ersten Wahlen im Lande ergab sich zwar eine Opposition gegen die Landesregierung, aber doch auf der Basis der Autonomie. Neben dem Zeitablauf und seinem Gewöhnungsprozeß war ein Grund auch, daß nach der Dreyfus-Affäre und wegen der antikatholischen Kulturkampfpolitik der französischen Regierung und der Kammer-Mehrheit das Prestige der französischen Republik gesunken war. Aber die Verfassung kam spät – zehn bis fünfzehn Jahre früher wäre sie lebhafter begrüßt worden und hätte eine Annäherung stärker fördern können, jetzt war sie nur eine Abschlagszahlung; noch immer blieb eine Art „Zweitrangigkeit", die Verfassung weiter auszugestalten, erwies sich als schwierig. Selbst die neue Verfassung war durch mögliche Einschränkungen in Presse- und Vereinswesen, ja durch die Drohung des Widerrufes relativiert.

Der scharfe Gegensatz vor allem zwischen preußischem Militär und der Zivilbevölkerung blieb erhalten. Die Zabern-Affäre von 1913, der unglaubliche Übergriff von Militär gegen elsässische Zivilisten, war ein schwerer Rückschlag für die Verfassungspolitik. Er wurde von rüden anti-elsässischen Ausfällen des Militärs begleitet und „von oben" durch Zustimmung oder Schweigen gedeckt – der Berliner Polizeipräsident schwadronierte von Feindesland, der Kronprinz von „Eingeborenen" und „Immer-feste-druff". Der Versöhnungsstatthalter Wedel und der erste von ihm 1908 berufene elsässische Chef der Regierung des Landes, Zorn von Bulach, nahmen ihren Abschied. Der neue Statthalter Dallwitz war borussisch-konservativ, ein Gegner des gerade eingeführten allgemeinen Wahlrechts.

Trotz solcher Rückschläge und trotz der Unvollkommenheit der Autonomie war aus dem Protest ein föderalistischer Autonomismus geworden. Gewiß, die Distanz zu den „Reichsdeutschen", zumeist Beamten, blieb – im Gesellschaftlichen, beim Heiraten und in vielen Dingen des Alltags. Aber es gab, auf dem Gebiet der Wirtschaft zuerst, dann auch über die politischen Parteien (Sozialdemokraten, Zentrum, Liberale und auch (Frei)Konservative) Erscheinungen der Eingliederung und Assimilation, es gab soziale Kontakte, es gab ein gewisses Zugehörigkeitsgefühl zu Deutschland – die Loyalität im Krieg war unzweifelhaft. Kurz vor 1914 war auch die „Reichsuniversität" Straßburg, eines der großen Unternehmen des Reiches von 1871/72, die deutsche Kultur im Reichsland zu repräsentieren und das Land zu gewinnen, über lange Jahrzehnte eine reichsdeutsche Enklave, endlich vom Land akzeptiert. Und doch bestand eine besondere Distanz – die Beamten und vor allem das Militär blieben fremd; national wie die Reichsdeutschen waren die Elsässer nicht, da gab es Vorbehalte, mindestens war das regionale Sonderbewußtsein stärker als das jeder anderen „deutschen" Region. Reichsdeutsches und borussisches Mißtrauen im Krieg provozierten ein Neuaufkommen der Gegensätze – so wurden elsässische Truppen wegen befürchteter Unzuverlässigkeit nur im Osten eingesetzt, so entstand eine Diskussion über eine Neuaufteilung des Landes. Insgesamt ist zwar die Bilanz nicht so negativ, wie man früher gemeint hat, aber die föderale Sonderstellung des Landes, die borussisch harsche, ungeschickte Verwaltung und ihre Rückfälle in Repression und Mißtrauen, der Militarismus und das korrespondierende Gefühl, Deutsche zweiter Klasse zu sein – das alles hat die doch wohl mögliche stärkere Integration behindert, ja verhindert.

c) Deutschland als Kolonialmacht

Hier muß nun kurz von den Kolonien die Rede sein. Von der kolonialistischen und dann imperialistischen Einfärbung des deutschen Nationalismus handeln wir anderswo und ebenso von den Anfängen der deutschen Kolonialbewegung und der Begründung des deutschen Kolonialreiches. Hier geht es darum, wie der deutsche Nationalstaat als Kolonialstaat agiert hat, wie die Deutschen als Kolonisatoren gewirkt haben. Wir konzentrieren uns dabei auf die afrikanischen Kolonien.

Auch wenn die Probleme der Dritten Welt nicht einfach, wie heute oft nachgeredet wird, auf den Kolonialismus zurückgeführt werden können, auch wenn man seine positiven Wirkungen – Modernisierung und Heraufführen einer Weltzivilisation – nicht übersehen kann und darf: Die Geschichte des Kolonialismus im Zeitalter des Imperialismus ist zuerst eine dunkle Geschichte, eine Geschichte von Ausbeutung und Unterdrückung von Menschen, den „Eingeborenen", von Kolonialgreueln, der Ausbildung neuer Formen von Ungleichheit und Herr-sein-Können, von rassischen Überlegenheitsgefühlen. Das ist gemeineuropäisch (ja nordatlantisch). Die Deutschen unterscheiden sich da in nichts, in gar nichts von anderen, nicht positiv, nicht negativ, auch wenn ihre Methoden, Institutionen und Resultate sich von denen anderer deutlich unterscheiden lassen. Die deutschen Kolonien waren auch unter sich sehr verschieden – es gab Siedlungskolonien wie Südwestafrika, Handels- und Plantagenkolonien wie Togo, Kolonien mit Monokulturen und solche mit diversifizierter Bewirtschaftung, Gebiete mit geringem und mit hohem Zuschußbedarf. Die Kräfte- und Spannungsverhältnisse unter den „Kolonialisten", den Leuten vor Ort und den Interessenten zu Hause, den Siedlern, Pflanzern, Händlern und Großunternehmern, den Missionaren, Beamten, Soldaten waren fast überall verschieden. Mehr als im Mutterland spielte die Person des leitenden Beamten, des Gouverneurs, eine Rolle. Wesentliche Unterschiede schließlich hingen mit dem Zustand der „Eingeborenenkulturen", der Stammes- und Häuptlingsverfassung zusammen oder mit der Ausgangslage bei der Inbesitznahme.

Offiziell war für die Kolonien seit 1890 eine Kolonialabteilung des Auswärtigen Amtes in Berlin zuständig, 1907 wurde dann das Reichskolonialamt unter einem Staatssekretär geschaffen. In den „Schutzgebieten", wie die Kolonien formal bezeichnet wurden, „regierte" ein Gouverneur. Hier galten aber weder die Reichsverfassung noch das deutsche Gerichts- oder Prozeßrecht. Grundlage staatlichen Handelns war das Schutzgebietsgesetz (zuletzt von 1900), das unmittelbaren kaiserlichen Eingriffen Tor und Tür öffnete – ein „echtes Ermächtigungsgesetz" (E.R. Huber). Eine Besonderheit war, daß die militärische Kommandogewalt in den Händen ziviler Behörden lag; die Schutztruppen unterstanden dem Reichskanzler bzw. dem Staatssekretär.

Chronologisch kann man (H. Gründer, K. J. Bade) vielleicht drei Phasen deutscher Kolonialpolitik unterscheiden. Von Anfang an gab es das Gefühl des Spätkommers, „aufholen" und es besser machen zu müssen. Aber das Reich hatte die Kolonien mit dem Personal zu verwalten, das ihm zur Verfügung stand, mit weltunerfahrenen juristischen und autoritätsgewohnten Beamten und schneidigen Offizieren. Es gab faktisch kein nennenswertes Kapital zur „Erschließung" der Kolonien, weder aus dem Staatshaushalt noch aus der Wirtschaft – all die ökonomischen Blütenträume der Kolonialisten brachen schnell zusammen. Die erste Phase war die eines Experimentierens, einer unverkennbaren Hektik, mit einer Tendenz zum Perfektionismus, zu einer relativ rigiden Politik gegenüber den Eingeborenen. Sie dauerte bis etwa 1890, von den Anfängen der Schutzbriefe für private Unternehmen bei offenen Grenzen, zum Teil über die befristete Vergabe der Hoheitsgewalt an Kolonialgesellschaften (Deutsch-Ostafrika, Deutsch-Neuguinea), bis zur staatlich militärischen Verwaltung geschlossener und abgegrenzter Großgebiete.

Die zweite Phase ist die der bürokratischen, ökonomischen, militärischen Durchdringung und Durchorganisation, sowohl bürokratisch geprägt wie vom anarchischen Eigeninteresse der Siedler, Händler, Plantageneigner und weniger Großgesellschaften. Daran konnten auch die erfolgreichen und respektablen Missionen nichts ändern, auch sie blieben Instanzen der deutschen Kolonisierung. Die Öffentlichkeit und die Masse der möglichen Investoren war damals eher kolonialmüde. Für den Staat waren die Kolonien Gebiete mit wachsendem Defizit, wachsendem Zuschußbedarf; die Interessenten trieben gleichzeitig im wachsenden Maße Raubbau. Die Schwäche der Kolonialverwaltung – ihre bloße Nachtwächterfunktion – ließ eine planmäßige Entwicklung nicht aufkommen. Die individualistisch-europäische, aber auf Herrschaft und Ausbeutung gerichtete Rechtsordnung wurde den

Stammesgesellschaften übergestülpt, zumal was den Landbesitz der Eingeborenen, das Nomadisieren und die Viehraubnormalität betraf. Zusammen mit der Arbeiterrekrutierung und der Besteuerung führte dies zu Rechtsunsicherheit und Rechtlosigkeit, zu Zwangsarbeitsverhältnissen und Verschuldungsknechtschaft. In Kamerun z. B. dezimierten der indirekte Zwang zur Plantagenarbeit und die dort herrschenden Bedingungen die Bevölkerung. Solche Verhältnisse und Praktiken lösten zwei große Aufstände aus, in Ostafrika (Maji-Maji 1905) und vor allem in Südwestafrika (Herero/Nama 1904–7). Die Herrenpolitik der Siedler, aber auch alltägliche brutale Rücksichtslosigkeiten (Nilpferdpeitsche und Vergewaltigungen), das Fehlen gerichtlicher Kontrolle und die Ausbeutung durch die Händler haben in Südwestafrika eine große Rolle gespielt; dazu kamen die auf Stämme und Häuptlingsmacht gegründete Divide-et-impera-Politik des Gouverneurs Leutwein, die Anfänge einer Reservatbildung, die von den Herero als Voraussetzung kommender Enteignung angesehen wurden. In Ostafrika ist die totale Bevormundung besonders charakteristisch gewesen. In diesen Aufständen kam nun der obrigkeitlich harte deutsche Militarismus ins Spiel. Aus dem Aufstand wurde jeweils ein langer, blutiger, teurer Krieg. Gewiß, auch von seiten der Eingeborenen war der Kampf uneuropäisch, undomestiziert, grausam und „total", ohne Anfang und Ende gleichsam. Dennoch, entscheidend war die Reaktion. Der Oberkommandierende in Südwestafrika, von Trotha, wird der Urheber einer ausgesprochenen Vernichtungsstrategie neben dem „eigentlichen" Krieg – durch Aushungern, Verdurstenlassen in der Wüste, verbrannte Erde, Kriegsgefangenenlager, Strafen. Zwar sind die wildesten Ausrottungsbefehle gemildert worden (auch vom Kaiser selbst), aber am Ende waren noch 20–25 % der 60–80000 Herero übrig. In Ostafrika, wo es ähnlich wild zuging, rechnet man mit über 75000 Toten. Noch einmal: Alle europäischen Kolonialmächte haben Aufstände mit besonderer Härte niedergeschlagen, und die Mentalität von Kolonialisten und Kolonialarmeen war überall ähnlich, überall griff ein rassistischer Sozialdarwinismus um sich – im deutschen Fall hat sich das freilich mit dem spezifischen Militarismus- und Obrigkeits-Ordnungssyndrom verbunden. Die Doppelfolge in Südwest war einmal die noch stärkere Radikalisierung der Siedler in Hinsicht auf eine restriktive Eingeborenenpolitik und zum anderen die politische und wirtschaftliche Entmachtung der Häuptlinge und Stämme durch die weiter vordringende Verwaltung, die Auflösung der indigenen Bindungen.

In der Kolonialverwaltung freilich setzt sich jetzt eher – das ist die dritte Phase – ein Reformkurs durch, den man nach dem Staatssekretär des Kolonialamtes, einem liberalen Bankier, als „Ära Dernburg" bezeichnet. Das war ein sozusagen aufgeklärter Paternalismus, dem es um die Erhaltung und Qualifikation eingeborener Arbeitskräfte ging und um bäuerliche Wirtschaften, nachdem zuvor Großbetriebe favorisiert worden waren, um eine autonomere Kolonialadministration und staatliche Entwicklungsprogramme – das war rationaler und humaner. Für dieses Programm der Neuorientierung stehen auch Julius Graf von Zech, 1905–10 Gouverneur von Togo, und Wilhelm Solf, 1900–11 Gouverneur von Samoa und dann selbst Staatssekretär im Reichskolonialamt. Bildungseinrichtungen werden nun gefördert, eine Landreform zugunsten der eingeborenen Bauern durchgesetzt (Togo 1910), das Eingeborenenrecht kodifiziert, und es gibt Arbeiterschutzmaßnahmen. In Ostafrika nach 1906 und Kamerun nach dem Ende des harten „Systems Puttkamer" 1907 steuert der deutsche Beamtenstaat einen ähnlichen Kurs. Die Interessenten, Siedler wie Boden- und Kapitalgesellschaften, haben freilich ihren Widerstand gegen solche „humanitär" verdächtige Zivilisationspolitik verschärft und dafür die Unterstützung der Rechtsparteien in Berlin gewonnen. Insoweit hat auch in Deutschland die koloniale Herrschaft völkisch-sozialdarwinistische Ideen und Mentalitäten begünstigt.

Die ökonomische Bedeutung der Kolonien, die auf Plantagen, Handel oder Eingeborenenwirtschaft beruhte, blieb relativ gering. Einzig Südwest gewann, auch wegen der Siedler, mit der Zucht der Karakulschafe (Persianerfelle) und der Entdeckung von abbaufähigen Mineralien und Diamanten, eine etwas größere Bedeutung, aber auch hier blieb die Kosten-Gewinn-Bilanz negativ. Es blieb typisch, daß britisches Kapital sich stärker engagierte als deutsches. Die Entwicklung führte freilich zu besonders heftigen Spannungen zwischen Siedlern, Bergwerksunternehmern, Terraingesellschaften und der Verwaltung. Für die Infrastruktur blieb der Staat zuständig, die Siedlungsgesellschaften versagten da.

Die deutsche Kolonialpolitik hatte kaum weitreichende Ideen, wie sie in den Verwaltungen des englischen und französischen Großreichs aufkommen konnten: Vormundschaft auf dem Wege zur Mündigkeit oder Assimilation an die heimische Zivilisation; aber verglichen mit der gemeineuropäischen Praxis war sie doch relativ „normal", weder ein besonderer „Erfolg" noch ein besonderer Mißerfolg. Das Verhalten der Eingeborenen im Weltkrieg und danach, auch wenn man die Berichte darüber von den Sentimentalitäten der deutschen Kolonialnationalisten befreien muß, steht dafür.

9. Antisemitismus

Jede Erörterung der Entstehung und Entwicklung des Antisemitismus in Deutschland steht im Zeichen von Auschwitz, ist Vorgeschichte von Unheil und beispielloser Untat. Deutschland war zwar vor 1914 nicht das klassische Land des Antisemitismus – das waren Frankreich und dann Österreich-Ungarn – oder gar der Diskriminierung und Verfolgung von Juden – das war Rußland; anti-jüdische Stimmungen gab es in der ganzen europäisch-amerikanischen Welt. Aber in Deutschland ist der Begriff 1879 entstanden, sind die Anti-Haltungen besonders stark ideologisiert und damit fixiert worden, waren antisemitische Parteien zeitweise stark, waren die sozialen, kulturellen, ja auch die (halb)politischen Ausstrahlungen nicht gering – und die

Folgen wurden, nach 1918/19 schon, nahezu katastrophal. Darum gehört die ausführliche und eingehende Erörterung des Antisemitismus in unsere Deutsche Geschichte.

Dennoch: Man muß sich hüten, diese wie jede Geschichte nur vom Ergebnis her, nur als Vorgeschichte zu schreiben. Die Juden in Deutschland sahen die Lage 1914 keineswegs als katastrophal an, sondern durchaus positiv; der Antisemitismus erschien als Relikt, im Rückgang, überwindbar; die Assimilation und eine deutsch-jüdische Symbiose schienen möglich, ja rückten näher. Man muß auch die Unterschiede sehen und betonen – das Schema von Vorläufern Hitlers verdunkelt die Wirklichkeit vor 1914 und relativiert das epochal Neue nach 1918. Man muß die Maßstäbe der unterschiedlichen Zeiten vergegenwärtigen. Wir versuchen beidem – der Auschwitzperspektive und der von der Eigenwirklichkeit der Vorweltkriegszeit – gerecht zu werden.

Der „moderne Antisemitismus“ knüpft an die Tradition der Judenfeindschaft in Einstellung und Verhalten an, die sich aus dem ursprünglich religiösen Gegensatz zwischen Christen und Juden entwickelt hatte. Die religiös abgegrenzte und diskriminierte Minderheit hatte ihre eigene soziale und kulturelle Struktur und Mentalität entwickelt, die sie von der Mehrheit unterschied – ausgegrenzt aus der ständischen Welt sozial anerkannter Positionen, mit minderem Recht. Seit der späten Aufklärung hatten sich an die älteren Komplexe der Judenfeindschaft – man nahm Anstoß an Religion, Wirtschaftsgebaren, Randgruppenverhalten (Betteljuden, Armut, Schmutz, Verbrechen) – neue angelagert; vor allem drei sind zu nennen. Aufklärung und Idealismus schufen einen neuen Religionsgegensatz, nämlich die theologische oder philosophische Kritik an einem orthodoxen Klerikalismus des Judentums und seiner versteinerten Gesetzesreligion. Man kann das als Anti-Judaismus beschreiben; Reformtheologen z.B., die die „Rechtfertigungs“lehre des Paulus kritisierten, sahen gerade in ihr einen zu überwindenden judaistischen Restbestand. Sodann, die bürgerliche bzw. sich verbürgerlichende Gesellschaft und Kultur stellten einen gewissen gemeinsamen Standard an Normen im Arbeiten und Leisten, im Zusammenleben, in der Schul- und Sprachbildung auf und machten diese Normen homogen: Alle sollten die gleichen Normen an Zivilität erfüllen und sich in die Gesellschaft einfügen; Anderssein wurde schärfer als ehedem ein sozial-kulturelles Problem. Schließlich, der Aufstieg des Nationalbewußtseins, das auf die Herkunfts- und Abstammungsgemeinschaft Volk gegründet war, steigerte den Identitätsanspruch der Großgruppe Nation, das begründete eine neue, nämlich nationale Abgrenzung gegen die Juden, sofern sie sich selbst doch auch als Volk verstanden. Aber nicht solche Veränderungen (und Ideologisierungen) anti-jüdischer Haltungen sind für die beiden ersten Drittel des 19. Jahrhunderts entscheidend (und auch nicht die Ausbrüche von literarischem oder realem tätlichem Judenhaß); entscheidend sind zunächst die Emanzipation der Juden, ihr Aufstieg zur bürgerlichen Gleichberechtigung im Zeichen des Liberalismus, in Deutschland 1869/71 vollendet, ihre Verbürgerung und

Akkulturation in die deutsche Gesellschaft, der soziale Aufstieg und die Übernahme der deutschen Kultur und ihrer Verhaltensnormen, insoweit auch die Emanzipation von der jüdischen Tradition und Traditionsgesellschaft und also die Assimilation. Die anti-jüdischen Einstellungen und das anti-jüdische Verhalten schienen klar auf dem Rückzug.

Der Antisemitismus, der dann in den 70er Jahren entsteht, ist nicht einfach eine Fortsetzung und Weiterentwicklung oder eine bloße Umbildung in der Tradition überlieferter Judenfeindschaft oder ein Rückfall, er ist anders, ist neu, ist modern. Man verkennt seine Wirklichkeit, wenn man nicht das Neue sieht, was ihn aus der Kontinuität heraushebt: Er ist post-emanzipatorisch, entzündet sich an den Folgen der Emanzipation, will diese Folgen eindämmen und aufheben oder gar die Emanzipation rückgängig machen. Er ist säkular, er gibt sich wissenschaftlich, wie schon die merkwürdige aus der Sprachwissenschaft abgeleitete Wortbildung zeigt. Und er ist nicht mehr oder nicht in erster Linie auf den Religionsunterschied bezogen, sondern auf die Herkunftsgemeinschaft Volk oder/und zunehmend auf die zuerst soziale, dann biologische Kategorie der Rasse.

Der Antisemitismus ist nicht, wie er sich selbst gibt, eine simple Reaktion auf die Existenz von Juden in der Gesellschaft; in gewisser Weise ist er ein Produkt der Idiosynkrasien der Antisemiten, er konstruiert die Juden nach seinen Bedürfnissen – als Feindgruppe, als Wurzel vieler und gar aller Gesellschafts- und Weltübel. Aber er ist doch mit der Realität verbunden, er ist Reaktion auf eine reale Lage zuerst, wenn auch ganz und gar „überschießende" (und sich von der Realität ablösende) Reaktion. Er ist Reaktion zuerst auf die „moderne Judenfrage", und es ist Blindheit, die Existenz einer solchen Frage zu verkennen – niemand hat das schärfer erkannt als die Zionisten. Die deutschen Juden haben über Emanzipation und Assimilation zwar ihre traditionelle Sonderstellung wesentlich relativiert, aber als Gruppe endeten sie in einer neuen besonderen Position. Juden waren städtisch-großstädtisch, sie wiesen eine neue besondere Berufsverteilung auf, waren im tertiären Sektor, im Handel und im Bankwesen und bei den freien Berufen unter Ärzten und Anwälten weit überproportional vertreten; sie gehörten überproportional zu den Selbständigen, den Beziehern höherer Einkommen oder den Besitzern größerer Vermögen, kurz: sie waren erfolgreich. Sie waren unter Gymnasiasten, Abiturienten und Studenten deutlich überrepräsentiert; sie spielten unter den hauptstädtischen Journalisten, der „kritischen Intelligenz" und im Kulturbetrieb eine bemerkenswerte Rolle. Soweit sie politisch öffentlich hervortraten, waren sie vornehmlich (und sichtbar) liberal, und zwar links von der Mitte engagiert, zuerst links-nationalliberal, dann linksliberal; mit der Zeit wurde auch der starke Anteil jüdischer Intellektueller an der sozialdemokratischen Intelligenz sichtbar, so wenig sich die überwältigende Mehrheit der Juden mit der Sozialdemokratie identifizierte. Das alles hatte gute historische, sozialkulturelle und auch politisch-rechtliche Gründe: Die jahrhundertelange Berufsbeschränkung auf Handel und

Geldwesen wirkte sich aus und die besondere Fähigkeit zur Innovation oder zur Übernahme von Innovationen, wie sie Minderheiten gegenüber traditionellen Verhaltensmustern entwickeln; die Rolle von Juden beim Aufkommen der neuen Vertriebsform Warenhaus oder bei der Entwicklung der neuen Konfektionsindustrie ist dafür typisch. Die bedeutende jüdische Rolle im Landhandel, im Vieh-, Güter- und vor allem im Geldhandel war ein Stück Tradition; die zunehmende Bedeutung des Bankwesens für die Gesamtwirtschaft erhöhte das „Gewicht" jüdischer Bankleute. Die fortdauernde faktische Diskriminierung von Juden schloß sie aus bestimmten Berufen aus oder minderte ihre Chancen – das galt für den Offiziersberuf und die meisten Beamtenpositionen; das aber verstärkte die Konzentration auf die wirtschaftlichen und die freien Berufe. Die religiös-kulturelle Tradition wie die Minderheitenposition und dann der Assimilationswille haben die gewaltige Bildungsmotivation und auch den Aufstiegswillen hervorgebracht und intensiviert. Die langen und aufhaltsamen Kämpfe um die Emanzipation und die Notwendigkeit, sie gegen alte und neue Widerstände auszubauen oder zu verteidigen, hat den Juden die liberale und progressive Orientierung nahegelegt. Die mit der Assimilation oder „Akkulturation", also der Übernahme der bürgerlich deutschen und modernen Kultur verbundene Ablösung von den orthodox traditionellen Formen und Institutionen des Judentums hat die säkulare jüdische Intelligenz in besonderem Maße zur analytischen Traditions- und Institutionenkritik prädisponiert, zu dem, was Traditionalisten als „zersetzend" empfanden, so gewiß dabei auch sozialmoralische und rationalistische Elemente der jüdischen Tradition und die Opposition gegen die Diskriminierung durch die etablierte Welt eine Rolle spielten. Neben den Aufsteiger trat der Oppositionelle als mögliche Leitfigur.

Man kann solche soziologischen Besonderheiten durch einen Blick auf die psychologische besondere Lage der Juden ergänzen. Die Emanzipation betonte die jüdische Identität, die Assimilation förderte ihre Relativierung oder gar die Tendenz, sie aufzugeben, aber sie machte Identität oder ihr Fehlen gerade dadurch zum Problem. Das Identitätsproblem machte einen Unterschied zu „den andern" mit sicherer Identität. Der schnelle Aufstieg und die schnelle Akkulturation schufen das Problem des Arrivierten, des Parvenus, das ein häufiges Thema des Romans oder des – selbstkritischen – jüdischen Witzes und dann natürlich aller Arten von Antisemitismus wurde: das Aufdringliche und Vordrängende, aber auch die Unsicherheit oder die Verlegenheit, kurz, das Fehlen „alter" Selbstverständlichkeiten. Und natürlich, Zurückweisung oder Distanzierung durch Nicht-Juden steigerte wieder Unsicherheiten und Überkompensationen. Die Fixierung solcher Eindrücke in Vorurteilen wirkte auf die Realität zurück. Schließlich (und später), der „Modernitätsvorsprung" jüdischer Bürgerfamilien – im Verhältnis der Geschlechter wie der Eltern und Kinder, in den Kinderzahlen oder dem Geschmack oder der Rationalität – schuf wiederum eine andere Besonderheit, für die drinnen und die draußen.

Man muß sich in all diesen Hinsichten vor den Schein-Objektivismen und Übertreibungen der „Halb-Antisemiten“ hüten; man muß den Unterschied zwischen dem Individuum und dem statistisch erfaßbaren Gruppenverhalten festhalten und natürlich die Tatsache, daß „überproportionaler“ Anteil nicht vergessen machen darf, daß es auch ganz andere durchschnittliche oder altmodische jüdische Kreise, z. B. kleine Leute, Konservative, Unintellektuelle etc., gab. Aber es bleibt eine Wahrheit, daß die Juden in Deutschland gerade im Prozeß der Emanzipation in eine spezifische „Nähe“ zur Modernität und den Mächten der Modernisierung – ökonomisch, intellektuell und politisch – getreten sind und ihr Aufstieg mit dieser „Nähe“ verbunden war. Das war für die Gesamtgesellschaft ein Problem.

Das andere Faktum, das die „Judenfrage“ konstituierte, war, daß in und über Emanzipation und Assimilation ein gewisser Gruppencharakter erhalten blieb. Juden waren objektiv wie subjektiv eine Gruppe, unter sich wie in den Augen der andern, es blieb die Andersheit als Gemeinsamkeit. Das Erbe der Tradition, die Ablösung von der Tradition, der Aufstieg und die Akkulturation in eine Existenz der Newcomer, die Modernitätsnähe, die Abgrenzungspraktiken und die Fremdheitsgefühle der Nicht-Juden – diese sehr unterschiedlichen Faktoren konstituierten einen fortdauernden Zusammenhalt der jüdischen Gemeinschaft und eine Abgrenzung. Die Großfamilie und die Rest-Religion in oder am Rande der Reform-Synagoge, zumal von den Frauen getragen, waren dafür wichtig und charakteristisch, das Heiraten untereinander und die Dominanz der Geselligkeit innerhalb der eigenen Gruppe. Die Ablehnung der Taufe auch bei der großen Menge der agnostisch gewordenen Juden – nicht weil man ihre Degradierung zum konventionellen Akt, dem Eintrittsbillet in die europäische Kultur, von dem Heine gesprochen hatte, mißbilligte, sondern weil man den sozialen Druck ablehnte und die eigene Herkunftstradition nicht desavouieren, sie als Erinnerung bewahren wollte – auch sie hielt sichtbar den Status der Minderheit fest. Während selbst die säkularen Liberalen die moderne Rationalität protestantisch – und anti-judaistisch – legitimierten, sahen die Reformjuden in ihr gerade ein jüdisches Erbe; auch für die Modernisten also gab es ein Erbe der religiösen Spannungen. Und weil auch die nationalkulturelle deutsche Identität, die die Juden übernehmen wollten und sollten, ein Stück weit christliches Erbe war, war die Assimilation so schwer und hielt die religiöse Erinnerung aufrecht.

Modernitätsnähe einer Minderheit – das charakterisierte die Lage. Das war der Grund, warum die Juden in die Krise der Modernität, die Erfahrung der Modernisierungsverluste, in die Abwendung der von der Modernität Gebeutelten und Verlierenden so leicht hereingezogen werden konnten, warum irrationale – und eigentlich sich abschwächende – Traditionen der Abneigung sich neu kristallisieren oder von Demagogen neu erregt werden konnten – warum man „die Juden“ oder „den Juden“ zum Sündenbock für Modernisierungsübel machen konnte.

Es ist charakteristisch, daß der post-emanzipatorische Antisemitismus nach dem Gründerkrach von 1873 in der großen Wirtschaftskrise entstand, die von vielen als Krise des Liberalismus, der liberalen Wirtschaft, Politik und Weltanschauung erlebt oder gedeutet wurde. Die Antisemitismus-Anfälligen waren vor allem unter den Krisenbetroffenen, den Opfern des Gründungsschwindels zuerst, dann den von Strukturwandlungen Bedrohten, den Handwerkern und Kleinhändlern und mit der Verschärfung der Agrarkrise den Bauern, schließlich den Akademikern, die an Status und Einkommen hinter die aufsteigenden Wirtschaftskreise zurückfielen. Alte sozialmoralische Vorurteile gegen den Handel, die Banken und Börsen ließen sich leicht revitalisieren. Dazu kamen die Ängstlichen und Verunsicherten und die Besorgten, die in der schnellen Auflösung von Traditionen und Bindungen und von Religion Moralverzehr, Substanzverlust, Anonymität und Entfremdung sahen; sie machten dafür die Sprecher dieser Entwicklungen, und unter ihnen wieder die so prominente traditionskritische Intelligenz, verantwortlich. Und weil z. B. die Religionskritik in der Berliner Presse viele nicht sonderlich taktvolle jüdische Sprecher gefunden hatte, konnte man das Argument antisemitisch wenden. Für diese Bewegung der Unzufriedenen und Verunsicherten ist die Menge von gescheiterten, nicht arrivierten, außenseiterischen (oder auch pathologischen) Existenzen unter den frühen Antisemiten charakteristisch. Auf die Rolle der manchesterkritischen Sozialreformer und der nach „rechts" rückenden nationalen Ideologen kommen wir gleich zurück. Metapolitisch war es der aufkommende Zweifel am Liberalismus, seinem Individualismus und Rationalismus, seinem Setzen auf die Bürger- und Freiheitsrechte als Grundlage einer funktionierenden Gesellschaft, der zu einer wichtigen Voraussetzung für das Entstehen des Antisemitismus wurde.

Noch ein letzter Punkt ist wichtig, weil er die alten liberalen Emanzipationsbefürworter nicht unberührt ließ. Die Voraussetzung der Emanzipation, stillschweigend zumeist, war die Erwartung gewesen, daß Emanzipation die Assimilation zur Folge haben werde – das hieß das Aufgehen der bisher besonderen Juden in der Einheit der bürgerlich-nationalen Kultur. Diese bürgerlich-nationale, säkular-protestantische Idee ließ im Grunde keinen Raum für eine Pluralität von Identitäten, für die Fortdauer der jüdischen Besonderheit. Auch der Liberalismus hatte, wie die französische Revolution gezeigt hatte und der Kulturkampf im neuen Reich sogleich zeigen sollte, seine quasi-totalitären Züge. Die nationale Version des Liberalismus trat darum in Spannung zur sich selbst behauptenden Rest-Identität der Juden. Insoweit ist es illiberaler und liberaler Anti-Pluralismus zugleich, der sich gegen „andere" wendet: gegen Katholiken und Sozialisten, gegen Polen und jetzt – auch Juden.

Seit dem Gründerkrach entstand in der Mitte der 70er Jahre sehr rasch eine ausgebreitete, judenfeindliche Publizistik, die den Charakter des neuen postemanzipatorischen, säkularen, modernitätsfeindlichen Antisemitismus prägte. Otto Glagau, ein exliberaler Journalist, veröffentlichte 1874 in der „Gartenlaube", der populären, auflagenstarken „kleinbürgerlichen" Familienzeitschrift, eine Artikelserie über den „Börsen- und Gründungs-Schwindel in Berlin", welche die Juden als Urheber und Schuldige angriff; kurz darauf erschienen diese Artikel erweitert in Buchform, 1876 schon in vierter revidierter Auflage, 1877 mit einem zusätzlichen Band, der sich nun auf ganz Deutschland bezog. In obskureren Zeitungen und Skandalblättern gab es mehr solcher Artikel. 1875 erschien in der „Germania", dem führenden Zentrumsorgan in Berlin, eine Artikelserie, die wiederum das Judentum für Börsenkrach und Gründerkrise und darüber hinaus für den Kulturkampf verantwortlich machte. Die – konservative (und protestantische) – „Kreuzzeitung" veröffentlichte, ebenfalls im Sommer 1875, die sogenannten „Ära-Artikel" eines Dr. Perrot, die wiederum Wirtschaftskrise und Kulturkampf, Materialismus und Sittenverfall der unheiligen Allianz zwischen Bismarck, den Liberalen und den Juden zuschrieben: Die liberale Ära sei eine „von und für Juden betriebene Politik und Gesetzgebung". Daran schlossen sich klassische Schriften nun des radikalen Rassenantisemitismus an: Zunächst Carl Wilmanns „Die ‚goldene Internationale' und die Notwendigkeit einer sozialen Reformpartei" (1876), dann Wilhelm Marrs „Der Sieg des Judenthums über das Germanenthum. Vom nicht-confessionellen Standpunkt aus betrachtet" (1879, noch im gleichen Jahr in zwölf Auflagen); schließlich Eugen Dühring (ein außenseiterischer Privatdozent in Berlin, zeitweise ein Star, Halb-Sozialist und Positivist, der durch die Polemik von F. Engels berühmt geblieben ist) mit seinem Buch „Die Judenfrage als Racen-, Sitten- und Culturfrage" (1881); alle jüdischen „Eigenschaften" werden hier auf die Biologie, die Rasse zurückgeführt, darum sind sie unveränderbar; die Juden sind unassimilierbar, man muß sie vertreiben, um mit den von ihnen geschaffenen Übeln fertig zu werden. Insgesamt sind in der Bismarckzeit mehr als 500 antisemitische Schriften erschienen. Alle diese Schriften gehen davon aus, daß es eine jüdische Vorherrschaft in Wirtschaft und Kultur gibt; sie ist von Übel, sie muß beseitigt werden. Alle geben latenten Einstellungen und Vorurteilen eine neue Stimme und vor allem eine neue, pseudowissenschaftliche Begründung, ja machen daraus eine „Weltanschauung", ein System. Anti-Kapitalismus, Anti-Modernismus und Nationalismus kommen zusammen.

Aus der aufgeregten Stimmung, die diese Publizistik teils spiegelt, teils erzeugt hat, einem Gemisch wiedererwachter (oder -erweckter) älterer antijüdischer Sentiments und ihrer modernen und ideologischen Um- und Neuprägung, entsteht die antisemitische Bewegung in ihren verschiedenen Formen. Zunächst, in einer eigentümlichen Wendung, die Berliner Bewegung des protestantischen Hofpredigers Adolf Stoecker und seine Christlich-Soziale (Arbeiter-)Partei seit 1878. Wir haben von Stoecker im Zusammenhang mit der Kirche gesprochen und müssen von ihm noch einmal im Zusammenhang mit der Konservativen Partei sprechen. Hier genügt weniges. Stoecker, einer der wenigen großen Volkstribunen der Zeit, wollte den Verfall der Religion aufhalten, sie wieder zur öffentlichen Macht machen, auf der Straße und als Partei, und er wollte als sozialkonservativer Volksmann Monarchie, Vaterland und Sozialreform verbinden in einer neuen Volkspartei. Nachdem sein Versuch, Arbeiter gegen die Sozialdemokraten zu mobilisieren, in Berlin wenigstens scheiterte, wandte er sich an den „Mittelstand" der kleinen Leute, und als seine zunächst gelegentlichen anti-jüdischen anti-kapitalistischen Bemerkungen den stärksten Beifall fanden, rückte er das ins Zentrum; damit erzielte er gewaltige Versammlungserfolge und gewann auch Wählerstimmen, in Berlin freilich keine Wahlen. Stoeckers Antisemitismus ist eine eigentümlich individuelle Version: Das Kernelement ist die Identifikation des manchesterliberalen Kapitalismus und des „Börsenwesens" mit dem Judentum (die Juden sehen nicht nach Jerusalem, sondern nach der Jerusalemer Straße: dem Sitz der Börse); aber die jüdischen Intellektuellen sind die Wortführer des Sozialismus, des reichs- und königsfeindlichen, ordnungsstürzenden, unmoralischen und atheistischen Sozialismus. Das Doppelbild von der „goldenen" und der „roten Internationale" entsteht, die Konstruktion eines solchen Zusammenhangs wird jetzt zum Kernbestand des künftigen Antisemitismus. Beide Gruppen von Juden sind national unzuverlässig, sind international, das ist die nationale Wendung. Schließlich, die Juden sind (und bleiben) ein Volk für sich. Stoecker, der Pfarrer, wendet sich nicht gegen die jüdische Religion, sondern gegen die eigentümlich radikale jüdische Religionslosigkeit; in der Theorie vermeidet er den Rassenantisemitismus – die Taufe macht jeden Menschen zum Christen; in der Praxis gehen in seine rüden und emotionalisierenden Töne doch rassische Stereotype ein: Man sieht nicht, wie eine Taufe real noch aus einem Juden einen Nicht-Juden machen soll, so mußten jedenfalls seine durchschnittlichen Anhänger denken. Gegen die radikalen Rassenantisemiten hat er sich, Opportunist, der er in der Politik oft war, nie ganz klar abgegrenzt; freilich, den Radikalen galt er trotzdem als halbherzig und zu moderat. Trotz seiner Erfolge und seines öffentlichen Aufsehens hat er sich in seinem eigenen Lebenskreise – seiner Kirche, der Konservativen Partei, bei Hof und Regierung – nicht endgültig durchgesetzt, er galt zeitweise als Gottesmann oder als willkommener Wahlhelfer, aber dann auch wieder als Unruhestifter und intrigierender Klerikaler. Die Regierung, also Bismarck, der Kaiser, die Kirche, die Konservativen entzogen ihm nach und nach ihre Unterstützung und ließen ihn, als er nicht zu domestizieren war, schließlich fallen. Die Christlich-Soziale Partei blieb eine Randerscheinung. Stoeckers Antisemitismus gewann keine Kontinuität, so wichtig er als erster Durchbruch am Anfang war, ehe ihn andere „überholten".

Stoeckers Antisemitismus ist von seinem wirtschaftlich-sozialen Anti-Liberalismus und seiner christlich-kirchlichen Wendung gegen die überbordende Säkularität der Zeit geprägt. Der nationale Nebenton wird zur Hauptsache bei dem Ideologen eines neuen integralen Nationalismus, bei Heinrich von Treitschke. Er hat keine Partei gegründet, aber doch eine neue Version eines nicht-sektiererischen Antisemitismus eingeleitet, ihn „gesellschaftsfähig" gemacht. Treitschke hat in den „Preußischen Jahrbüchern", seiner Zeitschrift, zu der entstandenen antisemitischen Bewegung Stellung genommen. Als alter Liberaler war er für die Emanzipation und die Assimilation eingetreten, aber als Nationalist ist er jetzt von der Sorge um eine unsichere, vermeintlich gefährdete, noch unvollendete nationale Identität und um ihr dynamisches Wachsenmüssen umgetrieben. Darum setzt er nun die Maßstäbe der Assimilation so hoch, daß sie de facto unerfüllbar werden. Die Juden sollen Deutsche werden, ganz und gar – das war auch die Meinung vieler liberaler Juden, zumal unter den Professoren; aber jeder Rest einer Eigenart, jenseits der ganz auf sich selbst beschränkten, von sozialkulturellen Wirkungen abgekappten Religion, wird zum anti-deutschen Faktum oder Akt stilisiert. Der konservativer werdende Liberale preist die Tugenden der Tradition – Arbeit, Genügsamkeit, Innerlichkeit, Gemüt; und er kritisiert die Moderne, in der das Leben ein Geschäft oder eine Folge von Geschäften wird, Erfolg und Erwerb zum Maßstab des Lebens, der kühle Verstand zur Richtschnur des Handelns werden. Solche Kulturkritik wieder ist national eingefärbt – das Gute ist das Deutsche, das Böse das Fremde; und dann werden die „modernitätssüchtigen" Juden mit dem Fremden und Negativen, dem Undeutschen nicht zwar identifiziert, aber doch verbunden. Die Radikalisierung und Dynamisierung der nationalen Identitätsforderung – man kann nie deutsch genug sein – wendet sich gegen das Fremde, gegen ein Volk im Volk, einen Staat im Staat und reagiert mit höchster Allergie auf jedes Zeichen von noch bestehendem Sonderbewußtsein und Sonderwesen, wendet sich gegen die Pluralität kultureller Identitäten. Treitschke war gar nicht für Stoecker oder gar andere Antisemiten – aber mit starker und bildhafter Sprache, z. B. mit der Rede von den „hosenverkaufenden Jünglingen", die aus dem Osten einströmen, rechtfertigt er sozusagen den Antisemitismus und prägt die Formel, daß sich die Meinung ausbreite: Die Juden sind unser Unglück. Das wird, losgelöst aus dem zwiespältigen Kontext, als Treitschkes Meinung und als Indikativ sofort aufgegriffen und bis 1945 millionenfach wiederholt. Treitschkes Professorenkollegen haben sich – in der Mehrheit noch standfest liberal – gegen ihn gewandt, Theodor Mommsen an der Spitze. Er habe dem Antisemitismus den „Kappzaum" der Scham abgenommen, ihn gesellschafts- und kulturfähig gemacht. Treitschke fühlte sich mißverstanden, distanzierte sich von Pöbel und Rohheiten und steigerte sich doch immer mehr in seinen integralen, de facto judenfeindlichen, ja antisemitischen, wenn auch niemals rassistischen Nationalismus. Für die Kultur- und Bildungswelt machte er eine anti-jüdische Position wieder möglich, ja scheinbar legitim.

Neben Stoeckers Christlich-Sozialer Partei entstehen in und seit der ersten Hochkonjunktur des Antisemitismus, 1878/79 bis 1882, die „eigentlichen" antisemitischen Parteien und Organisationen. Wilhelm Marr, Ernst Henrici,

Max Liebermann von Sonnenberg und Bernhard Förster gehören zu den wichtigeren Gründern und Führern. Die sogenannte Antisemitenpetition 1880 – die die Rücknahme der Gleichberechtigung im Staatsdienst, einen Numerus clausus für Juden an den Universitäten und Einwanderungsverbote forderte – war ein Mittel der Propaganda und Ausbreitung, sie fand fast eine viertel Million Unterschriften. Der radikale Antisemitismus organisierte sich in Parteien, stürzte sich in Wahlkämpfe, wollte in die Parlamente. Er war, man muß das betonen, keine außerparlamentarische Bewegung, insoweit waren die Antisemiten Reformisten, nicht Revolutionäre – die waren einstweilen ganz selten, hatten nicht das Sagen. Diese Parteien machen erstens die Aufhebung der Emanzipation zur politischen Zentralforderung: Die Juden sollen unter Fremdenrecht und Einwanderungsverbot gestellt werden, letzten Endes vertrieben werden – das sagt man, Theodor Fritsch z. B., freilich nur intern. Weil die Juden in einer geradezu manichäischen Dichotomie von gut und böse der Kern aller gesellschaftlich-staatlichen Übel sind, ist sodann alle Politik auf die Lösung der „Judenfrage" zentriert, „die Juden" sind eine Einheit, der Kampf gegen die Juden die Hauptsache. Diese Parteien sind schließlich vom säkularen völkisch-rassischen Denken bestimmt, Religion und Taufe spielen für die Definition der Juden keine Rolle mehr, sondern nur genetische Herkunft und Rasse.

Das antisemitische Parteiwesen ist von einer verwirrenden Vielfalt: Neugründungen, Konkurrenzkämpfe, Spaltungen, Zusammenschlüsse – in schier endloser Wiederholung. Wir führen das hier selbst in Kurzform nicht vor. Der wesentliche Unterschied ist der zwischen einem konservativen Antisemitismus, der mit den Konservativen und über sie die eigenen Ziele durchsetzen will und darum wesentliche konservative Ziele übernimmt, und einem radikal populistisch-demokratischen, sozialrevolutionär-egalitären, anti-elitären und anti-konservativen Antisemitismus – „gegen Junker, Pfaffen und Juden", für das Volk der kleinen Leute. Nicht nur im „linken", sondern auch im rechten Antisemitismus steckt ein Stück Auflehnung gegen Establishment und Staat, ein anarchisches Element – die solange dem Staat verbundenen Banken sind ein altes, die liberale, das Bürgerrecht der Juden schützende Justiz ein neues Feind-Symbol der Antisemiten. Sie sind Opposition, nicht Teil der Ordnung.

Trotz all solcher Disparatheit hat sich das organisierte antisemitische Parteiwesen ins Regionale und Lokale ausgebreitet. Sachsen, beide Hessen und dann auch Teile Ostelbiens, Brandenburg und Pommern, werden Schwerpunkte. Es kommt zu einer zweiten großen Konjunktur des Antisemitismus, etwa 1887 bis 1893 erreicht er – vor allem unter dem Einfluß radikal-populistischer Demagogen wie Otto Böckel (dem „hessischen Bauernkönig") oder Hermann Ahlwardt im Nordosten – bei der Reichstagswahl 3,4 % der Stimmen und 16 Sitze, vor allem wegen des Zulaufs in agrarischen Wahlkreisen; allein die agrarisch-mittelständische Bewegung Böckels stellt sieben Abgeordnete.

Dann freilich setzen Zerfall und Niedergang der „Bewegung" ein. Der wichtigste Grund ist die Überwindung der Depressionskrisen vor allem im agrarischen, aber auch im handwerklichen Sektor. Dazu kommen Abwehrbemühungen der Nicht-Antisemiten und auch des Staates, obwohl gerichtliche Verurteilungen – wie im Fall Ahlwardt – zunächst immer die Popularität antisemitischer Führer erhöhten, sie galten als Märtyrer des jüdisch beeinflußten Establishments; dazu kommen die parlamentarische Unfähigkeit und Unwirksamkeit der antisemitischen Abgeordneten, ihre Zerstrittenheit, ihre Dauerverwicklung in Affären und Querelen. Diese „Führer" waren fundamentalistische Sektierer mit Neigung zum Außenseiterisch-Querulatorischen. Das fand bei den Wählern auf die Dauer nur noch beschränkte Resonanz. Es gab in Niedergang und Streit dieser Parteien eine überfraktionelle Verbundenheit. Th. Fritsch, ein Mühleningenieur ursprünglich, wurde mit dem Hammer Verlag und dem „Antisemitenkatechismus" (1893 in 25. Auflage, seit 1907 als „Handbuch der Judenfrage") der Gralshüter des Antisemitismus, jenseits der Fraktionen. Er wandte sich zwar gegen den „Partei-Schwindel", aber er wollte die Parteien nicht etwa abschaffen, sondern alle mit dem antisemitischen „Gedanken" durchdringen. Das hielt sich noch im System. Zugleich verfestigte sich, je weiter man sich von jeder realen Politik entfernte, das Sektiererisch-Weltanschauliche, das manichäische Weltbild, die Vorstellung von der „Heilung" der Welt aus einem Punkt; noch der eigene Mißerfolg bestätigte die Weltanschauung, war er doch Ergebnis der Weltmacht der Juden auch gerade über das Bewußtsein der andern.

Die nicht-antisemitischen Parteien haben die Antisemiten geschlagen und verdrängt und die Wähler zurückgewonnen. Diese Tatsache soll man nicht, wie gewöhnlich, verdrängen oder herunterspielen. Der Antisemitismus war parlamentarisch geworden, darum ist seine Niederlage auf diesem Felde wichtig genug, eine wirkliche Niederlage. Freilich, damit war der Antisemitismus nicht verschwunden – denn inzwischen hatte er auch andere Formen angenommen, bestimmte Verbände, kulturelle Weltbildbestände und Verhaltensstile eingefärbt und die Propaganda vor allem der Konservativen und auch die staatliche Praxis nicht unberührt gelassen. Der Parteienantisemitismus verliert, der Verbändeantisemitismus gewinnt an Bedeutung. Davon ist jetzt zu reden.

Wir beginnen mit den Berufsverbänden, in denen sich ökonomisch-soziale Interessen organisierten. Das führt uns zugleich über eine Analyse der antisemitischen Wähler hinaus zu der Frage nach dem sozialen Reservoir des Antisemitismus. Da ist zunächst das Handwerk. Zwei der (vier) Spitzenverbände, der Allgemeine Deutsche Handwerkerbund (von 1882) und der Zentralausschuß der vereinigten Innungsverbände Deutschlands, waren stark antisemitisch geprägt. Die Situation des Handwerks war kritisch – zwischen Fabrik und Proletariat; das Heilmittel traditioneller Art – die Einschränkung von Wettbewerb und Gewerbefreiheit durch Zunftzwang und Befähigungsnachweis – war anti-liberal, unter den Parteien verfochten sowohl die Konservativen wie das Zentrum solchen Handwerkerschutz. Die marktwirtschaftlich liberale Gewerbefreiheit wurde von den protektionistischen Handwerkern oft als „jüdisch" bekämpft und ebenso der Kapitalismus der Großwirtschaft und der Warenhäuser. Die älteren Antisemitenparteien, Stoecker und die sächsischen Antisemiten vor allem, hatten einen gut Teil ihrer Anhänger unter den Handwerkern gefunden. Das dauerte fort. In den frühen 90er Jahren sind z. B. die Berliner „Deutsche" und die Münchener „Allgemeine Handwerkerzeitung" voll von Kritik an dem zu moderaten Antisemitismus der Verbandsführungen, voll von Behauptungen, daß die Judenfrage der Kern der Handwerkerfrage sei. Auf den Handwerkertagen sprachen häufig Antisemiten, und sie bekamen stürmischen Beifall. Freilich, nach der Einführung von Handwerkerkammern (1897) mäßigten sich solche Töne wieder; aber die Beimischung des Antisemitismus in den zünftlerischen Handwerkerverbänden war seither sozusagen selbstverständlich.

Ähnliches galt für die noch viel mehr zersplitterten Organisationen des kleinen Einzelhandels; hier spielte der Kampf gegen die – „jüdischen" – Warenhäuser ja eine zentrale Rolle. Erst recht galt das natürlich für übergreifende Verbände des „Mittelstandes", sofern sie sich eher rechts orientierten, wie den „Reichsdeutschen Mittelstandsverband"; hier saßen zahlreiche bekannte Antisemiten (wie Th. Fritsch) in den Spitzengremien; die Wendung des Gründungsaufrufs von 1911 gegen die „goldene" und die „rote Internationale" war Symbol und Codewort des Antisemitismus. Man muß freilich sich daran erinnern, wie ungemein die Handwerker politisch pluralisiert waren – wie viele katholisch und wie viele liberal. Nur dann kann man die antisemitischen Stimmen des rechten Flügels, der Organisationssprecher und Ideologen richtig einschätzen. Diese Stimmen sind ein Hinweis auf Traditionen und Anfälligkeiten in Handwerk und Kleinhandel. „Das" Handwerk und „der" Kleinhandel waren vor 1914 nicht antisemitisch.

Unter den Angestelltenverbänden ragte der Deutschnationale Handlungsgehilfen-Verband von 1893 heraus. Der war direkt eine Hamburger antisemitische Parteigründung. Er verfolgte, wir haben davon erzählt, entschieden gewerkschaftliche Ziele, abgegrenzt gegen Unternehmer wie Arbeiter, und er propagierte den Antisemitismus, er schloß Juden von der Mitgliedschaft aus, der Vorstand war mit der antisemitischen Deutschsozialen Reformpartei eng verflochten. Freilich, mit dem Niedergang dieser Partei kehrten sich die Verhältnisse um, die Partei wurde nach 1900 eher zum Anhängsel des Verbandes. Schließlich war die Verbandsführung mit vielen anderen völkischen Organisationen und Aktivitäten eng verbunden. Als der Vorsitzende Wilhelm Schack, ein antisemitischer Reichstagsabgeordneter, 1909 wegen eines Skandals zurücktreten mußte, setzte sich freilich der Flügel durch, der die gewerkschaftliche Orientierung in den Mittelpunkt stellte; die Beziehungen zur Deutschsozialen Partei wurden gelöst. Der Antisemitismus reduzierte sich auf völkisch-kulturideologisches Schrifttum innerhalb der Bildungsaktivitäten. Ob der Erfolg des Verbandes, zu ihm gehörten 1914 fast 40% der organisierten kaufmännischen Angestellten, über 150000 Mitglieder, auf seinem Gewerkschaftskurs, seiner ständischen Abgrenzungspolitik, seiner generell nationalen Linie oder dem Antisemitismus vor allem beruhte, muß unentschieden bleiben – insgesamt trat der Antisemitismus etwas zurück. Auch hier gilt wie beim „alten" Mittelstand: Die Organisationsgeschichte zeigt eine sozialökonomisch und sozialkulturell bedingte Anfälligkeit des „neuen Mittelstandes" für antisemitische Tendenzen, „die" Angestellten vor 1914 waren nicht antisemitisch.

Schließlich spielt der Antisemitismus in der größten und mächtigsten Organisation der Landwirtschaft, dem Bund der Landwirte, die den Großbesitz und die Mehrheit des protestantischen Bauerntums verband, eine wichtige Rolle. Schon im Gründungsjahr 1893 umfaßte der Bund ca. 150000, 1914 dann 330000 Mitglieder. Er war mit seiner extensiven und intensiven Publizistik und Agitation weit mehr als die bisher besprochenen Organisationen weltbildprägend, das agrarische Milieu repräsentierend und formend. Und dieser Bund war sehr viel deutlicher als die bisher erwähnten Verbände antisemitisch ausgerichtet. Juden waren von der Mitgliedschaft ausgeschlossen, keine der jährlichen Generalversammlungen ging ohne rüde und heftige Angriffe auf das Judentum vonstatten, die Presse und die lokalen Versammlungen und Wahlkämpfe waren davon erfüllt – und zwar auch von schmutzigen und wüsten Beschimpfungen und Erfindungen. Typisch war etwa, daß der Kampf gegen die Margarine (und für die Butter) mit dem Slogan von „Judentalg" geführt wurde. Der Bund griff die ländlichen traditionellen Vorurteile gegen die Juden (die Händler und Wucherer) auf und verschärfte sie, indem er Liberalismus, Kapitalismus und Sozialismus, die Feinde der Landwirtschaft, mit dem Judentum identifizierte. Vielfach und zunehmend verschob sich dabei die Begründung des Antisemitismus vom Konservativ-Nationalen zum Völkisch-Rassischen. Der Einfluß des Bundes auf das bäuerliche Bewußtsein, die Überführung traditioneller Abneigung gegen die Juden in den modernen Antisemitismus ist gewiß bedeutend gewesen. In den 90er Jahren waren die Beziehungen zu den antisemitischen Kandidaten mindestens der konservativen Färbung durchaus positiv, gelegentlich unterstützte der Bund sogar Antisemiten gegen Konservative. Freilich, hier zeigten sich – das wird noch heute oft übersehen – Grenzen: Zuviel Antisemitismus diskreditierte, bei den Nationalliberalen und auch bei den Konservativen; daß die Parteien nach 1902 etwas mehr Selbständigkeit gewannen, hängt damit zusammen.

Neben die Frage nach den Berufs- und Interessenverbänden, und also nach den Wechselwirkungen von Antisemitismus und ökonomisch-sozialen Gegebenheiten und Bewegungen, tritt die Frage nach dem Verhältnis von Antisemitismus und dem neuen integralen Nationalismus. Sie ist schwer zu beantworten. Von den „nationalen Verbänden" ist es vor allem der Alldeutsche Verband, der seit der Jahrhundertwende betont antisemitisch geworden ist, zumal seit 1908 unter Heinrich Claß. Radikalisierung des Nationalismus und Antisemitismus, Expansionismus und Rassenideologie gingen hier Hand in Hand. Zwar übernahm der Verband nicht formell den Antisemitismus, aber durch personelle Verbindungen mit den vielen rasseideologischen Zirkeln und Gruppen war gerade die Führung de facto antisemitisch. Claß' radikale Schrift von 1912 „Wenn ich der Kaiser wär" – bis 1914 immerhin fünf Auflagen – behauptete angesichts der konservativen und antisemitischen Verluste bei der Reichstagswahl vom Januar eine „Massenvergiftung deutscher Wähler", welche „ohne die Mitwirkung des Judentums gar nicht möglich gewesen wäre". Dagegen wollte er Fremdenrecht, Berufsausschlüsse, Doppelbesteuerung, Ausweisungen, Einwanderungsverbote durchsetzen. Damit war nun freilich wieder die Grenze des Akzeptablen überschritten. Zwar stimmten viele im Kreise der alten wie neuen Rechten ein in die Klage über ein Übermaß des jüdischen und pro-linken Einflusses, aber es waren gerade die konkreten Vorschläge, die die meiste Kritik auf seiten der Rechten auslösten. Nicht nur der Kaiser fand sie kindisch, sondern auch das Organ der als antisemitisch geltenden Vereine Deutscher Studenten lehnte sie entschieden ab. Das war keine Taktik.

Es gab viele Verbände der nationalen Rechten, bei denen der Antisemitismus keine Rolle spielte. Er galt nicht als respektabel, ja, weil er das bürgerliche Lager spaltete, als kontraproduktiv. Das galt z. B. für die anti-polnischen „Hakatisten", für den Flottenverein, für den Reichsverband gegen die Sozialdemokratie. Auch wer antisemitisch „dachte", zögerte mit oder auch nur bei einer entsprechenden Politik, die mögliche Bundesgenossen abstieß. Der Meinungsdruck der respektablen Mehrheit zog eine Schamgrenze.

Jetzt muß von studentischen Verbänden und Studenten die Rede sein. Stoeckers Berliner Bewegung fand breite Resonanz in der Studentenschaft, und ebenso Treitschkes nationales Identitätspostulat. Im Anschluß an die sogenannte Antisemitenpetition von 1880 organisierten Studenten Ausschüsse zur Unterschriftensammlung, in Berlin unterschrieb etwa die Hälfte der Immatrikulierten; daraus entstanden die Vereine deutscher Studenten (zuerst 1880 in Berlin) und ihr Zusammenschluß im Kyffhäuserverband (August 1881) unter Führung des späteren Direktors des Bundes der Landwirte Diederich (eigentlich Christian) Hahn. Bis 1914 haben diese Vereine auch im Westen und Süden Fuß gefaßt. Über 5700 Mitglieder und „Alte Herren" schätzt man 1914. Anfangs war die Hälfte der Mitglieder Theologen, um 1900 freilich stellten diese nur noch 10%, fast ein Drittel kam jetzt von den Juristen.

Diese Vereine vertraten den neuen integralen und nicht mehr liberalen Nationalismus, die Abgrenzung gegen alles Undeutsche und Fremde. Glaubensjuden waren von der Mitgliedschaft ausgeschlossen, die Vereine waren antisemitisch. Manche führen das darauf zurück, daß traditionelle anti-jüdische Vorurteile durch die akademische Konkurrenzsituation dieser Jahre neu belebt wurden, durch Überfüllung, schlechte Karrierechancen, starke jüdische Konkurrenz (unter den preußischen Studenten waren zeitweise 9,2 % Juden, achtmal soviel, wie es dem jüdischen Bevölkerungsanteil entsprochen hätte). Mir scheint wichtiger der Generationenbruch, das Altwerden des Liberalismus, das Verlangen nach neuen Zielen. Da bot sich die Doppelung der christlich-sozialen Reform und eines erneuerten dynamisch integralen Nationalismus an; beides war damals antisemitisch besetzt. Ich halte also den Antisemitismus – noch! – nicht für den Kern der Bewegung und den Grund ihrer Resonanz; man kann z. B. an das Mitglied Friedrich Naumann oder den späteren Sozialdemokraten Wolfgang Heine denken. Viel politischer Idealismus, viel Überdruß an der trivialen studentischen Subkultur endete hier. Aber dennoch, der Antisemitismus stieg mit auf. Die Gegnerschaft richtete sich religiös-national anfangs gegen das säkular religionslose Judentum, dann aber wurde sie völkisch geprägt, es war von der Führungsrolle der Arier die Rede. Seit 1896 waren auch Studenten jüdischer Herkunft, also getaufte Juden, ausgeschlossen. In der aktuellen Publizistik und Tätigkeit freilich trat der Antisemitismus doch zurück.

Auch in andere studentische Verbindungen drang der Antisemitismus ein, konkret wurde das immer durch den Ausschluß von Juden als Mitglieder. Das Prinzip wurde 1896 z. B. von den Burschenschaften übernommen, gegen den Widerstand ihrer „Alten Herren". In der Praxis galt das auch für die Mehrheit der Korps. Jüdische Studenten gründeten seit Mitte der 80er Jahre schon – anderswo herausgedrängt – ihre eigenen (auch schlagenden) Verbindungen.

Über die Frage, ob die Mehrheit der korporierten, nicht-katholischen Studenten antisemitische Einstellungen und gar Normen übernommen hat, gibt es unterschiedliche Meinungen. Daß die Mehrheit davon tangiert, „eingefärbt" wurde, daß sie mit dem Antisemitismus ohne größere Bedenken als Selbstverständlichkeit lebte, ist unbestreitbar. Es gab sicher einen latenten, einen Krypto-Antisemitismus. Das wurde langfristig wichtig. Für die Zeit vor 1914 aber ist genauso wichtig, daß in den akademischen Professionen mit hohem jüdischen Anteil – bei Rechtsanwälten und Ärzten – der Antisemitismus (noch) keine wesentliche Rolle spielte. Wie immer Medizin- und Jurastudenten gesinnt gewesen sein mochten, ihr Berufsleben hat er nicht geprägt. Das Zusammenleben von Deutschen und Juden in den Professionen war nicht schwierig, so bürgerlich-liberal war der Stil. Das wurde erst in den 20er Jahren anders, ganz anders.

Wichtiger als die Verbände ist für die Geschichte des Antisemitismus und seine Verbindung mit dem Nationalismus der Aufstieg der Rassentheorien. Solche Theorien, die von den Unterschieden von Menschengruppen ausgingen, betonten nicht wie Aufklärung und Emanzipation die Gleichheit der Menschen, sondern ihre Ungleichheit. Und mit der Ungleichheit war, zwar nicht immer, aber doch häufig, die Idee auch der Ungleichwertigkeit verbunden. Zugleich entsprachen solche Theorien dem säkularen Zeitalter: Nicht mehr die Religion, sondern die genetische, die naturale Herkunft war hier konstitutiv.

Zwei Traditionen kommen in den Rassentheorien zusammen: eine geisteswissenschaftlich-historische und eine naturwissenschaftlich-biologische. 1. Der Bayreuther Wagnerkreis, vor allem Ludwig Schemann, hatte die kulturpessimistische Weltgeschichte des Franzosen Gobineau aufgenommen, die den Geschichtsprozeß aus der Auseinandersetzung von Rassen und aus dem Verfall der einzig schöpferischen, der arischen Rasse erklärte und von daher die Zeit interpretierte: den Sieg der egalitären Durchschnittlichkeit und die Banalität der bürgerlichen Zivilisationsgesellschaft. R. Wagner und Schemann haben den germanischen und antisemitischen Ton in diese Ansichten eingebracht, Schemann hat die Weltgeschichte nicht mehr als notwendige Dekadenz dargestellt und damit die fatalistisch-resignativen Konsequenzen vermieden. 2. Aus der Übertragung Darwinscher Kategorien der Selektion und des „Kampfes ums Dasein" zwischen Arten haben bestimmte Sozialdarwinisten – wir haben davon im Zusammenhang mit der Geschichte der Biologie gesprochen – Rassenkonzepte entwickelt, und zwar jetzt nicht das eugenische Konzept der „guten" Rasse, sondern das der verschiedenen Rassen, so Ludwig Woltmann, Alfred Ploetz und Otto Ammon. Das bot sich dann – wenn auch wiederum keineswegs bei allen – als Vehikel für eine Unterscheidung von höheren und niederen Rassen an, der weißen und der farbigen, der germanisch-nordischen und der romanischen und slawischen, der arischen und der semitischen – und was der Unterschiede der Schädelmesser und ähnlicher Experten mehr waren. Trotz der grundsätzlichen Unterschiede zwischen beiden Ansätzen konnten Synkretisten sie leicht verbinden und daraus pseudowissenschaftliche allgemeine Erklärungen der Gesellschaft, der Kultur und der Geschichte und Bilder der Zukunft herleiten. Die Karriere der Kategorie Rasse kam den Antisemiten zugute. Dühring und Marr hatten ja schon die „Judenfrage" naturalistisch als eine Rassenfrage interpretiert, alle sozio-kulturellen Tatbestände aus der unveränderlichen biologischen Rasse erklärt. Die Rassentheorien dienten den Antisemiten als Bestätigung und Legitimation, die Rassentheoretiker wurden in Deutschland schier zwangsläufig mit der antisemitischen Polarisierung der Arier und Semiten und dem Stereotyp einer schöpferischen und einer unschöpferischen „Rasse" konfrontiert und gerieten darüber oft, wenn auch nicht immer, in den Sog oder in die Nähe antisemitischer Positionen.

Auch unabhängig von welthistorischen und biologisch-anthropologischen Konstruktionen und Spekulationen konnte sich der „Rassegedanke" mit dem Nationalismus verbinden, zumal wenn er nicht primär auf den Staat, sondern – aus romantischer Tradition – auf das Volk bezogen war. Das Volk war eigentlich durch die Gemeinsamkeit der Sprache und Kultur, der Geschichte und Herkunft konstituiert. Aber man konnte die Herkunft verselbständigen und isolieren, und man konnte sie biologisch-genetisch und nicht mehr – wie noch Treitschke – historisch interpretieren. Dann wurde das gemeinsame „Blut“ das, was das Volk zusammenhielt. Das war die „völkische“ Wendung des Nationalismus, das „Deutsche“ wurde das Deutsch-Völkische.

Der Vater solch völkischen Antisemitismus ist Paul de Lagarde gewesen. Wir haben früher ausführlicher von ihm erzählt. Sein Ansatz ist der der Kulturkritik. Gegen den parlamentarischen wie kapitalistischen Pluralismus und gegen den zersetzenden und intellektualistischen Geist der Moderne betont er die Gemeinschaft des Volkes und die Gemeinsamkeit und Bindekraft der Tradition, gegen die orthodoxen Elemente des Christentums, die er als judaistisch ansieht, will er eine idealistische Erneuerung der Religion, die er germanisch nennt, ja das Volk wird auch Gegenstand dieser Religion. Es geht um die Vollendung der nationalen Identität, nur darin läßt sich auch die individuelle Identität finden. Das ist nicht Sache des Staates, sondern Sache des Volkes. Die Deutschen müssen immer deutscher werden und alles Fremde, das immer die Identität gefährdet, ausschließen. Inkarnation des gefährlich Fremden, all dessen, was er haßt und bekämpft, wird das Judentum. Er distanziert sich zwar, „Idealist“ der er ist, von dem Rassenbegriff – die nationale Identität liege im Gemüt, nicht im Geblüt –, aber er verwendet doch zunehmend ein biologisches Vokabular. Identitäts-, Kultur- und Volksidealismus und die Biologie der blutsmäßigen Gemeinsamkeit wuchsen bei den Anhängern jedenfalls schnell zum Weltanschauungsgebräu zusammen. Der „Rembrandt-Deutsche“ Julius Langbehn wurde dafür typisch. Und H. St. Chamberlains „Grundlagen des 19. Jahrhunderts“ wurde seit 1900 zum Bestseller und Klassiker solcher Weltanschauung. Er verband die idealistische Bewußtseinsphilosophie weit mehr noch als Lagarde und Langbehn mit der Rassenbiologie, interpretierte Geschichte wie Gegenwart manichäisch als Kampf zwischen der „guten“ arisch-germanischen und der „bösen“ jüdischen Rasse. In der Verzweiflung vieler Gebildeter (und Halbgebildeter) an der spezialistischen Wissenschaft wurde diese universalistische Pseudowissenschaft wichtig genommen; 1912 erschien das Buch in zehnter Auflage.

Lagarde, Langbehn, Chamberlain wirkten in die „völkischen“ Gruppen der Kulturintelligenz und in den radikalen Nationalismus herein, die Gobineau- und Richard-Wagner-Vereine, die Fichtebünde und andere mehr. „Völkisch“, das hieß, daß die blutsmäßige, die rassische Herkunft die Deutschen definierte, Juden konnten nicht Deutsche sein und nicht Deutsche werden. Aber die Einfärbung des Weltanschauungsspektrums und die Gewöhnung an den Umgang mit solchen Kategorien, auch wenn man sie nicht übernahm, reichte durchaus weiter als der engere Zirkel der „völkischen“ Kreise der neuen Rechten vor 1914.

Wir müssen noch einen Blick auf das Verhalten von Staat, Kirche und Parteien zum Antisemitismus werfen. Von den Parteien sind vor allem zwei

„Fälle“ wichtig. Das ist zunächst der der Zentrumspartei. Wir haben von den antisemitischen Artikeln der „Germania“ von 1875 berichtet. Es gab viel popularen ländlich-bäuerlichen und klerikalen Antisemitismus, tiefsitzende anti-jüdische Ressentiments, stark mit der kirchlichen Judenfeindschaftstradition verbunden, am Niederrhein, in Westfalen, in Bayern (wo für manchen katholischen „Patrioten“ das neue Reich von 1871 ein Reich von Liberalen und Juden gewesen war). In theologischen Volksschriften spielte der Antisemitismus eine Rolle, ebenso in den lokalen Wahlkämpfen gegen Liberale und Establishment. Die ultramontane Besessenheit von einer Verschwörung der Freimaurer war oft an der Grenze, auch auf die Juden ausgedehnt zu werden; das griff auch auf Deutschland über. Der Kulturkampf schließlich, den die katholikenfresserischen Liberalen in so wilden Formen führten, und die Tatsache, daß die Juden so eng mit den Liberalen liiert schienen, säkular-modernistisch und rationalistisch beide, machte „die Juden“ in den Augen vieler Katholiken zu Mitverantwortlichen am Kulturkampf, zu Feinden also. Das alles aber darf nicht, wozu „kritische“ Katholiken neigen, von der Hauptsache ablenken. Es ist der Führung der Partei, vor allem Windthorst gelungen, diese Strömungen einzudämmen und abzublocken. Die katholische Minderheit müsse das Recht aller Minderheiten, auch der Juden, vertreten – diese Linie setzte sich durch. Anti-jüdische Antipathien von Abgeordneten und führenden Vereinspolitikern wurden gezähmt. Alle antisemitischen Anträge wurden vom Zentrum abgelehnt, Zentrum und Katholiken galten den Antisemiten als Gegner; antisemitische Einbrüche gab es in protestantischen, nicht in katholischen Wahlkreisen, selbst in den 80er Jahren hat es im katholischen Bayern keine antisemitische Bewegung gegeben. Es gab darum auf Dauer nur untergründig antisemitische Stimmungen, aber gerade nicht wie in Österreich eine antisemitisch-katholische Partei.

Dann die Konservativen. Sie haben ihre und ihrer Klientel vorgegebene anti-jüdische Animosität sehr viel ungehemmter ins Kraut schießen lassen, nach ihrer „nationalen“ Wendung verband sich das gut mit dem populistischen „Ton“ gegen die „goldene“ und die „rote Internationale“ z. B. Sie haben dann ohne viel Skrupel den Antisemitismus zur Mobilisierung und Gewinnung von Wählern eingesetzt, als Instrument und Stimmfänger, von ihrer Allianz mit Stoecker über ihr Tivoliprogramm von 1892 bis zur Abstützung auf die Massenorganisation des Bundes der Landwirte mit seiner wild antisemitischen Propaganda, ja Überzeugung. Viele waren voller anti-jüdischer Ressentiments, judenfeindlich. Aber der Antisemitismus war nicht die Hauptsache, das war die Erhaltung des monarchischen Systems und seiner sozialen Hierarchien und die Erhaltung der Landwirtschaft, ja der Antisemitismus war kein eigenständiges Ziel. Die antisemitischen Parteien haben darum den „Zweck-Antisemitismus“ immer angegriffen. Und indem sie den Konservativen Wahlkreise abzujagen suchten, entstanden harte Konflikte. Zudem hatten die Konservativen im Zweifel andere Prioritäten, und sie waren gegen das revolutionär-rebellische populistische Anti-Establishment- und das Anti-Law-and-Order-Element im radikalen und nicht so radikalen Antisemitismus. Sie waren für den Antisemitismus als Wahlhilfe und gegen ihn als Unruhestifter. Sie pflegten ihre anti-jüdischen Vorurteile, weil sie so schön in die Verteidigung des Landes gegen Stadt, Industrie- und Handelskapitalismus, Agnostiker und Intellektualisten paßten – ohne daraus ein System, eine Theorie zu machen und die Welt aus diesem Punkt anzusehen. Daß solche Pflege des Antisemitismus – als populäres „Mittel" – zu dessen Verselbständigung führte und dazu, daß das ideologisierte Vorurteil seine Beiläufigkeit und Naivität verlor, Konstanz gewann und die, die es nur benutzen wollten, zu beherrschen begann, versteht sich. Indem die Konservativen einen gezähmten Antisemitismus großzogen, haben sie auch dem radikalen Antisemitismus den Boden bereitet.

Nun die anderen Parteien. Die Liberalen wurden nicht antisemitisch, die Linksliberalen blieben seine Gegner und verteidigten die Gleichberechtigung der Juden gegen alle Diskriminierung – auf die Gefahr der Unpopularität hin. Der Verein zur Abwehr des Antisemitismus (seit 1891) war eine linksliberale Organisation. Die Nationalliberalen waren in ihren Wahlkreisorganisationen, wo sie wie in Hessen oder Sachsen von Antisemiten oder antisemitischen Agrariern bedroht waren, eher zu taktischen Anpassungen geneigt, und gegen Sozialisten unterstützten sie auch Antisemiten; regierungsloyal, wie sie waren, gingen sie über die administrative Diskriminierung von Juden eher mit Schweigen hinweg – aber trotz solcher Einschränkungen hielt die liberale Grundorientierung. Die Parteiführer Bassermann und Stresemann hatten jüdische Frauen, das war niemals ein „Thema". Die wachsende Distanz zum Bund der Landwirte nach 1903 verstärkte die Ablehnung allen Antisemitismus.

Die Sozialdemokraten blieben geschworene Gegner (auch gegen gelegentliche Stimmungen unter ihren Wählern oder Mitgliedern). Antisemitismus war eine Verschleierungs- und Ablenkungsstrategie unter dem Schein des Anti-Kapitalismus (der „Sozialismus der dummen Kerls") – freilich, seine zersetzende Wirkung im bürgerlichen Lager sah man nicht ungern, für eigentlich gefährlich, für besonders gefährlich gar hielt man ihn nicht.

Staat und Kirchen waren ambivalent. Wir haben beschrieben, daß Juden aus dem Verwaltungsapparat und der Lehrerschaft fast durchweg ausgeschlossen blieben (und in der Justiz von den leitenden Posten) und ebenso – mit den kleinen bayerischen Ausnahmen – aus dem Offizierskorps und hier selbst mit Einschluß getaufter Juden. Auch haben wir gezeigt, daß sie in Hochschulkarrieren benachteiligt waren. Das war viel Tradition, Animosität gegen das sozial nicht Alt-Anerkannte, das war elitäre Überzeugung von der Inferiorität der Juden als „Händler": Liberale und Geldmenschen waren für die Staatsberufe unzuverlässig; das waren Reste auch der Überzeugung vom christlichen Staat: Juden „paßten" nicht in den Staatsdienst. Im Offizierskorps haben sich diese Attitüden zu einem ideologisierten Dauerantisemitismus der Ausgrenzung solcher Menschen „zweiter Klasse" entwickelt.

Typisch ist, daß Juden (außer in Bayern) nicht zum Reserveoffizierskorps zugelassen wurden, obwohl zwischen 1871 und 1914 mehr als 25000 jüdische Einjährigen-Freiwillige in die Armee eintraten; selbst von den ca. 1200 bis 1500 getauften Juden darunter wurden nur etwa 300 Reserveoffiziere. Auf der anderen Seite blieb der Staat auf Ordnung und Gesetzlichkeit ausgerichtet, schritt mit Polizei und auch Militär gegen antisemitische Ausschreitungen (Hinterpommern 1881, Xanten 1891, Konitz/Westpreußen 1900) ein, trat gegen Verleumdungskampagnen und gegen die Predigt von Haß und Gewalttat auf. Bismarcks Haltung gegenüber Stoecker – Duldung des antiliberalen Wahlkämpfers, Mißbilligung der Mobilisierung von Sozialrevolution, Eigentumskritik und Gewalt – ist relativ charakteristisch.

Mit der katholischen Kirche war es ähnlich wie mit dem Zentrum: Es gab einen massiven katholischen Anti-Judaismus. Das Buch des Priesters und Theologen August Rohling, „Der Talmudjude", aus den 70er Jahren, ein polemisches Pamphlet von mehr als zweifelhafter Wissenschaftlichkeit, ist mit vielen Auflagen und viel Einfluß auf Religionsbücher dafür charakteristisch; und dergleichen Stimmungen dauerten gerade im niederen Klerus fort. Die Meinung von der Nähe des Judentums zu Liberalismus, Börse und Kulturkampf – feindlichen Welten also – nahm das in modernisierter Form wieder auf. Aber dieser Antisemitismus war nie mehr als eine Unterströmung. Der konservative Kirchenprotestantismus war vom Stoeckerschen, vom Treitschkeschen, vom studentischen Antisemitismus stärker eingefärbt, es gab Pfarrer, die sich da engagierten. Der anti-religiöse Radikalantisemitismus und die Rassenlehre, die die Kraft der Taufe leugnete, zogen aber auch deutlich Grenzen. Es gab starke anti-jüdische Distanzgefühle und Ressentiments innerhalb der Kirche; der eigentliche Antisemitismus auch in der nicht so radikalen Form völkischer Kulturkritik stand außerhalb der Kirche. Natürlich kann man über die Gefahren eines solchen konventionalisierten Teil-Antisemitismus nicht hinwegsehen.

Die Juden selbst haben sich rechtlich und propagandistisch gegen den Antisemitismus entschieden zur Wehr gesetzt, sie verteidigten ihre Bürgerrechte, das Ideal der Assimilation wollten sie nicht aufgeben. Sie hielten den Antisemitismus für ein wieder aufgelebtes Relikt aus finsteren Zeiten; aber unter seiner Drohung blieben sie, z. B. in der formalen Religionszugehörigkeit und ihrem Traditions- und Identitätsbewußtsein, Juden: Deutsche Staatsbürger jüdischen Glaubens, wie sie ihren Centralverein stolz nannten.

Faßt man das Ganze ins Auge, so ist das Ergebnis zwiespältig, darum unter Historikern strittig. Auf der einen Seite waren der wilde (Radau)Antisemitismus und die antisemitischen Parteien, d. h. auch die Bereitschaft von Wählern, dem Antisemitismus Priorität einzuräumen, im Niedergang, blieben bei konsolidierter Wirtschaftskonjunktur ohne Erfolg, schrumpften zur Sektiererei. Man konnte die Hoch-Zeit der Antisemiten als Episode ansehen. In keinem Moment war das Ergebnis der Emanzipation, die rechtliche

Gleichstellung der Juden gefährdet; Rechtsordnung und Rechtsüberzeugung – der Gesellschaft, der Parteien, der Regierung – waren ungebrochen. Aufstieg und Integration der Juden machten noch – wenn auch nicht überall und nicht gleichmäßig – Fortschritte. Es gab die Juden, mit denen der Kaiser umging. Es gab den Aufstieg jüdischer Gelehrter in der Kaiser-Wilhelm-Gesellschaft. Es gab die Zunahme jüdischer Abgeordneter und Kandidaten bei den Liberalen – die Angst von 1880/90 war nach 1900 geschwunden.

Auf der anderen Seite gab es die antisemitischen Einstellungen und Dispositionen außerhalb der antisemitischen Parteien, sie hielten das „Problem" in der Diskussion, ja emotional virulent. Man kann zwar an der Wirkung der Verbände zweifeln: Führung oder Schrifttum sagen nicht notwendig viel über Einstellung und Motivation von Mitgliedern – die Einfärbung auch der Mitgliedermentalität aber, die Gewöhnung an antisemitische „Argumente", die widerspruchslose Hinnahme, sie waren gewiß ein Ergebnis des Verbändeantisemitismus. Und das gleiche gilt für den Kulturantisemitismus der Kulturkritiker, der völkischen Rassenideologen. Es gab, so hat F. Naumann damals geurteilt, eine „antisemitische Gesellschaftsstimmung": Distanz und Nichtzulassung zu den eigenen Vereinen, Ideologisierung einer ehedem naiven Ab- und Ausgrenzung, welche diese erst eigentlich festmachte und von ähnlichen Erscheinungen z. B. in angelsächsischen Ländern – geschlossene Clubs, Nichtaufnahme in feine Universitäten etc. – unterschied.

Die deutschen Juden sahen in der Mehrheit die Lage positiv: Es gab gewiß Hindernisse und Hemmungen, hartnäckige Relikte und Rückfälle, aber man hatte doch die Hoffnung auf eine abschließende Lösung. Die Identifikation mit Deutschland im August 1914 war eindeutig, einhellig und gewaltig. Zwar gab es dann, zumal unter der Jugend, die Zionisten, aber sie waren in ihrer Mehrheit einstweilen eher davon überzeugt, daß Palästina die einzige Lösung für die osteuropäischen Juden, nicht aber für sie selbst, die deutschen Juden sei.

Im Ergebnis: Es gab vor 1914 verbreitete anti-jüdische Animositäten und einen gegenüber den 70er Jahren deutlich gewachsenen schleichend latenten Antisemitismus. Und es gab die Ohnmacht des offenen Antisemitismus seiner Parteien, seiner entschiedenen Agitatoren in den Verbänden und innerhalb der nationalen Rechten. Das Beispiel Claß zeigt, welche bedeutende Rolle ein antisemitischer Nationalist spielen konnte und wie zugleich seine eigentlich antisemitischen Konsequenzen im wesentlichen abgelehnt wurden. Aber die Latenz des Antisemitismus wurde bedeutsam, als eine neue Krise kam. Der epochale Wandel des deutsch-jüdischen Verhältnisses im Ersten Weltkrieg zeigt, wie dünn das Eis war, immer noch oder erst wieder, auf dem Zusammenleben und Assimilation und Integration in Pluralität möglich werden konnten. Freilich, keinen Augenblick darf man übersehen, daß für Hitler seit 1920 der Vorkriegsantisemitismus niemals eigentlicher und wahrer Antisemitismus gewesen ist; das war nicht Hitlers Profilierungssucht, das blieb ein Wesensunterschied – Diskontinuität über der Kontinuität, die sich aus der Latenz und der widerstandslosen Gewöhnung an ein „bißchen", „doch nicht unberechtigten" Antisemitismus ergab.

1914 schien der Kriegseinsatz und die Kriegsbegeisterung der deutschen Juden zunächst die Integration zu befördern. Die Verwaltungen und das Militär gaben manche Diskriminierungspraxis auf, ja Juden übernahmen führende Positionen. Die Regierung arbeitete im Blick auf Palästina, Polen und die „Ostjuden" und im Blick auf die USA mit jüdischen Organisationen zusammen.

Mit den Opfern und den Entbehrungen des Krieges aber wurden antijüdische Animositäten wieder virulent. Im Zusammenleben der Soldaten regten sich die eingefleischten Abneigungen. Im Offizierskorps und in der Militärverwaltung zeigte sich schon 1915 massiver und offener Antisemitismus, etwa bei Offiziersbeförderungen. Die Reste des organisierten Antisemitismus und die alldeutsch-völkischen Kreise mobilisierten entsprechende Stimmungen in der „Heimat". Ende 1915 organisierten sie eine Eingabenkampagne: Die Juden entzögen sich der Wehrpflicht oder dem Frontdienst. Im Oktober 1916 ordnete der Kriegsminister eine „Judenzählung" im Heer an – und zwar, nicht wie er dann behauptete, um die Antisemiten zu widerlegen, sondern aus antisemitischen Erwägungen. Faktisch förderte diese Aktion, deren Ergebnis keineswegs – aber das wurde nicht veröffentlicht – den antisemitischen Verdächtigungen entsprach, den Antisemitismus im Militär und vergiftete hier das Zusammenleben zwischen Deutschen und Juden endgültig. Zugleich erhielt die antisemitische Agitation in der „Heimat" gewaltigen Auftrieb. Für viele Juden schien die immer noch genährte Hoffnung auf eine deutsch-jüdische Symbiose zu Ende.

Anderes kam hinzu. Im Krieg verschärften sich die Unterschiede in Einkommen und Vermögen und gar in Konsummöglichkeiten – mit Geld konnte man der Not noch entkommen. Das erzeugte Haß gegen „die Oberen" und gegen die Kriegsgewinnler. Das populäre Stereotyp wurden die „Spekulanten" und „Schieber", von den gewaltigen Gewinnen der Rüstungsindustrie war weniger die Rede; die atavistische Abneigung gegen den Handel dominierte und wandte sich, wie es den überlieferten Normalvorstellungen entsprach, leicht gegen die Juden. Wiederum intensivierte die organisierte Propaganda der Antisemiten solche Emotionen: Neben den jüdischen „Drückeberger" trat der jüdische „Kriegsgewinnler". Dazu kam die Propaganda gegen die „jüdischen" Kriegsgesellschaften, die zur Mobilisierung und Organisation der Wirtschaft für den Kriegsbedarf von der Regierung eingerichtet wurden. Ein Reichstagsausschuß, der 1916 eine Aufstellung über deren Personal verlangte, schloß die antisemitisch gemeinte Frage nach der Konfession ein. Das Reichsamt des Inneren freilich strich die Frage und trat den antisemitischen Verdächtigungen durchaus entgegen.

Schließlich wirkte sich die innen- und gesamtpolitische Situation aus. Die scharfe Spaltung zwischen Annexionisten und Anhängern eines Verständigungsfriedens, zwischen Falken und Tauben, sah die Mehrheit der öffentlich agierenden Juden auf der Seite der letzteren. Die alldeutschen Wortführer verschärften den Gegensatz, indem sie den „inneren Feind" dem äußeren Feind gleichsetzten, ja indem sie den inneren wie den äußeren Konflikt als Rassenkonflikt darstellten: Die Juden wurden als solche zu Feinden des deutschen Volkes, und ihre „Entfernung" wurde geradezu, neben dem Großraum-Reich, ein zweites Kriegsziel. Ein Ansatzpunkt für solche Propaganda bot der angebliche Zustrom von „ostjüdischen" Arbeitskräften (35 000 waren es in Wahrheit) – das war ein negatives Schreckbild und schürte Angst vor Überfremdung; aus der wilden Kampagne zog die preußische Regierung im Frühjahr 1918 immerhin die Folgerung, die Grenze zu sperren. Es war die alldeutsche Propaganda, die die antisemitische „Volksstimmung" während des Krieges erheblich intensiviert, die Juden vorweg schon als Schuldige an der Niederlage, als Sündenbock markiert hat. Auch wenn man vieles dem Krieg zuschreiben mochte und wie die meisten Juden auf eine Beruhigung in der Nachkriegszeit setzte, die Aussichten vor 1914 für ein gelingendes Zusammenleben von Deutschen und Juden, für eine Ein- und Zurückdämmung des Antisemitismus, die Hoffnungen liberaler Deutscher wie der Juden, waren in dieser Form zergangen. Die Auschwitzperspektive schiebt sich zwischen 1914 und 1918 wieder vor die Perspektive der Eigenwirklichkeit.

10. Die deutschen Parteien von 1867 bis 1890

Das Parlament, das Wahlrecht, die Mitbeteiligung der aktiven Bürgerschaft an der Politik – das gehörte zum politischen System. Das Parlament organisierte sich – ziemlich schnell – in Fraktionen und durch sie; Parteien waren es, die die öffentliche Meinung, den politischen Willen von Parlament und Aktiv-Bürgern in seinen verschiedenen und auch gegensätzlichen Versionen, artikulierten und zusammenschlossen; Parteien waren es, die jedenfalls auf die Dauer die Wähler politisch orientierten und mobilisierten; Parteien waren die Träger des Anteils an der Macht, den die Parlamente hatten. Parteien und das Parteisystem sind darum Elemente der realen Verfassung gewesen. Der frühliberale Traum von den unabhängigen Abgeordneten und der radikal demokratische Traum von den von imperativen Mandaten und einer Versammlungsdemokratie abhängigen Abgeordneten hatten sich nicht erfüllt. Ja, die Artikulations- und Vermittlungsinstitution Partei hatte in Deutschland ein besonderes Eigengewicht gewonnen, im Unterschied zu Frankreich z. B., die Parteien waren weit mehr als parlamentarische Klubs oder Fraktionen. Die Zahl der „Unabhängigen" oder Fraktionslosen, der sogenannten Wilden im Reichstag geht in den 70er Jahren schnell zurück, zumal als sich die beiden liberalen Hauptgruppen deutlicher herauskristallisieren; kurz, es sind im Deutschland der Reichsgründungszeit schon die Parteien, die das politische Leben bestimmen und prägen.

Und zwar gibt es in Deutschland, seit der Revolutionszeit der späten 40er Jahre, ein Fünfparteiensystem: Konservative, rechte und linke Liberale, Katholiken, Sozialisten. Die frühliberale Utopie, daß die Liberalen die einzig wahre und legitime Partei, die Partei des Volkes seien, andere nur zeitweilig bestünden, als Ergebnis von gouvernementalem Druck oder klerikaler oder demagogischer Verführung, war zerronnen. Die Parteienwirklichkeit war pluralisiert, mit dieser Pluralisierung mußte man leben. Auch die schlichte Zweiteilung der Parteien, Bewegungs- und Beharrungspartei oder Regierungs- und Oppositionspartei, wie in dem von den Liberalen viel bewunderten England, war von der deutschen Wirklichkeit längst überholt. Die pluralisierte Heterogenität der deutschen Traditionen und Ideologien und die Tatsache, daß die Parteien nicht regierten oder die Regierung bestimmten, schlossen das aus.

Die deutschen Parteien waren von ihrem Ursprung her keine konkurrierenden Adelsklubs wie in England oder Anhänger einer Person wie in Italien oder wie in den USA Postensucher oder um ein aktuelles Problem Gruppierte, sie waren ideenpolitisch orientiert, an philosophisch-politischen Prinzipien, an Theorie und Programm, sie waren Weltanschauungsparteien. Das hatte sich zwar seit den Gründungsjahrzehnten im frühen 19. Jahrhundert abgeschwächt, seitdem reale Probleme zur Lösung anstanden und die Stellung gegenüber der konkreten Politik einer Regierung entscheidend war, seitdem z. B. die „deutsche Frage“ die Philosophien durcheinanderbrachte; Realpolitik, Pragmatismus, Tagesfragen hatten mehr und mehr an Gewicht gewonnen, die Grenze zwischen Liberalen und Konservativen war durchlässig geworden. Dennoch blieb die Ideenpolitik, die Weltanschauung ein zentrales und charakteristisches Element des deutschen Parteiwesens; es ging, im Wahlkampf z. B., immer auch um „politische Glaubensbekenntnisse“. Diese ursprüngliche Orientierung verband sich mit der Tatsache, daß die Parteien ihre Basis in ganz bestimmten sozialkulturellen, sozialmoralischen Milieus fanden – dem katholischen, dem proletarischen, dem agrarisch-protestantisch-ostelbischen, dem (protestantisch-)städtisch-bürgerlichen. Diese Milieus waren nach ökonomisch-sozialen Gegensätzen – nach Klassen, Land/Stadt, vormodern/modern – geschieden und nach kulturell-religiösen. Das war ein gewichtiges Erbe der deutschen Heterogenität, die die modernen Gegensätze unterfütterte und verstärkte, das Zustandekommen gemeinsamer Institutionen und Normen- und Lebensformen-Komplexe verhinderte. Weltanschauung und soziales Milieu waren miteinander verbunden und stützten sich gegenseitig. Darum gab es eine Tendenz, daß aus den Parteien Lager wurden. Man muß das allerdings in zweierlei Hinsicht etwas relativieren. Die „Milieus“ bestanden schon in der Zeit der Reichsgründung, gewiß, aber sie haben sich in der Folgezeit erst eigentlich befestigt und intensiviert – das sozialistische, aber auch das katholische und das konservativ-agrarische. Und die Abgrenzungen waren in dieser Zeit – abgesehen vom katholischen Milieu – noch nicht so entschieden und undurchlässig wie später, der Land/Stadt-Gegensatz oder der Kleinhandwerk/Arbeiter-Gegensatz etwa; das potentiell liberale Milieu reichte noch nach links und rechts über seine Grenzen hinaus. Dennoch, die Parteien gravitierten zu den Milieus, und das befestigte sie auch. Das war vor allem wichtig, weil die Fragen der Politik sich verschoben. Solange die Frage nach der Verfassung für die Parteien zentral gewesen war, war die Orientierung an einer politischen Philosophie angemessen, die nationale Frage hatte sich noch gerade in diesen Zusammenhang einfügen lassen und erst recht wieder die Fragen des Kulturkampfes, die Frage nach dem Verhältnis von Staat und Kirche, nach Schule und Ehe. Aber die politischen Herausforderungen der sozialen und dann vor allem der ökonomischen Probleme im letzten Drittel des 19. Jahrhunderts waren ideenpolitisch schwer und kaum zu bewältigen – die Manchester-Philosophie war ein Versuch dazu – und die konkreten Interessen der Gesellschaft und der Wähler so nicht zu befriedigen oder einzubinden. Die Milieus gewannen daher an parteiformierender und -strukturierender Kraft. Schließlich definierten frühere Positionen und Kompromisse, Kombinationen von Prinzipien, Interessen, Milieuelementen, Strategien, die Stellung zur Regierung und die Stellung im Parteienspektrum, was eine Partei in den Jahrzehnten des Reiches ausmachte. Aber Weltanschauung und Milieu blieben charakteristische Elemente.

Das Parteiensystem ist 1867/71 durch die Einführung des allgemeinen Wahlrechts neu geprägt worden, durch das System auch der Mehrheitswahl und der Stichwahlen. Das Wahlsystem war ein Teil des Verfassungssystems. Wir werden davon, von der Wahlpraxis und dem Wählerverhalten, in einem eigenen Kapitel handeln, wenn wir auf die Bismarckzeit zurück- und auf die wilhelminische Zeit vorausblicken. Hier genügt es, darauf zu verweisen, daß das allgemeine Wahlrecht den Eintritt der Massen in die Politik einleitet, den Charakter der älteren Parteien, Elite- und Honoratiorenparteien noch, tiefgreifend ändert und so ihren Stil, sie dazu zwingt, sich und ihre Anhänger zu organisieren. Die Bedeutung der „natürlichen“ sozialen Autoritäten und Hierarchien geht zurück. Die Bedeutung der Milieus wächst, noch einmal. Diese generelle Tendenz hat vor allem die liberalen Parteien getroffen – sie hatten nicht wie das Zentrum eine Autorität, den Klerus, oder wie die Konservativen den – jedenfalls ostelbischen – Verwaltungsapparat hinter sich, die patriarchalischen Züge der vormodernen Gesellschaftsgruppen kamen ihnen wenig zugute und, so zeigte sich, ihr „Milieu“, das Netzwerk der bürgerlichen Vereine etwa, war viel schwerer in konkrete Politik, in Wahlentscheidungen zu überführen, ja ihr Milieu zerfaserte, während das konservative wie das katholische Milieu durch das allgemeine Wahlrecht – und dann durch die Wirtschafts- und Modernitätskrise der späten 70er Jahre – stabilisiert und politisiert wurden. Auch darauf kommen wir ausführlicher zurück.

In diesem Kapitel wollen wir von den Grundlagen der Hauptparteien, von ihren Problemen und ihrer Entwicklung in der Bismarckzeit handeln – mit dem Blick vornehmlich „von oben"; auf die Perspektive „von unten" kommen wir, wie gesagt, gesondert zurück. Wir vereinfachen das Fünf-Parteien-Schema, indem wir die beiden liberalen Gruppen zusammen behandeln. Ihre Aufgliederung und Umgruppierung ist ein wesentlicher Teil der Parteigeschichte bis 1884. Das Schicksal der Deutschen und der deutschen Demokratie ist aufs engste mit dem Schicksal des deutschen Liberalismus verknüpft, darum behandeln wir dieses Thema besonders eingehend und greifen bewußt auch schon vor in die allgemeine innere Entwicklung der 70er und 80er Jahre.

a) Die Liberalen

Die erste, die führende, die allgemeine Partei im 19. Jahrhundert war die Partei der bürgerlichen Bewegung gewesen, war, nachdem die radikalen Demokraten von 1848 fast untergegangen waren, die Partei der Liberalen. Sie war die Partei von Freiheit und Einheit, von Verfassungsstaat, Nationalstaat und einer Gesellschaft rechtsgleicher Bürger. Das eine ihrer obersten Ziele, die nationale Einigung, war 1866/71 erreicht worden, anders als sie es gedacht und gewollt hatten, aber dennoch. Einheit und Freiheit hatten sie lange schon fest zusammengedacht, beide bedingten einander; Einheit war immer als ein Schritt zur Freiheit gesehen worden; wenn, so ein berühmtes Argument, nicht mehr Preußen die Lasten der deutschen Sicherheitspolitik allein zu tragen hätte, ließen sich Verfassung und Regierung Preußens wie eines preußisch geführten Reiches endlich liberalisieren. Die Liberalen hatten zwischen Einheit und Freiheit keine Prioritätsentscheidung fällen wollen. 1866 war ihnen die Entscheidung abgenommen worden. Der Weg konnte nur noch durch Einheit zur Freiheit führen.

Bekanntlich hat sich über die Frage einer – wie immer begrenzten – Kooperation mit Bismarck 1866 zunächst der altpreußische Liberalismus, seit 1861 im wesentlichen einig, erneut gespalten; ein rechter und ein linker Liberalismus, wie sie seit den 1840er Jahren bestanden, stellte sich, wenn auch unter veränderten Umständen und in einer neuen Fassung, wieder her. Die Frage, ob man auf Bismarcks „Versöhnungs"angebot, die Indemnitätsvorlage, eingehen solle, führte zur Trennung der bald sogenannten Nationalliberalen von der älteren Fortschrittspartei. Wir haben davon erzählt. Der bisherige rechte Flügel des preußischen Liberalismus, die Anwälte der Realpolitik, der Revolution von oben statt von unten, des Vorrangs der Einheit vor der Freiheit, war 1866/67 sozusagen „natürlich" für Bismarck. Die Mitte, das war der rechte Flügel des Fortschritts, ging auf die Kooperation mit Bismarck ein, weil die Oppositionsalternative absurd und aussichtslos schien, weil der Sieg des Nicht-Liberalen Bismarck zuletzt doch liberalen Zielen dienen werde, weil man liberale Ziele nur in Kooperation mit Bismarck durchsetzen könne. Hermann Baumgarten gar hat, in einer berühmten Selbstkritik, den Liberalen die Rolle eines bloßen Juniorpartners der

Wahlbeteiligung, Stimmen- und Mandatsverteilung bei den Reichstagswahlen 1871–1890, in Prozent (Mandate auch in absoluten Zahlen)

Wahljahr	1871			1874			1877			1878		
Wahlbeteiligung in %	51,0			61,2			60,6			63,4		
	Stimmen (in %)	Mandate (in %)	Mandate (abs.)	Stimmen (in %)	Mandate (in %)	Mandate (abs.)	Stimmen (in %)	Mandate (in %)	Mandate (abs.)	Stimmen (in %)	Mandate (in %)	Mandate (abs.)
Konservative	14,1	14,9	57	6,9	5,5	22	9,7	10,1	40	13,0	14,9	59
Reichspartei	8,9	9,7	37	7,2	8,3	33	7,9	9,6	38	13,6	14,4	57
Nationalliberale	30,1	32,7	125	29,7	39,0	155	27,2	32,2	128	23,1	24,9	99
Fortschritt/Freisinn	8,8	12,0	46	8,6	12,3	49	7,7	8,8	35	6,7	6,6	26
Zentrum	18,6	16,5	63	27,9	22,9	91	24,8	23,4	93	23,1	23,7	94
Sozialdemokraten	3,2	0,5	2	6,8	2,3	9	9,1	3,0	12	7,6	2,3	9
Polen	4,5	3,4	13	3,8	3,5	14	4,0	3,5	14	3,6	3,5	14
Elsaß-Lothringer	–	–	–	4,5	3,8	15	3,7	3,8	15	3,1	3,8	15
Antisemiten	–	–	–	–	–	–	–	–	–	–	–	–

Wahljahr	1881			1884			1887			1890		
Wahlbeteiligung in %	56,3			60,6			77,5			71,6		
	Stimmen (in %)	Mandate (in %)	Mandate (abs.)	Stimmen (in %)	Mandate (in %)	Mandate (abs.)	Stimmen (in %)	Mandate (in %)	Mandate (abs.)	Stimmen (in %)	Mandate (in %)	Mandate (abs.)
Konservative	16,3	12,6	50	15,2	19,6	78	15,2	20,2	80	12,4	18,4	73
Reichspartei	7,4	7,1	28	6,9	7,1	28	9,8	10,3	41	6,7	5,0	20
Nationalliberale	14,7	11,8	47	17,6	12,8	51	22,2	24,9	99	16,3	10,6	42
Fortschritt/Freisinn	12,7	15,1	60	17,6	16,9	67	12,9	8,1	32	16,0	16,6	66
Zentrum	23,2	25,2	100	22,6	24,9	99	20,1	24,7	98	18,6	26,7	106
Sozialdemokraten	6,1	3,0	12	9,7	6,0	24	10,1	2,8	11	19,7	8,8	35
Polen	3,8	4,5	18	3,6	4,0	16	2,9	3,3	13	3,4	4,0	16
Elsaß-Lothringer	3,0	3,8	15	2,9	3,8	15	3,1	3,8	15	1,4	2,5	10
Antisemiten	–	–	–	–	–	–	0,2	0,3	1	0,7	1,3	5

Quelle: Ritter, Wahlgeschichtliches Arbeitsbuch, S. 38ff.

einstweilen allein regierungsfähigen Konservativen zugeschrieben. Die „Linken“ waren zunächst nicht so grundsätzlich anderer Meinung, aber sie sahen in der Indemnität eine Anerkennung von Bismarcks Theorie des Verfassungsbruchs, der „Lückentheorie“, und zweifelten an seiner Bereitschaft, konstitutionell zu regieren. Aber die Rhetorik des Tages und erst recht der Folgezeit führte dazu, daß beide Seiten die jeweils andere als Doktrinäre beziehungsweise Opportunisten charakterisierten. Darüber entstanden die getrennten Fraktionen und Parteien. Das galt vor allem für die Altpreußen, die den Verfassungskonflikt erlitten hatten. Die Liberalen aus den annektierten Provinzen wurden in ihrer Mehrheit nationalliberal, sie waren so sehr gegen die klein- und mittelstaatliche Reaktion, den welfischen oder althessischen Partikularismus und den „Ultramontanismus“, daß ihnen 1866 als liberaler Erfolg erschien, nicht als halbe Niederlage; die Konflikterneuerung der Fortschrittspartei kam dagegen nicht auf. Im Süden standen die Liberalen nicht im Gegensatz zur Regierung, oder der Gegensatz war vorwiegend nationalpolitisch, die Liberalen blieben abgesehen von Württemberg eher einheitlich und orientierten sich nationalliberal. Die verbleibende süddeutsche Linke war anti-preußisch und demokratisch volksparteilich, das trennte sie von den preußischen Linksliberalen.

Man muß zunächst die noch wirksame Einheit des Liberalismus betonen. Metapolitisch glaubten alle Liberalen an die Macht der autonomen Vernunft (und darum an die Erziehung), an das Individuum, seine erst protestantisch-religiös, dann kantisch-säkular begründete moralische Eigenverantwortung, die Chance des Talents und das Leistungsprinzip, die bürgerlichen Lebensideale statt der feudalen, an die gebildete und zivilisierte, insoweit freilich klassengebundene Humanität und an die Kultur; sie glaubten an Recht und Verfassung, an einen Ausgleich von Ordnung und Freiheit, an Arbeit und Familie, an die Nation, antiklerikal, wenn auch nicht antireligiös, an die säkulare Modernität, an den Markt und die freie Wirtschaft, an den nicht-interventionistischen Staat, an Entwicklung und Reform an Stelle von Revolution und Reaktion. Sie setzten auf die Position der Mitte und des Ausgleichs an Stelle der linken und rechten Polarisierungen des Entweder/Oder. Insoweit war „der Liberalismus“ eine weit umfassendere Bewegung, ein weit umfassenderes Werte- und Normensystem, als es mit den liberalen Parteien und ihrer Anhängerschaft umschrieben ist. Die Breite und Abstraktheit eines solchen Normenkomplexes überdeckt freilich die mit der Zeit immer deutlicher werdenden Spannungen, Gegensätze und Brüche zwischen seinen Elementen, die Schwierigkeit, sie auf konkrete Lagen und Probleme anzuwenden. Die ältere Leistung dieser Metapolitik, die Liberalen von anderen abzugrenzen, war noch gegeben: Liberale waren anti-sozialistisch und anti-radikal, anti-klerikal und anti-katholisch, anti-partikularistisch und anti-internationalistisch, anti-feudal und anti-konservativ, waren anti-reaktionär und anti-revolutionär; freilich, gegenüber den Grenzgruppen der halbwegs moderneren Konservativen wie der Demokraten funktionierte diese Abgrenzung nicht mehr so recht. Die Frage, welche Gegnerschaft und welche Koalition Vorrang haben sollte, war „prinzipiell" nicht zu beantworten, und die Identität „des" Liberalismus verblaßte dann ins Erhabene. Für die Zeit der Reichsgründung hatte der metapolitische Grundkonsens aber noch einige konkret identitätsbildende Kraft.

Zu den engeren und wichtigen politischen Gemeinsamkeiten gehörte die Auffassung vom Verhältnis von Parlament und Regierung; weder die Linken noch die Rechten wollten ein eindeutig parlamentarisches System, in dem der leitende Minister formell vom Vertrauen des Parlaments abhängig war; die deutsche Tradition des Dualismus von Staat und Volk, Regierung und Parlament war noch prägend; beide wollten indessen die Stärkung der Rolle und der Funktion des Parlamentes gegenüber der Regierung. Das nationalliberale „Programm" vom Juni 1867 hielt an den großen gemeinliberalen Verfassungsforderungen, Ausbau des Budgetrechts, auch in Militärfragen, Verantwortlichkeit der Regierung, Reform der Verwaltung, Reform des preußischen Herrenhauses, entschieden fest. Die Verfassung des Norddeutschen Bundes war nur eine Abschlagszahlung, unter diesem Gesichtspunkt stimmte man ihr zu. Die Fortschrittler, die sie durchaus mit beeinflußt hatten, waren im Grunde für sie, lehnten sie zwar als ungenügend ab, aber sie konnten sich das leisten, weil sie wußten, daß die Verfassung angenommen wurde.

Viele liberale Politiker, linke Nationalliberale und rechte Fortschrittler, die ja lange zusammengearbeitet hatten, dachten zunächst noch und eine ganze Zeitlang die eine Partei und die zwei Fraktionen zusammen; es gab fraktionslose Liberale, die „Wilden", die Fraktions„disziplin" war durchweg sehr locker. In vielen der Hauptfragen, die den norddeutschen wie den deutschen Reichstag beschäftigten, waren die beiden liberalen Fraktionen einer Meinung: zumal in der Wirtschafts- und in der Kulturkampfpolitik, und auch in der Opposition gegen die Einschränkung parlamentarischer Rechte; abweichendes Stimmverhalten war noch breit zwischen rechts und links gestreut. Wo die Unterschiede der Fraktionen in Erscheinung traten, waren sie zunächst nicht größer als die zwischen rechtem und linkem Flügel der Nationalliberalen. Im Lande, in den Wahlkreisen war die Einheit der Liberalen oft noch bis zu den späten 70er Jahren lebendige, in der Organisation fixierte Realität, in Baden und Bayern waren auch die Landesparteien noch einheitlich.

Das Schicksal des Liberalismus in den 70er Jahren war das Schicksal der nationalliberalen Partei. Es war bestimmt einmal von der Lage im Parlament und zum anderen von der Lage im Lande, den Entwicklungen in der Wählerschaft. Zunächst: Die Nationalliberalen hatten 1871 ihr vordringlichstes Ziel erreicht, die deutsche Einheit. Trotz des eigentümlichen Gefühls der Leere, das manche verspürten, nachdem das, worum es seit Generationen gegangen war, erreicht war, wurden sie keineswegs zur Status-quo-Partei.

Ihr Ziel war nach und seit 1871 die innere Reichsgründung, der freiheitliche Ausbau dieses Reiches, sie setzten auf die Kooperation mit Bismarck – das war ihr Rezept, liberale Ziele durchzusetzen. Sie wollten die Institutionen des nationalen Rechts- und Verfassungsstaates ausbauen, sie so weit irgend möglich liberal ausgestalten. Sie wollten gerade so regierungsfähig werden. Damit wollten sie langfristig die Position und die Macht des Parlaments stärken, die Verfassung fortentwickeln, den Obrigkeitsstaat ab- und umbauen. Sie waren durchaus Liberale, sie hatten nicht kapituliert – vor dem Erfolgsmann Bismarck, aus Angst vor den Massen oder trunken vom Nationalismus, wie manche Historiker gemeint haben –, sie hatten die liberalen Ansprüche nicht aufgegeben. Das war mindestens eine mögliche und rationale Strategie.

Das bedeutete Bereitschaft zu Kompromissen. Aber solange Bismarck die notwendigen Gesetzgebungsvorhaben im Bunde mit den Nationalliberalen betreiben wollte und mußte, auf sie auch angewiesen war – weil er mit seiner Herkunftspartei, den Konservativen, zerfallen war und diese auch zu schwach waren und weil er in schroffstem Gegensatz zu dem neuen Zentrum stand –, waren die Nationalliberalen eine Art Juniorpartner der Regierung, rückten in die Nähe einer mitregierenden Partei. Sie konnten vieles erreichen, und sie haben erstaunlich viel Großes und Bedeutendes erreicht – nur der törichte Blick zurück im Zorn kann das verkennen. Aber die Kompromißpolitik war im monarchisch-bürokratischen Obrigkeitsstaat unter der Kanzlerschaft Bismarcks eine Gratwanderung zwischen ihren liberalen Zielen und den pragmatischen Möglichkeiten, das galt schon für die konkreten Gesetze – von der langfristigen Perspektive der Systemveränderung nicht zu reden. Die Frage von 1867, Kooperation oder Opposition, war jetzt eine Frage der Nationalliberalen selbst geworden, und die Polarisierung zwischen den beiden liberalen Parteien wiederholte sich in den beiden Flügeln der Nationalliberalen. Niemand wollte Bismarck stürzen, man wollte seine Vorhaben beeinflussen oder – in einer Art Arbeitsteilung – Einflußzonen gewinnen; Bismarck wollte solche Einflußmöglichkeiten in Grenzen halten: Es war – auf lange Sicht hin – eine Societas leonina. Später wollten die Nationalliberalen – Hermann Baumgarten hat das seinem Neffen Max Weber erzählt – Bismarck, das Jahrhundertgenie, auch einfach überleben, die Ziele wie die Kräfte des Liberalismus in und für die Zeit nach Bismarck „retten".

Die Kooperation funktionierte auf wichtigen Gebieten: in der Gesetzgebung, die die Rahmenbedingungen einer liberalen Wirtschaft und Freizügigkeit gegen alle lokalen Autoritäten gesamtstaatlich durchsetzte, in der Rechtspolitik, im Auf- und Ausbau der Reichsverwaltung, in Kulturkampfgesetzen. Wir werden von den unterschiedlichen Kooperations-Motiven Bismarcks und der Liberalen noch ausführlich sprechen und davon, wie schier unvermeidlich hier Konflikte schon im Ansatz angelegt waren. Anti-Ultramontanismus und Kulturkampf waren immer schon und jetzt erst recht eines der vier Zentralstücke – neben Verfassung, Nation und bürgerlicher Eigentumsordnung – des liberalen Glaubens und der liberalen Politik. Das muß man festhalten und sich vergegenwärtigen, daß der Kulturkampf für die Liberalen auch eine bedeutende strategische Funktion, ja einen manchem durchaus bewußten strategischen Sinn hatte: Er trennte Bismarck von rechts, hinderte ihn an jeder möglichen Politik mit einer konservativ-katholischen Mehrheit, band ihn an die Liberalen und band auch die Liberalen unter sich, einschließlich der Linken. Ob die illiberale Ausgrenzung der Katholiken als Reichsfeinde darüber hinaus für die Nationalliberalen auch als eine Art Integrationsersatz fungierte, nachdem sie das Monopol auf die nationale Sache nicht mehr besaßen, kann man dahingestellt sein lassen, das war jedenfalls nicht ihre Absicht.

Sowohl in der Wirtschafts- und Gesellschafts- wie der Kulturkampfpolitik kam das alte Ideal der deutschen Liberalen zum Tragen, mit dem Staat gegen die antiliberalen Kräfte der Gesellschaft zu kooperieren. In der Rechtspolitik war die Kooperation mit der Regierung schwieriger, die Liberalen mußten mehr Kompromisse eingehen, aber sie kamen doch mit der Verwirklichung des einheitlichen Rechtsstaates ein gutes Stück voran. Auch der verfassungspolitisch wichtigste liberale Erfolg, die Reform der Kreisordnung in Preußen (1872), entsprach dem etatistischen Grundzug: Es ging um Entfeudalisierung und Verstaatlichung der Verwaltung zuerst, die demokratische Selbstverwaltung wurde in eine Mitbeteiligung der Bürger an der staatlichen Verwaltung umgeformt. Der bedeutende Sieg von 1872 endete langfristig allerdings in Enttäuschung. Dennoch, die Erfolgsbilanz der liberalen Ära ist groß, verfassungspolitisch mochte darin doch und wirklich die Chance eines stillen Wandels stecken. Wo indessen statt stillen Wandels konkrete Fragen der Machtverteilung auf der Tagesordnung standen, mußten die Liberalen zurückstecken. Die alte Konfliktfrage, die Frage des Militäretats, war unter den Bedingungen nach 1871 nicht geeignet, eine Konfliktpolitik weiterzutreiben, die das Parlament gegenüber der Regierung hätte stärken können, der „Kompromiß" des Septennats von 1874, die Festlegung der Heeresstärke auf sieben Jahre hin, eine Dreiviertel-Niederlage des Parlamentes, besiegelte nur diese Lage. Die graduelle Parlamentarisierung des Obrigkeitsstaates blieb vorerst mehr Wunsch als Realität. Was endlich die Außenpolitik betraf, so konnten und so wollten die Liberalen nicht opponieren; das befestigte Bismarcks dominierende Rolle auch im Bewußtsein der Öffentlichkeit, er konnte diese außenpolitische Führungskompetenz weiter auf die so wichtige Militärpolitik übertragen und von da die Gesamtpolitik, wenn er wollte, umgestalten.

Die ambivalente Bilanz der nationalliberalen Kooperationspolitik hatte drei – untereinander sich bedingende – Folgen. Zum einen wurde der Gegensatz der linksliberalen Fortschrittspartei gegenüber den Nationalliberalen deutlicher und schärfer und auch emotionaler. Die gesammelte Enttäuschung über die Blockierung konstitutioneller Fortschritte wurde gegen die Nationalliberalen gewendet. Jedes Nachgeben im einzelnen, vom Septennat

1874 bis zu den Justizgesetzen 1877, und auch bei marginalen Fragen wurde als Preisgabe liberaler „Prinzipien", als „Verrat" attackiert, die Partei, so sagte Eugen Richter, „kompromittiere sich von Kompromiß zu Kompromiß". Richter, der aufsteigende Führer der Fortschrittspartei nach dem Tode Hoverbecks 1875, stellte die „reine" Doktrin grundsätzlich über Realisierungschancen, seine Partei und Fraktion über alle noch vorhandenen gesamtliberalen Verbundenheiten, taktische Erfolge über eine gesamtpolitische Strategie, er wuchs in die Rolle der fleischgewordenen Daueropposition hinein. Das polarisierte das Verhältnis der liberalen Parteien und hatte natürlich auch Wirkungen auf das Wahlverhalten.

Zweitens zeichnete sich, seit etwa 1875, eine zunehmende Distanz Bismarcks gegenüber den Nationalliberalen ab: Sie hatten ihre „konstitutionellen" Forderungen nicht aufgegeben, das kam auch konkret bei den dringlichen Fragen einer Finanzreform zum Tragen und im Verhältnis zu den Sozialdemokraten, da waren sie rechtsstaatlich „weich", kurz, sie waren zu wenig gouvernemental, und es war, so Bismarck, vor allem ihr linker Flügel, der sie auf diesem Kurs hielt. Dazu kamen Bismarcks Neigung zur Heimkehr zu den Konservativen, seine Zweifel an der entschieden liberalen Wirtschaftspolitik und den Erfolgsaussichten des Kulturkampfes.

Drittens wirkte sich die Lage auf die Binnenstruktur der Nationalliberalen aus. Auf dem rechten Flügel verstärkten sich gewisse gouvernemental-konservative Neigungen, die Zweifel an den alten Verfassungsidealen angesichts der heraufziehenden Politisierung der Massen und der Verluste des Liberalismus an Wählergefolgschaft, eine Status-quo-Zufriedenheit und Bismarckverehrung; die Fortschrittspartei rückte für manchen in die Nähe der „Reichsfeinde". Auf der anderen Seite stand der linke Flügel, der in der Kooperation mit Bismarck die konstitutionellen Forderungen nicht aufgeben, ja sie betont geltend machen wollte, der am Ideal des „Gesamtliberalismus" festhielt und an guten Beziehungen zum Fortschritt, weshalb die linken Nationalliberalen unter den Angriffen der Fortschrittspartei besonders litten. Schließlich gab es die große, durchaus noch liberale Mitte um den Parteiführer Bennigsen, die es auch als gesamt- und verfassungspolitische Aufgabe ansah, die Einheit der Nationalliberalen zu erhalten. Nur eine starke und große, unterschiedliche Richtungen integrierende Partei konnte Regierungspartei werden oder sein. Das war einstweilen auch die Überzeugung der Flügel. Die Partei blieb zwischen 1875 und 1879 zusammen, und sie blieb am eigentlich liberalen Ziel orientiert.

Neben dem Problem der Partei im Parlament stand das andere Hauptproblem, die Stellung der Liberalen im Lande, bei den Wählern. Die Liberalen waren nicht, wie ihre rechten und linken Konkurrenten behaupteten, eine Partei der kapitalistischen Bourgeoisie. Sie waren eine Bürgerpartei, gewiß, und je länger je mehr, aber sie konnten sich doch zunächst jedenfalls auf weite Kreise des „Volkes", der einfachen Leute stützen. Ihre Abgeordneten und politisch aktiven Anhänger waren Notabeln, aus der Schicht der Gebildeten, der wirtschaftlich Tätigen, auch des Mittelstandes und der mittleren Gutsbesitzer. Im Jahrzehnt der Reichsgründungszeit spielten die freien Berufe schon neben dem älteren Typus des liberalen Beamten eine größere Rolle. Die Wähler kamen noch außer aus den Schichten von Besitz und Bildung aus dem kleinen Mittelstand und den noch nicht sozialdemokratischen respektablen Unterschichten und aus dem Bauerntum. Die Wähler waren, jedenfalls nominell, protestantisch, und oft war der Anti-Katholizismus das Hauptmotiv, liberal zu wählen, z.B. auf dem Lande in der Pfalz oder in Franken. In den Kleinstaaten und den Regionen mit geringer Bindung an die – ehemalige – Dynastie, in Ostfriesland, in Hannover z.B., waren die Nationalliberalen stark, in außer- und neupreußischen Gebieten mit stark anti-borussischen Sentiments dagegen auch die Linksliberalen. In manchen Regionen kann man zwischen rechten und linken Liberalen leichte Unterschiede feststellen. Die Nationalliberalen kamen dann, was das Aktiv-Personal betraf, ein wenig mehr aus den wohlhabenderen, den rang- und prestigehöheren Schichten, und wo sie bei den preußischen Landtagswahlen mit Linksliberalen konkurrierten, wählte die erste Klasse eher national-, die dritte eher linksliberal.

Die ersten Reichstagswahlen brachten, nach der Enttäuschung der Zollvereinswahlen 1868, im Aufschwung der Reichsgründung den Anwälten der nationalen Bewegung, den Liberalen, hohe Stimmgewinne und -anteile; nimmt man alle Kleingruppen und Unabhängige, die sich liberal nannten, zusammen, waren es über 50% der Abgeordneten. Und 1874, als die Konservativen in sich zu zerfallen schienen und wenig von der Regierung gestützt wurden, gewannen die beiden liberalen Parteien, indem sie die im Grunde konservativen Altliberalen aufsaugten, im Reichstag erneut die Mehrheit der Sitze, die Nationalliberalen allein 39,0%, die Fortschrittspartei 12,3%. Ähnlich war es 1873 und 1876 im Dreiklassenwahlrechts-Land Preußen und ähnlich in den meisten Mittelstaaten. Daß „die" Liberalen in den Parlamenten keine Einheit waren, solche Mehrheiten also nur nominell bestanden, haben wir gesagt. Traditionen und persönliche Bindungen an die örtlichen Honoratioren spielten in den Wahlkreisen noch eine große Rolle, das Netzwerk der Gebildeten und Notabeln trug noch, bevor die Gewalten des politischen Massenmarktes das politische Leben auf der Ebene der Kommunen und Wahlkreise gänzlich umgestalteten. Schon deshalb gab es keine besonders starke eigentliche Partei-Organisation, gar zwischen den Wahlen, und keine Propaganda; die gebildeten Honoratioren blieben organisationsunwillig, ihr Stil und auch der ihrer Presse leicht elitär, er basierte auf dem Ranggefälle von Führern und Geführten. Mit dem Massenmarkt der Politik taten die Liberalen sich schwer.

Eine Ausweitung in die Arbeiterschaft oder deren festere Einbindung, über das kathedersozialistische Programm der Sozialreform oder die Hirsch-Dunckerschen Gewerkvereine z.B., wurde nicht versucht; die Liberalen waren „manchester"liberal: Selbsthilfe, nicht Staatshilfe, Erziehung, Sparsamkeit, Aufstieg für den einzelnen, nicht aber Gewerkschaftsaktivität und Streik, nationale Einigung und gesamtwirtschaftlicher Fortschritt als Motoren des Wachstums, an dem alle Anteil haben würden – das war das Rezept. Linke wie rechte Nationalliberale, Bamberger und Oppenheim so gut wie Treitschke, wandten sich gegen eine Sozialreform, die die freie Wirtschaft und ihre „natürlichen" Ausgleichsmechanismen einschränkte und bürokratisch regulierte und die sozialen Hierarchien antastete. Nur in diesem Rahmen einer freien Wirtschaft mit möglichst geringer staatlicher Intervention traten auch die Liberalen für Reformen ein, das war – einstweilen – nicht viel.

Es gab, wie gesagt, eine liberale „Weltanschauung", ein liberales „Milieu", das war vor allem gebildet und bürgerlich – und insofern lautstark –, aber mit wenig festen Bindungen und Loyalitäten bei den breiten unteren Wählerschichten und Massen. Das liberale Milieu war ein offenes, lockeres Milieu, es war nicht zu vergleichen mit dem katholischen, dem der sozialdemokratischen Arbeiterbewegung oder – bald dann – dem des konservativ-agrarischen „Landes". Zwar hatten die Liberalen in den 60er Jahren einen breiten Unterbau in dem nationalen Vereinswesen der Turner, Sänger oder Schützen etc., aber diese Bindungen zerfielen mit dem Sieg der Einheitsbewegung. Die Vereine gingen zurück, wurden unpolitisch, gaben die Parteibindungen auf: Alle „Reichstreuen" konnten den Liberalen jetzt ihren Erfolg stehlen. Weil sie ihr Ziel erreicht hatten, hörten ihre bisherigen Anhänger auf, für sie organisatorisch aktiv zu sein. Der protestantische Hintergrund des liberalen Milieus war ein anderes Handicap: Die orthodoxen Protestanten waren konservativ, und das neutralisierte viele Vereine, der liberale Protestantismus war individualistisch und organisationsschwach, der „Deutsche Protestantenverein" von 1863 z. B. war auf Dauer keine volkstümliche Stütze des Liberalismus. Zudem: Das nationale wie das protestantische Milieu waren in den Zeiten von Zensus- und Klassenwahlrecht gut gewesen, als das allgemeine Wahlrecht sich auszuwirken begann, waren sie nicht mehr stark genug. Die großen Wahlerfolge der Liberalen beruhten nicht auf starken und dauerhaften Wählerbindungen. Anti-Positionen: Anti-Katholizismus, Anti-Sozialismus, Anti-Junker- oder Anti-Aristokratengefühle und – solange der Konservativismus partikularistisch war – Anti-Partikularismus spielten eine wichtige Rolle, dazu kam das zunächst gegebene Vertrauen in die Wachstumserfolge der modernisierenden marktorientierten Wirtschaftspolitik. Das war noch kein Unglück – in einer Konstellation pragmatischer Parteien mag das ganz normal sein –, aber es erwies sich bald als erheblicher Wettbewerbsnachteil.

Fast überall in Europa führte der Eintritt von Massen in die Politik, die Demokratisierung, zu einer Krise des Liberalismus. Im Deutschen Reich ist diese Krise besonders früh eingetreten, ohne daß der Liberalismus eine Zeit des Regierens, der praktischen Bewährung und auch des Einwurzelns gehabt hätte. Das lag zunächst an der vergleichsweise frühen Einführung des allgemeinen Wahlrechts zum Reichstag durch Bismarck. Das wirkte zwar zunächst nicht, wie Bismarck gehofft hatte, pro-konservativ, aber es wirkte doch anti-liberal. Die über das Wahlrecht in Gang gesetzte Mobilisierung und Politisierung der Wähler, des „Volkes", und die Möglichkeit, die Massenanhängerschaft einer Partei zu konsolidieren, kam den Gegnern der Liberalen weit mehr zugute als diesen selbst: Das Zentrum und, wenn auch erst im Aufstieg, die Sozialdemokraten konnten ihre weltanschaulich-soziale Anhängerschaft politisch zur Geltung bringen, ihr Milieu zu einem Lager konsolidieren. Die Tatsache, daß die Liberalen allmählich zu Parteien des Bürgertums geworden waren oder wurden, kam unter dem allgemeinen Wahlrecht mehr zur Geltung, sie taten sich mit ihrem Anspruch, Volksparteien zu sein, schwerer. Dazu kam, daß die anderen Parteien jetzt den Vorteil hatten, den die Liberalen früher gehabt hatten, den Vorteil der Opposition, um die sich alle Art von Unzufriedenheit sammelte. Gerade die Nationalliberalen mit ihrer halbgouvernementalen Position wurden die Zielscheibe aller anti-zentralistischen, -säkularistischen, -marktwirtschaftlichen Opposition, ihre „Freiheit" wurde als staatlicher Zwang empfunden und bekämpft. Anders gesagt: Das allgemeine Wahlrecht gab den traditionalistischen Gegnern und den Opfern der liberalen Modernisierung einen festen popularen Rückhalt; die Liberalen, die sich als Sprecher des Volkes gefühlt hatten, fanden sich anderen Sprechern des Volkes gegenüber, die sie als Beweger und Macher und Zerstörer der festeren Gemeinschaften, Sicherheiten und Solidaritäten angriffen, und die waren stark und wurden stärker. Weder die liberale Weltanschauung noch der Honoratiorenstil schienen dagegen aufzukommen.

Schließlich waren die Liberalen auch Opfer ihres nationalen Erfolges. Ihr Ziel war erreicht. Was sie für die Zukunft anzubieten hatten: Befestigung des Reiches oder freiheitlicher Ausbau, war emotional nicht sehr attraktiv – es war mehr vergangenheits- als zukunftsorientiert. Weil sie das Monopol auf die nationale Bewegung mit deren Sieg verloren, verloren sie mit der Zeit auch Wähler. Daß ihr Anteil zwischen 1871 und 1877 von 46,6% auf 38,2% der Wählerschaft sank (und 1878 gar auf 33,6), kann man als eine Normalisierung der außergewöhnlichen Situation in den Gründungsjahren sehen; daß es die Liberalen erschüttern mußte, ist evident, zumal wegen des Mehrheitswahlrechts z.B. der Verlust von 1,5% Stimmanteil zwischen 1874 und 1877 einen Mandatsverlust von 7,1% ausmachte. Jetzt waren nicht nur das Zentrum, sondern Konservative und Sozialdemokraten die Gewinner.

Die Nationalliberalen gerieten in eine „Belagerungsmentalität". Ihre alte – antipluralistisch-monopolistische – Überzeugung, daß sie die eigentlich wahre und legitime Partei des Volkes seien, des aufgeklärten, mündigen Volkes, geriet ins Wanken, die alte Aushilfe, das nicht-liberale Volk als reaktionären oder revolutionären Pöbel zu erklären, korrumpiert, von falschen Autoritäten oder Demagogen verführt, gewann wieder an Geltung. Vor allem die Rechten wurden mißtrauischer gegen Demokraten und Massen. Treitschke z. B., der 1869 noch das allgemeine Wahlrecht befürwortet hatte, charakterisierte es schon 1874 als Herrschaft der Irrationalität. Es gab zwar genügend taktische und auch ideenpolitische Gründe, das Reichstagswahlrecht nicht anzutasten; aber man mußte es nicht auf die Bundesstaaten und Gemeinden ausdehnen. Vor allem konnte dieses Mißtrauen die Tendenz zur Anlehnung an den Staat verstärken: Nur ein starker Staat könne die individuelle Freiheit gegen mögliche illiberale Mehrheiten schützen, so Gneist schon 1872; der Staat müsse, angesichts der katholischen Gefahr, die Kontrolle der Selbstverwaltung und der Polizei in der Hand behalten, so der kulturkämpferische Rheinländer Sybel 1875. Solche Tendenzen, gegen manche Mißverständnisse sei es betont, dominierten noch keineswegs bei den Nationalliberalen, aber sie hemmten doch bei einem Teil der Partei den Reformeifer, die Überzeugung von der Wichtigkeit konstitutioneller Fortschritte. Die linken Nationalliberalen, zunehmend unzufrieden mit der Stagnation liberal-konstitutioneller Fortschritte, sahen doch mit Schrecken die populare Basis einer Alternativpolitik eines gesamtliberalen Bündnisses dahinschwinden.

Dazu kam nun etwas Weiteres. Die wirtschaftliche Entwicklung und zumal die Depression ab 1873 differenzierte und polarisierte die Interessen – zwischen Stadt und Land und innerhalb der städtischen Mittelschichten. Der Mittelstand löste sich auf, zwischen oben und unten, Unternehmern und Handwerkern, Kapitalisten und Beamten, zwischen Bourgeoisie, Bildungsbürgern und Kleinbürgern und ihren verschiedenen Lebenswelten. Die homogene soziale Basis des älteren Liberalismus zerfiel. Zugleich wurden die Interessen wichtiger, und mit dem Thema des Schutzzolles stieg das Verlangen nach staatlichem Schutz und Eingriff für immer neue und andere Gruppen. Diese Interessendifferenzierung betraf die Klientel der liberalen Parteien besonders stark, zumal die der Nationalliberalen.

Die beiden Mittel der Liberalen, damit fertig zu werden, funktionierten nicht mehr recht. Bis dahin war jedes Interesse an einem Begriff von „Gemeinwohl" gemessen worden, über den Konsens doch herstellbar schien. Das wurde schwieriger, zusätzlich deshalb, weil Interessen sich moralpolitisch als Sache des Gemeinwohls deklarierten. Wer für den Freihandel eintrat, berief sich damals nicht auf Export- oder Konsumenteninteressen, sondern auf eine Moralpolitik der Freiheit; Schutzzoll war gegen den Markt, die Freiheit, die Demokratie, wurde Ausgeburt, Stütze des interventionistischen, bürokratisch-obrigkeitlichen Überstaates. Das machte Konflikte wie Ausgleichslösungen schwieriger. Das andere Regulativ war der Vorrang der „Politik" gewesen, der Ideen-, der National-, Verfassungs- und Kirchenpolitik z. B., vor allen „Sonderinteressen". Die Liberalen waren Parteien, deren Integrationsprinzipien in dieser Weise „politisch" waren. Sie kamen jetzt ins Gedränge. Aber die Klagen der Generalisten und Idealisten über das Vordrängen und die – Bismarcksche – Entfesselung von „materiellen" Sonderinteressen waren hilflos. Kurz, die Ökonomisierung der Politik verschärfte die Krise des Liberalismus, Interessenkonflikte rückten vor die „rein" politische Integration. Das betraf eine große Partei mit Flügeln und ökonomisch und sozial vielfältigen Gruppen, also die Nationalliberalen, ganz besonders. Schließlich, zu diesen internen Schwierigkeiten kam die längerfristige Folge von Gründerkrach und Depression in der öffentlichen Meinung und bei den Wählern: Es war die Wirtschaftspolitik, die den freien Markt entbunden hatte, die ins Kreuzfeuer der Kritik geriet; und obwohl der deutsche Liberalismus gar nicht so unbedingt marktwirtschaftlich und „manchesterlich", wie man sagte, gewesen war, mußte er die Bürde von Mißstimmung und Opposition tragen – das Los der (mit)regierenden Partei. Bismarck verstand es, sich von der bisherigen Regierungspolitik zu distanzieren und die Depression gegen die Liberalen auszubeuten.

Trotz all dieser inneren und äußeren Belastungen vor allem der Nationalliberalen: Die liberale Ära ist nicht deshalb zu Ende gegangen, und die Einheit der Partei ist – letzten Endes – nicht daran zerbrochen. Es war Bismarck, der sich von dem Bündnis mit den Nationalliberalen abwandte und sie als große und selbständige Partei zu sprengen, zu vernichten suchte. Es war nicht die Schwäche, sondern die Stärke des politischen Willens der Nationalliberalen, das System mählich aber wirklich fortzuentwickeln und zu verändern, die zu diesem Ergebnis geführt hat. Wir werden den Gang der Ereignisse später behandeln. Hier genügen wenige Hauptpunkte. Zwar hat Bismarck dem nationalliberalen Parteiführer Bennigsen 1877 ein Ministerium und eine Art Vizekanzlerschaft angeboten, er war noch nicht entschieden. Aber daraus wurde nichts. Mag es auch eine verpaßte Chance gewesen sein, es gab sehr gute Gründe, auf dieses Angebot, das auf Zähmung der Nationalliberalen, nicht auf Kooperation ausging, abzulehnen. Bismarcks Rückwendung zu den Konservativen war nicht aufzuhalten. Daß sie mit seinem so vernünftigen Entschluß zum Abbruch des Kulturkampfes zusammenfiel, war für die so kampfengagierten Liberalen in diesem Moment eine Katastrophe. Bismarck benutzte das Sozialistengesetz, das die Nationalliberalen in seiner ersten Fassung mit der überwältigenden Mehrheit des Reichstags abgelehnt hatten, nach dem zweiten Attentat auf den Kaiser zu einem aggressiv massiven Wahlkampf gegen die Liberalen. Höhere Wahlbeteiligung, Stimmenthaltung von Liberalen und ein Rechtsruck vor allem auf dem Lande ergaben eine schwere Niederlage, weit schlimmer als die von 1877. Eliten und Wähler rückten nach rechts, trugen den liberalen Kurs der Mitte nicht mehr. Auch die links/rechts-liberale Konkurrenz spielte eine Rolle. Die Annahme des Sozialistengesetzes durch die nationalliberale Fraktion minderte die innerparteilichen Spannungen nicht. Der linke Flügel wandte sich gegen den Gouvernementalismus der Rechten, der rechte gegen die Rechtsstaatskautelen der Linken. Die Tatsache, daß Bismarck die Frage des Schutzzolls an die erste Stelle der politischen Tagesordnung setzte, verschärfte die innerparteilichen Spannungen; je etwa ein Viertel der Abgeordneten war schutzzöllnerisch bzw. freihändlerisch – das waren der rechte und der linke Flügel. Aber auch das war verfassungspolitisch gefärbt: Auf der Rechten war das ein Votum für das Bündnis mit Konservativen und Agrariern, gegen die Sozialisten; dafür schien man bereit, das alte Ziel, die Parlamentsmacht, zu stärken, aufzugeben. Und umgekehrt, wer gegen den Interventions- und Interessenstaat eintrat, tat das auch, weil der auf Dauer jede Liberalisierung ausschließen würde. In einer großen Kundgebung rief der Berliner Oberbürgermeister Forckenbeck, einer der Führer der linken Nationalliberalen, am 17. Mai 1879 zu einer gemeinsamen Front des freien Bürgertums gegen die hereinbrechende Reaktion, ja auch zur Neubildung einer gesamtliberalen Partei auf. Aber das war umsonst. Dennoch, noch einmal, Bismarck war es, der mit den Nationalliberalen brach, und darüber erst zerbrachen auch diese endgültig.

Es war Bennigsen einigermaßen gelungen, seine Fraktion zur Zustimmung zu neuen Zöllen zu bewegen, wenn im Gegenzug die Rechte des Reichstags zur Bewilligung der Einnahmen gesichert würden. Bismarck hat das abgelehnt. Er hat die Zoll- und Finanzreform mit dem Zentrum gemacht. Er hat insoweit eine finanzpolitische Niederlage hingenommen. Er wollte keine strukturellen Konzessionen an den Reichstag, er wollte den Bruch mit den Nationalliberalen, er wollte ihren linken Flügel, der sich ihm in dem besonders gehaßten Abgeordneten Lasker personifizierte, absprengen, er wollte die konservative Wendung. Es spielte zwar auch die Unsicherheit, ob die Nationalliberalen eine Mehrheit zustande brächten, eine Rolle, aber entscheidend war doch der Grundwille Bismarcks, den „freiheitlichen Ausbau" der Reichsverfassung, der bis dahin nicht nur das Ziel der Linken, sondern auch der Mitte der Nationalliberalen gewesen war, zu blockieren. Nur wenn man das festhält, kann man auch die Momente des inneren Zerfalls der Partei, die Tendenzen nach rechts, aber auch den Doktrinarismus, mit dem die Linke die Zollfrage zu einer Glaubens- und Freiheitsfrage umstilisierte, hervorheben.

Das Ergebnis war eine schwere, eine katastrophale Niederlage des Nationalliberalismus, die zu seiner Existenzkrise wurde. Daß zuerst eine kleine fünfzehnköpfige rechte Gruppe dezidierter Schutzzöllner unter Führung von Schauss und Völk aus der Reichstagsfraktion ausschied, war mehr ein Zufall. Die preußischen Landtagswahlen von 1879 waren eine neue Katastrophe: Die Nationalliberalen gingen von 169 auf 104 Mandate zurück, und der linke Flügel war besonders betroffen, die Fortschrittspartei war von 63 auf 38 reduziert, mit der liberalen Mehrheit war es auch im Lande des Dreiklassenwahlrechts zu Ende. Gegen den Verwaltungsapparat und den neuen agrarisch-mittelständischen Konservativismus kamen die Liberalen nicht an, Opposition zahlte sich, in ihrem Fall und diesmal, nicht aus. Bis 1881 verloren die Liberalen auch in Bayern, Baden und Sachsen Stimmen und Sitze.

In der allgemeinen Verzweiflung entwickelten der rechte und der linke Flügel der Nationalliberalen zwei Alternativkonzepte, darüber zerfiel die

Partei. Die Linken traten seit März 1880 aus und bildeten die sogenannte Sezession, das waren so prominente Männer wie Lasker, Bamberger, Forckenbeck, Stauffenberg und Rickert. Anlässe und Zeitpunkt waren vordergründig, man wollte nicht die ungeliebte Verlängerung des Septennats zum Anlaß machen, das hätten die Wähler nicht verstanden, dagegen nutzte man Nachgiebigkeiten der Mehrheit beim Abbau des Kulturkampfes. Aber es ging um die Zukunftsorientierung. Man dürfe den Liberalismus nicht wegen des konservativen Trends so zurücknehmen, daß er keine Zukunft mehr habe, der Preis der weiteren Kooperation mit der Regierung sei zu hoch, der Gewinn zu gering. Die Restpartei dagegen wollte den Kompromißkurs, der seit 1867 galt, weiter verfolgen, aber im Grunde vertagte sie die Systemveränderung in eine gänzlich unbestimmte Ferne, bis zum Sankt-Nimmerleins-Tag. Konkret setzten die Sezessionisten auf eine neue liberale Sammlung, eine neue gesamtliberale Partei, mit der geheimen Hoffnung, bei einem Thronwechsel zum Zuge zu kommen; insoweit waren sie Kronprinzenpartei, Anhänger von Bismarcks Schreckbild eines Ministeriums Gladstone, d. h. eines liberalen Ministeriums. Freilich, jenseits solcher Perspektiven waren die Sezessionisten, zumal im privaten Meinungsaustausch, tief pessimistisch, über den Niedergang des liberalen Sinns, ja der Bürgerlichkeit bei den Wählern und in der Öffentlichkeit, über die um sich greifende Interessenwirtschaft und die Apathie, angesichts der allbeherrschenden Gewalt des Kanzlers. Der Freihandel blieb für die Sezessionisten, das bleibt das Merkwürdige und Ideologische, eine Art politisches Evangelium. Sozial gesehen waren sie stark mit dem Handel und mit den ost- und norddeutschen Handelsstädten verbunden, bürgerlich-großbürgerlich, wenig industriell, weniger beamtet.

Die Fortschrittspartei war zwar von den Wahlniederlagen 1878/79 so stark betroffen wie die Nationalliberalen, aber sie geriet in keine Existenzkrise, sie war sozial-ökonomisch homogener, sie hatte ihre Oppositionsrolle, und dabei blieb es. Eine weiterreichende Strategie entwickelte sie nicht, sie festigte ihre Organisation. Der Parteiführer Eugen Richter, der ein quasi-diktatorisches Parteiregiment etablierte, war gegen eine neue liberale Sammlungspartei mit ihrer Pluralität von Meinungen, er setzte auf Anschluß der Sezessionisten. Das gerade wollten die nicht. 1881 kandidierten darum drei liberale Parteien. Die Sezessionisten vermieden es nach Möglichkeit, gegen ihre rechte oder linke Bruderpartei zu kandidieren, während die Fortschrittspartei massiv gegen die Nationalliberalen antrat, in 44 Wahlkreisen. Nimmt man alle Liberalen zusammen, so erhöhte sich ihr Stimmenanteil um 4,3 Prozentpunkte auf 37,8 %, ihr Sitzanteil um 6 % (24 Sitze) auf 40,8 %. Die Nationalliberalen verzeichneten massive Verluste – mehr als die Hälfte der Sitze kam den zwei linken Gruppen zugute, Verluste wurden von ihnen dadurch kompensiert, daß sie, gerade im Osten, den Konservativen 23 Wahlkreise abnahmen. Aber dieser „Linksruck" war kein Votum für liberale und gegen Bismarcksche Verfassungspolitik, viel wichtiger war der Protest gegen höhere Preise und das drohende Tabakmonopol. Die linksliberale Basis hat sich nicht eigentlich erweitert. Schon die preußischen Landtagswahlen von 1882 zeigten, wie die Landbezirke jetzt im Griff der Konservativen waren; die Linksliberalen konnten nur durch Gewinne gegenüber den Nationalliberalen ihre Verluste kompensieren. Auch die große Rolle, die Richter nun, zusammen mit Windthorst, als Führer der oppositionellen Reichstagsmehrheit spielte, blieb nur ein taktischer Erfolg, strategisch hat sich nichts geändert.

1884 kam es doch zu einer Fusion der beiden linksliberalen Gruppen. Die Sezessionisten gaben angesichts des Rechtstrends der Nationalliberalen und der zunehmenden Schwierigkeiten der Wahlvorbereitung ihre Reserve auf, zumal auch Richter sein Konzept, allein seine Partei der reinen Lehre könne den Liberalismus retten, einschränken mußte. Das Programm der neuen Deutsch-Freisinnigen Partei, des Freisinns, wie man dann sagte, war eher defensiv – gegen Reaktion und Sozialismus, Zölle und staatliche Versicherungen, für die Rechte des Reichstags –, war nicht sehr zukunftsweisend. Was den Ausbau der Verfassung betraf, forderte man ein verantwortliches Reichsministerium und die jährliche Feststellung der Friedenspräsenzstärke. Sozialökonomisch waren die linken Liberalen zwischen Arbeiterschaft und nach staatlichem Schutz verlangendem ländlichen und städtischen Mittelstand in die Minderheit geraten; darüber halfen die alten Schlachtrufe von den Rechten des Parlaments und der Einschränkung der Regierungsmacht nicht hinweg. Zudem waren die Differenzen zwischen den Fusionierten immer noch groß, und Richters Stil verhinderte eine stärkere Integration. Die Verlängerung des Sozialistengesetzes kam 1884 zustande, weil der Freisinn angesichts der drohenden Reichstagsauflösung geteilt abstimmte; manche leisteten sich die Ablehnung, weil sie wußten, daß das Gesetz durchkam. Schon die Wahlen von 1884 waren kein Erfolg: Der Freisinn verlor 39 Sitze der Vorgängerparteien, mehr als ein Drittel; auf dem Lande und im Osten drangen die Konservativen wieder vor, in den Städten die Sozialdemokraten; ehemalige Sezessionswähler machten die Fusion mit den „Linken" nicht mit; nationalliberale Wähler wurden bei der Stichwahlunterstützung, etwa bei einem freikonservativen Gegenkandidaten zum Freisinn, zurückhaltend. Auch die kolonialpolitsch nationale Stimmung im bürgerlichen Lager spielte eine Rolle.

Ob eine Regierung Friedrichs III., also ein moderat liberales Klima „von oben", dem Freisinn noch und auf Dauer hätte aufhelfen können, wissen wir nicht. Ohne solchen Auftrieb war seine Situation schlecht; Unternehmer, Bauern und Handwerker und gar Arbeiter standen in ihrer Mehrheit nicht mehr auf seiner Seite und auch nicht die Mehrheit des nationalen Bildungsbürgertums und gar seiner Jugend. Der entschiedene Liberalismus mit seinen individualistischen Idealen und seinem individualistischen Stil wurde altmodisch. Das Wahlrecht führte dazu, daß das platte Land zunehmend konservativ, die industriellen Großstädte zunehmend sozialdemokratisch wurden. Die Wähler des Freisinns waren oft Protest- und Swingwähler, oder sie wählten „das kleinere Übel". Ein Teil war – wie potentiell Linksliberale unter den Nicht- und Neuwählern – für nationale Parolen anfällig und fiel dann vom Freisinn ab, so z. B. 1887. Bei den engagierten Freisinnigen breitete sich Resignation aus, davon blieb auch das alte Ideal des bestimmenden Einflusses parlamentarischer Mehrheiten nicht unberührt, sie waren ja nicht mehr liberal.

1887 endeten die von Bismarck im Blick auf die französische Gefahr inszenierten Kartellwahlen mit einer vernichtenden Niederlage des Freisinns: Die nationale Mobilisierung führte zwar kaum zu einem Rückgang der Stimmen, wohl aber der Stimmenanteil, von 17,6 auf 12,9%, und die Kartelltaktik zum Rückgang der Mandatsanteile von 16,9 auf 8,1%, der Sitze von 67 auf 32. Daß sich das Ergebnis 1890 in der Wirrnis von Bismarcks Abgang noch einmal normalisierte (16,0% der Stimmen und 16,6% der Sitze, 66 Mandate), war einmal mehr eine Art Protest-Effekt. Der strukturelle Niedergang setzte sich fort: 1893, mit 37 Sitzen, zerbrach auch die Einheit der Partei.

Auf die kleine württembergische Deutsche Volkspartei können wir nur gerade hinweisen. Sie stand am linken Rand des Liberalismus, Erbe der Demokratie von 1848; sie entspricht dem, was in Frankreich oder Italien die Radikalen waren.

Gegen die sezessionistische Strategie einer gesamtliberalen „Allianz" setzten die Rest-Nationalliberalen nach 1880 im Grunde die Allianz mit den Konservativen und der Regierung, national und antisozialistisch vor allem, antiklerikal und ein wenig antifeudal weiterhin. Die alte Perspektive, auf eine Systemveränderung hinzuarbeiten, verschwand, verfassungspolitisch wurde der Status quo zur Norm; das, was bisher die Mitte definiert hatte, Frontstellung gegen links und rechts, verschob sich, primär war nur noch die Frontstellung gegen links und gegen das Zentrum. Es gab auch ideologische Rechtfertigungen dieser Umorientierung. Weil die Nation fragmentiert sei, sei ein parlamentarisches System in Deutschland nicht möglich, eine nationale Partei müsse sich mit der unabhängigen Regierung verbünden. In der Krise der aufkommenden Massengesellschaft und der Pluralisierung der Interessen schienen Ordnung, Kultur und soziale Hierarchie im monarchisch-bürokratischen Staat gut aufgehoben. Die Nationalliberalen gingen jetzt, nach 1879, wirklich nach rechts. Sozial steigt der Anteil der Unternehmer in der Reichstagsfraktion 1877/87 von 13 auf 32%, der der Bildungsschicht sinkt von 60 auf 45%, die „Schutzzöllner" nehmen zu, die primär ideen- und verfassungspolitisch orientierten Akademiker gehen zurück.

Die Rechtswendung der Partei geschah nicht so plötzlich, wie unsere Charakterisierung vermuten läßt. Bennigsen versuchte nach der Sezession noch, zwischen Kollaboration mit Bismarck und Opposition durchzusteuern; als das mißlang, trat er, 1883, als Parteiführer ab. Unter Federführung

Johannes Miquels entstand 1884 die „Heidelberger Erklärung“ als Richtschnur des rechten Liberalismus: Das war ein Bekenntnis zu Bismarck, seiner Militär-, Kolonial- und Antisozialistenpolitik, zu den Zöllen, zum Schutz der Landwirtschaft und des Mittelstandes, zum starken Staat über den Parteien, war eine Absage an eine gesamtliberale Einigung, an ein „Programm Gladstone“ – in Altpreußen zögerten die Nationalliberalen, aber allmählich setzte sich diese Richtung durch. Die interessanteste und eigentlich neue Wendung war die Hinwendung zur Sozialpolitik. Die Sozialversicherung sollte das Sozialistengesetz ergänzen; die linksliberale Furcht vor dem übermächtigen Sozialstaat und das linksliberale Vertrauen in die Selbstheilungskräfte der Gesellschaft teilten die neuen Nationalliberalen nicht. Sie waren sozialpolitisch progressiv. Diese Querlagerung von konservativ und progressiv, rechts und links, gilt es zu beachten und ebenso die Umkehrung bei den gesamtpolitisch progressiven Linksliberalen, die das Sozialistengesetz ablehnten, aber – manchester-konservativ – auch die ganze Sozialpolitik. Gerade die führenden Sezessionisten, die das Bürgertum für die Freiheit fast auf die Barrikaden riefen, wie z. B. Ludwig Bamberger oder zu dieser Zeit noch Theodor Barth, stilisierten den Kampf gegen die Sozialversicherung als Kampf für die Freiheit, für Humanität als Selbstverantwortlichkeit, als Kampf auf Leben und Tod. Die Nationalliberalen haben bei der Ausgestaltung der Versicherungsgesetze dann wesentlich dazu beigetragen, Bismarcks Tendenz zum Staatsrentnertum abzublocken, die dezentralisierten Versicherungen und ihre Selbstverwaltung durchzusetzen. Der einzig bedeutende Politiker der Nationalliberalen nach Bennigsen, Miquel, war ein entschiedener Verfechter weiterer sozialer Reformen, der wichtigsten politischen Fragen der Zukunft, machte sich stark für Wohnungspolitik, Eigentumspolitik, Verteilungspolitik, ja für eine Politik der Anerkennung der Gewerkschaften. Das sah er als die Aufgabe einer großen liberal-konservativen Reformallianz, einer Art Tory-Demokratie – das war eine Perspektive immerhin, nun anstelle der früheren verfassungspolitischen Perspektive, und es ist vielleicht kein Zufall, daß gerade Miquel sie vertrat, der in seiner Jugend Marx nahegestanden hatte. Aber solches Ausgreifen noch über die Bismarcksche Sozialpolitik war nicht Sache der Normalpartei.

Das Kartell von 1887 – die Wahlabsprache der Nationalliberalen mit den beiden konservativen Parteien für die von Bismarck national- und militärpolitisch inszenierten „Septennats“wahlen – war die natürliche Folge der „Heidelberger“ Politik. Sie brachte den Nationalliberalen 99 statt 51 Sitze, 22,2 statt 17,6% Stimmanteile. Aber ob der Querelen mit den konservativen Kartellgegnern, den Reibungsverlusten der letzten Bismarckjahre war das Kartell nicht sonderlich erfolgreich, die von Miquel gewollte Reformallianz war es schon gar nicht. Aus seinem Zusammenbruch konnten die Nationalliberalen 1890 nur noch 16,3% der Stimmen und gar nur 10,6% der Sitze retten. Eine zukunftsweisende Umorientierung nach der Katastrophe von 1879 haben auch sie nicht geschafft.

Zwar erreichte der Gesamtliberalismus in den 80er Jahren immer mehr als ein Drittel der bei den Reichstagswahlen abgegebenen Stimmen und hatte in den 12 Jahren vor 1890 auch zwischen 31,5 und 40,8% der Sitze; es gab einen Austausch, die Aufspaltung der liberalen Parteien hat vermutlich mehr Wähler bei dem Liberalismus gehalten als die eine Traumpartei, die es nicht gab. Aber diese Kraft war politisch nicht geschlossen einsetzbar, gehörte zu gegensätzlichen Blöcken; die Trennlinien, Reibungsverluste und Strukturschwächen wuchsen.

Der Liberalismus – wie überall in Europa – ist im Niedergang: Die populistischen und die sozialistischen Kräfte dringen vor; die Heterogenität der Gesellschaft nimmt zu; die Staatsmacht dehnt sich aus, wider Erwarten durch Staatsintervention und zentralistische Bürokratie; auch die Aufspaltung des Liberalismus über Zölle und Staatsintervention schreitet voran, über Kolonien, über das Verhältnis zur vor allem katholischen Kirche, zu nationalen Minderheiten. Der Zweifel am individualistischen Gesellschafts-, Staats- und Politikmodell schleicht sich bei allen Liberalen ein. Der Aufstieg des Sozialismus drängt sie von links nach rechts, wie immer es mit der Mitte sein mag. Dennoch bleibt der deutsche Weg ein besonderer. Die Verquikkung mit dem nationalen Problem, die frühe Konfrontation mit dem allgemeinen Wahlrecht, aber vor allem natürlich der Kontext des autoritär obrigkeitlichen Verfassungsstaates mit seinem preußisch-militärischen Kern und das unter der Führung des „starken Mannes" der Zeit, das etwa markiert die Unterschiede. Und noch einmal die Folge: Weil die Liberalen in Kampf und Anpassung an Bismarck gebunden waren, konnten sie das nicht leisten, was sonst noch lange, wenn auch abnehmend, in Europa möglich war, die Integration der Radikalen in ein liberal bestimmtes politisches Spektrum: Der Problematik des deutschen Liberalismus entspricht der frühe Aufstieg der Sozialdemokratie.

b) Die Konservativen

Die großen ideenpolitischen Auseinandersetzungen und Neubildungen der Mitte des Jahrhunderts waren vorüber. Mit der Philosophie von F.J. Stahl hatte sich der Konservativismus auf den Boden des modernen, nämlich des Rechts- und Anstaltsstaats gestellt und auf den Boden der konstitutionellen Verfassung: der Existenz und Mitwirkungsrechte eines Parlamentes und bestimmter Formen des Wählens. Man verteidigte nun innerhalb des „Systems" die Vorrechte von Monarch und Regierung und ländlicher Elite, von Kirche, Militär und Adel, Land und Landwirtschaft gegen die liberalen Veränderer und Weiterentwickler. Metapolitisch wollten die Konservativen das, woran sie litten, die Entfremdung zwischen Vergangenheit und Gegenwart, so überwinden, daß sie die Vergangenheit in die Moderne integrierten oder daß sie das nicht aufhaltbare und nicht zu vermeidende Neue in das Bestehende und Bewährte einfügten. In Preußen waren die Konservativen als

Parlamentspartei im Konflikt die Gegner der liberalen Auslegung der Parlamentsrechte, der Erweiterung wie der Behauptung, gewesen, die Gefolgschaft des Königs und seines Konfliktministers Bismarck.

Für die Ausgangslage zur Zeit der Reichsgründung sind nun zwei Dinge wichtig.

1. In der deutschen Realität waren die Konservativen eine vornehmlich ostelbische und vornehmlich preußische Partei; nur in Sachsen und in den beiden Mecklenburg waren sie sonst stark. Anderswo waren die ideenpolitisch und sozial Konservativen entweder katholisch, dann schlossen sie sich dem Zentrum an; oder sie waren anti-preußisch und bildeten eigene Protestformationen – wie die Welfen in Hannover; oder sie fanden noch unter dem breiten Dach des Nationalliberalismus Platz. Es hat zwar über die Jahrzehnte des Kaiserreichs in allen Provinzen und Staaten Gruppen gegeben, die sich selbst als „konservativ" (und nicht: rechtsliberal) bezeichneten, aber sie blieben westlich der Elbe schwach und zersplittert. Preußisch und ostelbisch zu sein, das bestimmte Charakter wie Grenzen der Konservativen.

2. Die Konservativen haben sich durch Bismarcks Politik seit 1866/67 ins Abseits drängen lassen, sie haben seinen „revolutionären" Weg konservativer Machtbehauptung nicht mitgemacht, sie wahrten Distanz zu dem Bündnis mit den Mächten der Zeit: der Nationalbewegung, der bürgerlich-liberalen Gesellschaft, ja dem Volk des allgemeinen Wahlrechts, zu jenem Bündnis, das diese Mächte zugleich einhegen und der Monarchie und ihren Trägern das Übergewicht sichern sollte. Bismarck paktierte mit dem Gegner, war ein Modernist, ein Abtrünniger. Schon die Lösung der deutschen Frage und die Annexionen von 1866 verstießen gegen das konservative Prinzip der Legitimität („Kronenraub und Nationalitätenschwindel") und ebenso die plebiszitär-cäsaristischen Methoden. Die Indemnität und die Versöhnung mit den Nationalliberalen war eine Aufweichung der eigenen Position. Das mochte man noch aus preußischem Machtstolz und aus Staats- und Regierungsraison mittragen, aber auf die Dauer wollte man Bismarcks Realpolitik nicht die eigenen Prinzipien zum Opfer bringen (etwa bei der Behandlung der neuen Provinzen). Die Erhaltung preußischer Partikularität rangierte – auch emotional – durchaus vor der nationalen Einheit, der man kühler und weniger überschwenglich gegenüberstand. Bismarcks Konzept, seine Politik auf ein konservativ-freikonservativ-nationalliberales „Kartell" zu gründen, haben die Konservativen höchstens von Fall zu Fall, aber nicht dauerhaft und mit Überzeugung mitgetragen.

Konkret waren es dann vor allem drei Dinge, die die Entfremdung zwischen den Konservativen und ihrem abtrünnigen Sprößling Bismarck weitertrieben: der Kulturkampf (zumal die weltliche Schulaufsicht und die Zivilehe), die liberale Wirtschafts-(und Gesellschafts)politik und – der höchste Preis, den die Liberalen erreicht haben – die Reform der ostelbischen Kreisverfassung, der lokalen Machtbasis der Junker, mitsamt der Abschaffung der gutsherrlichen Polizeigewalt, was gar nur gegen den Widerstand der

Adelsmehrheit im Herrenhaus und unter Zuhilfenahme eines Pairsschubs durchsetzbar gewesen war. Wie tief der Bruch ging, zeigten 1875 die sogenannten Ära-Artikel in der Kreuzzeitung, dem Organ der Partei, die der Journalist Perrot auf Betreiben des Chefredakteurs verfaßt hatte: Die Wirtschaftspolitik (der „Ära Bleichröder-Delbrück-Camphausen“) sei liberalkapitalistische Politik, geprägt von einseitigen Profitinteressen von Juden und für Juden; Bismarck, indem sein Privatbankier Bleichröder angegriffen wurde, war einer der Hauptschuldigen. Als Bismarck, der sich in seiner Ehre gekränkt fühlte, die Zeitung und jeden, der sie als Abonnent unterstützte, im Parlament in den allerschärfsten Worten angriff und sie aus den königlichen Schlössern verbannen ließ, antwortete die Crème des preußischen Adels mit Loyalitätsdeklarationen zugunsten der Zeitung (die „Deklaranten“).

Die Konservativen waren eine Elite-Partei geblieben, das Ansehen der lokalen „Herren“, die Hilfe der Verwaltung genügten, um bei den Wahlen Erfolg zu haben. Die Versuche des sozialkonservativen Kreuzzeitungsredakteurs Hermann Wagener, in der Konfliktzeit ein Netz von kleinbürgerlich-protestantischen „Preußischen Volks-Vereinen“ aufzubauen, waren trotz ihrer Erfolge wieder eingeschlafen und so die Vereine. Das Modernisierungskonzept, eine „Volkspartei“ zu werden, war noch keine dringliche Alternative. Die – angeordnete – Distanz des Verwaltungsapparats gegenüber der Partei brachte ihr freilich 1874 schwere Verluste – einen Rückgang von 57 auf 22 Sitze, von 14,1 auf 6,9% der Stimmen –, aber die gleichsam „natürliche“ Verbindung der preußischen Landratsverwaltung mit den konservativen Junkern hatte auch ihr Eigengewicht.

Nun gab es natürlich auch unter den konservativen Reichstags- und Landtagsabgeordneten Bismarck-Anhänger, Gouvernementale und Pragmatiker, die sich vom altkonservativ reaktionären Antiliberalismus distanzierten – über ein Drittel der konservativen Abgeordneten des preußischen Abgeordnetenhauses bildete schon 1872/73 eine „neue konservative Fraktion“. 1876 kam es zu einer Neuformierung, zur Gründung der Deutsch-Konservativen Partei, unter der Führung von drei Junker-Politikern, Wilhelm von Rauchhaupt, Friedrich Wilhelm von Limburg-Styrum und Otto von Helldorff-Bedra. Die Partei stellte sich auf den Boden des Reiches und der nationalen Errungenschaften, auf den Boden auch der politisch-gesellschaftlichen Neuordnung, aber mit betont konservativer Bismarckscher Richtung, und auf den Boden der Land- und Landwirtschaftsinteressen. Neben dem Pragmatismus der Initiatoren spielten natürlich der Blick auf den Niedergang der Partei und das Bestreben nach einem rechten Gegengewicht in Bismarcks Wunschkoalition mit Einschluß der Nationalliberalen eine Rolle. Die Vorboten des Umschwungs von 1878/79 zeichneten sich ab, die konservative „Vereinigung der Steuer- und Wirtschaftsreformer“ organisierte 1876 im Reichstag zuerst die agrarischen Interessen, diese Gründung hängt mit der Neuformierung der konservativen Partei durchaus zusammen. Das Entscheidende an der Neugründung ist einmal die Übernahme des neuen

Reichsnationalismus durch die Konservativen – und es dauerte bekanntlich nicht lange, bis sie sich zu seinem Herold stilisierten – und ist sodann das Zurückstellen altmodischer „Prinzipien“ und Ideen, ist das Betonen der landwirtschaftlichen Interessen, das erschien als der neue Weg zur Popularität. Das freilich war eine Absage an die Wagenersche Alternative der 60er Jahre, die Ausdehnung in die Städte, auf das „Volk“ der kleinen Leute, die Ausdehnung auch in den Süden und Westen.

Die Kernwerte und die Grundfrontstellungen dauerten natürlich fort: Autorität statt Majorität; die Ablehnung jedes Parlamentarismus oder der Gründung von Staat und Gesellschaft auf Egalität, Naturrecht und Vernunft (diese – so die konservative Polemik – irrealen Illusionen der Moderne mit all ihren destruktiven Folgen: der Entfesselung der Egoismen und der Überforderung der einzelnen); das Mißtrauen gegen das Neue, gegen das Machen und Planen, das doch immer von den ungewollten Folgen desavouiert wurde; die Verteidigung der Monarchie, der Eliten und Hierarchien, der gewachsenen und gemeinschaftlichen Ordnungen gegen den schrankenlosen Individualismus und seine Mobilisierung, des sozialen Friedens und Patriarchalismus gegen die Alleinherrschaft des kapitalistischen Marktes, der Tradition und der Religion als der Wurzel aller Bindung und Moral; die Betonung des Föderalismus, ja des preußischen Partikularismus; die Gegnerschaft gegen Abstraktion, Entfremdung, Anonymität und Sinnzerstörung: Das war die Metapolitik der Konservativen, die in ein antiliberales Grundmuster des Entweder/Oder mündete. Aber für die reale Politik wurde das Hintergrundphilosophie.

Die Neugründung war so erfolgreich, daß die Altkonservativen, zumal im Reichstag, sich ihr anschlossen – etwa der Chefredakteur der Kreuzzeitung Philipp von Nathusius-Ludom und der letzte der großen Ideologen aus Bismarcks Jugend, Hans von Kleist-Retzow. Damit war nun allerdings das bisherige konservative Problem der Spaltung als Problem der Flügelbildung in die neue Partei übernommen; die antikapitalistische, antiliberale Haltung des rechten Flügels und seine Hinneigung zum Zentrum belasteten das Verhältnis der neuen Partei zu Bismarck mit seinen Forderungen nach gouvernementaler Loyalität.

Im Reichstag konnten die Konservativen seit 1878 mit dem Zentrum oder mit den Nationalliberalen den Kern einer relativen Mehrheit bilden. Im preußischen Abgeordnetenhaus waren sie seit 1879 stärkste Partei, hier lag ihre eigentliche Machtbastion.

Kurz nach der Neugründung formierte und organisierte sich im Schatten der Partei der Sozialkonservativismus – bis dahin nie mehr als eine ideenpolitische Variante – in Gestalt von Adolf Stoeckers Christlich-Sozialer Partei, wir haben davon im Zusammenhang mit der evangelischen Kirche und mit dem Antisemitismus gesprochen. Solange Stoecker sich zu Anfang noch vorwiegend um die Arbeiterschaft bemühte, blieb er ohne Erfolg; erst als er sich dann auf den kleinen Mittelstand konzentrierte und den Antisemitismus zu seinem bevorzugten Agitationsmittel machte, stieß er in der ersten Hälfte der achtziger Jahre in Berlin und einigen Regionen Hessens, Sachsens und Westfalens auf Zuspruch. 1881 schlossen sich die Christlich-Sozialen als selbständige Gruppe der Deutsch-Konservativen Partei an. Das Bemühen um protestantische Arbeiter und protestantischen Mittelstand und um eine entsprechend aktive Sozialpolitik blieb das Programm Stoeckers und wurde nun eine Zeitlang ein Hauptthema der konservativen Programm- und Strategiediskussionen. Dazu kam der Antisemitismus – sei es, daß man antiliberal von ihm überzeugt war, sei es, daß man ihn als populäres Mittel benutzte. Da die Konservativen Offiziere ohne Unteroffiziere und Soldaten waren, hatten die Christlich-Sozialen, diese Städter, Bürger, Pastoren, Journalisten und jungen Leute, nicht nur für ein paar fromme und sozialreformerische Landadlige eine gewisse Attraktion. Neben die christlich-soziale Sache trat die Aussicht, außerhalb des agrarischen Ostelbien Wahlerfolge zu erzielen, im Westen, in Städten, beim „Volk". Und Stoecker, ein Redner und Volkstribun von außerordentlichem Format und gewaltiger Ausstrahlung (auch im Establishment), von Charisma, war für die Konservativen ein Gottesgeschenk. Man konnte seine Linie nicht außer acht lassen. Immerhin waren 1886 30 von 132 deutsch-konservativen preußischen Landtagsabgeodneten in westelbischen Wahlkreisen gewählt und 1887 12 von den 61 preußischen Reichstagsabgeordneten, das mochte man dem christlich-sozialen Element zuschreiben.

In den späteren 80er Jahren nun hat sich in der konservativen Partei eine merkwürdige Lage entwickelt. Die Mehrheit der Abgeordneten stützte, unter Führung von Otto von Helldorff, den Bismarckschen Kartellkurs – dagegen opponierte die sogenannte Kreuzzeitungspartei, geleitet von dem charismatischen Redakteur v. Hammerstein und von Stoecker. Neben der Sozialreform stand dabei die Entstaatlichung der evangelischen Kirche im Mittelpunkt ihrer Anliegen. Die Hauptsache war die Forderung nach einer volksparteilichen Politik und die Wendung gegen das „Kartell" mit den (kapitalistischen) Liberalen und alternativ eigentlich eine Allianz mit dem Zentrum. Das war eine Wendung gegen Bismarck und die eigene Parteiführung. In einem großen taktischen Spiel von Verschwörung und Intrige – Stoeckers später in die Presse gelangter „Scheiterhaufenbrief" von 1888 war ein Muster der Anti-Kartell-Taktik – versuchten diese Politiker, den Prinzen Wilhelm (und seinen damaligen Favoriten Waldersee) zu gewinnen, aber gegen Bismarck kamen sie nicht auf – das steigerte freilich bis 1890 den innerparteilichen Unmut. Die Anti-Kartell-Front erhielt auch aus anderen Motiven Zuzug, 1890 setzte sie sich gegen einen Kartellkompromiß beim Sozialistengesetz durch; das führte zum Scheitern des Gesetzes und beschleunigte den Sturz Bismarcks. Im Wahlkampf agitierte sie gegen das Kartell, hängte sich an die sozialpolitischen Proklamationen Wilhelms.

Wir müssen hier noch die ersten Jahre der Nach-Bismarck-Ära erörtern, weil die Geschichte, die wir gerade erzählen, erst 1893 zu Höhepunkt und

Ende kommt. Auch nach Bismarcks Sturz war die Partei noch von den kartellfreundlichen Gouvernementalen unter Helldorff bestimmt. Die wachsende Gegnerschaft gegen Caprivi, dann über die Landgemeindeordnung und den österreichischen Handelsvertrag von 1891 sowie das Aufgeben des Zedlitzschen Schulgesetzentwurfs 1892, führten zur Absage an den gouvernementalen Kurs: zum Sturz Helldorffs als Parteiführer.

In dieser Situation 1892/93 kommen nacheinander zwei Alternativen einer Neuorientierung der Konservativen zur Entscheidung. Das war zunächst ein neues sozialpolitisch-volksparteiliches Konzept. Die Partei hatte sich von Christlich-Sozialen und jugendlichen Intellektuellen – ganz gegen ihre Art – eine Programmdebatte aufreden lassen und die Parteiführung auf Druck „von unten" widerwillig einen Parteitag einberufen (Tivoli, Berlin 1892). Auf diesem Parteitag setzten sich die „jungen" Christlich-Sozialen, Stoekkers „linker Flügel" um Hellmut von Gerlach, durch – ohne förmliche Delegation und unter chaotischen Abstimmungsmodalitäten. Gegen einen Entwurf der Parteileitung wurde in den Beschlüssen zu dem neuen Parteiprogramm ein neues Ausnahmegesetz gegen die Sozialisten abgelehnt, wurde die Verwerfung der „Ausschreitungen" des Antisemitismus gestrichen und statt dessen die Zurückdrängung des jüdischen Einflusses gefordert. Das war eine Niederlage traditioneller konservativer Politik (auch jenseits des Gouvernementalismus), ein Sieg der Christlich-Sozialen und Antisemiten und ihrer Idee der Volkspartei. Auch die Traditions-Konservativen hatten freilich das Konzept, den Antisemitismus zu übernehmen und ihn zu „zähmen", indem man ihn zur konservativen Sache machte und konservativer Führung unterstellte. Für die Geschichte des Antisemitismus ist dieser Vorgang wichtiger als für die der Konservativen. Denn in dem halben Jahr zwischen dem Parteitag und der Reichstagswahl vom Juni 1893 griffen die Antisemiten die Konservativen auf das schärfste, auch in ihren „angestammten" Wahlkreisen, an. Von den antisemitischen Mandaten waren zehn vorher konservativ gewesen. Die Volksparteistrategie des antisemitischen Flirts war alles andere als erfolgreich gewesen, die moderaten Konservativen waren nun erst recht gegen die extremen Antisemiten. Der Antisemitismus wurde nicht zum ideologischen Kitt der parteilichen Erneuerungsbemühungen.

Aber in diese Unsicherheiten über die Neugliederung der Rechten schlugen die Agrarkrise und die Gründung des Bundes der Landwirte. Plötzlich entstand eine ganz andere und neue Massenbasis des Konservativismus. Davon sprechen wir später. Die christlich-soziale antisemitische Neuorientierung der Konservativen erwies sich als bloßes Zwischenspiel. Die Agrarbewegung hatte die Christlich-Sozialen überflüssig gemacht. Die konservative Führung schwenkte auf den neuen Antisozialistenkurs des Kaisers und, nach dem Sturz Caprivis, auf die gouvernementale Linie der Sammlung – da waren die agrarischen Interessen besser aufgehoben als in einer Anti-Kartell-Politik. Zudem wurde Stoeckers jugendlicher Anhang den ostelbischen Agrariern zu „links", indem sie z.B. die Sozialpolitik stärker auch auf die

Landarbeiterschaft ausstrahlen lassen wollten, und Stoecker selbst entzog sich jeder Entscheidung. 1895/96 wurde er aus Parteiführung und Partei herausgedrängt, das erregte zwar viel Unmut, bei Pastoren, Journalisten und Städtern, aber die Führung konnte darüber hinweggehen, das war nicht der harte (und loyale) Kern der Partei.

Über die sogenannten Freikonservativen, die „Deutsche Reichspartei", wie sie sich auf Reichsebene nannten, genügen, so wichtig sie für die parlamentarischen Konstellationen waren, wenige Sätze. Sie waren die Anhänger Bismarcks von 1867 und seither die „Partei Bismarck sans phrase", suchten die Brücke zu den rechten Liberalen und zum großen Bürgertum zu schlagen, waren kirchenpolitisch anti-orthodox, wirtschaftspolitisch pro-kapitalistisch, zwischen Landwirtschaft und Industrie vermittelnd, sie waren pragmatisch und diplomatisch gouvernemental, kompromißfähig und -produktiv, die Seele des Kartells mit den Nationalliberalen. Sie erreichten 1878 51 und 1887 41 Mandate, das waren Situationen, in denen ihre Vermittlerrolle besonders gefragt war; sonst gewannen sie seit den 80er Jahren nie mehr als 30 Mandate. Aber sie waren eigentlich kaum eine Partei. Sie waren eine Fraktion aus Abgeordneten – anfangs von Diplomaten, hohen Beamten und höherem Adel, Landwirten mit Industrieinteressen, aus Schlesien vor allem, wie Bethusy-Huc und Wilhelm von Kardorff, oder von Großindustriellen wie Stumm, mit personellem Ansehen und hohem Sozialstatus in ihrem Wahlkreis; später nahm ihre Zahl zwar ab, aber sie profitierten davon, daß sie sich bei Stichwahlen als Kompromißkandidaten eigneten, und sie waren schwer zu „entthronen".

c) Das Zentrum

Die Existenz einer konfessionellen, einer katholischen Partei ist eines der besonderen Charakteristika des deutschen Parteienspektrums, wie es im zweiten Drittel des 19. Jahrhunderts entstanden ist, und das wirkt bis heute nach. In einer Welt, die nicht vornehmlich katholisch, sondern mehrheitlich teils protestantisch, teils säkular war und deren Institutionen deshalb den Anspruch auf religiös-konfessionelle Neutralität und gegebenenfalls unkatholische Säkularität erhoben; in einer Welt, in der es alte rechtliche Verbindungen von Kirche und Staat gab und in modernen Zeiten das Problem der Abgrenzung der Rechtssphären, Probleme des Aufsichtsrechts des Staates gegenüber der Kirche, seiner Kompetenz, zwischen den Kirchen und Konfessionen Recht und Frieden zu wahren, und die Probleme des Unabhängigkeits- und Öffentlichkeitsanspruchs der Kirche, der beiderseitigen Ansprüche auf die „gemischten Angelegenheiten" Schule und Eherecht; in einer Welt, in der die Katholiken, außer in Österreich und Bayern, überall einem nichtkatholischen Regierungsestablishment gegenüberstanden; in einer Welt, in der sie sich von der „Moderne" in Verfassung und Recht, Wirtschaft und Gesellschaft bedroht sahen, in einer Minderheitensituation; in einer solchen Welt also gab es zweifellos ein „katholisches Interesse“, das nach politischer Vertretung verlangte. Und im konstitutionellen System von Parlamenten und Parteien waren nicht mehr Episkopat und Hierarchie allein die Sprecher des katholischen Interesses, sondern Parlamentarier und Parteigruppen mindestens ebenso. Es gab seit den 30er Jahren spätestens einen „politischen Katholizismus“, katholische Fraktionen und katholische Politiker und katholische politische Zusammenschlüsse. Weil das katholische Interesse quer zu den quasi selbstverständlichen anderen politischen Unterscheidungen stand, den verfassungs-, national- und klassenpolitischen, stellt die Geschichte des politischen Katholizismus ein Auf und Ab dar, das gehört in die Geschichte des zweiten Jahrhundertdrittels.

Die Zentrumspartei, die dann bis 1933 eine mächtige Gruppierung der deutschen Politik gewesen ist, ist – erst – 1870 begründet worden. Im preußischen Landtag und im norddeutschen Reichstag hat es zwischen 1866 und 1870 keine „katholische Fraktion“ oder etwas annähernd Ähnliches gegeben, der Verfassungskonflikt hatte die vorher bestehende konservativ-liberale „katholische“ Fraktion zerrieben und so die Einheit der politisch aktiven Katholiken. Daraus haben manche Historiker den Schluß gezogen, das Zentrum sei eine Neugründung gewesen, in erster Linie eine Reaktion auf den von Bismarck und den Liberalen eingeleiteten Großangriff des Kulturkampfes, nicht eine gleichsam natürliche Umbildung in der Kontinuität des älteren politischen Katholizismus unter den Bedingungen der Reichsgründungszeit und auch nicht eine Partei der Besiegten von 1866, der Gegner einer kleindeutschen Reichseinigung. Das sind schiefe Polarisierungen. Das Zentrum gehört gewiß in die Kontinuität des politischen Katholizismus, der älteren katholischen Parteibildungen. Und es ist ebenso gewiß ein Produkt der langen Vorgeschichte des Kulturkampfes, des latenten Kulturkampfes auch vor 1871. Daß es 1866/70 im Norden keine katholische Partei gab, war nicht das Ende des politischen Katholizismus gewesen, sondern eine vorübergehende Krise. Diese Krise war 1870 überwunden.

Für die ersten Reichstagswahlen verbanden sich Politiker, die schon als Personen die Tradition katholischer Parteipolitik verkörperten, die Brüder Reichensperger z. B. oder Hermann von Mallinckrodt. Vom Norden her griff dann diese Neugründung auf das entstehende ganze Reich aus. Wir werden den Kulturkampf als eine dreifache Offensive des bürokratischen Staates und des nationalen Liberalismus einerseits, des Ultramontanismus andererseits darstellen. Wie immer das sein mag, für die katholischen Politiker, die das Zentrum gründeten, spielten konkrete Bedrohungsgefühle und Bedrohungen eine große Rolle. Die Verteidigung der katholischen Orden stand in Preußen seit dem Moabiter Klostersturm 1869 auf der Tagesordnung, der Zerstörung einer kleinen Dominikanerniederlassung durch eine aufgebrachte Volksmenge und darauffolgenden Forderungen von Fortschrittlern im Landtag nach Restriktionen von Ordensaktivitäten. Daß die kirchlichen Rechte in der Schulaufsicht und im Eherecht strittig waren, wußte jeder, und auch die Reaktion der Liberalen auf das Vatikanische Konzil war zumindest ein Faktor der Verunsicherung, es gab wilde nationalprotestantische Wunschträume von einer Nationalkirche. In Baden, wo die Liberalen regierende Partei waren oder jedenfalls die Regierung liberal, war schon seit Jahren ein Kulturkampf im Gang, selbst im katholischen Bayern gab es 1869 die schärfsten Konflikte, als man über den konfessionellen Charakter der Schule aneinandergeriet. Kurz, es bedurfte keines Bismarcks, um die Katholiken in einen Abwehrkampf zu zwingen, der kalte, der latente Kulturkampf war längst da.

Aber es geht dabei nicht nur um Konflikte auf zentraler und nationaler Ebene. Das katholische Milieu war nicht erst seit dem Kulturkampf, sondern mit der ultramontanen Neuformierung der katholischen Kirche aufgestiegen, zumal seit 1850. Es war abgegrenzt; das Netzwerk der katholischen Vereine Ende der 60er Jahre in den preußischen Westprovinzen steht dafür. Dieses „Milieu" stand in Opposition gegen das gouvernementale Establishment, protestantisch und bürokratisch, wie man es in manchen kleinen Spannungen über Kirchendemonstrationen und im sozialen Abstand zu den katholischen kleinen Leuten und ihren Honoratioren erlebte. J. Sperber hat sehr schön gezeigt, wie die katholischen Wähler in Düsseldorf, die 1871 bei den Reichstagswahlen Zentrum wählten, 1867, als es diese Alternative im Norddeutschen Bund noch nicht gegeben hatte, links gewählt hatten, nicht weil sie „links", sondern weil sie oppositionell waren gegenüber Berlin und zumal gegenüber dem lokalen protestantischen Establishment. In Baden hatten die liberalen Wirtschaftsgesetze die altmittelständischen und anti-marktwirtschaftlichen Katholiken in eine katholisch antiliberale Opposition gegen Gewerbefreiheit und Freizügigkeit gebracht. Die Praxis liberaler Kommunen, liberale Werte durchzusetzen, etwa bürgerliche Sozial- und Arbeitsmoral im Armenwesen und gegenüber Stiftungen, der besserwissende aufgeklärte Stolz des staatlichen und städtischen bürgerlich-protestantischen Establishments, der Beamten und Akademiker, erfolgreichen Unternehmer und Kaufleute, hat solche popularen Gegenströmungen freigesetzt. Das katholische Milieu war keine statische Größe, aber es hat sich nicht erst als ein Produkt des Kulturkampfes herausgebildet, sondern ist bereits in den beiden Jahrzehnten vor der Reichsgründung entstanden. Noch ehe es von den Politikern gegründet wurde, gab es ein Wählermilieu für das Zentrum, gab es Zentrum vor dem Zentrum. Die konfessionell-säkularen Gegensätze waren lange gewachsen, Ausgrenzung, Selbstisolation, Einigelung, das war schon soziale Wirklichkeit. Daran konnte keine Politik vorbei. Das war die Last der heterogenen deutschen Konfessionskultur, in der Weltanschauungsgegensätze dominant waren. Gewiß ist das alles im Kulturkampf noch deutlich intensiviert und erst eigentlich zementiert worden, aber als parteiformierendes Faktum prägt es schon die Situation von 1870.

Wenn das alles gesagt ist, dann kann man sich mit den wichtigsten zusätzlichen, vor allem nationalpolitischen Umständen der Zentrumsgründung beschäftigen. 1866 hatte es zwar eine ideen-, ja auch machtpolitische Verkoppelung der kleindeutsch-preußischen Lösung mit dem Protestantismus gegeben und entsprechend eine katholische Sympathie mit der großdeutschen Lösung. Das Ende dieser Option brachte die Katholiken im werdenden kleindeutschen Reich endgültig in eine Minderheitenposition. Aber es gab mitnichten eine Weltuntergangsstimmung. Die Schrift, mit der Bischof Ketteler die Katholiken aufforderte, sich ohne Wenn und Aber auf den Boden der Tatsachen zu stellen, „Deutschland nach dem Krieg von 1866" (1867), war nicht „der" Wendepunkt, sondern Symptom und Ausdruck einer verbreiteten Stimmung. Die deutschen Katholiken fühlten sich nicht, jedenfalls nicht mehr, als die Besiegten von 1866. Es gab freilich unterschiedliche nationalpolitische Positionen, im wesentlichen drei. Im Norden gab es einen pro-preußischen nationalen Flügel, zu dem etwa Ketteler, der Exdiplomat Savigny, Bismarcks erster Kandidat für den Posten des Bundeskanzlers, der westfälische Landadlige und Bauernvereinsführer Schorlemer-Alst oder der altliberale Rheinländer Peter Reichensperger gehörten. Dann gab es Distanz und Reserve gegenüber einem preußisch geprägten Nationalstaat, im Norden gehörten von führenden Politikern eigentlich nur der Westfale Mallinckrodt und der Hannoveraner Windthorst dazu; im norddeutschen Reichstag schlossen sie sich der betont föderativen „Bundesstaatlich-Konstitutionellen Vereinigung" an. Schließlich gab es den popular katholischen, partikularistischen Anti-Borussismus im Süden, in Baden und Bayern, aber auch in Württemberg, mit mehr konservativen oder mehr demokratischen Tendenzen. Daß Windthorst sich im Zollparlament mit diesen Kräften liierte, war noch keine Entscheidung über die Zukunft. Die nationalpolitischen Unterschiede, ähnlich wie solche der Verfassungs- und Innenpolitik, führten dazu, daß zwischen 1866 und 1870 eine katholische Fraktion nicht wieder zustande kam.

Dennoch ergab die komplizierte Gemengelage, daß die Mehrheit der katholischen Politiker und der Katholiken – auch wenn man von den Schwankungen der süddeutschen Volksstimmung absieht – dem preußisch geführten Nationalstaat zwar keineswegs ablehnend, wie Bismarck und die Liberalen dann behaupten sollten, wohl aber mit Sorgen und Vorbehalten gegenüberstand. Es war die Sorge vor dem Borussismus. Schon ein frühes Programm, das Essener Wahlprogramm vom Juni 1870, wandte sich gegen überhöhte Militärlasten, das war sehr unbestimmt, aber das war, auch in den preußischen Westprovinzen, ein Codewort gegen die Exzesse des Preußischen. Hier lag das politische Problem.

Die Reichseinigung hat mit dem Zustrom der partikularen, jetzt reserviert nationalen, aber doch anti-borussischen Kräfte des Südens die Gleichgewichtslage der katholischen Partei verschoben. Es war kein Wunder, daß nicht Peter Reichensperger mit seinen pro-preußischen Sympathien Führer der katholischen Partei wurde, sondern der preußenkritischere Windthorst – zumal er sich als besonders befähigter Parlamentarier erwies. Natürlich spielte dabei wieder der beginnende Kulturkampf eine Rolle, er löste eine zweite Welle des Anti-Borussismus aus, und ebenso die Tatsache, daß Bismarck Windthorst, seine Person und seinen Kurs, so scharf angriff und so sehr mit der neuen Partei identifizierte, daß diese fast gezwungen war, wenn sie ihn nicht desavouieren wollte, ihm zu folgen. Daß auch ein preußisch geführtes Zentrum die süddeutschen Partikularisten hätte integrieren können, wie M. Anderson meint, scheint mir unwahrscheinlich. Gewiß, das Zentrum war mitnichten eine Partei von Gegnern des neuen Reiches, wie Bismarck wähnte, voller Sorge um die Brüchigkeit des neuen Gebildes und überall subversive Kräfte witternd, aber die Stärke des Anti-Borussismus auch in dem Moment der Reichsgründung und vor dem Kulturkampf ist doch unverkennbar.

Zwischen den nationalpolitisch unterschiedlich gerichteten Kräften ergab sich ein leichter Vorrang der preußen-distanzierten, betont föderalistischen Kräfte. Das war die Basis, auf der sich die Vertreter des katholischen Interesses nun, vor dem Krieg schon und dann während des Krieges von 1870/71, doch wieder organisatorisch zusammenfanden, ein Programm, das „Soester Programm“, formulierten und eine Partei gründeten. Diese war im Moment der Gründung – trotz aller Milieustrukturen – noch durchaus fragil, ihre eigentliche Festigkeit erhielt sie erst durch den Kulturkampf, er schweißte sie zusammen.

Man kann, noch einmal mit M. Anderson, die möglichen Alternativen kontrafaktisch erwägen. Wenn Konservative und/oder Liberale oder doch konservative und liberale Teilparteien das „katholische Interesse“ hätten aufnehmen, vertreten und integrieren können, hätte sich das Zentrum nicht bilden können. Es war aber nicht vor allem der mangelnde Sinn für Pluralität, der das verhinderte, sondern die traditionelle Inhomogenität der deutschen Gesellschaft, das Erbe der Geschichte. Daß es in England und den USA keine katholische Partei gegeben hat, die Liberalen sich des katholischen Interesses angenommen haben, lag ganz wesentlich am Zwei-Parteiensystem, das ließ keine andere Wahl; in vergleichbaren kontinentaleuropäischen Ländern wie der Schweiz und den Niederlanden ist es sehr wohl, fern von allem deutschen Sonderweg, zur Bildung katholischer Parteien gekommen. Wären die Konservativen damals stärker und selbständiger und weniger vom furor protestanticus erfüllt gewesen, weniger preußisch also, hätten sie vielleicht mit dem Zentrum zusammengehen können. Dann aber hätten die verfassungs- und gesellschaftspolitisch liberalen Katholiken sich selbständig gemacht, oder es hätte sich eine liberale, nicht kulturkämpferische Gruppe gefunden oder gebildet. Oder eine radikalliberale Partei ohne Antiklerikalismus hätte vielleicht die populistischen Anti-Establishmentkräfte unter den Katholiken aufsaugen können, das aber hätte die konservativen Katholiken abgesprengt. Das sind Spekulationen im Irrealen, so war die deutsche Gesellschaft und Parteitradition nicht. Aber das zeigt, daß es auch die deutsche Parteienkonstellation gewesen ist, die das Zustandekommen der Zentrumspartei, der Einheit ihrer Gruppen und Flügel ermöglicht hat.

Das Zentrum war eine Partei, die unterschiedliche politische und soziale Elemente, die im protestantischen und säkularen Lager antagonistisch gegeneinanderstanden, unter dem Banner der gemeinsamen Konfession – und ihrer Verfolgung erst recht – zusammenhielt. Von besonderer Bedeutung sind die folgenden Punkte.

1. Die Partei übergriff die Regionen: Osten und Westen, Schlesier und Rheinländer – das war preußisches Erbe –, vor allem aber Norden und Süden, Preußen und Nichtpreußen. Das mußte zwar nicht so kommen – der Übergang der Bayerischen Patriotenpartei, wie dort die katholische Partei sich nannte, zum Zentrum brauchte seine Zeit (1887) und die Ablösung der württembergischen Katholiken von den Großdeutschen und den Demokraten erst recht –, aber es war doch hochwahrscheinlich und nicht nur ein Ergebnis des Kulturkampfes. Das Ergebnis dieser Nord-Süd-Koalition war die Aufnahme des katholisch-großdeutschen Erbes und des spezifisch süddeutschen Anti-Borussismus, war in der Verfassungsprogrammatik der betonte Föderalismus. Der entsprach auch einer starken Linie katholischer politischer Philosophie, der staatsdistanzierten, gewaltenteiligen, machtbeschränkenden, aber nicht so demokratisch-parlamentarischen Verfassungskonzeption, und das wiederum korrespondierte der realen Lage, der partikularistisch-föderalistischen Tendenz wichtiger katholischer Segmente. Die Tatsache, daß die Zentrumsfraktion im Reichstag dann den Minderheiten – Welfen, Elsässern, Polen – ein Haus bot, hat das föderalistische, anti-borussische, ja partikularistische Element verstärkt und natürlich auch den Ruf der „Reichsfeindschaft". Die Erzföderalisten hatten keine Wahl – denn die föderalistischen Konservativen waren doch ganz und gar borussisch, und der Zorn der „reichstreuen" Anti-Partikularisten hielt das Zentrum dann erst recht zusammen.

2. Es hat im 19. Jahrhundert unter dem scheinbar so einheitlichen Katholizismus drei sehr gegensätzliche politische Theologien gegeben: die konservative des Legitimismus und der Autorität, der Bindungen und Traditionen, die liberale der bürgerlichen (und kirchlichen) Freiheiten und der Verfassung und schließlich die demokratische von Kirche und Volk, in Deutschland in der Version des Sozial-Katholizismus. Keine der drei hat sich voll durchgesetzt. Die katholische Zentrumspartei war eine pragmatische Allianz jener verfassungs- und in gewisser Weise gesellschaftspolitischen Richtungen auf mittlerer Linie, von der biegsamen Philosophie des Naturrechts gestützt. Das Zentrum war eine „Verfassungspartei". Es stand fest auf dem Boden der liberalen Grundrechte und des Rechtsstaates, es war ein entschlossener Anwalt des Minderheitenschutzes und ein entschiedener Gegner von Ausnahmegesetzen gegen Polen, Juden, Sozialisten. Es stand fest auf dem Boden der konstitutionellen Machtverteilung ohne eine programmatische Tendenz zu

konservativer Restriktion oder demokratisch-parlamentarischer Expansion. Darauf konnten die rheinischen liberalen Bürger, die schlesischen oder westfälischen monarchisch-konservativen Adligen, die Vertreter der bayerischen Bauern und die Abgeordneten aus dem Klerus sich sehr wohl verständigen. Wie freilich im einzelnen die Machtverteilung zwischen Regierung und Parlament sich entwickelte und welche Richtung, eher links oder eher rechts, das Zentrum begünstigte, war Sache der Situation. Bismarcks anti-parlamentarischen Offensiven gegenüber verteidigte das Zentrum selbstverständlich die Rechte des Reichstags. Dennoch war es charakteristisch, daß die Zentrumslösung der Finanzreform von 1879 in erster Linie dem Föderalismus, also den Bundesstaaten zugute kam und nur mittelbar dem Steuerbewilligungsrecht des Reichstags, wie es im Mittelpunkt der liberalen Vorstellungen stand. Der Glaube an den Föderalismus als das beste Prinzip der Gewaltenteilung und Machtbegrenzung, ja der Freiheitssicherung hatte klare Priorität, auch bei einem so dezidierten Anwalt der Kompetenzen des Reichstags, wie es Windthorst war. Die Dinge entwickelten sich dann so, daß die Frage nach einem Ausbau der Stellung des Reichstags ganz und gar mit der Frage gekoppelt war, welchen Effekt das auf den Einfluß des Zentrums, der geborenen Minderheit also, auf Gesetzgebung und Regierung habe. Darauf kommen wir später zurück. Das allgemeine Wahlrecht hatte nicht zu den Kernforderungen katholisch-politischer Programmatik gehört, aber seit es existierte und seit es dem Zentrum gewaltig zugute kam, war es sakrosankt, es war der demokratische Schild der katholischen Volkspartei. Freilich, es auf Länder – Preußen z. B. – oder Gemeinden zu übertragen, das war keine Grundsatzforderung, die Stellung änderte sich hier im Lauf der Zeit, je nach Situation.

3. In jedem Fall: Solange die Kirche in Gefahr war und die Folgen des Kulturkampfes noch auf der Tagesordnung standen, und das blieb bis 1914 so, waren unterschiedliche politische Richtungen einig, ihre Gegensätze hinter der Verteidigung des katholischen Interesses zurückzustellen. Hier spielt der Kulturkampf natürlich eine besondere Rolle: Weil die Partei gegenüber der Regierung entschiedene Opposition war, bot sich ein normalkonservativer Gouvernementalismus auch in der Phase des Abbaus des Kulturkampfes kaum an, auch wenn es einen rechten Flügel gab – z. B. die westfälischen und schlesischen Adeligen, an der Spitze Schorlemer-Alst –, der zu Kompromissen und zur Kooperation mit der Regierung durchaus willens war. Für Wähler und Milieu waren Einheit der Partei und Oppositionsrolle selbstverständlich und prägend, das war auch für die Partei lebenswichtig: „Kirche in Gefahr“, dieser Schlachtruf hielt sie allemal zusammen und sicherte ihre Wahlerfolge. Die Selbstdefinitionen der Partei, die keine katholische Partei allein sein wollte und über die Vertretung des katholischen Interesses immer bewußt hinausgriff, vage Formeln wie die von Ausgleich und Mitte und noch einmal die der „Verfassungspartei“ verdeckten eher die damit gegebenen Probleme.

Näher an den Kern der Sache führt die soziale (und dann auch: gesellschaftspolitische) Struktur. Das Zentrum war seiner Selbstdefinition wie seiner Realität nach eine „Volkspartei", stände- wie klassenübergreifend also, Interessen wie Berufe verbindend und zusammenführend. Es reichte vom Adel bis zu den Bauern, vom akademischen Stadtbürger über die Handwerker bis zu den Arbeitern. Der Interessen- und Klassenausgleich war das Programm; dazu gehörte Agrar-, Mittelstands- und Arbeiterpolitik (von den unterschiedlichen Richtungen der Sozialpolitik haben wir im Kirchenkapitel des ersten Bandes gehandelt); dahinter stand ein naturrechtlich begründetes harmonistisches Gesellschaftsideal. Weil die Religion die höchste Loyalität beanspruchte, die unterschiedlichen Gruppen integrierte und gegen die anderen abgrenzte, weil das sozial-kulturelle Milieu lebensbestimmend und -prägend war, seit Ultramontanismus und Kulturkampf und dem Ausbau von Vereinen und Verbänden erst recht, begründete die Parole vom katholischen Ausgleich den Zusammenhalt. Aber so einfach war das dann doch alles nicht. Das katholische Volk war nicht der Durchschnitt der Statistik. Es war vor allem und eher das vormoderne Volk und dann das unterbürgerliche, die kleinen Leute und das werdende Proletariat. Wir haben früher gezeigt, daß die katholische Bevölkerung in Deutschland eher ländlich-kleinstädtisch und bäuerlich-handwerklich strukturiert war und in den modernen Sektoren, den städtisch-großstädtischen eher proletarisch, wenig unternehmerisch-wirtschaftsbürgerlich, wenig bildungsbürgerlich-akademisch. Diese sozialstatistische Verteilung wurde politisch wesentlich dadurch verstärkt und auch vereinseitigt, daß die regionale Konzentration und die Beibehaltung der Wahlkreiseinteilung von 1867/71 die politisch sicheren katholischen Wahlkreis-Bastionen und die ländlich-kleinstädtische vormoderne Gesellschaftsstruktur verband, die großstädtisch-bürgerliche und -proletarische Welt blieb unterrepräsentiert. Nur im Ruhrgebiet war die proletarische Massenbasis stark, hier gab es einen hohen Anteil entschieden katholischer Arbeiter, aber hier waren die Wahlkreise immer gefährdet, zwischen den Nationalliberalen, die das protestantische bürgerliche wie proletarische Milieu vertraten, und den – langsam – aufsteigenden Sozialdemokraten.

Genauso wichtig wie die sozial- und wahlstatistischen Tatbestände und anfangs vielleicht noch wichtiger waren die gesellschaftspolitische Orientierung und die Mentalität. Wir haben bei den Zollvereinswahlen und den badischen und bayerischen Parteibewegungen zwischen 1866 und 1870 davon berichtet, wie es gerade die liberalen Gewerbegesetze, Gewerbefreiheit, Freizügigkeit, Heiratsfreiheit z. B., waren, die die katholischen Massen mobilisierten; die intellektuelle Tradition des deutschen Katholizismus, die auch seine Bürger-Sprecher beeinflußte, war gesellschaftspolitisch eher korporativ und bindungsgeneigt als markt- und mobilitätsfreundlich. Kurz, liberales Gesellschaftsmodell und Katholizismus gerieten in Gegensatz, und die aufkommende katholische Arbeiterpolitik konnte sich leicht dem anti-liberalen Lager anschließen und die Gegensätze zwischen Arbeitern und vorindustrieller Welt einstweilen zurückstellen. Dazu kamen jenseits der konkreteren Dinge, wie erwähnt, emotional-mentale Gegensätze: Die Allianz von Liberalismus und Modernität, Protestantismus, Säkularismus, Kapitalismus und Zentralismus, Bildung und Beamtenschaft und die entsprechenden Verhaltensweisen und Normansprüche standen gegen die gute alte Welt zu Hause, die Welt des kleinen Raumes, des Herkommens und der Stabilität; es waren die Störer, die Beweger und Macher, die mit der Arroganz der Modernisten den zurückgebliebenen Hinterwäldlern immer entgegen und auf die Füße traten, die mit der olympischen Selbstsicherheit des Establishments in die heimatlich katholische Welt einfielen, vom Richter bis zum Gendarmen und Postbeamten. Die „Verstaatlichung" von Stiftungskapital, wir wiederholen das Beispiel, auf dem die Armenversorgung in katholischen Städten beruhte, antiklerikal und im Namen der endlich nützlichen Kapitalverwertung und der arbeitsmoralischen Erziehung, ist ein Beispiel, wie solche Gegensätze in der kleinen Lebenswelt von Gemeinden, im Alltag aufeinandertrafen. In einer feindlichen Welt fühlten viele Katholiken sich in eine Außenseiterrolle gedrängt. Was es zu verteidigen galt, war darum auch das Populare, das Volksmäßige mit dem erwähnten ländlich vormodernen Überhang. Das ist die emotionale Grundlage für den Populismus der Zentrumspartei gegen den progressiven Modernismus wie den konservativen Gouvernementalismus.

4. Die Zentrumspartei war trotz ihrer populistischen Wähler zunächst durchaus elitär, eine Honoratiorenpartei, in der die adlige Regionalelite auf dem Lande, die erfahrenen, im Parlament und im katholischen Vereinswesen aktiven städtisch-bürgerlichen Notabeln, Rechtsanwälte und Journalisten und schließlich Geistliche das Sagen hatten. Der Ausbruch des Kulturkampfes und seine heiße Phase dann haben diese Führungsstruktur zunächst konserviert, das Führungspersonal eine Zeitlang unangreifbar gemacht. Seit dem gewaltigen Wahlerfolg von 1874 – die Stimmenzahl verdoppelte sich gegenüber 1871, der Wähleranteil stieg von 18,6 auf 27,9 %, der Mandatsanteil von 16,5 auf 22,9 % – waren die Zentrumswahlkreise „sicher"; trotz leichter Stimmen- und Stimmanteilrückgänge stieg die Zahl der gewonnenen Wahlkreise noch an, das machte, zunächst jedenfalls, die Wiederwahl von Abgeordneten zur Norm. Erst seit Mitte der 80er Jahre trat die latente Spannung zwischen Populismus und Elitismus offen zutage. 1887 wurde eine Reihe von „nationalen" Katholiken, eher rechts und militärpolitisch für Bismarck und das Septennat, bei den Wahlen nicht mehr aufgestellt. Zentrums-„Demokraten", bürgerliche Berufspolitiker wie Ernst Lieber und Julius und Carl Bachem drängten vor, nicht mehr Alt-Honoratioren, sondern Lokalgrößen, deren Einfluß auf Presse, Vereinen, Klerus beruhte, die weniger aus demokratischen Überzeugungen als aus populistischen Rücksichten mit radikalen Klerikern gegen Regierungsvorlagen und gegen konservative und aristokratische Fraktionsgenossen agierten, an der Allianz mit dem geschwächten

Freisinn festhielten und die Aussicht auf ein Bündnis mit den anti-liberalen Konservativen verwarfen, ja bei Stichwahlen auch Sozialdemokraten zu unterstützen suchten. Darauf kommen wir gleich zurück. Nach 1890 verschärfte sich dieses Problem sogar noch für eine Zeit. Dazu kam, seit 1887, daß eine Säule der Windthorstschen Oppositionspolitik, der radikale Pfarrklerus, im Zentrum zurückging, teils weil der Kulturkampf abebbte, teils weil die Friedensgesetze von 1886 auf eine Neutralisierung des Klerus zielten, teils weil friedens- und regierungsgeneigtere Bischöfe, wie z. B. Kopp, diese Tendenz förderten – es setzte eine Entklerikalisierung der Fraktionen ein, einstweilen bei den Personen, noch nicht bei der politischen Zielsetzung und Taktik. An die Stelle der Kleriker rückten die bürgerlichen „Demokraten".

5. War das Zentrum eine „klerikale" Partei? Nein und Ja. Das Zentrum wollte eine politische Partei sein – in der Theorie gar für Nicht-Katholiken offen –, es vertrat die katholischen Interessen, aber es verstand sich nicht als verlängerter Arm der Hierarchie, legte in allen nicht-kirchenpolitischen Fragen Wert auf seine Unabhängigkeit. Als nach dem Amtsantritt Leos XIII. und dem Aufstieg des Bischofs und Fürstbischofs Kopp zum konservativen Vermittler und Versöhner zwischen Staat und Kirche sich das Zentrum den kurialen oder episkopalen Ratschlägen ausgesetzt sah, den Abbau des Kulturkampfes durch Entgegenkommen gegenüber Bismarck beim Sozialistengesetz (1878, 1880) und beim Septennat (1887) zu erleichtern, widersetzte es sich. Gerade über den Abbau des Kulturkampfes kam es zu heftigen Spannungen. Bismarcks Versuch, die Fragen diplomatisch durch Verhandlungen mit Kurie und Episkopat zu lösen, hatte dort viele Befürworter – das ging über den Kopf der Zentrumspartei hinweg. Und damit war stets die Frage nach Kompromissen oder prinzipiellem Festhalten an den kirchlichen Positionen verbunden. Die Partei konnte zwar in diesen Dingen nicht päpstlicher sein als der Papst und die Bischöfe, aber sie suchte die internen Gegensätze im Episkopat und in der Kurie auszunutzen, um ihren intransigenteren Kurs durchzusetzen, auch der Papst konnte schwer gegen das Zentrum agieren. Bei den Friedensgesetzen von 1886/87 fühlte sich die Partei allerdings von der kurialen Diplomatie ausmanövriert, die Parteiführer waren voll Bitterkeit und voll tiefer Verzweiflung über die Zukunft der Partei. Es wäre fast zum Bruch gekommen. Die päpstliche Empfehlung, die Septennatsvorlage von 1887 im Interesse des Kirchenfriedens anzunehmen, stürzte die Partei in eine Existenzkrise – zwischen Papsttreue und dem emotional populär aufgeladenen Anti-Bismarck-Sentiment, zwischen rechten und linken Kräften und Orientierungen –, brachte sie in die Gefahr der Spaltung, aus der nur Windthorsts geschickt-gerissene Wahlkampfrhetorik sie herausführte. Aber es gab auch, abgesehen von den Diplomaten, Kleriker und gelegentlich Bischöfe, die der Partei distanziert gegenüberstanden, weil sie die Vermischung von Religion und Politik oder demokratisch-parlamentarischer Politik nicht mochten.

Es existierten auch ganz andere Spannungen zwischen Partei und Kirche, nicht gegenüber Diplomaten in der Kurie und im Episkopat und nicht gegenüber den unpolitisch Religiösen und Friedfertigen oder Konservativen, sondern gegenüber klerikalen Heißspornen und überkirchlichen Überfrommen: über die Idee eines politischen Boykotts der Katholiken in den 70er Jahren, über den Kampf der Politiker gegen das katholische Bildungsdefizit, der kaum eine Herzenssache des ultramontanen Klerus war, über die Frage, ob der 1890 gegründete „Volksverein für das katholische Deutschland" ein kirchlich-apologetisches oder ein allgemein politisch-soziales Unternehmen werden sollte. In diesen wie in anderen Fragen hat sich Windthorst durchgesetzt, einen unpolitisch wilden Kleriker, Dasbach, hat er, dank seiner guten Beziehungen, versetzen und so aus der Politik entfernen lassen. Kurz, es gab auch hier viele Trennlinien und Spannungen: Die Perspektive von innen war eine ganz andere als die von außen, nur von außen stellten sich das Zentrum selbst wie auch Partei und Kirche zusammen im wesentlichen als Einheit dar; und Bismarcks Versuche, Partei und Papst zu trennen, erwiesen sich als Fehlschläge.

Aber natürlich: Trotz interner Spannungen und trotz einer relativen Unabhängigkeit der Partei – einer Laienpartei ja, die einige Kleriker einschloß – war die Partei des katholischen Interesses an die Kirche auch gebunden und auf sie angewiesen. Der Klerus war das lokale Netz der Wahlorganisation, ohne ihn ging nichts; als der Kulturkampf in Baden in den 80er Jahren abgebaut wurde und der neue betont religiöse, d. h. nicht-politische Erzbischof von Freiburg der „Katholischen Volkspartei" die aktive Unterstützung entzog, brach sie einstweilen zusammen. Für Wähler, Aktivisten und die Basis waren Partei und Kirche beinahe eins, der Papst, der zum Symbol des Katholizismus in und nach dem Kulturkampf geworden war, konnte von der Partei gar nicht getrennt werden. Es gab also Unabhängigkeit der Partei von der Kirche und Abhängigkeit, beides war miteinander verflochten und miteinander in Spannung, einstweilen war die Abhängigkeit und Übereinstimmung noch größer. Aber eine Emanzipation von kirchlicher Leitung war im Gange, das hatte auf Dauer weitreichende Folgen.

Über die Politik der Partei werden wir im Zusammenhang mit der Innenpolitik der Bismarckzeit ausführlicher reden. Hier wollen wir nur weniges festhalten, das für den Kurs der Partei zwischen links und rechts wichtig gewesen ist. Zunächst nehmen wir die 70er Jahre in den Blick. Das Zentrum bleibt eine parlamentarische Partei, die Katholiken bleiben ein Teil des aktiven politischen Spektrums im Reich. Das ist nicht selbstverständlich. Die Katholiken resignieren nicht, ziehen sich nicht, wie in Italien auf Geheiß des Papstes oder wie zum Teil auch in Frankreich, aus der Politik zurück, sie boykottieren nicht die Politik oder gehen in den Untergrund, obwohl es im Rheinland gewaltsamen Widerstand gegen Staatsorgane und Protest gegen anti-römische Oberschichtgruppen gibt, freilich vor allem da, wo kein ausgebautes katholisches Vereinswesen besteht. Das Zentrum beteiligt sich an Wahlkämpfen und Wahlen, mit gewaltigem Erfolg, es mobilisiert und organisiert Wähler und Massen und integriert sie hinter seinen Fahnen, und es beteiligt sich zugleich am parlamentarischen Leben. Das Zentrum wird entschiedene Oppositionspartei innerhalb des Systems. Windthorst, der ehemalige hannoversche Minister, fast zwergenhaft, darum „die kleine Exzellenz" genannt, wird der Anti-Bismarck. Das ist für eine politische Richtung, die auf Autorität, Gesetz und Ordnung setzt, gegen alle Revolution, erstaunlich, die Partei wird die Bastion des Widerstands gegen den kulturkämpferischen Staat. Freilich, das alte Schema, die Entscheidung zwischen Demokratie und Absolutismus oder ständischem Staat, hat sich aufgelöst, der Gegner ist jetzt der omnipotente Staat – sei es der der obrigkeitlichen Autorität oder der einer liberal-nationalen Mehrheit.

Mit dieser Grundtatsache, der parlamentarischen Politik einer Oppositionspartei, waren natürlich verschiedene Optionen und mancherlei Probleme gegeben. Der zum unbestrittenen Parteiführer aufsteigende Windthorst hat zwei Strategien verfolgt, um die gegnerische Front aufzubrechen. Das war zuerst eine „konservative" Strategie, das Werben um die Konservativen, gegen Zivilehe und weltliche Schulaufsicht; dagegen rührte Bismarck die Anti-Welfen- und Anti-Polen-Trommel und hielt die Konservativen auch damit an ihrer preußisch-nationalen Tradition und an seinem Kurs fest. Daneben und danach hat Windthorst eine „liberale" Strategie angewandt, er betonte die Parlamentsrechte – bei der Septennatsfrage 1874 oder bei der Ablehnung des „Maulkorbgesetzes" gegen die Redefreiheit der Abgeordneten 1879 z. B. –, die Freiheitsrechte beim Pressegesetz, die Einschränkung der Militärlasten, ja machte den Liberalen 1873 Avancen hinsichtlich parlamentarischer Regierung, Diäten, Wahlrechtsreformen in Preußen, um sie entweder wirklich zu gewinnen oder zu verunsichern, ja als Verräter an ihren eigenen Idealen vor den Wählern und ihrem linken Flügel „vorzuführen".

Aber die Liberalen ließen sich nicht von Bismarck und aus der Kulturkampffront weglocken. Auch Windthorsts Versicherungen, die Katholiken seien in nationalen Fragen loyal, halfen nicht. Zur „linken" Strategie Windthorsts gehörten auch die Erwägungen, angelsächsisch liberal die Kulturkampfprobleme durch eine vollständige Trennung von Kirche und Staat zu lösen. Selbst wenn Windthorst das für wirklich erstrebenswert gehalten haben mag: Das war keine Basis der Verständigung mehr, dafür war, wie jeder wußte, auch beim Zentrum keine Mehrheit zu finden.

Der Kulturkampf hatte eine integrierende Wirkung für die Partei. Das Ziel der Abwehr der staatlich-liberalen Angriffe und Unterdrückungsmaßnahmen war klar, und angesichts dieser Priorität war auch die ideenpolitische Grundlage unumstritten. Alle Unterschiede ordneten sich den Notwendigkeiten der Selbstbehauptung und Geschlossenheit unter, es gab keine Alternativen. Die Zusammensetzung der Berliner Fraktionen, der Anteil von Bauern, Kaplänen, kleinen Leuten, und die häufige Absenz von Abgeordneten aus der „Provinz" überließ die Leitung einem kleinen Zirkel von Berufspolitikern, und Windthorst wurde rasch der unbestrittene Führer. Die Probleme, die andere Parteien quälten, hatte das Zentrum nicht, es mußte nicht zwischen Kompromissen mit der Regierung und prinzipientreuer Opposition entscheiden, das war vorentschieden, das band auch den konservativen Flügel fest ein. Auch die erste Welle der Interessenmobilisierung und das Aufkommen des sozialpolitischen Themas konnte das Zentrum noch gut überstehen. Der etwas legendär gewordene, mehr programmatische als konkrete Antrag Galens zur Sozialpolitik (1877) war vom Konsens getragen und ebenso die Unterstützung der Schutzzölle, mit der das Zentrum zum ersten Mal eine positive Entscheidung mittrug und -bestimmte, zugleich der entscheidende Akt der großen innenpolitischen Wende. Das andere entscheidende Ereignis der späten 70er Jahre, an dem der Reichstag maßgeblich teilhatte, das Sozialistengesetz, stellte ebenfalls kein Problem dar, es war – noch – klar, daß das Zentrum solch ein Ausnahmegesetz ablehnte. In diesen Jahren der großen Wende war das Zentrum zugleich fest und sicher populär verankert: Das kirchliche System war – in Preußen – durch die staatlichen Maßnahmen lahmgelegt, aber die Loyalität der Katholiken zur Kirche war ungebrochen, ja intensiviert und kam dem Zentrum ganz unmittelbar zugute. Das Zentrum brauchte im Grunde keine Wahlkämpfe zu führen, der Widerstand, das Milieu, das Vereinswesen schufen eine Atmosphäre ständiger politischer Mobilisierung. Wahlen waren wie Zählappelle der kirchentreuen Katholiken, also der großen Mehrheit, waren allenfalls Aktivierung von wirklichen oder potentiellen Nichtwählern, die katholische Arbeiterschaft war noch kaum von den Sozialdemokraten tangiert.

Die Katholiken waren ausgegrenzt, von den anderen gesellschaftlichen Gruppierungen in ein Ghetto verbannt. In diesem Ghetto waren sie integriert, hier richteten sie sich ein und grenzten sich nun ihrerseits wieder ab. Was am Anfang der Zentrumsgeschichte gestanden hatte, war nach einem Jahrzehnt intensiviert und fixiert: Das Zentrum war – was Wähler und Massenbasis betraf – ein fester Turm. Das hat lange Nachwirkungen gehabt. Das hieß freilich nicht, daß die Abgeordneten nicht an die Wählermeinungen zurückgebunden waren. Sie waren weniger gefährdet als die anderer Parteien, insofern unabhängiger, aber die Rücksichten auf die Einheit und Geschlossenheit der Partei spielten doch bei allen politischen Entscheidungen eine zunehmende Rolle, ja bestimmten gelegentlich die Entscheidung in Sachfragen.

In der zweiten Phase der Zentrumsgeschichte, in den 80er Jahren, lockerte sich mit dem Abbau des Kulturkampfes der Außendruck. Damit traten die Gegensätze zumal zwischen einer rechten und einer linken Politik, zwischen Alternativen also, deutlicher hervor. Der rechte Flügel, etwa um Schorlemer-Alst, wollte die Verständigung mit der Regierung, das Ende der Opposition. Was sich abzeichnete, schien wie eine Heimkehr aus dem Exil nach 15 Jahren, dazu gehörte das – einstweilen natürlich lockere – Bündnis mit den

Konservativen, immerhin doch der Partei der christlichen Schule; die Gemeinsamkeit der Zollinteressen, des Schutzes von Landwirtschaft und Handwerk gegen die liberalen Marktverfechter stützte das und ebenso das Interesse der rechten Katholiken an fester Ordnung. Auf der anderen Seite stand der anti-etatistische, anti-gouvernementale, anti-borussische und anti-bismarcksche Komplex, stand die eingeübte Oppositionsrolle. Das verwies auf ein Bündnis mit der linksliberalen Opposition zur Verteidigung der konstitutionellen Rechte, der Grundrechte, der Minderheiten, der Rechte des Parlaments. Insgesamt setzte sich unter Windthorst der eher linke Kurs durch. Da es üblich ist, die große Wende gegen die Liberalen von 1879 auch dem Zentrum zuzuschreiben, muß man das festhalten: Das Zentrum hat mit der Zoll- und Finanzreform diese Wende entscheidend mitermöglicht und mitgetragen – aber für das Zentrum war damit keine Rechtswendung zu den Konservativen und Gouvernementalen verbunden. Windthorst trieb die Politik der linken Opposition und des Oppositionsbündnisses mit dem Freisinn. Obwohl er von Hause aus eher konservativ war, hatten ihn sein Anti-Etatismus und Anti-Borussismus und hatten ihn die Erfahrungen des Kulturkampfes und die Polarisierung gegen Bismarck zu einer pragmatischen, aber strikt konstitutionellen, also verfassungspolitisch liberalen Politik geführt, das setzte die Priorität. Die Abneigung gegen Bismarcks Taktik beim Abbau des Kulturkampfes, die die verfassungsrechtlichen Grundfragen opportunistisch-machiavellistisch umging, und die Furcht vor einem konservativ-nationalliberalen Kartell stärkten und stützten diese Oppositionslinie und ebenso das Anti-Establishment-Sentiment der „Basis"; es wäre ganz ausgeschlossen gewesen, die Oppositionsrolle plötzlich aufzugeben. Das alles erklärt – abgesehen von seiner Autorität und seinem immensen Geschick –, daß Windthorst die Partei auf einem gesamtpolitisch linken Kurs steuerte und zugleich die konservativen Kräfte noch integrieren konnte – im Schatten des noch immer nicht beendeten Kulturkampfes konnten die nicht anders. In den Hauptfragen der 80er Jahre, Septennat, Sozialistengesetz, Verlängerung der Legislaturperioden, Tabakmonopol, Samoa-Subvention, Bismarcks Absicht einer wesentlich staatlich finanzierten und organisierten Sozialversicherung, blieb das Zentrum Opposition und ebenso in der so kritischen Frage, mit welcher Partei man Stichwahlbündnisse einging. Immerhin, es gab Risse. 1884 haben 39 von 100 Abgeordneten für die Verlängerung des Sozialistengesetzes gestimmt, 18 waren nicht anwesend – das war eine der Testfragen für den Gesamtkurs. Im preußischen Abgeordnetenhaus war die Fraktion „rechter" als im Reichstag; da hier jedoch das Hauptfeld in der Auseinandersetzung um den Abbau des Kulturkampfes lag, blieb das in seiner Wirkung beschränkt. Freilich, in der Septennatskrise von 1887 wurden, wie gesagt, die adlig-rechten Militärbefürworter zurückgedrängt, die Zentrums-„Demokraten" rückten etwas vor, sie übernahmen, einstweilen, das Anti-Establishment-Sentiment des katholischen Milieus, die Rolle der Anwälte für den benachteiligten katholischen Volksteil – darum waren sie für den Oppositionskurs an der Seite der Linken. Die Unterschiede zur Linken in der Zollpolitik und der Sozialreform waren der Gemeinsamkeit gegenüber noch nicht so wichtig. Freilich, die Politik des Zentrums in diesen Jahrzehnten war eine defensive Politik, Initiativen gingen von ihm nicht (mehr) aus, und das Bündnis mit dem groß- und kleinbürgerlichen Freisinn blieb rein negativ; selbst die gelegentlich geäußerte Perspektive eines Ministeriums Gladstone war für diese Verbindung nicht gegeben.

Das Zentrum konnte Einfluß gewinnen, aber nicht Macht, und mit der Zeit wollte es dann auch Einfluß statt Macht. Das befestigte das bestehende System. Die quasi-liberale linke Politik zielte nie auf Parlamentarisierung. Monarchie und Föderation waren in der Meinung von Windthorst das Gegengewicht zur Tyrannei der Massen.

Die Existenz des Zentrums blockierte in hohem Maße die Möglichkeit einer parlamentarischen Mehrheit, davon werden wir noch ausführlicher reden. Das war aber nicht „Schuld" des Zentrums und nicht Schuld der anderen, die das katholische Interesse nicht achten und integrieren wollten; das war das tragische Ergebnis der Parteikonstellation. Diese Konsequenz war am Ende der Bismarck- und Windthorst-Ära (er starb 1891) noch nicht so abzusehen. Und sie war nicht die einzige Konsequenz dieser Geschichte. Die Mobilisierung und Emanzipation der katholischen Laien durch Kulturkampf und Politisierung schuf nicht nur, wie die Liberalen wähnten, eine folgsame Masse. Darin waren auch ganz andere, moderne Möglichkeiten angelegt.

d) Die Sozialdemokraten

Am – äußersten – linken Rand des Parteienspektrums standen schon in der Reichsgründungszeit die Sozialdemokraten. 1863 war auf Betreiben und unter Führung Ferdinand Lassalles der Allgemeine Deutsche Arbeiterverein (ADAV) gegründet worden, die Lassalleaner, wie sie auch nach dem baldigen Tode des Gründers und über mancherlei Spaltungen und Zwiste hinweg hießen; 1868/69 war aus dem linken Flügel der linksliberalen Arbeitervereinsbewegung die Sozialistische Deutsche Arbeiterpartei (SDAP) entstanden, die sogenannten Eisenacher, nach dem Ort ihres Gründungsparteitags, unter Führung von August Bebel und Wilhelm Liebknecht. Wir haben das früher beschrieben. Das waren die beiden sozialistischen Arbeiterparteien der Reichsgründungszeit, national in scharfer und bitterer Konkurrenz miteinander, aber zumeist mit verschiedenen regionalen und lokalen Schwerpunkten. Für Bürger und Staat waren sie im Grunde doch zusammengehörig, beide Systemveränderer. Der wichtigste Unterschied zwischen den beiden Gruppen war nicht der der sozialistischen Theorie – die „Produktivassoziationen mit Staatshilfe" als Kern und Symbol lassalleanischer Forderungen, das Bekenntnis zur Marxschen Internationale bei den Eisenachern –, auch nicht die darin implizierte eher positive und eher negative Haltung zum

Staat oder die größere und geringere Distanz zu gewerkschaftlicher Aktivität, sondern die unterschiedliche nationaldemokratische Orientierung – kleindeutsch-preußisch die Lassalleaner, großdeutsch-partikularstaatlich die Eisenacher. Die unterschiedliche Haltung der beiden Parteien beim Kriegsausbruch 1870 ist da charakteristisch: Die Lassalleaner waren für Bismarck, die Eisenacher nicht.

Binnen kurzem hatte sich seit der Gründung Lassalles um Personen und Symbole, Dogmen und Organisationen, Streikerfahrungen und Emotionen ein komplexes Gegeneinander gebildet, in dem sich die ungreifbaren Gegensätze gleichsam verselbständigt hatten, wie das in solchen quasi-sektiererischen Anfängen leicht vorkommt. Wir lassen das Auf und Ab dieser Konkurrenz, die die Aktivität der Gruppen und die Attraktion auf proletarische Wähler überraschenderweise weniger hemmte als antrieb, hier beiseite.

Die wichtige Frage ist, warum sich in Deutschland aus der industriellen Arbeiterschaft so früh eine eigene Partei gebildet hat – gegen alle anderen, und anders als sonst in Europa. Zunächst: Die liberale Arbeitervereinsbewegung und das linksliberale Programm zur Lösung der sozialen Frage stießen schon in den 60er Jahren an ihre Grenze. Das lag nicht daran, wie Dogmatiker gemeint haben, daß die Arbeiter die „richtigen" Theorien von Marx übernahmen, soweit war es noch nicht. Und es lag auch vor allem nicht daran, daß die Liberalen und der Staat noch ganz manchesterlich dachten. Diese Parteien bildeten sich weniger über Theorien als vielmehr über reale Konflikterfahrungen. Und Konflikte nahmen zu, zwischen liberalen Unternehmern und noch liberalen Arbeitern (wie bei dem berühmten Waldenburger Bergarbeiterstreik in Schlesien 1869/70), zwischen den Bürgern und den Arbeitern, die noch – das war der Stolz der Liberalen – in denselben Vereinen saßen, so aber, daß die – gebildeten – Bürger dominierten. Die Wachstumsgewinne konnten in dieser Frühphase der deutschen Industrialisierung noch nicht einmal ein Versprechen für die Arbeiter darstellen und daher auch nicht, so wie in England, eine Basis reformistischer Koexistenz der Arbeiter mit den Bürgern. Dennoch, die Sonderbildung der sozialistischen Partei lag letzten Endes nicht an der Unfähigkeit des linken Liberalismus zu sozialpolitischen Erweiterungen nach links und nicht an ökonomischer Spätentwicklung. Das war sicherlich wichtig, ebenso wichtig wie die neuen Arbeitsverhältnisse und Konflikterfahrungen, auf die Arbeiter eine neue Antwort suchten. Beides erklärt aber nicht das eigentümlich frühe Datum der Neubildung in Deutschland. Der eigentliche Grund dafür ist vielmehr, daß in Deutschland die liberal-demokratische und die nationale Frage beide in den 60er Jahren noch ungelöst waren, als die soziale Frage in den Vordergrund trat. Angesichts der Ungelöstheit jener beiden Fragen hatten der radikaldemokratische und der nationalrevolutionäre Impetus in der deutschen Situation keinen Platz, dort hätte auch eine sozial-radikale Bewegung einstweilen unterkommen können; denn die frühen Sozialdemokraten waren zuerst Radikaldemokraten und Nationalrevolutionäre und dann erst Sozialisten gewesen. Anders gesagt: Der Bürger-Arbeiter-Konflikt stand an, als die nationale Frage so wenig wie die einer liberal-demokratischen Verfassung gelöst war. Der Liberalismus mußte im Interesse der einzig realistischen Lösung der nationalen Frage auf eine national-demokratische Lösung verzichten und sich mit den alten Mächten arrangieren – ein liberal-demokratischer Radikalismus, als linker Flügel des Liberalismus wie anderswo in Europa, wurde spätestens 1866 unmöglich, die Aussicht auf politische Gleichberechtigung schien für die radikalen Arbeitervertreter unter dem Dach des Liberalismus nicht gegeben. Darum verselbständigten sich die politisch selbstbewußten Arbeiter; Demokratie und Lösung der sozialen Frage waren für sie untrennbar miteinander verbunden wie auf der Gegenseite Bürgertum, Aristokratie und bestehender Staat. Insoweit waren die konservativere Struktur der deutschen Staatlichkeit und die „Verspätung" von National- und Verfassungsstaat die Hauptgründe für die „Verfrühung" der sozialistischen Parteibildung.

Anderes freilich kommt dazu: Die Säkularisierung von protestantischer Arbeiterschaft und Intelligenz, die Theorieleidenschaft der Deutschen, der Zufall Lassalle und die daran sich entwickelnde Konkurrenz zweier Gruppen, vor allem, fast immer übersehen, das Fehlen einer gewaltsamen Niederlage – wie die der Chartisten in England oder gar der so ungeheuer blutig niedergeworfenen und verurteilten Kommune in Frankreich –, die neue Versuche auf lange diskreditierte, die Schwäche der Gewerkschaften in der staatlichen wie gesellschaftlichen Ordnung. Denn die Gewerkschaften konnten nicht, wie in England, die Arbeiterinteressen wirksam zur Geltung bringen. Schließlich gehört dazu die Einführung des allgemeinen Wahlrechts durch Bismarck, die den Sozialisten politisch erst über den Rang einer Sekte hinaushalf.

Daß die frühe Entstehung der sozialistischen Parteien für die Möglichkeiten einer deutschen Demokratie ein Unglück war, steht außer Zweifel. Die liberal-bürgerlichen Reformkräfte verloren angesichts dieser neuen Frontstellung an Elan im Kampf gegen die alten Eliten und den Obrigkeitsstaat, die Neigung zum Anschluß nach rechts wuchs.

Man kann fragen, warum es in Deutschland nicht wie in den romanischen Ländern einen sozialistischen Anarchismus gegeben hat. Die Frage ist schwer und niemals klar zu beantworten. Ich weise nur auf weniges hin: das Fehlen jakobinisch-republikanischer und starker frühsozialistischer Handwerkertraditionen, die hohe Gruppendisziplin der deutschen Arbeiterschaft, das Fehlen von individueller Aufstiegserwartung, wie die Sonderentwicklung der Industrie in Frankreich oder Spanien sie zuließen, das deutsche Staatsvertrauen im Gegensatz zu französisch mediterranem Staatsmißtrauen als Element der politischen Kultur, das Fehlen des entschiedenen Individualismus antiklerikaler Exkatholiken.

Seit der Reichsgründung standen die Sozialisten im Gegensatz zum nationalen Staat, nicht weil sie anti-national waren, sondern weil ihre Vorstellungen von einem Deutschen Reich national-demokratisch und auf seiten der Eisenacher großdeutsch waren; und Liebknecht, alter großdeutscher 48er, hielt gegen die Realisten Marx und Engels, die auch den Bismarckschen Nationalstaat als Fortschritt ansahen, an seiner großdeutschen Kritikposition noch lange fest. Die Sozialisten hatten sich 1870, seitdem die Annexionsfrage aufkam, gegen die Fortsetzung eines Eroberungskrieges gewandt, sie wanderten in die Gefängnisse. Die parlamentarischen Vertreter beider Arbeiterparteien stimmten im Reichstag nun geschlossen gegen neue Kriegskredite. Sozialisten waren als Gegner dieses Nationalstaats Verfassungsgegner und wurden als Reichsfeinde stigmatisiert. Sie waren isoliert. Dagegen setzten sie die Eigenwelt ihrer Organisationen. Darauf konzentrierten sie sich: auf eine Protestbewegung, die die Formen der Politk – Verein, Publizistik, Wahlwerbung – aus der Gegenwelt übernahm.

Die Reichsgründung hat zwar nicht unmittelbar, aber doch mittelfristig die scharfen Gegensätze zwischen den beiden sozialistischen Parteien relativiert und nivelliert. Zwar gehen die Auseinandersetzungen noch weiter und erreichen 1872/73 noch einmal emotionale Höhepunkte – aber die Ideologie spielt dabei eine geringere Rolle als Personen, Organisationen und Traditionen. Die nationale Frage war nun „gelöst“, die großdeutsche Alternative hatte keine Realität mehr. Die – mögliche – Hoffnung von Lassalleanern auf staatliches Entgegenkommen und der entsprechende Verdacht der SDAP-Konkurrenz, jene strebten eine Kooperation mit der Regierung an, erwiesen sich als eitel; die Lassalleschen Erwartungen an das allgemeine Wahlrecht hatten sich ebensowenig erfüllt wie die auf eine Staatshilfe für Produktivassoziationen. Das Ausscheiden des diktatorisch-zentralistischen ADAV-Vorsitzenden Schweitzer 1871 minderte die Personalisierung des Konfliktes; die staatlich-polizeiliche Verfolgung betraf beide Parteien in gleicher Weise und machte gemeinsame Abwehrorganisationen dringlich; die Konjunktur-Krise seit 1873 verschärfte die sozialpolitischen Konflikte für alle und vergrößerte die Anhängerschaft; zumal bei den Wählern wurde der Gegensatz der beiden Gründungsparteien schon in den frühen 70er Jahren mehr und mehr obsolet. In dieser Situation kommt es 1875 auf einem Parteitag in Gotha zur Vereinigung der beiden Parteien zur Sozialistischen Arbeiterpartei. Das „Gothaer Programm“ enthielt noch eine Reihe von lassalleanischen Formeln wie die „Produktivgenossenschaften“ und das „eherne Lohngesetz“ – denn die hatten hohen emotionalen Symbolwert –, es vermied die Charakterisierung des Staates als „Klassenstaat“ und das Bekenntnis zur Revolution; Marx hat es deshalb bekanntlich schneidend kritisiert. Das Programm bekannte sich dezidiert zur Gesetzlichkeit. Aber Programm und Theorie waren in dieser Situation nicht wichtig, der Zusammenschluß und das – relativ – schnelle Zusammenwachsen des Führungspersonals, der Organisationen und auch der Mitgliedschaften waren die Hauptsache.

Unter den Bedingungen des allgemeinen Wahlrechts blieb die Partei – trotz polizeilicher Verfolgung – eine auf Wahlen und Parlament orientierte

Partei, nicht anarchistisch, syndikalistisch oder geheimbündlerisch-terroristisch, eine Partei, die in der Organisation ihrer Anhänger ihr Heil und die Basis ihrer Stärke suchte. Seit ihrer Gründung in der offenen Lage der 60er Jahre waren die sozialistischen Parteien von einem doppelten Motiv und Ziel geleitet gewesen, einer radikal-reformerischen Tagespolitik und dem Zukunftsentwurf, dem Endziel der sozialistischen Revolution – darin verbanden sich Realismus und Utopie, Verfassungskonformität und Systemveränderung. Die darin liegende Spannung, die später so charakteristisch für die deutschen Sozialdemokraten wurde, prägte die Partei ein Stück weit auch schon in dieser Frühphase. Bebels Beschwörung der Pariser Kommune im Reichstag 1871 war ein Beispiel – das war Propaganda und Solidarität, ohne Kenntnis und ohne große innere Nähe, für Bismarck und die „bürgerlichen Parteien" aber ein Bekenntnis zur blutigen, mörderischen Revolution gegen Ordnung, Freiheit und Eigentum.

Die Parteien oder die eine neue Partei waren auch in den 70er Jahren schon in die breitere Arbeiterbewegung eingebettet, vor allem gehörten die – sozialistisch orientierten – Gewerkschaften dazu. Und die hatten, wir haben im ersten Band davon erzählt, durchaus ihre eigene Dynamik, ja ihre Eigenständigkeit. Aber für die neue Partei, wie für ihre beiden Vorgängerinnen, waren die Gewerkschaften der Partei untergeordnet, waren „Rekrutenschulen", wie es später hieß, Hilfsorgan in einer geplanten Arbeitsteilung; der Primat lag bei der Politik, die Führung bei der Partei.

Die sozialistischen Parteien waren, auch wenn Arbeiter in ihrer Mehrheit noch liberal oder demokratisch oder gar nicht wählten, in den 70er Jahren allmählich erfolgreicher, dynamisch anwachsend; das erhöhte ihr Selbstgefühl, und das erhöhte natürlich auch die Bedrohungsängste der anderen. Nach dem Rückschlag im Zeitpunkt der Reichseinigung (1871: 3,2% der Stimmen, 2 Mandate) nahmen sie schon 1874 wieder zu, und die vereinigte Partei erreichte 1877 schon 9,1% der Wähler (12 Mandate), ja in protestantischen Industrieregionen mit sozialistischer Tradition wie in Sachsen 38%, in Berlin sogar 39,2%. Auch die Mitgliederzahlen wuchsen. 1870/71 waren es kaum mehr als 30000 gewesen – man muß die kleinen Zahlen der später so großen und schon damals in den Augen ihrer Gegner so gefährlichen Partei fest im Auge behalten –, 1876 rechnet man mit 38000.

Der große Einschnitt in der Geschichte der Partei wurde das Sozialistengesetz, von seinem Erlaß 1878 bis zu seinem Erlöschen 1890. Die Organisationen, die Publizistik, die Aktivitäten der Partei wurden verboten, ihre Führer polizeilich und strafrechtlich verfolgt, eingesperrt oder ausgewiesen. Freilich, die Reichstagsfraktion und die Teilnahme am Wahlkampf waren davon ausgenommen, das aktive und passive Wahlrecht blieben erhalten. Das war einer der wichtigsten Gründe, warum die Partei weiter bestehen konnte. Die Reichstagsfraktion übernahm die Parteileitung. An die Stelle der verbotenen und aufgelösten Organisationen trat ein Netz von Untergrund-, Geheim-

und Ersatzorganisationen, mit einer Auslandszentrale (in der Schweiz), die 1880, 1883 und 1887 auch Parteitage organisierte, und mit einem „Zentralorgan", dem „Sozialdemokrat", ebenfalls im Ausland. Ein ingeniöses Verteilungssystem, die „rote Feldpost", hielt dieses Netz am Leben und die örtlichen Gruppen in Verbindung mit der Auslandszentrale. Die Gewerkschaften lösten sich entweder selbst auf oder wurden verboten, später gab es dann teils neutral getarnte, teils geduldete Neu- und Ersatzgründungen. Wo der sogenannte „kleine Belagerungszustand" verhängt wurde, wie vor allem in Berlin, Hamburg und Leipzig, konnten sozialistische Agitatoren aus den betroffenen Orten oder Bezirken ausgewiesen werden, das war zugleich die Vernichtung ihrer ökonomischen Existenz, viele von ihnen (und viele mehr) sahen sich zur Emigration – vor allem nach Amerika – gezwungen. Die Exekution des Gesetzes war regional unterschiedlich, vor allem zwischen den Bundesstaaten, etwa Preußen und Baden, und sie variierte auch zeitlich; nach 1881/83 gab es eine leichte Milderung (die sogenannte milde Praxis), nach 1886 eine erneute Verschärfung, jetzt vor allem über strafgesetzliche Verurteilungen (236 vom August 1886 bis zum Januar 1889). Insgesamt sind in den 12 Jahren ca. 1500 Menschen verurteilt worden, in den ersten 10 Jahren zu insgesamt über 800 Jahren Haft. Verglichen freilich mit den Blutorgien, die in Frankreich die Niederschlagung der Kommune begleitet haben, und dem anschließenden Rachefeldzug ist – man muß das Ungewöhnliche sagen – das Sozialistengesetz ein Kinderspiel gewesen. Die Wahlen und die Wahlergebnisse zeigten, daß trotz aller Polizeischikanen eine Unterdrückung der Partei nicht gelang.

Insgesamt war die Partei in diesen 12 Jahren in erster Linie auf Selbstbehauptung, auf Kampf gegen die Unterdrückung, auf innere Solidarität konzentriert, dann aber auch auf Expansion unter den Bedingungen der Unterdrückung. Das bestimmt auch die innere Entwicklung.

1. Die Partei wird erst in dieser Periode wesentlich marxistisch geprägt. Die Parteilegende, die die Eisenacher zu Marxisten erklärt, ist falsch. In den 70er Jahren noch war die Marx-Kenntnis ganz gering, das gilt auch und gerade für den damaligen Chef-Ideologen Liebknecht; Bebel war einer der wenigen frühen Marx-Kenner. Erst Engels „Anti-Dühring" vermittelt in den achtziger Jahren eine universale Welt-, Natur- und Gesellschaftsanschauung auf materialistischer Grundlage; erst seit 1878 setzt eine durchgreifende Marx-Rezeption ein. Jetzt, in der Situation der Verfolgung, fanden sein Radikalismus und sein Sendungsbewußtsein die angemessene Resonanz, die „richtigen" Marxisten kamen – seit 1883 etwa – in Schlüsselpositionen, die anderen hatten keine präsentablen und durchsetzungsfähigen Alternativen. Die Anarchismus-Geneigten – eine Neigung, die sich unter dem Sozialistengesetz zunächst verstärkte –, wie Johann Most und Wilhelm Hasselmann, wurden aus der Partei herausgedrängt. Eine Gruppe, die man als ethische Sozialisten bezeichnen kann (Friedrich Albert Lange, der alte Demokrat Johann Jacoby, der jugendliche Mäzen Karl Höchberg), die kritisch distan-

ziert gegenüber dem Materialismus war, gewann keinen Einfluß. Wichtiger schienen eine Zeitlang die sogenannten Staatssozialisten, um die sich eine lange Debatte entwickelte. Als Bismarck 1884 die „Dampfersubventions"-Vorlage im Reichstag einbrachte (Subventionen für private Dampferlinien nach Afrika, Australien und Ostasien, ein erster kleiner Schritt auf der Bahn des Imperialismus), wollte sogar die Mehrheit der sozialistischen Abgeordneten zustimmen (sofern auf die afrikanische Linie verzichtet würde und die Dampfer auf deutschen Werften gebaut würden, also Arbeitsplätze entstünden) – sie wurden freilich von der Kritik der radikalen Ablehner in Parteiführung und Parteiorgan ganz in die Ecke gedrängt. Und daß sozialdemokratische Abgeordnete unter dem Sozialistengesetz auch nur hätten erwägen können, für die Sozialversicherungsgesetze zu stimmen, war ganz ausgeschlossen. Von Nicht-Marxisten konnten sich nur Pragmatiker, die keine Gegentheorien vorbrachten und die Einheit der Partei zu wahren suchten, Carl Grillenberger und der – organisationsmächtige – Ignaz Auer z.B., halten. Aber die Führung ging an die Marxisten – die jungen Ideologen Karl Kautsky und Eduard Bernstein und den anerkannten Parteiführer, an August Bebel. Dabei verband sich mit solchem Marxismus ein gutes Stück evolutionistischer Darwinismus – von F.A. Lange bis zum jugendlichen Kautsky, ja auch zum alten Engels.

Machtstrategisch hing diese Entwicklung damit zusammen, daß Parteiführung und „Sozialdemokrat", zum Teil ja in der Emigration, prinzipieller und radikaler waren als die eher etwas gemäßigten und pragmatischen Abgeordneten. Zwar hatte die Fraktion – von den Gesetzeseinschränkungen freier – ein hohes Maß von Unabhängigkeit gewonnen, aber die Unabhängigkeit der Parteiführung und ihre moralische Legitimität waren noch größer. Insoweit war die Durchsetzung des Marxismus ein Sieg der Radikaleren, der Prinzipienanhänger gegen die Realpolitiker.

2. Wichtiger ist die kollektive Wirkung. Die gemeinsame Erfahrung von Unterdrückung und Ausgrenzung, durch Staat wie bürgerliche Gesellschaft, Kirche und Schule und Militär, Nachbarschaft und Betrieb – sie schloß zusammen und grenzte ab gegen die anderen. Opfer und Märtyrer zu sein – das verband mehr noch als Interesse, Organisation und Theorien, das gerade begründete Glauben und Hoffnung, die quasi-religiösen, ja eschatologischen Züge im Sozialismus, das dichte Geflecht und das Gefühl der Gemeinsamkeit und Solidarität. All das schärfte das Gegensatzgefühl gegen autoritären Staat und kapitalistische Wirtschaft und bürgerlich dominierte Klassengesellschaft – und die Resonanz einer radikalen Ideologie, die diesen Gegensatz einheitlich als antagonistisch und durch keinerlei Palliative relativierbar erklärte. Man orientierte sich an der „Revolution", was immer das heißen mochte, wandte sich ab von parlamentarischen „Illusionen". Die Unterdrückung radikalisierte die Betroffenen. Zu dieser emotionalen Verbundenheit kam gerade wegen der Ausgrenzung und Unterdrückung, des Ausschlusses von aller Praxis die Intensivierung der alten intellektualistischen

Tradition des Sozialismus – die (Emigrations)Zeitung als Bindeglied und Kernelement der Bekenntnisaktivität machte noch einmal, wie die Marx-Rezeption durch die Popularisierer, die Theorie-Orientierung zum dominierenden Element der klassenbewußten Sozialisten. Die Verbindung von radikaler Systemgegnerschaft mit Theorie-Orientierung und Marxismus-Rezeption kanalisierte freilich die Gegnerschaft auch. Die evolutionistisch eingefärbte Theorie prophezeite den baldigen Zusammenbruch der bestehenden Gesellschaft, den „großen Kladderadatsch", wie Bebel gern sagte, das fand in der radikalen Proteststimmung allgemeine Resonanz und gab zugleich, auch angesichts der Übermacht eines effektiven Staatsapparates, ein friedlich erreichbares Ziel. Man erwartete die Revolution ohne revolutionäre Aktivitäten: Das wurde die künftige Position der Sozialdemokraten, revolutionärer Attentismus, aufgespalten in verbalen Radikalismus und eine nicht-radikale Praxis.

3. Organisatorisch endlich war wichtig, daß gemaßregelte Arbeiter in führenden Rollen in kleinbürgerlichen Positionen (als Tabakhändler z. B. oder als Wirte oder als Funktionäre von Hilfskassen) überwintern konnten. Das und die Verfolgung formte die Anfänge einer unbezweifelt legitimierten Führungselite – der späteren Funktionäre.

Diese Ergebnisse der Verfolgungszeit prägen die Neuentwicklung nach dem Fall des Sozialistengesetzes 1890.

III.
Die Bismarckzeit

1. Ausbau und Konflikt

a) Die liberale Ära

Zwei Dinge beherrschten die innere Politik nach 1871: der Ausbau des gerade gegründeten Reiches, das mit einer Verfassung, die kaum mehr als ein Organisationsstatut war, ins Leben getreten war, und der Kulturkampf. Beides hing natürlich eng miteinander zusammen; daß wir es in unserer Darstellung trennen, dient nur dazu, die Analyse klarer zu machen.

Im Zentrum der Politik nach 1871 stand einmal die „Regierung", d. h. vor allem und zunehmend der Reichskanzler, dann das Reichskanzleramt und das preußische Staatsministerium, während der Bundesrat, bei dem der Fiktion nach ja eigentlich die „Regierung" liegen sollte, nicht nur in der Öffentlichkeit, sondern auch faktisch mehr und mehr zurücktrat, wie wir das bei der Behandlung der Verfassung erörtert haben. Zum andern: Der Exekutive gegenüber stand der Reichstag. Die erste Phase der Reichsinnenpolitik ist charakterisiert durch die Kooperation von Regierung und nationalliberal-freikonservativer Reichstagsmehrheit, hat von daher ein moderat liberales Gepräge; und ähnliches gilt für den größten Einzelstaat, für Preußen. Das trifft vor allem für vier Hauptbereiche der damaligen Gesetzgebungspolitik zu.

Zunächst 1. die Wirtschaft. Hier ging es um Vereinheitlichung und um Liberalisierung der Wirtschaftsverfassung, teils durch neue Gesetze, teils durch Ausweitung der preußisch-norddeutschen Gesetze (wie der marktwirtschaftlichen, freiheitlich-individualistischen Gewerbeordnung), ging es also um Gewerbefreiheit, um Niederlassungsfreiheit und um eine Regelung der Armenfürsorgelast („Unterstützungswohnsitz" hieß das rechtstechnisch), die nicht mehr wie bis dahin die Niederlassungsfreiheit massiv einschränkte, ging es um Währung und Notenbank, um das Gesellschafts- und Aktienrecht, um die Freiheit zur Gesellschaftsgründung und um vieles andere mehr. Sodann 2. Recht und Justiz. Hier ging es um die Vereinheitlichung und Durchsetzung der liberalen Prinzipien des Rechtsstaates, um das Straf- und das Handelsrecht, um das Prozeßrecht und die Gerichtsverfassung (dazu gehörte die Errichtung eines Reichsgerichts in Leipzig), um die Vereinheitlichung des Presserechts, ja um die Ausdehnung der Reichskompetenz auf das gesamte zivile, das bürgerliche Recht; das Letztere war zuerst eine Kulturkampfmaßnahme, um die Zivilehe durchsetzen zu können, und wurde doch die Basis für das Zustandekommen des Jahrhundertwerkes des

BGB. Weiterhin ging es 3. – in Preußen – um eine Verwaltungsreform, um die Entfeudalisierung der ländlichen Verwaltung und um Selbstverwaltung in den Ostprovinzen durch die Kreisordnung von 1872; sie konnte nur durch einen Pairsschub, die zusätzliche Ernennung neuer regierungsloyaler Mitglieder des Herrenhauses, gegen den alt- und feudalkonservativen Widerstand durchgebracht werden; es ging weiterhin um die Provinzialordnung von 1875 und um die Einführung der Verwaltungsgerichtsbarkeit. Schließlich ging es 4. um die Neuordnung des Verhältnisses von Staat und Kirche, die Kulturkampfgesetzgebung; davon werden wir noch gesondert handeln.

Das waren keine Nebenfelder der Politik. Für die Liberalen waren es Hauptsachen der Neuordnung der Gesellschaft und des Staates, der Modernisierung. Und auch Bismarck hat dergleichen nicht nebenbei und nur in taktischer Rücksicht getrieben, sondern trat mit voller Absicht – mit Ausnahme der Verwaltungsreform – an die Spitze dieser Modernisierungspolitik. Weder hat er die Nationalliberalen in diese Gebiete „abgelenkt", noch haben die sich dahin „ablenken" lassen. Die Angriffe der alt- und neukonservativen Frondeure richteten sich mit gutem Grund gegen das Bündnis Bismarcks mit den Nationalliberalen und der kapitalistischen Marktwirtschaft, gegen die liberale Prägung des Systems der „Ära" Bismarck.

Diese Kooperation funktionierte unter anderem deshalb, weil die vor allem Zuständigen, der Chef des Reichskanzleramts Delbrück und die beiden wichtigsten Liberalen im preußischen Ministerium, der Finanzminister Camphausen und der Kultusminister Falk, auf eine – oft vorausgehende – Verständigung mit den wichtigen Parlamentariern der Regierungsmehrheit setzten und gelegentlich auch die Rücksicht auf diese Mehrheit, auf die die Regierung langfristig, wie sie meinten, ja angewiesen sei, zur Maxime ihres Handelns machten; die Kreisordnung etwa haben sie und der eher reformkonservative Innenminister Eulenburg dem leicht widerstrebenden Bismarck abgerungen – sein Zorn über die „Opposition" des Herrenhauses kam ihnen freilich zugute; sein eigenes Projekt einer Gesamtreform des Herrenhauses, so interessant es hätte werden können, hätte die liberale Verwaltungsreform ins Endlose verzögert.

Die Zusammenarbeit zwischen dem antiliberalen Konfliktminister Bismarck und seinem Hauptpartner, den Nationalliberalen, beruhte auf einer Reihe von Voraussetzungen. Partei- und parlamentspolitisch gehörte dazu zunächst die Gegnerschaft gegen das Zentrum: Das Zentrum fiel für jede Gesetzgebungsmehrheit aus, und die Gegnerschaft gegen das Zentrum verband die Kulturkämpfer, Bismarck und die Nationalliberalen, fest miteinander, manchmal fester, als ihnen lieb war. Dazu kam der Bruch zwischen Bismarck und den preußisch-partikularistischen Alt-Konservativen, der seit 1866/67 schwelte; er hat sich mit dem neuen Reichsnationalismus, mit dem Kulturkampf, der Kreisordnung und der liberal-kapitalistischen Wirtschaftspolitik, mit Bismarcks Modernisierungspolitik weiter und weiter verschärft. In den Augen vieler Altkonservativer war Bismarck der Steigbügelhalter des Liberalismus. Der maßlose Angriff der Kreuzzeitung auf Bismarck und seinen Bankier Bleichröder, in den sogenannten „Ära-Artikeln" – wir haben davon erzählt –, seine wilde und emotionale Entgegnung und Verdammung aller Bezieher der Zeitung und die Erklärung einer großen Zahl von Adligen, der sogenannten „Deklaranten", für die Zeitung betonten 1875/76 den Bruch. Dieser Bruch und der damit verbundene Machtverfall der Konservativen verstärkte die Bindung zwischen Bismarck und den Nationalliberalen. Ganz allgemein: Bismarck setzte seine Politik der Indemnität und der Nationalstaatsgründung auch nach 1871 fort. Er wollte mit den Kräften der modernen Gesellschaft regieren, nicht gegen sie, mit den Kräften der nationalen Einigung gegen die Partikularisten, mit dem bürgerlichen Establishment gegen die Revolution. Gegen die moderne Wirtschaftspolitik, die Preußen groß gemacht und seine Zollvereinserfolge beflügelt hatte, hatte auch der Agrarier Bismarck nichts einzuwenden. Eine machiavellistische moderne Überlegung spielte ebenso eine Rolle: Er wollte auch deshalb ein Bündnis mit Parteien, weil sonst die Regierung allein für alle Übel haftbar gemacht und belastet würde.

Es gab erhebliche Reibungspunkte und wichtige Grenzen der Kooperation – sie hat das Jahrzehnt nicht überdauert. Gegensätze wurden zunächst durch Kompromisse überbrückt. Am wichtigsten war die 1867 bei der Verfassungsgebung aufgeschobene Frage der Militärstärke und des Militärbudgets, die Grundfrage des abgebrochenen preußischen Verfassungskonfliktes. 1871 war die Sache noch einmal um drei Jahre herausgeschoben worden. 1874 stand ein schwerer Konflikt an: Dauerbewilligung für eine gesetzlich festgelegte Heeresstärke, wie sie Militär und Regierung wollten (Äternat), das hieß militär-politische Entmachtung des Parlaments, oder Rückkehr zur jährlichen Bewilligung. Militär wie Liberale wollten zudem, aus ganz gegensätzlichen Gründen, eine Art Reichskriegsminister. Der anstehende Konflikt endete mit einem Kompromiß, der Bewilligung auf sieben Jahre (dem Septennat), der Regelung der Militärstärke und -organisation durch Gesetz. Bismarck konnte und wollte letzten Endes keinen Konflikt riskieren, wollte die Liberalen als Bündnispartner behalten. Er sah in dem Kompromiß jetzt auch Vorteile gegenüber dem Reichstag und den machtverlangenden Militärs (und ihrer ihm gefährlichen Idee eines eigenen Ministers). Die Liberalen meinten das Prinzip zu wahren, obwohl bei drei Jahren Legislaturperiode immer ein Reichstag militärpolitisch „übergangen" wurde; auch sie glaubten, eine Reichstagsauflösung und einen neuen Konflikt nicht riskieren zu können – angesichts der Wählerstimmung und des Kulturkampfes und in Rücksicht auf ihren eigenen Einfluß; selbst der „Linke" Lasker hat für den Kompromiß gestimmt. Aber auch bei „normaleren", weniger existentiellen und auch weniger hochgereizten Fragen gab es Probleme, mußten die Liberalen zurückstecken. Bei den Justizgesetzen mußten sie in der Strafprozeßordnung auf „Schwurgerichte" für Presse-Vergehen und das Zeugnisverweigerungsrecht verzichten. In Fragen des Beamtenrechts und des Militärstrafgesetzes konnten sie sich nicht durchsetzen, bei der Einführung eines Rechnungshofes nur zum Teil. Ein typischer Kompromiß auf einem sensiblen und unmittelbar politischen Gebiet war das Pressegesetz von 1874. Die Zeitungsstempelsteuer, bis dahin ein Hauptmittel präventiver bürokratischer Pressekontrolle, entfiel, das Beschlagnahmerecht der Verwaltungsbehörden wurde begrenzt, andere Fesseln wie die Konzessionierung, die Möglichkeit einer Konzessionsentziehung oder die Kautionspflicht wurden abgeschafft; die strafrechtlichen Möglichkeiten des Staates, über Staatsanwalt und Gericht bei „politischen" Delikten einzugreifen, blieben freilich stärker, als die Liberalen gewollt hatten; der Versuch Bismarcks wiederum, neue – vage – Tatbestände von Staatsgefährdung und Umsturzpropaganda zu schaffen, scheiterte, ebenso ein Jahr später der Versuch einer in dieselbe Richtung zielenden Strafgesetznovelle („Kautschukparagraphen" hatte Lasker dergleichen genannt).

Noch bei dem einzigen im engeren Sinne verfassungspolitischen Gesetz dieser Jahre, mit dem 1878 die Stellvertretung des Reichskanzlers geregelt wurde, kam der liberal-konservative Kompromiß zum Tragen: Es gab kein Reichskabinett, Staatssekretäre blieben Staatssekretäre, aber sie übernahmen die Quasi-Verantwortung vor dem Reichstag, das stärkte ihre Stellung.

Bismarck hat in vielen solchen Dissens- und Konfliktfällen einen Drohstil praktiziert – Rücktritt, Reichstagsauflösung, Abbruch der Zusammenarbeit, Forderung von Vertrauensvoten, Mobilisierung der öffentlichen Meinung gegen die Parlamentarier, Appell an die Geschlossenheit im Kulturkampf –, damit setzte er seine Minimalbedingungen durch und hielt die Führung. Schon das erleichterte die Kooperation nicht.

Die Liberalen hatten Einfluß, sie fanden sich im Vorhof der Macht. Das, was noch immer das Ziel jedenfalls ihrer Mehrheit war, die Erweiterung der Macht des Parlaments, ja eine stärker (wenn auch nicht voll) ausgebildete parlamentarische Regierung, haben sie zurückgestellt, vertagt. Man mußte mit der Ausnahmefigur Bismarck leben und überdauern, man konnte – noch – auf die Regierungszeit des Kronprinzen setzen. Die Vorzüge und die Priorität einer sofortigen Parlamentarisierung waren unter den Erfahrungen mit dem ungeliebten allgemeinen Wahlrecht nicht so eklatant und offensichtlich. Freilich, man verlor das vertagte Endziel nicht aus den Augen, das blieb merklich, das irritierte Bismarck.

Es gab auf beiden Seiten Ambivalenzen, die die sich anbahnende Entfremdung verstärkten. Das eine war die Existenz eines linken, entschiedener liberalen Flügels bei den Nationalliberalen unter Führung des Abgeordneten Lasker. Vor allem als dieser Flügel 1874 nach den Wahlen – wegen der Verluste der Konservativen und der Gewinne des Zentrums – in eine Schlüsselstellung kam, machte er von der Möglichkeit Gebrauch, sein Gewicht sowohl zugunsten einer gouvernementalen als auch einer liberalen Mehrheitsbildung in die Waagschale werfen zu können. Natürlich spielte dabei auch die Wahlrücksicht auf die linksliberale Konkurrenz eine Rolle, aber die Hauptsache war: Man war nicht bereit, die Grundsätze des Liberalismus ganz zurückzustellen und Bismarcks Wünschen mehr oder minder bedingungslos zu folgen. Man wollte, wie seit 1867, den schwierigen Kurs zwischen Liberalismus und realistischer Kompromißbereitschaft weiter steuern. Bismarck, immer innenpolitisch zur Freund-Feind-Polarisierung geneigt, sah darin den ihm verhaßten Anspruch auf Parlamentarisierung (und überhaupt Opposition gegen seine Jasager-Erwartung). Lasker grenzte sich nicht nach links ab, das machte ihn suspekt. Bismarcks persönliche Abneigung gegen Lasker und dessen intellektuell brillante Rhetorik kam dazu, steigerte sich manchmal bis zum Haß. Überdies machte es der linke Flügel für den Führer der Partei, Bennigsen, schwieriger, die Partei zusammenzuhalten – zwischen dem moderaten liberalen Realismus der Linken und dem Gouvernementalismus der Rechten. Bismarck auf der anderen Seite war ambivalent gegenüber den Konservativen. Das war – trotz allem – seine Herkunftspartei, mit dem preußischen monarchisch-ministeriellen Establishment eng verflochten, mit der ostelbischen Herrschaftsstruktur auf dem Lande. Als die Konservativen gegen die Kreisreform von 1872 opponierten (und im Grunde auch gegen die Schulaufsicht), also gegen die Regierung, hat Bismarck zwar eine Herrenhaus-Reform zur Entmachtung des altpreußischen Adels erwogen, aber schon angesichts des Widerspruchs seiner Kollegen schnell aufgegeben, er hat lieber für eine Zeitlang das Amt des preußischen Ministerpräsidenten niedergelegt; zwar wurde den Konservativen die bis dahin übliche Wahlhilfe des Staatsapparates entzogen – die Folge war ein erheblicher Mandatsverlust 1874 –, aber die entschiedene Wendung gegen die Partei, wie sie Bismarck sonst gegen Opposition praktizierte, gab es nicht, nicht einmal 1875/76 in der Kreuzzeitungsaffäre. Vielmehr lief Bismarcks Strategie darauf hinaus, die Konservativen zu zähmen und an die Regierung heranzuführen – und sie als Gegengewicht gegen den linken Nationalliberalismus zu stärken. Die Neugründung der Deutsch-Konservativen Partei entsprach diesem Konzept. Auch aus diesem Grunde verschoben sich 1877 die parteipolitischen Gewichte nach rechts, die Konservativen gewannen wieder, der Laskerflügel verlor seine Schlüsselstellung.

Im Rückblick wird, nach dem Scheitern des Liberalismus, die Bedeutung dieser Jahre leicht unterschätzt – zumal uns die ältere Freude an der unifizierenden nationalen Gesetzgebung fremd geworden ist, die Ergebnisse selbstverständlich scheinen. In Wirklichkeit aber ist das – nach dem Vorspiel im Norddeutschen Bund – der Durchbruch der bürgerlichen Gesellschaft: des großen Marktes, des freien Wettbewerbs, des Kapitalismus, der Mobilität, des Leistungsprinzips, gegen alle ständischen und bürokratischen Beschränkungen, und der Durchbruch der Klassengesellschaft auch. Das war ein entschiedener Schritt in die Modernität. Das hat jedes individuelle Leben wie das gesellschaftliche Gefüge entschieden verändert – und für die Folge die permanente Veränderung und Dynamik zur Regel gemacht. Die damals ausgebildete neue Rechtsordnung hat dafür den Rahmen gesetzt und zugleich das liberal-bürgerliche Prinzip der Rechtsstaatlichkeit weiter vollendet. Diesen gewaltigen Gewinn an Modernität und Bürgerlichkeit, der das Kaiserreich seitdem bestimmt hat, darf man – angesichts der unerfüllten Hoffnungen, der Hemmnisse und der Rückschritte im politischen System und dann in der Gesellschaft – nicht übersehen.

b) Der Kulturkampf

Der Kulturkampf ist gewiß ein Teil der Innenpolitik der liberalen Ära, der 70er Jahre. Aber weil er so sehr mit der europäischen Lage, mit dem geschichtlichen Erbe der Deutschen zusammenhing und weil er ihre Zukunft für ein dreiviertel Jahrhundert geprägt hat, bedarf er eines eigenen Abschnitts.

Kulturkampf ist ein gemeineuropäisches, nicht ein spezifisch deutsches Phänomen, zwischen 1870 und 1914. Auseinandersetzungen zwischen dem modernen Staat und dem Liberalismus einerseits und der katholischen Kirche andererseits hat es in vielen katholischen und fast allen mehrkonfessionellen Ländern der Zeit gegeben, für Frankreich und Italien bleibt das prekäre Verhältnis des Systems zum katholisch-kirchlichen Bevölkerungsteil ein durchgängiges Strukturproblem. Es geht um einen fundamentalen Gegensatz. Die Vorliebe der Zeitgenossen, historisch gebildet, wie sie waren, sich auf mittelalterliche Konstellationen („Canossa", Kaiser und Papst, weltliche und geistliche Gewalt z. B.), zurückzubeziehen, darf einen über die spezifische Modernität des Gegensatzes nicht täuschen. Der moderne Staat war religionsneutraler, war säkularer Staat, kein Glaubensbekenntnis war in ihm mehr verbindlich, die Rechte und Loyalitäten der Bürger waren unabhängig von Religion, der Staat mußte jeden religiösen Anspruch auf ein öffentliches oder quasi-öffentliches Monopol abwehren. Der moderne Staat war zugleich umfassend in seinem eigenen Anspruch, er allein sorgte für Frieden und Recht, er setzte die Rahmenbedingungen für die Freiheit der individualisierten Bürger, für Ehe und Schule z. B., griff tief in die Lebensläufe der einzelnen ein. Auch der liberale Staat war „mehr" Staat als alle Vorgänger. Alle Zwischengewalten suchte er zu mediatisieren. Wo es um die Sphäre des Öffentlichen ging, brachte ihn das notwendig in Konkurrenz zu den älteren lebensgestaltenden Mächten, den Kirchen. Als der Staat Nationalstaat wurde, wuchsen seine zivilreligiösen Ansprüche an die Loyalität seiner Bürger, wiederum in Konkurrenz zu anderen Loyalitäts- und Interpretationsansprüchen. Auf der anderen Seite hat der Verfassungsstaat mit der Freiheit der einzelnen auch Recht und Autorität ihrer Zusammenschlüsse gesichert und gestärkt, die Emanzipation zur Staatsfreiheit eingeleitet, also auch zur Unabhängigkeit der Kirchen. Der Staat konkurrierte mit der Kirche und war auf ihre Autonomie festgelegt. Die moderne Gesellschaft gründete sich auf den Grundsatz der individuellen Freiheit gegen den Vorrang von Autorität, Tradition und Korporation, darin steckte wiederum ein Konflikt mit der katholischen Kirche, die damals gerade umgekehrt den Vorrang dieser Werte vertrat. Aber die moderne Gesellschaft war auch auf das Prinzip jedes Pluralismus, der Anerkennung der Unterschiede und Andersheiten gegründet. Der Gegensatz zur katholischen Kirche brachte sie in Konflikt mit ihrem eigenen Pluralismusanspruch. Insofern waren die Spannungen zwischen modernem Staat wie moderner Gesellschaft und dem Katholizismus mit Widersprüchlichkeiten im Komplex der Modernität gekoppelt. Beides macht die spezifische Modernität der Staat-Kirchenkonflikte im späten 19. Jahrhundert aus.

Die Katholische Kirche des 19. Jahrhunderts war, wir haben das früher erzählt, „ultramontan" geworden, zentralisiert, integralistisch, antimodern. Der Papst hatte zu Beginn der 60er Jahre erst die Ansprüche des modernen Staates, des Liberalismus und des Nationalismus verworfen. Insofern kämpfte nicht nur die Moderne, Staat und Liberalismus, gegen eine Tradition und gegen ein Feindbild, sondern die katholische Kirche stellte sich selbst ganz bewußt auch gegen schier sakrosankte Grundsätze der modernen Welt. Aber ob sich aus diesem latenten Gegensatz der Prinzipien in der Wirklichkeit des Lebens Konfrontation oder Koexistenz entwickelten, war eine offene Frage.

Auch die Form der neuen Staat-Kirche-Konflikte ist modern. Sie sind nicht mehr Sache eines „staatlichen" und eines kirchlichen Establishments, von König und Papst, Ministern und Bischöfen. Sie werden Sache der Öffentlichkeit, der Parlamente, der Parteien, der Wähler, des Volkes. Sie betreffen den Alltag. Und sie berühren das Ganze der Politik.

In Deutschland waren die Verhältnisse zwischen Staat und Kirche seit der Säkularisierung und der staatlichen Modernisierung im frühen 19. Jahrhundert zusätzlich kompliziert. Die Sphären waren miteinander verwoben. Der Staat finanzierte die Kirche, theologische Fakultäten waren Teil seiner Universitäten. Er wirkte bei der Bestellung der Bischöfe mit und beanspruchte eine Aufsicht über viele ihrer Aktivitäten. Das war ein Rest des alten Polizeistaates, aber das war auch der moderne Anspruch, die staatliche Rechts- und Friedensordnung und die staatlichen Ansprüche an die Loyalität der Bürger durchzusetzen. Die Kirche wiederum wollte öffentliche, sozial gestaltende Macht sein und bleiben. Nicht die Trennung von Staat und Kirche, sondern die „gemischten Angelegenheiten" – Eherecht und Volksschule – waren charakteristisch. In all diesen Bereichen lagen, wie unmittelbar einsichtig ist, Spannungspotentiale, Zündstoffe.

Ein wichtiger Punkt weiterhin ist, daß sich in Deutschland nicht wie z. B. in Belgien ein katholischer Liberalismus oder ein katholisch-liberales Bündnis herausgebildet hat. Die Ansätze dazu blieben – trotz der Zusammenarbeit von liberalen Katholiken mit anderen Liberalen in der Paulskirche – schwach, das, was beiden gemeinsam war: Grundrechts- und Verfassungspositionen, wurde als Gemeinsamkeit von beiden Seiten eher ignoriert. Die

Katholiken waren konservativ oder populistisch, eher antiliberal, die Liberalen eher antikatholisch.

Für Deutschland spezifisch, wie so nur noch für die Schweiz und die Niederlande, ist schließlich die Konfessionslage. Ein gutes Drittel der Bevölkerung des Reiches von 1871 war katholisch, knapp zwei Drittel waren evangelisch. Nicht standen wie in Frankreich oder Italien kirchentreue Katholiken und katholisch geborene Antiklerikale und Agnostiker einander gegenüber, sondern Katholiken, konservativ orthodoxe Protestanten und liberale Protestanten, von denen die einen mehr das Liberale, die anderen mehr das Protestantische betonten; der Gegensatz Kirchentreue/Antiklerikale war vom Gegensatz Katholiken/Protestanten überlagert. Dazu kam noch, daß die einzelstaatlichen und dynastischen Traditionen in Deutschland, nach dem Ausscheiden Österreichs, protestantisch eingefärbt waren, das galt bis zu einem gewissen Grade auch für das katholische Bayern. Dieser Tatbestand unterstrich die Minderheitensituation der Katholiken.

Daß nun aber aus diesen latenten Gegensätzen der europäischen Welt und ihren spezifischen deutschen Vorgegebenheiten nach der Reichsgründung ein aktueller nationaler Großkonflikt wurde, war nicht eine strukturelle Notwendigkeit, natürlich nicht. Es lag daran, daß sich aus kleinen Anlässen drei gegensätzliche, zum guten Teil präventive Offensiven entwickelten und aufeinanderstießen – von seiten der Liberalen, der Katholiken und Bismarcks.

Die Liberalen waren nicht antikirchlich, in der Theorie wollten sie den weltlichen Staat und die staatsfreie Kirche. Aber sie beanspruchten ideenpolitisch ein Monopol für ihre Weltanschauung und deren Zentralwerte Wissenschaft und Bildung; sie waren die Basis von Fortschritt und Kultur. Man mußte mit anderen Anschauungen leben, aber man sprach ihnen die Legitimität ab, man selbst wollte die Richtung bestimmen. Die Liberalen waren in protestantisch aufgeklärter und idealistischer Tradition antikatholisch. Sie sahen insbesondere im ultramontanen Katholizismus, wie ihn die Amtskirche inzwischen vertrat, den geschworenen Gegner der individualistischen, national geprägten Modernität, für die sie einstanden. Sie fühlten sich durch die päpstlichen Deklarationen, die Verdammung aller Wesenselemente der modernen Welt im „Syllabus“ z. B., durch den demonstrativen Anti-Rationalismus und Anti-Modernismus der katholischen Kirche extrem herausgefordert. Weil es ihnen um absolute Werte ging, um eine „Weltanschauung“, war ihre Position doktrinär und auch emotional fixiert, schwer auszugleichen; Staat und Kirche mochten Kompromisse schließen, z. B. Einfluß teilen, für sie ging es um letzte Fragen, da konnte man sich schwer mit vorletzten begnügen. Zu dem Eintreten für die Modernität (die „moderne Kultur“) gegen die geschworenen Anti-Modernisten trat das Bekenntnis zur Nation, zur nationalen Einheit, zur nationalen Identität. Diese Identität war mehr auf Homogenität als auf Pluralität ausgerichtet, auf Einssein mehr als auf die Anerkennung von Anderssein, und wieder war es gerade der Begriff der

„Kultur“, in dem sich die nationale Identität bündelte. Das war nicht nur ein Faktum, das war ein Anspruch – vor allem an die, die anders waren, der Anspruch einer neuen politisch nationalen und kulturell liberalen Zivilreligion. Die Katholiken sollten sich assimilieren, sonst mußte man sie isolieren, in ihrem Ghetto eingrenzen. Und Nation war für die Liberalen mit der protestantischen Tradition verbunden, das Reich war ein Reich protestantischer Prägung. Die Katholiken waren international römisch orientiert, das machte sie für viele Liberale national suspekt. Im antirömischen Komplex und Affekt verband sich Liberales und Nationales. Schließlich war der Anti-Katholizismus der Liberalen auch Abneigung gegen die Massen, die Un-Gebildeten, und ihre „ungebildeten“, nämlich nicht-bildungsbürgerlichen Führer, die Priester.

Wenn man die Modernität gegen die Angriffe der Anti-Modernisten verteidigen wollte – so interpretierten die Liberalen die Lage – und wenn man sie gegen die Blockaden und Widerstände der Anti-Modernisten durchsetzen oder doch voranbringen wollte, so war das erste Kampfthema, der erste Gegenstand der Offensive die Volksschule; die Liberalen wollten in erster Linie der Kirche, der katholischen Kirche, die Bestimmungsmacht in der Schule nehmen; das war Sache des religionsneutralen Staates, war Sache der Nation, nicht der Konfession, darüber waren sich alle einig, das war legitim und selbstverständlich. Hier war der Konflikt, wie sich in Baden und Bayern in den 60er Jahren schon zeigte, fast unvermeidlich. Ähnlich war es mit der Säkularisierung der bürgerlichen Eheschließung und der „Standesamts“geschäfte. Der zweite Komplex griff darüber hinaus. Die Liberalen wollten den Einfluß des ultramontanen Klerus, ja der Ultramontanen im Klerus eindämmen, in der Öffentlichkeit und unter dem Kirchenvolk. So spitzte sich die liberal-etatistische Normalforderung, daß die Kirche nicht Staat im Staat sein dürfe, der staatlichen Rechts- und Friedensordnung unterworfen sei und darum auch staatlicher Aufsicht, zu: Die Orden, die Speerspitze des Ultramontanismus und die Verkörperung des Feindbildes, die Jesuiten zumal, sollten „beaufsichtigt“, in ihren öffentlichen Aktivitäten eingeschränkt werden; kirchliche Stiftungen sollten entklerikalisiert werden, den Geboten der ökonomischen Nützlichkeit unterworfen; die Priester sollten an der nationalen Bildung und Kultur teilnehmen und teilnehmen müssen, das sollten sie, eine aparte Erfindung der badischen Liberalen, durch ein besonderes staatliches „Kulturexamen“ nachweisen. Dahinter stand die merkwürdige Idee, man müsse und könne letzten Endes die Individuen, die Kinder und die Laien, vom Zugriff und Druck der klerikalen Hierarchie befreien und emanzipieren, wahre Freiheit gegen die de facto freiheitsgegnerische Kirche durchsetzen. Man sieht leicht, in welche Widersprüche ein solcher Kurs unmittelbar führen mußte: in die Beschränkung der Freiheit der Kirche wie ihrer Glieder im Namen der liberal patentierten wahren, nämlich individualistischen Freiheit; sie durchzusetzen sollte Aufgabe eines starken Staates werden. Hinter diesem „Mittel“ mußte das „Ziel“ der Freiheit dann freilich leicht verblassen. Daß sich die Dinge so entwickelten, war nicht Absicht und Plan, dazu gab es genug gesunden Menschenverstand, genug Realismus, aber der Traum der Liberalen von der endlichen „Emanzipation" der katholischen Laien und die Wut eines Konfliktes konnten leicht dieser Logik folgen. Anders gewendet: Wenn die „wahre" Freiheit erst durch den Staat durchgesetzt werden sollte und im Bekenntnis zur nationalen Identität gründete, wurde die individuelle Freiheit zu einer kulturell egalitären Uniformität.

1848 hatten die Liberalen noch, gegen die totalitär radikaldemokratischen Antiklerikalen, pragmatische Kompromisse gesucht, in der Schulfrage z. B., und auf die Forderung nach Eingriffen in das innere Gefüge der Kirche oder gar Aufhebung der Klöster verzichtet. Aber in zwei Jahrzehnten hatte sich die Position verschärft und verhärtet. Die Konkordate der Reaktionszeit hatten gezeigt, daß die Kirche nicht nur Freiheit in ihren eigenen Angelegenheiten wollte, sondern öffentliche Privilegien und Monopole. Der Ultramontanismus war zur Herrschaft gekommen. Das bevorstehende Unfehlbarkeitsdogma rief Schreckbilder vom päpstlichen, klerikalen Herrschaftsanspruch wach. Der Antiklerikalismus erhitzte sich – für randalierende Demonstranten gegen ein Kloster (Moabiter Klostersturm 1869) hatten die Liberalen im wesentlichen wohlwollendes Verständnis. Es entstand die eigentümliche Vorstellung, die katholische Kirche von 1870 setze zu einem Großangriff gegen alle modernen Errungenschaften an, dagegen sei Abwehr, ja präventiver Gegenangriff geboten. Der Widerstand der Katholiken gegen die liberale Gesetzgebung in Bayern und Baden schien zu beweisen, daß eine freie Gesellschaft mit der gesellschaftlichen Macht Kirche nicht zu erreichen sei. In Baden, wo die Liberalen regierende Partei waren, hatte sich aus dem Kampf um die Schule nach 1866 ein veritabler Kulturkampf – Kulturexamen, Anstellungssperre für die Masse der Verweigerer, Stiftungsgesetze, Zivilehe – entwickelt. Das hatte programmatische Bedeutung. Die Reichsgründung steigerte den antirömischen Affekt, und das Mißtrauen gegen den Partikularismus der Katholiken und ihre nationale Zuverlässigkeit begünstigte, ebenso wie die vielen Illusionen über die Altkatholiken, Träume von einer nationalen Kirche. Die Gründung des Reichs intensivierte die nationale Komponente des liberalen Antiklerikalismus, er wurde spezifisch national-liberal. Zwar, die Liberalen haben den eigentlichen Kulturkampf in Preußen und im Reich nicht eröffnet, aber sie haben ihn vorbereitet, und als er über kleinere Anlässe unter Bismarcks Führung ins Rollen kam, haben sie ihn sogleich mit vollem Schwung nicht nur mitgetragen, sondern vorangetrieben.

Schwieriger steht es mit dem Katholizismus. Die Katholiken waren antiliberal. Sie haben oft mit Scharfsinn die metapolitischen Voraussetzungen und Konsequenzen des Liberalismus angegriffen, den Glauben an Kultur, Bildung und Wissenschaft, den Glauben an den Fortschritt, an die Säkularität. Nicht nur das normal-kirchliche Argument gegen den moralischen Niedergang und die Indifferenz spielte eine Rolle, sondern auch der Hinweis auf die wachsende Auslieferung des Lebens an den Staat und die Staatsvergottung, der Protest gegen den Uniformitätsanspruch der Liberalen, demgegenüber die Katholiken sich auf das Recht des Andersseins und der Selbstbestimmung berufen konnten. Aber es gelang den Katholiken nicht, solche Gesichtspunkte ins Universale zu erheben. Gemeinhin blieben sie aufs katholische Interesse beschränkt, an die engen Kirchenpositionen gebunden. Sie waren defensiv gegenüber den Liberalen, allenfalls zu Gegenoffensiven in der Lage.

Der deutsche Episkopat war zwar mehrheitlich gemäßigt „ultramontan" geworden, aber er hatte 1864 die päpstlichen Verwerfungen der Moderne, den Syllabus, sehr moderat interpretiert und war gegen die Verkündung des Unfehlbarkeitsdogmas gewesen. Er war eigentlich mit den inneren Sachen der Kirche beschäftigt. Trotz mancher Eiferer gab es keine Offensive, die auf eine Veränderung des Status quo oder auf neue Machtpositionen zielte. Gegen mögliche liberale oder bürokratische Veränderungen freilich, wie sie in Baden und Bayern anstanden, gab es eine entschiedene Abwehrfront. Der Episkopat hat sich keineswegs gegen das neue Reich gestellt: Ketteler, Bischof von Mainz und quasi Sprecher in politischen Angelegenheiten, ist 1867 und auch 1873 in zwei berühmten Schriften, wir haben davon berichtet, für die positive Mitarbeit der Katholiken am Aufbau dieses Reiches, in diesem Reich eingetreten. Auch der Papst, der das, was ihm 1866 noch an weltlicher Herrschaft geblieben war, gerade an den italienischen Nationalstaat verloren hatte, war in keiner Weise ein Gegner dieses neuen Reiches. Der Kulturkampf ging nicht unmittelbar von der Kirche aus. Es war die Organisation des politischen Katholizismus in der Zentrumspartei 1870, die zu einem auslösenden Faktor des Konflikts wurde.

Wir haben von der Entstehung der Zentrumspartei berichtet. Weder die Liberalen noch die Konservativen in dem werdenden Reich waren Parteien, in denen das „katholische Interesse" seinen Ort hätte finden können oder die sich dessen annahmen. Und das blieb auch weiter im Reich von 1871 der Fall. Weder das konstitutionelle Regierungssystem noch das Wahlrecht setzten Prämien für Integrationsparteien. Weltanschauungsparteien blieben Trumpf, das grenzte den Katholizismus ab und aus.

Die politische Gemeinsamkeit des Katholizismus war 1870 nicht „naturgegeben", aber angesichts seiner Lage zwischen den Fronten und angesichts des liberalen Antiklerikalismus lag sie mehr als nahe. Auch sozial war das katholische Milieu eine andere – altmodischere – Volkswelt als die liberale Bürgerwelt und das Establishment. Kurz, die Bildung einer katholischen Partei 1870 lag mehr als nahe.

Was die Katholiken als reine Defensivaktion ansahen, wurde von den Liberalen als Massenmobilisierung des Anti-Modernismus angesehen, als Angriff auf das gerade gegründete Reich und seine nationalen liberalen Grundlagen. Auch Bismarck sah, wir kommen gleich darauf zurück, im

Zentrum einen gefährlichen Angriff auf das Reich und seine preußischen Grundlagen. Die zunächst norddeutsche Zentrumspartei hat der Gründung des Reiches, so wie es war, zugestimmt, wenn auch mit Vorbehalten. Ihre raison d'être war wirklich die Verteidigung der katholischen Interessen, die man – angesichts der liberalen Konfliktstimmung – als bedroht ansah. Aber diese Partei wurde das Haus auch der katholischen süddeutschen „Partikularisten" und Antiborussen, und sie verband sich mit den preußengegnerischen Welfen und den katholischen Minderheiten: den Polen und Elsässern, Gegnern des Nationalstaats. Das war Protektion der outsider, ja Solidarisierung mit ihnen, tendierte doch auf eine Koalition der Gegner dieser Form der Reichsgründung. Die preußisch-kleindeutschen Katholiken haben sich dem eingefügt. Die Integration der Partikularisten begann im Zeichen des Partikularismus. Der „Vorbehalt" wurde stärker als die Zustimmung. Daß nicht einer der eigentlichen Preußen und Preußenfreunde Führer der Partei wurde, sondern der Anti-Preuße Windthorst, war kein Zufall, freilich auch keine Notwendigkeit. Bismarcks Polarisierungsstrategie, die das Zentrum in diesem Geist angetreten sah, hat es auf diesen Geist auch fixiert. Insoweit ist die Zentrumsopposition Ursache wie Ergebnis des Kulturkampfes.

Die beiden ersten Auftritte der neuen Fraktion – auch wenn sich da eher die an Rhetorik und Außenwirkung orientierten Heißsporne durchsetzen – mußten das Bild der anderen von der neuen Partei weiter in dieser Richtung konsolidieren. Das eine war der Antrag (in der sogenannten Adressdebatte über die Eröffnungsbotschaft des Kaisers), das deutsche Reich möge sich in der „Römischen Frage", der Wiederherstellung der weltlichen Herrschaft des Papstes, außenpolitisch engagieren, also auch gegen das Königreich Italien. Das andere war ein Antrag, Grundrechte, und zwar nur die kirchenbezogenen, aus der preußischen Verfassung in die des Reiches zu übernehmen – Bismarcks föderalistisches Argument, Grundrechte seien Sache der Bundesstaaten, schoben die Erzföderalisten in diesem Fall beiseite. Beide Anträge machten klar, daß das katholische Interesse, entgegen den Prätentionen der Partei, in starkem Maße ihre allgemeine Politik bestimmte, daß es ein klerikales Spezial-Interesse war und daß es gegen den Konsens der Reichsgründungsmehrheit stand. Das Zentrum etablierte sich als Opposition. Man hätte dergleichen als Rhetorik beiseite lassen können – aber in der emotionalisierten Empfindlichkeit war daran nicht zu denken. Kurz, das Bild vom Zentrum als dem Organ von Opposition und Offensive des politischen Katholizismus gegen Nationalstaat und liberale Modernisierungsideen entstand nicht von ungefähr.

Man muß die Sache noch einmal anders wenden. Es gab, wie gesagt, ein katholisches Milieu, geschieden von anderen sozial-kulturellen Milieus in Deutschland, mehr mit den vormodernen Gesellschaftsgruppen und Mentalitäten verbunden, „hinterwäldlerisch", weniger „etabliert" und bevorzugt, ja es gab eine katholische Subkultur. Katholiken neigen dazu, das als Ergebnis des Kulturkampfes anzusehen, Liberale sehen in dem Antagonismus des katholischen Milieus zu den anderen eine der Ursachen des Kulturkampfes. Der Gegensatz der Milieus war schon so ausgebildet, die gegenseitige Abgrenzung, die antikatholische oder antiliberale Wahrnehmung, die Überreaktion auch auf kleine Erschütterungen, die Bedrohungsgefühle und die Präventivoffensiven der Liberalen wie der Katholiken waren schon so weit entwickelt, daß all das den Kulturkampf wahrscheinlich machte; aber der Milieugegensatz war doch keineswegs so wie später, keineswegs so, daß er den Konflikt unvermeidlich gemacht hätte.

Schließlich ist hier die Rolle Bismarcks zu bedenken. An seinem Willen hing die staatliche Politik, er wurde der herausragende Kulturkämpfer. Er war, jeder weiß es, Protestant – mit einer Menge antikatholischer Vorurteile, aber er hatte keinerlei antikatholisches Missionsbewußtsein. Er war ein Staatskonservativer, der die staatliche Autorität gerade gegen Widerstände nach Kräften durchzusetzen suchte. Aber er hatte, aus seinen pietistisch beeinflußten jüngeren Jahren, einen Sinn auch für die Freiheit der Kirche in ihren eigenen Angelegenheiten, war kein Mann eines forcierten Staatskirchentums. Und als Konservativer, das blieb er bei aller Modernität zuletzt doch, hatte er Sympathien für die Kirche als Macht der Ordnung und Autorität, das galt auch für die fremde katholische Kirche. Bismarck war nicht wie die Liberalen Anhänger einer „Staats- oder Kulturidee", die den Kampf gegen die katholische Kirche notwendig gemacht hätte. Koexistenz mit dem Papst und den Bischöfen, das war, so schien die Ausgangslage, durchaus möglich, ja wahrscheinlich. Die Sorge anderer Regierungen (und gar der liberalen Öffentlichkeit) wegen des vatikanischen Konzils teilte er nicht, die bayerische Aufforderung zu einer gemeinsamen Intervention der europäischen Mächte lehnte er schlicht ab, und er verhinderte auch nicht – wie Bayern oder Sachsen – die Verkündung des neuen Dogmas. Selbst eine Aufforderung Kettelers vom 18.2.1871, sich für die Wiederherstellung des Kirchenstaates einzusetzen, hat er damals zwar kühl abgewiesen, aber daraus nicht, wie er es später tat, gefolgert, daß das Zentrum einer anti-nationalen Loyalität anhänge. Ja, er hat dem Papst Asyl in Deutschland anbieten lassen.

Dennoch hat Bismarck kurz darauf den Kulturkampf begonnen. Dafür gab es Anlässe, davon reden wir gleich. Und gewiß ordnete sich dieser Kampf in seine Strategie gegenüber den Liberalen ein, er mußte sie an sich binden und auch zähmen – aber das war eine erwünschte Nebenfolge, nicht der Grund. Bismarck hat, wie schon erörtert, den Kulturkampf aufgenommen, weil er in der Entstehung der Zentrumspartei eine dringliche Gefahr für seine Politik, für Reichsausbau und Systemstabilisierung sah. Denn durch seine Allianz mit Welfen und Polen und elsaß-lothringischen Protestlern hatte sich das Zentrum in Bismarcks Augen gegen das Reich gestellt. Aber so wichtig das der Sache wie der Rhetorik nach war, seine Gegnerschaft ging weit darüber noch hinaus. Das Zentrum war eine Anti-Regierungspartei, gar mit starken demokratischen Tendenzen. Es mobilisierte und organisierte ein traditionelles und populistisches Protestpotential gegen z. B.

das geborene Establishment auf dem Lande. Wenn, wie im Wahlkreis Pleß/Rybnik, der katholische freikonservative Herzog von Ratibor durch einen unbekannten Kleriker namens Müller abgelöst werden konnte, war das für Bismarck ein Symptom politischer und sozialer Auflösung. Das Zentrum führte den Protest gegen das preußisch geführte Reich, gegen den neuen Nationalstaat und seine bürgerlich-liberale und konservativ eingehegte Ordnung, es unterlief die „natürliche" Neigung der Massen zum Konservativen, es störte sein, Bismarcks, damaliges politisches Konzept, das konservativ-moderatliberale Gleichgewicht, und seine Möglichkeiten, es auszutarieren. Das Zentrum war, wenn es denn Bestand hatte, seinem Einfluß entzogen. Es war eine „widernatürliche" Partei. Bismarcks Neigung zum Polarisieren hat die Partei sogleich in die Ecke der Fundamental-Opposition gedrängt; die zunächst noch existierende Möglichkeit, daß sie sich zu einer altpreußisch geführten moderaten Oppositionspartei entwickeln könnte, hat er nicht erprobt, ja durch seine Polarisierungspolitik auch selbst torpediert.

Bismarcks Ziel war es zunächst, das Zentrum als Partei auszuschalten. Daraus entstand der Kulturkampf. Da der Papst und die Bischöfe sich – 1870/71 – nicht gegen das Zentrum einsetzen ließen, da katholische Priester in der Partei und zumal bei den Partikularisten eine Hauptrolle spielten und da vor allem dann das Zentrum die bestehenden Bindungen zwischen Staat und Kirche benutzte, um eigene Machtansprüche durchzusetzen, ja überhaupt aus der Organisation der Kirche existierte, ging Bismarck zur Offensive über, zum „Präventivkrieg" zur „Sicherung des Reiches". Er suchte die Bindungen zwischen Staat und Kirche und den Anteil der Kirche an der Staatsgewalt abzubauen, ja in die Kirche selbst einzugreifen. Er wollte sie zur Preisgabe des Zentrums bringen, über sie das Zentrum unterwerfen oder die konservativen Katholiken vom Zentrum absprengen. Daß dabei der „Kampf" dann auch seine eigene Dynamik entfaltete, versteht sich von selbst.

Daß sich die gegensätzlichen präventiven Offensiven zum Kulturkampf entwickelten, hatte konkrete Anlässe. Die Anlässe waren nicht die Ursachen, aber sie wurden als mitauslösende Faktoren wichtig genug. Das eine war das dornige Problem der Altkatholiken, also derjenigen, die sich dem neuen Dogma der päpstlichen Unfehlbarkeit widersetzten und deswegen von der katholischen Kirche exkommuniziert und ausgeschlossen wurden. Wo es sich um katholische Geistliche oder Personen mit einer kirchlichen Lehrbefugnis handelte, die zugleich Staatsbeamte waren, Universitäts-, Seminar- und Gymnasiallehrer vor allem, waren die Beziehungen zwischen Staat und Kirche unmittelbar berührt. Der Staat weigerte sich, kirchlich disziplinierte Lehrer zu entlassen oder zu ersetzen – sie lehrten doch dasselbe, was sie zur Zeit ihrer Anstellung gelehrt hatten. Staatliche und kirchliche Rechtsauffassungen kamen in Konflikt. Ähnlich stand es mit Militärseelsorgern, die Altkatholiken wurden. Und weiter: Sollte der Staat bei der kirchlichen Amtsenthebung von Geistlichen mitwirken, durch die Polizei oder die Sperrung finanzieller Mittel, oder sollte er die Ansprüche altkatholischer Minderheiten auf kirchliche Räume und Gebäude unterstützen? Das waren unausweichliche Konflikte. Man konnte sie eingrenzen, durch Zurückhaltung, durch Kompromisse, wie z. B. in Bayern. Aber das war nicht der preußische Stil. In Preußen hatten die Behörden die Tendenz, jede konkrete Frage ins Grundsätzliche zu erheben und die Maßnahmen der Hierarchie gegen die Dissenter als Unrecht zu behandeln. Die Verhängung des Kirchenbanns gegen einen altkatholischen Lehrer in Braunsberg wurde als Verletzung der Staatsgesetze und einer stipulierten „Gehorsamspflicht" des Bischofs angesehen und mit der Sperrung staatlicher Gelder beantwortet; der Kriegsminister versuchte, das kirchenamtliche Vorgehen gegen Altkatholiken disziplinarisch zu ahnden.

Für Bismarck gab es einen zweiten Anlaß, der eng mit seinen Hauptmotiven zusammenhing: die polnische Frage. In seiner wachsenden Erbitterung über die polnisch-nationalistische Adelsopposition sah er, nicht ohne Grund, in den polnischen Priestern Protagonisten der „Polonisierung" des einfachen polnisch sprechenden, aber seiner Meinung nach noch loyal preußischen Landvolkes. Dagegen hielt er Einschreiten für nötig – man müsse diesen Priestern die Aufsicht über die Volksschule, die doch eine staatliche Sache sei, entziehen. Wie die Liberalen wollte er die Bevölkerung dem „Bannkreis" ihrer Geistlichkeit „entreißen", darum sollte ihr staatlich delegierte Gewalt genommen werden. Schon im Juni/Juli 1871 ließ er die im preußischen Kultusministerium bestehende besondere katholische Abteilung auflösen: Sie galt nun als partikulare pro-ultramontane und pro-polnische Interessenvertretung, ja als „Staatsministerium des Papstes" in Preußen. Diese Auflösung war gemeint als eine eher vorsorgliche Maßnahme, aber sie wirkte als antikirchliche Mobilmachung und Parteinahme. Und ebenso stand es mit Bismarcks Versuch, den anti-ultramontanen und staatsfreundlichen Kardinal Hohenlohe, den Bruder des liberalkonservativen und antiklerikalen früheren bayerischen Ministerpräsidenten, zum preußischen Gesandten beim Vatikan zu machen – auch wenn das am Einspruch des Papstes scheiterte.

Zu den Nebenmotiven Bismarcks gehörte auch seine Angst vor einer katholischen Koalition in Europa, die sich mit den „Reichsfeinden" in einer Art schwarzen Internationale verbinden mochte. Das hat nicht den Kulturkampf ausgelöst, aber es hat von Anfang an und immer wieder eine Rolle gespielt.

Altkatholiken- und Polenfrage verbanden sich mit Bismarcks Entschluß zum Kampf gegen das Zentrum und gegen die kirchliche Organisation, soweit sie es stützte. Das bestimmte die erste Phase des Kulturkampfes. Es ging um den Versuch einer neuen Abgrenzung zwischen Staat und Kirche, darum, die Kirche aus dem öffentlichen Bereich zurückzudrängen, aber sogleich mischten sich auch ausgesprochene Kampfpositionen hinein. Ende 1871 wurde – auf bayerischen Antrag! – der „Kanzelparagraph" in Bundesrat und Reichstag verabschiedet, der politische, den öffentlichen Frieden gefährdende Kanzeläußerungen unter Strafe stellte; das war trotz aller defensiven friedensorientierten Begründungen, schon weil es ein Ausnahmegesetz war, ein Offensiv- und Kampfgesetz. Und ähnliches galt für die zweite Maßnahme des Reiches: das Jesuitengesetz, das die Reichstagsmehrheit seit dem Frühjahr 1872 forderte und über die Bundesratsvorlage hinaus zu einem Verbotsgesetz gegen die Jesuiten und verwandte Orden verschärfte: Das sollte die Speerspitze des ultramontanen Katholizismus (und seiner Ansprüche auf weltliche Macht) treffen, und das entsprach ja einer alten und in Deutschland mächtigen Jesuitenfeindschaft (auch unter den Katholiken selbst).

Aber der eigentliche Hauptkampfplatz wurden die Bundesstaaten, die ja Träger der Kulturhoheit waren, wurde Preußen. Der Mann des Kulturkampfes in Preußen wurde Adalbert Falk, der den konservativen Kultusminister von Mühler jetzt ablöste, ein „Geheimratsliberaler", ein entschiedener Etatist, der die Staatsautorität mit Rechtsmitteln und in Gesetzesform – gegen Bismarcks Neigung zur Einzelfallregelung durch Verwaltung und Verordnung – durchsetzen wollte. Er machte den Kampf zum Prinzipienkampf, mit dem leidenschaftlichen Ernst und dem Pathos absoluter Überzeugung vom höheren Recht des Staates. 1872 wurden die staatlichen Rechte in der Schulaufsicht entschieden verstärkt, die katholischen Pfarrer verloren infolgedessen im wesentlichen ihre Aufsichtspositionen. Es wurden Simultanschulen, nicht als Norm, aber in nicht ganz wenigen Ausnahmefällen, eingerichtet. Der Konflikt radikalisierte sich.

Regierung und Parlament in Preußen gingen, das wurde die zweite Phase, jetzt dazu über, in die Innenangelegenheiten der Kirche einzugreifen. Die „Maigesetze" von 1873 sahen z. B. vor: die Staatsaufsicht über die Priesterausbildung, das obligatorische „Kulturexamen", die „Anzeigepflicht" bei Ämterbesetzungen und das Vetorecht des Staates gegen solche Besetzungen, die Staatsaufsicht über die kirchliche Disziplinargewalt, ja ihre Einschränkung. Episkopat und Klerus reagierten mit passivem Widerstand, sie boykottierten das Kulturexamen und die Anzeigepflicht. Der Staat antwortete mit Finanz- und Verwaltungsmaßnahmen, ja mit Strafverfolgung, Schließung von Seminaren, Nichtigkeitserklärung der Ämterbesetzungen, Geld- und Haftstrafen für Zuwiderhandelnde, Vermögensbeschlagnahmungen und Zwangsverwaltungen, Ausweisungen. Viele Bischöfe wurden verhaftet, „abgesetzt" oder vertrieben, Neuwahlen wurden verhindert. Auch katholische Vereine und die katholische Presse wurden den staatlichen Repressionsmaßnahmen unterworfen. Ein Attentat auf Bismarck (13.7.1874), das die Kulturkämpfer den Katholiken anhängten, verschärfte die Stimmung. In einer zweiten Welle preußischer Kampfgesetze wurden 1875 fast alle Orden, mit ein paar Ausnahmen für Krankenpflege und Mädchenschulen, verboten und die Finanzleistungen für die widerspenstigen Diözesen und nicht gesetzeskonformen Institutionen und Kleriker gesperrt („Brotkorbgesetz"), ja die

Gemeinden sollten ihre Pfarrer wählen. Die Vermögensverwaltung der Kirchengemeinden wurde staatlich eingerichteten Laiengremien übertragen.

Die beabsichtigte Trennung von Laien und Klerus mißlang freilich, das war ein Schlag ins Wasser. Wo es „Staatspfarrer" gab, gab es kein Kirchenvolk. Pfarrer und Bischöfe wurden zu Märtyrern. Der Papst erklärte am 5.2.1875 die Kirchengesetze für ungültig und bedrohte alle, die sich an ihrem Vollzug beteiligten, mit Exkommunikation. Das brachte die Erbitterung auf den Siedepunkt. Der Kampf war zu einem Existenzkampf zwischen Staat, protestantischem Liberalismus und Kirche geworden. In den ersten vier Monaten des Jahres 1875 wurden 241 Kleriker, 136 Redakteure, 210 andere Katholiken zu Geld- oder Haftstrafen verurteilt, 74 Wohnungen durchsucht, 55 Veranstaltungen aufgelöst, 20 Zeitungen konfisziert, 103 Personen interniert oder ausgewiesen. 1877 waren von 12 Diözesen 8 vakant, 6 wegen Absetzung, 2 wegen Tod, 1000 Pfarreien, etwa ein Viertel der Gemeinden, waren 1880 ohne Pfarrer.

Erst im Zusammenhang mit den Kampfmaßnahmen ist eine alte liberale Abgrenzungsforderung durchgekommen, die obligatorische Zivilehe. Der alte Monarch hatte die Zivilehe – ein Höhepunkt der Säkularisierung der Lebensordnung – ursprünglich abgelehnt, die große Zahl gesetzeswidrig amtierender Pfarrer machte das Problem aber neu aktuell, Bismarcks Idee, alle vor solchen Pfarrern geschlossenen Ehen für ungültig zu erklären, fand keinen Beifall; 1874 wurde in Preußen, 1875 im Reich die obligatorische Zivilehe gesetzlich eingeführt.

Auch in anderen deutschen Staaten mit katholischem Bevölkerungsanteil hat es einen Kulturkampf gegeben, mit ähnlichen Problemen und mit ähnlicher Heftigkeit, wenn auch nicht in den krassen Polizeiformen wie in Preußen. Am stärksten war der Konflikt noch immer im liberal regierten Baden – wo er ja in den 60er Jahren schon begonnen hatte – und dann in Hessen; in Baden wurde u.a. 1876 generell die Simultanschule eingeführt, in Hessen wurden 1875 die preußischen und zum Teil badischen Kampfmaßnahmen, Ordensverbote, Kulturexamen, Anzeigepflicht, durchgeführt. Interessant sind die beiden Sonderfälle. In Bayern war zwar die – vom König gestützte – Regierung unter Leitung des Kultusministers Lutz etatistisch antiklerikal, ein Protagonist des Kulturkampfes. Kanzelparagraph und Jesuitengesetz, Reichsgesetze freilich, gingen auf Bayern zurück. Aber die Regierung hatte in der bayerischen Abgeordnetenkammer für Kulturkampfgesetze keine Mehrheit, der Kampf wurde nicht mit Gesetzen, sondern mit Verwaltungsmaßnahmen geführt, und in einem mehrheitlich katholischen Land doch mit einer gewissen Zurückhaltung, weniger dramatisch als in Baden oder gar in Preußen. In Württemberg schließlich ist es trotz der starken Stellung der Nationalliberalen, der Bedeutung der konfessionellen Gegensätze und einer antiborussisch katholischen Minderheit zu keinem Kulturkampf gekommen; vor allem die Zurückhaltung des Rottenburger Bischofs Hefele, eines der konziliaren Wortführer der Anti-Ultramontanen, hat das wohl verhindert.

Der Kulturkampf ist nicht so einheitlich abgelaufen, wie es ein kurzer Blick auf die Ereignisse erscheinen läßt. Es handelte sich immer auch um parlamentarische Auseinandersetzungen, in denen Taktik und interne Spannungen der Lager eine Rolle spielten. Wir wollen ein paar Hauptpunkte festhalten.

1. Die Stellung der Zentrumspartei ist rechtlich niemals angegriffen worden; sie behielt alle parlamentarischen Rechte, und sie konnte bei den Wahlen ziemlich unbehelligt ihre Anhänger und überhaupt fast alle kirchentreuen Katholiken mobilisieren. Die katholischen Vereine und die katholische Presse blieben trotz aller Verfolgungen im einzelnen insgesamt intakt, und sie konnten sich gewaltig ausdehnen. Diese Fortdauer von rechtlich politischer Normalität darf man, wenn von den Kampfmaßnahmen die Rede ist, nicht übersehen – sie hat die Selbstbehauptung des Katholizismus jedenfalls erleichtert. Neben dieser rechtlichen Normalität steht der Versuch der moralpolitischen Delegitimierung des Zentrums. Bismarck hat die Mitglieder und Anhänger der Partei zu „Reichsfeinden" erklärt, moralisch in Acht und Bann getan. Das gehörte zu seinem polarisierenden Stil. Das war dann auch seine Überzeugung. Zweierlei waren die Folgen: Es etablierte sich in Reichs- und Landtag ein Berührungs-, Verhandlungs- und Kooperationsverbot für die anderen Parteien dem Zentrum gegenüber, das hielt den Kulturkampfblock zusammen und die rechtskonservativen und linksliberalen Abweichler einstweilen jedenfalls in Schach. Zugleich fixierte dies das ganze Zentrum auf radikale Opposition, auch die moderateren, konservativeren oder preußischeren Abgeordneten; der Vorwurf der Reichsfeindschaft, den man zurückwies, stiftete, wie der ganze Kulturkampf, innerparteiliche Solidarität und Loyalität und schloß die Abgeordneten mit den Wählern und dem lokalen Netzwerk der Organisationen eng zusammen.

2. Bismarck hat die zunehmende Verschärfung nicht nur mitgetragen, sondern durchaus mit veranlaßt und sich keineswegs nur dem Radikalismus der Nationalliberalen und des Ministers Falk angeschlossen. Er wollte zwar weniger Gesetze und mehr administrativen Spielraum, wollte z. B. Bischöfe für rechtlos erklären, ohne sie verfolgen zu müssen, während Falk und die Mehrheit der Abgeordneten an der Gesetzesförmigkeit und dem Legalitätsprinzip festhielten. Aber die Konsequenzen beider Methoden – polizeiliche Verfolgung, Märtyrer, Verbitterung – waren doch dieselben. Schon am 14. Mai 1872 hatte Bismarck im Reichstag erklärt: „Seien Sie außer Sorge: Nach Canossa gehen wir nicht." Das blieb die Parole. Er wollte den Kampf durchhalten.

3. Es gab Unsicherheiten im Lager der Kulturkämpfer. Die Konservativen, im Reichstag sowieso schwach, aber im preußischen Landtag noch beachtlich, machten nur unwillig mit, das war nicht ihre Herzenssache; allenfalls der Gesichtspunkt, daß die Staatsautorität herausgefordert sei, spielte bei ihnen eine Rolle. Beim linken Fortschritt und bei einzelnen linken Nationalliberalen wie dem agnostisch-jüdischen Lasker gab es angesichts der

wachsenden Intensität des Konflikts Bedenken gegen Ausnahmegesetze, gegen die Beeinträchtigung von Minderheitenrechten und Gewissensfreiheit; aber soweit es das Abstimmungsverhalten tangierte, blieb das gesamtpolitisch doch ohne Auswirkung. Mit diesen Bedenken waren oft allgemeine Vorbehalte verbunden, daß die Kulturkampfpolitik die Regierung zu sehr an den Liberalismus binde oder umgekehrt den Liberalismus zu sehr an die Regierung.

4. Das Zentrum versuchte, die Front der Gegner aufzubrechen, Windthorst entwickelte, wir sagten es, eine Art parlamentarische Doppelstrategie. Er suchte die Konservativen zu einer Gemeinsamkeit auf dem Boden christlich-kirchlicher Traditionen in Schul- und Eherechtsfragen zu gewinnen, zu einer pragmatischen Lösung verbleibender Kontroversfragen. Er suchte, mit der Zeit stärker und deutlicher, die Liberalen zu einer neuen Gemeinsamkeit zu verlocken, indem er ihre alten Freiheitspostulate aufgriff, ihr Mißtrauen gegen zuviel Staat und vor allem die Erweiterung parlamentarischer Rechte: liberaleres Presserecht, jährliche Bewilligung des Militäretats, Diäten, bessere Sicherung der Verantwortlichkeit der Regierung, Reform der preußischen Verfassung und des preußischen Wahlrechts; und er versuchte, mit solchen Vorschlägen auch die Liberalen zu spalten oder ihre Wähler gegen die Abgeordneten zu mobilisieren. Bismarck konnte die Konservativen mit Anti-Welfen- und Anti-Polen-Parolen und dem Appell an die monarchische Loyalität, solange und soweit er jedenfalls den König-Kaiser von seiner Position überzeugen konnte, bei der Stange halten und die Liberalen, weil sie wußten, daß jede Liaison mit dem Zentrum zum liberalen Ausbau der Verfassung von ihm mit einem radikalen Kurswechsel und neuer Konfliktpolitik beantwortet würde. Die Ausgrenzung des Zentrums zum Reichsfeind machte sich geltend, sie verbot jede gemeinsame Abstimmung mit dem Zentrum; für die Liberalen war jedes Zusammengehen mit dem Zentrum eine Art Todeskuß. Dazu kam, daß die Liberalen dem neuentwickelten Konstitutionalismus des Zentrums nicht trauten, das galt als bloße Taktik. Kurz, der Anti-Katholizismus hielt die Nationalliberalen in der gemeinsamen Front mit Bismarck, hatte Priorität vor alten „Freiheits“forderungen; auch die Selbstverwaltungsreform, die neue Kreisordnung z. B., blieb auf den Osten beschränkt, weil sie in den Westprovinzen den Katholiken hätte zugute kommen können. Es waren die Normen von Krieg und Bündnis, die Priorität in der Politik hatten.

5. Eine einvernehmliche Lösung auf der Basis einer konsequenten Trennung von Staat und Kirche war bei der Tiefe und der Emotionalisierung des Gegensatzes, den kirchlichen Rechtsansprüchen in öffentlichen Dingen wie den Schulen, und umgekehrt den staatlichen Rechtssansprüchen in kirchlichen Dingen wie der Ausbildung der Priester, nicht möglich, um so weniger, je länger der Kampf dauerte. Auch Windthorst, wenn er denn entsprechende Ideen ernst gemeint hat, hätte sie bei Kirche und Fraktion nicht durchsetzen können. Auch an einen Konkordatsfrieden war nicht zu den-

ken. Wenn schon 1870 eine Neutralisierung des katholischen Interesses durch Integration in eine liberale oder/und konservative Partei, eine Aufteilung der Wähler und eine Konkurrenz um sie nicht möglich war, so nach Ausbruch des Konflikts erst recht nicht.

Der Kulturkampf hat eine Seite, die man bei normalhistorischer Perspektive, der Perspektive von Bismarck, den Parlamenten, den Bischöfen, und im Lichte von Gesetzen und Verwaltungsmaßnahmen leicht übersieht. Er war ein Kampf auch vor Ort, war eine Volks-Sache. Natürlich, die Beeinträchtigungen des kirchlichen Lebens und die Verfolgungen betrafen die lokalen Gemeinden, Menschen, die man kannte, Lebensformen, in denen man lebte – das war alles sehr unmittelbar und hautnah. Aber man darf dabei nicht allein auf Klerus und Gottesdienst, ja nicht allein auf die bedrängten und verfolgten Katholiken sehen. Auch vor Ort gab es die Anwälte des kulturkämpferischen Liberalismus und Etatismus, Protestanten und Liberale, Beamte und Staatsabhängige und Opportunisten. Sie wollten das Netzwerk des Lebens „entklerikalisieren", Vereine und Schulen, Berufsverbände und soziale Fürsorge – die frommen Stiftungen z. B. –, Symbole und Feste. In Baden, in der Pfalz, im Rheinland lebten Katholiken und Protestanten unmittelbar nebeneinander. Das verschärfte die Gegensätze noch. Die Priester wuchsen demgegenüber in die Rolle auch der Verteidiger von Heimatwelt und Eigenheit gegen diese Vertreter des Establishments hinein. Die Kulturkampfbeflissenen hatten die Mentalität der Beweger und Macher, sie fühlten sich und gaben sich als die Leute von Leistung und Fortschritt, die „anderen" waren zurückgeblieben, unaufgeklärt, ja dumm. Solche Arroganz mußte natürlich Zorn auslösen und, da natürlich am Vorsprung der Nicht-Katholiken manches dran war, „Aschenbrödel"gefühle (D. Blackbourn) und Ressentiments. Zurückgebliebenheit oder das Gefühl der Modernisierungsbedrohtheit konnten auch als Benachteiligung erklärt werden. Die ultramontane Propaganda konnte leicht an solche Ressentiments appellieren und erfüllte gerade damit immer neu die Stereotype der Kulturkämpfer. Auch das gehört zur Geschichte des Kulturkampfes.

Der Kulturkampf hat die politische Situation in Deutschland wesentlich beeinflußt, vor allem die Position seiner drei Protagonisten. Bismarck hatte seine eigenen Motive für diesen Kampf, er wollte das Zentrum ausschalten. Aber er ist darüber auch zum Protagonisten einer liberalen Sache geworden. Gewiß hat er damit, eine durchaus erwünschte Nebenfolge, die Liberalen an sich gebunden und sich verpflichtet, aber Bindung und Verpflichtung galten auch umgekehrt. Er, der Konservative, wurde zum Wortführer einer modernen Sache gegen die Tradition, gegen konservative Mächte – das ist paradox genug. Das trennte Bismarck noch einmal scharf von seiner Herkunftspartei, den Konservativen. Das wieder intensivierte umgekehrt sein Bündnis mit den Liberalen und kam deren Einfluß zugute.

Die Konservativen ihrerseits gingen aus diesen Wechselwirkungen geschwächt hervor, gerieten in das Dilemma, daß sie zwischen ihrer traditionellen Loyalität zum Staat, zum Monarchen und seiner Regierung, auch wenn diese sich mit ihren liberalen Gegnern verbunden hatte, und einem Oppositionskurs entscheiden mußten, zwischen Anti-Katholizismus und Anti-Säkularismus, zwischen protestantischen und katholischen Bündnispartnern. Im Ergebnis waren der anti-römische Affekt und die protestantisch-preußische Loyalität stärker. Das verringerte die Möglichkeiten eines Bündnisses mit den konservativen Katholiken, ja stärkte den populistisch-oppositionellen Teil des Katholizismus.

Dann die Liberalen, zumal die Nationalliberalen. Sie stürzten sich in den Kulturkampf, er wurde ihnen Herzenssache. Es war ein Bismarckgegner, der große Virchow, der das Wort vom Kulturkampf in Umlauf brachte (zuerst hatte Lassalle es benutzt anläßlich der liberal protestantischen Symbolfeier eines Hutten-Jubiläums). Im Kulturkampf entwickelten die Liberalen ein geradezu manichäisches Weltbild, vom Kampf zwischen Licht und Finsternis, Fortschritt und Stagnation. Wer nicht nach Canossa wollte, plädierte für den Fortschritt, für Aufklärung und Emanzipation, Modernität der Kultur und der Wirtschaft, der Gesellschaft, der Nation, des Staates. Wer nach Canossa zurück wollte, konnte, so sahen es die Liberalen, im Grunde keine Eisenbahnen bauen. Der Ultramontanismus war, so lief dieses metapolitische Denken weiter, eine konservative Macht, der siegreiche Kampf gegen das Zentrum mußte ein Bündnis zwischen Zentrum und Konservativen unmöglich machen, ja die konservativen Kräfte insgesamt schwächen, die Progressiven stärken, die Liberalen wieder zusammenschließen und zur Mehrheit machen. Daß es ganz anders kam, lag nicht nur daran, daß das Zentrum sich behauptete; es lag daran, daß Zentrum und Katholizismus in die polarisierenden Kategorien der Liberalen nicht hineinpaßten, daran, daß sich konservative Modernität und antimoderne Progressivität ausbildeten, nicht nur bei den Katholiken. Und es lag daran, daß die Liberalen sich in und mit dem Kulturkampf gewandelt haben.

Die Liberalen hatten sich mit Bismarck verbündet, sie konnten hoffen, ihn mit dem Kulturkampf stärker noch an sich zu fesseln, von den Konservativen zu lösen, aber sie haben sich auch umgekehrt an ihn gebunden und von ihm abhängig gemacht, je mehr der Kulturkampf für sie Priorität hatte. Sie konnten zwei Rollen zugleich spielen, Kämpfer sein und mit der Regierung kooperieren, das war bei den Wahlen eine günstige Situation. Aber darüber verschob sich ihr Ziel, ihre Priorität. An die Stelle der Veränderung der Machtstruktur rückte die Veränderung der Kultur. Sie haben sich in der Dialektik ihrer Ziele und Mittel verfangen, als sie Prinzipien der Toleranz und die Grundrechtsfreiheiten zugunsten polizeistaatlicher Maßnahmen, sei es auch im Namen der Geistesfreiheit und der Emanzipation vom klerikalen Joch, hintan stellten, nationale Identität und kulturelle Gleichartigkeit vor die Pluralität und das Recht auf Andersheit, Verschiedenheit setzten, ihr elitäres Aufklärungs- und Bildungsbewußtsein gegen die Dumpfheit und Verführtheit abergläubischer Massen. Im Namen der Freiheit wurden sie, wie so viele vor und nach ihnen, zu Anwälten des starken Staates und seiner konkreten Freiheitseinschränkungen. Das band sie an diesen Staat. Die Frage einer Erweiterung der parlamentarischen Macht trat zurück. Kurz, die liberalen „Siege“ im Kulturkampf waren Einbußen an verfassungspolitisch liberaler Substanz. Der Kulturkampf stärkte zwar, einstweilen, die Liberalen, aber er schwächte die Position des Reichstags. Und all das verstärkte sich, weil die Abhängigkeit von den mobilisierten anti-katholischen Affekten der Wähler zunahm.

Es gab andere Gründe, warum der Liberalismus an Substanz verlor, wir werden davon sprechen, aber der Kulturkampf ist doch einer dieser Gründe. Freilich, man muß vorsichtig sein: Der französische linksliberale und republikanische Antiklerikalismus ist nicht weniger fanatisch, anti-liberal, staatstotalitär gewesen als der deutsche, ohne deshalb konservativ zu werden – aber diese Republikaner hatten ihre Republik schon.

Die wichtigste Folge, das ist oft genug gesagt worden, ist die innere Integration des katholischen Volksteils, die Bildung eines geschlossenen katholischen Milieus, die absolute Loyalität gegenüber der eben noch von der Vaticanum-Krise erschütterten Kirche, die Solidarität mit der einen katholischen Partei, dem Zentrum. Die politischen und wirtschaftlichen Tendenzen, die das katholische Volk bewegten, der Widerstand gegen Eliten, Zentralen und Modernismen, die regionalen und sozialen Orientierungen – all das verband sich mit der Religion und wurde durch sie zusammengefügt und -gehalten. Zugleich verschärfte sich für die Katholiken die Erfahrung der Ausgrenzung und Isolierung, des Gegensatzes zu den anderen, sie waren die „Reichsfeinde“, ausgeschlossen aus der einen und wahren Nation. Das haben sie übernommen und internalisiert, sie waren die „anderen“, nicht dazugehörig, underdogs. Sie gerieten in ein Ghetto und haben sich darin – mit einer gewissen Leidenschaft – eingerichtet, abgegrenzt gegen die gefährlichen „anderen“. Was 1870 im Ansatz da war, hat sich gewaltig noch intensiviert und verfestigt.

Das führt zuletzt zu einem Blick auf die langfristigen Tiefenwirkungen für die deutsche Politik und ihre Lebensgrundlagen. 1. Die tiefe Erbitterung des Kulturkampfes, die staatliche Verfolgung, die Stigmatisierung von Oppositionskräften als Reichsfeinde, die Moralisierung der politischen Auseinandersetzung, die Tendenz, ganz unterschiedliche Gegner zu parallelisieren, die rote und die schwarze Internationale z. B., die Symbolisierung der Gegner – der Jesuiten z. B., der Männer mit Kutte und Krummstab bei den Nationalliberalen, der heuchlerischen Frömmler (etwa bei Wilhelm Busch) –, das bestimmt lange den politischen Stil, zwischen Obrigkeitsstaat und Bürgern, Regierung (und Regierungsparteien) und Oppositionsparteien, zumal, weil es sich dann in der Auseinandersetzung mit der Sozialdemokratie wiederholt. Das bleibt ein Erbe Bismarcks. 2. Die Milieus bleiben lange, auch nach dem Ende des Kulturkampfes, wirksam, gegeneinander abgeschottet: „wir“ und „sie“. Das Volk zerfällt lange in zwei Nationen – wenn man von der dritten, der Sozialdemokratie, absieht. Das anti-katholische und das anti-liberale Sentiment überdauern in vielen und kruden Formen, aufgeladen mit Emotionen und gern von Prinzipienreitern und Taktikern angeheizt bis zum Konfessionshaß. Mit dem Hineinwachsen neuer Generationen hätten sich die Milieugrenzen und -gegensätze ändern können. Aber die Kulturkampfjahre blieben – über viele Institutionen und Ideen und Emotionen – nicht nur die prägenden Erinnerungen, sondern auch die prägenden Erfahrungen der nachkommenden Generationen. Brückenschläge gab es an der Spitze, kaum im täglichen Leben. 3. Die Stabilisierung der Zentrumspartei ist für die Geschichte der Parlamentarisierung in Deutschland eine Blockade und ein Unglück gewesen. Das Zentrum war eine permanente Minderheit, die zugleich Rechte wie Linke in Deutschland Minderheit bleiben ließ. Die Bildung jedenfalls von handlungsfähigen Mehrheiten war gewaltig erschwert. Das beließ das Schwergewicht der Politik bei der nichtparlamentarischen Regierung, und die Parteien richteten sich dabei ein. Das Zentrum wollte auf die Dauer nicht Macht, sondern Einfluß im fortdauernden konstitutionellen System, das entsprach, so schien es, dem katholischen Interesse. Systempolitisch wurde es, paradox genug, zum Stabilisierer des Bismarckschen Systems der Regierung über den Parteien.

Der Kulturkampf endet mit einem glatten Mißerfolg für den Staat wie für die Liberalen. Das Zentrum hatte sich behauptet und war stärker geworden, und die Kirche war nicht zu unterwerfen. Beide waren nicht voneinander zu trennen, nicht Wähler, geschweige denn Gläubige ließen sich von ihren geistlichen und politischen Führern abspenstig machen. Der Kampf, so schien es, war nicht zu gewinnen, er hatte Staat und Liberalismus in immer absurdere Straffeldzüge hineingetrieben, er wurde als Dauerkrieg kontraproduktiv. Bismarck, trotz aller übernommenen und weitergesteigerten Kampfrhetorik weniger ideologisch, weniger metaphysisch prinzipiell, also realistischer als seine liberalen Bundesgenossen, hat das zuerst wahrgenommen, für ihn war ein Ausgleich eher möglich. Sein Entschluß, den Kulturkampf zu beenden, hing auch mit seiner Abkehr vom Liberalismus zusammen, war eine Ursache wie eine der Folgen dieses Entschlusses. Wir kommen sogleich darauf zurück. Andere Prioritäten wiesen in dieselbe Richtung – der Kampf gegen die Sozialdemokratie paßte nicht zum Kampf gegen die au fond doch konservative Macht Kirche; für die neue Wirtschafts- und Finanzpolitik brauchte der Kanzler das Zentrum, die entschiedenere Rückwendung zu den Konservativen wurde durch einen Friedensschluß erleichtert. Auch von seiten der Kirche gab es das Bestreben, den Kampf ohne vollen Sieg, das war: Rückkehr zum Status quo zu beenden – nicht vor allem in Deutschland, bei den Bischöfen und dem Zentrum, wohl aber in Rom. Die allgemeine Desorganisation der Kirche war schwer zu tragen, und die schwierige internationale Situation legte einen Abbau des deutschen Konfliktes nahe. Als Pius IX. – der Papst der Militanz – starb, wählten die Kardinäle 1878 einen eher auf Ausgleich bedachten Diplomaten, Leo XIII., das galt allgemein als ein Friedenszeichen.

c) Die große Wende 1878/79

1878/79 geht die liberale Phase zu Ende, das Quasibündnis zwischen Regierung und Nationalliberalen zerbricht, Bismarck wendet sich gegen die Liberalen, der Liberalismus spaltet sich und verliert seitdem an innerer Kraft wie an Einfluß. Das war nicht eine zweite Reichsgründung, aber doch eine epochale Wendung.

Dafür gibt es, wie immer in der Geschichte, eine Mehrzahl von Gründen. Sie liegen in der Politik der Handelnden und in großen strukturellen Prozessen, in die sie eingebettet waren. Wir fangen mit der Politik an, und das heißt mit Bismarck – denn, wie sonst schon selten in diesen Jahrzehnten, ist er noch der Mann gewesen, der die Weichen stellte, der politische Initiativen entwickelte und durchsetzte, das Verhalten aller anderen Mithandelnden, vor allem der Parteien, dominierte, der insoweit die politischen Antworten auf die Herausforderungen der kollektiven Prozesse und Strukturwandlungen bestimmte. Ohne Bismarck ist die Wende nicht zu verstehen.

1. Wir können an das anknüpfen, was wir über die Spannungen in seiner Kooperation mit den Liberalen gesagt haben. Gewiß, Bismarck wollte die Fortdauer „seines" Systems, die auf Militär, Adel und hohe Bürokratie gestützte Monarchie in Verbindung mit den modernen, aber eingehegten parlamentarischen und popularen Kräften. Er wollte keine weitere Stärkung liberaler oder gar parlamentarisierender Kräfte, keine Gewichtsverschiebung im Gefüge der Autoritäten und des Obrigkeitsstaates. Das begrenzte sein Bündnis mit den Liberalen nach Zeit und Zweck, machte ihn extrem empfindlich gegen zuviel liberale Selbständigkeit, die das System verändern konnte. Insofern ist Bismarcks Wendung gegen die Liberalen ein Präventivschlag gegen eine Systemgefährdung durch die nationalliberale Linke – die die liberalen Hauptziele nicht in eine unbestimmte Zukunft vertagen wollte, die nicht einfach regierungsloyal war, sondern in der Kooperation auch oppositionell –, ist Politik der Systemstabilisierung. Der Bruch mit den Liberalen war gemeint als Bruch mit ihrem linken Flügel, als Spaltung der nationalliberalen Partei. Aber das allein erklärt nicht, warum Bismarck ein Jahrzehnt mit den Nationalliberalen kooperiert hat und erst 1878 mit ihnen brach, ja gibt der Wende ein Übermaß von unabwendbarer Notwendigkeit, macht sie scheinbar zum Ergebnis eines lang gehegten Meisterplans. Sie war aber das Ergebnis auch einer Wendung in Bismarcks Politik. Sein ungeduldiges Unbehagen verstärkte sich in den späten 70er Jahren; daß die nationalliberale Linke noch soviel Selbständigkeit bewies, widersprach seinem zunehmenden polarisierenden Machtanspruch, der in den Hauptfragen nur Freunde und Feinde kennen wollte. Dann gab es die wachsende Sorge, der Thronfolger werde eine liberalere, eine systemverändernde Politik treiben, ein „Kabinett Gladstone" mit liberalen Politikern bilden, darum wollte er vorbauen, den linken Flügel eben eindämmen oder absprengen. Zudem hatte die Neugründung der gouvernementalen Deutsch-Konservativen 1876 die

Rückkehr zu seinem politischen Ursprung wieder möglich gemacht: Ein Bündnis, das die Konservativen einschloß und darum seine Grenze wiederum zwischen der nationalliberalen Mitte und Linken fand, stand in Aussicht. Aber: Das Bündnis mit den Liberalen hätte auch, trotz unterschiedlicher Erwartungen und der daraus entspringenden Entfremdungen, trotz der Eindämmungsstrategie Bismarcks fortdauern können. 1877, mitten schon in der Wende, hat Bismarck fast ein Jahr lang mit Bennigsen über dessen Eintritt ins Ministerium als eine Art Vizekanzler verhandelt.

2. Zur Eindämmung der Liberalen und zur Neutralisierung ihres linken Flügels trat ein weiterer Faktor Bismarckscher Politik hinzu: Das ist die Konfrontation mit dem Sozialismus. Wir müssen zurückgreifen. Seit 1848 waren Regierungen und bürgerliche Klassen überall im sich industrialisierenden Europa von Wellen der Furcht vor der proletarisch-sozialistischen Revolution erfüllt. Die Pariser Kommune von 1871 und ihre blutige Niederschlagung und Verfolgung (die in Frankreich Revolution und Sozialismus vorerst einmal ganz ausgeschaltet haben) waren Teil der Erinnerung der Lebenden, auch wenn man Bismarcks Stilisierung von 1878, der Lobpreis der Kommune durch Bebel 1871 habe ihm die Augen für die sozialistische Revolutionsgefahr geöffnet, nicht wörtlich nehmen muß. Es gehört heute, nach dem Sieg des sozialdemokratischen Reformismus, zum guten Ton, die Furcht vor der sozialistischen Revolution für Gespensterfurcht zu halten, hinter der nichts als Klassenegoismus gegen eine andere Verteilung des Sozialprodukts und der Zugangsrechte gestanden habe. Aber die Furcht vor der Revolution war keine taktisch-manipulative Erfindung, um die Bürger ins Lager der Reaktion zu schrecken. Sie war ganz real. Die russischen Anarchisten und ihre Attentate waren so wirklich, wie die Kommune es gewesen war. Die radikale sozialistische Bewegung in Deutschland war eine Realität; sie war anfangs klein gewesen, aber sie wuchs, und weil das Proletariat wuchs und weil jedenfalls die Depression seinen Lebensstandard zu drücken schien, wurde die Gefahr einer weiteren Ausbreitung dieser Bewegung groß. Die Rhetorik der deutschen Sozialisten war „revolutionär“, sie kündigten das Ende der bürgerlichen Gesellschaft und des bestehenden Staates an, die Vernichtung der bürgerlichen Existenz. Warum sollte man diese revolutionäre Kampfansage nicht ernst nehmen? Es gehörte viel kaltes Blut, viel kühler Kopf dazu, die Wilden und die Nicht-so-Wilden, die Legalisten und die Gewaltverteidiger auseinanderzuhalten, den marxistisch geschichtsphilosophischen Wortgebrauch von Klassenkampf und Revolution von dem des Common sense zu unterscheiden, im Evangelium der Egalität die Fortdauer von Autoritäten und Differenzierungen zu erahnen, die mögliche Koexistenz der Sozialisten mit der bürgerlichen Gesellschaft – die den nachgeborenen Historikern so selbstverständlich scheint. Man konnte natürlich auch den Blick auf die realen Probleme konzentrieren, auf die „berechtigten Beschwerden“ der Arbeiter, die konkreten sozialreformerischen und demokratischen Forderungen der Sozialisten oder auf die Stärke der bestehenden

Mächte und die Schwäche der Sozialisten, auf die Priorität anderer politisch-gesellschaftlicher Gegensätze wie der zwischen Liberalen und Konservativen oder Klerikalen. Daraus ergab sich dann eine gelassenere Haltung gegenüber dem Sozialismus. Wie immer, latent war die Revolutionsfurcht bei Bürgern wie Herrschaftsgruppen gegeben, das war eine normale und durchaus verständliche Reaktion. Bismarck war von ihr, vom Alptraum der Revolutionen (cauchemar des revolutions, Th. Schieder) umgetrieben. Daß er, der Groß-Taktiker, bürgerliche Revolutionsfurcht und -hysterie auch manipuliert, erzeugt und gesteigert und in seinen Kalkülen und für seine politischen Zwecke benutzt hat, ist unübersehbar, aber das ändert nichts an dem harten Kern der Realitätswahrnehmung, die war weder Fiktion noch Manipulation. Die sozialistische Revolution war kein Buhmann für Wahlen, sie war für Bismarck wie für die meisten Bürger eine tödliche Gefahr.

Wie immer es mit dem Maß der Sorge vor der Revolution stand, die weitere Frage war, was zu tun war, war die Wahl zwischen einer Politik der Samthandschuhe oder der harten Faust. In den 60er Jahren fand die erste Alternative allgemein mehr Resonanz: Bei Bismarck – man denke an seine Gespräche mit Lassalle –, der der gemeinsamen Gegnerschaft gegen die Bourgeoisie Vorrang einräumte, der an die konservativen Effekte des allgemeinen Wahlrechts, an den konservativen Sinn der Massen glaubte; bei den Sozialkonservativen, z. B. seinen in dieser Hinsicht klugen Beratern wie Hermann Wagener, die jede Unterdrückungspolitik für aussichtslos, ja kontraproduktiv hielten und die Revolution durch Reform abwenden wollten; bei den Liberalen, die noch an ihre Lösungskonzepte glaubten und daran, die Arbeiter halten – oder gewinnen – zu können. Das hatte seit 1871 angefangen, sich zu ändern. Die Liberalen sahen ihre Hoffnungen schwinden, Streiks und andere Klassenauseinandersetzungen und erst recht die Depression verschärften Sorgen und Konfliktbereitschaft. Vor allem Bismarck und die staatliche Exekutive in Preußen neigten immer stärker zur polizeilich-gerichtlichen Unterdrückung aller sozialistischen Aktivitäten. Dahinter stand die obrigkeitlich-polizeistaatliche Tradition, der Glaube, durch Ausschaltung von Demagogen und Propaganda die Massen gegen Verführung schützen zu müssen, loyal halten zu können, stand Bismarcks rabiate Intoleranz gegenüber allen Formen eines entschiedeneren Dissenses, die Neigung, seine Gegner – wie Katholiken, aber auch Polen und linke Liberale – als Staats- und Gesellschaftsfeinde zu stigmatisieren und entsprechend zu behandeln, mit Vernichtung ihrer politischen und bürgerlichen Existenz zu bedrohen.

Freilich, Bürgerängste und staatliche Unterdrückungsversuche liefen noch sozusagen auf zwei Schienen. Zunächst war es nur die Exekutive, die gegen die Sozialisten vorging. Bebel und Liebknecht wurden 1872 wegen Hochverrat angeklagt und verurteilt – die Unterscheidung der legalen Wege von den revolutionären Zielen half ihnen nichts; sie wurden Märtyrer der Bewegung. Staatsanwaltschaften – der Berliner Staatsanwalt Tessendorff war besonders aktiv – und Polizei gingen gegen die Sozialdemokraten vor, mit Überwachung und Versammlungsauflösungen, Beschlagnahmen und Verboten – das obrigkeitliche Vereins- und Versammlungsrecht, zumal das Verbot des Zusammenschlusses politischer Vereine bot viele Handhaben –, mit strafrechtlichen Prozessen wegen Majestätsbeleidigung oder „Aufreizung" zu Gewalttätigkeit und anderem mehr. Als die beiden sozialistischen Parteien sich 1875 zusammenschlossen, betonte das – „Gothaer" – Programm die legalen Mittel, die Gesetzlichkeit des Vorgehens, der „Angriff" war auf die Gesellschaft, nicht den Staat konzentriert. Aber das änderte das Vorgehen der staatlichen Behörden nicht. Auf der anderen Seite haben die Liberalen, jedenfalls ihre parlamentarischen Repräsentanten, bei all ihrem Anti-Sozialismus an den Normen der Rechtsstaatlichkeit, der Toleranz gegenüber Dissentern und auch vermuteten Staats- oder Gesellschaftsfeinden, der Gesinnungs-, Rede-, Presse-, Vereins- und Versammlungsfreiheit, soweit nicht gegen bestehendes Strafgesetz verstoßen wurde, festgehalten, und es gab von seiten ihrer Klientel, auch wenn sie vermutlich revolutionsfürchtiger war, keinen gegenteiligen Druck.

Bismarck hingegen war von derlei Bedenken im Gebrauch der Staats- und Polizeimacht nicht „angekränkelt", er erklärte das Wort „Rechtsstaat" böse für eine Erfindung von Robert Mohl, er wollte die Gegner eben als „Staatsfeinde" mit allen Mitteln der Exekutive unterdrücken, politisch vernichten. Darum hatte er versucht, das Strafrecht zu erweitern, ja vage Formulierungen hineinzuschreiben, die der Exekutive freie Hand ließen. Das war zunächst im Reichstag gescheitert – und Bismarck benutzte das, um die liberale Mitte öffentlich als „soft" gegenüber der Revolution vorzuführen. Hier blieb ein massiver Gegensatz, der jederzeit entscheidend werden konnte. Das war in den späteren 70er Jahren das zweite Motiv Bismarcks, sich gegen die Liberalen zu wenden.

3. Das dritte Motiv Bismarcks für eine politische und parlamentarische Neuorientierung war eine ganz anders gelagerte neue Sachfrage, die freilich bald ins Grundsätzliche reichte: die Finanzpolitik. Wir haben über die unfertige Finanzverfassung des Reiches gesprochen. Das Reich lebte von wenigen Zöllen, indirekten (Verbrauchs-)Steuern und war im übrigen auf die Umlage des Finanzbedarfs auf die Bundesstaaten, die Matrikularbeiträge angewiesen. Als die französische Kriegsentschädigung aufgebraucht war, die Kosten für die Armee wuchsen, Zölle und Verbrauchssteuern aber nicht mehr erbrachten, sondern weniger, erhöhten sich zwischen 1874 und 1878 die Matrikularbeiträge. Sie mußten in den Bundesstaaten wesentlich durch direkte Steuern aufgebracht werden. Gleichzeitig stiegen die Kommunalsteuerlasten, z. B. wegen der Schulverbesserungen. Das Steuersystem war altmodisch; es zog die Masse der armen und kleinen Leute noch mit heran, in der Depressionskrise kam es zu zahlreichen Steuerpfändungen, in der Hälfte der Fälle vergeblich, das führte zu sozialer Unruhe; außerdem wurde Grundbesitz eher oder stärker als Kapitalbesitz und Gewerbebetrieb besteu-

ert. Das System kam an seine Grenzen. Bismarck nun sah in einer durchgreifenden Änderung dieses Steuer- und Finanzsystems eine Hauptaufgabe einer initiativen und neuen Politik. Er wollte zunächst das Reich von den Bundesstaaten finanziell unabhängig machen – das sollte politisch sein Gewicht stärken. Er wollte sodann sogar die Steuerverteilung umkehren. Das Reich sollte nicht mehr Kostgänger der Länder sein, sondern darüber hinaus die Länder Kostgänger des Reiches, das Reich sollte Einnahmen und Überschüsse an die Länder überweisen; damit sollte es zum dritten den Ländern – Bismarck dachte wesentlich an Preußen – ermöglicht werden, die unteren Klassen, die Landwirtschaft, vielleicht auch die Gemeinden, steuerlich zu entlasten. Schließlich wollte er das Hauptgewicht der Besteuerung von den direkten auf die indirekten Steuern verlagern, das entsprach einer altmodisch-naiven Reiche-Leute-Steuerphilosophie, nach der indirekte Steuern weniger fühlbar seien als direkte. Dieses „Programm" hatte natürlich auch eine verfassungspolitische Seite. Damals glaubte man noch an die Elastizität von Steuern, an die Möglichkeit, sie je nach Bedarf jährlich senken oder steigern zu können. Dann waren direkte Steuern stark parlamentsabhängig, indirekte dagegen – nach Erhebungsart, ihrem Einfluß auf die Wirtschaft und deren Notwendigkeit der Kalkulation – viel weniger. Außerdem hatte das Matrikularsystem die Wirkung, die Regierung in Preußen z. B. zu zwingen, mit dem Landtag über Steuervorlagen zu verhandeln. Es erhöhte also den Einfluß des Parlaments. Bismarck hingegen wollte durch Reduzierung der direkten Steuern und durch lang geltende indirekte Steuern die Regierungen sowohl im Reich wie in Preußen vom Parlament unabhängiger machen – das war eine antiparlamentarische Implikation seines Steuerkonzepts.

Bismarck hat dieses „Programm" nicht so einheitlich, wie es dem nachgeborenen Historiker erscheint, entwickelt und von vornherein verfolgt; die finanzielle Verselbständigung des Reiches war der Ausgangspunkt, dazu hat er viele Wege eingeschlagen. Der erste war z. B. 1876–78 der Versuch, die Eisenbahnen zu verstaatlichen und an das Reich zu übertragen. Es ist ihm zwar in Preußen gelungen, seinen Ministerkollegen und dem Landtag die notwendigen Vollmachten abzutrotzen, aber andere Mittelstaaten, vor allem Sachsen, haben diesen Plan dann durchkreuzt. Danach spielte für ihn die Idee eines Tabakmonopols, also die staatliche Regie der Tabakindustrie und des Tabakhandels wie in Österreich oder Frankreich, eine wichtige Rolle, ehe dann das Problem der Zölle akut wurde. Eisenbahn- wie Tabakprojekt bedeuteten eine Änderung der Staatsfunktionen: Die Übernahme wirtschaftlich-unternehmerischer Tätigkeit; und auch die Zölle waren, potentiell jedenfalls, Eingriffe in das Wirtschaftsleben. Kurz, es ging auch um die Anfänge des Interventionsstaates. Das mußte natürlich alle auf den Plan rufen, die in der Tradition der Nicht-Intervention des Staates, der strikten Begrenzung seiner Wirksamkeit, zumal im Bereich der Wirtschaft, lebten, die klassischen Liberalen.

4. Damit hängen nun zwei weitere Hauptmotive für Bismarcks Wende zusammen, sein Entschluß zum Übergang zum Schutzzoll und sein Bündnis mit den aufkommenden Interessenverbänden. Hier endlich münden nun die großen strukturellen Prozesse, die Veränderungen der Wirtschaftsgesellschaft und deren Tendenzen in die Politik. Darauf müssen wir jetzt ausführlicher eingehen. 1873 war der Gründerzeitboom in den Gründerkrach umgeschlagen, eine lang – bis 1879 zunächst – anhaltende Wirtschaftskrise, mehr als eine Rezession: eine Depression mit all den bekannten Begleiterscheinungen: Sturz der Börsenkurse und entsprechende Vermögensverluste, Firmenzusammenbrüche, Preisverfall, Absatzkrise, Produktionsrückgang und Überproduktion, Einkommenseinbußen und Nachfragerückgang, Lohndruck und erhöhte Arbeitslosigkeit, Wachstumsschwäche. Wir haben davon gesprochen – auch von der Unterschiedlichkeit der Indikatoren, Sektoren und Entwicklungen. Die Krise ist nicht mit der Weltwirtschaftskrise seit 1929 zu vergleichen, aber sie war die erste große Krise des industriellen Zeitalters und hat sich so den Zeitgenossen eingeprägt. Dazu kam dann Ende der 70er Jahre die langsam ins Bewußtsein tretende ganz anders geartete, nämlich strukturelle Krise, die Agrarkrise. Die unmittelbaren politischen Auswirkungen der Gründerkrise waren zunächst gering – z. B. auf die Wahlen von 1874 –, noch gehörte die Sorge für Stabilität und Wachstum der Wirtschaft, für den Lebensstandard und die Sicherheit der Bürger nicht zu den selbstverständlichen Aufgaben des Staates, die ihm Legitimität und Loyalität sicherten. Aber die indirekten, zumal die sozialpsychologischen Wirkungen der anhaltenden Depression waren doch groß, sie strahlten auf die Politik aus.

Die Krise löste Ängste aus, ersetzte das Grundgefühl der Hoffnung durch Angst: Angst vor Umverteilung und vor Sozialisten, Angst um den Status quo, um das Erreichte, Angst vor der Zukunft. Das kam bei Mittelklassen nicht der Partei der Bewegung und Veränderung, der Partei der Modernität, der Zukunft zugute.

Die Krise führte weiterhin zuerst bei denen, die sich im Gründungsfieber verspekuliert hatten, dann bei anderen „Betroffenen" und schließlich bei allen Beobachtern zur Suche nach „Schuldigen", zur Kritik der Bedingungen und Umstände, die sie wirklich oder vermeintlich heraufgeführt hatten. Das war, so meinten viele, die kapitalistische Konkurrenz- und Marktwirtschaft mit ihrem ungehemmten Gewinnstreben, das waren ihre kürzlich erst gesetzten Rahmenbedingungen, die Gewerbefreiheit und vor allem das (in der Tat mangelhafte) Aktienrecht und das Bankrecht. Es waren die liberale Wirtschaftsverfassung, das liberale Prinzip der Selbststeuerung und -regulierung der Wirtschaft, das man nun als „Manchestertum" bezeichnete, der liberale Harmonieglaube, die ins Kreuzfeuer der Kritik gerieten, ja es war der Liberalismus selbst, der mit all dem identifiziert wurde, die Liberalen als Partei eines modernen Aktienrechtes – der Liberalismus fand sich plötzlich nicht mehr in der Position der Selbstverständlichkeit, sondern in der der Defensive. Das war ein säkulares Schicksal. Dem Zweifel am Liberalismus entsprach eine weit verbreitete Erwartung an den Staat, für Abhilfe zu sorgen. Es blieben genügend Skeptiker gegenüber dem Staat, genügend Anhänger der „freien" Wirtschaft, aber Staatsintervention war ein aktuelles Thema. Und angesichts des dürftigen Angebots, das der klassische Liberalismus zur Lösung der sozialen Frage machte, stieß auch der Appell der Sozialreformer, der auf staatliche Sozialpolitik zielte, auf Resonanz. Psychologisch, kann man sagen, minderte die Krisenangst in einer eben in die moderne Industriewirtschaft eintretenden Gesellschaft das Vertrauen der Einzelnen in sich selbst, den Markt, die Gesellschaft, und disponierte umgekehrt zur Schutzsuche beim Staat, beim starken Staat.

Die andere Hauptfolge der Krise für die Politik war neben diesen psychologischen Veränderungen die Mobilisierung, die Artikulation und Organisation von divergierenden ökonomisch(-sozial)en Interessen. Natürlich hat es immer Interessen gegeben, und sie haben immer versucht, sich geltend zu machen. Aber insgesamt waren sie bis dahin – und gerade im vorangegangenen Jahrzehnt – in einem wirtschaftspolitisch-marktwirtschaftlich-freihändlerischen Konsensus über die Rahmenbedingungen eingebunden, und die Divergenz der Interessen, die nicht auf Staatsintervention zielten, kam kaum öffentlich und politisch zur Geltung. Die Möglichkeit der Staatsintervention dagegen hat die Interessenpluralität intensiviert, ja neu hervorgetrieben. Sobald man etwas vom Staat wollte, mußte man sich artikulieren und das je Besondere vorbringen und begründen. Bis dahin hatten vielfach die Handelskammern, welche auch die Interessen der Industrie vertraten, als pluralistische Clearingstellen von Interessen ausgereicht. Jetzt, Mitte der 70er Jahre, entstehen nach den wenigen und eher harmlosen Vorläufern ein ganzes Netz von Interessenverbänden der verschiedenen Industriezweige und -regionen und der erste mächtige Dachverband der schutzzöllnerischen Industrien, der Centralverband Deutscher Industrieller 1876. Das Umsichgreifen des Wunsches nach Schutzzoll vor allem ist es gewesen, das zu dieser Bewegung, der vehementen und organisierten Interessenartikulation und der Pluralisierung der Interessen geführt hat. Sobald das einmal in Gang gekommen war, wuchs diese Bewegung an – denn nun sahen sich immer mehr Gruppen veranlaßt (oder gar gezwungen), Interessen zu artikulieren und zu vertreten. Dabei lag es in der Natur der Sache, daß die Produzenteninteressen einen klaren Vorrang hatten, Konsumenten waren schwer zu organisieren; und wer in ihrem Namen zu sprechen suchte – Handelskreise, Städtetag, der „Kongreß deutscher Volkswirte" –, hatte es schwer, sich zu legitimieren. Am wichtigsten war, daß auch die Landwirtschaft in den Kreis der sich mobilisierenden Interessengruppen einbezogen wurde – das ältere landwirtschaftliche Vereinswesen und seine Spitzengremien, das preußische Landesökonomiekollegium, der Deutsche Landwirtschaftsrat von 1872 und die Neugründung der Vereinigung der Steuer- und Wirtschaftsreformer (1876), großagrarisch vor allem, Parlamentarier und Landhonoratioren verbindend, und zwar noch ehe die Agrarkrise wirklich einsetzte, noch ehe die Schutzzollforderung zur Mehrheitsmeinung der Landwirtschaft wurde. Sie artikulierten das Gefühl der Landwirtschaft, benachteiligt oder gar unterdrückt zu sein – das wurde, wie Lasker dann bitter sagte, der Krieg des Landes gegen die Städte. 1878 spielen alle solche Interessenverbände bei den Reichstagswahlen schon eine bedeutende Rolle.

5. Zu solchen großen wirtschaftlich bedingten gesellschaftlichen Veränderungen dieser Jahre, die die große Wende mit ermöglicht haben, gehört schließlich das Wiederaufkommen der Schutzzollbewegung. „Freihandel" war nicht nur bei den meisten Theoretikern und den Konsumenten – soweit sie eine Stimme hatten –, sondern auch bei der Mehrheit der Produzenten in den Jahren der Reichsgründung die herrschende Maxime. Die Landwirtschaft war seit langem freihändlerisch: Die großen Marktproduzenten exportierten nach England, und alle waren an der Billigkeit landwirtschaftlicher Geräte interessiert. Die außerpreußischen Schutzzollfreunde waren, in der Hochkonjunktur und seitdem der Freihandel endgültig dominierte, ganz zurückgetreten, so etwa Textilindustrielle in Süddeutschland und – verschämt – manche der Eisenproduzenten. Die Freihandelstheorie beherrschte die Öffentlichkeit.

Das änderte sich in der Krise, die zunächst eine Krise der Industriewirtschaft war. Einer der wichtigsten Protagonisten der Zollbewegung wurde die Eisenindustrie. Sie war in den Boomjahren gewaltig gewachsen – der Eisenverbrauch pro Kopf hatte sich 1870/73 verdoppelt (von 35,9 auf 72,0 kg), die Roheisenproduktion war 1871/73 von 1,6 auf 2,2 Mill. Tonnen angestiegen –, und sie war von der Krise entsprechend scharf getroffen, vor allem wegen der Stagnation des Eisenbahnbaus. Die Nachfrage sank, während das Angebot und die Produktion noch, schon wegen der Kapazitätsausweitung, wuchsen; die Preise sanken infolgedessen erheblich. In dieser Situation noch beschloß der Reichstag 1873, die letzten Eisenzölle 1877 aufzuheben. Die Industrie klagte über die ausländischen Importe, die den Markt „überschwemmten", zumal bei Stahl und Stahlschienen. Die „objektive" Lage – wie oft in solchen Fällen – war keineswegs so dramatisch. Vielmehr ging die Roheiseneinfuhr seit 1873 zurück, der Anteil der eigenen Produktion am Inlandsmarkt nahm zu, und ebenso der eigene Export – freilich, der Inlandsmarkt war wesentlich geschrumpft, das konnten auch die Exporte (zu billigeren „Dumping"preisen) nicht auffangen. Es gab keine Import-Überschwemmung, aber die Importe wurden als lästig empfunden, in Teilsektoren mehr als in anderen. Es gelang aber den Zollbefürwortern, Zölle als die eigentlichen Mittel der Krisenbewältigung, der Absatz- und auch Beschäftigungsstabilisierung darzustellen, auch die Sozialisten waren für Eisenzölle. Eine wichtige Rolle spielte dabei der Blick ins Ausland: In Frankreich, wo eine gemäßigte Freihandelspolitik dominierte, gab es noch Eisenzölle, und vor allem gab es Exportsubventionen, dagegen sollten „Ausgleichs"(Retorsions)zölle helfen; Rußland war nur nominell freihändlerisch, die Eisenbahnverwaltung z. B. war mit ihren Tarifen wie mit der Verteilung von Staatsaufträgen vor allem protektionistisch, die Umstellung der Zahlungspflicht auf Gold statt Papierrubel war eine faktische Zollerhöhung gewesen; in Österreich-Ungarn wurde die Absicht deutlich, die Zölle zu erhöhen. All das war vor 1879 noch nirgends am Ziel, aber diese Tendenzen stützten die Argumente der Protektionisten. Die Abschaffung der deutschen Eisenzölle im Krisenjahr 1873 wirkte sich natürlich psychologisch besonders negativ aus und stärkte die Front der „Schutzzöllner".

Eine ähnliche Entwicklung gab es in der – im Süden seit langem zollgeneigten – Textilindustrie, vor allem bei den schon großbetrieblich arbeitenden Spinnern, die zudem durch die neue Konkurrenz aus dem Elsaß bedrängt waren. Wir brauchen das im einzelnen nicht zu verfolgen.

Wichtig dann ist der Übergang eines Teils der Landwirtschaft in das Lager der Schutzzöllner. Lange Zeit war Deutschland ein Land der Getreideexporte gewesen, vor allem der Nordosten; die Landwirte waren darum, und um die Produktionskosten (Maschinen z. B.) niedrig zu halten, Freihändler. Für die Viehwirtschaft spielte der Außenhandel keine besondere Rolle. Seit Mitte der 70er Jahre etwa begann sich der große strukturelle Umschwung der Produktions- und Absatzverhältnisse abzuzeichnen; sowohl bei Roggen wie bei Weizen ergab sich ein Einfuhrüberschuß (11%–13% bzw. 6%–9% des inländischen Absatzes in den Jahren 1876 bis 1878 stammten aus Importen). Das wirkte sich noch nicht unmittelbar aus, die Getreidepreise fielen vor 1880 keineswegs besonders auffällig. Aber die regionalen Interessen waren da sehr unterschiedlich. Der Nordosten war, zumal was den Weizen anbetraf, immer noch exportorientiert, das Hauptproblem waren hier die durch überhöhte Bodenpreise enorm angestiegenen Produktionskosten; der Westen hingegen brauchte Importe zum Mischen harter und weicher Getreidesorten. Stadt- und industrienahe Regionen auch und gerade der Viehwirtschaft neigten mehr dazu, ihre Absatzinteressen auf dem Binnenmarkt zu schützen. Aber in allen Regionen und Sektoren gab es unterschiedliche Interessen und vor allem Meinungen. In einem komplizierten Hin und Her ergab sich, als die Zollfrage zur Entscheidung anstand, daß der Nordosten einstweilen noch eher freihändlerisch blieb, während der Westen und die Mitte, z. T. auch der Süden, in agrarischen Schutzzöllen Vorteile sah, sie verfocht oder ihnen zustimmte. Zum Teil waren Landwirtschaftskreise auch nur aus Gründen der Finanzpolitik und der Steuerentlastung für Zölle. Nicht nur die Großbetriebe und ihre meist adligen Sprecher waren an der Meinungsbildung beteiligt, sondern auch die Sprecher bäuerlicher, auch katholischer Regionen. Die Zollallianz war weniger eine von „Eisen und Roggen", Großindustrie und Junkern, wie es die historische Legende unseres Jahrhunderts will, sondern eher eine von Eisen und Schweinefleisch, Industrie und Bauern. Insgesamt ist „die" Landwirtschaft in der zollpolitischen Wende weder besonders aktiv gewesen noch sehr einheitlich; wenn freilich „die" Industrie Zölle „bekam", dann wurden Agrarzölle für viele (wie auch für Bismarck) zu einer notwendigen Kompensation. Die

Landwirtschaft, immer in Sorge, von Kapitalismus und Industrie überrollt zu werden, sollte nicht zu kurz kommen. Es war schwierig und hat lange gedauert, bis die unterschiedlichen Interessen der zollgeneigten Industrien sich miteinander verbanden und gar mit denen der mißtrauischen Landwirtschaft. Schließlich ist das gelungen.

Sowohl in den Kreisen der Industrie wie denen der Landwirtschaft spielten bei der Zollfrage (wie ja auch in der Beurteilung der eigenen Krisenlage und der Möglichkeit, sie durch Zölle zu bessern) andere als rational-ökonomische Erwägungen eine wichtige Rolle. Die Abkehr vom Manchesterliberalismus, der Nationalismus-Ton der Schutzzollagitation mit dem geschickt gewählten Slogan vom Schutz der nationalen Arbeit, die Krisenangst und das Gefühl, Zuflucht beim starken, beim schützenden Staat zu finden – all das beeinflußte die Entscheidung.

Wir halten fest: In der schweren Wirtschaftskrise entwickelt sich in bestimmten Sektoren das Streben nach Zollschutz. Das wird zum öffentlich-politischen Thema, zum Streitthema. Nicht Bismarck hat die Zollbewegung gemacht. Sie war ein autonomes Gewächs.

Nun zurück zu den Motiven für Bismarcks große Wendung. Er nimmt, wie gesagt, die beiden großen wirtschaftlichen Bewegungen dieser Jahre, Interessenmobilisierung und Schutzzollagitation, auf, macht sie sich zu eigen, benutzt sie zugleich und treibt sie voran.

Bismarck wird Schutzzöllner. Jahrzehntelang war er, wie seine Klasse, die Junker, wie die hohe preußische Beamtenschaft, Freihändler gewesen, die so erfolgreiche preußische Wirtschaftspolitik im Zollverein im Dienst der preußischen Nationalpolitik war Freihandelspolitik gewesen. Sein Freihändlertum war pragmatisch, nicht theoretisch-doktrinär gewesen. Darum konnte er seine Position Ende der 70er Jahre ändern. Die Einführung von Zöllen versprach eine Lösung der Finanzprobleme in seinem Sinne, und sie war zugleich von einer popularen Bewegung getragen, von gesellschaftlichen Machtgruppen. Daß der Staat im Krisenfalle für die materiellen Belange der Gesellschaft und der Oberschicht zu sorgen habe, war ihm, dem Konservativen, trotz seiner Abneigung gegen zuviel Bürokratie, gleichsam selbstverständlich, und ebenso, daß man sich gegen „unfaire" Praktiken des Auslands, wie Exportsubventionen, schützen müsse. Seine Pläne zur Verstaatlichung der Eisenbahn hatten auch den Sinn, einen Schlüsselsektor der Binnen- und Außenwirtschaft in die Hand des Staates zu nehmen und über Frachttarifregelungen die – vermeintliche – Begünstigung der Importe abzubauen. Das wäre Interventionspolitik vor aller zollpolitischen Umorientierung gewesen. Das Argument sodann, daß Zölle der so vordringlichen ökonomisch-sozialen Stabilisierung, Wachstumssicherung, Krisenbewältigung dienen würden, hatte ihn überzeugt. Als Landwirt und Landwirtschafts-„vertreter" schließlich wollte er angesichts der entstehenden Agrarkrise Anteil an den Vorteilen der Zölle, von denen er zudem glaubte, sie würden von den Importeuren getragen. Kurz, Bismarck sah in Schutzzöllen ein wirksames und legitimes Mittel zur Lösung der Finanz- wie der Wirtschaftskrise. Daß die Mehrheit seiner Anhänger und des konservativen Potentials eher den Schutzzöllnern zuneigte, seine Intimfeinde, die „linken" Nationalliberalen und die Fortschrittsleute, geschworene Freihändler waren, hat seine – späte – Entscheidung für den Protektionismus natürlich bestärkt.

Bismarck hat sich nicht von den Interessen treiben lassen, die Führung bei der Politik der Wende behielt er fest in der Hand. Aber er hat die Mobilisierung von Interessen in der Politik begrüßt und gefördert: Das entsprach seiner Abneigung gegen Prinzipien, Theorien und Doktrinen und eine davon geleitete Politik. Das entsprach seinem Bild der gesellschaftlich-politischen Wirklichkeit, der wirklichen Menschen, der wirklichkeitsadäquaten inneren Politik. Das war nun freilich auch eine Wendung gegen den Liberalismus, gegen das liberale Verständnis von Politik, gegen den Vorrang der „Ideen", gegen die Wichtigkeit von Rechts- und Verfassungspolitik, ja gegen das liberale Personal: Intellektuelle, Professoren, Akademiker und Beamte – anstelle der Männer des „praktischen Lebens". Die Mobilisierung von Interessen konnte das ideenpolitische deutsche Parteiengefüge revolutionieren und insoweit alle Tendenzen zur Systemveränderung und Parlamentarisierung abfangen. Die Einbindung der Parteien in Interessenpolitik mochte sie weiter pluralisieren und – gegenüber der gesamtpolitisch allein handlungsfähigen Regierung – neutralisieren und schwächen; gerade die nationalliberale Partei war von solcher Interessenpluralisierung besonders gefährdet. Diese mochte den Pragmatismus stärken und damit die Bindung an die Regierung, und sie mochte den noch ideenpolitisch orientierten linken Flügel herausdrängen.

Dieser Komplex hat in der Kritik der linksliberalen Zeitgenossen und der Nachgeborenen an Bismarck eine Hauptrolle gespielt. So wichtig das – vom Ergebnis her – ist: man muß es in zweierlei Hinsicht relativieren. Einmal: Bismarck war nicht der große Manipulator, der, um die Parteien durch Interessen zu „zersetzen" und zu schwächen, die Politik der großen Wende eingeleitet hat. Interessenmobilisierung war ein Mittel, Umorientierung der Parteien war eine Folge und durchaus auch eine Nebenabsicht Bismarcks, nicht weniger, aber auch nicht mehr. Darum hat er die Interessenmobilisierung begrüßt, gefördert und vorangetrieben. Daher haben wir sein Kalkül eben so charakterisiert, daß diese Interessenmobilisierung erwünschte Folgen haben „mochte", nicht aber primär darauf zielte. Zum anderen: Man darf sich durch Bismarcks Anti-Liberalismus bei seiner Anti-Ideen- und Pro-Interessen-Politik nicht davon ablenken lassen, daß Interessen, das Geltendmachen und das Ausgleichen von Interessen das tägliche Brot aller Politik und Parteipolitik in modernen Zeiten sind. Das hat nicht Bismarck erfunden, das ist das Wesen der Sache. Bismarck hat den kommenden Interventionsstaat gewittert, und er hat ihn mit heraufgeführt. Aber das war ein universaler Prozeß, der unvermeidlich wurde, als „Wirtschaftslagen" und nicht mehr Ernteergebnisse das Schicksal der Menschen bestimmten, und darum Wirtschaftspolitik, und als Politik eine Sache der Klassenauseinandersetzungen und des Massenmarktes wurde. Das war es, was Interessen entfesselte und sie allerdings politisch „benutzbar" machte. Darüber kann man nicht klagen – wenn man nicht in eine eigensinnige deutsche Ideologie verfallen will. Daß den deutschen Parteien dieser Übergang in eine modernere Form der Politik besonders schwergefallen ist und sie in sich wie gegenüber der Regierung – das bleibt wahr – geschwächt hat, lag an ihrer Tradition der Theoriebestimmtheit und an ihrem fortdauernden Ausschluß von wirklicher Macht, die die Prämie für Interessenintegration gesetzt hätte. Daß Bismarck die aufkommenden Interessenkämpfe gegen die Parteien benutzt und sie verschärft hat, das freilich bleibt auch wahr.

6. In der letzten Phase der Wende-Krise hat natürlich auch – das wäre unter den Motiven Bismarcks das letzte – das Scheitern des Kulturkampfes, sein Entschluß zum Abbruch, zur Friedenssuche, eine Rolle gespielt. Damit entfiel ein wesentliches und lange intakt gebliebenes Stück Kooperation mit den Liberalen, ja damit entstand eine zusätzliche Spannung; zugleich erleichterte das die Verständigung mit den neu formierten Konservativen. Dagegen spricht nichts für die gelegentlich geäußerte Vermutung, daß Bismarck umgekehrt wegen der antiliberalen Wendung und wegen der Schutzzollpolitik den Kulturkampf abgebrochen habe. Die beiden Vorgänge fügten sich ineinander, ohne sich so oder so zu bedingen.

Daß der Bruch mit den Liberalen und der Übergang zur Schutzzollpolitik zu einem Komplex zusammenwuchsen, war nicht von vornherein so angelegt. Die große Wende hat sich längere Zeit vorbereitet, und sie hat sich in einer Reihe von Schritten vollzogen. Der Rücktritt Delbrücks als Chef des Reichskanzleramts schon 1876 war ein erstes Signal dafür, daß Bismarck die Abkehr von der bisherigen freihändlerischen Wirtschaftspolitik vorbereitete. 1877 schien sich zunächst eine bedeutende Alternative zur Wende-Politik abzuzeichnen. Bismarck, der sich für viele Monate von den Berliner Geschäften auf sein Gut nach Varzin zurückgezogen hatte, bot dem nationalliberalen Parteiführer Bennigsen ein preußisches Ministeramt (zuerst das Innen-, dann das Finanzministerium) an, ja die Rolle eines Vizekanzlers. Das war mehr als ein Posten, das war eine Befestigung des beinahe zehnjährigen Bündnisses. Bismarck war nicht so unabhängig, wie es manchmal scheinen mag, er war auf parlamentarische Unterstützung angewiesen und suchte sie auf Dauer zu stabilisieren. Natürlich, er wollte die Nationalliberalen an die Regierung binden, auch an diese oder jene Version seiner Reformpolitik; er wollte ihre verfassungspolitischen Alternativpläne einhegen oder kappen, er wollte ihren linken Flügel eindämmen oder absprengen. Er wollte, noch einmal, einem Whig-Kabinett des Thronfolgers vorbauen. Er wollte das Bündnis von 1867 erneuern und festigen, so aber, daß sein Zentrum weiter nach rechts verschoben wurde. Seit 1876, seit der Neugründung der „Deutsch-Konservativen", war der Einschluß der Partei seiner Ursprünge in die Regierungsmehrheit möglich; die Wahl von 1877, die Gewinne der Konservativen, Verluste der Nationalliberalen und verschärfte Spannungen zwischen ihnen und dem Fortschritt ergeben hatte, hatte dem Laskerflügel die Funktion des Züngleins an der Waage genommen und damit ein Stück gesamtparlamentarischen wie innerparteilichen Gewichts. Bismarck setzte gerade dann die Verhandlungen fort, die neue Lage sprach für seine Kombinationen, sie mochte auch Bennigsen zu ihren Gunsten beeinflussen. Im Grunde wollte Bismarck vor allem eine klare Mehrheit für die Regierung ohne Festlegung auf ein zu detailliertes Programm; in den Verhandlungen, die sich fast ein Jahr hinzogen, schien er auch für andere Sachprogramme offen. Bismarck hat diese Alternative nicht mit letzter Entschiedenheit, aber mit allem Ernst verfolgt, trotz aller gleichzeitigen Interessenmobilisierung; das war gewiß mehr als ein taktischer Zug in einem Feldzug zur Vernichtung oder Schwächung des Liberalismus.

Aus der Sache ist bekanntlich nichts geworden. Bennigsen hielt die Chance eines einzigen Regierungsmitglieds, liberale Politik durchsetzen zu können, für zu gering, das Risiko, zwischen Regierungszwängen und Parteirücksicht zerrieben zu werden, für zu groß und gar das Risiko einer Parteispaltung. Er forderte, daß zwei weitere Nationalliberale zu Ministern ernannt würden, und zwar Führer des linken Flügels, von Stauffenberg und von Forckenbeck. Diese Forderung war von vornherein so hoch, daß ihre Ablehnung sicher war, Bismarck konnte sich leicht auf die Ablehnung des Monarchen berufen. Der eigentliche Gegensatz war, daß Bismarck weiterhin eine Regierung „über den Parteien“, unabhängig von ihnen wollte, Bennigsen eine Regierung in engster Verbindung mit einer Partei oder Parteiengruppe. Bei ihm stand dahinter die im nachhinein eigentümliche Überzeugung, daß die Zeit für die Nationalliberalen arbeite, Bismarck wegen der wachsenden Finanznot und eines neuen Septennats auf jeden Fall „kommen“ müsse und mit der Thronfolge eine liberale Ära anstehe. Das erwies sich als Fehlkalkulation. Man kann über die Möglichkeiten damals nur spekulieren und kommt nicht sehr weit. Gewiß war Bismarcks Angebot voller Fallen und Gefahren für die Liberalen, eine Societas leonina mit dem „starken Mann“; die Erfahrungen hatten anscheinend gezeigt, daß es ihm darauf ankam, die Liberalen zu benutzen, nicht wirklich mit ihnen zu kooperieren; die Gefahr einer Spaltung der Partei hätte sich erhöht, freilich nicht Bismarck hatte, wie manche Kritiker glauben machen wollen, die Spannungen in der Partei produziert. Aber gewiß bot das Angebot auch Möglichkeiten, die eine moderat liberale Politik hätte nutzen können. Man hätte das Wagnis auch eingehen können. Es hätte eine Chance des Liberalismus werden können, vielleicht.

Der Anlaß zum Abbruch der Verhandlungen wurden Bismarcks Pläne zur Finanzreform. Bismarck wollte Anfang 1878 zunächst eine Tabaksteuer, aber er machte kein Hehl daraus, daß er ein Tabakmonopol wollte. Die Nationalliberalen konnten dafür keine Mehrheit versprechen. Das wurde für Bismarck entscheidend, jetzt wandte er sich gegen die Partei und gegen liberal mitgeprägte Lösungen der Finanzprobleme; das zeigt auch, wie sehr für Bismarck die Finanzpolitik Priorität hatte. Wenn die Liberalen da nicht mitmachten und auch keine akzeptable Alternative anboten, dann mußte man gegen sie regieren, dann wurden all die anderen Motive, die für eine Abkehr vom Liberalismus sprachen, entscheidend. Bismarck forcierte seine neue und jetzt postliberale Steuer- und Finanzpolitik – in einer Reichstagsrede vom 22. Februar 1878 nannte er das Tabakmonopol sein vornehmliches Ziel, alles in scharfer Wendung gegen die liberale Wirtschaftsphilosophie, gegen den freihändlerischen, linken Flügel der Nationalliberalen. Offenbar hatte er es aufgegeben, die ganze Partei für seinen wie immer zu gestaltenden Reformkurs zu gewinnen. Bennigsen brach die Verhandlungen nunmehr endgültig ab. Jetzt traten auch die beiden anderen wirtschaftsliberalen Minister zurück, der Finanzminister Camphausen und der Handelsminister Achenbach; der Innenminister Friedrich Eulenburg, den Konservativen wegen der Kreisreform von 1872 verhaßt, wurde durch seinen Vetter Botho Eulenburg ersetzt. Die Wahl eines neuen Papstes rückte einen Friedensschluß im Kulturkampf in den Bereich des Möglichen; zollpolitisch bahnten sich Gemeinsamkeiten zwischen Konservativen und Zentrum an, eine wirtschafts- und finanzpolitische Reform mit dem Zentrum mochte sich ergeben. Aber Bismarck war noch nicht entschlossen, mit dem Zentrum zu kooperieren, nicht entschlossen auch, auf jeden Fall zum Schutzzoll überzugehen. Er hielt sich das offen, suchte nicht die divergierenden Zollinteressenten unter einen Hut zu bringen, das sollte – wenn denn überhaupt – Sache der Interessenten selber sein. Bismarck verfolgte auch die Möglichkeit, die Nationalliberalen einzuschüchtern, indem er die Interessengruppen benutzte, auf sie Druck in seinem Sinne auszuüben, indem er ihnen konservative Alternativen der Politik vorführte – vielleicht mochte sie das doch zu seinem Gouvernementalismus und einer neuen Finanz-, ja vielleicht Wirtschaftspolitik bewegen.

Eigentlich war Bismarcks Situation im Frühjahr 1878 kaum haltbar. Die Finanzreform war nötig. Die Liberalen waren nicht gezähmt, nicht gewonnen. Auch wenn seine konservativen Sympathien nun dominierten – es gab keine Mehrheit für eine neue Politik, für die neuen Gesetze, die man brauchte. Bismarck erwägt die Auflösung des Reichstags und droht mit ihr, ja er redet von Verfassungsänderung, von Staatsstreich also, er verschärft seine und seiner Organe Rhetorik gegen Parlament und Parteien, entfesselt geradezu entsprechende Kampagnen, schlägt alle Verhandlungs„lösungen" in den Wind, kurz, er erzeugt und intensiviert eine innenpolitische Krisensituation. Dennoch zeichnet sich keine Lösung ab, die Situation bleibt unhaltbar.

Da schuf das Unglück Bismarck eine Doppelchance. Am 11. Mai 1878 verübte der Klempnergeselle Hödel ein erfolgloses Attentat auf den alten Kaiser. Er war ein wirrer Mensch, kurze Zeit Mitglied der sozialistischen Arbeiterpartei gewesen, aber wegen Unterschlagung ausgeschlossen und zuletzt offenbar Anhänger der Stoeckerschen christlich-sozialen Bewegung. Aber die Regierung schob das Attentat den Sozialisten in die Schuhe. Bismarck drückte im Ministerium gegen viele Widerstände ein „Sozialistengesetz" durch. Es war schon gesetzestechnisch miserabel gearbeitet, die Ablehnung im Reichstag war einkalkuliert, Bismarck wollte Liberale und Zentrum vor dem erschreckten Wählervolk „vorführen". Erwartungsgemäß scheiterte die Vorlage – die Mehrheit wollte kein Ausnahmegesetz, keinen Bruch mit dem Rechtsstaat, sah keinen Notstand. Und der bestand ja auch nicht. Jedermann war die Taktik Bismarcks deutlich, die Sache auszunutzen, die Liberalen zu zwingen, ihre rechtsstaatlichen Prinzipien endlich im Kampf gegen die Revolution zurückzustellen. Aber weil auch diejenigen, die entschlossen die herrschende Ordnung verteidigen wollten, den Gesetzentwurf ablehnten, lief diese Offensive Bismarcks gegen den Reichstag ins Leere.

Am 2. Juni kam es zu einem zweiten Attentat, bei dem der Kaiser erheblich verletzt wurde; das war die „Folge"tat eines, so hat man Grund zu vermuten, Psychopathen, des Dr. Karl Nobiling; er starb kurz darauf infolge eines Selbstmordversuchs. Er kam wohl aus dem Umkreis des sektenhaft-revolutionären Anarchismus, bitter verfeindet mit der sozialistischen Internationale. Bismarcks erster Gedanke, noch ehe er sich nach dem Ergehen des Monarchen erkundigte, war die Auflösung des Reichstags – „Dann lösen wir den Reichstag auf!" –, der Schlag gegen die Nationalliberalen – „jetzt habe ich die Kerle, jetzt drücke ich sie an die Wand, bis sie quietschen" –, so oder ähnlich soll er gesagt haben, auch wenn es dafür kein verläßliches Zeugnis aus erster Hand gibt. Auf eine positive Behandlung des zunächst abgelehnten Entwurfs eines Sozialistengesetzes, die nun auch nach Ansicht der Minister ganz sicher war, und auf den Vorschlag des Kronprinzen, der eine Zeitlang die Regentschaft führte, die „Krise" in Kooperation mit den Nationalliberalen zu lösen, ließ er sich erst gar nicht ein, – vielleicht auch, weil seine fast wahnhafte Furcht vor einem liberalen Kronprinzenministerium jetzt wieder hervortrat. Er wollte an die verschreckten Wähler appellieren – gegen die bisherigen Abgeordneten, wollte einen neuen Reichstag. Den Widerspruch der – liberalen – badischen Regierung im Bundesrat gegen die Auflösung des Reichstags hat er mit der Drohung von Reichsauflösung und Staatsstreich gebrochen und so äußere Einhelligkeit hergestellt.

Bismarck gab dem Wahlkampf und den Wahlen wie nie zuvor das Gepräge. Er führte ihn mit dem Regierungsapparat und vor allem der offiziösen Presse und der Regierungspressepolitik, aber diesmal so, daß alles auf eine gewaltige Mobilisierung der Wähler und Nichtwähler hinauslief, daß er die Initiative hatte und alle anderen zu Reagierenden machte, die Parteien in den Hintergrund rückte und gegeneinander ausspielte, die Themen setzte, seinen – verbal gewalttätigen – Kampfstil zur Norm machte; er war es, der sich mit allen Mitteln der Meinungsbeeinflussung direkt an die Wähler wandte, die Wahlen zu einem Plebiszit für und gegen Bismarck zu machen suchte. Zu dieser generellen Methode gehörte die Ermunterung der organisierten Interessen und die Berufung auf sie; sie wurden vor den Wählern gegen die Parteien, die Nicht-Bismarck-Parteien natürlich, ausgespielt. Nur die über den Parteien stehende, vermittelnde Regierung, so war die implizierte Botschaft, sei in der Lage, die großen Interessen der produzierenden Wirtschaft wahrzunehmen und auch auszugleichen. Wie immer es mit Bismarcks letzten Zielen, seiner großen Strategie und seinen Ambivalenzen gewesen sein mag, in diesem Wahlkampf konnte er seine Abneigung gegen die nationalliberale Linke voll ausspielen. Das Zentrum konnten seine Wahlparolen, Sozialistengesetz, Finanz- und Wirtschaftsreform, nicht berühren. Sie zielten auf eine konservativ-nationalliberale Koalition, eine Regierungskoalition „Bismarck-sans-phrase", mit nach rechts verschobenen Gewichten und so, daß die Regierung zwischen den Partnern das letzte und entscheidende Wort haben sollte. Man darf über der anti-nationalliberalen Taktik diese Strategie, die zunächst die Kontinuität des liberalkonservativen Kompromisses umbildend fortsetzen wollte, nicht übersehen.

Der Wahlkampf hatte drei Themen. Das Wichtigste war der Kampf gegen die Feinde der bestehenden Staats- und Gesellschaftsordnung, den sozialistischen „Umsturz", und das mit den härtesten Mitteln. Die Furcht vor Revolution oder Umsturz, von der Regierung kräftig angeheizt, überwältigte bei den Wählern die realistische Lagebeurteilung, die Unterscheidung von terroristischem Anarchismus und Sozialismus, die Frage nach den Wirkungen und Nebenwirkungen eines „Sozialistengesetzes"; es mußte etwas geschehen, und zwar etwas gegen die Sozialdemokraten. Die Wähler der Nationalliberalen schwenkten voll auf diese Linie, kein Kandidat konnte dagegen auch nur Vorbehalte äußern; dennoch wechselten Wähler zu den Konservativen. Zugleich vermochte die Umsturzparole Nicht- und Neuwähler zu mobilisieren. Das zweite Thema war die Frage nach einer neuen anti-manchesterlichen und interventionistischen Wirtschafts- und Zollpolitik. Dafür trat Bismarck und trat die Mehrheit der Verbände ein, ein wirtschaftliches Zentralwahlcomité in Berlin hat 100 protektionistische Kandidaten unterstützt und 50 freihändlerische bekämpft. Auch hier waren die Nationalliberalen die potentiellen Swing-Wähler, sie vor allem waren Ziel und Opfer des Interessendrucks, auch hier verschoben sich die Gewichte vor allem von den Liberalen zu den Konservativen, und auch innerhalb der nationalliberalen Partei nach rechts. Die Krisenangst bäuerlich-bürgerlicher Wähler und die kompensierende Parole vom schützenden und sorgenden (Interventions-) Staat kamen jetzt zum Tragen. Die Tatsache, daß die Finanzreform neue Belastungen mit sich bringen würde, geriet eine Weile aus dem Blick der Normalwähler außerhalb der Sozialdemokratie und des Fortschritts. Schließlich war das, was Bismarck zu einem Stilelement des Wahlkampfes gemacht hatte, auch sein Gegenstand: die Frage nach dem Bestand bisheriger Parteien, bisheriger parlamentarischer Politik, nach dem Vorrang der Verfassungs- vor den Wirtschaftsfragen, die Frage nach einer „neuen" Politik der Verbände und der Regierung gegenüber der alten Politik der ideenpolitisch gruppierten, wie Bismarck meinte, doktrinären Parteien. Revolutionsfurcht und neue Wirtschaftsinteressen, die beiden konkreten Themen, waren mit diesem verfassungs-, ja fast metapolitischen Problem verflochten.

Bismarck war mit seiner Taktik und grosso modo auch seiner Strategie erfolgreich. Das Ergebnis der Wahlen war zwar kein Erdrutsch, aber ein Rechtsruck: eine um 2,8 % höhere Wahlbeteiligung, Verluste der Nationalliberalen (4,1 % der Stimmen, 7,3 % der Sitze, ein Rückgang von 128 auf 99), zumal der linken Nationalliberalen und des Fortschritts (Verluste von 1,0 % der Stimmen und 2,2 % der Sitze, ein Rückgang von 35 auf 26 Sitze), Gewinne der beiden konservativen Parteien (9 % und 9,6 %, von 78 auf 116 Sitze). Das Zentrum war zum ersten Mal in die Position gelangt, mit den Konservativen eine Mehrheit bilden zu können. Die Nationalliberalen waren durch die Niederlage, Wählerflucht und Wählerdruck erst recht eingeschüchtert. Zudem zeigte sich bald, daß es jetzt eine schutzzöllnerische Mehrheit gab. In der sich bildenden Freien Volkswirtschaftlichen Vereinigung saßen 204 Abgeordnete (von 397), die Konservativen, die Mehrheit des Zentrums, ein Viertel der Nationalliberalen. Das Ergebnis der Wahl konnte Bismarck als Vertrauensbeweis ansehen, als plebiszitäre Bestätigung seiner Pläne. Und so konnte er es nutzen.

Das erste und konkreteste Ziel Bismarcks war das Sozialistengesetz. Die „liberalere“ Alternative einer Verschärfung der allgemeinen Bestimmungen des Vereins-, Versammlungs-, Presse- und Strafrechts – Baden hat das zur Sprache gebracht – war keine Alternative mehr. Der Regierungsentwurf – der Entwurf, man vergißt dergleichen gern, lehnte sich an ein britisches Gesetz gegen irische Revolutionäre an – kam ohne wesentliche Schwierigkeiten durch Bundesrat und Reichstag; die Nationalliberalen haben einige Tatbestände präzisieren und einige Revisionsmöglichkeiten verstärken können, das sollte die Zustimmung auch des linken Flügels garantieren, aber das spielte keine wichtige Rolle. Die Linke – Sozialdemokraten und Fortschritt – stimmte geschlossen gegen das Gesetz, ebenso das Zentrum, trotz eines gewissen kurialen Drucks und trotz mancher Sympathie für das Gesetz auf dem rechten Flügel: Rechtsstaat gegen Ausnahmegesetz, das stand hier einstweilen unerschütterlich. Die konservativen Parteien stimmten geschlossen für das Gesetz. Das entscheidende Faktum für die Mehrheitsbildung war, daß auch die Nationalliberalen mitsamt ihrem linken Flügel dafür stimmten. Sie hatten – zum Teil – tiefe Bedenken. Das Gesetz widersprach ihren Rechtsstaatsüberzeugungen; es sei infam, meinte der durchaus nicht „linke“ Miquel privat, aber er werde jeden, der ihn mit dieser Aussage öffentlich zitiere, sofort dementieren; sie „fielen um“, wie die Gegner nicht müde wurden zu betonen. Staats- und Parteiräson machten, so meinten sie, die Annahme des Gesetzes notwendig. Die Alternativen zur Ablehnung waren neue Reichstagsauflösung und endgültiger Abfall der Wähler oder Staatsstreich. Wie gewaltig der politische wie moralische Druck war, zeigt die – verzweifelnde – Zustimmung auch der aufrechten Hüter liberaler Politik auf dem linken Flügel; sie meinten, das „realpolitische" Opfer um der liberalen Zukunft willen bringen zu müssen – so schwer das mit dem Image des Umfallens sein würde.

Das Gesetz ermächtigte die Behörden zum Verbot von Vereinen und Versammlungen, Druckschriften und deren Verbreitung, Geldsammlungen und anderen Aktivitäten, die sozialistische Bestrebungen oder den Umsturz der bestehenden Ordnung zum Ziel hatten, und bedrohte die dabei aktiven Personen mit Strafen und Aufenthaltsverboten (Ausweisungen). Zusätzlich konnte für ganze Bezirke das angeordnet werden, was bald der „kleine Belagerungszustand" hieß; dann waren z. B. öffentliche Versammlungen überhaupt nur mit Genehmigung zulässig, die öffentliche Verbreitung von Druckschriften verboten, die Ausweisungen in großem Maßstab erleichtert, die polizeilichen Zugriffsrechte verstärkt. Im wesentlichen bestimmte immer die Polizei; der Verdacht war, ohne viel Skrupel bei den Definitionen, erst einmal ausreichend. Die Sozialisten – das war der Kern der Sache – wurden zu Verfassungs-, Staats- und Gesellschaftsfeinden erklärt; jede „öffentliche" Aktivität ihrerseits sollte verhindert und verfolgt werden; den Aktivisten sollte auch ihre bürgerliche, private Existenz unmöglich gemacht werden. Es war ein hartes politisches Unterdrückungsgesetz, ohne die inzwischen üblichen Rechtsschutzgarantien. Und es war ein „Ausnahmegesetz", das jenseits der generellen Rechtsnormen, die für alle galten, einen ganz bestimmten Kreis von politischen Dissentern traf.

Aber das Gesetz hatte, auch deshalb, weil es ein Gesetz war, eine Reihe von bedeutenden Lücken. Das hing mit der damaligen Rechtskultur zusammen, die jedenfalls die Mehrheit des Reichstags und der Bürokratie bestimmte. 1. Das Wahlrecht, das aktive wie das passive, die parlamentarischen Mandate und Aktivitäten und vor allem der Wahlbetrieb blieben vom Gesetz unberührt: Sozialdemokraten konnten kandidieren, konnten Wahl- wie Parlamentsreden halten, und damit war natürlich manch anderes verbunden. Die verfassungsfeindliche Partei wurde nicht aus der Verfassungspraxis ausgeschlossen; Bismarck hielt deshalb das Gesetz immer wieder – und schon während der Entstehungsphase – für viel zu schwach und wenig effektiv. Darum konnte die sozialdemokratische Partei fortleben, ja weiterhin öffentlich wirken und sich ausdehnen. 2. Die Ausführungspraxis war Sache der lokalen und regionalen Behörden – das hatten die Mittelstaaten sich nicht nehmen lassen –, sie war darum trotz preußisch-zentralistischen Drucks leicht unterschiedlich; der Föderalismus – wie so oft in Deutschland – begrenzte auch hier die obrigkeitliche Effizienz. 3. Das Gesetz war befristet, das war ein Ergebnis nationalliberalen Drucks. Es sollte zweieinhalb Jahre gelten, es mußte verlängert werden, es konnte auch nicht verlängert werden (wie 1890), es stand zur Diskussion. 4. Schließlich: Auch der polizeigeneigte Obrigkeitsstaat preußisch-bismarckscher Prägung war nicht totalitär – das private Verhalten von Menschen, Gesinnungen und ihre Äußerung im Gespräch konnte er nicht kontrollieren, nicht unter Strafe stellen; das war neben den Wahlen der andere Weg, über den der Sozialismus sich ausbreitete.

Die Politik des Sozialistengesetzes war maßlos, und sie war absurd, indem sie auf Zwang und Gewalt setzte. Man kann das sagen, auch wenn man die modische Mißachtung des Staatsinteresses an der Garantie der bestehenden Verfassung und deren Legitimität nicht teilt und auch wenn man den Zeitgenossen zubilligt, daß sie nicht so klug sein konnten wie spätere Historiker, die die revisionistischen Wandlungen der Sozialdemokratie kennen und zurückzudatieren geneigt sind. Aber die Sozialisten von 1878 schon waren keine terroristische Vereinigung, keine „Revolution machende Partei", sie waren keine Erfindung von Ideologen und Agitatoren, sie waren nicht durch Zwang und Gewalt einzudämmen, auch ein Gesetz ohne jene Lücken hätte das nicht vermocht. Bismarck hatte zwar genügend realistische Einsicht, seine repressive Politik gegen die Systemfeinde durch die positive Politik der Sozialversicherungen zu ergänzen, aber der Einsicht konservativer Sozialreformer, wie H. Wageners oder Th. Lohmanns, die ihn zeitweise berieten, daß nicht eine Sozialpolitik im Geist paternalistischer Wohltaten, sondern nur eine im Geiste der Gleichberechtigung und der Emanzipation Erfolg haben könnte, verschloß er sich. Der Mißerfolg des Gesetzes war gleichsam vorgezeichnet. Es wirkte kontraproduktiv: Die staatlich-gesellschaftliche Verfolgung schloß die sozialistische Arbeiterschaft zusammen und intensivierte ihre moralische Energie, ihren Widerstand, ihre Solidarität, ihre Opposition, vielleicht auch ihren Radikalismus, und das Netz des organisierten Widerstandes und Zusammenhalts wurde ein Faktor ihrer Integration. Die Zahl der Wähler hat sich in den 12 Jahren, in denen das Gesetz galt, bis 1890 also, etwa verdreifacht, die der Abgeordneten etwa vervierfacht.

Das zweite Hauptziel Bismarcks, Hauptergebnis der Wahlen von 1878, war die Neuorientierung der Wirtschafts- und Finanzpolitik, so wie sie sich schon länger abzeichnete, im Sinne einer Koalition für Schutzzölle.

Die Wahl hatte den Schutzzöllnern eine Mehrheit gebracht, sie organisierte sich in der Freien Volkswirtschaftlichen Vereinigung des Reichstags überfraktionell. Sie entfesselte im Herbst 1878 eine gewaltige Petitionsflut zugunsten des Schutzzolls, und es gelang ihr, die unterschiedlichen Interessen der Landwirtschaftskreise und der Industrie unter einen Hut zu bringen. Bismarck, der sich solange freie Hand vorbehalten hatte, machte nun die Zölle zum integralen Teil seiner Reformpolitik, identifizierte sich ganz und gar mit dem Schutzzoll, er stilisierte den Schutzzoll zu einer Sache, an der der Bestand des Reiches hing. Zuerst war sein Zollinteresse eher finanzpolitisch gewesen, aber er verband sich mit den Interessenvertretern nicht nur aus taktischen Gründen, sondern weil er inzwischen in den Schutzzöllen ein Mittel der Krisensteuerung sah. In den komplizierten Debatten hat er entschieden auf einem allgemeinen Zoll auch für landwirtschaftliche Produkte bestanden und das gegen Widerstände aus der Industrie wie der Landwirtschaft selbst auch durchgesetzt, freilich mußte er, das war der Preis des

Kompromisses, zugestehen, daß die Agrarzölle ganz niedrig festgelegt wurden. Die Zolldebatten und -auseinandersetzungen erschütterten besonders und noch einmal die Nationalliberalen. Ihr rechter Flügel war protektionistisch geworden, ihr linker blieb entschieden freihändlerisch; ihre Wähler- und Mitgliederbasis war von den Interessenkonflikten besonders betroffen und gespalten. Und die Klammer, die die Partei elf Jahre zusammengehalten hatte, die Verbindung von liberaler Zukunftsperspektive und gouvernementalem Pragmatismus, war in der Krise, war unter Bismarcks Angriffen zerbrochen, deshalb konnte sich die desintegrierende Wirkung der Interessen so entfalten.

Freilich, die finanzpolitische Seite der Einführung der Zölle blieb zunächst ein Problem. Bismarck wollte das Reich unabhängig von den Matrikularbeiträgen machen, auf die eigenen Zolleinnahmen stützen. Das stellte das Besteuerungsrecht des Reichstags in Frage. Aber eine Mehrheit für jedwede Reform gab es nur mit dem Zentrum oder den Nationalliberalen, und beide wollten das Besteuerungsrecht des Reichstags nicht preisgeben. Für Bismarck bot sich noch einmal fast eine Kombination mit den Nationalliberalen an. Der rechte Flügel der Partei war, wie gesagt, protektionistisch geworden, die Mitte war bereit, aus Rücksicht auf die Regierung, aus gesamtpolitisch taktischen Motiven für die Zölle zu stimmen. Aber wenn die Matrikularbeiträge fielen, wollten sie ein besseres Budgetrecht. Bennigsen verlangte die Quotierung, die jährliche Bewilligung von Quoten bestimmter Konsumsteuern wie der Salz- und Kaffeesteuer. Aber daraus wurde nichts. Einmal konnte er nicht die Stimmen seiner gesamten Fraktion für ein solches Zoll-/Steuerpaket garantieren, und die Reichstagsmehrheit blieb erst recht fraglich. Zum andern aber – und wichtiger – war Bismarck zu diesem Zeitpunkt so gegen die Nationalliberalen fixiert, daß eine Lösung mit ihnen faktisch ausschied. Eine Koalition mit den Nationalliberalen schien ihm, selbst wenn einige der entschiedensten Freihändler ausgeschieden wären, auf Dauer unhaltbar und unter dem Aspekt der Thronfolge für die Unabhängigkeit der Regierung vom Parlament viel zu gefährlich, der Partei der noch so abgeschwächten Parlamentarisierungsansprüche wollte er nichts nachgeben; die Notwendigkeit, den Kulturkampf abzubauen, und die föderalistische, darum konservativere Alternative des Zentrumvorschlags, der die Liberalen ausmanövrieren sollte, verwies ihn auf ein Arrangement mit dieser Partei. Er unterwarf sich der Bedingung des Zentrums. Das war eine föderalistisch-parlamentarische Regelung, nach ihrem Urheber die Franckensteinsche Klausel genannt: Alle Zolleinnahmen des Reiches über 130 Millionen Mark sollten an die Bundesstaaten überwiesen, der zusätzliche Bedarf des Reiches wie bisher durch Matrikularbeiträge gedeckt werden. Die Steuerbewilligung des Reichstags wie der Landtage blieb, wenn auch abgeschwächt, erhalten; anstelle einer Unitarisierung der Finanzverfassung trat eine weitere und sehr komplizierte Föderalisierung. Bismarck hat sein finanzpolitisches Hauptziel – die Unabhängigkeit des Reiches – geopfert und ebenso sein Nebenziel, die finanzpolitische Schwächung der Parlamente, aufgeben müssen, darauf ließ sich der Zollreformpartner Zentrum nicht ein. Man darf daraus nicht schließen, daß die Finanzreform für ihn nur sekundär gewesen sei. Wider seine Absicht hatten die Dinge sich so entwickelt, er wählte das – für ihn – kleinere Übel.

Die Sezession des linken Flügels der Nationalliberalen war gewiß auch ein Ziel der großen Strategie Bismarcks gewesen – aber als es soweit war, war auch das, worum es ihm ging, eine große und handlungsfähige, regierungsloyale liberalkonservative Partei, nicht mehr vorhanden, insofern war das zwar das Ergebnis seiner Politik, aber nicht mehr sein Sieg. Die Nationalliberalen sind, wir wiederholen die Ergebnisse aus dem vorigen Kapitel, letzten Endes aus zwei Gründen zerbrochen und aus dem Zentrum der deutschen Politik verdrängt worden. Einmal wurden sie von der Entwicklung in Staat, Wirtschaft und Gesellschaft überholt, von der Modernisierungskrise, der Depression und dem Ausbruch der Interessenkonflikte, dem Staatsinterventionismus und der Pluralisierung der Interessen, von den Auswirkungen des allgemeinen Wahlrechts, das eben nicht ihnen zugute kam. Wähler und Eliten fielen ab, der Zusammenhalt ging zurück. Und es war doch auch Bismarck, der sie zersprengt hat, weil er sie gouvernemental zähmen wollte. Er hat all das, was im Zuge der modernen Entwicklung lag, gewaltig beschleunigt und gegen sie forciert. Ohne Bismarcks Krieg gegen die Partei, den sie nicht provoziert hatte, hätte sie besser und länger und integrativer überlebt, pragmatisch und mit einer wirklich liberalen Perspektive.

Gab es einen nationalliberalen „Sündenfall"? Oder einen des Bürgertums? Gewiß gab es Gouvernementalismus und Sozialistenfurcht, das hat die Partei druckempfindlich gemacht. Aber der Bruch mit Bismarck und das Auseinanderbrechen der Partei sind umgekehrt ein Ergebnis des aufrechterhaltenen und nicht gouvernementalen Liberalismus. Auch ohne Sozialistengesetz und Sozialistenfurcht hätte sich der Doppelkonflikt, mit Bismarck und zwischen den Flügeln, nicht vermeiden lassen und nicht die Wählerverluste und der Niedergang. Weder das Eintreten für den Schutzzoll noch für den Freihandel hätte die Partei als liberale und als einige Kraft erhalten können, so gewiß die doktrinäre Ideologisierung des Problems mehr als nötig Gräben und Fronten aufgeworfen hat. Man müßte schon auf den Kulturkampf zurückgehen, wenn von einer zu verantwortenden Fehlentwicklung die Rede sein soll. Aber dann enden wir in den Unendlichkeiten der Vorgeschichte solch kollektiver Prozesse und Entscheidungen. Die Nationalliberalen waren keine Helden und keine unschuldigen Opfer, aber das ist in der Politik das Normale, und sie waren keine Sünder oder Verräter. Sie waren Opfer der Zeit. Und sie waren Opfer Bismarcks.

In der großen Reichstagsdebatte, die der Schlußabstimmung vorausging, hat Lasker Bismarck vorgeworfen, er habe den Krieg des Landes gegen die Städte und – durch einseitige Begünstigung – „der Besitzenden gegen die

Nichtbesitzenden", der Produzenten gegen die Konsumenten eröffnet; ja, so mußte es diesen Liberalen scheinen, er habe einen ganz allgemeinen Angriff auf das Bürgertum – so hatte schon Forckenbeck vor und mit den Vertretern der deutschen Städte gesagt – begonnen, er habe den Kompromiß von 1867 aufgekündigt und zum Gegenangriff geblasen. Bismarck hat das zurückgewiesen und sich auch auf den Kompromiß von 1867 zwischen alten und neuen Kräften berufen, aber er hat ihn konservativ umgedeutet, im Sinne des Status quo gegen einen fortgehenden Wandel, im Sinne der Allianz des Besitzes, der Produzierenden gegen die Nichtproduzierenden. Er habe sich – und da war wieder das Hauptmotiv – gegen den Machtanspruch des linken Nationalliberalismus zur Wehr setzen müssen. Das Bündnis zwischen Obrigkeitsstaat und Bürgerliberalismus kam zu Ende, weil Bismarck seine Weiterentwicklung abblocken und dazu die Gewichte nach rechts verschieben wollte. Der Doktrinarismus der Freihändler hat ihm das erleichtert, und die Tatsache, daß die Wähler sich vom Liberalismus abwandten, so gewiß er das nach Kräften selbst befördert hat. Aber daß es ihm zuletzt um die Verfassung ging, daran war kein Zweifel.

Die letzten liberalen Minister, Hobrecht und Friedenthal, vor allem Falk, der Protagonist des Kulturkampfes, traten zurück. An ihre Stelle traten konservative Schutzzöllner, Lucius, Bitter und Robert von Puttkamer. Das war eine Regierung nach Bismarcks Geschmack.

Der letzte Akt der Wende war der nun auch faktische Zerfall der nationalliberalen Partei. Zuerst schied unerwartet der rechte Flügel aus, entschiedene Schutzzöllner und entschiedene Gouvernementale. Aber über die Frage, wie sich die 1879 besiegte Partei nun orientieren sollte, eher gouvernemental oder entschiedener liberal, kam es 1880 zum schrittweisen Ausscheiden des „linken" Flügels, der „Sezession", die sich zunächst als eigene Fraktion etablierte. Wir haben davon bereits berichtet.

Der Übergang zum Schutzzoll ist von den freihändlerischen Zeitgenossen und vielen späteren Historikern mit emotionaler und metapolitischer Emphase als das große Unglück dieser Jahrzehnte deutscher Geschichte betrachtet worden. Es sei die Zollpolitik gewesen, die die noch vorhandenen Möglichkeiten liberaler Verfassungspolitik und „normaler" Parteientwicklung endgültig abgewürgt und den Obrigkeitsstaat endgültig befestigt habe. Der Schutzzoll, das war der Anfang des Übels, die große Manipulation Bismarcks, der Sündenfall großer Teile des liberalen Bürger- und Bauerntums. Das ist unhaltbar. Man kann über den wirtschaftlichen Sinn oder Unsinn von Schutzzöllen, über ihre langfristigen gesamtwirtschaftlichen, sozialen und auch politischen Folgen gewiß unterschiedlicher Meinung sein. Nach mehr als 100 Jahren Erfahrung mit dieser Art von Zollpolitik in obrigkeitlich wie radikal demokratisch regierten Ländern und auch in der EG ist es absurd, dem Verlangen nach Zöllen die Legitimität abzusprechen und es als anti-liberal und anti-demokratisch zu qualifizieren. Der Konsens zum

„Schutz der nationalen Arbeit" war breit und reichte weit in die sozialistische Arbeiterschaft hinein. Die nicht-englische Welt ist in dieser Zeit im wesentlichen zum Schutzzoll übergegangen, das Deutsche Reich hätte sich dieser Tendenz nicht entziehen können. Ich lasse die Frage, „wer angefangen hat", beiseite, es ist aber mehr als unwahrscheinlich, daß erst das deutsche Vorgehen einen so umfassenden internationalen Prozeß ausgelöst haben sollte. Die liberalen Gegner der Zölle von 1879 hatten sehr gute Gründe; ob ihre gleichsam universalpolitische, ja metaphysische Rechtfertigung des Freihandels berechtigt und ob die Umwandlung einer pragmatischen in eine Prinzipienfrage sinnvoll war, ist zweifelhaft, klug war das gewiß nicht. Die Belehrungen der liberalen Nationalökonomen gegenüber den Bauern, daß sie gegen ihre eigenen Interessen handelten, wenn sie für Zölle eintraten, waren – wir haben das gesehen – falsch; die Folge war, daß auch die liberalen Bauern konservativ wurden. Und in einer Zeit, in der die Produzenten politisch noch die Stärkeren waren, war es lebensgefährlich, eine freihändlerische reine Konsumentenpolitik zu machen. Man kann darum fragen, ob die „Helden" unserer Geschichte, die nationalliberalen Linken, gut beraten waren, die Zollfrage zur Entscheidungsfrage der Gesamtpolitik zu erheben. Gewiß war der Übergang zum Schutzzoll wirtschaftspolitisch eine Weichenstellung. Aber zunächst haben die Zölle ökonomisch (in bezug auf den Außenhandel und den Binnenmarkt) nur geringe Wirkung gehabt, die Getreidezölle waren noch ganz niedrig, die Gewinne der „Junker" nicht nennenswert. Keineswegs war das Reich 1879 auf ein Bündnis von Rittergut und Hochofen gegründet. Eine wirklich liberale Politik auch auf der Basis des Zollkompromisses von 1879 ist aus heutiger Sicht durchaus vorstellbar.

Man muß an anderes erinnern, um zu einem angemessenen Urteil über Bismarck, die Liberalen und auch die Wähler zu kommen und sich von den gängigen Übertreibungen zu lösen: daran, daß das Mißtrauen gegen den Kuhhandel der Interessen ein über-idealistisches Mißverständnis der Natur moderner Politik ist; daran, daß die Heraufkunft des Interventionsstaates ein Stück modernes Schicksal ist, daß die Freihändler, die verfassungspolitisch gewiß die aufrechten Liberalen blieben, auch die Gegner des modernen Sozialstaats waren, den Bismarcks Politik der 80er Jahre einleitete; daran, daß die Revolutionsfurcht nach den Attentaten und ihre anti-sozialistische Wendung ins Ausnahmegesetz immerhin verständlich war, daß bei allem polarisierenden Freund-Feind-Denken Bismarcks, seiner schrecklich dramatisierenden Brandmarkung von Reichsfeinden, die Wendung der Mehrheit einer bürgerlichen, bäuerlichen, traditionell christlichen Gesellschaft gegen die Revolutionsansage der Sozialdemokratie nicht einfach Manipulation einer reaktionären Bürgerkriegsagitation, sondern auch ein Ergebnis der gesellschaftlich-politischen Lage war, daß die Wende und der Zusammenbruch des Liberalismus vermutlich auch ohne Sozialistengesetz gekommen wäre.

Es soll die „Sammlung" der Großproduzenten gewesen sein, die dem Reich eine neue sozialkonservative Grundlage gegeben hat. Das ist der Kern der These von einer „zweiten Reichsgründung“ (Böhme). Das ist in wesentlichen Punkten überzogen und darum schief. Die Zollmehrheit war, wir haben es gesagt, ungleich breiter, die Schweine und Rinder züchtenden Bauern z. B., ja die ganze Zentrumspartei waren Träger der Zollpolitik, Massen, die mitnichten zu diesem angeblichen Machtestablishment gehörten, mitnichten von der Schwerindustrie oder der Großlandwirtschaft „manipuliert“ waren. Hochofen, Rittergut und Regierung bildeten mitnichten seither einen auch nur einigermaßen einheitlichen Machtkomplex, die Gegensätze zwischen Industrie und Landwirtschaft blieben mindestens so wichtig wie die mühselige zollpolitische Kooperation, ja Bismarcks Politik richtete sich, als sie zunehmend agrarisch wurde, immer stärker gegen das Industriekapital; seine Sozialpolitik, das wichtigste Projekt der 80er Jahre, hat er gegen Industriebarone und Junker verfolgt. 1879 ist keine gouvernementale Sammlungsmehrheit zustande gekommen, kein Kartell und keine Integration der Interessen, bis 1887 dominierte im Reichstag die Opposition, und nicht die Zölle waren der Kitt des Kartells von 1887, die Zollpolitik ist nicht zur Hauptsache und nicht zur Grundlage der inneren Entwicklung seither und des ganzen Systems geworden. Die zweite Reichsgründung ist insoweit eine Legende.

Wenn all das gesagt ist, bleibt dennoch einiges an jener These wahr. Das Industriebürgertum war jetzt durch das Zollinteresse, durch das Interesse am vor allem starken Staat, durch die Abwehr der „Revolution“ und – das war das Entscheidende – durch die Auseinandersetzung mit der Arbeiterklasse mit seinen bisherigen politischen Gegnern, den traditionell und feudal Privilegierten, verbunden. Die Prioritäten verschoben sich, der Anteil an direkter politischer Macht, an parlamentarischer Macht, verlor an Dringlichkeit, ja Gewicht, der – politische – Machtwille war gebrochen, das galt nach dem Auszug der Linken jedenfalls für die verbleibenden Formationen des Nationalliberalismus. Schon die Spaltung der Nationalliberalen und erst recht der Niedergang des Liberalismus hängen sozialökonomisch mit dieser Positionsveränderung des Bürgertums und seiner Massenbasis zusammen. Das war langfristig die wichtigste politische Folge der großen Wende. Ja, man muß das erweitern. Die erfolgreiche Wahlpolitik Bismarcks – der quasiplebiszitäre Appell – und der Aufstieg der organisierten Interessen haben dazu geführt, daß die Parteien an Gewicht und Zusammenhalt, an Koalitions-, ja an potentieller Regierungsfähigkeit verloren, daß Initiative und Entscheidung, z. B. in den Interessenkonflikten, in erster Linie an die Regierung fielen, daß die Verbände sich an die verwaltende Regierung wandten; die Parteien suchten zwar Einfluß, aber die Entscheidung überließen sie nicht ungern der Regierung; eine gewisse „Versäulung“ im labilen politisch-ökonomischen Gleichgewicht der Kräfte erhöhte ein andermal das Gewicht der Regierung. Die Parteien und der Reichstag waren seither eher auf „negative Politik“ – so hat Max Weber das genannt –, auf Zustimmung und Ablehnung gegenüber Regierungsinitiativen festgelegt. Kurz, da der Koalitionszwang regierender Parteien in der deutschen Verfassung entfiel, hat diese

Entwicklung die deutschen Parteien – ideologisch und nach kulturell-sozialen Milieus sowieso schon scharf voneinander geschieden – koalitionsunfähiger gemacht und ihr Streben nach Regierungsmacht nicht nur blockiert, sondern im Grunde unterminiert. Ja, emotional gesprochen: Der Bürgerstolz, der danach verlangte, mit einer parlamentarischen Mehrheit immerhin mitregieren zu können, war gebrochen.

Wir versuchen, die Krise und ihr Ergebnis im ganzen ins Auge zu fassen. Die liberale Phase des Reichsausbaus ist zu Ende, und damit dessen liberale Perspektive. Der Liberalismus hat verloren, er spaltet sich, er verliert weiter. Mit der Hoffnung von 1867 ist es zu Ende.

1. Sozialistengesetz, Zölle, Interventionsstaat, Verbändepluralismus, Befestigung des autoritären Staates, Zähmung des Liberalismus, so kann man das Ergebnis charakterisieren. Das autoritäre System der Regierung, unabhängig von Parlament und Parteien, hat sich stabilisiert. Die Konservativen gewinnen eine wirkliche und solide Wählerbasis. Die Parteien werden – gegenüber Regierung und Interessenverbänden – schwächer, verlieren an Integrations- und Kooperationsfähigkeit, an Initiative und Perspektive. Das sind die langfristig wichtigsten Ergebnisse der Krise. Darum ist das Ende der liberalen Epoche ein Unglück für die Deutschen gewesen. Wenn es unvermeidlich war, war es ein tragisches Unglück.

2. Über dieser Wahrheit haben kritische Interpreten ein gewaltiges Gebäude von Übertreibungen errichtet, von dem neuen „System", aus Sozialistengesetz, Zollschutz, Interventionsstaat und Interessenpluralismus geschmiedet, vom Sieg der alten Eliten und der Feudalisierung der Bourgeoisie, ja Deutschlands, von der „Sammlung" von Krautjunkern und Schlotbaronen, von der Kapitulation des Bürgertums, von seiner aus Krisenfurcht und Klassenangst geborenen Flucht in die Arme des starken Staates, von der zweiten Reichsgründung, die Bismarck, der größte aller Manipulatoren, ins Werk gesetzt habe. Warum das alles schief und letzten Endes falsch ist, haben wir erörtert.

3. Diese Wende ist gewiß das Werk Bismarcks zuerst – entstanden aus seiner Gegenoffensive gegen den links-nationalliberalen Mitbestimmungsanspruch, seinem Wunsch nach einer geschlossenen, strikt gouvernementalen, ja Bismarck-loyalen Parteienkonstellation; er wollte keine selbständige Partei neben sich. In seiner „Abwehr" war er schrecklich erfolgreich, sein positives Ziel hat er nicht erreicht. Zu dem gleichsam systempolitischen Motiv Bismarcks traten nicht minder wichtige andere Motive – Sozialistengesetz, Finanzreform, Schutzzoll, Interessenpolitik. Sie verbanden Bismarcks Initiative mit der über die Intentionen eines einzelnen hinausreichenden und ihnen vorausgehenden „Lage", mit großen strukturellen, ökonomischen, sozialen, politischen Tendenzen und Gegentendenzen der Zeit. Das Eigengewicht dieser Tendenzen, von keinem Bismarck manipulierbar, zu verkennen ist absurd. Die Lage war so wichtig wie der Macht- und Systemstabilisierungswille des Kanzlers.

4. Ein eigener Faktor in der Entwicklung der Krise, im Zustandekommen der Wende und langfristig in der Prägung der politischen Kultur in Deutschland ist Bismarcks Stil gewesen und geworden. Das haben schon viele der Zeitgenossen, die Besiegten zumal, gesehen, seither gehört es zum eisernen Bestand aller Bismarck-Kritik. Bismarck konnte nicht die großen Prozesse dirigieren oder gar machen. Aber unter den Handelnden war er es, der alle Fäden in der Hand hatte und zog, alle Initiative bei sich vereinte, alle anderen in die Position des bloßen Reagierens zwang. Sein Stil war diktatorisch, er hatte recht und die anderen sollten sich fügen, andere Meinungen, selbständige gar, waren nicht gefragt, ja eigentlich nicht zu dulden. Polarisierend sah er in der inneren Politik – anders als in seiner so realitätsgerechten Außenpolitik – vor allem Freunde und Feinde, und unter den Freunden waren selbständige Kräfte nicht erwünscht. Man hat seinen Regierungsstil als Kanzlerdiktatur charakterisiert; das ist mit Bezug auf sein Verhältnis zu Ministern, Staatssekretären, Mitarbeitern richtig, im Verhältnis zu Reichstag und Parteien bezeichnet es eine starke Tendenz, freilich blieb auch er auf Partei-Mehrheiten angewiesen; die andere Einschränkung seiner Macht, die in der Existenz der monarchischen Sphäre lag, darf man nicht übersehen. Sein Stil den Parteien gegenüber hatte, gerade jetzt, etwas Gewalttätiges – er wollte sie zwingen, durcheinanderwirbeln, zersprengen, zusammen- oder auseinanderbringen, gegeneinander ausspielen, zähmen, unterwerfen. Das betraf vor allem seine Halb-Bundesgenossen, Freund und Feind zugleich, die Nationalliberalen.

Und um dergleichen zu erreichen, appellierte er an die Wähler, mobilisierte sie und ihren und der Öffentlichkeit Druck auf die Parteien, heizte aufkommende oder vorhandene Stimmungen, Ängste wie Hoffnungen, gewaltig an – wie die Sozialistenfurcht, die Interessenartikulation, den Anti-Theorie- und Anti-Parteienaffekt. Er führte eine Art Dauerwahlkampf, und er inszenierte und wollte ihn als Plebiszit, als Volksabstimmung über und für seine Politik gegen alle Opposition und über die von ihm gesetzten Themen, zuletzt über seine Person. Er nutzte die Möglichkeiten der Demokratie gegen das repräsentative Parlament der freien Mandatsträger. Darum wurde die „Drohung“ mit der Auflösung des Reichstags und Neuwahlen sozusagen permanent. Die Begünstigung des Interessenpluralismus war neben dem Werben um plebiszitäre Massenzustimmung eine andere Waffe in seinem Krieg gegen die Liberalen, die „alten“ Parteien und ihre Auffassung von Parlament und Politik. Man nennt das neuerdings gerne wieder Bonapartismus oder Cäsarismus – schwierige und ungenaue Ausdrücke, die zudem die Tatsache immer übergehen, daß Bismarck Minister eines Monarchen war, und zu dem gehörten ein Hof, eine Kaiserin, ein Thronfolger und die Aussicht auf Thronwechsel. Aber daß Bismarck das von ihm ja eingeführte allgemeine Wahlrecht, diese Ausgeburt der Demokratie, plebiszitär ausnutzte, gegen Parlament und Parteien und zur Stärkung einer obrigkeitlichen und seiner Herrschaft, ist gewiß. Und das tat er mit aller Vehemenz und allem taktischen Raffinement der Meinungsbeeinflussung, da war er ganz und gar modern.

Zur plebiszitären Politik des Kanzlers eines monarchischen Obrigkeitsstaates, der unabhängig nicht nur vom Parlaments-, sondern auch vom Volkswillen sein wollte, gehörte auch kompensatorisch das Gegenteil, das Spiel mit der Idee eines Staatsstreiches, einer Verfassungsänderung, die das allgemeine Wahlrecht aufgehoben und Kompetenzen des Reichstags noch weiter beschnitten hätte, der – zeitweiligen – Auflösung des Reiches, in dem die Fürsten den Bund, so Bismarcks abenteuerliche Theorie, den sie 1870/71 geschlossen hätten, aufkündigten. Das war viel – bloße – Rhetorik, gewiß. Aber, die Staatsstreichdrohung trat neben die Drohung mit der Reichstagsauflösung, der Staatsstreich wurde das Reserverezept für den nie auszuschließenden Fall der Unregierbarkeit des bestehenden Systems.

Einstweilen war 1878 das plebiszitäre „Rezept", war der obrigkeitliche Staat auf dem politischen Massenmarkt erfolgreich, Sozialistenfurcht und Krisenangst ließen die Mehrheit der Wähler Zuflucht beim schützenden Staat und seinem neuen Wirtschaftsprogramm und seinen Integrationsfähigkeiten bevorzugen. Die liberale Alternative, zu der auch das Beharren auf der Stärkung des Parlamentes gehörte, verlor für diesmal, und im Grunde doch auf Dauer, ihre Basis, sie wurde zwischen Regierungsmacht und Wählerangst, zwischen Staatsstreichalternative und Interessenmobilisierung zerrieben. Bismarck konnte sich mit der Mobilisierung und der Drohung mit dem Staatsstreich durchsetzen. Bismarcks Stil wurde ein Stück Verfassungswirklichkeit. Bis 1890 blieb das der Rahmen seiner Politik, bei den Nachfolgern blieben in den 90er Jahren Elemente dieser Politik, zumal die Staatsstreichdrohung, erhalten. Die Deformierung der Parteien aber war bis 1918 prägende Erblast.

5. Der „Erfolg" Bismarcks war zwiespältig. Sein finanzpolitisches Ziel hat er nicht erreicht, hat er opfern müssen. Aber vor allem, er hat keine neue Regierungsbasis schaffen können: weder seine Traumkonstellation von den Konservativen bis zur nationalliberalen Mitte, das „Kartell" – dazu waren die verbliebenen Nationalliberalen zu angeschlagen, dazu waren die Spannungen zwischen rechten Konservativen und jetzt Bennigsen-Liberalen durchaus und immer noch zu groß – noch eine rechte Alternative; das Zentrum war mitnichten integriert, nicht Teil einer neuen „schwarz-blauen" Mehrheit, die Zollgemeinsamkeit stiftete keine Konstanz. Der Zustand im Parlament bot keine Perspektive, die Politik schien auf taktische Aushilfen beschränkt. So glorreich war die „zweite Reichsgründung" nicht.

2. Innenpolitik von der großen Wende bis zu Bismarcks Entlassung

Die innere Politik zwischen 1879 und 1890 bewegt sich sozusagen auf zwei Ebenen, auf zwei Linien. Zum einen ging es um die Frage, wie regiert werden sollte, werden konnte, wie sich Mehrheiten im Parlament bildeten, auf welcher Basis Politik getrieben werden sollte – und wie die deutsche Verfassungswirklichkeit nun war, hieß das, wie sich das Verhältnis des Kanzlers und der „Regierung" zu Parlament und Parteien gestaltete und wie die Parteien darauf reagierten, sich (um)orientierten oder (um)gruppierten. Zum andern ging es um die großen Sachfragen der Politik, die ja immer auch Fragen der Gesetzgebung waren. Beide Aspekte, beide Linien hängen eng zusammen, bedingen sich wechselseitig. Für den Zweck unseres analytischen Berichts ist es nützlich, sie zuerst zu trennen.

Die große Wende hatte zwar mit dem Sozialistengesetz, dem Zollgesetz und der damit verbundenen zeitweiligen Sicherung der Reichsfinanzen und mit dem Abbruch des Kulturkampfes gewisse Sachentscheidungen gebracht, die dem weiteren Kurs die Richtung wiesen. Die personellen Umbesetzungen in den leitenden Ämtern wiesen in dieselbe Richtung und ebenso natürlich der dramatische Bruch zwischen Bismarck und den Nationalliberalen und das Auseinanderbrechen dieser Partei. Aber es gab keine neue Basis, keine positiven Mehrheiten, die über Ad-hoc-Beschlüsse hinausgingen, keine Mehrheit für einen konsistenten Regierungskurs, keine auch für eine Thronfolger-Mehrheit. Bismarcks eigentliches Ziel, die Mitte-Rechts-Koalition, das Kartell, mit einer stärkeren Zentrierung nach rechts, war auch nach der Spaltung der Nationalliberalen unmöglich, die Rest-Partei konnte einstweilen keine festen konservativen Bindungen eingehen. Eine Verbindung der Konservativen mit dem Zentrum war, zumal im Schatten des Kulturkampfes, noch ganz ausgeschlossen, dazu waren weder das Zentrum noch die kulturkämpferischen Freikonservativen noch Bismarck bereit. Bismarck arbeitete letzten Endes auf eine „Kartell"mehrheit, auf ein festes gouvernementales Bündnis von den Deutschkonservativen bis zu den Nationalliberalen hin. Er wollte sich nicht damit begnügen, über den Parteien und mit ihnen mit wechselnden Mehrheiten zu regieren. Die Alternative zum Kartell war eine weitere Entmachtung der Parteien, war der Versuch, mit Hilfe der organisierten Interessen eine neue und andere Basis der Politik zu finden, die parlamentarischen Institutionen gleichsam auszuhebeln. Auch diesen Alternativkurs hat er Anfang der 80er Jahre ausprobiert, und er ist später darauf immer wieder zurückgekommen.

Im September 1880 hat Bismarck die Leitung des preußischen Handelsministeriums selbst übernommen, die initiative Leitung der Wirtschaftspolitik. Von da startete er im Oktober schon einen ersten Frontalangriff auf die Parteien, er wollte einen preußischen Volkswirtschaftsrat begründen. Das sollte ein Gremium von Sachverständigen und Interessenvertretern aus

Landwirtschaft, Handel und Industrie sein, vom König nach Vorschlägen der Handelskammern, kaufmännischen Korporationen und landwirtschaftlichen Vereinen berufen, dazu sollten 30 frei vom König Benannte, darunter die Hälfte Arbeiter und Handwerker, treten. Beratung und Ausgleich sollten die Funktion dieses Gremiums sein. Das klang fast harmlos, und Bismarck verwies mit List auf französische Vorbilder. Aber der politische Sinn war natürlich, die Verbände an den Vorformulierungs- und Entwurfsarbeiten zu beteiligen, mit den Ministerialverwaltungen zu verbinden, die Parteien zurückzudrängen. Es sollte, wie Bamberger sagte, ein Neben- und Gegenparlament sein. In Preußen waren die Gegner solch schleichender Verfassungsänderung in der Minderheit, sie konnten das neue Gremium nicht verhindern. Aber die eigentliche Absicht Bismarcks zielte auf einen Reichsvolkswirtschaftsrat, das scheiterte im Reichstag. Auch in Preußen ist aus dem Volkswirtschaftsrat nicht viel geworden, viermal nur trat er zusammen, das letzte Mal 1887. In der Öffentlichkeit war dergleichen als Symptom der Kanzlerdiktatur diskreditiert, die Parteien drohten den Verbänden sozusagen, ihnen überhaupt kein Gehör mehr zu schenken, wenn sie sich in solche Pläne weiter einließen.

Bismarck hat solche Ideen deshalb nicht gänzlich aufgegeben. Die Idee von 1882/84, die Unfallversicherung auf Berufsgenossenschaften zu gründen, so gewiß es dafür gute Sachgründe gab, hing doch auch damit zusammen, daß diese eine Basis für ein Neben- oder Ersatzparlament werden könnten. Das wiederum war ein Grund, warum die Parteien solchen Plänen mit äußerstem Mißtrauen gegenüberstanden.

Auch das Vorhaben, den alten preußischen Staatsrat (aus dem hohen Establishment) wiederzubeleben, lag in derselben Richtung, auch es führte zu nichts. Zwar konnte Bismarck 1884 bei dem widerstrebenden König seine Wiederberufung durchsetzen, doch seine Existenz blieb Episode (wenn er auch in der Kanzlerkrise 1890 nochmals eine Rolle spielen sollte).

Daneben hat Bismarck versucht, die Etatperioden zu verlängern, die Sitzungsperioden zu verkürzen und so den Reichstag zurückzudämmen, vergebens. Die Melodie von 1878/79, die realen und praktischen Interessen gegen das Theoretisieren im wesentlichen beamteter und akademischer Parlamentarier zu wenden, kehrte immer wieder. Und seine Philosophie der Sozialversicherung, von der wir im ersten Band erzählt haben – der „Staatssozialismus“, der die Masse der kleinen Staatsrentner schaffen sollte –, gehört ebenfalls in diesen Umkreis, das schuf einen direkten Bezug zwischen Regierung und Masse – war in den Augen der Liberalen aber schnell „plebiszitärer Cäsarismus“, der die Parteien ausmanövrieren sollte, ein wenig erklärt auch das ihren mißtrauisch verbiesterten Widerstand gegen das ganze Projekt. Endlich muß man die Wiederaufnahme der Steuerpläne, des Tabak- und Branntweinmonopols erwähnen, wir kommen gleich darauf zurück, das sollte wiederum dem Reichstag ein Stück Budgetrecht und -macht entwinden.

Die Wahlen von 1881 waren für Bismarck eine Niederlage. Zwar war seine Politik uneindeutig und schwankend gewesen, zwischen Kartellsehnsucht und Anti-Parteienaffekt, aber die Wähler ließen sich diesmal weder so noch so auf die konservative Seite ziehen, das Tabakmonopol war durchaus unpopulär. Die Freikonservativen und die Rest-Nationalliberalen verloren jeweils die Hälfte ihrer Sitze (29 ihrer vormals 57 Mandate und 52 von ehedem 99), sie gingen von 13,6 auf 7,4 % und von 23,1 auf 14,7 % der Stimmen zurück, die Konservativen verloren, trotz eines Stimmenzuwachses von 13 auf 16,3 %, immerhin 9 Sitze. Das Zentrum behauptete sich im Wähleranteil und kam mit leichten Gewinnen auf 100 Sitze, die Hauptgewinner waren die – neuen – Sezessionisten und die Fortschrittler, sie kamen auf 46 und 60 Sitze (zusammen, wenn man die kleine schwäbische Deutsche Volkspartei dazunimmt, 29 % bei nur und immerhin 23,1 % der Stimmen), die Fortschrittspartei konnte ihre Mandatszahl mehr als verdoppeln, die Stichwahlen und damit die Sitzverteilung liefen gegen die potentiellen Kartellparteien, deren Gegner gewannen eine Zwei-Drittel-Mehrheit.

Für eine Kanzlerpolitik gab es keine Mehrheit. Windthorst, der Zentrumsführer, trotz mancher konservativer Neigungen mißtrauisch gegen den starken Staat, gab bei Wahlen und bei Gesetzen von irgend verfassungspolitischer Bedeutung dem Bündnis mit dem Freisinn den Vorrang, die Zollfrage blieb eine Ausnahme, darauf ließ sich kein Bündnis mit den Konservativen gründen. Das Mißtrauen der Parteien gegen den Kanzler, selbst noch der Nationalliberalen, war nach all seinen machiavellistischen Schachzügen zur Zerschlagung oder Umgruppierung der Parteien oder zur Entmachtung des Parlamentes weit verbreitet. Die oppositionelle Mehrheit freilich war eine nur negative Mehrheit, in sich inhomogen und uneins, und Bismarck versäumte kaum je, das auszuspielen; eine „Gladstone"mehrheit für den Fall des Thronwechsels war das mitnichten. Der Antagonismus der Parteien, von Bismarck mit Fleiß gefördert, machte sie regierungsunfähig und der Ausschluß von der Regierung integrations- oder koalitionsunfähig, das war der unheilvolle Zirkel. Und inmitten dieses Zirkels konnte Bismarck sich behaupten. Es gab in Normalfragen immer – auch wechselnde – Mehrheiten. Bismarck konnte, in diesen Jahren, auch warten, war nicht zum Erfolg verurteilt, die Notwendigkeit neuer Gesetze war nie absolut dringlich, er konnte den Reichstag auch, eine Weile, „austrocknen"; als die Reichstagsmehrheit seine Unfallversicherungsvorlage mit Reichszuschuß und Reichsanstalt ablehnte, hielt er die Sache einstweilen jedenfalls für gescheitert. Er konnte seine anti-parlamentarischen Pläne weiter zu verfolgen suchen; für den Notfall war immer die Waffe der Auflösung zur Hand, jedenfalls wenn eine Krise, eine dramatisierbare Krise, Gelegenheit dazu bot. Das gelegentliche Reden von Verfassungsrevision und Staatsstreich war freilich nicht mehr als Rhetorik und Drohgebärde. Aber befriedigend war seine Lage angesichts der parlamentarischen Blockade und des bevorstehenden Thronwechsels nicht. Die Strategie der großen Wende von 1878/79 hatte ihr positives Ziel nicht erreicht. Daß er deshalb 1884 die Kolonialpolitik angefangen hätte, ist, wir werden davon sprechen, abwegig; daß sie ein innenpolitischer Entlastungsfaktor sein konnte, war ihm natürlich nicht unwillkommen. Die Außenpolitik gehörte noch zu sehr zu den Arcana der Regierung und in den Konsens des Reichstags, daß davon keine Änderung der Parteienkonstellation zugunsten der Regierung zu erwarten war, es sei denn im Falle einer – dramatisierbaren – Krise.

Wichtig wurden in diesen Jahren die Verschiebungen im Parteienspektrum, wir haben davon im letzten Kapitel gesprochen. Der Plan Laskers und der Sezessionisten, eine neue gemeinliberale Gesamtpartei zu bilden, eine Art Kronprinzenpartei, scheiterte am linken wie am rechten Flügel – vielleicht auch daran, daß mit der wachsenden Resignation des Kronprinzen eine andere Regierung immer unwahrscheinlicher wurde. Bennigsen resignierte und trat 1883 als Parteivorsitzender zurück. Mit der im wesentlichen von Miquel stammenden Heidelberger Erklärung 1884 stellten sich die Nationalliberalen gegen die großliberale Wiedervereinigung und in allen wichtigen Fragen, der Militär- und Kolonial-, der Agrar- und Sozial-, ja auch der Steuerpolitik auf den Standpunkt der Regierung, das war eine Art Allianzangebot im Sinne des Bismarckschen Kartell-Ideals. Daß die Sezessionisten sich 1884 noch vor der Heidelberger Erklärung mit den ungeliebten Fortschrittlern zur Deutsch-Freisinnigen Partei zusammenschlossen, war nur ein Akt der Resignation, sie wußten, daß ohne den rechten Flügel der Gesamtliberalismus nicht wirklich zu vitalisieren war. Freilich, bei den Deutschkonservativen entstand am rechten Flügel um die Kreuzzeitung eine innerparteiliche Opposition gegen alle konservativ-liberalen Kartellpläne. Diese Kreuzzeitungsgruppe arbeitete mehr auf ein Zusammengehen mit dem Zentrum hin, in dem sich ebenfalls, von Windthorst bekämpft, ein rechter Flügel regte. Das Parteiensystem geriet in Bewegung, kam aber noch nicht bei einer neuen, stabilen Konstellation zum Ruhen.

Die Wahlen von 1884 änderten viel und wenig zugleich. Die vereinigten Linksliberalen verloren gewaltig, sie hatten nur noch 67 statt 106 Sitze, obwohl der Wähleranteil nur um 3,5 % zurückgegangen war: sie verloren rechte Stichwahlhilfe, die vor allem die Sezessionisten hatten mobilisieren können, oder sie kamen nicht mehr in die Stichwahl. Von den Kartellfreunden gewannen die Nationalliberalen zwar Stimmen (3 Prozentpunkte etwa), aber kaum Sitze, die Konservativen verloren Stimmen, aber gewannen Sitze. Eine Gladstone-Koalition war endgültig aus dem Spiel; die Stärkung der Sozialdemokraten, sie verdoppelten ihre Mandatszahl, mochte das Kartell der rechten Parteien stärken. Für Bismarck hatte sich zwar die Mehrheitslage nicht geändert, die Negativmehrheit – Windthorst, Richter und jetzt auch Bebel – blieb bestehen, aber Änderungen schienen wieder möglich; bei der Verlängerung des Sozialistengesetzes 1884 stimmten immerhin 39 von 100 Zentrumsabgeordneten dafür. Freilich, erst die Krise von 1886/87 schuf dann – für Bismarck – die Möglichkeit, die Lage noch einmal tiefgreifend zu verändern.

Die mannigfachen Konflikte und Spannungen innerhalb des Establishments, in die Bismarck verwickelt war, mit Hof- und Militärkreisen, der Kaiserin, dem Thronfolger, ja auch mit „seinen" Ministern, lassen wir hier beiseite, den Sturz des Kriegsministers Kameke und die Entmachtung seines Ministeriums 1883 haben wir im Zusammenhang mit der Militärverfassung erörtert. Bei dieser Gelegenheit hat Bismarck auch den Chef der Admiralität Stosch, der die Funktion des späteren Staatssekretärs der Marine wahrnahm, zur Reichsleitung gehörte, gestürzt, in ihm witterte Bismarck einen Kanzler-Kandidaten des Kronprinzen. Zwar war Bismarcks absolute, überlegene Position in der preußischen Regierung und gegenüber den Staatssekretären des Reiches unbestritten, Widerspruch gab es nicht, das war das Kanzlerregiment; aber die monarchische Sphäre blieb eine Eigen-Welt, das erzeugte seine nervöse Besorgtheit um seine Position.

Von den Sachthemen der Politik der 80er Jahre wollen wir drei erörtern. Da war einmal die Finanz- und Wirtschaftspolitik. Bismarck wollte auch nach 1879 dem Reich Einnahmen verschaffen, welche unabhängig von den Ländern, unabhängig aber auch von parlamentarischer Bewilligung sein sollten. Dem diente zunächst 1881/82 der Versuch, dem Reich das Tabakmonopol zu verschaffen. Aber trotz aller demagogischen Verkoppelung mit der Sozialversicherung – das Monopol sollte das „Patrimonium der Enterbten" werden –, das scheiterte am Reichstag wie an den Wählern. Ähnlich ging es 1886 mit dem Plan eines Branntweinmonopols. Dann hat Bismarck versucht, über den preußischen Landtag die Steuerreformen im Reich voranzubringen. Populäre Finanzmaßnahmen in Preußen, die aus den Reichsüberweisungen finanziert werden sollten, Zuschüsse zur Volksschulunterhaltung der Gemeinden, Verbesserung der Beamtenbesoldung, ja Erlaß der direkten Steuern für die untersten Klassen, sollten in Preußen ein Defizit zustande bringen, das den Reichstag zum Entgegenkommen gegenüber Bismarcks steuerpolitischen Wünschen veranlassen müßte. Das aber gerade gelang nicht. 1885 wurden die Agrarzölle erhöht, das war die Konsequenz der wirtschaftspolitischen Grundentscheidung von 1879. Aber das Zentrum machte zur Bedingung seiner Zustimmung, daß die Erhöhung der Reichsüberweisungen aus den Zolleinnahmen den Kreisen überwiesen werden mußte, sich also an dem gesamtstaatlichen Etat Preußens und auch den parlamentarischen Möglichkeiten des Landtags nichts änderte. Zwar war es Bismarck nach dem Scheitern seines Reichseisenbahnprojekts gelungen, die preußischen Bahnen 1879/80 zum größten Teil zu verstaatlichen, das schuf auf die Dauer bedeutende steuer- und darum parlamentsunabhängige Einnahmen, aber das war eine Zukunftsperspektive, zunächst waren die Kauf- und Entschädigungszahlungen eine gewaltige Last. Das Reich immerhin hat sich im Fortgang zum Interventionsstaat verkehrspolitisch engagiert, der Bau des Nord-Ostsee-Kanals seit 1886, der natürlich auch eine große militärpolitische Bedeutung hatte, war Reichssache. Eine Reihe anderer Steuerpläne, z. B. für eine

Börsen- und Kapitalertragssteuer, ist deshalb erwähnenswert, weil sie die agrarischen, anti-kapitalistischen, handels- und industriefeindlichen Vorstellungen Bismarcks zeigen, zeigen, wie wenig Bestand das angebliche Bündnis von Industrie und Landwirtschaft von 1879 hatte, auf das die Regierung, wiederum angeblich, sich stützte, ja auf der das Reich beruht haben soll.

Die beiden anderen „großen" Themen sind langfristig wichtiger gewesen. Das ist zunächst die Sozialreform in Gestalt der drei großen Sozialversicherungsgesetze, der Auftakt zur Ausbildung des Sozialstaates. Den Anfang machte 1883 die Krankenversicherung, 1884 folgte nach einigen Geburtsmühen die Unfallversicherung, und zuletzt wurde 1889 dann noch eine Alters- und Invalidenversicherung ins Leben gerufen. Davon haben wir im vorangegangenen Band im Kapitel über die Sozialpolitik ausführlich erzählt. Hier müssen zwei Bemerkungen genügen. Zum einen muß man, gerade wenn man Bismarcks Politik gegenüber den Parteien als altmodisch und zukunftslos, als stur und unimaginativ ansieht, die ungeheure Modernität dessen, was da geschah, sehen. Und auch wenn manches über Bismarcks Absicht hinauslief und er das Moderne ins Altmodische einhegen wollte, der scharfe Blick des alternden und wieder konservativ gewordenen Bismarck auf neue Lagen, neue Kräfte, neue Möglichkeiten, Herausforderungen wie Antworten bleibt allemal erstaunlich. Hier ist noch einmal eine epochale, eine europäische Leistung. Zum anderen, der mühsame Weg der Gesetzgebung ist mit dem gesamtpolitischen Verhältnis zwischen Reichstag und Regierung verkoppelt: dem Mißtrauen auch der Parteien, die schließlich die neue Sozialpolitik trugen, des Zentrums und der Nationalliberalen, gegen Bismarcks Bonapartismus, gegen seine Tendenzen zu zuviel Staat, zur Schaffung von Staatsrentnern, zu neuen gewaltigen und mächtigen Reichsorganisationen, zu ständeähnlichen Korporationen. Im Ergebnis ist darum der Reichseinfluß auf die Versicherungen und sind die Reichszuschüsse auf ein Minimum beschränkt worden. Der Reichstag hat sich gegen Bismarck durchgesetzt, so sehr dieser wiederum die Parteien erst veranlaßt und gezwungen hat, die wesentlichen Schritte hin zum Sozialstaat zu tun. Es ist auch noch einmal der Hervorhebung wert, daß dieses Hauptstück der deutschen Politik dieser Jahre ganz quer zu dem angeblichen Interessenbündnis von Landwirtschaft und Industrie steht. Die Sozialpolitik entsprach deren primären Interessen keineswegs. Es ist bei alledem kein Wunder, daß es von 1881 bis 1889 gedauert hat, bis die drei Hauptgesetze mit einer klaren Mehrheit des Reichstags verabschiedet waren.

Das letzte langfristig wichtige Hauptthema der Politik der 80er Jahre ist das Ende des Kulturkampfes. Wir brauchen den allmählichen „Abbau" des Kulturkampfes, vom Rücktritt des Ministers Falk 1879 bis zum Kirchen- und Friedensgesetz von 1887, hier nicht im einzelnen zu verfolgen. Es genügt weniges. Bismarcks Politik in dieser Frage war zweigleisig. Zum einen wollte er eine Politik der kleinen Schritte, einen sich entwickelnden Modus vivendi, eine „Milderung" der Rechts- und Verwaltungspraxis des Staates gegenüber der Kirche, bei der der Staat es in der Hand hatte, wie weit er gehen wollte; also gesetzliche Ermächtigungen der Regierung vor eigentlichen Gesetzesrevisionen. Das entsprach seiner Neigung zur Behauptung der Staatsautorität und freilich der Rücksicht auf die ehemals kulturkämpferische Rechte, auf die er im preußischen Landtag angewiesen war. Zum anderen wollte er über diplomatische Verhandlungen mit dem Papst, und allenfalls dem Episkopat, zum Ausgleich kommen, nicht aber durch Verhandlungen mit dem Zentrum. Ja, er wollte, sein alter Traum, den Papst gegen die katholische Demokratie, gegen das Zentrum ausspielen. Darum hat er ihn hofiert, hat ihn z. B. 1885 zum Schiedsrichter in einem deutsch-spanischen Konflikt über die Karolineninseln gemacht.

Leo XIII. und der kleine Kreis seiner deutschlandpolitischen Berater hatten ihre Gründe, sich auf diese Politik einzulassen; sie wollten die Dinge selber in der Hand behalten, sie waren mißtrauisch gegen viele der zu selbständigen, zu demokratischen Zentrumspolitiker, sie bauten auf eine Solidarität der Regierungen, sie hofften auf weltpolitische Perspektiven, die sich für das Papsttum ergeben sollten. Die Kurie war insgesamt weniger intransigent und war diplomatisch ausgleichender als das Zentrum – jedenfalls nicht so auf Prinzipien, auf Gesetze, auf öffentliches und entschiedenes Nachgeben des Staates aus, obwohl auch das Zentrum nicht, wie man lange meinte, eine Politik des alles oder nichts getrieben hat. Aber der Kurie war wie Bismarck der diplomatische Kompromiß lieber als der parlamentarische, der Landtag sollte die Verhandlungsergebnisse nur noch absegnen. Das hat zu schweren Konflikten zwischen Rom und dem Zentrum geführt, zumal weil Bismarck den Papst dazu veranlaßte, das Zentrum zu regierungsfreundlichen Entscheidungen, etwa bei den Verlängerungen des Sozialistengesetzes und vor allem beim Militär-Septennat von 1886/87, zu drängen. Das Zentrum hat sich dem zwar entzogen – vor den Augen der Öffentlickeit, mit äußerster Mühe und gegen mancherlei innere Widerstände. In der Frage der kirchenpolitischen Gesetze aber war es letzten Endes an Rom gebunden und mußte sich fügen. Der Episkopat stand zwar mehrheitlich auf seiten des Zentrums, nur einige der neuen Bischöfe unter Führung des Fuldaer Bischofs Kopp, der bald ins Herrenhaus berufen wurde und dann Fürstbischof von Breslau wurde, verfochten die regierungsfreundlichere Verständigungspolitik. Aber der Riß innerhalb des Katholizismus, zwischen einerseits Zentrumsmehrheit und andererseits Vatikan und dem regierungsfreundlicheren Teil des Episkopats, war in den 80er Jahren für alle Beteiligten ein neues Hauptproblem.

Der Sache nach ging es zuerst also um das Aufgeben der Kampfgesetze in der Praxis, dann um die Wiederaufnahme der diplomatischen Beziehungen mit Rom durch Wiedererrichtung einer preußischen Gesandtschaft 1882, und dann vor allem seit 1881 um die Verständigung mit Rom über die Wiederbesetzung von Bistümern – auch über die Domkapitel hinweg, wir haben früher davon berichtet. Der Papst berief die beiden exilierten Erzbischöfe, die von Posen und Köln, nach Rom und machte dadurch den Weg zu einer Neubesetzung ohne Gesichtsverlust des Staates frei. Schließlich wurden die Kampfgesetze auch gesetzlich aufgehoben und die staatlichen Eingriffe in das innerkirchliche Leben entscheidend revidiert. In den beiden preußischen Friedensgesetzen von 1886 und 1887 wurden das Kulturexamen und die Einschränkung der kirchlichen Disziplinargewalt aufgehoben und das theologische Studium an bischöflichen Seminaren sowie dessen Vorbereitung an Knabenkonvikten wieder ermöglicht. Schließlich wurde der Streit um die „Anzeigepflicht" so geregelt, daß die Kirche zwar der formalen Anzeige zustimmte, aber das Vetorecht des Staates auf Rechtsgründe reduziert und ganz formalisiert wurde; die Orden wurden wieder zugelassen, freilich nicht die Jesuiten.

Das war dennoch ein Kompromißfriede. Die beiden modernen Neuabgrenzungen zwischen Staat und Kirche blieben erhalten: Zivilehe und staatliche (höchstens faktisch zugleich geistliche) Schulaufsicht. Von den eigentlichen Kampfgesetzen, mit denen der Staat in die Kirche eingegriffen hatte, blieb freilich neben dem Kanzelparagraphen das Jesuitengesetz mit seinem Ausschluß der Jesuiten erhalten, das war ein emotionales Symbol, war auch bei konservativen Protestanten, zumal den Monarchen, der letzte Fels und die letzte Demonstration ihres Anti-Katholizismus. Bei den Bischofsernennungen, wir haben im Zusammenhang mit der Kirche im ersten Band davon gesprochen, einigten sich Staat und Kirche auf ultramontane (nicht liberal- oder nationalkatholische), aber eher staatsloyale, nicht sonderlich aggressive und eher konservative Kandidaten, zwischen dem Integralisten (und Elsässer) Korum in Trier und dem Regierungsfreund Kopp in Fulda und Breslau; andere Fragen, wie die der Priesterseminare und Konvikte, wurden durch Verständigung auf regionaler Basis gelöst. Insgesamt war das, bis auf das Jesuitengesetz, ein Sieg der kirchlichen Abwehr. Bismarck war es aber gelungen, eine gänzliche Kapitulation zu vermeiden, indem er den nicht so kämpferisch intransigenten Papst und das Zentrum – zum Leidwesen der Zentrumsführer – doch hatte trennen können. Auch in den beiden anderen Haupt-Kampfländern, in Hessen und Baden, wurde zu ähnlichen Bedingungen Frieden geschlossen.

Damit war die Integration der Katholiken und der Kirche in den nationalen Staat möglich geworden, der Übergang von der Opposition zur relativen Loyalität, zur nationalen Solidarität. Was blieb, war das tiefe Mißtrauen der Katholiken gegen „die anderen", das Minderheits-Bedrohtheitsgefühl, von dem wir gesprochen haben, war die latente populistische Opposition, zumal der „Kaplanokratie", auch wenn der Episkopat aus Gesellschaftsräson konservativer wurde. Auch die Zentrumspartei hat noch an die zehn Jahre gebraucht, bis sie in die Rolle der Quasi-Regierungspartei einrückte.

Seit dem März 1886 ging Bismarck im Reichstag zu einem schroffen Kampfkurs gegen die negative Mehrheit, die Opposition über; er drohte wieder mit dem Staatsstreich. Aber weder das noch die lang geübte überparteiliche Anti-Parteienpolitik war sein eigentliches, jedenfalls unmittelbares

Ziel – das war vielmehr eine feste „nationale" Mehrheit, das „Kartell". Schutzzollerhöhung und die Verschärfung der preußischen Polenpolitik 1885/86 fügten sich gut in dieses Konzept.

Das sicherste Mittel gegen die Reichstagsmehrheit war eine „Militärvorlage", wie sie für 1888 anstand. Die außenpolitische Situation im Herbst 1886, die sich zur östlich-westlichen Doppelkrise zuspitzte, kam ihm zugute: die wachsende Bedrohlichkeit Rußlands, die aus der Bulgarienkrise erwuchs, und der französische Revanchismus unter dem Kriegsminister Boulanger. Bismarck hat diese Krise nicht gemacht und einen Rüstungsbedarf künstlich erfunden, aber er hat die Krise benutzt und dabei die französische Bedrohung, vor allem freilich, um die Öffentlichkeit von Rußland abzulenken, auch gewaltig übertrieben. Das kam seinem innenpolitischen Ziel durchaus zupaß. Die Militärvorlage vom November 1886 forderte eine Heeresvermehrung um 10%, um ca. 40000 Mann. Auch die bisher „oppositionelle" Mehrheit war in der Sache keineswegs dagegen, aber sie widerstrebte einem neuen „Septennat"; den freisinnigen Kompromißvorschlag einer Bewilligung auf drei Jahre lehnte Bismarck ab, mit dem alten Argument, es gehe darum, daß der Monarch und nicht das Parlament Herr des Heeres sei und bleibe. Er löste den Reichstag auf. Er war gar nicht auf Einigung oder gar Zustimmung aus gewesen, sondern auf Neuwahlen, noch einmal auch im Hinblick auf den Thronwechsel. Er heizte die Krise, die Kriegshysterie, gewaltig an, ja warnte dramatisierend vor einer Verbindung der äußeren und der inneren Gefahren. Und er polarisierte nun wieder mit aller Macht, steigerte den Meinungsunterschied zum Entweder/Oder zwischen Reichsfreunden und Reichsfeinden, Erhaltung des Reiches und Katastrophe. Sein Versuch, den Papst gegen das Zentrum auszuspielen, hatte vermutlich gar nicht in erster Linie den Sinn, die Zustimmung des Zentrums zu gewinnen, sondern – so Gall – es doch endlich noch von seinen Wählern zu trennen. Die Staatsstreichdrohungen für den Fall eines negativen Wahlausgangs gehören wohl eher in die inzwischen Routine gewordene Kampfrhetorik, der Kaiser war immerhin 89 Jahre alt und der Kronprinz war dagegen.

Die Bismarck-Parteien, also Konservative und Nationalliberale, schlossen ein Wahlkartell zur Vermeidung von Stichwahlen untereinander. Die Wahl endete mit dem Erfolg dieses Kartells. Dafür waren – trotz einer um 16,9% höheren Wahlbeteiligung, 77,5 statt 60,6% 1884, 7,6 statt 5,7 Millionen Wähler – nicht so sehr große Gewinne bei den Wähleranteilen ausschlaggebend (die Nationalliberalen steigerten sich um 4,6 Prozentpunkte, die Freikonservativen um 2,9, während die Freisinnigen 4,7 Punkte verloren, das Zentrum 2,5), sondern die gemeinsamen Kandidaturen und die Stichwahlabsprachen. Die Nationalliberalen konnten ihre Sitze fast verdoppeln, auf 99 Mandate, die Freikonservativen sich um knapp die Hälfte verstärken, auf 41 Sitze, während der Freisinn, schon 1884 geschwächt, noch einmal mehr als die Hälfte seiner Mandate verlor (ähnlich, trotz leichter Gewinne bei den Stimmanteilen, wie die Sozialdemokraten).

Bismarck hatte endlich, was er seit 1878 erstrebte. So schien es. Aber dieses Kartell war inhomogen, nicht sehr konsens- und handlungsfähig. Der gemeinsame „Feind" fiel nach der Wahl weg. Zwar hat bei der Verabschiedung des Septennatsgesetzes durch den neuen „Kartell"-Reichstag der Freisinn dagegen gestimmt und das Zentrum, trotz der Aufforderung zur Zustimmung durch die Kurie, mehrheitlich sich enthalten. Als im Herbst 1887 und Frühjahr 1888 dann aber ein weiteres Heeresgesetz anstand, das die Heeresstärke vermehrte, indem es die Landwehr im Mobilisierungsfall zum Feldheer schlug und die Dienstzeit der Reserve verlängerte, haben Zentrum und Freisinn dem, samt dazugehörigem Anleihegesetz, nunmehr zugestimmt. Die Konservativen gehörten im Gegensatz zu ihren Partnern nicht zu den Gewinnern der Wahl, sie fühlten sich an die Wand gedrängt, ein Teil von ihnen, Stoecker und Hammerstein, formierten einen Anti-Kartellflügel, befürworteten, anti-liberal und orthodox, eine Entstaatlichung der protestantischen Kirche und eine andere konservativ-reformerische Sozialpolitik, tendierten zu einer Verbindung mit dem Zentrum, suchten den Prinzen Wilhelm, dessen Thronfolge seit dem Herbst 1887 sich abzeichnete, zu beeinflussen. Die Nationalliberalen stimmten bei dem abschließenden preußischen Friedensgesetz zur Beilegung des Kulturkampfes in der Mehrheit negativ.

Gewiß, das Kartell brachte auch manches zustande, die Verlängerung der Legislaturperioden auf fünf Jahre z. B., und eine eher konservative Maßnahme, ein agrarisch eingefärbtes Branntweinsteuergesetz, das über Steuererleichterungen landwirtschaftliche Brenner vom Schwarzwald bis nach Posen – keineswegs nur den ostelbischen Großbesitz, wie die Legende seither will – begünstigte, das war die sogenannte „Liebesgabe". Daß die Alters- und Invalidenversicherung 1889 endlich zustande kam, mit dem Zentrum, ist durch das Kartell immerhin erleichtert worden. Aber schon 1887 brachte die erneute Anhebung der Getreidezölle – auf das Fünffache von 1879, nach der Anhebung aufs Dreifache 1885 – einen Teil auch der Nationalliberalen in Opposition, führte zu verschärften Spannungen zwischen Landwirtschaft, Handel und Industrie wie zwischen Produzenten und Konsumenten. Die Vorlage kam nur mit den Stimmen des Zentrums durch. Sehr weit trug die Gemeinsamkeit des Kartells nicht. Die Krise, die zu Bismarcks Entlassung führte, machte das deutlich.

In der Art, wie wir unsere Geschichte und unsere Geschichten erzählen, kommt die Individualität von Personen zweifellos zu kurz, das Farbige und Charakteristische und das Zufällige im Geflecht der Strukturen zumal, das liegt an unserem Ideal der Totalität und der Gesamtperspektive über ein halbes Jahrhundert hinweg. Wir können die Leser nur allgemein warnen, sich nicht dem Schein eines Soges von Notwendigkeit der Strukturen und Prozesse hinzugeben: Die seltenen Erinnerungen an individuelle Entscheidungen, an kontingente Ereignisse, an Alternativen und Optionen sollen genügen, die Offenheit aller Situationen im Bewußtsein zu halten – auch wenn davon nicht eigens die Rede ist.

An dieser Stelle aber müssen wir von drei ganz individuellen Persönlichkeiten sprechen und dem Zufall ihres Neben- und Nacheinanderstehens. Es geht um die preußisch-deutschen Monarchen und um das „Dreikaiserjahr“ von 1888. Der Monarch stand im Zentrum der deutschen Verfassung, und es kam durchaus darauf an, wer die Rolle und Funktion wie ausfüllte; die Stellung auch einer weltgeschichtlichen Größe wie Bismarck beruhte auf dem Verhältnis zu „seinem“ Monarchen, auf dessen Verhältnis zu ihm. Und seine „Entlassung“, man weiß es, war das Werk des Kaisers.

Wilhelm I. war beinahe 91 Jahre alt, als er starb, er war ein Mann, den die erste Jahrhunderthälfte geprägt hatte, ein Soldat ursprünglich und nicht zum Thronerben bestimmt. Seine eigentliche historische Tat war die Entscheidung für den Heeres- und Verfassungskonflikt in Preußen und für die Berufung Bismarcks – die von ihm selbst ernsthaft erwogene Alternative der Abdankung hätte der deutschen Geschichte einen ganz anderen und vielleicht sogar glücklicheren Verlauf gegeben. Mit den wachsenden Erfolgen Bismarcks, seinem Ruhm und seiner gefestigten Stellung, trat der Monarch zurück – in eine andere, nicht mehr initiative Rolle der konstitutionellen Macht im Hintergrund, der Repräsentation auch. Er blieb voller Vorbehalte gegen Bismarck, nicht gegen seine Ziele, wohl aber gegen seine Wege und Mittel, gegen seine politische Leidenschaft, seine Risikobereitschaft zum Entweder/Oder, zum Alles oder Nichts. Er war der konservative Traditionalist gegenüber dem konservativen Revolutionär. Und seine Frau, die Weimaraner Augusta, hat ihn, aus anderen Gründen, oft in diesen Vorbehalten bestärkt und war darum Bismarck aufs tiefste verhaßt. Im Dissens- und Konfliktfall aber hat der Monarch sich daran gewöhnt nachzugeben – seitdem Bismarck mit seinen Rücktrittsangeboten, -gesuchen oder -drohungen operierte, galt: Bismarck ist „wichtiger als ich“. Wilhelm hat darum 1866 den gemäßigten Vorfrieden von Nikolsburg hingenommen, 1871 die Kaiserwürde angenommen, den Kulturkampf mitgetragen und die Entscheidung für den Zweibund mit Österreich, für die Distanzierung von Rußland – und vieles andere, gegen seine Herzensneigung. Einfach und altmodisch begegnete er dem Sozialismus und den beiden Attentaten mit der Parole, dem Volke müsse die Religion erhalten werden. Er wurde ein patriarchalischer Monarch, fern von all den cäsaristisch-plebiszitären Tendenzen und modernen Zügen des Machtgenies Bismarck, fern auch von dessen Machiavellismus. Daß sein Enkel ihn zu „Wilhelm dem Großen“ zu stilisieren suchte, mit den zahllosen großoffiziösen Denkmälern, die uns noch heute umgeben, entsprach überhaupt nicht seinem Stil und seiner Auffassung der Monarchie. Er wuchs in die Rolle des „alten Kaisers“ hinein, des Reichsmonarchen, des Symbols der Nation, wurde zum Gegenstand ruhigen Respekts. Er hat das Reich nicht mehr geformt, dazu war er zu alt und zu altmodisch, zu preußisch auch, und sein Preußen war 1866/71 eigentlich zu Ende gegangen. Politisch aber hat die Art, in der er die monarchische Rolle erfüllte, die Kanzlerherrschaft Bismarcks ermöglicht.

Über seinem Sohn, Friedrich III., liegt die Tragik der „übersprungenen Generation“, wie man früher sagte. Heute gilt das als irrig und personalistisch. Aber es bleibt ein Stück große Wahrheit. Hier war eine Alternativmöglichkeit der deutschen Geschichte nach 1871. Friedrich, der Kronprinz, mit einer Tochter der Königin Viktoria verheiratet, einer starken und energischen Frau, hatte liberale, hatte englische Sympathien. Wir wissen natürlich nicht genau, was er als Monarch getan hätte, aber einiges läßt sich doch sagen. Es kann als sicher gelten, daß er die monarchischen Prärogativen nicht aufgegeben hätte und nicht die militärmonarchische Tradition Preußens, er wäre nicht zum machtlosen Monarchen im parlamentarischen System geworden. Aber man kann doch annehmen, daß er mit den Liberalen, und nach Möglichkeit einer liberalen Mehrheit, regiert hätte, mit liberalen Beratern und liberalen Zielen, im Sinne eines aristokratischen moderaten Whig-Liberalismus. Das war es, worauf die Liberalen, gerade die Sezessionisten, gehofft hatten, das war es, was Bismarck gefürchtet hatte: das Ministerium Gladstone. Ob der General und Admiral Stosch, der ihm nahestand und den Bismarck zum Konkurrenten stilisierte, ein solcher Minister gewesen wäre, ist eher unwahrscheinlich. Gewiß, kein König, kein Kaiser in Deutschland konnte die sozialen und politischen Strukturen umkrempeln, gegen die großen Trends, den Interessenpluralismus und die Klassengegensätze angehen, den möglichen Niedergang des Liberalismus unter den Bedingungen des so vorzeitig eingeführten allgemeinen Wahlrechts aufhalten, aber wir wissen auch, wie sehr das Schicksal des Liberalismus 1878/79 und danach von Bismarcks Handlungen und seinen Mobilisierungen von Massen und Interessen abhing, wie sehr die preußisch-konservative Machtstruktur von den Beamtenernennungen und den Ministern. Das Entstehen eines Klimas für eine ruhige Entwicklung eines stärker parlamentsgebundenen Systems wäre schon wichtig genug gewesen oder ein anderer parlamentarischer Stil, als er zu Bismarcks Zeiten gedeihen konnte. Ein moderat liberales Regime wäre den Deutschen unter Friedrich III., wenn er z. B. 1878 auf den Thron gekommen wäre, beschieden gewesen, und es hätte etwas bewirkt. Der so unwahrscheinliche Fall, daß Wilhelm I. über 90 Jahre alt wurde, daß er z. B. das Attentat von 1878 überlebte, war insofern eine Tragödie. Und auch für Friedrich war es eine Tragödie: das vergebliche Warten auf die doch gleichsam natürliche Thronfolge, die Resignation dann nach der großen Wende und die absichtsvolle Politik Bismarcks in den 80er Jahren, den Thronfolger in eherne Zwänge konservativ einzumauern.

Als es dann 1888 soweit war, war der Thronfolger todkrank, er litt an Kehlkopfkrebs. Er hat nur 99 Tage regiert, den reaktionären Innenminister Puttkamer in Preußen abgelöst und ein paar Liberale nobilitiert und/oder mit Orden ausgezeichnet – das sollte die Richtung andeuten. Gewiß, die Deutschen waren inzwischen politisch von Bismarck schon weitgehend zermürbt worden, die politische Kultur war nach 1878/79 nicht mehr freiheitlich, Zivilcourage, aufrechte Charaktere im Politischen waren selten geworden. Aber auch 1888 war es nicht zu spät. Nicht vielleicht eine „Generation“ ist übersprungen worden – wenn man das Personal im Establishment durchmustert, bleibt die Zahl der Kandidaten für eine solche Definition klein –, aber der Typus des liberalen Monarchen, wie er in manchen der deutschen Mittelstaaten, etwa in Baden, ja regierte. Das war und das bleibt eine Tragödie für die Deutschen, Schicksalsfügung über die Zufälle der Langlebigkeit und der tödlichen Krankheit. Der Tod des Kaisers Friedrich war ein Unglück für Deutschland – Nietzsche, kein Liberaler gewiß, hat es sogleich konstatiert. Der Tod war das Ende einer schon schütter gewordenen Hoffnung auf eine freiheitliche Entwicklung, ja auf die beiden Dinge, die dem gefährdeten Reich vielleicht die Existenz gesichert hätten: Ausgleich mit England und liberalere Innenpolitik – jenseits von Konflikt und Untertänigkeit. Zu all dem kam nun die Person des Nachfolgers, Wilhelms II., dieses fleischgewordenen Unglücks der jüngeren deutschen Geschichte vor Hitler.

Über Wilhelm II. ist unendlich viel geschrieben worden, und für uns wird manches erst klarer werden, wenn wir von seinen Taten, seinen Untaten, seinen Nichttaten berichtet haben. Hier genügt weniges.

Wilhelm war gerade neunundzwanzig Jahre alt, begabt, von schneller Auffassungsgabe, manchmal blendend, mit einem Sinn fürs Moderne – Technik, Industrie, Wissenschaft –, zugleich oberflächlich, schnell, ohne Ruhe und Gelassenheit, ohne tieferen Ernst, ohne Arbeitseifer und Konsequenz, ohne Sinn für Sachlichkeit, Maß und Grenzen, ja für die Realität und reale Probleme, unbeherrscht und kaum lernfähig, beifalls- und erfolgssüchtig – er wolle jeden Tag Geburtstag feiern, hat Bismarck früh schon gesagt –, romantisch, sentimental und theatralisch, unsicher und arrogant, mit einem maßlos übersteigerten und auftrumpfenden Selbstgefühl, ein juveniler Kadett, der den Kasinoton, naßforsch, nie aufgab und den obersten Kriegsherrn ausspielen wollte, rastlos, voller panischer Angst vor dem Gleichmaß ohne Abwechslung, und doch ziellos, pathologisch in seinem Haß gegen seine englische Mutter; auch mit dem von Geburt her verkrüppelten Arm, Opfer einer ganz unglücklichen Erziehung; daß er, kaum daß sein Vater die Augen geschlossen hatte, seine Regierung mit der militärischen Einschließung des Schlosses Friedrichskron begann, weil er seine Mutter verdächtigte, die Papiere ihres Mannes fortschaffen zu wollen, ist der Erinnerung wert. Man muß freilich auch betonen, daß seine öffentlichen Reden und seine Randbemerkungen auf die ihm vorgelegten Akten weit schlimmer sind als seine wirklichen Sachentscheidungen, daß bei der Wahl seiner Berater nicht nur Fügsamkeit und Liebedienerei, sondern manchmal auch Sachgesichtspunkte entschieden haben.

Wilhelm war unpreußisch in seiner Theatralik und seinem persönlichen wie national-imperialen Geltungsstreben, seiner Hybris. Sein klirrender Nationalismus hat das Rational-Moderate, das auch dem konservativ-militärischen Preußentum doch eigen gewesen war, aufgezehrt. Man hat oft gesagt, daß er damit dem Stil und Wesen seiner Zeitgenossen entsprach, seine Zeit nur ausdrückte, spiegelte, und daß die Anerkennung, die er ja auch, zeitweise wenigstens, fand, darauf beruhte, daß man sich in ihm wiedererkennen konnte. Ich zweifle an dieser Parallelisierung, aber sei dem, wie ihm sei. Wilhelm verband die theatralische Modernität und Geltungssucht mit den überlieferten Formen der monarchischen, auch der preußischen Macht, stützte sich auf Adel und Militär, lebte in ihren wie immer entleerten Formen und ihren noch massiven Ansprüchen, steigerte die Rolle des Monarchen in eine neue Selbstherrschaft, aus absolutistischem Anspruch und donnernder Rhetorik und Popularitätsstreben wunderlich gemischt. Die Auflösung der Tradition und ihre Verwandlung in eine moderne Unbürgerlichkeit, das war es, was das Neu-Deutsche an diesem Kaiser ausmachte.

Gewiß, es war die Bismarcksche Verfassung, die ungezähmte obrigkeitsstaatliche Tradition, die einen solchen Monarchen zuließ, ihm die Möglichkeiten eines persönlichen Regimentes und des Cäsarengetöses in einer demokratischer werdenden Welt einräumte, ja man kann sagen, daß sein Rollenverständnis auch bestimmten Zügen der politischen Kultur in Deutschland, dem Untertänig-Unbürgerlichen, dem Vorrang des Strebens nach Weltmacht und Weltgeltung entsprach. Niemand wird mit Gewißheit sagen können, daß ohne „den Kaiser" der Weg der Deutschen nicht in Weltmachtstreben und Weltkrieg geführt hätte. Dennoch, so mußte es nicht kommen, Wilhelm war nicht nur in Stil und Format anders als Bismarck, sein Geist und sein Wesen waren anders, damit hat er sein Zeitalter eben nicht nur gespiegelt, sondern sehr individuell auch, ja entscheidend geprägt. Das wilhelminische Reich wurde ein anderes als das Bismarcksche, auch wenn Herrschaftsstruktur und Obrigkeitskultur eine Basiskontinuität hergeben. Wilhelm II. war ein Unglück für die Deutschen. Der Weg zwischen ungezügeltem und zugleich konzeptionslosem Weltmachtstreben und Konflikt oder Stagnation im Inneren, die Auswahl des Führungspersonals, das war auch sein persönliches Werk. Es ist kein Zufall, daß einer der größten Geister der Zeit, Max Weber, ein entschiedener Nationalist gewiß, den nationalistischen Kaiser und all seine Unfähigkeit abgrundtief gehaßt und für das deutsche Unglück mit verantwortlich gemacht hat.

Man muß gerecht sein, beim Sturz Bismarcks lagen die Dinge anders. Gewiß, nachdem der junge und selbstbewußte Kaiser 1889 den Thron bestiegen hatte, zeichnete sich ein Konflikt mit dem übermächtigen Kanzler irgendwann ab, ein Machtkonflikt, der auch ein Generationenkonflikt sein mußte, ein Konflikt über alte und neue Ziele und Fronten, was immer man unter „neu" verstehen mochte. Das Konfliktfeld wurde die Arbeiterfrage und die Auseinandersetzung mit der Sozialdemokratie. Das Sozialistengesetz war, nun elf Jahre in Kraft, kein „Erfolg" gewesen, Bismarcks Absicht, die sozialistische Bewegung ein- und zurückzudämmen, indem er Organisation und Agitation unterdrückte, die Wortführer verfolgte und isolierte, die „verführten" Massen zurückgewinnen wollte, war gescheitert. Insofern stellte sich die Frage nach einer Alternative, nach Entgegenkommen, Ausgleichs- und Kompromißversuchen – nicht nur für Sozialreformer und Gerechtigkeitsengagierte, sondern auch für weitsichtige Ordnungspolitiker. Der junge Kaiser nahm die Idee der Versöhnung auf, auch mit der Absicht, sich dadurch einen populären Start zu verschaffen. Bismarck dagegen setzte weiter auf die Politik des Konflikts, gar der Konfliktverschärfung. Dabei überwog freilich jetzt allmählich die Taktik, seine eigene Machtposition zu sichern und zu behaupten, statt einer wirklichen Strategie für die Zukunft des Reiches, des Systems, der Beziehungen von Regierung und Parlament. Krisenverschärfung, Revolutionsangst, ein provoziertes Chaos mußten ihn als den gegebenen „Bändiger" des Chaos erscheinen lassen. Die alte Polarisierungspolitik, die zuletzt jetzt auf das Schießen oder Nicht-Schießen hinauslief, wurde von solchem Machiavellismus überlagert. Daraus erklärt sich, daß auch die Parteien, die die Antisozialisten-Politik noch immer mittrugen, von ihm abfielen.

1889 kam es zu einem gewaltigen Streik der Bergarbeiter an der Ruhr, mit einer bis dahin unerhörten Massenbeteiligung von über 87000, zusammen mit den übrigen deutschen Bergbauregionen ca. 140000 Menschen. Die Behörden fürchteten eine Energiekrise, Militär stand zum Eingreifen bereit. Bismarck wollte durch die Zurückhaltung des Staates die Unternehmer und die Bürger in Angst und Schrecken setzen. Die Mehrheit der Öffentlichkeit und ein Teil der maßgebenden Verwaltungsbeamten sahen den Streik als unrevolutionär und relativ gerechtfertigt an. Der Kaiser empfing eine Delegation der Streikenden, das war ein symbolischer Akt von großer Tragweite, das sicherte ihm das Image eines Mannes des sozialen Ausgleichs und gab den Bergarbeiterforderungen eine moralische Legitimität. Der Streik ging friedlich zu Ende, die Arbeiter brachen ihn ab, die Unternehmer (und die Verwaltung) stellten Entgegenkommen in Aussicht.

Ende Oktober 1889 legte Bismarck dem Reichstag ein nunmehr unbefristetes Sozialistengesetz vor, er hatte den Kaiser überzeugen können, daß das die Voraussetzung von staatlicher Vermittlung im Arbeitskonflikt und einer neuen Arbeiterschutzpolitik, wie der Kaiser sie wünschte, sei. Das sollte, so Bismarcks Taktik, den Kaiser an ihn binden; auch wenn der Reichstag ablehnte, würde die dann wahrscheinliche Verfassungskrise ihn unentbehrlich machen. Daß Wilhelm II. solche Alternativüberlegungen selbst nicht anstellte, daß er vor allem und nur den „Alten" los werden und selbst regieren wollte, das hat Bismarck nicht voll realisiert. Als er in einem Kronrat, statt des Kaisers Anregungen zum Arbeiterschutz zu folgen, der Unterdrükkungspolitik des Sozialistengesetzes die Priorität gab, er und die ihm verpflichteten Minister dem Kaiser auch in dessen Ansicht widersprachen, man könne auf den Ausweisungsparagraphen, wie es die Nationalliberalen wünschten, verzichten, wurde der Bruch sozusagen irreparabel. Als die Kartellparteien sich – in der Frage der Ausweisung von Agitatoren – auf eine Abschwächung der Regierungsvorlage verständigten, wünschten die Konservativen, Bismarck möge sein stillschweigendes Einverständnis mit einem so geänderten Gesetz wenigstens signalisieren, und der Kaiser unterstützte das. Bismarck lehnte schroff ab. Am nächsten Tag wurde der Entwurf von einer ganz heterogenen Mehrheit von links und rechts, unter Einschluß der Deutschkonservativen, abgelehnt. Es gab für Bismarck keine Mehrheit mehr, aber der Eindruck, er selbst habe diese Situation heraufgeführt, war weitverbreitet.

Bismarck löste mit der erforderlichen Anordnung des Kaisers den Reichstag auf. Er trat als Handelsminister zurück, und der sozialreformerische Berlepsch wurde sein Nachfolger, der Reichskanzler stellte sogar in Aussicht, sich von seinem Amt als preußischer Ministerpräsident zurückzuziehen. Bismarck mußte es geschehen lassen, daß der Kaiser noch vor den Wahlen in den sogenannten Februarerlassen soziale Reformen, Arbeiterschutzmaßnahmen und die Einführung von Arbeitervertretungen, ja die Einberufung einer Internationalen Arbeiterschutzkonferenz, ankündigte; immerhin hatte er die Erlasse selbst redigiert und war dabei weit über Wilhelms Vorstellungen hinausgegangen, wohl um bewußt unerfüllbare Hoffnungen zu wecken.

Die Wahlen brachten den Zusammenbruch des Kartells, die Nationalliberalen verloren zwar nur 5,9% der Stimmen, aber 57 Sitze, die beiden Konservativen 5,9% und 28 Sitze, die Linksliberalen gewannen 3,1% der Stimmen dazu und konnten ihre Mandatszahlen auf 66 mehr als verdoppeln, und vor allem legten die Sozialdemokraten zu – von 10,1 auf 19,7%, von 11 auf 35 Sitze. Das Zentrum war mit acht hinzugewonnenen und insgesamt nun 106 Mandaten stärkste Fraktion im Reichstag. Es gab keine Mehrheit mehr. Scheinbar setzte Bismarck beim Kaiser am 25.2.1890 ein Konfrontationsprogramm gegen die Unregierbarkeit durch, ein neues Sozialistengesetz, Anti-Streikgesetze, eine Heeresvergrößerung, eine Kette von Reichstagsauflösungen, notfalls einen Staatsstreich. Andererseits setzte sich der Kaiser durch, Bismarck versprach noch einmal, auf die neue kaiserliche Sozialpolitik einzugehen. Aber es zeigte sich, daß nun auch die Parteien von Bismarcks Taktieren und von der Starrheit seines Kurses genug hatten. Schließlich befahl der Kaiser dem Kanzler, von der Vorlage eines verschärften Sozialistengesetzes abzusehen. Er wollte an den Anfang seiner Regierungszeit nicht ein innenpolitisches Kampfprogramm stellen. Der Versuch, in letzter Minute, durch eine Unterredung mit seinem Erzfeind Windthorst, mit dem Zentrum anzuknüpfen und den immediaten Umgang der preußischen Minister mit dem Monarchen, gemäß einer Kabinettsordre von 1852, schärfer zu kontrollieren, wurden letzte Anstöße zu Bismarcks Sturz. Der Kaiser sah nun, angesichts der Stimmung von Parteien und öffentlicher Meinung, angesichts auch des offenkundigen Machiavellismus des Kanzlers noch im Nachgeben, den geeigneten Zeitpunkt für die lange ins Auge gefaßte Trennung gekommen. Am 17.3.1890 ließ Wilhelm II. dem Kanzler die Aufforderung zukommen, umgehend sein Entlassungsgesuch einzureichen. Dies geschah am Tage darauf – eine Epoche ging zu Ende.

Auch wenn man sich klarmacht, daß es letzten Endes der Gegensatz der Personen, des „jungen" Kaisers und des „alten" Kanzlers, war, der zu Bismarcks Entlassung geführt hat, ist die konkrete Geschichte der Entlassungskrise doch aufschlußreich. Bismarcks Konzept scheint erstarrt, er hält zäh an dem früher eingeschlagenen Kurs fest. Darum haben soviele Menschen, Adelige und Bürger, frühere Bismarckfreunde, spätere Bismarckverehrer, Jüngere vor allem, seine Politik damals als überlebt und zukunftslos angesehen, als die Politik eines Alternden oder Alten; auch die alten Methoden hat er wiederholt, die Krisendramatisierung, die Einschüchterung der Parteien, das Spiel mit der Revolutionsfurcht – aber das war nun vergeblich, niemand nahm ihm das mehr ab, eine Weile gab es eine Koalition derer, die von ihm genug hatten.

Auf der anderen Seite war die Politik des Kaisers die einzig zukunftsreiche, modern und vernünftig. Die Option der Nachgeborenen ist klar. Allerdings, nach kurzer Zeit, nach zwei bis drei Jahren hat der neue Herr all diese Ideen fallenlassen und es – wieder – mit anti-sozialistischer Repression und Abbruch der neuen Sozialpolitik versucht. So ernst war die Sache nicht gewesen.

An Bismarcks geschichtlicher Größe, seinen Leistungen, der Gründung des Reiches und seines Ausbaus, der Verbindung der konservativen Tradition mit der bürgerlichen, der nationalen, ja einem Stück weit auch der liberalen Modernität, an der Größe seiner europäischen Friedens- und Verantwortungspolitik kann kein Zweifel sein. Und nicht an der Gewaltsamkeit seiner inneren Politik, jenseits der normalen Härte politischer Gegensätze, der Gewaltsamkeit seiner Unterwerfungsversuche gegenüber Katholiken und Sozialdemokraten, seiner Zertrümmerung und Domestizierung des Liberalismus. Das, was nach 1871 auch nötig war, die innere Einigung der Nation, das hat Bismarck niemals betrieben. Ob die Folgen einzuholen und auszugleichen waren, war eine Frage der Zukunft. Die schwarze Legende der Bismarckfeinde wird ihm so wenig gerecht wie die vergoldete seiner Verehrer. Man kann auch nicht simpel zwischen guter Außen- und böser Innenpolitik unterscheiden, denn die Innenpolitik ist ebenso ganz ambivalent, die Modernität bei aller Bremsung unverkennbar, die Sozialversicherung und also die Anfänge des Sozialstaats sind das klassische Beispiel.

Die schwarze Legende übersieht auch die gewaltigen Zukunftsperspektiven der deutschen Gesellschaft und der deutschen Politik um 1890. Sie übersieht das hohe Maß von europäischer Normalität, das man in den „Sonderlinien" der deutschen Entwicklung und politischen Kultur doch beachten muß. Sie übersieht, daß es überall Erblast gab. Wie stark die Widersprüche und Spannungen sein würden, wie stark die Integration und die Modernitäten, das mußte sich jetzt zeigen.

An dieser Stelle freilich muß man im Rückblick auf die Innenpolitik der letzten zehn Jahre seiner Kanzlerschaft von dem sprechen, was viele Beobachter damals bewegte: davon, was Bismarcks machtbesessener, brutaler und mißtrauischer Umgang mit Gegnern und mit Freunden, Beratern und Untergebenen angerichtet hat. Das liegt jenseits aller Moralisierung. Es fügt sich in das, was wir früher über Bismarcks innenpolitischen Stil und seine Wirkung auf die politische Kultur, ja auch auf die politische Struktur, gesagt haben: die Methoden der Konfliktverschärfung, der Polarisierung des Gegeneinander-Ausspielens. Bismarck wollte keine Selbständigkeit neben sich dulden, nicht bei Personen, nicht bei Parteien, und keine Erben. Das war der Preis der Größe.

Nach seinem Sturz freilich hat es nur wenige Jahre gedauert, bis Bismarck, nun gegen den Nachfolger Caprivi und zuerst auch gegen den neuen Kaiser, zur Berufungsinstanz geworden ist, und dann zum Mythos vor allem aller Nationalisten und aller Rechten, zum Vorbild „energischer Politik" gegen alle Reichsfeinde und Schwächlinge, zum Vorbild gar einer sich steigernden Machtpolitik, in der Bismarcks eigene außenpolitische Rationalität ganz und gar in Vergessenheit geriet.

3. Außenpolitik

Das Deutsche Reich war 1871 als eine neue europäische Großmacht ins Leben getreten, europapolitisch gewiß nicht als Fortsetzung des Deutschen Bundes, der ohne jede Macht eine rein defensive Status-quo-Existenz gehabt hatte, aber auch nicht als Fortsetzung der kleinsten und schwächsten der bisherigen Großmächte, Preußen, sondern als ein ganz neues, die Staatenbeziehungen revolutionierendes Machtfaktum. Das neue Reich stand außerhalb der über hundertjährigen europäischen Tradition, der Pentarchie, war insoweit ein Fremdkörper, ja vielleicht ein Störenfried. Die deutschen Mittelstaaten, die bei Konflikten der Großmächte als „Puffer"staaten eine vermittelnde oder krisenentschärfende Funktion gehabt hatten, waren untergegangen. Disraeli hat von einer „deutschen Revolution" gesprochen, die weltgeschichtlich wichtiger sei als die französische, die, so spitzte er rhetorisch zu, das überlieferte europäische Gleichgewicht völlig zerstöre, dazu die Position Englands bedrohe. Dieses Reich stand – europäische Normalität nun doch – im Kreise anderer Mächte, deren Rivalitäten und Machtkämpfe die internationalen Beziehungen der Zeit bestimmten: Weder die Selbstbestimmung, die Fähigkeit zu autonomer Politik, noch auch nur die fortdauernde unverletzte Existenz eines Staates waren selbstverständlich oder gar garantiert; Krieg war noch ein Mittel der Politik, Sicherheit und Selbstbehauptung und staatlich-machtpolitische Souveränität waren ein erstrangiges Problem und darum auch Machtbehauptung oder Machtverlust. Gewiß gab es – wie in allen Zeitaltern der europäischen Bürgerkriege, im Konfessionszeitalter und nach der Revolution von 1789 – ideenpolitische Solidaritäten, die die Macht- und Interessenkonkurrenz überkreuzten; gewiß spielte auch die moralpolitische Legitimation von Politik vor der öffentlichen Meinung eine Rolle; aber insgesamt war doch die Machträson die entscheidende Triebfeder der europäischen Außenpolitik dieser Zeit. Die Sonderlage Deutschlands in der Mitte Europas, umgeben von Rivalen und in Nachbarkonflikte verwickelt, schuf besondere Probleme – das ist keine Konstruktion verrückter Geopolitiker, sondern eine damals jedermann selbstverständliche Machttatsache ersten Ranges.

Das Deutsche Reich hatte, seiner schieren Größe, seinem festen inneren Gefüge, seiner militärischen und seiner wirtschaftlichen Kraft nach, eine „vorwaltende Stellung" (O. Hintze) in Europa, eine „halbe Hegemonie" (L. Dehio). Es war in der Folge unerhörter Ereignisse, dreier großer, die Ordnung Europas verändernder Kriege entstanden, die man auch als großpreußische Expansion, als Erringen einer preußischen Hegemonie deuten konnte. Die Annexion von Elsaß-Lothringen hatte, so schien es, sogleich die Expansions- und Großmachtpolitik, zu der das neu entstehende Machtgebilde fähig war, unter Beweis gestellt. Zu der objektiven Veränderung der europäischen Lage gehören außerdem die subjektive Wahrnehmung und die in sie eingeschlossenen Befürchtungen: die Sorge vor weiterer Expansion, vor neuer Hegemonialpolitik, vor neuen Kriegen, vor neuer Unruhe, vor einem Nationalismus, der über die gerade etablierten Grenzen hinweggehen würde. Würde das neue Reich nicht die Rolle des napoleonischen Frankreich übernehmen, Unruhestifter und Störenfried Europas sein zu müssen? Man konnte zwar auch, wie es die europäischen Staaten 1870/71 getan haben, in der Nationalstaatsbildung die Konsolidierung eines Unruhe- und Konfliktpotentials sehen, das Ende der ständigen deutschen Querelen, die zur Einmischung eifersüchtiger Nachbarmächte geradezu herausforderten; man konnte diese Staatsbildung für legitim halten und von aller Irredenta- und Eroberungspolitik durchaus unterscheiden. Dennoch, das Gewicht der neuen Macht und ihre gewaltige Dynamik mußte man in Rechnung stellen – solche Macht mußte sich, so waren die Dinge damals jedenfalls, auch zur Geltung bringen. Kurz, das neue Reich löste eher Befürchtungen als Hoffnungen aus.

Die neue Parole, die der Staatsmann der Kriege ausgab, das Reich sei jetzt „saturiert", war für Europa zunächst einmal nur Rhetorik. Für eine verständige deutsche Politik kam es deshalb darauf an, diese Furcht abzubauen; damit sie sich nicht gegen das neue Reich kehrte, kam es darauf an, Europa mit der Existenz dieses Reiches zu versöhnen, sie aus einer Provokation zu einer Selbstverständlichkeit werden zu lassen. Die Politik der „Saturiertheit", der Status-quo- und Friedenswahrung, die Bismarck wählte, war die gebotene Strategie der Existenzsicherung. Geschichtlich und politisch lief das alles auf die Frage hinaus, ob das neue Machtzentrum für Europa akzeptabel sei und sein werde oder nicht, ob der neue Nationalstaat mit einer Restabilisierung Europas verträglich sei. Das war, nachdem gerade „die deutsche Frage" gelöst schien, die neue „deutsche Frage". In den überlieferten Kategorien des außenpolitischen Denkens hieß das: Wie konnte sich das

Reich in das Gleichgewicht Europas eingliedern, war es dafür nicht zu groß und zu stark, mußte es nicht zu einer Art halber oder latenter Hegemonie tendieren? Mußte es nicht auf Dauer Gegenkoalitionen hervorrufen und so Europa destabilisieren? Und wenn man die Sache konkreter ansah: Wenn das deutsche Sicherheitsinteresse – immer mit der Gefahr eines Zweifrontenkriegs konfrontiert – eine starke Armee erforderte, mußte das nicht gerade in Europa als Bedrohung des Gleichgewichts, wenn nicht gar des Friedens erscheinen? Eine realistische deutsche Politik mußte versuchen, die negativen Alternativen auszuschließen, die Existenz des Reiches und die Stabilität Europas zu versöhnen.

Es ist hier angebracht, noch einmal auf die Alternative zum Bismarckreich, auf eine großdeutsche Lösung zu blicken. Dann ist kein Zweifel, machtpolitisch wäre ein großdeutsches Reich für Europa erst recht unerträglich gewesen. Und eine große, aber ohnmächtige Föderation hätte erst recht destabilisierend gewirkt. Das alles sind nicht nachträgliche Konstruktionen. Weder ein tragischer Fatalismus, der die neue deutsche Frage, weil sie am Ende nicht gelöst worden ist, für von vornherein unlösbar erklärt, noch ein illusionärer Optimismus, der das Scheitern Deutschlands als Großmacht auf Unfähigkeit oder bloße Aggressivität oder innenpolitische Zwänge gar zurückführt, werden dem Problem gerecht. Bismarck war sich über die ernste Lage des Reiches auch und gerade nach seinem Sieg im Europa der Mächte durchaus im klaren.

Nur vor diesem Hintergrund wird klar, warum es seit 1871 zum A und O von Bismarcks Politik gehörte, die anderen davon zu überzeugen, daß Deutschland als Macht saturiert sei, daß die expansive Politik des Einigungsjahrzehnts ganz und gar zu Ende, daß 1871 eine Epochenscheide sei. Das war gewiß seine persönliche Überzeugung, aber es war auch eine Notwendigkeit, die sich aus der europäischen Lage ergab. Bismarck hat seit 1871 jeden Anschein abgewiesen, er wolle die – unvollendete – Einigung der Deutschen über die Grenzen von 1871 hinaus weitertreiben, sie auf die vielen Deutschen jenseits dieser Grenze ausdehnen, großdeutsch oder irredentistisch. Die nationale Einigung war für ihn ganz und gar abgeschlossen. Und er hat jede Expansions- und Kriegsambition und spätestens seit 1875 auch die Forcierung einer deutschen Quasi-Hegemonie verworfen – die offenkundigsten Gefahren für eine Restabilisierung Europas. Und da das Ziel seiner Außenpolitik allein in der Machtbehauptung bestand, fern allen nationalen und historischen Missions- oder Sendungsideen, fern auch noch vom weltpolitischen, gar sozialdarwinistisch getönten Imperialismus, und da in seiner Politik trotz ideenpolitisch internationalistischer Solidaritäten – mit dem Zarenreich z. B. – die Räson des eigenen Staates immer eindeutigen Vorrang hatte, war diese Selbstbegrenzung zunächst auch möglich. Daß sie ihre Dialektik besaß, werden wir noch sehen.

Wir müssen hier nebenbei betonen: Außenpolitik war zwar im letzten Drittel des 19. Jahrhunderts nicht mehr unabhängig von der öffentlichen

Meinung, kein Krieg war gegen sie, war ohne sie möglich, Außenpolitik war auch nicht unabhängig von Wirtschaftsinteressen. Aber die eigentlichen Entscheidungen fielen – überall – noch im „außenpolitischen Establishment", bei den Diplomaten, Ministern und Monarchen. Im Deutschen Reich waren diese Entscheidungen faktisch von Bismarck monopolisiert; man kann gelegentlich, selten, Alternativvorstellungen feststellen, aber wie nirgend vorher oder nachher, nirgend sonst: Deutsche Außenpolitik der Zeit war Bismarcks Außenpolitik, darauf können wir uns mit Fug konzentrieren.

Wie war die Stellung des Reiches zu den europäischen Mächten nach 1871 und die der Mächte zu diesem Reich? Die Reichsgründung hatten die neutralen Mächte mit mehr oder minder großem Wohlwollen und aus unterschiedlichen Gründen toleriert. Bismarck war lange Zeit von der Furcht vor den Besiegten von 1866 und 1871 erfüllt. Das bestimmte seine Politik gegenüber Frankreich. In Frankreich sah er die eigentlich revisionistische Macht, den potentiellen Dauergegner des Reiches. Es kam ihm darauf an, Frankreich in Europa zu isolieren. Darum war er – gegen seine gesamte konservative Umgebung – für die französische Republik, gegen eine Erneuerung der Monarchie; die republikanische Staatsform werde, so meinte er, Frankreich instabil halten und als verläßlichen Bündnispartner, vor allem natürlich für das monarchische Rußland, entwerten.

Mit Österreich, für Bismarck immer noch der Besiegte von 1866, immer noch möglicher Revisionist, anfangs sehr ernsthaft einkalkulierter potentieller Partner einer französisch-revisionistischen oder ultramontanen Koalition, suchte er einen Ausgleich. Dabei spielte die entschiedene Wendung gegen jede Aufnahme großdeutscher Ideen (eines „Anschlusses") eine bedeutende Rolle. Für Österreich war bei einem möglichen Ausgleich die nationalitätenpolitische Lage wichtig, die Rücksicht auf die österreichischen Deutschen. Wenn Österreich seine deutsche Revisionspolitik aufgeben mußte, wollte es sich auf den Balkan konzentrieren, dazu brauchte es eine Rückendeckung gegenüber Rußland; da England dazu nicht zu gewinnen war, war es auf Deutschland angewiesen. Der ungarische Leiter der Wiener Außenpolitik, Andrássy, wurde zum Exponenten der so kalkulierten „Verständigung". Seinem Ziel, Bismarck in irgendwelche anti-russischen Kombinationen einzubeziehen, entzog sich dieser vorerst ganz konsequent: Er wollte nicht mehr als eine halbe Option, wollte noch kein Bündnis, das doch eine Annäherung zwischen Rußland und Frankreich provozieren mußte, er wollte aber auch die noch mögliche Verständigungs-Verbindung zwischen Österreich und Rußland hindern, er wollte keine Einschränkung der deutschen Handlungsfreiheit.

Am wichtigsten war und blieb das Verhältnis zu den Flügel- und eigentlichen Weltmächten, zu England und Rußland. England blieb isolationistisch distanziert gegenüber dem Kontinent, zwar moralpolitisch leicht mißtrauisch gegenüber deutschen Machtambitionen – so jedenfalls Gladstone und die Liberalen –, aber doch insgesamt positiv eingestellt: Das Reich hatte

Mitteleuropa endlich stabilisiert und stellte ein Gegengewicht zu Frankreich und Rußland dar, ja – so Disraeli 1874, der 1871 noch den Zusammenbruch des Gleichgewichts beschworen hatte – ein Gegengewicht zur roten wie zur ultramontanen Internationale. Außerdem waren Frankreich, Rußland und die USA weltpolitisch wichtiger als ein moralisches Unrecht in Elsaß-Lothringen. Freilich, angesichts des deutsch-französischen Gegensatzes wollte England neutral bleiben, mit beiden Kontrahenten in guten Beziehungen. Bismarcks Verzicht auf jede expansive Außenpolitik machte das Reich trotz ideenpolitischer Distanz gerade akzeptabel, es unterstützte durch seine bloße Existenz die weltpolitische Pax britannica, wie diese hinwiederum die Existenz des Reiches. Man muß annehmen, daß eine nichtkonservative, eine liberale deutsche Regierung vermutlich eher, national- und flottenexpansionistisch, mit englischen Interessen in Konflikt geraten wäre – da hätten ideenpolitische Sympathien wenig genutzt. Es gab in England kritische Stimmen über Deutschland, und es gab deutsche Enttäuschungen über die strikte Neutralität, ja das Mißtrauen Englands; aber das waren nicht mehr als atmosphärische Störungen substantiell ungetrübter Beziehungen.

Schwieriger waren die Beziehungen zu Rußland. Es gab ideenpolitische, dynastische und – im Grunde seit den polnischen Teilungen – machtpolitische Gemeinsamkeiten, von Preußen im Krimkrieg und während des polnischen Aufstands von 1863 intensiviert; die wohlwollende Neutralität Rußlands hatte die Reichsgründung mit ermöglicht. Das schien eine starke Basis der Gemeinsamkeit. Aber Preußen-Deutschland war vom „Mündel“ zum eigenwilligen Partner und Gegenpartner geworden, hatte Macht gewonnen, während die russische Macht stagnierte. Das provozierte die nationale Macht-Ambition Rußlands, der aufkommende „Panslawismus“ lieferte ein emotionales Ferment gegen das „germanische“ Reich, eine Kooperation mit Frankreich bot sich nach den Spielregeln des Gleichgewichts an. Dankbarkeitserwartungen an das Reich und „Undankbarkeitserfahrungen“ wurden eine Hypothek. Von der Ausgangslage her war es offen, wie das Verhältnis zwischen Deutschland und Rußland sich entwickeln würde.

Versucht man, die Lage zusammenfassend zu beschreiben, so kann man sagen: Das Deutsche Reich war als Neu-Aufsteiger auf die Restabilisierung Europas angewiesen, auf die Wiederherstellung des Gleichgewichtssystems. Nur das wiedergewonnene Gleichgewicht konnte auf längere Sicht seine Existenz und Position garantieren, gegnerische Koalitionen von Dauer ausbalancieren oder ausschließen. Aber das Deutsche Reich schien doch, latent wenigstens, das Gleichgewicht zu gefährden, eine Art halbe Hegemonie in Kontinentaleuropa oder jedenfalls in Mitteleuropa zu verwirklichen. Das mußte den Widerstand sowohl Frankreichs wie Rußlands hervorrufen. Ja die Tatsache, daß das Reich mit seiner Gründung Macht, neue Macht gewonnen hatte, genügte dazu. Die traditionelle Möglichkeit, solchen Machtgewinn den Konkurrenten mit Hilfe von Kompensationen erträglich zu machen, war nicht gegeben. Verteidigen ließ sich der Status der latenten Halbhegemonie nur mit Hilfe Englands – aber England hatte an solcher Verteidigung nicht das geringste Interesse, denn sie hätte zu einer Überlegenheit des Reiches gegenüber Frankreich oder/und Rußland geführt, also zu einer Verstärkung, zu einer Aktualisierung jener halben Hegemonie. Das war ein Dilemma. Und die Folge war, daß das Reich strukturell von einer dauernden oder zumindest immer wiederkehrenden Isolierung bedroht war. Dennoch schien es möglich, die Situation hinzunehmen, ohne sie dynamisch zuzuspitzen, ohne einen Übergang zur offenen Hegemonie oder zu Kompensations- und Teilungsarrangements, sich also mit den Grenzen und Beschränkungen der Mittellage und der Labilitäten jedes Gleichgewichts abzufinden, die Sicherheit auf eine starke Streitmacht zu gründen und durch die konkreten Konstellationen und Gegensätze hindurchzusteuern. Das war – man muß das entschieden betonen – mit großen Risiken verbunden, mußte aber nicht in übergewaltige Konflikte führen.

Wir wenden uns den konkreten Abläufen zu. Schon gleich nach 1871 zeigte sich, daß Deutschland zunächst, da es nun einmal Frankreich gegenüberstand und England nicht für ein „Bündnis" zu gewinnen war, auf die prekäre Verständigung mit Österreich und Rußland angewiesen war – aber eben mit beiden zugleich, um beide an Deutschland zu binden, ein Zusammengehen mit Frankreich zu verhindern und für Deutschland eine relative Handlungsfreiheit zu erhalten. Der Zwang, zwischen Österreich und Rußland zu optieren, was beide Mächte kräftig forderten, und den anderen damit an die Seite Frankreichs zu treiben, sollte gerade vermieden werden. Es ging also um eine Konstellation zu dritt, die auch den österreichisch-russischen Gegensatz auf dem Balkan neutralisieren, Deutschland da heraushalten sollte. Eine solche Kooperation der Ost-Mächte hätte zugleich die Tradition konservativer und anti-revolutionärer innenpolitischer Solidarität aufgegriffen. Außen- wie Innenpolitik wiesen auf eine „konservative" Strategie Bismarcks. Aber das sogenannte Drei-Kaiser-Abkommen vom Oktober 1873 hatte über das Versprechen und die Beschwörung der gemeinsamen „Grundsätze" von Konsultation und Friedenswahrung hinaus wenig Substanz. Rußland wollte das Reich nicht zum Schiedsrichter auf dem Balkan werden lassen, und es wollte durch gute Beziehungen zu Paris gerade im Gegensatz zu der Absicht Bismarcks eine weitere Schwächung Frankreichs blockieren. Bismarcks Strategie zielte darauf, durch betonte Distanz gegenüber Petersburg jede Brüskierung Englands und auch jede wirkliche Stärkung Rußlands zu vermeiden. Er wollte zwar keine Schwächung Rußlands, aber was er zu bieten hatte, war für Rußland nicht attraktiv. Und die konservative Interessensolidarität war – trotz der gemeinsamen Furcht vor einer sozialistischen Revolution – nicht stark genug, die Ostmächte zusammenzubinden und Europa zu ordnen, zumal als Frankreich, von den Kriegsfolgen und inneren Unruhen erholt, wieder in den Kreis der Mächte zurückkehrte.

Wichtig wurde die erste europäische Krise nach der Reichsgründung. Eine der erstaunlichsten Entwicklungen nach 1871 war, wie schnell Frankreich als Macht wiedererstand. Es hatte die Kriegskontributionen schneller als – auch von Bismarck – erwartet bezahlt und war die deutsche Besetzung darum rasch losgeworden. Im März 1875 wurde ein Gesetz, das Kadergesetz, verabschiedet, das die französische Armee reorganisieren (und verstärken) sollte. Das alarmierte den deutschen Generalstab, führte zu Präventivkriegsplänen. Das alarmierte auch Bismarck, obwohl er den Präventivkrieg aus politischen wie metapolitischen Gründen ablehnte. Seit 1874 schon war er über russisch-österreichische und russisch-französische Annäherungen besorgt, er sah die drohende Gefahr der kontinentalen Kaunitz-Koalition des Siebenjährigen Krieges. Vielleicht hat er sogar in dieser Lage versucht, eine russische Garantie gegen Frankreich zu erhalten und dafür russische Machterweiterungen auf dem Balkan, zu Lasten Österreichs also, zu unterstützen angeboten – wie immer das war, Rußland ist auf dergleichen nicht eingegangen.

Nach dem französischen Militärgesetz flüchtete Bismarck in eine taktische Gegenoffensive. Sie richtete sich gegen das schwächste Glied der möglichen Koalition, gegen Frankreich. Ihr Ziel war es, die europäische Lage zu testen, die französische Aufrüstung zu stoppen und Frankreich als Friedensstörer in Europa zu isolieren; ja Bismarck wollte Frankreich zur Rücknahme jenes Militärgesetzes und damit zur Unterwerfung unter den politischen Willen Deutschlands zwingen. Das hätte Frankreichs Souveränität beeinträchtigt und es als Großmacht ausgeschaltet. Die Offensive des Kanzlers begann mit einer offiziösen Einschüchterungskampagne in der Presse und mancherlei diplomatischen Drohgebärden und -äußerungen. Ein – vermutlich – inspirierter Artikel eines Bismarck bekanntermaßen nahestehenden Publizisten, C. Rößler, in der „Post" vom 8.4.75: "Ist der Krieg in Sicht?", spitzte die Sache zu. Die „Krieg-in-Sicht-Krise" war da. Aber diese Pressionen, experimentierend oder ernst, führten weder zum Nachgeben Frankreichs noch zu seiner Isolierung in Europa. Vielmehr: Rußland und England nahmen sie – auf französische Initiative hin – ernst und wiesen sie diplomatisch und energisch zurück, Bismarck mußte sie aufgeben. Am 10. Mai verzichtete er ausdrücklich auf die Rücknahme jenes Kadergesetzes. Der russische Außenminister, einigermaßen frankophil, konnte gar behaupten, er habe den Frieden gerettet. Im Grunde war es ein Sturm im Wasserglas, eine wirkliche Kriegsgefahr hatte nicht bestanden, aber die englisch-russische Demonstration wies die lautstarke deutsche Einschüchterung, die Drohgeste in ihre Grenzen.

Was wichtig war: Es erwies sich, daß nicht die Isolierung Frankreichs das Hauptfaktum der europäischen Politik war, sondern das Interesse an der Bewahrung des Gleichgewichts, die Abwehr jedes auch nur vermeintlichen Hegemonialanspruchs. Bismarcks experimentierender Versuch einer deutschen Hegemonialpolitik gegenüber Frankreich war, ob ernst oder nicht so ernst gemeint, schlicht gescheitert. Mehr noch: Die Gemeinsamkeit der Gleichgewichtsverteidigung war sogar stärker als der englisch-russische

Weltgegensatz. Die Flügelmächte hatten demonstriert, daß sie die Garanten des Status quo waren. Zwar war der russische Versuch, beim Aufkommen der deutsch-französischen Spannungen eine Schiedsrichterrolle zu beanspruchen, durch die Teilnahme Englands und den schnellen Rückzug Bismarcks nicht zum Tragen gekommen. Aber Frankreich war in den Kreis der bündnisfähigen Großmächte zurückgekehrt. Eine offene Hegemonialpolitik des Reiches in Mittel- und Westeuropa war, so zeigte sich, unmöglich. Das entschiedene Mißtrauen der Flügelmächte gegen jede deutsche Politik dieser Art war klar.

Bismarck setzte seither endgültig alles daran, die europäische Lage zu beruhigen, die Mächte von seinem Friedenswillen zu überzeugen. Europa kehrte, wie es 1871 als Möglichkeit schon absehbar war, zur Normalität des Gleichgewichts zurück. Die neue deutsche Frage war zwar nicht das aktuelle, aber doch das latente Problem Europas: die Furcht vor einer deutschen Halbhegemonie. Das nötigte Deutschland zu defensiver Politik, zur Wahrung der europäischen Ordnung. Bismarck hat in diesen Jahren, im Juni 1877, seine berühmte Lageanalyse formuliert und seine Konsequenzen für die deutsche Politik (Kissinger Diktat). Es komme darauf an, so setzt Bismarck ein, den Druck der Mächte vom Zentrum, wo sie sich so oder so gegen Deutschland zu verbinden geneigt waren, in die Peripherie abzuleiten, wo sie mit ihren rivalisierenden Interessen gegeneinander ständen und Deutschland in die angenehme Position der „Hinterhand" komme. Deutschland, das Bundesgenossen brauche, komme so in die Situation, zum gesuchten Partner zu werden, ohne dabei in einseitige Abhängigkeit zu geraten. Zu dieser Politik gehörte, daß die Lebensinteressen der anderen Mächte befriedigt würden, nur dann ließ sich das Gleichgewicht stabilisieren. Dazu gehörte auch, daß die Rivalitäten der „anderen" – Rußlands und Englands, Rußlands und Österreichs, Englands und Frankreichs – zugleich gezähmt wurden und in einer letzten Hinsicht fortdauerten. Bismarcks Politik wollte die Rivalitäten gleichsam kontrolliert benutzen, um einen Ausgleich zu schaffen, der das Reich von jedem Druck entlastete. Wenn England zu Rußland wie Frankreich in relativen Spannungen stand und blieb, dann mochte diese Lage es sogar an Deutschland heranführen. Eine offensichtlich probritische Option dagegen konnte man umgehen, sie hätte jene Spannungen wieder ins Zentrum gelenkt – also die Ab- und Nach-Außen-Lenkungsstrategie gerade aufgehoben. Das Problem freilich war, wir weisen im voraus darauf hin, daß die Peripherie nicht unendlichen Verfügungsraum bot, das konnte keine Dauerstrategie sein, und daß auch die Saturiertheit des Reiches sich bei Peripheriegewinnen der anderen irgendwann erschöpfen mußte. Wenn allerdings die Entlastung über die Peripherien nicht auf Dauer möglich war und wenn das Machtgewicht im Zentrum wuchs oder das Zentrum mit den Peripheriegewinnern konkurrieren wollte, dann brach erneut der Zwang der Mittellage auf, dann konnte Deutschland – zwischen Hegemonie und Souveränitätsbedrohung – nur mit Bündnissen existieren. Aber einstweilen war das noch fern. Noch konnte Bismarck von der Ruhigstellung des Zentrums und der Ablenkung der Kräfte an die Peripherie ausgehen.

Wie seit 1830 so oft und wie noch 1914 war es wieder eine Orient-Krise – eine Krise über das türkische Erbe auf dem Balkan –, die eine Neuformierung der europäischen Verhältnisse herbeiführte und das eine wie das andere Dilemma der deutschen Politik, die Ambivalenz zwischen Österreich und Rußland, die Ambivalenz zwischen Rußland und England, hervortreten ließ. Der Balkan war deshalb für die europäische Situation so wichtig, weil die russische Politik, ob nun orthodox christlich, panslawistisch national oder schlicht zaristisch imperial, in den befreiten oder sich befreienden Balkanvölkern und ihren neuen Staaten ihre geborenen Schützlinge und Satelliten sah; weil Österreich mit seinen slawischen Nationalitäten von neuen Nationalstaatsbildungen betroffen und gefährdet schien, ebenso von jeder russischen Machtexpansion, ja ohne Kolonien auf dem Balkan den Raum eigener noch möglicher Machtexpansion sah; weil England, zumal seit dem Bau des Suezkanals, ein neues Empire-Interesse am Orient hatte und an der Eindämmung Rußlands; weil auch eine Neutralisierung und eine Konsolidierung unabhängiger Balkanstaaten eine Ordnungsfrage der europäischen Großmächte war, weil immer bei jeder Teilfrage die Gesamtfrage nach Schicksal und Erbe des Osmanischen Reiches anstand.

Aufstände der Balkanslawen, christlich und nationalbewußt, und ein Krieg Serbiens und Montenegros gegen die Türken lösten 1875/76 diese Krise aus. Schon das änderte die Lage des Reiches: positiv, weil an Stelle des deutsch-französischen Gegensatzes die Fragen der Balkanperipherie ins Zentrum der europäischen Aufmerksamkeit traten, negativ, weil es die deutsche Politik mit der unlösbaren Frage der „Option" zwischen den Konkurrenten Rußland und Österreich konfrontierte. Der Versuch Englands, Frankreichs und Österreichs, die Türkei zu Zugeständnissen zu bewegen und so ein Eingreifen Rußlands zu verhindern, scheiterte. Rußland begann, zusammen mit Rumänien, im April 1877 einen Krieg gegen die Türkei; es siegte und diktierte den Frieden von San Stefano (März 1878), der die Bildung eines großbulgarischen Fürstentums bis zur Ägäis, praktisch eines russischen Satellitenstaates, vorsah. Dieser Friede nahm – abweichend von den bisherigen Gepflogenheiten Europas und auch abweichend von früheren Abmachungen Rußlands mit vor allem Österreich – weder auf die Interessen Englands im östlichen Mittelmeer noch auf die Österreichs auf dem Balkan Rücksicht. Beide Mächte waren nicht bereit, eine derartige Machtverschiebung zugunsten Rußlands zu akzeptieren. Darum wurde aus dem russisch-türkischen ein russisch-österreichischer und ein russisch-britischer Konflikt. Unter massivem englischen Flotten-Druck – als die Kosaken vor Konstantinopel standen, lief eine englische Armada ins Schwarze Meer – mußte Rußland diese Bedingungen revidieren. Man vereinbarte, der europäischen Diplomatietradition gemäß, einen Mächte-Kongreß, der neue Regelungen für die Lage in Südosteuropa besiegeln sollte; das wurde, weil London und

Wien als Konferenzorte für den Zaren unannehmbar waren, der „Berliner Kongreß“ von 1878.

Deutschland war an der orientalischen Frage selbst ganz desinteressiert, aber der Tatsache, daß sie die anderen europäischen Mächte so vital berührte und so tief spaltete, konnte es sich nicht entziehen. Bismarck hatte seit Beginn der Krise versucht, Kompromiß- oder Teilungslösungen, über die Rußland, Österreich und England hätten Einvernehmen erzielen müssen, zu lancieren, ihren Konsens zu erwirken. Das war nicht gelungen. Eine russische Anfrage vom Oktober 1876 aus Livadia, dem Ferienort des Zaren, wie sich das Reich in einem russisch-österreichischen Balkankonflikt stellen werde, beantwortete der Kanzler ausweichend; er wollte auf jeden Fall einen Krieg vermeiden; das war für ihn eine „Doktorfrage“. Er ermunterte Rußland zwar zu einer aktiven Balkanpolitik, aber er weigerte sich, Partei zu nehmen, einen Blankoscheck auszustellen, sei es auch nur im Sinne einer „wohlwollenden“ Neutralität. Statt dessen verwies er auf die Notwendigkeit des Einverständnisses mit Österreich, deutete an, daß die Integrität Österreichs eine Existenzfrage für Deutschland sei. Diese Politik führte zeitweise zu einer Verständigung zwischen Rußland und Österreich über eine Teilung der Balkan-Beute und insofern zu einer Isolierung Deutschlands. Aber das hielt nicht auf Dauer. Nach San Stefano lehnte Bismarck es ab, Österreich zur Anerkennung zu bewegen oder gar zu zwingen – das erschien in Petersburg, wo man sich einer Art Krimkrieg-Koalition zwischen England und Österreich und einem drohenden Krieg gegenüber sah, schon als anti-russische Politik. Bismarck sah in einem solchen Krieg höchste Gefahren, darum zuerst vermied er eine Option für Rußland. Aber Bismarck glaubte auch, selbst eine nur diplomatische Schwächung Österreichs nicht zulassen zu können, genausowenig wie vorher eine Schwächung Rußlands. Er hat Erwägungen, mit England zusammenzugehen, doch nicht weiterverfolgt: Das wäre eine anti-russische Position gewesen, hätte Rußland auf die Seite Frankreichs getrieben, ohne England zu verpflichten. England – unter Disraeli – hätte gern Deutschland zur Eindämmung Rußlands benutzt; das gerade wollte Bismarck vermeiden, so wie auch Disraeli vermeiden wollte, daß England von Deutschland benutzt werde. Das war für die nächsten Jahrzehnte eine klassische Konstellation. Bismarck wollte eine Politik strikter Neutralität, um jede dauernde „Verstimmung“ Rußlands, Englands oder Österreichs zu vermeiden – das war schwer durchzuhalten. Gleichzeitig befürchtete er – vom Alptraum der Koalitionen bedrückt –, daß die anderen Mächte, z. B. die Westmächte mit Österreich oder aber Frankreich, Österreich und Rußland, sich einigen und Deutschland isolieren würden. Die Hauptspannungen zwischen England und Rußland, England und Frankreich und zwischen Österreich und Rußland sollten zwar friedlich eingehegt bleiben – jeder Krieg mußte unabsehbare negative Folgen für Deutschland haben –, aber auch fortdauern: Das sollte alle anti-deutschen Koalitionen ausschließen und Deutschland als Bündnispartner begehrt bleiben lassen.

Der Berliner Kongreß sollte den Balkan neu ordnen, nachdem die „Betroffenen“ mobilisiert waren, aber er sollte vor allem das Verhältnis zwischen den europäischen Großmächten regeln, einen Krieg zwischen England und Rußland oder den Übergang vom langen kalten Krieg in einen heißen Krieg vermeiden, die Spannungen zwischen Österreich und Rußland ausräumen. Einflußteilung und Kompensation, Aufrechterhaltung des Macht-Status-quo und Machtgleichgewichts sowie Offene-Tür-Politik hinsichtlich der Meerengenfrage, das war das generelle Konzept, das war auch, schon seit 1875/76, das Konzept Bismarcks. Jede Verschärfung der Krise hätte Österreich betroffen und das Reich in unabsehbare Konflikte hineingezogen, jede Option Deutschlands für den Osten oder den Westen hätte die Krise bis zum offenen Konflikt verschärft. Darum waren Krisenbewältigung und Vermittlung – trotz aller damit verbundenen Risiken – das kleinere Übel. Bismarck konnte so, und nur so, der viel größeren Gefahr einer „Option“ zwischen Osten oder Westen entgehen. Noch weitergreifend gedacht: Die Wiederherstellung des europäischen Gleichgewichts durch das unbeteiligte neutrale Reich diente seinem wichtigsten Sicherheitsinteresse, der Erhaltung des Friedens, und befestigte damit zugleich, ja verstärkte seine Machtstellung. Was die Balkanfragen betraf, so war die Lage für Bismarcks Absichten günstig. Seine Kongreßdiplomatie zielte auf die Abgrenzung von Einflußsphären und die Bildung von Pufferstaaten – das entsprach Bismarcks Politik, die Spannungen zwischen Rußland und Österreich auf ein möglichst diplomatisch kontrollierbares Maß zu begrenzen; das war mit vollem Einsatz nur für einen altmodischen Politiker möglich, dem jedes Engagement für die nationale Unabhängigkeit der Balkanvölker ganz und gar fremd, wenn nicht gar zuwider war. Bismarck wollte auf dem Kongreß die Rolle des „ehrlichen Maklers“ übernehmen. Das bedeutete, jede Demonstration zu unterlassen, den Standpunkt des unmittelbar Nicht-Interessierten und -Beteiligten mit äußerster Konsequenz und Zurückhaltung zu wahren, auf jeden eigenen Macht- oder gar Landgewinn – wie Europa immer noch argwöhnte – zu verzichten und gerade so die Rolle eines Garanten der europäischen Friedensordnung zu übernehmen und aus der seit 1871 und 1875 drohenden Position des latenten Störenfrieds herauszukommen. Das hieß auch, sich allen anti-russischen Eindämmungs- wie allen pro-russischen Appeasementstrategien zu entziehen.

In den Augen „Europas“ ist das gelungen. Der Kongreß stellte einen Höhepunkt von Macht und Ansehen Bismarcks dar. Das Reich war als friedlicher Eindämmer eine Schlüsselmacht in Europa, der Übergang von internationaler Hochspannung zu einer Friedensphase war mit dem Namen Bismarck verbunden. Vor allem ist es ihm gelungen, das Vertrauen in seine Politik und ihre letzten Endes auf Ordnung und Frieden gerichteten Ziele bei den englischen Politikern fest zu verankern. In bezug auf Rußland aber blieb das Ergebnis eher negativ. Im Grunde konnte der Kongreß nur noch die vorangegangene Einigung zwischen Rußland und England bestätigen.

Die russische Hoffnung, mit Hilfe des Reiches noch Veränderungen zu erreichen, war illusorisch, denn das hätte eine Parteinahme verlangt, die Bismarck gerade ablehnte; er wollte sich nicht gegen Rußland stellen – das hätte Rußland an die Seite Frankreichs getrieben, der Alptraum der deutschen Politik –, aber auch nicht auf seine Seite, gegen England, gegen Österreich. Seine Konferenztaktik lief darauf hinaus, daß Rußland sein Gesicht sollte wahren können, daß es, in Bessarabien oder Kleinasien, das Maximum dessen erreichte, was ohne Krieg möglich war. Manche hielten seine Position deshalb für pro-russisch, aber für die Russen selbst war sie das nicht, jedenfalls nicht genug. Was auch Rußland gewann, es mußte immer hinter seinen Erwartungen zurückbleiben. Das Ergebnis war, daß Rußland den Kongreß nicht nur als Besiegelung einer Niederlage empfand – das war objektiv der Fall, wenn man das Zurückstecken von Zielen als Niederlage versteht; das Ergebnis war darüber hinaus, daß Rußland dem Reich und Bismarck, die doch Rußland wegen seiner Haltung 1870/71 zu Dank verpflichtet hätten sein müssen, dafür die Schuld zusprach, und der Regierung und dem Zaren, die die Realitäten anerkennen mußten, war die Ablenkung des Zornes der öffentlichen Meinung auf Bismarck gerade recht. Diese Entfremdung Rußlands gegenüber dem Reich stärkte indirekt die Position Englands, des eigentlichen weltpolitischen Gegners Rußlands. Insofern war England nicht nur im Orient der Gewinner, sondern auch – sozusagen ohne sein Zutun – bei der neuen Austarierung des europäischen Gleichgewichts. Die lästige Rolle der Garantiemacht im Südosten hatte es gern dem Reich überlassen. Die von Bismarck erstrebte Mittlerstellung hatte sich als nicht haltbar erwiesen. Das ist der Sinn einer skeptischen – aber gerade nicht zynischen – Bemerkung seines Bankiers Bleichröder: „Es gibt keinen ehrlichen Makler." Der russische Versuch einer Ost- und Orienthegemonie war gescheitert, gewiß zuerst an England, aber dann eben auch an Deutschland.

K. Hildebrand hat sehr schön darauf hingewiesen, daß man in Bismarcks großer Leistung auch sehen muß, welch schwere Hypothek auf der deutschen Außenpolitik lag: Krisenbewältigung wurde für sie weit mehr als anderswo zur Normalität, die Kette der Krisen riß kaum mehr ab. Zunächst einmal verschärften sich die mit dem Berliner Kongreß aufgebrochenen deutsch-russischen Spannungen noch weiter; in den diversen Schiedskommissionen auf dem Balkan wiederholte sich die Situation des Kongresses. Es gab von russischer wie auch von deutscher Seite mancherlei Nadelstiche und Pressionen, Reibungen z. B. über die deutschen Zölle und Einfuhrbeschränkungen, russische Rüstungen und Truppenbewegungen. Rußland wollte das Deutsche Reich zur Option gegen Österreich und gegen England zwingen – mit der Drohung, mit Deutschland zu brechen, wenn es weiter reserviert bleibe. Das war der Inhalt des „Ohrfeigenbriefes" vom 15. August 1879, nur vier Wochen nach dem Ende des Berliner Kongresses. Bismarck ließ sich auf eine solche Option nicht ein. So hat er im Sommer 1879 in den Fragen, die Rumänien betrafen, eng mit dem Westen gegen Rußland zusammengewirkt und damit überdies eine Verständigung zwischen Rußland und den Westmächten verhindert. Die Interpretation dieser Spannungsphase ist im einzelnen umstritten. Manche meinen, daß Bismarck geradezu einen kalten Krieg gegen Rußland geführt und die russische Gefahr hochgespielt habe, andere betonen seine trotz aller Irritationen fortdauernden pro-russischen Tendenzen. Es ist leicht zu sehen, daß beides sich in sein Doppelziel einordnet, das wir gleich erläutern werden: Druck auf Rußland auszuüben und es zu akzeptablen Bedingungen zu gewinnen.

Die wichtigste Konsequenz, die Bismarck aus den verstärkten Spannungen in den Beziehungen zu Rußland zog, war eine Aktivierung der Bindungen zu Österreich, der Abschluß einer echten Allianz, des sogenannten Zweibundes. Das war eine klassische Defensivallianz, auf fünf Jahre geschlossen. Die Partner garantierten sich für den Fall eines russischen, nur eines russischen Angriffs – zumindest – wohlwollende Neutralität; bei einem Angriff zweier Mächte, das bedeutete Rußlands und Frankreichs, galt die Beistandspflicht. Der altpreußisch gesonnene Monarch setzte diesem Vertrag mit seiner Abwendung von Rußland und seiner Hinwendung zu Österreich, dessen anscheinender Bevorzugung – der Bündnisfall war bei einem französischen Angriff, den das Reich am meisten fürchten mußte, nicht vorgesehen, das war für ihn eine „partie inégale“ – entschiedenen Widerstand entgegen. Mit einer Rücktrittsdrohung schließlich hat Bismarck seinen Willen durchgesetzt; Bismarck sei wichtiger als er selbst, hat der alte Herr resigniert. Am 7. Oktober 1879 wurde der Vertrag geschlossen, am 16. Oktober ratifiziert.

Der Zweibund hat sich tief ins Gedächtnis Europas, ins Gedächtnis der Deutschen Mitteleuropas zumal eingegraben. Er hat bis 1918 gegolten und beim Ausbruch des Ersten Weltkriegs eine entscheidende Rolle gespielt. Von hinterher war es eine Schicksalsentscheidung. War es ein Schutz- und Trutzbündnis der Deutschen? War es der Anfang der Aufspaltung Europas in Blöcke? Angesichts so großer Fragen ist es besonders wichtig, sich über die komplexen und auch umstrittenen Gründe klar zu werden, die zum Zweibund geführt haben, und über seine direkten wie indirekten Wirkungen.

Der Zweibund war ein klassisches diplomatisches Bündnis, die Motive, die zu seinem Abschluß führten, für uns hier vor allem die Motive Bismarcks, gehören in die traditionelle Diplomatie der Mächte. Man muß dabei zwei Ebenen unterscheiden. Zunächst war der Zweibund eine Entscheidung für Österreich und gegen Rußland, so hat ihn Bismarck auch gern stilisiert. Bismarck zweifelte an der Möglichkeit und Dauerhaftigkeit einer russischen Bindung: zum einen, weil die dynastischen Verbindungen zu Deutschland allein sich nicht gegen die „unberechenbare Elementargewalt“ des popularen russischen und panslawistischen Nationalismus behaupten konnten; zum anderen, weil eine Option für Rußland Österreich und vor allem England entfremden und beide zu einem Zusammengehen mit Frankreich bereitmachen werde, das Reich wiederum von Rußland abhängig machen und damit dem generellen Mißtrauen Europas aussetzen werde. Ein Bündnis mit Österreich dagegen sei berechenbarer und sicher, fest in nationalen und historischen Traditionen begründet, es beeinträchtige, da Österreich ein nicht so starker Partner sei, kaum die deutsche Handlungsfreiheit, es ziehe sogar das sonst unerreichbare England, Weltgegner Rußlands und Beschützer Österreichs, an das Reich heran. Und umgekehrt, wenn Österreich ohne deutsche Unterstützung bleibe, wachse die Möglichkeit einer engeren Bindung zwischen England und Österreich, die wiederum Rußland an die Seite Frankreichs treiben müsse. Daß die Neutralitäts- und Beistandsgarantien des Zweibund-Vertrages dem Wortlaut nach Österreich mehr zugute kämen als dem Reich, war nur Schein. Denn daß Frankreich Deutschland ohne Rußland angreifen würde, war schier ausgeschlossen, darum fiel Bismarck der Verzicht auf eine österreichische Zusage für diesen Fall nicht schwer; selbst bei einem russischen Angriff rechnete er mit der Möglichkeit, daß England Frankreich neutral halten werde. Vor allem über jegliche Ernstfallerwägungen hinweg: Der Sinn des Vertrags war – gegen den Wortlaut – nicht Vorbereitung für den Kriegsfall, sondern Verhinderung eines Krieges. Das Gewicht des Zweibundes sollte Rußland, sollte mögliche Gegner von etwaigen Angriffsabsichten abhalten, vom Krieg abschrecken.

Nun die zweite Motivebene. Die scheinbar eindeutige Option für Österreich und gegen Rußland konnte auch dazu führen, Rußland doch wieder an das Reich heranzuziehen. Die drohende Isolierung werde Rußland bewegen zu „kommen"; wenn man ihm die kalte Schulter zeige, werde es einlenken. Die österreichische Option war dann nur relativ, war ein Mittel, Rußland zu gewinnen, zu akzeptablen Bedingungen freilich, die die deutsche Handlungsfreiheit nicht unerträglich einschränkten, Rußland kein übergroßes Druckpotential einräumten. Das entsprach auch Bismarcks ideenpolitischen, anti-revolutionären Präferenzen. Dennoch war der Zweibund selbst in dieser Perspektive mehr als Taktik. Der tiefere Sinn war, der Sorge vor dem übermächtigen Rußland gerecht zu werden und zugleich die Verständigung mit ihm zu ermöglichen. Nur im Bund mit Österreich konnte Deutschland mit Rußland, der Weltmacht, zusammengehen, ohne seine Unabhängigkeit zu verlieren. Manche Historiker meinen, eine solche neue Form der Verbindung mit Rußland sei Bismarcks eigentliche Absicht beim Zweibund gewesen: Er habe ihn erst abgeschlossen, als abzusehen, ja sicher gewesen sei, daß Rußland „kommen" werde. Das ist vermutlich zu einlinig interpretiert und in der Zuspitzung wohl falsch. Bismarck hat wie fast immer auch damals mit mehreren Möglichkeiten gerechnet und sie vorbereitet: Bei Unversöhnlichkeit Rußlands setzte er auf die Zweibundlösung (und England als Quasi-Unterstützer im Hintergrund), andernfalls auf eine neue Annäherung zwischen Berlin und Petersburg – sicher ist, daß ihm diese Alternative die weit vorteilhaftere und weit erstrebenswertere schien.

Bei all diesen Erwägungen und Aktionen der deutschen Außenpolitik vom Sommer und Herbst 1879 spielte das Verhältnis zu England eine besondere Rolle. Bismarck hatte in den Balkanfragen, z. B. über die Zukunft Rumäniens, die Kooperation mit England gesucht, und auch die Entscheidung für den Zweibund implizierte unmittelbar die Erwartung eines näheren Verhältnisses zu England. Im September 1879 suchte der Kanzler die Stellung Englands – im Falle eines Konfliktes mit Rußland – zu erkunden; das war eine erste Annäherung, zugleich ein taktischer Zug in der Druckstrategie gegenüber Rußland. Disraeli hat sich, wie es dem Geist der englischen Politik entsprach, nicht weiter festgelegt – England wolle Frankreich neutral halten, stellte er in Aussicht. Es war mit dem Zustand „diplomatisch regulierter Beweglichkeit" in Europa und mit der Normalität seines Verhältnisses zu Deutschland – keine Konfrontation, kein Bündnis – durchaus zufrieden und ließ sich in nichts anderes hineinziehen. Die Frage, ob Deutschland vor einer Option zwischen Rußland und England stand, war damals nicht gestellt. Das galt auch, unabhängig von der englischen Reaktion, für Bismarck. Bismarck hat seinen Fühler nach London nicht weiter verfolgt. Sein Mißtrauen gegen England und seine Furcht, von ihm und gar der ideologischen Politik einer liberalen Regierung Gladstone – anti-türkisch, anti-russisch und pro-französisch – abhängig zu werden, wenn er signalisiere, daß er auf England angewiesen sei, hielten ihn davon ab. Letzten Endes wollte er Rußland gewinnen – und nicht durch pro-englische Züge abschrecken; die englische Alternative wäre erst bei einem Scheitern der russischen Option dringlicher gewesen. Was er in erster Linie wollte, war, die Annäherung an Rußland mit einem jedenfalls pragmatisch positiven Verhältnis zu England zu verbinden – der Zweibund sollte beiden Zielen dienen. Auch gewisse pro-französische Aktionen, die Ermunterung des Ausgreifens auf Tunis beispielsweise, hängen mit der „großen" Rußland-Strategie zusammen: Das Mittelmeerengagement Frankreichs sollte Rußland in Europa isolieren und zum Einlenken drängen.

Wir müssen noch eine ganz andere Seite der Sache erwähnen. Bismarck hat in Wien zunächst vorgeschlagen, den Zweibund als ein Verfassungsbündnis und eine Zollunion vor und mit der Öffentlichkeit und den Parlamenten der beiden Nationen abzuschließen. Das hätte an alte großdeutsche Mitteleuropa-Ideen angeknüpft, das hätte die Macht- und Wirtschaftsbasis des Reiches im Sinne späterer Mitteleuropa-Ideen erweitert und hätte innen- und nationalpolitisch integrierend und als Erfolg beflügelnd gewirkt. Daraus wurde nichts. Der österreichische Außenminister Andrássy lehnte dergleichen umgehend und rundherum ab. Es bleibt zwar interessant, daß Bismarck dieser Doppelidee, der Einbeziehung der popularen nationalen Kräfte und der „geostrategischen" Machtbildung eines neuen Mitteleuropa, angehangen hat, aber man darf dem nicht, wie manche Historiker meinen, sonderlich viel Gewicht beimessen und darin ein weiteres (Doppel-)Hauptmotiv für seine Zweibundpolitik sehen. Er hat die Idee sogleich fallen lassen und nicht weiter verfolgt. Daß es anstelle eines großdeutschen Herzensbündnisses und einer mitteleuropäischen Blockbildung beim diplomatischen (Verteidigungs-)Bündnis blieb, entsprach doch der dominierenden Grundlinie seiner wie der gemeineuropäischen Politik, „revolutionäre" Züge, wie sie ein Verfassungsbündnis enthalten hätte, waren zurückgedämmt.

Aus dem Zweibund freilich ist anderes und mehr geworden als ursprünglich beabsichtigt war. Er hat die Blockbildung in Europa – nach einer Periode fließender Mächteverhältnisse – eingeleitet, eine Aushilfe hat Dauercharakter gewonnen. Aber das mußte nicht kommen. Der Zweibund hat – so die kühle post-nationale Perspektive – das Deutsche Reich an die schwächste der europäischen Großmächte gebunden, an ihre Existenz- und Risikokrisen, an ihre letzten Machtverteidigungsambitionen auf dem Balkan und an ihre anti-russische Frontstellung. Das wurde ein Weg in die Niederlage. Aber die ersten Schritte, ahnungslos über das Ende, waren schier unvermeidlich. Gewiß hat Bismarck – altmodisch statisch, ein Mann der Kabinettsdiplomatie, wie er es au fond war – die Stärke der Großmacht Österreich-Ungarn überschätzt, und manchmal scheinen seine Urteile aus den 50er und 60er Jahren über ihre innere Brüchigkeit und Gefährdung wie vergessen. Gewiß auch hat er die alternativen Bündnismöglichkeiten Österreichs mit England und Frankreich oder gar mit Frankreich und Rußland übertrieben. Aber zum einen war Österreich wirklich noch eine Macht und blieb es für die nächsten vier Jahrzehnte, trotz aller Gerüchte über seinen Untergang, und so war auch die Meinung Europas. Zum anderen und vor allem aber, selbst wenn man Machtgewicht und Machtmöglichkeiten Österreichs durchaus geringer eingeschätzt hätte: Deutschland war durch den Zwang der geographisch-politischen Lage mit dem Schicksal Österreichs beinahe unlöslich verbunden, Deutschland war an der Existenz Österreichs vital interessiert. Seine Auflösung und Aufteilung z. B. hätten den „Anschluß" der österreichischen Deutschen auf die Tagesordnung gebracht, den preußisch protestantischen Charakter des Reiches in Frage gestellt und vor allem seine halbhegemoniale Machtstellung gegenüber einem europäischen Gleichgewichtssystem noch problematischer gemacht. Außerdem hätte eine Auflösung Österreichs zunächst jedenfalls die Machtstellung Rußlands und die russisch-englische Spannung gewaltig erhöht.

Nun war aber der innere Zusammenhalt Österreich-Ungarns von den Balkanproblemen – der Zurückdrängung oder gar Aufteilung der Türkei – existentiell bedroht, insbesondere natürlich durch die balkanslawischen Magnetzentren im russischen Hegemonialbereich. Diese österreichische Lebensfrage wurde indirekt auch eine Lebensfrage für Deutschland. Ja unmittelbar galt: Ein Krieg, in den Österreich hineingeriet, bedrohte die deutsche Sicherheit existentiell, das war die Logik der Mittellage. Ein solcher Krieg wäre ein Krieg mit Rußland gewesen. Deutschland war so in das russisch-österreichische Spannungsgewebe verwickelt, ob es wollte oder nicht. Es brauchte Frieden. Es mußte den Krieg zu verhindern suchen, an dem Österreich fast unausweichlich beteiligt gewesen wäre, und es mußte Österreichs Existenz erhalten. Die Radikal-Alternative, Österreich preiszugeben und die Revolutionierung der deutschland- wie europapolitischen Machtverhältnisse zu riskieren, war nicht – vorsichtiger gesagt: war kaum – realistisch. Das Bündnis von 1879 war gerade gedacht als Mittel, den Krieg im Osten und Südosten Europas zu verhindern. Diese strukturelle Konstellation war es, die Bismarck dazu zwang, Österreichs Existenz zu garantieren, gegen russische Expansion wie – unausgesprochen – gegen national-revolutionäre Desintegration. Aber damit geriet das Reich in Gefahr, tiefer in die Balkanfragen hineingezogen zu werden als es seinem eben geschilderten Sicherheitsinteresse entsprach.

Bismarck hatte Österreichs Existenz garantieren, aber nicht die österreichischen Ambitionen auf dem Balkan, nicht also die verhängnisvolle Politik, die von Rußland hegemonial genutzten Unabhängigkeitsbewegungen mit einer Politik der kompensatorischen Expansion zu beantworten, unterstützen wollen. Der Zweibund hat die deutsche Balkanbindung intensiviert und fixiert; jede österreichisch-russische Spannung, ja jede Machtverschiebung auf dem Balkan schlug jetzt unmittelbar auf das Reich zurück, das war schwer zu begrenzen. Bismarck war durchaus mißtrauisch gegen österreichische Ambitionen. Er hat geglaubt, den – doch auch für ihn offensichtlich – schwächeren Partner Österreich gerade durch das Bündnis einbinden und gegenüber Rußland zügeln zu können, das wurde ein Ziel seiner Politik. Er hat jegliche Militärbesprechungen und -planungen der Zweibundmächte verhindert, er sah keine Gefahr, daß das Reich – wie es dann 1914 geschah – zum Gefangenen Österreichs werden könne. Er hat dabei die Dynamik der Allianz unterschätzt, die Möglichkeit, daß der Zweibund zur Last werden könnte. Noch einmal: Das mußte nicht so kommen. Aber die Tendenz war unvermeidlich. Das Reich mußte nun nicht nur mit dem deutsch-französischen Antagonismus am Rhein, sondern auch mit dem österreichisch-russischen an der Donau leben.

Ein Aspekt der Wirkungsgeschichte muß noch genannt werden, der nationalpolitische. Der Zweibund und, bevor man von ihm wußte, die Politik der deutsch-österreichischen Bindung sind ungeheuer populär gewesen, haben sich tief ins Bewußtsein der Deutschen eingegraben. Das war die Aussöhnung über die Gräben von 1866 hinweg mit den Deutschen Österreichs, Katholiken zumal; die Symbolreden von den Brudervölkern, später vom germanischen Interesse, von Schutz und Trutz, von Nibelungentreue stehen dafür. Das gewann ein durchaus auch emotionales Eigengewicht jenseits der diplomatischen Kalküle, das wurde eine neue Weise des nationalen Bewußtseins und Gefühls. Für das Hineinwachsen der Zentrumskatholiken ins Reich spielt das eine große Rolle. In Österreich hat dieses Bündnis auch das Irredentabewußtsein der alldeutschen, anti-habsburgischen Nationalisten gesteigert, etwa im Sudetenland, aber darauf können wir hier nur hinweisen. Mit dem Österreicher Adolf Hitler kehrt der spezifisch österreichische Zweibund-Nationalismus ins Deutsche Reich zurück.

Wir halten inne, denn wir laufen Gefahr, im Nachhinein zu viel in den Zweibund, wie er 1879 zustande kam, hineinzulesen. Das waren Möglichkeiten. Aber wir werden sehen, wie fließend die Machtverhältnisse in Europa jedenfalls in der Zeit Bismarcks noch blieben.

Der Abschluß des Zweibundes hat für die europäische Politik der nächsten Jahre zwei wesentliche Folgen gehabt. Die erste: Rußland kehrte, wie es Bismarcks optimales Alternativziel gewesen war, noch einmal zur Verständigung mit Deutschland und auch Österreich, zur Drei-Kaiser- und Ostmachtpolitik zurück. Es verzichtete darauf, Deutschland in eine Juniorrolle zu zwingen und seine Balkanexpansion um jeden Preis durchzusetzen. Im Juni 1881 kam ein neues Bündnis der drei Kaiser zustande, jedoch nicht mehr wie 1873 öffentlich, sondern nur noch geheim, etwas anderes konnte sich das pro-deutsche außenpolitische Establishment in Petersburg angesichts der nationalistischen öffentlichen Meinung nicht mehr leisten. Formal ging es in diesem Vertrag um die gegenseitige Zusage der Neutralität im Kriegsfall mit einer Großmacht – der russischen bei einem deutsch-französischen, der deutschen bei einem russisch-englischen Konflikt – und um Konsultationsverpflichtungen in Angelegenheiten des Balkans und des Osmanischen Reiches, ja einer Zusage zur Schließung der Meerengen. Aber der Sinn war Kriegsvermeidung, war 1. die Kontrolle der Rivalität zwischen Rußland und Österreich, 2. die Blockierung eines russischen Bündnisses mit Frankreich und 3. mit beidem einstweilen eine Barriere zu errichten gegen ein Überschwappen der immer lauter werdenden panslawistischen Tendenzen, gegen die Forderung nach einer Allianz mit Frankreich in der Politik der zaristischen Regierung; die Übernahme des Außenministeriums durch den eher deutschfreundlichen Giers befestigte das noch für eine Weile. Bismarck hat die konservativ-ideologiepolitische Seite des Bündnisses angesichts der sozialen Revolutionsbewegungen immer sehr betont und fand damit ein Echo in der Umgebung des Zaren. Österreich war nur schwer von einer anti-russischen Balkanpolitik abzulösen gewesen, erst als die neue – liberale – Regierung in England keine sichere Rückendeckung mehr bot, gab es nach. Das Reich blieb in der günstigen Lage, zwischen Rußland und Österreich eine Vermittlerfunktion zu übernehmen. Die Welt schien in Ordnung, Bismarck konnte gut schlafen. 1884 gelang es ihm, obwohl nun die Militärs in Berlin, Wien und auch Petersburg schon auf Krieg des Zweibunds gegen Rußland und Frankreich setzten, noch einmal, dieses Abkommen für drei Jahre zu erneuern.

Die zweite Folge des Zweibundabschlusses war die Erweiterung dieses Bündnissystems nach Westen und Süden, die Einbeziehung des Mittelmeerraumes in die Großmachtpolitik. Im Mai 1882 schlossen Österreich und das Reich mit Italien den sogenannten Dreibund. Italien fühlte sich durch die französische Annexion von Tunis 1881 (Bismarck hatte das sehr begünstigt) und das De-facto-Monopol der Westmächte im hochverschuldeten Ägypten benachteiligt und isoliert, es glaubte, durch Anlehnung an Deutschland seine Mittelmeer- und Großmachtambitionen – in Libyen und in Albanien z. B. – fördern zu können; solche Großmachtpolitik sollte auch die nicht sehr stabile italienische Monarchie stärken. Bismarck ging auf diese Annäherung ein, zog aber Österreich hinzu, um es gegen den italienischen Irredentismus – im Trentino (Welschtirol) – zu schützen. Italien verpflichtete sich zur Neutralität bei einem österreichisch-russischen Krieg und zur Unterstützung der Zweibundmächte bei einem Zweifrontenkrieg, allerdings nicht gegen das seegewaltige England; die Zweibundmächte garantierten Italien Schutz gegen Frankreich. Aber das war, wie gesagt, nicht die Substanz der Sache. Italien wurde gegen Frankreich gebunden und von Österreich abgelenkt, zu einer Süd- und Kolonialpolitik ermuntert, im Inneren konsolidiert. Ein sehr festes Bündnis war das nicht, zumal Österreich und Italien divergierende balkanrevisionistische Ziele hatten, aber es schien doch eine Erweiterung und Verstärkung von Friedenszonen in Europa zu sein. 1883 hat sich auch Rumänien diesem Bündnis angeschlossen. Es suchte damals Deckung gegen Rußland, mit dem es über Bessarabien haderte; das entlastete wiederum Österreich, mit dem es sonst über Siebenbürgen stritt. Spanien und die Türkei traten in ein Verhältnis loser Anlehnung an dieses „System".

So stand Deutschland im Zentrum zweier Bündnissysteme, die ineinander griffen, aber auch in einem gewissen Gegensatz zueinander standen. Da war auf der einen Seite das Dreikaiserbündnis, das auf der Kooperation Österreichs mit Rußland basierte und eine anti-britische Tendenz hatte, und auf der anderen Seite der Dreibund, der von einer stillschweigenden Kooperation mit England lebte und insofern anti-russische Implikationen besaß. Ebenso hatte das Dreikaiserbündnis über Rußland eine leicht pro-französische Tönung, der Dreibund dagegen eine deutlich anti-französische. Oder: Der Zweibund dämmte Rußland ein, der Dreibund Frankreich, das Dreikaiserbündnis Österreich und England. Diese Labilität war in Bismarcks Augen gerade der Sinn der von ihm getroffenen Vereinbarungen: Sie sollten die Dynamik der Mächte und ihre Antagonismen einhegen und so die außenpolitische Freiheit des Reiches und seine Sicherheit erhalten. Das war das „Spiel mit fünf Kugeln". Deutschland war mit jeder Macht, außer Frankreich, verbunden, ohne an eine angebunden zu sein. Es gestaltete diese Beziehungen maßgeblich aus der „Hinterhand" und so, daß sie sich gegenseitig ausbalancierten. Zugleich waren die beiden Hauptsysteme Auffangstellungen, wenn eines von beiden versagte. Man mag die deutsche Stellung deshalb halbhegemonial nennen.

In diesem kunstvollen Doppelsystem gab es natürlich ein Auf und Ab von Annäherungen und Abkühlungen. Vor allem blieb das Verhältnis Deutschlands zu England schwankend. Die – wie immer begrenzte – Bindung an Rußland mußte in England Distanz bewirken, aber weil England weltpolitisch primär Rußland und Frankreich gegenüberstand, nahm es keine Stellung gegen Deutschland ein. Immerhin, grundsätzlich mußte Berlin vorsichtig taktieren, Rücksicht auf England nehmen. Eine engere Heranziehung Englands an den Dreibund gelang aber nicht. In dieser fließenden Situation überwog bei Bismarck im ganzen eine kühle oder moderat unfreundliche

Haltung gegenüber England. Das hing auch mit seiner tiefen Abneigung gegen Gladstone und seine Regierung zusammen, ja mit Bismarcks innenpolitischen Sorgen vor einem liberaleren Kurs des Kronprinzen, einem deutschen „Kabinett Gladstone". Das wollte er, auch außenpolitisch, nach Kräften hindern. Die Weichen durften nicht pro-britisch gestellt werden. Zudem fürchtete Bismarck immer, daß Gladstones anti-türkischer Moralismus eine Verständigung mit den Panslawisten, also mit Rußland, leicht möglich mache. Das alles bestimmte z. B. seine Presse- und Propagandapolitik.

Diese Phase der bündnispolitischen Annäherungen und Abkühlungen nun ist überlagert von der Begründung eines deutschen Kolonialreiches. Damit trat Deutschland in die Weltpolitik ein und wurde zur imperialistischen Macht im Kampf um den „Platz an der Sonne" mit all den gewaltigen und verhängnisvollen Folgen, die das seit 1890 und zumal seit 1897/1900 gehabt hat. Darum bedarf dieser Anfang eingehender Erörterung.

Bismarck war, das macht die Sache erstaunlich und paradox, ein Gegner von Kolonien gewesen; das französische Angebot von 1871, Indochina statt Elsaß-Lothringen zu nehmen, hatte er mit bitterem Hohn abgewiesen. Bismarck war zwar kein beschränkter pommerscher Krautjunker. Aber daß man die wirtschaftliche Macht eines Landes durch informelle Herrschaftsmethoden und Hilfen weit besser fördern konnte als durch Kolonien und daß diese vor allem eine Last waren, das war seine Meinung wie die aller liberalen Freihändler Europas damals. Vor allem jedoch, Bismarck war ganz von der Priorität kontinentaleuropäischer Machtverhältnisse überzeugt; die Geschichte, wie er Ende der 80er Jahre einen kolonialpolitisch engagierten Besucher insistierend auf die Karte Europas verweist: „... und wir sind in der Mitte, das ist meine Karte von Afrika", ist dafür charakteristisch. Deutschland war geopolitisch genügend belastet und sollte sich nicht durch Außenposten – unhaltbar im Konfliktfall und immer eine finanzielle Last zudem – in weltpolitische Spannungen hineinziehen lassen, gar um bloßer Prestigeinteressen willen. 1883/84 aber wechselt plötzlich die Politik für kurze Zeit, jetzt erwirbt Deutschland Kolonien. Die Erklärung ist umstritten, besonders die Frage, ob und wie sehr innenpolitische Gründe dabei ausschlaggebend waren.

Wir fangen mit dem an, was unumstritten ist. Die neue Kolonialpolitik war auch Fortsetzung der bisherigen Außenpolitik unter veränderten Machtkonstellationen. Bismarck hat in diesen Jahren mit einer Politik des Ausgleichs gegenüber Frankreich experimentiert. Er hat die französischen Kolonialambitionen entschieden begünstigt, das sollte Frankreich von Europa in die Peripherie ablenken, sollte den französisch-englischen Gegensatz intensivieren, ja – das war die weite Perspektive – vielleicht eine deutsch-französische Kooperation anbahnen oder doch in England als möglich erscheinen lassen. Die Berliner Kongokonferenz vom Winter 1884/85 demonstrierte das mögliche Zusammenwirken von Frankreich und Deutschland bei der Eindämmung einer britischen Alleinherrschaft über Mittelafrika. Überdies: Die deutschen Kolonialansprüche lagen in Gebieten des englischen Interesses, und sie wurden absichtsvoll und entschieden genutzt, England vor den Kopf zu stoßen. Dahinter stand die Absicht, Englands Einfluß einzudämmen, es zu isolieren und zugleich von der Nützlichkeit eines Arrangements mit Deutschland zu überzeugen. Dahinter stand auch das innenpolitische Interesse, eine deutsch-britische Kooperation für den Fall eines Thronwechsels im Reich zu erschweren und damit den eigenen – Bismarcks – Sturz und einen liberalen Kurswechsel durch ein deutsches „Kabinett Gladstone". Das war nicht eine durchgeplante Strategie, eher der Versuch, das unsichere europäische System Bismarcks über die Weltpolitik zu öffnen, für Aushilfen oder Alternativen, für neue, wenn auch unbestimmte Möglichkeiten.

Ob das, wie Gall gemeint hat, darüber hinaus mehr als eine Aushilfe war, auf dem Umweg über Afrika eine neue weltpolitische System-Alternative: eine wirkliche deutsch-französische „Friedensassekuranz", ein System, bei dem Frankreich als Gegengewicht zu England diente – das eine deutsche Abhängigkeit von London, die Rolle des Juniorpartners verhinderte, Gleichberechtigung und Machtanspruch des Reiches festigen half – oder gar, ob Bismarck angesichts der „Weltpolitik" nicht mehr an das Kontinentalsystem glaubte, in dem das austarierende Zentrum die maßgebliche Rolle spielte, und er deshalb nach einer anderen Politik suchte – das lassen wir dahingestellt. Solche Ideen mögen eine Rolle gespielt haben, im Vordergrund stand das taktische Experiment.

Wir wenden uns den inneren, den wirtschafts-, ideen-, systempolitischen Gründen für die Kolonialpolitik zu. Zunächst (und auch das ist noch unbestritten): Bismarck hat die Kolonialpolitik nicht aus dem Nichts oder nur aus den internationalen Gegebenheiten heraus geschaffen: Es gab seit Ende der 70er Jahre eine deutsche Kolonialbewegung mit Anhängern, Argumenten, Interessen. Dazu gehörten Außenhandelskaufleute und Reeder, Forschungsreisende und Abenteurer, alle mit einem Sonderinteresse irgendwo in der Welt, aus dem sich leicht die Forderung nach „Schutz" durch das Reich ergab; dazu gehörten Kolonialpublizisten und -enthusiasten, von Wirtschaftskreisen bis zu Missionsleuten, dazu gehörten die Propagandisten neuer Ziele der Nation und der Machtentfaltung. In den späten 70er und frühen 80er Jahren entwickelte sich jedenfalls eine große Diskussion der „Kolonialfrage", eine Diskussion darüber, ob und warum Deutschland Kolonien brauche.

Man kann die Motive und Argumente der Kolonialfreunde vereinfachend in zwei Gruppen einteilen. Das eine sind die sozialökonomischen. Deutschland brauche Auswanderungskolonien für seinen Bevölkerungsüberschuß, koloniale Exportmärkte – gelegentlich schon: Rohstoffbasen – für seine wachsende industrielle Volkswirtschaft, brauche staatliche Förderung des Außenhandels, brauche Kolonien, um Wirtschaft und Wachstum gegen

Überproduktion oder Stagnation, gegen Rezession oder Krise zu stabilisieren und damit das soziale Gleichgewicht zu sichern, oder gar, um das soziale Problem zu lösen – durch Export, durch eine Art Ventilwirkung – und dadurch auch mit den Sozialisten fertig zu werden. Die einfache Tatsache, daß Außenmärkte und deren Wachstum in Krisenzeiten für die Stabilität wichtig sind, wurde mit der Idee verquickt, man müsse die territorialen Märkte der Kolonialräume auch politisch direkt beherrschen. Solche Erwägungen hatten im Zuge der großen Wirtschaftskrise und der nachfolgenden Unsicherheiten gerade Anfang der 80er Jahre durchaus Konjunktur – so illusionär und gegensätzlich die Argumente, so überzogen die Erwartungen auch waren. Selbst kleine Sonderinteressen gewannen in diesem Horizont an Stellenwert, konnten für sich eine volkswirtschaftliche Bedeutung reklamieren und machten die Wirtschaftsfragen zum Gegenstand der Politik. Dazu kam die Wendung gegen das „Manchestertum", hin zu Schutzzöllen und Staatsintervention, auch in der Sozialpolitik. Das relativierte das Freihändlerargument, daß Kolonien Geld kosteten, nichts als eine Last seien, und erzeugte ein Streben nach autarken Wirtschaftsräumen; es mochte scheinen, als ob die modernen Probleme der Wirtschaft und der Gesellschaft nicht mehr im bisherigen nationalstaatlichen Rahmen zu bewältigen seien, sondern nur durch den Ausgriff des Nationalstaats auf die Welt: Darum wurde der Nationalstaat Träger des Imperialismus.

Daneben gibt es in vielfältigen Schattierungen die nationalen Argumente. Eine große Macht müsse an der Kolonisierung und Aufteilung der Welt, der Herrschaft der weißen Rasse über die Erde, wie Treitschke meinte, teilnehmen, ja es gebe eine Art deutscher Kulturmission in der Welt, Deutschland könne nicht hinter den anderen, dem bewunderten und beneideten England zumal, zurückbleiben. Die Anfänge sozialdarwinistischen Denkens gingen in solche Positionen ein, außerdem eine merkwürdige emotionale Mischung von Ängsten, Kraftgefühl, Selbstbestätigungs- und Prestigebedürfnissen. Das erzeugte eine Art Torschlußpanik des Spätkommers im Rennen um die letzten unaufgeteilten Regionen der Erde. Überall sah man die anderen im Vordringen – gestern, heute oder morgen. Und weil alle Territorien in Besitz nahmen, schon um die Konkurrenten auszuschließen, mußte auch Deutschland mitmachen oder, aus Sorge vor zukünftigen Zugriffen der anderen, anfangen. Geographen, die zunächst für die deutsche Beteiligung an der Zivilisationsaufgabe der Entdeckungen warben, gehörten zu den ersten, die für die Kolonisation als nationale Aufgabe eintraten. Für die Ideologen des Nationalismus waren Kolonien die neue nationale Sache, Weiterführung und Fortsetzung der nationalen Einigung und Machtbefestigung, jetzt im Maßstab der Welt, und zudem ein großes und vermeintlich „ideales" Ziel, das die Nation jenseits der inneren Konflikte und Parteikämpfe, die leicht als Querelen abgewertet wurden, begeistern und integrieren könne. An die bescheidenen Ziele des Anfangs, Schutz deutscher Interessen in Übersee durch Kolonialgründung, schlossen sich die großen Träume von neuen Interessenzonen an, dem „deutschen Indien“ in Ostafrika, dem „deutschen Java“ in Neuguinea.

Natürlich hing das alles mit dem Aufbruch des europäischen Hochimperialismus zusammen. 1882 besetzte England Ägypten. Obwohl daraus erst langsam und fast gegen den Willen der alten Liberalen ein Dauerzustand wurde, war das das Signal zur Aufteilung Afrikas, der Beginn eines neuen Weltzeitalters. Das mußte auch auf die Deutschen wirken. 1882 gründeten Interessenten und Protagonisten der Kolonialbewegung den Deutschen Kolonialverein: Unternehmer, Missionsleute, Publizisten und Politiker; der nationalliberale Miquel und der freikonservative Fürst Hohenlohe-Langenburg waren führend beteiligt. Neben diesem im wesentlichen großbürgerlichen (und adligen) Verein gab es eine eher mittelständische Organisation, die Gesellschaft für deutsche Kolonisation, auf Ostafrika und Siedlung orientiert; der ehrgeizige Carl Peters, Doktor der Philosophie, der bald zum führenden Kolonialimperialisten in Ostafrika vor Ort werden sollte, spielte eine Hauptrolle. 1887 schlossen sich beide Organisationen, der Verein hatte 1885 etwa 10000 Mitglieder, zur Deutschen Kolonialgesellschaft zusammen.

Man darf diese „Bewegung“ und ihre Organisationen (und die Teilnahme von Mitgliedern des politischen und sozialen Establishments), autonom entstanden, unabhängig von der Regierung, keinesfalls unterschätzen. Man muß aber auch sehen: Diese Bewegung war in sich höchst heterogen, nicht nur, wenn es um Motive ging, sondern vor allem bei konkreten Zielen. Und diese Bewegung war keineswegs dominierend, ja sie war eine Minderheit, es gab viele und starke Gegner – in der Wirtschaft, der Welt der Bildung und Publizistik, der Politik wie in der öffentlichen Meinung, der Volksstimmung. Die Überzeugung, daß Deutschlands erste Interessen auf dem europäischen Kontinent, wenn nicht gar zu Hause lagen und jedenfalls nicht in irgendwelchen Wüsten und Urwäldern Afrikas, war doch noch mächtig, ebenso die traditionelle Auffassung der Freihandelsimperialisten, daß Kolonien wirtschaftlich-finanziell ein ganz und gar miserables Geschäft seien, Steuergeld kosteten und daß deshalb der Staat solche Abenteuer und interventionistischen Aktivitäten unterlassen solle, da der Handel allein viel effektiver sei, die deutsche Stellung in der Welt zu entwickeln. Keine koloniale Hoffnung konnte eine wirtschaftliche Staatsintervention akzeptabel machen. 1880 lehnte der Reichstag eine Gewinngarantie für ein Samoa-Unternehmen der Firma Godeffroy noch glatt ab. Kurz, es gab – selbst im „nationalen“ Lager – neben den Befürwortern durchaus auch Gegner von Kolonien; es gab für Bismarck keinerlei ganze oder halbe Nötigung – wie bei der Einheitsbewegung oder selbst der Kulturkampfbewegung –, sich einer popularen Massenbewegung anzuschließen. Auf der anderen Seite war die Kolonialbewegung nicht so unbedeutend, daß Bismarck sie nicht – wenn er denn wollte – für sein gesamtpolitisches Konzept hätte benutzen können.

Waren es also innenpolitische Gründe, die den Anti-Kolonialisten Bismarck für eine kurze, aber entscheidende Periode zum Kolonialpolitiker und zum Begründer des deutschen Kolonialreichs, des territorialen deutschen Imperialismus haben werden lassen? H.-U. Wehler hat, sorgfältig und vorsichtig im einzelnen, die These aufgestellt, Bismarcks Imperialismus sei im Kern innen-, systempolitisch begründet gewesen: sei „Sozialimperialismus". Der Kolonialerwerb habe dazu dienen sollen, den inneren Status quo zu erhalten, die Nation oder die „Reichsfreunde" durch äußere Ziele und Erfolge zu integrieren und für das System erneut zu gewinnen, von der stagnierenden Innenpolitik abzulenken, die Opposition durch Mobilisierung eines neuen nationalen Aufbruchs und seine kluge Benutzung, durch eine neue Konsensbildung also, entscheidend zu schwächen; er habe dazu gedient, die ökonomische Lage in der großen Depression und damit das soziale Gleichgewicht zu stabilisieren, nicht so sehr durch ökonomische oder soziale Erfolge – an sie glaubte Bismarck kaum –, wohl aber durch die psychologisch so wichtige Erwartung solcher Erfolge und durch die Rückwirkung der Kolonialaktivität auf den „solidarischen" Schutz von „materiellen" Interessen in einer Art Staatskartell der Interessenten. Verkürzt gesagt: Herrschaftssicherung durch eine große imperialistische Manipulation der öffentlichen Meinung, die erst deren eigenwüchsige kolonial-imperialen Ansätze dominant machte.

Diese so zugespitzte These ist gewaltsam einseitig und insoweit falsch. Bismarck hatte gewiß einen wachen Sinn dafür, daß unter modernen Bedingungen wirtschaftliche Stabilität eine Grundlage politischer Legitimität wurde und daß der Staat dabei eine wesentliche Rolle zu spielen habe. Aber das machte die Argumente der Kolonialisten nicht überzeugend, und das machte Bismarck nicht zu einem modernen Konjunkturpsychologen. Bismarck hat gewiß immer auch die innenpolitische Nutzung außenpolitischer Strategien im Auge gehabt, etwa die Chancen einer nationalen Mobilisierung, ja er hatte einen ausgeprägten Sinn dafür, daß die Nation neue Ziele brauche und der leitende Politiker versuchen müsse, solche Ziele zu setzen oder solche Zielsetzungen zu beeinflussen. Gewiß suchte er in diesen Jahren nach Wegen, seine innenpolitische Situation gegenüber einer oppositionellen Reichstagsmehrheit zu stärken; dazu konnte auch die Kolonialbewegung dienen. Bei den Wahlen von 1884 hat er das kolonialpolitische Argument benutzt, um das Regierungslager gegen die Opposition zu stärken und die Linksliberalen zu schwächen. Die anti-englische Tendenz der Kolonialpolitik sollte auch das gefürchtete Kabinett Gladstone blockieren. Aber: Bismarck blieb subjektiv überzeugt, daß man Außenpolitik auf Dauer und im Grundsatz nicht aus innenpolitischen Motiven machen könne – und danach handelte er. Innenpolitische Wirkungen waren ihm erwünscht, und er wollte sie durchaus nutzen, das heißt jedoch nicht, daß da das Motiv seiner Politik lag; das gilt es klar auseinander zu halten. Das innenpolitische System war auch keineswegs so gefährdet, daß seine Sicherung das A und O aller Politik hätte sein müssen – Bismarcks Situation und die des Deutschen Reiches waren gänzlich anders als die des dritten Napoleon und Frankreichs. Überdies: Die Kolonialbewegung war umstritten und insoweit keineswegs per se geeignet, innenpolitisch zu „entlasten", zu integrieren, Konsens und Regierungsloyalität zu bilden; selbst die Wahlen von 1884 haben den Bismarck-Parteien keine Mehrheit gebracht. Bismarcks Verhältnis zur Kolonialbewegung blieb reserviert – es war niemals auch nur im entferntesten eine Allianz wie die mit der Nationalbewegung in den 60er Jahren. Schließlich: Bismarcks Kolonialpolitik ist ein kurzes Zwischenspiel geblieben; die Außenpolitik setzte ihr, sobald ein Risiko entstand, Grenzen; sie war es, die den Rahmen bestimmte, sie hatte Priorität. Auch das macht die Interpretation von einem Primat der Innenpolitik her ganz unwahrscheinlich. Man muß vielmehr von einer Mehrfältigkeit der Bismarckschen Motive ausgehen, die außenpolitischen waren nicht die einzigen, aber doch ganz unableitbar. Und sie waren die dominanten Motive. Das heißt freilich nicht, daß man die Rücksicht auf die Innenpolitik als bloß beiläufig und zufällig abtun dürfe, so als ob das Reich ins Kolonialzeitalter hineingestolpert sei.

Für den Realisten Bismarck spielten auch die Gegebenheiten und Nahziele „vor Ort" in Übersee und die allgemeinen außenpolitischen Konstellationen eine wesentliche Rolle – manchmal und in mancher Hinsicht mehr als weit gesteckte abstrakte Fernziele, wie Stabilisierung der Ökonomie oder des Herrschaftssystems oder die grundlegende Veränderung der machtpolitischen Situation des Reiches in Europa. Konkrete Schutzbegehren deutscher Kaufleute und Firmen oder eines selbständigen Erorberertyps wie Carl Peters und Fälle von Handelsbehinderungen durch ältere Kolonialmächte, etwa die englisch-französischen Vereinbarungen über eine exklusive Aufteilung Westafrikas, waren jedenfalls wichtiger als abstrakte Schreibtischträume von Publizisten und Professoren von Imperialismus, Weltmacht, Anteil an der Herrschaft über die Erde – Ideen, die Bismarck fern und fremd waren. Erst zu diesen konkreten Dingen, darunter die Tatsache einer Kolonialbewegung und die Aussicht auf außenpolitische Bewegungsfreiheit, trat dann überhöhend die Idee, vielleicht eine neue nationale Aufgabe setzen zu können, hinzu. Kurz, Ausgangspunkte für Bismarck waren und blieben: Einzelprobleme in Übersee, eine Kolonialbewegung in Deutschland, eine Periode außenpolitischer Bewegungsfreiheit und die Chancen einer Veränderung der Machtverhältnisse zwischen Frankreich und England. Eine neue nationale Aufgabe oder gar eine Umstrukturierung der Mächtepolitik und eine Befreiung Deutschlands vom Druck seiner Lage kamen als mögliche Weit-Perspektiven erst und nur hinzu.

Die Dinge liefen im einzelnen so: Die deutschen Handelsinteressen – in Afrika, in der Südsee – waren zwar nicht gewaltig, aber sie wuchsen seit 1871 deutlich. Deutsche Kaufleute gründeten Handelsniederlassungen und sicherten sich einen Teil des Umlands, manchmal schon für Plantagenwirtschaft. Sie ersuchten das Reich um Subventionen – 1881 kam es z. B. zu einem ersten Vorstoß für die Einrichtung einer Postdampferlinie in die Südsee, erst 1885 genehmigte der Reichstag Subventionen für eine Ostasien- und

Australienlinie – und dann und vor allem um Schutz. Benachteiligungen des deutschen Westafrikahandels waren gleichsam die Initialzündung, die die Schutzforderungen und auch Bismarcks Schutzbereitschaft auf die Tagesordnung brachten. Für den ambivalenten Charakter der Bismarckschen Kolonialpolitik ist es charakteristisch, daß der Kanzler zunächst versuchte, Kolonien nicht staatlich zu organisieren, den Staat – im Sinne des Freihandelsimperialismus – heraus oder zumindest im Hintergrund zu halten: Private Unternehmer oder Gesellschaften sollten aus eigener Initiative Kolonien, Handelsstützpunkte und Umland organisieren – an Siedlungsgebiete wie manche Kolonialenthusiasten glaubte Bismarck nicht –; diesen Gründungen sollte dann staatlicher Schutz gewährt werden, das war das System der „Charter-Gesellschaften". 1884 hat das Reich in diesem Sinne Rechte und zumeist auch „erworbene" Territorien deutscher Kaufleute und Firmen unter seinen Schutz gestellt. Lüderitz stand hinter den Unternehmungen in Südwestafrika, Woermann in Togo und Kamerun, andere, z. B. das Handelshaus Godeffroy, in der Südsee; in Polynesien, vor allem in Neuguinea, die Berliner Disconto-Gesellschaft mit Adolph v. Hansemann. Im Februar 1885 erhielt schließlich der Nicht-Kaufmann C. Peters, Repräsentant der extremen „Kolonialisten", für „Verträge", die er im Namen seiner Gesellschaft für deutsche Kolonisation mit Häuptlingen in Ostafrika abgeschlossen hatte, einen kaiserlichen Schutzbrief. Darum hießen die deutschen Kolonien „Schutzgebiete".

Diese Anfänge von staatlichem Schutz entwickelten ihre eigene Dynamik. Die Konkurrenten vor Ort, englische und französische Unternehmer und Konsuln vor allem, in Westafrika und Sansibar z. B., und die britischen Subimperialisten in Australien und der Kapkolonie suchten die deutschen Interessen und gar ihre Ausdehnung einzudämmen, machten eigene „Ansprüche" geltend; die Deutschen vor Ort waren ambitioniert und expansionswillig und geneigt, das schützende Reich in immer neue lokale und regionale Konflikte hineinzuziehen. „Sicherheitsinteressen" und Konkurrenzfurcht zogen den Staat immer weiter ins „Hinterland", der Handel allein hatte sich da nicht engagiert. Die Peripherie gewann der Zentrale gegenüber ein Eigengewicht. Bismarck ließ die Auseinandersetzung mit vor allem englischen Ansprüchen mit großer Schärfe führen – gleichsam grundsätzlich, gegen jeglichen Monopolanspruch Englands in Afrika oder in der Südsee. Zugleich mußte das Reich seinen Schutz immer weiter verstärken. Die Geschichte endete damit, daß das Reich die „Schutzgebiete" – einschließlich der weit ausgedehnten Territorialansprüche – übernahm, daß daraus staatlich verwaltete Kolonialgebiete wurden. Bismarcks Experiment mit einer „halbstaatlichen" Form des Kolonialismus blieb Episode, es war im Zeitalter des Interventionsstaates und der konkurrierenden Imperialismen nicht haltbar. Das trug freilich auch zu Bismarcks Trennung von den Kolonialisten bei.

1885 endet die erste Phase der deutschen Kolonialpolitik nahezu abrupt. Die europapolitische Lage ändert sich fundamental. Daraufhin bricht Bismarck die Kolonialgründungs- und -erweiterungspolitik ab und nimmt den Gegensatz, in den er damit zu den Kolonialpatrioten gerät, gelassen in Kauf. Das ist ein weiteres starkes Argument dafür, daß Bismarcks imperialistische Kolonialpolitik unter dem Primat der Außenpolitik stand: Die Änderung der Verhältnisse in Europa beendete nicht nur eine günstige Gelegenheit für den kolonialpolitischen Einsatz, sie machte vielmehr das eigentliche, eben außenpolitische Ziel dieses Einsatzes – mochte das nun eine Gewichtsverschiebung unter den europäischen Mächten oder eine globale Strukturänderung des Systems selbst sein – unmöglich. Die Kolonialpolitik blieb für Bismarck, weil er in solcher Frage primär von der internationalen Lage, der Sicherheits- und Außenpolitik her dachte, Episode.

Das Wichtigste, was im Frühjahr 1885 mächtepolitisch geschah, war – am 30. März – der Sturz des französischen Ministerpräsidenten Ferry, des Protagonisten der französischen Kolonialpolitik und einer Art französisch-deutscher Kolonialentente. Eine neue Welle des Revanchismus erhob sich; Frankreich ließ sich doch nicht von der Priorität der Elsaß-Lothringen-Frage, von der Vogesenpolitik ablenken, kein kolonialer Preis konnte die Wunde jenes Verlustes kompensieren. Der Umweg über Afrika also hatte die Lage des Reiches nicht geändert. Das alte Problem rückte wieder in den Vordergrund. Gleichzeitig hatte England begonnen, angesichts seiner kritischen weltpolitischen Beziehung zu Rußland wie zu Frankreich – in Afghanistan, Ägypten, dem Sudan, dem Kongo – sich über die afrikanischen und ozeanischen Fragen mit Deutschland zu verständigen, „einzulenken", wie es Berlin scheinen mußte; es war bereit, die bisherigen deutschen Erwerbungen anzuerkennen. Bismarck, der noch eben gedroht hatte, überall gegen England Stellung zu nehmen, lenkte ebenso ein. Der Zusammenbruch der Kooperation mit Frankreich, das Schwinden der Hoffnungen auf eine positive Fortentwicklung der deutsch-russischen Beziehungen, die Befürchtung, daß England sich immer noch alternativ mit Frankreich oder Rußland über Afrika und Afghanistan arrangieren könnte und daß die deutsch-britischen Spannungen weiter ansteigen könnten, ferner die Tatsache, daß England einlenkte, angesichts der Probleme in Ägypten und im Kongo-Gebiet zu einem Arrangement bereit war, die Tatsache auch, daß inzwischen (seit Juni 1885) wieder die Tories regierten – Bismarck wollte die öffentliche Meinung nicht gegen den relativ „deutschfreundlichen" Salisbury aufbringen –, veranlaßten ihn, die Konfrontationspolitik gegenüber England beinahe schlagartig abzubrechen und auf weitere Kolonialexpansion zu verzichten. Die Kontinentalpolitik war für das Reich und für Bismarck wichtiger als jedes Risiko ausgreifender Weltpolitik, ja existenzentscheidend. Die europäische Mittellage holte Deutschland ebenso ein wie die Nemesis von 1871: die Dauer-Gegnerschaft Frankreichs. Die Kolonialreichsgründung war eine kurze Periode gewesen, ein Experiment unter vielen, fast ein Abenteuer, ja ein Fehler und ihr Ergebnis eine Last, so hat Bismarck nach 1885 gelegentlich gedacht, bis hin zu der Erwägung, die Kolonien aufzugeben oder anderen zu überlassen.

Die Folgen waren nicht rücknehmbar, und sie waren gewaltig. Das Reich war nun in die imperialistische Politik eingetreten, es hatte überseeische Kolonialinteressen. Das schuf weltpolitische Reibungsflächen, zumal mit England – das war ein Potential großer Krisen von später. Und der im Zuge des „Kolonialismus" mobilisierte Vulgärnationalismus und -imperialismus und seine anti-britische Akzentuierung ließen sich ebenfalls nicht mehr „zurücknehmen", auch wenn die innenpolitischen Rückwirkungen der Kolonialgründungsperiode erst langsam in den Vordergrund rückten. Ähnlich gewaltig waren die Folgen dieser Jahre deutscher Kolonialpolitik in England, in der öffentlichen Meinung und besonders bei den damals jungen Diplomaten, selbst wenn sich der verbreitete und lautstarke Zorn über das Nachgeben der Londoner Regierung zunächst wieder legte, außer bei den Subimperialisten im „Empire". Aber: Das Reich war den britischen Weltinteressen mit massiven Mitteln und Drohungen – „erpresserisch" und „intrigant" der Form wie der Sache nach – entgegengetreten, das blieb im individuellen wie im öffentlichen Gedächtnis. Die Reserviertheit des englischen Establishments seither hängt mit diesen Grunderfahrungen der englischen Außenpolitiker während der ersten Kolonialexpansion zusammen. Insofern waren die Fernwirkungen für die deutsch-englischen Beziehungen fast katastrophal.

Bismarck glaubte im Grunde nicht an den Kolonialismus, und doch begründete er das deutsche Kolonialreich, er war kein Imperialist, und er wurde doch der Anfänger des deutschen Imperialismus. Es bleibt freilich wahr, daß es Europa war, das in die Weltpolitik eintrat, daß die pure Kontinentalpolitik älteren Stils, mit den Weltinteressen der Flügelmächte an der Peripherie, in Struktur und Form revolutioniert wurde, Weltpolitik wurde. Die Verflechtung der europäischen Wirtschaft mit der überseeischen unterentwickelten Welt und deren Ausbeutung, die Übertragung der Großmächtekonkurrenz von Europa nach Übersee, die Ausweitung und Intensivierung des klassischen, europaorientierten Nationalismus zum weltausgreifenden Imperialismus – das war ein europäischer Prozeß, ein universaler Trend. Es ist mehr als unwahrscheinlich, daß die Deutschen als Nation, eine Großmacht wie das Deutsche Reich, wie immer es handeln mochte, sich dem auf die Dauer hätten entziehen können – selbst Belgien oder die Niederlande wurden oder waren erstrangige Kolonialmächte. Oder, nimmt man Bismarcks außenpolitische Ideen der 70er Jahre noch einmal auf: Die in die Peripherie abgelenkten Großmächte wurden Weltmächte, das konnte das Reich, im Zentrum, nicht unberührt lassen. Ja, die Gegensätze der Großmächte in der Welt, der Peripherie, mußten auf Europa und Deutschland zurückwirken. Einstweilen war das noch ein Vorklang auf die Zeit der eigentlichen deutschen „Weltpolitik". Aber die Probleme waren schon vorbereitet.

Die relative Ruhe der frühen 80er Jahre wird 1885/87 von einer europäischen Groß- und Doppelkrise abgelöst – vom Zentrum her gesehen einer West- und einer Ostkrise –, die die locker überlappenden Bündnissysteme zur Zähmung der Spannungen radikal in Frage stellt; die Spannungen schlagen zunächst auf Deutschland zurück. Der Sturz des Kabinetts Ferry in Frankreich lenkte dort die politische und öffentliche Aufmerksamkeit zurück auf den Gegensatz zu Deutschland. Seit Anfang 1886 kam in Frankreich unter Führung des Kriegsministers Boulanger, des „Général Revanche", der überdies durchaus cäsaristische Staatsstreichneigungen hatte, eine gewaltige populistische Revanche- und Kriegsstimmung hoch; „die Schlacht ist unvermeidlich, die Armee ist bereit", formulierte einer der Führer des Radikalnationalismus. Eine solche Konfrontationspolitik tendierte mit Vehemenz auf das Bündnis mit Rußland, und über ein solches Bündnis war sie eine wirkliche Gefahr für Deutschland. Bismarck hat 1886/87 wie lange nicht unter dem Alpdruck der Ost-West-Koalition gegen Deutschland gestanden. Eine deutsch-französische Agentenaffäre (der Fall Schnaebelé) heizte im April 1887 die Stimmung noch zusätzlich an. Zwar wurde die Sache friedlich beigelegt, und der – auch innenpolitisch bedingte – Sturz Boulangers im Mai 1887 mäßigte die Erregung. Aber die Krise und die Deutschland drohende Zweifronten-Koalition waren noch keineswegs endgültig vorbei. Bismarck hat diese Krise dann aus außen- wie innenpolitischen Gründen absichtlich hochgespielt und zu einer neuen Heeresverstärkung benutzt; das führte, wie geplant, zur Neuwahl des Reichstages, die ihm eine relativ stabile Mehrheit brachte, das sogenannte Kartell.

Die Ostkrise begann, wiederum, als Balkankrise. Der russische Satellit Bulgarien verfolgte unter seinem Fürsten Alexander Battenberg beim Aufstand und Anschluß der (1878 noch türkischen) Provinz Ostrumelien eine eigenständige und insoweit anti-russische Politik, jetzt mit Rückendeckung Englands. Österreich versuchte, die Situation auszunutzen, Bulgarien aus dem russischen Hegemonialbereich herauszulösen – gegen Sinn und Geist des Dreikaiserabkommens. Ein „Stellvertreterkrieg" Serbiens, damals mit Österreich verbündet, scheiterte zwar, aber Österreich griff daraufhin direkt ein und forcierte die Unabhängigkeit Bulgariens, ja (wir müssen hier auf die komplizierten Einzelheiten verzichten) verletzte dabei den Status quo. Der Bruch zwischen Österreich und Rußland war vollzogen, der Dreikaiservertrag, wie die Russen sagten, tot. Russische Intrigen erzwangen zwar die Abdankung Battenbergs, aber ein 1887 zum König gewählter Coburger Prinz, österreichischer Offizier, wurde nur von Österreich, nicht aber von Rußland anerkannt. Österreich lehnte einen russischen Protektoratsstaat in Bulgarien jetzt kategorisch ab.

Bismarck hatte in der Krise zwischen den deutschen Bündnispartnern zu vermitteln versucht, um den Frieden zu bewahren. Er setzte auf eine Abgrenzung von Einflußsphären, wobei Serbien in die Österreichs, Bulgarien in die Rußlands gehören sollte. Er wollte, daß weder die Interessen Rußlands noch die Österreichs tiefgreifend beeinträchtigt würden. Konkret verwies er Österreich auf Verhandlungen mit Rußland und erklärte, daß der „Bündnisfall" nicht gegeben sei, und seine Bulgarienpolitik blieb, im Gegensatz zu aller öffentlichen Meinung in Deutschland, pro-russisch. Aber das war vergeblich, er konnte Österreich nicht zügeln, den Bruch der Partner nicht hindern. Freilich, eine eindeutig pro-russische Option hat er vermieden, dazu war ihm die Großmacht-Existenz Österreichs zu wichtig. Die englische Unterstützung der Bulgaren sah er nicht ungern, auch deshalb, weil er ein direktes Engagement Englands im Südosten im Interesse des europäischen Gleichgewichts und einer Eindämmung Rußlands begrüßte, er England nicht in der bequemen Situation lassen wollte, daß seine Eindämmungsinteressen schon von Wien und Berlin besorgt wurden. In Rußland führte die Öffentlichkeit die Niederlage, das Ausscheren Bulgariens aus dem russischen Machtbereich, die „Demütigung" Rußlands, nicht auf Österreich – oder auf England – zurück, sondern auf Deutschland, das Wien, wie indirekt immer, decke. Bismarcks Position behielt für seine Partner etwas Zweideutiges; objektiv war sie, trotz der vordergründig pro-russischen Linie, vermittelnd, suchte beiden gerecht zu werden. Der russische Nationalismus, der Panslawismus, verschärfte sich und wandte sich besonders forciert gegen Deutschland. Schon den Berliner Kongreß von 1878 hatte der auf den Balkan fixierte Nationalismus als Niederlage erlebt, Deutschland war Rußland in den Arm gefallen, Deutschland stützte den Konkurrenten Österreich. Und mehr noch, Deutschland nahm, so schien es, anders als Rußland, an Macht zu. Ein gewisses Selbstmitleid schlug in Deutschenhaß um. In einer nationalistischer werdenden Gesellschaft waren es die Deutschen, der baltische Adel und die tüchtigen Modernisierer zumal, die auch im Lande selbst unbeliebter wurden. Dieser Abneigung gegen Deutschland und die Deutschen korrespondierte – lange schon – die Hinneigung zu Frankreich; in der Gesellschaft, die zählte, dominierten französische Sympathien. Politisch zugespitzt hieß das, Rußland müsse auf ein Bündnis mit Frankreich hinsteuern. Daß ein solches Bündnis einen Krieg zur Folge haben mochte, schreckte kaum jemanden. Man konnte auch moderat argumentieren: Rußland müsse die deutsche Sorge vor einer Zweifronten-Konstellation und die objektive Abhängigkeit des Reiches von Rußland dadurch ausnutzen, daß es die französische Karte spiele – solange Deutschland durch ein mit Rußland verbundenes Frankreich wirklich gefesselt sei, könne es sich nicht mehr wie selbstverständlich in dem russisch-österreichischen Konflikt gegen Rußland stellen. Intellektuellentheorien vom Kampf der „Slawen" gegen die „Germanen" und vom Bündnis der „Slawen" mit den „Romanen", bei „Westlern" wie „Slawophilen" – den beiden Denkschulen in Rußland –, überformten diese Stimmungen.

Wortführer solcher pro-französischer Bestrebungen wurde neben dem mächtigen Vertreter einer Politik der kirchlichen Orthodoxie, Pobedonoszew, der Journalist Katkow, zeitweise einer der mächtigsten Männer

Rußlands. Denn die öffentliche Meinung hatte, trotz des autokratischen Systems oder gerade deswegen und obwohl ihre Resonanz in einer altmodisch-traditionellen Gesellschaft quantitativ nicht groß war, einen weit überproportionalen Einfluß. Und es war gerade die innere Schwäche des autokratischen Systems, die der Expansions- und Kriegspartei und ihrer Meinungsmacht eine wachsende Resonanz sicherte. Auch der allmächtige Zar las Katkows Zeitung und war von ihr wesentlich beeinflußt. Der Zar, seit 1881 Alexander III., war weniger als sein Vater in die konservativ-dynastische Tradition einbezogen, er war wie die Nationalisten gegen die Benutzung der deutschen Sprache und die Sonderstellung der Balten am Hof in Petersburg. Die preußenkritische Einstellung der Zarin, einer dänischen Prinzessin, spielte auch eine wesentliche Rolle. Die panslawistische Agitation hatte systemstrategisch den Vorteil, die inneren Spannungen nach außen abzuleiten. Auf der anderen Seite gab es Barrieren gegen Frankreich, gegen das Land der Republik und der Revolution, der Polenfreundschaft und der Sympathie mit revolutionären russischen Emigranten; es gab – gerade nach der Ermordung Alexanders II. durch Revolutionäre – konservative Solidaritäten. Es gab außerdem ein altes außenpolitisches Establishment, mit dem Außenminister Giers an der Spitze, das für die Verbindung mit Berlin und gegen die mit Paris eintrat, das vom Kurs der extremen Nationalisten Krieg und vom Krieg Revolution und Untergang befürchtete. 1885/86 war die Verbindung zu Österreich endgültig zerbrochen. Was jetzt für die russische Führung zur Entscheidung anstand, war, ob man die Verbindung zu Deutschland allein weiterführen oder statt dessen ein näheres Verhältnis zu Frankreich anknüpfen sollte. Seit 1884 hatten sich die Beziehungen zu Frankreich unterhalb der eigentlichen Regierungsebene – gesellschaftliche Kontakte und Verbindungen zwischen den Banken z. B. – intensiviert. 1886 war es schon zu ersten Militär- und Generalstabsbesprechungen gekommen. Das Jahr 1886 war erfüllt vom Ringen zwischen Katkow und Giers um den maßgeblichen Einfluß auf den Zaren. Das Ende war offen.

Die Probleme im Verhältnis zwischen Deutschland und Rußland wurden nun noch durch wirtschaftspolitische Gegensätze verschärft. Der mit moderner Politik vertraute Leser wird sich vielleicht verwundert gefragt haben, warum wir, nachdem wir früher soviel von der Wirtschaft erzählt haben und noch ausführlich von Zoll- und Außenhandelspolitik reden werden, die Beziehungen der Staaten als ein gleichsam abgehobenes Spiel der Mächte, jenseits der Ökonomie, behandelt haben. Bismarck war doch modern genug, die zentrale Bedeutung der Wirtschaft für die Gesamtpolitik eines Staates zu erkennen. Der Grund für unsere bisher scheinbar altmodische Darstellung liegt darin, daß Bismarck wie seine europäischen Mit- und Gegenspieler glaubten, Außenhandelspolitik und Außenpolitik getrennt halten zu können und daß auch objektiv der Einfluß der Wirtschaftsbeziehungen auf die Außenpolitik gering war. Deutschland und Rußland standen in relativ engen Wirtschaftsbeziehungen. Mitte der 70er Jahre kamen 44% der russischen

Importe aus Deutschland, 34% der russischen Exporte gingen dahin. Ein Problem entstand, als Deutschland und die meisten anderen kontinentalen Mächte seit 1879 zum „Schutzzoll“ übergingen; Zölle tangierten die Exportinteressen der Handelspartner (und ihre volkswirtschaftliche Gesamtbilanz) und konnten zu Gegenmaßnahmen („Retorsionszölle“) bis hin zu Handelskriegen führen. Die Einführung der Getreidezölle in Deutschland 1879 und ihre zweimalige Erhöhung betrafen den russischen Getreideexport, und der wiederum war die Basis für russische Industrieimporte, ja war für den Eisenbahnbau und die Industrialisierung Rußlands überhaupt entscheidend. Auch die seuchenpolizeilichen Maßnahmen gegen Viehimporte („Rinderpest“), die – durchaus auch ökonomisch – dem Schutz der deutschen Landwirtschaft dienen sollten, wirkten sich gegen Rußland aus. Daraus ergaben sich manche russischen Gegenmaßnahmen und manche Spannungen, aber bis 1885 hatte dergleichen in den gegenseitigen Beziehungen, auch in der öffentlichen Meinung keine wesentliche Rolle gespielt.

Seit 1885 wurde das Problem wichtiger. Die wichtigsten deutschen Getreidezölle waren gegenüber 1879 verdreifacht, der russische Finanzminister, für Zoll und Industrialisierung verantwortlich, war seit 1882 ein entschiedener Nationalist, und der kostspielige Eisenbahnbau beanspruchte erhebliche Finanzmittel. Deutschlands Schutzzollpolitik wurde als anti-russisch, ja als Teil einer anti-russischen Blockbildung empfunden. Die deutsche Industrie wiederum war über die russischen Schutzzollmaßnahmen verärgert. Gleichzeitig war aber Rußland für seinen Anleihebedarf auf den Berliner Kapitalmarkt angewiesen, 60–80% der russischen Auslandsanleihen kamen aus Deutschland. Das wieder provozierte die deutschen Rußlandgegner. Zunächst muß man festhalten, daß wirtschaftliche Spannungen die Beziehungen atmosphärisch – vor allem auf russischer Seite – überlagerten, für die politischen Entscheidungen maßgeblich waren sie, vorerst wenigstens, noch nicht.

Ehe wir auf Krisenmanagement und -lösung eingehen, müssen wir noch einen weiteren Strang aufnehmen. Bismarck setzte auf eine fortdauernde oder wieder konsolidierte Verständigung mit Rußland. Dagegen nun gab es in Deutschland eine Alternative: die Alternative der harten Konfrontation und des Präventivkriegs. Dahinter standen ganz unterschiedliche Kräfte, von anti-russischen Liberalen über sozialdarwinistische Nationalisten bis zu hohen Diplomaten (wie dem berühmten Geheimrat Holstein) und zum Generalstab. Rußland galt ihnen entweder als drohende Gefahr oder als tönerner Koloß – in jedem Fall schien Krieg die gegebene Strategie. Ein „gesunder Krieg“ sei einem so „kranken Frieden“ vorzuziehen, schrieb selbst das linksliberale Berliner Tageblatt; auch das Zentrum und selbst die Sozialdemokraten dachten ähnlich. Für den Gang der Politik waren vor allem die Militärs, insbesondere der Generalstab, wichtig. Moltke und Waldersee waren über die französisch-russischen Generalstabsbesprechungen informiert; sie sahen den Übergang Rußlands zu einer anti-deutschen Position, also ein Bündnis mit Frankreich, und seine wachsende Stärke als unausweichlich voraus; dem wollten sie durch einen – jetzt noch möglichen – Präventivschlag zuvorkommen. Bismarck aber war prinzipiell gegen einen Präventivkrieg, er glaubte nicht an die Unvermeidlichkeit eines Krieges. Er glaubte auch nicht an die liberalen, nationalen und sozialdarwinistischen Ideen, die den Krieg gegen Rußland rechtfertigen mochten. Außerdem hielt er die Chancen, daß Deutschland einen solchen Krieg gewinnen würde, für gering: Frankreich würde in den Krieg eintreten, England würde Deutschland nicht stützen, weil es zwar gegen eine russische Hegemonie war, aber ebenso gegen ihren Ersatz durch eine deutsche Hegemonie, es mochte sich gar mit Rußland den Einfluß in Europa teilen. Schließlich glaubte er noch, mit Hilfe der Friedenspartei in Petersburg zu einer einvernehmlichen Lösung kommen zu können. Ob er bei einem isolierbaren russisch-österreichischen Krieg Frankreich angegriffen hätte, wie man in London meinte, ist ganz ungewiß, ja eher unwahrscheinlich. Bismarck hat sich gegen die Militärs durchgesetzt, Moltke gab nach, endgültig, als Bismarck ihn im Sommer 1887 mit dem Rückversicherungsvertrag vertraut machte.

Bismarck ist 1885/86 damit gescheitert, zwischen Österreich und Rußland zu vermitteln, „sein" altes System zu retten. Er hat dann versucht, die Krise auf andere Weise zu entschärfen. Das ist ihm (und anderen daran interessierten Mächten und Politikern) angesichts der bei den Kriegsgeneigten in Österreich, Rußland und Frankreich fehlenden letzten Entschlossenheit zum Krieg auch gelungen.

1. Öffentlich hat Bismarck die Krise sehr stark, ja geradezu demonstrativ auf die französische Revanche-Bewegung bezogen, die russische Krise heruntergespielt, sich öffentlich sogar betont rußlandfreundlich gegeben. Das war innenpolitisch günstig, das entsprach einer Droh- und Einschüchterungsstrategie gegenüber Frankreich, die auf Verhinderung seiner Allianz mit Rußland zielte. Das sollte aber auch Rußland entlasten, die – diskrete – Verständigung erleichtern. Die Heeresverstärkung von 1886/87 war objektiv eindeutig gegen eine russisch-französische Allianz gerichtet, aber rhetorisch wurde sie allein auf Frankreich bezogen, auf die französische Gefahr. In einer seiner berühmtesten Reden („Wir Deutsche fürchten Gott und sonst nichts auf der Welt", das blieb den Deutschen in Erinnerung) hat Bismarck ein Friedensbekenntnis abgelegt, das Reich sei „saturiert", es habe keine kriegerischen Bedürfnisse, es habe keine bulgarischen Interessen und keine an einem Krieg mit Rußland, es werde auch Frankreich nicht angreifen; aber er betonte zugleich die Bereitschaft zum Krieg, warnend und drohend gegenüber Frankreich, zum Verteidigungs- und Abwehrkrieg. Entscheidend war, daß der aktuelle Kriegston in das fundamentale Konzept der europäischen Friedenspolitik eingebettet blieb. Frankreich sah sich angesichts der deutschen Machtdemonstration zu einem vielleicht möglichen Bündnis mit Rußland nicht im Stande.

2. Bismarck hat seine Neutralitätspolitik auf dem Balkan fortgesetzt, in der Erwartung, mit der Friedenspartei in Petersburg zu einem Arrangement

zu kommen, und hat Distanz zu allen österreichisch-ungarischen Ambitionen bewahrt. Jede Unterstützung des Battenbergers hat er abgelehnt (zumal seine Heirat mit der Tochter des deutschen Kronprinzen, also der Enkelin der englischen Königin, verhindert). Er hat es abgelehnt, einer Aufforderung Österreichs und Englands zu folgen und Rußland für den Fall einer Intervention in Bulgarien mit Maßnahmen (gar mit Krieg) zu drohen: Das hätte Rußland endgültig in die Arme Frankreichs getrieben, hätte Österreich einen Freibrief ausgestellt und das ganze Zügelungskonzept völlig illusorisch gemacht, hätte endlich England freie Hand gelassen, ja davon entlastet, sein eigenstes Interesse – die Eindämmung Rußlands – selbst und durch eigenes Engagement zu vertreten. Er wollte nicht für England „die Kastanien aus dem Feuer holen" – das war die berühmte und langlebige „Kastanientheorie" des Auswärtigen Amtes –, so wenig England dies für das Reich tun wollte; gegen Rußland wollte keine der beiden Mächte sich vorwagen. Aber Bismarck hat trotzdem Österreich nicht fallenlassen. Insgesamt ist es gelungen, und daran hatte Bismarck wesentlich teil, einen offenen Zusammenstoß der Balkankontrahenten zu verhindern. Rußland hat zuletzt auf eine offene Intervention in Bulgarien verzichtet. Weil es keinen eindeutigen Sieger gab, gab es auch keinen eindeutigen Verlierer, keine die Machtexistenz bedrohende Verwundung.

3. Bismarck hat versucht, das System der deutschen Bündnisse neu zu organisieren. Seit dem Herbst 1886 konnte er hoffen, mit der russischen Regierung doch wieder zu einer Vereinbarung zu kommen, seit dem März 1887, als Katkow beim Zaren in Ungnade fiel und Giers einstweilen seinen Kurs durchgesetzt hatte, war das mehr oder minder sicher. Es gelang Bismarck zunächst (20. Februar 1887), den Dreibund zu verlängern, nicht nur den Bund mit Österreich, sondern auch den Bund mit Italien. Deutschland sicherte dabei Italien Unterstützung in Nordafrika gegen Frankreich zu, Österreich Kompensationen auf dem Balkan für den Fall einer eigenen Ausdehnung.

4. Der neue Dreibund war nun eng verbunden mit einem Mittelmeerabkommen, zuerst zwischen Italien und England (12. Februar 1887), das den Status quo sichern, faktisch Italien gegen Frankreich stützen sollte (bei einer „notwendigen" Veränderung in Libyen). Am 24. März trat auch Österreich diesem Abkommen – genauer: diesem Notenaustausch – bei; das dehnte die Status-quo-Sicherung auf die Türkei aus. Bismarck hatte beim Zustandekommen dieser Abkommen vermittelnd mitgewirkt, er hatte England in Aussicht gestellt, ohne ein solches Abkommen keine seiner Positionen mehr zu unterstützen, so in Ägypten, Afghanistan oder sogar in Konstantinopel, und veranlaßt, daß Österreich und Italien künftig Englands Position in Ägypten stützten. Bismarcks Ziel war es, nachdem England eine ihm angesonnene Teilnahme am Zweibund natürlich abgelehnt hatte, England zum Verteidiger des Balkans zu machen; England hatte sich mehr als je engagiert, die Heranziehung Englands an den Dreibund und eine Eindämmungsfront gegen Rußland schien zu gelingen.

5. Bismarck schloß daraufhin am 18. Juni 1887 einen neuen Vertrag mit Rußland, den berühmten Rückversicherungsvertrag. Seit 1885 hatte er es vermieden, Rußland an die Wand zu drängen, in der Hoffnung, die Friedenspartei könne sich durchsetzen. Auch das hatte, neben innerrussischen Gegebenheiten, geholfen, die „französische" Partei der Nationalisten und Kriegsfreunde einstweilen matt zu setzen. Der Rückversicherungsvertrag war noch einmal ganz und gar alteuropäische Geheimdiplomatie – gegen die öffentliche Meinung. Die unmittelbare Anregung dazu ging von Rußland aus. Formal garantierte der Vertrag Neutralität bei einem unprovozierten französischen oder österreichischen Angriff auf den jeweiligen Partner; in einem ganz geheimen Zusatzprotokoll erkannte das Reich Bulgarien als russische Einflußzone an, und es sicherte auch diplomatische Unterstützung zu, falls „die Lage" eine russische Besetzung der Meerengen erforderlich mache. Das mochte wie eine stille Ermunterung russischer Expansion wirken. Die Vertragsbedingungen waren vage formuliert, das war keine sehr feste Allianz, aber doch eine Verständigung, die vor anderem Präferenz hatte. Der Zar wenigstens war vorerst, so räsonierte Bismarck, gegen eine französisch-russische Allianz festgelegt. Deutschland hatte Rußland das Gefühl gegeben, im Orient nicht isoliert zu sein, ja seine Orientpolitik ermuntert, hatte sich zwar nicht fest an Rußland angeschlossen, aber implizit das weitere Ruhighalten Österreichs zugesagt.

6. Aus dem Mittelmeerabkommen wurde der Orientdreibund (Dezember 1887) zwischen Italien, England und Österreich, wiederum mit mancher diplomatischen Hilfe Bismarcks. Erst nach einem Briefwechsel mit Bismarck war Salisbury bereit, solcher Festlegung und Präzisierung zuzustimmen. Wegen der Geheimhaltung blieb das freilich eine Sache der Regierung, nicht des Parlamentes, insofern kein eigentlicher Vertrag – aber „mehr" war im englischen System nicht möglich. Die Status-quo-Garantie für die Balkanverhältnisse und die Garantie des Bestandes der Türkei wurden noch einmal und spezifizierter festgeschrieben. Das war ein Bündnis zur Eindämmung Rußlands. Das Reich war sozusagen stiller Partner.

Ein europäischer Krieg war vermieden. Das Ergebnis der Krise war ein hochkompliziertes Ineinandergreifen unterschiedlicher, sogar gegensätzlicher Bündnissysteme, eines deutsch-russischen, eines deutsch-österreichischen, eines österreichisch-englischen.

Versucht man, diese ineinandergreifenden Bündnissysteme in ihrer Bedeutung für die Sicherheit und die Machtposition des Reiches zu verstehen, so muß man zunächst den Rückversicherungsvertrag betrachten: Dieser Vertrag sollte unmittelbar einen russischen Angriff auf Österreich verhindern, denn dann galt keine deutsche Neutralitätsgarantie; bei jedem Kriegsausbruch konnte letzten Endes das Reich entscheiden, wer als „Angreifer" zu betrachten sei. Dafür wollte das Reich eine pro-russische Haltung in Bulgarien gegen Österreich und in der Dardanellenfrage gegen England einnehmen. Dieser Vertrag war keine Lösung des deutschen Sicherheitsproblems, kein Dogma und kein Wunderrezept, keine Garantie guter deutsch-russischer Beziehungen. Bismarck hielt Rußland für unbesiegbar, darum war ein Arrangement notwendig. Er hat dem Vertrag von 1887 nur relativen Wert zuerkannt; wie weit dieser in einer Krisensituation von Rußland eingehalten werde, war durchaus zweifelhaft. Dennoch war der Rückversicherungsvertrag durchaus mehr als Krisenvertagung und Aufschub. Er werde „uns im Ernstfall die Russen doch wohl sechs bis acht Wochen länger vom Halse (halten) als ohne dem", meinte der skeptische Herbert v. Bismarck; für eine kalkulierbare Zeit, Normalität vorausgesetzt, sogar für drei Jahre – so dachte der Vater Bismarck, solange der Pessimismus ihn nicht übermannte – verhinderte, blockierte der Vertrag den Abschluß einer Allianz Rußlands mit Frankreich, band Zar und Regierung auch gegen die Wogen der öffentlichen Meinung, und er hegte die immer mögliche Konfrontation zwischen Deutschland und Rußland in die Form eines wenn auch nur locker kooperativen Bündnisses formulierter gemeinsamer Interessen ein. Ein Vertrag war eine bessere Basis für Beziehungen, so sagte man, als kein Vertrag. Der wieder geknüpfte „Draht nach St. Petersburg" war besser als das gänzliche Reißen der alten Bindungen.

Anscheinend widersprach der Rückversicherungsvertrag dem Orientdreibund und auch dem Zweibund – jedenfalls nach normal altmodischen Grundsätzen von Treu und Glauben; der Geheimrat Holstein hielt ihn für „politische Bigamie". Der eine Vertrag sprach von einer russischen Expansion auf dem Balkan und zu den Meerengen hin, der andere sollte den Status quo sichern; der eine schien bei einem russisch-österreichischen Konflikt eine pro-russische, der andere eine pro-österreichische wohlwollende Neutralität in Aussicht zu stellen. Aber man muß nicht nur den Wortlaut, sondern den eigentlichen Sinn solcher Verträge ins Auge fassen. Ihr Sinn war es, Krieg zu vermeiden und Frieden zu wahren, war es darum, den Bündnis- oder Konfliktfall gerade nicht eintreten zu lassen; die Bündnisse, die vom Ernstfall sprachen, wollten diesen Ernstfall durch ein System von „checks and balances" verhindern. Konkret ging es zuerst darum, nicht Vorsorge für den Fall eines russischen Angriffs auf Österreich oder gar Deutschland zu treffen, sondern einen solchen Angriff unwahrscheinlich zu machen, Rußland einzudämmen. Dazu war es freilich im deutschen Interesse nötig, daß die Spannungen zwischen den expansiven Tendenzen und den Eindämmungskräften erhalten blieben, das macht das Zweideutige der Bismarckschen Politik aus: Der Ausgleich der Spannungen beruhte darauf, daß sie fortexistierten und – auch von deutscher Seite – am Leben gehalten wurden. Rußland hatte im Orient hegemoniale (Fern-)Ziele, gewiß, aber Bismarck wollte auch, daß es diese nicht aufgäbe, daß es sich im Orient weiter engagierte – andernfalls würden die russisch-englischen Spannungen wesentlich zurückgehen und England sein kontinentales Engagement aufgeben, außerdem würde Rußland ganz auf das Bündnis mit Frankreich, ganz auf die Frontstellung gegen das Reich konzentriert. Darum also ermunterte Bismarck die russische Orientpolitik, ja sagte ihr für den Extremfall verbal Unterstützung zu und konterkarierte sie über den Orientbund zugleich. Wenn Rußland einen Kurs in Richtung Meerengen einschlug, mußte es England aus seiner generellen Reserve hervorlocken, an der Seite des deutschen Bundesgenossen Österreich. Bismarck hielt deshalb Konstantinopel für eine „Sackgasse" russischer Politik. Rußland mochte sie vermeiden, und vieles spricht dafür, daß auch die Befürworter des Rückversicherungsvertrages in Petersburg in der Meerengenklausel keineswegs die Hauptsache des Abkommens sahen; aber als Möglichkeit und, vom Standpunkt der anderen Mittelmeermächte, als Gefahr war der russische Drang nach Konstantinopel außerordentlich wirksam.

Der Rückversicherungsvertrag stärkte das kontinentale Engagement Englands, seine Verbindung mit Österreich (wie auch die Verbindung Italiens mit Österreich), stärkte letzten Endes Österreich und den Zweibund. Zugleich hielt der Rückversicherungsvertrag das Deutsche Reich Österreich gegenüber unabhängig, so wie der durch den Orientbund gestärkte Zweibund dem Reich genügend relative Selbständigkeit gegenüber Rußland sicherte. Schließlich leistete er das, was der Rußland eindämmende Orientbund allein nicht leisten konnte: Er verhinderte – einstweilen – die Verbindung Rußlands mit Frankreich. Insofern griffen die beiden Bündnisse ineinander. Der Gegensatz zwischen Rußland und Österreich blieb wie jener zwischen Rußland und England erhalten, das Reich konnte in beiden Gegensätzen die Rolle einer austarierenden Mitte spielen, es hatte jede Gegnerschaft zu den Flügelmächten und jede Abhängigkeit von einer von ihnen – die „Option" – vermieden, blieb dabei auch in seinem Verhältnis zu Österreich einigermaßen selbständig. Denn der Orientbund erhöhte die Sicherheit Österreichs, ohne Deutschland direkt zu beanspruchen oder zu verpflichten, die doppelte Neutralitätszusage machte die Position des Reiches in einem russisch-österreichischen Konflikt etwas flexibler. Im Grunde entsprach das noch dem alten Ideal Bismarcks, die Gegensätze „der anderen" zu benutzen – und jetzt auch zu erhalten – und selbst in der Hinterhand zu bleiben, die Gewichte tarieren zu können. Noch einmal: Der Gegensatz zwischen den Bündnissen bestand, war jedoch dazu da, die realen Gegensätze – zwischen Rußland und den Eindämmungsmächten – nicht zum Tragen, geschweige denn zum Ausbruch kommen zu lassen. Aber wenn auch genau das Sinn und Ziel der Bismarckschen Bündnis- und Gleichgewichtsstrategie war, so „schön" war die objektive Lage für Deutschland keineswegs mehr, und das wußte Bismarck sehr genau.

Insgesamt hatte sich die außenpolitische Lage Deutschlands in den 80er Jahren verschlechtert, der Ausgleich der Großmachtspannungen und ihre Ablenkung an die Peripherie, die Deutschland Freiraum und Gewicht geben sollte, wurde immer schwieriger, Deutschland wurde immer abhängiger von seinen Partnern. Bismarcks Strategie, diese Abhängigkeit durch das Ineinandergreifen von Bündnissen auszutarieren und zu relativieren, durch ihre indirekten Wirkungen und die wechselseitige Blockierung aller Bedrohungen eine Pattsituation herzustellen, wurde immer komplizierter und fragiler. Es war ein „System der Aushilfen", das notdürftig die Einbrüche der dynamischen Mächtegegensätze in das Gleichgewichtsspiel zu reparieren suchte. Es war ein System der Notlösungen, das mit immer neuen Krisen konfrontiert wurde, die doch nur Erscheinungen eines Strukturproblems waren, das Europa als Ganzes und Deutschlands Stellung in Europa betraf.

Berlin hatte zuletzt die Randkrisen nur noch provisorisch lösen können, die Mächtespannungen schlugen auf Deutschland zurück. Das galt für die Balkanprobleme, für die Gegensätze zwischen Österreich und Rußland, denn mit beiden war das Reich verbunden, wenn auch in verschiedener existentieller Intensität. Das galt ebenso für den großen Ost-West-Gegensatz der Welt, zwischen Rußland und England. Er war von Deutschland aus nicht auszubalancieren. Der nationalistische Anti-Germanismus im Osten und die französische – revanchistische oder jedenfalls großmachtambitionierte – Gegnerschaft zu Deutschland blieben unablenkbar, waren nicht zu neutralisieren.

Die relative Stabilität der Jahre 1881/84 wiederholte sich nicht. Vor allem hat der Rückversicherungsvertrag die deutsch-russischen Beziehungen nur sehr in Grenzen stabilisiert. Die Präventivkriegsanhänger in Berlin und die anti-deutschen und pro-französischen Nationalisten in Petersburg blieben weiter stark; nicht nur die Presse sprach jedenfalls im Winter 1887/88 weiter von Krieg. Der Geheimrat Holstein im Auswärtigen Amt suchte Österreich – gegen Bismarcks Konzept – zu einer schärfer anti-russischen Politik zu ermuntern, er tendierte zu einer festen Option des Reiches, gegen Rußland und im Ergebnis pro England. Rußland und Frankreich kamen einander näher. Die immer noch offenen Bulgarien-Probleme intensivierten anti-deutsche Stimmungen und Tendenzen. Anfang 1888 gab es tatsächlich eine akute Kriegsgefahr, die Bismarck nur mit Mühe abwenden konnte.

Vor allem wuchsen die deutsch-russischen Reibungen im Wirtschaftsbereich, der seit 1885 latente Wirtschaftskrieg verstärkte sich. Deutschland erhöhte 1887 die Getreidezölle noch einmal, jetzt auf das Fünffache des Zolls von 1879, und drosselte die Vieh- und Fleischeinfuhr mit allerlei Maßnahmen. Das beeinträchtigte die russischen Exporte. Rußland hat seine Industriezölle wesentlich erhöht, das beeinträchtigte die deutschen Exporte. Zwar sanken nur die deutschen Exporte, die russischen stiegen trotz der neuen Zölle noch, sie waren 1887 dem Wert nach dreimal so hoch wie die deutschen. Aber die Erbitterung war auf beiden Seiten ähnlich. 1887 hatte ein ausgesprochener Industrieprotektionist das für Wirtschaft und Finanzen zuständige Ministerium in Petersburg übernommen. Der Leiter der Außenhandelspolitik in Berlin, Berchem, wiederum hat sehr bewußt wirtschaftlichen Druck für wirtschaftspolitische, ja politische Ziele eingesetzt: Er suchte Rußland mit der Alternative einer Mitteleuropa-Union zu konfrontieren.

Rußland verbot nun 1887, auch in Reaktion auf eine deutsche Massenausweisung russischer Staatsbürger, ausländische Grundstückskäufe und -übertragungen vor allem in den Westprovinzen; das betraf besonders Reichsdeutsche, es schien fast wie Enteignung. Diese Maßnahme erregte das politische Establishment wie die öffentliche Meinung in Deutschland. Seit Anfang 1887 gab es Zeitungspolemiken gegen russische Papiere und eine Spekulation gegen den Rubel. Bismarck hat im November 1887 veranlaßt, daß russische Papiere von der Reichsbank nicht mehr lombardiert wurden (Lombardverbot). Rußland war gerade dabei, seine Anleihen zu konsolidieren und neue Anleihen aufzunehmen; dafür war bisher Berlin der maßgebliche Platz, denn in Paris war der wichtigste Bankier, Rothschild, wegen der Judenfeindlichkeit des Zarismus ein Gegner russischer Anleihen. In der Sache war das eine kleine Aktion – nirgendwo sonst wurden russische Papiere lombardiert, und die Reichsbank selbst hatte nur einen kleinen Anteil –, aber der psychologische Effekt war doch nicht gering. An der Börse kam es zu einer Flucht aus russischen Papieren und zu erheblichen Kursverlusten. Praktisch war der deutsche Kapitalmarkt für russische Anleihen gesperrt.

Fragt man, warum Bismarck zu dieser Maßnahme griff, so war sie für ihn wohl hauptsächlich ein (kleineres) Druck- und Drohmittel, um Rußland die Bedeutung guter Beziehungen zu Deutschland zu demonstrieren, also eine Art wirtschaftlicher Erpressung. Zum anderen war es vermutlich eine demonstrative Konzession an die Präventivkriegsmilitärs, die den Bau der Westeisenbahnen in Rußland mit deutschem Kapital besonders perhorreszierten, es war eine anti-russische Maßnahme, die Bismarcks generelle Ablehnung eines Präventivkriegs decken sollte. Der Kanzler war in seinen Mitteln nie sehr wählerisch; weil er altmodisch überzeugt war, Wirtschaft und Außenpolitik ließen sich letzten Endes trennen, glaubte er, den Schaden begrenzen zu können. Daß er aber damit seine diplomatisch bekundete Verständigungsbereitschaft diskreditierte, hat er nicht gesehen. Seine Taktik, wirtschaftspolitischen Druck je nach Bedarf einzusetzen oder wieder zu mildern, war schon ganz unzeitgemäß, er verkannte die zunehmende Eigendynamik der Wirtschaft. Konkret scheiterte seine Spekulation: Der Finanzdruck hat den Rückversicherungsvertrag nicht gestärkt, sondern geschwächt. Die weitreichende Folge dieser Aktion war die Abwanderung der russischen Anleihen zuerst nach Amsterdam, dann nach Paris, war die allmähliche Verfestigung französisch-russischer Finanzbeziehungen, die sehr schnell auch auf Waffengeschäfte übergriffen – einstweilen noch unterhalb der großen Politik, aber auf die Dauer nicht ohne bedeutenden Einfluß.

Insgesamt muß man festhalten, daß Bismarck die Außenpolitik nicht – wie gelegentlich behauptet wird – in den Dienst der Schutzzollinteressen der Agrarier (oder der großen Industrie) gestellt hat, daß seine Rußlandpolitik nicht wirtschafts- oder innenpolitisch bedingt war. Nicht die wirtschaftlichen Spannungen waren es, die das Anwachsen der politischen Spannungen bewirkt haben, es war eher umgekehrt, aber vor allem lief beides noch nebeneinander her. Auch ohne den Finanzkrieg hätte sich Rußland Frankreich zugewandt.

Die wachsenden Schwierigkeiten der Bismarckschen Außenpolitik, die Verschlechterung der generellen außenpolitischen Situation des Reiches, vor allem gegenüber Rußland, stellten in diesen Jahren noch einmal die grundsätzliche Frage nach einer Neuorientierung der deutschen Politik, nach anderen Wegen. Bismarck, der Mann der Macht- und Realpolitik und Gegner der Moralpolitik, der im Jahrzehnt der Reichsgründung den Krieg nicht gescheut hatte und auch seither nicht Einschüchterungs- und Drohpolitik, war doch ganz und gar davon überzeugt, daß das Reich von den Beziehungen der Großmächte abhängig sei, daß allein der europäische Friede seine Sicherheit und seine Machtstellung garantiere und daß ihm deshalb allein eine defensive, nicht eine dynamisch ausgreifende Politik zu Gebote stehe. Die große Strategie, den Druck auf das Zentrum an die Peripherie zu leiten, die Gegensätze der Mächte so einzuhegen, daß diese weder sich in Allianzen gegen das Reich zusammenfanden noch Europa in unübersehbare Kriege hineinrissen, die Strategie, sich durch eine Mehrheit von Bündnissen vor übermächtiger Abhängigkeit zu schützen, freie Hand, also außenpolitische Souveränität, ja Einfluß und Gewicht durch das Austarieren der verschiedenen Kräfte zu bewahren, blieb in ihrem Erfolg auf Dauer ungewiß, blieb gefährdet. Das Kernziel, die Zweifronten-Koalition zwischen Rußland und Frankreich zu bannen, war nicht erreicht.

Deutschland hätte nun für eine der beiden Weltmächte „optieren" können. Bot das Sicherheit, auch wenn es dabei Handlungsfreiheit und halbe Hegemonie einbüßte? Die eine dieser Möglichkeiten war die Option für Rußland. Aber sie war in Wirklichkeit beinahe ausgeschlossen. Dafür gab es weder in Rußland noch in Deutschland die im Zeitalter des Nationalismus und der öffentlichen Meinung notwendigen inneren Grundlagen. Dazu waren auch die russischen „Forderungen" zu hoch: Freie Hand auf dem Balkan bedeutete Opferung Österreichs, jedenfalls in seiner Stellung als Großmacht. Das mußte, wir haben davon gesprochen, die „deutsche Frage" neu aufwerfen. Das mußte auf Dauer Deutschland in eine fast satellitenhafte Abhängigkeit von Rußland bringen, es zudem der Dauerfeindschaft der Westmächte aussetzen. Manches spricht dafür, daß Bismarck eine solche Opferung Österreichs, in Form des Zulassens der russischen Hegemonie über „den Orient", wenigstens in einer absoluten Krisensituation erwogen hat, um damit die russische Neutralität zu erkaufen – so ein nachträglicher Bericht des Botschafters Schweinitz von 1895 über ein Gespräch mit Bismarck. Aber unter Bedingungen doch der Normalpolitik war daran nicht zu denken.

Etwas anders steht es mit der englischen „Option", dem Lieblingstraum so vieler Liberaler und so vieler Nachgeborener. Bismarck hat das angesichts der schleichenden und sich verschärfenden Krise seit 1887 als Alternative zu der unbefriedigenden Schwebelage zwischen den beiden Bündnissen erwogen. Anfang 1889 schlug er England ein Bündnis vor. Freilich, dieses Bündnis sollte sich, so der Vorschlag, allein gegen einen möglichen französischen Angriff richten, von Rußland aber war nicht die Rede; das war schon eine Asymmetrie, denn an einem Schutz vor Frankreich war das Reich ungleich mehr interessiert als England, für dieses kam es eher auf Unterstützung in einem Konflikt mit Rußland an. Und dieses Bündnis sollte ein parlamentarisch abgesicherter Vertrag vor aller Öffentlichkeit sein, gerade dadurch sollte es einen Krieg verhindern.

Hinter einer so ungewöhnlichen Form steckte Bismarcks Mißtrauen gegen die Stabilität von Außenpolitik in einem parlamentarischen Regierungssystem. Darin steckte die Andeutung, daß das Reich ein Bündnis der Status-quo-Mächte, einschließlich Österreichs, erstrebte, daß das Reich bei einer weiteren Verschlechterung der deutsch-russischen Beziehungen grundsätzlich für England „optieren" könnte – eine Andeutung, die in weiteren Verhandlungen hätte ausgelotet werden können; dahinter steckte aber auch eine Drohtaktik gegenüber Rußland, das mit der Vorführung solcher Alternative zu Entgegenkommen bewegt werden konnte – denn prinzipiell war Bismarck „das russische Hemd lieber als der englische Rock". Das konkrete Angebot wie die darin steckenden Weiterungen waren für England nicht attraktiv. Der vorgeschlagene Vertrag widersprach der parlamentarischen Tradition, ein derartiges Bündnis überhaupt dem Empire- und Splendid-isolation-Gefühl, der Distanz zum Kontinent. Es widersprach vor allem dem englischen Interesse. Zwar gab es durchaus die Tatsache und das Gefühl einer französischen und einer russischen Bedrohung. Aber für England war anders als für Deutschland die französische „Gefahr" gegenüber der russischen sekundär, und die Bedrohungen betrafen nicht unmittelbar das eigene Land, man mußte keinen Zweifrontenkrieg fürchten; bedroht waren Interessen an der Peripherie des Empire, machtwichtig gewiß, aber existenzferner. Daß Deutschland Rußland und Frankreich eindämmte, war ja durchaus nützlich und erwünscht für England, die informelle Kooperation stützte das auch, allerdings mußte Deutschland ohnedies und aus eigenem Interesse diese Eindämmungsrolle übernehmen. Das englische Interesse lag darin, sich nicht zu binden, die eigene Handlungsfreiheit zu behalten; und es lag – noch einmal – im Verhältnis zu Rußland, nicht in dem zu Frankreich. England brauchte, anders als Deutschland, kein Bündnis und schon gar nicht dieses; sein Engagement im Mittelmeerraum seit 1887 genügte seinem Interesse an der Friedenswahrung in Europa durchaus. Deutschland brauchte England, nicht aber England Deutschland – das war der einfache Kern des Problems. England hatte viel, Deutschland wenig Bewegungsfreiheit.

Neben diese gleichsam objektiven Tatbestände der britischen Staatsräson, wie sie der eher deutschfreundliche Premier- und Außenminister Salisbury erwog und erwägen mußte, traten die Auffassungen, Bilder und Gefühle der öffentlichen Meinung in England, die kein parlamentarischer Minister außer acht lassen konnte. Und sie reichten tief. Zwar war das später so wichtig werdende Gefühl der Handelskonkurrenz noch nicht sehr ausgeprägt, das wurde durch das Bewußtsein verbindender Gemeinsamkeiten mindestens aufgewogen. Zwar waren die schweren Kolonialkonflikte, seitdem Bismarck die anti-englischen Zuspitzungen im Frühjahr 1885 sehr entschieden zurückgenommen hatte, vorbei. Aber kleinere Streitigkeiten dauerten fort, England gab, immer noch auf deutsche Unterstützung in Ägypten angewiesen, im allgemeinen nach; aber das schuf Ärger und nicht unbedingt eine bündnisfreundliche Stimmung. Insgesamt war die Distanz zu Deutschland in der überwiegend liberalen öffentlichen Meinung seit 1870 eher gewachsen. Bismarck stand für die „Verpreußung" Deutschlands und seine Unbürgerlichkeit, für die Abkehr vom Liberalismus und vom Freihandel, für den Triumph der Macht- und Realpolitik über die internationale Moral, ja für brutale Methoden und machiavellistischen Zynismus; seine Pressekampagnen gegen das liberale England, gegen den Kronprinzen, den Schwiegersohn der englischen Königin, gegen ein deutsches „Ministerium Gladstone" hatten diesen Ruf gefestigt. Der neue Kaiser, Wilhelm II., war noch wenig bekannt, aber er war ein „Risiko". Frankreich war nach dem Sturz des cäsaristischen Abenteurers und militaristischen Unruhestifters Napoleon zunehmend beliebt geworden, das war die Sympathie für den Besiegten; Gemeinsamkeiten des liberalen Westens und emotionale Gegenbilder – in Deutschland fühlte man sich wie in der Schule, in Frankreich wie in den Ferien – kamen da zusammen. Und noch einmal politisch zugespitzt: Ein gewisses Mißtrauen gegen Bismarck, gegen seine unbekannten Motive war verbreitet und, realistischer, die Furcht, ein Bündnis mit Deutschland würde am Ende gar Frankreich der deutschen Übermacht ausliefern.

Salisbury hat die Sache nach zwei Monaten freundlich reserviert als unaktuell beiseite geschoben. Man kann offenlassen, wie ernst dieser Versuch Bismarcks gewesen ist, inwieweit er über bloßes Taktieren hinausging – auch das nicht akzeptierte und nicht akzeptable Angebot mochte ja die Bindungen zwischen Deutschland und England stärken –, inwieweit es ein Versuchsballon war, über den man neue Perspektiven erkunden konnte. Eine Kursänderung war das Angebot jedenfalls nicht, es war wohl über das Taktische hinaus ein Experiment. Jedes Bündnis zwischen Deutschland und England hätte natürlich doch auf die Dauer eine anti-russische Wendung impliziert, ja auf lange Sicht wäre Deutschland dabei in eine Art Juniorpartnerschaft gerückt. Wir wissen nicht, ob Bismarck zu diesen beiden radikaleren Konsequenzen, einer Option und also zur Aufgabe der vollen Handlungsfreiheit bereit gewesen wäre, ob er die damit verbundenen Gefahren nicht für noch größer hielt als die der gegebenen Doppelbündnis-Situation; wir wissen nicht, ob Bismarck bereit war, etwa einen anderen angemessenen „Preis" für das englische Bündnis zu zahlen. Das Bündnis war ohnedies unerreichbar, die englische Option nicht realisierbar.

Für England wäre auch die Ausgestaltung der Sache zur Juniorpartnerschaft wenig attraktiv gewesen. Es brauchte, wie gesagt, kein Bündnis, es hätte von schrittweiser, weiterer Annäherung Deutschlands nichts gewonnen. Und es konnte zwischen Eindämmung und partiellen Kompromissen mit Rußland koexistieren – darum brauchte es sich nicht so fest, wie Deutschland wollte und hätte wollen müssen, gegen Rußland einspannen zu lassen und dafür Frankreich an Deutschland, wie man fürchten mußte, „ausliefern". Paul Kennedy hat zu Recht betont, daß England die Beziehungen zu Deutschland diesseits der Alternative von Bündnis oder Feindschaft sah, daß das Verhältnis diplomatisch regulierter Beweglichkeit ganz und gar normal war und daß insgesamt diese Beziehungen 1889 selbst nach der Ablehnung des Bismarckschen Angebots gut waren und gut blieben. Für Bismarcks Beurteilung der Lage galt anfänglich, aus anderen Gründen freilich, ähnliches. Auch nach dem Scheitern des Bündnisfühlers blieben die deutschen Beziehungen zu England gut. Freilich, Deutschland war, indem das englische Bündnis unerreichbar war, auf die fragile Konstruktion des Doppelbündnisses zurückgeworfen – die einstweilen unmöglichen Optionen blieben doch weiterhin offene Alternativen.

Eine Überlegung zum Schluß ist noch wichtig. In Bismarcks langen Jahren der Politik zwischen England und Rußland haben immer wieder ideenpolitische Gesichtspunkte, konservative gegenrevolutionäre Sympathien und antiparlamentarisch-antiliberal begründete Antipathien, eine Rolle gespielt, das Verhältnis zu den Flügelmächten gefärbt, etwa seine tiefe Abneigung gegen die Politik der liberalen Regierung Gladstone. Im Verhältnis zu Rußland haben – gegen die monarchischen Solidaritäten – wirtschaftliche Interessen eine Rolle gespielt, auch wenn Bismarck subjektiv meinte, das nur als Nebenschauplatz behandeln zu können. Im Ergebnis muß man gerade mit Blick auf diese letzten entscheidenden Jahre sagen, daß weder wirtschaftliche Interessen noch ideologische Präferenzen seine Politik zwischen den Flügelmächten geprägt oder gar entschieden haben. Aber das war nicht nur Bismarcks eigene nachideologische und vorökonomische Auffassung der internationalen Politik als Politik staatlich-nationaler Machträson. Auch objektiv war die deutsche Außenpolitik dieser Zeit nicht ideologisch und nicht ökonomisch, nicht innenpolitisch geprägt: weder von Krisenbewältigung und Systemstabilisierung noch von Wirtschaftskonkurrenz. Einen „Primat der Innenpolitik", mag es ihn gegeben haben wann immer, hat es in der Bismarckzeit nicht gegeben, ja die Autonomie der Außenpolitik war – noch – stärker als ihre gleichsam natürliche Interdependenz mit der Innenpolitik und der Gesellschaftsentwicklung. Das freilich sollte sich bald ändern.

Man mag räsonieren, wie ein liberal oder liberaler regiertes Reich (etwa unter Friedrich III.) agiert hätte. Die russische Bindung hätte man eher vernachlässigt, aber die „alte Liebe" der deutschen Liberalen zu einem Bündnis mit England war durch den aufgeregten Nationalismus der Rechtsliberalen doch stark gebrochen. Es ist schwer zu sehen, wie – vom Präventivkrieg gegen Rußland abgesehen – eine liberale Alternative zu Bismarcks Englandpolitik Ende der 80er Jahre konkret hätte aussehen können. Auch insoweit kann man die deutsche Außenpolitik dieser Jahre kaum als ein Produkt der Innenpolitik charakterisieren.

Das ändert jedoch nichts daran, daß in Bismarcks letzten Regierungsjahren seine Außenpolitik mehr und mehr Künstlichkeiten annahm, in den Ruf des Altmodisch-Überlebten und Überkomplizierten, nicht Zukunftsfähigen geriet. Darin war viel Unverständnis und viel Aufbegehren gegen die Tradition von fast zwei Jahrzehnten und ihre „Sachzwänge"; aber darin kam auch das objektive Problem der Bismarckschen Politik, kam der Grund für das Scheitern ihres Versuches, die deutsche Machtposition in Europa langfristig zu konsolidieren, heraus. Am wichtigsten ist, daß Bismarcks Außenpolitik an der Statik des europäischen Mächte- und Gleichgewichtssystems orientiert war, wie labil das in sich immer gewesen sein mochte. Ruhe, ruhiges Existieren und Bleiben war die Maxime, die für das Reich gelten sollte: Es war saturiert, es sollte saturiert bleiben und sich entsprechend verhalten, das war die Bedingung seiner Sicherheit, ja Existenz. Bismarcks Ideal, daß das Reich im Zentrum das europäische System mit seinen Peripheriespannungen und seinen ineinandergreifenden Bündnissen austarieren müsse und könne, schrieb Deutschland zwar schon eine bedeutende Machtrolle zu, aber der entscheidende Punkt des Konzeptes war doch, diese Macht zu zügeln, gegen Machtgewinn und -expansion, gegen demonstrative Machtübung. Es gab andere – schwierigere – statische Faktoren in seinem Konzept: die Selbstbindung an die Großmachtexistenz Österreichs, den bleibenden Gegensatz zu Frankreich (und darum die Notwendigkeit, es zu isolieren), die Erhaltung der polnischen Teilungen – obwohl Bismarck in Krisensituationen die radikalsten Alternativen: Fallenlassen Österreichs, Teilung Belgiens, ja Rückgabe des Elsaß oder Wiederherstellung Polens, wenigstens momentan erwogen hat.

Es ist eigentümlich, wie er diese Politik vormoderner Art in einer modernen Welt, getrieben von den Leidenschaften des Nationalismus, noch – relativ wenigstens – abgeschirmt hat (etwa gegenüber Rußland und England). Das machte die Verläßlichkeit seiner Außenpolitik aus. Das beruhte auf der Verfassung und ihrer Verwirklichung in diesen Jahren und seiner Regierungsautorität: Darum war die deutsche Außenpolitik, seine Außenpolitik, manövrierfähig und effizient. Das beruhte auch auf einer noch vorhandenen inneren Homogenität der politisch etablierten Kräfte, beruhte auf der Militärmacht und der funktionierenden Sozialdisziplin, auf dem Pflicht- und Dienstethos und der intakten Loyalität. Das beruhte aber ebenso auf einem ganz und gar modernen Faktor, darauf, daß Bismarck seine Außenpolitik pressepolitisch ständig mit Geschick und Nachdruck absicherte und damit noch weitgehend – wenn schon in den letzten Jahren nicht mehr ganz – zu formen in der Lage war. Bismarck hat in einem berühmten Brief an Salisbury im Herbst 1887 noch eine andere Verbindung zwischen struktureller Modernität und statischer Außenpolitik gezogen: Deutschland stütze sich auf ein Heer der allgemeinen Wehrpflicht, mit solch einem Heer, so meinte er damals, könne man nur noch Verteidigungskriege um wirkliche nationale Lebensinteressen führen. Das war eine bedeutende Einsicht, die die bloß scheinbar modernen Nachfolger nur zu rasch außer acht ließen.

Bismarcks Versuch, die Machtverhältnisse und ihre Sicherheitskonsequenzen im Grundsatz jedenfalls festzumachen, in ihrer Statik zu konsolidieren, stieß sich mit der Dynamik der Machtentwicklung, dem imperialen Macht- und „Raumrausch" der Nationen, der gerade anhub, den neuen Mentalitäten, mit den Konsequenzen der ökonomischen Wachstumsexpansion und ihren Gleichgewichtsveränderungen und mit den Folgen der Staatsintervention in die inneren wie äußeren wirtschaftlichen Begebenheiten, stieß sich mit der Verselbständigung einer öffentlichen Meinung in Deutschland, macht- und prestigebewußt, vital und expansiv. Ja, Bismarcks „Rezept" deutscher Sicherheitspolitik erzeugte ihren dynamischen Widerspruch: Machterweiterung der anderen an der Peripherie entlastete nicht nur, sondern schlug auf das Zentrum zurück. Konnte das Reich solchem Aufstieg der anderen gegenüber indifferent bleiben, bedeutete Saturiertheit dann nicht Machtverfall, dem man vorbeugen mußte? Selbst die „kleinen" Fragen der Peripherie, der Nationalismus auf dem Balkan z. B., ließen sich weder stillstellen noch in ihrer Wirkung auf das Gesamtsystem und das Zentrum einhegen. Im ganzen: Die statische europäische Gleichgewichts- und Bündnispolitik und die auf Zügelung der eigenen Macht gerichtete deutsche Sicherheitspolitik gerieten zur Dynamik der Gesellschaften der Peripherien wie zur aufkommenden Weltpolitik in Widerspruch. Das war das Grundproblem von Bismarcks Außenpolitik zwischen England und Rußland, zwischen Geheimdiplomatie und Öffentlichkeit.

IV.

Strukturprobleme nach 1890

1. Wandlungen des Staates, Wandlungen der Verfassung

Sieht man zunächst auf die Funktionen, die Aufgaben und Tätigkeitsbereiche des Staates und wählt eine Art Vogelperspektive, so kann man sagen: In den Jahrzehnten vor 1914 wird aus dem liberalen Staat des 19. Jahrhunderts, dem Staat der Nichtintervention, dem Staat der Sicherheit und des Rechtes und der Kultur, der moderne Staat des 20. Jahrhunderts, der Interventionsstaat, der Staat der Daseinsvorsorge, der Wirtschafts- und Sozialstaat. Der Staat übernimmt durch Normierung und Regulierung immer weiterer Lebensbereiche und durch die unmittelbare Gewährung materieller Leistungen wachsende Mitverantwortung für die Wohlfahrt der Bürger, und die Erfüllung dieser Aufgabe rückt allmählich in die Gegebenheiten ein, die seine Existenz in den Augen seiner Bürger legitimieren. Damit entsteht das Problem, wie Daseinsvorsorge und rechtsstaatliche Freiheitsgarantie nebeneinander existieren können, ohne daß der Staat in die traditionelle Bevormundungsrolle zurückfällt oder sie erneuert. Die moderne demokratische Begründung, die individuelle Freiheit müsse durch Befreiung von materieller Abhängigkeit realisierbar gemacht werden, oder die konservative, die Sicherung eines Existenzminimums sei eine moralische Pflicht der Herrschaft und die sicherste Vorbeugung aller Revolution, schaffen das Spannungsverhältnis nicht aus der Welt. Die Polarität der motivierenden Begründungen gibt das spezifische Problem des Kaiserreiches an. Die Übernahme der Daseinsvorsorge-Funktionen im entstehenden Sozialstaat hat zunächst die politische Tendenz, Demokratisierung und Emanzipation der Unterschichten gerade zu verhindern; es ist ja der patriarchalische oder der bürokratische Staat, der das Wesentliche übernimmt. Aber die egalisierende und emanzipierende Wirkung überschreitet zugleich solche einhegenden konservativen Absichten. Insofern sind moderne und retardierende Momente gleichzeitig.

Die allbekannten Felder der entstehenden Intervention haben wir früher behandelt: die Eingriffe in den Außenhandel wie vor allem die Zölle, aber auch Subventionen, oder Einfuhrsperren – das beeinflußt die Erzeuger- wie die Verkaufspreise; die Verstaatlichung der Eisenbahn in den Einzelstaaten und die Tarifpolitik, die Verkehrsbauten, zumal Straßen- und Wasserbauten, die damit verbundenen Versuche zu einer ausgleichenden Regionalpolitik; und vor allem natürlich die Sozialversicherung, die zwar noch kaum größere Umverteilungseffekte hat, aber drei der großen Lebensrisiken für die Masse der Arbeiter kollektiv auffängt, anfänglich nur sehr begrenzt, aber doch in wachsendem Maße. In einem weiteren Sinne kommen die Mittelstandspolitik, Handwerkerschutz, die Bestimmungen über unlauteren Wettbewerb und Zünfte z. B., dazu, nach kärglichen Anfängen allmählich auch eine Steuerpolitik, bei der die wirtschaftlichen und sozialen Auswirkungen der Steuer als Instrumente einer Gesellschaftspolitik eingesetzt werden; das Wohnen fängt um 1900 an, Gegenstand von Politik zu werden; in denselben Zusammenhang gehört natürlich auch die zunehmende Bedeutung technischer Institutionen, der Post, des Telegraphen- und Telephonwesens, die in Deutschland staatlich organisiert waren, der erhöhte Regelungsbedarf beim Aufkommen von Elektrizität und Kraftfahrzeugen, das Entstehen von Patent-, Marken- und Musterschutz u. a. m. Die staatlich beeinflußte Rüstungsproduktion oder gar ihr staatlich geleiteter Sektor sind ein anderes Beispiel staatlicher Wirtschaftsintervention. Wirtschaft und Arbeit jedenfalls, Lebenschancen und minimale Lebensstandards sind nicht mehr allein Privatsache, sondern nun auch eine öffentliche Angelegenheit. Insofern kann man sagen, der Staat wird Wirtschafts- und Sozialstaat. Nimmt man die früher beschriebene gewaltige Ausdehnung der kommunalen Tätigkeiten und der kommunalen Betriebe hinzu, so erhält man erst recht eine Vorstellung von der Zunahme der öffentlichen Aufgaben.

Verbunden mit den neuen Aufgaben war ein gleichzeitiger Anstieg der Zahl der öffentlichen Bediensteten und der öffentlichen Ausgaben. Wir haben in unseren Kapiteln über die Finanzverfassung und über die Beamten darüber gesprochen. Es genügt, zur Erinnerung darauf hinzuweisen, daß die Zahl der öffentlich Bediensteten zwischen 1882 und 1907 um 150 % wächst (die Bevölkerung „nur" um 35,6 %) und daß der Anteil der Staatsausgaben (alle öffentlichen Haushalte und die Parafisci) am Nettosozialprodukt von 1875/79 10,6 % auf 1910/13 14,5 % steigt, also schneller noch als das sich in diesem Zeitraum fast verdreifachende Sozialprodukt.

Wie immer bei einer Entgegensetzung von Typen aus der Vogelperspektive muß man den Wandel relativieren und die Übergänge betonen. Auch der klassisch liberale Staat hat in vielfältiger Weise in Wirtschaft und Gesellschaft und in das private Leben der einzelnen eingegriffen, als Militär-, als Steuer- und als Schulstaat, als Straßen- und Kanalbauer, als Eisenbahnkonzessionserteiler, als die Institution, die die Rahmenbedingungen in der liberalkapitalistischen Marktwirtschaft, die Gewerbe- und Wettbewerbsfreiheit, die Vertrags- und Assoziationsfreiheit und ihre Grenzen, setzte und gegebenenfalls schützte, als Staat der Währungshoheit, der Geldumlauf und Geldwert mitbestimmte. Und auf der anderen Seite: Mochte einem Liberalen von 1869 der deutsche Staat von 1914 fremd vorkommen, „neomerkantilistisch", wie man sagte, sozialstaatlich oder „staatssozialistisch", und mochte ihm der gemeinwirtschaftliche Sektor noch unbekannt sein, im Vergleich zur Mitte und zum Ende des 20. Jahrhunderts waren das alles erst bescheidene Anfänge, waren die Zustände noch den klassisch-liberalen näher als den heutigen. Der geringe Anteil der öffentlichen Hand am Bruttosozialprodukt und die geringe Steigerungsrate dieses Anteils, der geringe Grad von Umverteilung von Einkommen oder gar Vermögen durch staatliche Maßnahmen, die geringe Steuerquote, das Fehlen einer gezielten staatlichen Konjunkturpolitik – all das macht das sichtbar. Im Ergebnis muß man sagen: Quantitativ war der Wandel der Staatsaufgaben noch gering, qualitativ aber war der Unterschied zum liberalen „Nachtwächterstaat" deutlich und entscheidend.

In Deutschland ist diese Veränderung der Staatstätigkeit früher, schneller und reibungsloser vor sich gegangen als in anderen Ländern, Sozialversicherung und kommunale Daseinsvorsorge („Munizipalsozialismus") stehen dafür. Das hing mit den Traditionen der deutschen Staatlichkeit und der deutschen Staatstheorie zusammen. Das deutsche Staatswesen war, wie in den fortgeschrittenen Staaten Kontinentaleuropas auch, bürokratisch geprägt; spezifisch ist seit dem späten 18. Jahrhundert, daß dieser Staat von einer Reformbürokratie modernisiert wurde, die im Interesse des Gemeinwohls und der gemeinen Wohlfahrt zu handeln suchte, auch wenn das unter liberalen Vorzeichen, der Entbindung der privaten Freiheit, geschah. Darin lebten ältere „Polizey"-Traditionen der patriarchalischen Fürsorge des Staates für die Untertanen fort. Und die konservativen und obrigkeitsstaatlichen Züge der deutschen Staaten des 19. Jahrhunderts stärkten dieses Element auch in seiner Umformung im Zeichen des Liberalismus. Die großen Theoretiker, die in Deutschland das Staatsverständnis der politischen Bürger wie der Beamten geprägt haben, hatten ein sozialstaatliches Element betont: Der Liberale Robert Mohl, der dem Rechtsstaat auch die Verantwortung für die materiellen Grundlagen des Gemeinwesens zusprach, oder der Hegelianer Lorenz Stein, der es geradezu als Aufgabe und als Legitimation der preußisch-deutschen Monarchie beschrieb, gegen den bourgeoisen Klassenstaat die individuelle Freiheit durch sozialstaatliche Befreiung von materieller Abhängigkeit und Schutz vor materieller Not zu sichern. Der in den 1870er/80er Jahren so wichtige Verein für Sozialpolitik, die Kathedersozialisten, und die Protagonisten der Bismarckschen Sozialpolitik lebten aus dieser Tradition. Dazu gehört – das war noch einmal besonders deutsch – die leichte Distanz der Vertreter der akademischen Intelligenz und auch einer wichtigen Minderheit der Beamten zu den Prinzipien des Marktes und des Laisserfaire. Insoweit gab es traditionelle Voraussetzungen, die den Übergang vom liberalen Staat zum Interventionsstaat erleichterten. Daß die ökonomischen und politischen Motive, die Bismarcks Wendung zu Intervention und Sozialversicherung begleiteten, sein Kampf gegen die Sozialdemokratie und die Gefahr einer Parlamentsherrschaft, seine finanzpolitischen Ziele und sein wirtschafts- (und innen)politisches Bündnis mit den Produzenten, sein Versuch, die Monarchie durch Populismus von den Parteien unabhängig zu halten, daß sie alle gerade in Deutschland wichtig waren, gehört ebenfalls in diesen Zusammenhang.

Man hat versucht, das Aufkommen des Interventionsstaates mit einem Phänomen zu parallelisieren, das man „organisierter Kapitalismus" nennt. Darunter versteht man ein System, in dem Probleme und Konflikte der kapitalistischen Gesellschaft, nachdem sie die Eierschalen der Phase individuellen Wettbewerbs und freier Konkurrenz abgestoßen hat, durch Selbstorganisation kapitalistischer Kräfte gelöst werden: durch Unternehmenskonzentration, Kartelle, Trusts, Arbeitgeber- und Industrieverbände, ja durch eine Organisation der ganzen Gesellschaft in Interessenverbänden und wechselseitigen Abkommen, etwa durch Tarifverträge, und eine damit gegebene Vorklärung und Einbindung der eigentlichen Politik. Ja, man hat versucht, den Interventionsstaat als ein Produkt dieses organisierten Kapitalismus zu erklären. Kamen doch, so scheint es, die Staatsinterventionen zunächst den kapitalistischen Produzenten zugute, in Deutschland den alten Eliten und neben den Junkern dann der Großindustrie, und stabilisierten somit das System. Ob dieser Begriff zur Charakterisierung von Wirtschaft und Gesellschaft im frühen 20. Jahrhundert nützlich ist oder ob er die so wichtigen Spannungen zwischen vor- und nicht-kapitalistischen und kapitalistischen Sektoren nicht eher überdeckt, ob die Herausarbeitung von Parallelen unsere Einsichten wesentlich fördert, lassen wir unerörtert. Es genügt hier die Feststellung über die Ursprünge. Der Interventionsstaat ist nicht Produkt eines modernen Typus kapitalistischer Wirtschaft, in Deutschland ist er Produkt einer autonomen Politik, einer alten Tradition und neuer Probleme, die Lösungen sind nicht kapitalistische Lösungen oder solche, die schlicht den Interessen des Kapitals entsprechen, sie sind eigenständige Lösungen. Nach hundert Jahren sieht man deutlicher, daß der moderne Interventions- und Sozialstaat, der Staat der wachsenden Bürokratisierung, auch ein eigenwüchsiges und eigenständiges Phänomen ist.

Das Wachsen der Staatsaufgaben hat eine fundamentale Auswirkung auf die deutsche Verfassung und damit das Herrschaftssystem gehabt, das ist unmittelbar deutlich. Je mehr der Staat intervenierte und regelte, desto mehr wuchs die Notwendigkeit von Gesetzen (oder gesetzlicher Ermächtigungen zu Verordnungen). Und je mehr die Aufgaben wuchsen, desto mehr die Ausgaben und damit wiederum die Notwendigkeit, die Einnahmen zu steigern – und das geschah im konstitutionellen Staat auf der Grundlage von Gesetzen. Darum wurde vor allem der Reichstag, zusammen und konkurrierend mit dem Bundesrat Träger der gesetzgebenden Gewalt, immer wichtiger. Gegen oder auch nur ohne Reichstag zu regieren, wurde zunehmend unmöglich. Kurz, der Wandel der Staatsaufgaben hat das Gewicht des Parlamentes enorm verstärkt.

Neben dem allgemeinen Wandel hin zum Interventions- und Sozialstaat steht der Wandel des Staates im Zeichen von Imperialismus und militärischer Rüstung. Aber hier muß das Urteil zurückhaltender ausfallen. So gewiß der Imperialismus die Außenpolitik, die Legitimitäts- und Loyalitätssicherung, die politische Kultur und insoweit politischen Stil und politische Mentalitäten neu- und umgeprägt hat – das Reich war mehr ein Staat imperialistischer Ambitionen und Träume als ein reales Imperium, wie z. B. England und Frankreich, wo die Tatsache der Herrschaft in Übersee Regierung und Verwaltung, soziale Erwartungen und politische Ordnung wesentlich bestimmt hat. In Deutschland hat der Imperialismus keine unmittelbar die Verfassung umbildende Wirkung gehabt. Das Einfallstor zur Verfassungsumbildung war die Rüstung, die Flotten- und Hochrüstung im Zuge und Zeichen der imperialistischen Weltpolitik. Diese Rüstung kostete erhebliches Geld, das sprengte endgültig die ohnehin disfunktionale Finanzverfassung des Reiches. Die anfängliche Finanzierung der Flotte über Anleihen, also zu Lasten zukünftiger Generationen, war nicht durchzuhalten. Eine permanente Finanzkrise und die wiederholten und im Grunde immer von neuem mißlingenden Anläufe zu einer Kette von „Reichsfinanzreformen" bestimmten das Jahrzehnt vor 1914, darauf kommen wir zurück. Das ist der zweite Großkomplex, der den Einfluß des steuerbewilligenden Parlamentes, des Reichstags, außerordentlich gesteigert hat und damit seine Macht. Ehe wir dieses Thema weiter verfolgen, müssen wir zunächst andere Veränderungen im Verfassungsgefüge des Reiches näher ins Auge fassen.

Das erste und wohlbekannte Phänomen verfassungsgeschichtlichen Wandels ist der veränderte Rang und die veränderte Funktion der monarchischen Spitze, jene Herrschaftsweise Wilhelms II., die herkömmlich mit dem Namen „persönliches Regiment" bezeichnet wird und die das System nach 1890 als „wilhelminisch" charakterisiert. Inwieweit hat also die Entlassung Bismarcks, hat die Herrschaftspraxis Wilhelms II. die Realverfassung des Reiches verändert?

Wir erinnern uns: Das sogenannte konstitutionelle System in Deutschland beruhte auf dem Zusammenwirken des Monarchen mit einer ministeriellen Regierung, zunächst einem leitenden Minister. Dieser übernahm durch die „Gegenzeichnung" der monarchischen Akte die „Verantwortung" vor Parlament und Öffentlichkeit, der Monarch war insofern „unverantwortlich", d. h. nicht zur Verantwortung zu ziehen. Der Monarch hatte in diesem Zusammenwirken das letzte Wort, er sanktionierte das Regierungshandeln oder legte Widerspruch ein, im Konfliktfall konnte (und mußte) der Minister sich fügen oder seinen Hut nehmen; der Monarch hatte abzuwägen, ob ein Ministerwechsel – in der Zeit parlamentarischer Institutionen und politischer Öffentlichkeit immer ein Risiko – dafür stand, seine Meinung durchzusetzen; insofern hatte das Recht des Monarchen, seine(n) Minister zu entlassen, seine faktische Grenze. Das System war angelegt gegen Alleinentscheidungen von Monarch oder Minister, angelegt auf Zusammenwirken; sein Kern war ein – natürlich nur relativer – Zwang zur Kooperation. Selbstregierung des Monarchen oder Ministerialdiktatur waren nur extreme Möglichkeiten, waren im Grunde andere Verfassungswirklichkeiten.

Nun, es ist bekannt, daß Bismarck unter seinem König und Kaiser Wilhelm I. eine schier unanfechtbare Machtstellung hatte. Seine Entlassungsgesuche nach 1871 hatten jeweils nur noch den Sinn, das Zögern des Monarchen zu überwinden, einen besonderen Vertrauensbeweis zu erwirken. Manche haben geradezu von einer Kanzlerdiktatur gesprochen. Das ist einigermaßen übertreibend. Man weiß, wie auch Bismarck, z. B. beim Abschluß des Zweibunds mit Österreich, um den Monarchen ringen mußte und wie ungeheuer ihn „höfische" Umtriebe, z. B. der Kaiserin, irritierten. Aber insgesamt war natürlich die Politik zwischen 1871 und 1888 Bismarcks Politik: Er traf die sachlichen Entscheidungen, er bestimmte auch über die Ernennung von Ministern und Staatssekretären und weitgehend über ihre Entlassung. Es gehörte zwar zu seiner öffentlichen politischen Rhetorik, gegenüber dem Reichstag zu betonen, daß der Monarch Inhaber der Regierungsgewalt, ja der eigentliche und wirkliche Regent sei und er, der Kanzler, nur in seinem Auftrag handle; am berühmtesten ist sein Ausspruch vor dem Reichstag 1882: „Der wirkliche, faktische Ministerpräsident in Preußen ist und bleibt seine Majestät der König." Aber das war so etwas wie die Lebenslüge seines Systems. Das Reich lebte unter der Regierung des Kanzlers Bismarck. In einer Hinsicht freilich blieb die konstitutionelle Basis des „Systems Bismarck", seine Abhängigkeit vom Monarchen, ganz klar: Jeder Thronwechsel schuf eine neue Lage – deshalb Bismarcks fast manische Furcht vor dem Thronfolger Friedrich, deshalb seine Versuche, Sach- und Personalzwänge zu schaffen, die die Freiheit des Thronfolgers zu eigenen Richtlinien der Politik oder gar zu einer eigenen Kanzlerwahl möglichst einschränkten.

Gegenüber dem Enkel Wilhelm II. und in der innenpolitischen wie personenbestimmten Krise von 1889/90 ist ihm das nicht mehr gelungen. Das Kanzlerregime kam zu Ende, und es war klar, daß eine so übermächtige Figur wie Bismarck keinen ebenbürtigen Nachfolger haben konnte, daß sich also eine andere Machtverteilung zwischen Monarch und Kanzler einpendeln mußte, sei es eine neue Normalität des Gleichgewichts, eine eher institutionelle Zurückdrängung des Monarchen oder dessen Übergewicht. Die Verfassung hatte – gerade in ihrem Kern – ihren Schöpfer eingeholt. Aber weder war diese Verfassung einzig auf Bismarck zugeschnitten und ohne ihn nicht funktionsfähig, noch war sie eine bloße Fassade, hinter der er sich versteckt hatte. Der konstitutionelle Dualismus indes, wie er in der Verfassung verankert war, funktionierte nach Bismarcks Sturz so wenig, wie die Praxis Bismarcks fortzusetzen war. Der neue Kaiser, Wilhelm II., wurde eine in der Verfassung nicht vorgesehene Realität der Reichsordnung, ein durch die Verfassung nicht zu bewältigender Faktor der permanenten Irritation.

Über Persönlichkeit und Charakter Wilhelms II. haben wir im Zusammenhang mit seiner Thronfolge berichtet. Wir müssen hier zunächst an zwei Komplexe erinnern. Er besaß eine schnelle Auffassungsgabe, eine bewegliche Phantasie, die Fähigkeit zum Überblick, einen Sinn fürs Moderne. Und: Er war selbstherrlich, bis zum Despotischen hin, voller Vorurteile und Haßgefühle, unfähig, Widerspruch und Kritik zu ertragen. Dieser Kaiser nun wollte, nach Bismarcks Entlassung, mit allem Elan ein anderes System, und daraus hat er privat, amtlich und auch öffentlich nie ein Hehl gemacht:

Er wollte selbst regieren, sein eigener Kanzler sein, Kanzler und Minister sollten nichts als seine Werkzeuge, seine „Handlanger" sein (so hat er in einer besonders berüchtigten Rede Kanzler und Minister der Reichsgründungsjahre charakterisiert). Diesen Willen hat er in Reden und Aussprüchen einer erstaunten Mitwelt, zumal anfangs betont provokativ, entgegengeschleudert. „Einer nur ist Herr im Reich, keinen anderen dulde ich", verkündete er in einer Rede 1891, „Suprema lex regis voluntas" im selben Jahr im Goldenen Buch der Stadt München. Einem Minister verehrte er seine Photographie mit der Inschrift „sic volo, sic jubeo". Das waren absolutistische Kraftsprüche, mit denen er den Selbstherrschaftsanspruch bekräftigte. Und seine zahlreichen arrogant-taktlosen Reden haben auch in konkreten Grundsatzfragen der Politik immer den persönlichen Akzent betont, Regierungshandeln als Selbstherrschaft stilisiert und unter den Anspruch seiner alleinigen Entscheidungskompetenz gestellt, im übrigen aber gedroht: „Diejenigen (...), welche sich Mir (...) entgegenstellen, zerschmettere ich" (1890). Wenn er, der Kaiser, es befehle, so konnte man ihn 1891 sagen hören, müsse der Soldat bereit sein, auf die eigenen Eltern zu schießen – und andere Kundgaben gegen die „inneren Feinde", vornweg die Sozialdemokraten, und für den Einsatz von Militär im Inneren hatten den gleichen Ton. Auch auf „harmloseren" Gebieten galt ähnliches: „Eine Kunst, die sich über die von Mir bezeichneten Gesetze und Schranken hinwegsetzt, ist keine Kunst mehr." Mit der Androhung von Zuchthausstrafen für Streikposten nahm der Kaiser sogar den Inhalt einer noch gar nicht vorhandenen Gesetzesvorlage vorweg. Daß er die Flottengesetze zu seinen ureigensten Sachen machte und stilisierte („Der Dreizack gehört in unsere Faust"), ist bekannt genug. Bei seinem Selbstherrschaftsanspruch mischte Wilhelm auf wunderliche Weise preußische Traditionen des Militärkönigtums und eines, absolutistisch gedeuteten, Gottesgnadentums mit dem neuen Kaiseramt im Reich, das ja ursprünglich und eigentlich nur die Funktion eines Bundespräsidiums zum Inhalt gehabt hatte; er nahm das Kaisertum in einer anachronistisch-borussischen Umprägung auf – was die Reichsverfassung über Amt und Funktion des Kaisers sagte, hat er nicht zur Kenntnis genommen oder gar verstanden –, das machte z. B. auch das Verhältnis zu den Bundesfürsten häufig prekär. Man kann die Herrschaftsvorstellungen des Kaisers insgesamt durchaus als neoabsolutistisch bezeichnen. Die Selbststilisierung des Monarchen und sein so ungewöhnlicher Herrschaftsanspruch haben schon bei vielen Zeitgenossen entschiedene und zornige Kritik hervorgerufen, von Ludwig Quiddes „Caligula. Eine Studie über Cäsarenwahnsinn" (1894) über Max Weber, Eugen Richter oder Maximilian Harden bis zu Holstein und anderen hohen Regierungsbeamten. Die Reden fingen an, das breite Kapital des Monarchismus in Deutschland aufzuzehren, das kam etwa bei der allgemeinen Empörung über die Daily-Telegraph-Affäre 1908 heraus. In der Tat: Die Reden des Kaisers, taktlos, aggressiv, arrogant, kann niemand verteidigen, auch der gelegentliche Hinweis auf den pathetischen, uns fremden Zeitstil kann das nicht, das unkonstitutionell Absolutistische und Provokative geht durchaus über die Normalität des Zeitstils hinaus.

Wichtig ist, daß der Kaiser anders als der öffentlich wortkarge Wilhelm I. mit solchen Reden die Öffentlichkeit suchte. Dieses moderne Bedürfnis nach unmittelbarem Kontakt mit der Öffentlichkeit jenseits der Institutionen, zeigt – trotz aller anti-modernen Inhalte der Reden – einen cäsaristischen Zug des Kaisers, die Selbstherrschaft und das Gottesgnadentum konnten im Beginn des 20. Jahrhunderts nicht mehr wie in vorrevolutionären Traditionen in sich ruhen.

Neben der neoabsolutistischen Stilisierung des Kaisers in Reden und Aussprüchen steht das Geflecht informeller – in der Verfassung nicht vorgesehener – Ratgeber des Kaisers, derer, die den Zugang zum Ohr des Machthabers hatten oder über ihn verfügten. Auch das blieb auf die Dauer jedenfalls der interessierten Öffentlichkeit nicht verborgen. Der „Hof", in jeder Monarchie damals noch ein Politikum, wurde unter Wilhelm besonders wichtig, und er nahm die spezifisch preußisch-militärische Form des „Kaiserlichen Hauptquartiers", der „maison militaire", an, mit der Menge der nach Rängen vielfach abgestuften Adjutanten, Verbindungsoffiziere und Ordonnanzen; und weil der Kaiser seit 1894 durchschnittlich ein halbes Jahr auf Reisen war, reiste ein engerer Zirkel dieser Umgebung immer mit. Noch wichtiger wurden die Chefs der drei kaiserlichen Sekretariate, des Zivil-, Militär- und Marinekabinetts, über die alle Personalentscheidungen und alle Termine liefen und natürlich ein gut Teil auch der Sachberatungen; ihr Einfluß kam dem einer Nebenregierung nahe. Dazu kam der besondere Freundeskreis des Kaisers, vor allem Philipp Eulenburg – über den indirekt Holstein und direkt dann Bülow Einfluß gewannen – und später die „Liebenberger Tafelrunde", die Jagdgesellschaften auf Eulenburgs Schloß, die Maximilian Harden durch seine journalistischen Attacken und Prozesse weithin bekanntmachte.

Über dieses sogenannte persönliche Regiment, seine Bedeutung und sein Gewicht, seine Art, ja seine Existenz, gibt es unter Historikern Streit. Ältere Kritiker wie Erich Eyck haben in ihm das charakteristische Merkmal des Herrschafts- und Regierungssystems der wilhelminischen Zeit, ja die Wurzel vieler Übel der deutschen Politik gesehen; Kryptoabsolutismus oder Scheinkonstitutionalismus, so heißen die Formeln für das Gesamtsystem, wenn man es in den Schatten des persönlichen Regiments stellt. Dagegen steht die These, das persönliche Regiment sei nur Schein gewesen und nicht die Wirklichkeit. Reden sind, zum einen, nicht Taten, und aus Reden darf man nicht auf Taten schließen. Den rhetorischen Schein und die substantielle Wirklichkeit des Regierens und Entscheidungshandelns muß man deutlich unterscheiden. Auch die Tatsache, daß der Monarch neben Kanzler oder Ministern andere Berater hatte oder zuzog, ist in sich selbst noch kein durchschlagender Erweis eines persönlichen Regiments. Dazu kommt, fast noch wichtiger, ein zweites. Um dem Anspruch, selbst zu regieren, zu genügen, bedarf es bestimmter Voraussetzungen. Die erfüllte der Kaiser nicht. Er konnte nicht regieren. Wir müssen noch einmal auf bestimmte seiner Charakterzüge hinweisen. Er war, wir haben es gesagt, unruhig und sprunghaft, ohne Konsequenz, ohne Fähigkeit zu systematischer, andauernder, geduldiger Arbeit, er ließ sich nicht wirklich auf Sachen ein, blieb insoweit unsachlich, sein Sinn fürs Reale war mangelhaft. Seine Ansichten hatten vielfach etwas Improvisiertes, „Wilhelm der Plötzliche" ist eine berühmte boshafte Charakterisierung. Die schrecklichen Randbemerkungen, mit denen er diplomatische Berichte oft versah, blieben meist ohne Konsequenz, ja hinderten keineswegs normal-rationale Entscheidungen nach wenigen Tagen. Man muß sich den Tagesablauf dieses Kaisers vergegenwärtigen: spätes Aufstehen, langes Frühstücken, Reiten, Spazierengehen oder andere „Freizeit"-vergnügen, Besuchemachen, Hofhalten, viel militärisches Zeremoniell, lange Essen und lange Abendunterhaltungen – da mußten die politischen Geschäfte mittags dazwischengequetscht werden. In dem halben Jahr, in dem der unruhige Reisekaiser nicht in Berlin und Potsdam war, war an Arbeit noch weniger zu denken. Selbst in der so sorglich gepflegten Sphäre der militärischen Kommandogewalt wußten fast alle führenden Militärs, daß der Kaiser von den wirklichen, anstehenden Fragen nicht genügend verstand oder sich auch nicht genügend darauf vorbereitet hatte, um begründet urteilen zu können. Unter diesen Umständen hatten viele Interventionen des Kaisers etwas Sporadisches und Spontanes, waren inkohärent; viel kam darauf an, wer unter den Beratern als letzter das Ohr des Kaisers gehabt und – mit Geschick – auch gewonnen hatte.

Hält man das persönliche Regiment für bloßen Schein, so kann man (wie Huber) den Kaiser zum – etwas eigenwilligen – konstitutionellen Monarchen stilisieren, nimmt man zum Schein die Rhetorik und die Alltagspraxis des Nichtregierens hinzu, so kann man einen bramarbasierenden „Schattenkaiser" (Wehler) konstruieren oder das System – mit einem aus der Analyse des Nationalsozialismus genommenen Begriff – als „autoritäre Polykratie" bezeichnen, einen Ressortkampf der Ämter und Kommandostellen ohne klare Entscheidungsprozeduren. Eine Entscheidungsmacht, die mit der Hitlers, eines Diktators, nur irgend vergleichbar wäre, besaß der deutsche Kaiser nicht. Die Auffassungen, die in der Schattenkaiser-These zugespitzt sind, entsprechen der in den letzten Jahrzehnten dominierenden Strukturgeschichte: Das Geschehen ist von der Ökonomie und von Macht- und Klasseninteressen bestimmt und den von ihnen geformten institutionellen „Mechanismen", dem Militär, den Verbänden, der Bürokratie, der Herrschaftskartelle. Zufälliges, wie die Person eines Kaisers, ist demgegenüber gleichgültig, er ist nichts anderes als der Exponent einer Machtkonstellation, er vollzieht den Willen des Herrschaftsestablishments, der Generale, der Agrarier, der großen Industrie und ihrer Gefolgsleute. Es ist ein Einzelgänger unter den Historikern gewesen, J. Röhl, der mit nicht ermüdender Leidenschaft das Thema vom persönlichen Regiment (auch als dem Unglück des Reiches) gegen Strukturfanatiker wie Verharmloser und Beschwichtiger wieder auf die Tagesordnung der Historiker gebracht hat.

Wir versuchen, über die Frage des persönlichen Regiments zu einem abgewogenen Urteil zu kommen. Zuerst: Das persönliche Regiment war gewiß zuerst einmal rhetorischer Schein, Scheinabsolutismus; aber schon darin war es mehr als Schein. Der immer neu erzeugte Schein der Wirklichkeit ist selbst ein Stück Wirklichkeit geworden. Die Öffentlichkeit witterte hinter diesem Schein, auch wenn sie ihn fälschlich für bare Münze nahm, doch richtig ein Stück Wahrheit. Und den Amtsinhabern wurden durch Tenor und Richtung der Reden des Kaisers Grenzen markiert, die sie nicht überschreiten durften, auch wenn der Wortlaut gerade deshalb anstößig war, weil er die Grenzen der Realität überschritt. Insofern waren die Reden des Kaisers mehr als Reden. Daß das Kaiser-Interview mit dem Daily Telegraph 1908 zu einer Staats-, ja Legitimitätskrise führte, weil sich der Unmut über die kaiserlichen Reden so lang angestaut hatte, bezeugt das ein andermal. Auch die „Entourage" des Kaisers, Kabinette, Nebenregierung, „Kamarilla", waren keineswegs nur harmlose Beiläufigkeiten, sondern Elemente der Herrschaftspraxis, der Verfassungswirklichkeit. Dafür steht insbesondere der große Einfluß, den Philipp Eulenburg 1894–1897 auf die Personalentscheidungen des Kaisers genommen hat. Die Tatsache, daß der Journalist Maximilian Harden, der Augstein jener Jahre, in einer Großkampagne, mit Presseveröffentlichungen und provozierten oder ausgeschlachteten Prozessen, die homosexuellen Neigungen der Kaiserfreunde Kuno Moltke und Philipp Eulenburg an die Öffentlichkeit bringen konnte, um letzten Endes die „Kamarilla" zu vernichten, ja das „persönliche Regiment" zu zügeln – auf dem Höhepunkt der Krise hat er sogar daran gedacht, den Kaiser zur Thronentsagung nötigen zu können –, zeigt die verfassungspolitische Relevanz dieser Personalverflechtungen innerhalb des persönlichen Regiments. Daß die Moltke-Eulenburg- und die Daily-Telegraph-Affäre zu einer Krise der Monarchie führten, war eine Folge der Tatsache, daß es so etwas wie ein persönliches Regiment in Ansätzen doch gab und die von Bülow und anderen um diese Tatsache aufgebaute Mauer des Schweigens plötzlich zusammenbrach. Zur veränderten Position des Monarchen im Verfassungsgefüge gehörten auch die Krisenanfälligkeit und die Krisen der Monarchie.

Dennoch, man könnte immer noch geneigt sein, das alles für ein Oberflächenphänomen, letzten Endes doch für Schein zu halten: dann nämlich, wenn man fragt, ob und wie der Kaiser die politischen Sachentscheidungen – von der Initiative und Vorbereitung bis zum Treffen oder Sanktionieren von Entscheidungen – bestimmt oder an ihnen mitgewirkt hat. Auch wenn man sich die gewaltigen Quellenpublikationen aus den inneren Machtbezirken, über die wir heute verfügen, oder die Menge der kaiserkritischen Literatur vornimmt, gerät man in Schwierigkeiten: Der Kaiser hat den Kurs der Regierungen und ihre Entscheidungen – das ist jedenfalls der erste Eindruck –

im Bereich der „inneren" Politik nicht kontinuierlich und nicht wesentlich geprägt. Zu dem meisten, was den Zeitgenossen wichtig war und den Historikern seither wichtig geworden ist, Wirtschafts-, Sozial- und Rechtspolitik z. B., zu den meisten der großen Konfliktfragen, zu Sammlung oder Block, zu Reichstagswahlen und Mehrheitskombinationen, stand der Kaiser in ähnlicher Distanz. Sein Regieren war hier mehr ein Intervenieren ohne sonderliche Kontinuität, wenn auch dann von großer Tragweite. Solches allerhöchste Eingreifen konnte sich ereignen, wenn es im Regierungsestablishment Dissense gab – wie bei seiner Entscheidung, gegen den Kanzler Caprivi den Zedlitzschen Volksschulgesetzentwurf zurückzuziehen – oder wenn der Kaiser sich für persönliche Lieblingsprojekte wie den Mittellandkanal engagierte oder auch für strittige Regierungsentscheidungen wie Caprivis russischen Handelsvertrag. Es gab eigensinnige Eigenwilligkeiten: Der geradezu manisch absurde Widerstand gegen die Liberalisierung des Militärstrafprozesses war ein solcher Fall oder nach der sozialpolitischen Reforminitiative von 1889/90 die sozialpolitische „Reaktion" der Ära Stumm mit ihrer Verschärfung anti-sozialistischer Pläne oder schließlich auch die berüchtigte Einführung der Zuchthausstrafe in eine Vorlage zur Streikgesetzgebung 1899. Aber das bleiben einzelne Fälle, wichtiger für das Meinungsklima als für den wirklichen Gang der Dinge. Kanzler, Staatssekretäre, Minister und höhere Beamte haben, zumal nach 1900, vielfach die Praxis ausgebildet, kaiserliche Meinungs- und Willensäußerungen, wenn sie den Sachnotwendigkeiten, der Verfassungs- und Rechtslage oder den parlamentarischen Machtverhältnissen widersprachen, zu umschiffen, in Vergessenheit geraten zu lassen oder nur formelhaft oder rhetorisch zu erfüllen. Und das gelang auch, ja bestimmte die Regierungspraxis, zumal der Kaiser unter Bülow den ernsthaften innenpolitischen Fragen immer ferner rückte. Die Hauptaufgabe eines Kanzlers war es mithin, den schwer lenkbaren Kaiser auf dem amtlichen Kurs zu halten, ihn dafür zu gewinnen oder dahin zurückzuführen, Stetigkeit und Verläßlichkeit gegen spontane Ausbrüche oder gar Aktionen zu sichern.

An der Außenpolitik, noch immer ein arcanum imperii, nahm der Kaiser mehr teil. Aber es gab auch hier nur einzelne Aktionen, die unmittelbar Sache des Kaisers waren, die Idee der Krüger-Depesche und das Abkommen von Björkö; fast alles andere war Sache des Kanzlers oder des Auswärtigen Amtes, die sich allenfalls des Kaisers bedienten, um ihre Politik – wie in den Marokko-Krisen z. B. – besser abzudecken. Freilich, der Rivalitätskomplex gegenüber England fand beim Kaiser immer wieder starke Unterstützung, die Bindung mit Österreich-Ungarn ist vor allem vom Kaiser in bedingungslose Unterstützung übersteigert worden. Als verhängnisvoller Großkomplex einer persönlichen Politik des Monarchen bleiben die Forcierung des Schlachtflottenbaus bis zur Hochrüstung und das Festhalten am Primat der Flottenpolitik vor der Außenpolitik, die Sonderstellung des Marinestaatssekretärs Tirpitz, der zwischen 1897 und 1914 das bleibende besondere Vertrauen des Kaisers genoß. Gewiß, Flotte und Flottenpolitik hätte es auch ohne die persönliche Vorliebe des Kaisers gegeben – aber kaum als so dominierendes Element der Weltpolitik.

Wenn man von diesem letzten Punkt absieht oder ihn angesichts der Flottenbegeisterung der bürgerlichen Öffentlichkeit und der Reichstagsmehrheit relativiert, dann ist man wieder an das Bild vom bramarbasierenden Schattenkaiser erinnert und könnte mit Huber die politischen Aktivitäten des Kaisers als Verfassungsstörungen relativieren, die aber wegen ihrer Inkonsistenz keinen eigentlichen Verfassungswandel darstellen. Nun bestand aber die Politik nicht nur aus Sach- und Richtlinienentscheidungen, sondern ebenso aus Personalentscheidungen. Die verfassungsmäßige Macht des Monarchen beruhte vornehmlich auf dem Recht zur Ernennung und Entlassung von Kanzler, Ministern und Staatssekretären. Der Kaiser ist in der Ausübung dieses Rechtes nicht mehr wie sein Großvater weitgehend den Vorschlägen seines Kanzlers gefolgt, sondern hat, jedenfalls bei den wichtigen Positionen, die Sache selbst in die Hand genommen. Seine Überlegungen im Gespräch und Briefwechsel mit seinen Vertrauten sind vor allem in den 90er Jahren ganz und gar auf die Wahl des richtigen Kanzlers (oder zuerst Kanzlerkandidaten), der richtigen Minister und Staatssekretäre abgestellt: Sie sollten schlicht und einfach Leute des Kaisers sein, seinen – nicht näher definierten – Willen ausführen. Davon hing auch die Frage ab, welche Personen ihre Ämter behalten oder verlieren sollten. Die Intrigen, Regierungskrisen, Ablösungen und Umbesetzungen der 90er Jahre sind von dieser personalpolitischen Zielsetzung bestimmt. Eulenburg und durch ihn Holstein spielten dabei eine Hauptrolle; Hohenlohe, Kanzler von 1894 bis 1900, war nur eine Übergangslösung, unter ihm sollte der endgültige Übergang zum persönlichen Regiment erfolgen. Wer nicht oder nicht mehr in das Konzept des Kaisers paßte, wie 1897 die Staatssekretäre des Inneren und des Äußeren, Boetticher und Marschall, oder 1896 der preußische Kriegsminister Bronsart, wurde im Zuge der häufigen Krisen entlassen. Bülow wurde zum Favoriten des Kaisers erkoren, 1897 wurde er Staatssekretär des Äußeren, um 1900 dann wie vorgesehen auch das Amt des Kanzlers zu übernehmen. Der andere starke Mann des Kaisers, Tirpitz, übernahm ebenso 1897 sein Ressort. Bei anderen wichtigen Entwicklungen und Ernennungen ist die persönliche Rolle des Kaisers sehr viel geringer gewesen: Weder ist der Aufstieg des Finanzministers Miquel in Preußen in den 90er Jahren vornehmlich auf eine besondere Beziehung zum Kaiser zurückzuführen noch gar der Aufstieg Posadowskys im Reichsschatzamt und im Reichsamt des Inneren zum wichtigsten Innenpolitiker bis 1907. Ein agrarisch konservativer „Kaisermann“, der spätere preußische Landwirtschaftsminister Podbielski, hat als Chef des Reichspostamts zwischen 1897 und 1901 überhaupt keine politische Rolle gespielt. Seit Bülow Kanzler war, spielte der Kaiser bei der Besetzung der Minister- und Staatssekretärsämter zwar noch immer eine bedeutende Rolle, aber das lief nicht am Kanzler vorbei; Außenpolitik und Militärressorts blieben im ganzen kaisernäher als die Innenressorts. Die Wahl von Bethmann Hollweg zum Nachfolger Bülows – der hatte ihn vorgeschlagen – kann nicht als ein Akt eines persönlichen Regiments verstanden werden. Er war 1907 als preußischer Innenminister an die Spitze des Reichsamts des Inneren berufen worden, kein politisches Genie, aber unter den im Rahmen des gegebenen Systems für das Kanzleramt in Frage kommenden höheren Beamten ein begabter, nobler und auch eigenständiger Mann, kein Handlanger, kein Höfling, kein Mann des persönlichen Regiments. Kurz, die Freiheit des Kaisers bei der Kanzlerwahl war seit und nach Bülow durchaus eingeschränkt, und das galt erst recht bei der Ernennung von Staatssekretären und Ministern.

Noch stärker galt das für eine Entlassung. Der Kaiser hätte Bülow im November 1908 gern entlassen, aber er konnte es nicht. Seine eigene Position war zu diesem Zeitpunkt schwer erschüttert, der Kanzler hatte sich das Vertrauen des Reichstags und damit der Öffentlichkeit gesichert. Erst 1909 war die Lage anders, der Kanzler hatte „seine" Mehrheit im Reichstag verloren, sein Entlassungsgesuch war nicht mehr wie zu Zeiten Bismarcks ein taktisches Manöver, sondern ein ernsthafter politischer Rückzugsakt. Gewiß hätte ihn formal der Kaiser halten können, subjektiv war der persönliche Bruch mit dem Kanzler, der ihn im November 1908 desavouiert hatte, entscheidend; aber auch objektiv war der Kaiser jetzt nicht mehr Herr der Lage, real war sein formaler Spielraum zergangen. Nicht nur fiel mit Bülow der Mann des persönlichen Regiments „im guten Sinne", wie er sich einst selbst angepriesen hatte, auch in der engsten Umgebung des Kaisers, bei Hof und in den Kabinetten, gab es zunehmend den Typus der kritisch gewordenen Kaiserfreunde; 1908 und erst recht im Weltkrieg trat das zutage, ein gut Teil unserer kritischen Kenntnisse entstammt den Aufzeichnungen solcher Personen.

Aber wir sind noch immer nicht zu Ende. Wir könnten jetzt sagen, daß die Personenauswahl des Kaisers zwischen 1892 und 1900, besonders aber 1894 und 1897 den Begriff eines persönlichen Regiments erfüllt – für diese Jahre. Aber das ist zu wenig. In einem indirekten Sinne reicht der Einfluß des Kaisers viel weiter. Das gilt zunächst und noch einmal für die Personalentscheidungen. Bei den Irrationalitäten des Kaisers, seiner Unfähigkeit, Kritik zu ertragen, seinem Widerwillen gegen sachliche Nüchternheit, seiner Empfindlichkeit für Beifall bildeten sich Karrierenormen für alle, bei deren Ernennung er nicht nur nominell mitredete, für Generale und Diplomaten und eben doch auch die „normalen" Minister und Staatssekretäre. Solche Karrierenormen begünstigten den Opportunismus, die Rücksicht auf das Wohlwollen von oben und die „allerhöchste Meinung" und mindestens die Anpassung an die Grenzen dessen, was unter diesem Monarchen erwünscht oder im Höchstfall noch möglich war; wir haben davon gesprochen, wie die Inhaber hoher Ämter kaiserliche Willenskundgebungen zwar zu umschiffen suchten, aber sie suchten doch zugleich auch, ihnen in Kompromissen gerecht zu werden. Röhl hat die Karrierepraxis mit der Kategorie des „Königsmechanismus“ beschrieben, alles war auf die kaiserliche Gunst und Meinung zentriert, auch wenn der Byzantinismus eine extreme Randerscheinung bleiben mochte. Etwas Ähnliches gibt es auch hinsichtlich der politischen Entscheidungen. Er hat mit seinem erratischen Wesen, seinen Vorurteilen und seinen fixierten Meinungen vor allem Grenzen der Politik, dessen, was man ihm überhaupt vorlegen und vortragen konnte, markiert, ja auch einige allgemeine Richtlinien der Politik – schärfer, als es den Gegebenheiten des Systems entsprach – gesetzt oder vielmehr intensiviert. Dazu gehörten das strikte Festhalten am bestehenden politisch-sozialen System, das Jonglieren mit Staatsstreich, Wahlrechtsänderung oder Auflösung des Reichstags in den 90er Jahren, danach der vagere Anti-Parlamentarismus, der Systemreformen zu blockieren schien, der scharfe Anti-Sozialismus, der über die Normalpositionen der konservativen Beamtenschaft und der bürgerlichen Reichstagsmehrheit durchaus hinausging, gehörten der Militarismus und die Mythologisierung der „Kommandogewalt“, wie sie 1913 noch in der Zabern-Affäre als Eigen-Politik des Kaisers so scharf hervortrat. Außenpolitisch waren die Grundentscheidungen, wie schon gesagt, durch das ins Irrationale gesteigerte Weltmachtstreben, seine Rivalität gegenüber England, seine „Nibelungentreue“ zu Österreich nach 1908, seine Obsession durch die starke Flotte mitgeprägt. Auch die Tatsache, daß der Kaiser die Koordination von Politik und Militärwesen niemals leistete, daß die außerordentlichen Implikationen des Schlieffen-Plans, ja auch des Flottenbaus niemals wirklich diskutiert und dann entschieden wurden, gehört hierher. Die Grenzsetzungen waren es, die dem persönlichen Regiment am stärksten verfassungsprägendes Gewicht verliehen, darum spricht man vielleicht am besten, wie es Röhl vorgeschlagen hat, von einem negativen persönlichen Regiment. Der Kaiser bestimmte, was im Reich nicht ging, danach richteten sich sozusagen alle.

Bülow kann für die schwierigen Zusammenhänge als Schlüsselfigur dienen. 1896 hatte er an seinen Mentor Philipp Eulenburg geschrieben: „Ich wäre ein anderer Reichskanzler wie die bisherigen. Bismarck war eine Macht für sich (...). Caprivi und Hohenlohe fühlten und fühlen sich doch als Vertreter des ‚Gouvernements‘ und bis zu einem gewissen Grade des Parlaments Sr. Majestät gegenüber. Ich würde mich als ausführendes Werkzeug Sr. Majestät betrachten, gewissermaßen als sein politischer Chef des Stabes. Mit mir würde im guten Sinne, aber tatsächlich ein persönliches Regiment beginnen.“ Er hatte sich als Mann des negativen persönlichen Regiments empfohlen und war so aufgestiegen. Als Kanzler hat er, nach den vorangegangenen Jahren einer relativen Regierungsanarchie, die Zügel fest angezogen, die Minister und Staatssekretäre fest eingebunden, Richtlinien gesetzt und Entscheidungen getroffen, die Autorität des Kaisers vor allem als Schutzschild seiner eigenen Amtsführung benutzt. Aber der Preis für diese Art von Kanzlerregierung war hoch. Bülow hat alles „Unangenehme“ vom Kaiser ferngehalten, ihm bittere Wahrheiten und die lauter werdende öffentliche Kritik vorenthalten, er hat ihn mit einem ständigen Schwall von Schmeicheleien überschüttet und damit seine eigene Position gesichert, und er hat die Grenzen des vor dem Kaiser nicht Sag- und Denkbaren streng eingehalten. Der Kaiser hat in der Zeit der Kanzlerschaft Bülows nicht regiert, von einem persönlichen Regiment kann insoweit nicht die Rede sein, aber er ist aus der Politik der Zeit doch in ganz anderem Sinn und Maß als sein Großvater nicht wegzudenken. Er setzte den Rahmen.

Neben der Grenzmarkierung ist noch ein anderer Punkt wichtig, der oft übersehen wird; Isabell Hull, eine der besten Kennerinnen, hat ihn betont. Der Kaiser hatte konservative und modernistische Tendenzen, er interessierte sich für technische Veränderungen und Industrie, er war gegen die Agrarier, im Grunde war er nicht für Krieg; er war eigentlich schwankend und sprunghaft. Aber seine Umgebung, zumal die Militärelemente, intensivierte die konservativen Neigungen, beschränkte allen Einsatz für Veränderungen, für moderate Reformen. Kurz, die vom Kaiser kreierte „Umgebung" hat ihn konservativer gemacht, als er eigentlich war.

Nimmt man alles zusammen, so läßt sich neben dieser bleibenden Rahmensetzung auch der Wandel des persönlichen Regiments erkennen. Zwischen 1894 und 1897 geht es um seine Durchsetzung, die Ansätze zur Selbstregierung sind bis 1900 am stärksten. Mit der Ernennung Bülows scheint das Ziel erreicht, aber jetzt wird das persönliche Regiment in seiner Unruhe und seiner anarchischen Wirkung gezähmt, wenn auch mit den verhängnisvollen Methoden, die wir beschrieben haben. Das System führt in die trotz des zufälligen Anlasses schier unvermeidliche Krise von 1908. Danach zieht sich der Kaiser – soweit wir bisher wissen – noch mehr aus Öffentlichkeit und Politik zurück, freilich, in der Flotten- und Außenpolitik bleibt er ein wesentlicher, schwer kalkulierbarer Macht- und Entscheidungsfaktor.

Auch andere Kernelemente und -institutionen der Verfassung haben sich nach 1890 stillschweigend gewandelt. Dafür gab es je eigene Gründe, doch spielten die drei bisher behandelten Komplexe – die Ausweitung der Staatstätigkeit, die Ablösung der Ausnahmefigur des starken Kanzlers, die Ansätze zum persönlichen Regiment – jeweils eine wichtige Rolle.

1. Zunächst ändert sich die Regierungsverfassung. Caprivi, der einen kollegialeren Stil als Bismarck bevorzugte, hat den Staatssekretären und auch den preußischen Ministern mehr Selbständigkeit, z. B. den freien Verkehr untereinander, zugebilligt; er verlangte während seiner Regierungszeit nicht ein einziges Mal, dem Immediatbericht eines Ministers beizuwohnen. Als er, von seinen Gegnern bedrängt, 1892 das Amt des preußischen Ministerpräsidenten aufgab, zeigte sich, daß die Funktion des preußischen Außenministers, obwohl er die Bundesratsstimmen instruierte, nicht genügte, die Einheit des preußisch-deutschen Regierungskondominiums aufrechtzuerhalten. Unter der schwachen Kanzlerschaft Hohenlohes hat sich die Anarchie in der

Führung und damit die Selbständigkeit der Ressorts weiter befestigt. Natürlich waren dafür das persönliche Regiment, die Sonderbeziehungen von Staatssekretären und Ministern zum Kaiser und ihre stärkere Abhängigkeit vom kaiserlichen Vertrauen besonders wichtig. Seit 1897 etwa verselbständigen sich auch, wie gleich noch näher zu beleuchten sein wird, die Staatssekretäre des Reiches stärker gegenüber den preußischen Ministern – auch das gehört zu ihrem Machtgewinn. Die Verselbständigung der Ämter hat angesichts der relativen Führungslosigkeit nicht nur zu einem Neben-, sondern auch zu einem Gegeneinander geführt. Das galt ebenso für das eigentlich kollegial strukturierte preußische Ministerium, obwohl die Führung seinem Vizepräsidenten Miquel zuwuchs. Auch hier gab es, im Grunde wegen des persönlichen Regiments, mehr Reibungen und Konflikte als üblich. Die kollegiale Protestaktion der Minister gegen ihren Kollegen, den Innenminister Köller, der eine Sonderpolitik in betonter monarchischer Loyalität treiben wollte, zwang zwar den König 1895 zu Köllers Entlassung, aber das stärkte nicht das Ministerium, denn der ob seiner „Niederlage" rachedurstige Kaiser entließ in der Folge auch den Kriegsminister.

Dazu kam, daß die Reichsbürokratie deutlich an Eigengewicht gewann. Die Reichsämter haben das Personal zwischen 1876 und 1914 mehr als verdreifacht. Die Staatssekretariate waren nicht mehr, was sie formal blieben, kanzlernachgeordnete Behörden, sondern im Grunde eigene Reichsministerien, wenn es auch noch kein Quasi-Ministerkollegium gab. Unter Bülow ist es vereinzelt zu gemeinsamen Besprechungen mit den Ressortleitern gekommen; der Staatssekretär des Inneren, Delbrück, hat im Frühjahr 1914 angeregt, solche Konferenzen sollten nicht nur gelegentlich, sondern regelmäßig stattfinden, um die Abstimmung und Geschlossenheit der Reichsleitung zu verbessern, Bethmann Hollweg schien gewillt, diesen Gedanken aufzugreifen. Daß diese veränderte Stellung der Amtschefs auch ihre Position gegenüber dem Reichstag veränderte, versteht sich von selbst, davon reden wir sogleich.

2. Diese Änderungen nun berühren und spiegeln fundamentalere Änderungen im Verfassungsgefüge, zunächst des Verhältnisses zwischen dem Reich und Preußen und der Position des Bundesrates. Der Kern der Bismarckschen Verfassung war es gewesen, daß einmal die Reichsleitung in den Bundesrat integriert war, daß die wichtigsten Entscheidungen zwischen den Bundesstaaten vorberaten und vorentschieden wurden, daß zum anderen – machtpolitisch durchaus noch wichtiger – das preußische Staatsministerium im Zentrum der Reichspolitik stand, sie vorbereitete und koordinierte. Hier soll zunächst von ersterem die Rede sein. Die Kanzlerregierung funktionierte in dieser Zeit, weil es die preußische Hegemonie gab. Den Koordinationsproblemen zwischen Preußen und dem Reich war Bismarck dadurch entgegengetreten, daß er Staatssekretäre zugleich zu preußischen Ministern machte oder sie doch an den Sitzungen des Ministeriums teilnehmen ließ. Nach Bismarck verändern sich die Verhältnisse, Spannungen zwischen den bei-

den Machtzentren gewinnen an Bedeutung. Das fing damit an, daß Caprivi, wie erwähnt, das Amt des preußischen Ministerpräsidenten niederlegte, das führte zum Gegeneinander der zwei Machtzentren. Der strukturelle Grund dafür war, daß die Politik des Reiches und die Preußens unterschiedliche Prioritäten entwickelten und daß der Kanzler bzw. der Ministerpräsident auf jeweils andere Mehrheiten, andere Parteikombinationen angewiesen waren, im Reichstag z. B. brauchte Caprivi das Zentrum, im Landtag konnte man auch ohne es auskommen. Die preußische Regierung war status-quo-konservativ, die „Regierung“ des Reiches, die mit dem Süden und Südwesten des Reiches und dem demokratisch gewählten Reichstag leben mußte, war, sei es auch nur aus diesem Grunde, reform-konservativ. Als die Ämter von Kanzler und Ministerpräsident 1894 wieder in einer Hand verbunden wurden, war der neue Amtsinhaber Hohenlohe zu alt und zu schwach, die objektiven Spannungen auszugleichen, die persönlichen zu bändigen; das preußische Staatsministerium (vor allem unter seinem Vizepräsidenten Miquel) und die Staatssekretariate des Reiches, an der Spitze Posadowsky mit dem Reichsschatzamt und dann dem Reichsamt des Inneren, drifteten auseinander. Das Reichsschatzamt wurde erst unter Posadowsky, obwohl der aus der preußischen Bürokratie kam, aus einer Agentur des preußischen Finanzministeriums zum unabhängigen Leitungsorgan der Reichsfinanzpolitik. Und als Posadowsky dann zum Staatssekretär des Inneren aufstieg, ging auch für die Sozialpolitik die Initiative, die zuvor beim preußischen Handelsminister Berlepsch gelegen hatte, auf das Reich über. Gerade in diesen Jahren gewannen also die Staatssekretäre ihre Unabhängigkeit von Preußen (und das persönliche Regiment wie der schwache Kanzler haben dazu beigetragen). Die Reichsämter wurden seit Ende der 90er Jahre – anstelle der preußischen – federführend für die Ausarbeitung von Vorlagen für den Bundesrat, die sogenannten Präsidialvorlagen. Dabei ergab sich sogar, daß die für die Einzelverhandlungen in den Ausschüssen wichtigen stellvertretenden Bevollmächtigten Preußens im Bundesrat nicht mehr selbstverständlich preußische Beamte waren, sondern immer öfter Reichsbeamte: 1890 überwogen die preußischen Beamten noch, 1914 stellten sie nur noch ein Drittel. Die Verzahnung von Reich und Preußen dauerte zwar fort, aber die Gewichte verschoben sich nun. Wenngleich auch weiterhin alle Bundesratsvorlagen durch das preußische Staatsministerium gingen, dieses also Filter und Barriere blieb, so erwies sich andererseits der Druck der Amtsinhaber im Reich doch immer mehr als stark genug, partikulare preußische Einwände zu überspielen. Bülow hat, verglichen mit seinem Vorgänger, seit 1900 die politische Führung zwar wieder straffer zusammengefaßt, es gab wieder einheitliche Richtlinien der Politik, die er, soweit er den Kaiser gewinnen konnte, bestimmte. Dazu genügten ihm wenige Personalunionen, Staatssekretäre, die zugleich preußische Minister waren. Aber die Trennung der Machtzentren und Ämter konnte er nicht rückgängig machen, die Unterschiede der Machträson in den beiden so eng verflochtenen Gebilden standen dem entgegen.

1905 z.B. wurde die preußische Regierung gegen ihren Willen von Posadowsky, dem Staatssekretär mit Sitz und Stimme im preußischen Ministerium, dahin gebracht, den streikenden Bergarbeitern mit einer Novelle des preußischen Berggesetzes entgegenzukommen, der Entwurf zu dieser Novelle war in Posadowskys Reichsamt des Inneren entstanden. Die Personalunionen von Reichsleitung und preußischem Ministerium hatten einst die preußische Führung sichern sollen, jetzt führten sie aber immer häufiger zu einer Unterordung der preußischen Politik unter die Reichspolitik. 1903/04 mußte Preußen bei einer kleinen Finanzreform im Bundesrat gegen seinen eigentlichen Willen auf Betreiben der Reichsinstanzen einen bayerischen Antrag niederstimmen. Wenn Welt- und Flottenpolitik einerseits, Zoll- und Sozialpolitik andererseits die Hauptsachen der deutschen Politik waren, dann verlagerte sich das Schwergewicht zum Reich.

Das hieß natürlich in keiner Weise, weder formell noch gar informell, daß die preußische Hegemonie aufhörte. Aber sie änderte ihren Charakter, sie war nicht mehr in der Hand der preußischen Regierung, sondern in der des Kanzlers und seines Monarchen, sie wurde nur noch als Kaiserhegemonie ausgeübt. Das Reich stand nicht mehr einfach als Instrument preußischer Interessen oder der preußischen Auffassung von Reichsinteressen zur Verfügung, solche Art von Hegemonie funktionierte nicht mehr. Man darf die Sache natürlich nicht überspitzen. Das Verfassungssystem blieb in Geltung; mochte Preußen an hegemonialer Initiative einbüßen, es behielt und steigerte seine hegemoniale Barrierefunktion. Gegen Preußen jedenfalls konnte das Reich nicht regiert werden. Und natürlich, über das Militär, das preußische Beamtentum als Hauptreservoir der Reichsbeamten, über den preußischen Adel, über die Umgebung des Kaisers blieb das konservative Preußen eine beherrschende Macht. Aber so wahr das ist, man kann darüber nicht die Auflockerungen und die Machtverschiebungen aus dem Blick lassen. Bei der Verfassungsreform für Elsaß-Lothringen, noch einmal ein Beispiel, mußte Preußen es 1911 hinnehmen, daß die drei dem Reichsland nun gewährten Bundesratsstimmen dann nicht zählen sollten, wenn Preußen durch sie eine Mehrheit erhielt. Bethmann Hollweg hatte dies im Staatsministerium und im Bundesrat durchgesetzt, um mit dem Reichstag zu einem Kompromiß zu kommen. Zuletzt widersetzten sich die preußischen Konservativen auch einer weiteren „Staatssekretarisierung" Preußens durch die Ernennung von Staatssekretären zu Ministern, worin sie eine fortschreitende Unterwerfung unter die Interessen des Reiches sahen. Es war keine Skurrilität, daß die Verfechter des hegemonialen Preußen sich vor 1914 bedroht und in der Defensive fühlten und eine eigene Pressure- und Agitationsorganisation, den Preußenbund, gründeten.

3. Die Relativierung oder Umfunktionierung der preußischen Hegemonie berührte nun auch ganz zentral den Wandel des föderalistischen Elementes der Reichsverfassung, der Rolle der Bundesstaaten und des Bundesrates im Reich. Das Vordringen des Reichs in den regelungsbedürftigen Sachberei-

chen, der Sozial-, Wirtschafts- und Justizverfassung, und das Vordringen der Reichsbürokratie in ihrer Gestaltung hatten einen gewissen unitarisierenden Zug. Die Lebensverhältnisse der Deutschen und das soziale Regelsystem wurden einheitlicher, das verwandelte, auch wenn man von der Rolle der Außen-, Kolonial- und Militärpolitik ganz absieht, das Verhältnis zwischen Reich und Bundesstaaten. Der Aufstieg von Reichsbürokratie und Reichsleitung und ihre Angewiesenheit auf das Reichsparlament veränderten auch den Einfluß der Bundesstaaten auf die gemeinsamen Angelegenheiten, die Reichsgesetzgebung, veränderten also Rolle und Funktion des Bundesrates. Die Relativierung und das Umfunktionieren der preußischen Hegemonie wirkten in dieselbe Richtung, denn Preußen war ja auch – das machte seine Hegemonie den anderen Bundesstaaten erträglich – Bannerträger und Schutzschild des Föderalismus im Reich.

Ein Seitenblick auf die Person und Rolle Wilhelms II. zeigt, daß die wenn auch nur relative Verselbständigung des Kaisertums gegenüber dem Amt und der Tradition des preußischen Königs und das Streben Wilhelms II. nach dem persönlichen Regiment auf ihre Weise die föderalistischen Strukturen veränderten. Der Kaiser verstieß häufig gegen das Verfassungsprinzip der Parität der deutschen Fürsten und neigte dazu, sie als nachgeordnete Vasallen zu betrachten. Berühmt-berüchtigt ist der Fall des langwierigen Streites um die Thronfolge in Lippe-Detmold, bei dem der Kaiser – vergeblich – versuchte, durch eigenwillige Kundgebungen und Maßnahmen am zuständigen Bundesrat vorbei seinem Schwager den Thron des Miniländchens zu sichern. Auf der anderen Seite gehörten freilich zum persönlichen Regiment besondere Beziehungen und Beratungen des Kaisers mit wichtigen Reichsfürsten in bestimmten Krisenfragen, wie es sie zu Zeiten Bismarcks und Wilhelms I. nicht gegeben hatte – mit Ausnahme der kontinuierlichen Kontakte mit dem Großherzog von Baden, der über seine Mitwirkung an der preußisch geprägten Reichsgründung und seine Hof- und Verwandtschaftsbeziehungen eine Sonderstellung einnahm. So hat Wilhelm II. seine Pläne für Anti-Umsturz- und Anti-Sozialistengesetze, seine Pläne zu einem Staatsstreich durch Reichstagsauflösung und Aufhebung des allgemeinen Wahlrechts mit anderen Fürsten – neben dem Großherzog von Baden spielte der König von Sachsen dabei eine besondere Rolle – erörtert und beraten; Bismarcks Theorie vom Reich als Bund der Fürsten, den sie kündigen und neu gründen konnten, spielte dabei eine Rolle. Wenn die Belege von Röhl sich als gewichtig genug erweisen, dann hat das Reden über den pathologischen Geisteszustand des Kaisers in seiner Umgebung bis an den Rand der Überlegungen geführt, ob seine Mitregenten Abdankung oder Entmündigung betreiben könnten. Im ganzen sind mithin die Monarchenbeziehungen nicht unwichtig, aber ein gravierendes und kontinuierliches neues Verfassungsfaktum sind sie nicht geworden.

Die wesentliche Veränderung der föderalistischen Verfassungsstruktur lag nun darin, daß der Bundesrat an Gewicht verlor. Wir haben früher gesagt, daß der Bundesrat keine Position in der Öffentlichkeit gewonnen hatte. Die Bismarcksche Rhetorik, die im Bundesrat zusammentretenden verbündeten Regierungen als das eigentliche Regierungsorgan hinzustellen, kam außer Gebrauch, nach 1900 kommt für Reichskanzler und Reichsämter der Ausdruck Reichsleitung auf, nach 1909 unter Bethmann Hollweg immer häufiger gar der Ausdruck Reichsregierung. Die Bismarcksche Praxis, bei allen wichtigeren Vorlagen zunächst eine Vorverständigung der wichtigeren Bundesstaaten zu erreichen, trat zurück; die preußische Regierung und die Reichsleitung versuchten, Vorlagen auch gegen den Widerstand der anderen Mitglieder des Bundesrates durchzusetzen. In wichtigen Fragen wurde der Bundesrat kaum noch konsultiert, Caprivi ließ die Auflösung des Reichstags 1893 noch in einer Sondersitzung beraten und entscheiden, Bülow begnügte sich 1906 mit einer kurzen Konsultation der Einzelstaaten, die Entscheidung traf er selbst, der Bundesrat wurde nur nachträglich unterrichtet.

In der Bismarckzeit hatte die Reichsleitung so lange und so energisch wie möglich gegenüber abweichenden Reichstagsbeschlüssen an Bundesratsvorlagen festgehalten, nur zögernd und widerstrebend nachgegeben, nach 1900 wird das Nachgeben, ja der Zwang zum Nachgeben häufiger. Und die Reichsleitung stellte sich, wir werden davon sogleich reden, von vornherein darauf ein. Solche Praktiken kamen bei den Bundesstaaten in den Geruch der „Bundesunfreundlichkeit“, seit der Spätzeit Hohenlohes gab es eine gewisse Verdrossenheit und Unzufriedenheit mit den Berliner Zentralen und ihrer Handhabung des Föderalismus. Der bayerische Bevollmächtigte beim Bundesrat beschwerte sich zum Beispiel 1909 anläßlich der Verhandlungen zur Steuerreform beim Staatssekretär des Inneren, daß Reichskanzler Bülow es zunehmend für unnötig erachte, Maßnahmen, die er im Reichstag ankündigte, vorher im Bundesrat zu erörtern, schlimmer noch, daß die Reichspolitik zwischen dem Kanzler und den ihn stützenden Blockparteien ausgehandelt werde ohne jegliche Absprache mit den Bundesstaaten, ja daß die einzelstaatlichen Minister sich genötigt sähen, bei den Abgeordneten Erkundungen einzuholen, was denn in der Reichspolitik nun vor sich gehe. Da aber gemeinhin auch die größeren Bundesstaaten zu keiner einheitlichen Meinung fanden – von der preußischen Überlegenheit mit Hilfe der abhängigen Kleinstaaten ganz abgesehen –, hatten solche Stimmungen keine effektiven Folgen. Allerdings konnten Differenzen im Bundesrat – bis dahin ein Arkanum dieses Gremiums – jetzt vor den Reichstag gebracht werden, wenn sich die Regierung eines Einzelstaates davon eine Änderung versprach. Die in der Frage einer Weinsteuer im Bundesrat überstimmten Württemberger gingen mit ihren Wünschen schon 1894 vor den Reichstag; sie hatten das Verfahren, mit dem der preußische Finanzminister Miquel seine Ansicht im Bundesrat durchgesetzt hatte, als bundesunfreundlich empfunden.

Natürlich, auch hier darf man das Kind nicht mit dem Bade ausschütten. Der Bundesrat blieb ein wichtiges Gesetzgebungsorgan, zumal in Finanzangelegenheiten, und Angelegenheiten ohne finanzielle Auswirkungen gab es kaum, man denke nur an die Flotte. Es gab viele und wichtige Kontroversen, viele Änderungen der eingebrachten Vorlagen, viele Kompromisse, auch von seiten der preußischen Ministerien und der Reichsämter. Ähnlich wie für die preußische Hegemonie galt auch hier weiterhin: Obwohl der Bundesrat an Initiative und Dominanz verlor, blieb er die von Bismarck installierte föderalistische Barriere gegen eine Parlamentarisierung des Reiches, gegen institutionelle Machtverschiebungen, blieb im Konfliktfall Schutzwall der Monarchen.

4. Zum Machtverlust der Hegemoniemacht und des Bundesrats und zur größeren Unabhängigkeit gehört der fortschreitende stille Machtgewinn des Reichstags. Zwar richtete sich das persönliche Regiment auch ganz entschieden gegen das Parlament und drängte es, in den 90er Jahren, zurück, aber in der Krise der Monarchie, zu der es führte, kam die Alternative einer Machtkonsolidierung beim Parlament neu (und wieder) auf die Tagesordnung.

Nach Bismarck setzte kein Kanzler und kein Staatssekretär – trotz der Parlamentsverachtung des Kaisers, mancher wilder Reden und Staatsstreichdrohungen – die Konfrontationspolitik, die Bismarck spätestens seit dem Bruch mit den Liberalen eingeschlagen hatte, weiter fort. Nicht Ausnahmezustand und Konflikt, sondern Normalität, alltägliche Routine und darum die jeweils mögliche Kooperation und das Aussetzen von Spannungen waren jetzt die Norm. Die nervös-massive Abwehr von allem, was man als „Übergriff des Reichstags“ in die Sphäre der Regierung ansehen konnte, wie es Bismarcks Praxis gewesen war, hörte auf, zumal solche Übergriffe, wenn die Regierung nicht nachgab, immer nur deklamatorisch blieben. Die Reichsleitung dachte, wenn es nicht um Krisen oder ganz prinzipielle, eindeutige Grundsatzfragen ging, daß in der Fülle der täglichen Normalitäten die Geschäfte weitergehen mußten. Das zwang zu Kompromissen, zumal die Notwendigkeiten der Gesetzgebung wuchsen – man konnte die Gesetze nicht einfach sein lassen, wenn man weiterregieren wollte.

Die Reichsleitung brauchte Gesetze im Zweifel mehr als der Reichstag. Wenn man den Verhandlungsspielraum in den Beratungen ausgeschöpft hatte, waren die Parteien in den verbleibenden Streitfragen zumeist selbständiger, sie waren mehr als der Bundesrat dem Einfluß der Regierung entzogen. Dagegen war es, soweit die Regierung auf Parteiwünsche eingehen zu können glaubte, zumeist möglich, die im Bundesrat vertretenen Bundesstaaten zum Einlenken zu bewegen. Die Staatssekretäre und Reichsbeamten waren am Zustandekommen der von ihnen eingeleiteten Gesetze, am Durchkommen ihrer Vorlagen interessiert, darum zogen sie die Kooperation mit den Parteien immer in ihr Kalkül. Im Streitfall waren sie eher geneigt, einer Reichstagsmehrheit zu folgen und den Bundesrat zu Zugeständnissen zu nötigen; Erfolge des Reichstags und Rückzieher, ja Niederlagen des Bundesrates standen somit in Wechselwirkung. Diese Konstellation, die seit Ende der 90er Jahre mehr und mehr in Erscheinung trat, hatte – vor allem – zwei Voraussetzungen: Das eine war die beschriebene relative Verselbständigung der Reichsämter gegenüber den preußischen Ministerien; das andere war die Tatsache, daß die Zentrumspartei ihre wesentlich oppositionelle Rolle aufgab und gegen Konzessionen und Kompromisse zu einer die Regierung stützenden, ja tragenden Partei wurde. In dieser Funktion gewann das Zentrum im Reichstag eine hegemoniale Position, wurde nach allen Seiten mehrheitsfähig und für jede Mehrheit nötig. Daß das Zentrum ein starker Verhandlungspartner war, hat ganz generell den Machtgewinn des Reichstags mit heraufgeführt. Die Parteien mußten nicht mehr nur reagieren, sondern konnten sich schon in den Verhandlungen zur Geltung bringen. Die Verläßlichkeit einer parlamentarischen Mehrheit erleichterte die Kooperation zwischen Reichsleitung (oder zunächst Reichsämtern) und Reichstag ganz wesentlich.

Ein anderes Indiz für die Veränderungen in der Stellung des Reichstags war der Ablauf der politischen Vorbereitung von Gesetzen durch die „Reichsämter". Dem ursprünglichen Modell gemäß und also auch der Norm wurden Vorlagen zuerst im Bundesrat eingebracht und beraten, und bis in die neunziger Jahre wurden die Vorverhandlungen zuerst mit den Bundesratsmitgliedern geführt und erst nach einem definitiven Beschluß des Bundesrats mit den Reichstagsausschüssen oder gegebenenfalls den Experten der für eine Mehrheitsbildung in Frage kommenden Parteien. Das drehte sich mit der Zeit um. Zuerst verhandelten manche Ämter gleichzeitig mit Bundesratsmitgliedern und Parteien und dann eben zuerst mit den Parteien. Posadowsky hat seit Mitte der neunziger Jahre für das Reichsschatzamt und danach für das Reichsamt des Inneren mit diesem Verfahren begonnen – die Bundesratsmitglieder fingen bald an, darüber zu klagen, sie fühlten sich überrumpelt. 1900 traf das Schatzamt im Zusammenhang mit der Verabschiedung des 2. Flottengesetzes mit einzelnen Abgeordneten geradezu Abmachungen über bestimmte Steuerentwürfe: Weil der Kaiser gemeint hatte, eine Deckung sei nicht nötig, mußte das Amt, das vom Gegenteil überzeugt war, den Bundesrat umgehen und Deckungsvorschläge aus dem Reichstag „erwarten". Posadowsky wurde dann regelrecht zum Protagonisten eines Sonderverhältnisses zum Zentrum, darum mußte er 1907, als die Lage sich geändert hatte, gehen. Die sich herausbildende Routinepraxis, nach einer Verständigung mit dem Parlament zu suchen, höhlte die klassische Trennung von Exekutive und Legislative aus und beeinträchtigte damit die Unabhängigkeit, insoweit die Macht der Exekutive. Auch der neue starke Mann des Kaisers und des Systems, Tirpitz (seit 1897), der den Reichstag zähmen, ja entmachten wollte, erwies sich als Politiker, der primär mit Reichstag und Parteien verhandelte und dafür jedenfalls vom Bundesrat Selbständigkeit beanspruchte. Selbst Bülow versprach 1903 dem Reichstag (und dem Zentrum) die Aufhebung von § 2 des Jesuitengesetzes über den Kopf des Bundesrates hinweg. Da nicht nur die Mittelstaaten Sachsen und Württemberg, sondern auch die meisten – sonst so folgsamen – Kleinstaaten dagegen waren, gab es um die Bundesratsentscheidung ein unendlich langes Tauziehen, und erst 1904 kam die Sache mit einer winzigen und zufälligen Mehrheit durch. Auch einzelstaatliche Bevollmächtigte zum Bundesrat kooperierten – gelegentlich – mit dem Reichstag; daß das in einer Steuerfrage im Bundesrat überstimmte Württemberg seine Position 1894 daraufhin im Reichstag zur Geltung brachte, haben wir bereits berichtet; Lerchenfeld, der bayerische Bevollmächtigte, arbeitete seit 1897/98 mit einer Reihe von Zentrumsabgeordneten zusammen.

Am deutlichsten ist der Aufstieg des Reichstags in den wichtigen und auch zwischen Reich und Bundesstaaten strittigen Finanzfragen. Die klassische „Waffe" des Parlaments, die Budgetverweigerung, war zwar, wir haben es früher gesagt, im Sozial- und Subventionsstaat stumpf geworden, keine Partei konnte Staatsleistungen mehr verhindern wollen. Gewiß sollte die Tirpitzsche Flottenbaupolitik den Nebeneffekt haben, den Reichstag durch langfristige Festlegungen auf Neu- wie Ersatzbauten zu entmachten. Das gelang jedoch nicht einmal ganz hinsichtlich der von Tirpitz geplanten „Äternisierung" der Ausgabenbewilligung durch den Reichstag. Wichtiger aber war dann, daß die vom Parlament immerhin doch beschlossenen fünf Flottenvorlagen noch einen ganz anderen, von Tirpitz anfangs nicht vorausgesehenen Nebeneffekt hatten. Die Flotte mußte nicht nur auf der Ausgabenseite vom Reichstag bewilligt, sie mußte im Haushalt auch durch zusätzliche Einnahmen finanziert werden. Zunächst hatten Tirpitz und das Reichsschatzamt die Deckung der Kosten aus den steigenden Einnahmen des Reiches erwartet, ohne daß dafür neue Steuern aufgelegt werden müßten. Das erwies sich bald als Irrtum, zunehmend mußten zur Finanzierung Anleihen in Anspruch genommen werden. Das führte dann in die permanente Finanzkrise des Reiches im Jahrzehnt vor 1914, die notwendigen Versuche zu deren Bewältigung aber bewirkten vor allem einen wachsenden Einfluß des Reichstags. Bereits 1900 hatte das Parlament die Initiative ergriffen und zur Deckung eines Teils der Kosten des zweiten Flottengesetzes neue Steuern durchgesetzt. Bei der (kleinen) Finanzreform von 1905/06 mußte der Bundesrat dem vom Reichsamt übernommenen Willen der Reichstagsmehrheit nachgeben, eine Erbschaftssteuer schlucken und auf die Fixierung der Matrikularbeiträge der Bundesstaaten verzichten. Grundsätzlich war die Finanzpolitik des Bundesrates gegen neue Schulden, deren Belastungen über die Matrikularbeiträge den Bundesstaaten aufgelastet wurden, der Reichstag tendierte eher dahin, neue Steuern zu vermeiden und insoweit die Länder zu belasten. Die Finanzreform von 1909 kam nur dadurch zustande, daß die neuen Anti-Block-Parteien, Konservative und Zentrum, die „Regierungs"-, also die Bundesratsvorlage verwarfen und ihre eigenen Ersatzpläne dem Reichsschatzamt diktierten – das vor allem am puren Zustandekommen einer Reform in Höhe des notwendigen Volumens interessiert war –, ja die Parteien verlangten von diesem die Ausarbeitung der von ihnen gewünschten Vorlagen. In der Mehrheit praktizierten auch die anti-parlamentarischen Konservativen die Methoden einer finanzpolitischen Parlamentsherrschaft.

Was mit der parlamentarischen Hegemonie des Zentrums begann, setzte sich 1907/09 mit dem Block und 1909/11 mit dem Bündnis von Konservativen und Zentrum fort. Die Reichsleitung verhandelte vor allem mit den Mehrheiten – jenseits eben des Bundesrats – und nahm die Initiativen und Änderungen dieser Mehrheiten notgedrungen vielfach hin. Schließlich ist hier wenigstens schon zu erwähnen, daß das Ende der Kanzlerschaft Bülows zwar nicht allein, aber doch ganz unmittelbar mit seiner parlamentarischen Niederlage bei der Reichsfinanzreform und der Sprengung seines Blocks zusammenhing.

Endlich gehört in den Zusammenhang des Aufstiegs des Parlaments, daß durch die Einführung von Diäten 1906 die Ausübung der Abgeordnetentätigkeit erleichtert wurde, der Typus des Berufspolitikers nun stärker Einzug halten konnte, und daß auf gesetzlichem Weg 1899 der Zusammenschluß von Parteien auf Reichsebene gestattet sowie 1908 das Versammlungsrecht verbessert wurde. 1912 kam es dann schließlich zur Verabschiedung einer Änderung der Geschäftsordnung des Reichstages, derzufolge in Zukunft in Anschluß an die Behandlung von Interpellationen an den Reichskanzler Anträge gestellt werden durften. Damit wurde den Parteien die Gelegenheit zur Verabschiedung von Mißbilligungsvoten geschaffen, eine Gelegenheit, von der sie bis zum Krieg auch mehrmals Gebrauch machten. Freilich waren damit keinerlei Konsequenzen für die Reichsleitung verbunden, und Bethmann Hollweg hat sich denn auch nur wenig beeindruckt gezeigt, als er sich aus Anlaß der Zabern-Affäre 1913 ein Mißbilligungsvotum eingehandelt hatte. Dennoch stand in Zukunft abzuwarten, wie sehr sich durch mehrere solcher Reichstagsvoten die Verständigungsmöglichkeiten zwischen Reichsleitung und Parlament verengen würden, diesem also ein weiteres Druckmittel in die Hand gegeben war.

Welches Gewicht der Machtgewinn des Reichstags für das Gesamtsystem hatte, darüber besteht Streit, darauf kommen wir im Zusammenhang mit den Krisenjahren vor 1914 ausführlich zurück. Die Machtstrukturen Preußens waren ungebrochen und ebenso das soziale System der herrschenden Eliten. Der Reichstag stand 1914 immerhin mit gestärkter Macht und gewachsenem Selbstbewußtsein da. In diesem Zusammenhang bleibt noch die Haltung der Parteien zu erörtern, die den Machtgewinn des Parlaments in eine Reform des Systems hätten umsetzen können. Darauf werfen wir noch einen Blick. Greifen wir die entscheidenden Parteien, die Schlüsselfaktoren für das Vorantreiben der Parlamentarisierungschancen, heraus.

Die Sozialdemokratie forderte zwar seit jeher den Ausbau der Parlamentsrechte und hatte 1900 erstmals einen Gesetzentwurf zur Herstellung einer politischen Verantwortlichkeit des Reichskanzlers eingebracht. Aber die vorherrschende Kautskyanische Orthodoxie minderte insofern den Wert des Parlamentarismus, als sie vor dem Eintreten der prognostizierten Revolution das Parlament mehr als Agitationstribüne zur Werbung neuer Anhänger und

Verteidigung gewonnener Rechte denn als ein Forum wirklicher und eingreifender Mitgestaltung ansah. Für Kautsky war die parlamentarische Arbeit eine notwendige, aber nicht hinreichende Bedingung für die angestrebte Umformung von Staat und Gesellschaft. Seitdem der französische Sozialist Millerand im Jahre 1900 in eine bürgerliche Regierung eingetreten war, wurde ein solches Verhalten von der Zweiten Internationalen heftig diskutiert, eine Beteiligung an bürgerlichen Regierungen war verpönt, nur unter Ausnahmebedingungen erlaubt, ja auf dem Parteitag 1910 wurde der badischen Landesorganisation schon deshalb mit einem Ausschlußverfahren gedroht, weil sie zuvor im Landtag einem Budget der Regierung zugestimmt hatte. In der Praxis näherte sich die Partei jedoch zusehends der Bernsteinschen Hochschätzung des Parlaments als ein Instrument zur wirksamen Herbeiführung gesellschaftlicher Veränderungen. Der Aufstieg pragmatischer Parteiführer wie Ebert und Scheidemann akzentuierte den Zug zur positiven parlamentarischen Arbeit, 1912 traf man mit den Linksliberalen ein Stichwahlabkommen, 1913 stimmte die Partei nun auch erstmals einem Steuerpaket zu, das zur Finanzierung eines einschneidenden Ausbaus des Heeres benötigt wurde. Ja, sie schien auch bereit, unter den Bedingungen des parlamentarischen Regierungssystems ihren Frieden mit der Monarchie zu machen.

Freilich war das keine allgemeine und klare Parteilinie, seit der Jahrhundertwende befehdeten sich ja im Schoße der Partei immer zentrifugalere Strömungen – und der linke Flügel um Rosa Luxemburg und Karl Liebknecht, die, statt auf das Parlament zu setzen, für den Massenstreik als Agitationsmittel eintraten, war für solcherlei „Kompromißlertum" gewiß nicht zu haben. Im ganzen wird man zwar sagen können, daß die Sozialdemokratie vor 1914 bereit war, jede weitere Parlamentarisierung im Reichstag aktiv zu unterstützen, für sich selbst in einem solchen Verfassungssystem – bei nur gelegentlicher Kooperation – aber lediglich die Rolle einer Oppositionspartei vorgesehen hatte. Hier blieb eine Restambivalenz, durch welche die seit 1912 größte Fraktion im Hause, die bis auf weiteres für eine positiv arbeitende Reformmehrheit des Reichstags unverzichtbar war, für die Weiterentwicklung der Verfassung auch zugleich zum Hindernis wurde.

Zu einem Hindernis der Fortentwicklung des Regierungssystems wurde sie indes in einem noch eminenteren Sinne: durch die Furcht der bürgerlichen Parteien, eine Parlamentarisierung des Reiches werde gerade den Sozialdemokraten zustatten kommen. Denn die Politik der wechselnden Mehrheiten, wie sie den deutschen Konstitutionalismus auszeichnete, gewährte den Mittelparteien, den Nationalliberalen und dem Zentrum, einen solch bemerkenswerten Einfluß auf den Gang des Gesetzgebungsgeschehens, daß ihnen die Bildung fester Mehrheiten, gar unter Dominanz der Sozialdemokratie (wie es nach 1912 die Mehrheitsverhältnisse mit sich gebracht hätten), wenig attraktiv erscheinen mußte. Ebendies war aber zum Funktionieren der parlamentarischen Regierungsweise gefordert.

So zeigten sich in den Reihen von Nationalliberalen wie Zentrum nur bei einigen Außenseitern Tendenzen zur Befürwortung einer parlamentarischen Regierungsweise, von Richthofen, Schiffer, später im Weltkrieg Stresemann bei den ersteren, Erzberger seit 1908 beim Zentrum. Während der Daily-Telegraph-Affäre 1908, der Peripetie der Verfassungsdiskussion vor dem Weltkrieg, beschränkten sich die Nationalliberalen ganz auf systemimmanente Forderungen zur Verbesserung des Konstitutionalismus. Ihr Sprecher Junck nahm in der Reichstagsdebatte sogar Abstand von dem alten Anliegen eines selbständigen und dem Reichstag verantwortlichen Reichsministeriums, wie es Bennigsen noch in der Reichsgründungszeit vertreten hatte, der parlamentarische Machtwille der Partei insgesamt schien weiterhin gebrochen. Der Fraktionsvorsitzende Ernst Bassermann bezichtigte die Koalition von Zentrum und Konservativen, die 1909 in der Finanzreform die Wende herbeiführte, des Vergehens, die Regierung „dem Diktat einer Parlamentsmehrheit" unterwerfen zu wollen.

Ähnlich stand es lange Zeit um das Zentrum. Seit der Jahrhundertwende in einer parlamentarischen Schlüsselstellung – sieht man einmal von den Jahren 1907–09 ab – hat es „einerseits für eine Steigerung der Einflußmöglichkeiten des Reichstags gewirkt, andererseits sich aber bis etwa 1917 nicht für einen Übergang zum parlamentarischen System eingesetzt, der ja nicht nur die Chancen der Machteroberung, sondern auch das Risiko des Einflußverlustes in sich barg" (G. A. Ritter). Nachdem seit der Wahl von 1912 eine konservativ-katholische Mehrheit ausgeschlossen war, orientierte sich das Zentrum eher etwas nach links. Hier ergaben sich jetzt erste Ansätze einer Mitte-Links-Reformmehrheit. Kurz vor Ausbruch des Krieges veröffentlichte die führende Figur des linken Flügels und für viele der kommende Mann der Partei, Matthias Erzberger, eine Broschüre mit dem Titel „Politik und Völkerleben", in der er sich unmißverständlich für die Übernahme der westlichen parlamentarischen Regierungsweise aussprach. Als Argumente führte er die dadurch zu erwartende Stärkung des Verantwortungsgefühls der Parteien an, die Untermauerung des Prestiges der dann mehr den Tageskämpfen entzogenen Monarchie, die erhoffte Überbrückung der Kluft zwischen Volk und Staatsgewalt sowie zuletzt eine bessere Führungsauslese von politischen Begabungen für den Staat.

Schließlich die Linksliberalen. Von den verschiedenen Splitterparteien im Spektrum des linken Liberalismus hatte nur die Deutsche Volkspartei in ihrem Programm von 1895 „die Bestimmung der staatlichen Politik durch den Mehrheitswillen der parlamentarisch vertretenen Nation" gefordert. Die übrigen Parteien des gespaltenen Linksliberalismus machten sich lediglich für einen Ausbau der parlamentarischen Kontroll- und Mitwirkungsrechte stark, z. B. im Rahmen der Daily-Telegraph-Affäre durch die Einbringung eines Ministerverantwortlichkeitsgesetzes. Die Herbeiführung einer Identität von Regierung und Parlamentsmehrheit hielten sie für noch verfrüht, viele Linksliberale sahen hierfür als Voraussetzung die Herausbildung eines

Zweiparteiensystems an – das als Modell hoch eingeschätzte englische Beispiel wirkte darin blockierend. Vereinzelte Stimmen prominenter Demokraten, die wie Theodor Barth und Friedrich Naumann auf die Durchsetzung des Parlamentarismus drangen, fanden nur wenig Gehör. Auch der 1910 in einer Gesamtpartei, der Fortschrittlichen Volkspartei, vereinigte Linksliberalismus umging in seinem Programm klare verfassungspolitische Festlegungen.

Nur der Vollständigkeit halber bleibt noch zu erwähnen, daß natürlich die Deutschkonservativen, die letzte der großen Parteien des Reiches und zugleich die am wenigsten beirrbaren Bannerträger des monarchischen Prinzips, jeglicher Parlamentarisierungsneigung ihr unverrückbares „principiis obstat" entgegenhielten. Parlamentarismus sei das System der Demagogie. Das wesentliche Recht der Krone, das Recht, ihre Ratgeber ganz aus eigener Entscheidung unbekümmert um irgendwelche Einflüsse zu wählen, müsse aufrechterhalten werden.

Im Ergebnis: Eine tragfähige Mehrheitsbildung, die zur Stärkung des Reichstags von innen heraus notwendig war, hatte sich bis zum Weltkrieg noch nicht etablieren können, obschon seit den Wahlen von 1912 ein Block, wenn nicht von Bassermann bis Bebel, so doch vielleicht von Erzberger bis Ebert, nicht mehr fern aller Realitäten zu liegen schien. Der ohne Zweifel festzustellende Bedeutungszuwachs der Volksvertretung war nicht das Ergebnis einer auf Parlamentarisierung zielenden Politik der Parteien, sondern Produkt der Sogwirkung, die sowohl von dem machtpolitischen Vakuum nach Bismarcks Abgang als auch den wachsenden legislativen und finanzpolitischen Bedürfnissen des Reiches ausgegangen war.

2. Wahlen

Der Reichstag zunächst beruhte, das war die große und damals in Europa noch seltene Neuerung Bismarcks gewesen, auf dem allgemeinen Wahlrecht. Die Massen gewannen nach und neben den Eliten politisches Gewicht. Es gab keine Klasseneinteilung und auch keinen Steuer- oder Vermögenszensus. Alle Männer über 25, mit Ausnahme des Militärs, der Strafgefangenen, Entmündigten, in Konkursverfahren Verwickelten, Armenunterstützten, also ihre weit überwiegende Mehrheit, waren wahlberechtigt. Der Prozentsatz derjenigen Männer ab 25 Jahren, die vom Wahlrecht ausgeschlossen waren, nahm ab, von 11,5 % (1874) auf 5,9 % (1912), vor allem, weil die Wählerlisten besser geführt und die Kriterien anders ausgelegt wurden – in Weimar waren nur noch ca. 2 % ausgeschlossen, insofern lag der Prozentsatz vor 1914 noch höher als in einem voll demokratisierten System; aber ein Problem war das nicht, und niemand sah darin eines. Das Frauenstimmrecht war ebenso zunächst noch kein Problem, auch nicht für die Mehrheit der Frauen. Nur die Sozialdemokraten traten programmatisch für das Frauenstimmrecht ein, ebenso nach 1900 die Frauenbewegung und vor allem ihr radikaler Flügel, aber ein Kampfthema, gar ein zentrales Thema wie in England, wurde das vor 1914 noch nicht. Es gab keine Registrierprobleme, keine Benachteiligung der erst vor kurzem Zugezogenen, keine Alphabetisierungstests. Es gab gut geführte amtliche Wählerlisten. Die Wahl war – anders als in Preußen mit seinem Dreiklassenwahlrecht oder in den Gemeinden – gleich, d.h. zunächst, unabhängig von der Wahlkreiseinteilung zählte jede Stimme gleichviel. Die Wahl war unmittelbar, nicht Wahlmänner, sondern Kandidaten wurden gewählt. Gewählt wurde an Werktagen, aber das hat die Arbeiterwähler nicht beeinträchtigt. Die Wahl war frei, die Stimmabgabe geheim. Damit hatte es freilich, im Vergleich zu später, noch manche Schwierigkeit: Der Wähler brachte einen – weißen – Wahlzettel mit ins Wahllokal, den er – vor Einblick geschützt – beschrieb, ausfüllte, faltete und dann in eine Urne warf. Da der Druck und die Verteilung der Stimmzettel den Parteien überlassen blieb und die Zettel deshalb nicht einheitlich waren oder vor dem Wahllokal verteilt wurden, war die geheime Stimmabgabe gefährdet; 1903 erst wurde der neutrale Wahlumschlag eingeführt. Das Fehlen amtlicher Stimmzettel, aber auch die Kleinheit von Stimmbezirken gaben lokalen Machtgruppen, Arbeitgebern, Behördenvertretern, Kirchenleuten und zunehmend den Parteien selbst vor 1903 mancherlei Handhabe, die freie Stimmabgabe zu beeinflussen, die geheime einzuschränken, die Stimmabgabe zu „kontrollieren". Wer wählte und wer nicht, das war kaum zu verbergen. In Mecklenburg z.B. waren die Ergebnisse bei den Landarbeitern in den Gutsbezirken und auf den Domänen, wo das Staatspersonal strikter ans Recht gebunden schien, merkwürdig unterschiedlich; die Rolle des Gutsinspektors beim „gemeinsamen" Gang zur Wahl, gelegentlich auch die des Arbeitgebers, ist nach manchen Überlieferungen nicht zu verkennen. Gemäß einer berühmten Anekdote bekamen Landarbeiter 1903 beim gemeinsamen Gang zur Wahl einen verschlossenen Umschlag, als einer den öffnete, fuhr ihn der Inspektor an: „Du Schwein, de Wahl is doch jeheim." Dennoch: Wechselseitige Kontrolle und Öffentlichkeit im Wahllokal und die bald etablierte, anerkannte und gemeinsame Praxis des Reichstags, Wahlen bei entsprechenden Verstößen für ungültig zu erklären – was sich als Kontrollnorm für alle Wahlvorgänge auswirkte –, machte das Verfahren im ganzen doch einigermaßen fair; selbst im dunkelsten Ostelbien ist kaum je ein Pole an der Stimmabgabe für einen Polen gehindert worden. Kaum jemand auch wurde zur Wahl wirklich „getrieben".

Man muß hier freilich unterscheiden: Es gab keine Manipulation des eigentlichen Wahlvorgangs durch Behörden und – selbst vor 1903 – kaum durch andere – soziale – Autoritäten. Das heißt aber nicht, daß Behörden, die Landräte und Gemeindevorsteher in Ostelbien vor allem, im Wahlkampf nicht die konservativen Parteien gestützt und die nichtkonservativen Parteien benachteiligt hätten, etwa wenn es um Versammlungslokale und -zeiten ging; die Wirte z.B., die Saalvermieter also, die immer Erlaubnisse für Tanzveranstaltungen oder für das Überschreiten der Polizeistunde brauchten, waren durchaus von der Gunst der Behörden abhängig und durch drohende Schikanen beeinflußbar. Das heißt auch nicht, daß die Regierung nicht über die Ausgabe von Wahlparolen und die Einwirkung auf die Stimmabgabe der Beamten Einfluß genommen hätte. Und das heißt schließlich nicht, daß die örtlichen Eliten, die Bosse und später auch die sozialdemokratischen Milieumehrheiten nicht einen erheblichen sozialen Druck auf die Wähler ausüben konnten. Das Autoritätsgefälle hatte einen Einschüchterungseffekt – bis hin zu der Tatsache, daß die Wahlkomitees aus den örtlichen Honoratioren und Beamten bestanden. Jede Gruppe konnte festzustellen suchen, wer zur Wahl ging und vor allem wer nicht.

Dennoch und noch einmal, die Wahlen waren relativ frei. Die Zahl ungültiger Stimmen war durchschnittlich ganz gering (ca. 0,5 %), die Wahlentscheidung unkompliziert und klar. Auch das Zählverfahren (und die nachträgliche Geheimhaltung der Wahlzettel) war streng formalisiert und im allgemeinen korrekt, und der Vergleich mit dem, was sonst in der Welt gängig war, etwa in den demokratischen USA, ergibt insgesamt ebenso ein positives Ergebnis. Es war natürlich nicht eine Leidenschaft für die Demokratie, es war die eingefleischte bürokratische Korrektheit in Deutschland, die das ermöglichte.

Wählbar, also Inhaber des passiven Wahlrechts, waren alle Inhaber des aktiven Wahlrechts, dazu auch die Militärs. Bundesratsmitglieder waren ausgenommen. Wer zum Beamten oder als Beamter befördert wurde, mußte sein Mandat aufgeben und sich gegebenenfalls einer Ersatzwahl stellen. Diäten, wir haben es erörtert, gab es bis 1906 nicht.

Das Wahlsystem war das der absoluten Mehrheitswahl in Wahlkreisen, es wurden nicht Parteien und Listen, sondern Personen gewählt. Gewann – das war zunehmend der Fall – im „ersten Wahlgang" niemand die absolute Mehrheit der Stimmen, so fand kurze Zeit (10–14 Tage) später eine zweite Wahl, die „Stichwahl" zwischen den beiden Höchstplazierten, statt. Wenn ein Gewählter die Wahl nicht annahm – das kam anfangs öfter vor, weil die Zugpferde der Parteien in mehreren Wahlkreisen kandidierten und bei mehreren Wahlsiegen entscheiden mußten, welchen Wahlkreis sie annahmen –, fand eine Nachwahl statt; wenn einer ausschied – Tod, Ungültigkeit der Wahl oder, bei Beamten, Beförderung waren Hauptgründe – fand eine Ersatzwahl statt; das sicherte dann häufig einem Wahlkreis nationale Aufmerksamkeit und Parteienaktivität weit über das hinaus, was bei allgemeinen Wahlen in diesem Wahlkreis üblich war.

Es gab 382, nach Einschluß von Elsaß und Lothringen (1873) 397 Wahlkreise; ursprünglich – 1867, 1868, 1871 – waren sie ungefähr gleich groß, ca. 100000 Einwohner – wenn auch in Rücksicht auf Verwaltungsbezirke und gar die Kleinstaaten mit einiger, manchmal erheblicher Schwankungsbreite. Weder diese Wahlkreise noch die Zahl der Abgeordneten sind seither, entgegen der Absicht des Gesetzes von 1869, der Bevölkerungsentwicklung und der Wanderung und Verstädterung angepaßt worden; daraus ergaben sich gewaltige Ungleichheiten. Insofern spielte freilich auch die „Wahlkreisgeographie", die Begünstigung bestimmter Parteien beim Anpassen der Wahlkreise an die Bevölkerungsentwicklung, wie in den USA oder auch, bis in die 1880er Jahre, bei den Landtagswahlen in Bayern, keine Rolle.

1871 lag die Durchschnittszahl der Wahlberechtigten eines Wahlkreises bei 20043. Nur 23% der Wahlkreise lagen jenseits einer Schwankungsbreite von 20% um diesen Mittelwert, hatten also teils weniger als 16000, teils mehr als 24000 Wahlberechtigte. Zieht man eine engere Grenze der Abweichung, so läßt sich feststellen, daß immer noch über 50% der Wahlkreise mit weniger als 10% um die Durchschnittszahl der Wahlberechtigten kreisten. Anders sah es bei der letzten Vorkriegswahl aus. 1912 zählte ein Wahlkreis nunmehr im Durchschnitt 36379 Wahlberechtigte. Nicht einmal 20% der Wahlkreise lagen jetzt noch innerhalb der Schwankungsbreite von 10% um diesen Mittelwert, weniger als 33% innerhalb der Schwankungsbreite von 20%. 17% erreichten jetzt eine Zahl der Wahlberechtigten, die mehr als 20% über dem Mittelwert lag, während 47% der Wahlkreise mehr als 20% dahinter zurückblieben. 97 Wahlkreise hatten unter 24000 Wahlberechtigte, 32 mehr als 60000, ja elf mehr als 120000. Im Wahlkreis Teltow bei Berlin gab es 1912, um die Extreme zu nennen, 338900 Wahlberechtigte, in Schaumburg-Lippe 10700, aber auch in verwandten oder benachbarten Wahlkreisen waren die Unterschiede groß: In Berlin 1 waren 5600 Stimmen zum Mandatsgewinn nötig, in Berlin 6 ca. 88700.

Das Fortbestehen der alten Wahlkreiseinteilung bedeutete immer mehr eine massive Bevorzugung des ländlichen gegenüber dem städtischen Deutschland, der Konservativen und des Zentrums gegenüber Liberalen und vor allem Sozialdemokraten.

Das System der Personenwahl in Wahlkreisen hatte von vornherein eine Reihe von wichtigen Folgen. Die regionale Struktur – die ökonomischen, sozialen, konfessionellen Gegebenheiten, ja auch die politischen Traditionen – kam in den Wahlergebnissen sehr unmittelbar zum Ausdruck, also das im Wahlkreis dominierende sozial-kulturelle Milieu oder die konkurrierenden Milieus, welche durch das Wahlsystem begünstigt wurden. Es gab „bombensichere" „Rivierawahlkreise", so genannt, weil der Kandidat im Wahlkampf genauso gut auch an der Riviera weilen konnte, denn er wurde auf jeden Fall gewählt, und es gab „sichere" Wahlkreise, die fest in der Hand der Partei waren und gemeinhin – jedenfalls für lange Zeit und mehrere Wahlperioden – in der Hand eines Abgeordneten. Auf solchen Wahlkreisen beruhte die Kontinuität unter den Abgeordneten, manchmal Lokalgrößen, wie die bayerischen Zentrumsabgeordneten, aber natürlich auch oft das parlamentarische Führungspersonal der Parteien, für das man sichere Wahlkreise brauchte. Am stärksten war durch solche sicheren Wahlkreise zunächst das Zentrum begünstigt – in 51 Wahlkreisen stellte es von der ersten bis zur letzten Legislaturperiode ohne Stichwahl den Abgeordneten –, dann, nachdem das Landvolk sich „agrarisch“ orientierte und von den Liberalen „abfiel“, waren es die Konservativen in Ostelbien, schließlich auch zunehmend die Sozialdemokraten in großstädtisch-industriellen Wahlkreisen. Diese drei sich entwickelnden Mehrheitsmilieus haben die anfangs noch zahlreichen „sicheren“ Wahlkreise der Liberalen immer mehr abgebaut und damit den Erfolgswert der liberalen Stimmen (den Mandatsanteil bezogen auf den Stimmanteil).

Die nichtdominierenden Parteien haben auf solche Wahlkreisverhältnisse in zwei Weisen reagiert. Die einen, ideologisch oder vor allem milieu-loyal festgelegt und nicht primär am parlamentarischen Erfolg orientiert, stellten in jedem Wahlkreis, in dem sie Anhänger hatten, Kandidaten auf, sogenannte Zählkandidaten, die die Anhänger ganz unabhängig vom Erfolg mobilisieren und binden sollten: Zentrum und Sozialdemokraten vor allem, Polen und Welfen; der polnische Kandidat von Choziszewski z. B. trat 1912 in 42 Wahlkreisen an, ohne irgendwo gewählt zu werden. Faktisch verhielten sie sich so, als ob es ein Proportionalwahlrecht gäbe – darum sind die Stimmanteile hier, zumal seit 1898/1903, für die Gesamtwählerschaft wirklich repräsentativ, nur 1912 machte das Zentrum zugunsten der Konservativen eine Ausnahme. Oder eine Partei trat unter den gegebenen Umständen im Wahlkreis gar nicht an – wie die Konservativen außerhalb Preußens, vor allem wenn es Nachbarparteien gab, die für die möglichen Anhänger noch wählbar waren, etwa entlang der Linie liberal/gouvernemental. Und in den deutsch-polnischen Konfliktzonen gab es auch „nationale“ Konsens- oder Proporzkandidaten.

Solange in den 70er Jahren die Wahlen noch „neu“ waren und die Parteigrenzen fließend, gab es in vielen Wahlkreisen nur zwei ernsthafte Kandidaten (und sie unterstützende Parteien). Mit den innerliberalen und den liberal-konservativen Konflikten nahmen die Kandidaturen zu, aber neue Konkurrenten waren nicht auf Zählappell, sondern auf Wahlerfolg aus. Auch Herausforderer wie die Antisemiten setzten, wenn sie „antraten“, auf Sieg. Freilich, mit der Ausbildung von Wahlkreistraditionen stabilisierte sich die Zahl der Konkurrenten auch wieder. Beides – Zählkandidaten und Vermehrung der echten Konkurrenzen – läßt sich an der Vermehrung der Kandidatenzahl ablesen: 1871: 945, 1878: 1134, 1890: 1550, 1903: 1683, 1912: 1552. Die Sozialdemokraten – die seit den 90er Jahren als einzige so gut wie in allen Wahlkreisen Kandidaten aufstellten – hatten daran durchweg erheblichen Anteil, zunächst auch Linksliberale und Zentrum, seit 1893 Antisemiten und Sonstige.

Da bei mehreren Kandidaturen und der Pluralisierung der Wählerschaft die Wahlen immer mehr auf Stichwahlen zuliefen und es darauf ankam, wer in die Stichwahl gelangte, nahm das Gewicht kleinerer Konkurrenzgruppen zu, zumal in den beiden sich überlappenden Lagern, dem liberalen und dem (konservativ) national-gouvernementalen. Hier ergab sich dann wie von selbst die Möglichkeit des Wahlbündnisses schon bei Kandidaturen und

Hauptwahlen: Das „Kartell" von 1887 z. B. beruhte wahltaktisch im Grundsatz darauf, daß Konservative, Freikonservative und Nationalliberale sich auf einen Kandidaten, z. B. der Partei, die beim letzten Mal am besten abgeschnitten hatte, verständigten; insofern war die Aussicht groß, einen solchen Kandidaten in die Stichwahl zu bringen. 1912 gab es zwischen den beiden liberalen Parteien ähnliche Vereinbarungen. Freikonservative Kandidaten hatten selten konservative Gegner, sie traten allerdings weniger als Parteileute denn als Personen mit lokalem Ansehen auf.

Die Wahl in Wahlkreisen gab formal den örtlichen Parteiorganen (Komitees oder Vereinen) die Entscheidung über Kandidaturen. Solange die lokale Organisation erst im Entstehen war, spielten nationale und regionale Parteiführer und Wahlbüros eine wichtige Rolle, aber die Bedeutung der Wahlkreisorganisation und ihrer lokalen Perspektiven wuchs schnell. Es entstand ein labiles Gleichgewicht zwischen einerseits nationaler oder regionaler Parteiführung und andererseits der lokalen Organisation, mit stärkerem Einfluß „von oben" beim Zentrum, geringem bei den Konservativen, wechselndem bei den Sozialdemokraten und vor allem den Liberalen. Bei der zunehmenden Unsicherheit ihrer Wahlkreise waren die Liberalen am meisten darauf angewiesen, wichtige Parlamentarier gut „unterzubringen" und darum bei zuviel örtlichem Eigenwillen besonders empfindlich.

Insgesamt zeichnete sich bei den Hauptwahlen die Tendenz ab, daß die Personenwahl zur Parteiwahl wurde. Die anfangs noch häufigen Unabhängigen und „Wilden", die Liberalen, Konservativen oder Nationalen, die sich zu keiner Fraktion bekannten, verschwanden fast ganz. Kandidaten gehörten zu einer Partei und wurden wegen ihrer Parteimitgliedschaft oder -verbundenheit gewählt. Das personale Moment verschwand nicht ganz, es blieb für den Gewinn von Rand- und Wechselwählern wichtig, aber insgesamt trat die Parteizugehörigkeit vor die parteiunabhängigen Persönlichkeitsmerkmale.

Politisch fast noch wichtiger wurden die Stichwahlen. Ihre Zahl wuchs von 1871: 45 über 1878: 65, 1881: 103, 1890: 147, 1903: 179 auf 1912: 190; das hieß zuletzt, in knapp der Hälfte aller Wahlkreise kam es zu Stichwahlen. Durch Stichwahlen konnte aus einer Stimmenminderheit im Wahlkreis eine Stimmenmehrheit eines Kandidaten (und indirekt einer Partei) werden. Erfolge bei den Stichwahlen konnten den Mandatsanteil einer Partei durchaus über den Stimmanteil erhöhen, das verstärkte – neben der Ungleichheit der Wahlkreise – die Ungleichheit der Erfolgschancen jeder Stimme; oder Stichwahlen konnten die generellen Verlierer des Mehrheitswahlrechts, die, deren Stimmen nicht in bestimmten Wahlkreisen konzentriert waren, in einer Art ausgleichender Gerechtigkeit doch wieder zum Zuge kommen lassen.

Die Stichwahlen nun hatten zunächst einmal einen politisierenden Effekt, die Wahlbeteiligung lag gemeinhin, obwohl doch viele Parteien ausfielen und viele Wähler sich der Stimme enthielten, höher als bei den Hauptwahlen. Sodann hatten die Stichwahlen in dem stark pluralisierten und zerklüfteten

Parteiensystem auch einen integrierenden Effekt. In der Polarisierung einer Stichwahl mußten die Parteien Präferenzen setzen, sich zu einem von zwei „Lagern" bekennen, gegebenenfalls Bündnisse oder Kompromisse schließen. Praktisch bürgerte es sich ein, daß die ausscheidenden Parteien ihren Wählern Empfehlungen für das Stichwahlverhalten gaben, „Stichwahlparolen": positiv für die eine Seite oder negativ gegen die andere, oder wenn sie sich nicht entscheiden konnten, gaben sie die Stimmabgabe „frei", manchmal freilich mit dem Zusatz „keinesfalls für X", das bedeutete dann: Wahl des Y oder Stimmenthaltung, denn das blieb natürlich immer auch noch eine Möglichkeit. Wieweit die Wähler den Parolen „folgten", war immer eine offene Frage, zumal bei den individualistisch eigenwilligen Liberalen; aber auch bei anderen Parteien konnten Minderheiten, bei den Zentrumswählern z. B. 20% „Arbeiter", die nicht gegen die Sozialdemokraten zu stimmen gewillt waren, sondern „nur" zu Hause blieben, das Wahlergebnis beeinflussen. Nachdem Parteien- und Wahlsysteme eingebürgert waren und es „Wahlkreistraditionen" gab, entstand natürlich auch eine vorwegnehmende Rücksicht auf notwendige Stichwahlhilfe: Ein liberaler Kandidat, der zuletzt gegen die Sozialdemokraten Zentrumshilfe brauchte, tat gut daran, seine und seiner Leute anti-ultramontane Aggressionen zurückzuhalten; wo man freilich zuerst unter Liberalen oder mit einem Konservativen darum stritt, wer von beiden später auf Unterstützung Erpichten in die Stichwahl kam und also polarisierend alle Anhänger zu mobilisieren suchte, war solche Rücksicht schwierig. Mit den Stichwahlparolen war es ähnlich wie mit den Kandidaturen, sie waren Sache der Wahlkreise; die Parteiführungen suchten sie durch Empfehlungen zu steuern, später auch durch regionale Abkommen über mehrere Wahlkreise – nach dem Do-ut-des-Prinzip – oder gar durch nationale Abkommen, wie zwischen Freisinnigen und Sozialdemokraten 1912.

Bei den Stichwahlen war die Position der Mitte, der Liberalen, die in den Hauptwahlen zunehmend schlecht abschnitten, relativ günstig, sie konnten Unterstützung von rechts gegen links und von links gegen rechts mobilisieren. Die Position der Sozialdemokraten war schlecht, sie fanden meist alle anderen gegen sich vereint. Von 679 Stichwahlen haben die Sozialdemokraten zwischen 1871 und 1912 27,4% gewonnen, die Linksliberalen von 541 79,5%. Konservative konnten – vor 1912 – auf Stichwahlunterstützung der Liberalen gegen Sozialdemokraten rechnen; wenn das Zentrum gegen Sozialdemokraten stand, war das nicht so sicher, das hing von den zeitlichen und örtlichen Umständen ab, freilich, protestantisch bürgerliche Wähler blieben dann allenfalls der Wahl fern. Insgesamt wurden die Linksliberalen schon seit den 90er Jahren, die Nationalliberalen später Parteien der Stichwahlen, 1912 haben sie fast alle ihre Mandate in Stichwahlen (und nur noch in Stichwahlen) gewonnen; das war ein bescheidener Ausgleich dafür, daß sie als Stadtparteien überproportional unter der Großstadtmehrheit der Sozialdemokraten zu leiden hatten.

In der Stichwahlpolitik der Parteien gab es große nationale Tendenzen; sie haben sich im Laufe der Jahrzehnte verschoben – man muß das bei der ideen- und parlamentspolitischen Parteigeschichte immer mitsehen: zuerst die liberalen oder national-gouvernementalen Koalitionen, in jedem Fall antiklerikal, dann die Koalitionen der Schutzzöllner und die der Freihändler, dann in den 80er Jahren die liberal-konservative Kartellkoalition gegen die Opposition aus Freisinn und Zentrum, dann in verschiedenen Varianten der nationale, der konservativ-katholische und natürlich der anti-sozialistische „Block" oder auf der Gegenseite der populistisch-oppositionelle Widerpart;, das überlagerte sich, wechselte auch, polarisierte sich vielleicht, wenn auch keineswegs immer, in eine linke und eine rechte Alternative. Insgesamt hat das Stichwahlsystem ein neues Moment in das deutsche Parteiensystem gebracht, es begünstigte Kompromisse und Koalitionen, ja zwang zu ihnen, während doch der Parteienpluralismus, der Ausschluß von der Regierungsmacht und die Tradition der Weltanschauungspolitik und der Milieus die kompromißlose Prinzipienstarre und Partikularität jeder Partei förderte.

Nimmt man das alles noch einmal zusammen in den Blick, die Mehrheits- und die Stichwahl und die Ungleichheit der Wahlkreise, dann hat man die Basis für die Ungleichheit der Erfolgschancen der Stimmen, für die Diskrepanz zwischen Wähler- und Mandatsanteil. 1874 gewannen die Nationalliberalen mit 29,7 % der Stimmen 39 % der Mandate, 1907 die Sozialdemokraten mit 29 % der Stimmen 10,8 % der Mandate, während das Zentrum mit 19,4 % der Stimmen 26,4 % der Mandate eroberte. Die gesamte Entwicklung der Wahlergebnisse für die Reichstagswahlen im Kaiserreich geht für Mandats- wie Stimmenanteile aus unseren beiden Graphiken hervor.

Ehe wir uns den für die Wahlentscheidungen wichtigen strukturellen Faktoren und den Grundzügen der Wählerbewegung zuwenden, müssen wir zunächst ein weiteres wichtiges Phänomen ins Auge fassen, die Wahlbeteiligung und, genauer, das enorme Anwachsen der Wahlbeteiligung. 1871 lag die Wahlbeteiligung bei 51 %, 1912 bei 85 %. Dieser Anstieg ist eindeutig, wenn auch nicht gleichmäßig. Schon 1874 – auf dem Höhepunkt des Kulturkampfes – beträgt die Wahlbeteiligung 61 %, in der Krisenphase 1877/84 steigt sie auf dem Lande geradezu sprunghaft (in Stettin-Ueckermünde z. B. von 31,6 auf 58,2 %), 1887 bei den Kartellwahlen beträgt sie sogar 77,5 %, sie sinkt dann bis 1898 auf nur noch 68,1 %, liegt aber 1903 (Zollwahlen) dann schon wieder bei 76,1 % und erreicht 1907 (Hottentottenwahlen) schließlich 84,7 %. 1907/12 schätzt man, daß nur noch 5 bis 7 % Nichtwähler aus Willen und Entschluß waren. Die Wahlbeteiligung war mindestens seit der Jahrhundertwende auch im internationalen Vergleich ganz außerordentlich hoch; die angeblich unpolitischen Deutschen waren offenbar begeisterte Wähler. Nach den Wachstumsschüben stabilisierte sich die Wahlbeteiligung, sie wurde sozusagen einigermaßen habituell; die Wahlberechtigten sind nicht vorübergehend, sondern dauerhaft Wähler geworden. Generell zeigt diese Entwick-

Mandatsverteilung bei den Reichstagswahlen 1871–1912 in Prozent

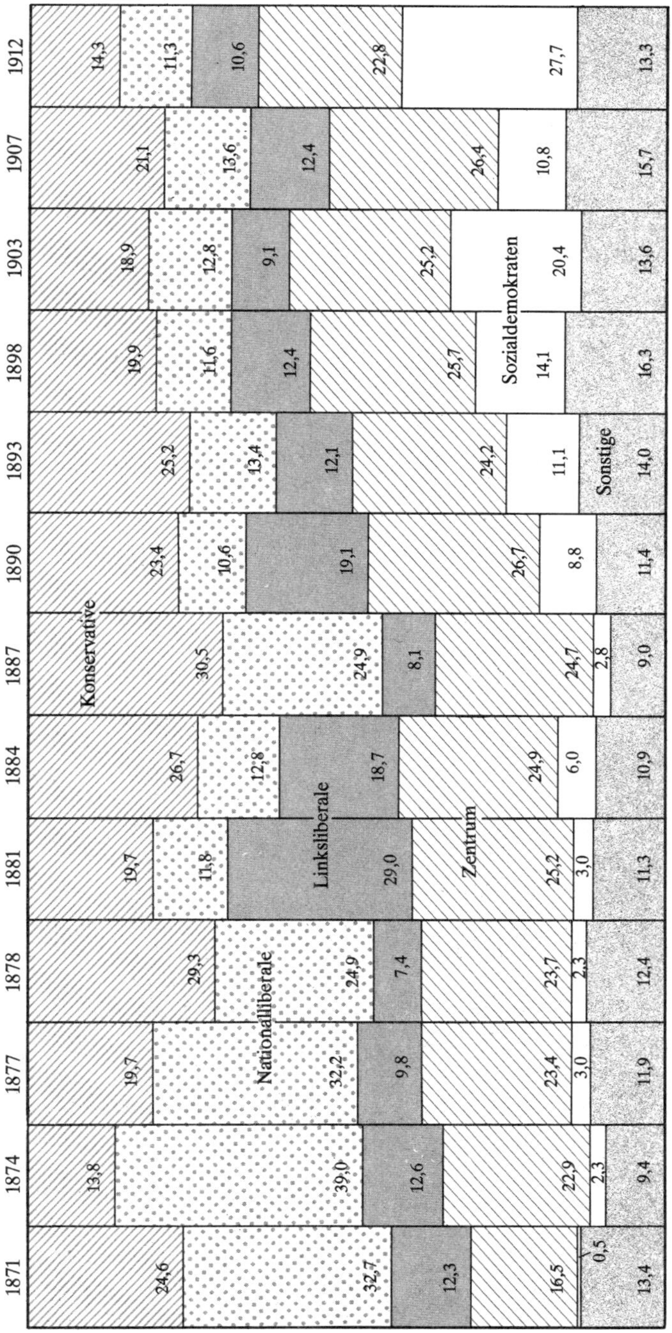

Quelle: Ritter, Wahlgeschichtliches Arbeitsbuch S. 38ff.

lung eine Politisierung der Massen durch die Parteien – trotz aller Vorbehalte gegenüber den Parteien. Die wachsende Parteikonkurrenz in Haupt- und Stichwahlen, die Intensivierung der Wahlkämpfe und der Ausbau der Partei – Verbändeorganisationen, die Verbreitung der Zeitungslektüre, die Mobilisierung der Interessen und die zunehmende Verteilungsbedeutung staatlicher Entscheidungen –, das macht den einen Großkomplex dieser Politisierung aus. Dazu kommen die „Glaubenskriege", die für die deutsche Politik so charakteristisch sind, zwischen Anti-Ultramontanen und Katholiken, Sozialisten und Anti-Sozialisten, nationalen und nationalistischen Reichsfreunden und – angeblichen – Reichsfeinden. Die Wahlen wurden Bekenntniswahlen, Loyalitätsbezeugungen der Glaubensgruppen, der Sozialmilieus, so jedenfalls für die Sozialdemokraten, die ländlichen und kleinstädtischen Katholiken, die in der Agrarierwelt verwurzelte protestantische Landbevölkerung.

Auf solche Weise entstehen auch die sicheren Stimmblöcke der Weltanschauungsparteien. In den Anfangsjahren und in den großen Steigerungsschüben der Wahlbeteiligung war das Wählerverhalten ziemlich instabil. Dann nimmt die Wählermobilität ab, alle Parteien haben einen großen und festen Anteil von Stammwählern, die rekrutieren sich zumeist aus dem Milieu. Die Zahlen der Wechselwähler, am Rande der gerade gewählten Partei, scheinen sehr viel geringer gewesen zu sein als die der Stammwähler; sie freilich und die Nichtwähler und die Erstwähler entschieden über die Veränderungen der Mandats- und Stimmverteilung. Am wenigsten fest eingebunden waren die Liberalen, ihr Milieu war offen und bot wenig feste Bindungen, und die zerfielen immer mehr, vor allem seit dem Abfall des Landvolkes im Osten und dem Verlust städtischer Zentren an die Sozialdemokratie. Die Liberalen lebten nicht nur von Stichwahlen, sondern auch mehr als die anderen von Wechselwählern, die zu den Stammwählern dazutraten und sie auch wieder verließen. Der Abfall so vieler ländlicher Wähler zumal im Osten 1878/84 fällt in eine Periode hoher Instabilität der Wähler in ländlichen und ländlich gemischten Wahlkreisen und zugleich der enormen Zunahme der Wahlbeteiligung. Das Wachstum der Wahlbeteiligung ist auch sozial und regional ungleichmäßig, aber es ist nicht ein städtisches oder ländliches, bürgerliches oder proletarisches Phänomen, die Wellen hängen von den erwähnten großen Glaubens- und Interessenbewegungen ab und natürlich davon, ob Wahlkreise umkämpft oder unstrittig waren; denn bei aller Bekenntnisfreude: In „sicheren" Wahlkreisen war es, z. B. für Katholiken, nicht so absolut dringlich, an der Wahl teilzunehmen, wie in „unsicheren".

Von den strukturellen Faktoren sind drei für die Wahlentscheidungen, die langfristige Wählerbindung wie die Wählerwanderung von besonderer Bedeutung – soweit man das an den Quellen von damals statistisch aufweisen kann. Andere Faktoren, die heute mit besseren und differenzierteren Statistiken genauer bekannt sind – das Alter z. B. –, lassen sich nicht feststellen; daß die nachwachsenden jüngeren Wähler überproportional der Sozialdemokra-

Stimmenverteilung bei den Reichstagswahlen 1871–1912 in Prozent

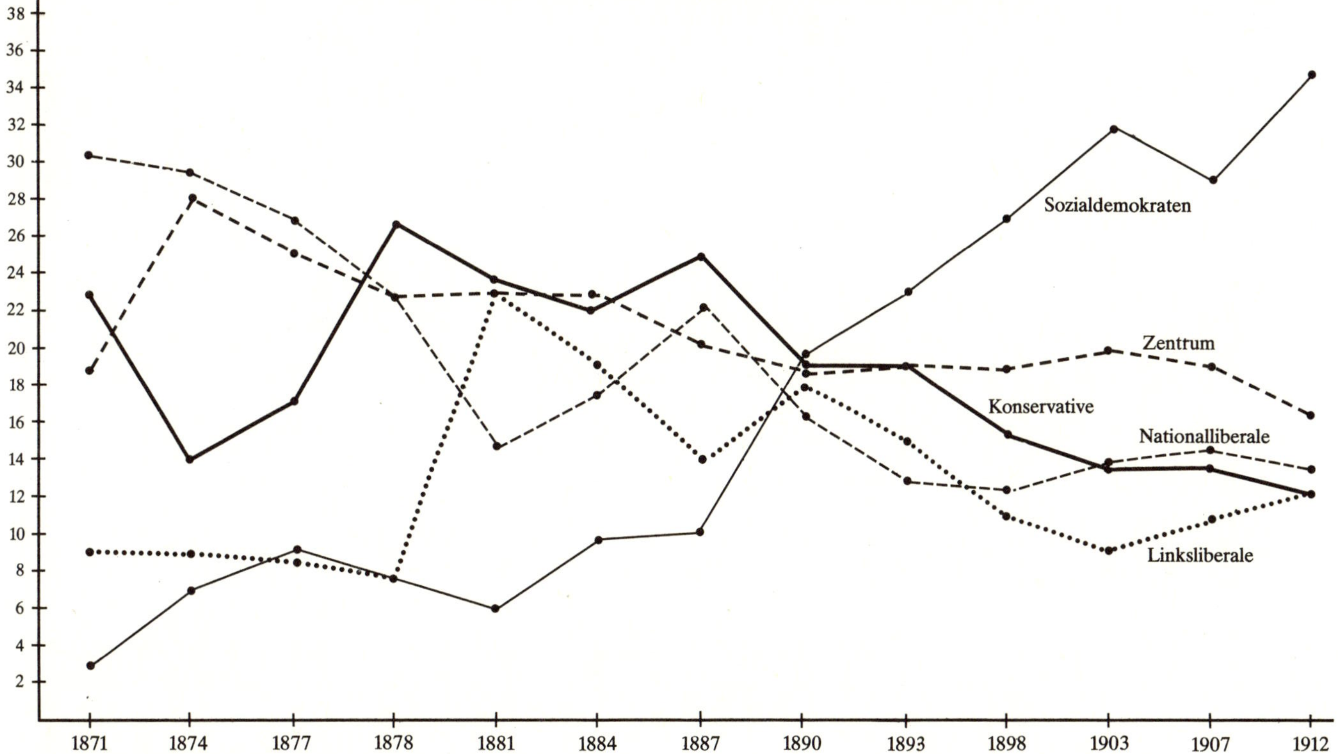

Quelle: Ritter Wahlgeschichtliches Arbeitsbuch, S 38 ff.

tie zugute kamen, ist allerdings eine plausible und mit anderen Anhaltspunkten begründbare Vermutung.

1. Wichtig ist zunächst die Konfessionszugehörigkeit. Der Anteil der Katholiken im Wahlkreis (außer in den polnischen und elsaß-lothringischen Gebieten) schlägt sich in den Zentrumsstimmen nieder und umgekehrt in der Resistenz gegenüber der Sozialdemokratie. In Wahlkreisen mit über 75% Katholiken hatte das Zentrum 1874–1887 zwischen 62 und 68% der Stimmen, in denen mit 50–74,9% Katholiken zwischen 34% und 38%. In 61% der Wahlkreise mit über 75% Katholiken gewann das Zentrum 1903 mehr als 60% der Stimmen (bei den anderen spielen Polen, Elsässer oder Bauernbündler eine Rolle), und nur in 20% dieser Wahlkreise blieb es unter 40%. Nur in drei solchen Wahlkreisen kamen die Sozialdemokraten über 40%, ja auch wo 50–74,9% der Bevölkerung katholisch waren, nur in acht Fällen über 20%. Nach 1890 hat freilich dann der Anteil von Zentrumsstimmen an dem katholischen Wählerpotential abgenommen.

In den katholischen Diaspora-Gemeinden und den gemischtkonfessionellen großstädtischen oder industriellen Regionen bröckelte es, obwohl Konfliktsituationen und die Milieubindungen sich verstärkten; hier wählten Katholiken auch sozialdemokratisch. Das war einmal Folge der industriell-großstädtischen Säkularisierung, des Bedeutungsverlustes von religiöser Tradition, zum anderen Zeichen des Nachlassens der sozialen Integrationsmechanismen in der Kirche, in einer Gesellschaft zumal, die nicht mehr von lokalen Nahverhältnissen, vom lebendigen Gegensatz zu protestantischen Nachbarn, dominiert war. Ein Übergangsstadium war die Wahlenthaltung, die es natürlich auch in dicht katholischen Land- und Kleinstadtmilieus gab; in sicheren Zentrumswahlkreisen war zudem die Wahlbeteiligung von vornherein geringer als im Durchschnitt gewesen. Das Abbröckeln des Zentrumsblocks aber war auch regional sehr unterschiedlich, das hing mit der Bindekraft der lokalen Milieus zusammen. In München z. B. wählten zwischen 1871 und 1914, so ist geschätzt worden, im Durchschnitt nur 41% der katholischen Wähler Zentrum, im Ruhrgebiet 82%, in den 90er Jahren waren es 89%, aber im ersten Jahrzehnt des 20. Jahrhunderts fiel der Anteil auf 66,5%. Im Reich wählten 1912 nur noch, so schätzt man, 55% der zur Wahl gehenden Katholiken das Zentrum – 1874 waren es noch 83% gewesen –, in den Großstädten waren es, so die Schätzung, nur noch 33%. Man muß vorsichtig sein, manches liegt an Kandidaturverzichten zugunsten der Konservativen, manches daran, daß die Zentrumspolitik von 1909 bis 1912 besonders unpopulär war. Im Stimmenrückgang steckt auch eine relative Selbstbehauptung auf hohem Niveau. Man sieht dies leichter, wenn man den Konfessionsfaktor als Barriere für andere Parteien ansieht. Die Konservativen, protestantisch-borussisch wie sie waren, hatten eigentlich keinen Zugang zu katholischen Wählern, auch nicht in Schlesien; die Liberalen hatten die meisten ihrer katholischen Wähler der Anfangszeit im Kulturkampf verloren, und die Kulturkampftradition blieb dann die Scheidewand. Nur in

Ausnahmefällen – in München oder im Allgäu z. B. – gab es antiklerikale oder randkirchliche Katholiken, die liberal wählten. Von der Sozialdemokratie aus gesehen waren nicht die Überwechsler vom Zentrum, die den Katholiken solche Kopfschmerzen bereiteten, wichtig, sondern die Barriere, die die katholische Konfession gegen ihre Ausbreitung darstellte. Selbst 1912 waren kaum mehr als 17% der sozialdemokratischen Wähler katholisch. Daß das zu 80% katholische München schon 1884 erstmals und dann ab 1890 in einem seiner beiden Wahlkreise durchgehend von der Sozialdemokratie im Reichstag vertreten wurde, war und blieb eben eine Ausnahme. Im Ruhrgebiet, wo der Katholikenanteil nicht mehr als etwa 45 % betrug, blieb die Sozialdemokratie auch deshalb schwach. Im ganzen erwies sich der Konfessionsfaktor als stärker denn der Klassenfaktor.

2. Das zweite Strukturmerkmal ist der Anteil der in den Wirtschaftssektoren Beschäftigten sowie das Verhältnis zwischen Selbständigen und abhängig Beschäftigten. Hierüber wirkt sich im Verlauf der Jahrzehnte der fortschreitende Prozeß der Industrialisierung mit seinen sozialen Hauptfolgen aus, wie der Zunahme der abhängig Beschäftigten und der Umbildung der Mittelklassen.

3. Der dritte Faktor hängt damit zusammen: Das ist der Anteil der Gemeindegrößenklassen in einem Wahlkreis und der Vorgang der Verstädterung. Es ist nicht verwunderlich, daß 1903–1912 die Sozialdemokraten fast ausschließlich in den Wahlkreisen ihre Mandate gewannen, in denen mehr als 50% der Bevölkerung dem industriell-kommerziellen Sektor angehörten, die Konservativen (und die Polen) ganz vorherrschend in den überwiegend agrarisch geprägten Wahlkreisen. Das Zentrum war in allen Strukturgruppen gut vertreten, in den gewerblichen Wahlkreisen etwas weniger als in den mehr ländlichen. Die Liberalen waren relativ stark in den Mischwahlkreisen, zumal den relativ gewerblichen, in denen die Gewerbebevölkerung größer als die Agrarbevölkerung, aber unter 50% war, schwach in den agrarischen, am stärksten in den gewerblichen. Noch deutlicher hatten Konservative und Zentrum ihre Schwerpunkte in den kleinen Gemeinden (unter 2 000), Sozialdemokraten in den größeren Städten und Großstädten. Die Nationalliberalen waren relativ gleichmäßig, die Linksliberalen stärker in den größeren Städten vertreten. Aber das betraf die Stimmenanteile; die Wahlkreise der Liberalen, in Stichwahlen gewonnen, lagen eher in den Mischzonen.

Die konfessionellen, die sozialökonomischen und die sozialgeographischen Verhältnisse, dazu kulturelle, historische, politische Traditionen (und ihre Glaubensprägungen) schießen zu dem zusammen, was wir das Milieu nennen. Das bestimmt die Stammwähler und, wo es soziale Selbstverständlichkeit ist, auch die potentielle Haltung der Nicht- wie der Erstwähler. Das katholische und das proletarisch-sozialdemokratische Milieu sind die unmittelbar ins Auge fallenden Beispiele. Die Konservativen haben – als die obrigkeitliche Unterstützung nicht mehr ausreichte – über die erfolgreiche Mobilisierung des agrarischen Interesses ihr ostelbisches Landmilieu gewonnen, das erst 1912 in Gefahr kommt; auch im Süden und Südwesten sind über den oft als „Landbund" antretenden BdL agrarische Wahlkreismilieus entstanden. Das liberale Milieu geht zwar keineswegs unter, wir handeln noch davon, aber es verliert jede wahlgeographische Konzentration und soziale Bindekraft, die der Mobilisierung der Massen und dem aufsteigenden Populismus etwas entgegenzuhalten hätte. Der Liberalismus ist eine gebildete, bürgerliche Honoratiorensache; als das Volk in die Politik eintritt, ergeben sich somit Schwierigkeiten: der Aufstand und Abfall von Bauern und alten Mittelständlern, die gewaltige Zunahme der Arbeiterschaft und damit der Sozialdemokratie, die massenwirksame Stigmatisierung als Opposition, die gegen die Linksliberalen lange nachwirkte, das Fehlen eines kirchlichen, bürokratischen oder eines Verbandsapparates wie bei Zentrum, Konservativen und Sozialdemokraten, die Lockerheit und Individualisierung des eigenen Milieus. Nur indirekt hatten die Liberalen Milieuvorteile, ein Teil ihrer Wähler waren immer Anti-Wähler, die nicht ein Bekenntnis ablegten, sondern ein kleineres Übel wählten, allenfalls ein Anti-Bekenntnis leisteten: anti-klerikal, anti-sozialdemokratisch, bei den Nationalliberalen zudem antioppositionell, bei den Linken anti-agrarisch und anti-reaktionär.

Sieht man die Dinge aus der Nahperspektive, dann erkennt man, wie unterschiedlich die Einbindung durch die Milieu„dichte" war und wie wichtig die Polarisierung durch starke Gegenmilieus. Im Ruhrgebiet z. B. waren die Nationalliberalen erstaunlicherweise stark; denn hier waren sie von den protestantischen Kirchen- und Vereinsaktivitäten mitgetragen, von den starken katholischen und sozialistischen Gegenmilieus herausgefordert, hier fehlte auch eine konservative Alternative; wo es ein solches altgewachsenes Netzwerk nicht gab, das „Milieu" fehlte, war die Partei viel schwächer. Man sieht an diesem Beispiel, wie wichtig die örtliche Struktur der Milieus für die Wählermotivation ist, so sehr die Milieus natürlich auch national geprägt sind.

Nimmt man die genannten Faktoren zusammen sowie die historischen Sonderbedingungen der politischen Kultur in Ländern, Provinzen und Regionen, so ergibt sich die große regionale Differenzierung des Wählerverhaltens. Das Zentrum und die Regionalparteien haben seit den 70er Jahren, die konservativen Parteien seit 1878/84 ihre konstanten regionalen Schwerpunkte, die Sozialdemokraten halten die Hochburgen der Frühzeit und gewinnen in breitem Maße 1903 neue sichere regionale Schwerpunkte. Die Liberalen dagegen können nur Teile ihrer frühen Kernregionen halten – die Nationalliberalen z. B. in Hannover und der Pfalz, die Linksliberalen in Niederschlesien oder den Ostseestädten.

Wir wollen in diesem Zusammenhang noch das Wählen in den Bundesstaaten erörtern, vor allem in Preußen, dem größten Bundesstaat mit über 60% der Einwohner des Reiches, dem Staat von herausragender Bedeutung für die politische Struktur des Reiches. Das Wahlrecht galt hier seit 1849 unverändert, und so blieb es bis 1918. Daß Preußen die konservative Bastion im Reichsaufbau blieb und jede Demokratisierung oder Parlamentarisierung des Systems über den Reichstag blockierte, lag wesentlich auch am preußischen Wahlrecht und seinen seit den 70er Jahren konservativen Auswirkungen – desgleichen natürlich auch an der gleichberechtigten verfassungsmäßigen Stellung und an der Zusammensetzung der Ersten Kammer, des nicht gewählten „Herrenhauses". Das preußische Wahlrecht war nicht geheim, die Stimmen wurden offen abgegeben; der Wähler mußte dem aus lokalen Honoratioren bestehenden Wahlkomitee im Wahllokal laut sein Votum zu Protokoll geben, wobei er mitunter auch mehrmalige einschüchternde Nachfragen durchzustehen hatte; auf dem Lande wurden Landarbeiter oft geschlossen zu dieser Wahlprozedur geführt. Das Wahlrecht war nicht direkt, sondern indirekt, der Wähler („Urwähler") wählte Wahlmänner, diese erst wählten die Kandidaten – und das war, anders als bei der Wahl des amerikanischen Präsidenten, keine Formalität. Das Wahlrecht war relativ „allgemein" – alle männlichen Staatsbürger ab 24 Jahren waren wahlberechtigt, außer denen, die Armenunterstützung bezogen, Soldaten waren, unter Kuratel oder Vormundschaft standen, die bürgerlichen Ehrenrechte verloren hatten oder nicht schon 6 Monate ortsansässig waren, etwa ein Achtel der Männer über 24 waren so ausgeschlossen. Entscheidend aber war, daß das Wahlrecht ungleich war, denn das Gewicht der Stimme hing von der Steuerleistung ab. Die Steuerleistung einer Gemeinde oder – bei sehr kleinen Gemeinden – eines Bezirks wurde gedrittelt; die Wähler, die das erste Drittel aufbrachten, bildeten die erste Klasse (oder Abteilung, wie es amtlich hieß), die des zweiten Drittels die zweite, der Rest die letzte. Änderungen des Steuersystems, die fast alle auf Entlastung der niedrigen und stärkere Heranziehung der höheren Einkommen hinausliefen, mußten den plutokratischen Charakter dieses Wahlrechts verschärfen. Als die Miquelsche Steuerreform Anfang der 1890er Jahre eine – gemäßigt – progressive Einkommensteuer einführte, versuchte man, die extremsten Auswirkungen abzublocken, indem man für jeden Urwähler mit einem Einkommen unterhalb der Steuerfreigrenze (900 Mark) 3 Mark fiktive Steuer bei der Bildung der Abteilungen in Anrechnung brachte, steuerzahlende Wähler der bisherigen dritten Klasse mochten deshalb gegebenenfalls in die zweite Klasse aufrücken. Die Dritteilung wurde jetzt zudem in Gemeinden über 1750 Einwohnern nicht mehr in der Gemeinde (einer ganzen Stadt z. B.), sondern in den kleinen lokalen Urwahlbezirken vorgenommen, große Steuerzahler bestimmten nicht mehr die erste Klasse einer ganzen Stadt, sondern nur die ihres Urwahlbezirks, des vornehmen „Viertels" z. B.; in Essen etwa stieg deshalb die Zahl der Wähler der ersten Klasse von 6 (1888) auf 536 (1893). Politisch war diese Regelung eine Verständigung der Konservativen und der Zentrumspartei zugunsten ihrer Klientel und zuungunsten der reichen liberalen Bourgeoisie.

Eine Reihe von Auswirkungen dieses Wahlsystems sind wichtig. Zunächst: Die Wahlbeteiligung war gering, die öffentliche Stimmabgabe und das geringe Stimmgewicht der Masse der Wähler, die in die dritte Klasse gruppiert waren, motivierten nicht sonderlich zum Wählen. Hatte die Wahlbeteiligung insgesamt nach 1861 noch über 30% gelegen, so lag sie 1867 bei 17,6% und 1893 und 1898 jeweils bei 18,4%, erst als die Sozialdemokraten den Wahlboykott aufgaben, stieg sie 1908 und 1913 auf knapp 33%. Die Beteiligung war – natürlich, möchte man sagen – in den Klassen unterschiedlich, in der ersten Klasse 1893–1913 um die 50%, in der zweiten zwischen 31% und 43%, in der dritten bis 1898 15–16%, dann 1908/13, wieder wegen der sozialdemokratischen Wahlbeteiligung, um 30%. Daß die Sozialdemokraten 1908 und 1913 bei den Landtagswahlen in Preußen nur einen Anteil von 33 und 32% der Stimmen erringen konnten, die sie bei den Reichstagswahlen jeweils ein Jahr zuvor erlangt hatten, hing hiermit und also mit den geringen Erfolgsaussichten der Stimmabgabe in der dritten Klasse zusammen – und natürlich auch damit, daß mit der offenen Stimmabgabe ein demonstratives öffentliches Bekenntnis mit vielleicht unangenehmen Folgen verbunden war.

Der Prozentsatz der Wahlberechtigten in den einzelnen Klassen schwankte, trotz der Steuerreform und der Änderung der Berechnungsbezirke, nur wenig. In der ersten Klasse betrug er 1867 4,28%, lag dann 1898 bei 3,26% und stieg wieder bis 1913 auf 4,43%, in der zweiten Klasse lag er 1867 bei 12,18%, 1888 bei 10,82% und stieg dann bis auf 15,76% 1913. In der dritten Klasse lag der Anteil umgekehrt bei 83,45% 1867 und 85,56% 1888 und sank dann, nach 1898, auf 79,81% 1913. Ein Wähler der ersten Klasse hatte das 16–26fache, einer der zweiten das 5–8fache Stimmgewicht eines Wählers der dritten Klasse. Die Klassenzugehörigkeit war freilich nach Provinz, Gemeinde und Wohnviertel höchst unterschiedlich, ja skurril. 1898 z.B. genügte auf dem Land die Entrichtung von durchschnittlich 343 Mark direkten Steuern, um in der ersten Klasse zu wählen, in der Stadt waren es 1361 Mark. Die durchschnittliche Steuerleistung der Wähler der zweiten Klasse in Berlin lag 1898 siebenmal so hoch wie die der Wähler der ersten Klasse in Hohenzollern. In Berlin gab es Wähler, die 1898 mit einem Steueraufkommen von über 3000 Mark in 29 Urwahlbezirken nur in der dritten Klasse wählen konnten, in 6 ländlichen Urwahlbezirken genügte hingegen schon eine Steuerleistung von bis zu 30 Mark für die erste Klasse. Minister, in vornehmen Wohnvierteln, wählten oft in der dritten Klasse, so auch der Reichskanzler, während ihre Kutscher in Arbeitervierteln in der zweiten oder gar ersten Klasse wählten.

Es gab 256 Wahlkreise (seit 1876), 105 wählten je einen, 125 je zwei, 26 je drei Abgeordnete, insgesamt 433. 1906 wurden einige große Wahlkreise geteilt und die Zahl der Abgeordneten um zehn erhöht. Aber grundsätzlich berücksichtigte die Wahlkreiseinteilung – wie beim Reichstagswahlrecht – nicht die Bevölkerungsvermehrung, die Verstädterung, die Industrialisierung, die Revision 1906 blieb ganz und gar unzulänglich. Der altpreußische Osten war der Gewinner der festgeschriebenen Wahlkreiseinteilung wie der regional-lokalen Aufteilung der Steuerquoten.

Für die Wahl der Abgeordneten war die absolute Mehrheit der Wahlmännerstimmen erforderlich, dazu konnten mehrere Wahlgänge nötig werden, bei denen jeweils der Kandidat mit den wenigsten Stimmen ausschied. Freilich, solche „engeren Wahlen" waren selten notwendig. Die Wahlentscheidung der Wahlmänner hing einerseits von ihrer Parteiorientierung ab, andererseits von der Wählerklasse, die sie gewählt hatte. Die Wahlmänner der dritten Klasse hatten nur dann Gewicht, wenn die „Etablierten" der ersten und zweiten Klasse gespalten waren oder wenn sie die Mehrheit der Wahlmänner der zweiten Klasse gewannen. Darauf beruhten die wenigen Mandate der Sozialdemokraten seit 1908, auf dem Bündnis von zweiter und dritter Klasse die Mandatserfolge der Zentrumspartei im Westen.

Die Ungleichheit der Stimmgewichte und das indirekte System führten dazu, daß der Anteil an den Urwählerstimmen in allen drei Klassen und der Anteil an gewonnenen Mandaten erheblich voneinander abwichen. Die Konservativen kamen seit den 90er Jahren gleichmäßig auf etwa ein Drittel der Abgeordneten, 1898 mit 25 % der Stimmen, 1908 und 1913 nur noch mit 14 und 15 %. Die Freikonservativen errangen gar mit gerade 2–4 % der Stimmen 12–14 % der Mandate. Auch das Zentrum gewann im selben Zeitraum mit 15–20 % der Stimmen rund 23 % der Sitze, die Nationalliberalen mit 13–15 % der Stimmen 15–18 % der Sitze, die Linksliberalen hatten 1898 etwas weniger Mandats- als Stimmanteile, seit 1903 etwas mehr, die Sozialdemokraten kamen 1908 und 1913 auf 24 und 28 % der Stimmen, aber bloß auf 2 % der Mandate. Auch die Polen gehörten zu den Verlierern des Systems.

Eine wichtige zusätzliche Folge des Klassenwahlrechts war, daß auch die „Mittelparteien", Zentrum und Nationalliberale, im preußischen Landtag konservativer waren als im Reichstag, sie hatten sich mit den herrschenden Zuständen und dem konservativen Establishment arrangiert.

Seit 1885 verfügten Konservative und Freikonservative zusammen stets über mindestens 45 % der Sitze und konnten mit dem Zentrum oder den Nationalliberalen leicht eine Mehrheit bilden, die Linke war und blieb hoffnungslos in der Minderheit. Oberflächliche Betrachtung der Späteren neigt dazu, die konservative Herrschaft unmittelbar auf das Wahlrecht zurückzuführen. Gewiß, die 1849 in ihren konservativen Auswirkungen noch unvorhergesehenen Ungleichheiten des Wahlsystems, die Urwahlbezirksregelung von 1891 und das Festhalten an der Wahlkreiseinteilung kamen den Konservativen gewaltig zugute und befestigten ihre Herrschaft. Aber erstaunlich ist doch, daß das Klassenwahlrecht in der Konfliktzeit ein oppositionelles und bis 1879 ein liberales Parlament produziert, ja während des preußischen Verfassungskonfliktes die Konservativen benachteiligt hatte – 1863 hatten diese mit über 30 % der Stimmen nicht einmal 10 % der Sitze erhalten. Hier ist die konservative Umorientierung von Wählern, von Bürgern und Bauern seit 1879 entscheidend – die freilich dann durch das Wahlrecht potenziert wurde.

Wir werden in einem der nächsten Kapitel auch über andere Wahlsysteme noch handeln. Vorweggreifend ist zweierlei hervorzuheben: Sachsen und Hamburg sind, um sozialdemokratische Mehrheiten zu verhindern, zum Klassenwahlrecht übergegangen, sie nähern sich dem preußischen Typus an, machen ihn zu einem norddeutschen. Die süddeutschen Länder hingegen – mit ganz anderen Parteikonstellationen allerdings – gehen vom Zensus- zum allgemeinen Wahlrecht über, demokratisieren also das Wahlrecht. Das ist ein Gegentypus. Der Gegensatz zwischen allgemeinem Wahlrecht im Reich und dem Dreiklassenwahlrecht im Hegemonialstaat Preußen blockiert, wie wir sehen werden, die deutsche Innenpolitik vor 1914 wesentlich.

3. Die Parteien von 1890 bis 1914

Parteien sind maßgebliche Gestaltungskräfte moderner Politik, in ihnen artikulieren sich die gesellschaftlichen Bewegungen und die Ansprüche der Bürger auf politische Teilhabe und suchen das staatliche Handeln zu bestimmen. Das gilt auch für ein konstitutionelles System wie das deutsche, das auf einem Gegenüber von Regierung (und traditionellem Establishment) und Parteienparlament beruht, und zwar in wachsendem Maße. Die Parteien sind nicht der einzige, aber doch ein wesentlicher und unübersehbarer Faktor in der Politik der wilhelminischen Periode. Ihnen gilt jetzt unsere Aufmerksamkeit.

a) Organisation

Wir müssen zunächst einen Blick auf etwas so Prosaisches wie die Organisation der Parteien werfen. In den Anfängen des deutschen Parteiwesens verstand man unter Partei eine Fraktion im Parlament und die um eine politische Idee gruppierten Bürger, die Anhänger, die Träger einer Überzeugung. Man „gehört" zu einer Partei, weil man ihre Position teilt und vertritt und – gegebenenfalls sie wählt. Dafür aber ist man nirgends eingetragen, zahlt nirgends einen Beitrag. Partei ist dem viel engeren Begriff der Fraktion vor- und übergeordnet. Die ersten Verbindungen von Gesinnungsgenossen – der liberalen, der nationalen Partei an einem Ort, in einer Region – waren informell und personal oder liefen über das Netzwerk der Vereine. Aus diesen informellen Anfängen bildete sich die organisierte Partei im Lande als Honoratiorenpartei. Bei Wahlen war es nötig, Kandidaten zu nominieren, sich darüber zwischen den Städten und Kreisen des Wahlkreises abzustimmen, einen Wahlkampf – kleinen Ausmaßes einstweilen, mit ein paar Zeitungsanzeigen und zwei oder drei Versammlungen – zu führen und gewisse Kontakte mit den Fraktionen in der Hauptstadt, einem von ihnen etablierten Wahlbüro oder berühmten Parteiführern zu pflegen. Bei überraschenden Reichstagsauflösungen oder Ersatzwahlen war das ebenso, und zwar von heute auf morgen, nötig, insoweit bildete sich eine gewisse Kontinuität von Aufgaben. Dazu traten Personen zusammen, sozial angesehen und repräsentativ, Honoratioren eben, und bildeten ein Komitee, das nun für die Partei sprach und handelte bzw. sich mit anderen Komitees verband und den Kontakt zur Zentrale herstellte oder hielt. Die „demokratische" Praxis der 48er Revolution, Parteibeschlüsse in offenen „Volksversammlungen" zu fassen, hatte in den 60er Jahren noch die Fortschrittspartei in den Großstädten geprägt, aber die Sezession der Demokraten und Sozialdemokraten und die Spaltung des Liberalismus machten solche Verfahren – offene primaries sozusagen oder Akklamationsversammlungen – bald schon obsolet, spätestens seit der Mitte der 70er Jahre; auch im Linksliberalismus der Großstädte wurde die Versammlungsdemokratie von Vereinen abgelöst. Dominierend war also, und zwar in allen nicht-sozialdemokratischen Parteien, das Honoratiorenkomitee.

Die Zahl der politisch Aktiven war zunächst nicht so groß, als daß sich daraus für die informelle Komiteebildung Schwierigkeiten ergeben hätten – zudem war die Zahl der möglichen Kandidaten, auch, da keine Diäten gezahlt wurden, begrenzt. Obwohl diese Komitees oft wieder „einschliefen", wenn Wahlen anstanden, hatte das frühere Komitee einen natürlichen Vorsprung, daraus ergab sich mit der Zeit eine Kontinuität, informell noch vielfach und so, daß man Neukommer einfach mit hinzuzog. Aber die Zusammenarbeit der Kreiskomitees im Wahlkreis, der Zusammenhang zwischen städtischem Komitee und ländlichen „Vertrauensmännern" mußten doch auch formell geregelt werden, um Reibungsverluste zu vermeiden, und für die Stichwahlverhandlungen mit anderen Parteien brauchte man ebenso ein formal anerkanntes Gremium. Insofern haben sich die Honoratiorenkomitees einigermaßen stabilisiert. Gegen Ende der 70er Jahre fingen die Wahlkämpfe an, etwas lebhafter zu werden. Während die Konservativen sich seit 1878/79 wieder auf die indirekte Hilfe der Bürokratie und die abhängige Klientel der großen Grundbesitzer und das Zentrum sich auf Klerus und katholische Vereine stützten, mußten die Liberalen Leute gewinnen, die im Wahlkampf mithalfen, Wahlscheine und Flugblätter verteilten, Versammlungen organisierten und säumige Wähler, die der Partei nahe zu stehen schienen, zur Wahl holten, „schleppten", wie man das nannte – das eben waren die schon erwähnten „Vertrauensmänner", die auch in den Städten eine Rolle spielten. Diese Vertrauensmänner gewannen dann zusätzlich Funktionen, sie stimmten den Nominierungen zu, entschieden mit über die liberalen Parteiorientierungen, -spaltungen oder -fusionen, über Stichwahlempfehlungen etc. Sie wurden ein weiterer Kreis um das Komitee herum, aber immer noch im Rahmen der von Honoratioren bestimmten Struktur. Diese Vertrauensmänner sollten zudem nach außen möglichst viele Schichten der Wählerschaft repräsentieren, darauf achtete man bei ihrer Auswahl.

Die Beziehungen zwischen Komitees und Vertrauensmännern (und Vereinen, wo es welche gab) und den politischen Zentralen waren oft locker, die örtlichen Gruppen der Liberalen, Nationalliberalen und Konservativen haben keineswegs immer und oft nur zögernd die fraktionellen Umgruppierungen und Neubildungen der zentralen Parteien mitgemacht. Die altmodische Tradition, die „Partei" als die Anhängerschaft eines politischen Glaubens, einer Idee aufzufassen, betonte Grundrichtungen und mochte die situations- und taktikbezogene Fraktionsbildung geringer schätzen. Erst in den 80er Jahren setzte sich die „Fraktionierung" der Organisationen durch, wenn auch stellenweise noch bis 1900 gesamtliberale oder gesamtnationale Relikte erhalten blieben. Aber auch die fraktionsloyalen Lokalorganisationen fühlten sich den Zentralen der Abgeordneten, ja auch den eigenen Abgeordneten gegenüber sehr unabhängig, die Wiederaufstellung auch eines bisherigen Abgeordneten war keineswegs sicher. Entsprechend waren auch die Aktivitäten der Zentralen (Wahlkampfkoordination; Propagandamaterial, Parteikorrespondenzen herstellen) nicht sehr intensiv, wenig bürokratisiert und stark personenabhängig. Eugen Richter war der berühmteste organisationsaktive „Parteiarbeiter", geradezu ein Berufspolitiker, der Sezessionist Heinrich Rickert, der versuchte, dem mit ähnlichen Mitteln zu begegnen, blieb ein gewandter und tätiger Honoratiorenpolitiker.

Kurz, aus den Anhängern einer Idee wurden zwar organisierte Parteien den parlamentarischen Fraktionen zugeordnet, aber die Organisation war locker, unbürokratisch, wenig zentralisiert, nicht sehr effektiv, sie entsprach dem Charakter des politischen Betriebes, eben der Honoratiorenpolitik. Außerhalb der Wahlzeiten konnte von einer, gar kontinuierlichen, Aktivität dieser Partei„organe" nicht eigentlich die Rede sein. Die Fraktionen wenigstens bildeten „Zentralwahlkomitees", die immerhin auch zwischen Reichs- und Landtagsfraktionen koordinierten, sie wurden Vorformen einer Art Parteileitung.

Die in beiden Richtungen lockeren Bindungen zwischen Wahlkreisorgan und Zentralorgan hingen natürlich auch mit dem Vereinsrecht zusammen, das bis 1899 den Zusammenschluß politischer Vereine im formalen Sinn verbot, auch deshalb blieben die Beziehungen ganz personenbezogen, nicht-institutionell. Das hat die Unabhängigkeit der Wahlkreisorganisationen zusätzlich gestärkt. Immerhin, zwischen Zentralwahl- und Wahlkreiskomitee entstanden Zwischeninstanzen, teils aus Wahlkampfrücksichten, aber vor allem aus dem Interesse an der innerparteilichen Meinungsbildung. Regionale Zusammenkünfte von Partei„freunden" wurden die ersten informellen Parteitage, und daraus wieder bildeten sich Landes-/Provinzialausschüsse oder Vorstände. Gegenüber den Wahlkreisen blieben diese Organe in allen Fragen der Wahlpolitik nachgeordnet, nur für die Artikulation der Stimmung im Lande gegenüber den Zentralen hatten sie eine gewisse Dominanz und auch ein gewisses Gewicht bei den Zentralen, wenn es Meinungsdifferenzen gab. Diese Landes- oder Provinzialorgane wurden dann mit dem Zentralorgan zu einer Art institutioneller Parteiführung verbunden, mit engerem und weiterem Ausschuß und – geschäftsführendem – Vorstand.

Wählt man die Vogelperspektive und läßt die vielen Übergänge außer acht, so ist die Lage der Parteien und damit auch ihre Binnenstruktur in der wilhelminischen Zeit und spätestens seit der Jahrhundertwende anders geworden, mit der Honoratiorenpolitik ist es vorbei, auch der politische Betrieb wird von der pluralisierten Massengesellschaft bestimmt. Das betraf die Parteien in dreifacher Hinsicht. Einmal, und das wird leicht vergessen, die Gesellschaft pluralisierte sich, es gab mehr und stärker unterschiedliche Gruppen mit vielfältigeren und schärfer artikulierten Interessen. Auch die politisch aktiven Teile der Mittel- und Oberschichten wurden in dieser Weise pluralisiert. Die alten und einfacheren Parteigegensätze nach ideen- und verfassungspolitischen Grundrichtungen wurden von diesem neuen Pluralismus überlagert, differenziert, ja zerfasert. Die „Aufgabe" der Parteien, politische Strömungen und Stimmungen in wenigen Hauptpositionen zu artikulieren und zu integrieren, wurde zunehmend schwieriger. Auch rein politisch differenzierten sich in einem Mehrparteiensystem die Optionen, die Flügel der Parteien bildeten sich entsprechend schärfer heraus, die Artikulation des „Parteiwillens" wurde aus einer Selbstverständlichkeit zu einem Problem.

Dieser Komplex – Pluralisierung und Integration – wurde nun zum zweiten verschärft durch die Ökonomisierung der Politik und die Verschiebungen der Sozialstruktur. Der Interventionsstaat machte – über Zölle, Steuer- und Sozialpolitik – wirtschaftspolitische Fragen für die Parteien und ihre Anhänger immer wichtiger. Das wurde durch das politische System intensiviert: Die Anpassung der Parteien an den Status quo drängte die verfassungspolitischen Grundunterschiede zurück, die nationalpolitischen Gemeinsamkeiten überwogen die diesbezüglichen Unterschiede. Das altkonstitutionelle Gegenüber von Regierung und Parteien, also die „fehlende" Verantwortlichkeit oder Regierungsbeteiligung der Parteien, schwächte, weil es keinen „Preis" gab, deren Integrationskraft – in sich selbst wie untereinander –, darum war die Pluralisierung der wirtschaftlichen Interessen so mächtig. Zudem hatte sich die Zusammensetzung der Gesellschaft grundlegend geändert: Nicht mehr die ländliche und kleinstädtische Selbständigkeit von Bauern, Handwerkern, Kaufleuten und freiberuflichen Akademikern (und den ihnen nahen Beamten), sondern die großstädtische Abhängigkeit der Unselbständigen, der Arbeitnehmer, der – soweit die bürgerlichen Parteien in Frage kommen – Angestellten bestimmte die Struktur der modernen Gesellschaft. Auch die nicht-sozialdemokratischen, die Nicht-Arbeiterparteien mußten sich dieser Umschichtung der Gesellschaft anpassen.

Noch wichtiger war das in bezug auf die dritte Fundamentalveränderung. Die sich verändernde Gesellschaft wurde unter den Bedingungen der ökonomisch-sozialen Interessenartikulation, der Emanzipationsbestrebungen der neuen Schichtungen und ihrer „Bewegungen", und natürlich unter den Bedingungen des allgemeinen Wahlrechts zu einer durchpolitisierten Gesellschaft und Wählerschaft. Diese Politisierung mobilisierte die mittleren Schichten und hier auch die „kleinen Leute", Bauern und Handwerker z. B., zwischen Proletariat und Establishment. Es war die olympische Abgehobenheit der Honoratioren, die in den 90er Jahren bei allen nicht-sozialistischen Parteien die „populistische" Rebellion oder Opposition provozierte. Volkstribunen und soziale Freibeuter konnten mit der „Entlarvung" von Leuten und Praktiken des Establishments Meinungsführer werden, das Stammtischgerede in die öffentliche Arena bringen, Antisemiten wie Böckel oder die Journalisten des Bayerischen Bauernbundes sind extreme Beispiele, genauso wichtig oder gefährlich wie solche Außenseiter waren neue und selbständige Sprecher innerhalb der Parteien. Der Honoratioreneinfluß auf die bisherigen Anhänger und gar die Wähler ging ganz wesentlich zurück. Die Parteien mußten versuchen, die populistische Opposition zu zähmen und zu integrieren, mußten auf die wechselnden Wählermeinungen hören und reagieren, die Milieus – sozialdemokratisch, katholisch, konservativ-agrarisch, liberal-protestantisch – hielten zwar, aber sie wurden in sich bewegter, die Grenzen fließender. Der Streit um Kandidaturen, Drohungen mit Gegenkandidaturen und Abfall von Randgruppen, die für einen Erfolg im ersten Wahlgang notwendig waren, und eben auch die Verwirklichung solcher Drohungen wurden für die Parteien der Rechten und der Mitte in den 90er Jahren immer wieder zum Problem. Insgesamt waren sie mit der Zähmung des Populismus erfolgreich, eines der Rezepte war Integration durch Organisation. In der konkreten Politik der Parteien zwar hat sich, außerhalb des Agrarsektors, nicht sehr viel geändert, die Maßnahmen zugunsten des alten städtischen Mittelstandes blieben zum guten Teil kosmetisch, aber der politische Stil war anders geworden, die Rhetorik und der Umgang mit populistischen Symbolwerten. Das freilich steigerte die Erwartungen der jeweiligen Klientel und zugleich die Frustrationen. Zwar, die Dauerkonjunktur nach 1895 hat die Lage entschärft, aber für die Mittelparteien, Nationalliberale und Zentrum, blieb sie labil. Wie immer, Pluralisierung, Ökonomisierung, Politisierung der Anhänger führten dazu, daß die Parteien sich intensiver und effektiver organisieren mußten.

Neben diese innerparteiliche Nötigung trat die Tatsache, daß die Wahlkämpfe und die Konkurrenz der Parteien wesentlich intensiver wurden, mehr Parteien traten in den Wahlkreisen an, es gab mehr Grenz- und potentielle Wechselwähler, die Wahlkämpfe wurden länger, es gab mehr Versammlungen und mehr Wahlpropaganda, und die Wahlkämpfe wurden dementsprechend teurer, durchschnittlich etwa 25000 Mark kosteten sie 1912 pro Wahlkreis. Das alles forderte mehr Organisation, mehr Aktivität einer Partei, ja so etwas wie einen Apparat.

Diese Veränderungen betrafen alle Parteien, aber in unterschiedlichem Maße. Die statische Wahlkreiseinteilung von 1867/71 sicherte eine lange Fortdauer ländlich-kleinstädtischer Strukturen da, wo es um die Macht, nämlich die Mandatsgewinne der Parteien ging; und weil die Großstädte mehr und mehr, spätestens seit 1903, sozialdemokratische Domänen wurden, waren großstädtische Verhältnisse für die Umbildung der innerparteilichen Strukturen noch nicht so entscheidend. Die Abgeordneten kamen mehr aus ländlichem und klein-/mittelstädtischem Bereich, das wurde für Parteiführung und Parteistruktur auch der Mittelparteien wichtig.

Alle drei Grundveränderungen erschütterten und veränderten am meisten das Gefüge der liberalen Parteien. Ihnen fehlte die eiserne Klammer des katholischen oder des agrarischen Interesses, das alle Pluralisierung und alle Randopposition überwölbte, ihre Anhänger waren unendlich individualisiert und auf kollektive Wir-Gefühle weniger als Katholiken und Landmenschen ansprechbar. Und sie waren von vornherein in Linke und Rechte gespalten (die Spaltung von Deutsch-/Freikonservativen war immer nur personell), diese Spaltung schwächte die „natürliche" Gefolgschaft der Liberalen. Das mußte umgekehrt ihre Aktivität ermuntern, sie mußten durch Organisation zu ersetzen suchen, was ihnen die Konsistenz und Selbstorganisation ihres Milieus nicht gewährte.

Die Mobilisierung der Wähler (und damit die Intensivierung der Wahlkämpfe) fing allerdings außerhalb der bürgerlichen Parteien an. Die Mobilisierungs- und Wahlerfolge der Sozialdemokraten, der agrarischen Massenorganisationen, anfangs auch der Antisemiten, generell der populistischen Bewegungen – sie beeinflußten auch die etablierten Parteien: Sie gerieten unter Konkurrenz- und Mobilisierungsdruck. Sie mußten, wir wiederholen es, intensiver und kontinuierlicher werben und sich in den Wahlkämpfen präsentieren; und sie mußten den Zusammenhalt ihrer Anhänger gegen Nachbarn, Verlockungen und Randgruppenabfall verstärken und dazu mehr Anhänger in die innerparteilichen Meinungsbildungen einbinden. Aus den lässig und kurzfristig betriebenen Wahlkämpfen wurden planmäßige, langfristige, arbeits- und geldaufwendige Kampagnen. Auch zwischen den Wahlen mußte eine Partei vor Ort präsent und sichtbar wie hörbar sein, zu wichtigen und nicht so wichtigen Angelegenheiten Stellung nehmen.

Aus all dem ergab sich, daß man die älteren informellen Praktiken formalisieren mußte, daß man einen kontinuierlichen, mehr oder minder bürokratisch arbeitenden Partei„apparat" aus zunächst ehrenamtlichen Funktionären und gelegentlich auch schon hauptamtlichen Sekretären brauchte, gewisse rationale Finanzierungsmethoden, regelmäßige und auch wirklich erhobene Beiträge, planmäßiges Spendensammeln, ja eine Art Budget. Und die „Mitglieder" der Partei wollten über ihren Kurs mitbestimmen, das erforderte entsprechende Verfahren und Institutionen. Auch um des inneren Zusammenhalts einer Partei, um des Interessen- und Flügelausgleichs willen war die Formalisierung der Willens- und Entscheidungsbildung, der Führungs- und Kandidatenauswahl und -bestätigung, kurz: der Legitimation, zunehmend wichtig. Demokratisierung und Integration des innerparteilichen Interessen- und Richtungspluralismus standen auf der Tagesordnung, das waren zwei Seiten desselben Problems.

Für die Konservativen und das Zentrum waren die Probleme weniger dringlich und die Lösungen leichter. Natürliche Autoritätsverhältnisse, Homogenität des Wählerstammes und Dominanz einer einzigen, der agrarischen oder der kirchlichen Loyalität, Unterstützung des staatlichen oder kirchlichen Apparates, überwiegend ländliche und viele sichere Wahlkreise, feste Milieugrenzen und das Fehlen von nahen Alternativen eines leichten Übergangs, begrenzte Konkurrenz um Führungspositionen – das machte es möglich, Zusammenhalt und Integration dieser Parteien wie Wahlerfolge noch auf der Basis der traditionell lockeren Parteiorganisation zu sichern. Dennoch, auch die Parteien der Autorität haben sich modernisiert. Die Organisation der Massenanhängerschaft und die Wahlwerbung wurden Sache von Nebenorganisationen: Der Bund der Landwirte übernahm diese Funktion für die Konservativen, unabhängig und mächtig; der Volksverein für das katholische Deutschland und die Katholikentage der katholischen Verbände und Vereine leisteten dasselbe für das Zentrum, hier blieb die Partei gegenüber den Verbänden (selbst gegenüber Bauernvereinen und Christlichen Gewerkschaften) dominierend und weitgehend unabhängig. Für die Parteihonoratioren genügte die Formalisierung der Parteistrukturen auf mittlerer und zentraler Ebene, gelegentlich in den Städten die Einrichtung eigener Vereine, die Kooptation zu den Komitees, um „alle Kreise" einzubeziehen, auf dem Lande genügte diese Kooptationspraxis. Faktisch war die Kursbestimmung in beiden Parteien Sache der Berliner Fraktionen oder ihrer Führungen.

Die Liberalen waren, wir sagten es, am stärksten von der Nötigung betroffen, ihre Parteien organisatorisch auf dem neuen Massenmarkt umzuorientieren, für Wahlen wie für Willensbildung. Was es in der Honoratiorenzeit erst in Ansätzen gegeben hatte, das Vereinswesen und die Parteitage, wurde jetzt planmäßig ausgebaut. Die Nationalliberalen z. B., von der agrarischen Bewegung ernstlich bedroht, mußten auch auf dem Lande Vereine bilden, um bäuerliche Anhänger nicht zu verlieren und um diesen Kreisen Einfluß zu garantieren – die Kandidatenaufstellung, die Wahlerfolge und damit die Zusammensetzung der Fraktion zwischen 1893 und 1906 sind davon geprägt. Seit der Jahrhundertwende gab es in den Städten die jungliberale Bewegung, wir werden davon erzählen, die neben einer gesamtpolitischen Erneuerung des Liberalismus die Organisation der bürgerlichen Anhängerschaft, gerade auch innerhalb des „neuen", abhängigen Mittelstands, eine große mitgliederstarke „Volkspartei" und innerparteiliche Demokratie auf ihre Fahnen geschrieben hatte. Ähnlich wirkten bei den Linksliberalen die nationalsozialen Anhänger Friedrich Naumanns. Kurz, die liberalen Honoratiorenparteien entwickelten sich zu bürgerlichen Mitgliederparteien: Über 2000 Vereine und knapp 300000 Mitglieder zählten die Nationalliberalen immerhin 1914/15, es gab Mitgliederlisten, und die Beitragszahlungen wurden einigermaßen kontrolliert; 1907 lag die Zahl der Vereine noch unter 1000, vorher hatte es keine halbwegs verläßlichen Zahlen gegeben. Die Fortschrittliche Volkspartei hatte 1912 knapp 1600 Vereine und etwa 150000

Mitglieder. Zu einer Ablösung der älteren Honoratiorenvorstände durch neue, im Vereinsbetrieb aufsteigende Aktivisten freilich ist es einstweilen noch nicht gekommen. Auf regionaler Ebene wurden Parteitage und Parteiausschüsse wichtiger; zwar standen sie gemeinhin unter dem Einfluß der Parteiführung, aber in innerparteilichen Konflikten hatten sie ein eigenes und nicht vorauszukalkulierendes Gewicht. Für die sich intensivierende Propaganda-, Organisations- und Finanzierungsarbeit gab es allmählich einen angestellten Stab von Provinzial- und Zentral-Parteisekretären, 50 waren es bei den Nationalliberalen 1914, 29 bei der Fortschrittlichen Volkspartei 1912. Die Finanzmittel der Zentralen waren freilich begrenzt, Spenden und Verbandssubventionen gingen an die einzelnen Wahlkreise und ihre Kandidaten. Insoweit haben die Anfänge der Bürokratisierung noch nicht zu einer stärkeren Zentralisierung und einer Beeinträchtigung der Autonomie der Wahlkreisorganisationen geführt. Dieses Kennzeichen der Honoratiorenparteien blieb, durch das Wahlrecht gestützt, bis 1918 erhalten.

b) Die Liberalen

Der Liberalismus und die liberalen Parteien sind seit den 80er Jahren in der Krise, ja im Niedergang, sie verlieren an Einfluß bei den Wählern, bei der Jugend, in der Öffentlichkeit. Die Zeit ihrer Größe und Macht scheint vorbei. Zugleich behaupten sie sich aber auch. Der Liberalismus ist zwischen Rechten und Linken gespalten, und er bleibt zugleich, vom protestantischen, bürgerlich-bäuerlichen Milieu her, eine Einheit. Für die politische Situation ist, das muß man heute betonen, beides, die Einheit und die Spaltung, von gleichem Gewicht.

Wir werfen einen Blick auf die Wahlergebnisse. Es ist gewiß verfehlt, dabei von den Reichsgründungsjahren auszugehen, das war eine Ausnahmesituation, für die Partei der Reichseinigung nicht die Normalität. Aber noch in den 80er Jahren lag der Wähleranteil der beiden liberalen Gruppen um 37%. (Im Unterschied zu den Zahlen in unserer Tabelle ist hierbei und in den folgenden Zahlen beim Linksliberalismus auch die an sich nur kleine Deutsche Volkspartei erfaßt.) Er sinkt bis 1903 auf 23,1% und beträgt 1912 25,9%, von fast zwei Fünftel sinkt er auf ein Viertel, befestigt sich aber auch in dieser Höhe. Man muß diese – relative – Selbstbehauptung der Liberalen, die zumeist übersehen wird, ausdrücklich festhalten. Die Zahl der Stimmen steigt sogar, von 1881 bis 1912 von 1,93 auf 3,16 Millionen, das ist ein etwas stärkerer Anstieg (um 64%) als das Bevölkerungswachstum (um 46%) und entspricht dem Anstieg der Wahlberechtigten (um 59%) überhaupt, gar nicht aber dem gewaltigen Anstieg der Wahlbeteiligung von 56,3 auf 84,9% (um 139%). Konservative und Zentrum blieben in dieser Hinsicht freilich noch hinter den Liberalen zurück, selbst im Vergleich zur Zunahme der Bevölkerung. Aber gegenüber dem Anstieg des sozialdemokratischen Wähleranteils im Zuge auch der Wählermobilisierung kamen die Liberalen nicht

Wahlbeteiligung, Stimmen- und Mandatsverteilung bei den Reichstagswahlen 1890–1912, in Prozent (Mandate auch in absoluten Zahlen)

Wahljahr	1890			1893			1898		
Wahlbeteiligung in %	71,6			72,5			68,1		
	Stimmen (in %)	Mandate (in %)	Mandate (abs.)	Stimmen (in %)	Mandate (in %)	Mandate (abs.)	Stimmen (in %)	Mandate (in %)	Mandate (abs.)
Konservative	12,4	18,4	73	13,5	18,1	72	11,1	14,1	56
Reichspartei	6,7	5,0	20	5,7	7,1	28	4,4	5,8	23
Nationalliberale	16,3	10,6	42	13,0	13,4	53	12,5	11,6	46
Fortschritt/Freisinn	16,0	16,6	66	12,6	9,3	37	9,7	10,4	41
Zentrum	18,6	26,7	106	19,1	24,2	96	18,8	25,7	102
Sozialdemokraten	19,7	8,8	35	23,3	11,1	44	27,2	14,1	56
Polen	3,4	4,0	16	3,0	4,9	19	3,1	3,5	14
Elsaß-Lothringer	1,4	2,5	10	1,5	2,0	8	1,4	2,5	10
Antisemiten	0,7	1,3	5	3,4	4,0	16	3,7	3,3	13

Wahljahr	1903			1907			1912		
Wahlbeteiligung in %	76,1			84,7			84,9		
	Stimmen (in %)	Mandate (in %)	Mandate (abs.)	Stimmen (in %)	Mandate (in %)	Mandate (abs.)	Stimmen (in %)	Mandate (in %)	Mandate (abs.)
Konservative	10,0	13,6	54	9,4	15,1	60	9,2	10,8	43
Reichspartei	3,5	5,3	21	4,2	6,0	24	3,0	3,5	14
Nationalliberale	13,8	12,8	51	14,5	13,6	54	13,6	11,3	45
Fortschritt/Freisinn	8,3	7,6	30	9,7	10,6	42	12,3	10,6	42
Zentrum	19,7	25,2	100	19,4	26,4	105	16,4	22,8	91
Sozialdemokraten	31,7	20,4	81	29,0	10,8	43	34,8	27,7	110
Polen	3,7	4,0	16	4,0	5,0	20	3,6	4,5	18
Elsaß-Lothringer	1,1	2,3	9	0,9	1,8	7	1,3	2,3	9
Antisemiten	2,6	2,8	11	2,2	5,5	22	2,5	2,5	10

Quelle: Ritter, Wahlgeschichtliches Arbeitsbuch, S. 40ff.

mit. Die Liberalen konnten nur um einen begrenzten Teil der Wähler konkurrieren, um protestantische und zunehmend nur noch nicht-proletarische Wähler; und die konnten auch konservativ oder gar nicht wählen. Bei den Wähleranteilen und Wählerzahlen pendelte sich zwischen den liberalen Großgruppen seit 1890 ein Gleichgewicht ein (mit einem gewissen Vorsprung der Nationalliberalen 1903 und 1907). Es gab Wechselwähler zwischen den liberalen Parteien, aber die änderten nicht das Gesamtergebnis.

Trotz der relativen Stabilisierung der Stimmenanteile: Die Liberalen verlieren Wahlkreise und Mandate, ihr Mandatsanteil im Reichstag sinkt von zwei Fünftel 1881 auf gut ein Fünftel 1912, von 162 auf 87 Mandate. Die Stimmenanteile waren nicht in Mandatsanteile umzusetzen. Das hing mit dem Wahlrecht zusammen, das regionale Wählerkonzentration – wie bei Katholiken, Agrariern und zunehmend sozialistischen Arbeitern – und die ländlichen Wahlkreise, also die der Konservativen und des Zentrums, begünstigte. Die liberalen Wähler waren verteilt, lange in ostelbisch-agrarischen und auf Dauer in großstädtischen Wahlkreisen in einer beachtlichen, aber permanenten Minderheit. Darum lagen die liberalen Wahlkreise verteilt über das Stadt/Land- und das Industrie/Landwirtschaftsspektrum und wiesen oft „gemischte" Strukturen auf. Liberale Chancen, die ein wenig die Nachteile der Zerstreutheit kompensieren mochten, hingen von der Parteikonstellation im Wahlkreis ab: Die Liberalen waren Parteien der Anti-Wähler – gegen das Zentrum, gegen die Sozialdemokraten oder gegen die Konservativen; im Süden und Westen waren die Nationalliberalen auch einfach die Ersatz-Konservativen. Das galt vor allem für städtisch-ländliche und für rein ländliche Wahlkreise. Die liberalen Parteien wurden darum Stichwahlparteien, mehr und mehr, gegen links oder rechts oder gegen das Zentrum, darum von Koalitionen, Absprachen und Rücksichten stärker abhängig. Die Nationalliberalen siegten zwischen 1871 und 1912 im Durchschnitt in der Hälfte, die Linksliberalen sogar in vier Fünfteln der Stichwahlen, an denen sie beteiligt waren; die Nationalliberalen gewannen 1890 23 ihrer 42 Mandate in Stichwahlen, 1912 41 von 45, die Linksliberalen 54 von 76 und 1912 alle 42. Die Linksliberalen behaupteten sich, wo sie gegen Sozialdemokraten oder gegen Konservative standen (1890 in 13 von 14 Stichwahlen gegen Sozialdemokraten, 31 von 43 gegen Konservative und Nationalliberale, 1912 21 von 29 und und 18 von 19), die Nationalliberalen vor allem, wo sie gegen Sozialdemokraten oder Zentrum standen, 1890 gewannen sie 12 von 21 Stichwahlen gegen die Sozialdemokraten, 1912 26 von 39, 1890 gab es nur zwei Stichwahlen mit Konservativen, eine gewannen sie, 1912 waren es vier und drei Gewinne. Die in den 80er Jahren noch häufigen innerliberalen Wahlkonkurrenzen und Stichwahlen wurden durchaus seltener, 1890 gab es noch 23 Stichwahlen zwischen Nationalliberalen und Freisinnigen, 1912 nur noch drei, die Linksliberalen gewannen dabei in 16 bzw. in zwei Fällen. Neben der Angewiesenheit auf die Unterstützung anderer Parteien war eine weitere Folge der Lage, daß viele Wahlkreise, vor allem bei den Nationalliberalen, wenig repräsentativ für Wähler und Mitglieder der

Partei waren, das ländlich-kleinstädtische Milieu war überrepräsentiert, das forderte seine Rücksichten und seinen Preis. Endlich verstärkten die Bündnisrücksichten – auf Sozialdemokraten oder Konservative – die zwischenliberalen Gegensätze und Spannungen ganz erheblich. Mag die Spaltung die Wählerzahlen nicht gedrückt haben, die Bündnisrücksichten und die nationalliberale Einbeziehung fast konservativer Randwähler hat die Handlungsfähigkeit der liberalen Parteien wesentlich herabgesetzt.

Es gab weiterhin regionale Schwerpunkte – die Nationalliberalen hatten solche in Schleswig-Holstein, Hannover, in Hessen-Darmstadt, in Baden, in der Pfalz und in Franken, die Linksliberalen in den Ostseestädten, in Kiel, Hannover, Frankfurt und Straßburg sowie in Niederschlesien und die Volkspartei in Württemberg.

Auch bei den Landtagswahlen, also unter anderen Wahlrechten, fielen die Liberalen zurück, an Stimmanteilen und Mandaten: im preußischen Landtag von 244 Abgeordneten (56,8% der Mandate) im Ausnahmejahr 1874 über 126 (29,1%) 1883 auf 113 (25,5%) 1913, in Bayern 1881–1912 von 70 (44,0%) auf 30 (18,4%) – hier allerdings bei geändertem Wahlrecht; etwas besser blieb ihre Lage in Sachsen oder Baden. Nur in den Stadtparlamenten, auch hier bei ungleichem oder Zensuswahlrecht, blieben die liberalen Positionen stark.

So wichtig Wahlrecht und -praxis waren, die Gründe für den Rückgang von Wähleranteil und von parlamentarischem Gewicht liegen noch tiefer und sind umfassender. Gewiß, das strukturbedingte Anwachsen der Arbeiterschaft, der Erfolg der Sozialdemokraten im Prozeß der Politisierung der Massen, war ein Hauptfaktor, wie überall in Europa, wo es das allgemeine Wahlrecht gab und eine selbständige Arbeiterpartei. Aber es gab besondere Probleme des Liberalismus. Zuerst: Die klassischen liberalen Wert- und Zielvorstellungen gerieten in eine Krise. Ein Teil dieser Ideale war verwirklicht, ja allgemein anerkannt, für sie einzutreten wurde trivial oder defensiv, altmodisches Gralshütertum. Die Freiheit der Kultur, der Wissenschaft, des Glaubens, der Presse oder ganz allgemein der Rechtsstaat zum Beispiel, das konnte zwar in Konfliktfällen noch Emotionen erregen – gegen die Zensurversuche der Lex Heinze z.B. –, aber das war kein Ziel von mobilisierender Kraft, keine Zukunftsantwort. Die Freisetzung, die Emanzipation des Individuums, die generelle Vergrößerung seiner Entwicklungschancen waren nicht mehr eigentlich aktuell, weder die Erweiterung zur Idee der Selbstverwirklichung noch die Stilisierung von sozialen Wünschen zu – neuen – „Menschenrechten" wäre der Zeit angemessen gewesen. Auch das Abschaffen noch bestehender Bindungen oder Autoritäten hatte keinen sonderlichen Rang auf der Tagesordnung. Soziale Frage und Interventionsstaat, Klassen- und Interessenkämpfe, Imperialismus – das waren die großen Wirklichkeiten. Der klassische naturrechtliche Individualismus – wie ihn Eugen Richter unverdrossen vertrat – wurde zu einer Sache von gestern. Und auch die Entgegensetzung Individuum versus Staat wurde altmodisch, weil Gruppenzwang und soziale Herrschaft als moderne Gefahren für die individuelle Freiheit erkannt wurden.

Auch das Ideal einer staatsfreien Gesellschaft verlor an Überzeugungskraft. Der Staat als ordnend verteilende, Freiheit garantierende Instanz gewann eine moderne Funktion, die ältere Hinneigung der deutschen Liberalen zum Staat als Agenten von Freiheit und Reform gewann eine neue Rechtfertigung, konservative Liberale mochten den Staat vor dem Individuum ins Zentrum der modernen Kultur setzen, dann wurde es erst recht schwer, das eigentlich Liberale herauszustellen. Und das Element an Gleichheit, das zum klassischen Liberalismus gehörte, weil relative Gleichheit eine Voraussetzung der Freiheit war, schien mit der Rechtsgleichheit erfüllt, ja wurde in der modernen Klassengesellschaft begrenzt durch die Rücksicht auf die „natürlichen" Ungleichheiten, sei es aus Selbstinteresse, sei es, weil man den Gegensatz zwischen Freiheit und Gleichheit realisierte und dann für den Vorrang der Freiheit optierte. Die Realität der Klassengesellschaft höhlte den Anspruch des älteren Liberalismus auf Allgemeinheit aus. Das, was liberaler Glaube gewesen war, der pausbäckige Glaube an Vernunft und Aufklärung, Fortschritt und Modernität, an die Zukunft und den Rückenwind der Weltgeschichte, an die Einheit von Freiheit und Glück, das wich der Skepsis und den Ambivalenzen, dem Leiden an Modernisierungsfolgen, Entfremdung, Bürokratisierung und pluralistischer Aufspaltung oder dem simplen Pragmatismus des Tages, und damit schwand der Elan, die eigene Vision zu verwirklichen. Kurz, an die Stelle des Elements von Aufbruch und Glauben, das zum frühen Liberalismus gehört hatte, war die Prosa des Alltags getreten. In gewisser Weise hat die klassisch liberale Legitimationsphilosophie, „letzte", unentscheidbare, nicht konsensfähige Fragen auszuklammern, durch Verfahrensregeln und Diskussion zu umgehen, das begünstigt. Das sieglose Ende des verfehlten Kulturkampfes hat diesen Glaubensverlust verstärkt.

Das große politische Ziel der Liberalen noch der 70er Jahre, der freiheitliche Aus- und Umbau des Reiches, die Stärkung des Parlaments, war in der Krise von 1879 und dem tragischen Ende des Thronfolgers 1888 gescheitert, einstweilen jedenfalls. Das schien keine Chancen zu haben, auch angesichts der Heterogenität der Parteien und der Gesellschaft, das fand bei den Wählern offenbar keine große Resonanz mehr, hatte keine mobilisierende Kraft, ja der nationalliberale Teil gab die alte liberale Idee der parlamentarischen Regierung überhaupt auf, die Sorge vor den „Massen" und die teils resignierende, teils zufriedene Einpassung in den Status quo dominierten.

Ein anderes Zentralthema des liberalen Wertekosmos, der wirtschaftliche Liberalismus, zerfiel. Die Gewerbefreiheit und die privatkapitalistische Marktwirtschaft gehörten zum festen Bestand der anerkannten Ordnung. Der Freihandel wurde eine Sondersache der Linken, der es nie mehr gelang, daraus ein gesamtpolitisches Rezept zu entwickeln. Der Glaube an die Harmonie, die der Markt endlich herstellen werde, zerfiel, die un-liberale Neigung zur Staatsintervention wuchs.

Die nationale Sache endlich, jahrzehntelang doch ein Herz- und Glaubensstück der Liberalen, eine Zukunftsvision von großer mobilisierender Kraft, war, wir haben davon ausführlich gesprochen, einmal mit der Reichsgründung siegreich gewesen, und sie war sodann auch von den anderen, der Regierung und den Konservativen vor allem, übernommen worden oder hatte sich verselbständigt, sie war kein Monopol der Liberalen mehr. Die Liberalen waren in ihrem rechten Flügel Machtnationalisten geworden, Macht rangierte vor Freiheit, aber auch sie waren nicht mehr der Kern der nationalen Bewegung, nur noch ein Teil derselben. Das war die neue Normalität, die die Liberalen seit 1879 zu einer Parteigruppe unter anderen machte und ihnen ein andermal ein profilierendes Ziel und eine Zukunftsvision nahm. Die Idee der nationalen Gemeinschaft, die die Liberalen getragen hatte, kehrte sich schließlich auch gegen sie, sofern sie Partei und Parteien blieben und eigene liberale Ziele verfolgten.

Sieht man die Sache von den Anhängern und Wählern, von den gesellschaftlichen Gruppen her, so kann man sagen: Das liberale Milieu, obwohl es sich, wie gesagt, hielt, war nicht sehr stabil, sondern eher labil, es war nicht geschlossen und fest, sondern offen und locker, mit breiten Randzonen und scharfen inneren Trennlinien, ja Brüchen, es war inhomogen, es war schwer für Politik zu mobilisieren, in wahl- und parteipolitischen Entscheidungen zu konzentrieren und zu überführen, es war für neue Wähler nicht besonders attraktiv, es konnte mit dem vorpolitisch konfessionell, ökonomisch, sozial gestützten katholischen, dem agrarischen wie dem proletarischen Milieu schwer konkurrieren, weil es nicht deren Selbstverständlichkeit besaß und deren Bereitschaft, sich zu einheitlich kollektivem Handeln bündeln zu lassen. Bürgertum, der Kern doch des Liberalismus, war ein fließender Begriff, Bürger, Protestanten gar, waren Individualisten. Die liberale Modernisierung gerade produzierte den Antagonismus der Mittelklassen nach Sektoren wie Schichten. Alles, was wir über die Liberalen in der Krise von 1878/79 gesagt haben, gilt auch hier.

Die bürgerlichen Vereine und der nicht-orthodoxe Protestantismus ließen sich nicht mehr als Basis der Politik der liberalen Parteien verwenden, die nationalen Vereine verselbständigten sich oder wurden gar vor 1914 Teil einer „neuen Rechten". Die Interessenverbände nagten das Wähler- und Anhängerpotential von rechts her an, sie vertieften die liberale Spaltung und desintegrierten überdies die nationalliberale Partei noch weiter; weil wirtschafts- und sozialpolitische Entscheidungen – mangels anderer – eine Art Priorität gewannen, wurden die Interessengegensätze so wichtig, jede Entscheidung für ein lautstarkes Interesse mußte andere verletzen, die mühseligen Kompromisse waren keine Ansatzpunkte zu wirklicher Integration oder stärkerer Anziehungskraft. Die Liberalen verloren Teile des Bauerntums und des Landvolkes und vielleicht – das wissen wir nicht genau genug – auch Teile der arbeitenden Klassen, sofern die schon in den 70er Jahren gewählt und liberal gewählt hatten; sie verloren jedenfalls die Meinungsführerschaft im alten Mittelstand und in Teilen der Groß- und Schwerindustrie. Von daher muß man die Statistik der wachsenden Stimmenzahl der Liberalen doch noch relativieren. In manchen Teilen des Südens und Westens gibt es keine Konservativen, da werden die Nationalliberalen, wie gesagt, zu Ersatzkonservativen. In gemischt konfessionellen Wahlkreisen, in der Pfalz z. B., sind sie die Anti-Katholiken, in den großen Städten und den sozialdemokratischen Industrieland-Regionen die Anti-Sozialdemokraten, immer sind ihre Kandidaten da Sammlungskandidaten, deren Stimmen über das liberale Milieu hinausreichen.

Der Eintritt der Massen in die Politik und die größeren Integrationsprobleme bei immer steigender Pluralisierung, etwa durch Interessen, also sind den Liberalen nicht zugute gekommen. Sie haben sie, jedenfalls in ihrem relativen Gewicht und in ihrer Handlungsfähigkeit, sogar beeinträchtigt.

Wenn man das alles als strukturelle Krise des Liberalismus begreift und als Kette von Niederlagen, dann war das doch auch eine Herausforderung für die liberalen Parteien, auf die sie eine Antwort oder eine Kombination von Antworten zu finden suchen mußten. Es gab drei Gruppen von Antworten.

Erstens: Man konnte resignieren und weitermachen, vom Erbe zehren und es wahren, die Wahlsituation der Mitte ausnutzen. Das hieß z. B. das Kulturkampffeld besetzen, so Anfang der 90er Jahre im Kampf gegen den preußischen Volksschulgesetzentwurf des Ministers Zedlitz oder gegen die Einschränkungen der Meinungsfreiheit im Entwurf der Lex Heinze. Der im wesentlichen anti-katholische Evangelische Bund wurde zu einer Massenorganisation, die in diesem Sinn den Nationalliberalen nahestand, weil die, anders als die Konservativen, eine harte Anti-Zentrumspartei waren. Das hieß weiterhin, den Rechtsstaat gegen Ausnahmegesetze wie Umsturz- und Zuchthausvorlage zu verteidigen und sich trotz mancher Schwankungen vor Ort vom Antisemitismus abzugrenzen, das hieß, die noch ausstehende Einheit des bürgerlichen Rechtes durchzusetzen; das hieß Abwehr von Einschränkungen der Parlamentsrechte oder der Wirtschaftsfreiheit. Das war alles ehrenwert, aber eher defensiv und reagierend als fortgestaltend und initiativ. Das bestimmte die Politik jedenfalls der 90er Jahre hauptsächlich. Die Freisinnige Volkspartei Eugen Richters versteinerte bis zu seinem Tod 1906 zur doktrinären Opposition, die Freisinnige Vereinigung, das andere linksliberale Spaltungsprodukt von 1893, zur Freihandelslobby, die Nationalliberalen degenerierten zu einem einigermaßen perspektivelosen Opportunismus, unter dem Druck des Bundes der Landwirte und ihrer ländlichen Wahlkreise mit stark agrarischer und insoweit pro-konservativer Schlagseite. Was die Kooperation im Reichstag betraf, so hieß das, daß die Linksliberalen isoliert waren – die alte Oppositionsverbindung mit dem Zentrum spielte keine besondere Rolle mehr; die Nationalliberalen hatten nur die Möglichkeit zu einer Kooperation mit den Konservativen, aber das gab keine Mehrheit.

Die zweite Richtung, in der man Antwort auf die Krise suchte, und das ließ sich mit anderen Antworten durchaus kombinieren, war die Organisation der Partei, wir haben davon gesprochen, war der Übergang vom Typus der locker und informell verbundenen Honoratiorenpartei zur Mitgliederpartei mit Ortsvereinen, regionalen und zentralen Instanzen neben den Fraktionen, Parteibüros und Parteiangestellten. Formelle Mitgliedschaft sollte die Verankerung und die Resonanz der Parteien im Wählervolk stärken, feste Vereine und ein regulärer Instanzenweg und formale Verfahrensregeln sollten die Parteien auch zwischen den Wahlkämpfen präsent halten, sollten jederzeit für Wahlen bereit sein und sollten die Pluralität von Meinungen und Interessen – lokalen, ökonomischen, sozialen, taktischen – integrieren, ausgleichen, in legitimierte Entscheidungen überführen. Das war ein mühseliges Beginnen und brauchte lang, auf die Dauer war es erfolgreich, zumal im Jahrzehnt vor 1914. Bei den Nationalliberalen, wir wiederholen es, gab es 1890 ca. 300, 1907 – im ersten Jahr mit Berichtspflicht – 940 der Zentrale bekannte Vereine, 1914/15 2207. Die Zahl der Mitglieder lag 1910 bei etwa 200000, 1914/15 bei fast 284000, 1912 waren es etwa 11% der nationalliberalen Wähler; das Zentralbüro hatte 1903 zwölf, 1909 schon 17 Angestellte. Bei den Linksliberalen – das hing mit ihrer Oppositionsrolle zusammen – hatte Eugen Richter schon seit Mitte der 70er Jahre die Vereinsorganisation vorangetrieben, 1881 kann man mit mindestens 20000 aktiven Mitgliedern rechnen. 1884 gab es um die 200 Vereine, 1893 418. Die vereinigte Fortschrittliche Volkspartei verfügte 1912 über knapp 1600 Vereine und etwa 150000 Mitglieder (etwas weniger als 10% ihrer Wähler). Diese neue Parteistruktur hat gewiß die innerparteilichen Diskussionen – auf Delegierten- und Parteitagen – angeregt und ist nicht unwichtig für das, was man seit 1907 an „Erneuerung" des Liberalismus ausmachen kann. Aber das alles kam doch spät. Die Honoratiorenelemente der Parteien blieben stark, besonders weil die landgeprägten Wahlkreise oft nicht gerade (wie größere Städte) Bastionen der Mitgliederstärke waren, die Wahlkreisorgane blieben sehr unabhängig, ebenso Abgeordnete und Fraktionen gegenüber Parteitagen und -vorständen. Und, geliebt waren diese Parteivereine im bürgerlichen Milieu wohl nicht; andere politische Vereine, nationale und sozialreformerische, spielten eine größere Rolle – an die Millionen der Kriegervereine (2,8 Millionen 1913) oder des Flottenvereins (über eine Million 1913) reichten die Parteien nicht heran. Die Bildungsschicht etwa, die im Liberalismus der Jahrhundertmitte so tätig gewesen war, blieb im allgemeinen, ob Mitglied oder nicht, in einer gewissen Distanz zum Parteibetrieb.

Im Gefüge der Interessenverbände – wir kommen im nächsten Kapitel ausführlich darauf zurück – waren die Liberalen lange Zeit wenig erfolgreich. Die enge Allianz mit dem Bund der Landwirte in Hannover und Hessen konnte zwar den Nationalliberalen bis 1907 Wahlkreise sichern, aber nur um den Preis starker agrarisch-konservativer Einfärbung; auf die Dauer ließ sich die agrarische Rechte, die „Landbündler" im Süden und Süd- und

Mittelwesten, nicht in den Nationalliberalismus einbinden, da verloren die Liberalen dann auch Wähler. Die beiden konkurrierenden Industriellenverbände waren nicht wählerwirksam, auch wenn sie finanziell bei Wahlkämpfen und in der Auseinandersetzung um die meinungsbeeinflussenden Eliten eine Rolle spielten. Die Nationalliberalen mußten zwischen dem schwerindustriellen Centralverband Deutscher Industrieller und dem eher die Leicht- und Exportindustrie und die mittleren Betriebe organisierenden Bund der Industriellen, zwischen pro- und anti-konservativen Tendenzen dieser Verbände hindurchlavieren. Erst die Krise von 1909 hat die Lage etwas gebessert, jetzt gab es den großen antiagrarisch-antifeudalen Hansa-Bund, der Wirtschafts- und Geldmacht und Wähler aus dem alten wie neuen Mittelstand aufbot. Das kam den Liberalen zugute, ebenso wie ihre eigene antikonservative Gründung eines Deutschen Bauernbundes. Aber zu mehr als einer Selbstbehauptung reichte das nicht. Eine wichtige neue und schnell sich vergrößernde Schicht, auf die die Liberalen setzten und setzen konnten, waren seit der Jahrhundertwende etwa die Angestellten. Arbeiterorganisationen im Umkreis des Liberalismus, Hirsch-Dunckersche Gewerkvereine bei den Linksliberalen, evangelische und „Gelbe" bei den Nationalliberalen, spielten keine quantitativ nennenswerte Rolle. Daß der Liberalismus als Kulturmacht weit über all das hinausreichte, in den Städten, den Universitäten, der Presse auch, ist wahr; überall und in allen Sektoren des Lebens, außerhalb von katholischer und sozialistischer Welt, gab es Liberale, aber das spielte (partei)politisch letzten Endes keine große Rolle.

Die dritte Gruppe von Antworten kreiste um die Frage einer neuen programmatischen Orientierung und Perspektive. Eine Möglichkeit schied, obschon öfter erörtert, im Grunde aus. Keine liberale Partei konnte und wollte betont eine Klassenpartei werden. Die Tradition des Liberalismus war am Ideal einer klassenlosen Mittelschichtsgesellschaft orientiert gewesen, das war in der Realität der Klassengesellschaft gescheitert. Aber da alle Liberalen den Klassenkampf überwinden wollten und in der Nation ein Gegenprinzip gegen die Klasse sahen, wäre das Konzept der „bürgerlichen" Klassenpartei ein endgültiger Abfall gewesen. Weiterhin waren das Bürgertum oder die bürgerlichen Klassen keine genügend homogene Gruppe, daß sich darauf irgend konkrete Politik stützen ließ, das war ja das Problem der Interessenkonflikte. Es gab kein Interessenfundament, auf das der rechte oder der linke Liberalismus hätte bauen können. Schließlich wollte und konnte man nicht auf die Bauern und das Landvolk verzichten, und die Nationalliberalen wollten sich vor 1909 nicht zu einer Art anderem Klassenkampf gegen die Konservativen entschließen, die doch – nun holte sie der Klassenkampf freilich ein – so verläßliche Anti-Sozialisten waren. Der Versuch, die moderne Welt der Städte, des Handels und der Exportindustrie, ja des Kapitalismus und der Verbraucher gegen die Dominanz der überlebten feudalen Agrarier, der Junker zu vereinen, wie ihn Georg von Siemens, Bankdirektor und Mitglied der Freisinnigen Vereinigung, mit einem „Handelsvertragsverein" gegen die Schutzzöllner an der Jahrhundertwende unternahm, scheiterte zwischen den Arbeitern, den Bauern, den uneinigen Bürgern.

Eine andere Strategie der Erneuerung stand im Zeichen der Nation. Nation war wichtiger als das Individuum, seine Rechte und sein Glück. Die bevorzugte Antwort zunächst der Nationalliberalen auf die Frage nach der neuen Perspektive war eine neue Form der „nationalen" Politik. Als die nationale Einheit erreicht war, war die nationale Macht zum Ziel geworden. Jetzt, seit den 90er Jahren, ging es um imperialistische Weltpolitik, um Flotten- und Kolonialpolitik. Der Herausforderung durch die Realität vor allem des britischen Imperialismus konnte sich, so schien es, kein Verständiger entziehen, Imperialismus war das Gebot der Stunde, war das Gebot des Überlebens einer machtvollen Nation. Die Nationalliberalen wollten die Partei eines realpolitischen Imperialismus sein, der all die sie plagenden Meinungs- und Interessenpluralitäten integrieren und Ziele setzen würde, ja auch zu sozialer Harmonie und Verbesserung der Lebenschancen für alle führen mochte – oder gar den Ruf nach immer neuen inneren Reformen konservativ neutralisieren sollte. Die Linksliberalen haben langsam eine – moderatere – Version des Imperialismus übernommen, zuerst die Freisinnige Vereinigung, während die Partei Richters bis zu dessen Tod 1906 anti-kolonialistisch und anti-imperialistisch blieb, auch dergleichen Unternehmen an der Elle der Rentabilitäts- und Haushaltsrechnungen maß. Bei den Linksliberalen gab es vor 1914 immer auch Imperialismusskeptiker, und sie wie die liberal-progressiven Imperialisten waren zumeist auch Anhänger internationaler Verständigungsbemühungen. Aber mit dem Imperialismus war es so wie mit dem Nationalismus nach 1870, man konnte ihn nicht zur liberalen Monopolsache machen.

Ebenfalls eine Erneuerungstrategie war, modern gesprochen, der Sozialliberalismus. In der Bismarckära waren die Linksliberalen – individualistisch, manchesterlich, für Selbsthilfe, gegen Staatshilfe – ganz ablehnend gegenüber der Sozialpolitik. Es war der nationalliberale Parteiführer Miquel gewesen, der sein im ganzen konservativ gerichtetes Programm noch 1890 mit weitreichenden sozialpolitischen Plänen, für ein liberales Assoziations- und Koalitionsrecht, eine Neuverteilung der Steuerlasten zugunsten der Unterschichten, verbunden hatte; aber daraus war nichts geworden. Seit den 90er Jahren haben die liberalen Parteien – mit Ausnahme eines kleinen schwerindustriellen rechten Flügels der Nationalliberalen – wie gesagt alle Versuche, das Koalitionsrecht einzuschränken oder die Sozialdemokraten wieder unter Ausnahmerecht zu stellen, abgelehnt. Die Mehrheit, auch der Nationalliberalen, hat die vorsichtige Sozialpolitik des Arbeiterschutzes, der Konfliktlösungsinstanzen, des Versicherungsausbaus mitgetragen, auch in dem wechselvollen Auf und Ab von Berlepschs „Neuem Kurs" über die Ära Stumm bis zu Posadowsky. Da schlug der Sozialismus der Gebildeten, die Moralpolitik der Sozialreform, durch. Aber das hatte keine herausragende Priorität, das war keine liberale oder gesamtpolitische Erneuerungsstrategie, über die vage Hoffnung einer allmählichen Befriedung der Arbeiterklassen hinaus.

Die Erneuerung des Liberalismus im Zeichen eines Sozialliberalismus ging nach 1900 von Linksliberalen aus, von Sezessionisten in der Freisinnigen Vereinigung, wie dem alten Freihandelsprotagonisten Theodor Barth, von der schwäbischen Volkspartei, die schon 1895 sehr weitgehende sozialpolitische Forderungen in ihr Programm gesetzt hatte, und von der neuen Gruppe der National-Sozialen, die 1902 sich der Vereinigung anschloß. Ihr Wortführer war Friedrich Naumann, ursprünglich Pfarrer aus dem Umkreis Stoeckers, dann auf dem Wege zum Liberalismus, Vereinsgründer, Publizist, politischer Schriftsteller, Redner und schließlich Abgeordneter. Intellektuelle Zeitgenossen und nachgeborene Historiker, von Wort- und Schreibgewalt und Ideenfülle immer beeindruckt, waren und sind leicht geneigt, seine reale Bedeutung in der Politik, auch der Parteipolitik vor 1914 zu überschätzen, er ist, auch über einen seiner jungen Leute, Theodor Heuss, dem ersten Präsidenten der Bundesrepublik, zu einer Art „Mythos" geworden. Dennoch, auch wenn er keine Massen bewegt hat, so hat er die gebildete bürgerliche Jugend bewegt und den Liberalismus der Vorkriegszeit mitgeformt, ja umgeprägt, auch mit seinen vielen Illusionen und Utopien, wie der von der Versöhnung von „Demokratie und Kaisertum". Er hat die Verbindung von Liberalismus und Sozialreform neu begründet und damit intensiviert, an die Spitze der Agenda gesetzt: Das liberale Ideal des freien und selbständigen Individuums setze unter den nun endgültig politisch ernstgenommenen Bedingungen der Industriegesellschaft soziale Reformen im Geiste der Emanzipation und Gleichberechtigung der Arbeiter voraus, Koalitionsrecht, Betriebsverfassung (die „Konstitutionalisierung" der Fabrik), Anerkennung der Gewerkschaften und Tarifverträge, Ausdehnung der Sozialversicherung, auch auf die Arbeitslosen, Minderung der krassen Vermögens- und Einkommensunterschiede, Wohnungspolitik etc. Nicht mit allem ist Naumann durchgekommen, als sich die Linksliberalen 1910 zu einer einheitlichen Fortschrittlichen Volkspartei zusammenschlossen, aber liberale Sozialpolitik bekam doch einen neuen Elan, neue Ziele und einen neuen Stellenwert. Das wirkte sich auch auf den linken, sogenannten jungliberalen Flügel der Nationalliberalen aus, ja bis in die Mitte dieser Partei hin.

Der Sozialliberalismus hatte zwei, freilich unterschiedlich wichtige Perspektiven. Zum einen war er verbunden mit dem Imperialismus der Welt- und Flottenpolitik. Diese Verbindung charakterisiert die spezifisch liberalen Imperialisten in Deutschland – wie in England – überhaupt, sie waren Sozialimperialisten, Max Weber oder Naumann sind die klassischen Protagonisten. Imperialismus war natürlich nicht einfach ein Mittel, innen- und sozialpolitische Ziele voranzutreiben; die deutsche Nation und die deutsche Weltpolitik waren selbstverständlich oberste Werte, Selbstzweck. Aber sie waren einbezogen in das liberale und liberal-soziale Streben nach einer modernen Industriegesellschaft, in der die Arbeiter ihren angemessenen Platz und Anteil finden sollten und in der eine liberal-demokratische Ordnung vorankam. Weltpolitik erhöhte Wachstum und Wohlstand und erleichterte so größere Verteilungsgerechtigkeit, Anteil der Arbeiter an den Gewinnen. Weltpolitik förderte die modernen Elemente der Gesellschaft – Flotte, Technik, Handel, Industrie, Konsum –, das sollte den Liberalismus stärken und einigen, mußte den Staat modernisieren, mußte endlich zur Entmachtung der vormodernen, feudal-agrarischen Kräfte durch das Bürgertum führen und zu mehr Demokratie. So jedenfalls war das Denken. Insofern setzten auch viele Links- und viele Sozialliberale auf die Erneuerungskraft der Weltpolitik – für die Gesamtgesellschaft wie für den Liberalismus –, freilich Weltpolitik mit dieser Tönung, diesen Folgen. Daß der Imperialismus auch einen neukonservativen Trend stärken und der Autorität des Obrigkeitsstaates zugute kommen konnte, kam nicht ins Blickfeld dieser Liberalen.

Die zweite Perspektive des Sozialliberalismus wies in eine ganz andere Richtung. Ein unmittelbarer Wahlerfolg war von neuer Sozialpolitik nicht zu erwarten, wenn man von den Angestellten absieht; das wußten auch ihre Vertreter. Das Werben um Arbeiter, um ihre Re-Nationalisierung, war nicht viel mehr als ein Traum. Aber man konnte auf die sozialdemokratischen Revisionisten setzen. Dann war ein sozialliberaler Kurs ein wesentliches Element in der Bildung einer linken Koalition mit den Sozialdemokraten, um den Rechtsparteien die führende Position zu nehmen. Diese Strategie, die vor allem Naumann propagiert hat, ist zwar insgesamt gescheitert, aber sie hat doch zwischen 1909 und 1914 die Politik wesentlich mitgeprägt. Natürlich, hier gab es ein Dilemma, die imperialistische Wendung der Linksliberalen mußte den Gegensatz zur Sozialdemokratie verschärfen, die Gemeinsamkeit der „nationalen" Parteien stärken, also das Werben um eine linke Reformpolitik konterkarieren. Wir kommen gleich darauf zurück.

Die nationalliberalen Imperialisten, auch die „Linken" wie Stresemann, wollten dagegen im Zeichen des Imperialismus gerade eine bürgerliche Einheitsfront gegen die Sozialdemokraten und so die Konservativen übertrumpfen. Zugleich glaubten sie, über den Imperialismus ohne Verfassungsreform die bisherige feudale Führung endlich durch das Wirtschaftsbürgertum mit seiner Modernität und seiner größeren Effizienz ablösen zu können.

Alle diese Erneuerungskonzepte hatten schließlich eine verfassungspolitische Seite. Die Linksliberalen setzten wieder stärker auf die allmähliche Parlamentarisierung des Systems in der Praxis der Politik und betrachteten alle Entscheidungen über Flotte, Zölle, Steuern und Sozialreform und alle parlamentarischen Koalitionen immer auch unter diesem Gesichtspunkt. Eine stärkere Stellung des Reichstags entsprach ihrem Modernitätsanspruch, ihrem Kampf gegen die Reaktion, ein gewisses Zögern gegenüber der Parlamentarisierung der Einsicht in die deutsche Macht- und Parteiwirklichkeit. Dazu gehörte nach 1900 auch eine demokratische Reform des preußischen Wahlrechts und des preußischen Landtags (wenn auch nicht gerade mit Elan) – nicht dagegen die Demokratisierung des Gemeindewahlrechts oder die

Einführung des Frauenstimmrechts. Die Nationalliberalen dagegen blieben, wie seit den 80er Jahren, Gegner des parlamentarischen Systems, es schwäche den Machtstaat, begünstige die „Massen“herrschaft und schwäche – angesichts des deutschen Parteienspektrums und der Mehrheitsverhältnisse – damit auch den Liberalismus. Ihre Kritik am „System“, in den Krisen von 1908 und 1913, machte vor der Forderung einer Verfassungsrevision halt. In der Frage des preußischen Wahlrechts waren sie gespalten. Die Rechte sah darin eine anti-sozialdemokratische Kompensation für das ungeliebte Reichstagswahlrecht, und auch die Linke liebäugelte eher mit Pluralstimmen und einer neuen Wahlkreiseinteilung als mit einer fundamentalen Reform, selbst bei demokratisiertem Wahlrecht sollte ein reformiertes Herrenhaus eine Eindämmungsinstanz bleiben. Was sie geltend machten, war die Ablösung der Vorherrschaft der alten Eliten im Regierungspersonal durch Bürgerliche, das war nicht unbedeutend, aber nur ein sehr indirekter Schritt zur Machtveränderung. Der Zwiespalt der rechten und linken Liberalen in den Verfassungsfragen, in all den Erneuerungserwägungen und -versuchen blieb ein Grund- und Hauptfaktum.

Die Problematik der Erneuerungen kommt in den Alternativen der Parteienpolitik im Jahrzehnt vor 1914 deutlich heraus. Um das zu verstehen, werfen wir zuerst einen Blick auf die einzelnen Parteien. 1893 zerfiel der Linksliberalismus. Die alten Sezessionisten und ein paar alte Fortschrittler, wie der Kieler Professor Albert Hänel, wollten die Möglichkeit einer Verständigung mit Caprivi, die letzte Möglichkeit nach der gescheiterten Kronprinzenhoffnung, nutzen und sich zur nationalen Mehrheit für die Heeresvermehrung bekennen; die Kerntruppe Eugen Richters war dagegen. Fortan gab es wieder zwei (und mit der süddeutschen württembergischen Volkspartei drei) linksliberale Gruppen. Richters Freisinnige Volkspartei wurde, wir sagten es, eine versteinert doktrinäre Opposition. Die Freisinnige Vereinigung, Bildungshonoratioren und Freihändler, blieb trotz der erwähnten Großkampagne Georg von Siemens' ohne bedeutende Resonanz. Aber hier entwikkelte sich, zumal nach dem Beitritt der National-Sozialen 1903, das Konzept linksliberaler Welt- und Sozialpolitik. Wähler brachte das nicht – und wer auf „rechte“ Hilfe bei Stichwahlen angewiesen war, wie fast jeder, war gegenüber der Öffnung „nach links“ doch sehr reserviert. Zudem vertiefte zuviel Neuorientierung den Graben zu der im Grunde doch benachbarten Richter-Partei.

Die Nationalliberalen blieben nach 1890 auf einem eher rechtsgeneigten Kurs, trotz mancher Vorbehalte gegen konservative Schul- oder Repressionspolitik und gegen die Hypertrophie der agrarischen Interessen, aber unter dem Druck ihrer ländlichen Wähler und des Bundes der Landwirte näherten sie sich auch diesen Interessen, waren Anhänger der „Sammlung“ der späten 90er Jahre, des Zolltarifs von 1902 und natürlich – wie andere auch – der neuen Flotten- und Weltpolitik. Aber im wesentlichen stagnierten sie – bei den Wahlen, bei dem Anteil an der Meinungsführung, dem Einfluß auf Reichstag und Regierung. Das Zentrum rückte in den 90er Jahren als mehrheitsbildende, regierungsnahe, wenn nicht regierende Partei an ihre Stelle. Auch wenn sie mit dem Zentrum zusammenarbeiteten, in der Sozial-, der Zoll-, der Flottenpolitik, ja sogar, erstaunlich genug, bei der Verabschiedung des BGB (1896), diese Vorherrschaft des Zentrums wurde auch ihnen, wie den Linksliberalen, emotional und politisch eine Last und ein Ärgernis.

Der Entschluß des Reichskanzlers Bülow, 1906 den Reichstag wegen einer minderen Angelegenheit des Kolonialbudgets aufzulösen und einen Wahlkampf gegen das Zentrum zu führen, eröffnete dem liberalen „Lager" eine ganz neue Möglichkeit. Bülow stützte sich auf den konservativ-liberalen „Block" (die „Paarung" konservativen Geistes mit liberalem Geist) und seine Quasi-Mehrheit, das war nicht mehr das alte konservativ-nationalliberale „Kartell", sondern jetzt waren die Linksliberalen eingeschlossen. Das Eintreten für die national-imperiale Weltpolitik, nach dem Tode Richters auch der Volkspartei jetzt möglich, brachte die Liberalen und auch die Linken in eine Position innerhalb einer „regierenden Mehrheit", leitete die Vereinigung der Linksliberalen und die Annäherung zwischen ihnen und den Nationalliberalen ein. In der Strategie der Koalitionsbildungen war das die Option für das Bündnis mit den Konservativen, gegen die Linke, die Sozialdemokraten. Für die Nationalliberalen schienen die Position in der Mitte und der Kitt des Imperialismus ideal. Die Frage war, ob die Weltpolitik wirklich der Modernisierung der sozialen und politischen Welt weiterhelfen werde. Der Block hat zwar den Liberalen ein relativ progressives Vereinsgesetz gebracht, das auch für Parteien und Gewerkschaften wichtig war, am System des Reiches, trotz der Krise von 1908, und Preußens hat er einstweilen nichts geändert; immerhin war ein Macht- und Geltungsgewinn des Reichstags seine Folge. Aber die Konservativen haben ihn nach zweieinhalb Jahren gekündigt, aus agrarischem und Besitzklassen-Steueregoismus und aus Angst vor dem Zugriff des Reichstags auf direkte Steuern; sie gingen lieber mit dem Zentrum.

Jetzt kam eine andere Alternative ins Spiel, der „Großblock" der beiden liberalen Parteien mit den Sozialdemokraten, „von Bassermann bis Bebel", wie Naumann ihn propagierte. Einen Großblock gab es in Baden: Aus einer liberal-sozialdemokratischen Wahlabsprache gegen das Zentrum war 1909 eine Kooperation im Landtag geworden, die sogar eine Reform des kommunalen Wahlrechts und des Steuersystems zu Wege brachte. Freilich, in Baden waren die Sozialdemokraten revisionistisch. 1913 kam aber auch der badische Großblock zu Ende, weil die Parteibasis der Nationalliberalen nicht länger mitmachte. Im Reich war an einen Großblock nicht ernsthaft zu denken. Zwar, die Folgen der Auflösung des Bülow-Blocks waren die Wendung der Nationalliberalen gegen rechts, die Kooperation mit den Linksliberalen, deren Parteifusion („Fortschrittliche Volkspartei" 1910) und die Präferenz der linksliberalen Führung für den entschiedenen Kampf gegen rechts anstelle des alten Kampfes gegen die Sozialdemokraten, insofern auch für

Wahlbündnisse. Und die große liberale Interessensammlung, der Hansa-Bund, unterstützte diese Linie. Aber auch hier gab es viel Widerstand der Basis gegen solches Ausscheren aus der „bürgerlichen" zugunsten einer „linken" Solidarität, und die Wähler folgten Parolen in dieser Richtung bei den Stichwahlen von 1912 nur zum Teil. Die kommunalpolitischen Spannungen und die Gegensätze zwischen Linksliberalen und Sozialdemokraten waren vor Ort, wo hauptstädtische Intellektuelle fern waren, scharf, hier war der Großblock eine Utopie. Vor allem aber waren die Nationalliberalen für einen Großblock nicht zu gewinnen; ihr rechter agrarischer und schwerindustrieller Flügel wollte sich lieber wieder mit den Konservativen arrangieren als mit den linksliberalen Sozialistenfreunden.

Schon länger gab es bei den Nationalliberalen eine Art Jungtürken-Flügel, die Jungliberalen; sie waren gegen die zoll- und sozialpolitische Anlehnung ihrer Partei an die Konservativen, für Verständigungslösungen in den sozialen Konflikten, Verstärkung des Parlamentseinflusses, vielleicht auch Wahlrechtsreformen und jedenfalls für das Bündnis mit den Linksliberalen, zugleich aber auch stramme Imperialisten; Stresemann wurde in der Parteiführung ihr Mann. Zwischen 1909 und 1912 hatte die allgemeine Empörung über die Konservativen die Rechte in die Gesamtpartei eingebunden. Nach 1912 scherte die aus und wollte ihre Prioritäten durchsetzen. Die Parteiführung, wie üblich, suchte die Flügel zusammenzuhalten, aber der Preis der Einheit war ein hohes Maß von Bewegungs-, von Aktionsunfähigkeit, z. B. beim preußischen Wahlrecht. Man kann zwar darauf verweisen, daß die Verfassung Elsaß-Lothringens und die Besitzsteuervorlage von 1913 von einer großen „Koalition", die Nationalliberale und Sozialdemokraten umfaßte, getragen waren, aber das war kaum die Basis einer Neuorientierung. Man kann von hinterher Ansätze zur Weimarer Koalition finden, aber die umfaßte ja gerade noch nicht den Kern der Nationalliberalen, das tat erst die große Koalition, und sie war nicht eben stabil. Trotz neuer Aufbrüche war der Liberalismus 1914 nicht weitergekommen, er hatte überlebt, aber stark war er nicht. Und über die möglichen Alternativen war und blieb er gespalten. Er befand sich in Wartestellung.

Ein letzter Punkt ist für das Schicksal des Liberalismus in diesen Jahrzehnten noch wichtig. Neben den vielen Bereichen des öffentlichen Lebens, von der Kultur über die freien Berufe und die Presse bis zu den Handelskammern, in denen Liberale eine relativ dominierende Rolle spielten, sind politisch von besonderem Interesse die Städte. Sie blieben, wir haben das früher gezeigt, eine Domäne der Liberalen. Das Gemeindewahlrecht, durch Zensus oder Bürgerrechtsbestimmungen beschränkt oder durch Klassenwahlrecht ungleich, sicherte lange und häufig ihre Herrschaft, 1911 z. B. in 60% der Städte der Rheinprovinz und Westfalens über 10000 Einwohner; in Bayern hatten sie 1908 und 1911 in den Gemeinden über 4000 Einwohnern noch etwa 35 bzw. 39% der Stimmen, in München noch 1911 50% der Sitze. Die Städte waren eine Kompensation für die liberale Machtlosigkeit auf anderen

Ebenen, hier gab es liberale Gestaltungspolitik und liberale Politiker wie die großen Bürgermeister. Wir haben von der erfolgreichen Kommunalpolitik der Magistrate und dieser liberalen Stadtverordneten erzählt, gerade der Daseinsvorsorge- und Sozialpolitik. Man kann hier eine übergangene Alternative der deutschen Geschichte erkennen: die Möglichkeiten gestaltender und fortschrittlicher liberaler Politik unter einem anderen altmodischeren, honoratiorengünstigen Wahlrecht. Der kommunale Sozialliberalismus, kann man mit Langewiesche sagen, beruhte geradezu auf einem nicht-liberalen Wahlrecht.

c) Die Konservativen

Die Konservativen haben Wähleranteile verloren, von 23,7% (darunter 16,3% Deutschkonservative) 1881 über 19,1% (12,4%) 1890 bis auf 12,2% (9,2%) 1912; die Stimmenzahl nahm zwar leicht zu, von 1,21 auf 1,49 Millionen, dieser Anstieg blieb jedoch hinter dem Bevölkerungswachstum, der Zunahme der Wahlberechtigten und erst recht weit hinter dem Anstieg der Wahlbeteiligung zurück. Immerhin, in den ostelbischen Landbezirken, deren Wahlbevölkerung ja nicht so stark wächst, halten sie sich, nur zeitweise von Antisemiten bedroht; spätestens nach den Reichstagswahlen von 1907 verlieren sie jedoch ländliche Unterschichten an Liberale und Sozialdemokraten. Daß städtische Konservative zu den Wählern der Nationalliberalen gehören, haben wir gesagt. Auch Christlich-Soziale und die rechten antisemitischen Splitterparteien und im Süden die Landbündler verfügen über eigentlich konservative Wähler. Aber das macht keinen wesentlichen Unterschied. Die „Deutschkonservative Partei“ wird immer mehr zu einer Partei des Landes, 1898 kommen 68% ihrer Wähler aus Gemeinden unter 2000 Einwohnern, 1912 88%, ja zu einer Partei der ostelbischen „Peripherie“ (1898 wurden 80% der konservativen Mandate dort gewonnen, 1912 88,4%). Aber die Partei stand auch für eine ganze Lebenswelt, die sich in Gefahr sah.

Die Bilanz der gewonnenen Mandate dagegen sieht viel besser aus. 1881, kein besonders gutes Wahljahr für die Konservativen, waren es 50 Sitze für Deutsch- und 28 für Freikonservative, zusammen 19,7% der Reichstagssitze, 1890 73 und 20, also 23,4%, 1912 43 und 14, 14,3%, 1907 waren es bei 13,6% Stimmanteil sogar 21,1% Mandatsanteil gewesen. Der Mandatsanteil lag bis 1907 wesentlich und noch 1912 etwas höher als der Stimmenanteil. Die Ursache hierfür waren die wachsende, enorme Begünstigung der ländlichen Wahlkreise und die regionale Konzentration der konservativen Wähler; die Aussichten in ihren Kerngebieten, aus Stimmen Mehrheiten zu machen, waren groß. Bei Stichwahlen gegen Sozialdemokraten konnten sie mit der Unterstützung der „bürgerlichen“ Parteien rechnen, gegen Linksliberale gelegentlich, zumal vor 1907 auch mit nationalliberaler Hilfe (von ihren Stichwahlen gewannen sie immerhin zwischen 1871 und 1912 fast die Hälfte).

Aber sie waren keineswegs in dem Maße wie die liberalen Parteien auf Stichwahlen angewiesen. In den Landtagen und bei den Landtagswahlen dominierten sie seit der großen Wende in Preußen, 1882 mit 28,2 und 13,2% der Sitze, 1913 gar mit 33,4 und 12,2%. Sonst kann man noch die starken Landbündler in Hessen und Württemberg ihnen indirekt zurechnen.

Die Freikonservativen (Reichspartei), etwas gouvernementaler, industriewirtschaftlicher, freigeistiger als die Deutschkonservativen, waren eigentlich nur Fraktionen, ein lockerer Personenverband, kaum eine eigene Partei mit einer eigenen Entwicklung. Wir konzentrieren uns hier auf die Deutsch-Konservativen.

Auch die Konservativen gerieten – trotz der Autorität ihrer lokalen Eliten und der Unterstützung durch die Verwaltung in den ostelbischen Landbezirken – in die Probleme der Massenmobilisierung. Wir erinnern uns: Anfang der 1890er Jahre hatten die Christlich-Sozialen die Ausweitung der Konservativen zu einer Volkspartei gefordert und – auch mit populistischen antisemitischen Parolen – vorangetrieben. 1893 hatten ihnen die radikalen Antisemiten, die insgesamt 16 Mandate gewannen, zehn Wahlkreise mit demagogischen Methoden „abgejagt". Aber die Traditionen des Gouvernementalismus und der Elitenpolitik begrenzten zunächst alle Massenmobilisierung.

In dieser Situation entsteht 1893 – spontan und aus der Agrarkrise heraus – eine neue Massenorganisation, der Bund der Landwirte. Er wird die Basis der konservativen Partei. Das ist Ausdruck eines lang gewachsenen, latenten, populistischen und emotionalen Protestes „des Landes" gegen seine Überwältigung durch die Stadt, durch die akute Agrar-(Getreidepreis)krise potenziert und ausgelöst. Das ist ein Protest von unten, nicht eine „Manipulation von oben". Bei der Organisation freilich nimmt dann der konservative Großbesitz die Führung fest in die Hand, der Populismus wird ein Stück weit gezähmt. Immerhin, der agrarrevolutionäre Protestzug gibt der Bewegung ihre zunächst scharf anti-gouvernementale, das heißt auch anti-traditionell-konservative Ausrichtung. Die Organisation hatte spezifisch moderne Züge, war ein Massenverband, straff organisiert und zentralisiert, mit Zeitungen, Zeitschriften, Flugblättern, Redehilfen, Rednern und Rednerschulen, großen Geldmitteln (1907 ca. eine Million Mark) und zugleich mit wirtschaftlichen Nebenorganisationen, mit Kalendern und Liederbüchern: eine Organisation, die das ganze Leben, das ganze Milieu umfassen und integrieren wollte. Jeder Kandidat in ländlichen Wahlkreisen wurde „befragt" und gegebenenfalls auf die Forderungen der Organisation „verpflichtet", wurde den Wählern empfohlen, im Wahlkampf unterstützt – oder eben bekämpft. Bei Wiederwahl winkte das „Sündenregister" anti-agrarischer Abstimmungen. Dieser Stil war neu, er hat Massen – freiwillig – mobilisiert, unabhängig von Regierung, Verwaltung, ja auch traditionalen Hierarchien. Daß bei dieser Mobilisierung die antisemitische Rhetorik und Ideologie eine ganz wichtige Rolle gespielt hat, verdient wiederholt zu werden. Zwar mochte auch der Bund mit seiner Mittelstandsideologie und seinem Werben um Handwerk und Kleinhandel an „Volksparteiideen" anknüpfen, aber insgesamt und zunächst wies er die Konservativen doch auf die Bahn einer Agrarpartei, für die die Interessen der Landwirtschaft im Konfliktfall vor Thron und Altar rangierten.

Man kann die konservative Partei in der Zeit von 1893 bis 1912 durch die enge Verbindung mit dem Bund charakterisieren: das ist der dominante Zug. Freilich muß man einiges spezifizieren.

1. Was Wahlkreise und Mandate betrifft, so hat der Bund den konservativen Besitzstand kaum vermehrt, das gilt jedenfalls für das ostelbische Preußen, das Kernland der Konservativen. Er hat mehr den Bestand gesichert oder, im Westen und Süden, unklare Nachbarschaften deutlicher konservativ gemacht; schon seit 1896 war die Mehrheit der Mitglieder des Bundes westelbisch. Dabei ist freilich der starke Einfluß des Bundes auf Nationalliberale und Antisemiten (ja indirekt auch auf das Zentrum) mit zu bedenken, durch den die Konservativen mehr Bundesgenossen erhielten. Auch sozial hat der Bund die konservativen Fraktionen nicht verändert: Sowohl der Anteil des Adels wie der des Großgrundbesitzes blieb, wie er war. Ein Drittel der Reichstagsabgeordneten durchschnittlich waren Bundesfunktionäre, es gab keine Nicht-Verpflichteten, aber es gab durchaus Nicht-Mitglieder.

Eine Nebenfolge war, daß die Ausdehnung ins städtische Milieu an Aktualität verlor. Die Mobilisierung des alten städtischen Mittelstandes mochte indirekt den Konservativen zugute kommen, und sie gaben die Werbung in dieser Hinsicht nicht auf, aber unmittelbar hat das die Position der Konservativen nicht gestärkt. Die Landpartei blieb mehr denn je Landpartei.

2. Es gab bei den konservativen Abgeordneten, die ja aus den lokalen Wahlkreiseliten und nicht einer Funktionärsgruppe stammten, immer auch starke gouvernementale Tendenzen und bei den „echten" Parlamentariern mit Sinn für die Gesamtpolitik auch Verteidiger ihres freien Mandats und ihrer Kompromißspielräume: Das war der Boden für Konflikte zwischen Partei und Verband. Die Regierung hat des öfteren versucht, Konservative und Agrarier zu trennen. Caprivi, der sogar die preußische Verwaltung gegen den Bund zu mobilisieren suchte, ist damit gescheitert; auch die moderateren Konservativen haben aus Parteiraison im Sinne des Bundes gegen den rumänischen und gegen den russischen Handelsvertrag gestimmt – obschon sich auch der Kaiser für letzteren stark gemacht hatte. 1899 gelang es dem Reichskanzler Hohenlohe nicht, den Kaiser und den Minister Miquel nach der Ablehnung des Mittellandkanals zur Auflösung des preußischen Landtags gegen die agrarischen Konservativen zu bewegen; die Absetzung der Landräte, die dagegen gestimmt hatten, der „Kanalrebellen", erwies sich als Schlag ins Wasser. Bülows Hoffnungen und Bemühungen, seine Finanzreform 1908/09 doch noch mit Hilfe gouvernementaler Konservativer gegen die „Agrarier" durchbringen zu können, erwiesen sich als eitel.

Auf der anderen Seite waren die internen Erörterungen der Beteiligten voller Spannungen, voller Mißtrauen gegen den Extremismus der Bundesfunktionäre und gegen die Regierungshörigkeit der Parteinotabeln. Die Haltung der Abgeordneten fluktuierte. Bei der Verabschiedung des Zolltarifs von 1902 gab es eine schwere Krise. Während der Bund den Kompromiß schroff ablehnte, hatte die Mehrheit der Konservativen ihn akzeptiert (mit 30 zu 13 Stimmen). Die Bundesführer legten es auf eine Machtprobe an und zogen eine Trennung durchaus in Erwägung; der Autor des Zollkompromisses, der Freikonservative Kardorff, trat aus dem Bund aus, und viele sympathisierten mit ihm. Andere wollten zwar die „Einheit der Landwirtschaft" erhalten, aber im Interesse der allgemeinen Politik – der Sammlung und des Antisozialismus z. B. – sollte die Partei dominieren, so einer der führenden konservativen Parteipolitiker, Mirbach. Die Abgeordneten schienen zwischen der Politik des Erreichbaren und der Macht der Wahlmaschine schier zerrieben. Bei den folgenden Reichstagswahlen von 1903 stellte der Bund 55 eigene, unabhängige Kandidaten auf, aber nur vier wurden gewählt, und selbst drei der Bundesführer verloren ihre Wahlkreise. Der Extremismus des Bundes war gescheitert. Der Konflikt endete dennoch im Kompromiß. Man stellte die öffentliche Polemik ein, in der Parteiführung war der agrarische Flügel gestärkt, im Bund wurde die Rücksicht auf Parteierwägungen etwas größer. Insgesamt erwies sich der Zusammenhalt als stärker denn die Gegensätze; die Agrarfunktionäre mußten jedoch gewisse Grenzen ihrer Macht anerkennen, auch in den Wahlkreisen war das traditionale Prestige eines Abgeordneten nicht einfach auszuhebeln. Sie haben den Bogen nicht noch einmal überspannt. Aber auch die altmodischen Konservativen waren doch an die landwirtschaftliche Interessenbasis gebunden, konnten keine regierungsfreundliche Elitepolitik mehr treiben. Die Mobilisierung von Masse und Apparat forderte ihren Preis. 1909 war die Lage klar: Partei und Bund standen im „Interesse der Landwirtschaft" und mit dem Landvolk gegen die Regierung. Sie nahmen ihren Sturz in Kauf, sie wollten eine andere Regierung.

Für diesen Zeitabschnitt wird dann ein anderes Moment wichtig, das Verhältnis der Konservativen zu den neuen Formen nationalistischer Politik. Die Konservativen waren nicht die Initiatoren der Welt- und Flottenpolitik und nicht ihre enthusiastischen Befürworter – sie haben sie als nationale Partei übernommen. In den 90er Jahren gab es Gerede, das die konservative Haltung von agrarischen Kompensationen abhängig machte: „ohne Kanitz..." – das war ein erstmals 1894 gestellter Antrag für ein staatliches Getreidehandelsmonopol im Interesse der Subventionierung der Getreidebauern – „... keine Kähne", hieß es in der Auseinandersetzung um das erste Flottengesetz 1897/98; oder der Direktor des Bundes der Landwirte, Diederich Hahn, soll von der „häßlichen und gräßlichen Flotte" gesprochen haben. Aber es gab keinen Kanitz und doch Kähne, und die Zustimmung zum zweiten Flottengesetz 1900 war nicht, wie man manchmal noch liest, ein

Ergebnis von Zollkompensationen. Die Konservativen konnten sich der nationalimperialen Politik nicht entziehen. Und sie wollten es auch nicht. In der Polenpolitik dagegen rangierten das Interesse an der Eigentumsgarantie, am Zuzug billiger polnischer Saisonarbeiter, an der Erhaltung des Großbesitzes, also Klasseninteressen vor nationalistischen Erwägungen, vor dem demokratisierenden Nationalismus der „Hakatisten" und vor der inneren Kolonisation. Der neue Nationalismus erhielt zunächst mehr Lippendienst als reale Unterstützung. Auch den Alldeutschen stand die Partei vor 1909, in der Außenpolitik traditionell gouvernemental, zurückhaltend gegenüber.

Der Monarchismus der Konservativen, der älteste Kernbestand ihrer Loyalitäten und Emotionen, den sie gegen Sozialismus wie Parlamentarismus ins Feld führten, blieb nicht ohne Irritationen, die Person Wilhelms II. strapazierte ihn schon. Darum haben auch die Konservativen den Kaiser nach der Daily-Telegraph-Affäre (1908) zu dessen maßloser Wut öffentlich um Zurückhaltung gebeten.

1909, als die Konservativen den „Block" kündigten und den Reichskanzler stürzten, sich also gegen ihre bürgerlichen Bundesgenossen und gegen die kaiserliche Regierung wandten, dem Reichstag des allgemeinen Wahlrechts auch den kleinsten Zugriff auf eine direkte Steuer verwehrten und vor allem mit dem Zentrum eine Steuerreform im Dienste der Agrar-Besitzinteressen machten, gerieten sie in eine langdauernde Krise, in ein Dilemma. Sie wollten eine feste anti-sozialistische Koalition, aber gerade die gefährdeten sie, indem sie sich gegen Regierung und nationalliberales Bürgertum wandten. Die Wahlen von 1912 endeten mit einer schweren Niederlage, jetzt zerfiel auch ihr Bündnis mit dem Zentrum. Eine innerparteiliche Rebellion der Städter und Intellektuellen nach 1909, gegen die klassenbestimmte Steuerpolitik und das extreme Agrariertum, verlief im Sande, und die Partei wurde noch mehr aufs Agrarisch-Feudale begrenzt.

Die Partei war relativ isoliert. Sie lehnte die vielfältigen Bemühungen Bethmann Hollwegs, ihr aus der Isolierung herauszuhelfen, rundweg ab. Sie war noch immer eine Partei des Adels und des Großgrundbesitzes. Der stellte die Mehrheit der Fraktion im preußischen Abgeordnetenhaus. Preußen war, über Wahlrecht und Herrenhaus, über Militär, Verwaltung und Hof, noch immer ihre Bastion, die letzte, so schien es fast. Diese wollten sie mit Zähnen und Klauen verteidigen. Jede Reform des preußischen Wahlrechts, jede Veränderung im Verhältnis zwischen Preußen und Reich stieß auf ihren erbitterten und unüberwindlichen Widerstand. Sie gerieten in eine Art Belagerungsmentalität. Gewiß, so meinte der Parteiführer Heydebrand – „der ungekrönte König von Preußen" – einmal, würden die demokratischen Gegner mit der Zeit siegen, aber solange er lebe, wolle er das hinausschieben.

In dieser Situation rückten die Partei und der Bund der Landwirte noch enger zusammen, die Partei gab die Volksparteiidee, die Hoffnung, eine neue Massen- und Wählerbasis zu gewinnen oder die vorhandene zu verbreitern, auf, ja auch die Zusammenarbeit mit der Regierung; die galt als schwächlich, als dem Mittelkurs verfallen. Die Konservativen, anti-liberal, anti-parlamentarisch, anti-sozialistisch, schienen nun auch anti-gouvernemental zu werden, Opposition von rechts. Eine Neuauflage der alten „Sammlung", das „Kartell der schaffenden Stände" von 1913, in dem der Bund der Landwirte sich mit Schwerindustrie und konservativen Mittelstandsgruppen zusammentat, blieb eher auf dem Papier und hatte wenig Zukunft. Worauf die Partei noch setzen konnte, das war die neue ultranationalistische rechte Opposition, die radikalisierten Alldeutschen unter Claß, der harte Kern der parlamentarisch besiegten und zerfallenen Antisemiten, die aggressiv extremen Antisozialisten, die das Ausnahmegesetz wollten. Diese Allianz mit dem Radikalnationalismus erweiterte die soziale Basis doch zu den Städtern und Intellektuellen und nach Westen hin, das Neuaufgreifen des Antisemitismus mochte massenwirksam werden. Aber auf Wähler kam es nicht hauptsächlich an; die Partei spielte mit Staatsstreich oder gar mit Krieg.

1914 war die Partei trotz dieser Verbindung mit der nationalen Opposition weiterhin isoliert. Die Mobilisierungserfolge der nationalistischen Parolen, die im Weltkrieg dann die Vaterlandspartei trugen, oder die sozialen Öffnungen der Deutschnationalen Volkspartei von 1919 waren noch nicht eingetreten. Die Konservativen waren – ostelbisch, agrarisch, feudal – in der Gesellschaft und der Parteienpolitik isoliert. Aber eine Erneuerung und Erweiterung durch den Radikalnationalismus, eine Radikalisierung auch, war eingeleitet und angebahnt.

Freilich, die konservative Führung, auch Heydebrand, versuchte im Krieg, die Ablösung traditioneller konservativer Konzepte durch revolutionär nationale doch zu verhindern, jetzt entwickelte sich eine neue Spannung zwischen Traditionalisten und nationalistischen Revolutionären. So waren die Konservativen sehr zurückhaltend in der Übernahme der wilden Kriegsziele oder der Anti-Bethmann-Hollweg-Kampagne – das war der Rest-Monarchismus, der sich hinter die Regierung des Monarchen stellte, sie nicht – es ging um nichts Agrarisches – à tout prix bekämpfte.

d) Das Zentrum

Das Zentrum hat seine Wählerzahlen bis 1907 um 85 % steigern können, das war überproportional zum Bevölkerungswachstum (um 37 %) und zum Anstieg der Wahlberechtigten (um 47 %), von 1,18 Millionen 1881 (auf dem Höhepunkt des Kulturkampfes 1874 waren es sogar bei höherer relativer und sogar absoluter Wahlbeteiligung 1,45 Millionen gewesen) über 1,34 1890 bis auf 2,18 Millionen 1907; 1912 sank allerdings die Zahl auf zwei Millionen, das war vielleicht eine Quittung für die konservative und agrarische Politik seit 1909, vielleicht allerdings auch das Ergebnis nur eines Stimmentransfers zugunsten der Konservativen. Trotz dieser Steigerung: Das Zentrum konnte nach dem Kulturkampf nicht mehr um eine Verstärkung seiner Stimmanteil-Position kämpfen, sondern nur um deren Erhaltung. Damit war es nicht erfolgreich. Der Stimmanteil sank von 27,9% 1874 über 23,2% 1881, 18,6% 1890 und 19,4% 1907 auf 16,4% 1912; das Anwachsen der Wahlbeteiligung konnte auch das Zentrum nicht auffangen. Man kann schätzen, daß die Zahl der katholischen Wähler, die Zentrum wählten, von 83% 1874 auf 54,6% 1912 sank. Diese relativen Verluste kamen, sieht man vom kleinen Bayerischen Bauernbund ab, nicht den Konservativen oder gar den Liberalen zugute, sondern einerseits den Sozialdemokraten, andererseits den Nichtwählern. In den „sicheren" Wahlkreisen gab es einen Wählerschwund aus Desinteresse. Sieht man nun aber auf die Mandate, so ist die Bilanz für das Zentrum viel positiver. 1881 gewann es 25,2% der Mandate, 1890 26,7%, 1907 26,4% und selbst 1912 noch 22,8%. Seit 1878 lag der Anteil an Mandaten höher als der an Stimmen, anfänglich nur um 0,6 Prozentpunkte, 1890 jedoch um 8,1 und 1912 immer noch um 6,4. Das war die Wirkung der regionalen Konzentration und des starken Anteils ländlicher Wahlkreise, die durch die Wahlkreiseinteilung so bevorzugt waren. Das Zentrum hatte die größte Zahl „bombensicherer" Wahlkreise aller Parteien. Bei Stichwahlen konnte es gegen die Sozialdemokratie auf die Unterstützung der anderen rechnen, gegen die Nationalliberalen auf Hilfe vieler Sozialdemokraten und/oder, jedenfalls in den 80er/90er Jahren, vieler Linksliberaler; Stichwahlen gegen die Konservativen waren selten.

In den Landtagen war die Stellung des Zentrums zwar wegen der Wahlrechtsreformen im Süden unterschiedlich, aber im ganzen gut konsolidiert: Es hatte 1872–1913/14 zwischen 20,4 und 23,3% der Sitze im preußischen Abgeordnetenhaus, es wurde Nutznießer des Dreiklassenwahlrechts und seiner Stimmbezirkseinteilung. Im bayerischen Landtag hatte das Zentrum 1875–1912 zwischen 50,6 und 53,4% der Sitze, es hat die Einführung des allgemeinen Wahlrechts und den damit verbundenen Aufstieg der Sozialdemokraten im Gegensatz zu den Liberalen einigermaßen gut überstanden und auch die Abspaltung des Bauernbundes. In Württemberg, wo das Zentrum erst in den 90er Jahren entsteht, errang es zwischen 25,7% (1895) und 28,3% (1912) der Sitze, in Baden gewann es seit den 90er Jahren ein gutes Drittel.

Eine eigentliche Parteiorganisation besaß, wir haben davon gesprochen, das Zentrum nicht, die Form der Honoratiorenkomitees in den Wahlkreisen hielt sich – trotz mancher Pläne, die Partei auf Ortsvereine zu stützen, und trotz der Existenz einiger solcher Vereine. Natürlich wurde auch das Zentrum von der wachsenden politischen Mobilisierung der Wählermassen betroffen, diesem Umbruch aller Partei- und Wahlpolitik. Aber es konnte sich bei den Wahlen auf die Autorität von Kirche und Klerus stützen und, auch zwischen den Wahlen, auf das dichte Netz der katholischen Vereine. Die Katholikentage, die Generalversammlung dieser Vereine, waren die „Parteitage" des Zentrums; die Verflochtenheit mit den Vereinen reichte in den Orts-, Wahlkreis- und Regionalkomitees für die nötige Integration der unterschiedlichen Interessen, für die Kommunikation zwischen oben und unten. Da die Mehrheit der Zentrumswahlkreise „sicher“ war und da in einer Welt, in der Respekt und Tradition und gewonnene Autorität noch eine große Rolle spielten, der „Sturz“ eines Mandatsinhabers selten, fast eine Rebellion war, war die Stellung der Abgeordneten stark und so die Kontinuität der Fraktion.

Die allgemeinen Interessenverbände haben für das Zentrum unmittelbar keine Rolle gespielt, auch Interessen waren, wenn sie denn wirksam werden sollten, katholisch organisiert. Von solchen katholischen Interessenverbänden sind zwei besonders wichtig. Das sind einmal die Bauernvereine, zuerst der Westfälische, schon in den 60er Jahren von einem der führenden katholischen Adligen, Schorlemer-Alst, gegründet, dann in den 80er Jahren der Rheinische des Freiherrn von Loë-Terporten und der Schlesische, danach, weniger von Aristokraten geleitet, der Trierische, der Badische und der Bayerische des „Bauerndoktor“ Georg Heim. Ursprünglich eine Mischung aus ständisch und patriarchalisch religiösen Erziehungs- und Geselligkeitsvereinen und Genossenschaften, wurden sie die Organisationen, in denen sich seit den späten 80er Jahren das agrarische Interesse artikulierte und seit 1893 unter dem Einfluß des konkurrierenden Bundes der Landwirte radikalisierte. In der Rheinprovinz führte das zu einer Aufkündigung der Zentrumsgemeinschaft in politischen, nicht-kirchlichen Fragen, zu konservativ ständestaatlichen Verfassungsideen und zu agrarischen Extremforderungen, ja 1898 zu sieben Sonderkandidaturen in Zentrumswahlkreisen. Die waren ein Mißerfolg, die Partei- und Kirchenloyalität der Wähler war stärker als agrarisch-konservative Interessen, aber die Sache endete in einem Ausgleich zwischen Partei und Verein. In Baden und Bayern waren die Bauernvereine populistischer, aber ohne Separationstendenzen. Doch das agrarische Interesse haben alle diese Vereine innerhalb des Verbandes der Zentrumspartei mit Energie und Erfolg vertreten.

Die andere wichtige Organisation war der Volksverein für das katholische Deutschland (1890 gegründet), wir haben davon im Kapitel über die Kirchen erzählt. Der Volksverein war kein Interessenverband. Er war, entgegen den Absichten einiger klerikaler Initiatoren, nicht ein religiöser und apologetischer Verein gegen den Evangelischen Bund, sondern, so hatte Windthorst es noch durchgesetzt, ein Verein zur Immunisierung der katholischen Massen gegen die Sozialdemokraten. Er wurde zu einer Bastion des sozialen, sozialreformerischen und auch eher demokratischen „linken“ Katholizismus, obschon er für alle Schichten und Berufe organisatorisch und praktisch erzieherisch wirkte, zum Inspirator und Helfer der christlichen, katholischen Gewerkschaften, von denen 1905 ein und 1913 sieben Vertreter im Reichstag saßen. Zugleich freilich war er der Verband, der den Sozialkatholizismus und die Arbeiterschaft in den Gesamtkontext der Zentrumspartei, ihre Kompromiß- und Ausgleichspolitik und auch ihre konservativen Tendenzen und Wendungen einband und darin festhielt. Er wurde bis 1914 eine Art Ersatz-Massenorganisation der Partei, jedenfalls im Westen Deutschlands.

Die Zentrumspartei war während der 80er Jahre, während des Abbaus des Kulturkampfes, Oppositionspartei geblieben und gehörte über ihre Verbindung zum Freisinn eher auf die linke Seite des Parlaments. Das war eine Folge der Wunden wie der Restelemente des Kulturkampfes, des Antiestablishment-Affekts des katholischen Milieus und der linken Strategie Windthorsts, der zwar nicht auf Demokratie, wohl aber auf ein gut Teil Parlamentarismus setzte. Der konservativ-aristokratische Flügel der Fraktionen, der etwa unter Führung von Schorlemer-Alst auf die wiederherzustellende Regierungs- und Establishmentnähe setzte, konnte dagegen nicht an. Daß sich die Mehrheit vor der Reichstagsauflösung 1887 gegen das Septennat entschied – trotz des päpstlichen Drängens –, war eine Niederlage des rechten Flügels, ein Teil seiner Mitglieder verlor Kandidatur und Mandat. Eine bürgerliche Führungsgruppe, wir haben davon erzählt, stieg in der Partei auf, beinahe schon der neue Typ des Berufspolitikers, die sich in ihrer Außenseiterrolle und als Sprecher des „Aschenbrödelsyndroms“ der katholischen Massen links und gegen Bismarcks Politik profilierten, betont Partei- und Kirchenpolitik machten, nicht „Staatspolitik“. Das bedeutete auch, daß die katholischen Aristokraten aus der Parteiführung verdrängt wurden.

In den Anfängen der Kanzlerschaft Caprivis schien sich alternativ eine Kooperation mit der Regierung abzuzeichnen, die ersten Handelsverträge wurden auch von den bürgerlichen Zentrumsabgeordneten angenommen. Aber das Scheitern des preußischen Schulgesetzentwurfes, eines Kernstücks der Gemeinsamkeit zwischen Zentrum und Konservativen, die Enttäuschung darüber, daß das kommunale Wahlrecht im preußischen Westen nicht reformiert wurde, gab dann bei der Heeresvorlage von 1893 doch wieder den Ausschlag dafür, daß die Mehrheit sich für die „klassische“ Oppositionsposition entschied. Das war die endgültige innerparteiliche Niederlage der Adelsgruppe, die sich zuvor noch als Wortführer agrarischer Interessen gegen die Handelsverträge hatte behaupten können. Sie wurde bei den Wahlen noch einmal dezimiert und war damit politisch entmachtet, Restpositionen in repräsentativen regionalen, kirchlichen oder auch nationalen Ämtern konnten daran nichts ändern.

Der Sieg der bürgerlichen Oppositionsradikalen war nun eng verbunden mit einer Art populistischer Rebellion an der Wählerbasis. Die in die Politik hineingezogenen Massen machten sich selbständiger geltend. Als der Druck des Kulturkampfes geringer wurde, lockerte sich die Disziplin: Die Anhänger rebellierten gegen den patriarchalischen Parteistil, der ihnen nur die Funktion gelassen hatte, „ja und amen“ zu sagen. Die Interessen, auch die gegensätzlichen Interessen der Wähler traten deutlicher in den Vordergrund, die Äußerung solcher Interessen wurde freier, durch keine „höheren“ gouvernemental oder diplomatisch klerikalen Gesichtspunkte gehindert. Das war einerseits demokratisch egalitär, gegen das offizielle Establishment der Eliten und Regierungen, innerparteilich gegen den Adel, (in Bayern jedenfalls) gegen die Geistlichen, ja gegen die Honoratiorenführung und gegen die

Zentrumskonservativen. Andererseits war diese Rebellion von den Interessen der neu mobilisierten Massen bestimmt, vom katholisch vormodernen Milieu und dem „Aschenbrödelsyndrom", von dem agrarischen und mittelständischen Widerstand gegen die bürgerlich-städtisch-kapitalistische Vernachlässigung von Modernisierungsgeschädigten oder Zurückbleibern, gegen die Modernisierer. Das war das sozialkonservative Element. Diese Mischung sozialkonservativ und demokratisch egalitärer Züge in einer radikalen Bewegung und Quasi-Opposition nennen wir populistisch. Diese Bewegung war nicht eigentlich einheitlich, sie war überall verschieden und trat zu unterschiedlichen Zeiten ans Licht. Die Wahl von 1893 war ein Kulminationspunkt, die sozusagen traditionelle Opposition gegen das borussische Militär, der Widerstand gegen die Einfügung in das System, gegen – wie die Bayern sagten – die „Großkopfeten", gegen Militarismus, Bürokratie und Elitenhegemonie verdichtete sich, verband sich mit dem Verzweiflungsausbruch der Bauern wegen der Agrarkrise, gegen Handels- und Steuerpolitik; dazu gehörte die Forderung, eigene, nicht städtische, nicht adlige oder geistliche Vertreter zu nominieren. Der Abfall des neuen „Bauernbundes" in Bayern und die Gegengründung der christlichen Bauernvereine, die Bildung einer eigenen Zentrumspartei in Württemberg 1895 aus Bauern, Mittelstand, kleinen Leuten, die von den anderen Parteien abfielen, der Wiederaufstieg des badischen Zentrums auf ähnlicher Basis in diesen Jahren, die lautstarken bäuerlichen und mittelständischen Protestäußerungen überall – das gehört in diesen Zusammenhang. In dieser Situation haben sich die bürgerlichen Politiker mit ihrer wohletablierten Oppositionspraxis an die Spitze dieser Bewegungen, an die Spitze der jetzt von ihnen getragenen Partei gesetzt. Die alte Rolle des Adels, Sprecher und Vorkämpfer des vorindustriell bäuerlichen und auch mittelständischen Milieus zu sein, war angesichts des anti-gouvernementalen, anti-elitären Zuges nicht mehr zu halten. Die Massen, so konservativ sie waren, entzogen sich dem Patriarchalismus.

Das Erstaunliche ist nun, daß diese populistisch neugeprägte Partei mit einer bürgerlichen und entfeudalisierten und zunächst entschieden oppositionellen Führung bis zum Ende der 90er Jahre reichs- und systemloyal wird, zur tragenden Stütze der Regierung, ja zur regierenden Partei. Die bürgerliche Führung geht von der Konfrontation zur Kooperation über. Dafür gibt es eine Reihe von Gründen.

1. Mit dem Adel waren auch die Priester in der Partei zurückgedrängt worden, zu der Entfeudalisierung gesellte sich die Entklerikalisierung – mancherorts war das ein Wählerinteresse, aber es war auch ein Interesse der Hierarchie am Ausgleich mit dem Staat, an der Eindämmung der Politik, der Disziplinierung des niederen Klerus. Es zeigte sich nun, daß die Priester besonders radikale Sprecher des Antiestablishment- und katholischen Pariaprotestes gewesen waren. Die radikalen Bauern hatten wenig bäuerliche Sprecher, sie waren nicht abkömmlich, Berlin war weit, bäuerliche Abgeord-

nete waren oft nicht und schon gar nicht kontinuierlich präsent, und relativ ähnlich war es mit dem kleinen Mittelstand. Darum: Die Bürger, Juristen zumal, „machten" die Politik. Die Tatsache sodann, daß drei Viertel aller Zentrumswahlkreise sicher waren und daß Kandidaten-/Abgeordnetenwechsel außer in extremen Konfliktsituationen moralpolitisch anstößig blieb, machte auch bürgerliche Politik-Honoratioren, vor allem wenn sie länger tätig gewesen waren, einigermaßen von den Wählern unabhängig.

2. Diese Bürger-Politiker, eher vom Vermittlertyp als eigentliche „Führer", entwickelten eine starke und zunehmende Tendenz, respektabel zu werden, anerkannt beim Establishment, nicht mehr Außenseiter, dazuzugehören, anerkannt auch in ihrer nationalen Gesinnung; sie suchten ihre „Aschenbrödelmentalität" überzukompensieren, und damit waren sie für eine starke Tendenz im gesamtdeutschen Katholizismus typisch. Ernst Lieber, der nach Windthorsts Tod (1891) zum Führer des Reichstagszentrums aufsteigt, ist ein klassischer, wenn nicht gar besonders auffälliger Typ einer solchen An- und Einpassung – er hätte schon 1893 gerne die Konfrontation in der Militärfrage vermieden. Solche Bürger-Politik entsprach auch einem dominierend bürgerlichen Interesse, nämlich dem an der konfessionellen Parität.

3. Es gab aber auch drei wesentliche Sachgründe, die den Abbau der Opposition und den Übergang zu einer regierungsnäheren Position begründeten. Subjektiv spielte die Sorge der Zentrumspolitiker vor den kaiserlichen Staatsstreichgelüsten eine wichtige Rolle. Das begrenzte die Oppositionsmöglichkeit. Gar eine Obstruktionspolitik schied, schon weil man sich damit in die Nähe der Sozialdemokraten begeben hätte, ganz und gar aus. Das Ziel, katholische Konzessionen zu erreichen, letzten Endes Gleichberechtigung und Parität, ja Integration und einen „Platz an der Sonne", war durch entschiedene Opposition nicht zu fördern. Dann verwiesen die populistischen, agrarisch-mittelständischen Interessen, konservativ wie sie ihrer Substanz nach waren, auf ein Bündnis mit den Konservativen und mit der Regierung, nur so schienen sie durchsetzbar. Der radikale Populismus wies – anders als der moderate Konstitutionalismus des Konservativen Windthorst – die Partei nach rechts. Da lag ein Widerspruch der populistischen Rebellion, der sie in der Sache doch jedenfalls auch an die Seite des Establishments führte. Schließlich mußten die führenden Leute an die Einheit der Partei denken und an die Integration ihrer Gruppen. Als die Interessen wichtiger wurden und die Klammer des Kulturkampfes schwächer, wuchsen die Spannungen und Gegensätze der Partei, nahm das Gewicht der desintegrierenden Elemente zu. Schon die Populisten waren uneinheitlich, städtisch oder ländlich, es gab katholische Bürger und vor allem Arbeiter, es gab neben den Produzenten die Verbraucher. Die Parteiführer wollten zudem trotz des ländlich-kleinstädtischen Milieus der Masse der Wahlkreise die städtische Welt der Zukunft nicht verlieren oder abschreiben. Ja, sie mußten das wirtschaftliche Gesamtinteresse des Reiches bei all den anti-kapitalistischen und

anti-industriellen Emotionen ihrer Klientel auch im Auge behalten. Es gab neben den vielen Interessen die doch allen so wichtigen Sachen der Kirche. Und es gab das Interesse des Katholizismus wie seines Milieus, den Sozialismus einzudämmen und sich von ihm abzugrenzen.

Integrationspolitik schloß eine reine populistische Oppositions-Interessenpolitik aus, und ebenso tat das die Kirchenpolitik. Diese war aber nicht, wie die Gegner gern wähnten, eine künstliche Klammer um das Zentrum, funktional nur, sondern sie war auch sein Lebenselement. Das katholische Interesse war nicht nur durch das sozialökonomische und eher modernitätskritische Sondermilieu bedingt, die Folge der sozialmoralischen Lebensorientierung der katholischen Konfession, und durch das katholische „Aschenbrödelsyndrom" (so sehr in der Opposition gegen Schulreformen sich Religionspolitik und Milieu-Interesse verbinden), sondern auch durch die Religion selbst und die in ihr so wichtige Kirchenloyalität.

Der Höhepunkt auf dem Wege der Partei aus der Opposition ins Regierungs„lager" war die Annahme der ersten großen Flottenvorlage von 1898, damit war auch die substantiell wie symbolisch so wichtige militärpolitische Opposition zu Ende, das Zentrum wurde zum Mitträger der nun imperialen nationalen Machtpolitik. Das war wesentlich das Werk einer kleinen Führungsgruppe – Lieber, Hertling, Gröber –, der es gelang, die widerstrebende Fraktion umzustimmen. Maßgeblich war die gesamtpolitische Strategie, sich durch Annäherung und „positive Arbeit" unentbehrlich zu machen und Konzessionen zu erwirken, als Juniorpartner schließlich dann eigene Ziele vorbringen zu können, den Kaiser von der Verläßlichkeit des Zentrums zu überzeugen, seine Abneigung zu überwinden, seinen Zorn, seine Dauergegnerschaft und den Staatsstreich zu vermeiden, den Erzgegner, die Nationalliberalen aus der Funktion der Unentbehrlichkeit zu verdrängen. Dazu kam eine gewisse Tendenz zur bürgerlichen Modernität, wie sie etwa der Paritätsforderung entsprach – die Flotte war in der öffentlichen Debatte mit Industriestaat und Modernität symbolisch, aber fast unlöslich verbunden. Und die – bürgerlichen – Katholiken waren auf dem Wege, sich in die Nation zu integrieren und die nationalen Ziele und Werte ganz und gar zu übernehmen, sich zu nationalisieren. Eine anscheinend schwache Brücke zwischen traditionalistischem Katholizismus und nationalimperialistischer Weltpolitik wurde dabei ungemein wichtig; die Sorge für die katholische Mission und die katholische Antisklavereibewegung hatten die Kolonialpolitik für die Katholiken allmählich akzeptabel gemacht, ein katholisches und durchaus populäres Kolonialinteresse erzeugt – das trug auch den Übergang zur Weltpolitik.

Diese Wendung zur „positiven" Kooperation hatte schon vorher wichtige Fortschritte gemacht, etwa bei der Verabschiedung des BGB 1896, die dem Zentrum wegen der säkularen Eherechtsparagraphen nicht leicht fiel, aber sogar durch Kooperation mit den Nationalliberalen zustande kam. Diese Kooperation konsolidierte sich dann trotz der Ablehnung der Zuchthausvorlage 1899, seit etwa 1900, und setzte sich fort, im Zolltarif von 1902, in der Finanzpolitik, in der Sozialpolitik Posadowskys bis 1906, in der „Mittelstandspolitik". Eine wichtige Voraussetzung war, daß die Regierung anscheinend endgültig auf ein Ausnahmegesetz gegen die Sozialdemokraten verzichtete, dieser Verzicht war für das Zentrum, trotz seines Antisozialismus, eine Kooperationsvoraussetzung. Das Zentrum wurde für alles, was im Reichstag zu entscheiden war, ausschlaggebend, das „Maß aller Dinge" (Naumann). Nichts „ging" ohne das Zentrum, es formierte die jeweilige Mehrheit, rechts, mehr in der Mitte oder sogar eher links. Es hatte nicht „die Macht", aber es hatte den maßgeblichen Einfluß. Aus den stigmatisierten Reichsfeinden war über die entschiedene parlamentarische Opposition sowie die populistische Antiestablishment-Rebellion zwar nicht die Regierungs-, wohl aber die regierende Partei geworden. Die bürgerlichen Berufspolitiker, die in einer Art demokratischen Umwälzung Adel und Klerus aus der Führung verdrängt hatten, hatten auch ihre ursprünglichen Bundesgenossen, die Populisten, die gesamtpolitisch wenig handlungsfähig waren, abgehängt und gezähmt und die Oppositionsrolle aufgegeben.

So eindeutig, wie es in solcher Perspektive erscheint, war die Politik der Partei jedoch keineswegs, sie war wesentlich komplizierter, und zwar weil ihre Lage zwischen Wählerbasis und Fraktion und zwischen unterschiedlichen Flügeln so kompliziert war und blieb. Die publizistischen, die liberalen, gouvernementalen oder betont protestantischen Gegner des Zentrums, die sein Aufrücken in die maßgebliche Position im Parlament schwer erträglich fanden, sahen die Partei ziemlich einhellig mit kritisch negativer Bitterkeit als die Partei des nackten Machtopportunismus, der prinzipienlosen unverantwortlichen und unsachlichen Taktik, des Sich-nicht-Festlegens bis zum letzten Moment, des Meinungswechsels, des Kuhhandels und der Kompensation (der „Bonbons", wie Max Weber das nannte); eine Beutepartei, die die Wähler mit klerikaler Demagogie vom Typus „Kirche in Gefahr" und mit dem Appell an das katholische „Aschenbrödelsyndrom" zusammenhielt und von daher eine schier unangreifbare Macht hatte. Die linken Liberalen, Naumann vor allem, kritisierten überdies, daß das Zentrum jede Fortentwicklung der inneren Verhältnisse in Deutschland, den Bruch mit der agrarischen Dominanz und die Stärkung der Stellung und Macht des Parlaments, ja jede dauernde Mehrheitsbildung im Interesse seiner Sondermacht und seines Einflußprivilegs blockiere, den Status quo des Systems verewige, also ein konservativer Faktor sei. Im Interesse des größten Einflusses der eigenen Minderheit wurde das nichtparlamentarische System, so wie es war, aufrechterhalten. Die Partei galt ihren Kritikern darum als illegitim. Daß vieles davon an der immer noch kulturkämpferischen liberalen Ausgrenzung des Zentrums lag und das meiste am deutschen System, kam dabei nicht in den Blick. Die Zentrumspartei selbst stilisierte sich als klassen- und interessenübergreifende Volkspartei, als Partei des vernünftigen Ausgleichs, als Partei der Mitte und der pragmatischen Vernunft, als Partei der Gerechtigkeit und Freiheit auch für die Katholiken, die katholische Kirche, die Religion.

Sucht man Position und Politik des Zentrums unabhängig von solchen Bildern zu begreifen, so muß man zunächst von einem Doppelgesicht der Partei, von zwei unterschiedlichen Ebenen, zwei gegensätzlichen Richtungen ihrer Politik ausgehen: der Parlamentspolitik und der Wähler- und Wahlkreispolitik. Im Parlament war das Zentrum Partei der staatsmännischen Kompromiß- und Mehrheitspolitik mit einer jedenfalls überwiegend gouvernementalen Richtung. Vor Ort beim Wähler blieben die Antiestablishment-Emotionen und der Populismus maßgeblich, wurde die Oppositionsrolle gespielt, wurden die „Aschenbrödelsyndrome" und Ressentiments des Milieus, die Pariagefühle und die Abgrenzung von der Feindwelt der anderen gepflegt und aufgenommen. Die Parole „Kirche in Gefahr" konsolidierte die Oppositionsrolle und sicherte die Einheit. Die Wähler dachten in den Abgrenzungen der lokalen und allenfalls regionalen Milieus, die Abgeordneten berücksichtigten in Berlin mehr zentrale, nationale Momente, aber im Wahlkreis pflegten sie eher die Wählerperspektive, in irritierendem Wechsel also zwischen Modernität und dem Antimodernismus des Milieus. Anders gesagt: In Berlin arbeiteten die Abgeordneten an der Überwindung der Ghettoisierung der Katholiken, zu Hause im Wahlkreis befestigten sie alle Ghettogefühle und lebten von ihnen.

Natürlich ließ sich diese Spagat-Position nicht mit Rhetorik und Demagogie alleine bewältigen, die Wähler wußten ja, wie im Parlament entschieden worden war, und der Respekt vor höheren parlamentsstrategischen Notwendigkeiten war nicht mehr sehr ausgeprägt. Dem Ausgleich der Widersprüche zwischen beiden Ebenen diente einmal die Betonung der katholisch kirchenpolitischen Gesichtspunkte, der Gefährdungen wie der Ziele. Das war, wie gesagt, kein Vorwand, aber das in die Mitte und in den Vordergrund zu rücken, entsprach gut dem Parteiinteresse. Die kirchliche Wahlhilfe tat ein übriges, sie hat nie versagt, hat alle Sonderregungen – Bauern- oder Arbeiterrebellionen – überwunden, und das, obwohl die Abgeordneten in ihrer Kompensationspolitik manchmal politischen Forderungen vor den traditionellen kirchlichen Priorität einräumten (für die Unterstützung der Vorlage zum Mittellandkanal verlangte das preußische Zentrum Kompensationen beim rheinischen Kommunalwahlrecht – nicht mehr in kirchenpolitischen Fragen). Dazu kam die Volksphilosophie der Partei, daß Einheit und Zusammenhalt nötig seien, Ausgleich und Kompromisse zwischen divergierenden Interessen, und daß die Abgeordneten, die Kirche und die Organe, in denen die Vereine zusammenwirkten, diese Notwendigkeiten optimal erfüllten, gegebenenfalls so, daß den Gruppenvertretern proportional Wahlkreiskandidaturen eingeräumt wurden, aber moral- wie realpolitisch behielten die Vertreter des allgemeinen und gemeinsamen katholischen Interesses immer die Vorhand. Auf diese Weise gelang es, populistisch interessenbestimmte Sezessionen und Sezessionsdrohungen abzufangen. Aber die Abgeordneten empfanden den Druck der Protestmilieus, den so viele lange selbst gepflegt und intensiviert hatten, als Last.

Am stärksten war die populistisch-rebellische Stimmung da, wo es um Stich- oder Landtagswahlbündnisse mit den Sozialdemokraten ging; wenn das der gesamtpolitischen Lage wie 1907 im Reich oder 1905 in Bayern entsprach oder auch der besonderen Wahlkreis- und Regionalsituation, z. B. im Ruhrgebiet, dann lief der Wahlkampfkurs der Partei auch durchaus in solch oppositioneller Richtung.

Neben dem Milieu- und Wahlkreisappell war die zweite Weise, die Spannungen zwischen Wählerbasis und Fraktionspolitik auszugleichen, die Aufnahme bestimmter populistischer Interessenforderungen im Parlament. Das hatte zum Teil mehr rhetorischen als substantiellen Charakter, etwa in der sogenannten Mittelstandspolitik. Das Verbot der Aufstellung von Warenautomaten auf Bahnhöfen z. B. war nichts anderes als eine Beruhigungspille, und solange der Bundesrat an der Gewerbefreiheit festhielt, waren Forderungen nach Innungszwang etc. wohlfeil. Was die Landwirtschaft betraf, so stützte die Partei in leicht moderater Form die Forderungen der Agrarier – nicht die nach einem Getreidehandelsmonopol oder nach der Doppelwährung, aber die nach höherem Zollschutz 1902 und nach „Seuchenkontrolle" beim Vieh- und Fleischimport oder, mehr kosmetisch, nach dem Verbot, Margarine gelb zu färben. Nun hatte das Zentrum aber auch einen sozialreformerischen Flügel; Sozialpolitik, die Entproletarisierung des Proletariats, das war ein genuiner Impuls der Partei. Und das Zentrum hatte Arbeiterwähler, Gewerkschafter und Arbeiternahe, die galt es zu halten und gegen die Sozialdemokraten zu immunisieren; das war der zusätzliche strategische Grund, warum man Sozialpolitik trieb, warum die Agrar- und Mittelstandspolitik, die ja die Konsumenten belastete, kompensiert werden sollte, der Zolltarif von 1902 etwa mit der Zusage, Witwen und Waisen in die Sozialversicherung einzubeziehen. Bei der Sozialpolitik lag der Akzent auf dem Ausbau des Arbeiterschutzes, der Sozialversicherung und der Erhaltung des Koalitionsrechts, nicht so sehr auf der Betriebsverfassung: Was die Arbeitgeberpositionen der Bauern und des Handwerks tangierte, war nicht konsensfähig. Hier wie in allen anderen interessennahen Fragen war das Zentrum stark damit beschäftigt, durch innerparteiliche Kompromisse die Partei zusammenzuhalten, die Abgeordneten, die ja oft Wahlkreismilieus vertraten oder von denen doch nicht unabhängig waren, mußten sich einigen. Und soweit es sich um Kompromisse mit den Regierungen und anderen Parteien handelte, berührten diese immer die Kräfteverhältnisse innerhalb der Fraktion und schon darum wiederum die Frage der Kompensationen. Das hohe Maß von Taktik, Opportunismus oder Flexibilität im politischen Prozeß, das man dem Zentrum zuschrieb, erklärt sich insoweit auch aus der Schwierigkeit, die Volkspartei Zentrum zusammenzuhalten. Hier entsprach die scheinbare parlamentarische Freiheit der Partei der Vielstimmigkeit ihrer Wählerbasis. Die Stärke des Zentrums war auch seine Schwäche.

Zu dieser „Ausgleichs“politik gehört nun die Verfassungspolitik des Zentrums. Sie war am katholischen Interesse, an der katholischen Stabilität, an der Durchsetzung katholischer und kirchlicher Rechte – etwa der Aufhebung der letzten Illiberalitäten der Kulturkampfzeit wie des Jesuitenverbots und dem Status quo der Konfessionsschule, der Beendigung von Diskriminierung und Disparität – orientiert. Die Politik der 90er Jahre sollte ja gerade die parlamentarische Stärke des Zentrums in Erfolge in dieser Richtung umsetzen. Dabei befestigte sich allmählich die Überzeugung, daß die konstitutionelle Monarchie für den Einfluß und die Stellung der katholischen Minderheit günstiger sei als eine parlamentarische Monarchie oder Demokratie – mit der Gefahr einer anti-katholischen, ja inzwischen zudem linken Mehrheit. Auch die stilleren Änderungen der Verfassung – Stärkung des Reichstags, andere Wahlkreiseinteilung, Änderung des preußischen Wahlrechts und der Stellung Preußens im Reich – verloren unter diesem Gesichtspunkt an möglichem Interesse. All das hätte die Stellung der Partei und ihren Einfluß geschwächt. Gewiß war die Partei auch in der Zeit Windthorsts nicht für das parlamentarische System gewesen, aber doch für eine Stärkung des Parlaments und für gewisse Demokratisierungen des ursprünglich wenig geliebten preußischen Obrigkeitsstaates. Von dergleichen auch nur möglichen Veränderungswünschen war nun – nach 1898 – nicht mehr die Rede. Dabei spielte der Aufstieg der Sozialdemokratie, gefährlich für das Gewicht der Partei und auch für die Loyalität ihrer Arbeiterwähler, eine wesentliche Rolle; so sehr die Partei Ausnahmegesetze abgelehnt hatte und ablehnte, er drängte sie nach rechts, zum verfassungspolitischen Status quo. Das war nun auch die Bilanz der zuvor beschriebenen Interessenausgleichs- und Kompensationspolitik. Die Partei hatte – trotz der radikalen, demokratisch-populistischen linken Basis, trotz der anti-elitären, anti-kapitalistischen Anti-establishment-Tendenz, der Massenkultur, trotz auch der resoluten Verteidigung der demokratischen und rechtsstaatlichen Elemente der Verfassung – ein konservatives Übergewicht. In der Gesellschaftspolitik fuhren die Bauern weit besser als die Arbeiter, das alte „Aschenbrödel“-Milieu besser als das moderne industrielle und proletarische; das Zentrum gehörte zu den Brotverteurern von 1902. Auch das Milieu also tendierte zu einem gemäßigten Rechtskurs und ebenso der Vorrang der Machttaktik, dem die Parteiführung folgte. Im Süden war inzwischen überall der Konflikt zwischen dem populistischen Zentrum und der Linken, den Liberalen und Sozialdemokraten, akut. Das stützte einmal mehr diese Neigung nach rechts.

Freilich, man muß die Ambivalenz festhalten. Das Zentrum mochte nach rechts tendieren, es blieb eine Partei der Mitte, es wurde keine rechte Partei. Es blieben Spannungen und Schwankungen, bürgerliche Tendenzen gegen Obrigkeitsstaat und Bevormundung, für Minderheiten, für sozialen Ausgleich, populistische Tendenzen für kleine Leute und Volksrechte. Die bürgerliche Führung blieb, schon im Blick auf die Wähler, distanziert gegenüber dem herrschenden Wirtschaftsliberalismus. Der Kurs war halb-konservativ, insofern blieb die Gewichtsverteilung auch nach 1898 einigermaßen labil.

Zwischen 1902 und 1906 dauerte die innerparteiliche Balance mit der bürgerlichen Führung und ihrer regierungsnahen und im Parteienspektrum fast hegemonialen Stellung fort, auch die Zolltarifwahlen von 1903 hat die Partei überstanden. Freilich gab es nicht unbeträchtliche Spannungen. Die Arbeiter, repräsentiert durch die Gewerkschaftsvertreter und die sozialreformerischen Aktivisten des Volksvereins, waren bei dem herrschenden Kurs nicht voll integriert, das Abbröckeln zur Sozialdemokratie war ein Problem. Wichtiger war eine neue populistische Tendenzwelle zu mehr demokratischer Opposition. In Bayern z. B. ging es dem Zentrum um die Demokratisierung des Wahlrechts, dafür verbündete es sich erstmals 1899 in München und der Pfalz, dann 1905 für die Landtagswahl mit den Sozialdemokraten. Im Reichstag wurde der agitatorisch begabte württembergische Volksschullehrer und Journalist Erzberger der Protagonist einer solchen Richtung, einer neuen Parteilinken. Scharfe Kritik an der Kolonialpolitik der Regierung, Reserve gegen die anstehende Vermehrung der Steuerlast, Verstärkung des Parlamentseinflusses – das etwa war seine Linie, dazu kam ein populistischer, aggressiv regierungskritischer Stil. Nach manchen Vorgefechten, seit 1905 etwa, in denen sich Erzberger in dieser Rolle profilieren konnte, setzte er Ende 1906 die Opposition gegen eine – nicht besonders gravierende – Kolonialforderung einstweilen durch, Bülow ergriff die nicht unwillkommene Gelegenheit, sich vom „Joch" des Zentrums zu befreien und so auch zu profilieren, er löste den Reichstag auf, die etablierte Zentrumsführung war einigermaßen überrumpelt worden.

Der „Angriff" von außen brachte natürlich alle Gegensätze zum Schweigen, alle Gruppen zusammen. Der Wahlkampf stand unter eher linken, demokratischen Parolen, es gehe um die Anliegen des katholischen Volkes. Für die Stichwahlen ergab sich wie von selbst eine Kooperation mit den Sozialdemokraten. Ganz generell förderte natürlich der Anti-Ultramontanismus des neuen liberalkonservativen Blocks die oppositionell gerichteten Kräfte im Zentrum. Es ergab sich die strategische Option, den Bülow-Block aufzubrechen, entweder durch ein Bündnis mit der Linken, wie Erzberger wollte, oder durch ein Bündnis mit den Konservativen, wie es Hertling anstrebte. Der linke Flügel freilich war nicht geschlossen, Gewerkschaften und demokratische Populisten mochten nach links tendieren, die Interessen der Milieu-Populisten wiesen nach rechts. Der innerkatholische Konflikt um den kurialen Antimodernismus-Feldzug stärkte die Sondergruppe der Integralisten, die zwar an populistische Antiestablishment-Sentiments anknüpften, aber zugleich jede Verbindung oder Wendung nach links perhorreszierten. Und das beeinflußte auch die Parteiführung: In der innerkirchlichen Krise war ein Linkskurs mehr als unangemessen.

Es ist sehr unwahrscheinlich, daß es damals eine linke Allianz mit den Liberalen oder gar eine Weimarer Koalition schon hätte geben können, aber das Zentrum wurde gar nicht vor diese Frage gestellt, weil die Konservativen den Block mit den Liberalen „kündigten“ und mit ihrer Steuerpolitik die Basis für eine Kooperation mit dem Zentrum, einen „schwarz-blauen Block“, schufen. Darauf allerdings ging die Zentrumsführung, getragen von den starken Kräften des agrarisch-mittelständischen Milieus und vom integralistischen Antisozialismus, ohne Zögern ein. Die Führung überwand die „linken“ Bedenken mit dem Argument, daß nur so die Isolierung der Partei zu vermeiden sei. Der badische „Großblock“ der Nationalliberalen mit den Sozialdemokraten gegen das Zentrum machte eine andere Alternative überdies weder anziehend noch wahrscheinlich. Die Abwehr des Integralismus, sei er rechter, sei er populistischer Tendenz, der für Gewerkschaften, Sozialreformer und Demokratisierer lebensgefährlich war, unterstützte diese prokonservative Sammlung mit stark anti-sozialdemokratischem Akzent; so mochte man auch drohende Wählerverluste ausgleichen. Das hieß in der labilen verfassungspolitischen Situation nach 1909 auch, daß das Zentrum sich jeder wirklichen Reform des preußischen Wahlrechts, jedem Schritt zu einer weiteren Demokratisierung jetzt widersetzte.

In dieser Situation entwickelt sich der sogenannte Zentrumsstreit. Julius Bachem, einer der herausragenden Journalisten der Partei und politisch auch im Führungskreis einflußreich (seine parlamentarische Karriere hatte er wegen eines unehelichen Kindes abbrechen müssen), schrieb schon 1906 einen Artikel „Wir müssen aus dem Turm heraus“, in dem er eine überkonfessionelle Erweiterung der Partei ins Auge faßte und den politischen, den nichtkonfessionellen Charakter der Partei betonte. Das löste einen Sturm der Entrüstung bei den Integralisten gegen solcherlei unkatholische Modernismen, gegen die jetzt sogenannte Kölner Richtung (oder nach dem Sitz des Volksvereins die Mönchengladbacher Richtung) aus. Verschärft wurde der Streit durch den Gegensatz zwischen den klerikal integralistischen Anhängern katholischer Arbeitervereine und den moderneren und wesentlich politischeren Verteidigern der überkonfessionellen und nicht vom Klerus geleiteten christlichen Gewerkschaften. Der Kardinal Kopp sprach Anfang 1910 von einer „Verseuchung des Westens“, von „Verflachung des katholischen Empfindens“. Konkret hatte die Bachemsche Idee keine Chance, Aktualität zu gewinnen, das katholische Ghetto war, ob man wollte oder nicht, eine Realität für alle innerhalb wie außerhalb der Mauern. Aber diese Standortbestimmung veränderte die Grenz- und Frontlinien und die Gruppierung der Lager, sie gab den Modernen einen liberal-politischen Mittelpunkt, im Gegenzug wurden die Integralisten die Konservativen, gemäßigt Konservative der bisherigen Art mußten sich von ihnen abgrenzen, der „Kölner Richtung“ anschließen, die christlichen Gewerkschaften vor der Verurteilung durch die Kurie und Teile des Episkopats schützen, ja selbst den Volksverein; die Gewerkschaften und der Volksverein mußten Zuflucht in diesem Schutz suchen, kurz: Eine Position der bürgerlichen Mitte wurde die der Modern-Progressiven und der Mehrheit.

Aber nach 1912 zerfiel der „schwarz-blaue Block". Die Wahlen hatten auch für das Zentrum mit einer deutlichen Niederlage – mit dem Verlust von 14 Mandaten, 3 Prozentpunkten der Stimmen – geendet; in den Fragen der Sozialpolitik, des Streik- und Koalitionsrechts und der Elsaß-Lothringischen Verfassung gab es keine Gemeinsamkeit mit den Konservativen mehr. An der Frage der Vermögenssteuer, des „Wehrbeitrags" von 1913 – das Zentrum stimmte im Gegensatz zu den Konservativen zu –, zerbrach dieses Bündnis endgültig. Die Führung und die Balance in der Partei verschob sich noch einmal. Der agrarische Flügel – nach der Wahl von 1912 – wie der der Gewerkschafter waren schwach, in der Mitte bildete sich eine anti-integralistische Sammlung gegen populistische wie konservative Integrale. Die süddeutschen „Demokraten", Volksmänner wie Erzberger und Gröber, gewannen dominierenden Einfluß anstelle der preußischen Honoratioren wie Peter Spahn oder des bayerischen Professors Hertling, der 1912 in Bayern Ministerpräsident geworden war. Aber auch der neue Kurs war bürgerlich, national und anti-sozialistisch, ein Kurs nicht der Linken, sondern der Mitte, etwa in Kooperation mit den Nationalliberalen. Er lief zwar auf eine gewisse Stärkung des Parlamentes – Mißtrauensvotum und Einfluß auf die Militärpolitik über das Budget –, vielleicht auf eine gewisse Milderung des Agrarschutzes hinaus, zugleich aber auf das Festhalten an den wesentlichen Elementen des preußischen Wahlrechts, nicht also auf Demokratisierung. Insoweit war das noch konservativ. Aber die konservative Partei war in eine Art Juniorstellung gedrängt, die politische Parallelposition zu den rechtsbürgerlichen Nationalliberalen war das entscheidend Neue. In der Unruhe des Gewerkschaftsflügels, den die Parteiführung gegenüber der Kurie geschützt, aber zugleich auch gezähmt hatte, bereitete sich die Konfliktlage des Weltkriegs vor.

e) Die Sozialdemokraten

Die Geschichte der Sozialdemokratie zwischen 1890 und 1918 ist eine Art Gegen-Geschichte, jeder weiß, wie entscheidend sie für die Situation seit 1914, und nach 1918 zumal, gewesen ist. Aus beiden Gründen ist es nötig, hier ausführlich davon zu erzählen.

1890 tritt mit dem Fall des Sozialistengesetzes für die Sozialdemokratische Partei – niemand nannte sie damals SPD – eine neue Lage ein. Die Partei hat sich behauptet, sie hat an Resonanz bei den Wählern außerordentlich gewonnen, sie ist eine Macht geworden; zugleich hat sie sich in Reaktion auf die Verfolgung radikalisiert. Jetzt beginnt eine neue Phase. Wir konzentrieren uns auf die drei wichtigsten Entwicklungen der Zeit bis 1914: 1. Die Partei wird eine zentral organisierte Massenpartei, die 1912 ein Drittel der deutschen Wähler gewinnt. 2. Die Partei schafft eine eigene Lebenswelt und Kultur der Arbeiterbewegung, darin sind ihre aktiveren Anhänger in all ihren Lebensbezügen integriert, daraus lebt die Partei, auch und gerade in ihrer politischen Existenz. 3. Programm und Strategie der Partei entwickeln sich angesichts neuer Lagen und Lagebeurteilungen, entwickeln sich im Streit; ein rechter und ein linker Flügel und ein „Zentrum" bilden sich aus und verschieben sich gegeneinander, die große Spaltung der Arbeiterbewegung im Ersten Weltkrieg und der Revolution von 1918/19 bereitet sich vor, die „Rolle" der Partei im System des Kaiserreichs prägt sich aus.

1. Die Sozialdemokratische Partei wird eine Massenpartei von großer Stabilität. Das gilt für die Mitgliedschaft wie für die Wähler. Die Mitgliederzahlen wachsen von 1890 schätzungsweise 100000 (1876 waren es etwa 38000 gewesen) über 1907 gut 500000 bis 1914 auf knapp 1,1 Millionen. Das waren vermutlich um die 20% der sozialdemokratischen Wähler von 1912, und das waren wahrscheinlich fast 40% der Mitglieder der freien Gewerkschaften von 1913. 1875 waren die Mitglieder aus protestantischen Städten und Industriebezirken mit handwerklichen Traditionen gekommen, weder Landarbeiter noch die Arbeiter der Schwerindustrie hatten dazu gehört; geographisch waren Hamburg, Schleswig-Holstein, Bremen, Berlin, Braunschweig und Sachsen Schwerpunkte, dazu – wie z. B. im Westen – ein paar Orte mit lokalen Sonderbedingungen und -traditionen wie Solingen. 1912 lag der Durchschnitt im Reich bei 1,5 Mitgliedern pro 100 Einwohnern (1907 waren es noch 0,9 gewesen); Hamburg, Lübeck, Schleswig-Holstein, Berlin, Anhalt, Sachsen und Thüringen lagen mit mehr als 2,5 Mitgliedern (1912) erheblich über dem Durchschnitt, die polnischen Landesteile, Ost- und Westpreußen, Elsaß-Lothringen und das Saargebiet mit weniger als 0,5 Mitgliedern erheblich unter dem Durchschnitt, und ähnlich stand es überhaupt mit katholischen und agrarischen Regionen. 85 – 95% der Mitglieder waren Arbeiter – nur in München gab es etwa 20% kleine Bürger –, in der Mehrheit Facharbeiter, der Prozentsatz ungelernter Arbeiter lag zwischen 10 und 25%. Unter den Sektoren waren Bau, Metallverarbeitung und Maschinenbau stark, Bergbau, Textil, Nahrung und Metallerzeugung schwach vertreten. Man kann sagen, daß Arbeiterherkunft, Wohnen in einem Arbeiterviertel, handwerkliche Ausbildung und Kommunikation am Arbeitsplatz den Parteieintritt begünstigten; zu denen, die in andere Milieus eingebunden lebten, hatten die Sozialdemokraten viel schwerer Zugang. Die Mitglieder waren – zunächst – eher jugendlich; Frauen, wir haben im ersten Band davon berichtet, waren auch nach dem Vereinsgesetz (1908) unterrepräsentiert, ihre Anzahl nahm zu, aber es waren mehr die Frauen von Sozialdemokraten als Fabrikarbeiterinnen. Anders als bei den Gewerkschaften war die Mitgliederfluktuation nicht groß, und wer Mitglied wurde, blieb es gemeinhin.

Die Zahl der sozialdemokratischen Wähler, die 1877 0,5 Millionen betragen hatte, erreichte 1890 1,4 und 1912 4,25 Millionen, das waren 9,1%, 19,7% und 34,8% der Wähler. Die Stimmenzahlen stiegen mehr als doppelt so stark wie die Bevölkerungszahl, doppelt so stark wie die der Wahlberechtigten und immer noch stärker als die der jeweiligen Wähler. Die Mehrheit der Wähler kam aus mittleren und größeren Städten, 1912 betrug der sozialdemokratische Stimmenanteil in Gemeinden über 10000 Einwohner 49,3%, in Gemeinden unter 2000 Einwohner 19%; umgekehrt kamen 1912 ca. 60% der sozialdemokratischen Wähler aus Städten mit mehr als 10000 Einwohnern. In vielen alten Hochburgen stagnierten die Wählerzahlen – so in Hamburg (wo es seit 1884 mehr als 50% und seit 1898 mehr als 60% waren), in Schleswig-Holstein, wo der Anteil von 1874 34,4% bis 1881 stark sinkt (auf 11,2%) und bis 1912 nur auf 40,4% wieder steigt, so im Königreich Sachsen, mit 1903 einem Anteil von 58,8%. Andere Hochburgen werden freilich noch ausgebaut, am deutlichsten Berlin, der Anteil stieg von 1877 39,2% auf 1912 75,3%. Gewinnregionen sind die Provinzen Sachsen und Westfalen, die Rheinprovinz und der Süden, in Ostelbien bleibt die Partei auch 1912 unter 10%. Bis 1912 und gerade 1912 werden in diesem gewaltigen Aufstieg auch die Grenzen deutlich.

Der Versuch, eine absolute Mehrheit zu erlangen, war schon gescheitert. In den Großstädten (über 100000 Einwohner) ist eine „Sättigungsgrenze" – um 55% – erreicht; bei den schwerindustriellen und bei den ungelernten Arbeitern gibt es andere Barrieren; der Versuch, über die Arbeiterschaft hinaus ins kleine Bürgertum des alten und neuen Mittelstandes vorzudringen, hat kaum Erfolg; die Bauernschaft, ja auch der Großteil der Landarbeiterschaft bleiben der Partei verschlossen. Auch Katholiken sind im wesentlichen nicht zu gewinnen, wenn auch nach 1890 die Bindung katholischer Arbeiter an das Zentrum nachläßt. 1907 wählen vielleicht 10% der Katholiken sozialdemokratisch und höchstens 11% der sozialdemokratischen Wähler sind katholisch. 1903 gewinnen die Sozialdemokraten nur (und immerhin) vier mehrheitlich katholische Wahlkreise, darunter München, 1907 sind es sechs, 1912 zwölf, darunter jetzt Köln und Düsseldorf, aber das sind Gewinne aus Stichwahlen, die von der scharfen Polarisierung zwischen dem Block von Konservativen und Zentrum sowie der Linken – mit Einschluß der Liberalen – profitieren. Da aber das Abbröckeln vom katholischen Milieu sich in Grenzen hielt, war hier auch mittelfristig kein wesentlicher Erfolg zu erwarten. Die Idee, über das allgemeine Wahlrecht zu einer absoluten Mehrheit zu kommen, war – auch bei Einführung des Verhältniswahlrechts oder einer Reform der Wahlkreiseinteilung – eine Illusion. Die Grenzen der Partei als großer Minderheitspartei waren sichtbar.

Für die Mandatsverteilung waren die Stichwahlen wichtig, zwischen 1890 und 1912 war die Partei an 563 Stichwahlen beteiligt, davon gewann sie 141, ein Viertel, 1912 gewann sie mehr als ein Drittel (37,5%); von 1912 39 Stichwahlen gegen Nationalliberale gewann sie 13, von 20 gegen Konservative zehn (1890 von zwölf nur eine), von neun gegen das Zentrum immerhin fünf, von 29 gegen die Fortschrittspartei acht. Anders als zwischen den „bürgerlichen" Parteien hing das weniger von Wahlunterstützung durch ausgeschiedene Parteien, Zentrum oder Fortschritt, ab als von Wählermobilisierung und von Wahlenthaltungen im gegnerischen „Lager". Der Mandatsgewinn und -anteil entsprach nicht dem Stimmenanteil, das hing mit der extremen Ungleichheit der Wahlkreise, der Konzentration in Hochburgen und den starken „bürgerlichen" Abwehrkoalitionen bei Stichwahlen zusammen. 1890 gewann die Partei mit 19,7% der Stimmen 8,8% der Mandate, 1903 war das Verhältnis 31,7% zu 20,4%, 1907 bei den „Hottentottenwahlen" 29,0% und 10,8%, 1912 34,8% und 27,7%, die Diskrepanz wurde geringer.

Im Zusammenhang mit dem Phänomen der Mitglieder- und Massenpartei müssen wir einen Blick auf die Organisation dieser Partei, ihre spezifischen Strukturen und Probleme werfen. Die Partei lebte von ihren Mitgliedern, und die Mitglieder lebten von der Partei. Die Mitglieder waren Diener und Instrumente der Partei und zugleich ihre Träger, sie vertraten die Meinung der Partei und prägten und bestimmten sie zugleich. Mitgliedschaft war ein hochintensives wechselseitiges Verhältnis. Die Mitglieder zahlten Beiträge, die monatlich, selten wöchentlich, persönlich vom „Kassier" in Empfang genommen oder gesammelt wurden. Sie kamen, wenn auch nicht alle und nicht immer, so doch ziemlich regelmäßig zu den mindestens monatlichen Versammlungen in den kleinen Lokalbezirken, sie waren aktiv in Wahlkämpfen und den vielen anderen Kampagnen und den Demonstrationen der Partei. Sie lasen die Parteizeitungen oder gar -zeitschriften, sie waren ideenpolitisch mit den Grundlagen des Sozialismus vertraut und lasen Kautsky oder Bebel, Engels oder manchmal sogar Marx, sie waren politisch informiert oder suchten sich zu informieren, sie gaben ihren politischen „Glauben" weiter, und sie bildeten sich Meinungen in den vielen Streitfragen innerhalb der Partei über Ziele, über Strategie und Taktik und natürlich Personen. „Die Partei" war für die Mitglieder so etwas wie Heimat, sie hatte einen ganz hohen Rang unter den sozialen Institutionen und einen ganz hohen Loyalitätsanspruch; das Wohl der Partei und der Dienst an der Partei waren beinahe Werte an sich und so der Erfolg, den man in Mitglieder- und Wählerzahlen messen konnte, der Ausbau und der Zusammenhalt der Partei und, je stärker die Konflikte wurden, ihre Einheit und die Solidarität der Mitglieder. Die Mitglieder lebten in der strengen Disziplin der einen großen Partei, das war eine wesentliche Tugend, Disziplinbruch die wesentliche „Sünde". Die Partei wird, so hat Kurt Eisner den verbreiteten Intellektuellenspott bündig formuliert, „eine bis zur Karikatur getreue Volksausgabe des Staates, in dem sie lebt", und die Reden vom „Kaiser Bebel" oder der preußischen oder militärischen Struktur der deutschen Sozialdemokratie zielen in dieselbe Richtung.

Weil die Partei so groß war, gab es eine Hierarchie vielfältiger Organisationsebenen, vom Viertel über den Ort oder den Wahlkreis bis zum regionalen oder provinzialen Bezirk, zum Bundesstaat und zum Reich. Die Ebenen der großen Städte und der Wahlkreise waren besonders wichtig. Auf Reichsebene waren die Organe der Parteiorganisation, Parteitag und Vorstand vor allem, so wichtig wie die Reichstagsfraktion und formal sogar wichtiger, das war anders als in den bürgerlichen Parteien. Die oberen Einheiten waren mit den unteren in der Weise verbunden, daß diese Delegierte für die Organe der höheren Ebene wählten – manchmal mehrfach gestuft –

und daß sie über Anträge an obere Organe beschlossen. Die Führung einer Einheit – die Vorsitzenden, der Vorstand – stand in einer besonderen Beziehung zu den höheren Einheiten; Berichte aus den höheren Organen gehörten zum Alltag von Mitgliederversammlungen. Das Delegations- und Antragssystem und die Tatsache, daß das Führungsgeflecht immer aus gewählten „Amts"inhabern bestand, ja das durchgängige Prinzip der innerparteilichen Wahlen machte die innerparteiliche Demokratie aus, und zwar war das kaum eine plebiszitäre und unmittelbare, sondern im wesentlichen eine repräsentative und mittelbare Demokratie. Die Mitglieder waren intensiv an der Meinungsbildung der Partei beteiligt, Entscheidungen der Parteiführung und der Parteitage waren durch innerparteiliche Wahlen legitimiert.

Das hierarchische bürokratische Organisationssystem auf der Basis innerparteilicher Demokratie schuf eine Menge von Führungsämtern, deren Inhaber, schon aus objektiven Gründen, eine eigene Gruppe bildeten, sie waren die Funktionäre. Die Partei war nicht nur eine Mitglieder-, sondern auch eine Funktionärspartei. Dieser Zug wurde durch zwei weitere institutionelle Entwicklungen verstärkt. Die Partei fing an, hauptamtliche Funktionäre, sogenannte Sekretäre, anzustellen. Wie immer das Verhältnis zwischen (nur) gewählten und angestellten Funktionären sein mochte, der Parteisekretär kam aus der Gruppe der normalen Funktionäre und blieb, als ein mächtiger Mann, in ihr. Die andere Entwicklung: Neben und mit der Partei haben sich in der Arbeiterbewegung noch andere hauptamtliche Stellen entwickelt, die der Gewerkschafts- und Arbeitersekretäre und die der Parteiredakteure. Vor allem die erste Gruppe hat häufig auch Partei-(Wahl)ämter übernommen; Friedrich Ebert, Parteivorsitzender und Nachfolger Bebels seit 1913, ist ein berühmtes Beispiel. Kurz, neben die ehrenamtlichen treten die Berufsfunktionäre.

Funktionärswesen und innerparteiliche Demokratie stehen in – leichter – Spannung zueinander. Die demokratischen Utopien von der Ämterrotation und der gleichen Führungsbefähigung aller sind auch in der proletarischen Partei von vornherein gescheitert, es bildet sich vielmehr eine Oligarchie, eine Elite von Funktionären aus. Nach der ersten Bewährung wird Wiederwahl der Führungserfahrenen fast etwas Normales, das Klima von Konsens und emotionaler Solidarität trägt dazu bei; die Amtsinhaber entwickeln Status-Ambitionen, und sie haben viele Möglichkeiten, die eigene Wiederwahl zu beeinflussen. Die Zahl der Konkurrenten ist nicht übermäßig groß, denn für die Ämter mindestens schon der zweitniederen Ebene muß man Zeit und Unabhängigkeit für die Politik haben, freigestellt sein, in der Wort- und Buchpartei muß man ein nicht geringes Maß von Lese-, Schreibe- und vor allem Redeintelligenz entwickeln. Die Funktionen haben die Tendenz zur Professionalität, sie sind schwer mit dem proletarischen Normalalltag der Masse der Mitglieder zu vereinen; und sie fördern die Tendenz zur Kontinuität, zur Dauer, nicht zum Wechsel. Die Funktionärsoligarchie hebt sich ab von den „normalen" Mitgliedern. Man darf freilich die Dinge nicht übertreiben, wie es linke Kritiker der rechten Sozialdemokraten und Romantiker der Revolution gerne getan haben und tun. Die Ausbildung einer permanenten politischen Klasse ist auch in einer Arbeiterpartei etwas ganz und gar Normales. Spannungen zwischen Mitgliedern und Funktionären waren nicht das Hauptphänomen, einen eigentlichen Gegensatz gar zwischen beiden Gruppen hat es nicht gegeben. Funktionärsschelte war ein Kampfmittel jeweils oppositioneller Funktionäre. Die harten Konflikte zwischen den Flügeln schufen vielerorts doch eine reale Entscheidungsfreiheit der Mitglieder (auch wenn manchmal eine linke Mehrheit einen rechten Funktionär wiederwählen „mußte", weil er schon so lange amtierte), die Führung war auf echte Legitimation durch die Mitglieder angewiesen, das war nicht durch manipulierte Akklamation zu ersetzen. Der Grundkonsens der Mitglieder war stark genug, um die Spannungen zwischen Spitze und Basis, wie sie für moderne Großorganisationen charakteristisch sind, zu überwölben. Die Spaltung der Partei im Kriege, lange ja schon im Werden, zeigt dann besonders die Grenzen der oligarchischen Struktur, die Überalterung der (mehrheits)sozialdemokratischen Funktionäre in der Weimarer Republik ihre bedeutende Nachwirkung.

Mit der Rolle der Funktionäre hängen auch zwei Sachverhalte zusammen, die von Kritikern gern überstrapaziert mit polemischen Begriffen benannt werden, die Bürokratisierung und der Organisationsfetischismus; davon soll die Mentalität der Funktionäre geprägt worden sein. Natürlich, der große, komplizierte, vielschichtige Partei„apparat" erzwang gewisse bürokratisch geregelte Verfahren. Die Partei wurde ein bürokratisches System. Das begünstigte bei Mitgliedern wie Funktionären im Ergebnis vielleicht mehr Routine als Spontaneität. Der Verdacht jedoch, die Funktionäre, die angestellten zumal, hätten vor allem an die Sicherung ihrer eigenen Positionen und Einkommen gedacht oder sich von ihrem Aufstieg in „kleinbürgerliche" Lebensformen jenseits des proletarischen Alltags leiten lassen, ist, wie all solche Pauschalurteile, unbegründet. Das Reden von einer „Verbürgerlichung" ist polemisch, nicht analytisch. Wohl aber ist richtig, daß die Organisation, die man aufbaute und der man diente, ein Eigengewicht gewann, das das Verhalten prägte. Die bürokratisierte Großorganisation geriet in Spannung zu ihrem emotional so geliebten Ursprung, zu ihrem Anspruch, Bewegung zu sein. Sie mochte als Selbstzweck erscheinen. Sie sollte erhalten, sollte nicht gefährdet werden, darum war man in Risikolagen vorsichtig und defensiv. Sie sollte weiter ausgebaut werden, und sie sollte einheitlich und geschlossen bleiben. Wenn man die Frage nach dem Weg zur Macht nicht beantworten konnte oder doch nicht mit den polaren Antworten der Bewegungs„flügel" der Linken wie der Rechten, Revolution oder Reformkoalition, beantworten wollte, dann bot sich der Betrieb und Weiterbetrieb der Organisation an; das mochte dann wie eine Flucht erscheinen oder eine Flucht werden. Man mag das als eine Gefahr der Parteimehrheit, der Zentristen und Praktizisten, in den Jahren unmittelbar vor 1914 ansehen.

Eine Folge der Organisation schließlich ist noch zu bedenken. Mitglieder und Funktionäre waren überzeugte Parteimenschen, von den Innenproblemen der Partei okkupiert, parteigebundener und parteilicher als Anhänger im weiteren Sinne und gar als Wähler. Daraus ergab sich für die Führung das Dilemma von Wähler- oder Mitgliederorientierung, von Orientierung auf die vorhandenen oder die zukünftigen Mitglieder. Sollten die Bezirke z. B. nach Mitgliederstärke, nach Wählerzahl oder nach nicht-parteiabhängigen Kriterien oder gar gleich behandelt werden? Man versuchte es mit Kompromissen, aber die Großstädte und der Norden hatten das Übergewicht. Weil die Partei mitgliederabhängig blieb, waren Strategien zur Gewinnung neuer Wählerschichten schwer durchsetzbar, das proletarisch-altsozialistische Milieu setzte sich durch. Und bei Stichwahlen, wenn die Parteiführungen aus allgemeinpolitischen Erwägungen andere Parteien, Linksliberale oder Zentrum, unterstützen wollten, waren die Mitglieder eher gesinnungs- und prinzipienfest. Kurz, die Mitgliederpartei grenzte sich fest ab, war nicht volksparteilich offen und für andere anziehend. Die Ideologie, daß das Proletariat zwangsläufig Mehrheit werden werde, rechtfertigte obendrein die Priorität der Mitglieder.

Die Sozialdemokratische Partei verstand sich als Teil (und Speerspitze) der Arbeiterbewegung. Dazu gehörten die Organisationen der Arbeiterkultur, von denen wir gleich sprechen werden, und die Mehrheit der Konsumvereine. Dazu gehörten vor allem die Freien Gewerkschaften. Partei und Gewerkschaften, das waren die beiden Säulen der Arbeiterbewegung. Über die Selbständigkeit der Gewerkschaften, ja über den Sinn ihrer Existenz, hatte es anfangs manche Konflikte gegeben, wir haben das bei der Geschichte der Gewerkschaften im ersten Band erzählt. Aber auch als alle Sozialdemokraten schließlich die gewerkschaftliche Organisation als eigenwertig und wichtig anerkannt hatten, war es zunächst auf beiden Seiten klar, daß die Partei die führende, die Gewerkschaften eine dienende und vorbereitende Funktion – als „Rekrutenschule" – hatten. Auch nach 1890 blieb das, obschon die Gewerkschaften das Überleben der Sozialdemokratie unter dem Sozialistengesetz mit ermöglicht hatten, zunächst „herrschende Lehre", anerkannt auch bei den führenden Gewerkschaftsleuten. Parteimitglieder waren eo ipso Gewerkschaftsmitglieder, aber die Gewerkschaften nahmen nach der ersten Gründungswelle vorerst nicht erheblich zu. Und weil sie in Arbeitskämpfen eher Niederlagen erlitten, während die Partei in Wahlkämpfen Wähler gewann, entsprach diese Meinung anscheinend der Realität.

Nach der Mitte der 90er Jahre wurde das anders, jetzt in der großen Konjunktur wuchsen die Gewerkschaften über erfolgreiche Arbeits- und Abwehrkämpfe und ihre Unterstützungskassen wesentlich schneller als die Partei. Selbst Bebel und Kautsky, in den 90er Jahren noch eher gewerkschaftsskeptisch, waren jetzt von der selbständigen Bedeutung der Gewerkschaften für den Klassenkampf, für den Sieg des Sozialismus überzeugt. Man kann von einer Vergewerkschaftung der Partei sprechen. Ein Arbeiter kam über die Gewerkschaften zur Partei und behielt eine spezifisch gewerkschaftliche Loyalität bei, manchmal auch eine gewerkschaftliche Mentalität; die vielen gewerkschaftlichen Funktionäre übernahmen wie von selbst auch Parteifunktionen oder wechselten in solche über. Mitte 1914 gab es über 2,5 Millionen Mitglieder der Freien Gewerkschaften, knapp 1,1 Millionen Mitglieder der Sozialdemokratischen Partei.

Zwischen den beiden Organisationen der Arbeiterbewegung gab es freilich jenseits von Arbeits- und Aufgabenteilung Unterschiede. Die Gewerkschaftsmitglieder, die nicht in der Partei waren, gehörten nicht zur Kerntruppe des sozialistischen politischen Glaubens; sie waren an der Gegenwart, an Arbeitsplatz-, Lohn- und „Magen"fragen orientiert, nicht an der Zukunft, wenig an System und Politik. Kurz, die Mehrheit der Gewerkschafter war etwas weniger politisch als die Parteimitglieder – nicht freilich, wie wilde Kritiker behaupten, „entpolitisiert". Die Priorität spezifisch gewerkschaftlicher Zwecke, die durch Reform auf dem Boden des bestehenden Systems erreichbar schienen, beeinflußte natürlich auch viele gewerkschaftlich aktive Parteimitglieder und zumal die Gewerkschaftsfunktionäre. So mochte sich dann das Schwergewicht der weniger politischen Organisation, der Gewerkschaften, auch in der Binnendiskussion der Partei geltend machen. Es gab, unorganisiert, aber faktisch, einen Gewerkschafts„flügel" in der Partei – mit großem und mit wachsendem Eigengewicht. Er war die Säule des anti-radikalen Reformismus und des rechten Zentrismus. Das spielte in den Großkonflikten über die politische Strategie, den Massenstreik z. B., eine bedeutende Rolle.

2. Die Sozialdemokratische Partei wurde eine Partei, die – als Kern der Arbeiterbewegung – das ganze Leben ihrer Mitglieder, das Arbeitermilieu, umfaßte und prägte; sie wurde eine Integrationspartei. Voraussetzung dafür war ihre Stellung in Staat und Gesellschaft. Die Arbeiter waren nicht gleichberechtigt, die Sozialdemokraten galten, auch nach dem Fall des Sozialistengesetzes, als Staats- und Gesellschaftsfeinde, sie blieben im System des Obrigkeitsstaates und in der bürgerlichen Klassengesellschaft isoliert, ausgegrenzt. Und sie grenzten sich selbst von dieser Gesellschaft ab – sie kündigten dieser Gesellschaft den Untergang an und stilisierten sich als Todfeinde der bestehenden Ordnungen. Zugleich empfanden sie aber die Ausgrenzung durch die anderen, zumal seit sie mit Verfolgung und Unterdrückung verbunden gewesen war, als schweres Unrecht und antworteten darauf eben wiederum mit gesteigerter Selbstabgrenzung und -isolierung, mit der Bildung einer Gegenwelt, eines Ghettos, eines Staates im Staat.

Ausgrenzung war aber überkreuzt durch Einbeziehung – durch Schulbesuch und Militärdienst, Wahl- und Organisationsrechte und vor allem durch die Beteiligung an den Erfolgen des Kapitalismus, die Reallohnsteigerungen, und durch die, wenn auch kargen, Ergebnisse der Sozialpolitik, wie die Krankenkassen und ihre Erfolge bei der Veränderung von Gesundheitsverhalten und Gesundheitsstandards. Man kann schon dieses Doppelverhalten der „andern", Ausgrenzung und Einbeziehung, diese Doppel-Betroffenheit der Sozialdemokraten als „negative Integration" bezeichnen. Das verstärkte den Zug der Sozialdemokratischen Partei, ein Lebensmilieu zu spiegeln und zu formen, ein umgreifendes Weltanschauungsangebot zu machen, das weit über alles „bloß" Politische hinausging, alle Bezirke der Deutungskultur und alle Lebensaktivitäten ergriff, eben das ganze Leben von der Wiege bis zur Bahre. Der Sozialismus interpretierte Welt und Leben, Gegenwart und Zukunft, erklärte das Leid und begründete die Hoffnung, er war ein Stück Lebenssinn, war ein Glaube – bis zu Symbolen und Ritualen hin. Sozialdemokratisch kämpfte man mit den Freien Gewerkschaften um Löhne und Arbeitsbedingungen, streikte, ließ sich aussperren, ließ sich bei Arbeitslosigkeit unterstützen, ließ sich bei der Volksfürsorge gegen andere Lebensrisiken versichern, nahm an der Selbstverwaltung der Krankenkassen teil und an den Wahlen zu Gewerbegerichten etc., kaufte im „Konsum" ein. Sozialdemokratisch feierte man Feste, demonstrativ den 1. Mai, den 18. März (zum Gedenken an die Revolution von 1848), das Gründungsfest des eigenen Vereins, trauerte um die großen Toten der eigenen Bewegung, sozialdemokratisch sang man, lieh Bücher aus oder las sie, spielte Theater oder besuchte es, befaßte sich mit popularisierter Wissenschaft, turnte und fuhr Rad, wanderte, gärtnerte, spielte Skat, sorgte – im Arbeitersamariterbund – für Unfallopfer und Kranke, war Frau und Jugendlicher, ließ sich feuerbestatten, schloß Freundschaften und befestigte Solidaritäten in Nachbarschaft und Betrieb, erfuhr, wie es mit der Welt und dem Leben stehe. Dem dienten die zahllosen Vereinsorganisationen und Einrichtungen, die Presse und Bibliotheken der Arbeiterbewegung, die sich um Partei und Gewerkschaften gruppierten. Dabei war es für die deutsche Entwicklung charakteristisch, daß „Arbeiterkultur" – obschon ja weit über den Bereich der Sozialismus-Anhänger hinausreichend – weitgehend identisch mit „Arbeiterbewegungs"-, also mit sozialistischer Kultur wurde.

Über diese Formen einer Integrationsbewegung gibt es viel ideenpolitischen Streit, so um „Verbürgerlichung" oder Eigenständigkeit dieser Kultur, das lassen wir hier im wesentlichen beiseite. Zwei Dinge sind hervorzuheben: In die sozialistische Arbeiterkultur der der Partei affilierten Organisationen sind viele Elemente der „bürgerlichen", der „Hegemonial"kultur eingegangen und in ihr aufbewahrt, die Inhalte von Literatur, Theater, Wissensbildung und Musik z. B.; das war eine Folge der Orientierung der intellektuellen Führer wie der kulturellen Ambitionen und Normen aufstrebender Arbeiter. Und zumal Stil und Struktur, die Organisationsform des Vereins vor allem enthielten und vermittelten bürgerliche Werte, etwa der Ordnung und Disziplin, der Autorität und Hierarchie, der Orientierung auf „Höheres". Insoweit waren hier „verbürgerlichende" Tendenzen gegeben – obwohl man ebenso in solcher Übernahme von einer Entbürgerlichung durch Universalisierung sprechen könnte. Die Subkultur grenzte ab und gewährte doch Teilhabe an der dominanten Kultur. Aber man muß, gegen das Gerede von einer „Verbürgerlichung", hinter dem Unmarxistischen das Rest- und Vulgärmarxistische, hinter dem Bürgerlichen im Stil das markant Proletarische sehen. Zwischen dem nationalen Element der Hegemonialkultur und dem Internationalismus der Subkultur mag es eine Doppelloyalität gegeben haben. Aber für die Arbeiter war nicht die Deutungswelt der Kultur, sondern die Arbeitswelt des Betriebes noch erfahrungsbestimmend. Darum blieb der Klassengegensatz gegenüber den kulturellen Übernahmen dominierend, darum blieben die Arbeiter sozialistisch. Wichtig ist – so G. Roth – schließlich die Beobachtung, daß die Einhausung der sozialdemokratischen Arbeiter in eine so dichte Subkultur ihr Leben erfüllte, die negative Ausgrenzung erträglicher machte, insoweit paradoxerweise einen eigenen gesamtgesellschaftlichen Integrationseffekt hatte. Das war die Dialektik der Integrationspartei. Sie integrierte in der Nation, in die Nation.

3. Die Partei also wuchs, und sie prägte das Leben ihrer Mitglieder, das geschah beinahe wie von selbst. Aber sie war natürlich als Partei auf Politik bezogen, das war der Kern ihrer Existenz, darüber setzten sich ihre Führer und Mitglieder auseinander. Das war nicht nur Sache der Politiker, der Funktionäre und der Intellektuellen, sondern auch der „normalen" Mitglieder, die über die innerparteiliche Demokratie und ihre vielen Wahlen in die Bestimmung der politischen Linie und den Streit um sie miteinbezogen waren und daran auch lebhaft und manchmal durchaus emotional Anteil nahmen. Es gab zwar bei ihnen das feste Bewußtsein der Zusammen- und Zugehörigkeit, gegen die anderen, das war stärker als aller Streit, darum hatte das Parteizentrum immer das größte Gefolge, darum war der Streit an der Basis weniger intensiv als auf Parteitagen oder in der Publizistik; aber wichtig war er schon.

Die ideologische Konsequenz der Zeit des Sozialistengesetzes, der Verfolgung und Unterdrückung der Partei und zugleich der durchformulierte Ausdruck des Neu- und Wiederanfangs der Partei, ihr Grunddokument bis zum Ersten Weltkrieg, war das „Erfurter Programm" von 1891. Sein Hauptverfasser war Karl Kautsky, ein österreichischer Intellektueller, der seit 1883 Chefredakteur des theoretischen Organs der Partei, „Die Neue Zeit", war. Mitverfasser und verantwortlich für den zweiten, den praktischen Teil des Programms, war Eduard Bernstein, der seit 1881 Chefredakteur der illegalen, im Ausland erscheinenden Wochenzeitung „Der Sozialdemokrat" war.

Der erste Teil des Programms formulierte ein allgemeines Geschichts- und Gesellschaftsbild und eine entsprechende Prognose. Er machte den Marxismus zur Theorie der Partei, die Theoreme von Klassengesellschaft und Klassenkampf, Ausbeutung, Mehrwert, Konzentration, Verelendung, Untergang des Mittelstandes, von der zunehmenden Krisenhaftigkeit des Systems und von der Internationalität des Klassenkampfes und dem Klassencharakter des Staates, von der zwangsläufigen Entwicklung zum Sozialismus, der Eroberung der politischen Macht durch die Arbeiterklasse und von der Vergesellschaftung der Produktionsmittel als dem Allheilmittel angesichts der Katastrophen und Ungerechtigkeiten des kapitalistischen Produktionssystems, vom Absterben des Staates. Das überkommene Staatsvertrauen der Lassalleaner war unter dem Sozialistengesetz endgültig in die entschiedene Feindschaft gegen den bestehenden Staat, der nichts anderes als Klassenstaat schien, umgeschlagen. Von der „Diktatur des Proletariats" war expressis verbis nicht die Rede, aber auch nicht vom Ziel einer demokratischen Republik. Nach diesem ersten Grundsatzteil und seiner langfristigen weltgeschichtlichen Perspektive, nach seiner eschatologischen Fanfare, wurden im zweiten Teil die kurz- und mittelfristigen Ziele einer radikal sozialen und demokratischen Reformpolitik ausgeführt, das Programm für die Wahlen und die Tätigkeit von Abgeordneten im Parlament.

Es ist klar, und von hinterher erst recht, daß zwischen beiden Teilen und ihren Tendenzen eine erhebliche Spannung bestand, die sich bis zum Widerspruch hin verschärfen mochte, zwischen Revolutionserwartung und radikalem Reformaktivismus, zwischen dem Endziel und den Nahzielen. Gut marxistisch konnte man in der „dialektischen Einheit" von Theorie und Praxis den Ausgleich dieser Spannungen sehen. Man lebe in einer nichtrevolutionären Periode, man könne Reformen durchsetzen, aber der Kapitalismus werde immer neue Verelendung produzieren und ein immer stärkeres Proletariat, das müsse schließlich zur Revolution führen. Die spätere radikale Position, Reformen könnten die Klassengegensätze abschwächen und so den Zusammenbruch des Kapitalismus verzögern, hatte noch keine Resonanz, das war gegenüber den Realinteressen der Arbeiter zu wirklichkeitsfremd, zu ideologisch. Ein wesentliches und fast unaufhebbares Element der Spannung lag im Verhältnis vom Determinismus des Geschichtsprozesses und dem Postulat kämpferischer Aktivität, das auch Marx und Engels niemals rational geklärt hatten. Geschah die Revolution von selbst, oder sollte man sie machen, und, wenn es doch auf die Revolution ankam, welchen Sinn sollten radikale Reformen haben, die doch eine revolutionäre Situation nur abschwächen konnten? Sollte man die Revolution friedlich verstehen, als epochalen Übergang in ein anderes System, oder, wie es doch üblich war, gewaltsam, sei es auch als Ergebnis des erwarteten Übergangs der herrschenden Klassen zu einer Gewaltpolitik, wenn das Proletariat im Begriff sei, Mehrheit zu werden? Wie vertrug sich das Programm einer Revolution mit dem neuen Bekenntnis zur Legalität des Handelns der Partei?

Es ist nützlich, sich die Rolle dieses Programms für das Bewußtsein seiner Anhänger und nicht nur seiner Verfasser vor Augen zu führen. Man darf sich zunächst nicht darüber täuschen, daß die Anhänger von den Marxschen Theorien nur sehr rudimentäre Kenntnisse hatten, die allenfalls auf das kommunistische Manifest und Kautskys vergröbernde Popularisierung der Ideen des ersten Bandes des Kapitals sich stützten. Aber das machte nichts. Auch der Vulgärmarxismus vermittelte die Überzeugung vom Zusammenbruch der Klassengesellschaft und dem Sieg des Sozialismus, vom gerechten Kampf der Arbeiterklasse, in dem sie allein gegen die trotz aller internen Spannungen reaktionäre bürgerliche Gesellschaft stand, gegen die „eine reaktionäre Masse", das genügte. Weiterer Differenzierungen und Begründungen bedurfte es nicht. Wichtig ist, daß das Doppelprogramm die Doppelerwartung der Anhänger erfüllte, der Ambivalenz ihrer Gefühle und ihres Willens entsprach. Die radikale aggressive Sprache des ersten Teils, die Kampfansage gegen das System und die Ankündigung seines Unterganges – sie entsprachen den entschieden radikalen, ja revolutionären Oppositionsgefühlen der Parteimitglieder und dem Gefühl, hoffnungslos minderberechtigt und ausgegrenzt zu sein. Und diese Sprache kompensierte die politisch notwendige, nach dem Fall des Sozialistengesetzes mögliche Verpflichtung auf die Legalität und den Pragmatismus des Alltags, die Organisations- und Gewerkschaftsarbeit und das mühsame Stückwerk-Geschäft der Reformen. Denn, und das war die andere Seite der Sache, man lebte in einer Realität, die nicht täglich schlechter wurde und nicht hoffnungsloser, die Raum zur Aktivität ließ, man mußte nicht alles in eine eschatologische Zukunft investieren, man konnte auch auf die mähliche Verbesserung in der eigenen Lebensspanne setzen, und man konnte die große Sub- und Gegenkultur der sozialistischen Arbeiterbewegung aufbauen. Deren Kraft zu stärken, war für die Zukunft so wichtig wie für die Gegenwart. Insoweit hatte auch der zweite Teil des Programmes seine emotionale Resonanz. Sozialismusgläubige und Reformpragmatiker fanden sich in dieser Programmsynthese wieder, ja zusammengehalten.

Die ideologisch-theoretische Synthese des „Erfurter Programms" wurde seither durch Kautsky ausgelegt, festgehalten, ja intensiviert. Er wurde zum informellen „Chefideologen" der Partei. Angesichts der Theoriebesessenheit der deutschen Marx-Anhänger war die maßgebliche Ideologie ein zentrales Element im ganzen Dasein der Partei, da schlug in allen Rationalismen ihr Herz; jede politische Debatte über die Lage, ihre Veränderungen und deren jeweils neue Herausforderungen, über die konkreten Handlungsziele, über Strategie und Taktik, Wahlen und parlamentarische Politik war von der „Theorie", ihren Positionen und Nuancen, abhängig. Das herrschende Theoriegebäude und die sich daran anschließenden auch mentalen und emotionalen Einstellungen nennen wir „Kautskyanismus".

Der Kern dieses Gebäudes war die Theorie von der selbstläufigen Revolution; die zukünftige Revolution kam, gewiß, aber Revolutionen konnte man nicht machen, darum war die Sozialdemokratie „keine Revolution machende" Partei, sie erwartete sie nur. Man bezeichnet das auch als revolutionären Attentismus. Ein Konzept für einen konkreten „Weg zur Macht" gab es in dieser Theorie nicht. Daß man die Mehrheit gewinnen und dann den Sozialismus einführen werde, war zwar die Hoffnung, aber man wußte, daß die bürgerliche Gesellschaft und der obrigkeitliche Staat sich nicht widerstandslos der erhofften Mehrheit fügen würden. Jedenfalls, Wahl- und Organisationserfolge, Stufen der Vorbereitung zur „Eroberung“ der Macht, wurden sozusagen zum Selbstzweck. „Hinter den Formeln, die Euch Genosse Kautsky bis ans Ende seiner Tage liefern wird“, so bemerkte der französische Sozialist Jean Jaurès bissig 1904, „verbergt Ihr nur, daß Ihr unfähig seid zu handeln.“ Die Theorie wurde zu einem dogmatischen Gehäuse.

Wenn wir die Bedeutung dieser Theorie zunächst für ihre Anhänger zu bestimmen suchen, gilt ähnliches wie beim „Erfurter Programm“: Die Theorie bot nach beiden Seiten Kompensationen. Man konnte sich als Revolutionär fühlen und für die sozialistische Zukunft arbeiten, unter der richtigen Fahne und im richtigen Glauben, und zugleich war man (oder waren andere) im Pragmatismus gerechtfertigt, sich für Arbeiterinteressen und soziale Reformen einzusetzen, für die sozialistische Subkultur und für die Ausbreitung der Organisation. Man war gegen das System und arbeitete doch in ihm, an der Verbesserung der Lebensumstände, am eigenen kleinen Aufstieg; die Arbeit für die „Bewegung“ verband das beides. Zugespitzt war es die beibehaltene revolutionäre Sprache und Symbolik, die eine radikal reformerische Praxis kompensierte und sie, wie ein dazu gehörendes gutes Gewissen, auch erst ermöglichte.

Die Theorie war sodann auch ein Stück der „negativen Integration“, sie isolierte gegen die Bürgergesellschaft, war nicht nur Bewußtsein passiver Ausgrenzung, sondern eigener Abgrenzung, und sie sicherte zugleich ein starkes und tragendes Selbstbewußtsein. Auch wenn Kautsky als treuer Marx-Schüler die Lassallesche Formel von der einen reaktionären Masse kritisierte, seine Theorie befestigte die Abschottung gegen alles Bürgerliche, gegen jegliche Kooperation mit irgendwelchen Bürgerlichen. Gleichzeitig hatte die Kautsky-Theorie den ungeheuren Vorteil für die Partei, daß sich unter ihrem Dach die unterschiedlichen Flügel der Partei, linke Revolutionäre und rechte, reformistische Pragmatisten zusammenfanden; insoweit war sie für eine große und sich differenzierende Partei auch eine Integrationsideologie. Das wurde jedenfalls ihre Wirkung. Sie erlaubte den Radikalen und Revolutionären, in einer Partei der Pragmatiker zu bleiben und darauf zu hoffen, sie doch noch und wieder für die Revolution gewinnen zu können, und sie erlaubte den Pragmatikern, unrevolutionär zu werden, ohne von dem tragenden Glauben an die Revolution abfallen zu müssen.

Bei einigen der Parteiführer finden wir, neben Kautsky, interessante Varianten. Die „Strategie“, die Engels nach 1890 entwickelte, war eine „revolutionäre Parlamentsstrategie“. Während Kautsky und die Parteiführung letzten Endes doch auf die zu erringende Mehrheit im Parlament setzten, glaubte Engels, gegen die dann sichere Staatsstreichstrategie der „Herrschenden“, die Aufhebung des allgemeinen Wahlrechts z. B., müsse die sozialistische Mehrheit zur wirklichen Revolution übergehen. Dabei hatte er allerdings – noch 1890 – den eigentümlichen Glauben, daß die Sozialdemokraten das ostelbische Landproletariat gewinnen würden und damit bis etwa 1900 die Rekruten der preußisch-deutschen Armee. Bis dahin und nur bis dahin galt die Taktik der „Gesetzlichkeit". Bebel wiederum hing an einem vulgärmarxistischen Dogma vom zwangsläufigen und bald bevorstehenden Zusammenbruch des kapitalistischen Systems, dem großen „Kladderadatsch"; Revolution war dann mit diesem Zusammenbruch identisch. Diese Zusammenbruchsthese war eine Folge der „großen Depression" zwischen 1873 und 1896, die zwar nicht so sehr Realität war, aber doch Stimmung und Meinung prägte.

Schon 1890/91 hatte es eine linke Opposition gegeben, anti-parlamentarisch und ein bißchen anarchismusnah, die Intellektuellen- und Literaten-Opposition der „Jungen", aber sie konnte sich nicht durchsetzen.

In den 90er Jahren erhebt sich dann gegen das Konzept des „Erfurter Programms" und das Revolutionskonzept Kautskys schon das, was man Reformismus und Revisionismus nennt. Schon bei den Wahlen von 1890 hatte es Spannungen zwischen den pragmatischen Befürwortern einer Stichwahlhilfe für die Linksliberalen und Dogmatikern des neuen Prinzips gegeben. Die dann aufkommenden Reformisten setzten auf konkrete Verbesserungen der Lage der Arbeiter innerhalb des bestehenden Systems, auf Sozialpolitik und mehr Demokratie. Das war vielleicht eine Antwort auf Caprivis Neuen Kurs. Georg von Vollmar, der Führer der bayerischen Sozialdemokraten, hat 1891 in den „Eldorado-Reden" (nach dem Versammlungslokal genannt) so argumentiert. Er meinte, man müsse die gewachsene Größe der Partei auch in praktische Wirksamkeit umsetzen und nicht in der bloßen Abwarteposition verharren. Das hieß auch, die Reformisten setzten auf Koalitionsmöglichkeiten mit linksbürgerlichen Parteien oder auf Kompromisse. Eine solche Strategie hing natürlich eng mit dem liberaleren politisch-sozialen Klima im Süden zusammen, in Preußen oder Sachsen konnte sie wenig Resonanz finden. 1894 haben die Sozialdemokraten im bayerischen Landtag wegen wichtiger Verbesserungen sogar dem Budget zugestimmt, das wurde zu einer Test- und Symbolfrage für die Reformisten und ihre Gegner.

Bebel lehnte Vollmars Strategie ab, sie werde das Rückgrat der Partei brechen, das abgrenzende Klassenbewußtsein, zur „Versumpfung" führen, und das, wo der große „Kladderadatsch" bevorstehe. Vollmars Ansatz wurde dann in der Mitte der 90er Jahre akuter, weil seine Befürworter die sozialdemokratische Wählerschaft über das Industrieproletariat hinaus erweitern wollten: Angesichts der immer noch großen Stärke der ländlichen Wählerschaft und deren fast revolutionärer Unruhe in der Agrarkrise wollten sie mit einem Agrarprogramm (Eduard David) an die kleinen Leute und Bauern auf dem Lande appellieren; das hieß aber, dem orthodox marxistischen Ziel der Enteignung allen Bodens und seiner Zusammenfassung in im Zeitalter des Dampfpflugs allein existenzfähigen Großbetrieben und der Prognose vom Untergang der Bauern abschwören. Damit sind sie, obwohl auch der Parteivorsitzende Bebel sie hierin unterstützte, gescheitert; die marxistische anti-bäuerliche Orthodoxie, wie Kautsky, aber auch Engels und Bernstein sie vertraten, und die städtisch-industrieproletarische Ausrichtung der Mitglieder und ihrer Delegierten waren stärker. Das „Prinzip“ war gerettet, die Sozialisten hatten die Bauern, auch die kleinen Bauern, endgültig abgeschrieben, zwischen Sozialisten und Bauern bestand seither absolute Gegnerschaft.

Seit Mitte der 90er Jahre änderte sich die Lage und seit Ende der 90er Jahre auch die Lagebeurteilung und die Prognose. Der Kapitalismus trat unzweifelhaft in eine neue Konsolidierungs- und Wachstumsphase ein. Die Zusammenbruchstheorie wurde unwahrscheinlicher und rückte auch bei den bisher Gläubigen ganz an den Rand des Erwartungshorizonts. Das war die Stunde des Revisionismus, wie ihn Eduard Bernstein eingeleitet und begründet hat, derjenige, der 1891 mit Kautsky das „Erfurter Programm“ entworfen, den zweiten, reformerischen Teil verfaßt hatte. Als Sozialwissenschaftler wandte er sich gegen eine Reihe der Grundthesen von Marx: die Thesen vom Untergang des Mittelstands, der Verelendung des Proletariats, der wachsenden Krisenhaftigkeit des Gesamtprozesses. Die genauere Analyse der Statistiken zeige, daß das alles nicht mehr stimme. Als Philosoph wandte sich Bernstein von der deterministischen Geschichtsphilosophie Hegel-Marxscher Prägung und vom dialektischen Materialismus ab und unter dem Einfluß der Lektüre F. A. Langes dem Neukantianismus, einem Sozialismus aus ethischer Entscheidung, zu. Als Politiker interessiert ihn nicht das „Endziel“ eines „Zukunftsstaates“, sondern „die Bewegung“ fortschreitender Gleichberechtigung der Arbeiter und Verbesserung ihres Lebensstandards, fortschreitender staatlicher Bändigung der kapitalistischen Egoismen, nicht die Diktatur des Proletariats, sondern die Demokratie. Er setzte nicht entwicklungspessimistisch auf die Revolution, sondern optimistisch auf die Evolution. Als Sozialdemokrat wollte er den dialektischen Widerspruch einer revolutionären Theorie und einer reformerischen Praxis, den unter vielen Verhüllungen nachzuweisen er keine Mühe scheute, auflösen, und zwar indem er, wie er in einem Brief an Bebel 1898 schrieb, „Einheit zwischen Theorie und Wirklichkeit, zwischen Phrase und Aktion herzustellen“ suchte. Wenn es denn keine Revolution und keinen Zusammenbruch des bestehenden Systems gab, dann war die strategische Konsequenz seines Konzepts die Kooperation oder gar Koalition mit linksbürgerlichen Reformkräften zur allmählichen Umgestaltung von Obrigkeitsstaat und Klassengesellschaft, nicht die Ghetto-Isolierung des Proletariats und die utopische Erwartung, daß es zur Mehrheit werde.

Unmittelbar ist der Revisionismus gescheitert; der rigide Theoriepapst Kautsky wie der in vielem durchaus elastischere Parteiführer Bebel, beide Anwälte der Integration der Partei, und, unter ihrem Einfluß, die Parteitage (zuletzt in Dresden 1903) haben ihn „offiziell“ verworfen. Das hatte zwei Gründe. Einmal waren die vulgärmarxistische Orthodoxie und ihr Traditionalismus zu stark. Eine revolutionäre Partei konnte nicht plötzlich evolutionär werden, auch wenn Revolution gar keine wirklichkeitsadäquate Alternative mehr war, auch wenn Kautsky, wie Bernstein kritisierte, keinen Weg zur Macht zeigen konnte. Zum andern: Die Masse der „Reformisten", die in ihrer Praxis so handelten, wie Bernstein es beschrieb und die man später „Praktizisten" nannte, schlossen sich dem Revisionismus nicht an. Der blieb eine Intellektuellenbewegung. Darum behielt die Orthodoxie die Mehrheit. „Mein lieber Ede, ... so was beschließt man nicht, so was sagt man nicht, so etwas tut man" – war 1899 die klassische Antwort des Pragmatikers im Parteivorstand, Ignaz Auer, an Bernstein. Diese Haltung entsprang einem tiefsitzenden Anti-Intellektualismus der Parteimehrheit, man wollte nicht in philosophisch-wissenschaftlichen Kontroversen Stellung nehmen; und sie entsprang dem fundamentalen Beharren auf der Einheit der Partei, das wirkte zunächst einmal gegen neuernde Dissenter. Und man wollte auch die orthodox revolutionäre oder radikale Rhetorik nicht preisgeben, denn die hatte ja, wie gesagt, eine unersetzliche symbolische, emotionale Bedeutung, sie stiftete über die Theorie von Klassenkampf und Klassenstaat die abgrenzende Identität der Partei, die solidarische Bindung, die Zukunftsverheißung, kurz, den „Glauben". Man wollte nicht, wie Bernstein 1903 vorschlug, ins Präsidium des Reichstags, dann hätte man Besuch beim Kaiser machen, „zu Hofe gehen" müssen – das widersprach dem Code der Tabus. Die Mehrheit wollte reformistische Praxis und radikale Rhetorik und, wenn es sein mußte, auch Theorie. Bebel, Anti-Revisionist und Nicht-Theoretiker, war der richtige Parteiführer.

Diese eigentümliche Doppelung kann man zu der realen Lage der Arbeiter in Beziehung setzen. Die Erfolge der Gewerkschaften, die ersten Wirkungen der Sozialpolitik und die Steigerung der Reallöhne einerseits, die Einhausung in die Legalität, der zunehmende Sinn für Wahl- und Parlamentstaktik wurden die Wurzeln der reformistischen Mentalität. Die Verschärfung der Arbeitskämpfe, eine gewisse Abflachung der Reallohnsteigerung, die fortdauernde Nichtgleichberechtigung, die ständigen Repressionsdrohungen und die anti-sozialdemokratische Blockbildung der „bürgerlichen" Parteien, das Ausbleiben von Demokratisierungsfortschritten und das Anwachsen des Imperialismus dagegen waren die Wurzeln des bleibenden Radikalismus im rhetorisch-emotionalen „Überbau".

Der Revisionismus also hat nicht die Herrschaft in der Partei erlangt; aber trotz aller Verurteilungen behauptete er sich in der Parteiintelligenz und bei wichtigen Journalisten, auch mit einer eigenen Zeitschrift, den „Sozialistischen Monatsheften". Vor allem fand er bei den Reformisten, in den Gewerkschaftsführungen, in den süddeutschen Landtagsfraktionen, bei den eigenständiger werdenden Kommunalpolitikern, ja in der Reichstagsfraktion, einen pragmatischen Rückhalt. Da verwischten sich die Grenzen zwischen theoretischem Revisionismus und praktischem Reformismus. Daß der Revisionismus im Süden mehr Resonanz hatte, lag daran, daß hier die Klassenschranken weniger schroff und die Verhältnisse liberaler waren, das Wahlrecht entwicklungsfähig, die Innenpolitik reformierbar, und allerdings auch daran, daß es für die Sozialdemokraten ohne Koalitionen keine Mehrheitschancen gab.

Neben die revisionistisch-reformistische Opposition gegen die wirklichkeits-inadäquate Parteiideologie aus radikaler Theorie und Abwarte-Strategie trat nun bald eine radikale, eine revolutionäre Opposition, gegen die Rechte der Partei eine Linke. Die bisherige Mehrheit wurde dadurch zur Mitte, zum „Zentrum". Diese Entwicklung begann freilich mit einem eigentümlichen Intermezzo, in dem die rechten Revisionisten und die linken Radikalen zusammen einen Versuch machten, die Partei zu einer neuen, dynamischeren Strategie zu bewegen. Unter dem Eindruck der russischen Revolution von 1905 (und mancher syndikalistisch-anarchistischer Tendenzen in Westeuropa) war die Idee eines General- oder Massenstreiks auf die Tagesordnung des internationalen Sozialismus gekommen und so auch auf die der deutschen Sozialdemokraten. Im September 1905 verabschiedete der Jenaer Parteitag eine Resolution, die den Massenstreik als mögliche Aktion ins Auge faßte. Die Vorstellungen und Motive dabei waren freilich sehr unterschiedlich. Die Rechten, Bernstein z. B., dachten an die Abwehr staatsstreichähnlicher Beschränkungen politischer oder sozialer Rechte (davon war in der Resolution die Rede) oder an die Durchsetzung demokratischer Wahlrechtsreformen, die Linken, Rosa Luxemburg oder Clara Zetkin z. B., dachten an Revolution, aber die Grenzen waren natürlich fließend; gemeinsam war allen das Unbehagen an einer bloßen Abwartetaktik, die Neigung zum Aktivismus.

Diese strategische Wendung führte nun zu einem scharfen Widerspruch der praktizistischen Gewerkschaftsführung. Sie dachte an ihre Organisation und ihre Kassen, sie wollte in keinen politischen Streik hineingezogen werden – jedenfalls nicht ohne ihre Zustimmung; sie hielt Generalstreik angesichts der Stärke von Staat und Unternehmertum für „Generalunsinn". Jetzt zeigte sich, daß die Gewerkschaften inzwischen eine eigenständige Macht geworden waren. Der Parteivorstand trat in Geheimverhandlungen mit der Generalkommission der Gewerkschaften ein und vereinbarte, daß diese bei der Proklamierung des Generalstreiks ein Mitentscheidungsrecht habe. Der Parteitag von 1906 in Mannheim mußte das anerkennen. Faktisch war damit eine auf einen Generalstreik direkt abzielende Strategie ausgeschlossen, das Existenz-Interesse der Gewerkschaften hatte sich gegen solche politische Risikostrategie, der Reformismus gegen das „Spiel" mit der Revolution durchgesetzt.

Jetzt formierte sich unter der intellektuellen Führung von Rosa Luxemburg eine entschiedene Linke als eigene Gruppe; die Leipziger Volkszeitung unter dem alten Franz Mehring ist eines ihrer Hauptorgane, Clara Zetkin und bald dann der junge Karl Liebknecht spielen eine wichtige Rolle. Diese Linke wendet sich nicht nur gegen Revisionisten und Reformisten, sondern auch gegen die von Kautsky repräsentierte herrschende Orthodoxie, gegen die Strategie des Immobilismus und des Abwartens, gegen nun auch die

Parteiführung und die sie stützenden „Praktizisten" und sogar gegen Bebel. Die Radikalen glauben nicht an den Erfolg parlamentarisch durchzusetzender Reformen, ja halten den Parlamentarismus im Blick auf das Endziel des Sozialismus für eine Illusion und einen Irrweg. Sie glauben an die wachsende Stärke des Monopol-Kapitalismus und des Imperialismus und der davon bestimmten Staatsgewalt und zugleich an die zunehmende Krisenhaftigkeit des nationalen wie der internationalen Systeme. Weder Stückwerksreformen noch das Abwarten weiterer Organisations- und Wahlerfolge könnten irgend etwas bewirken, beide Strategien gingen von einer falschen Beurteilung der Lage aus. Worauf es ankomme, das sei die Vorbereitung der Revolution für den Fall der Krise, sei die Radikalisierung der Massen. Hinter diesen Theorien stand natürlich auch eine gewisse Revolutions- und Spontaneitätsromantik, ein mythischer Glaube an die Massen und die Illusion über deren revolutionäre Einstellung, das Unbehagen an Organisation und Apparat, die Abneigung gegen die Funktionäre, die Parteibürokratie.

Die bisherige Parteimehrheit geriet angesichts der rechten und linken Doppelopposition in eine Krise. Der „linke" Angriff drängte sie zunächst in die Position der Mitte, die Unterstützung der Praktizisten verstärkte die faktische, wenn auch immer begrenzte „Rechts"orientierung. Es blieb das Dilemma wachsender Organisations- und Wahlerfolge und bleibender politischer Ohnmacht, ein „Weg zur Macht" zeichnete sich nicht ab. Kautsky fand, um nicht zu sagen erfand, auch in dieser Lage eine neue Formel. Konfrontations- und Revolutions- wie Reformstrategie, beide müßten notwendigerweise erfolglos bleiben. Er setzte dagegen auf eine „Ermattungsstrategie" und darauf, sich auf die kommende Krise des Systems vorzubereiten. Das hieß – für die simpleren Praktiker – weiter auf den Ausbau der Organisation, die Maximierung von Wahlerfolgen, die strenge Legalität setzen, kurz, auf konkrete, handfeste Ziele – der Kurs blieb der alte, mit Volldampf voraus.

Es gab jetzt, nach 1906/07, drei Hauptgruppen, den rechten und den linken Flügel und das immer noch dominierende „Zentrum", das sich wiederum in Mitte-Rechts- und Mitte-Links-Kräfte gliederte. Die Veränderungen der politischen Groß- und Kleinwetterlagen mochten eine der drei Hauptgruppen begünstigen; aber diese Wetterlagen waren auch sehr gegensätzlich deutbar und dienten dann den verschiedenen Gruppen zur Legitimation jeweils ihrer Strategie.

Die Wahlniederlage von 1907 z. B. verwies in den Augen der Reformisten darauf, neue Gruppen zu gewinnen und Bündnisse anzustreben. Dem entsprach die Politik der süddeutschen Landtagsfraktionen, gegebenenfalls das Staatsbudget zu bewilligen und mit den Linksliberalen Blockpolitik zu machen – und auch die Tendenz, gegen die norddeutsche anti-reformistische Parteimehrheit den Föderalismus und also die regionale Eigenständigkeit zu betonen. Und 1912 begünstigte das sozialdemokratisch-linksliberale Stichwahlabkommen die reformistische Strategie, ebenso wie der zunächst erfolgreiche Versuch, in das Reichstagspräsidium einzutreten. Auf der anderen Seite sprachen die Erfolge des „Imperialismus“ bei den Wahlen von 1907, die Mißerfolge aller Großblock-Politik, die Vergeblichkeit des Wahlsieges von 1912 für die anti-reformistischen Thesen der Ermattungs- oder der Revolutionsstrategie. Es gab einen dialektischen Zusammenhang der Strategien der beiden Flügel: Jede Annäherung von Reformisten und bürgerlichen Reformern polarisierte die sozialistische Linke wie die bürgerliche Rechte, und diese Polarisierung wieder erschwerte genau diese Annäherung. Im Dilemma von blockierter Reform und aussichtsloser und ungeliebter Revolution bot sich für die Mitte und alle theoriefernen Aktivisten die Kautskysche Ermattungsstrategie an, das Engagement für die Organisation, ihre Größe und Einheit. Aber 1912 wurden zuerst Grenzen sichtbar bei Frauen und Jugendlichen, Katholiken, Landarbeitern, Ungelernten, ja in den Großbetrieben der Metallindustrie. Die Frage des preußischen Wahlrechts und die großen Massendemonstrationen für seine Reform waren 1910 noch einmal ein Einigungspunkt für alle – freilich wieder mit unterschiedlichen Motiven. Die Reformisten wollten die Demokratie durch aktives Handeln weiterbringen (sie waren keineswegs die Gruppe der Abwarter und Zögerer); die Linken, wie z. B. Rosa Luxemburg, sahen die Systemreform als Gelegenheit zu sozialistisch-revolutionärer Systemveränderung. Als Bebel 1913 starb, wurde nicht sein Kronprinz, der linke Zentrist Hugo Haase, sondern der rechte Zentrist, der Mann der Organisation und der Gewerkschaften, Friedrich Ebert, sein Nachfolger, aber weil Haase der zweite Mann war, blieb das ein Führungsteam der innerparteilichen Integration und der geringen Handlungsfähigkeit.

f) Grundzüge des deutschen Parteiwesens

Wir versuchen einige allgemeine Feststellungen über die deutschen Parteien.

1. Zunächst: Die Parteien blieben mehr als anderswo das, was sie ihrer Herkunft nach waren, Ideen- und Weltanschauungsparteien. So ist jedenfalls ihr Selbstverständnis. Das rangiert vor den Interessen, vor den pragmatischen Positionen angesichts der Forderungen des Tages. Das Politische erscheint mit einem spezifisch deutschen Pathos weltanschaulich-philosophischer Tiefe versetzt, so etwa die fortdauernden Debatten über Schutzzoll oder Freihandel. Die Wähler fragen – noch 1912 – die Kandidaten nach ihrem „politischen Glaubensbekenntnis“, ja sogar ihrem „radfahrerischen Glaubensbekenntnis“ (zur Verkehrspolitik für Radfahrer). Die Parteien sollten, so erwarteten es jedenfalls viele Anhänger, für Überzeugungen stehen, Überzeugungen demonstrieren. Das war vor allem bei der Linken, aber auch bei der konservativen Rechten die Grundeinstellung. Teilerfolge und Kompromisse hatten, wie Eugen Richter böse bemerkt hatte, etwas Kompromittierendes. Darum auch waren Auseinandersetzungen über Programme, ihre Um- und Neuformulierung, so wichtig. Die Weltanschauungs-, die Prinzi-

pien- und Ideenorientierung der Partei konnte zur Orthodoxie erstarren, wie bei Teilen der Sozialdemokratie oder in Richters Version des Linksliberalismus. Auch die Parteien der rechten Mitte, die wie zumal die Nationalliberalen sich gegen Prinzipienpolitik wandten und – wie auch das Zentrum – für den Pragmatismus eintraten (und den Vorwurf des Opportunismus zurückweisen mußten), haben das mit einer gewissermaßen prinzipiellen Verve getan.

Das alles hing mit dem Ursprung der Parteien aus zunächst machtlosen Gruppen der Intelligenz zusammen, die sich gegen die bestehenden Zustände um eine Angriffsideologie sammelten – und hing mit der deutschen theologiepolitischen, ideenorientierten Tradition, der Universitäts- und Buchmentalität zusammen, mit der religiösen Prägung auch der deutschen Säkularität, der „innerweltlichen Frömmigkeit". Auch die pragmatischen Parteien blieben im Banne der Erben der Philosophie, der Wissenschaften – Geschichte, Ökonomie, Soziologie – und, man denke an Sozialdarwinismus und Vitalismus, der Halbphilosophie. Die Realpolitiker und ihre Parteien wollten die Politik auf nachphilosophische, zeitgerechte Wissenschaft gründen. Auch Realpolitik aber wurde ein ideologisches Prinzip und insoweit leicht starr und doktrinär. Grundsatzorientierung und Situationsgerechtigkeit, normale Elemente politischen Handelns, traten in Deutschland darum in spezifischer Weise auseinander. Zudem lebten die Parteien der expliziten „Realpolitik" – Konservative und Nationalliberale – mit einer Art Kryptoideologie, aus Versatzstücken der älteren Ideen und der Anpassung an die modernen Realitäten zumal des Staates zusammengefügt. Das ist zwar ein Wesenszug aller modernen Parteien, aber in Deutschland war er besonders stark, das emotional „Weltanschauliche" blieb allen politischen Auseinandersetzungen beigemengt. Dazu gehörte auch das Element eines – theoretischen – Absolutheitsanspruchs, den jede Partei stellte. Der Parteienpluralismus war nicht wirklich akzeptiert. Das wiederum begünstigte die Parteienkritik, die sich am vermeintlich nicht-partikularistischen Staat orientierte. Schließlich hat die konfessionspolitische Orientierung bis hin zum Antikatholizismus und „Protestantismus" der randkirchlichen Evangelischen und Agnostiker den ideenpolitischen, den weltanschaulichen Charakter der deutschen Parteien befestigt. Das galt nicht nur für die Katholiken und ihnen gegenüber. Auch der Gegensatz der Konservativen zum liberalen Milieu war vom Gegensatz der beiden Protestantismen, des „positiven" und des liberalen, mitgeprägt, trug zur weltanschaulichen Aufladung bei.

Die Organisation der Parteien, von der wir erzählt haben, Ergebnis der Politisierung auf der Basis des allgemeinen Wahlrechts, hat die dezidierteren Parteianhänger, die Mitglieder eben, mit jener Weltanschauung und Kryptoideologie, die die Parteien ausgebildet hatten, erfüllt, der Geist der Organisation verstärkte diesen Zug.

2. Ein zweiter allgemeiner Punkt ist die regionale Prägung des Spektrums jeder Partei. Fast überall gab es Unterschiede zwischen Nicht-Preußen, zu-

mal Süddeutschen, und Preußen und da wieder zwischen denen aus den östlichen und den westlichen Landesteilen. Die politischen und Regionalkulturen bestimmten die Flügel, der Dualismus Reich-Preußen die zentrale Führung der Parteien. Die regionalen Traditionen waren auch ein wichtiger Faktor für das Wählerverhalten, oft stärker als Ökonomie oder Klasseninteressen. Die politische Milieukultur in Deutschland war immer auch Regionalkultur – Katholiken, Liberale, Sozialdemokraten waren z. B. im Ruhrgebiet anders als in Bayern, und das prägte die politischen Verhältnisse.

3. Die deutschen Parteien waren von ihrem Verhältnis zum Staat, zum Verfassungssystem des Kaiserreichs geprägt. Weil der Staat funktionsfähig und modern war, waren vor allem der Gegensatz der Liberalen zum Obrigkeitsstaat und ihr Wille zur Umgestaltung entschärft, war das Modell der Kooperation unter den Bedingungen des Status quo ganz „normal". Die liberalisierten Teilbereiche von Wirtschaft und Kultur boten den Bürgern jedenfalls genügend Entfaltungsraum und milderten den Gegensatz zur bestehenden Herrschaftsstruktur. Deutsche politische Ideologien von der Rolle des Staates, vom Vorrang der Gemeinschaft etc., die Abneigung gegen zuviel Individualismus und Pluralismus unterstützten das, ebenso die Betonung der Ordnung neben der Freiheit, die vorrangige Betonung der Gefahren von Freiheit und Vielfalt gegenüber denen von Ordnung und Einheit. Kurz, die Kompetenz und Leistung des Staates haben die Ein- und Unterordnung der Parteien in ihn erleichtert. Und die Probleme der Klassengesellschaft, der Staatsintervention, der imperialistischen Politik haben die traditionelle Bedeutung des Staates modern intensiviert und umgeformt.

Die Verfassung gab den Parteien im Staatsgefüge einen Ort und schränkte ihre Mitwirkung zugleich ein. Das System war konstitutionell und reformfähig – das war die Basis für die Kooperation und die Macht der Parteien. Das System war obrigkeitlich-bürokratisch, das war die Basis für ihre relative Machtlosigkeit. Die Parteien bestimmten nicht die Regierung, sondern standen ihr gegenüber, sie waren ohne Verantwortung und ohne die Prämie der Machtteilhabe und insoweit nicht zur Integration gezwungen. Darum blieb der Pluralismus der Parteien in sich antagonistisch; nur die Initiative und Führung der Beamtenregierung konnte die unterschiedlichen Parteien zu einer Mehrheit zusammenbringen.

Seit dem Umbruch von 1878/79 war das Bismarcksche Verfassungssystem nicht mehr primär Basis für weiteren Aus- und Umbau, nicht mehr nur provisorischer Kompromiß, sondern der stabile und anerkannte Rahmen, in dem die Parteien wirkten, Systemveränderung stand nicht mehr auf der Tagesordnung. Daß sich auch auf dieser Basis stillschweigende Veränderungen vollzogen, der Reichstag an Macht gewann, haben wir gesagt. Die Parlamentarisierung von 1917/18 ist nicht allein von der Krise des Weltkriegs ausgelöst worden, sondern war auch Ergebnis einer kontinuierlichen Entwicklung. Aber institutionell waren die Parteien auch blockiert. Sie hatten keine Aussicht auf Anteil an der Macht, es gab keinen Preis für Kompromißbereitschaft, keinen Zwang zur Integration, keine Anziehungskraft auf politisches Führungspersonal, sie waren, Max Weber hat das immer wieder betont, keine geeigneten Institutionen zur Auswahl politischer „Führer", das Format der Abgeordneten und Parteiführer war einigermaßen durchschnittlich. Die Parteien waren weniger initiativ als reaktiv, sie übten Kritik, aber sie konnten wenig tun, sie gingen in den Dingen des Tages auf und konnten kaum Perspektiven einer künftigen Politik für morgen und übermorgen entwickeln, die disparaten Einzelbereiche der Politik zu einem kohärenten Ganzen zusammenfassen.

Das Überwiegen solch nachträglicher Kritik und der Mangel an Initiative und Verantwortung hat die Tendenz der Parteien zur prinzipiellen Orientierung befestigt. Bei den von Bismarck zu Reichsfeinden stilisierten Parteien wurden die ideenpolitischen Dominanzen ins Doktrinäre oder in die Kryptoideologien der Weltanschauung gesteigert und zugleich tief im Emotionalen fixiert, zumal wo sie sich mit konfessionellen und mit den klassenmäßigen Sonderungen des deutschen Daseins verflochten. Kurz, die verfassungspolitische Situation der Parteien prägte ihre Struktur und ihren Geist und befestigte die Abschottung der deutschen Milieus, das heißt die Schwierigkeiten deutscher Politik. Auf der anderen Seite haben System und Regierungsstil den Druck zur Anpassung der – jedenfalls nicht radikal oppositionellen – Parteien, ja zum Opportunismus gesteigert. Die relative Machtlosigkeit der Parteien also begünstigte die Tendenzen sowohl zum Doktrinären wie zur Anpassung, eine Synthese von Pragmatismus und ideenpolitischen Perspektiven war unter diesen Umständen nicht möglich.

4. Das allgemeine Wahlrecht brachte – in Verbindung mit der Wahlkreiseinteilung und der Bismarckschen Politik – die möglichen Protagonisten des modernen parlamentarischen Parteiensystems, die Liberalen, zwischen die Mühlsteine der sozialistischen und der anti-modernen und anti-bürgerlichen Wählermassen; sie mußten sich im Bestehenden bescheiden. Überall in Europa rückten die Liberalen angesichts des Sozialismus nach rechts, überall fing eine Krise des Liberalismus an, aber in Deutschland geschah das alles sehr früh und ehe eine durchgreifende liberale Umgestaltung des Herrschafts- und Gesellschaftssystems erfolgt war. Auch die Modernisierungsängste und die Kompensationssehnsüchte gegenüber den Modernisierungsverlusten wirkten in dieser Richtung.

Dazu kam ein Weiteres. Im Zuge der Politisierung der Massen, des Aufstiegs des Interventionsstaats und der Verbände, von denen wir im nächsten Kapitel sprechen werden, wurden die Interessen in den Parteien wichtiger, die Bindungen an Schicht und Klasse. Die Parteien, wie die Zeitgenossen feststellten, „sozialisierten" sich. Zwar gelang es den Parteien, jenseits der Konservativen, Koalitionen von Interessen und sozialen Gruppen zu bilden, aber dabei hatten die leichter organisierbaren Produzenten – da die organisierten Arbeiter mehr und mehr sozialdemokratisch wählten – die Vorhand, das wirkte als Orientierung nach rechts. Die Nicht-Veränderung der Wahlkreiseinteilung hatte zur Folge, daß auch die bürgerlich städtischen Parteien, die Liberalen, ihre Schwerpunkte zunehmend in ländlich-kleinstädtischen Wahlkreisen fanden und darum die ländlich-altmittelständischen Gesellschaftsgruppen einen viel stärkeren (und konservativeren) Einfluß gewannen, als es der modernen Gesellschaft und auch der Mehrheit der Parteimitgliedschaft und den maßgebenden Parteiführern entsprach. Das hatte noch eine weitere Folge. Die Interessenbewegungen haben, wir kommen darauf zurück, die Wähler – gleichsam neben den Parteien – politisiert; das wurde eine eigene Teilpolitisierung, die die Parteien kaum integrieren konnten, die ihre eigene Politisierung, ja ihre Handlungsfähigkeit schwächte, sie desintegrierte. Zwischen dem massiven Geschrei der Interessenten und dem obrigkeitlichen Staat schien dann aber dieser noch sachlicher und verläßlicher (und so dachten auch die Verbände), das schwächte noch einmal die Parteien, das stärkte den Staat. Das galt nicht nur für die Parteien, sondern noch mehr für die Bürger. Das steigerte den Antiparteieneffekt und das Vertrauen in Geheimrat Dr. von Staat.

5. Neben den Gemeinsamkeiten der Parteien und ihren vielen Verschiedenheiten muß man zuletzt die stärkste der Trennlinien betonen, sie bestand nicht zwischen Liberalen und Konservativen, Stadt und Land, Protestanten und Katholiken, sondern zwischen Sozialisten und „bürgerlichen" Parteien. Das aber beeinträchtigte die Position der Mitte.

Im ganzen: Mit der Zunahme der Gesetzgebung, der Politisierung der Massen, der Rolle der öffentlichen Meinung wuchsen das Gewicht des Reichstages und die Angewiesenheit der Reichsleitung auf ihn, wuchs also die Bedeutung der Parteien ganz erheblich und substantiell. Aber die Fähigkeiten der Parteien zu Initiative, Integration und Führung hatten seit der Reichsgründung abgenommen, das war eine Folge sowohl des Verfassungssystems, des Wahlrechts, des Aufstiegs der Sozialdemokraten wie der Milieupluralität, aus der die Parteien lebten. All das befestigte sich gegenseitig. Erst nach 1909 bildeten sich Neuansätze, größere Perspektiven und Alternativen. Welche Realisierungschancen sie freilich hatten, läßt sich nicht eindeutig beantworten. Doch davon handeln wir in einem eigenen Kapitel.

4. Organisierte Interessen

Neben und mit den Parteien haben sich auch andere Kräfte der Gesellschaft im „vorpolitischen" Raum organisiert – Gruppen bilden freie Zusammenschlüsse, um ihre wirtschaftlichen und gesellschaftlichen Interessen zu vertreten, in der Gesetzgebung und gegenüber der Verwaltung zur Geltung zu bringen. Es entsteht das System der Interessen- und Berufsverbände. Die Anfänge reichen bis ins frühe 19. Jahrhundert zurück. Aber sie sind noch bescheiden. Spezialinteressen (Apotheker, Buchhändler und Verleger, Bergunternehmer oder Zuckerrübenbauer) werden in Angelegenheiten einer

Spezialgesetzgebung gegenüber Regierung und Verwaltung zur Geltung gebracht. In den großen Fragen, auch der Wirtschafts-, Gesellschafts- und Steuerpolitik, aber gelten die Parteien als eigentliche und maßgebliche Repräsentation der Gesamtgesellschaft wie ihrer einzelnen Interessen. Das hatte drei Gründe. 1. Der Vorrang der national- und verfassungspolitischen Fragen und Programme, der das Parteiwesen prägte, wurde auch von den Kreisen der Wirtschaft anerkannt. 2. Das Klassen- und Zensuswahlrecht privilegierte die wirtschaftlich führenden Schichten. Die Abgeordneten, obwohl sie zumeist aus der Bildungsschicht kamen, waren mit den Wirtschaftskreisen, den Unternehmern, Kaufleuten, Gutsbesitzern, in einer jedenfalls relativen Solidarität verbunden. 3. Die grundsätzlichen wirtschaftspolitischen Interessen – Freihandel, Gewerbefreiheit oder korporative Wirtschaft – ordneten sich wie von selbst in das Parteienspektrum ein, waren ein wesentlicher Bestandteil des je unterschiedlichen weltanschaulichen Credos der Parteien.

Diese Lage änderte sich in den 70er Jahren. Wirtschafts- und Gesellschaftspolitik rückten auf der Agenda weit nach vorn, und die Realverfassung des Reiches überließ diese Bereiche in starkem Maße dem Parlament und der öffentlichen Meinung. Das allgemeine Wahlrecht fing an, die bisherigen Einflußverhältnisse zu ändern. Die Wirtschaftskrise führte zur Forderung nach Staatsintervention, der Übergang zum Schutzzoll 1879 war der erste Schritt zum Interventionsstaat. Das Prinzip der staatlichen Nicht-Intervention hatte sich einheitlich ausgewirkt, keinen Sektor durch Gesetzgebung privilegiert, das hatte die großen und kleinen Wirtschaftssektoren miteinander verbunden; Intervention durch Schutzzölle dagegen differenzierte die Interessen, begünstigte, mehr oder minder, die einen, benachteiligte die andern; wenn der Staat begann, das Nationaleinkommen umzuverteilen, ergaben sich Konflikte, jede Gruppe versuchte, ihren Anteil zu sichern, indem sie sich organisierte und politischen Einfluß geltend machte. Zugleich wurden die Beziehungen zwischen der Wirtschaft und den beamteten bzw. akademischen Abgeordneten zumal der liberalen Parteien problematisch; sie galten als Verfassungs- und vor allem als Prinzipienpolitiker, als wirtschafts- und praxisfern, die Anhänger der Freihandelsdoktrin wurden als unbelehrbare Theoretiker angesehen. Bismarck hat, wir haben davon erzählt, in seinem Kampf gegen die Liberalen mit Polemik gegen die praxisfernen Ideologen nicht gespart, und die sich formierenden Interessenten griffen solche Polemik gerne auf und verschärften sie. Der Übergang zum Schutzzoll 1879 war auch ein Ergebnis der Agitation der entstehenden Verbände, der Tarif beruhte nicht zuletzt auf der Verständigung zwischen dem Centralverband Deutscher Industrieller und der agrarischen Vereinigung der Steuer- und Wirtschaftsreformer.

Seither waren Zoll- und Außenhandelsfragen ein bleibender Motor für die Artikulation von Interessen. Das verband sich auf die Dauer mit den zwischen Industrie und Landwirtschaft entstehenden Problemen, den Fragen des Übergangs vom „Agrar-“ zum „Industriestaat“, seines Tempos, seiner Kosten und der etwa erforderlichen Kompensationen. Die Landwirtschaft sah sich vom Verlust ihrer ökonomischen und auch politischen Position bedroht, die Industrie wehrte sich gegen die Privilegierung der Landwirtschaft, die einseitige Lastenverteilung zu ihren Ungunsten. Gleichzeitig entstanden innerindustrielle Gegensätze, z. B. zwischen Grundstoff- und Fertigindustrien, inlandsmarkt- und exportorientierten Industrien. Handwerk und Kleinhandel sahen sich von der kapitalistisch-industriellen Entwicklung in ihrer Existenz bedroht, daraus entstanden die rabiaten Mittelstandsbewegungen. Die sich organisierenden Arbeiter und Angestellten erhoben ihre Forderungen, immer wichtiger wurde die Sozialpolitik. Der Regelungsbedarf und der Umfang der staatlichen Regelungen stiegen an. Damit wuchs das Bedürfnis der Gesetzgebungsinstanzen nach Information, die zum guten Teil nur die Betroffenen selbst geben konnten. Die Kosten der Welt- und Flottenpolitik mußten aufgebracht werden, das führte unweigerlich zu Konflikten über die Lastenverteilung. Jede finanz-, wirtschafts- oder sozialpolitische Maßnahme des Staates wurde zum Gegenstand der Interessenkonflikte.

1870 hatte es in Handel und Industrie zwölf Branchenverbände gegeben, 1908 waren es allein im Bereich der Industrie 500 Verbände und 1 200 Zweigvereine. Kurz, es entstand ein ganzes Netz von Verbänden. Die großen nationalen, zentralen Verbände, ob nun mit unmittelbarer Mitgliedschaft oder der korporativen Mitgliedschaft von regionalen, lokalen oder Branchen-Verbänden, wurden moderne große Organisationen mit dem entsprechenden „Apparat“. Im Zuge solcher Bürokratisierung gewannen die haupt- wie die ehrenamtlichen Funktionäre, die Geschäftsführer oder Direktoren, an Einfluß und Bedeutung, sie mußten ihre Unentbehrlichkeit beweisen, mußten ständig präsent sein und sich äußern. Die Verbandsführungen gewannen – unterschiedlich von Verband zu Verband – eine relative Selbständigkeit gegenüber den Mitgliedern. Gleichzeitig und paradoxerweise hatten die Verbände mit Massenmitgliedschaft – Bauern, Handwerkern oder Arbeitnehmern – den Charakter von „Bewegungen“ (Agrar-, Handwerker- oder Angestelltenbewegung z. B.). Die Zugehörigkeit hatte für die Mitglieder einen relativ hohen und auch emotionalen Rang; Verbandsziele gehörten zum Bereich überprivater Hoffnungen und Wünsche, waren Sache der „Weltanschauung“, das galt selbst für eine so komplizierte Frage wie die vom Bund der Landwirte verfochtene Doppelwährung, wer ihr anhing, fühlte sich als „Bimetallist“. Auf dieser Grundlage konnten natürlich die Verbandsfunktionäre ihre Ideologien entfalten, gruppenegoistische Ziele ethisch als Ausdruck des wahren Interesses der Gesamtheit ausgeben. Friedrich Naumann hat zu Beginn des neuen Jahrhunderts resigniert-kritisch festgestellt, der Deutsche sei aus einem „Parteimenschen“ zum „Verbandsmenschen“ geworden. Das war freilich übertrieben. Die Verbandsideologen wollten zwar gegen die politische Aufgliederung des Volkes nach Parteineigungen die Aufteilung des Volkes nach Interessen, das entspreche der realen Gesellschaft; Bauern z. B. sollten mithin nur als Bauern oder doch primär als solche politisch sich verhalten. Diese extreme Ideologie hat sich nicht durchgesetzt, aber sie hatte Einfluß, sie hat die Verbandsloyalität gestärkt.

Die Verbände hatten verschiedene Möglichkeiten, ihre Ziele zu verfolgen.

1. Sie fungierten als Lobbyisten. Einerseits suchten sie Regierung und Verwaltung im Vorfeld der Gesetzgebung über Argumente und Informationen zu beeinflussen, ihren „Sachverstand" zur Geltung zu bringen, gegebenenfalls auch den Bundesrat gegen den Reichstag auszuspielen, wie es den Möglichkeiten des konstitutionellen Systems entsprach. Zugleich versuchten sie, die Parteien, auch wenn sie sie nicht liebten, unter Druck zu setzen, auf der Fraktionsebene vor allem die Ausschußmitglieder oder gar die Fraktionsführung. Dabei spielten natürlich auch berufliche oder persönliche Beziehungen, die Zusage von Wahlkampfhilfe oder das In-Aussicht-Stellen von Wahlkampfgegnerschaft eine Rolle. Da die Fraktionsdisziplin bei Wirtschaftsfragen durchaus locker war, waren immer auch einzelne Stimmen wichtig; die Änderung von Voten oder die Abwesenheit von Abgeordneten in der dritten abschließenden Lesung oder Stimmenthaltungen lassen sich häufig auf Verbandseinflüsse zurückführen; das galt weniger für „große" Gesetze, wohl aber für Spezialgesetze, wie das Margarine-, das Branntweinsteuergesetz oder die Berggesetznovellen.

2. Sodann versuchten die Verbände natürlich, die öffentliche Meinung zu beeinflussen, Alternativen vorzuformen, das Meinungsklima zu prägen, ja vorentscheidende Weichen zu stellen. Sich als ständige Partner der öffentlichen Diskussion zu etablieren, das gelang ihnen jedenfalls.

3. Schließlich versuchten die Verbände, die Wahlen zu beeinflussen. Solange die Parteiorganisationen wenig formalisiert waren, wie noch Ende der 70er Jahre, konnten Verbände versuchen, auf die Kandidatenaufstellung einzuwirken, oder sie konnten damals wie später durch öffentliche Anfragen (Interpellationen) in den Wahlkampf eingreifen. Massenverbände wie der Bund der Landwirte konnten Wähler für und gegen einen Kandidaten mobilisieren, ja eine beachtliche Wahlmaschine in Gang setzen – das war freilich für die allermeisten Verbände mit kleinen oder zerstreuten Mitgliedschaften ganz unmöglich. Nach der Jahrhundertwende aber wurden die Wahlkämpfe teurer, 1912 lagen die Kosten in einem umkämpften Wahlkreis bei 25 000 Mark, 1880 waren es nur 1 000 Mark gewesen; das bot mitgliederschwachen, aber finanzstarken Verbänden neue Einflußmöglichkeiten. Der Centralverband Deutscher Industrieller hat 1911/12 120 Kandidaten mit – allein von der Zentrale – insgesamt über einer Million Mark unterstützt.

Neben den Verbänden gab es die halbstaatliche Selbstverwaltung und Interessenvertretung von Wirtschaftssektoren und Berufen durch öffentlich-rechtliche Kammern, ein spezifisch deutsches Phänomen. Man kann vom Korporatismus der Verkammerung sprechen. Die ursprünglich von Napoleon eingeführten Handelskammern vertraten längst auch die Industrie, Industrie- und Handelskammern heißen sie erst seit der Weimarer Zeit; die bürokratisch-obrigkeitlichen Regierungen nutzten sie zur Information (und Diskussion) und zur Regelung berufsinterner Probleme. Die späteren Kammerbildungen (Handwerks- und Landwirtschaftskammern vor allem) sollten einen staatlich privilegierten Schirm zur Interessenorganisation bilden, jenseits jedenfalls der Parteien, sollten das herrschende System stärken; sie sollten einen interessen- und sektorinternen Ausgleich ermöglichen; freilich, sie sollten auch gemäßigtere und rationalere Interessen vertreten als die radikaleren freien Verbände, oder sie sollten, für das Handwerk z. B., mehr oder minder ein Trostpflaster sein, das substantiell nichts kostete und fast nichts bewirkte. Aber die Verbände ließen sich so nicht zähmen, sie blieben gegenüber dem Kammerwesen selbständig. Die freien Assoziationen einer offenen Gesellschaft und nicht die quasi-ständischen Korporationen bestimmten das Interessengefüge. Das ist auch deshalb hervorzuheben, weil es in allen Verbänden der etablierten Produzenten Sympathien und immer wieder auch Pläne für berufsständische Gesamtorganisationen wie Bismarcks Volkswirtschaftsrat gab, für eine Art Wirtschafts- oder gar Gegen- und Ersatzparlament oder für ein Gegengewicht gegen das Parlament der Volkswahl nach Art eines Wirtschaftssenats. Und es gab viele Elaborate von Verbandssyndici, die solche Ideen ausspannen. Aber das eben setzte sich nicht durch. Die Verbände blieben freie Verbände und wollten es bleiben. Man mag allenfalls von einem ständestaatlichen Potential sprechen, das im Falle wirklicher Systemkrisen hätte aktiviert werden können.

Ehe wir auf die verfassungs- und systempolitische Bedeutung der Verbände eingehender zurückkommen, müssen wir zunächst einen Überblick über die Entwicklung der verschiedenen Hauptverbände in den wichtigsten Sektoren geben. Am Anfang steht die Industrie. Hier gab es um 1870 ein paar Branchen- und ein paar Regionalvereine und einige für besondere Zwecke, z. B. den Patentschutz. 1876 wurde der erste allgemeine nationale Verband, ein Verband der Verbände, gegründet, der Centralverband Deutscher Industrieller (zur Beförderung und Wahrung nationaler Arbeit, wie es zunächst hieß). Die Gründung entsprach der Hinwendung weiter Teile der großen Industrie zum Schutzzoll. Der Verein Süddeutscher Baumwollindustrieller, der Verein deutscher Eisen- und Stahlindustrieller und der Verein zur Wahrung der gemeinsamen wirtschaftlichen Interessen im Rheinland und Westfalen, der sogenannte Langnam-Verein, waren hier führend. Der Centralverband (CV) wirkte entschieden und erfolgreich für den Übergang zur Schutzzollpolitik. 1879 hatte er sein Gründungsziel erreicht, aber nun ging es um Verteidigung und Ausbau der Schutzzölle und darüber hinaus um alle gemeinsamen Forderungen der Industrie. Es gelang dem CV, Organisationen aller wichtigen Industrien als Mitglieder zu gewinnen, insoweit konnte er zunächst beanspruchen, die gesamte Industrie zu repräsentieren. Aber maßgebend waren die Textil- und die Montanindustrie, seit Beginn der 90er Jahre dominierte die letztere. Die Verbandsführung mußte zwar auf die anderen Industrien Rücksicht nehmen, ihre Interessen mitvertreten und gegebenenfalls Kompromisse schließen, aber bei Konflikten war die Montanindustrie doch stärker, gegen sie „lief" nichts. Bis in die 90er Jahre prägte der CV auch den Deutschen Handelstag, die Vereinigung der Handelskammern, dann löste der sich aus der Vormundschaft und vertrat mehr die Großhandels- und Exportinteressen.

Die Vorherrschaft der Montanindustrie im CV provozierte mancherlei Opposition in der Industrie, die sich wiederum organisierte. Am wichtigsten wurde nach der Jahrhundertwende der 1895 gegründete Bund der Industriellen (BdI), er wurde zum zweiten, wenn auch etwas schwächeren Spitzenverband der Industrie. Der BdI stilisierte sich – polarisierend und übertreibend – als Organisation der Fertigindustrie gegenüber der den CV bestimmenden Grundstoff- (und Halbzeug-) Industrie. Objektiv waren die verarbeitenden, die Fertigindustrien weniger kartelliert als die Grundstoffindustrien, eher klein- und mittelbetrieblich als großbetrieblich. Sie waren stärker exportorientiert, waren mehr an niedrigen Rohstoffzöllen und langfristigen Handelsverträgen interessiert, ja an einer Herabsetzung der Agrarzölle, die die Löhne in die Höhe trieben. Sie waren streikempfindlicher, in Arbeitskämpfen schwerer zu organisieren und darum an geregelten Beziehungen zu den Gewerkschaften interessiert. Schließlich spielten regionale Gegensätze eine Rolle: Die Fertigindustrie war vor allem in den nicht-preußischen Regionen, in Sachsen, Thüringen und Süddeutschland, stark, da gab es besondere, vor allem infrastrukturelle Interessen, die gerade der BdI aufgriff. Man darf diese Gegensätze nicht überspitzen, es gab viele Querlagerungen, z. B. große exportierende Unternehmen, die scharf gewerkschaftsfeindlich waren; in beiden Spitzenverbänden gab es aus persönlichen oder zufälligen Gründen auch Mitglieder, die strukturell eher zum „anderen Lager" gehörten oder umgekehrt industriepolitisch eher auf der anderen Seite standen. Insofern bewegten sich die beiden Verbände um eine Mittellinie herum.

Insgesamt war der CV – nach Mitgliederzahl, Finanzkraft, Organisationsgrad und wirtschaftlicher Macht – stärker. Der BdI freilich hatte eine eigene Stärke über die ihm angeschlossenen Regionalverbände, wie den von Stresemann organisierten Verband Sächsischer Industrieller. Der CV war älter und etabliert, hatte besonders gute Beziehungen zu Regierungsämtern (insbesondere auch den preußischen), er wurde bei Gesetzentwürfen wie selbstverständlich gehört und auch bei Verordnungen als Gutachter beteiligt. Als 1897 zur Beratung der Zölle beim Reichsamt des Inneren ein „Wirtschaftlicher Ausschuß" aus Vertretern von Landwirtschaft, Handel und Industrie berufen wurde – der Vorschlag hierzu ging auf den CV zurück –, konnte der CV eigene Vertreter nominieren, der wesentlich schwächer vertretene BdI war auf die Benennung von seiten der Regierung angewiesen. Der später gekommene und weniger etablierte BdI konnte diesen Vorsprung auf den Einflußwegen nur langsam im Jahrzehnt vor 1914 aufholen. Er setzte darum mehr auf Parlamente und Parteien, versuchte da vor allem regional seinen Einfluß geltend zu machen. Aber auch der CV hatte gute Beziehungen zu den ihm nahestehenden Parteien, seit 1908/09 spielte auch der von ihm nun in größerem Stil organisierte Wahlfonds eine Rolle.

Der BdI hat die drei führenden neuen und großen Exportindustrien freilich nicht gewinnen können, Chemie, Elektroindustrie und Maschinenbau. Der Verein zur Wahrung der Interessen der Chemischen Industrie Deutschlands z. B. hatte sich 1890 vom CV getrennt, er stand zwar dem BdI näher, aber er blieb wie die Verbände und Großfirmen der beiden anderen genannten Industrien unabhängig.

Politisch waren die Industrieverbände zunächst natürlich mit den liberalen Parteien als den Parteien der freien Marktwirtschaft und des Kapitalismus verbunden. Bedeutende Interessen verwiesen bestimmte Sektoren freilich an die Konservativen. Schutzzölle waren gegen die Konsumenten und freihandelsorientierte Linke nur mit der Landwirtschaft, d. h. politisch mit den Konservativen, durchzusetzen. Das Klassenkampfinteresse, gegen die Erweiterung des Koalitionsrechtes, gegen Tarifverträge oder überhaupt die Anerkennung der Gewerkschaften, für die Betonung des Herr-im-Haus-Standpunktes, verwies desgleichen an die Konservativen. Endlich und gesamtpolitisch brauchte die Industrie im Reichstag des allgemeinen Wahlrechts eine Massenbasis, um ihre gesellschaftlich-ökonomische Macht auch in politische Macht umzusetzen. Einstweilen gab es noch keine massenmobilisierende Industrieideologie wie die des Wohlstands für alle, der Einsatz von Geldmitteln bei Wahlen spielte nur eine marginale Rolle. Wahlsystem und Wahlkreiseinteilung legten ein Bündnis mit agrarisch-mittelständischen Massen nahe, und die waren seit den 80er Jahren eher konservativ. Das alles verwies auf die vielen und unterschiedlichen Konzepte einer „Sammlung" der Parteien rechts von der Mitte. Freilich gab es auch immer wieder starke Spannungen zwischen Industrie und Konservativen. Die robuste Interessenpolitik der Landwirtschaft gegen die Industrie und den Export, gegen das Kapital und die Städte, die exorbitanten Zollforderungen, die die Löhne nach oben trieben, der Flirt der Konservativen mit Christlich-Sozialen und die Kooperation mit dem Zentrum und seinen anti-kapitalistischen und pro-gewerkschaftlichen Tendenzen bedrohten die Interessen der Industrie. Daraus ergab sich die generelle Ambivalenz der Industrie und ihr Schwanken zwischen Konservativen und Nationalliberalen. Nationalliberale Wirtschaftspolitik und konservative Sozialpolitik, das war das Ideal. In diese generelle Ambivalenz waren die beiden Hauptsektoren, Groß- und Schwer- (Grundstoff- und Halbzeug-) Industrie einerseits und Fertig- und Leichtindustrie andererseits, jeweils im CV und BdI eingebettet.

Die Großindustrie tendierte schärfer nach rechts, aber blieb bis kurz vor 1914 im wesentlichen noch bei den Nationalliberalen (und den Freikonservativen), suchte als deren rechter Flügel das Bündnis mit den Konservativen zu stärken, gegen alle Regungen zu einer Koalition der Linken oder auch nur zu einem Bündnis der Mitte gegen rechts unter anti-agrarischen und sozialliberalen Vorzeichen. Bei der Leicht- und Fertigindustrie hingegen überwog die anti-konservative Richtung, sie stützte die nationalliberale Mitte und auch „Linke" und ein gesamtliberales Bündnis der Mitte. Die einen waren eher für eine Koalition der Rechten mit den Agrariern, die andern für eine Koalition der Mitte gegen die Agrarier.

Die Organisationen des Großhandels und der Banken blieben gegenüber den Verbänden der Industrie schwach. Gesamtpolitisch kamen sie nur in Sammlungsbewegungen und -organisationen zur Geltung, so in dem von Georg von Siemens 1900 gegründeten linksbürgerlichen Handelsvertragsverein, der freilich 1902 an der Übermacht der protektionistischen Sammlung gescheitert ist, und so auch in dem 1909 gegründeten Hansa-Bund. Den Regierungsstellen gegenüber brachte seit den 90er Jahren immer noch als die Dachorganisation der Handelskammern der Deutsche Handelstag die Handelsinteressen zur Geltung.

Mindestens so wichtig wie die Industrieverbände – und politisch weit wirksamer – wurde die Organisation der Landwirtschaft. Nach 1871 schon nehmen die fachspezifischen Verbände (Pferdezucht etc.) zu und die halboffiziellen landwirtschaftlichen Vereine und ihre Zentralorgane in den meisten Bundesstaaten; später entstehen daraus die Landwirtschaftskammern. Im Zuge des Kulturkampfes entstehen neue christliche (katholische) Bauernvereine. Beim Übergang zum Schutzzoll spielte auf seiten der Landwirtschaft die Vereinigung der Steuer- und Wirtschaftsreformer eine wichtige Rolle, aber das war eine kleine Organisation, mit 1880 ca. 500 Mitgliedern, aus Parlamentariern und landwirtschaftlichen Honoratioren. Entscheidend jedoch wurden die Massenorganisationen, aus der agrarischen Protestbewegung von 1892/93 erwachsen, als die Strukturkrise der Landwirtschaft sich konjunkturell zuspitzte und zu einem enormen Preisverfall landwirtschaftlicher Produkte führte – die Landwirte machten die Handelsvertragspolitik der Regierung Caprivi und die damit einhergehende Senkung der Zölle dafür verantwortlich. In Bayern z. B. entstand 1893 die antiklerikale, populistisch-demokratische, ja beim ersten Auftreten revolutionäre Bewegung des Bayerischen Bauernbundes, und ähnliche Bewegungen hier und in anderen katholischen Landesteilen mündeten in die sich populistisch radikalisierenden christlichen Bauernvereine.

Am wichtigsten wurde der Anfang 1893 gegründete Bund der Landwirte (BdL). Wir haben von ihm schon im Zusammenhang mit der Konservativen Partei berichtet. Die Landwirte müßten, so forderte der schlesische Generalpächter Ruprecht-Ransern in einem fulminanten Gründungsaufruf, „ernstlich gegen die Regierung Front machen", müßten wie die Sozialdemokraten in radikale Opposition zu ihr treten: „Wir müssen aufhören zu klagen, wir müssen schreien, daß es das ganze Land hört..." Der BdL wurde zum erfolgreichsten Interessenverband des Kaiserreichs. Er wurde eine Massen- und Großorganisation; schon 1894 hatte er 201756, 1913 um 330000 unmittelbare Mitglieder. Der Bund verfügte über einen modernen leistungsfähigen Apparat, er publizierte Agitationsmaterial – vom Flugblatt bis zur Broschüre und einem eigenen Pressedienst –, er organisierte Versammlungen mit fest besoldeten Wanderrednern – 161 im Jahr 1912 – und richtete überdies Rednerschulen ein und lieferte Material für Redner; die Zentrale hatte u. a. ein Zeitungsarchiv, eine statistische Abteilung, ein Wahlkampfbüro. Er gab eine seriöse Zeitung (die „Deutsche Tageszeitung") und eine populäre, das besonders auf die Landbevölkerung zielende „Berliner Blatt", heraus. Nebenorganisationen – wie Einkaufsgenossenschaften etc. – boten den Mitgliedern greifbare Vorteile und hielten die Mitgliedschaft so stabil. 1913 waren 353 Angestellte in der Hauptverwaltung tätig, 405 in anderen Verwaltungsstellen.

Die Mitglieder rekrutierten sich aus den evangelischen Regionen, nach 1896, im Gegensatz zu einer damals wie später verbreiteten Meinung, in der Mehrheit westelbisch, z. B. aus Nordwest-, Mittel- und Südwestdeutschland und Franken. Die breite Mehrheit der Mitglieder war bäuerlich, 85 % kleine, 12 % mittlere und große Bauern, 2 % ländlicher Mittelstand, 1 % Großgrundbesitzer. Freilich, die Großgrundbesitzer (und adlige zumal) waren die eigentliche Führungsgruppe. Von den 250 Wahlkreisvorsitzenden waren 1897 129 Ritterguts- und Fideikommißbesizer, 49 Guts- und Hofbesitzer, 26 höhere Beamte und Offiziere, zur gleichen Zeit waren von den 71 Mitgliedern des Bundesausschusses 31 Ritterguts- und Fideikommißbesitzer sowie 21 Guts- und Hofbesitzer. Politisch lag bei diesem Führungspersonal der Schwerpunkt des Bundes trotz der starken westelbischen Mitgliedschaft bei den Vertretern des ostelbischen Preußen. Die ersten Vorsitzenden waren adlig, von Ploetz und dann von Wangenheim; der zweite Vorsitzende – besonders effektiv und der moderne Typ eines großen Verbandsmanagers – war ein bürgerlicher Großgrundbesitzer, Gustav Roesicke, Sohn eines Berliner Wäschefabrikanten – was der alte Adel nicht müde wurde, gesellschaftlich gegen ihn auszuspielen –, Bruder von Richard Roesicke, Direktor der Berliner Schultheissbrauerei und linksliberaler Reichstagsabgeordneter. Der leitende angestellte Manager, „Direktor", war Dr. Diederich (eigentlich Christian) Hahn, ein Mitgründer der Vereine Deutscher Studenten, dann lange Bankangestellter, ein rechtsintellektueller Aufsteiger, populistischer und antisemitischer Nationalist; Heinrich Mann hat ihn in manchen seiner Züge in seinem „Untertan" Diederich Heßling karikiert.

Die adlige Führung und die bäuerliche Mitgliedschaft – daraus hat man schließen wollen, es habe sich um eine demagogische Manipulation der Massen gehandelt, die vor den Wagen der Junker-Interessen gespannt wurden. Wir haben im Landwirtschaftskapitel des ersten Bandes dargelegt, daß zwischen Bauern- und Großbesitzinteressen keineswegs ein fundamentaler Gegensatz (etwa nach dem Schema Viehzüchter/Getreidebauer) bestand und daß die Bauern sich nicht durch eine manipulierende Gutsbesitz-Führung über ihre „wahren Interessen" hinwegtäuschen ließen oder gar gegen ihr wahres Interesse den Junkern die Kastanien aus dem Feuer geholt hätten. Nach über 100 Jahren Agrarprotektionismus in weiten Teilen der Welt geht es nicht an, im Gefolge der Freihändler den Wunsch nach Zollschutz als Sonderinteresse einer kleinen Herrschaftselite zu erklären. Das Gesamtinteresse der Landwirte war keine Erfindung, sondern eine mentale und ökonomisch objektive Wirklichkeit, die Bauern folgten dem, was sie für ihr Interesse hielten und halten durften, darum hingen sie dem BdL an. Erst wenn man das als Grundtatsache festhält, kann man dann von einer konservativen Zuspitzung und einer gewissen großagrarischen Einfärbung sprechen.

Das landwirtschaftliche Interesse, wie es der BdL artikulierte, lief darauf hinaus, die Existenz und die Einnahmen der Landwirtschaft gegen den ökonomischen Niedergang zu stabilisieren (oder zu erhöhen), und zwar durch staatlich verfügte Subventionen des Steuerzahlers oder der Konsumenten, durch Schutzzölle etc. gegen die Konkurrenz des Auslands oder durch andere Maßnahmen gegen die Konkurrenz der Industrie, z. B. gegen die Margarineproduktion. Die Erhaltung der Landwirtschaft sollte das oberste Ziel der Wirtschafts- und Gesellschafts-, der Außenhandels-, ja der Außenpolitik sein. Zugleich sollte die führende Stellung der Landwirtschaft im Staat gewahrt und gegen den Aufstieg der Industrie und des Dienstleistungssektors, den Aufstieg der Abhängigen, den Aufstieg der Städte abgesichert werden. Konkret führte das zur Politik 1. der drei „großen Mittel“: staatliches Getreidehandelsmonopol für ausländisches Getreide mit garantierten Mindestpreisen (Antrag Kanitz), eine Börsenreform durch die Abschaffung des Getreideterminhandels und der Produktenbörsen, die Einführung der „Doppelwährung“ (das Silber sollte neben dem Gold wieder Währungsgeld werden, der dadurch ausgelöste Inflationseffekt sollte die agrarischen Schuldner entlasten). Dann gab es 2. die „kleinen Mittel“, z. B. Verschärfung von Seuchenkontrollen bei Fleisch- und Viehimport oder Verbot der Gelbfärbung der Margarine und vieles mehr. Und schließlich ging es 3. um die Revision der Caprivi-Zölle, die Rückkehr zum Hochschutzzoll, ja die Einführung von Mindestzöllen und der Lückenlosigkeit des Tarifs, dann nach Einführung der Bülow-Tarife von 1902 um die Erhaltung dieses Zolles.

Um diese Kernforderungen herum entwickelte sich ein ganzes System allgemeinpolitischer Ziele, eine Ideologie, die die ökonomischen Interessen nach innen und außen rechtfertigen sollte. Dazu gehörte natürlich, daß die Interessen der Landwirtschaft eine Einheit seien, vor allem Groß- und Kleinbesitz keine unterschiedlichen Interessen hätten, und daß die Landwirtschaft einen unbedingten Vorrang vor allen anderen Sektoren beanspruchte, weil sie für das nationale Wohl unersetzlich sei. Der Bund stellte sich dar als Protagonist eines monarchischen, anti-parlamentarischen und anti-demokratischen Konservativismus, ständisch-populistisch gefärbt, entschieden nationalistisch, Speerspitze des Anti-Sozialismus und auch des Anti-Liberalismus. Zugleich propagierte er, auf der Suche nach Bundesgenossen, die Einheit des Mittelstandes, dessen zentrale Bedeutung für eine

„gesunde" Gesellschaft, einen „gesunden" Staat, und sich selbst als Vorkämpfer dieses Mittelstandes. Schließlich vertrat er – wir haben das früher berichtet –, zumal in seiner Propaganda, einen rabiat militanten Antisemitismus, mit dem er die traditionelle ländliche Abneigung gegen die handeltreibenden Juden rassisch-völkisch umformte und intensivierte; die Verteufelung des Konkurrenzproduktes Margarine als „Judentalg" ist dafür ein besonders makabres Beispiel.

Der Bund suchte nicht nur wie andere Verbände, sich bei Regierung, Parteien und Abgeordneten Gehör zu verschaffen, sondern griff in die Wahlen und Wahlkämpfe ein, er wurde zu einer großen Wahlmaschine. Das machte ihn so erfolgreich, das war unmittelbar der Grund seiner Macht. Als bäuerliche Massenorganisation konnte er in den ländlichen (protestantischen) Wahlkreisen ein gut Teil der Wähler mobilisieren, oft die Mehrheit oder die zum Mehrheitsgewinn entscheidenden Gruppen. Da die ländlichen Wahlkreise, überrepräsentiert im Reichstag, wie sie waren, für die – protestantischen – Parteien rechts von der Mitte entscheidend waren, schlug dieser Einfluß bei der Verteilung der Mandate voll durch. Zudem, die Honoratiorenstruktur der Parteien kam in die Krise, angesichts des gewaltigen Politisierungsschubes mußten auch Konservative und Liberale Massen mobilisieren, dies machte sie gegenüber dem Anspruch einer effektiven Massenorganisation wie dem BdL anfällig, es war wichtig, auf welcher Seite der Bund mit seinem Agitationsapparat und seinen Finanzmitteln im Wahlkampf stand. Der Bund befragte die Kandidaten nach ihrer Stellung zu seinem jeweiligen Programm und unterstützte nur Kandidaten, die sich schriftlich darauf verpflichteten, gegebenenfalls unterstützte man den „Zuverlässigsten". Zudem wurde einem bisherigen Abgeordneten ein genau geführtes „Sündenregister" über anti-agrarisches Stimmverhalten oder Abwesenheit vorgehalten. Das war zwar, wie die Liberalen nicht müde wurden zu verkünden, ein verfassungswidriges imperatives Mandat, aber es setzte sich durch. 1898 hatten sich 118 der 397 gewählten Reichstagsabgeordneten auf den Bund verpflichtet und natürlich weit mehr nicht gewählte Kandidaten; 1903 – in einer Krise zwischen Bund und konservativer Partei – waren es immerhin 89, 1907 sogar 138, 1912 freilich nur noch 78. Im preußischen Abgeordnetenhaus waren 1908 243 von 442 Abgeordneten dem Bund verpflichtet, allein 168 Mitglieder des BdL waren gewählt worden. Ganz allgemein beruhten die Wahlerfolge des BdL darauf, daß er Massen organisierte und gleichzeitig – trotz Opposition gegen die Regierung – zum alten gesellschaftlichen Herrschaftsestablishment gehörte.

Der Hauptpartner des Bundes waren die Konservativen, die ja immer schon eine Partei des Landes und der Agrarinteressen gewesen waren. Der Bund wurde die Organisation, die der Partei einen populären Rückhalt schuf, Massen für sie mobilisierte, gerade in einer Zeit, in der patriarchalische Hierarchie – in Ostelbien – und Verwaltungsdruck dazu nicht mehr hinreichten. Aber das hatte auch seinen Preis, die Partei geriet in Abhängigkeit vom Bund, ja der Bund hat ihren Charakter umgeformt. Die Partei mußte jeglichen Gouvernementalismus aufgeben, auch die Reste des legitimistischen und elitären Altkonservativismus. Nicht Thron und Altar, sondern die höheren Einnahmen der Landwirtschaft, darum ging es nun. Die Partei wurde populistisch-radikaler und auch nationalistischer und antisemitisch. Das Verhältnis der beiden Partner war freilich nicht reibungslos. In den 90er Jahren setzte der Bund gouvernementale oder vermittelnde Konservative unter massiven Druck, gegebenenfalls trat der Bund in konservativen Wahlkreisen für Partei-Antisemiten ein und hatte damit Erfolg. Bei der Verabschiedung des Zolltarifs von 1902 kam es zu einer scharfen Konfrontation zwischen Bund und Partei, ein gut Teil der Konservativen stimmte gegen die hardliner des Bundes für einen auch von der Regierung favorisierten Kompromiß, manche – wie der Urheber des Kompromisses, der Freikonservative Kardorf – traten aus dem Bund aus. Wilde Polemik und „Straf"-maßnahmen bei den Wahlen von 1903, Sonderkandidaturen des Bundes, führten zu nichts, ja die Radikalen verloren Wahlkreise, nur vier der eigenen Kandidaten des BdL wurden gewählt. Der Bund verließ daraufhin den Kurs der extremradikalen Opposition und söhnte sich mit den Konservativen aus, sein Machtanspruch war an eine Grenze gestoßen. Aber innerhalb dieser Grenze bestimmte er auch den Kurs der Konservativen. Die Ablehnung der Bülowschen Finanzreform 1909 und der Sturz des Kanzlers waren das gemeinsame Werk von Bund und Partei, die dadurch ausgelöste Empörung einer breiten Mitte drängte beide freilich in die Defensive und die – gemeinsame – Wahlniederlage von 1912.

Im Westen und Süden, in Hannover, Hessen und der Pfalz z.B., griff der Bund auch auf die Nationalliberale Partei aus, die ja zum Teil die Rolle der Ersatzkonservativen spielte, der rechte Flügel dieser Partei war zwischen 1898 und 1906, ja 1909 stark „agrarisch" bestimmt, die ganze Partei unter massivem Druck. Bei der Wahl zum Reichstag 1907 hatte der BdL ca. 60% der nationalliberalen Abgeordneten auf sein Programm verpflichten können. In den südwestdeutschen Bundesstaaten wurden der Land- oder Bauernbund, die „Agrarier", eine eigenständige bedeutende Machtgruppe. 1909 kam es über der sogenannten Ansiedlungspolitik im Osten, bei der der BdL den Großgrundbesitz deutlich gegenüber den Bauern begünstigte, und über die großagrarisch motivierte Ablehnung der Erbschaftssteuer zu einer nationalliberalen Abfallbewegung, dem Deutschen Bauernbund. Das war zwar nicht sehr erfolgreich, aber ermöglichte doch den Nationalliberalen eine eigenständige Agrarpolitik und spielte beim Kampf um konservative Wahlkreise in Ostelbien eine große und wirksame Rolle. 1912 hatten sich nur noch 11% der nationalliberalen Abgeordneten auf das Programm des Bundes verpflichtet.

Der BdL war in der deutschen Politik eine große und prägende Macht, zumal zwischen 1893 und 1909. Man tut zwar gut daran, diese Macht nicht, wie es häufig geschieht, zu übertreiben. Mit den „großen Mitteln" ist der

Bund am Widerstand der Regierung wie der Reichstagsmehrheit gescheitert – nur der Getreideterminhandel war seit 1896 verboten. Das gleiche gilt für seine extremen Forderungen zum Zolltarif von 1902. Zur Regierung stand er auf Dauer in Opposition und zur Mehrheit des Reichstags auf Distanz. Der Zwist mit den Konservativen 1902/03 zeigte, daß der Bund allein, ohne die Partei, nicht genug selbständige Macht aufbieten konnte. Schließlich verdient die Tatsache, daß der Bund massiv und erfolgreich für landwirtschaftliche Interessen eintrat, nicht die aufgeregte Kritik der Spätgeborenen, das ist vielmehr selbstverständlich. Aber trotz solcher Relativierungen – der BdL war ein großer, einflußreicher, zeitweise beherrschender Machtfaktor in Deutschland. Er hat schon 1894 wesentlich zum Sturz Caprivis beigetragen wie 1909 dann zum Sturz Bülows. Er ist mit seinen „kleinen Mitteln" durchgedrungen und vor allem mit der Erhöhung der landwirtschaftlichen Zölle im Bülow-Tarif von 1902, auch wenn seine Maximalforderungen unerfüllt blieben. Durch seine Rückenstärkung konnten die preußischen Konservativen den Bau des Mittellandkanales verhindern, jedenfalls in seiner ursprünglich geplanten Ausdehnung – und dies, obwohl es sich um ein ganz persönliches Anliegen des Monarchen handelte. Der BdL hat, zumal weil die indirekt von ihm beeinflußten und unter Konkurrenz stehenden christlichen Bauernvereine das Zentrum auf die agrarische Linie brachten und auch die Nationalliberalen unter Druck konzessionsgeneigt waren, die Gesamtrichtung der Außenhandels- und Wirtschaftspolitik bestimmt. Und weil das agrarische Interesse das konservative war, hat sich beides zwischen 1893 und 1903, ja bis 1912 gut behauptet.

Darum nun sind die indirekten Wirkungen des BdL auf die deutsche Politik und die deutschen Wähler noch bedeutend wichtiger als seine unmittelbaren Erfolge. Der Bund hat die Landwirtschaft zusammengeschlossen und politisch entschieden rechts orientiert – die Tatsache, daß der Bayerische Bauernbund dieselben agrarpolitischen Forderungen stellte, aber sonst eher nach „links" tendierte, erinnert daran, daß jene Orientierung nicht „notwendig" war –, und er hat ihre Interessen auch angesichts zurückgehender ökonomischer Bedeutung entschieden zur Geltung gebracht. Er hat den Konservativen eine neue und feste Massenbasis geschaffen, ja im Süden, z. B. in Württemberg, konservative Quasi-Parteien geschaffen und die Nationalliberalen und indirekt auch das Zentrum über deren rechte Flügel nach rechts gezwungen. Das war möglich, weil die Zugehörigkeit der Junker zur eigentlichen Herrschaftsschicht und die Massenmobilisierung der Agrarschichten zusammenkamen. Der Bund hat das konservative Milieu nicht nur stabilisiert, sondern auch – anti-gouvernemental, anti-parlamentarisch und antisemitisch – radikalisiert. Der Bund organisierte dies Milieu in einer eigentümlichen Mischung von populistischer Demokratie – er berief sich auf Wahlen und Mehrheit und opponierte gegen die unabhängige bürokratisch-monarchische Regierung – und prinzipieller Anti-Demokratie gegen das allgemeine Wahlrecht, gegen Parteien und Parlament. Das war solange möglich, wie die ungerechte Wahlkreiseinteilung das Land extrem begünstigte, wie der Ausschluß der Sozialdemokraten den Spielraum der bürgerlichen Parteien stark einengte und die Junker zum Herrschaftssystem maßgeblich dazugehörten, auch wenn es konkret einmal Gegensätze im Herrschaftsestablishment gab. Der BdL war – über den Reichstag, den preußischen Landtag – durch seine Massenmobilisierung und seine Verflechtung mit wichtigen Herrschaftsgruppen eine Barriere gegen Reformen und Systemveränderung, seien sie auch indirekt, stillschweigend, allmählich. Insoweit war er eine Großmacht.

Anders als mit den einflußreichen Industrie- und Landwirtschaftsverbänden stand es mit den Verbänden des alten Mittelstandes. Sie waren Kinder der Strukturkrise, zumal als die sich seit 1873 zur Existenzkrise zu verschärfen schien. Aber sie blieben insgesamt zersplittert und schwach. Das organisierte Handwerk sammelte sich um die Forderungen nach Zwangsinnungen und „großem Befähigungsnachweis", d. h. der Bindung der Ausübung eines selbständigen Gewerbes an den von der Innung verliehenen Meisterbrief, also der Aufhebung der Gewerbefreiheit. In dieser Richtung wirkte etwa der 1883 gegründete Allgemeine Deutsche Handwerkerbund, der mit Zentrum und Konservativen zusammenarbeitete. Daneben spielte der zwei Jahre später entstandene und etwas weniger radikale Centralausschuß der Vereinigten Innungsverbände Deutschlands eine Rolle; nach anfänglicher Konkurrenz arbeiteten beide Verbände seit den 90er Jahren mehr zusammen, aber dann wurden sie von dem Zusammenschluß der 1897 eingeführten Handwerkskammern in den Hintergrund gedrängt.

Ähnlich, ja noch mehr zersplittert waren die Organisationen des Kleinhandels. Beide Sektoren suchten vor 1914 integrale Mittelstandsverbände zu bilden, so den entschieden konservativen und zum Teil antisemitischen Reichsdeutschen Mittelstandsverband, dem angeblich 1914 640000 Mitglieder, korporativ freilich, angehört haben sollen. Der liberale Teil des Mittelstands schloß sich dem gleich zu erwähnenden Hansa-Bund an. Die Handwerksorganisationen waren bei den Gewerbenovellen von 1897 und 1908, die zuerst „fakultative Zwangsinnungen" und dann den „kleinen Befähigungsnachweis" einführten, der das Recht zur Lehrlingsausbildung an Innungszugehörigkeit band, an sich ungeheuer erfolgreich – das muß man bei all ihrer organisatorischen und gesamtpolitischen Schwäche mitsehen.

Über die Arbeiter- und Angestelltenverbände haben wir im ersten Band in den Kapiteln über Arbeiter und Angestellte gehandelt, über die Freien Gewerkschaften in ihrem Verhältnis zur Sozialdemokratie im vorigen Kapitel dieses Bandes. Hier genügt ganz weniges. Unmittelbar waren alle diese Verbände nicht etabliert, ohne politischen Einfluß auf die Regierungen oder die bürgerlichen Parteien. In der Wirtschaftspolitik gab man ihnen gar keine Kompetenz und in der damals weniger wichtigen Sozialpolitik kaum Gehör. Für die Wahlen spielten sie keine große Rolle, mit Ausnahme der Christlichen Gewerkschaften in industriellen Zentrumswahlkreisen. Freilich, vor

1914 gewannen sie indirekten Einfluß – die nicht-sozialistischen Arbeiter und die Angestellten wurden von der Regierung wie den „bürgerlichen" Parteien umworben, weil sie insgesamt doch eine sehr große Wählergruppe darstellten, und darum nahm man auf ihre Verbände Rücksicht. Die Angestellten- Versicherung von 1911 ist auch ein Ergebnis dieser Rücksicht. Aber politisch war ihr Einfluß mit dem der Produzentenverbände nicht entfernt zu vergleichen.

Als seit 1907/09 das gesamte System des Reiches und seine Umformung zur Frage standen, traten allgemeinpolitische Gesichtspunkte wieder in den Vordergrund. Jetzt, seit 1909, konzentrierten und polarisierten sich die Verbände in Großkoalitionen. Gegen die Dominanz der Agrarier, deren „Egoismus" bei der Finanzreform von 1908/09 zum Auseinanderbrechen des konservativ-liberalen Bülow-Blockes geführt hatte, aus lang angestauter Empörung über industrie-, konsumenten- und marktfeindliche Wirtschafts- und Steuerpolitik der Konservativen, bildete sich zunächst 1909 eine anti-agrarische, anti-konservative Einheitsfront, der Hansa-Bund für Gewerbe, Handel und Industrie. Er wurde von den großen Zentralorganisationen wie dem CV, dem Zentralausschuß der Vereinigten Innungsverbände und dem Zentralverband des Deutschen Bank- und Bankiergewerbes getragen, von Schwer- wie Fertigindustrie, Handel und Banken, Handwerkern und Angestellten und den sich neu organisierenden liberalen Elementen des Bauerntums gestützt. Der Hansa-Bund suchte die große Wirtschaft zu sammeln und zugleich Anhänger im alten wie im neuen angestellten Mittelstand zu integrieren. Im Mai 1913 hatte er ca. 650 Ortsgruppen, 200 000 direkte Mitglieder und weitere 280 000 in korporativ angeschlossenen Verbänden. Er wollte das Bürgertum, die öffentliche Meinung und die Wähler gegen die Übergriffe der Agrarier mobilisieren, „dahin wirken", wie es in seinen Richtlinien von 1911 hieß, daß der „unheilvolle Einfluß jener einseitig agrardemagogischen Richtung gebrochen werde". Ja, er wollte eine Machtverschiebung zugunsten des Bürgertums auch in der Verfassungspolitik, z. B. durch Reform der pro-agrarischen und anti-liberalen Wahlkreiseinteilung. Interessen waren wieder in allgemeinpolitische Zielsetzungen eingeordnet. In letzter Konsequenz lief diese Politik freilich darauf hin, und so kam es im Vorfeld der Wahlen von 1912 auch heraus, daß man sich notfalls, bei Stichwahlen z. B., nach links orientieren mußte – die Konservativen waren die primären Gegner. Das hieß gegebenenfalls, daß man nicht mehr unbedingt gegen einen Sozialdemokraten einen Konservativen unterstützte, und hatte praktisch zur Konsequenz, schon durch Wahlenthaltung, die Wahl von Sozialdemokraten zu ermöglichen.

Der Hansa-Bund wollte eine Koalition der Mitte gegen die Rechte. Das rote Gespenst schreckte nicht mehr so, trotz aller Gegnerschaft gegen die Sozialdemokraten wollte man sich zuerst einmal gegen die Konservativen durchsetzen, und man hoffte, dadurch gerade den revisionistisch-reformerischen Flügel stärken, die Partei insgesamt zu mehr Mitarbeit und zur Aufgabe ihrer Fundamentalopposition gegen das System bewegen zu können. Der Hansa-Bund leistete Wahlhilfe für die Liberalen, unterstützte also z. B. mit Industriegeldern freisinnige Volksschullehrer. Die Nationalliberalen verschoben ihren Kurs unter diesen Bedingungen leicht nach links. 1912 kam wesentlich unter der Ägide des Hansa-Bundes ein Wahlbündnis aller Liberalen zustande. Gerade das aber führte zum Auseinanderbrechen der im Hansa-Bund vereinigten Kräfte. Der Vorsitzende des CV und Teile der Schwerindustrie waren schon 1910/11 wieder ausgetreten, jetzt schieden weitere, konservativer gerichtete Kreise aus Industrie und Mittelstand aus, bei ihnen waren konservative Vorlieben und Sorgen wichtiger als zeitweilige Differenzen mit den Rechten.

Nach 1912 haben der CV und der Reichsdeutsche Mittelstandsverband sich wieder dem BdL angenähert und in einer losen Abrede verständigt, dem Kartell der schaffenden Stände. Stresemann nannte es polemisch „Kartell der raffenden Hände". Es hatte freilich eine kaum reale Existenz, im CV z. B. kam es über dieser Frage zu harten Auseinandersetzungen, die den Verband faktisch neutralisierten, nur in den Büchern mancher „kritischer" Historiker spielt das Kartell eine größere Rolle. Es verband Status-quo-Interessen an den Zöllen und Wettbewerbsbeschränkungen mit einer relativ entschiedenen sozialpolitischen Reaktion. Dennoch: Der Hansa-Bund ist mit der Abspaltung des industriellen Großbürgertums von der feudal-agrarischen Elite und der Bildung einer starken gesamtbürgerlichen Front insoweit gescheitert; immerhin hat er die versteinerten Verhältnisse in Bewegung gebracht und die nationalliberale Mehrheit zu einer betonteren Bürgerpolitik bewogen. Die Verbandskoalitionen haben auf die Umgruppierung der Parteien und ihrer Koalitionen stark gewirkt.

Wir bedenken abschließend die Wirkungen, die das Verbandswesen auf die Parteien und auf das deutsche politische System im ganzen hatte. Die Verbände haben die Bedeutung des Ökonomischen und der materiellen Interessen in allen Parteien verstärkt, sie stärker mit sozialen Gruppen der Wählerschaft verbunden, sie haben sie ökonomisiert und sozialisiert. Die nichtsozialdemokratischen Parteien, betrachtet man sie jeweils für sich, waren unterschiedlich betroffen. Die Konservativen gewannen mit dem BdL eine neue Basis und Stärke und wurden zugleich von ihm abhängig, wurden primär zur Agrarpartei. Die Linksliberalen fanden keine organisierte Interessenbasis – sie sprachen die Wähler vor allem als Konsumenten an, das war nicht zu organisieren –, das schwächte ihre Stellung im Wahlkampf noch weiter.

Die Nationalliberalen waren, das war das Problem der Mittelparteien, zwischen den Verbandsinteressen der Industrie, der Landwirtschaft und des Mittelstandes angesiedelt. Spätere und eher zaghafte Versuche, eine eigene Interessenklientel zu organisieren, waren wesentlich vergeblich, aber auch früher und mit anderem Elan hätten sie da keine Chance gehabt. Die Interessenkonflikte, vor allem zwischen Landwirtschaft und Industrie und dann zwischen den beiden Hauptgruppen der Industrie, und die Diskrepanzen zwischen dem Engagement für die Gewerbefreiheit und den entgegengesetzten Wünschen des alten Mittelstandes, zwischen dem sozialpolitischen Engagement der Gebildeten und den Arbeitgeberpositionen der Produzenten bedrohten die Einheit der Partei. Die Tatsache, daß die Partei von der Mitgliedschaft und Tradition her städtisch-bürgerlich war, die Führung groß- und bildungsbürgerlich, die Wahlkreise aber mehr und mehr ländlich-kleinstädtisch geprägt waren, all dies verschärfte die Lage. Zwischen 1893 und 1907 wurde die Partei stark partikularisiert, die Tendenzen der Desintegration wuchsen, fast jede Entscheidung führte in eine Zerreißprobe. Die Partei konnte es keinem recht machen und durfte es doch mit keinem verderben. Nach 1909 konnte sie sich zwar vom Joch des BdL einigermaßen lösen, aber ihr rechter Flügel war, zumal seit 1912, mit dem CV und der Idee einer rechten Koalition, der linke Flügel (und die Mitte) mit BdI und Hansa-Bund verbunden.

Die andere Mittelpartei, das Zentrum, war gegen die Verbände, von denen wir hier reden, ziemlich resistent, der Katholizismus war da Klammer und Schutzschild, Interessen organisierten sich im katholischen Milieu eigenständig, eben katholisch. Dennoch kehrte das Problem der Mittelparteien wieder: Die Partei mußte die unterschiedlichen Interessen der je eigens organisierten Bauern, Mittelständler und auch Arbeiter integrieren. Aber Katholizismus und Minderheitenposition hielten die Partei zusammen. Es gab Spannungen und Schwankungen, die Integration war eher eine Summierung von Interessen, mit Dominanz der ländlich-mittelständischen, während Großstadt und Arbeiter eher nur Konzessionen gewannen. Nach 1909 waren die Kursschwankungen zwischen rechtem und linkem Flügel sehr deutlich mit Verbandsmacht verbunden. Aber die Partei blieb auch im Zeitalter der Verbände existenzfähig und vital.

Weiter und tiefer noch reicht die Frage nach der Wirkung des Verbandswesens auf das Parteiwesen als Ganzes, sie hängt mit der Stellung der Verbände im politischen System des Reiches insgesamt zusammen. Ehe man in die – weitgehend kritische – Analyse dieses Komplexes eintritt, muß man zunächst eine Selbstverständlichkeit festhalten, die heute gilt, aber ungern auch auf die Vergangenheit des späten 19. Jahrhunderts bezogen wird – und auch den Zeitgenossen selbst zunächst nicht so selbstverständlich war. Das ist die Tatsache, daß „materielle Interessen" sich eigens in Verbänden organisierten, zwischen Staat und Gesellschaft Gruppen bildeten. Sie paßte nicht in das liberale und konstitutionelle Konzept vom Verhältnis von Staatsbürger, Gesellschaft, politischer Repräsentation und Staat. Verbände vertraten Sonderinteressen, das galt manchem als illegitim, die politische Repräsentation des Wahlvolkes durch Abgeordnete mochte zwar auch die realen Interessen umfassen, aber – das war die abgeschwächte Ideologie der frühliberalen Anfänge – der einzelne Abgeordnete repräsentierte jeweils eine Mehrheit von

Interessen, er selbst war an Interessenausgleich und der Verwirklichung des Gemeinwohls orientiert, und erst recht war beides Sache des Gesamtparlamentes, Ergebnis seiner Entscheidungen. Es hat eines langen und für die Liberalen schmerzlichen Lernprozesses bedurft, das einzusehen, anzuerkennen, daß zwischen Individuum und Parlament Zwischengewalten bestehen oder daß die Parteien kein Monopol auf solche Organisation haben, ja daß der mögliche Mißbrauch von Verbandsmacht gegen die Freiheit nicht ihre generelle Verurteilung begründen kann, wie das ja auch sonst für den Mißbrauch legitimer Institutionen gilt. Heute ist die Normalität von Interessen, ihrer Organisation und Wahrnehmung selbstverständlich. An der Legitimität von Verbänden gibt es keinen Zweifel. Daß zwischen einem angestrebten Allgemeininteresse und offensichtlichen Sonderinteressen und beider Vertretern Spannungen bestehen, ist genauso selbstverständlich. Wenn wir vom Verbände-Staat sprechen, so ist das eine simple Tatsachenfeststellung oder allenfalls eine kritische Warnung vor Einseitigkeiten.

Wenn wir uns nun auf die konkrete Entwicklung im Deutschen Kaiserreich konzentrieren, so muß man zuerst feststellen: Die Verbände bildeten sich als ein sekundäres System gesellschaftlich-politisch und frei organisierter Mächte aus. Sie bewirkten und verfolgten auch eine neue und andere Gliederung des Wahlvolkes, die quer zu der Gliederung nach Parteien stand; sie erhoben eigene Machtansprüche, sie suchten in ein unmittelbares Verhältnis zu den Wählern und zur Regierung zu treten. Sie haben die Wähler auf ihre Weise, eben über ökonomisch-soziale Interessen, politisiert.

Das konnte zunächst zu einem Machtgewinn für die konstitutionelle Regierung und ihre Eindämmungspolitik gegen jede Kompetenzerweiterung des Parlamentes werden. Bismarck hat mit dem Übergang zum Schutzzoll und zum Interventionsstaat die Interessen und auch ihre Verbände freigesetzt und sie nicht ungern zur Schwächung der Parteien, zur Stabilisierung des bürokratisch-obrigkeitlichen Staates benutzt; sie waren die „Betroffenen", darum eigentlich zur Entscheidung legitimiert. Dieses heute wieder so wohlbekannte Argument diente schon damals anti-demokratischen Zwekken; sein gescheiterter Plan eines Volkswirtschaftsrates zeigt das am deutlichsten. Die Regierung konnte versuchen, durch Kooperation mit Verbänden Parteien und Reichstag an den Rand zu drängen. Sie konnte sich mit und über den Verbänden als die eigentliche und allein neutrale Ausgleichsinstanz besser etablieren. Und die wohletablierten Verbände haben bei dieser Lage immer versucht, gegen das Parlament oder an ihm vorbei mit der Regierung ihre Ziele durchzusetzen; es gab immer eine entsprechende Anti-Parteienideologie, im Extremfall die Träume von einem Ständeparlament, wie sie zumal Verbandssyndici pflegten.

Diese Tendenz von Regierung und Verbänden hat zu keinem Erfolg geführt. Zu einer Umformung der Realverfassung in diesem Sinne ist es nicht gekommen. Aber sie hat den verfassungsmäßigen Status quo, das nichtparlamentarische System befestigt. Die relative Schwächung der Parteien, von der gleich zu reden ist, kam dem bürokratisch-obrigkeitlichen System zugute, stärkte seine Kompetenz als Ausgleichsinstanz. Und die Vorherrschaft der Produzenten-Verbände und ihrer überwiegenden Rechtstendenz stärkte das Herrschaftsestablishment, seine Zollinteressen, seine Privilegien- und Hierarchieinteressen und seinen – nur durch begrenzte Reformen gemäßigten – konservativen Kurs. Die Regierung konnte sich immer auf ein nicht unbeträchtliches Maß von Verbandsmacht berufen. Die Verbände waren einstweilen eine Barriere gegen eine fortschreitende Parlamentarisierung.

Die Verbände haben die Parteien in ihrer Mehrheit pluralisiert und in ihrer Integrationskraft gelähmt, oft genug an den Rand von Desintegration und Zersetzung getrieben oder gar offen mit ihnen konkurriert (wie zuletzt der BdL im Süden mit den Nationalliberalen) und sie so geschwächt. Die Politisierung der Wähler durch die Mobilisierung der Interessen kam nur begrenzt den Parteien zugute, weil sie partikularisierend wirkte und auf Sonderinteressen begrenzt blieb. Zeitweise überwucherten die Interessen den gesamtpolitischen Charakter der Parteien. Und die Verbände haben die rechten Parteien und die Rechtstendenzen in ihnen eher gestärkt als die linken. Im Verhältnis zwischen Bürgern und Parteien hat das den deutschen Antiparteien- und Antipolitik-Effekt verstärkt, die Parteien waren in dieser Sehweise nichts als Interessenkoalitionen, Politik war Interessenkampf und -handel, ein schmutziges Geschäft. Das sprach gegen mehr Parlamentsmacht, das kam dem Geheimrat „Dr. von Staat“ zugute. Natürlich, die Verbände konnten diese Wirkungen nur haben, weil das System und die historischen Grundstrukturen so waren, wie sie waren: Weil die Parteien nicht regierten, gab es keine Integrationsprämien und keinen Integrationszwang, darum waren die Parteien so anfällig gegenüber den Verbänden. Wahlkreiseinteilung wie relativ konservative Regierungen begünstigten generell die Rechten. Die deutschen soziokulturellen Milieus und das Vielparteiensystem schotteten Interessen wie Parteien gegeneinander ab und machten inner- wie überparteiliche Integration ganz besonders schwierig.

Der gefährdende Interessenpluralismus gab den Parteien andererseits aber auch ein Stück Selbständigkeit. National- und konfessionspolitische Gesichtspunkte und andere mehr, manchmal sogar sozialpolitische, blieben gegenüber den Interessen autonom. Die Interessenmobilisierung hat die Parteien enger mit den Wählern verbunden, hat sie „sozialisiert“, wie man damals sagte. Die Verbände hatten einen Pluralisierungs-, ja objektiv einen Demokratisierungseffekt, sie adressierten sich ja auch an Parteien und Reichstag – trotz ihres oft grundsätzlichen Anti-Parlamentarismus; sie rechneten mit der Existenz der Parteien und haben sie darum anerkannt, ja – paradox genug – doch wieder auch gestärkt; der BdL, wir haben es gesagt, pochte auf Wahlerfolge und Majoritäten, auch wenn er im Prinzip vom Parlament wenig hielt; wie immer die Ansichten, im Handeln hatte man sich auf das Parlament und das demokratische Wahlrecht eingestellt, damit stärkte man wider Willen die Parteien. Ein wesentlicher Punkt in diesem

Zusammenhang ist nicht zuletzt, daß die Verbände sich insgesamt als Pluralität freier Vereine etablierten, also im Modell einer offenen Gesellschaft, und gerade nicht den Korporatismus, wie er mit den Kammern schon existierte, übernahmen oder verstärkten.

Wägt man freilich zuletzt noch einmal ab, so ist im ganzen, jedenfalls bis 1909, der wichtigere Effekt die Schwächung des Parteiwesens und seiner relativen Zerfahrenheit, der Mittelparteien zumal, die relative Befestigung des Status quo gegen eine parteienstaatlich-parlamentarische Systemveränderung. Erst unmittelbar vor 1914 gehören auch die Verbände in die Auseinandersetzung um eine „Verbürgerlichung" des Reiches.

5. Nationalismus nach 1890

Der Nationalismus, die Priorität der Loyalität gegenüber der Nation, des Einsatzes für die Ziele der Nation, ist und bleibt nach 1890, wie überall in Europa, eine der wichtigsten Prägekräfte des politisch-gesellschaftlichen Lebens, wenn nicht die wichtigste. Der Nationalismus intensiviert sich noch einmal ganz außerordentlich, überall in Europa, er gewinnt gewaltig an Resonanz bei Massen, bei ehedem ablehnenden oder unbeteiligten Kräften, seine Frontstellung nach innen und außen und seine Ambitionen, seine Prioritätsansprüche im Gemenge anderer politischer Probleme verschärfen sich, seine Ziele und Begründungen verschieben sich. Davon, wie der ursprünglich kulturelle Nationalismus sich zwischen 1830 und 1866 politisiert hat, davon, wie er nach 1871 aus einer linken zu einer rechten Bewegung wird, haben wir in einem anderen Band und dann in einem anderen Kapitel dieses Bandes erzählt. Bei der Darstellung des Nationalismus nach 1890 unterscheiden wir zunächst einmal drei Typen: Sie sollen uns als Orientierungspunkte im Dickicht der Vielfalt des deutschen Nationalismus dienen, auch wenn die Realität voller Übergänge und Überkreuzungen ist.

1. Zuerst sprechen wir von dem, was die Historiker meist überspringen, vom durchschnittlichen Nationalpatriotismus. Das Gefühl, ein Deutscher zu sein, in der Gemeinsamkeit der Herkunft und der Zusammengehörigkeit der Nation die eigene Identität zu finden und ein Stück Zukunftserwartung und -gewißheit, das eigentliche Wir-Gefühl jenseits der Face-to-face-Bezugsgruppen, der Stolz darauf, ein Deutscher zu sein, die Teilnahme an kollektiven Erfolgen und Mißerfolgen, Freuden und Leiden, das Gefühl, der Nation gegenüber verpflichtet und verantwortlich zu sein, zu Dank und Opfer auch – das macht diesen nationalen Patriotismus aus. Die Nation ist Heimat, man liebt sie, und man bangt um sie. Das alles ist zu einer beinahe umgreifenden Selbstverständlichkeit geworden. Historisch wichtig ist, daß und wie dieser Nationalpatriotismus ältere Loyalitätsformationen und Dissense der Gründungsphase überbaut. Die regionalen und partikularstaatlichen Bindungen gehen in die national-deutsche Bindung ein und in ihr auf,

in Sachsen wie in Württemberg, im Rheinland wie in Hannover. Auch in Bayern, wo man weiterhin am stärksten seine partikulare Identität zu wahren bemüht war, tritt die Repräsentation des Reiches nach 1900 immer machtvoller neben die Selbstdarstellung der bayerischen Monarchie. Nach dreißigjährigem Widerstand wurden jetzt Kaiser und Reich, was vormals nur dem Landesvater vorbehalten war, in die sonntäglichen Fürbitten der katholischen Gottesdienste aufgenommen. Neben der Königshymne konnte man auch bei den wittelsbachisch-dynastischen Feiern nun die Festchöre mehr und mehr nationales Liedgut singen hören. Denkmäler wurden errichtet für die Reichsgründer Wilhelm I. und Bismarck. Unter Wilhelm II. verstärkt sich die Präsenz der Reichsdynastie insbesondere über die Kaiserbesuche, erstmals gleich 1888, allein in München noch achtmal bis 1914. Die großen politischen Themen von Imperialismus, Flotte und Kolonien weiten den Blick auf den nationalen Rahmen. Partikulargeschichten, wie die bayerische, werden Teile der Nationalgeschichte und in ihrem Lichte geschrieben.

Die Vorbehalte der Katholiken gegen das Reich Bismarcks, vom Kulturkampf, seinen Wunden und Narben so tief eingeprägt, werden spätestens seit der Jahrhundertwende schwächer, die Nationalisierung der Katholiken schreitet fort, die Mehrheit nimmt den Nationalpatriotismus auf. Auf dem Katholikentag wird schon seit 1887 nicht mehr nur auf den Papst, sondern nun auch auf den Kaiser ein Hoch ausgebracht. Die Oppositionsversteinerung, die den Nationalsinn der Linksliberalen und der süddeutschen Demokraten zeitweise in den Schatten zu stellen schien, schwand spätestens seit Eugen Richters Tod, seit 1906. Auch die sozialdemokratischen Arbeiter sind in einem langen, langsamen und unmerklichen Prozeß der Nationalisierung in diesen Nationalpatriotismus hineingewachsen. Das wurde beim Kriegsausbruch 1914 klar, denn die Entscheidung von Parteiführung und Reichstagsfraktion, den Krieg des Reiches zu unterstützen, entsprach durchaus der Stimmung der „Massen". „Immer schon haben wir eine Liebe zu dir gekannt, bloß wir haben sie nie mit einem Namen genannt", so dichtet der sozialdemokratische Arbeiter und Gewerkschaftsaktivist Karl Bröger; und Bethmann Hollweg hat das im Reichstag zitiert. Daß das zur Sprache kam, gehörte in die Situation von 1914, aber das „immer schon" entspricht allem, was wir sonst wissen, und es ist das einzige, was 1914 und auch 1919 die nationale Orientierung der Sozialdemokratie erklären kann.

Die nationale Gemeinsamkeit von 1914 in der Stunde der Gefahr, angesichts dessen, was jeder als russischen Angriff empfand, das Gefühl: „Von Gefahr umringt, Heilig Vaterland, Schau, von Waffen blinkt jede Hand", und das „Du sollst bleiben Land! Wir vergehn" (Rudolf Alexander Schröder) – das war kein Taumel und kein Rausch, das war der Ausdruck einer tiefen Erfahrung (auch dies übrigens überall in Europa) und Ergebnis eines lang zurückreichenden Prozesses der Bewußtseinsbildung. Die Schule, das Militär, die Kriegervereine, die öffentlichen Jugendpfleger, die protestantischen Kirchen, die öffentlich-offizielle „Atmosphäre", die von Traditionen und Ritualen bestimmte Symbolwelt, die die Lücken der modernen Rationalität erfüllte, haben den Nationalpatriotismus zum Normalmaß für alle gemacht, auch und vielleicht gerade in einer Zeit vor internationalen Sportwettkämpfen, vielen Auslandskontakten, kollektiven Fernseherfahrungen.

2. Den zweiten Haupttypus nenne ich den Normal-Nationalismus. Er ist wie alle Normalität in sich vielfältig. Dazu gehört vor allem der gouvernementale und offiziöse Nationalismus, auf Staat und Monarchie, Kaiser und Reich bezogen, Nationalismus von oben, der von den saturierten Erben der bürgerlichen Nationalbewegung mitgetragen ist, der Nationalismus der Gesang-, Turn- und Schützen- und dann neu der Kriegervereine (mit 1913 2,8 Millionen Mitgliedern), der protestantischen Pastoren und Kirchenleitungen, der Schullehrer, der Lehrpläne, der Abituraufsätze und Schulreden, der Offiziere und der Militärausbildung, der Professoren und Studenten. Wir haben das in den Kapiteln über Kirche, Schule, Universität und Militär ausführlich erörtert. Es ist der Nationalismus der Sedanfeiern und der Kaiser-Geburtstagsparaden, der Militär- und Flotten- und Kolonialbegeisterung, der Wahlen im Sinne nationaler Parolen. Dieser Nationalismus wird im Zuge der Massenpolitisierung ein Massenphänomen, reicht über die älteren meinungsführenden bürgerlich-protestantischen Oligarchien und das neunationale konservative Establishment hinaus, er steigert unter den Bedingungen des allgemeinen Wahlrechts seine mobilisierende Wirkung, und es gelingt, Massen in diesen Geist des Reichsnationalismus einzubinden und darüber ihre politischen Entscheidungen zu bestimmen. Die Züge, die wir am Nationalismus nach der Reichsgründung beschrieben haben, verstärken sich noch einmal. Dazu gehört die Abgrenzung sowohl gegen innere Feinde, jetzt vor allem gegen die Sozialisten, als auch gegen äußere Feinde – die Briten, weltmächtig, perfide, eifersüchtig und neidisch, werden neben den Franzosen aus Rivalen zu eben neuen Feinden, der populäre wie der intellektuelle Nationalismus werden anti-englisch. Dazu gehört der gesteigerte Anspruch auf Uniformität und Unterwerfung gegenüber Minderheiten, den Polen vor allem. Dazu gehört das Anti-Parteien-Pathos, zu dem der Satz vom Basiskonsens, „Das Vaterland über die Partei", erhoben wird, der Anti-Pluralismus, das Leiden an den Dissensen, die Verklärung der Einheit gegenüber der Vielfalt, die Angst vor den Anarchismen der Freiheit und ihre Bändigung im Zusammenhalt der Ordnung. Dazu gehören der quasi-religiöse Ton eines politischen Glaubens, der Ton auf der Macht und den Machtansprüchen in der Welt, die Verankerung des Nationalen nun ganz im rechten Spektrum des politischen Feldes, zwischen Nationalliberalismus und Konservativismus, der Verlust der älteren nationaldemokratischen und verfassungspatriotischen Elemente. Die nationale Perspektive wird auf alle politischen Probleme und strittigen Alternativen ausgedehnt, Schutzzoll oder Freihandel, Industrie- oder Agrarstaat, mehr oder weniger, emanzipatorische oder patriarchalische Sozialreform – jede Alternative wird zuerst und zumeist mit nationalpolitischen Argumenten begründet und aufgeladen. Der

Geburtenrückgang zum Beispiel ist für die meisten primär ein Problem nationaler Selbstbehauptung. Kultur und Geschichte sind national und werden national genutzt, auch Natur und Landschaft werden national gesehen, aus dem Wald wird der deutsche Wald, der Waldfriedhof gilt als spezifisch deutsch, Ausdruck der deutschen Seele. Zum Normal-Nationalismus gehören schließlich auch die nationalen Feste und Rituale, Mythen und Symbole – das alles bildet, im vorelektronischen Zeitalter, mit der Zeit ein ganzes System.

Der Nationalismus hat sich in diesen Jahrzehnten bei den europäischen Großmächten, jeder weiß es, zum Imperialismus gesteigert. Worauf es hier ankommt, ist, daß neben den machtpolitischen, den ökonomischen und vielleicht auch system- oder innenpolitischen Gründen für die imperiale Aufteilung der Welt und die Ausweitung des europäischen Machtsystems auf die Welt sowie die imperialistische, weltpolitische Ausrichtung der Außen-, ja der Gesamtpolitik – von der wir anderswo zusammenhängend handeln – ein ideenpolitischer Komplex steht, der aus dem Nationalismus in den Imperialismus führt. Die Selbstverwirklichung und Selbstbehauptung der Nation führen zur Betonung der Macht in der Konkurrenz der Mächte, zur Forderung nach einer angemessenen Stellung in der Welt, nach Einfluß auf die Gestaltung der Welt, eben nach Weltmacht; die älteren Ideen von einer nationalen Sendung werden in Ideen einer universal-imperialen Kulturmission in der Welt transformiert. Wenn die anderen Großmächte Weltmächte werden und die Deutschen kontinentaleuropäisch bleiben, sind sie von Machtverlust und Untergang bedroht. Wenn die Welt russisch und angelsächsisch wird (und vielleicht noch französisch) und die deutsche Kultur und Lebensform als Gestaltungsmacht der Welt ausscheidet, ist das ein Verlust für die Menschheit, vor allem aber eine Niederlage, ein Verlust für die Deutschen – so das Argument Max Webers. Wie immer man systematisch zwischen Nationalismus und Imperialismus unterscheiden mag und so gewiß es – bei den kleinen und den noch unterdrückten Völkern – nichtimperiale Nationalismen gibt, bei den großen Nationen Europas, und so den Deutschen, ist das ein fließender Übergang gewesen; es gibt sozusagen keine Alt-Nationalisten, die diesseits des Imperialismus bleiben, und in dem populär-vulgären Massennationalismus ist die imperialistische Überformung bestimmend. Der Traum von der Nation ist ein Traum von der Größe der Nation, und der hat in den Traum von der Weltmacht, vom Platz an der Sonne geführt.

Es gibt in diesem Haupttypus Normal-Nationalismus, wie gesagt, Unterschiede. Der „offizielle" Nationalismus ist stark monarchisch geprägt, verfassungspolitisch status-quo-orientiert; daneben gibt es einen neuen autonomen Nationalismus, nach dem Zurücktreten des liberal-demokratischen Elements können wir ihn als integral bezeichnen. Der Unterschied zwischen beiden Typen wird unmittelbar anschaulich, wenn man die nationalen Denkmäler der Zeit in Betracht zieht. Wilhelm II. hat einen monarchischnationalen Kult um Wilhelm I. (den „Großen") als den „Reichsgründer" inszenieren wollen, die Kaiser-Wilhelm-Denkmäler der preußischen Provinzen (auf dem Deutschen Eck oder an der Porta Westfalica) oder das in Berlin zeugen davon, sie waren „amtlich" angeregt, gefördert, gestützt. Das nichtamtliche Denkmal dieses Typus war das Denkmal der deutschen Kriegervereine, also einer immerhin halboffiziösen Institution, auf dem Kyffhäuser 1896. Die „spontanen" Denkmäler aber, aus Bürgerinitiativen und freiwilligen Beiträgen hervorgegangen, waren die Bismarck-Denkmäler, zumal die auf eine Initiative der deutschen Studentenschaften von 1898 zurückgehenden Bismarcksäulen und -türme, von denen bis 1914 etwa 700 das Land, vor allem die Landschaft erfüllten, oder das 1906 eingeweihte Hamburger Denkmal, Bismarck als der schützende Roland, der übers Meer blickt. Bismarck-Denkmäler waren zwar zumeist auf das protestantische Deutschland beschränkt, aber nicht, wie ganz überwiegend die Kaiser-Wilhelm-Denkmäler, auf Preußen. Diese Denkmäler richteten sich gegen das theatralische Machtpathos des Wilhelminismus, sie waren insofern modern, freilich nun mit dem Pathos des elementar Einfachen, Ursprünglichen, Kraftvollen. An den Bismarcksäulen gab es keine Inschriften, keinen Namen, das Selbstverständliche sollte erhaben sein über jede patriotische Formel; dazu gehörte auch das Feuer, das zu bestimmten Gelegenheiten entzündet wurde, wieder ein urtümliches Symbol, das im Namen der Nation Gemeinschaft stiften sollte, vor- und urzeitlich germanisch. Zwei Dinge sind in unserem Zusammenhang entscheidend. Zum einen: Die Denkmalsstifter, -bauer und -anhänger sehen das Symbol der Nation, ihrer Größe und ihres Bestehens nicht mehr in der Monarchie oder in engster Verbindung mit ihr, der Symbolheld und -führer repräsentiert die Nation an sich, Staat und Volk; darin steckt auch ein demokratisches, freilich ganz freiheits- und verfassungsfremdes Element, man mag es als cäsaristisch beschreiben. Dieser Nationalismus aber ist nicht mehr gouvernemental. Das andere: Die Reichsgründungsstimmungen von Sieg und Triumph sind verschwunden, und auch die vollmundigen Ansprachen des Kaisers finden im Nationalismus dieser Denkmäler wenig Entsprechung: Es ist ein Nationalismus der Sorge und der Bedrohungsgefühle, die Nation sieht sich gegenüber einer feindlichen Außenwelt und von innerem Zwiespalt, dem Klassenkampf zumal, gefährdet. Die „Botschaft" der Denkmäler zielt auf innere Konzentration und Sammlung, darum nennen wir sie Denkmäler eines integralen Nationalismus. Nach außen betonen sie mehr eine Schutz- und Trutzverteidigung als ausgreifende Ansprüche, aber solche Ansprüche bleiben Hintergrund und Basis aller nationalen Stimmung. Ein für 1915 geplantes Bismarck-Denkmal zu seinem 100. Geburtstag bei Bingerbrück sollte – nachdem die Juryentscheidung für einen nun ganz unpathetischen, jugendlichen Siegfried über den Haufen geworfen wurde – wiederum in diesem Geiste eine Analogie zum Theoderich-Grab von Ravenna werden, ein Entwurf des Architekten der Bismarcksäulen Wilhelm Kreis. Das letzte Monumentaldenkmal, das Völkerschlachtdenkmal in Leipzig von

1913, nach 100 Jahren endlich gebaut, vom Architekten der großen Kaiser-Wilhelm-Denkmäler Bruno Schmitz, entspricht trotz der unmodernen Form dem integralen Konzentrations- und Volksnationalismus, dem düsteren Pathos einer Götterdämmerungswelt und dem Sich-Festhalten an der eigenen Kraft.

Ähnlich wie mit den Denkmälern ist es mit der allgemeinen Entwicklung des Bismarckkultes, der Verklärung des Staatsmannes zum Mythos eines „eisernen" Kanzlers, des alteuropäischen Konservativen, der ein Bündnis mit den Mächten der Zeit eingeht und darum zum Reichsgründer wird, zum Inbegriff des planenden Reichsschmiedes, des National- und Machtpolitikers. Und ähnlich ist es mit der Entwicklung der Nationalfarben, der Flagge und der nationalen Hymne, dem Vordringen des Deutschlandliedes Hoffmanns von Fallersleben gegenüber der zur Kaiserhymne gewordenen Preußenhymne „Heil Dir im Siegerkranz" und gegenüber dem populären Nationallied „Wacht am Rhein", wir haben davon berichtet.

Neben diesem Unterschied zwischen monarchisch-offiziösem und autonom-integralem Nationalismus gibt es, natürlich, einen Unterschied zwischen Vulgär-Nationalismus und intellektuellem Nationalismus, akklamierendem und theoretisch reflektierendem Nationalismus, etwa bei den Professoren der „zuständigen" Fächer (der Nationalökonomie und Geschichte vor allem). Das ist am liberalen Rande der Normalität am deutlichsten, bei den Neubelebern der liberalen Traditionen des Nationalismus, den liberalen Imperialisten wie F. Naumann oder Max Weber. Die Verknüpfung von national-imperialen Ansprüchen mit Demokratisierung und Sozialreform oder die moderateren Verknüpfungen von nationaler Selbstbehauptung und Systemreform (H. Delbrück, O. Hintze) erforderten selbstredend mehr Argumentation als der Nationalismus der Massen.

Einen weiteren Unterschied mag man zwischen dem allgemeinen Nationalismus und dem speziell organisierten, zwischen dem in und über den Parteien und dem außerhalb der Parteien sehen. Der Normal-Nationalismus war das Credo aller Einrichtungen und Organe des Staates und das Credo der protestantisch rechtsbürgerlichen Gesellschaft und ihrer Organisationen. Er bestimmte das allgemeine Klima, er bestimmte auch dominierend die entsprechenden Parteien, die nationalliberale und die beiden konservativen in erster Linie. Der Versuch der Nationalliberalen, sich als Hauptsprecher des Nationalismus zu stilisieren, war mehr ein Wunsch- und Notprodukt der Parteitaktik als wirklichkeitsgerecht und war darum auch nicht erfolgreich.

Innerhalb nun dieses allgemeinen Normal-Nationalismus bildeten sich besondere Organisationen, die zur Durchsetzung oder Unterstützung bestimmter nationaler Ziele ins Leben gerufen wurden, die nationalen und imperialistischen Agitationsvereine, die eine eigenständige Formation des deutschen Nationalismus nach 1890 werden, ähnlich wie in den anderen Hauptnationen Europas. Hier sind zunächst zwei Vereine zu nennen, die

Hauptanliegen des älteren und sich modernisierenden Kultur- und Volksnationalismus aufnahmen: der Allgemeine Deutsche Schulverein von 1881, der Schulen deutschsprachiger Volksgruppen unterstützt, zunächst gegen den Magyarisierungsdruck in der ungarischen Reichshälfte der Habsburger Monarchie, seit 1908 heißt er Verein für das Deutschtum im Ausland (VDA). Dann der 1886 gegründete Allgemeine Deutsche Sprachverein, der die Pflege und „Reinhaltung" der deutschen Sprache als des eigentlichen Nationalgutes im Innern betreibt. Beide, zumal der Schulverein, stehen mit ihrem Volksnationalismus eigentlich jenseits des nach 1871 dominierenden Staats- oder Reichsnationalismus, die Unterstützung ausländischer Schulen ist eine Art nationalistische Sonder-Außenpolitik. Aber die Sache bleibt in einem humanitär-vorpolitischen Rahmen, der Volksnationalismus ist sozusagen gouvernemental gezähmt.

Dann gehört hierher der Ostmarkenverein (Verein zur Förderung des Deutschtums in den Ostmarken), die „Hakatisten", die den Volkstumskampf gegen die Polen in den preußischen Grenzprovinzen harsch und aggressiv propagierten und organisierten und die Regierung zu immer neuen Maßnahmen der Unterdrückung und Enteignung anzutreiben suchten. Wir haben im Zusammenhang mit dem Polenproblem ausführlich davon gehandelt. Die Philosophie des Volksnationalismus ist hier ganz in die Praxis des Staatsnationalismus eingeordnet.

Schließlich gibt es die beiden großen imperialistischen Organisationen. Zunächst die Deutsche Kolonialgesellschaft, 1887 aus zwei Vorgängerorganisationen hervorgegangen, die das deutsche Kolonialengagement propagiert und schützt. Daraus ist freilich schon in den 90er Jahren ein Verein der Kolonialinteressenten geworden, der teils als Lobby agiert, teils als Honoratiorenverein mit der Regierung kooperiert, sich in die gouvernementalen Zielsetzungen einfügt.

Und dann ist da der Deutsche Flottenverein von 1898, die erfolgreiche Massenorganisation zur Propagierung des Flottenbaus in der öffentlichen Meinung, bei den Wählern wie bei den Abgeordneten, von am Flottenbau interessierten Industriekreisen initiiert und im ersten Jahr beherrscht, dann erst ein wirklicher Volksverein, immer in enger informeller Verbindung mit Tirpitz und dem Reichsmarineamt. 1914 hat der Verein einschließlich der 331000 indirekten Mitgliedschaften über angeschlossene Verbände 1,1 Millionen Mitglieder; die sind zwar nicht ununterbrochen aktiv, aber sie haben doch dem Ziel der Flottenrüstung und -hochrüstung in der Öffentlichkeit zum Durchbruch verholfen. Zwischen 1905 und 1908 kommt es in dem Verein unter Führung des aus dem Dienst ausgeschiedenen Generals August Keim zu einer Art anti-gouvernementalen Revolte eines radikalen Flügels; der will die Regierungsforderungen noch überbieten und gegen die von Tirpitz eingeschlagene Parteistrategie das Zentrum angreifen: Aber das scheitert, Tirpitz setzt sich durch, der Verein ist zu regierungs- und honoratiorenabhängig für eine solche Revolte.

Natürlich: Das Herausgreifen bestimmter nationaler Zielsetzungen bei den genannten Verbänden war nicht einfach ein Vorgang der Arbeitsteilung, sondern jeweils auch eine Intensivierung des Nationalismus – nationalistische Politik war gegenüber allen anderen politischen Rücksichten das Dominierende und eigentlich allein Wichtige. Insofern sind die Grenzen des verbandsmäßig organisierten Nationalismus zum gleich zu behandelnden Radikalnationalismus fließend. Freilich, die vorherrschend gouvernementale Orientierung der genannten Verbände ordnet sie doch eher dem Normal-Nationalismus zu.

3. Nun also der dritte Typ, der Radikalnationalismus. Für ihn stehen der Alldeutsche Verband, die völkische Bewegung der Rassegläubigen und Kulturkritiker und dann die neue Rechte, wie sie sich nach 1909 bildet. Man kann zunächst eine Reihe von Gründen für das Entstehen eines Radikalnationalismus benennen. Zum einen, das Reich von 1871 war ein unvollendeter Nationalstaat – es ließ gegen die Tradition des europäischen Nationalismus große Gruppen, die zur deutschen Volks-, Kultur- und Sprachnation gehörten, außerhalb, ja es hatte mit der Abtrennung der deutschen Länder Österreichs begonnen. Die Umpolung der Nation auf die Staats- und Reichsnation, wie Bismarck sie einleitete und wie sie durchaus auch fortschritt, hatte doch immer Mängel und Künstlichkeiten; die Wunde der Teilung vernarbte zwar, aber blieb gleichwohl ein Faktor der Beunruhigung. Das Schicksal der Deutschen in Österreich-Ungarn (und dann überhaupt in Ostmitteleuropa) und die dortigen Nationalitätenkämpfe schlugen auf das Reich, etwa in den Wellen emotionaler Sympathie, zurück. Wer nicht, wie der Etatist und Mächtepolitiker Bismarck, von der staatlichen und der internationalen Ordnung her dachte, konnte Mitteleuropa als ein nationalpolitisches Problem empfinden. Der polnisch-deutsche Nationalitätenkonflikt begünstigte zusätzlich die Renaissance eines Volksnationalismus, und wilde Träumer – wie die Alldeutschen – mochten dann alle Deutschen, wo immer in der Welt, in ihre Überlegungen und Bestrebungen einbeziehen, wie z. B. dann auch die Übersee-Auswanderer. Neben den Nationalismus der Priorität des Staates tritt also ein Nationalismus der Priorität des Volkes.

Sodann, wir haben früher beschrieben, wie die Modernisierungskrisen, das Unbehagen und das Leiden an der Modernität und die Labilität des deutschen Identitätsgefühls und -bewußtseins einerseits in den Antisemitismus, andererseits in die völkische Kulturkritik (die „Schattenlinien") mündeten. Der aufsteigende Volksnationalismus erwies sich als anfällig für die rassenbiologische Uminterpretation des Volksbegriffs ins Völkische.

Weiterhin, der Imperialismus hat überall, wo er dominierte, seine „Ultras" erzeugt, die Expansionisten, die Konflikttreiber und -verschärfer, die Anhänger maßloser Ziele und kompromißloser Wege, die Verfechter eines weltpolitischen Sozialdarwinismus, die Radikalisierer eben. Die Tendenz auch des Normal-Nationalismus, die Nation zum höchsten und letzten Wert und Ziel zu machen, bot die Möglichkeit zur Radikalisierung – indem man dann alles Vorletzte übersprang und die Interessen der Nation ins Irreale überstei-gerte.

Natürlich entsprang schließlich der radikale Nationalismus auch innen- und klassenpolitischen Gründen, war Abwehrkampf gegen die Sozialdemokratie, ja gegen die demokratisch-pluralistische Desintegration der Nation. In ihm konnte auch ein revolutionäres Moment stecken, die Wendung gegen alte Autoritäten, Monarchie und Establishment, und Traditionen, die im Namen von Ordnung und Hierarchie die Radikalisierung des Nationalen beschränkten. Die Radikalnationalisten konnten sich als Nicht-Traditionalisten, als Moderne verstehen, als Sprecher nicht für Institutionen, sondern eben für das Volk. Daß ihr Volk eine Fiktion war, steht auf einem anderen Blatt.

Die Kernorganisation solchen Radikalnationalismus war der Alldeutsche Verband (so seit 1894), er entstand 1891 als Allgemeiner Deutscher Verband aus Protest gegen den von Caprivi mit England geschlossenen Vertrag, der Helgoland gegen Sansibar und andere ostafrikanische Ansprüche tauschte. Das erschien den Kolonialenthusiasten ein gänzlich unvorteilhafter Tausch, ein Ergebnis falscher und schlechter Politik. Daß Bismarck den Vertrag vorbereitet hatte, spielte für den Protest keine Rolle, man rechnete es dem Nachfolger zu. Ein Protest gegen die Regierung in einer nationalen Sache und von rechts, das war relativ neu.

Dieser Verband nun radikalisierte den Nationalismus in zwei Richtungen zugleich: Er propagierte ein koloniales Imperium und seine Ausdehnung, den Aufbau einer deutschen Weltmachtposition – das schien bei wachsender Volkszahl und wachsender Wirtschaftskraft eine Notwendigkeit; und er griff den kontinentaleuropäischen Volksnationalismus auf, ging über den normalen Staats- und Reichsnationalismus hinweg; die Lösung der nationalpolitischen Probleme der Deutschen in Europa sah er in der Schaffung eines deutschen kontinentalen mitteleuropäischen Imperiums von den Niederlanden bis zum Baltikum und den von deutschen Streusiedlungen durchzogenen Teilen Österreichs und Ungarns.

Der Nationalismus der Alldeutschen hatte nicht nur extreme Ziele, sondern er war selbst ein Ziel. Wie alle prononcierten Nationalisten gingen diese Alldeutschen davon aus, daß die Deutschen nicht deutsch genug seien, das nationale Bewußtsein vom Gegner geschwächt sei und darum gestärkt werden müsse. „Gedenke, daß Du ein Deutscher bist", das war der Wahlspruch der neuen Dynamik. Dazu gehörte dann der wilde polemische Kampf gegen alle äußeren Gegner. Es ging um das Deutschtum überall in der Welt und darum, es über alles in der Welt zu stellen. Genauso wichtig war der Kampf gegen die inneren Feinde, Sozialdemokraten, ethnische Minderheiten, Internationalisten und Linksliberale, für viele auch gegen die Katholiken. Dazu gehörte eine „Weltanschauung", wie sie unter dem Eindruck von Imperialismus und Sozialdarwinismus häufig war. Der Konflikt galt als das die Welt regierende Prinzip, Aufnehmen, Zuspitzen, Austragen von Konflikten als die eigentliche Handelns- und Verhaltensmaxime, es ging um Entweder/Oder, um Sieg oder Untergang, um Kraft, Kraftakte, Kraftbeweise. Dahinter standen Bedrohungsgefühle im Angesicht von Katastrophen und Untergängen. Die Welt zerfiel gnostisch-dualistisch in die Guten und die Bösen. Daher auch rühren die religiösen Töne: Der radikale Nationalismus ist ein Evangelium, er zielt auf Erlösung; die Deutschen außerhalb des Reiches leben in der Diaspora.

Es ist nicht leicht, im Nationsbegriff dieser radikalen Vorkriegsnationalisten einen anderen Inhalt als die Nation an sich, ihre Selbstbehauptung, Größe und Macht auszumachen. Eine Rolle spielt in ihrer Gedankenwelt ein Komplex, der sich um die Begriffe von Ordnung und Autorität, organische Gemeinschaft und Kultur sammelt, das soll das Deutsche ausmachen; was droht, ist die Zersetzung der geordneten Gemeinschaft, der Verfall der Kultur zur bloßen Zivilisation, aber solche Ängste teilten sie zugleich mit weniger radikalen Zeitgenossen. Die Alldeutschen immerhin stilisierten sich zu den eigentlichen und einzigen Wächtern der bedrohten Werte, der nationalen Werte.

Den Gegensatz zwischen Volksnation und Staatsnation haben die Alldeutschen nicht wie die Normal-Nationalisten zugunsten der staatsbezogenen Monarchie versöhnt, das machte ihr oppositionelles Potential; sie beriefen sich auf das Volk, nicht freilich das reale Volk der Populisten, sondern ein fiktives Idealvolk der Zukunft, das „wahre" Volk, als dessen Sprecher sie sich gerierten. Flottenverein oder Kolonialgesellschaft seien, so meinte ein Alldeutscher, eine „Regierungsbildung mit Serenissimus-Kultur". Auch die forciert expansionistischen Ziele gaben dem Nationalismus der Alldeutschen einen oppositionell-antigouvernementalen, einen Antiestablishment-Zug. Denn die Maxime aller Normal-Außenpolitik, mit anderen Mächten und Ansprüchen koexistieren zu müssen, war für diese Nationalisten ganz sekundär. Aus der Radikalität der Ziele, dem nationalen Absolutheitsanspruch und der Deutung der Welt als Kampf ergibt sich die Radikalität der Mittel und damit die Militanz des alldeutschen Nationalismus. Die extrem definierten nationalen Interessen sollte man kompromißlos gegen äußere wie innere Feinde vertreten. Da die wilden Ziele kaum anders als durch Eroberung zu erreichen waren, lief der neue Chauvinismus auch auf ständige militärische Bereitschaft, je länger je mehr also auf Rüstung und Hochrüstung zu. Es wurde bald deutlich, daß die Alldeutschen sich auch damit in einen Gegensatz zum Regierungsestablishment begaben.

Es ist in unserem Zusammenhang nicht notwendig, die umwegige Geschichte des Verbandes zu erzählen. Weniges genügt. Der Verband ist zunächst bis 1894 ein Mißerfolg und auch dann noch nur ein höchst mäßiger Teilerfolg, ein kleiner Minderheitenverein, auf dem Höhepunkt 1901 hat er ca. 23000 Mitglieder, 1902 200 Ortsgruppen; der Verein ist bildungsbürgerlich geprägt, das Führungspersonal besteht zu mehr als 50% aus Lehrern, Beamten, leitenden Angestellten, freien Berufen. Während des Burenkrieges geraten die Alldeutschen 1900 wegen ihrer anti-englischen und burenfreundlichen Agitation mit der Reichsleitung aneinander, Bülow kritisiert im Reichstag die „Bierbankpolitik" des Vereins angesichts der Burenagitation. Nationalismus und Gegensatz zur Regierung vertragen sich bei vielen Mitgliedern noch nicht, die Mitgliederzahl geht erheblich zurück, 1903 kommt bei den Reichstagswahlen keiner der profiliertesten alldeutschen Kandidaten durch, die Zahl der Abgeordneten mit Bindungen zum ADV sinkt von 45 auf 35. Der bisherige Vorsitzende Hasse, ein Statistikprofessor und langjähriger nationalliberaler Reichstagsabgeordneter, noch in der Tradition des „bürgerlichen" Nationalismus, zieht sich allmählich zurück, jetzt, seit 1904, beginnt der Aufstieg des Rechtsanwalts Heinrich Claß, der 1908 auch zum Vorsitzenden gewählt wird. Er kehrt sich von den liberalen Resten, die auch zum radikalen Nationalismus gehört hatten, vom Nationaliberalismus gänzlich ab, er radikalisiert noch die Opposition gegen die Regierung und richtet sie nun auch gegen deren Innenpolitik. Die von der Regierung selbst, z. B. während der ersten Marokko-Krise 1905, durch nationales Trommelschlagen entfesselte Bewegung überholt sie, läßt sich nicht mehr zähmen, macht sich selbständig und wendet sich gegen die Regierung. Freilich, darüber – und über die Entfremdung vom Monarchen in der Daily-Telegraph-Affäre, während der auch der Verband das persönliche Regiment des Kaisers verurteilt – gerät er in eine schwere Mitglieder- und Finanzkrise, er scheint am Ende. Aber zwei Ruhrindustrielle, Kirdorf und dann Krupp, wo der Alldeutsche Hugenberg inzwischen Generaldirektor geworden war, retten ihn nach 1908 aus der Krise, der Verein konsolidiert sich, die ältere rechtsnationalliberale Orientierung wird von einer völkisch-antisemitischen abgelöst, das ist das deutlichste Kriterium für die letzte und neue Radikalisierung. Erst jetzt kann man von einem Einfluß des Verbandes sprechen und das Gewicht dieses Einflusses jedenfalls ernsthaft diskutieren. Der Alldeutsche Verband wird zum einen zu einer Art Holding im Geflecht der vielen radikal-nationalistischen neuen Organisationen, und er gewinnt zum anderen nicht schlechte Kontakte zu Regierung und Auswärtigem Amt. Dort gab es die Taktik, etwa zur Zeit des Staatssekretärs Kiderlen, die nationalistische Presse zu mobilisieren, „alle Hunde bellen zu lassen", um damit ein Drohpotential gegenüber anderen Mächten zu schaffen und zugleich die Möglichkeit, sich selbst als moderat zu stilisieren. Aber der radikalnationalistische Zauberlehrling ließ sich dann nicht mehr an realpolitische Kompromisse der Regierung – so nationalistisch deren letzte Ziele immer auch sein mochten – binden.

Man muß der Neigung mancher Nationalismuskritiker widerstehen, die den Nationalismus „funktionalistisch" immer auf etwas anderes zurückführen wollen, auf das Status-quo-Verlangen von Systemstabilisierern, den unbefriedigten Ehrgeiz von Möchtegern-Honoratioren oder die Machtträume von autoritätsfixierten Untertanen oder Modernitätsgeschädigten. Dergleichen mag es durchaus gegeben haben, aber entscheidend ist das nicht. Entscheidend ist: Der Nationalismus ist der Nationalismus, das war ein politischer Glaube sui generis, was immer für Nebenfolgen oder gar Nebenmotive eine Rolle spielen mochten.

Die Konsolidierung und Radikalisierung der Alldeutschen vor 1914 ist Teil der Bildung einer neuen, radikal-nationalistischen Rechten in Deutschland. Zu deren Entstehen gehört zunächst das Vordringen völkischer Zirkel und Organisationen, gehören der Deutschbund Friedrich Langes z. B., in dem Claß seinen Rassenantisemitismus lernte, die Gobineau-Vereinigungen und Wagner-Vereine, der Reichshammerbund, in dem der fanatische Antisemit Th. Fritsch 1910 die Reste des zertrümmerten Parteiantisemitismus sammelte, gehören wichtige Funktionäre und Publikationsorgane des Deutschnationalen Handlungsgehilfenverbandes, auch als der nach 1908 die gewerkschaftlichen Ziele vor die völkischen stellte, und die Ideologen des Bundes der Landwirte (Diederich Hahn, Ernst Graf zu Reventlow); die Offenheit weiter gebildeter Kreise für völkisch-rassische Töne und ihre berühmteren Protagonisten – Lagarde, Langbehn, Chamberlain – gab den Hintergrund. Dabei wird die gemein-imperialistische Rassenorientierung – von der Überlegenheit der weißen Rasse, z. B. gegenüber der „gelben Gefahr“ – und die deutsch-altmodische Unterscheidung von Germanen und Slawen (und Romanen) in diesen Kreisen durch die Unterscheidung der nordisch-arischen Rasse von der jüdischen, der „semitischen“, abgelöst. Der Antimoderne-Affekt, gegen die Dekadenz von Großstadt und Zivilisation, macht diese Kreise für die Vorformen einer Blut- und Boden-Ideologie anfällig, für den Gewinn von Bauern-(Siedlungs)land für die eigene „Rasse“.

Ein weiterer für den Aufstieg einer „neuen Rechten“ wichtiger Komplex war das Anwachsen der Sozialdemokraten, wie es in dem hohen Stimmen- und auch Mandatsanteil von 1903 besonders manifest wurde. Das löste Abwehrreaktionen aus. Gewiß, die nicht-sozialdemokratischen, die sogenannten „bürgerlichen“ Parteien und Verbände und die Mehrheit der öffentlichen Meinung waren immer schon anti-sozialdemokratisch gewesen, und die ominösen und vielfältigen Bestrebungen einer „Sammlungspolitik“ zielten lange schon auf einen anti-sozialdemokratischen Block. Aber nach 1903 gewann das eine neue Qualität. Während die linke Mitte durch Reformen die Sozialdemokraten begrenzen oder zähmen wollte, wollte die Rechte eine entschiedene Kampf-, Eindämmungs-, ja Zurückdrängungspolitik; das hatte hohe Priorität, ja verselbständigte sich, darüber radikalisierte sich auch die alte Rechte. Typisch dafür wurde ein 1904 neu gegründeter Kampfverband, der Reichsverband zur Bekämpfung der Sozialdemokratie. Dieser Verband war durch seinen Vorsitzenden von Liebert, ehemals Gouverneur von Deutsch-Ostafrika und aus dem Dienst geschiedener Generalleutnant, mit den Alldeutschen und der Kolonialgesellschaft, durch seinen Hauptgeschäftsführer mit den „Hakatisten“ (dem Ostmarkenverein) verflochten. Er wurde eine Massenorganisation (1912 mit 221 000 direkten und korporativen Mitgliedern), seine Propaganda war national und nationalistisch zugespitzt;

seine besondere Aktivität zielte auf die Gründung „reichstreuer" Arbeiterorganisationen, unter seinen Auspizien wurden diese 1907 in dem Bund vaterländischer Arbeitervereine zusammengefaßt, aber das war ein eklatanter Mißerfolg. Der Reichsverband stand lange in engem Kontakt zur Regierung, etwa bei den Wahlen 1906/07; aber da die Regierung nach 1909 keinen harten Kampfkurs einschlug – schon deshalb, weil es dafür keine Mehrheit gab –, wurde er eine Art latente Quasi-Opposition.

Schließlich gehört zur Bildung einer „neuen Rechten" die anti-gouvernementale Radikalisierung der verzweifelnden Konservativen, die sich spätestens seit 1912 in der Defensive sahen und darauf mit wilder nationalistischer, anti-parlamentarischer Opposition reagierten. Der damalige Führer der Konservativen von Heydebrand war dafür typisch. Gab es bis 1911 zwischen Alldeutschen und Konservativen ein eher gespanntes Verhältnis, da z. B. erstere zu Siedlungszwecken für die Enteignung und Parzellierung ostelbischer Güter eintraten, so ändert sich das 1912/13 nach beidseitiger Kontaktaufnahme, die Alldeutschen stellen diese Forderungen jetzt zurück.

Wir beobachten also das Entstehen einer „neuen Rechten": das Vordringen völkischer Organisationen, den Aufstieg der Alldeutschen zu einer Art Holding des radikalen Nationalismus, die Radikalisierung bis dahin eher gouvernemental und insoweit normal-nationalistischer Verbände (auch des Kolonialvereins und des Ostmarkenverbandes) und die Radikalisierung der Konservativen. Die Gründung eines neuen imperialistisch-radikalnationalistischen (allerdings vorläufig nur in den Untertönen antisemitisch-völkischen) Verbandes 1912 ist dafür kennzeichnend, des Deutschen Wehrvereins unter Führung vieler gut bekannter Verbands- und Nationalismusmanager, an der Spitze August Keim, der einstmals den Flottenverein zu radikalisieren versucht hatte. Der Wehrverein warf der Regierung angesichts äußerer und innerer Bedrohung „Vogel-Strauß-Politik" vor, es ging ihm um die Agitation für die extensiven Rüstungsvorhaben des Generalstabs – gegen das Zögern auch des Kriegsministers. Die Wehrvorlagen von 1912 und 1913 sind bekanntlich durchgebracht worden, in der Öffentlichkeit spielte die Agitation des neuen Vereins – mit seinen 1914 immerhin 90000 individuellen und 260000 korporativen Mitgliedern der zweitgrößte seiner Art – keine unwesentliche Rolle.

Der Radikalnationalismus steigerte die Nation zum höchsten Wert, der allen anderen moralischen Normen überlegen und dem Individuum absolut vorgeordnet war. Recht ist, was dem Volk nützt; Du bist nichts, dein Volk ist alles, so hieß das später. Er erhob die Ansprüche der eigenen Nation über alle anderen: Deren Suprematie trat nun an die Stelle des schlichteren Willens zur nationalen Selbstbestimmung. Dieser Nationalismus war anti-pluralistisch, es gab nur ein einziges Interesse der Nation, für das man selber sprach, und das forderte die Geschlossenheit der Nation. 1912 schrieb Claß unter dem Pseudonym Daniel Frymann ein Programmbuch „Wenn ich der Kaiser wär": ein neues eingeschränktes Wahlrecht, Pressezensur, ein repressives Sozialistengesetz, die Aufhebung der Judenemanzipation und ihre Ersetzung durch ein Fremdenrecht – das waren die Bedingungen für die notwendige innere Gesundung der Deutschen und ihrer ungesunden Verhältnisse und die notwendige Konzentration aller Kräfte auf den Kampf um das kontinentale und koloniale Großreich, das die Deutschen zu ihrem Überleben angeblich brauchten. Diesen inneren Umbau wollte er gegebenenfalls auch durch einen Staatsstreich verwirklicht sehen.

Die „neue Rechte" des Radikalnationalismus war keine Mehrheit, darum setzte sie letzten Endes auf Entmachtung des Reichstags und Wahlrechtsänderung, auf Staatsstreich also, und auf den „starken Mann" an der Spitze der Regierung. Aber sie war andererseits auch mehr als nur marginale Randerscheinung, mehr als ein Verbund bedrängter Elitenzirkel. Sie konnte durchaus eine Massengefolgschaft aufbieten, und dafür nützten ihr die populistische Ausrichtung und der Antiestablishment-Gestus, der zum radikalisierten Volksnationalismus durchaus wesentlich, und nicht nur taktisch, dazugehörte. Die Massenmitgliedschaft der Trägerverbände, die Übernahme politischer Hauptprinzipien in den noch größeren Nachbarverbänden – dem Bund der Landwirte, dem Deutschnationalen Handlungsgehilfenverband, dem Flottenverband –, die direkte und indirekte Wirkung über Journalisten und große Zeitungen sind dafür typisch. Dazu kam natürlich der Einfluß auf radikale Teile des Establishments, auf den Kronprinzen und seine Entourage etwa, ja Teile der kaiserlichen Umgebung und Teile des Militärs.

In den letzten Jahren hat sich die Interpretation dieser „neuen Rechten" verschoben. Während die ältere Forschung dazu neigte, ihre Bedeutung apologetisch herunterzuspielen, hat die sich selbst als kritisch stilisierende Richtung ihre Bedeutung überstark akzentuiert, wir kommen auf dieses Problem bei der Erörterung der Lage vor 1914 ausführlich zurück. Gegen die zunächst lange dominierende These, wonach in dieser Bewegung eine „Manipulation" von Massen durch das Establishment zu sehen sei – radikaler Nationalismus als Ablenkungsmanöver, um das System zu erhalten –, hat die jüngste Forschung die „Selbstmobilisierung" (Eley) dieser Bewegung, gleichsam von unten, herausgearbeitet. Die Bewegung war spezifisch modern, gegen monarchisch-etablierte Traditionen und Aktionsformen, antiwilhelminisch insoweit, gegen „Serenissimus" und bloßen Hurra-Patriotismus, gegen alle bourgeoise oder kleinbürgerliche Trivialisierung des Nationalismus. Das alles ist zunächst einmal sehr richtig. Freilich, auch in solchen Feststellungen spielen funktionalistische Ableitungsversuche eine Rolle: Weil die protestantischen Bürger, soweit sie nicht zur Honoratioren-Elite gehörten, nicht wie Arbeiter, Bauern und Katholiken von den großen politischen Bewegungen und Parteien erfaßt und integriert worden seien, weil die liberalen Parteien dazu unfähig gewesen seien, hätten diese Bürger sich in den radikalnationalen Verbänden engagiert, das habe Antiestablishment-Affekte befriedigt, Neu-Aufsteigern und Demagogen Raum und Stammtischparolen Resonanz gegeben; das ist nicht falsch, aber auch das sind psychologisierende Konstruktionen und Spekulationen. Der Hauptpunkt bleibt, daß der Nationalismus eine Kraft sui generis war, weder von innen noch von außen eine Ruhelage fand, vielmehr seine Ziele bedroht sah und seine Ziele radikalisierte. Dazu kam gewiß, daß Radikalnationalismus und Systemerhaltungswille sich verbanden, das freilich war wechselseitig: Die Stärke der Nation, so meinten viele Radikale, erfordere ein autoritäres, nicht pluralisiertes System, und die System-Eingeschworenen glaubten im Nationalismus die wahre Legitimation gefunden zu haben und unbewußt – wie z. B. die Agrarier – auch ein besonders geeignetes und popular wirksames Mittel zur Systemerhaltung.

6. Die deutschen Bundesstaaten

Im Mittelpunkt jeder Darstellung der deutschen politischen Geschichte in der Zeit des Kaiserreichs stehen die Bewegungen und Kräfte des Gesamtstaates, des Reiches, und die des dominierenden Bundesstaates, Preußens. Da entschied sich das Schicksal. Länder- und Regionalgeschichten sind demgegenüber Beiwerk, Sache der Liebhaber vor Ort. Diese Perspektive führt leicht zu einer gefährlichen Verzerrung, zu einer Übergewichtung des preußischen, ja des borussisch-ostelbischen Faktors in der deutschen Geschichte – der Junker, der Reaktion, der konservativen Sammlungsbestrebungen des alten Mittelstandes, der Protestanten. Der deutsche Süden und Südwesten, auch die Mitte Deutschlands und selbst der preußische Westen (außer wenn es um Großindustrielle oder Arbeiter geht) kommen zu kurz oder gar nicht vor. Um dieses borussische Geschichtsbild zu relativieren, wenden wir uns hier vor allem den nicht-preußischen Ländern und auch den neueren und nicht-ostelbischen Regionen Preußens zu. Hat es nicht-preußische Sonderwege gegeben? Haben sie die Reichsgeschichte beeinflußt, oder führten auch die Sonderbedingungen und Sonderkonstellationen in diesen Teilen Deutschlands trotzdem zu ähnlichen Ergebnissen und Problemen wie im Gesamtreich oder gar zu vergleichbaren Situationen wie im Preußen des Dreiklassenwahlrechts und des Herrenhauses vor 1914?

Ehe wir die Besonderheiten der Länder, zumal der nicht-preußischen, erörtern, müssen wir an die doppelte Grundlage ihrer Besonderheit erinnern. Sie waren nur noch teilsouveräne Staaten, ihre Mitbestimmung im Bundesrat war mehr Schein als Realität und war ganz und gar auf die Regierungen beschränkt, die meisten Konfliktgegenstände der Normalpolitik zwischen Regierungen und Parlamenten existierten für sie nicht – weder Militär- noch Außenhandels-, noch Sozial-, noch Rechts- und Wirtschaftspolitik –, für direkte Steuern waren sie zwar zuständig, aber das spielte noch keine konfliktträchtige Rolle, Schulpolitik und also Kulturkampf war für die Länder noch ein Hauptthema. Von den Verfassungsfragen war die Reform des jeweiligen Wahlrechts ein Hauptproblem. Kurz, in den Bundesstaaten ging es um andere Probleme als im Reich, und darum natürlich waren auch die alternativen Lösungen andere. Der andere Unterschied, vor allem dann zwischen den Staaten, war, daß die strukturellen und traditionellen Bedingungen der Parteikonstellationen jeweils andere waren: Die Stärke der Katholiken oder der Industriearbeiter, die Spaltung oder Nichtspaltung der Liberalen, die Rolle der revisionistischen oder radikalen Sozialdemokraten, die Existenz einer eigenen konservativen Partei oder ihr Ersatz durch den Nationalliberalismus, das machte die Unterschiede.

Wir haben im Zusammenhang mit der Reichsentwicklung an vielen Stellen von Preußen gesprochen, von der Verfassung und der Verfassungswirklichkeit, der Gesetzgebungspraxis mit den großen Verwaltungs- und Steuerreformen und dem Kulturkampf, von der Beamtenschaft, vom Wahlrecht, vom Parteiensystem, der Besonderheit der konservativen Partei und natürlich vom Spannungsverhältnis von preußischer Regierung und Reichsleitung. Wir wollen hier, wo es um einen Ländervergleich gehen soll, nur an weniges ganz Wichtiges erinnern. Auch Preußen war ein Verfassungsstaat, eine konstitutionelle Monarchie, mit besonders starker Ausprägung der monarchischen, bürokratisch-obrigkeitlichen, feudalen und militärischen Elemente. Seit dem Verfassungskonflikt war es klar, daß die Krone gegenüber dem Parlament ein deutliches Übergewicht hatte. Schon in der Bismarckzeit entwickelte sich daraus ein eigentümlich neues, nämlich pseudo-parlamentarisches System. Die konservative preußische Regierung konnte sich auf ein konservatives Parlament stützen. Das hatte vor allem zwei Gründe. Zum einen die verfassungsrechtlich wie real sehr starke Stellung des Herrenhauses, der Ersten Kammer, die ganz und gar vom altkonservativen Junkertum, vom preußischen Osten – gegenüber dem alten wie dem neuen Westen –, bestimmt blieb. Zum anderen wirkte sich das Dreiklassenwahlrecht seit dem Ende der 70er Jahre, dem anti-liberalen Schwenk der Bauern, nur noch und ganz massiv zugunsten der Konservativen aus, sie waren stärkste Partei und hatten mit Zuzug aus dem ländlich rechtsgeprägten Zentrum oder den großbourgeoisen rechten Nationalliberalen immer eine klare rechte Mehrheit.

Die Neueinteilung der Drittelungsbezirke im Gefolge der Miquelschen Steuerreform in den 90er Jahren befestigte die konservative Herrschaft. Bismarcks große Wende von 1878/79 hat in Preußen zudem jede Liberalisierung beendet, daran haben weder die liberale Kreisreform von 1872 noch die (halb)liberale Reform der ländlichen Gemeindeverfassung von 1891 etwas geändert, die Verwaltung war jetzt in den Händen streng konservativer Innenminister, das prägte die Personalpolitik. Die konservative Partei (und die Dominanz der Agrarier) wurde eine der zentralen „Besonderheiten" Preußens. Die linken Parteien wurden bei dieser Konstellation radikaler, vor allem die Sozialdemokraten, die der rechten Mitte, Zentrum und Nationalliberale, konservativer. Infolgedessen gab es in Preußen nur eine Mehrheit von Konservativen und Zentrum oder Konservativen und Nationalliberalen. Die preußische Politik gegenüber der Sozialdemokratie war ausgesprochen repressiv und reaktionär. Daß die preußische Regierung in einem anderen Verhältnis zur Reichsleitung stand als andere bundesstaatliche Regierungen, in einem Nah- und Identitätsverhältnis, haben wir oft genug gesagt. Preußen war eben die Hegemonialmacht des Reiches. Die konservative Binnenstruktur Preußens stützte und sicherte den konservativen Herrschaftskomplex Monarchie, Adel, Militär und Bürokratie – das unterschied Preußen von allen anderen Bundesstaaten. Trotz allem, am Ende des Kaiserreichs fühlte sich das konservative Preußen vom weniger konservativen Reich bedroht und bedrängt.

Wir nehmen von den nicht-preußischen Bundesstaaten ein paar Beispiele heraus: zunächst, von den drei hanseatischen Stadtrepubliken, Hamburg, in dieser Zeit noch ohne das holsteinische Altona und das hannoveranische Harburg. Das Vernarben der Wunden von 1866, des Verlustes der Selbständigkeit, hat über Generationenablösung, Gewöhnung und Integration nur bis in die 80er Jahre gedauert. Erst 1888 freilich ist es zum „Anschluß" an das Reichszollgebiet gekommen, der scharfe und massive Druck Bismarcks hat dabei noch einmal viel Wut erregt, zumal die Mehrheit der Hamburger Kaufleute Anti-Schutzzöllner waren. Immerhin setzte der Senat die Erhaltung des Freihafens durch, und die realen Vorteile des Anschlusses waren sehr bald offensichtlich. Die Hansestadt wurde zur führenden kontinentalen Seehandelsstadt. Die tonangebenden Schichten – und ebenso die Parteien – wurden reichsnational, mit einem nicht geringen hamburgischen Sonderbewußtsein, bürgerlich, kaufmännisch, patrizisch, mit betonten Distanzen zum „Preußischen" – zum Adel, zum Militär, zum Ordenswesen. Der Glanz der Flotte und der „Weltpolitik" war vorbehaltlos akzeptiert, Bismarck, der langjährige Nachbar aus Friedrichsruh, bekam nach 1900 ein monumentales Denkmal mit der Bürgerpose des Roland – mit einem Kaiserdenkmal war man trotz der Denkmalswut des Enkels, Wilhelms II., hingegen zurückhaltend.

Das innere System war gewaltenteilig konstitutionell-republikanisch, ein starker regierender Senat mit auf Lebzeiten gewählten Mitgliedern, wobei die Wahl einer Kooptation nahekam, und ein Stadtparlament, die Bürgerschaft. Der Senat war nicht nur Exekutive, sondern zusammen mit der Bürgerschaft auch Inhaber der legislativen Gewalt. Mit ihrem Honoratiorensenat und ohne professionelle Verwaltung blieb die Stadt mit Modernisierungsleistungen hinter anderen deutschen Städten zurück, die Katastrophe der Choleraepidemie von 1892 machte das, zumal im Wohnungs-, im Wasser- und Abwasser- und im Sanitätswesen, offenkundig. Erst danach kam es zu bedeutenden sachlichen Leistungen und Modernisierungen. Das entsprach der fortschrittlichen und erfolgreichen Politik der liberalen Stadtregimente im Kaiserreich. Das eigentliche politische Problem wurde das Wahlrechtsproblem, wie es sich vor allem mit dem Aufstieg der Sozialdemokratie stellte. Da überholten die gesamtdeutschen Entwicklungen den bisherigen Sonderweg. Das Wahlrecht des Stadtstaates war kein allgemeines Einwohnerwahlrecht, sondern auf die Inhaber des Bürgerrechts beschränkt; das zu erlangen, war an eine Reihe von Bedingungen gebunden. 1890 z.B. gab es 138000 Reichstagswähler, aber nur 23000 für die Bürgerschaft. Das Wahlrecht war ungleich, die Hälfte der Abgeordneten wurde (seit 1880) in Wahlbezirken von allen – bestimmte Steuern entrichtenden – Inhabern des Bürgerrechts gewählt, dazu je ein Viertel von den Grundeigentümern und den Notabeln (Angehörigen der Gerichtskollegien und Inhaber bestimmter Ehrenämter), die hatten also ein mehrfaches Stimmrecht. Um dem Vormarsch der Sozialdemokraten zu begegnen – sie hatten längst alle Reichstagswahlkreise erobert – griff man 1906 zu einer Wahlrechtsverschlechterung. Die allgemeine Bürgergruppe wurde in zwei Klassen – über 2500 und 1200–2500 Mark Jahreseinkommen – geteilt, wovon die niedrigeren Einkommensbezieher 24, die höheren 48 Abgeordnete zu wählen hatten. Acht Sitze blieben den ländlichen Gebieten vorbehalten, den Notabeln und Grundeigentümern standen je 40 Sitze zu. Dennoch stieg die Zahl der Sozialdemokraten in der Bürgerschaft von 13 auf 20; aber die Mehrheit der Bürgerschaft blieb „bürgerlich" und erst recht natürlich der von ihr unabhängige Senat.

Als zweites Beispiel wählen wir Sachsen, eines der vier Königreiche, 1866 einigermaßen widerwillig in den Norddeutschen Bund hineingezwungen, mit seinem Landadel den östlichen Verhältnissen verbunden, mit seiner fortgeschrittenen Industrie und seinen bürgerlich/proletarischen Handels- und Industriestädten dem Westen ähnlicher, in der Residenzstadt Dresden süddeutschen Residenzen vergleichbar. Der Umschwung von 1866 endet auf die Dauer ohne Narben. Es bleiben Besonderheiten der Landespolitik, aber die anfangs noch regional besonderen Parteien werden ganz in das nationale Spektrum eingegliedert. Die Verfassungspraxis ist zunächst klassisch konstitutionell ohne Wenn und Aber, die Ministerregierung, adlig dominiert noch, regiert, der König freilich beruft die Minister. Das Wahlrecht war noch relativ altmodisch, zwar geheim und seit 1868 direkt, aber mit einem Steuerzensus, der 1869 immerhin die Hälfte, 1895 noch ein Drittel der Reichstagswähler von der Landtagswahl ausschloß; die Wahlkreise waren noch nach Land, Städten und Großstädten eingeteilt. In den 70er Jahren dominieren in der Zweiten Kammer – ähnlich wie im Reich – die Liberalen, von 1881 bis 1909 sind die Konservativen – ganz anders als im Reich – im Besitz einer Mehrheit. Die moderat liberalen Reformen gingen denn auch gerade in den 70er Jahren weiter: Trennung von Verwaltung und Justiz auf den unteren Ebenen des Staates, von Kirche und Schule, die Fortentwicklung der Städteordnung und anderes mehr. Charakteristisch für den Trend zur Verbürgerlichung des Systems wurde der König, der 1904 auf den Thron kam, Friedrich August III., ein neuer Typus des unkonventionellen und mehr bürgerlichen als feudal-militärischen Monarchen, insoweit populär.

Aber die älteren Probleme zwischen Konservativen und Liberalen, obrigkeitlichen und modern bürgerlichen Grundsätzen werden durch den wie auch in Hamburg rasanten Aufstieg der Sozialdemokraten überholt, 1890 gewinnen sie bei den Reichstagswahlen 42% der Stimmen, auch im Landtag haben sie 1893 17% der Sitze inne, später, 1903, gewinnen sie 22 von 23 Reichstagswahlkreisen. Die bürgerlichen Parteien reagieren mit einer Rückbildung des Wahlrechts, auch die Linksliberalen, die in Preußen das gleiche Wahlrecht fordern, zogen hier mit. 1896 wird ein indirektes, immerhin geheimes Dreiklassenwahlrecht eingeführt, anders als in Preußen allerdings mit einer für den ganzen Staat gleichmäßigen Klasseneinteilung und mit Maximalbeträgen, über die hinaus die entrichtete Steuer nicht angerechnet wurde, sowie einer Relativierung des Steuerleistungsanteils durch festgelegte Klassenzugehörigkeit bei bestimmten Mindesteinkommen. Wer über 300 Mark Steuern zahlt, gehört zur ersten, wer 38–299 Mark zahlt, zur zweiten Klasse. Im Ergebnis wählten im Durchschnitt 3,5% der Wähler in der ersten, 17% in der zweiten, der Rest in der dritten Klasse. Die Sozialdemokraten verloren alle ihre Mandate. Der wütende Protest der Sozialdemokraten, vor allem aber das Unbehagen der Liberalen, führen dann 1909 zu einer neuen Reform, nach belgischem Vorbild wird ein „Pluralwahlrecht" eingeführt, bei dem die Wähler je nach Einkommen, Vermögen, Bildung und Alter zwischen einer und drei Zusatzstimmen erhielten. Der Sinn auch dieses Wahlrechts war natürlich die Eindämmung der Sozialdemokraten: 77,6% der Einstimmenwähler waren Sozialdemokraten; 8,3% der Vierstimmenwähler; bei den Nationalliberalen fielen in die erste Kategorie 9,3%, in die letztere 39,6%. Auch die Einführung der absoluten Mehrheitswahl und der Stichwahl wirkte sich gegen die Sozialdemokratie aus.

Mochten auch Hamburg und Sachsen weniger preußisch-autoritär, das bürgerliche Element hier stärker sein – das substantielle Problem war das gleiche wie in Preußen: das Problem nicht-parlamentarischer und nicht-demokratischer Systeme angesichts der aufsteigenden Sozialdemokratie. Ja es zeigte sich in diesen Staaten insofern noch verschärft, als die Sozialdemokratie unter den Reichstagswählern sogar die absolute Mehrheit hatte.

Der deutsche Süden hatte sich während des 19. Jahrhunderts im ganzen von der sozialen Struktur und den politischen Einrichtungen her etwas liberaler entwickelt als der Norden. Die Arbeiterschaft war und blieb eine auch strukturelle Minderheit, andererseits spielten „unbürgerliche" Elemente – agrarische Interessen und katholischer Bevölkerungsteil – eine besondere Rolle, sie waren hier die konservativen und populistischen Mächte. Sodann war bekanntlich das föderale Sonderbewußtsein im Süden stärker ausgeprägt und damit auch die Distanz zum spezifisch Borussischen. Aus diesen Voraussetzungen ergeben sich bestimmte süddeutsche Sonderheiten, die freilich immer hinter den gesamtdeutschen Gemeinsamkeiten zurückstehen. Bei den süddeutschen Ländern konzentrieren wir uns auf die beiden Königreiche.

Das Verhältnis der Regierungen zu Berlin ist in beiden Staaten auf seine Weise ambivalent. Sie wollen das Maß an Eigenständigkeit und Eigensphäre, das ihnen die Lösung von 1871 zugestanden hatte, erhalten – trotz aller Angleichungen von Industriestaat und Klassengesellschaft und trotz der Zunahme des Gewichtes des Zentralstaates, wie sie sich aus der Militär- und Weltmacht-, Wirtschafts-, Rechts- und Sozialpolitik, aus dem Vordringen der Bindungen an Kaiser und Reich ergab. Zugleich sind sie in die Reichsloyalität eingebunden, die ja auch eine Monarchen- und Regierungsloyalität ist. Die relative Konsensdisziplin im Bundesrat ist dafür das beste Beispiel. Aber auch die Anlehnung der bayerischen Beamtenregierung an Berlin, gegen partikularistische, populistisch anti-liberale und anti-bürokratische Opposition, gehört in diese Richtung. Berlin hatte, über die eigenen Gesandten an den süddeutschen Höfen z. B. oder die monarchischen Familienbeziehungen, eine starke Tendenz, Einfluß zu nehmen; das hat gewiß insgesamt nicht nur Spannungen entschärft, sondern ebenso auch erzeugt. In Berlin bestand ein preußisch-protestantisches Mißtrauen gegen „die" Süddeutschen, bei Bismarck noch zumeist von Realitätssinn, Rücksicht und Diplomatie gezügelt, bei Wilhelm II. des öfteren die Grenzen von Takt und Diplomatie überschreitend. Historiker, die sich auf die Eigenentwicklung eines Landes oder auf seine Beziehungen zu Berlin konzentrieren, neigen leicht dazu, Spannungen und Sonderheiten zu betonen. Demgegenüber muß man vor allem, am Anfang wie am Ende, festhalten, daß insgesamt Angleichung, Zentralisierung und Kooperation der Haupttrend sind: Das Reich ist 1914 weit geschlossener als 1871, das gilt für die Deutschen insgesamt, aber auch für die Institutionen und regierenden Establishments der Einzelstaaten.

In Württemberg bildet sich zwischen der Beamtenregierung (1876 das Staatsministerium anstelle des „Geheimen Rates") unter dem mächtigen Minister Mittnacht (1870–1900) und dem Landtag ein System des kooperativen Konstitutionalismus aus. Die gedeihliche Zusammenarbeit mit dem Landtag hat eine Reihe von Gründen. Weil der bis 1891 regierende König pathologisch ist, ist die monarchische Gewalt schwach, die ministerielle stark. Der Minister sucht die Kooperation mit dem Parlament, weil ihn das gegenüber dem Monarchen wie in seiner Distanz zu Berlin stärkt. Das Zentrum wird erst 1895 gegründet, weil Württemberg vom Kulturkampf weitgehend verschont geblieben war und die Katholiken sich je nach politischer Präferenz lange noch von entweder der konservativen Landespartei oder der fortschrittlichen Volkspartei vertreten ließen. Auch die Sozialdemokraten gewannen, nicht zuletzt wegen des altmodischen Wahlrechtes, im noch stark ländlich geprägten, nur punktuell industrialisierten Württemberg zunächst nur schleppend Terrain. Die älteren Gegensätze zwischen konservativer Landespartei, Nationalliberalen (Deutsche Partei) – die bis 1895 die Mehrheit haben – und linksliberalen Demokraten (Volkspartei) schleifen sich ab. Die Regierung agiert, wo es über ordentliche Verwaltung hinausgeht, doch im Sinn einer moderat liberalen Reform und einer Verbindung mit dem Landtag. Aus all diesen Gründen gibt es keine permanent oppositionelle Anti-Status-quo-Partei im Landtag. Weil das konstitutionelle Regierungssystem einigermaßen liberale Inhalte vertrat, gewöhnten sich auch die Volksparteiler daran und stellten ihre ehedem „republikanischen" Ideen zurück. Die Entwicklung zeigt, ähnlich wie in Baden, das Reformpotential des deutschen Konstitutionalismus – freilich entlastet von den Hauptproblemen der „großen" Politik und einstweilen bewahrt vor dem Schub der Demokratisierung.

Der Verlust der rechtsliberalen (und moderat konservativen, gouvernementalen) Mehrheit bei den „Erdrutschwahlen" 1895 führt zu einer Periode von Reformen und Krisen. Die populistische Politisierungswelle schlägt jetzt auch voll auf das – noch ländliche – Württemberg durch. 1895–1906 ist die Volkspartei quasi Regierungspartei, die Regierung Mittnacht paßt sich den neuen Verhältnissen an. Bildung und Aufstiegschancen sind die Zielpunkte linksliberaler egalitärer Volkspolitik. Eine liberal modernisierende Wirtschaftspolitik und eine liberale Schulpolitik, auf Ausbau und Kirchenunabhängigkeit zielend, sind zwei Kernpunkte ihrer Reform. Das intensiviert die populistisch-mittelständische Opposition des Zentrums, das sich um die Jahrhundertwende eher nach rechts orientiert, und der neu aufsteigenden konservativen Macht des Bauernbundes (das war der BdL), der 1903 schon ein Achtel, 1912 ein Sechstel der Stimmen erreicht. Der agrarisch-mittelständische Radikalismus richtet sich gegen das Regierungsestablishment, aber auch gegen die egalitär-populare Volkspartei – die Modernisierungsgeschädigten und -ängstlichen wenden sich gegen die Modernisierer. In klassisch liberaler Tradition bringt die Volkspartei 1906 eine große Verfassungsrevision zustande: Die Zweite Kammer wird eine wirkliche Volkskammer. Die überkommenen Elemente ständischer Repräsentation durch nichtgewählte, „privilegierte" Mitglieder und die Stadt/Land-Unterscheidungen werden abgeschafft, die Erste Kammer wird reformiert, für einen kleinen Teil der Wahlkreise wird die Verhältniswahl eingeführt. Zudem wird die Kommunalverfassung demokratisiert, wird eine progressive Einkommenssteuer eingeführt. Das ist keine Parlamentarisierung und keine volle Demokratisierung, eher Vollendung des konstitutionellen Systems, aber doch ein – moderater – Schritt auf dem Weg zu einem parlamentarischen System. Auch der König dieser Jahrzehnte, Wilhelm II., hat sich schon sehr als Bürgerkönig verstanden. Trotz der oft betonten Liberalität des Südwestens – im Vergleich zur schroffen Obrigkeitlichkeit und Klassentrennung im preußisch bestimmten System – darf man die scharfen politischen Bruchlinien zwischen 1900 und 1914 nicht übersehen: Obschon die württembergischen Zentrumsführer im Reichstag, Gröber und Erzberger, als „Demokraten" gelten, ist das Zentrum des Landes weiterhin eher rechts gerichtet, seit 1906/07 spätestens auf ein Bündnis mit den rabiaten und antisemitismus-anfälligen Agrariern aus, auf einen „schwarz-blauen Block" also. Das Thema der laizistischen Schulreform, wie sie dann 1909 durchgesetzt wird, versperrt die Annäherungschancen mit den Liberalen. Die Liberalen rücken demgegenüber zusammen, wenn auch mit Schwierigkeiten. Es gibt zwar auch eine praktische Zusammenarbeit mit den Sozialdemokraten, aber die bleibt doch eingeschränkt und brüchig. Das gilt auch von seiten der Sozialdemokraten; die sind zwar im Klima der süddeutschen Liberalität mehrheitlich revisionistisch, aber Stuttgart z. B. bleibt eine Hochburg des sozialdemokratischen Radikalismus. Die innenpolitische Blockade im Reich zeichnet sich auch hier im liberalen Musterland ab.

Wir müssen darauf verzichten, einen näheren Blick auf die Großherzogtümer Baden und Hessen zu werfen – in einem sehr allgemeinen Sinne gilt ähnliches: nationale Integration, liberaler Konstitutionalismus (in beiden Ländern durch einen heftigen Kulturkampf überlagert), Polarisierung und Blockierung durch den Aufstieg des katholischen und agrarischen Populismus und der Sozialdemokratie. In Baden führt das 1909 bis zu dem Experiment eines „Großblocks" von Nationalliberalen und Sozialdemokraten, von dem wir anderswo sprechen. Wo Wahlgesetze geändert werden, wird das Wahlrecht eher erweitert, so 1911 in Hessen, wenn auch ein geringer Zensus bleibt und eine zweite Stimme für über Fünfzigjährige eingeführt wird.

Als größter der Mittelstaaten nun noch Bayern. Es gibt süddeutsche Gemeinsamkeiten, aber auch spezifische Besonderheiten; die Uhren gehen hier anders. In Bayern hatte sich das konstitutionelle System unter den Gegebenheiten der Reichsgründung so entwickelt, daß der entscheidende Faktor eine etatistisch-liberale Beamtenregierung, unter maßgeblichem Einfluß des energischen Kultusministers Lutz, war; sie stand im Gegensatz zu einer konservativen, katholischen, vornehmlich altbayerisch geprägten Kammermehrheit. Die Beamtenregierung entsprach den Montgelas-Traditionen eines entschiedenen Etatismus, die von Bürgertum, Beamten und einem Teil des Adels getragen waren, mit denen die Liberalen kooperierten; diese Kräfte hatten in der Presseöffentlichkeit eine überproportional führende Stellung. Es waren die weitgehende Regierungsunfähigkeit des pathologischen Königs, des seit 1864 regierenden legendären Ludwig II., und seine absolutistische Haltung, sich unter keinen Umständen vom Parlament und gar einer „klerikalen" Mehrheit abhängig zu machen, die den Ministern Handlungsfreiheit, ja faktische Entscheidungsmacht einräumten, die Regierung agierte im Schutz des monarchischen Prinzips, aber das monarchische Element selbst trat zurück. Gelegentliche Erwägungen des Königs über einen Systemwechsel, eine Überwindung des reibungsvollen Gegensatzes von liberaler Beamtenregierung und katholischer Parlamentsmehrheit, etwa durch ein Ministerium des Zentrumsabgeordneten im Reichstag Freiherrn von Franckenstein, führten zu nichts, 1881 auch deshalb, weil Bismarck massiv dagegen intervenierte.

Die Polarisierung von Regierung und Mehrheitsopposition hat nun zwei eigentümliche Folgen gehabt. Einmal: Die Minister wurden konservativer, und die Liberalen trugen das in ihrer Opposition gegen die vormoderne katholisch-altbayerische Welt mit, die Kammermehrheit hingegen nahm mehr populistisch-demokratische Züge an. Zum andern: Die ursprünglich durchaus auf bayerische Sonderstaatlichkeit orientierte Regierung lehnte sich stärker an das Reich, an Berlin, an den Reichskanzler an, die Landtagsopposition wurde im Gegenzug „partikularistischer", auch deshalb übrigens, weil selbst ihre Reichstagsabgeordneten in Berlin mit der Zeit, vor allem in den 80er Jahren, reichsfreundlicher wurden. Die Regierung und zumal deren maßgeblicher Minister Lutz, seit 1880 auch Vorsitzender im Ministerrat, hatten zwei Gründe für die wachsende Reichsverbundenheit: Einmal beruhte ihre Stärke, in der prekären Lage zwischen krankem König und oppositioneller Kammer, mit auf dem Wohlwollen und der aktiven Unterstützung des Reichskanzlers und der anderen das Reich tragenden Kräfte. Zum anderen war die etatistische Kirchenpolitik der Regierung nur mit dem Reich und über es möglich (so beim Kanzelparagraphen, einer bayerischen Initiative im Bundesrat, beim Jesuitengesetz und bei der Zivilehe); das entlastete zugleich an der „Landtagsfront". Diese neue Verbindung mit Berlin wurde von Bismarck erleichtert, weil er sich zum Garanten des Föderalismus stilisierte, die Schonung der Einzelstaatlichkeit vertrat, ja über Vorverständigungen für den Bundesrat eine Sonderbeziehung zwischen Bayern und Preußen pflegte und weil er die konservativ anti-parlamentarische Rolle des Bundesrats betonte, also den Regierungsföderalismus auch in seiner bayerischen Betonung mit der Wahrung der Autorität und Parlamentsunabhängigkeit der Regierung verband. Die irrationalen Züge des extremen Partikularismus bei manchen Patrioten verstärkten die Anlehnung der Regierung an eine betont föderalistische Reichspolitik. Schließlich ging seit 1881 die Zahl der Liberalen im Landtag zurück – der allgemeine Stimmenschwund wirkte auch in Bayern, die bis dahin den Liberalen günstige Wahlkreisgeometrie verlor mit der zunehmenden Verstädterung diese Wirkung, das verstärkte noch einmal die Angewiesenheit der Münchner Regierung auf Berlin.

Als das Verhalten des Königs immer pathologischer wurde, als es vor allem über die Bauwut zu einer trotz Bismarcks Hilfe nicht mehr zu tilgenden totalen Überschuldung der Hof- und Kabinettskasse (also des persönlichen Haushaltes des Monarchen, nicht der Staatskasse) führte, ließ die Regierung, aus politisch-taktischen Gründen spät und ohne den Landtag, im Einvernehmen mit den erbfolgeberechtigten Familienmitgliedern 1886 den König für regierungsunfähig erklären – das endete mit seinem Tod im Starnberger See. Da auch der Bruder des Königs geisteskrank war, wurde eine Regentschaft unter seinem Onkel errichtet, das war der (dann bis 1912 regierende) Prinzregent Luitpold. Wir erwähnen diese, im Grunde nur die Bayern interessierenden Vorgänge hier, weil durch den Wahnsinn Ludwigs wie durch die Art seiner Ablösung die dynastische Loyalität strapaziert wurde und die Problematik der Monarchie (bei ungeeigneten Monarchen) zu Tage trat; zugleich zeigt sich in Bayern die – nicht erst in Nostalgie-Verklärungen – eigentümliche Stärke dynastischer Bindungen des Volkes an einen romantischen Exzentriker wie an einen „normalen" Patriarchen.

1890 geht mit dem Rücktritt und Tod von Lutz eine Ära zu Ende. Der taktlose borussisch-imperiale Zentralismus Wilhelms II. erweckte auch im bayerischen Regierungsestablishment viel Opposition, aber die blieb in die konservativ-monarchische Solidarität eingehegt. Der langsame Niedergang des Liberalismus (1881: 89 Abgeordnete, 1905: 22), der Aufstieg der Sozialdemokratie (1893: 5 Abgeordnete, 1912: 30), des populistischen Bauernbundes und der Zentrums„demokratie" änderten die Lage für die Regierung; jetzt lief alles darauf hinaus, sich mit moderaten Liberalen und konservativem Zentrumsflügel zu verständigen. Das gelang nur sehr begrenzt, 1903 stürzt die Regierung über einen Konflikt mit der Zentrumsmehrheit der Kammer. Aber das Zentrum wollte nicht die Regierung übernehmen, sondern Einfluß auf die Beamtenregierung ausüben. Die Frage einer Wahlrechtsreform verband zwischen 1899 und 1906/07 die Erzgegner Zentrum und Sozialdemokratie. 1906 wurde das direkte statt des indirekten Wahlrechts eingeführt und das relative statt des absoluten Mehrheitswahlrechts; die Wahlkreiseinteilung wurde gesetzlich normiert, und die alte Wahlkreisgeometrie, die dem Ministerium zustand und die bis in die 80er Jahre die Liberalen enorm begünstigt hatte, wurde abgeschafft; die geheime Wahl war schon 1881 eingeführt worden. Ein leichter Zensus, das Zahlen direkter Steuern, blieb erhalten. Insgesamt kam das neue Wahlrecht vor allem dem Zentrum zugute.

Wie im ganzen Reich so polarisieren sich auch in Bayern die politischen Lager zwischen 1907 und 1914. Im Zentrum steigt der konservative Flügel, jetzt unter Führung Hertlings, wieder auf, die Liberalen orientieren sich eher nach links zu Großblock-Wahlbündnissen mit den in Bayern wie ja zumeist im Süden revisionistischen Sozialdemokraten. Eine gegen das Zentrum gerichtete Landtagsauflösung von 1911 führt trotz Erfolgen (ja unter Einschluß des Bauernbundes Stimmenmehrheit) des Großblocks wiederum zu einer Zentrumsmehrheit in der Kammer. Nachdem die Liberalen zu „links" geworden waren, ernennt der Monarch 1912 den Zentrumskonservativen Hertling zum Ministerpräsidenten, der bildet jedoch betont kein parlamentarisches Partei-, sondern ein gut-konstitutionelles Beamtenministerium – immerhin die politische Richtung ist die der Zentrumspartei als Parlamentsmehrheit.

Gewiß hatte Bayern an der süddeutschen Liberalität teil, war nicht schroff borussisch als Obrigkeitsstaat und trug weniger die Züge einer Klassengesellschaft, das hierarchische und soziale Gefälle war geringer als im Norden (das machte schon der gemeinsame Dialekt). Dennoch waren die Spannungen zwischen den Kleinen und den Großen, den Gebildeten, Beamteten und Reichen, zwischen „Volk" und Establishment bedeutend und scharf und brachen oft genug durch – auch zwischen Bauern und Adel. Zudem waren die liberalen Intellektuellen in einer fatalen Situation (und sind es noch heute), der „Simplizissimus" ist ein berühmtes Beispiel: Weil man gegen die „klerikale Reaktion" war, mußte man gegen die Mehrheitsdemokratie sein, da war dann die aufgeklärt liberale und elitäre Beamtenherrschaft „fortschrittlich". Zuletzt holten wie überall die gesamtdeutsche Politik, die soziale und politische Polarisierung der Blöcke und ihre Innenspannungen oder Labilitäten auch die bayerischen Sonderbedingungen ein.

Wenn wir von deutschen föderalen Eigenwegen und Eigenheiten sprechen und von einem Nord-Süd-Unterschied, müssen wir wenigstens auch die regionalen politischen Kulturen erwähnen und also den Ost-West-Unterschied. Das war im Falle Preußens vor allem ein Gegensatz zwischen den östlichen und westlichen Provinzen. Die staatliche Gemeinsamkeit der Rechts- und Verfassungsordnung, des Wahlrechts, des Parlamentes, der Kommunalordnung und der Schulen machte zwar die zwischenstaatlichen Unterschiede wichtiger als die regionalen und ebenso die einzelstaatlichen Gemeinsamkeiten. Dennoch, es gab Altpreußen und Neupreußen, den Osten und den Westen, und es gab die Annexionsprovinzen von 1866. Nicht so sehr – wie föderalistische Liberale um 1871 gehofft hatten – die provinzialen Selbstverwaltungen, wohl aber die sozial-ökonomischen Unterschiede, die konfessionellen Verhältnisse und die kulturellen politischen Traditionen und infolgedessen die Parteikonstellationen und -milieus prägten die regionalen Varianten der politischen Kultur. Der Osten war zwar mitnichten eine Einheit – Berlin, Oberschlesien, Hinterpommern – und ebensowenig der Westen – Eifel, Ruhrgebiet und Münsterland –, aber daß „die" Ostprovinzen „anders" waren als „die" Westprovinzen und umgekehrt, das war evident. Das galt ein wenig schon für den Beamtenstil, gewiß für die Selbstverwaltung und am meisten für die Parteien und auch ihren Umgang miteinander. Industriearbeiter, Bürger und Bauern, nicht Adel und Landarbeiter, die Stadt mehr als das Land prägten im Westen, anders als im Osten, das Bild. Es gab einen Trend zur Angleichung. Die annektierten Provinzen von 1866, Schleswig-Holstein, Hannover, das alte Kurhessen, haben gewiß ihre Besonderheiten behalten, die bäuerliche Struktur der Landwirtschaft, ausgeprägtes regionales Traditionsbewußtsein, Nationalliberalismus anstelle des Konservativismus als eigentliche Formation der Rechten (mit Ausnahme des hessischen Antisemitismus). Aber im ganzen ist die Integration in den preußischen Staat ohne Narben und – wenn man von dem Überleben der welfischen „Opposition" in Alt-Hannover absieht – Spannungsrelikte gelungen. Nationalismus, Monarchie, bürgerliches, eher konservatives Gesellschaftsbild, in gewisser Weise der Status quo waren gemeinsame Selbstverständlichkeiten des herrschenden Establishments. Kiel, Hannover und Kassel waren da nicht soviel anders als etwas weiter östlich gelegene Städte.

Im Westen, der Rheinprovinz zumal, hat sich die jahrzehntelange ältere Abneigung gegen das Preußische relativiert. Die Beamtenschaft war um 1880 schon paritätisch aus Altpreußen und Rheinländern gemischt, danach spielten nicht-rheinländische Neupreußen eine größere Rolle – aber da gab es keine Probleme mehr. Der Aufstieg von Beamten der Provinz, ja auch der Kommunen im Reich, selbst in Preußen, ist ebenso für die wachsende Integration signifikant. Die ältere Abneigung des großen (und auch mittleren) Bürgertums gegen den Adel ging zurück, die gemeinsamen Interessen von großer Industrie und Junkern – ich rede nicht von einem legendären „Bündnis" – schufen eine neue Brücke zwischen Ost und West. Agrarische und sozialistische Bewegung, soziale Probleme und der Kampf gegen die Sozialdemokratie, kommunale Leistungen, Bildungssystem, das alles verband.

Daneben gab es alte und neue Unterschiede zwischen den Regionen. Das Selbstbewußtsein der Bürger gegenüber dem Adel war im Westen stärker und so der Trend und Wille zur Modernität; die sozialen Exklusivitäten und Trennlinien, auch die neuen zwischen Industrieherren und Arbeitern, waren nicht so schroff wie im Osten, zumal außerhalb des Ruhrgebietes, das Selbstbewußtsein auch der „kleinen Leute" war stärker. Dann war natürlich im Westen die katholische Bevölkerungsmehrheit eine Grundtatsache, im Kulturkampf entfremdet von Berlin, von Preußen wie dem Reich, aber danach sich doch allmählich in die national-politische Kultur integrierend, z. B. in die Kriegervereine. Immerhin, das rheinische Zentrum blieb spezifisch rheinisch – innerhalb des Zentrums und in der gesamtpolitischen Konstellation; die Nationalliberalen wie die Sozialdemokraten im Rheinland waren demgegenüber weniger regionalistisch, aber doch auch regional mitgeprägt.

Es gab eine Fortdauer altmodischer Vielheit. Dafür stehen etwa die vielen mittleren und kleinen Residenzstädte mit ihrer Sonderkultur aus Hof und „Königlicher Hoheit", Theater und Pensionären und – wie in Dresden – Mädchenpensionaten; das hat die Bürger, auch die kleinen, nicht unbeeinflußt gelassen. Es gab die ökonomisch modernen regionalen Sonderheiten – das Ruhrgebiet zwischen Westfalen und der Rheinprovinz – und die vielen Verbindungen von alt und neu. Auch die preußischen Provinzen und die größeren Einzelstaaten wiesen in sich zahllose Sonderregionen auf, das Allgäu und den Bayerischen Wald, Niederbayern, München, das alpenländische Oberbayern. Aber in einer staatsgeformten Gesellschaft werden die Gemeinsamkeiten – einzelstaatlich und letzten Endes und vor allem auch national – stärker.

V.

Die Wilhelminische Zeit

1. Außenpolitik, Imperialismus und Flottenrüstung

a) Der Neue Kurs und die Politik der freien Hand 1890–1897

Der Sturz Bismarcks hat in der deutschen wie in der europäischen Außenpolitik Epoche gemacht. Die Zügelung des deutschen Machtpotentials, die ein Teil von Bismarcks Sicherheits- und Stabilitätspolitik gewesen war, ging, wenn auch nicht auf einen Schlag, zu Ende, die Entfesselung dieses Machtpotentials begann. Das europäische Gleichgewichtssystem, das schon Bismarck nur noch mit äußerster Mühe und mit immer komplizierteren Aushilfen hatte erhalten können, kam an sein Ende. Zunächst war es freilich mehr die Rhetorik als die Substanz des „neuen Kurses", die den Unterschied markierte: Die optimistisch-dynamische Parole, es gehe jetzt „mit Volldampf voraus", signalisierte neue Bewegung, nachdem die Zeitgenossen die Spätphase der Bismarckschen Politik als Erstarrung empfunden hatten.

Mit Bismarcks Sturz stellte sich in zufälliger Gleichzeitigkeit ein erstes zentrales Problem: Der Rückversicherungsvertrag stand zur Erneuerung an. Die Russen wollten ihn erneuern. Das Reich hat den Vertrag nicht erneuert. Holstein, die graue Eminenz des Auswärtigen Amtes, und andere gewannen den neuen Kanzler Caprivi und seinen Leiter des Auswärtigen Amtes, den Badener Marschall (von Bieberstein), für diese Entscheidung und zuletzt auch den unentschlossenen, zunächst verlängerungsgeneigten Kaiser. Dafür gab es mehrere Gründe. 1. Der Vertrag widerspreche dem Dreibund und der Mittelmeerentente, sei politische „Bigamie", seine Veröffentlichung würde den Zweibund sprengen und die Vertrauensgrundlagen deutscher Politik auf Dauer zerstören; er, so meinte Caprivi, könne nicht mit fünf Kugeln spielen. 2. Der Vertrag verhindere das wichtigste Ziel deutscher Politik, eine feste Verständigung mit England, die allein Rußland eindämmen werde, ja er entfremde England. 3. Der Vertrag verhindere keineswegs die russische Annäherung an Frankreich, die rüstungs- und finanzpolitisch schon im Gange sei, er sei in einem Konfliktfall nichts wert. Auch Bismarck hatte an der Festigkeit des Vertrages erhebliche Zweifel gehabt, zumal nachdem seit dem Tode Wilhelms I. die alten dynastischen Beziehungen ihre Bedeutung verloren hatten, auch er hatte ihn nicht als Dogma betrachtet, auch er hatte zuletzt die Annäherung an England gesucht. Aber er hatte in ihm doch eine Aushilfe gesehen, den Konfliktfall zu vermeiden, einzudämmen oder wenigstens als „Stolperdraht" zu verzögern, hatte kalkuliert, daß der zaristischen Regierung alles an seiner Geheimhaltung liegen müsse, und in ihm sogar eher einen Vorteil für eine Annäherung an England gesehen. Die neuen Männer wollten eine klare Unterscheidung zwischen Freund und Feind, auf die Dauer feste Blöcke und für den Augenblick freie Hand. Bismarcks Politik der Kriegsvermeidung durch sich überlagernde Bündnisse wich einem gewissen Kriegsfatalismus und darum der Allianzsuche. Der russische Außenminister Giers war einer der letzten Verfechter der deutsch-russischen Verständigung, durch sie wollte er den von seinen Gegnern angestrebten Krieg und die daraus seiner Meinung nach notwendig entstehende Revolution verhindern und mindestens ein nützliches Gegengewicht in eine russisch-französische Annäherung einbringen. Er bot sogar an, auf die Geheimklausel über die Meerengen und auf die Bulgarien-Klausel zu verzichten, auch auf die eigentliche Vertragsform, aber damit konnte er die negative Entscheidung in Berlin nicht mehr revidieren, man sah darin nur Versuche, den Zwei- und den Dreibund zu sprengen, eine Annäherung an England zu torpedieren. Es war richtig, daß die „orientalische Frage", um die herum das System von 1887 gebaut war, in einem diplomatischen Patt zu enden schien, das keine Dauer versprach.

Diese Entscheidung war zwar nicht der Anfang vom Ende, wie das eine bestimmte Bismarck-Orthodoxie nachträglich hineingelesen hat. Aber sie hatte langfristig gewaltige Folgen. Sie hat den Weg der russischen Radikal-Nationalisten zum anti-deutschen Bündnis mit Frankreich von 1893/94 freigemacht; von vornherein selbstverständlich war dieses Bündnis nicht, aber auch für die Gemäßigten war die Isolierung Rußlands gegen Deutschland und England nicht akzeptabel. Die Entscheidung hat das Reich in ein neues Verhältnis zu seinem einzigen und schwachen Bündnispartner Österreich gesetzt, es stärker, weil ohne russisches „Gegengewicht", von dessen Entscheidungen und Druck abhängig gemacht, etwas, was Bismarck partout hatte vermeiden wollen. Sie gab schließlich der europäischen Politik mehr eine Richtung auf Blockbildung und Konfrontation, sie war offensiver als die defensive Taktik Bismarcks. Es gab gute Gründe für diese Entscheidung. Ob sich die Wirklichkeit ohne sie anders entwickelt hätte, wissen wir nicht. Dennoch, es bleibt ein Verhängnis.

Die zweite Grundentscheidung war ein Abkommen mit England (Juli 1890), in dem Deutschland auf „Ansprüche" in Ostafrika (Sansibar, Uganda, Wituland) verzichtete und die abenteuernden deutschen Subimperialisten dort (Carl Peters und Emin Pascha) fallen ließ sowie die englische Position zwischen Indischem Ozean und oberem Nil (und das hieß auch in Ägypten) anerkannte – nur der Traum britischer Imperialisten von einer Kap-Kairo-Verbindung, einem englischen Korridor zwischen dem deutschen Ostafrika und dem belgischen Kongo, ging nicht in Erfüllung, aber das war kein Ziel der offiziellen englischen Politik gewesen. Für seinen „Verzicht" erhielt das Reich die strategisch sehr wichtige Insel Helgoland. Der Vertrag war schon von Bismarck vorbereitet worden, er hatte mit dem englischen Außenminister Salisbury auf einen Ausgleich der kolonialen Gegensätze hingearbeitet.

Dieser Vertrag sprach für die Möglichkeit einer Annäherung an England, für die Möglichkeit, von einer Verständigung in Kolonialfragen zu einer europapolitischen Kooperation zu kommen (Frankreich z. B. protestierte gegen dieses Abkommen). Zugleich zeigte er, daß noch die Traditionalisten den Kurs bestimmten; Europa-, Kontinentalpolitik war weitaus wichtiger als „Weltpolitik". Die Mehrheit der Deutschen war damals gegenüber großen Kolonialträumen – wieder und noch – reserviert, nur die wilden Kolonialenthusiasten beklagten den miserablen Handel: eine winzige Insel gegen gewaltige, zukunftsträchtige Räume. Aus dieser Stimmung heraus wurde der Alldeutsche Verband gegründet (1891). Aber einstweilen hatte die Regierung noch das Heft in der Hand.

Diese beiden Grundentscheidungen bestimmten zunächst den Gang der deutschen Politik in den ersten Jahren des neuen Kurses; nach dem Verlust der russischen Rückversicherung versuchten Caprivi und seine Berater, die mitteleuropäische Stellung des Reiches auszubauen und die Verbindung zu England fester zu knüpfen. Dem ersten Ziel diente das System von langfristigen (10 Jahre) Handelsverträgen, zuerst mit Österreich-Ungarn, Italien, Belgien und der Schweiz. Caprivi hatte einen sehr modernen Sinn für die Exportabhängigkeit des industriellen Deutschland und für die außenpolitische Dimension der Außenhandelsbeziehungen. 1892 bestand die Gefahr, daß ein autonomer Zolltarif Frankreichs zu einem allgemeinen Handelskrieg führen werde; Caprivi stellte mit seiner mitteleuropäischen Handelsvertragspolitik politische vor wirtschaftliche Interessen. Er verhinderte einen europäischen Handelskrieg. Eine Zeitlang, vor dem Abschluß des Handelsvertrags mit Rußland, schien diese Politik einen neuen Großwirtschaftsraum anzusteuern. Das festigte den Zweibund, ja auch den Dreibund mit Italien.

Die (vorzeitige) Verlängerung des Dreibunds 1891, obwohl vornehmlich zur Bewältigung einer inneritalienischen Krise bestimmt, diente dem gleichen Zweck; Deutschland mußte dem von Frankreich bedrohten und verlockten Italien große zollpolitische Zugeständnisse machen. Die französischen Bemühungen, die Nationalitätenprobleme zwischen Italien und Österreich zu benutzen, um Italien aus dem Dreibund herauszubrechen, kamen nicht zum Ziel; Deutschland sicherte Italien Unterstützung bei seinen Ambitionen auf Tripolis zu (auch das hinderte eine italienische Umorientierung nach Frankreich). In der immer noch „schwärenden" bulgarischen Frage stützte Deutschland jetzt etwas stärker die österreichische, insoweit anti-russische Position.

Die Annäherung an England suchte man über mancherlei Kooperation in Ägypten, mit Blick auf Marokko und auf die portugiesischen Kolonien. Aber diese Annäherung hatte ihre Grenzen. Die Versuche schon, Englands „stille" Teilhaberschaft am Dreibund und die Mittelmeerentente zum Schutz des Status quo zu aktivieren, führten zu nichts. England entzog sich jedem diplomatischen Engagement zugunsten Österreichs, der Türkei, selbst Italiens, auch wenn es die Erneuerung des Dreibunds 1891 unterstützte.

Diese bleibende Distanz zwischen England und Deutschland hatte zwei Gründe. 1. Die Deutschen verfolgten mit der Annäherung das Ziel eines „Bündnisses", das Sicherheit bei dem drohenden Zweifrontenkrieg geben sollte; Bündnis und Kriegsgefahr waren beherrschende Kategorien der deutschen Diplomatie. Die Bismarcksche Strategie sich überlappender Verträge war durch die der Suche nach eindeutigen Allianzen abgelöst. Aber der Wunsch nach diesem Sicherheitsbündnis war begleitet von der alten Furcht, von England als „Festlandsdegen" gegen Rußland mißbraucht zu werden, für es „die Kastanien aus dem Feuer holen" zu sollen (Kastanientheorie) und dann „im Regen stehen gelassen" zu werden, der Furcht, daß England keinen angemessenen Preis zahlen wollte. Daraus zog man zwei Konsequenzen: Eine Verständigung mußte die Form eines Bündnisses haben, und solange das nicht bestand, wollte man sich alle Optionen offenhalten, eine Politik der freien Hand betreiben, sich nicht zwischen England und Rußland festlegen. Der Chefplaner in Berlin, Holstein, war langfristig für die englische Option, aber er glaubte, England müsse und werde „kommen", bessere Angebote machen, sich wirklich verpflichten. Deutschland könne warten, die Zeit arbeite zu seinen Gunsten, denn der russisch-englische Weltgegensatz sei unaufhebbar und die damals entstehende russisch-französische Allianz schließe außerdem ein englisch-französisches Bündnis aus. Deutschland könne England durch Druck davon überzeugen, daß es letzten Endes auf Deutschland angewiesen sei.

2. Aber auch England blieb, aus eigenen Gründen, in Reserve. Salisbury wollte gute Beziehungen zu Deutschland, das war für die Eindämmung sowohl Rußlands wie Frankreichs nützlich, aber er wollte dafür nicht die Last einer Allianz auf sich nehmen, sich nicht die allianzabgeneigte öffentliche Meinung entfremden, nicht die dem deutschen Kaiser gegenüber hochmißtrauische liberale Opposition oder die anti-deutschen Subimperialisten in Afrika und in der Südsee. Das Politikverständnis des englischen Establishments war nicht auf Allianzen ausgerichtet; England konnte kein Interesse daran haben, an die Stelle eines kontinentalen Gleichgewichts eine deutsche Hegemonie treten zu lassen und die beiden Flügelmächte, Rußland und Frankreich, obschon sie seine weltpolitischen Gegner waren, entscheidend zu schwächen. Darum trat England aus seiner „splendid isolation" nicht eigentlich heraus. Das mußte die Deutschen – vielleicht weil sie zu hohe Erwartungen gehegt hatten – enttäuschen und den englandskeptischen Anhängern der Kastanientheorie Auftrieb geben.

Als im Juli 1892 noch einmal Gladstone und die Liberalen die Regierung übernahmen und gegenüber dem Reich sich deutlich kühler zeigten, verflog die Hoffnung, England doch noch an ein europäisch-deutsches System binden zu können, vorerst endgültig ins Ungreifbare. Die moralpolitische Türken-Gegnerschaft Gladstones, das Mißtrauen gegenüber deutschen Eisenbahn- und Rüstungsprojekten in der Türkei, der Zweifel an der Lebensfähigkeit des Osmanischen Reichs, die geostrategische Umorientierung von Konstantinopel nach Kairo – der Sicherung des Seewegs nach Indien – ließen England sein aktives Interesse am Erhalt der Türkei, die Basis der Bismarckschen Mittelmeerentente, aufgeben. In Berlin glaubte man gar, England wolle eine neue Orientkrise provozieren. Die indirekte Garantie für Österreich-Ungarn, die das englische Engagement für Konstantinopel geboten hatte, war jedenfalls dahin, das Reich mußte selbst in die Rolle des Protektors der Türkei einrücken und damit neue mögliche Spannungen mit Rußland in Kauf nehmen. Zur Entfremdung über die türkischen Probleme kam die englische Abneigung gegen mancherlei Auftrumpfen in der deutschen Politik und gegen die Rüstungsvorlage von 1892/93.

Beide Seiten waren jetzt nicht vor allem an Kooperation interessiert, sondern ließen den vorhandenen oder entstehenden Reibungen ihren Lauf. Spannungen bestimmten das Verhältnis. Auch die russisch-französischen Kombinationen, die sich ja nicht nur gegen den gemeinsamen außenpolitischen Feind Deutschland, sondern auch den gemeinsamen Weltgegner England richteten, änderten daran nichts. Deutschland nahm bei seiner Vermittlung zwischen England und der Türkei in Ägypten einen eher pro-türkischen Standpunkt ein; die deutsch-englische Zusammenarbeit in Marokko scheiterte; aus kleinen Streitigkeiten in Afrika – am Niger, am oberen Nil und um die Anglisierung einer deutsch-holländischen Bahn von Pretoria nach Portugiesisch-Ostafrika durch Cecil Rhodes – und in Samoa, vor allem zwischen den Subimperialisten vor Ort, entstanden schärfere Konflikte. Ein Abkommen Englands mit dem Kongostaat, das England entgegen älteren Verträgen die Kap-Kairo-Verbindung gesichert hätte, erregte wütenden deutschen – und übrigens auch französischen – Protest und ebenso wütende britische Reaktionen; obwohl man einen Kompromiß fand, blieb ein hohes Maß an Mißtrauen und Gereiztheit. Der Dissens über die türkischen Fragen war weniger hitzig, aber kühlte die Beziehungen weiter ab. Als England 1893 mit Frankreich in einen schweren Konflikt über Siam/Thailand geriet, hat es zwar, betont informell, Italien um Hilfe gebeten, aber eine formelle Verbindung mit dem Dreibund (darauf zielte der deutsche Rat an Italien, abzuwarten) partout vermieden und lieber Frankreich nachgegeben. Das löste in Berlin tiefe Enttäuschung aus. Auch sonst ließ sich England nicht zur Stützung Italiens gewinnen. Als der neue englische Premierminister Rosebery im Oktober 1894 in Berlin anfragte, ob der Dreibund Frankreich in Schach halten werde, falls England sich in der Türkei gegen Rußland wende, lehnte Caprivi ab: Er war zwar für diese nun wieder revidierte englische Türkeipolitik, aber er wollte keinen Krieg riskieren, solange sich England nicht zu einer festen Abmachung verstand, er wollte nicht allein „im Regen stehen gelassen" werden.

Inzwischen hatte sich Rußland neu orientiert. Die Nichterneuerung des Rückversicherungsvertrags und der deutsch-englische Sansibar-Vertrag erschienen als anti-russische Wendung, ebenso das deutsche Engagement in der Türkei, die vorzeitige Erneuerung des Dreibundvertrags von 1891 und die anscheinend entstehende handelspolitische Blockbildung gegen russische Exportinteressen. Rußland sah sich von Isolierung bedroht. Seine Antwort war die schnelle Annäherung an Frankreich. Auf unterer und mittlerer Ebene bei traditionellen wie modernen Nationalisten war das schon lange im Gang, die Feindschaft der Panslawisten wie der russischen Hypernationalisten gegen Österreich hatte sich auf das die Donaumonarchie stützende Deutsche Reich konzentriert, der Kampf gegen die Deutschen, ja Germanen, schien notwendig und unausweichlich. In der Massenpropaganda eignete sich Deutschland gut als Sündenbock. Der Zar, anders als sein Vorgänger anti-deutsch, mit einer dänischen Prinzessin verheiratet, hatte starke Antipathien gegenüber Wilhelm II.; der galt allgemein, anders als sein Großvater und Bismarck, als rußlandfeindlich. Rußland war auf ausländisches Kapital angewiesen, und das hatte Frankreich eher als Deutschland zu bieten. Der französische Flottenbesuch in Kronstadt (Juli 1891) demonstrierte mit gewaltiger öffentlicher Begeisterung die russisch-französische Annäherung vor Europa. Eine politische Allianz wurde täglich mehr zur Realität und kam im August 1892 auch in diplomatischer Form vorläufig zustande. Dem reinen Wortlaut nach war das erst eine sehr lockere Verpflichtung, bei Kriegsgefahr gemeinsam (oder in Absprache) zu handeln. Die deutsche Heeresvorlage von 1892/93 und ein deutsch-russischer Handelskrieg seit Herbst 1893 haben selbst den Zaren veranlaßt, seine Vorbehalte gegen das republikanische Frankreich, damals gerade vom Panama-Skandal erschüttert, hintanzustellen. Die russisch-französische Militärkonvention, die schon im August 1892 von den Generalstabschefs beider Länder unterzeichnet worden war, wurde Ende Dezember 1893/Anfang Januar 1894 schließlich „ratifiziert". Diese lang geplante Konvention zwischen Frankreich und Rußland gab der diplomatischen Allianz erst ihren eigentlichen Biß: ein Verteidigungsbündnis mit gemeinsamen Militärberatungen und -planungen, der „Zweibund". Das machte die Zweifrontenbedrohung für Deutschland zur Gewißheit, das verschlechterte die deutsche Lage nun endgültig ganz außerordentlich. Der russische Flottenbesuch in Toulon im Oktober 1893, eine Demonstration auch gegen Englands Mittelmeerschützling Italien, besiegelte das neue – im einzelnen natürlich geheime – Einverständnis ein andermal öffentlich.

Wie fest der Knoten war, der hier geschürzt wurde, wußten damals nur wenige. Und wie entschieden die Kriegsbereitschaft, ja -entschlossenheit jedenfalls der militärischen Führungszirkel war und wieviel verhängnisvolle Zwangsläufigkeit in diesen Vereinbarungen steckte, hat eigentlich erst George F. Kennan in unseren Tagen aufgewiesen.

Damals sahen weder England noch Deutschland in der Allianz ihrer weltpolitischen oder kontinentalen Hauptgegner eine akute, eine tödliche Bedrohung, auch deshalb führte diese Lage sie nicht zusammen. Die Deutschen nahmen die neue Allianz nicht schon für endgültig; man konnte versuchen, Rußland aus ihr wieder herauszulocken und sich durch Sonderbeziehungen neu zu verständigen. In der Enttäuschung über die englische Distanz glaubte man – selbstbewußt –, eine Politik der freien Hand verfolgen zu können, eine russische Option wiederaufnehmen und gegen England ausspielen oder abwarten zu können. In Berlin glaubte man an die Unüberwindlichkeit des englisch-russischen wie des englisch-französischen Gegensatzes, daran, daß Deutschland „in der Hinterhand" bleiben könne, bis England ohne Vorbehalt „kommen" würde, daß es dazu die „russische Karte" spielen könne und „zwei Eisen im Feuer" habe, daß also die russische Option noch eine wirkliche Alternative sei. In Rußland gab es ebenfalls in einigen Kreisen Hoffnungen, Deutschland zurückzugewinnen und zur deutsch-russischen Allianz zurückzukehren; die Allianz mit Frankreich hatte für manche Diplomaten einen primär anti-englischen Sinn, in bezug auf Deutschland mochte sie dazu dienen, Frankreich friedlich zu halten; es gab immer noch Vorbehalte gegen das republikanische Frankreich.

Wie immer, nach anfänglicher handelspolitischer Isolierung Rußlands und dem erwähnten Handelskrieg unternahm Berlin mit einem Handelsvertrag, der Rußland durchaus bedeutende Konzessionen machte, 1893/94 Versuche einer Wiederannäherung. Das war von deutscher Seite ein Faktor nicht primär der Wirtschafts-, sondern der Außenpolitik; der Handelsvertrag sollte gleichsam den Rückversicherungsvertrag ersetzen. Gegen Kronstadt war das ein Erfolg. Gerade der Kaiser warb jetzt ganz betont um den Zaren. Die russische Wendung nach Ostasien mochte die Chance einer Entlastung Deutschlands bieten. Aber das führte 1893/94 zu nichts, es war zu spät; Deutschland hatte wenig zu bieten, schon die Vorbedingung des Zaren für eine etwaige Verständigung, nämlich die Anerkennung des russischen Führungsanspruchs, war unerfüllbar.

Die deutsche Außenpolitik, geleitet von der Illusion der freien Hand, der Möglichkeit, Optionen gegeneinander ausspielen und Druck ausüben zu können, bedrängt auch von der Realität der übergewaltigen Schwierigkeit des deutschen Sicherheitsproblems, verfiel in eine „springende Unruhe" zwischen den beiden Weltmächten, wie Hermann Oncken das vor mehr als einem halben Jahrhundert genannt hat. Dieses unruhige Schwanken mußte die möglichen Partner irritieren.

Die Politik der freien Hand oder der springenden Unruhe setzte sich auch Mitte der 90er Jahre nach dem Abgang Caprivis fort. Immer stärker traten dabei die außereuropäischen Angelegenheiten in den Vordergrund: An ihnen entzündeten sich neue Reibungen mit England, an sie knüpften vergebliche Versuche an, durch gezielte Rücksichtnahme Rußland zu gewinnen. Drei Komplexe wurden wichtig.

1. In einem Krieg zwischen Japan und China 1894/95 nahmen die Kontinentalmächte gegen Japan Stellung, vor allem gegen den von Japan diktierten Frieden, der ihm den vorherrschenden Einfluß in Nordchina sichern sollte. Deutschland vertrat diese Position mit besonderer und auffallender Schroffheit; es suchte Rußland zu stützen und so nach Ostasien abzulenken und

von Frankreich abzuziehen, um ein russisch-englisches Arrangement zu hindern, um eine deutsch-russische Verständigung zu erleichtern; um eben dieses zu verhindern, machte auch Frankreich beim Engagement gegen Japan mit. Aber das Ergebnis war für Deutschland nichts als eine weitere Entfremdung Englands.

2. 1895 ventilierte England noch einmal eine Aufteilung der Türkei; es war endgültig aus der Rolle der türkischen Schutzmacht ausgeschieden, gegen alle bisherigen deutschen Kalküle. Deutschland „mußte", so schien es, die Bismarcksche Position des unmittelbaren Desinteresses verlassen und sich, gegen Rußland natürlich, stärker für die Türkei engagieren. Freilich, Rußlands Wendung nach Ostasien beeinflußte die orientalische Frage auch in anderer Weise: Rußland stellte seine Nahostambitionen zurück und verständigte sich mit Österreich-Ungarn über eine Stillhaltepolitik. Das wiederum entlastete England, war ein wesentlicher Grund für sein Disengagement.

3. Schließlich bezog das Reich in Südafrikafragen eine anti-englische Position. Nach dem Scheitern eines Freibeuter-Einfalls in Transvaal, des „Jameson-Raid", schickte der aufgeregte Kaiser dem dortigen Präsidenten Krüger eine Glückwunsch-Depesche (3. Januar 1896) – das war eine Demonstration für den Status quo und die Unabhängigkeit der Burenstaaten; zugleich, obwohl die Regierung in London für die Affäre nicht verantwortlich war, scharf anti-englisch zugespitzt, war es eine Ermunterung der Burenstaaten gegen alle englische Einschüchterungs- und potentielle Annexionspolitik. Nur mit Mühe hatten Kanzler und Staatssekretär den Kaiser von einer deutschen Schutzerklärung für die Burenstaaten abgebracht. Das Reich aber hatte sich als Gegner Englands stilisiert. England reagierte entsprechend; es sah die Burenrepubliken nur als halbautonom an, die deutsche Demonstration als Einmischung in Empire-Interessen, sogar als deutschen Anspruch – in Johannesburg gab es 15000 Deutsche, viele in führenden Firmen und Positionen, 20% der ausländischen Investitionen waren deutsch. Die öffentliche Meinung wurde von einer Welle von Deutschfeindlichkeit ergriffen, und das Echo der deutschen Presse war entsprechend. In England kam das Thema der Handelsrivalität hoch, ja die Idee eines Kampfes auf Leben und Tod; „Germaniam esse delendam", schrieb die „Saturday Review" – das war keine übermäßig wichtige Zeitschrift, aber das wurde fleißig zitiert. Selbst die „Times" beteiligte sich an der Kampagne, und die deutschen Antworten waren entsprechend emotional aufgeladen, beide Seiten schaukelten sich im Pressekrieg gegenseitig hoch. Wie oft, ging dieser Sturm auch wieder zurück. Doch die sogenannte Krüger-Depesche hatte koloniale und wirtschaftliche Rivalitäten schärfer pointiert, potenziert und ins öffentliche Bewußtsein gerückt; sie hat das Verhältnis zwischen beiden Staaten in der öffentlichen Meinung auf beiden Seiten nachhaltig gestört und für die Zukunft belastet.

b) Imperialismus, Flottenpolitik, allgemeine Strukturen

Mit diesen Themen sind wir nun schon bei der neuen Dimension der Politik, die die Zeitgenossen Weltpolitik nannten und die wir seither als Imperialismus bezeichnen. Max Weber hat 1895 in seiner berühmten und immer wieder zitierten Freiburger Antrittsvorlesung gesagt: „Wir müssen begreifen, daß die Einigung Deutschlands ein Jugendstreich war, den die Nation auf ihre alten Tage beging und seiner Kostspieligkeit halber besser unterlassen hätte, wenn sie der Abschluß und nicht der Ausgangspunkt einer deutschen Weltmachtpolitik sein sollte." Das war die Stimmung der bürgerlichen Gesellschaft und der Öffentlichkeit, die Stimmung des Kaisers und des außenpolitischen Establishments. Es war die Stimmung eines neuen Aufbruchs, voller Vitalität und voller Kraftgefühl, auf der Höhe der Kultur, getragen vom gewaltigen wirtschaftlichen Fortschritt, mit dem Anspruch auf Zukunft, auf Teilnahme an der Gestaltung der Welt, auf Weltgeltung und auf Macht. Die eigene Heimat, Deutschland, ja der europäische Kontinent schienen klein und eng gegen die Weite und den großen Atem der ganzen Welt, des Globus. Europa war in das Zeitalter des Imperialismus eingetreten.

Es ist hier nicht der Ort, den Imperialismus im allgemeinen zu diskutieren. Die Durchdringung der Welt durch die entwickelten Industriestaaten, ihre direkte territoriale Herrschaft über alle noch freien Räume in „Übersee", wie in Afrika, und ihre indirekte Herrschaft anderswo, wie in China, dem Osmanischen Reich oder Lateinamerika, die wirtschaftliche Ausbeutung der Welt der Peripherie durch die Zentren, der Kampf um Einflußzonen oder „offene Tür", das Zusammenwachsen dieser Imperien mit den „Mutterländern" und die Konkurrenz der einzelstaatlichen Imperialismen miteinander, die Verflechtung europäischer Machtpolitik mit Interessen, Machtansprüchen, Rivalitäten in Übersee, mit „Weltpolitik" – das alles wurde zum Hauptthema der europäischen Politik, der Regierungen wie der Nationen, und durchdrang alles andere. Aggressive Rastlosigkeit, selbstherrliche Robustheit prägten die „Grundstimmung", sozialdarwinistische Vorstellungen vom Kampf ums Überleben und dem Überleben des Tüchtigsten begleiteten sie – das mag hier zur Charakteristik genügen. Die Gründe für den Aufstieg und die Dominanz des Imperialismus sind noch komplexer als das Phänomen selbst: ökonomisch-kapitalistisches Streben nach vor jeder Konkurrenz geschützten Rohstoffbasen, Investitions- und Absatzmärkten; die Erweiterung der Mächte-Konkurrenz in die Welt, zumal seit 1870, die die britischen Monopole in Frage stellte, die aus der Angst, zu kurz und zu spät zu kommen, den Fortgang der Durchdringung der Welt wie selbstläufig weitertrieb; die Mischung solcher Politik mit dem Nationalismus, die Idee einer spezifisch nationalen Sendung bei der Gestaltung der Welt, der Anspruch auf nationalen Anteil an der Welt, ja an ihrer Führung, die Idee, nur durch Weltpolitik beweise eine Nation ihre Vitalität und die Höhe ihrer Kultur; strategische Gesichtspunkte in der Welt-Verkehrswirtschaft; soziale

Ambitionen von Aufsteigern auf imperiale Positionen in Übersee; innenpolitische Ablenkungs- oder Integrationsstrategien und Reformhoffnungen; Peripheriekonflikte, wie sie sich um Missionare und Kaufleute, Abenteurer und Subimperialisten vor Ort entwickeln konnten, aus Verschuldungskrisen oder Aufständen, Bürgerkriegen oder Stammesfehden – das sind die wichtigsten Komplexe, die – entgegen den Neigungen von Monokausal-Erklärern – alle, wechselseitig sich bedingend, zusammenwirkten, um die einzelnen Imperialismen wie den gesamten imperialistischen Prozeß heraufzuführen und weiterzutreiben.

Deutschlands Eintritt in die Weltpolitik nun war in keiner Weise ungewöhnlich, war im Gegensatz zur Meinung spätgeborener Nationalkritiker ganz und gar europäische Normalität. Einzig das niedergehende Österreich-Ungarn hat sich nicht direkt an der Weltpolitik beteiligt, aber blieb doch über den Kampf um das Balkanerbe des Osmanischen Reiches mit ihr verbunden. Die schwächste Großmacht dagegen, Italien, trat ebenso aktiv in die Weltpolitik ein wie die anderen Großmächte, selbst alte und neue Kleinstaaten wie die Niederlande und Portugal oder Belgien hatten ihre Imperien, gewannen oder befestigten sie. Aber zwei Dinge waren doch spezifisch.

1. Deutschland war ein Neu- und Spätkommer. Die Großmächte England, Frankreich und Rußland waren lange schon Weltmächte, Deutschland war es nicht. Die Welt war im wesentlichen schon vergeben: Wo es noch „offene“ Lagen oder Räume gab – Grenzfragen in Afrika, das Erbe niedergehender kleinstaatlicher Kolonialreiche (Portugals z. B.), die ökonomisch imperiale Durchdringung Chinas, des Osmanischen Reiches, Marokkos –, war die Rivalität scharf, der Neukommer stieß auf altetablierte, zumeist britische Interessen und viele konkurrierende Ansprüche. Deutschland war eine Macht der Ansprüche, des unerfüllten Anspruchs auf Welt„geltung“, das war die eigentümliche Zuspitzung der realen Machtambitionen des Spätkommers zu einem „Geltungsproblem“. Wer Weltmacht schon war, hatte Weltgeltung, brauchte davon nicht zu reden.

2. Natürlich war es daneben der – wenn auch gebremste – Einstieg des Reiches in die Kolonialpolitik unter Bismarck, 1884/85, der sich in den 90er Jahren auswirkte, eine Eigendynamik entwickelte, die gleichsam noch zusätzlich in die Weltpolitik hineinführte; überall in der Kolonialwelt, wo Deutschland Interessen hatte, am Kongo, am Nil, am Niger, in Samoa, verschärften sich die kolonialistisch-subimperialistischen Spannungen, und sie gewannen Resonanz in der öffentlichen Meinung und bei den Interessentengruppen. Es waren darum nicht einfach der Kaiser, die neuen Männer der Außenpolitik oder die bürgerlichen Neu-Imperialisten zu Hause, die die Weltpolitik „anfingen“. Sie wurden auch durch die Ereignisse vor Ort, Folgen der früheren Kolonialgründungen und der weltwirtschaftlichen Selbstverständlichkeiten, in solche Weltpolitik hineingedrängt. Daß sie sie gerne aufnahmen, aufnehmen wollten, ist gewiß, aber man darf das Eigengewicht des Prozesses nicht übersehen.

In den Beziehungen der Großmächte verflochten sich alte europapolitische und neue weltpolitische (imperialistische) Gegensätze und Spannungen. Konflikte im Zentrum prägten die Konflikte an der Peripherie, Peripheriekonflikte die im Zentrum. Das war die europäische und globale Realität. Davon aber war das Deutsche Reich wegen seiner Mittellage, durch die es in alle europäischen Konstellationen verwickelt war, und wegen seiner so außerordentlich prekären Sicherheitslage besonders betroffen und gefährdet. Bismarcks Grundkonzept konnte nicht mehr funktionieren. Die Nachbarmächte waren nicht an die Peripherie abzulenken, wenn das Reich sich selbst in der Peripherie engagierte. Aber die Beschränkung des Reiches auf den Status einer Kontinentalmacht wurde ebenso unmöglich. Denn wenn alle über die Peripherie stärker wurden, mußte das Reich, das sich auf den europäischen Kontinent beschränkte, schwächer werden, mußte seine halbhegemoniale Stellung auf dem Kontinent einbüßen, das notwendige Maß möglicher Sicherheit gefährden. Darum verwies auch die Europapolitik die Deutschen in die Weltpolitik. Deutschland trat nicht allein, wie es oft scheinen mochte, aus „Großmannssucht" in die Weltpolitik ein oder weil es wie andere Staaten vom imperialistischen Fieber ergriffen wurde. Dafür gab es vielmehr auch rationale Gründe, die aus der Logik der Machtpolitik des Zeitalters folgten: Es war nicht vorstellbar, den Status einer souveränen Großmacht freiwillig preiszugeben oder aufs Spiel zu setzen, darum mußte man Weltpolitik treiben. Das primäre und alte Ziel der deutschen Sicherheit war mit dem neuen Ziel des Ausgriffs in die Welt verkoppelt, die Angst um die Existenz als kontinentale Großmacht mit der Angst um den Ausschluß aus der Welt. Aus dieser Verkoppelung mochte das Streben nach einer europäischen Hegemonialstellung folgen; aber Weltmacht zu sein, eine unter den anderen, war auch an sich ein Ziel.

Eine Konsequenz deutscher Weltpolitik war gewiß: Wenn Deutschland den berühmten „Platz an der Sonne" erringen wollte – so hatte Bülow 1897 das Ziel der Weltpolitik populär stilisiert –, dann mußte die englische Welthegemonie reduziert werden. Das wiederum mußte nicht unbedingt zur Gegnerschaft führen, es mochte auch, wenn England die wachsend merkliche Überlastung durch seine Weltverpflichtungen reduzieren wollte, in einer Juniorpartnerschaft enden oder in einer labilen Konkurrenz-Koexistenz. Aber der potentielle Antagonismus zu England war doch stark. In den meisten vertraulichen Äußerungen der obersten Führungszirkel war, seit 1897 etwa, doch England der potentielle Gegner, der sich der weltpolitischen „Ebenbürtigkeit" des Reiches in den Weg stellte. Und illusionistische Träumer spekulierten gar auf so etwas wie eine englische „Erbfolge". Das heißt nicht, daß England als kommender oder gar primärer Kriegsgegner galt, wohl aber als weltpolitisch-diplomatischer Gegner, jedenfalls wenn es um langfristige Perspektiven, um „letzte Konsequenzen" jenseits der mittelfristigen Politik ging.

Diese Lage nun hat, zusammen mit der vom Kaiser forcierten Neigung zum Auftrumpfen und zum Prestigegewinn, den Charakter der deutschen Weltpolitik geprägt, sie ist charakterisiert durch Ziellosigkeit und hektische Unruhe, durch immer andere Pläne und Ideen; das Reich praktizierte eine wenig substantielle Politik des Überall-dabeisein-Wollens und der Hyperaktivität, es trat in den Augen der anderen permanent als auf- und zudringlicher Parvenu auf, als Störenfried, mit Forderungen, mit Drohungen. Methoden und Rhetorik der Weltpolitik haben dieses Bild der anderen befestigt. Psychologisch steckte hinter dem Stil der deutschen Politik die unausgeglichene Mischung von Angst und Anmaßung. Man muß jedoch sehen, daß die Rhetorik der Ansprüche auch in der Diplomatie nicht die Realität der deutschen Politik war. Es ging beileibe nicht um Weltherrschaft, nicht um quasiräuberische erobernde Aggression. Die Realität war anders als die unklaren Wunschbilder von Weltpolitik und das darum sich erhebende Getöse. Diese Diskrepanz erzeugte freilich langfristig ein merkwürdiges und explosives Gemisch von Erfolgszwang und Enttäuschung.

All das hing nun noch einmal zusammen mit der prekären Basis der deutschen Politik auf dem Kontinent, der prekären Sicherheitslage des Reiches. Die deutsche Weltpolitik war überlagert von dem Dilemma der deutschen Europapolitik, zumal seit 1890, und war darin eingebettet. Auf der einen Seite stand der Wunsch nach einem Sicherheitsbündnis mit England, auf der anderen Seite der Versuch, im englisch-russischen Weltgegensatz „auf eigene Faust" Positionsgewinne so oder so, mit den Flügelmächten oder gegen sie oder gegen eine von ihnen, je nachdem, zu erzielen. Insoweit waren nicht irgendwelche Ziele in der Welt primär, sondern es ging um die Benutzung von Überseefragen in dem Werben um England oder Rußland oder im Versuch, mit freier Hand das Gleichgewicht zu stabilisieren. Freilich, schon diese sich einmischende Benutzung imperialer Spannungen wirkte auf die Sicherheitslage in Mitteleuropa negativ zurück. Und das weltpolitische Eigeninteresse ließ sich mitnichten und auch nur in den wichtigeren Fällen dem europäischen Sicherheitsinteresse ein- und unterordnen. Die Weltpolitik erhöhte deshalb nicht die Sicherheit, sondern erschütterte sie. Daran hat auch das Wissen der außenpolitischen Planer, daß es zuletzt auf England und Rußland ankomme, nichts ändern können. Die deutsche Außenpolitik war zwar in das Dilemma von Sicherheits- und Weltpolitik, die beide zum Erhalt der eigenen Machtposition notwendig schienen, verstrickt, aber sie hat um des Selbstzwecks der Weltpolitik willen und in ungezügeltem Ehrgeiz die Gefährdungen der Sicherheit auch wachsen lassen.

Zur deutschen und imperialistischen Weltpolitik gehört als integraler Teil, jeder weiß es, die Flottenpolitik; sie hat letzten Endes das deutsch-englische Verhältnis unheilbar verschlechtert. Darum greifen wir diese Flottenpolitik nach unserem Militärkapitel im Zusammenhang mit der Weltpolitik wieder auf.

Natürlich hatte das Deutsche Reich wie alle Staaten mit Küsten seit seiner Gründung Seestreitkräfte zur Küstenverteidigung. Der entscheidende Punkt hier ist der Übergang zum „Schlachtflotten-" und Großschiffbau 1897/98. Dafür gibt es eine Reihe von – man muß das heute zuerst betonen – legitimen und verständlichen und eine Anzahl von weniger verständlichen Motiven.

1. Das erste Motiv war natürlich die Verteidigung der Küsten im möglichen Kriegsfall, gegen die starke russische und die starke französische Flotte zunächst, aber auch möglicherweise, wie in allen Kriegsplanungen, gegen die englische. Hier hatten nun die seestrategischen Überlegungen und Übungen, ebenso die waffentechnischen Entwicklungen der 80er und 90er Jahre die Unterscheidung von Defensive und Offensive relativiert. Küstenverteidigung, bis dahin die primäre Aufgabe der Marine, erfordere auch kurze Offensivschläge, so war die Meinung, und das hieß, sie erforderte größere Schiffe, nicht nur, wie man zunächst gemeint hatte, Torpedoboote. Schließlich gehörte zur Küstenverteidigung die Möglichkeit, eine Nahblockade zu durchbrechen, was wiederum bedeutete, daß man größere Schiffe brauchte. Das war wahnsinnig normal.

2. Das zweite Motiv entstand in der Phase des zunehmenden internationalen Imperialismus, von dem wir gerade gesprochen haben. Es ging um den „Schutz" von Auslandsinteressen oder ihre Durchsetzung bis hin zur Kanonenbootdiplomatie, gegen säumige Schuldner z. B., in den unabhängigen Ländern außerhalb Europas. Das schien den Einsatz von größeren Transozeanschiffen notwendig zu machen, das waren die Auslandskreuzer. Da gleichzeitig andere Seemächte, wie die USA in Lateinamerika, Flottenaktionen dazu benutzten, sich Markt- und Machtmonopole zum Ausschluß der Konkurrenz zu schaffen, wurde daraus fast eine außenhandelspolitische Notwendigkeit. Das Interesse der Außenhandelswirtschaft, beispielsweise der hanseatischen Kaufleute, an der Flotte hatte hier seinen Grund. Zugleich ergaben sich daraus Überlegungen, wie (und ob) man die deutschen Überseeverbindungen im Kriegsfalle schützen könne. Wenn man eine Auslandskreuzerflotte hatte, entstand natürlich auch das Bedürfnis nach Häfen und Stützpunkten. Die bekannte Flottenbegeisterung, ja Flottenmanie Wilhelms II. entzündete sich ursprünglich an diesem Komplex einer Auslandskreuzerflotte.

3. Tirpitz, der eigentliche Architekt der Flottenrüstung seit 1897, aber wollte neben ein paar Auslandskreuzern für die Kanonenbootdiplomatie eine Schlachtflotte, eine Flotte in erster Linie von Schlachtschiffen. Ein bloßer „Kreuzerkrieg" schien ihm nicht führbar; schon die offensive Verteidigung der Küste und der Durchbruch einer Nahblockade erforderte Schlachtschiffe, denn angesichts der Lage am Rande und im Winkel der Nordsee müßte ein solcher Durchbruch in den Atlantik führen. Und die Tatsache, daß die beiden damals wahrscheinlichsten Kriegsgegner, Frankreich und Rußland, starke Flotten und Großkampfschiffe besaßen, machte diese strategische Überlegung – noch einmal – ganz normal.

4. Dazu traten nun aber zwei weitere Momente. Das war einmal der sogenannte Risikogedanke: Jeder Angreifer sollte mit dem Risiko substantieller Verluste konfrontiert werden, die seinen Status gegenüber anderen Seemächten wesentlich beeinträchtigen oder gar gefährden würden. Die Flotte sollte, wie wir heute sagen würden, eine Abschreckungswaffe sein, dazu mußte sie „genügend" stark sein, dazu brauchte man Schlachtschiffe. Deutschland sollte wegen seiner Flottenmacht als Gegner gefürchtet, als Bündnispartner begehrt sein.

5. Die strategischen Überlegungen, die den Bau von Schlachtflotten begründeten, waren damals international communis opinio, der Amerikaner Alfred Thayer Mahan war die maßgebliche Autorität auf diesem Gebiet. Er hatte die anerkannte historisch-politische Theorie entwickelt, daß die Position einer Welt-, ja Großmacht letzten Endes von der Seemacht abhänge. Das war ein Teil des, wie man in Analogie zum Militarismus sagt, „Navalismus" der imperialistischen Mächte. Tirpitz, das regierende Establishment und die deutschen Flottenanhänger waren von der gleichen Überzeugung erfüllt: Seemacht war Teil und Voraussetzung von Weltmacht, Flottenpolitik und Weltpolitik waren untrennbar miteinander verbunden. Nicht eine Kreuzerflotte, wie der Kaiser zuerst gemeint hatte, sondern eine Schlachtflotte war Instrument der Weltpolitik und der Weltgeltung. Der Übergang von den Kreuzern zu den Schlachtschiffen war bei Tirpitz zwar auch strategisch, aber weit mehr noch politisch motiviert. Von daher bekamen Flotte und Flottenrüstung etwas Irrationales, Selbstzweckhaftes, waren ganz und gar mit dem Prestige der entstehenden und beanspruchten Weltmacht verknüpft. Andere machtstrategische Überlegungen, z. B. zu den schieren Möglichkeiten, den strategischen Risiken und den politischen Gefahren einer deutschen Flottenrüstung, konnten dagegen nicht aufkommen.

Man muß sich hüten, die Flottenpolitik moralisch zu verdammen, wie das oft geschieht. Moralpolitisch waren weder der Wunsch, Weltmacht noch der Wunsch, Seemacht zu sein, europäisch anomal, auch wenn die Deutschen in der moralpolitischen Rhetorik der Zeit durch nackten, aber wenn man so will: ehrlichen Machiavellismus auffielen und keine vorzeigbare internationale Zivilisationsideologie hatten. Der Admiral Tirpitz war nicht schlimmer oder aggressiver und nicht sehr viel anders als sein britischer Widerpart Fisher. Daß die Flottenpolitik realpolitisch mehr als töricht war, steht auf einem anderen Blatt.

6. Einen – nicht moralpolitischen, wohl aber realpolitischen – Punkt haben wir, mit Fleiß, bisher bei unserer Darstellung und Analyse der Ursachen und Motive der deutschen Flottenrüstung ausgelassen. Das ist die anti-englische Wendung in dieser Politik. Die Schlachtflotte wurde von vornherein, sehr bald vornehmlich „gegen" England gebaut. Schon der „Risikogedanke", die Abschreckung, bezog sich auch auf das maritim weit überlegene England: Die Wahrscheinlichkeit hoher Verluste bei einem Krieg mit Deutschland, die dann die britische Überlegenheit gegenüber anderen See-

mächten, seinen damaligen Weltgegnern Rußland und Frankreich, und damit seine Weltmachtstellung gefährdeten, sollten es von einem solchen Krieg abschrecken. Noch war das Dogma vom russisch-englischen und vom französisch-englischen Weltgegensatz ungebrochen, da mochte man einmal so spekulieren – 1896 wird in den Admiralstabsplanungen England zuerst als möglicher Gegner angesetzt –, aber dieses Kalkül verselbständigte sich schnell. Und die Grenzen eines rein defensiven Abschreckungsdenkens waren schnell überschritten. Als Mittel und Symbol des Weltmachtanspruchs hatte die Flotte sozusagen von vornherein eine anti-englische Stoßrichtung: Sie sollte Deutschland, wenn es Machtansprüche in Konfliktfällen erhob, vom guten Willen Englands und seiner Zustimmung unabhängig machen, sollte ein Druckpotential und -mittel werden, das England zu Nachgeben, Einlenken und Konzessionen zwingen würde. Insofern sollte die Flotte die volle weltpolitische Handlungsfreiheit und reale Souveränität sichern, sollte Deutschland „ebenbürtig" machen. Die Einschüchterung durch eine starke Flotte schien der deutschen Führung ein erfolgversprechendes Mittel zu diesem Ziel. Der „Schutz" des deutschen Überseehandels war demgegenüber nur noch unrealistischer Propagandavorwand. Man kann die Frage offenlassen, ob darin ein Anspruch auf Weltherrschaft (und also die Konsequenz des großen Krieges) steckt oder „nur" der Anspruch auf gleichberechtigte Teilhabe, auf vollkommene Aktionsfreiheit. Jedenfalls war die Flottenpolitik auf diese Weise ganz und gar mit der Weltpolitik verbunden und in die Rivalität zu England eingespannt; Deutschland wollte an Macht gewinnen, England sollte Macht abgeben. Ganz unmittelbar endlich hing die Flottenpolitik mit der Politik der freien Hand zwischen Rußland und England zusammen: Für beide sollte sie Deutschlands Bündniswert steigern, politisch blieb sie damit ein Druckmittel gegenüber England.

Ob nun England in der großen Planung der eigentliche und endgültige Weltgegner war und das letzte Ziel die Beseitigung der englischen Seeherrschaft, ob es einen gleichsam irrationalen Glauben gab, der Flottenmacht mit Weltmacht gleichsetzte und Flottenrüstung an sich mit Weltpolitik, oder ob England zu Konzessionen oder gar zu einer Art Partnerschaft gezwungen werden sollte, blieb bei Tirpitz lange unklar, aber ein anti-englisches Druckpotential war die Flotte allemal. Die Möglichkeit, daß England solchem Druck nicht nachgeben werde, sich mit neuen Seerivalen, wie den USA und Japan, arrangieren, ja sich eher mit seinen weltpolitischen Gegnern Frankreich und Rußland verständigen und die Flotten aus den Weltmeeren in der heimischen Nordsee gegen die deutsche Bedrohung konzentrieren könnte, blieb außerhalb der Kalkulationen. Die anti-englische Stoßrichtung gewann zusehends und schnell an Bedeutung und Gewicht; zumal seit 1904/05, als das eigentliche Wettrüsten begann. Wie immer, die machtpolitische Funktion der Flotte gegen England war schon 1897 und dann je länger je mehr ein qualitativer Sprung gegenüber der Tradition der deutschen Flottenpolitik und der Normalität der anderen Seemächte.

Auch die konkreten seestrategischen Planungen und dann die Rüstungspolitik gingen vor allem von der primär anti-englischen Stoßrichtung aus. Seit 1897 war die Flotte nicht mehr nur für die Defensive und gelegentliche Offensivschläge da, sondern für die eigenständige Offensive. Strategisch sollte die Flotte – wie schon erwähnt – in der Lage sein, die erwartete englische Nahblockade zu durchbrechen bis in den Atlantik hinein, um diese dadurch zu verhindern oder unwirksam zu machen. Und sie sollte in der erwarteten Seeschlacht England zumindest empfindliche Verluste zufügen können, das war die Logik des Risikogedankens. Dazu hätte Deutschland eine Flotte gebraucht, die letztlich genauso stark wie die englische „home fleet" gewesen wäre. Daß beide strategischen Voraussetzungen dieses Kalküls nicht eintreten mußten, weder die Nahblockade noch die Seeschlacht, daß England, wie das dann 1914 wirklich geschah, zur Fernblockade griff, die Seeschlacht vermied und die „Legionen", die Flottenverbände aus anderen Teilen der Welt, heimholte, diese entscheidenden Alternativen waren in Tirpitz' Planungen nicht vorgesehen.

Der Bau der großen deutschen Schlachtflotte ist nicht auf einen Schlag geplant und ins Werk gesetzt worden. Der Übergang zum Schlachtflottenbau mit dem ersten Flottengesetz 1897/98, eine starke Vermehrung der Schiffe und eine Beschleunigung des Bautempos durch die Flottennovelle von 1900, sind die wichtigsten Stationen, erst danach gewinnt die Entwicklung verhängnisvoll an Selbstläufigkeit und – unter den Bedingungen des deutschen Machtestablishments – an Notwendigkeit. Dennoch ist der erste Schritt entscheidend gewesen, er machte Epoche; für den verantwortlichen Militärpolitiker, Tirpitz, ist er mit größter Wahrscheinlichkeit von vornherein nur ein erster Schritt gewesen. Mit ihm begann eine innere Machtlogik, die zu den weiteren Schritten führte.

Vermutlich hätte damals jede Regierung in Deutschland angesichts der globalen see- und machtstrategischen Tendenzen die Flottenrüstung vorangetrieben. Die Intensität, mit der der Flottenbau in Deutschland betrieben wurde, die Tatsache, daß die Flotte ins Zentrum der Außen- wie der Innenpolitik rückte, die zunehmende Flottenbegeisterung der Deutschen und wohl auch ein gut Teil der anti-englischen Stoßrichtung der Flotte – sie waren nun auch, jeder weiß es, mitbestimmt von Personen: von dem flottenbegeisterten deutschen Kaiser und dem Chefbauer und -organisator der Flotte, Admiral Tirpitz. Wilhelm II. machte, seinen Neigungen folgend, den Flottenbau zu seinem persönlichen Programm und vertrat es mit der ihm eigenen Vehemenz in der Öffentlichkeit. Er wollte der „Flottenkaiser" sein, modern und populär. Und er wollte die deutsche Weltpolitik vorantreiben, Deutschlands Gewicht überall in der Welt zur Geltung bringen. Er war zwar nicht eigentlich anti-englisch gesonnen, eher in einer merkwürdigen Haßliebe England gegenüber befangen, aber sein Streben nach Gleichrangigkeit und -geltung und seine irrationale Identifizierung von Flottenmacht und Weltmacht färbten seine Flottenpolitik sehr bald – objektiv jedenfalls – anti-englisch ein. Schon 1897 holte er Tirpitz ins Amt des Staatssekretärs der Marine; er hatte sich von ihm überzeugen lassen, daß nicht eine Auslandskreuzer-, sondern eine Schlachtflotte das sei, worauf es ankomme. Tirpitz wurde ihm unentbehrlich und gewann neben dem Staatssekretär des Äußeren und späteren Kanzler Bülow maßgeblichen Einfluß innerhalb der Reichsleitung. Und der dauerte – er stand bis 1914 im Zentrum der Macht. Die politische Führung des Reiches war zunächst auf sein Flottenprogramm festgelegt und später jedenfalls daran gebunden. Es gelang Tirpitz durch die Systematik seiner Vorlagen, die scheinbar langfristige Planung – einschließlich der terminierten Ersatzbauten für die technisch schneller als die bisherigen Waffensysteme veraltenden Abschreckungswaffen –, durch sein Geschick im Umgang mit Parteien und Abgeordneten, eine tragfähige Mehrheit des Reichstags für den Auf- und Ausbau der Flotte und die damit verbundenen riesigen Kosten zu gewinnen. Daran änderte auch nichts, daß er dann – seit 1900 – mit Neu- und Nachforderungen Größe und Bautempo der Flotte steigerte; teils hatte das von vornherein in seiner Absicht gelegen, teils wurde es eine Folge der Wettrüstungs„zwänge". Einer der Gründe für das Verhalten des Reichstags war, daß die Rüstungslasten zunächst, im Grunde bis 1909, über Verschuldung auf kommende Generationen abgewälzt wurden. Es gelang Tirpitz zugleich, mit bis dahin bei Regierungsleuten und Militärs ganz unüblichen Propagandamethoden – der Einschaltung von Intellektuellen und Interessenten, der Begründung einer eigenen Massenorganisation für Agitation, des Deutschen Flottenvereins –, die Öffentlichkeit davon zu überzeugen, daß die Flotte die eigentliche national-imperiale Aufgabe der Gegenwart sei, daß Flotte und Weltmacht sozusagen identisch seien, daß Flottenpolitik höchste Priorität vor allem anderen haben müsse. Diese Stimmung weiter Teile der Öffentlichkeit prägte natürlich auch die Wählerschaft und damit, nun gleichsam „von unten", wiederum die Parteien. Auch die Zögernden, die agrarischen Konservativen und das Zentrum, wurden von dieser Mobilisierungswoge mitgerissen. Binnen kurzem war die Popularität der Flottenpolitik so groß, daß die Mehrheit der Parteien auf der einmal eingeschlagenen Bahn weiterging und weitergehen mußte. Es wäre aber verfehlt, darin vor allem eine „Manipulation" zu sehen. Der bürgerliche Flottenenthusiasmus entsprach tiefsitzenden Gefühlen und Tendenzen der Deutschen wie der anderen Völker im imperialistischen Zeitalter – die Mode des „Matrosenanzugs" oder „-kleides" für Jungen und Mädchen mag dafür stehen.

Wir kommen auf diese Zusammenhänge im einzelnen noch zurück. Tirpitz hat über die innenpolitische Ermöglichung und die innenpolitischen Folgen der Flottenpolitik durchaus reflektiert, über die Zähmung des Reichstags durch langfristige Etatfestlegung und die Mobilisierung einer imperialistischen Stimmung z. B., über die Integration und die innere Stärkung des Systems. Manche „kritische" Historiker haben im Anschluß vor allem an E. Kehr und V. Berghahn daraus schließen wollen, die Flotte sei vornehmlich oder doch auch wesentlich gegen das Parlament gebaut worden, sei die Basis der Sammlung gegen die Sozialdemokratie gewesen, habe vor allem innenpolitischen, herrschafts- und systemstabilisierenden Zielen gedient. Das ist falsch. Das mochte eine erwünschte Nebenwirkung sein. Und bei bestimmten innenpolitischen Strategien der Regierung, beispielsweise der sogenannten Sammlung von Industrie, Landwirtschaft und Mittelstand zwischen 1898 und 1902 oder der Einbeziehung der Zentrumspartei in eine Art indirekte Regierungsmehrheit, war diese Auswirkung der Flottenpolitik auch wichtig genug. Aber die Flotten- und Weltpolitik war keine Ablenkung von inneren Schwierigkeiten, kein Produkt einer Systemkrise. Gegen die Sozialdemokratie sich zu sammeln, dazu bedurfte es keiner Flotte. Welt- und Machtpolitik, das war ein eigenes und selbständiges Ziel, was keiner weiteren Rechtfertigung bedurfte. Das hatte Priorität. Insoweit gibt es keinen Primat der Innenpolitik. Aber es gehört doch auch zu dieser Weltpolitik, unabtrennbar, daß sie die innere Lage konsolidierte. Das kann und darf man nicht in einer wiederum isolierend einseitigen Perspektive ignorieren. Aber noch einmal: Die Flotte in ihrer Größe wurde gebaut, weil man Weltmacht werden wollte, und wenn sie gegen jemand gebaut wurde, dann gegen England.

Die deutsche Außen- und Großmachtpolitik stand seit Ende der 90er Jahre endgültig im Zeichen der Weltpolitik. Und sie war unlöslich mit der Flottenpolitik verkoppelt. Gewiß, Flottenpolitik war ein Instrument der Außen- und Weltpolitik, ihr insoweit nachgeordnet, aber sie war auch Symbol der Weltpolitik, Statussymbol der werdenden Weltmacht, und von daher eine Art Selbstzweck. Sie stand niemals zur Disposition. Die politische Führung des Reiches, Kanzler und Staatssekretär des Auswärtigen, waren auf die Flottenpolitik, die ja die des selbstbewußten Kaisers war, festgelegt, an die Grundentscheidung zum Aufbau einer starken Flotte absolut gebunden.

An sich standen Flottenpolitik und Außenpolitik in Wechselwirkung. Die Flotte sollte der ausgreifenden deutschen Welt- und der Bündnispolitik dienen, als Instrument, als Abschreckungs-, Droh- und Einschüchterungspotential oder als Faktor zur Steigerung des Bündniswerts. Der Außenpolitik wuchs aber auch die Aufgabe zu, den Aufbau und den Bestand des Machtfaktors Flotte zu sichern. Eine Priorität der Außenpolitik über die Flottenpolitik gab es nicht. Ja, angesichts des Symbol- und Prestigewertes des Weltmachtfaktors Flotte gab es Tendenzen, die Außenpolitik von der Flottenpolitik her zu bestimmen. Manchmal scheint es, als ob die eigentliche Funktion der deutschen Weltpolitik gewesen sei, die Flotte zu legitimieren; dann entschwindet der rationale Kern einer deutschen Weltpolitik ins Unwirkliche. Es könnte auch scheinen, daß die Außenpolitik nicht mehr die Zwecke setzte, sondern zu einem Mittel der Zwecke der Flottenpolitik wurde. Das galt insbesondere im Verhältnis zu England. Die immanent antienglische Logik der Flottenpolitik prägte und verstärkte die Ambivalenz der deutschen Politik gegenüber England, zum einen die Politik der freien Hand zwischen England und Rußland und zum anderen die England-Politik zwischen Werbung um Juniorpartnerschaft und Einschüchterung und Druck; die Entscheidung zwischen offenem Antagonismus und Kooperation suchte man zu umgehen. Letzten Endes aber war die Alternative zwischen Flottenrüstung und Kooperation mit England unvermeidlich; doch die Außenpolitik ließ wie auch die Flottenpolitik solche letzten Konsequenzen lange im Hintergrund. Noch fundamentaler: Daß das Reich, mit der außen- und sicherheitspolitischen Doppelgegnerschaft Frankreichs und Rußlands mehr als schwer belastet, sich mit der Flottenrüstung einen neuen wenigstens potentiellen Gegner suchte und schuf, England, ist vom rationalen Kalkül einer Außenpolitik her nicht mehr begreiflich. Zuletzt lag insoweit die Flottenpolitik jenseits vernünftig realistischer Erwägungen, war Selbstzweck, irrational und verhängnisvoll.

Für die ersten Jahre des Flottenaufbaus gab es ein besonderes Problem, das Tirpitz so deutlich erkannte wie die eigentlichen Außenpolitiker. Auf die Dauer würde die Flotte auf den Widerstand Englands stoßen; darum galt es zunächst bis zu dem Zeitpunkt, an dem die Flotte die geplante Stärke haben würde, die sogenannte „Risikozone“ durchzustehen, möglichst im Schatten englischer und internationaler Aufmerksamkeit und in einem passablen Verhältnis zu England. Und zunächst, bis 1904/05, haben die Anfänge des deutschen Flottenbaus, das zeigt noch einmal die internationale Normalität dieser Anfänge, auch keine übermäßige internationale oder auch nur englische Aufmerksamkeit erregt. Aber diese kurz- bis mittelfristigen Erwägungen bestimmten mehr die Taktik, im Prinzip blieb man bei der Politik der weltpolitischen Ansprüche und der freien Hand zwischen den Flügelmächten.

Nach den Komplexen der Welt- und Flottenpolitik wollen wir einige Grundstrukturen der deutschen Außenpolitik erörtern. Wir beginnen mit der Erörterung von drei Bedingungsfeldern, in die die Außenpolitik jenseits der internationalen Lage eingebettet war, nicht nur in Deutschland und nicht nur damals.

1. Ein erstes solches Bedingungsfeld, für alle Großmachtpolitik im imperialistischen Zeitalter, sind Militär und Rüstung. Natürlich, das Militär sollte der Verteidigung, der Sicherheit dienen. Insofern war es von der internationalen Bedrohungslage, war es von der Außenpolitik abhängig. Und die Außenpolitik, noch immer am Ernstfall orientiert, mußte mit den militärischen Möglichkeiten rechnen, mußte rüstungspolitische Entscheidungen beeinflussen. Aber das Militär entwickelte über Planung und Rüstung seine eigene Dynamik, wurde ein aktiver prägender oder begrenzender Faktor der Außenpolitik. Das war in vielen Ländern und Systemen so, in Deutschland war es besonders ausgeprägt. Das Militär war nicht der politischen Führung unterstellt, und es gab, wie wir gesehen haben, auch beim Monarchen zumal wegen seines persönlichen Versagens keine funktionierende Integration

militärischer und politischer Planung. Rüstungsanforderungen der Teilstreitkräfte, Heer und Marine, wurden von der politischen Führung im allgemeinen nicht initiiert, wohl aber einfach übernommen und zumeist finanzpolitisch abgesichert und parlamentarisch mit Erfolg durchgesetzt. Darüber hinaus entwickelte sich eine eigentümliche Zweiteilung. Das Heer blieb traditionell an seinen kontinentaleuropäischen Vorstellungen orientiert, es nahm keinen direkten Einfluß auf die Außenpolitik, es lebte jenseits der Weltpolitik, und auch an der Flottenpolitik nahm es so gut wie keinen Anteil. Eine Folge dieser fehlenden Integration war, daß selbst die strategische Planung des Heeres nicht mit der Außenpolitik, auch nicht mit der Europa-Politik, koordiniert war. Daß der „Schlieffen-Plan" seit 1895 auf eine Westoffensive zielte, ja sich allein auf sie konzentrierte, die zumal mit der Nichtachtung der belgischen Neutralität eine kriegerische Intervention Englands provozieren konnte oder mußte, während die Außenpolitik der Diplomaten noch, in welcher Form auch immer, nach einem Arrangement mit England suchte, daß es einen Plan einer Ost-Offensive gar nicht mehr gab, ist bezeichnend für die Führungsanarchie im Reich oder die – nun doch auch politische – Selbständigkeit der Militärs. Die Reichskanzler sind darüber – spät – informiert worden, beraten wurden diese Fragen mit den Politikern nie. Die Flottenpolitik war enger mit der Außenpolitik verzahnt, vor allem deshalb, weil sie so dominant war. Mindestens, wie wir gesehen haben, ihre Ambivalenzen gegenüber England waren die Ambivalenzen auch der Außenpolitik der Diplomaten.

Pazifisten haben nach dem ersten Weltkrieg der Rüstungsindustrie einen konfliktverschärfenden Einfluß auf die Außenpolitik, ja den Kriegsausbruch zugeschrieben. Natürlich stehen Rüstungsindustrie und Hochrüstung in Wechselwirkung, aber letzten Endes sind die rüstungspolitischen Entscheidungen in Deutschland autonom gefällt worden, von einem militärisch-industriellen Komplex kann nicht eigentlich die Rede sein. Und die Rüstungsindustrie lebte nicht nur von der Inlands„nachfrage", sondern auch vom Export. Freilich, beim Export konkurrierte sie mit der Rüstungsindustrie gegnerischer Länder – die Deutschen auf dem Balkan vor 1914 z. B. mit den Franzosen; Außenpolitik und Rüstungsexporte verflochten sich da, aber auch dadurch wurde die Außenpolitik nicht von der Rüstungswirtschaft abhängig.

2. Außenpolitik ist von Wirtschaft und von Innenpolitik abhängig und durch beide geprägt, und sie wirkt auf beide zurück. Es gibt ökonomische und innenpolitische Voraussetzungen und auch Motive der Außenpolitik und außenpolitische Voraussetzungen und Motive der Innen-, der Wirtschafts- (Zoll- und Handels)politik. Schon Bismarck hatte zumindest auch innenpolitische Motive für manche seiner außenpolitischen Aktionen, den Abschluß des Zweibunds oder den Kolonialerwerb z. B., oder hat außenpolitische Lagen und Krisen, wie 1886/87, innen- und wahlpolitisch instrumentalisiert; der „cauchemar des coalitions" und der „cauchemar des revolu-

tions" hingen in seinem Denken zusammen. In der wilhelminischen Periode und ihrem hochemotionalisierten Imperialismus haben sich diese Beziehungsgeflechte erheblich verstärkt. Ehe wir das im einzelnen erörtern, muß man aber zunächst sagen: Anders als in der Gegenwart, einer Zeit öffentlich ablaufender Außenpolitik in durchgebildeten parlamentarischen Systemen, waren und wurden vor dem Ersten Weltkrieg die Bereiche Außenpolitik und Innenpolitik/Wirtschaft zuerst einmal und vor allem doch getrennt, sie liefen nebeneinander und zum Teil sogar unabhängig voneinander ab. Diplomatie war Geheimdiplomatie; selbst in England und Frankreich wurden die außenpolitischen Entscheidungen von einem kleinen Führungs- und Expertenzirkel getroffen, jeweils nur indirekt von Parlament und öffentlicher Meinung abhängig. Erst recht war das in Berlin der Fall, insofern entspricht es der Realität, wenn wir Außen- und Innenpolitik getrennt voneinander behandeln; man muß dann nur die Interdependenz genügend beachten.

Die deutsche Weltpolitik war wie aller Imperialismus der Zeit mit vielen wirtschaftlichen Interessen und Motiven versetzt, und manche Beobachter und Historiker seither haben darum den Imperialismus überhaupt als ein im wesentlichen ökonomisch zu erklärendes Phänomen angesehen.

Die deutsche Weltpolitik sollte deutsche Wirtschaftsinteressen in der Welt schützen und fördern. Das waren zunächst zahlreiche Einzelinteressen in zahlreichen Regionen der Welt; die Interessenten kamen bei Schwierigkeiten vor Ort oder mit der internationalen und gar machtgestützten Konkurrenz gern auf staatliche Hilfe zurück oder schrien nach ihr. Der ältere Freihandelsimperialismus der Kaufleute, der nur in Ausnahmefällen nach Regierungsschutz verlangt hatte, war zergangen. Solche Einzelinteressen gab es natürlich in den deutschen Kolonien, in Ost- und Westafrika und in der Südsee, und in Regionen mit noch offenen oder labilen Herrschaftsverhältnissen, wie in China oder den portugiesischen Kolonien, in den Burenstaaten oder Marokko. Diese Interessen, die auf koloniale und überseeische Sonderprofite für das jeweilige Unternehmen zielten, spielten in den Peripheriekonflikten mit anderen Mächten, unter Sub- und Abenteurerimperialisten, eine große Rolle, und die Vertreter dieser Interessen waren geneigt und öfter auch in der Lage, zu Hause einen gewissen – manches Mal gar öffentlichen – Druck auf die Regierung zu organisieren. Aber diese Interessen waren doch privat, sozusagen lokal, sie waren uneinheitlich und zersplittert, wiesen politisch nicht in eine Richtung, insofern war ihre Bedeutung insgesamt nur begrenzt. Weder die deutschen Exporte noch die Kapitalinvestitionen gingen in besonderem Maße in die Kolonien oder in „besondere" Interessengebiete der Überseeinteressenten. So wenig darum diese Interessen die Richtungen des deutschen Imperialismus bestimmten oder gar sein Wesen ausmachten, so hatten sie doch einen kumulativen Verstärkereffekt und erhöhten vor Ort zumal die Spannungen zu England.

Die Zeitgenossen sprachen bekanntlich viel von der deutsch-englischen Handelsrivalität, ja vom englischen Wirtschaftsneid, der die Ursache der weltpolitischen Spannungen sei. Der deutsche Export wuchs schneller als der englische und auch als der amerikanische, 1913 hatte er den englischen fast erreicht (13 und 14 % des Weltexports). Das war eine Folge des gewaltigen Wirtschaftsaufstiegs des Nachholers Deutschland und seiner Pionierrolle bei den modernen Industrien, bei Chemie- und Elektroindustrie. Auch die Außenhandelsbilanz zwischen England und Deutschland wurde zwischen 1900 und 1905 positiv für Deutschland. Dieser Aufstieg erregte natürlich in England, zwischen 1895 und 1905 vor allem, Aufsehen und Beunruhigung und, von besonders betroffenen Branchen geschürt, mancherlei Hysterie; dergleichen wurde im Gegenzug in Deutschland mit wiederum leicht hysterischen Überreaktionen konstatiert. Später beruhigte sich die aufgeregte Debatte wieder einigermaßen. Wir wissen heute, daß objektiv das Wachsen der Weltmarktkonkurrenz nicht entscheidend zur Vermehrung der politischen Konfliktstoffe beigetragen hat. Die Konkurrenz in Übersee fand auf wachsenden Märkten statt, trotz der deutschen Erfolge expandierte auch der englische Export noch und dominierte in weiten Bereichen, z. B. in Lateinamerika oder im Empire. Die englische Währungsbilanz, bei der die Transfers für Leistungen einbezogen sind, blieb im Gegensatz zur deutschen positiv; die deutschen Importe aus England sanken zwar, aber dafür stiegen die Importe aus dem Empire. Vor allem – wir haben das im Zusammenhang mit dem Außenhandel besprochen – der Handel zwischen den Industrienationen war unvergleichlich größer als der mit der dritten Welt, die komplementäre Verflechtung wichtiger als die Konkurrenz; die englischen Werften z. B. bauten mit importiertem deutschen Stahl Schiffe für deutsche Reedereien, also für den Export. Auch die Kapitalanlagen gingen vor allem in die Industrie und in die, wie wir heute sagen würden, Schwellenländer, kaum in die Kolonien; und in den anderen Entwicklungsländern gab es viel Raum für konkurrierendes Kapital.

Die Suche nach wirklichen und gar unlösbaren Konflikten der imperialistischen Mächte über Exportmärkte, Rohstoffbasen, Investitionsgebiete führt in die Irre. Diese Interessen spielten in den weltpolitischen Konflikten objektiv keine dominierende Rolle, auch nicht in Deutschland. Die exzessiven Annexionspläne des ersten Weltkriegs, die wirtschaftlich begründet waren, waren Kriegsergebnisse, nicht Kriegsmotive. Wirtschaftliche Interessen waren zudem quantifizierbar, darum teilbar und kompromißgeeignet. Und solche Interessen hatten – im deutschen Fall – keine einheitliche Richtung; Exportinteressen wiesen in russische wie in britisch dominierte Wirtschaftsräume und insgesamt eher auf Kooperation als auf Konfrontation. Auch die lange modische Meinung, das Schwanken der deutschen Außenpolitik zwischen Rußland und England gehe auf die gegensätzlichen Außenhandelsinteressen der beiden tragenden Wirtschaftsgruppen des Reiches zurück, der insoweit anti-russischen Landwirtschaft und der insoweit anti-englischen Industrie, sei also eine verhängnisvolle Folge der innenpolitisch motivierten „Sammlung“ (G. W. Hallgarten) oder der unterschiedlichen Interessen der herrschenden Klassen, hat sich nicht bestätigt. Die Ambivalenzen der Außenpolitik sind nicht Folge der ja eigentlich selbstverständlichen Ambivalenzen der Wirtschaftsinteressen.

Freilich, damit ist es nicht getan. Die indirekten Folgen sind und bleiben wichtig. Natürlich gab es immer Gewinner und Verlierer, und dieses Faktum bestimmte die Meinungen der entsprechenden Gruppen. Vor allem aber sind die Folgen der ökonomischen Konkurrenz für die subjektive Wahrnehmung der Sachverhalte wichtig. Man sah damals weniger als wir Späteren die internationale Kooperation oder Koexistenz und das allgemeine Wachstum, sondern die Konflikte, die relativen Wachstumsunterschiede und die Gefahren der Zukunft. In England sah man einen weiteren deutschen Wirtschaftsaufstieg als eigenen Machtverlust. In Deutschland sah man das gewaltige Anwachsen der eigenen Bevölkerung, die zunehmende Angewiesenheit auf den Außenhandel, zumal die Exporte, und sah die deutsche Position und die wachsende deutsche Wirtschaft in der sich verschärfenden Weltkonkurrenz; was z. B., wenn das Empire zu Präferenzzöllen überging? Um weiter exportieren zu können, so wurde argumentiert, brauche man Einfluß und Einflußzonen, brauche man den „Platz an der Sonne", ja eine Neu- und Umverteilung der Welt. Man könne nur auf Dauer Hammer oder Amboß sein. Wirtschaftliche Notwendigkeiten, so wie man sie auffaßte, also begründeten dann die deutsche Weltpolitik. Überall stieß man auf England. Das war der Spätkommerkomplex. Es war aber letzten Endes der Machtwille des imperialen Nationalismus, der den ökonomischen Gegebenheiten und Konkurrenzen erst eine solche Wichtigkeit verlieh, aus ökonomischen Randkonflikten den Zentralkonflikt machte. So verband sich ökonomische Macht mit politisch-militärischer. Das war nicht notwendig, aber das wurde und war wirklich. Insoweit hat die Wirtschaftsrivalität die Spannungen doch wesentlich erhöht.

Es war also die Vorstellung von zukünftiger Wirtschaft, Deutschlands wirtschaftlicher Zukunft in der Welt, die die Weltpolitik mitprägte. Man meinte, die wachsende Wirtschaftsmacht in politische Macht umsetzen zu müssen, und man meinte, sie nur politisch sichern zu können. Diese Vorstellung spielte sowohl in „der Wirtschaft" und ihren Verbänden wie in der für Wirtschaftsfragen zugänglichen öffentlichen Meinung und entsprechend in den Parteien wie schließlich im beamteten Regierungsestablishment und in der Diplomatie eine wichtige Rolle. Die konkreten Ausformungen dieser Vorstellung waren unterschiedlich, aber das war die Basis für die Kooperation von Wirtschaft und Politik. Die Politik berücksichtigte wirtschaftliche Interessen, so wie sie (und die sie „machenden" Beamten) sie sich vorstellten, und auch so, wie diese Interessen an sie herangetragen wurden. Insoweit war die Wirtschaft indirekt ein Faktor im politischen Kalkül, das ist die Hauptsache.

Aber sie konnte auch direkt Einfluß zu nehmen suchen. Diese Beziehung reicht natürlich in die Zeit vor der Weltpolitik zurück. Seit dem Übergang zum Schutzzoll 1878/79 war die Außenhandels-, die Handelsvertrags- und

Zollpolitik ein integraler Bestandteil der Gesamtpolitik und wurde auf die Dauer ein Faktor auch der „normalen“ Mächte-Außenpolitik. Das Geltendmachen wirtschaftlicher Interessen bei Zoll- und Handelsvertragsfragen oder ihre Berücksichtigung durch die Regierung gehörten zur Normalität. Bismarcks zeitweilige Meinung, man könne Außenhandels- und Außenpolitik trennen, erwies sich als unhaltbar; Handelsverträge wurden und waren ein integraler Teil der Außenpolitik; die Erwartung, 1917 werde es zu einem deutsch-russischen Handelskrieg kommen, spielte in den außenpolitischen Kalkülen beider Mächte 1914 eine wichtige Rolle. Diese Verflechtung intensivierte sich mit dem Eintritt in die „Weltpolitik“. Dafür spielten einmal die großen und aussichtsreichen Erschließungen und Durchdringungen von ganzen Weltregionen eine Rolle, vor allem die der Türkei. Hier gibt es eine Kooperation von Regierung und Wirtschaftsgruppen, z. B. bei der Bagdadbahn unter Führung der Deutschen Bank. Der anfängliche Elan der Wirtschaft für solch imperiale Großunternehmen geht freilich zurück – je größer die Schwierigkeiten vor Ort und mit der internationalen Konkurrenz werden, je mehr der Kapitalbedarf wächst. In der Geschichte des einzig bedeutenden deutschen Planes, eben der Bagdadbahn, ist es bald die Regierung, die die Wirtschaftskreise drängen muß, und die Sache endet nicht nur aus politischen Rücksichten, sondern auch wegen der deutschen Kapitalknappheit und dem Streben der Banken nach finanzieller Risikoverteilung in internationaler Kooperation. Die Erwartungen, die die deutsche Politik an die Erschließung Chinas knüpfte, wurden von der deutschen Wirtschaft nicht aufgegriffen und schon gar nicht erfüllt. Das war freilich nicht durchgängig so; die Interessen der Firma Mannesmann an der Durchdringung Marokkos z. B. waren politisch einflußreich und wirkungsvoll, die Rüstungsgeschäfte auf dem Balkan und in der Türkei waren immer wirtschaftlich und politisch, unternehmerisch und diplomatiegestützt zugleich, waren in den letzten Jahren vor 1914 jedenfalls, immer ein Ringen zwischen Schneider-Creuzot und Krupp, zwischen Deutschland und Frankreich.

Insgesamt wird man aber doch noch einmal und auch hinsichtlich der halbsouveränen Länder zum Ergebnis kommen, daß die Wirtschaftsinteressen und -interessenten nicht die Politik machten, so sehr sie in sie eingingen, sie verstärkten und färbten. Die imperialistische Politik des Reiches war primär macht- und erst sekundär wirtschaftsorientiert. Erst wenn man das Ganze in den Blick nimmt, die kumulative Wirkung der Einzelverflechtungen, die Zukunftsprojektionen der Reichsführung, der Wirtschaft wie der öffentlichen Meinung, die Rolle der Großprojekte, wird die Grenze zwischen Wirtschaftsmacht und politischer Macht fließend, geht beides ineinander über. Der „Platz an der Sonne“ ist Macht und wirtschaftlicher Erfolg zugleich.

Ein besonders gutes Beispiel für die Ambivalenz zwischen Wirtschaft und Politik ist der Kapitalexport. Zum einen gab es hier eine relativ enge Kooperation von Banken und Regierungen, etwa in der Anleihe-Politik, aber auch in anderen Fällen; das Beispiel der Bagdadbahn haben wir erwähnt, anderswo, in China z. B., drängten die deutschen Banken die Regierung zum Einsatz für das Prinzip der offenen Tür. Weil die französisch-russische Allianz auch ganz wesentlich eine Finanzallianz war, waren die deutschen Versuche zu einer Wiederannäherung an Rußland häufig mit Anleiheangeboten gekoppelt. Aber der Einfluß des Staates auf die Banken (und auch der Banken auf den Staat) war begrenzt. Die „autonome" Aktivität der Banken war in ihren politischen Implikationen sehr zwiespältig. Der Zweibund z. B. ist durch das starke Engagement des deutschen Kapitals in der Habsburgermonarchie, eine Folge auch der politischen Konstellation, gewiß wirtschaftlich intensiviert worden; die deutsche Kontrolle über zwei der für Industriebeteiligungen wichtigsten italienischen Banken dagegen hat Italien nicht im Dreibund gehalten, dabei waren wieder französische Anleihen wichtig. In den Balkanländern spielte die Großmachtkonkurrenz auf dem Kapitalmarkt eine große Rolle. Insgesamt ist die Aktivität der Banken pro-imperialistisch und internationalistisch zugleich, variiert zwischen Konfrontationen und Kooperationen.

3. Wir wenden uns dem dritten Faktorenkomplex zu, der wiederum von innen die Außenpolitik als Weltpolitik mitprägte. Das sind die großen Bewegungen und Stimmungen der Deutschen, wie sie sich in Parteien, Verbänden und öffentlicher Meinung artikulieren. Die Mehrheit der Deutschen wird imperialistisch, nicht weil die Regierung sie entsprechend „manipuliert", sondern auch aus eigenem Antrieb. Das trägt und treibt die „offizielle" Weltpolitik.

Der Nationalismus wird, wir haben davon früher erzählt, erst kolonialistisch und dann imperialistisch. Wenn es um die Identität der Deutschen geht und um ihre Zukunft, dann geht es um ihre Stellung in der Welt, um Mitgestaltung der Welt, um Sich-Durchsetzen in der Konkurrenz der Völker, um Weltpolitik und auch Flottenpolitik. Neben die neue Wendung des Nationalismus nach innen, zu einer neuen sozusagen integralen Einheit und zur Dominanz der nationalen Einheit in aller Politik, tritt die neue Wendung nach außen, in die Welt. Dazu gehört jetzt auch eine Art Kulturmission, der Anspruch des deutschen „Menschentums", zwischen Russen und Angelsachsen die Welt mitzugestalten, die Pluralität gegen die Uniformität der Flügelmächte zu verteidigen – wie Max Weber das alles emphatisch und fast spirituell zum Ausdruck gebracht hat –, oder die Idee, Deutschland müsse ein profilierter Wortführer der kleinen Völker für eine freiere internationale Ordnung ohne britische Hegemonie werden, eine angesichts des deutschen Auftrumpfstils in der internationalen Arena besonders schnurrige Idee.

Weil der Nationalismus nicht mehr auf den europäischen Kontinent und die unmittelbaren Nachbarn vor allem bezogen war, sondern auf die Welt, wandelte sich das Bild des Gegners und Feindes. Neben den traditionellen Erbfeind oder gar vor ihn trat neu der Rivale in der Welt, vor die anti-französische rückte die anti-englische Tendenz. Der Spätkommer Deutschland traf mit jedem Anspruch in der Welt auf England. Schon bei Treitschke hatte die Mischung von Neid und Ressentiment gegenüber England den Reichsnationalismus zu färben begonnen. Das wurde jetzt immer dominierender. Daß das superimperialistische England sich den deutschen Ansprüchen auf Gleichberechtigung entgegenstellte, seine Weltherrschaft mit der spezifisch englischen moralischen Heuchelei des „cant", dem Vorschieben einer humanitären Pflicht („the white man's burden"), verkleidete, schien die anti-englischen Tendenzen zusätzlich zu legitimieren, ja erneuerte und verstärkte den Anspruch auf Welt- und Seemacht. Der Slogan vom „perfiden Albion" gewann Resonanz. Und natürlich waren die anti-deutschen Stimmungen in der englischen Presse und die Großaktionen des englischen Imperialismus, wie der doch aller Gerechtigkeit Hohn sprechende Burenkrieg, immer neue Bestätigungen und Intensivierungen des anti-britischen National-Imperialismus. Stimmungen sind schwer meßbar. Natürlich waren keineswegs alle Imperialisten – oder auch nur ihre Mehrheit – anti-englisch; es gab ideologische Englandfreunde („die germanischen Brudervölker") und Realisten, es gab periodisch Schwankungen in der Stärke der anti-englischen Sentiments. Aber der neue anti-englische Komplex wurde zu einem wichtigen Teilfaktor der popularen Basis des deutschen Imperialismus.

Wir müssen sodann die unterschiedlichen Haltungen der politischen Richtungen zum Imperialismus und insoweit seine Differenzierungen erörtern. Zunächst die Liberalen, wir haben davon erzählt. Max Weber und Friedrich Naumann sind typische Sprecher eines progressiven liberalen Imperialismus. Weltpolitik erleichtert die Integration der Arbeiterschaft in die Nation und schafft über Wachstumsgewinne größere Verteilungsgerechtigkeit, stärkt die modernen Elemente der Gesellschaft und damit letzten Endes die Demokratie, und umgekehrt verlangt moderne Weltpolitik eine demokratische Basis. Gewiß, Weltpolitik war als Bestimmung einer großen Nation im 20. Jahrhundert auch für diese Liberalen ein – letzter – Zweck an sich selbst; ihre innen- und sozialpolitischen Ziele waren dem nachgeordnet; aber sie waren doch mit der Weltpolitik engstens verbunden, Teil und Ergebnis zugleich. Auch die Nationalliberalen, wie Stresemann, haben, ohne das „demokratische" Element, an die Verbindung von Imperialismus und Systemmodernisierung – durch Ablösung der alten Eliten – geglaubt.

Dann gab es natürlich eine gouvernemental-konservative Einfärbung des Imperialismus, davon ist unter Historikern seit drei Jahrzehnten oft genug die Rede. Die Weltpolitik war ein großes Ziel, so sahen es ihre Vertreter, das die Energien der nicht-sozialdemokratischen Teile der Nation auf sich ziehen und von inneren Konflikten und Unbehagen „ablenken" sollte; Weltpolitik war also auch eine Politik der nationalen Integration, die die bestehende Machtverteilung stabilisierte, auch natürlich durch den Glanz des Erfolgs. Bülow hat diese „Seite" der Weltpolitik, angesichts des um sich greifenden Unbehagens gegenüber dem Kaiser, immer sehr stark mitbedacht, stärker als Tirpitz. Er wollte ein deutscher Disraeli werden. Weltpolitik war 1897/98 ein Element der „Sammlung" von Industrie und Landwirtschaft gegen ein Abrutschen nach links. Die Auflösung des Reichstags 1906 über einer sicher nicht lebenswichtigen und vermutlich auch nicht unlösbaren Frage des Kolonialbudgets und die nationale Instrumentalisierung der anschließenden, deshalb so genannten „Hottentottenwahlen" gegen Sozialdemokratie und Zentrum sind ein klassisches Beispiel für die erfolgreiche Instrumentalisierung des Imperialismus für die Innenpolitik.

Man muß jedoch die Grenzen solcher Politik sehen. Schon die oft überschätzte „Sammlung" Ende der 1890er Jahre konnte auch im Zeichen des Imperialismus nie verdecken, daß Konservative, Liberale und Zentrumskatholiken, daß Industrie, Mittelstand und Landwirtschaft weiterhin sehr unterschiedliche Ziele verfolgten, unterschiedliche Ziele einer Außenpolitik unterstützten. Der im Zeichen des Imperialismus gebildete Block von 1907 mußte jetzt auch die Linksliberalen einschließen, und das erforderte gouvernementale und konservative Konzessionen. Schon nach zweieinhalb Jahren brach er auseinander. Natürlich, die Regierung machte um innenpolitischer Ziele willen weidlich Gebrauch von imperialistischen Parolen, Getöse und Fanfarenklängen. Schon deshalb, weil die Weltpolitik, die Flottenrüstung zumal, gewaltige Geldmengen kostete; irgendwann mußten auch die Steuerzahler neue Lasten auf sich nehmen, und dafür brauchte man das Parlament, die Parteien, die Wähler. Natürlich war die Legitimation des Systems durch eine erfolgreiche oder erfolgverheißende Weltpolitik und später durch die Anrufung der weltpolitischen Bedrohungssituation immer wichtig und hocherwünscht. Aber – wie bei der Flottenpolitik – man muß die Prioritäten richtig einordnen. Es ist nicht so, wie manche Historiker gemeint haben, daß das deutsche Herrschaftsestablishment in außenpolitische Ambitionen oder Abenteuer flüchtete, um konservative Positionen zu stärken, einer inneren Krise zu entkommen, gar das „System" vor einem drohenden Zusammenbruch, vor Demokratie und Sozialismus zu retten. Weltpolitik war, so schien es, eine Notwendigkeit deutscher Machterhaltung in sich selbst, der Weltmachtanspruch bedurfte keiner weiteren Rechtfertigung. Er war selbst das Ziel. Das bleibt die Hauptsache. Systemstabilisierung war eine hochnützliche und -erwünschte Folge und Begleiterscheinung, auf die man gelegentlich auch gesondert reflektieren mochte. Der eigentliche Antrieb und Kern der Weltpolitik war sie nicht. Auch die demokratischen Liberalen hätten, wenn sie das Sagen gehabt hätten, Weltpolitik getrieben.

Am Rande des gouvernementalen Imperialismus bildete sich schließlich – davon haben wir im Zusammenhang mit dem Nationalismus schon gesprochen – ein extrem chauvinistischer Radikal-Imperialismus. Er kannte keine diplomatischen Rücksichten auf das Mögliche und auf das Verhältnis zu anderen Großmächten oder – in der Rüstungspolitik – auf andere staatliche Notwendigkeiten. Dieser Radikal-Imperialismus war nicht mehr von der Regierung steuerbar, er wurde zur neuen „Opposition von rechts". Das nahm mit der Radikalisierung des Alldeutschen Verbandes und eines Teils der nationalistischen Presse etwa im Jahrfünft vor 1914 erheblich zu. Zum Teil waren es die Geister, die die Regierung gerufen hatte, die sich nun selbständig machten; damit aber wurde für die Regierung jede Verständigungs- oder Entspannungspolitik, jede Konzession und jeder Kompromiß extrem schwierig. Diese Radikalisierung und ihre Probleme werden uns noch ausführlich beschäftigen.

Der Übergang der Parteien und der Verbände, der sozialen und beruflichen Wählergruppen zum Imperialismus hat sich unterschiedlich schnell vollzogen. Die Nationalliberalen und die Freikonservativen mit ihren Anhangsgruppen waren die ersten, dann kamen die Großbürger und Intellektuellen der Freisinnigen Vereinigung. Die Zögerer, die primär agrarischen Konservativen, vor allem aber das Zentrum sind langsamer gefolgt, manche, wie die Zentrumsabgeordneten, zunächst aus taktischen Erwägungen. Die volksparteilichen Linksliberalen vollzogen diesen Schritt endgültig erst 1906/07. Es gab Kern- und Randgruppen, Enthusiasten und etwas mehr Distanzierte – und natürlich die entschiedenen Gegner, die große Mehrheit der Sozialdemokraten. Aber insgesamt ist doch die Mehrheit der politisch sprachfähigen Deutschen um 1900 imperialistisch geworden.

Der Imperialismus der bürgerlichen Gesellschaft wurde, mehr als es je Nationalismus und Kolonialismus in den 70er und 80er Jahren gewesen waren, ein Bestimmungsfaktor der Außenpolitik, ja er entzog sich immer stärker bis zu einem gewissen Grade dem Regierungseinfluß. Das hing einmal mit der Fundamentalpolitisierung und dem Aufstieg der Presse und der Pressemacht zusammen, sodann mit der wachsenden Angewiesenheit der diplomatischen Schachspielkalküle auf die Öffentlichkeit und das Parlament und schließlich mit der Abwesenheit einer dominierenden Ausnahmefigur wie Bismarck. Auch im nicht-parlamentarischen System des Reiches wurde die öffentliche Meinung eine Macht, gegen die und ohne die keine Politik zu machen war. Man kann von einer Dialektik sprechen: Außenpolitik der Regierung wurde ohne Parlament, ohne Information und Fühlungnahme, „gemacht". Die öffentliche Meinung, auf die als Basis der Popularität auch die nicht-parlamentarische Regierung angewiesen war, blieb uninformiert und unaufgeklärt illusionistisch und war dabei ungefiltert, unbestimmt und in Wünschen und Zielen unbegrenzt, gerade deshalb lautstark, irrational und radikal. Das obrigkeitliche System aber war letzten Endes nicht unabhängiger von Massenstimmungen als die demokratischen Systeme, vielleicht sogar mehr auf sie angewiesen. Und es hatte es gerade wegen der fehlenden Filter schwerer mit ihnen.

Es gab viele Formen, in denen der Imperialismus sich ausdrückte und in die Breite vermittelt wurde, alte und neue. Am wichtigsten wurde die Publizistik. Professoren und andere Intellektuelle begründeten und legitimierten die deutsche Weltpolitik vor allem in der Zeitschriftenpresse historisch, nationalökonomisch, geographisch, machtstrategisch, entweder im ganzen oder in Teilansprüchen und Teilaktionen. Und die imperialistische Perspektive durchdrang zunehmend weite Bereiche der außen-, aber auch der innen- und wirtschaftspolitischen Journalistik der Tagespresse, ja benachbarte Gebiete wie Reisebeschreibungen, Kulturvergleiche oder Ausflüge in die Weltgeschichte. Die Konzentration der Deutschen auf innere Angelegenheiten oder auf „Kultur" wurde als „Mangel", als ein Mangel an politischer Bildung bekämpft und beklagt. Die Tagespresse konnte auch öffentliche Meinung „machen", konnte parlamentarische und regierungsamtliche Reaktionen, ja Aktionen auslösen. Sie hat zwar z. B. den deutsch-englischen Gegensatz nicht erfunden, aber doch emotional aufgeladen, fixiert und intensiviert. Die Presse war nicht nur ein Sprachrohr, sondern eine selbständige Macht, und die Lautstärke und das Gewicht radikalimperialistischer Organe (und Korrespondenzen) war größer, als die Parteiverhältnisse im Reichstag hätten vermuten lassen.

„Politische Erziehung" war seit 1900 auf Weltpolitik aus. Das drang auch in die Universitäten und Schulen, in die Volksschullehrerseminare, die Jugendliteratur vor. Neben das Thema der aufgeweckten Jugend der 90er Jahre, die Sozialpolitik, trat nach 1900 das Thema der Weltpolitik an die Spitze.

Nach dem Vorbild der alten nationalpolitischen Vereine entstanden neue imperialistische Agitationsverbände, zuerst die 1887 durch Zusammenschluß entstandene Deutsche Kolonialgesellschaft, dann der Alldeutsche Verband von 1891. Dazu kam dann seit 1898 der Deutsche Flottenverein, die erste imperialistische Massenorganisation, die 1914 mehr als eine Million Mitglieder hatte – darunter waren freilich mehr als zwei Drittel „indirekte", über andere Vereine angeschlossene Mitglieder – und einer der stärksten Propagandisten und Promotoren der Flottenbegeisterung und der Zustimmung zur Weltpolitik gewesen ist. In diesem Verein wirkten das Reichsmarineamt, also die Regierung, Figuren des adelig-höfischen Establishments, Großindustrielle und Akademiker zusammen und gewannen die Gefolgschaft breiter mittlerer Schichten. Der Verein hatte einen halb-gouvernementalen Anstrich, das führte später zur Bildung eines radikalen anti-gouvernementalen Flügels, und im Gefolge einer Vereinskrise mußte dieser Flügel dann ausscheiden. Auch die anderen nationalistischen Großorganisationen der Zeit, der Ostmarken-Verein, dann der Reichsverband zur Bekämpfung der Sozialdemokratie und schließlich der Wehrverein nahmen, wenn auch auf andere Sonderpunkte konzentriert, den imperialistischen Grundton auf. Gewiß muß man sehen, daß breite Massen der Deutschen, die sozialistischen Arbeiter zuerst, aber viele andere auch, keine „Imperialisten" in diesem Sinn waren. Der Imperialismus reichte nie so tief wie der Patriotismus der Vaterlandsverteidigung und des Normal-Nationalismus. Anders als in England gab es kein Weltreich, das Aufstiegspositionen für die Kinder der kleinen Mittelklassen geboten oder den Sondergewinn der Facharbeiter deutlich gemacht hätte, und auch für die Bauern war die Realität des Imperialismus fern. Protestanten waren durchaus imperialistischer als Katholiken. Aber die tonangebenden und meinungsführenden Schichten waren doch von ihm geprägt, und nicht so selten auch von einem emotionalen Fieber jenseits der realistischen Weltwahrnehmung. Indessen, auch das muß man wiederholen: Das alles war gemeineuropäisch, ja atlantisch, soweit Groß- und Weltmächte oder solche mit entsprechenden Ambitionen betroffen waren.

Insgesamt muß man festhalten: Es gibt zwar weiterhin eine Autonomie der Außen- und Weltpolitik, aber Wirtschaft und Gesellschaft dringen gewaltig vor, werden mitentscheidende Faktoren der Außenpolitik.

Nach dieser Erörterung von Bedingungsfaktoren wenden wir uns noch einigen strukturellen Zügen der Außenpolitik selbst zu. Die öffentliche Meinung war ein Treibsatz der Weltpolitik, der Ort der Entscheidungen war sie nicht – trotz ihrer Anteilnahme an der Außenpolitik und auch deren einzelnen Schritten und trotz der Grundwelle des Imperialismus. Bei den außenpolitischen Entscheidungen mußte dies alles zwar in Rechnung gestellt werden, aber getroffen und auch vorbereitet wurden sie in einem ganz kleinen Führungszirkel. Außer dem Staatssekretär des Auswärtigen, vielleicht einigen leitenden Räten des Amtes und dem Kanzler, häufig dem Staatssekretär der Marine und manchmal, vor allem unmittelbar vor 1914, dem Generalstabschef, war daran zunächst und vor allem der Kaiser beteiligt – direkt in allen entscheidenden Beratungen und auch indirekt mit seinen Randbemerkungen zu den ihm vorgelegten Berichten, mit seinen Reden und seiner persönlichen Diplomatie. Und, wie man weiß, an der kaiserlichen Meinungsbildung war wiederum der engere Zirkel seiner Umgebung, Hofleute, Militärs, Kabinettschefs und Freunde, wie Philipp Eulenburg, beteiligt, wenn auch in dem überlieferten internen Austausch dieser Kreise wenig von Sachalternativen, aber viel von Personenauswahl und ansonsten eher von allgemeinen Stimmungen die Rede ist. Jedenfalls war der Kaiser, aktiv intervenierend oder hemmend und verhindernd, einer der höchstinitiativen „Macher" der Außenpolitik. Während der Staatssekretär der 90er Jahre, Marschall, über seine Interventionen klagte, lobte sein Nachfolger Bülow ihn fortlaufend, teils weil er das persönliche Regiment mit der Mischung von Cäsarismus und Weltpolitik durchaus bejahte, teils weil ihm das seine eigene Position und seinen Einfluß sicherte. Das Auswärtige Amt verhielt sich dem – oft sprunghaften – Monarchen gegenüber opportunistisch, auch das erklärt manches von der Unruhe, dem Zickzackkurs dieser Jahre. Es wurde schwer, dem Kaiser zu widersprechen, das verlangte viele Umwege und Winkelzüge. Direkten und regelmäßigen Einfluß auf außenpolitische Grundentscheidungen hatte, wir sagten es, nicht das Heer, wohl aber die Marine, über ihren Staatssekretär – das lag an der Sache, an des Kaisers Vorlieben und an der starken Stellung wie Persönlichkeit von Tirpitz. Von den Diplomaten hatten allenfalls die Botschafter bei den Weltmächten einen gewissen Einfluß; die in London spielten eine häufig dissentierende Sonderrolle. Sonst ging das unabhängige Urteil auch der hohen Diplomaten wohl etwas zurück, man wußte, was gern gehört wurde. Daneben gab es die militärische Nebendiplomatie der Militär-, zumal der Marineattachés, auf die der Kaiser sich in wichtigen Fällen, besonders im Verhältnis zu England, stützte.

Ein zweites wichtiges Strukturelement der Außenpolitik ist ihr Stil, ist – im Vergleich zur Bismarckzeit – eine merkliche Stilveränderung. Die öffentliche Begleitmusik, martialische Reden des Kaisers wie des Kanzlers, aggressive oder superempfindliche Töne in Parlamentsdebatten und in der Presse, auch in der scharfen Reaktion auf ausländische Äußerungen – das gehörte jetzt zur Außenpolitik; das war freilich überall in der imperialistischen Welt so, nur die bramarbasierenden Reden des Kaisers machten da wohl einen graduellen Unterschied. Aber die Politik selbst und die Diplomatie griffen in Deutschland immer häufiger zu den Methoden von Drohung, Einschüchterung, Auftrumpfen, man praktizierte eine Art Ellbogenpolitik, davon versprach man sich Erfolg und Resonanz zu Hause. Die Diplomatie wurde – oft genug – „schneidig", das galt nicht nur in Krisen, sondern häufig auch im Rahmen der Normalität. An den dadurch bedingten langfristigen Vertrauensverlust oder an die Klimaverschlechterung dachte man nicht. Der machtbetonte Kampfstil war charakteristisch, für den National-Imperialismus des Reiches dominierend – bis ins gelegentlich Absurde hin. Die Idee einer Außenpolitik der internationalen Kooperation, der Multilateralität, des guten Willens hatte demgegenüber kaum Chancen.

Zu diesem Stil gehörte die spezifische Neigung der deutschen Politik in Übersee zum Alleingang oder bei kollektiven Aktionen, wie dem Boxeraufstand in China 1900, zu einer betonten Sonderrolle, dem Anspruch auf den Oberbefehl über die internationale Truppe durch den Deutschen Waldersee. Das klassische Beispiel sind die ersten Verhandlungen über eine neue internationale Friedensordnung. Der Zar regte 1898 eine Konferenz über Abrüstung, Frieden und internationale Schiedsgerichtsbarkeit an – auch und vor allem, weil weitere russische Rüstungen nicht mehr finanzierbar schienen –, das war die erste Haager Friedenskonferenz. Alle beteiligten Mächte waren gegen irgendwelche Einschränkungen ihrer militär- wie außenpolitischen Souveränität, aber es waren die Deutschen, die sich zuerst, dezidiert und ganz und gar undiplomatisch, dagegen erklärten und engagierten und damit überflüssigerweise die Kritik der öffentlichen Meinung der Welt auf sich zogen. Auch bei der zweiten Haager Konferenz 1907 nahm Deutschland, indem es Abrüstung und internationales Schiedsgericht besonders scharf und grundsätzlich ablehnte, den übrigen Großmächten die Last ab, ihre sakrosankte absolut souveräne Machtpolitik verteidigen zu müssen, und verschenkte die Chance, immerhin die Neutralen gegen die englische Interpretation des Seekriegsrechts im Sinn der gänzlich uneingeschränkten Ausübung der englischen Seehegemonie hinter sich zu vereinen.

Zur Lautstärke und den Drohgebärden gehörte auch die Hektik als Stilelement der deutschen Politik. Das war die Verhaltensweise des Spätkommers. Hier spielten wieder innen- und systempolitische Gründe herein. Die

Führung hatte die Erwartungen und Ansprüche der Öffentlichkeit ermuntert und manchmal gar großgezogen – das setzte sie unter Erfolgsdruck oder verstärkte ihre Neigung, eine Politik der Stärke zu demonstrieren. Zwei Folgen muß man schon hier nennen. England mußte die deutsche Politik als unberechenbar und als Erpressungspolitik wahrnehmen, während die Deutschen, von der Legitimität ihres Ausgreifens in die Welt überzeugt, überall nur eine mißgünstige Blockadepolitik wahrnahmen. Und: Mit der Lautstärke der deutschen Politik und der Ellenbogentaktik nahmen die Ansprüche und Erwartungen der Öffentlichkeit noch zu; das aber verminderte den Handlungsspielraum der deutschen Politik, begrenzte die Kompromißmöglichkeiten, die rational realistischen Lösungen imperialistischer Konflikte.

Der Stil der deutschen Politik war gewiß für das Reich wie für die Welt ein Unglück, das ist seit 1918 oft genug gesagt worden. Aber es ist nicht leicht auszumachen, ob ein rationalerer und weniger lautstarker Imperialismus, etwa im Sinne Max Webers, nicht in dieselbe Weltkrise wie die von 1914 geführt hätte. Beliebt haben die Deutschen sich nicht gemacht, aber vermutlich sind die substantiellen Spannungen wichtiger gewesen als der Stil. Allein in der Flottenpolitik wird man einen Unterschied zwischen rationalen und irrationalen Imperialisten erkennen können.

Zu den Strukturfaktoren der deutschen Außenpolitik gehört schließlich auch ihre Einbettung in das internationale System und seine tiefgreifenden Wandlungen. Man muß sich erneut und immer wieder klarmachen, daß die Außen- und Weltpolitik des Deutschen Reiches – mit seinem gewaltigen Wirtschaftswachstum – im europäischen Kontext zunächst einmal ziemlich normal war. Es waren weit mehr als das innere System und der Stil die Tatsachen des Spätkommens und der Mittellage und dann allerdings auch die besondere deutsche Effektivität und Gründlichkeit, die daraus eine „anomale Normalität" machten. Anders gesagt: Diese Politik kann nicht allein und nicht einmal primär aus deutschen Bedingungen erklärt werden, sie ist auch Teil und Ergebnis des internationalen Systems und seiner Wandlungen, das über alle einzelnen Täter und Tätergruppen, Motive und Aktionen, Strukturen und Mentalitäten hinaus ist – im Rücken der Handelnden bestimmender als sie selbst.

Das internationale System des mittleren 19. Jahrhunderts war im Zeitalter des Imperialismus zu Ende gegangen, jenes System des labil-stabilen europäischen Gleichgewichts, das Gewichtsverschiebungen – zumal für ein diplomatisches Genie wie Bismarck – immer wieder und noch austarierbar machte und das darum von lockeren Kombinationen bestimmt war. Es war das europäische Mächte-Konzert der Pentarchie mit seinen Friedenskongressen, das, wie zuletzt auf dem Berliner Kongreß von 1878, Konflikte gemeinsam löste, ein System, das auch Kriege – mit Hilfe von Vertragsklauseln für den Kriegsfall – gerade zu verhindern suchte und die Gegensätze bändigte und das so insgesamt einen friedenwahrenden Charakter hatte; ein System, das Kolonialfragen von Kontinentalfragen grundsätzlich wenigstens trennte, das europäische Spannungen ein Stück weit durch die Existenz von Pufferstaaten dämpfte.

Das neu entstehende System beruhte vor allem auf dem Ausgreifen des europäischen Systems auf die Welt, auf der Tendenz zu einem Gleichgewicht der Weltmächte, auf der Übertragung des europäischen Nationalismus in die Randzonen, z. B. den Balkan, und es beruhte auf dem Auftreten zweier neuer Weltmächte, Japans und den USA. Unter dem Gewicht der imperialistischen Rivalitäten schwand die ältere europäische Gemeinsamkeit, an einer Quasi-Versicherung auf Gegenseitigkeit teilzuhaben, kollektive Sicherheit verlor die Selbstverständlichkeit eines notwendigen gemeinsamen Grundes, das Risiko gewann an Attraktion, die Gemeinschaft eines ungeschriebenen Völkerrechts zerfiel. Macht, Rivalität und militärische Stärke rückten nach vorn. Die Mächte wurden, was die Welt betrifft, von einem „Raumrausch" (Th. Schieder) ergriffen, das drängte das rationale Kalkül der puren Staatsräson zurück, Ziele wurden unbegrenzter und darum Konflikte schwerer lösbar. Die Verkoppelung von Wirtschaftsinteressen, wirklichen und vermeintlichen, mit dem politischen und auch dem militärischen Machtinteresse, Wirtschaftshegemonie und politischer Hegemonie machte ein andermal die Kontrolle von Spannungen und die Lösung von Problemen und Krisen schwieriger. Die sozialdarwinistische Deutung der internationalen Beziehungen als des Kampfes lebender und sterbender Völker, wie selbst ein so moderater und traditionaler Politiker wie Salisbury schrieb, und die Ideologisierung aller politischen Gegensätze in der öffentlichen Meinung kamen hinzu: Überall wuchs die Verflechtung von Innen- und Außenpolitik und damit – noch einmal – das Moment der Irrationalität. In dieser Situation ging die Haupttendenz nicht mehr hin zu lockeren Allianzen, sondern zu festen Bündnissen, zur Blockbildung – wenn es auch das Reich war, das am meisten auf feste, militärstrategisch abgesicherte Bündnisse aus war. Seit der russisch-französischen Allianz von 1893/94, seitdem England 1904 in das Bündnisgefüge eintrat, trotz aller anfänglicher Vorbehalte, verfestigte sich dieses Gefüge immer mehr, und die begleitenden und folgenden militärischen Abreden taten ein übriges. Die Möglichkeit des Krieges – immer das Menetekel der internationalen Verhältnisse – gewann Priorität und darum auch die Vorsorge für den Krieg, Rüstungswettlauf und „trockener Krieg" (H. Delbrück) wurden charakteristisch, Kriegsfatalismus, ja Kriegsglorifizierung (jedenfalls auf dem europäischen Kontinent) griffen um sich. Das galt für das eigene Tun wie für die Wahrnehmung dessen, was die andern taten.

Die imperialistische Mischung von Machtgier und Sicherheitsverlangen aber kam auch in der außer- und randeuropäischen Welt an ihre Grenzen; gerade für das Reich erwies sich die Welt mehr als Riegel denn als Expansionsraum. Wenn aber die Pufferzonen verlorengingen, schlugen die Gegensätze in der Welt, die Krisen um schwache Staaten der Halbperipherie, Marokko oder die Türkei, zuletzt auf Europa zurück, jetzt gab der trockene, kalte Krieg den nationalisierten kleinen Neukommern auf dem Balkan plötzlich eine große und bestimmende Rolle.

Man muß diese Grundzüge des internationalen Systems und ihre Ähnlichkeit in allen Großstaaten fest im Auge behalten, wenn man die deutschen Dinge in einer angemessenen Perspektive sehen will.

c) Weltpolitik und Isolierung 1897–1907

Die deutsche Weltpolitik fing nicht eines Tages an, die Ernennung der neuen Staatssekretäre Tirpitz und Bülow 1897 und die neue Flottenpolitik markieren nur das Ende einer Übergangsperiode. Nach der Entlassung des kontinental-orientierten Reichskanzlers Caprivi, 1894, hatten sich die in die neue Zeit weisenden Tendenzen verstärkt. Die Subimperialisten vor Ort, in Afrika und im Pazifik, produzierten Reibungen vor allem mit England, die die deutschen Diplomaten aufgriffen. Wir haben von den drei wesentlichen Reibungszonen (1893/96) berichtet, von China, von der Türkei, von Südafrika.

China wurde dann für längere Zeit das erste Aktionsfeld der neuen und initiativen deutschen Weltpolitik. Der japanisch-chinesische Krieg von 1895 hatte die Brüchigkeit des chinesischen Reiches deutlich gemacht, die Intervention der europäischen Kontinentalmächte hatte das Überwiegen des japanischen Einflusses in Nordchina verhindert; zugleich waren sie damit in Konkurrenz zu England, das bis dahin über Hongkong die imperialistische Erschließung Chinas dominiert hatte, getreten. Auch Deutschland wollte an einer Aufteilung von Einflußzonen in China teilhaben. Das war nichts Besonderes. Aber es ging voran mit der Stützpunktbildung. 1897 wurde nach der Ermordung von zwei Missionaren Kiautschou besetzt und gepachtet, die anderen Mächte waren einverstanden, weil sie genauso vorgingen; im Grunde war der englisch-russische Gegensatz die Voraussetzung dieser Aktion. Die neuen Mächte rückten in die Pacht- und Fremdenrechte der Engländer ein. Wirtschaftliche Rechte im Hinterland, der Provinz Schantung, Berg- und Eisenbahnbau vor allem, gehörten zu dieser deutschen Stützpunktpolitik. Zudem wollte die Marine für ihre Kreuzer einen Hafen und eine Kohlenstation – später freilich kehrte sich die Begründung um: Die Flotte sollte gerade gebaut werden, um den Stützpunkt zu schützen. Das Auswärtige Amt war in seinen Zielen an sich bescheidener, weniger antienglisch, weniger auf Aufteilung Chinas aus, aber die Marineleitung war einstweilen stärker. In diesem Zusammenhang hat Bülow dann im Reichstag den Slogan des deutschen Imperialismus geprägt: „Wir wollen niemanden in den Schatten stellen, aber wir verlangen auch unseren Platz an der Sonne.“

Das China-Unternehmen und die anti-japanische Intervention von 1895 haben zunächst die deutsch-englischen Beziehungen belastet – die eigentliche Gefahr für England, das 80% des Chinahandels beherrschte, war zwar der russische Hegemonialanspruch im Norden, aber die öffentliche Meinung richtete sich auch und besonders gegen den Neukommer Deutschland, das mit dem Landerwerb begonnen hatte und mit Rußland zu kooperieren schien.

Insgesamt erwies sich in den Folgejahren die Stützpunktpolitik als wenig erfolgreich; die materiellen Gegebenheiten waren ungünstig, chinesische Widerstände erheblich und der Konkurrenz-Imperialismus stark. Die Provinz Schantung wurde nicht zum deutschen Einflußgebiet. Der deutsche Anteil am Außenhandel Chinas blieb, auch wenn er sich vergrößerte, bescheiden (1913 4,2 % der Ausfuhr, 4,8 % der Einfuhr), ebenso war es mit den Kapitalinvestitionen, nur die rüstungswirtschaftlichen und militärpolitischen Beziehungen (Militärberater) entwickelten sich vor 1914 positiver. Deutschland konnte seine Chinaposition auch nicht dazu nutzen, die Konstellation der europäischen Mächte zu seinen Gunsten zu beeinflussen. Auch die gemeinsame europäische Reaktion gegen den fremdenfeindlichen sogenannten Boxeraufstand (1900) hat die deutsche Bilanz nicht verbessert: Der – lautstark durchgesetzte – deutsche Oberbefehlshaber Waldersee kam erst, als englische und japanische Truppen bereits Peking eingenommen hatten, der Kaiser hielt eine schreckliche Rede an die Soldaten – Pardon wird nicht gegeben, wie ehedem bei den Hunnen (darum „Hunnenrede", auch wenn es da vielleicht Mißverständnisse gab und mit den Hunnen die Chinesen gemeint sein sollten) –, die aufwendige Begleitmusik und die neue Ideologie von der „gelben Gefahr" standen in keinem Verhältnis zu den realen Möglichkeiten und Ergebnissen.

Der Kauf einiger kleiner spanischer Pazifikinseln 1898 vergrößerte zwar das Kolonial„reich" ein wenig, aber die pazifische Stellung intensivierte ebenso wie das forcierte deutsche Samoa-Engagement die Spannungen mit den britischen Subimperialisten in Australien und Neuseeland und nun auch mit den USA; es war im Grunde eine bloße Demonstrations- und Prestigepolitik ohne lohnendes Ziel.

Der neben China wichtigste „Raum" der deutschen Weltpolitik war das türkische Reich, die einzige reale Hoffnung; die Türken waren pro-deutsch, weil Deutschland, anders als alle anderen Großmächte, keinen sichtbaren politischen, z. B. territorialen Preis wollte, sondern unmittelbar jedenfalls „nur" die ökonomische Durchdringung. Die Idee der Bagdadbahn – eine Verbindung von Eisenbahnbau und Wirtschaftsdurchdringung – war das einzige imperialistische Konzept der Deutschen von großem Format; eine Bahn bis Bagdad hätte das Osmanische Reich vielleicht politisch stabilisieren, vielleicht wirtschaftlich entwickeln können. Daneben gab es, schon seit Bismarck, besondere militärpolitische Beziehungen, Berater, die auch für die Rüstungsexporte wichtig werden konnten. Es war klar, daß alle Politik gegenüber der Türkei mit der alten wie neuen „orientalischen Frage", mit der russischen und englischen Rivalität, verbunden war. Das Reich mußte in Rücksicht auf Rußland, das immer noch auf das osmanische Erbe spekulierte, wie auf England, das jetzt massive Interessen am Persischen Golf hatte, vorsichtig taktieren; das türkische Interesse sprach gegen eine Bindung an eine der Flügelmächte, aber erschwerte zugleich auch die Politik der freien Hand. England entzog sich, wir sagten es, in den 90er Jahren, indem es den Schutz des Seewegs nach Indien von Konstantinopel nach Kairo zentrierte, jedem Engagement für einen Schutz der Türkei gegen Rußland, diese Funktion wuchs den Deutschen zu. Das hatte wichtige Nebenfolgen: Es stärkte das Bündnis mit Österreich-Ungarn und die deutsche Angewiesenheit auf dieses Bündnis.

Die Mittelmeerentente hörte 1896 de facto auf zu existieren. England stützte jetzt den Dreibund, und zumal Italiens Mitgliedschaft, nicht einmal mehr auch nur indirekt. Die mangelnde Unterstützung durch England führte dazu, daß Italiens abessinische Ambitionen 1896 bei Adua scheiterten und der Dreibundfreund Crispi stürzte. Der Dreibund wurde zwar noch einmal erneuert, aber ohne englische Rückendeckung verlor er für Italien an Wert; Italien suchte darum seither auch die Verständigung mit seinem bisherigen Erzgegner Frankreich.

Neue türkische Krisen, die Armenier-„Greuel" 1894/95, der Aufstand auf Kreta 1897 und ein Krieg mit Griechenland, führten zu neuen englischen Überlegungen über eine Aufteilung der Türkei und zu weiteren deutsch-englischen Spannungen; ein österreichisch-russisches Stillhalteagreement (Mai 1897) und ein Sieg der Türken über die Griechen machten die Aufteilung einstweilen jedoch gegenstandslos. Aber Mißtrauen und Konkurrenz bestimmten die Haltung Englands gegenüber der deutschen Türkeipolitik. Sie schien den Engländern unberechenbar und betont anti-britisch. Der theatralische Kaiser hatte auf einer Orientreise 1898 versichert, 300 Millionen Mohammedaner könnten auf ihn als Freund zählen – das waren auch die in englischen und französischen Kolonien. Die Konkurrenz um den Bau schon einer anatolischen Eisenbahn, für die die Deutsche Bank 1888 die ersten entscheidenden Konzessionen erhalten hatte, und dann um die Bagdadbahn (Vorkonzession 1899) intensivierte sich. Der Staat – der deutsche Botschafter Marschall und der Kaiser vor allem – ist sehr entschieden für das Projekt eingetreten, die Banken waren nur bei staatlicher Beteiligung und Garantie bei der Sache zu halten. Frankreich wurde an der Kapitalaufbringung beteiligt und so einbezogen, England blieb reserviert, Rußland war dagegen. Sein Verlangen (im April 1899), Berlin solle schriftlich zusichern, daß es Rußland in Konstantinopel nicht entgegentreten werde – so die mündlichen Versicherungen –, beantwortete Bülow mit der Forderung, Rußland solle Neutralität in einem deutsch-französischen Krieg erklären, also die französische Allianz aufgeben. Daraus konnte nichts werden. Aber es zeigte sich die Verkoppelung der alten und neuen Gegensätze.

Trotz aller Spannungen zwischen Deutschland und England über die Weltpolitik – in Ostasien, dem Orient und auch in Afrika –, trotz der heftigen Pressekampagnen, trotz auch wirtschaftlicher Konflikte – 1897 kündigt London den bestehenden Handelsvertrag für Kolonien und Dominien –, trotz all dem schien sich zwischen 1898 und 1901 die Möglichkeit einer britisch-deutschen Verständigung abzuzeichnen. Das britische Weltreich geriet in eine Krise. Es stagnierte, war durch den Aufstieg anderer Mächte, außerhalb Europas Japans und der USA, mit einem latenten Machtverfall konfrontiert; das Weltreich und die weltpolitischen Verpflichtungen wurden eine zunehmende Last, ja Überlast, ein „overcommitment"; der Abbau von Engagement kam auf die Tagesordnung. Diese strukturelle Krise wurde aktuell durch drei Konfrontationen: die französische in Afrika, im Sudan, wo sich England mit Blick auf die Sicherheit Ägyptens (und Indiens) nach der italienischen Niederlage gegen Abessinien 1896 noch stärker engagiert hatte; die russische in Ostasien und, potentiell, in Zentralasien und schließlich die Konfrontation des Burenkriegs, der anders als erwartet sich drei Jahre hinzog, erhebliche Kräfte beanspruchte und die ganze Welt voll moralischer Empörung gegen England aufbrachte, ja einen Block der Kontinentalmächte in den Bereich des Möglichen rückte.

Die bisherige englische Politik der „splendid isolation" gegenüber den Kontinentalmächten stand zur Frage, fing an, altmodisch zu werden. Selbst ihre Verfechter, wie Salisbury, mußten ihre Abneigung gegen die so ambitiöse, unruhige und lautstarke deutsche Weltpolitik und gegen den unberechenbaren „schrecklichen" Kaiser (oder gegen das, was viele als die „Brutalität" der Bismarckschen Politik gesehen hatten und erinnerten) relativieren, mußten angesichts der Gegensätze zu Frankreich und Rußland eine diplomatische Anwärmung suchen, eine Politik, die durch Geben und Nehmen den Status quo – relativ wenigstens – erhalten sollte, das eigentliche Interesse der vom langsamen Machtverfall bedrohten Weltmacht. Noch waren im englischen außenpolitischen Establishment, anders als in der Presse, Wirtschaftskonkurrenz und Flotte keine primär wichtigen Gesichtspunkte, die gegen Deutschland sprachen. Es gab allerdings unterschiedliche Gruppen. Salisbury hielt ein Bündnis weiterhin für überflüssig, sogar für gefährlich, es könne England in einen Krieg verwickeln, den es nichts angehe, die Isolierung und die Politik der freien Hand seien immer noch besser; so bedrohlich wie andere sah er die Gefährdung der Weltmacht England nicht. Es gab die vielen Frankophilen, die nach einer englisch-französischen Entspannung, nach einer Détente strebten; aber als der Sudankonflikt seinem Höhepunkt entgegenging, der bewaffneten Konfrontation von Faschoda (1898), sich am Rande eines Krieges bewegte, war dafür nicht die Stunde. Dann gab es, innerhalb der Regierung unter Führung des Kolonialministers Joseph Chamberlain, eine starke Gruppe, die zu einer Verständigung mit dem Spät- und Neukommer unter den imperialistischen Rivalen, mit dem Deutschen Reich, zu kommen suchte. Die betonte Neutralität, die die deutsche Regierung im Gegensatz zur öffentlichen Meinung im Burenkrieg einnahm, ein demonstrativer Besuch des Kaisers in England, mit dem er sich von der proburischen Stimmung distanzierte, erleichterten das. Chamberlain und der Schatzsekretär Balfour ergriffen die Initiative zu diplomatischen Fühlungnahmen und rhetorisch-publizistischen Versuchsballons. Zunächst sollte es, wie das den Traditionen und dem Stil der englischen Politik und auch der Meinung Salisburys entsprach, um defensive Verständigung über Einzelfragen gehen, daraus – so war die weiterführende Idee – mochte sich dann eine festere Verbindung entwickeln. Es handelte sich nicht um ein „Bündnisangebot", auch und schon deshalb nicht, weil es in der politischen Führung noch keinen Konsens gab (und weil ein Blick auf die öffentliche Meinung nicht gerade für ein „Bündnis" mit Deutschland sprach) – aber es war der Versuch einer Détente mit dem Ziel weiterer Kooperation. Chamberlain deutete immerhin den Beistand Englands bei einem unprovozierten Angriff auf Deutschland an.

Daraus ist bekanntlich nichts geworden. Das lag zunächst an den Deutschen. Die Mehrheit der deutschen Diplomaten war zwar 1898/1901 für die Annäherung an England. Die russische „Option" oder gar die Möglichkeit einer Kontinentalliga schien ihnen illusionär, der Dreibund gefährdet, ja Österreich-Ungarn brüchig. Nicht dieser Meinung aber war der Leiter der Außenpolitik, Bülow, der 1900 auch Kanzler wurde. Er steuerte jedenfalls nicht grundsätzlich und langfristig, mit Drohung und Verlockung, wie Holstein z. B., ein englisches Bündnis an. Ganz ablehnend war er gegenüber allmählichen Entwicklungen, gegenüber regionalen Détenten und Kooperationen, bei denen das Reich nur für englische Interessen eingespannt würde. Er wollte also die Politik der freien Hand fortführen und in ihrem Schatten die Flottenrüstung voranbringen. Wenn denn überhaupt ein Arrangement mit England, dann kam für ihn angesichts der russischen Gefahr nur ein „großes", ein richtiges „Bündnis" in Frage. Manche Historiker meinen zwar, daß Bülows Politik ganz ohne Plan war, opportunistische Improvisation, aber vieles spricht dafür, daß er letzten Endes – wenn die Flotte gebaut war – auf ein Bündnis mit Rußland und Konfrontation mit England setzte. Das schloß zwar eine englische Option nicht in jedem Fall aus, machte sie aber unwahrscheinlich. In einem seltsam illusionären Optimismus glaubte Bülow, daß sich Deutschland eine Politik der freien Hand – wie es England in der Tat konnte – noch leisten könnte. Bei ihm spielten auch Rücksichten auf den Ebenbürtigkeits- und Flottenkomplex des Kaisers wie auf den antibritischen und pro-burischen Nationalismus und Imperialismus der öffentlichen Meinung eine Rolle. Dann gab es Teile des außenpolitischen Establishments, die deutlicher als Bülow auf bessere Bedingungen von englischer Seite setzten, darauf, daß England seine Feindlichkeit gegen eine deutsche Weltstellung aufgebe, auf einen „Preis" und zuletzt ein richtiges Bündnis, und die meinten, man könne abwarten, die Zeit arbeite für Deutschland. Auch sie wollten lieber auf der imperialistischen Welle reiten, als sich gegen sie stellen. Das kam im Ergebnis auf die Bülowsche Linie heraus. Voraussetzung war bei beiden die dogmatische Annahme, daß der britisch-französische und der britisch-russische Gegensatz unüberbrückbar seien, Deutschland darum in der Hinterhand und also im Vorteil sei. Die Möglichkeit einer englisch-französischen und englisch-russischen Détente zog man nicht in Betracht oder hielt sie für illusionär. Man kann sagen, daß es paradoxerweise vor allem der britisch-russische Weltgegensatz war, der in diesen Jahren den Optionszwang für das Reich entscheidend relativierte – diese Freiheit war ein Unglück für die deutsche Politik.

Die alten Probleme und die alten, durchaus vernünftig vorsichtigen Erwägungen spielten wieder eine Rolle. England konnte keine Sicherheit gegen Frankreich garantieren, weil das aus englischer Sicht einen Krieg erleichtert und Deutschland gegen Frankreich gestärkt hätte; England tendierte dahin, Deutschland in einen Konflikt mit Rußland, das doch so schön ins ferne Ostasien abgelenkt war, zu verwickeln, um für England die „Kastanien", z. B. in China, aus dem Feuer zu holen. Die informelle Art der englischen Fühler, am Foreign Office vorbei, nährte den Verdacht über Hintergrund-Absichten. Die mögliche Einschaltung des Parlaments und also der Öffentlichkeit gar war inzwischen hochriskant, denn wenn ein etwaiger deutsch-englischer Vertrag im Parlament abgelehnt worden wäre, wäre ein Zurückkommen auf die russische Option ganz unmöglich gewesen, ja hätte ein russisch-französischer Präventivkrieg gedroht. Das waren zwar verständliche, aber weitgreifende und spekulative Zukunftsängste – noch war ein Vertrag gar nicht in Sicht.

Die beiden Hauptpunkte blieben, und das waren objektive Gegebenheiten: Die Weltmacht England suchte Erleichterungen an der Peripherie, die Möchtegern-Weltmacht Deutschland dagegen Sicherheit in Europa; die Weltmacht England wollte allenfalls einen Juniorpartner, der Neu- und Spätkommer Deutschland zumindest Gleichrangigkeit und Umverteilung. Das waren recht gegensätzliche Zielvorstellungen, sie waren nicht ohne substantielle Abstriche zu vereinbaren. Die Engländer hatten auch andere Optionen. Sie konnten sich mit den neuen Weltmächten der Peripherie, mit Japan und den USA, arrangieren. Vielleicht war es sogar weniger kostspielig, sich auch mit Frankreich, ja selbst mit Rußland zu arrangieren; vielleicht war Rußland zwar die größere, aber doch auch die weniger akute Gefahr als Deutschland. Und die deutsche Flotte, zu Hause, in der Nordsee konzentriert, wurde für England ein Sicherheitsrisiko, das größeres Entgegenkommen verhinderte. Auch wenn also England seine Handlungsfreiheit reduzierte und engere Bindungen mit anderen eingehen mußte, das mußte nicht dem Reich zugute kommen. Zuletzt: Die Ziele des Reiches, Gleichberechtigung und Geltung, waren vage und ungreifbar, darüber konnte man sich schlecht nach Art einer Détente und eines Kompromisses verständigen.

Es muß bei diesen Ambivalenzen offen bleiben, welche Chancen eine deutsch-englische Verständigung 1898 hatte. Auch die Engländer waren nicht wirklich entschieden. Die englischen Ouvertüren waren, wie gesagt, undeutlich und nicht von der gesamten Regierung akzeptiert. Als die akute Krise des britischen Weltreiches 1901 überstanden war, wurden auch die englischen Bündnisneigungen schwächer, ja sie kamen zum Ende. Aber die deutsche Reaktion war für das Ergebnis nicht minder wichtig. Bülow war, wie gesagt, von vornherein reserviert und verlangte Unmögliches, ein „festes“ Bündnis eben, und schon darum kam die Sache nicht weiter. Auch als Chamberlain Ende 1899 noch einmal das Thema einer „anglo-teutonischen“ Verständigung öffentlich aufgriff, zeigten ihm Bülow und nun auch der deutsche Kaiser die kalte Schulter. Die Chancen solcher Annäherungsfühler sind nicht wirklich ausgelotet worden, insofern ist die alte Standardformel der deutschen Historie nach dem ersten Weltkrieg von der „verpaßten Chance“ nicht einfach falsch – nur ob da wirklich eine Chance war, das wissen wir nicht, ja man kann daran sehr grundsätzlich zweifeln.

Zwar sind die Deutschen auf die englische Strategie der Annäherung durch praktische Verständigung über strittige regionale Einzelfragen durchaus eingegangen. Ende August 1898 hat man sich über die portugiesischen Kolonien verständigt: Falls sie wegen Verschuldung „verpfändet“ würden, sollte Deutschland einen Anteil erhalten. Die Deutschen hielten das für naheliegend und wahrscheinlich, die Engländer dagegen für extrem unwahrscheinlich; Salisbury sah in den deutschen „Ansprüchen“ einen wesentlichen Grund, seinen Widerstand gegen eine Allianz zu verstärken; London sorgte für die Entschuldung der Kolonien und garantierte sie auf diese Weise indirekt. Das Abkommen endete darum in einer Enttäuschung der Deutschen. Auch in Ostasien schlossen England und das Reich im Oktober 1900 ein Jangtse-Abkommen zugunsten des Status quo, wonach das Prinzip der „offenen Tür“, also des unbehinderten Handels, aufrechterhalten werden sollte und damit auch der Bestand des chinesischen Reiches. Die Deutschen stellten weitere Erwartungen für später zurück; aber sie weigerten sich, diesem Abkommen den anti-russischen Sinn – gegen die tatsächlichen Hegemonial- und Monopolansprüche der Russen in Nordchina – zu geben, den die Engländer darin sahen. Auch dieses Abkommen führte darum nicht weiter und endete in beiderseitiger Enttäuschung. Schließlich war es 1899 auch über Samoa zu einer Einigung gekommen, zu einer Aufteilung der Inseln zwischen dem Reich und den USA und zur Entschädigung Englands, aber dieses hatte nur wegen des Burenkrieges grollend nachgegeben. Die deutsche Droh- und Provokationspolitik gerade in dieser peripheren Frage, bis hin zur Idee, die diplomatischen Beziehungen abzubrechen, hat die deutsch-englischen Beziehungen nachhaltig gestört. Ein sehr günstiges Tauschangebot Englands – Samoa gegen afrikanische Gebiete – hatte Berlin abgelehnt, das hätte vielleicht ein Weg zu mehr Kooperation werden können. Das Mißlingen regionaler Détenten und Kooperationen lag freilich objektiv auch daran, daß es zwischen der alten Weltmacht und der neuen Möchtegern-Weltmacht keine räumlich großen imperialen Abgrenzungsprobleme und damit bedeutende Einigungsspielräume gab.

Auch die deutsche Neutralität im Burenkrieg ist hier, im Rahmen solcher Détente-Politik in Einzelfragen, noch einmal zu erwähnen. Deutschland nahm die nicht eben völkerrechtskonforme Beschlagnahmung deutscher

Postdampfer, die britische Annexion der Burenrepubliken und seinen eigenen Ausschluß dort hin. Gewiß, diese Neutralität war für England wichtig, sie schloß einen anti-englischen Kontinentalblock, von dem damals viel die Rede war, aus; aber sie hatte keinen „Preis", den England hätte zahlen müssen, den Deutschland hätte – nachträglich – erwarten können. Die Tatsache, daß die öffentliche Meinung, wie überall auf dem Kontinent, emotional pro-burisch und entschieden anti-britisch war, im Namen von Recht, Recht der kleinen Völker und Menschlichkeit, zumal als die Greuel der britischen Konzentrationslager für Frauen und Kinder ans Licht kamen – sie und nicht die so seltene diplomatische Zurückhaltung in Berlin spielte für die englische öffentliche Meinung und einen gut Teil des Establishments die Hauptrolle. Diese moralpolitische Aufladung eines nationalen Gegensatzes (in den die „bösen" deutschen Chauvinisten für das „gute" Recht der kleinen Völker eintraten) hat ihn natürlich vertieft.

Kurz, die Avancen von 1898 haben weder zu einer großen Annäherung noch zu einer Kumulation von kleinen Schritten geführt. Balfour, der zuerst Chamberlains Kurs mitgemacht hatte, schwenkte auf die reservierte Salisbury-Linie zurück.

1901/02 kommt es in England endgültig zum Umschwung gegenüber Deutschland. England hatte die Krise überstanden, kein Kontinentalblock hatte sich gebildet, neue Allianzen – mit Japan und mit den USA – zeichneten sich ab, ja eine Détente gegenüber Frankreich; das alles mochte die Überforderung der britischen Weltmacht ausbalancieren. Zugleich rückte die deutsche Weltmachtforderung mehr ins Zentrum und wurde als Bedrohung aufgefaßt, die Flottenrüstung trat allmählich ins Bewußtsein, und der anti-britische Nationalismus in Deutschland, vor allem in der Burenfrage – obwohl es damit in Frankreich oder gar in Holland nicht anders stand –, erbitterte, wie gesagt, die öffentliche Meinung. Dazu kam politisch, daß die Deutschen sich einer Unterstützung der britischen anti-russischen Position in Ostasien entzogen; im Grunde lehnten sie, so mußte es auch den Politikern in London scheinen, einen bloßen Junior-Status ab, sie blieben in ihren Ansprüchen wie Aktionen eigensinnig. Dieser Eigensinn nun war nur möglich, weil England im Gegensatz zu den beiden anderen Weltmächten stand. Daraus ergab sich für England, die Alternativ-Politik zu versuchen, diese Gegensätze abzubauen und eben nicht den Gegensatz zu Deutschland. Die Deutschen schienen unberechenbar. Stabilität schien eher mit den bisherigen Weltgegnern, mit Frankreich und letzten Endes auch mit Rußland, möglich. Man kann auch, weil soviel Irrationales in solche Entscheidungen zwischen den Imperialismen eingeht, sagen: Es waren nicht die alten Rivalen, es war der neue Rivale, wirtschaftlich stark zudem, der die primäre Gegnerschaft auf sich zog, zuerst in der öffentlichen Meinung und dann auch im Establishment. Das war – noch – keine Entscheidung gegen Deutschland. Es blieben im Kabinett noch durchaus Meinungsverschiedenheiten bestehen, ob Rußland oder das Reich der wichtigere Gegner sei, aber die Stunde eines deutsch-englischen Arrangements war in England (wie in Deutschland) vorbei.

1901 hat es noch ein doppeltes Nachspiel der Verständigungsbemühungen gegeben. Chamberlain machte noch einmal ein Bündel von Vorschlägen. Er bot eine Verständigung über Marokko und eine ostasiatische Kooperation an. Deutschland aber wollte wieder warten und seine Bedingungen stellen: Gegen die russische Durchdringung der Mandschurei wollte es sich nicht engagieren, nicht mit Rußland brechen; und – in Rücksicht auf Rußland – suchte es auch keine Verständigung mit Japan; es lehnte darüber hinaus das Ansinnen ab, bei einem japanisch-russischen Krieg Frankreich in Schach zu halten – es sei denn, England gebe ein vorbehaltloses Sicherheitsversprechen. Kurz, aus einer ostasiatischen Zusammenarbeit wurde auch jetzt nichts. Deutschland blieb „zwischen" England und Rußland.

Schließlich gab es informelle Fühler zwischen dem Botschaftsrat Eckardstein und dem britischen Außenminister Lansdowne, eine Komödie der Irrungen über Initiativen wie Inhalte, noch einmal, so die deutsche Absicht, über eine Defensivallianz mit dem Dreibund. Aber England konnte wie eh und je kein festes Bündnis, mit einer Garantie des Elsaß z. B. und anderen Unabsehbarkeiten, wollen; und Deutschland, so meinte man, werde England auch ohne eine Allianz vor einer Vernichtung durch Rußland und Frankreich bewahren, Deutschland suche England sich unterzuordnen und im eigenen Interesse Konflikte zwischen England und Frankreich oder Rußland zu intensivieren. Deutschland wiederum war nun mehr als je auch gegen Sondervereinbarungen, sie würden England von einem großen Bündnis abhalten; es trieb eine Politik des „Alles oder Nichts" (so soll der deutsche Botschafter Wolff-Metternich gesagt haben – auch wenn das so nicht stimmt: das war die Linie). Das Scheitern dieser deutsch-englischen Fühlungnahmen, wie objektiv möglich oder unmöglich ein anderes Ergebnis immer gewesen ist, hat nach der russisch-französischen Allianz von 1893/94 die deutsche Lage verhängnisvoll verschlechtert – diesmal gewiß nicht ohne Mitwirken der Deutschen selbst.

All das endete in einer tieferen deutsch-englischen Entfremdung. Die deutsche öffentliche Meinung war schon seit 1898 jedenfalls nicht bündnisfreundlich gewesen und genauso wenig die englische. Es gab auf beiden Seiten genügend Politiker, die, wie Bülow, aus Popularitätsrücksichten die jeweiligen Anti-Affekte benutzten und intensivierten. Aus Mißstimmungen entwickelte sich ein Deutschen- und Engländerhaß. Er ist nicht zu quantifizieren, er ist nicht ausschlaggebend für die Politik gewesen. Aber er war nicht unbeträchtlich und wurde, auch im autoritär regierten Deutschland, ein politisches Faktum ersten Ranges.

Die Lage des Deutschen Reiches hat sich in den kommenden Jahren, auch ohne sein Zutun, zunehmend verschlechtert. Es hatte seine Position zwischen Rußland und England überschätzt und überreizt, ebenso seine Fähigkeit, Weltpolitik des Spätkommers aus der bedrohten Mittellage heraus ohne Anlehnung, ohne Juniorpartnerschaft, treiben zu können. Wir nennen die Hauptkomplexe.

Um Rußland in Ostasien einzudämmen, ging England Anfang 1902 ein Bündnis mit Japan ein – das übernahm die vorher den Deutschen zugedachte Rolle, die diese ausgeschlagen hatten. Deutschland wurde für England als Partner auch in Ostasien weniger wichtig. Das verstärkte die Spannungen zwischen Deutschland und England. Deutschland förderte im Sinne einer Ablenkungsstrategie indirekt die russisch-japanischen und so die russisch-englischen Spannungen, vermied aber auch jede direkte Ermunterung Rußlands oder gar eine eigene Verpflichtung, ja lehnte einen russischen Bündnisfühler geradezu ab.

Eine gemeinsame Aktion von Engländern, Deutschen und Italienern gegen das Schuldnerland Venezuela, von London angeregt, scheiterte an den wilden Ausbrüchen von deutsch-feindlichem Ärger in der englischen Presse und endete im Debakel einer ersten deutsch-amerikanischen Entfremdung. Auch eine deutsch-britische Bankenkooperation beim Bau der Bagdadbahn, von der Londoner Regierung zur Eindämmung Rußlands durchaus unterstützt, scheiterte am öffentlichen Aufschrei in England.

Auch der Dreibund verlor, als sich die deutsch-englischen Beziehungen verschlechterten, zunehmend an Bedeutung. Die Italiener mußten weiter auf die englische Rückendeckung ihrer Kolonialambitionen verzichten, sie suchten darum verstärkt nach einer Verständigung mit Frankreich und sie suchten jetzt, gegen ihre Bündnisverpflichtungen Vorbehalte geltend zu machen; auch die Gegensätze zu Österreich, über Balkanrivalitäten und nationale Irredenta, verschärften sich. Darüber konnte die Erneuerung des Dreibundvertrages von 1902 nicht hinwegtäuschen.

Erwägungen in England unter Führung von Joseph Chamberlain, vom Freihandel abzugehen und das Empire durch Zölle und Präferenzbestimmungen wirtschaftlich enger zusammenzubinden, verstärkten wieder auf beiden Seiten das Bewußtsein der deutsch-englischen Wirtschaftsrivalität und gipfelten in aggressiven Äußerungen der Presse bis hin zu Zollkriegsgerede. Zwar versuchte Bülow zwischen 1902 und 1905, alle anti-deutschen Presseäußerungen – wie auch anti-deutsche Aktionen Londons, z. B. in Venezuela und der Türkei – herunterzuspielen und auch die eigene Presse zu zügeln. Aber das war vor allem der Versuch, den Konflikt jetzt durch Schweigen und Ertragen zu vertagen, bis die Flottenrüstung weiter gediehen war und bis vielleicht bessere Optionen sichtbar wurden oder England in andere Konflikte geriet.

England suchte nach dem Scheitern einer Verständigung mit Deutschland, wir sagten es, andere weltpolitische Entlastungen und Bindungen. Noch 1898 war es in Faschoda, im Kampf um den Sudan und den oberen Nil, zu einer scharfen Konfrontation mit Frankreich gekommen, in der imperialistischen Zeitstimmung an den Rand eines Krieges; Frankreich mußte, von

Rußland nicht unterstützt, nachgeben und einlenken. Während man in Berlin daraus noch einmal gefolgert hatte, der englisch-französische Gegensatz sei unüberbrückbar und England deshalb auf Deutschland angewiesen, hatte das Resultat in London diejenigen gestärkt, die meinten, England komme auch ohne Bündnispartner aus, und zwar besser. Nachdem die Erregungen über den Burenkrieg abgeflaut waren, setzte man in England nun auf einen Ausgleich mit Frankreich. Deutschenfeinde, aber vor allem die, die den Druck auf England und die weltpolitische Überlastung abbauen wollten, so der neue König (die jahrzehntelange Regierungszeit der Königin Victoria ging 1901 mit ihrem Tod zu Ende), so nun auch der frühere Befürworter eines Bündnisses mit Deutschland, Chamberlain, so die öffentliche Meinung, die, soweit sie nicht sowieso deutschfeindlich war, doch eher frankophil war – sie alle tendierten in diese Richtung. Die englisch-japanische Entente, die Deutschland für die Eindämmung Rußlands überflüssig gemacht hatte, erleichterte die Annäherung an das mit Rußland verbündete Frankreich. 1904 kam es zu einer Beilegung der kolonialen Streitfragen und einer Kompensationsabrede, nach der England endgültig in Ägypten, Frankreich in Marokko das alleinige Sagen haben sollte. Das war – noch einmal ein epochales Datum der internationalen Beziehungen und der Geschichte des Verhängnisses – der Beginn der „entente cordiale".

Der russisch-japanische Krieg 1904/05 schien, weil er die russisch-englischen Spannungen vermehrte, für die deutsche Position „gut" zu sein; zudem bahnte sich eine russisch-französische Entfremdung an, weil Frankreich in Rücksicht auf seinen neuen Bundesgenossen England strikt neutral blieb. Deutschland dagegen versuchte wieder einmal eine Annäherung an Rußland, der Kaiser fürchtete einen englisch-russischen Krieg und engagierte sich für die Ostasienfahrt der russischen Ostseeflotte. Das führte zu schweren Spannungen mit England: Deutsche Unternehmer, die Hapag, halfen bei der Kohleversorgung der russischen Ostseeflotte; als die Russen an der Doggerbank irrtümlich englische Fischerboote beschossen, richtete sich der Zorn der englischen Presse – seltsam genug – gegen Deutschland, es habe die russischen Admirale nervös gemacht. Jetzt kam auch endgültig die neue deutsche Flotte ins Spiel, als potentielle Bedrohung; der erste Lord der Admiralität Fisher hielt eine wilde, aggressive Drohrede (2. Februar 1905) über einen vernichtenden Erstschlag gegen die deutsche Flotte – vor jeder Kriegserklärung –, so entstand der deutsche „Kopenhagen-Komplex" (in Erinnerung an eine englische Flottenaktion gegen die dänische Flotte in der Zeit Napoleons). Es gab so etwas wie eine deutsch-englische Kriegsgefahr (die freilich durch die Doppelbindung Frankreichs an Rußland wie an England genügend blockiert war). Angesichts dieser anti-deutschen Haltung war es für Deutschland ganz unmöglich, eindeutig pro-russisch zu optieren, ganz abgesehen davon, daß die Russen nicht bereit waren, ihre französische Bindung dafür zu opfern. Die Politik der freien Hand hatte ihre Grenzen, und die optimistische Hoffnung, der Ostasienkrieg werde den Gegensatz zwischen England und Rußland so verschärfen, daß die deutsche Position der freien Hand doch gestärkt würde, erwies sich als Illusion. Natürlich war die Furcht vor einer kriegerischen Konfrontation mit England, ja einem englischen Präventivschlag, groß. Es gab einen Plan der Flottenleitung, Dänemark und Südschweden zu besetzen, um die Ostsee abzuriegeln, aber das lehnte Schlieffen ab. Tirpitz war deshalb einer der Hauptgegner jeder zu starken Annäherung an Rußland, weil das einen britischen Angriff provozieren könne. Andere, wie der Kaiser, hofften, diesen Angriff gerade durch die Annäherung an Rußland verhindern zu können. Wie immer, die „Risikoflotte“ war zu einem Hauptrisiko der deutschen Politik selbst geworden. In England war die Kriegsneigung allerdings mehr eine Sache der Presse und der Flottenleute als der Diplomatie.

Aber Rußland wurde vernichtend geschlagen und gleichzeitig und in der Folge von der Revolution von 1905 erschüttert. Das hatte weltpolitisch entscheidende Folgen. England war – mit seinem Juniorpartner Japan – vom Alptraum der russischen Gefahr befreit, ja eine Détente auch mit Rußland wurde möglich. Das Deutsche Reich hatte an Eindämmungspotential für England entscheidend verloren. Rußland kehrte, in der asiatischen Welt geschlagen, nach Europa zurück, da konzentrierten sich seine Machtambitionen nun wieder. Die Ablenkung an der Peripherie, die das Reich entlastet hatte, war vorbei.

Man konnte natürlich im Ergebnis des russisch-japanischen Krieges und der russischen Revolution umgekehrt auch einen Machtgewinn des Reiches sehen: Der Angst-Gegner Rußland war einstweilen massiv geschwächt, damit hatte das französisch-russische Bündnis an Drohpotential verloren. Deutschland war 1905 durchaus die stärkste Macht auf dem Kontinent. Und, so kalkulierten die Berliner Politiker, die Entente der Westmächte, die neue französische Bindung an England, konnte auch dahin wirken, die französisch-russische Allianz zu zersetzen, Rußland Deutschland zuzutreiben. Aber es ist gerade diese scheinbare Stärkung des Reiches gewesen, die England dazu brachte, sich im Interesse des Gleichgewichts zum ersten Mal seit langem fester auf dem Kontinent zu engagieren und damit mögliche Vorteile für Deutschland in fundamentale Nachteile umzukehren. Die Systemveränderungen kehrten sich gegen die Mitte.

Noch einmal anders gewendet: Die deutsche Politik der freien Hand mit ihrer Unberechenbarkeit war es gewesen, die die anderen Mächte darin bestärkte, ihre Gegensätze nicht bis in kriegerische Auseinandersetzungen untereinander sich zuspitzen zu lassen; denn das hätte Deutschland die Möglichkeit gegeben, seine Neutralität zu ihrem Nachteil und zum Vorteil seiner eigenen weltpolitischen Ambitionen auszunutzen. Und die Flotte gar hatte die unvorhergesehene Wirkung, England in Europa zu halten, sich auf Europa zu konzentrieren und nicht nach Übersee. Die Sicherheit zu Hause, in der Nordsee, gewann Vorrang. Die deutsche Seemachtrüstung im Dienste der Weltpolitik machte, paradox genug, die Weltpolitik letzten Endes wieder zur Europapolitik.

Angesichts der beginnenden „entente cordiale" und der verschärften deutsch-englischen Spannungen, zumal während des ostasiatischen Krieges, entwickelte die deutsche Regierung zwei Gegenstrategien, die sich beide als ganz und gar illusionär erwiesen. Die eine war noch einmal die russische Option. Hier spielten wieder die Zollfragen eine wichtige Rolle: Die Agrarexporte nach Deutschland waren für Rußland lebenswichtig, die deutschen Industrie- (und auch Waffen)exporte nach Rußland immerhin wichtig genug; die russische Einfuhr aus Deutschland wuchs zwar schneller als die Ausfuhr: von 1890 bis 1913 auf 400 bzw. 300%, aber Rußland behielt einen kräftigen Außenhandelsüberschuß. Bülow war seit 1902 für einen neuen Handelsvertrag mit Rußland, der kam jedoch erst unter dem Druck des japanischen Krieges zustande. Angesichts des ausgebliebenen russisch-englischen Konflikts und der kritischen Lage des Reiches nun wollte Berlin ein Bündnis mit Rußland anstreben und, wenn die Russen ihre französische Bindung nicht aufgeben würden, gegebenenfalls mit Einschluß Frankreichs, ein Kontinentalbündnis. Das wäre entweder die Sprengung oder die Neutralisierung der russisch-französischen Allianz gewesen. Der Kaiser glaubte seine persönlichen Beziehungen zum Zaren und dessen Erbitterung nicht nur gegenüber England, sondern auch gegenüber Frankreich benutzen zu können. Daraus entstand im Sommer 1905 der „Vertrag von Björkö", im wesentlichen zwischen den Monarchen, eine Beistandsverpflichtung, die auf Europa beschränkt war und zunächst ein Jahr Gültigkeit haben sollte. Der Vertrag aber „platzte", weil die russische Regierung eine Opferung des Bündnisses mit Frankreich ablehnte, nur mit Frankreich zusammen eine solch neue Kombination eingehen wollte. Denn ohne Frankreich wäre Rußland von Deutschland abhängig geworden oder gar das Opfer eines englischen Angriffs; und nur Frankreich sicherte ihm Geld, die notwendige Nachkriegsanleihe von über eine Milliarde Rubel war nur in Paris unterzubringen, sicherte den möglichen Kompromiß mit England, ja seine Unabhängigkeit als Macht. Es war nicht auf das Reich angewiesen. Frankreich war zu einem solchen Dreierbündnis, natürlich, nicht zu gewinnen. Bülows eigentliches Ziel bei diesen Kombinationen, Rußland und England in zentralasiatischen Konflikten über die indische Nordgrenze festzuhalten, wäre aber wegen deren Beschränkung auf Europa auch gar nicht erreicht worden.

Die zweite Gegenstrategie bezog sich auf Frankreich. Der Möglichkeit, während des russisch-japanischen Krieges oder der russischen Revolution einen Präventivkrieg gegen Frankreich zu führen (Schlieffen hatte dergleichen erwogen), hat man sich versagt, es gab keinen präsentablen Kriegsgrund. Aber man wollte versuchen, die französisch-englische Entente zu sprengen oder wenigstens Frankreich – in einer Phase russischer Aktionsunfähigkeit – eine Niederlage beizubringen, um so die Wertlosigkeit des englischen Bündnisses zu demonstrieren und das französisch-russische Bündnis zu schwächen. Dazu diente das Problem Marokko. Das Reich inszenierte geradezu eine „erste Marokko-Krise", diesmal nicht aus Gründen der „Weltpolitik", sondern der Bündnisstrategie. Die französische Durchdringung Marokkos, die auf Monopol und Protektorat ausging, widersprach zweifellos älteren internationalen Abmachungen. Deutschland wollte beweisen, so war der Stil der Prestigepolitik, daß es nicht gewillt war, sich wo immer „stillschweigend auf die Füße treten" zu lassen (Holstein). Deutschland war, als es gegen Frankreichs Vorgehen in Marokko energisch protestierte und für die offene Tür eintrat, „im Recht", und es erwartete die Zustimmung anderer Staaten. Zwar führten die lautstarke Drohpolitik, ein Besuch des Kaisers in Tanger und sein rhetorisches Engagement für die Souveränität und Unabhängigkeit des Sultans dazu, daß der französische Außenminister Delcassé, Hauptrepräsentant des Nordafrika-Imperialismus, zurücktreten mußte, aber in Überstrapazierung seiner Position bestand das Reich, statt sich mit Frankreich bilateral zu verständigen, auf einer internationalen Schiedskonferenz in Algeciras (Anfang 1906).

Das Mißtrauen gegen die deutschen Absichten – trotz der „offene-Tür-Rhetorik" – war allgemein (auch in den USA), die Partner Frankreichs – England und Rußland, ja auch Italien, das den Griff nach Tripolis vorbereitete – standen zu Frankreich. Die Engländer wollten auf jeden Fall den deutschen Druck eindämmen, weil er das Gleichgewicht zerstöre, und sie wollten und konnten Frankreich nicht fallenlassen. Deutschland war gänzlich isoliert, nur Österreich-Ungarn stützte es, und erlitt eine deutliche diplomatische Niederlage. Zwar wurde Marokko noch nicht französisch, es gab eine Reihe von Einschränkungen durch die Internationalisierung marokkanischer Institutionen, aber die französische Durchdringung war nicht eingedämmt. Bülows Alternativkonzept, Frankreich durch Überlassen Marokkos zum Beitritt zu einer Kontinentalallianz zu veranlassen, war nicht zum Zuge gekommen, denn Rußland hatte den Björkö-Vertrag schon vorher aufgegeben.

Der Versuch, die englisch-französische Entente zu testen, endete damit, daß er sie stärkte. Der Versuch, in Solidarität mit anderen aufzutreten, endete für Deutschland in einer totalen Isolation.

Für die nicht-deutschen Mächte wurde das deutsche Sicherheitsinteresse zum bedrohlichen Hegemonial- und Weltmachtinteresse, für die Deutschen die Eindämmungsstrategie der anderen das, was bald „Einkreisung" hieß (eigentlich eher eine Auskreisung war). Ein Krieg, der in den Köpfen des außenpolitischen Establishments immer eine Möglichkeit gewesen war, war nähergerückt.

Die deutsche Politik war in einer Sackgasse. Sie hatte, auch wegen ihrer Lautstärke und Drohgesten, keine Glaubwürdigkeit, kein Vertrauen, und erst recht nicht wegen ihres „Pendelns" zwischen den Flügelmächten. In England setzte sich endgültig, nun auch angesichts der Flottenrüstung, die Überzeugung durch, daß die deutsche Welt- und Machtpolitik die primäre Gefahr für England wie das europäische Gleichgewicht sei und daß es auf Stabilität durch Eindämmung ankomme. Das war der Entschluß zur „Einkreisung".

Die deutsche Diplomatie hat nicht ausgelotet, ob der Regierungswechsel in England, die Machtübernahme der Liberalen im Dezember 1905, Chancen bot. Aber das war vermutlich nicht der Fall. Zwar waren die Liberalen insgesamt eher pro-deutsch und verständigungsbereit, aber die Außenpolitik wurde von der kleinen Sondergruppe der liberalen Imperialisten bestimmt. Die waren in erster Linie pro-französisch in dem Sinn, daß die britischen Interessen mit den französischen identisch seien und die Eindämmung Deutschlands höchste Priorität habe. Sie waren relativ frei von dem vulgären „Wirtschaftsneid". Aber sie sahen die Unruhe und die „Maßlosigkeit" in der öffentlichen Meinung wie beim Kaiser, die unbestimmte Vagheit der Ziele wie des „Gleichberechtigungs"begehrens, die eine konkrete Verständigung im Grunde unmöglich machten, den Angriff auf den Status quo auf Kosten Großbritanniens, und sie sahen die Flotte als Bedrohung, mindestens als Waffe, durch Kriegsdrohung koloniale Konzessionen zu erzwingen. Die Konsequenz war zunächst die Intensivierung der englisch-französischen Entente.

Wirft man einen Blick zurück auf die Außenpolitik seit Bismarcks Abtreten, so war sie von zwei Illusionen bestimmt gewesen: 1. davon, daß die Gegensätze zwischen England und Rußland und zwischen England und Frankreich unüberwindlich und von Dauer seien und jedenfalls stärker als der Gegensatz zwischen Deutschland und der russisch-französischen Allianz und davon, daß diese Allianz überhaupt instabil sei. Darum glaubte man an die Möglichkeit der freien Hand, des Pendelns zwischen England und Rußland (wie unterschiedlich auch die letzten Präferenzen der beteiligten Politiker sein mochten). Die „freie Hand"-Position wurde die Basis für eine unabhängige „Welt"politik, die überall Weltmacht sein und Kompensationen fordern zu können glaubte. 2. Diejenigen, die langfristig auf England setzten (Holstein und Marschall z. B.), glaubten an eine Politik der Stärke: Man müsse England zeigen, daß es Deutschland brauche, weil dieses andernfalls ein harter Gegner sein könne und sein werde. Auch die Annäherungsversuche an Rußland zielten für sie letzten Endes auf England. Das aber bewirkte in England das Gegenteil.

Ein einheitliches Konzept der Außenpolitik gab es nicht. Kaiser, Kanzler, Staatssekretär und die Planer im Auswärtigen Amt, wie der berühmte Holstein, waren das kleine außenpolitische Establishment, schon sie waren, was große Strategien betraf, unterschiedlicher Meinung (Holstein und Marschall pro-englisch, Bülow eher pro-russisch, der Kaiser schwankend) und nicht durchweg konzis. Vor allem war die Militär- und Flottenpolitik eine Sonderdomäne, Tirpitz jedenfalls wurde eine zentrale Figur auch der Außenpolitik, ohne daß seine Flottenstrategie in die sonstige außenpolitische Planung wirklich integriert gewesen wäre. Unter den Parteien, Meinungsmachern und „pressure groups" gab es natürlich erst recht differierende Positionen. Das alles ist fast normal – bis auf die Sonderrolle der Flotte –, aber es machte doch einen spezifisch unsteten und pendelnden Charakter der deutschen Politik aus, bei allem auftrumpfenden Machtgehabe. Schließlich hatte sich die internationale Lage verschoben: England war es gelungen, die Peripheriegegensätze, in die es verwickelt war, zu neutralisieren; die Zusammenarbeit mit Japan und den USA, die Entente mit Frankreich, die Schwächung Rußlands hatten das bewirkt. Die internationale Politik konzentrierte sich wieder mehr auf den Kontinent, der Balkan, Ersatzkolonialraum für Österreich wie Rußland, wurde wieder wichtiger; die Polarisierung der Großmächte in Blöcken schritt voran, aber kleine Mächte wurden unkontrollierbar wichtig.

Die wichtigste Konsequenz der sich entwickelnden neuen Lage war das, was dem deutschen Kalkül von der freien Hand endgültig den Boden entzog: eine russisch-englische Verständigung (1907). Das war zwar kein Bündnis, sondern eine Bereinigung von regionalen, vor allem asiatischen Spannungen; da es sich – anders als im Fall Deutschland – um Welt- und Kolonialmächte handelte, gab es genug Kompensationsobjekte. Die erste Détente von 1907 war durchaus noch spannungsgeladen, keine Einbahnstraße zur Kriegskoalition von 1914, aber ein Vorspiel war das schon. Es war nicht eine aggressive „Einkreisung", aber die Aufteilung von Weltzonen; Deutschland schien aus dem Kreis der Weltmächte ausgeschlossen. Die allgemeinen Voraussetzungen dieser Verständigung waren natürlich zum einen die Tatsache, daß das seit 1905 geschwächte Rußland an Gefährlichkeit für England verloren hatte, zum anderen die Tendenz zum Abbau der weltpolitischen Spannungen und Überbeanspruchungen Englands. Die vielen liberalen Russenfeinde, die Konservativen waren eher pro-russisch, waren letztendlich und vor allem doch am Abbau weltpolitischer Gegensätze interessiert, und dabei rangierte im ganzen das in der Nahperspektive weniger gefährliche Rußland vor dem gefährlicheren Deutschland. Auch die Russen sahen den Sinn der Verständigung noch nicht eigentlich anti-deutsch. Eine der Folgen in Rußland war jedoch das erneute Anwachsen panslawistisch-antideutscher Stimmungen, war auch der Ausschluß der russischen Anleihen von der Berliner Börse: „Objektiv" war die Détente von seiten Rußlands jedenfalls doch gegen das Reich gerichtet. Dennoch, die deutsche Weltpolitik hatte dazu geführt, daß Deutschland nun zu allen Weltmächten in Gegensatz stand. Die Basis einer Politik der freien Hand und jede Bündnisoption waren dahin.

Klassisch für das englische imperiale Eindämmungsdenken ist das berühmte Memorandum von Eyre Crowe aus dem Foreign Office von 1907: Es sei Deutschland, das nach Hegemonie strebe und die Lebensinteressen des Empire bedrohe, nicht aber (oder nicht mehr) Rußland; das sei durch Japan in Schach gehalten, und seine türkischen Ambitionen bräuchten England nicht zu bekümmern.

Die Flottenrüstung verschärfte, nachdem sie 1905 so ins Zentrum der öffentlichen Meinung und der politisch-militärischen Wahrnehmung gerückt war, die Spannungen zwischen Deutschland und England. Zwar, seitdem

England mit Japan und Frankreich (und informell den USA) verbündet war, war die Gefahr der deutschen Flotte nicht mehr sehr bedeutend; immerhin, Frankreich, dessen Flotte bis dahin schneller gewachsen war als die deutsche, hörte mit seiner Flottenrüstung auf, und die russische Flotte fiel 1905 zunächst aus. Aber nun kam es 1906 zu einem rüstungspolitischen Sprung: dem Übergang der Engländer zu den „Dreadnoughts", Schlachtschiffen mit weitreichender Artillerie und großer Geschwindigkeit, mit der doppelten Tonnage der bisherigen. Das war die „Lehre", die die Seestrategen der ganzen Welt aus dem japanisch-russischen Krieg zogen: Schlachtschiffe, nicht Kreuzer und Torpedoboote, darauf kam es an. Deutschland schien zunächst England gegenüber im Nachteil, weil seine Hafendocks und der Kaiser-Wilhelm-Kanal zu klein für die neuen Typen waren. Aber als es sofort, noch 1906, mit der Gegenrüstung begann, war der alte englische Vorsprung plötzlich nicht mehr relevant. Der anti-englische Sinn der deutschen Flottenrüstung kam schärfer heraus, das Bedrohungsgefühl in England wuchs, die Flottenrüstung wurde zu einem Zentralthema der Außenpolitik.

d) Von der Isolierung zum Weltkrieg

Die Außen-, die Weltpolitik Bülows war 1907 gescheitert. Wenig blieb übrig. Man konnte auf Entspannung setzen, gegenüber England und Rußland vor allem, man konnte darauf setzen, die gegnerischen Allianzen, deren Festigkeit ja nicht garantiert war, zu testen und gar in Krisen oder durch Krisen eine Art Durchbruch zu erzielen. All das hat man versucht. Es war gänzlich unwahrscheinlich, daß Deutschland auf Weltpolitik verzichtete; das hätte den gewaltigen Machtambitionen des regierenden Establishments wie – nicht minder – der Nation widersprochen, das hätte eine Abdankung als Großmacht bedeutet, wie sie in Friedenszeiten nicht zu erwarten war, das hätte auch die europäischen Probleme des Landes in der Mitte, mit Frankreich, mit Österreich und mit Rußland, nicht gelöst, sondern eher verschärft. Eine Beschränkung auf den Kontinent war keine Sicherheitsgarantie mehr, sondern ein weiteres Sicherheitsrisiko.

Zum einen trieb Deutschland also weiter Weltpolitik. Die freilich kam, teils aus Absicht, teils der Umstände wegen, in etwas ruhigere Bahnen – nicht überall und jederzeit mußten deutsche Ansprüche erhoben werden. Ostasien und der Pazifik traten zurück, selbst Marokko wurde zunächst ein Verhandlungsobjekt. „Mittelafrika" war ein Plan- und Traumziel, aber das führte nicht zu wilden Aktionen. Die weltpolitischen Energien konzentrierten sich auf das einzig „große" und vielversprechende Projekt der Bagdadbahn, die ökonomische Durchdringung des Osmanischen Reiches also, die es konsolidieren und in eine indirekte deutsche Hegemonialsphäre hätte eingliedern können. Das war, zwischen den britischen und russischen Interessen und mit ihnen rivalisierend, ein durchaus risikoreiches Unternehmen, das das Reich immer wieder und immer weiter in Spannungen verwickelte.

Aber daran hielt man, wenn auch mit großer Vorsicht, fest, und, wie wir sehen werden, die damit verbundenen Konfrontationen ließen sich zwischen 1911 und 1914 doch abbauen, zum Teil sogar in Kooperation überführen.

Zum andern blieb Deutschland dabei, die verhängnisvolle und kontraproduktive Flottenpolitik mit Elan fortzuführen. Ob gegen England oder als Druckmittel, um von England in eine wirklich „gleichberechtigte" Partnerschaft aufgenommen zu werden, ob zudem als Sicherung gegen die weit überlegenen Seestreitkräfte der Triple-Entente oder wozu sonst, ob als Abschreckungswaffe, als Blockadebrecher oder als Gegenkraft in der großen Seeschlacht, die Flotte wurde in den Augen der Deutschen und der in der Reichsleitung hier entscheidenden Personen des Kaisers und seines Admirals Tirpitz ein Zweck an sich, ein schier überrationales Symbol deutscher Großmacht. Der Rüstungswettlauf bestimmte darum jetzt das wechselseitige Verhältnis zwischen Deutschland und England.

Deutschland wollte England „totrüsten", das werde die Steigerung der Steuerlast nicht durchhalten, während Deutschland die Flottenkosten im wesentlichen noch durch Anleihen und Zölle decken könne. 1908 wurde das Bautempo erheblich gesteigert, vier statt drei Schiffe pro Jahr und planmäßige Erneuerung nach 20, nicht nach 25 Jahren. Tirpitz wollte das deutsch-englische Stärkeverhältnis von eins zu zwei (Doppelkielstandard) auf zwei zu drei verändern. Fisher, auf der englischen Seite, erwog noch einmal den Präventivschlag, aus Furcht, 1914, wenn der Nord-Ostsee-Kanal fertig sei, könne die deutsche Flotte zu stark werden. Damit kam er zwar nicht durch, aber England, auch unter der liberal-sozialreformerischen Regierung, hielt den Rüstungswettlauf durch und hielt die Steuerlast aus, die Liebe zu den Deutschen erhöhte das nicht. Objektiv war 1908/09 schon abzusehen, daß Deutschland zurückfallen mußte, daß „der Tirpitz-Plan" scheiterte, Deutschland das Kräfteverhältnis nicht ändern konnte. Aber weder diese Tatsache noch der allmählich abschätzbare außerordentliche Gewinn, den die englische Flotte aus der Entente mit Frankreich zog (Konzentration in der Nordsee, weil das Mittelmeer von Frankreich geschützt wurde), und schließlich die Entlastung gegenüber Rußland in anderen Weltmeeren und die aktuelle oder potentielle Bundesgenossenschaft der neuen Weltmächte, Japans und der USA, all das hat die eigenartige Zuversicht der Deutschen, den Rüstungswettlauf gewinnen oder jedenfalls mit relativem Erfolg beenden zu können, nicht verändert. Auch England war, als es den „trockenen Krieg" nun deutlicher sichtbar gewann, ja gewonnen hatte, nicht in der Lage und auch nicht gewillt, aus der Konfrontation herauszufinden, seine Überlegenheit durch Entgegenkommen in Normalität umzusetzen, auch war es in die Allianzpolitik der Welt und in vielerlei Empire-Rücksichten eingebunden.

Hier wird nun das deutsche Führungssystem wichtig (und sein Personal), die fast irrationale Flottenneigung des Kaisers und seine Selbstherrlichkeit, die starke, maßgebliche Stellung des Staatssekretärs der Marine Tirpitz, der lang geübte Opportunismus des Kanzlers Bülow, der dem Kaiser, auch wenn er ihn sonst zu „manipulieren" und zu „zähmen" wußte, hier nicht widersprach, der aus innenpolitischen Gründen die Flottenvermehrung als „nationale Sache" positiv sah, die englischen Pressekampagnen dafür jetzt auch ausnutzte, und, jedenfalls wie 1905/06 so auch 1908, in Verblendung keine außenpolitischen Bedenken gegen die neue Hochrüstung sah. Die unklaren Zielfragen der Flotten- wie der ganzen Außenpolitik, wie anti-britisch sie sein sollten, ob die Herausforderung der englischen Weltmacht das eigentliche Ziel deutscher Weltpolitik war, ob Krieg, Erpressungsvorteile oder Partnerschaft, das blieb unentschieden. Jedenfalls: Die Flotte blieb ein Faustpfand deutscher Macht, war eine Sache der Ehre, der Souveränität, der Weltgeltung, und die Flottenpolitik erwies sich als mächtiger denn die normale Außenpolitik.

Das kam vor allem seit 1908 immer mehr zum Tragen. Die totale außenpolitische Isolierung des Reiches machte zwar Diplomaten für die Idee einer Rüstungsbegrenzung, einer Vereinbarung mit England aufgeschlossener, vor allem der Londoner Botschafter Wolff-Metternich vertrat diese Linie, zuletzt wohl 1909 auch Bülow und nach ihm dann vor allem der neue Kanzler Bethmann Hollweg. Es gab auch alternative Flottenpläne, der Admiral Galster votierte für eine Flotte aus kleineren Verteidigungsschiffen. Aber Tirpitz und der Kaiser waren allenfalls zu einer minimalen Verlangsamung in einem für Deutschland günstigen Verhältnis bereit – in wilden Auseinandersetzungen z. B. zwischen Tirpitz und Wolff-Metternich am 3. Juni 1909 –, sie meinten fälschlich, daß es das sei, woran England ein Interesse habe; das machte Verhandlungen von vornherein aussichtslos. Flottengespräche, wie im Mai 1910, begannen nicht unfreundlich, aber blieben ergebnislos. Der Wunschtraum der Diplomaten, eine Neutralitätszusage Englands für den Fall eines kontinentalen Zweifrontenkrieges zu erreichen, der vielleicht auch die Flottenfanatiker gemäßigt hätte, war jenseits der Machtrealitäten und des englischen Gleichgewichts- und Eindämmungsinteresses.

Dieses Ineinander von – wenn auch ruhiger – fortgehender Weltpolitik, Flottenhochrüstung und scheiternden Versuchen zur Rüstungsbegrenzung bildete den Rahmen für die großen gesamteuropäischen Krisen der Vorkriegsjahre.

Die erste internationale Krise unter den neuen Bedingungen betraf das alte europäische Krisengebiet der Halbperipherie, den Balkan. Fast zwei Jahrzehnte war es dort relativ ruhig geblieben, weil die beiden Hauptrivalen Österreich und Rußland in gegenseitigem Einverständnis eine Stillhaltepolitik verfolgt hatten und Rußland sich vornehmlich in Asien engagierte. Nach der Niederlage von 1905 aber hatte sich Rußland wieder mehr dem Balkan zugewandt, hatte eine Art Protektorposition gegenüber Serbien übernommen, das inzwischen zur Gegenmacht Österreichs geworden war, zumal mit seinen südslawischen Ambitionen. Darüber kam es natürlich zu Spannungen mit Österreich-Ungarn. 1908 machten die „Jungtürken" in Konstantinopel

Revolution gegen den Sultan und setzten eine gesamttürkische Verfassung von 1876 in Kraft; Kreta schloß sich daraufhin Griechenland an, Bulgarien erklärte seine völlige Unabhängigkeit, Österreich-Ungarn beschloß die formelle Annexion der seit 1878 besetzten, nominell noch türkischen Provinz Bosnien und Herzegowina und einigte sich darüber zunächst auch mit Rußland. Weil aber Serbien dagegen protestierte, protestierte nun auch Rußland. Das war die Annexionskrise.

Das Reich war zwar über das Vorgehen seines Bundesgenossen nicht glücklich, schon weil auch das türkische Reich ein potentieller Bundesgenosse war, und es widersetzte sich den Ideen der Wiener Generale, einen Präventivkrieg gegen Serbien zu führen, aber es stellte sich doch hinter Wien. Der Zweibund hatte sich seit Bismarck, trotz aller Vorsicht und aller Vorbehalte, intensiviert, er war eingewachsen ins populäre Bewußtsein. Wilhelm II. hatte schon in den 90er Jahren Hilfe zugesagt, falls die Großmachtstellung der Doppelmonarchie ohne eigene Provokation bedroht sei, das war eine Ausweitung der ursprünglich defensiven Bündnisverpflichtung, auch wenn die Definition des Bedrohungsfalles noch bei Deutschland liegen mochte. Jetzt, 1908, war Österreich-Ungarn der einzig verbliebene Bundesgenosse des Reiches. Schließlich sollte die Wendung gegen das protestierende Rußland diesem auch die Wertlosigkeit der neuen Annäherungen an England und die Tatsache demonstrieren, daß Erfolge auf dem Balkan nur über und mit Berlin, nicht aber mit Paris und gegen Berlin zu erzielen seien – Annäherung durch Drohung gewissermaßen.

Rußland, nicht kriegsbereit, hat auf deutschen Druck hin die Annexion anerkennen müssen, die Krise war gelöst. Aber die internationalen Folgewirkungen waren erheblich. Rußland empfand sein Nachgeben als bittere Niederlage. Nur Frankreich hatte es – wenn auch ziemlich reserviert – gestützt, das festigte die Bindungen. Die österreichisch-deutsche Politik wurde als Pangermanismus interpretiert; der Gegensatz, ja die Feindschaft gegenüber Deutschland intensivierte sich noch einmal entschieden und so der Wille, statt nachzugeben künftig Krieg zu riskieren; auch Berliner Annäherungsversuche über Persien, 1910, blieben ohne Ergebnis. Deutschland wiederum war fester als vorher an den letzten Bundesgenossen gebunden. Der Bündnisfall trete schon ein, so meinte der jüngere Moltke, der neue Generalstabschef, wenn Österreich-Ungarn in Serbien einmarschiere und Rußland daraufhin den Krieg erkläre; das mache Deutschland von Wien abhängig. Österreich-Ungarns neue Angst-Aktivitäten angesichts eines drohenden Zerfalls, die Rückkehr Rußlands auf den Balkan und neue nationale Regungen der Balkanvölker, all das verwickelte das Reich wieder stärker in die Balkandinge. Und diese wiederum wurden wegen der österreichisch-deutschen, der russisch-französischen, der französisch-englischen Sonderverhältnisse sofort zu allgemein europäischen Problemen, schwer eingrenzbar.

Die prinzipielle Frage, ob nicht Österreich-Ungarn entweder von selbst zerfallen werde oder auch geopfert werden solle, hatte weitsichtige deutsche

Diplomaten lange bewegt, ohne daß sie darüber aus der Unentschiedenheit zwischen der russischen und der englischen Option hinausgekommen wären. Die Generallinie, die der Kaiser und Bülow gelegentlich zum Ausdruck brachten, lief darauf hinaus, daß ein „Anschluß" der katholischen Deutschen Österreichs aus innen- und systempolitischen Gründen unerwünscht sei, ja unmöglich. Insofern war an eine große territorial-nationale Revolutionierung Mittel- und Südosteuropas und ein Aufgeben des Zweibundes nicht zu denken. Aber es ist auch ohne jenes sonderbare Argument nicht vorstellbar, wie ein Deutsches Reich mit den Problemen der ethnisch gemischten Gebiete, etwa Böhmens, hätte fertig werden können, wie Europa ein gestärktes Großdeutschland hätte ertragen können. Weder ein Fallenlassen und eine Aufteilung Österreichs noch eine Schwächung schienen für die deutsche Position akzeptabel.

Ehe neue Balkankrisen die europäische Politik okkupierten, kam es noch einmal zu einer imperialistischen Peripheriekrise, die auf ganz Europa durchschlug: die zweite Marokko-Krise. An sich gab es dort seit 1906 wachsende wirtschaftliche Aktivitäten deutscher Unternehmen, auch in Kooperation mit französischen – eine pragmatische Linie der offenen Tür bei politisch-militärischem Vorrang Frankreichs. Bülows Versuche einer Gegenpolitik und die Meinung des Kaisers, die Sache sei hoffnungslos und man müsse mit Anstand heraus, blockierten sich gegenseitig. Aber die deutschen Wirtschaftsaktivitäten provozierten auch Konflikte: Eine gewaltige Kampagne der Firma Mannesmann z. B., die Exklusivrechte in Südmarokko beanspruchte und die nationalistische Öffentlichkeit zu mobilisieren wußte, verhinderte 1909 von der Regierung angesteuerte Kompromißvereinbarungen, die auch generell einer Détente mit Frankreich dienen sollten.

Im Frühjahr 1911 besetzten die Franzosen anläßlich einer Revolte – wider die internationalen Vereinbarungen – Rabat und Fes. Der Leiter der deutschen Außenpolitik, Kiderlen-Waechter, wollte nun zwar eigentlich Marokko aufgeben und dafür in einem bilateralen Abkommen Französisch-Kongo als Kompensation bekommen, das wäre eine Verbindung von weltpolitischem Erfolg und Entspannung zugleich gewesen, dafür suchte er auch die Zustimmung Englands. Aber er meinte, angesichts der französischen Provokation, dieses Ziel am besten durch einen großen Bluff zu erreichen, martialischen Druck und Kriegsbereitschaft demonstrieren, ja ein Faustpfand besetzen zu müssen – und überredete auch den widerstrebenden Kaiser dazu. Man schickte, nachdem man ein Hilfsersuchen beteiligter Firmen inszeniert hatte, das Kanonenboot „Panther" am 1. Juli nach Agadir – das war der „Panthersprung" – und entfesselte eine wilde annexionistisch gestimmte Propaganda. Als die Franzosen auf deutsche Verhandlungsangebote nicht allein und sofort eingehen wollten, drohte Deutschland mit Krieg; Lloyd George antwortete dem Reich mit einer öffentlichen scharfen Warnung, auch England sei kriegsbereit. Der Plan, England für das Kompensationsgeschäft zu gewinnen, endete so über der Drohung mit einem Krieg, den man keineswegs wollte, in einer noch engeren Solidarisierung Englands mit Frankreich und einer verschärften Konfrontation mit Deutschland. Es kam dann doch – was die eigentliche deutsche Absicht gewesen war – zu einer Verständigung: Der Kaiser und Bethmann Hollweg veranlaßten Kiderlen-Waechter, die deutschen Forderungen ziemlich bald zu reduzieren, auch die Franzosen waren für eine friedliche Lösung, zumal Rußland keinen Kriegs- und Bündnisfall sah. Aber das Ergebnis war enttäuschend. Deutschland erkannte Frankreichs Anspruch auf Marokko an, bekam jedoch nur einen Teil des französischen Kongo (263 000 km^2) und gab selbst noch einen Teil Togos auf; das war nach dem lauten, inszenierten Getöse ein mageres Ergebnis, vor allem weil die Kompensation nicht besonders viel wert war. Vielleicht hätte eine weniger aggressive Taktik bessere Ergebnisse gebracht.

Auch der Abbau der deutschen Isolierung durch Kooperation mit Frankreich und England war nicht gelungen, statt dessen war die Konfrontation stärker geworden. England und Frankreich schlossen jetzt eine für Rüstung wie Kriegsfall wichtige Marinekonvention. Dazu nun trat der neue Faktor der Politik mit bis dahin unbekannter gewaltiger Macht hervor: die öffentliche Meinung. Die rechten Parteien und Verbände – ursprünglich vom Auswärtigen Amt mobilisiert – wandten sich vehement gegen die „schwächliche" Politik, die in einem Fiasko geendet habe, den deutschen Großmachtstatus gefährde. Sie überboten sich in imperialistisch-kriegerischen Tönen. Heydebrand, der konservative Parteiführer, hielt im Reichstag eine wilde Rede gegen den Hauptfeind England, für die unbedingte Kriegsbereitschaft. Zwar wandte sich Bethmann Hollweg gegen solch utopisches Eroberungs- und Kriegsgerede, gegen den emotionalisierten Chauvinismus im Dienst einzelner Parteien, aber die Welle, die man mitausgelöst hatte, bedrängte nun die Regierung und ging über sie hinweg. Ihr Spielraum wurde enger, sie mußte mit einer „rechten" Opposition rechnen, Rückzüge oder Kompromisse in Krisen wurden immer schwerer, fast unmöglich. Niederlagen im imperialistischen Rennen erhöhten das imperialistische Fieber und jetzt auch das Hochrüstungsgeschrei.

Die Krise hatte zwei weitere Folgen: England und Frankreich verstärkten ihre Bindungen, der gemeinsame Generalstabsplan von 1911 wurde durch einen offiziellen Briefwechsel (Grey-Cambon) fast zu einem Quasi-Abkommen aufgewertet, zusammen mit der Flottenabsprache für Mittelmeer, Nordsee und Kanal schuf das eine fast verpflichtende moralpolitische militärische Bindung für den Kriegsfall. Die Gegner einer einseitigen Frankreichbindung (und jedes Kriegsrisikos) in England, die nicht-imperialistischen Liberalen, wurden schwächer, die Kriegspartei, die in deutsch-französischen Abmachungen eine „Niederlage" Englands sah, wurde stärker.

Die Folge der Niederlage in der Marokko-Krise für die deutsche Politik war ein neuer Druck, hochzurüsten und eine Außenpolitik der Stärke zu führen. Tirpitz war der Sprecher dieses Kurses im Entscheidungsestablishment. Er kam mit einer neuen gewaltigen Flottenvorlage (der deutsche Flottenattaché in London, Widenmann, hat dabei eine verhängnisvolle Rolle gespielt), nur das helfe in der Niederlage. Deutschland müsse noch stärker werden, dann werde England „kommen".

Der Kanzler und der Staatssekretär des Auswärtigen Amtes Kiderlen-Waechter verfolgten einen anderen Kurs, sie zielten auf Entspannung, Verzicht auf Imponier- und Risikoaktionen, Ausgleich, soweit wie möglich mit England, koloniale Abreden und Kompromisse, Abreden zur Begrenzung der Rüstungen oder doch jedenfalls ihres Tempos. Letzten Endes war das auf einen moderneren, einen rationaleren Imperialismus gerichtet, darauf, die deutschen Weltmachtansprüche auf ein realistisches Maß und gerade damit der Erfüllung näher zu bringen. Es war eine defensive Rücknahme, ohne bestimmte offensive Ziele aufzugeben. Letzten Endes lief das, Wunschziel wie objektive Tendenz, eigentlich doch auf eine Juniorpartnerschaft mit England heraus. Jedenfalls, es kam auf Entspannung an, ohne daß Deutschland an Machtstatus verlor. Das bestimmte auch den von Bethmann Hollweg bevorzugten Stil. Er suchte, anders als Bülow, das öffentliche Pathos zu meiden, die Außenpolitik nicht auch zur Ablenkung von inneren Spannungen zu benutzen, er war mehr für altmodische Kabinettsdiplomatie, war partiellen Détenten nicht abgeneigt; er gab – wie es die Lage gebot – der Sicherheit Deutschlands in Europa und dem Erhalt seiner Großmachtstellung Priorität. Auf einen Krieg steuerte er nicht zu. Aber er hatte wenig Spielraum. Die internationalen Verhältnisse waren inzwischen schon relativ festgezurrt, der Vorbehalt des Kanzlers, daß Entspannung den deutschen Großmachtstatus und die vernünftig begrenzten Ansprüche in der Welt nicht tangieren dürfe, hemmte doch auch, etwa bei den entspannungsgeneigten englischen Regierungsmitgliedern, eben die Entspannung. Leicht oder gar schnell war ein Ausgleich mit England nicht zu haben, auch und gerade jetzt nicht. Genauso wichtig, wenn nicht wichtiger, war es, daß Bethmann Hollwegs Spielraum „zu Hause" eng begrenzt war. Tirpitz, die Militärs, die Scharfmacher der öffentlichen Meinung waren gegen einen solchen Entspannungskurs, und letzten Endes, das war entscheidend, ebenso der Kaiser, auch wenn der mitnichten ein Kriegstreiber war. Und Bethmann Hollweg war weder in der Position, sich mit Energie durchzusetzen, noch entsprach das seinem Naturell. Zwar, als sich der Kanzler nach dem Mißerfolg in der Marokko-Krise gegen die neue Vorlage von Tirpitz zur Flottenhochrüstung und den damit verbundenen weltpolitischen Kurs wandte, lehnte der Kaiser sein Rücktrittsangebot ab. Aber an dessen positiver Stellung zu der Flottenvorlage änderte das nichts. Nur neue Anforderungen des Heeres – von Bethmann Hollweg ermuntert – führten zu einer kleinen Reduktion bei den wilden Flottenplänen. Allenfalls eine Abmachung mit England über ein verlangsamtes Bautempo im Verhältnis zwei zu drei hielt Tirpitz für akzeptabel, das aber hieß de facto – bei einem generellen Verhältnis von eins zu zwei –, daß Deutschland am Ende den englischen Vorsprung verringert hätte.

Die „Abrüstungs"gespräche Anfang 1912 sind charakteristisch für die Situation. England war an sich inzwischen an einer Rüstungsbegrenzung aus Haushaltsgründen sehr interessiert, ja überhaupt an einer Entspannung. Daß die Deutschen eine Flotte hätten und legitimerweise haben würden, damit hatte man sich abgefunden. Im Februar 1912 kam der englische Kriegsminister Haldane – ein Deutschland- und Hegelkenner – nach Berlin. Er schlug eine Verlangsamung des Flottenbautempos (in der deutschen Novelle von sechs auf zwölf Jahre) vor, und zwar unter Beibehaltung des zwei zu eins Standards; ein Übergang zu einem zwei zu drei Verhältnis sei erst langfristig und im Zuge anderer Verständigungen möglich. Aber ein bindendes Neutralitätsversprechen, wie es die Deutschen suchten, konnte und wollte er nicht geben. Das hätte Abwendung von den Bindungen mit Frankreich und Rußland bedeutet – zugunsten eines, so schien es, nicht verläßlichen und hemmungslos flottenrüstenden Deutschen Reiches, niemand konnte je garantieren, daß Bethmann Hollwegs defensive Sicherheitspolitik, für die die englische Neutralität nötig war, nicht von einer aggressiven Hegemonialpolitik auf Grund eben jener Neutralität abgelöst würde; am Tag vor Haldanes Ankunft erst hatte der Kaiser in einer Thronrede die neue Flottennovelle öffentlich angekündigt. Es ging letzten Endes zum einen um Prioritäten: Der Kaiser hätte die Hochrüstung erst nach einer Neutralitätszusage – vielleicht – begrenzt, England hätte umgekehrt erst nach Ende des Wettrüstens vielleicht einen deutlicheren Neutralitätskurs eingeschlagen. Zum andern aber ging es um die Sache selbst. Keinesfalls eingeschränkt hätte England seine Handlungsfreiheit. Keinesfalls hätte Deutschland auf die „starke" Flotte verzichtet und auf eine Veränderung des Seemacht-Status-quo, denn ein solcher Verzicht hätte die Anerkennung der englischen Suprematie bedeutet, Verzicht auf die weltpolitische Gleichberechtigung, auf volle Handlungsfreiheit, auf sichere Zufahrten im Kriegsfall, die endgültige Bescheidung in die Juniorrolle. Das stand außer Diskussion. Und weil diese Flotte England nicht irgendwo, sondern zu Hause betraf, mußte sie wiederum als Bedrohung empfunden werden. Ein englischer Verzicht auf die Suprematie in den eigenen Gewässern war schlechterdings undenkbar. Die deutschen Sicherheitsinteressen und die deutschen Flottenziele schlossen sich gegenseitig aus. Insofern schlossen die Positionen und Ansprüche einander doch nicht nur in der Zeitfolge, sondern auch in der Sache aus. Im deutschen Ringen um die Entscheidung des Kaisers setzte sich zuletzt Tirpitz gegen Bethmann Hollweg durch.

Anders gewendet: Bethmann Hollweg wollte ein Flottenabkommen, um zu einem sicheren Freundschaftsverhältnis mit England zu kommen, auch ohne es gegen Rußland oder Frankreich zu engagieren; die einzige – mündliche – englische Zusage: Neutralität bei unprovoziertem Angriff auf Deutschland, Nichtbeteiligung an einer aggressiven Koalition, hätte die Entscheidung, ob ein solcher Fall gegeben wäre, bei England belassen (und die Verletzung der belgischen Neutralität, also den Schlieffen-Plan, erst recht unmöglich gemacht). Daß die Deutschen das ablehnten, mußten die Engländer als Beharren auf der Freiheit der Offensive interpretieren; sie glaubten Bethmann Hollweg nicht, daß er Friedenspolitik treibe. Sie wollten ihre Bündnisse nicht zur Diskussion stellen, nicht Frankreich und Rußland an Deutschland „ausliefern". Das englische Kabinett reagierte noch zurückhaltender als Haldane.

Die nationalistische neue Rechte verschärfte ihre Opposition gegen Bethmann Hollweg, sie forderte eine „kraftvoll energische", eine aggressive Politik überall in der Welt, Machtdemonstrationen, Einschüchterungsaktionen, Konfliktverschärfung, Kriegsbereitschaft und natürlich – neue und weitere Hochrüstung. Vom unausweichlichen Krieg gegen die Slawen war die Rede, ja von den positiven Wirkungen eines Krieges auf das Verhältnis zur Sozialdemokratie. Friedrich von Bernhardis Buch „Deutschland und der nächste Krieg" (1912) – wir haben es im Zusammenhang mit dem Militarismusproblem erörtert – war für diese Tendenzen charakteristisch; es plädierte geradezu für den Präventivkrieg, nur so könne sich Deutschland als Weltmacht behaupten, das Absinken zu einer Macht zweiten Ranges verhindern; die Partnerschaft mit England sei eine Illusion, verständigen werde sich England nur mit einem schwächeren Deutschland. In einem zweiten Buch, „Unsere Zukunft" (1913), wurde als einzige Alternative zum Präventivkrieg die Möglichkeit erörtert, mit Macht- und Drohdemonstrationen weiterzukommen. All das war vom zeitgenössischen Sozialdarwinismus, der Idee vom Überlebenskampf der Völker und „Rassen", geprägt. Das war kein Extremfall, sondern charakteristisch für die rechtsnationalistisch-militaristischen Stimmungen. Es gab wichtige Gegenstimmen: „Deutsche Weltpolitik und kein Krieg" (Hans Plehn, 1913), von Bethmann Hollweg unterstützt, vertrat die offizielle Linie. Aber die Regierung mußte bei ihrem – relativ – moderaten Kurs nicht nur die Präventionsbefürworter im Führungsestablishment, sondern auch diese lautstarke nationalistische Opposition von rechts berücksichtigen.

Die nächste europäische Krise betraf nicht mehr die Peripherie, sondern wieder den Balkan. Der Zerfall der Türkei stand in Aussicht. Italien hatte 1911/12 Libyen erobert, Deutschland, zwischen dem formal alliierten Eroberer und dem verbündeten Besiegten, mußte stillhalten; die nochmalige Erneuerung des Dreibunds (1912) hatte keine substantielle Bedeutung mehr. Die gegensätzlichen Interessen Italiens und Österreichs auf dem Balkan und im Orient hatten ihn weiter aufgelöst. Bulgarien, Griechenland, Serbien und Montenegro verbanden sich zum Krieg gegen den Restbesitz der Türkei in Europa und siegten im Oktober 1912 (erster Balkankrieg). Davon war natürlich auch Österreichs Balkan- (und damit Großmacht)stellung betroffen – defensive und offensive Momente waren da kaum zu trennen. Österreich wollte Serbien am Zugang zur Adria hindern, die Kriegsgewinner durch ein unabhängiges Albanien eindämmen; Rußland dagegen trat an die Seite Serbiens, ein europäischer Krieg rückte im November 1912 in gefährliche Nähe. Die beiden europäischen Bündnissysteme waren involviert. Das Reich wollte sich zwar nicht von Österreich in Risiken hineinziehen lassen, aber auch keine Schwächung Österreichs hinnehmen. Immerhin, es konnte zusammen mit England die Krise noch einmal erfolgreich bewältigen: England warnte Österreich, aber auch seinen Bundesgenossen Rußland, Deutschland warnte Rußland, aber zügelte auch seinen Bundesgenossen Österreich. Eine internationale Konferenz in London führte zur Begründung eines selbständigen Albanien, das verhinderte, daß Serbien einen Zugang zur Adria bekam; es mochte ein italienisches Protektorat werden. Anscheinend hatte sich ein deutsch-englisches Krisenmanagement durchgesetzt, beide Mächte hatten – aus unterschiedlichem Interesse – ihre Bündnispartner zurückgehalten, um einen großen Konflikt zu vermeiden. Das war ihnen, weil die Partner auf sie angewiesen waren, gelungen. Man mochte hoffen, dergleichen werde auch künftige Krisen bewältigen.

Unmittelbar zog man in Berlin aber auch andere Schlüsse. In der Hektik dieser Wochen hat England Berlin erklärt, es werde bei einem durch einen österreichischen Angriff auf Serbien ausgelösten Krieg eine Niederwerfung Frankreichs nicht hinnehmen. Das wirkte wie eine Drohung. Der Kaiser stand unter dem Eindruck, England habe sich nun endgültig auf die Seite der Gegner Deutschlands gestellt. In einer Art Kriegspanik fand am 8. Dezember 1912 eine Beratung beim Kaiser statt. Moltke trat ganz entschieden für den Krieg bei nächster Gelegenheit ein, also einen Präventivkrieg, um die außen- und militärpolitischen Dilemmata des Reiches zu lösen; Tirpitz war – mit Blick auf die Flotte – für eine Verschiebung dieses Krieges; der Kaiser, und das war das Ergebnis, erklärte sich für neue Rüstungen und die propagandistische Vorbereitung eines Krieges gegen Rußland. Das war nicht ein „Kriegsrat" und Kriegsentschluß, von dem seither manchmal gefabelt wird: Es zeigte die lang bekannte Präventivkriegsneigung der Militärs, das ungescheute Kalkül mit dem Kriegsrisiko, zeigte Panik und Kriegsbereitschaft (und das ist nicht wenig). Aber Folgen hatte das nicht. Das Ergebnis war „so ziemlich Null". Der „verantwortliche" Kanzler, der nicht dabei war, bekam die Dinge doch wieder in die Hand.

Freilich, Rüstungsvorlagen und eine amtliche und mehr noch nichtamtliche Politik der „Stärke" der Weltmachtansprüche und der Kompromißfeindschaft bestimmten zunehmend das innen- und meinungspolitische Klima. Der Kurs des Kanzlers Bethmann Hollweg lief primär auf Friedenswahrung und Kriegsvermeidung hinaus: „Unsererseits einen Krieg heraufbeschwören, ohne daß unsere Ehre oder unsere Lebensinteressen tangiert sind, würde ich für eine Versündigung an dem Geschicke Deutschlands halten." Dieser Kurs aber wurde zusehends schwieriger.

Die Balkanprobleme führten sehr schnell in eine zweite Krise. Drei der Sieger von 1912 und dazu Rumänien und die Türkei wandten sich jetzt gegen Bulgarien, es wurde besiegt, Deutschland hatte eine österreichische Intervention zu seinen Gunsten verhindert, mit England zusammen wiederum den Krieg noch einmal lokalisiert. Das Ergebnis verschärfte aber den österreichisch-serbischen Gegensatz weiter und damit den Gegensatz zur Schutzmacht Rußland. Rußland wie Österreich suchten immer entschiedener ihren Standpunkt durchzusetzen, gegeneinander und auch gegenüber ihren Bündnispartnern. Weder Österreich noch Rußland konnten sich, so schien es, eine Niederlage leisten; das mußte die Allianzen mitziehen, Deutschland wie auch Frankreich. Zudem haben die Balkankriege, indem sie den Interessengegensatz zwischen Österreich und Italien auf dem Balkan verschärften, endgültig den Dreibund zerstört.

Deutschland stützte zwar „natürlich" Österreich, aber suchte doch eine Verständigung mit Serbien und – auf dynastischer Basis – mit Rumänien und Griechenland und zugleich eine Konsolidierung der Türkei. Das führte jedoch in die nächste, wenn auch kleinere Krise. Ein deutscher General, Liman von Sanders, wurde 1913/14 Generalinspekteur der türkischen Armee (ein englischer Admiral hatte eine ähnliche Funktion bei der Flotte) und – das war ungewöhnlich – Befehlshaber im Gebiet von Konstantinopel. Rußland sah das als Bedrohung seiner Position an, es drohte darob mit dem großen Krieg. Deutschland lenkte auch angesichts des Druckes der anderen Großmächte ein und verzichtete auf die Kommandokompetenz des Generals. Der Friede war so noch einmal gerettet. Aber diese Affäre hat die Gegnerschaft Rußlands gegenüber dem Reich erneut erheblich verschärft und zugleich die anti-russische Stimmung im Reich, die Abneigung gegen ständiges Nachgeben.

Neben den Krisen, neben der unlösbaren Flottenrivalität und gleichsam jenseits der Allianzen lief in den Jahren vor 1914 auch eine Linie der kolonial- und imperialpolitischen Entspannung zwischen Deutschland und England, eines partiellen Disengagements an der Peripherie. Die liberale englische Regierung war zu Arrangements, die eine imperiale Entlastung der überanstrengten Potentiale des Weltreiches bedeuten konnten, eher geneigt, allerdings immer in den Grenzen der Rücksicht auf die ungebremst imperialistischen Teile der öffentlichen Meinung, auf die Dominions, auf die USA. In Deutschland entstand eine sozusagen rational-moderate Richtung des Imperialismus: Die Kolonien hatten auch Ernüchterung hervorgerufen. Ihr innerer Ausbau oder die friedliche Durchdringung von kleinstaatlichen Kolonien (den portugiesischen oder belgischen z. B.) oder der Türkei, vielleicht Lateinamerikas, das schienen vernünftige Ziele auf dem Weg zu einem größeren Anteil an der Welt – angesichts der wachsenden deutschen Wirtschaft friedlich und in Kooperation mit England erreichbar. Das war vor allem, wie wir gesehen haben, Bethmann Hollwegs Konzept. Das lief, wie gesagt, auf doch eine Art Juniorpartnerschaft mit England heraus; weltpolitische Erfolge mit englischer Hilfe hätten die Lage des Reiches auf dem Kontinent erleichtern und die aufgeregte öffentliche Meinung beruhigen können; die deutsch-englische Entspannung an der Peripherie hätte auch im Zentrum die Konflikte einhegen, ja generell Entspannung fördern können. Und Entspannung an der Peripherie war möglich, weil ökonomische Interessen und Einfluß in Überseeregionen quantifizierbar waren.

Vor allem zwei Arrangements waren wichtig. Das war einmal erneut ein Abkommen über die portugiesischen Kolonien (August 1913), das für Deutschland und seine zukünftigen Aussichten sehr günstig war. Aus Sorge vor den inzwischen üblichen Presseausbrüchen, diesmal in England, wurde es nicht veröffentlicht. Das minderte seine Bindungswirkung und seine Wirkung in der deutschen Öffentlichkeit. Bethmann Hollweg hatte eine starke Präferenz für solches (mittel)afrikanische Engagement. Aber die deutsche Wirtschaft zeigte zunächst wenig Interesse, sich zu engagieren, und tat das auch nur, wo die Regierung drängte und Garantien gab. Immerhin, das war eine Zukunftsmöglichkeit.

Wichtiger waren die Abmachungen über die Bagdadbahn und den Persischen Golf. Von dem britischen und russischen Widerstand gegen eine deutsche Durchdringung der Türkei haben wir gesprochen. Das deutsche Interesse hatte sich allmählich konsolidiert und intensiviert, die Exporte und Investitionen wuchsen, die Botschaft, das Auswärtige Amt und Teile der Großwirtschaft kooperierten. In der öffentlichen Meinung hatten die „aufgeklärten" Imperialisten, Paul Rohrbach und Ernst Jäckh z. B., Kleinasien als Zukunftsraum deutscher Wirtschaftsmacht fest etabliert, als Ausweg aus der mit dem Bevölkerungswachstum begründeten Raum- und Wirtschaftsenge gar. Daraus erwuchs, wo nicht ein Erbanspruch, eine Sonderbeziehung zur Türkei und der Wille, dieses deutsche Überseeinteresse mit allen Mitteln zu halten und auszubauen. Aber die imperialistische Konkurrenz war gegen ein deutsches Monopol. Der „Orient" war wie immer schon sensible Zone für die europäischen Mächtebeziehungen, zwischen russischen und englischen Interessen, auf dem Weg nach Indien. Und die Türkei war von europäischen Anleihen und einer europäischen Staatsschuldenverwaltung, die auch über Zölle und Steuern maßgeblich mitsprach, abhängig. Ohne internationale Zustimmung war die kostspielige Bagdadbahn nicht zu bauen. Nach 1900 noch war eine deutsch-britische Finanzkooperation, wir haben es erwähnt, am Zorn der englischen Presse gescheitert, und seither hatte England manches unternommen, die deutschen Pläne zu blockieren. In den Jahren vor 1914 aber zeichnete sich eine Kompromißlösung ab. 1911 verständigte sich Deutschland mit Rußland, das schied gegen wesentliche deutsche Zugeständnisse aus der Konkurrenz aus. Die mächtigen französischen Banken widersetzten sich weiterhin dem deutschen Projekt, ja verhärteten ihren Widerstand seit 1911. Bis zum Februar 1914 einigte man sich schließlich aber doch, man teilte die Interessen, Deutschland gab in manchem nach, aber es setzte auch eigene Ziele durch: Bei der imperialen Durchdringung konnte man auch kooperieren. Ähnlich einigte man sich – noch am 15. Juni 1914 – mit England: Deutschland verzichtete auf den Ausbau der Bahn am Persischen Golf (Basra) und auf Schiffahrtsrechte am Euphrat. England gab dafür den Widerstand gegen den Hauptteil der Bahn auf. Schon am 19. März 1914 hatten englische, holländische und deutsche Finanzgruppen sich – unter Mitwirkung der Regierungen – über die Ölausbeutung im türkischen Reich geeinigt (25 % der Anteile lagen bei der Deutschen Bank). Das war ein Weg der kleinen Schritte noch einmal in einer Art Juniorpartnerschaft, wie sie der Realität der deutschen Macht und auch der Wirtschaftskraft, nämlich einer sehr geringen Kapitaldecke, entsprach. Das waren relative Erfolge, insoweit war Deutschland nicht in einer „Sackgasse". Es war wichtig, daß Deutschland offenbar in der Lage war zu lernen, daß Weltpolitik für den Spätkommer nur mit England und nur in einer Juniorposition möglich war. Freilich, diese Ergebnisse – vertraulich und hochdetailliert, wie sie waren – waren schlecht zu verkaufen.

Die Einigungspunkte blieben für die chauvinistischen Imperialisten zu marginal, und sie blieben objektiv gegenüber den Kernpunkten des deutsch-britischen Gegensatzes – der Flotte und dem Hegemonie-/Gleichgewichtsdilemma – sekundär. Der Kaiser und Tirpitz hielten an der Flottenhochrüstung fest. 1914 zeigte sich im Juli, daß die kontinentaleuropäischen Probleme stärker waren. Die imperialistische Konkurrenz hatte sie gewaltig intensiviert, nachträgliche imperialistische Kooperation konnte das nicht, jedenfalls nicht in kurzer Zeit, rückgängig machen.

Nimmt man noch einmal die ökonomische Konkurrenz der Mächte in den Blick, so gab es natürlich in den Vorkriegsjahren scharfe und sich verschärfende Konkurrenz um Märkte und Einflußzonen in den Gebieten der Peripherie (auch den Randgebieten Europas). Kapitalanleihen einer Hauptmacht förderten im allgemeinen auch deren Exportchancen und die nicht unwichtigen Rüstungsgeschäfte. In den Jahren vor 1914 verdrängte z. B. das französische Kapital das deutsche in Serbien und Griechenland, und das hatte auch politische Konsequenzen. Aber es gab auch Wirtschaftsexpansion in politisch nicht festgelegten, in schwankenden oder gar in gegnerischen Ländern. Der deutsche Wirtschaftseinfluß war z. B. in Rumänien, in Italien, in Rußland besonders stark. Noch wichtiger: Außenhandel und Investitionen der Wirtschaftsmächte gingen, wir haben das im ersten Band ausführlicher dargelegt, am meisten in die entwickelten Länder selbst, also in die europäisch-nordatlantischen Industriestaaten. Deutschland war vor allem mit seinen späteren westlichen Kriegsgegnern wirtschaftlich verflochten; deutsches Kapital war in Belgien und Frankreich im Erzbergbau, im Hafen von Antwerpen, in ganz Westeuropa in Elektro- und Chemieunternehmen angelegt. Aber diese Verflechtung bestimmte nicht die Politik. Denn neben diesem Faktum muß man die Erwartungshaltung der Zeit sehen: Die Sorge vor schrumpfenden Märkten, vor protektionistischen Maßnahmen, das Interesse an neuen und eben eigenen Gebieten der wirtschaftlichen Durchdringung. Für die Deutschen beispielsweise waren das die erst halbentwickelten Teile Österreich-Ungarns, der Balkan und vor allem der Orient; die Idee eines mitteleuropäischen Wirtschaftsgroßraums begann die Gemüter und Phantasien zu beflügeln.

Mit dem Anwachsen der internationalen Spannungen und Krisen verschärfte sich in den Jahren unmittelbar vor 1914 das Wettrüsten. Der erste

Weltkrieg ist zwar nicht auch nur mittelbar (wenn wir die deutsch-englische Flottenrivalität ausklammern) ein Ergebnis des Rüstungswettlaufes. Aber die Rüstungen wirkten nicht eben krisendämpfend, und sie erhöhten die potentielle Kriegsbereitschaft. 1913 lösten die Balkankriege überall in Deutschland, Frankreich und Rußland vor allem Heeresverstärkungen aus. Der Streit, wer damit angefangen habe, ist müßig, die Hauptmächte folgten nach der Aufrüstung der Balkanstaaten alle relativ gleichzeitig demselben Sachzwang. In Deutschland setzte sich jetzt, 1913, der Generalstab mit seiner Forderung nach Ausschöpfung der Wehrkraft gegen das konservative Kriegsministerium – das zuviel Verbürgerlichung des Heeres fürchtete und Aufweichung der Qualitätsstandards – zum guten Teil, wenn auch nicht voll, durch, getragen nun von den rechten Parteien und den nationalistischen Verbänden, darunter dem neugegründeten Wehrverein des Exgenerals Keim. Nach zwanzig Jahren systempolitischen Rüstungsstillstands war das nun ein massiver Sprung, diese Nachrüstung war Hochrüstung. Plötzlich wurde das Heer um 117000 Mann und 19000 Offiziere verstärkt, das machte allein an einmaligen Kosten über eine Milliarde Mark. Jetzt konkurrierten Heer und Marine um die knappen Haushaltsmittel. Im europäischen Vergleich waren 1913/14 das Reich und sein einziger Verbündeter zwar keineswegs überstark gerüstet, sie hielten in Kosten und Wehrpflichtdauer gerade mit und mußten die geringeren Zahlen durch bessere Ausbildung und schnellere Mobilisierung zu ersetzen suchen. Der Rüstungssprung von 1913/14 mußte dennoch die europäischen Spannungen erhöhen.

e) Juli 1914

Imperialistische Peripheriekonflikte und Détente wurden von einer letzten großen und europäischen Krise überholt. Am 28. Juni wurde in Sarajewo der österreichische Thronfolger Franz Ferdinand, Freund einer „trialistischen" proslawischen Lösung des Reichs- und Nationalitätenproblems der Habsburger Monarchie, von serbischen Nationalisten ermordet. Alle Fäden liefen, das wußte jeder, in Belgrad zusammen. Die Belgrader Regierung stand zwar nicht hinter den Attentätern, aber – das weiß man freilich erst heute genau – sie wußte von ihren Plänen und war unfähig, etwas dagegen zu tun. Daß Österreich daraufhin drastische Maßnahmen gegen Serbien ergreifen wollte, war sozusagen selbstverständlich. Es wollte den irredentistischen Unruheherd Serbien ausschalten, der mit seinen südslawischen Ambitionen die Existenz der Doppelmonarchie bedrohte; es sollte zum Satellitenstaat gemacht werden. Jedenfalls, Österreich mußte handeln. Damit verband sich die große Strategie der Wiener Kriegspartei, des Außenministers und des Generalstabschefs: Aus Verzweiflung über den Machtverfall, ja den drohenden Zerfall der Donaumonarchie wollten sie die Offensive gegen den Protektor Serbiens, gegen Rußland, das 1913 den anti-österreichischen Bund der Balkanstaaten protegiert und jede österreichische Unterstützung Bulgariens konterkariert hatte, das in allen Balkanfragen auf eine offensive Zurückdämmung Österreichs hinarbeitete und mit seiner großen Aufrüstung von 1913 seinen Kriegswillen zu dokumentieren schien. Die radikale „Straf"aktion gegen Serbien, die im Grunde alle wollten, mußte zum Konflikt mit Serbiens Protektor Rußland führen, und – so das Kalkül der Kriegspartei – sie sollte es auch. Wenn es aber nicht zum Kriege kam, sollte das russische Bündnissystem eine schwere Niederlage erleiden.

In dieser Situation und angesichts solcher Pläne lag die Entscheidung zunächst in Berlin. Denn da Serbien den russischen Rückhalt hatte, konnte Österreich ohne den einzigen Rückhalt, den es seinerseits besaß, ohne das Deutsche Reich, nicht handeln. In Berlin hat man zunächst geschwankt. Die Möglichkeit, Österreich zu „zügeln", war durchaus aktuell, aber dann hat sich die Reichsleitung endgültig entschlossen, Österreich – am 5./6. Juli – den unbedingten deutschen Beistand in Aussicht zu stellen, es mit diesem „Blankoscheck" beim Vorgehen gegen Serbien und bei allen sich daraus ergebenden Konsequenzen in seiner Offensivstrategie zu unterstützen. Berlin ließ Wien damit nicht nur einfach freie Hand, sondern ermunterte es aktiv, auch mit vielen weiteren Bekundungen, zu einer Politik der Stärke; die Zögerer in Wien, der Kaiser Franz Joseph und der ungarische Ministerpräsident Tisza, gerieten unter Druck, durch Schwäche die deutschen Bundesgenossen zu enttäuschen; Berlin setzte dem österreichischen Vorgehen überdies keine Grenzen, die z. B. das russische Prestige geschützt hätten. Das verschärfte die Krise. Berlin wollte die Lage der Mittelmächte mindestens durch eine zunächst begrenzte diplomatische Offensive verbessern, nahm aber dabei jedenfalls das Risiko auch einer russischen Intervention und damit eines europäischen Krieges in Kauf. Hierin liegt die „Schuld" des Deutschen Reiches, der deutschen Führung, an der Verschärfung der „Julikrise", am Ausbruch des Weltkriegs. Weil diese uneingeschränkte Unterstützung Österreichs – trotz der internationalen Systemspannungen, trotz also der allgemeinen Kriegsbereitschaft, ja -willigkeit, angesichts derer die Sarajewo-Katastrophe wegen ihrer voraussagbaren Folgen nur ein „Funke" war, trotz auch des besonderen Kriegswillens in Wien – am Anfang der Krisenverschärfung stand, ist das so wichtig. Warum traf die Reichsleitung diese Entscheidung?

Der Führungszirkel in Berlin, Kaiser, Kanzler, Diplomaten und Militärs, beurteilte die Gesamtlage des Reiches pessimistisch; sie hatte sich, so schien es ihm, in den letzten Jahren dramatisch verschlechtert, und sie drohte sich weiter zu verschlechtern. Das bestimmte das politische Konzept und die Handlungsstrategie zumal in der nun ausgelösten Krise. Vor allem erschien Rußland als eine Gefahr für die deutsche Sicherheit. Es hatte sich von der Niederlage im Krieg gegen Japan und von der Revolution von 1905 erholt, es war aus der Peripherie ins Zentrum Europas zurückgekehrt, es trieb eine Politik der Stärke. Die Kette der Balkan- und Türkeikrisen hatte die wachsende Konflikt-, ja Kriegsbereitschaft Rußlands deutlich gemacht, sogar wesentlich gesteigert. Daß es auf dem Balkan eine anti-österreichische Offensivpolitik forcierte, machte Nachgeben oder Kompromiß immer unwahrscheinlicher. Mit der Existenz der Doppelmonarchie als Großmacht, des letzten Bundesgenossen der Deutschen, aber war auch die Stellung des Reiches bedroht. Zudem, die Deutschfeindlichkeit in Rußland, in Presse und Militär vor allem, nahm noch weiter zu. Für 1916/17 drohte ein neuer Handels- und Wirtschaftskrieg. Die russische Aufrüstung lief, verstärkt seit der Heeresvorlage von 1913, auf Hochtouren und so der Eisenbahnbau, dessen strategischer Sinn es war, die kurzfristige Mobilmachung und die schnelle Kriegsführung unmittelbar an den deutschen Ostgrenzen zu ermöglichen. Für das sozialdarwinistische Denken der Zeit war der schier unaufhaltsam rasante Anstieg der russischen Bevölkerung ein weiterer bedrohlicher Faktor. Beides, die zunehmende Macht und die zunehmende Feindlichkeit Rußlands gegenüber Deutschland, führte zu einer wachsend anti-russischen Einstellung in der deutschen Öffentlichkeit wie im deutschen Establishment, auch die Reste einer ehedem russophilen Rechten teilten diese Position. Die Reichsleitung nun rechnete konkret damit, daß spätestens 1917 – wenn die demographisch-militärische Überlegenheit voll zur Geltung gebracht werden könne – der russische Angriff drohe; einen Anlaß werde Petersburg, angesichts der vielen Spannungen, immer finden. Kurz, die Deutschen sahen in Rußland eine schwere Gefahr. Die Gefahr war weder eine Erfindung des Establishments – um zum Beispiel, wie extreme Kritiker suggerieren, einen Krieg auch für die Sozialdemokraten annehmbar zu machen – noch eine angstbesessene Einbildung. Freilich, die deutsche Wahrnehmung der Gefahr und ihr tatsächliches Ausmaß waren nicht das gleiche, und dieses Urteil ist nicht erst Sache der klugen nachgeborenen Historiker. Gewiß, es gab in Rußland eine mächtige, ja dominierende Kriegspartei; daß es auch eine Friedenspartei gab, zu der z. B. der Außenminister gehörte, half gegenüber den deutschen Sorgen nicht viel, denn der Grund für deren Abneigung gegen den Krieg, die Furcht vor der Revolution, widersprach auch für sie jeder Politik des Einlenkens und des Kompromisses, forcierte die Politik der Stärke jedenfalls am Rande des Krieges. Und der Chauvinismus diente auch denen, die ihn in der Hand zu behalten glaubten, zur Ablenkung von der inneren Krise. Wichtiger war, daß die ökonomischen Probleme, die inneren Schwächen, die relative Ineffektivität des russischen Systems nicht angemessen in Betracht gezogen wurden, war zudem, daß niemand wissen oder mit hinreichender Gewißheit prognostizieren konnte, was sich 1916/17 ereignen würde, wie sich die russischen Dinge bis dahin entwickeln würden. Wie immer, in Berlin ging man vom Entstehen einer russischen Übermacht und also von der extremen Gefährdung deutscher Sicherheit aus und von der Unvermeidlichkeit des kurzfristig bevorstehenden russischen Angriffs.

Diese russische Komponente des deutschen Sicherheitsproblems wurde nun dadurch potenziert, daß sich das internationale, das europäische Bündnissystem gegen die Mittelmächte gewandt hatte, die russische Gefahr nicht ausbalancierte, sondern deckte und insoweit intensivierte. Das unruhig konkurrierende Streben der Deutschen, nach Weltmacht, nach Neuverteilung der Weltmacht, hatte seine Hauptkontrahenten in einem Eindämmungssystem von Détenten und Allianzen zusammengeführt, der Triple-Entente, wie man seit dem russisch-englischen Ausgleich von 1907 sagen konnte: Die Deutschen, die ihre Selbstauskreisung gerne übersahen, mochten das wehleidig als gegnerische Einkreisung interpretieren. Die Bindungen der Triple-Entente drohten sich zu intensivieren, das mußte dem potentiellen Angreifer Rußland zugute kommen, das deutsche Sicherheitsrisiko entscheidend erhöhen. Dabei lag das Kernproblem bei England, denn daß Frankreich Rußland stützen würde, konnte als sicher gelten. Die deutschen Versuche, zu einem weltpolitischen Arrangement mit England zu kommen, wie das freilich nur ein Teil der deutschen Führung, der Kanzler eben, wirklich wollte, hatten vorerst nur zu Verständigungen in der Peripherie geführt.

Die Verbindung beider Komplexe – russische „Bedrohung" und „Einkreisung" durch die Triple-Entente – wurde im Sommer 1914 besonders akut. Petersburg und London führten im Mai 1914 Geheimverhandlungen über eine Marine-Konvention, die auf einen Krieg abgestellt war, und diese Verhandlungen waren weit gediehen. Davon erfuhr die deutsche Regierung. Die Gemeinsamkeit einer englisch-russischen Eventualkriegsplanung lag zu Tage. Zwar zwangen die deutschen Veröffentlichungen der Sache den englischen Außenminister Grey zu Dementi und Abbruch der Verhandlungen, aber die Ungewißheiten und Zweifel, ob England seinen Halballiierten Rußland „zügeln" würde wie in den Balkankrisen 1912/13, hatten zugenommen. Die Hoffnung, Rußland werde durch die Bindung an England friedlicher werden und England werde eben dahin wirken, schien zu schwinden, die Zeit schien vielmehr gegen das Reich zu arbeiten, auf eine Festigung der russisch-englischen Bindung auch für den Ernstfall hin. In den Augen Bethmann Hollwegs nötigte diese Situation einmal mehr zu schnellem und entschiedenem Handeln. Das ging in sein Krisenkonzept ein.

Drohender russischer Angriff, fester werdende Bindung der Einkreisungsmächte, relative Handlungsfreiheit Rußlands, das war das Szenarium der Reichsleitung im Juli 1914; dazu kam das Problem, den einzigen Bundesgenossen, Österreich-Ungarn, sich erhalten und vor seinem inneren Zerfall bewahren zu müssen, in seine Schwäche investieren zu müssen, ohne für seine Krisen irgendeine Lösung zu haben. Aus dieser Lage entwickelten sich im Berliner Führungsestablishment zwei unterschiedliche, ja gegensätzliche Strategien (wenn man die mancherlei Zwischenformen vernachlässigt). Die Militärs hatten schon länger aus ihrer Lagebeurteilung den Schluß gezogen, gegen den kommenden Angriff Rußlands müsse man vor Vollendung der russischen Rüstungen einen Präventivkrieg beginnen. Wenn man schon Krieg führen müsse, so meinte der fatalistisch-pessimistische Generalstabschef Moltke im Frühsommer 1914 zum Leiter des Auswärtigen Amtes Jagow, dann müsse man ihn früher führen, als die Russen es planten.

Der Kanzler und der Staatssekretär des Auswärtigen Jagow verfolgten eine primär nicht am Krieg orientierte Strategie. Die Sarajewo-Krise schien die Möglichkeit zu bieten, Rußland, dem Protektor Serbiens, eine diplomatische Niederlage beizubringen, es in der serbischen Sache zu einem Rückzug zu nötigen und so einzudämmen. Das sollte zugleich den „Ring" der Einkreisungsmächte aufbrechen, jedenfalls das gegnerische Allianzsystem schwächen. Denn das mußte die Folge einer gelingenden Eindämmung oder gar einer relativen Isolierung Rußlands sein. Das hätte dem Reich neue Handlungsspielräume eröffnet, nicht nur den Bündnispartner Österreich-Ungarn für eine absehbare Zeit stabilisiert, sondern vielleicht eine Entspannung mit England oder sogar mit Rußland ermöglicht. Diplomatische Eindämmung Rußlands und Schwächung der Triple-Entente, das also waren die primären Ziele der Krisenstrategie Bethmann Hollwegs. Daraus folgte eine Politik der Stärke, durchaus am Rande eines Krieges, nur dann waren Eindämmung und Lockerung der gegnerischen Allianzen zu erreichen. Das hieß auch, das Risiko eines Krieges und die Kriegsbereitschaft waren in dieser Strategie einkalkuliert, darum charakterisiert man sie als Strategie des „kalkulierten Risikos". Das schien dem Kanzler akzeptabel, weil er den Krieg quasi fatalistisch auf die Dauer für sowieso unvermeidlich hielt und weil ein solcher Krieg, wenn Rußland ihn denn beginnen wollte, jetzt, 1914, noch eher zu gewinnen war als später. Die Möglichkeit, eine Zuspitzung der Krise zu vermeiden und damit die diplomatische Konfrontation mit Rußland und also das Kriegsrisiko, indem das Reich Österreich in der Serbienfrage gezügelt hätte, kam nicht in Betracht. Das hätte, wie schon gesagt, zum einen zur existentiellen Schwächung des letzten deutschen Bündnispartners geführt, ja vermutlich zu seinem Verlust, und also zu einer schweren Machteinbuße. Das war schlechterdings undenkbar, das Reich mußte Österreich-Ungarn erhalten, das war nicht „Nibelungentreue", sondern tragische Machtraison. Zum anderen aber, und das war noch viel wichtiger, ein Zurückstecken gegenüber Serbien hätte bedeutet, auf eine schier einmalig günstige Chance zur Machtverschiebung, zum, wie man glaubte, Aufhalten des fortschreitenden Machtverlustes zu verzichten.

Die Ziele der deutschen Politik waren nicht – wie man angesichts der Moralisierung des Problems oft sagt – aggressiv-expansionistisch, es ging weder um Landerwerb noch um einen Sprung hin zur Weltmacht, aber die Ziele waren auch nicht ausschließlich defensiv; man mag sie als präventiv-defensiv beschreiben, es ging dieser Politik um eine Positionsverbesserung, die nach dem eigenen Selbstverständnis Befreiung aus einer unerträglichen Lage, einer Bedrohung war, Entlastung. Aber auch die Mächte der Triple-Entente empfanden ihre entgegengesetzte Politik als defensiv: Wahrung des Eindämmungsgleichgewichts gegenüber dem Weltmachtkonkurrenten Deutschland, dem potentiellen Veränderer und Störenfried, was immer die letzten Absichten in Petersburg gewesen sein mögen.

Zunächst schien die Strategie Bethmann Hollwegs aussichtsreich, schien das Kriegsrisiko begrenzt. War nicht Österreich-Ungarn „im Recht", würde

England, ja auch Frankreich wirklich für Serbien und seine Königsmörder Krieg führen oder sich durch ihren Alliierten Rußland in einen solchen Krieg hineinziehen lassen? Würden sie nicht Rußland zurückzuhalten, zu zügeln suchen – wie England es in der letzten, der albanischen Balkankrise praktiziert hatte –, würde Rußland dann ohne westliche Unterstützung nicht in der zwar prestigeträchtigen, aber doch letzten Endes nicht existentiellen serbischen Frage nachgeben müssen? In dieser Strategie kam – wie gesagt – alles auf England an, darauf, ob es seinen Halballiierten Rußland zügeln werde. Trotz der Chancen dieser Krisenbewältigungsstrategie, der relativen Begrenztheit des Kriegsrisikos, war Bethmann Hollweg ungewiß und zwiespältig. Er hoffte und setzte auf einen Erfolg seines diplomatischen Konzeptes von „Eindämmung" und Allianz-„Sprengung", darauf, daß eine – möglichst schnelle – österreichische Aktion erfolgreich und friedlich enden und die angestrebte gesamtpolitische Verbesserung der deutschen Lage erreichen werde. Zugleich fürchtete er in düsterem Pessimismus, der „Sprung ins Dunkle" könne in einen Weltkrieg führen – ob die Westmächte und zumal England Rußland zügeln konnten und vor allem wollten, ob sie sich der Verbesserung der Lage des Reiches nicht widersetzen würden, das war ungewiß. Wenn Rußland nicht nachgab, wäre entweder nur der Rückzug geblieben – eine Kapitulation nach damaligen politischen Begriffen, das war für eine Großmacht wie das Reich ganz ausgeschlossen – oder eben der Krieg, der ja irgendwann, wie man meinte, ohnehin unvermeidlich war.

Man kann hier das Eigengewicht der deutschen Kriegsplanung nicht übersehen: Rußland war die Gefahr und letztendlich der eigentliche Angreifer, aber der für den Kriegsfall maßgebliche Plan, der Schlieffen-Plan, hatte den Zweifrontenkrieg und die unbedingte Priorität der Westoffensive festgelegt, ging also vom Krieg mit Frankreich aus, ja – wegen des Bruchs der belgischen Neutralität – auch vom Krieg mit England. Zwischen Militär und Politik war die Frage der Priorität – Ost- oder Westproblem – unklar geblieben. Immerhin, Bethmann Hollweg konnte davon ausgehen, daß, wenn seine Hauptstrategie Erfolg hatte, Rußland alleine einen Krieg nicht beginnen werde. Daß auch England sich an diesem Krieg beteiligen werde, war, schon wegen des geplanten Durchmarsches durch Belgien, hochwahrscheinlich, Bethmann Hollwegs Krisenkalkül, England neutral halten zu können, war nur eine Nebenalternative.

Wichtig für die Realisierung des strategischen Konzepts des Kanzlers, für den Versuch, die Krise zu gleichsam einem Punktsieg für das Reich zu nutzen, war die Existenz der „Kriegspartei" in Berlin, die die Krise zu dem lange schon für nötig gehaltenen Präventivschlag gegen Rußland (und Frankreich) benutzen wollte oder gar in einem Krieg einen Ausweg aus innenpolitischer Stagnation und der Systembedrohung durch die Sozialdemokratie sah. Der Kaiser schwankte, darum war der Konflikt der gegensätzlichen Richtungen von höchster Bedeutung. Das militärische Establishment, die Supernationalisten und ihre lautstarke verantwortungslose Publizistik störten durch aggressive Forderungen, aggressives Gebaren das feinere diplomatische Gespinst der Krisenstrategie des Kanzlers; er mußte ständig eine Politik der Stärke auch am Rande mindestens des Krieges demonstrieren, sich gegen den Vorwurf von Nachgiebigkeit und Elastizität wappnen, das schränkte seine Handlungsfreiheit auch im Taktischen ein. Die Militärs argumentierten zusätzlich mit Mobilmachungsfristen, zunächst jedoch war die Hauptsache die Verbindung von Präventivkriegsanhängern mit dem irrationalen Druck und Erfolgszwang großer Teile der öffentlichen Meinung.

Bethmann Hollwegs Kalkül, die Krise friedlich, aber mit einem deutschen Erfolg zu lösen, ist bekanntlich gescheitert. Der einkalkulierte Risikofall trat ein, die deutsche und europäische Katastrophe.

Um das zu verstehen, müssen wir zuerst den Verlauf der Krise genauer in den Blick nehmen. Der deutsche „Blankoscheck" vom 5./6. Juli, der die Österreicher zur Aktion gegen Serbien, einem Ultimatum zunächst, ermächtigte, zielte eigentlich auf eine rasche Aktion Wiens. Aber angesichts der dortigen desolaten Führungsstruktur, des Dissenses zwischen Wien und Budapest (dem ungarischen Ministerpräsidenten Tisza), der Langsamkeit der Entscheidungsprozesse war das Ultimatum erst am 14. Juli fertig und wurde mit Rücksicht auf einen Besuch des französischen Staatspräsidenten Poincaré in Petersburg erst am 23. Juli an Belgrad übergeben. Berlins Politik in diesen zweieinhalb Wochen war die der Lokalisierung: Es galt Normalität zu demonstrieren, keinerlei Kriegsabsichten gegenüber Rußland durften laut werden. Abwarten im Nervenkrieg, längerer Atem und Bluff, das sollte die anderen zum Nachgeben zwingen; aber die Folgen dieser Taktik waren unvorhersehbar. Zunächst schien es, als ob das deutsche Kalkül aufgehen könnte. England warnte zwar vor einem schroffen Vorgehen Österreich-Ungarns, wollte aber in dessen Streit mit Serbien nicht eingreifen, wohl jedoch mit den anderen Mächten vermitteln; Frankreich folgte dieser Linie. Die Regierung in London hatte keine einhellige oder auch nur mehrheitliche Meinung, weder hat sie Rußland Nichtunterstützung signalisiert noch dem Reich entschiedenen Widerstand; Grey wollte jedes Auftreten in einem antideutschen Block vermeiden, um Deutschland nicht zu provozieren. Rußland hielt sich einstweilen zurück. Berlin lehnte eine Mächtevermittlung zwischen Österreich und Serbien, eine Botschafterkonferenz, ab, das hätte sich gegen Österreich ausgewirkt und hätte die deutsche Absicht konterkariert, die Westmächte zu veranlassen, Rußland zum Nachgeben zu bringen und damit das russisch-westliche Bündnis zu schwächen und den Schwarzen Peter in der Krise Rußland zuzuschieben. Weil das nicht ohne Druck funktionierte, schien es notwendig, durchaus an der Grenze des Krieges, in der Position der Stärke zu operieren, ohne freilich die informellen Kontakte nach London abreißen zu lassen.

Ende Juli spitzte sich die Lage zu. Serbien nahm das harte und kurz befristete österreichische Ultimatum zwar weitgehend an, und für viele Mithandelnde, wie z. B. den deutschen Kaiser, schien damit der Rechtstitel für eine österreichische Straf- und Kriegsaktion zu entfallen, aber in einem zentralen Punkt, der Teilnahme von Österreichern an der serbischen Untersuchung des Attentats, machte es Vorbehalte, die Annahme war nicht bedingungslos, und gleichzeitig begann es mit der Mobilmachung. Dahinter stand die Entscheidung eines Kronrats (25. Juli) in Petersburg, Serbien auch angesichts der neuen Lage zu stützen und also das wachsende Kriegsrisiko anzunehmen; dahinter wiederum stand, daß Frankreich – Poincaré bei seinem Besuch in Petersburg und danach der französische Botschafter – Rußland zum Durchhalten, zum Nichtzurückweichen ermunterte und die unbedingte französische Unterstützung in Aussicht stellte. Frankreich wollte seine russische Allianzbindung keinesfalls schwächen lassen, sondern vielmehr intensivieren. In Petersburg wollte auch die Nichtkriegspartei keinerlei Einbuße der russischen Balkanstellung hinnehmen, die eigene Sicherheit schien durch die französische Hilfszusage hinreichend gewährleistet. Kurz, die Politik der Demonstration von Kriegsbereitschaft mit dem Ziel der Abschreckung ging weiter. Österreich-Ungarn brach die diplomatischen Beziehungen zu Serbien ab, erklärte am 28. Juli Serbien den Krieg und begann am 29. Juli mit der Beschießung Belgrads.

Die Krise hatte sich zugespitzt. Die deutsche wie die russische Strategie, den Gegner durch eine forcierte Politik der Stärke und Unnachgiebigkeit abzuschrecken, hatte nicht funktioniert, die Kontrahenten ließen sich nicht abschrecken. Friedliche Krisenbewältigung, soweit man in Berlin und London daran interessiert war, war schwieriger geworden. Die Internationalisierung der Krise durch eine Schlichtungskonferenz etwa der Botschafter der Großmächte und Serbiens, wie sie der englische Außenminister Grey jetzt noch nachdrücklicher vorschlug, stieß bei Bethmann Hollweg auf wenig Gegenliebe, angesichts der Allianzverhältnisse mußte sich ein solcher Versuch – so schien es – gegen die Mittelmächte kehren. Es gab einen gewissen Druck auf Wien, unmittelbar mit Petersburg zu verhandeln, aber dieser Druck blieb halbherzig, indem man scheinbar Wien die eigentliche Entscheidung überließ. Die Wiener Politiker wollten keine Vermittlung, wollten ihren Krieg gegen Serbien nicht abbrechen und nicht begrenzen. Verhandlungen mit Rußland führte man zwar, aber ohne ernsthaften Willen zum Erfolg; ein Teil der Wiener Politiker rechnete in seltsamer Verblendung nicht wirklich mit einem russischen Eingreifen. Dazu kam die Sonderpolitik der Berliner Kriegspartei, der Generalstabschef Conrad von Hoetzendorff konnte sich auf eine Aufforderung Moltkes stützen, Vermittlungsvorschläge abzulehnen, schnell zu mobilisieren, und auf die Zusage, Deutschland werde – jetzt – jedenfalls mit Österreich-Ungarn gehen.

Was Bethmann Hollweg zur Entschärfung der Krise vorschlug (und darin ganz einig mit dem inzwischen durchaus friedensbesorgten Kaiser), war, Österreich-Ungarn möge mit Belgrad ein „Faustpfand“ besetzen und zugleich demonstrativ „Halt in Belgrad“ machen. Aber darüber wurde nicht entschieden, die österreichische Kriegführung war zu so schnellen Maßnahmen gar nicht in der Lage. Bethmann Hollweg also hat ein Einlenken Wiens auf einen Vermittlungskurs nicht durch die Drohung, es allein zu lassen, erzwungen, hat die Bundesgenossen nicht energisch gezügelt. Er hat das Ziel, Rußland zu sichtbarem Nachgeben zu zwingen, selbst in diesen Tagen der Krisenzuspitzung nicht aufgegeben. Jeder Rückzug erschien als katastrophale Niederlage der Mittelmächte, das stand eigentlich außer Diskussion. Auch die Westmächte haben ihren Bundesgenossen Rußland nicht zurückgehalten, nicht gezügelt. Frankreich hatte Rußland Unterstützung zugesagt, England hat jede massive Warnung, jede dezidierte Nichtunterstützung oder eine entsprechende Androhung vermieden, Rußland konnte auf den Automatismus der Bündnisse, zumal durch die Doppelbindung Frankreichs an Petersburg wie London, setzen. Die Erwartung Bethmann Hollwegs, England werde Rußland mäßigen, hatte sich nicht erfüllt, sowenig wie die gegnerische Erwartung, Berlin werde Wien mäßigen; der Schwarze Peter, den jeweils kriegerischeren Bundesgenossen zu zügeln, ging zwischen Berlin und London weiter hin und her. England hatte aber auch gegenüber Berlin vermieden, eine pro-russische Stellungnahme gleichsam als Drohung und Einschüchterung zur Geltung zu bringen. Darum konnte Berlin solange auf ein Gelingen seiner Eindämmungsdiplomatie setzen. Die Haltung Londons hing, wie gesagt, damit zusammen, daß die englische Regierung uneins und unentschieden war, daß einerseits, so die Position des Foreign Office, eine Schwächung der russischen Allianz lebensgefährlich sei, die deutsche Position bedrohlich verbessere, daß andererseits aber die simple Identifikation mit der russischen Position den Frieden gefährde und die englische Rolle des Friedenswahrers.

In dieser Endphase der Krise war also das Risiko des Krieges sehr viel größer geworden. Das hatte für Bethmann Hollwegs Taktik zur Folge, daß er den Risikofall stärker berücksichtigte: Wenn der diplomatische Rückzug Rußlands nicht zu erreichen war, kam es darauf an, die Ausgangslage des Reiches für den entstehenden Krieg möglichst günstig zu gestalten, Rußland die kriegsauslösenden Initiativen übernehmen zu lassen, ihm die „Schuld" am Krieg zuzuweisen. Das war international wie national – im Blick auf die Sozialdemokraten – von ausschlaggebender Bedeutung. Diese Alternativ-Taktik widersprach natürlich einer Politik, die endgültig auf die Priorität der Friedenswahrung umgeschwenkt wäre.

Jetzt begann die Militärplanung ihre selbständige Rolle im Krisenverlauf. Am 29. Juli begann Rußland mit der Mobilmachung, das war der entscheidend krisenverschärfende Schritt, unprovoziert, Beginn der unmittelbaren Kriegsvorbereitung, letzten Endes den Krieg auslösend. Ein Telegrammwechsel zwischen Kaiser und Zar bewirkte zwar, daß an die Stelle der ursprünglich verfügten Generalmobilmachung zunächst nur eine Teilmobilmachung trat, aber das war nur ein kurzer Aufschub. Weil der Vorsprung bei den Mobilisierungszeiten gegenüber den Russen für die deutsche Kriegsplanung entscheidend war, wollten die Militärs nun klare und schnelle Entschlüsse, nicht neue Verhandlungen, während derer die russische Mobilmachung schon liefe.

Die politische Führung hat in einiger Hektik noch versucht, die Krise friedlich zu meistern: letzte Versuche, die Krise zu internationalisieren (noch am 27. Juli lehnte Berlin einen neuerlichen Konferenzvorschlag Greys ab, erst am 29. Juli änderte es diese Position); eine Warnung an Rußland, die Mobilmachung werde den Krieg auslösen; die Hoffnung, Österreich trotz der auch hier nun anlaufenden Mobilmachung noch zum Halt in oder vor Belgrad zu bewegen. Aber alles war jetzt zu spät. In der Nacht vom 30. zum 31. Juli hat Rußland die Generalmobilmachung verfügt. Das war sozusagen endgültig. Jeder weitere Vermittlungsversuch mußte die Gefahr eines russischen Überfallsieges erhöhen. Jetzt begann die Stunde der Militärs. Das Reich proklamierte den Zustand drohender Kriegsgefahr; als ein letztes Ultimatum an Rußland ohne Wirkung blieb, erklärte es Rußland am 1. August 1914 den Krieg. Und da unbestätigt blieb, ob diese Erklärung in Petersburg übergeben worden war, hieß es am 2. August, Rußland habe den Krieg eröffnet. Wie immer die protokollarischen Einzelheiten sein mochten, alle Deutschen lebten in der klaren Gewißheit, daß Rußland der Angreifer, Deutschland der Überfallene sei. Das galt auch und gerade für die Sozialdemokraten. Der Krieg begann als Verteidigungskrieg.

Die Krisenstrategie Bethmann Hollwegs war gescheitert. Rußland hatte nicht eingelenkt, die Westmächte und vor allem England hatten es nicht dazu gedrängt. Als der einkalkulierte Risikofall nach dem 25. Juli immer näher rückte, hatte die Reichsleitung keine Handlungsfreiheit zu einer elastischeren Politik mehr. Die Ereignisse, so schien es den Beteiligten, verselbständigten sich und nahmen ihren Lauf. Weniger fatalistisch: Die deutsche Führung hatte die Entscheidung über den Ausgang der Krise Rußland zugeschoben, weil sie auf dessen Nachgeben setzte. Als das nicht eintrat, verlor sie im Grunde schon ihre Handlungsfreiheit. Ein Rückzug, der abstrakt immerhin möglich war, hätte Kapitulation bedeutet, nicht nur Verzicht auf Eindämmung und Sprengung der Gegenallianz, sondern sichtbare Niederlage, das war mit dem Lebensinteresse, der „Ehre“ einer Großmacht unvereinbar; ein Ausweg, bei dem das Reich sein Gesicht hätte wahren können, war nicht erkennbar, auch England hat einen solchen Ausweg nicht geboten. Der Risikofall der Krisenstrategie war eingetreten, das bestimmte jetzt das Handeln. Zusätzlich hat dann die Rücksicht auf Kriegspartei und Militärplanung, hat die konfuse Führungsstruktur in Berlin eine elastische Politik der Reichsleitung unmöglich gemacht.

Die Berliner Führung hat zeitweise gehofft, England werde in dem kommenden Konflikt neutral bleiben, könne vielleicht sogar Frankreich neutral halten. Ein Kronrat hatte am 29. Juli den seltsamen Beschluß gefaßt, England zu erklären, man werde, falls es neutral bleibe, die „territoriale Integrität“ der westeuropäischen Staaten wahren. Der Kanzler hat diesen Beschluß, der zu diesem Zeitpunkt ja eine Kriegsankündigung war, nicht ausgeführt. Am

1. August haben Kaiser und Kanzler noch erwogen, die aktive Kriegführung auf den Osten zu beschränken. Aber das war nicht mehr zu realisieren, einen Ostaufmarschplan gab es schon lange nicht mehr, die „technischen Zwänge“ schlossen eine so radikale Umorientierung aus; zudem blieb ganz ungewiß, ob unter diesen Umständen eine Neutralität Englands hätte erreicht werden können. Nachdem Frankreich eine deutsche Anfrage über seine friedliche Haltung in dem begonnenen deutsch-russischen Krieg wie zu erwarten abschlägig beschieden hatte, erklärte das Reich ihm am 3. August den Krieg. Der geplante Einmarsch in Belgien begann. Ein englisches Ultimatum – Achtung der belgischen Neutralität, Rückzug der deutschen Truppen – wurde abgelehnt, daraufhin erklärte England am 4. August dem Reich den Krieg.

Der Eintritt Englands in den Krieg bedarf noch einiger erläuternder Bemerkungen. Der Bruch der belgischen Neutralität war ein – für den von der Notwendigkeit des Kriegseintritts überzeugten Teil der englischen Regierung hochwillkommener – moralpolitischer Anlaß. Er hat auch die keineswegs kleine und einflußlose Gruppe der anfänglichen oder grundsätzlichen Gegner eines Kriegseintritts in ihrer Mehrheit jedenfalls überzeugt. Aber die Gründe für den englischen Kriegseintritt lagen tiefer. England wollte das Gleichgewicht der Mächte erhalten, das war die Voraussetzung seiner Weltmachtstellung, und also auch den Status quo. Darum war es die „entente cordiale“ mit Frankreich eingegangen. Und seine Außenpolitiker, im Jahrzehnt vor 1914 die liberalen Imperialisten, gaben diesem Bündnis einen besonderen Stellenwert; sie hatten durch die Militärkonventionen am Parlament vorbei praktisch und moralisch Bündnisverpflichtungen geschaffen: Eine Bedrohung Frankreichs war eine Bedrohung Englands. Genauso wichtig war, daß das außenpolitische Establishment und die Mehrheit der öffentlichen Meinung im Jahrzehnt vor 1914 in Deutschland und seinem Anspruch auf eine ebenbürtige Weltmachtstellung die eigentliche Bedrohung des Gleichgewichts, ja des Friedens sahen, nicht – wie die englischen Linken – in Rußland. Das war auch die Optik der Nähe, zeitlich wie räumlich. Deutschland war mit seinen so forcierten weltpolitischen Ambitionen neu auf die Bühne getreten, sein wirtschaftliches Wachstum, das England zu überholen sich anschickte, stach in die Augen; Grey, der Außenminister, las aus der Statistik, wie Deutschland auch ohne Krieg zur führenden Wirtschaftsmacht in Europa aufgestiegen war, während Rußland immer noch relativ schwach blieb. Und dann war da die Geographie: Daß Rußland Ostpreußen bedrohte, war fern, ebenso wie irgendeine Vorform eines deutschen „Drangs nach Osten“, aber daß das Reich Belgien und Frankreich zunächst potentiell bedrohte, einen „Drang nach Westen“ entwickeln konnte, das war nah und berührte ja auch unmittelbar die britische Sicherheit. Deutschland war sozusagen Nachbar, durch die kontinentale Mittellage mit den gesamteuropäischen Verhältnissen verknüpft, nicht fern wie die USA und Japan, die doch genauso aufsteigende Weltmächte waren und die britische Vormachtstellung konkurrierend relativierten. Weil die Furcht vor einer deutschen Hegemonie Priorität gewonnen hatte, hatte man 1907 die Détente mit Rußland gesucht und daraus ein – wenn auch lockeres – Bündnis gemacht. Und wer langfristig doch in Rußland eine Gefahr für die englische Weltposition sah, wollte sie lieber durch solche Bundesgenossenschaft begrenzen als durch „Im-Stich-Lassen", Verlust der Bundesgenossenschaft, diese russische Gefahr zu irrationalen Aktionen und Unvorhersehbarkeiten steigern. Im August 1914 dann war es, was immer die deutschen Absichten gewesen sein mochten, klar, daß ein drohender Sieg über Frankreich die Hegemonie Deutschlands auf dem Kontinent zur Folge haben würde. Dergleichen zu verhindern, gehörte zu den klassischen und immer noch aktuellen Zielen englischer Politik. Eine deutsche Kontinentalhegemonie wäre überdies, angesichts der deutschen Flotte, die der Geographie gemäß in der Nordsee, vor der Haustür Großbritanniens konzentriert war, eine Bedrohung auch der englischen Seeherrschaft geworden. Ohne Belgien und ohne das Problem der Flotte hätte England vielleicht für eine Weile noch neutral bleiben können, ein deutscher Sieg über Frankreich aber wäre unerträglich gewesen.

Die deutsche Flottenrüstung war ja überhaupt ein zentrales Element der deutschen Weltmachtambitionen, der Bedrohung geworden. Sie machte den deutschen Anspruch auf Veränderung des Status quo offenkundig, der sich nicht mit einer Juniorpartnerschaft, wie sie England vielleicht hätte gewähren können, zufriedengab. Und diese Einschätzung, vom liberal-imperialistischen und konservativen außenpolitischen Establishment am entschiedensten verfochten und in der Julikrise in politische Aktionen umgesetzt, entsprach der öffentlichen Meinung, der langsam gewachsenen Entfremdung gegenüber den Deutschen und der potentiellen Gegnerschaft bei der Mehrheit, dem Stereotyp von den Deutschen als brutalen, aggressiven und autoritären Militaristen; sie entsprach dem nationalistisch-imperialistischen Massenklima auch in England und der gemeineuropäischen Kriegsbereitschaft: Krieg war auch in England nicht nur das allerletzte und die nackte Existenz schützende Mittel der Politik; wer anders dachte, rückte am 3. August an den Rand. Aber schon im Juli galt: Weil Deutschland der primär bedrohliche Gegner war, gegen dessen Hegemonietendenz man das eigene Bündnisnetz keinesfalls aufs Spiel setzen durfte, hat England seinen prekären Bündnispartner Rußland in der vielleicht doch nicht existentiellen serbischen Frage nicht mit aller Kraft zur Zurückhaltung oder zur Verständigung, die auch Nachgeben einschloß, gedrängt.

Es ist hier nicht der Ort, die durch unser ganzes Jahrhundert hin und bis heute hoch moralisierte und emotionalisierte Frage nach der Kriegsschuld zu beantworten, die jeweilige Verantwortung für den Kriegsausbruch „gerecht" zu verteilen. Die Mächte sind nicht in den Krieg „hineingeschliddert", es gab keine schicksalhafte Gewalt der Verhältnisse, keinen Lauf der Dinge, der in den Krieg führte – so verständlich es ist, daß die Handelnden in der Krise und die Mitlebenden im Rückblick von der Ohnmacht der Handelnden in den Selbstläufigkeiten eines Aktions- und Reaktionssystems überzeugt waren, davon, daß niemand mehr die Richtung in der Hand habe. Dennoch, wie immer in der Weltgeschichte, keine der an den Entscheidungen beteiligten Regierungen oder Personen mußte so handeln, wie sie gehandelt hat, so begrenzt ihre Spielräume und Alternativen immer waren. Der Erste Weltkrieg war nicht die zwangsläufige Folge eines Systems – der Nationalstaaten, des Imperialismus, des Kapitalismus –, er war das Produkt menschlich-politischer Entscheidungen, unter gegebenen historischen Bedingungen natürlich.

Für eine deutsche Geschichte muß man zunächst festhalten und betonen: Die deutsche Regierung hat, entgegen langlebigen deutschen Legenden, ihren erheblichen Anteil am Kriegsausbruch gehabt. Ihre Planungen und Aktionen haben, vom „Blankoscheck" angefangen, das Kriegsrisiko von vornherein einkalkuliert und insoweit schon objektiv die Zuspitzung der Krise zum Krieg mitbewirkt. Aus der Möglichkeit, wenn es sie denn gab, die Krise durch Vermittlung friedlich zu lösen, ist auch wegen des Verhaltens der deutschen Regierung nichts geworden. Sodann gilt, gegen kurzlebigere nationalkritische Legenden: Die Reichsleitung ist nicht der alleinige Urheber des Weltkriegs gewesen, nicht auch der Hauptverantwortliche. Die russische Mobilmachung ist so entscheidend wie der Blankoscheck. Im deutschen Fall, wie in den Fällen der andern, greifen Schuld und Verhängnis ineinander. Man muß die Motive der deutschen Politik festhalten. Die deutsche Sicherheit war entschieden bedroht und erst recht der deutsche Machtstatus. Beides stand mit der serbischen Frage erneut auf der Tagesordnung. Beides aber, Sicherheit und Macht, schien nur durch Eindämmung und Bündnissprengung, durch Schritte gewährleistet werden zu können, die in den Augen aller anderen in die Nähe einer deutschen Quasi-Hegemonie führen mußten, das aber war für alle anderen unerträglich.

Man kann das deutsche Sicherheits- und Machtproblem vor 1914 freilich nur begreifen, wenn man den lange zurückreichenden ambitionierten Anspruch des Reiches auf eine Welt- und Seemachtposition mitbedenkt. Das war es, was alle Welt gegen Deutschland aufgebracht hatte. Die Deutschen fühlten sich „eingekreist" und insoweit in der Defensive – und sie waren es auch. Aber sie hatten die Einkreisung, die Eindämmungsfront der anderen Weltmächte eben durch ihren Anspruch auf Änderung des Status quo, auf Umverteilung, auf Verschiebung der Welt- und Großmachtgleichgewichte selbst mit herbeigeführt, so unvermeidlich dieser Anspruch, angesichts der Dynamik der Wirklichkeit, vielleicht gewesen ist. Im Juli 1914 stand die Reichsleitung unter starken Zwängen. Aber, noch einmal, sie mußte nicht so handeln, wie sie gehandelt hat. Ihr Bild von der bedrohten Sicherheit und vom Niedergang als Welt- und Großmacht war gewiß nicht unrealistisch. Aber es war auch nicht simpel das Bild der Wirklichkeit, es war auch ein Schreckbild. Die Frage nach einem Mächtearrangement, das zwar nicht den deutschen Ambitionen entsprochen hätte, eine wirkliche deutsche Einbuße an Macht jedoch vermieden hätte, die Entweder-oder-Perspektive der Deutschen wie ihrer Gegner außer Kraft gesetzt hätte, ist nicht ausgelotet worden. Dazu waren Unnachgiebigkeit und Risikowille auf allen Seiten zu groß.

Man muß in diesem Zusammenhang auch festhalten: Was die Deutschen in den Krieg führte, waren die weltpolitische Lage und ihre darauf bezogenen Ambitionen. Es war nicht – wie zum guten Teil in Rußland – die innere Lage. Es gab keine „Flucht in den Krieg". Stimmen, die das nahelegen, waren und blieben Nebenstimmen. Daß die nationalistische öffentliche Meinung ein Faktor war, der die Außenpolitik unter Erfolgsdruck setzte, zum Risiko und zur Demonstration von Stärke ermunterte, bleibt freilich eine Tatsache. Über den Einfluß der Militär- und Kriegspartei auf die Entscheidungen nach der ersten Phase der Krise mag man verschiedener Meinung sein. Bestimmend war zunächst das Konzept des Kanzlers. Und die Militärpartei wollte nichts anderes als eine Präventive, ihre Motive waren, jenseits der allgemeinen Furcht vor dem Machtverlust, sicherheitspolitischer Art. Der Krieg, die deutsche Kriegsbereitschaft und die Krisenpolitik waren nicht eine Folge des deutschen Systems, des nichtparlamentarischen Konstitutionalismus, des preußisch-feudal-militärischen Komplexes, der autoritären kaiserlich-bürokratischen Reichsleitung mit ihrem außenpolitischen Monopol. Auch in den parlamentarischen Ländern waren Kriegsbereitschaft und Kriegsentscheidung einerseits Sache der Exekutive, und überall spielten die Militärplanungen eine bedeutende und verhängnisvolle Rolle, andererseits war die Kriegsbereitschaft und Kriegsentscheidung auch in diesen Ländern von der öffentlichen Meinung wie den parlamentarischen Mehrheiten getragen. Das deutsche System war – vor der Entscheidungsfrage – nicht kriegerischer als die andern.

Nach der deutschen nehmen wir noch einmal die gesamteuropäische Situation in den Blick, das System der Mächte. Serbien und Österreich-Ungarn haben die Sarajewo-Krise ausgelöst und zur europäischen Krise gemacht. Mit dem Blankoscheck hat das Reich sie vorangetrieben, aber ebenso Rußland durch eine bedingungslose Unterstützung Serbiens, schließlich durch den irreversiblen Schritt zur Mobilmachung. Frankreich und England sind in Sorge um ihr Bündnissystem ihrem Bündnispartner nicht in den Arm gefallen, ja Frankreich hat ihn ermutigt. Insofern waren alle Mächte, wenn auch in abgestuften Graden, über die man im einzelnen unterschiedlicher Meinung sein kann, für den Ausbruch der Katastrophe mitverantwortlich.

Zwei Dinge gelten für alle (und diese Gemeinsamkeit bewirkt ein Stück weit den Eindruck vom blinden Verhängnis): Alle glaubten sich in der Defensive, und alle waren kriegsbereit. Alle überschätzten die eigene existentielle Bedrohung, alle unterschätzten den kommenden Krieg, seine Gewalt wie seinen epochalen Katastrophencharakter. Der Krieg kam, weil alle oder einige am Frieden verzweifelten, nicht weil alle oder einige zum Krieg unter allen Umständen entschlossen waren. Und wenn man die Spielräume, die Entscheidungsfreiheit der Handelnden bedenkt, so haben alle Anteil an der Zuspitzung der Krise, wenn auch unterschiedlich, an dem Scheitern der Krisenbewältigung, an dem Ende des Friedens. Darum sprechen wir vom Ausbruch, nicht von der Entfesselung des Ersten Weltkriegs.

Man hat immer schon zu Recht den unmittelbaren Anlaß für den Ausbruch des Ersten Weltkriegs von den lang zurückreichenden Gründen unterschieden. Sarajewo und die serbische Krise haben etwas Zufälliges, das Bild vom Pulverfaß und der Lunte drängt sich auf. Der Antagonismus der Mächte war zum Hauptphänomen des europäischen Systems geworden, die Konkurrenz der Egoismen rangierte weit vor den Gemeinsamkeiten und Solidaritäten, vor dem Interesse an Gleichgewicht und Frieden, die im 19. Jahrhundert noch potentiell wenigstens die Mächte einhegten. Das war eine Folge des überhitzten Nationalismus und der ökonomisch-imperialistischen Expansion, die in den letzten beiden Jahrzehnten des 19. Jahrhunderts begonnen hatten. Der Kampf um die Peripherie hatte die Machtantagonismen gewaltig verschärft, das Klima war nicht von der Maxime der Friedenswahrung, sondern von Konfliktbereitschaft bestimmt. Die Spannungen an der Peripherie erwiesen sich jedoch, so schien es jedenfalls, als eher ausgleich- und lösbar, die Katastrophe ist nicht über einen klassischen Konflikt der Imperialismen ausgebrochen. Aber die intensivierten imperialistischen Antagonismen blieben und schlugen mit neuer Qualität auf das Zentrum zurück. Der Imperialismus hat die Bündnisse zementiert, und er hat die Balanciermasse zur Austarierung des Gleichgewichts verbraucht. Der halb-(und ersatz-)imperialistische Streit zwischen Rußland und Österreich-Ungarn um das türkische Erbe und um den Balkan – ein klassisches Thema europäischer Politik – war dann doch nicht so zufällig Anlaß, daß die Dauerkrise in der Katastrophe endete, die Mächtespannung in der Halbperipherie ließ dem wilden Nationalismus der kleineren Nationen, der Satelliten, ein bis dahin ungewohntes Gewicht zukommen, sie waren nicht mehr fest eingebunden, sie konnten die Großmächte-Entscheidungen ein gutes Stück weit bestimmen.

Zu der Verschärfung der Mächte-Antagonismen gehört die Umbildung lockerer defensiver Bündnisse, einigermaßen freier Kombinationen, auf denen in der Zeit von Metternich bis Bismarck das europäische Gleichgewicht beruht hatte, in feste Blöcke. Bündnisse sollten die Ambitionen der Konkurrenten auf Machtgewinn oder gar Hegemonie eindämmen. Bündnisraison wurde Staatsraison. Bündnisse waren bis 1914 so zentral für den Machtstatus, ja die Sicherheit jeder Großmacht geworden, daß man sie nicht aufs Spiel setzen konnte und auch nicht um des Friedens willen belasten wollte. Wichtige Allianzen schienen den Beteiligten nicht so fest, wie den Historikern es im nachhinein vorkommt, darum spielt die Sorge um den Erhalt der Bündnisse eine solch hervorragende Rolle. Bündnisse hatten einen hohen Eigenwert und insoweit einen gewissen Automatismus. Weder Frankreich noch England wollten eine Schwächung ihres Bündnisnetzes durch ein Nachgeben Rußlands hinnehmen, das Reich wollte die fragile Existenz Österreich-Ungarns nicht weiter schwächen. Darum hat Deutschland nicht Österreich-Ungarn, haben Frankreich und selbst England nicht Rußland gezügelt. Daß die Lebensinteressen einer Nation so ganz und gar mit ihren Bündnissen verquickt waren, machte die Spannungen vor 1914 immer sogleich so universal und schier unlösbar. Alle Mächte sahen sich durch einen Machtgewinn des Gegners bedroht, dem wollten sie diplomatisch präventiv Einhalt bieten, und das schloß ohne unübersteigbare Bedenken die Möglichkeit einer kriegerischen Antwort, eines großen Krieges ein.

Weiterhin, das System vom Gleichgewicht der Mächte oder dann der Bündnisse ist in den Jahrzehnten vor 1914 zunehmend militarisiert worden. Natürlich, auch im 19. Jahrhundert haben die ultima ratio des Krieges und darum die Erwägung militärischer Stärkeverhältnisse ihre Rolle gespielt. Aber die Durchdringung politischer Verbindungen mit militärischen Elementen, in der russisch-französischen Allianz und dann auch der englisch-französischen Entente z. B., ist doch spezifisch neu. Das hat die Antagonismen wieder verschärft und zementiert.

Kriegsvermeidung und Friedenswahrung hatte in keiner der Großmacht-Gesellschaften und bei keiner ihrer Regierungen eine sonderliche Priorität, auch wenn und wo man nicht von Kriegswillen sprechen kann, gab es doch die Fatalismen der Kriegserwartung. Die Feindstereotypen waren zudem bei Deutschen wie bei Russen, Franzosen und Engländern entsprechend ausgeprägt, wenn sie auch noch keineswegs wie dann im Krieg allbeherrschend waren.

Natürlich hängt, darauf kommt jede Erörterung wieder zurück, der Ausbruch des Ersten Weltkriegs – jenseits aller Erwägungen über Schuld und Verantwortlichkeit – mit der „deutschen Frage" zusammen. Das Reich blieb – das ist keine geopolitische Spinnerei, sondern einfach Feststellung der Wirklichkeit – aufgrund seiner Mittellage dauernd gefährdet, in alle Konflikte und Machtambitionen, in alle Krisen einbezogen, die anderen mögliche relative Sicherheit gab es für dieses Reich nicht. Und das Reich war zu stark, um nicht die Grenzen der Hegemonie oder Halbhegemonie zu streifen, es blieb von latentem Mißtrauen umgeben, konnte nicht über einigermaßen konstantes Vertrauen eine relativ dauernde Ruheposition erringen. Dazu kam endlich die Unruhe einer dynamisch wachsenden Wirtschaftsmacht, die größeren Anteil an der Welt begehrte. Deutschland trat als Neu- und Spätkommer in den Kreis der Weltmächte ein, als Revisionist, das mußte Unruhe schaffen. Auch die Tatsachen, daß die Erfolge revisionistischer Weltpolitik sehr bescheiden blieben und daß selbst die Rhetorik der Ansprüche sich mäßigte, haben die Irritation der älteren Weltmächte nicht gemindert, sie verbanden sich zur Eindämmungsfront der Triple-Entente. Man muß zuerst die objektiven „Zwänge" festhalten, die Folgen der Wirtschaftsmacht und der Machträson, die eine Großmacht zwang, Weltmacht zu werden, wenn sie ihren Status nicht verlieren wollte, und das war von keiner Macht damals zu erwarten. Das relativiert das, was so und so schrecklich ins Auge fällt, das aufgeregte und sprunghafte Parvenu- und Störenfriedgehabe, die Mischung aus auftrumpfender und kraftmeierischer Arroganz und der Angst der Zu-spät- und Zu-kurz-Gekommenen. Daß das Deutsche Reich im Verhältnis der Mächte ein unruhestiftender, ein dynamischer Faktor war, gilt auch unabhängig von den Einzelheiten der Politik der wilhelminischen Ära. Nur über den Flottenbau beeinflußten die Besonderheiten wilhelminischer Politik die Grundgegebenheiten, verhängnisvoll, wie man weiß. Das mußte nicht zum Weltkrieg führen, aber es hat die Konstellation begünstigt, in der zuletzt nur noch ein Krieg über die Verteilung der Macht in der Welt entschied.

Am 1. August brach der Erste Weltkrieg aus. In Europa und auch im deutschen Kaiserreich gingen die Lichter aus.

2. Innenpolitik von 1890 bis 1906

a) Caprivi und der Neue Kurs 1890–1894

Nach der Entlassung Bismarcks ernannte der Kaiser – wohl auf eine Anregung Bismarcks selbst – den General Leo von Caprivi zum neuen Kanzler. Als Nachfolger von Stosch, dem Freund des Kronprinzen, darum von Bismarck des Liberalismus verdächtigten und schließlich gestürzten Rivalen, war er jahrelang Staatssekretär des Reichsmarineamts gewesen und hatte insoweit Verwaltungs- und Politikerfahrung. Bismarck hatte ihn wegen seiner Nüchternheit und Durchsetzungskraft für einen Ministerkandidaten in einer Staatsstreichsituation gehalten, eine Fehleinschätzung seiner politischen Richtung, wie sich bald herausstellte. Caprivi war ein Mann von strengem Pflichtbewußtsein und gesundem Menschenverstand, geradlinig, dazu stolz und verletzlich, etwas schwunglos und steif, leicht unbequem manchmal bis zur Bockigkeit. Er war, Sohn eines österreichischen Juristen und einer bildungsbürgerlichen Mutter, „ohne Ar und Halm“ kein typischer Junker, kein Höfling, kein Diplomat, kein beschränkter Soldat. Das Programm seiner Kanzlerschaft hatte in einem für den Kaiser bestimmten Brief eigentlich Miquel entworfen, der alte Führer der Nationalliberalen, konservativer werdend, aber voll Witterung für die Probleme der Zeit und voll Originalität. Es entsprach dem erleichterten Aufatmen des allergrößten Teils der politischen Öffentlichkeit über Bismarcks Sturz. Man wollte im Inneren eine Politik der Versöhnung treiben, die Fronten auflockern, neue Kräfte heranziehen und letzten Endes die Nation für den Staat gewinnen; dazu gehörten der Sache nach Reformen, in der Sozialpolitik vor allem und – in Preußen – im Steuerwesen und bei der steckengebliebenen Neuordnung der Landgemeinden. Die Kritik derer, die einen „neuen Kurs“ wollten, richtete sich gegen die gewalttätigen Methoden der Innenpolitik in den späteren

Bismarckjahren, die Unselbständigkeit der Nation, den „Servilismus" auch der hohen Beamtenschaft. Das war auch die Meinung Caprivis. Natürlich, Versöhnung und Reform hatten klare Grenzen, die monarchische und staatliche Autorität durfte nicht im mindesten eingeschränkt werden, die Sozialdemokratie galt weiterhin als Partei des Umsturzes, als Todfeind des Systems. Auch ohne Sozialistengesetz sollten Verwaltung, Polizei und Justiz weiter gegen die Sozialdemokratie „kämpfen". Es handelte sich um einen aufgeklärten Beamten-Konservativismus.

Die Chancen einer solchen neuen Kanzlerpolitik hingen natürlich weiterhin, wie in der Bismarckzeit, vom Reichstag, von Wahlen, von der Parteienkonstellation ab. Sie hingen jetzt, das war neu, auch von dem Eigenwillen des Kaisers, seinen Schwankungen und Umorientierungen ab. Allein schon die absolutistischen Meinungs- und Absichtsäußerungen des Kaisers wurden eine erstrangige politische Realität. Dazu kamen zwei für die Caprivi-Jahre spezifische Probleme. Das eine war die Rache-Opposition Bismarcks; mit Reden und Interviews griff er Kaiser und Regierung, zumal den Nachfolger als Amtsverdränger auf das allerschärfste – in bis dahin ganz unerhörter Weise – an, weder Wilhelm noch der Kanzler reagierten darauf sehr geschickt. Die brieflichen Mahnungen an den Wiener Hof, Bismarck, der zur Hochzeit seines Sohnes Herbert in der Stadt weilte, nicht zu empfangen, kamen an die Öffentlichkeit und entwickelten sich zu einem gewaltigen Skandal. Tief verletzt, nannte Bismarck das kaiserliche Schreiben einen „Uriasbrief" und antwortete mit wilder Polemik, auf die, unter Caprivis Einfluß, die Reichsregierung noch eskalierend reagierte. Der unmittelbar vor seinem Sturz so wenig geliebte Reichsgründer stieg schnell wieder in Ansehen und öffentlicher Wirkung, er wurde zum Zentrum einer neuen Opposition von rechts. Das war für die Politik des neuen Kanzlers eine dauernde schwere Belastung. Das andere Problem lag in den entstehenden Spannungen zwischen dem Reich und Preußen. Caprivi, voller Abneigung gegen die Züge einer Kanzlerdiktatur, die Bismarck praktiziert hatte, hatte den preußischen Ministern, seinen Kollegen, mehr Spielraum eingeräumt. Das machte die Führung der Politik (auch die Richtlinienentscheidung) sehr viel schwieriger; Ressort- und Richtungspartikularismus der Minister wie die Praktiken des Kaisers bei der Etablierung eines persönlichen Regiments wurden dadurch begünstigt, das Sachproblem, daß es in Preußen andere Gesetzgebungsmehrheiten gab als im Reich, eine permanente konservative Mehrheit und eine Mehrheit von Fall zu Fall, wurde unter diesen Umständen zu einem Faktor der Politik. Einer der starken Männer in der preußischen Regierung, der neue Finanzminister Miquel, wurde zu einer eigenen politischen Macht.

Wenn wir nun die Grundlinien der Politik dieser Jahre darlegen, müssen wir daran erinnern, daß wir die meisten großen Gesetze und Entscheidungen schon früher – im Zusammenhang von Sozial-, Schul-, Steuer- oder Selbstverwaltungspolitik – im einzelnen behandelt haben. Hier geht es darum, die Dinge zu verbinden.

Am Anfang steht eines der großen Reformvorhaben, die Sozialpolitik, die zunächst von der Idee des neuen Kaisers beflügelt war, ein „soziales Kaisertum" zu etablieren. Von der Arbeiterschutzpolitik und den Anfängen eines Betriebsverfassungs- und gerichtlichen Schlichtungsrechts haben wir gesprochen. Der vom Kaiser berufene neue preußische Handelsminister Berlepsch und der – schon unter Bismarck amtierende – Staatssekretär im Reichsamt des Inneren Boetticher wurden die Protagonisten dieser Politik. Es ist bekannt und wir haben berichtet, daß der Kaiser – ungeduldig ob der ausbleibenden Popularität seiner sozialpolitischen Vorstöße bei gleichbleibend hoher Resonanz der Sozialdemokraten – Lust und Interesse daran verlor, ja unter dem Einfluß des konservativ-patriarchalischen Großindustriellen Stumm einen entgegengesetzten Kurs favorisierte (Ära Stumm). Die Sozialreform kam schon 1893/94 zum Stillstand. Die Ansätze eines sozialdemokratischen Reformismus – 1894 stimmten die bayerischen Sozialdemokraten für das Budget, wofür sie freilich auf dem Parteitag von Bebel verurteilt wurden – blieben unbeachtet. Nur sehr einsichtigen Sozialreformern war klar, daß der Weg zu einer vielleicht möglichen Integration der Industriearbeiter in die Gesellschaft lang und umwegig sein werde, daß die Politik des Sozialistengesetzes, ja die Politik, die auf die Selbstheilungskräfte des Marktes gesetzt hatte, nicht in wenigen Jahren zu überwinden war. Aber der Kaiser und auch weite Teile des Establishments waren zu solch langfristigen Perspektiven nicht geneigt, ja nicht fähig.

Der zweite große Komplex der Neuorientierung betraf die Wirtschafts-, die Außenhandelspolitik. Caprivi setzte eine neue Priorität: Deutschland sei ein Land mit wachsender Bevölkerung und wachsender Industrie; um damit fertig zu werden und ein funktionierendes Gleichgewicht zu stabilisieren, müsse es exportieren. Was bis dahin schlicht der Fall war und vom Staat jeweils auch gestützt wurde, wurde jetzt ein Programm. Das mußte die bisherige Linie, die Betonung der Autonomie der eigenen Volkswirtschaft gegenüber anderen, den „Schutz der nationalen Arbeit" und die Priorität der Landwirtschaft relativieren. Der neu entdeckte Imperativ des Exportierens verband sich mit Überlegungen, die Verschlechterung der deutschen Lage nach der Nichtverlängerung des Rückversicherungsvertrages durch einen mittel- und kontinentaleuropäischen Wirtschaftsblock, und dann durch eine wenigstens handelspolitische Verständigung mit Rußland aufzufangen. Die Frage wurde deshalb akut, weil 1892 die bisherigen – zum Teil lockeren und kurzfristigen – Handelsabkommen ausliefen, ein Zollkrieg aller gegen alle drohte. Dem wollte Caprivi durch ein System langfristiger Handelsverträge – mit einer Laufzeit von zwölf Jahren – steuern. Das Problem dabei war, daß das Reich, um die Senkung der Industriezölle der Partner zu erreichen, dafür als Kompensation seine eigenen Agrarzölle senken mußte. In den ersten Verträgen (mit Österreich-Ungarn z. B.) wurden sie bei den Hauptsorten von 5 Mark auf 3,50 Mark pro Doppelzentner Getreide gesenkt. Die neue Politik suchte zwar zuerst nach einem Ausgleich zwischen Landwirtschaft und Industrie, aber im Konflikt und Zweifel sollten die Interessen der – so muß man sagen – Industrialisierung, der Überlebensbedingung des deutschen Volkes, Vorrang haben, die Eisenzölle sollten bleiben, die auf Getreide gesenkt werden. Im Dezember wurden die neuen mitteleuropäischen Handelsverträge mit Österreich, Ungarn, Italien und Belgien abgeschlossen und kurz darauf vom Reichstag mit breiter Mehrheit ratifiziert. Der Kaiser pries den Kanzler emphatisch ob der rettenden Tat.

Die Mehrheit der Konservativen hatte gegen die Verträge gestimmt, aber 18 ihrer Abgeordneten dafür. Die Getreidepreise waren infolge zweier schlechter Ernten relativ hoch, Caprivi hatte linksliberale Anträge auf Aufhebung der Getreidezölle abgelehnt. Von einer Rückkehr zum Freihandel war nicht die Rede. Dennoch ist von hinterher nicht zu verkennen, daß es sich um einen Systemwechsel handelte. Die pragmatischen Freihändler unter den Linksliberalen, die alten Sezessionisten, die sich 1893 als Freisinnige Vereinigung von Eugen Richters Mannen trennten, waren Befürworter der neuen Handelsvertragspolitik, ebenso die Nationalliberalen. Der konservativ-agrarische Teil des Establishments, die Junker, Gralshüter des politischen Systems, gerieten in dieser zentralen Frage der Wirtschaftspolitik in eine Rand- und Außenseiterposition, der Konservativismus geriet zwischen Gouvernementalismus und Opposition, und die Opposition war nicht mehr wie nach 1871 von Doktrinen, sondern von Interessen bestimmt.

Das strukturelle Problem der deutschen Landwirtschaft, daß sie bei Getreide und sogar bei Fleisch gegenüber den Überseeproduzenten zu Weltmarktpreisen nicht mehr wettbewerbsfähig war, trat scharf ins Bewußtsein, als die Konjunktur sich änderte; 1892/93 kam es zu einem Überangebot auf dem Weltmarkt, die Preise sanken fast um die Hälfte. Viele Betriebe gerieten – natürlich auch wegen überhöhter Bodenwerte – in eine Existenzkrise, die Landwirtschaft insgesamt war in einer Notlage, das Gefühl der Angst vor dem Untergang ging wie oft weit über die Realität hinaus. In den Augen der Produzenten wurde die deutsche Zollsenkung zum entscheidenden Faktor, höhere Zölle, mindestens aber die bisherigen, galten als das eigentliche Heilmittel in der Krise – zumal neue Handelsverträge mit Großexporteuren wie Rußland und Rumänien anstanden. Ende Dezember 1892 erschien der Aufruf eines schlesischen Gutspächters, „wir müssen schreien, daß es das ganze Volk hört; wir müssen schreien, daß es bis in die Parlamentssäle und Ministerien dringt – wir müssen schreien, daß es bis an die Stufen des Thrones vernommen wird". Man solle mit den wilden, unelitären Methoden der Sozialdemokraten und Antisemiten Opposition machen. In Resonanz auf diesen Aufruf kam es zur Gründung des Bundes der Landwirte am 18. Februar 1893; in Bayern gab es unter den bäuerlichen Zentrumswählern eine ähnliche populistische Bewegung des radikalen Protests, die sich zum Teil im Bayerischen Bauernbund zusammenfand. Trotz der junkerlichen Führung im Norden repräsentierte der Bund der Landwirte durchaus eine bäuerliche Massenbewegung. Caprivi warnte während der Reichstagswahlen 1893 vor einer Bewegung, die vielfach schon die Grenzen überschreite, die mit dem Staatswohl vereinbar seien: „Welche Garantien haben denn die Männer, die die Geister wach rufen, dafür, daß der Strom, von dem sie nun vorwärts getrieben werden, nicht schließlich mit anderen Strömen zusammenfließt, die sich gegen den Besitz und die staatliche Ordnung richten?" Nach seiner Entlassung beschlich den altmodischen, konservativen und zugleich modernen Beamten der Zweifel, ob es sich überhaupt noch lohne, „für diese Klasse (die Junker) Opfer zu bringen".

Zwar gelang es der Regierung, auch im neuen Reichstag von 1893 die anstehenden Handelsverträge durchzubringen. Der rumänische Vertrag aber kam – am 13. Dezember 1893 – nur noch mit 24 Stimmen, auf Grund der Unterstützung der Zentrumsmehrheit, durch. Die „Kreuzzeitung" deklarierte am 20. Dezember die „unüberbrückbare Kluft zwischen dem Kanzler und den Konservativen". Gegen den russischen Handelsvertrag, der – nach einem kurzen Handelskrieg – aus außenpolitischen Gründen das ursprüngliche Mitteleuropakonzept hinter sich ließ, wurde eine gewaltige konservativ-agrarische Kampagne entfesselt; letzten Endes ging es jetzt um den Sturz des Kanzlers, der den Vorrang der Landwirtschaft und der Konservativen zu relativieren, die Industrie und die anderen bürgerlichen Parteien gleichberechtigt zu behandeln suchte. Nach wilden Debatten wurde der russische Handelsvertrag im März 1894 mit klarer Mehrheit (beim entscheidenden Artikel I mit 200 : 146) angenommen: Die Sozialdemokraten, die Linksliberalen, die Mehrheit von Zentrum und Nationalliberalen und die Minderheitsparteien stimmten dafür. Doch die Unterlegenen, die Konservativen, die rechten Flügel der Mittelparteien standen der Regierung in erbitterter Feindschaft gegenüber. Der „Vernichtungskampf gegen den kapitalistischen Liberalismus, und alles, was sonst noch zu ihm schwört", war die Parole, die die Kreuzzeitung ausgab. Daß die systemsprengenden Forderungen der „Agrarier" nach Einführung eines staatlichen Handelsmonopols und staatlich garantierter Mindestpreise für Getreide (Antrag Kanitz) von Regierung und Reichstagsmehrheit abgelehnt wurden, radikalisierte diese Opposition und ihre Demagogie noch weiter. Daß die Regierung durch Verzicht auf den sogenannten Identitätsnachweis bei der Ausfuhr von Getreide die ostdeutsche Großlandwirtschaft gewaltig subventionierte, nach Meinung eines klugen Agrariers, des Abgeordneten Kardorff, mehr, als sie durch die Senkung der Zölle verlor, blieb für die politische Frontstellung dagegen ohne Wirkung.

Der Konflikt der Regierung mit den preußischen Konservativen mußte gesamtpolitische Folgen haben, auch wenn der Kaiser noch beim russischen Handelsvertrag den Kanzler nachdrücklich stützte, wir kommen sogleich darauf zurück. Zunächst geht es noch um andere Ansätze und Grundlinien des „Neuen Kurses". Moderate Reformen und Versöhnung sollten zunächst auch die preußische Politik bestimmen. Eine neue Landgemeindeordnung, altes Wunschziel aller Liberalen, kam endlich 1891 zustande, wir haben im

Kapitel über die Verwaltung davon im einzelnen gesprochen; auf der einen Seite erreichten die Konservativen erhebliche Änderungen, die der Selbständigkeit der „feudalen" Gutsbezirke zugute kamen; das und die „Verspätung" der Reform haben ihre liberalen Wirkungen auf die Dauer weithin gelähmt. Auf der anderen Seite aber hat die Reform doch die Spannungen zwischen Kanzler und Konservativen intensiviert; die Stellung des zuständigen Innenministers Herrfurth war geschwächt, im Sommer 1892 schied er als Minister aus und wurde durch den hochkonservativen Botho Eulenburg ersetzt.

Die zweite Reform war die Miquelsche Steuerreform mit der Einführung der Einkommensteuer, davon haben wir im Kapitel über Finanz- und Steuerverfassung erzählt. Diese Modernisierung des Steuersystems war finanzpolitisch eine große Leistung und ein großer Erfolg, die Leistungsbezogenheit der Steuern und damit mehr Steuergerechtigkeit wie die Entlastung der kleinen Leute gehörten zu den Reformerfolgen Miquels. Daß sie mit Konzessionen an die konservative Landtagsmehrheit erkauft waren, ist nicht zu verkennen, das spielt für den pro-konservativen Kurs Miquels in den entstehenden Konflikten um Caprivi eine Rolle; die Erbschaftssteuer – als Kontrollmittel für die Selbsteinschätzung bei der Einkommenssteuer gedacht – entfiel, das mobile Kapital wurde stärker belastet als der Grundbesitz, die Gutsbezirke wurden die Nutznießer der neuen Steuerverteilung zwischen Staat und Gemeinden (sogenannte Liebesgabe). Das Wahlrecht nach den Steuerklassen wurde jetzt noch plutokratischer; die neueingeführte Drittelung der Steuerpflichtigen nicht mehr in Wahlkreisen, sondern in den viel kleineren Urwahlbezirken sollte das abfangen, aber in Wahrheit war sie ein Deal zwischen Konservativen und Zentrum zum gegenseitigen Machterhalt in Preußen.

Dann ist hier die versöhnlich gerichtete Polenpolitik zu nennen, wir haben im Kapitel über Minderheiten davon berichtet. Über sie gelang es zwar, die polnische Fraktion im Reichstag für Handelsverträge und Militärvorlage zu gewinnen, aber einen dauerhaften Erfolg hatte sie, zaghaft, wie sie war, nicht. Dazu war sie wiederum ein Spannungspotential zwischen Kanzler und Konservativen und in diesem Falle auch Nationalliberalen.

Nicht mehr so eindeutig in die Linie der Reformen des „Neuen Kurses" gehört nun eines der delikatesten Probleme, das Caprivi zu lösen unternahm, die Verabschiedung eines preußischen Volksschulgesetzes. Daran wurde die fundamentale Schwierigkeit der Reichspolitik dieser Zeit deutlich. Von der Schulpolitik haben wir im ersten Band berichtet. Ein solches Gesetz, wegen des Schulunterhalts und der Schulorganisation unverzichtbar, stand in Preußen seit 1849 auf der Tagesordnung, war aber wegen der schulpolitischen Gegensätze nicht zustande gekommen. Eine Vorlage des lange schon amtierenden Kultusministers Goßler hätte nur mit den Kartellparteien und gegen das Zentrum durchgebracht werden können. Caprivi aber wollte kein Gesetz gegen das Zentrum, auch das Zentrum sollte in die Versöhnungspolitik einbezogen werden, die Regierung suchte nach einem positiven Verhältnis zu dieser Partei. Das hing auch damit zusammen, daß im Reich und im Reichstag ohne das Zentrum „nichts ging", daß die Regierung z. B. für die anstehenden Handelsverträge und eine Militärvorlage seine Stimmen brauchte. Der Weg zu einer Verständigung sollte über Preußen gehen; das hieß, im Interesse einer Reichstagsmehrheit mit dem Zentrum wollte Caprivi nicht mehr mit der preußischen Kartellmehrheit regieren. Er ließ den Schulgesetzentwurf fallen, der Minister Goßler nahm seinen Abschied und wurde durch den konservativ kirchlichen Zedlitz-Trützschler ersetzt. Der legte einen neuen Gesetzentwurf vor, religiös kirchlich orientiert, die Schule sollte wieder voll konfessionalisiert werden; der Entwurf zielte taktisch auf eine Mehrheit aus Zentrum und Konservativen. Gegen die neue Vorlage (15. Januar 1892) erhob sich ein Sturm der Entrüstung bei den Liberalen und dem publizistisch tonangebenden Bildungsbürgertum. Unter diesem Druck erklärte der Kaiser – in einem Kronrat vom 17. März 1892 – ein Schulgesetz ohne die Nationalliberalen, nur mit Konservativen und Zentrum, sei unmöglich, er werde dem nicht zustimmen. Der preußische Finanzminister Miquel, ideologiepolitisch ein Gegner der Zedlitzschen Vorlage und ein Anhänger einer Kartellpolitik in Preußen, hatte den Kaiser in dieser Haltung wesentlich bestärkt, zuletzt sogar mit einem Entlassungsgesuch. Caprivi blieb bei seinem Konzept einer Politik mit dem Zentrum, bei dem Zedlitzschen Entwurf, blieb im Dissens gegen das – selbstherrliche – Eingreifen des Kaisers, der die Verantwortlichen, Caprivi und Zedlitz, vor seinem Entschluß gar nicht angehört hatte. Caprivi und Zedlitz baten um ihre Entlassung. Das war eine fulminante Regierungskrise. Sie endete damit, daß Caprivi das Amt des preußischen Ministerpräsidenten niederlegte und nur – wegen der Instruktion der preußischen Bundesratsstimmen – Außenminister blieb. Seinen Gegenspieler Miquel hat er nicht auszubooten versucht, neuer Ministerpräsident wurde der streng konservative Botho Eulenburg. Zedlitz schied aus, sein Entwurf wurde zurückgezogen.

Caprivis Entscheidung zur Aufgabe seiner preußischen Machtposition, zur Halbierung seiner Ämter war eine Folge der früher beschriebenen Spannungen zwischen Reich und Preußen, der Doppelheit der Regierung, der Bürokratien, der Machtzentrierung und der Unterschiedlichkeit der parlamentarischen Lage, ja der Herrschaftsestablishments. Caprivi hat die Folgen seiner Entscheidung unterschätzt. Die Führung der Reichspolitik wurde wesentlich schwieriger, der preußische Ministerpräsident und das preußische Ministerium waren konkurrierende Machtzentren, Eulenburg wurde ein Rivale des Kanzlers. Diese Rivalität wiederum stärkte das persönliche Regiment, das Selbstvertrauen des Kaisers; der Kanzler, der so selbständig Ansichten geäußert und das Prinzip der Ministerverantwortlichkeit so konstitutionell ernst genommen hatte, hatte nicht mehr sein volles Vertrauen. Auch die Parteikonstellation wurde wesentlich verändert, Zentrum und Konservative fühlten sich als Besiegte und bestimmten ihren Kurs neu. Bei den Konservativen setzte sich die „rechte" Opposition gegen Gouvernementalismus und Kartellpolitik durch, zunächst – mit dem „Tivoli-Programm“ vom Dezember 1892 – noch eher sozialkonservativ als agrarisch bestimmt. Beim Zentrum umgekehrt gewann ein eher linker Anti-Gouvernementalismus an Boden, populistische Bewegungen und bürgerliche Führer, die Kulturkampfspannung um das Schulgesetz hat diese Wendung ganz wesentlich begünstigt.

Die Schulgesetzkrise und der aufkommende Konflikt über die Handelsverträge mit den Agrariern wurden durch eine dritte Krise überlagert, bei der es zwar noch einmal um ein traditionelles Thema ging, aber keineswegs um eine Neuorientierung im Gefüge von Regierung und Parteien, das war der Konflikt um eine neue Militärvorlage, der letzte seiner Art. Die durch die französisch-russische Annäherung so eklatant verschlechterte Lage des Reiches und das Steckenbleiben der früheren Versuche des Kriegsministers Verdy (1887, 1890) zu einer stärkeren (und gerechteren) Mobilisierung der Wehrfähigen veranlaßten Caprivi, 1892 eine neue Wehrvorlage im Reichstag einzubringen, die eine Verstärkung der Friedenspräsenz um 72000 Mann vorsah. Caprivi hatte, um den bürgerlichen Militärvorbehalten und dem alten Streit um die parlamentarische Mitbestimmung zu entkommen, zwei fundamentale Neuerungen vorgesehen. Die Bewilligung sollte nur noch fünf Jahre gelten, und das bedeutete seit der Verlängerung der Legislaturperiode, daß normalerweise jeder Reichstag an den militär- und haushaltsrechtlichen Grundentscheidungen beteiligt war. Gegen langdauernden Widerstand der meisten Generale und vor allem des Kaisers hatte Caprivi sodann die Verkürzung der Dienstzeit von drei auf zwei Jahre durchgesetzt. Dennoch war die Anti-Militärstimmung und die Angst vor neuen Lasten in Reichstag und Wählerschaft stärker, der Reichstag lehnte die Regierungsvorlage und auch eine um knapp 13000 Mann reduzierte Vorlage des konservativen Zentrumsabgeordneten Huene ab. Daraufhin löste der Kanzler den Reichstag auf.

Bei den Neuwahlen traten zu der Militärfrage die agrarische und die populistische Protestwelle. Das Ergebnis war keineswegs ein Erdrutsch zugunsten der Regierung, keineswegs auch ein Erfolg der Opposition, aber in einiger Hinsicht von nachhaltiger Wirkung. Hauptverlierer waren die Linksliberalen. Sie hatten die Chance, mit Caprivi Politik zu machen, in ihrer Mehrheit ausgeschlagen; daraufhin war die Partei zerfallen: Die pragmatische Minderheit hatte sich als Freisinnige Vereinigung, die doktrinäre Mehrheit als Freisinnige Volkspartei organisiert, sie erhielten 13 und 24 Sitze, verloren aber insgesamt gegenüber 1890 29 Sitze; auch die Stimmenanteile gingen – wenn auch weniger – zurück, insgesamt von 16% auf 3,9% für die Vereinigung, 8,7% für die Volkspartei. Für fast zwei Jahrzehnte war jetzt der deutsche Linksliberalismus als politische Kraft im Reich ausgeschieden. Die Sozialdemokratie steigerte ihren Stimmanteil auf 23,3% und war damit stärkste Partei, sie gewann 9 Sitze, insgesamt 44.

Das Zentrum gewann zwar an Stimmen (von 18,6% auf 19,1%), verlor aber wegen der Wahlpolitik der rechten Parteien 10 Sitze, war freilich mit 96

Sitzen immer noch die stärkste Fraktion. Wichtiger war hier die interne Gewichtsverschiebung. Konservative und Adel waren fast herausgedrängt, Populisten und Bürgerliche bestimmten die Mehrheit. Die Nationalliberalen verloren an Stimmen (von 16,3 % auf 13 %), aber gewannen 11 Sitze. Die Konservativen gewannen an Stimmen (von 12,4 % auf 13,5 %), verloren aber einen Sitz. Sie profilierten sich jetzt als radikale Agrarpartei. Im neuen Bayrischen Bauernbund (4 Sitze) und den von 5 auf 16 Sitze anwachsenden Antisemiten (Stimmanteile von 0,7 % und 3,4 %) kam die ländlich-kleinstädtische populistische Proteststimmung auch außerhalb der Großparteien zur Geltung. Wegen der vielen Querlagerungen kann man zwischen links und rechts keine eindeutig zuordnende Verschiebung ausmachen.

Caprivi strebte trotz der unsicheren Mehrheitsverhältnisse (der Schwächung des rechten Zentrumsflügels z. B.) eine militärpolitische Übereinkunft mit dem Reichstag an – die Eventualität eines Staatsstreichs, mit der der Kaiser spielte, hat er nur als Grenzfall erwogen. Es gelang ihm, die Polen für den wiederaufgelebten Hueneschen Kompromißvorschlag zu gewinnen, mit 201 : 185 Stimmen ging die Vorlage am 15. Juli 1893 durch.

Trotz dieses Erfolges und trotz der Durchsetzung des russischen Handelsvertrages im März des folgenden Jahres wurde die Stellung des Kanzlers und seiner „Regierung“ zusehends prekärer. Im Reichstag gab es keine nur irgend stabile Mehrheit, in Preußen ein Gegenmachtzentrum, hier und in der Öffentlichkeit wurde die konservative Opposition, vom Bund der Landwirte und der Bismarckfronde angeheizt, stärker. Der Kaiser schließlich rückte von „seinem“ Kanzler ab, sein Unwille über die Politik Caprivis in der Schulgesetzkrise, über die ihm abgetrotzte Verkürzung der Dienstzeit, seine Rückbindung an das konservativ-preußische Establishment, seine zunehmende Selbstherrlichkeit, seine Irritation gegenüber der Oberlehrerhaftigkeit und Unbequemheit des „Dickkopfs“ Caprivi wuchsen.

Diese Spannungselemente kamen zusammen, ausschlaggebend für den Sturz Caprivis wurde der Komplex der Politik gegenüber den Sozialisten. Der Kaiser – wir haben davon berichtet – schwenkte sozialpolitisch auf die Linie des Großindustriellen Stumm; das war die Gegnerschaft gegen alle Selbstorganisation von Arbeitern, der Herr-im-Hause-Standpunkt. Die zahlreichen Streiks seit 1890 dienten Stumm und seinen Gesinnungsfreunden zu der Argumentation, Sozialpolitik könne nur bei gleichzeitigem Kampf gegen die Sozialisten „Erfolg“ haben. Seit 1892 nun wurde Europa von einer Welle anarchistischer Attentate überrollt, 1894 war der französische Staatspräsident Carnot eines der Opfer. Die Sozialisten galten allen Rechten als Wegbereiter des Anarchismus, die tiefe Kluft zwischen beiden Bewegungen ignorierte man. Ermutigt von der öffentlichen Meinung, forderte der Kaiser ein Gesetz gegen den Umsturz, doch ausweichend verwies ihn Caprivi auf die für Vereinsgesetze zuständigen Länder. Diese, insbesondere der preußische Ministerpräsident Eulenburg und Miquel, wollten aber ein entsprechendes Reichsgesetz; da der Reichstag ein Ausnahmegesetz ablehnen würde, kalkulierten sie den Staatsstreich, die Abschaffung des Allgemeinen Wahlrechts, ein. Caprivi war dagegen und wollte ohne Ausnahmegesetz mit einer Verschärfung des preußischen Vereins- und Versammlungsrechts auskommen. Der Kaiser hielt in Königsberg eine seiner berüchtigten Reden, in der er eine Koalition der Ordnung gegen die Parteien des Umsturzes forderte; intern übernahm er die Position der Ultras, setzte auf Ausnahmegesetz und Staatsstreich. Caprivi widersprach, der Kaiser gab zwar, vor allem aus außenpolitischen Rücksichten, nach, aber seitdem suchte er nach einer besseren Gelegenheit, den unsympathisch gewordenen eigenwilligen Mann loszuwerden.

Dann wurde der Konflikt im preußischen Staatsministerium zwischen Eulenburg und Caprivi weitergeführt, es ging um die Alternative zwischen einem Gesetzentwurf, der auf Konflikt und Staatsstreich zielte, und einem, der im Rahmen der „Normalität" blieb, um Systemwechsel und Kanzlersturz oder Absage an Ausnahmegesetz und Gewaltpolitik. Noch einmal setzte sich Caprivi durch, Miquel unterstützte ihn jetzt sogar, Eulenburg hielt sich zurück (er suchte auf indirekten Wegen Kanzler zu werden), der Kaiser, vom Auswärtigen Amt moderat eingestimmt, scheute vor den extremen Konsequenzen zurück. Der Staatsstreichplan schien tot (19. Oktober). Als aber Eulenburg weiter seine Gegenpolitik forcierte und als der Kaiser schon wenige Tage später den Kanzler desavouierte, erbat der seinen Abschied. Der Kaiser lehnte ab, Eulenburg sollte nachgeben, darauf nun reagierte der mit einem Entlassungsgesuch. Der Kaiser schwankte wieder. Eine Presseveröffentlichung über das Gespräch zwischen Kaiser und Kanzler und den anscheinenden Sieg des Kanzlers, die Caprivi nicht berichtigen oder abschwächen wollte, veranlaßte dann den Kaiser, am 29. Oktober sowohl Caprivi wie Eulenburg zu entlassen.

Caprivis „Neuer Kurs" war innen- (und außen)politisch ein aussichts- und hoffnungsreicher Versuch einer systemimmanenten und doch offenen Neuorientierung der Reichspolitik im Sinne einer bürokratisch-konservativen Reform. Er hätte den Ausfall der Generation Friedrichs III. kompensieren können, zwischen den Erstarrungen und der Gewalttätigkeit der späten Bismarckzeit und der Arroganz und den Illusionen der wilhelminischen Zeit. Caprivi ist mit seinem Kurs gescheitert. Er lief an der Zerklüftung der deutschen Parteien auf, die jede stabile Konstellation auf die Dauer verhinderten: am Doktrinarismus der Mehrheit der Linksliberalen, am Klerikalismus des Zentrums und dem Kulturkampfpathos der Liberalen, am „Aschenbrödel"-Populismus des Zentrums, am Interessenegoismus der krisenbedrohten Junker und der Tatsache, daß ihnen die Mobilisierung der Bauern gelang. Er lief an den entstehenden Spannungen zwischen dem Reich und Preußen auf – dem Unterschied der Verfassungen und der parlamentarischen Lage, letzten Endes an der Verwurzelung des deutschen Systems in seinen preußischen Vorgegebenheiten, an der Überlegenheit des feudalen, agrarisch modernisierten Konservativismus und der halbabsolutistischen Militärmonarchie über einen bürokratisch rationalen Reformkonservativismus, über den Mann „ohne Ar und Halm" und die konstitutionalisierte Monarchie. Auch wenn ein Kanzler des „Neuen Kurses" über größere politische Begabung verfügt hätte als Caprivi – aber die produzierte das deutsche System eigentlich nicht –, so ist doch schwer zu sehen, wie er mit diesen strukturellen Schwierigkeiten hätte fertig werden können. Letzten Endes und konkret ist Caprivi dann an Wilhelm II. gescheitert, an dessen Sprunghaftigkeit und dessen Obsessionen, am sich ausbildenden persönlichen Regiment, das einen selbständigen Charakter, der diplomatisch ungewandt war, wie den seinen nicht brauchen konnte, und das erst recht, als er mit den absolutistischen Tendenzen des Monarchen und der borussischen Hausmacht des Kaisertums – nicht nur vorübergehend – in Konflikt geriet.

b) Die Kanzlerschaft Hohenlohes 1894– 1900

Eigentlich wollte der Kaiser als Kanzlernachfolger einen jüngeren Mann, der ohne die Aura einer gewordenen eigenen politischen Existenz im spezifischen Sinn „sein Mann" sein würde. Aber der war nicht zur Hand. Bei der Personalsuche, die dem Kaiserfreund Philipp Eulenburg oblag, ging es dann wesentlich darum, einen unanstößigen Mann zu finden, der weder zu konservativ noch liberal, weder ultramontan noch Atheist war und der entweder Platzhalter des kommenden Mannes des Kaisers sein konnte oder mit dem das persönliche Regiment möglich wäre. Man fand ihn auf Vorschlag des Großherzogs von Baden im Fürsten Chlodwig Hohenlohe, einem süddeutschen Magnaten, der im Lauf seiner langen Karriere – wir haben davon im Zusammenhang mit der Reichsgründung erzählt – bayerischer Ministerpräsident, freikonservatives Mitglied des Reichstags, Botschafter in Paris und, zuletzt, Statthalter in Straßburg gewesen war. Er galt als liberal-konservativ, staatstreuer liberaler Katholik, er war ein Aktenarbeiter und ein Herr alter Schule, ein Grandseigneur. Aber er war 1894 75 Jahre alt, gebrechlich, schwerhörig und gedächtnisschwach, skeptisch, oft nachgiebig, wenig initiativ und durchsetzungswillig; er war in vielfältigen Geldnöten, das minderte seine Amtsunabhängigkeit; er war preußendistanziert, ja voller Widerwillen gegen die Junker, was ihm das Leben in der Berliner Politik nicht erleichterte. Er versuchte, mit dem Kaiser ohne „Gängelung" oder „Krach" auszukommen, sah seine Aufgabe vor allem darin, kaiserliche Extremwünsche zu verhüten oder abzumildern. Das war sehr defensiv; initiativ und aktiv Dinge in die Hand zu nehmen, kämpferisch zu verwirklichen, war nicht seine Sache. Kurz, er war ein schwacher Kanzler – gegenüber dem unruhigen Kaiser freilich mit einer eigentümlichen Alterszähigkeit, mit der er das, was er partout nicht wollte, verhinderte.

Die Freiheit, die Staatssekretäre und preußischen Minister zu bestimmen, hatte er nicht. Er konnte zwar – zunächst – die, die schon im Amt waren, halten und stützte sich vor allem auf die Staatssekretäre des Äußeren und Inneren, Marschall und Boetticher, Marschall machte er auch zum preußischen Staatsminister; mit anderen – wie dem starken Mann in Preußen, Miquel, der immer mehr zu Konservativen und Agrariern und einer partikular borussischen Politik tendierte – mußte er sich abfinden. Aber die mit der Krise verbundenen Neubesetzungen liefen jetzt über den Kaiser. Er zwang Hohenlohe in Preußen vor allem einen „scharfen" Innenminister, Köller, und einen agrarierfreundlichen Landwirtschaftsminister, Hammerstein, auf. Das waren klare Akte des persönlichen Regiments.

Die politische Entwicklung der Hohenloher Zeit verläuft in extremem Maße auf unterschiedlichen Ebenen. Die eine, halböffentliche, ist die Durchsetzung des persönlichen Regiments und die vielen damit verbundenen Intrigen, Konflikte und Skandale. Die zweite Ebene ist der offizielle Gang der Gesetzgebungsvorhaben, des Verhältnisses von Regierung und Reichstag. Beides hängt in einem dritten Komplex zusammen, da nämlich, wo das persönliche Regiment über Personalfragen auf Sachentscheidungen ausgreift: vor allem in den Versuchen zu neuen anti-sozialistischen Gesetzen, in den Flottengesetzen und in der Reform des Militärstrafprozesses.

Das Bemühen des Kaisers zielte zunächst darauf, einen Kanzler aufzubauen, der vor allem „sein Mann" wäre; für diese Position war schon bald Bernhard von Bülow, damals Botschafter, ausersehen. Sodann darauf, selbständige oder in „Ungnade" fallende Staatssekretäre und Minister durch „genehme" Leute eigener Wahl zu ersetzen, insoweit überall selbst seinen Willen zur Geltung bringen zu können. Bei diesem Beginnen hatte die Kamarilla, der Freund Philipp Eulenburg und die mit ihm in Verbindung stehenden Diplomaten Bülow, Holstein und Kiderlen-Waechter, einen Haupteinfluß, die Politik war von einem Netz persönlicher Kontakte bestimmt. Das führte bis 1897 anscheinend zum Erfolg, über eine Kette von Ministerkrisen, die am Prestige der Monarchie zehrten und die darum der Erwähnung wert sind.

Die erste Krise schien zunächst wie ein Eindämmungsversuch gegen das persönliche Regiment. Der preußische Innenminister Köller hatte im Herbst 1895 als Gegner einer Liberalisierung des Militärstrafprozesses die Vertraulichkeit und Solidarität des Gesamtministeriums gebrochen, das erklärte daraufhin, mit ihm nicht mehr zusammenarbeiten zu können, und verlangte faktisch vom Kaiser, ihn zu entlassen. Der wollte ihn halten; unter Druck seiner Kollegen ersuchte Köller selbst um seine Entlassung, Kanzler und Minister plädierten beim Kaiser ganz formell in diesem Sinn. Wilhelm sah darin eine Insubordination, den Versuch, ihn in eine Zwangslage zu setzen. Er erwog, von den Ministern für dieses „geradezu republikanische Benehmen" Genugtuung zu verlangen. Dazu kam es zwar nicht, Köller mußte gehen, aber der Kaiser bestimmte selbst die Nachfolger und verfügte, daß eine Veränderung der „Rechte der Krone" durch – künftige – Kollektivschritte des Ministeriums von ihm nicht hingenommen werde. Das mochte angesichts seines Nachgebens ein formaler Vorbehalt sein, aber fortan verbot sich jeder kollektive Akt des Ministeriums, jeder Versuch des Kanzlers, als

„Sprecher", nicht nur als Person aufzutreten; die kaiserliche Abneigung gegen Marschall und Boetticher wuchs. Die Entlassung des Kriegsministers Bronsart im August 1896 wegen dessen abweichender Meinung über den Militärprozeß gehörte zwar auch in die Sondertradition des Verhältnisses von Militär, König und Kriegsminister, aber war in der konkreten Lage doch Ausdruck für den Sieg des persönlichen Regiments.

Im Reich wurde die Stellung wichtiger Staatssekretäre unsicher. Das begann mit einer Intrige gegen den Staatssekretär und Vizekanzler Boetticher, die auf die Rache-Opposition Bismarcks zurückging; er griff alle, auch seine eigenen Geschöpfe, die 1890 geblieben waren, mit allen Mitteln an, sie galten ihm als mitschuldig an seinem Sturz. Boettichers Familie hatte, zur Wiedergutmachung einer Unterschlagung, 1886, also unter Bismarck, einen größeren Darlehensbetrag erhalten, der Staatssekretär persönlich hatte sich durchaus korrekt verhalten. Seit 1891 erschienen fortlaufend Presseangriffe gegen ihn, seit 1894 vor allem in Hardens „Zukunft", dem „Spiegel" der Zeit. Kanzler und Ministerium erklärten ihre Solidarität mit dem Angegriffenen, zunächst auch der Kaiser, aber die Angriffe gingen weiter, und das Verhältnis des Kaisers zu Boetticher wurde, auch wegen des Kurswechsels in der Sozialpolitik, zunehmend kühler.

Ähnlich war es mit einer Krise um Marschall, den Staatssekretär des Auswärtigen, im Herbst 1896. Geheimagenten und Journalisten, die der Bismarckfronde zugehörten, hatten schon lange mit Falschmeldungen versucht, das Auswärtige Amt (über seine Informationspolitik) zu diskreditieren, ja die gesamte Regierung und den Kaiser. Nach einer Kronratsentscheidung mit Zustimmung des Kaisers ging Marschall gerichtlich, also öffentlich gegen die Intrigen und ihre Urheber in der politischen Polizei vor, und das mit Erfolg in der Sache, in der Öffentlichkeit, im Reichstag. Aber dem Kaiser und seiner Umgebung ging diese gerichtliche Disziplinierung eines oppositionellen Staatsorgans, der Polizei, durchaus zu weit. Marschall wurde zum Opfer seines Erfolges, er galt plötzlich als unzuverlässig, unkonservativ, nicht (mehr) als resoluter Vertreter von System und Monarch. Der Sturz des Staatssekretärs war seither, zumal er dem Aufstieg des Kaiserfavoriten Bülow entgegenstand, abzusehen.

Das waren Vorspiele zu der großen Krise von 1897. Weil Boetticher im Reichstag auf deutliche, aber für heutige Verhältnisse recht verhaltene Angriffe Eugen Richters auf das persönliche Regiment nicht reagiert habe, verlangte der Kaiser seine Entlassung (1. Juni 1897: er habe sich „gegen die Krone schwer vergangen"). Schon vorher hatte sich der Kaiser von dem Marinestaatssekretär Admiral Hollmann getrennt, weil der im Reichstag starke Abstriche von seiner Flottenvorlage hatte hinnehmen müssen und weil der Kaiser „seinen Mann" und Kämpfer Tirpitz auserkoren hatte. Der Staatssekretär Marschall wurde in denselben Monaten in Urlaub geschickt und Bülow zum Stellvertreter ernannt, im Oktober wurde er dann offiziell der Nachfolger. Dieser massierte Wechsel bei den de facto zu Ministern gewordenen Leitern der wichtigsten Staatssekretariate war kein Zufall, es war ein lang vorbereiteter Versuch zum „Systemwechsel“, und so mußte er auch in der Öffentlichkeit ankommen. Bei Beginn der Boetticher-Krise bat Hohenlohe um seine Entlassung (31. Mai 1897). Dem Rat mancher Berater (Holsteins z. B.), er möge nur im Amt bleiben, wenn er vom Kaiser hinreichende Zusicherungen in Sachfragen erhalte und das persönliche Regiment damit endgültig eindämme, folgte er – aus monarchischer Überzeugung wie aus Schwäche und aus Skepsis, den Fall Boetticher zur Basis seines Vorgehens machen zu können – nicht. Damit freilich hat er seine beinahe letzte Chance, den Kaiser zu beeinflussen, preisgegeben, er wurde zur Strohpuppe, die Entscheidungen des persönlichen Regiments deckte. Die Ernennungen von Tirpitz und Bülow liefen ganz an ihm vorbei. Eine Skurrilität, aber ganz typisch war es, daß der Kaiser einen fachunkundigen und konservativen Agrarier, einen notorischen Gegner der ehedem vom Kaiser selbst so befürworteten Caprivischen Handelsverträge, Podbielski, zum Reichspostmeister ernannte. Gegen Hohenlohes Vorstellungen auch wurde Thielmann zum neuen Leiter des Reichsschatzamtes berufen. Als Nachfolger Boettichers dachte der Kaiser an Miquel. Hohenlohe wollte, daß er dann das preußische Finanzministerium aufgebe, Miquel lehnte das schließlich ab, er mochte seine preußische Bastion nicht verlassen und wurde nun auch – an Stelle Boettichers – Vizepräsident des Staatsministeriums. Statt dessen wurde – das war nun eher sachbezogen – der bisherige Staatssekretär des Reichsschatzamtes, Posadowsky, einer der wenigen fähigen Innenpolitiker im Establishment, Leiter des Reichsamtes des Inneren und Stellvertreter des Kanzlers. Insgesamt hatte der Kanzler entschieden verloren, eine irgend einheitliche Reichsleitung gab es nicht mehr, der Kaiser schien das Heft nunmehr ganz und gar in der Hand zu haben – wenn man vom Bereich des Inneren absieht.

Der beschriebene Kampf um Personen hatte eine systempolitische Bedeutung. Darum spielten auch Sachprobleme eine Rolle. Am wichtigsten war der Kurs gegenüber Demokratie und Sozialdemokratie. Der Kaiser, wie schon bei der Entlassung Caprivis, blieb ein Verfechter von Konfliktpolitik und von Unterdrückungsgesetzen, und darin wurde er von seiner Umgebung bestärkt. Der Kanzler dagegen suchte zu beruhigen, mit den vorhandenen Möglichkeiten, d. h. im Rahmen des Rechtsstaates, auszukommen, vor allem natürlich nahm er – manchmal auch nur notgedrungen – auf die einen Konflikt ablehnende Reichstagsmehrheit Rücksicht. Auch der Kanzler zwar und die ähnlich gesonnene Mehrheit des Regierungsestablishments, ja der herrschenden Gesellschaftsgruppen, sahen in den Sozialisten eine systemgefährdende Bedrohung und waren auf Kampf, Ausgrenzung, Abwehr und Unterdrückung fixiert – es gab eine geschlossene anti-sozialistische Front, aus der niemandem auszubrechen oder sich wegzustehlen erlaubt war –, aber nicht diese einheitliche Grundeinstellung, sondern die Alternativen der Taktik prägten die politischen Konstellationen dieser Jahre.

Zunächst ging es um die bei Caprivis Sturz schon strittige „Umsturzvorlage“, die sich mit Verschärfung des Straf- und des Pressegesetzes gegen regierungs- und systemfeindliche oder nur systemkritische Aktionen richtete. Der Kanzler mußte sie Ende 1894 im Reichstag einbringen. Dort, zumal durch eine „Scharfmacher“-Rede Stumms – dieser Ausdruck wurde damals von Kritikern Stumms geprägt und ging sofort in den politischen Sprachschatz ein – gegen Kathedersozialisten und Christlich-Soziale, verschob sich die Tendenz der Vorlage: Nicht mehr Anarchisten, revolutionäre Sozialisten und Internationalisten, sondern Gegner der Kirchen, der geltenden Moral, der Tradition und der Ordnung waren die Zielgruppen. Konservative und Zentrum haben den Entwurf anti-modernistisch „klerikalisiert“, das führte zu einem Sturm der öffentlichen Meinung und schließlich zur Ablehnung im Reichstag (11. Mai 1895). Der Kaiser, seine Umgebung und auch die Konservativen gingen wieder mit Staatsstreichideen und -plänen um, d. h. wiederholte Auflösung des Reichstags, Auflösung und Neugründung des Reiches mit einer durch Oktroi einzuführenden anderen Verfassung, vor allem einem anderen Wahlgesetz, militärischer Ausnahmezustand während einer solchen Krise mit dem Risiko auch von Bürgerkriegszuständen. Der General Waldersee war noch einmal, nachdem er einige Jahre beim Kaiser in Ungnade gefallen war, der Mann zur Durchführung einer solchen Gewaltpolitik, vielleicht auch der die Konfliktstimmung anheizende alte Bismarck oder – so dachte der gelegentlich – sein Sohn Herbert. Aus solchen noch öfter wiederkehrenden Plänen ist bekanntlich nichts geworden, und so neigt man von hinterher leicht dazu, sie als realitätsfern nicht ganz ernst zu nehmen. Hohenlohe z. B. hielt zwar auch das Allgemeine Wahlrecht für ein Hauptübel, aber er war sicher, daß der Reichstag „stets mehr und mehr Boden“ verlieren werde, bis „die öffentliche Meinung auf seine Beseitigung dringe“; wenn „man ihn wie Kehricht hinauskehren kann, dann ist es Zeit, Schneid zu zeigen“. Jetzt brauche es jedoch Geduld, führe Staatsstreichpolitik zur Spaltung unter Regierungen und Fürsten, zum Ende der Reichseinheit, zur Diskreditierung der Monarchie, in die Unabsehbarkeit eines Bürgerkriegs und ausländischer Interventionen. Die Staatsstreichpläne waren in der Tat illusionär, aber da es der Kaiser war, der mit ihnen operierte, waren sie ein sehr reales Drohpotential über Reichstag und Regierung, ihre Abwendung schon wurde ein positives Ziel, eine relative Normalisierung der politischen Verhältnisse rückte weit in die Ferne.

Die „Krise“ verlief zunächst im Sande. Die Sozialpolitik wurde umorientiert, ja eingefroren, die weiterreichenden Ziele des Reformministers Berlepsch, Arbeitervertretung, ja vielleicht ein Maximalarbeitstag, galten jetzt in der politischen Führung als inopportun. Im Juni 1896 nahm Berlepsch, auch unter dem Druck der Großindustrie, endgültig seinen Abschied, andere Sozialreformer in der hohen Bürokratie – Lohmann z. B. – gingen oder mußten gehen. Wir haben erzählt, daß die Konservativen ihren christlich-sozialen Flügel 1895/96 aus der Partei herausdrängten, daß der Evangelische Oberkirchenrat gegen den Pastorensozialismus Stellung bezog.

Aber vor allem suchten die Konfliktpolitiker nach neuen Maßnahmen im Kampf gegen die Sozialdemokratie. Deren negative Reaktionen auf die 25-Jahrfeiern der Reichsgründung lösten 1895 eine neue anti-sozialistische Stimmungswelle aus, Scharfmachertöne in der „rechten" Presse und wilde Wut beim Kaiser. Das Mittel sollte – ohne Reichstag – eine Verschärfung des preußischen Vereinsgesetzes sein, der Innenminister Köller war dazu der richtige Mann. Als Hohenlohe die Gesetzesänderung ablehnte und zunächst einmal vertagte, ging Köller im Winter 1895/96 mit schärfsten Polizeimaßnahmen gegen die Sozialdemokraten vor, z.B. mit der „Auflösung" des Parteivorstandes. Freilich, auch das blieb eine Episode, Köller mußte – aus anderen Gründen, wie wir gesehen haben – im Winter 1895/96 gehen. Vor der Verabschiedung des BGB 1896 versprach der Kanzler die Aufhebung des „Koalitionsverbots für politische Vereine" – das war eine der formalrechtlichen Waffen Köllers gewesen.

Dennoch, die Krisenfolge in der „Bekämpfung" der Sozialdemokraten riß nicht ab. Im Winter 1896/97 kam es in Hamburg zu einem Großstreik der Hafenarbeiter, dieser Streik hatte eine enorme nationale Resonanz. Weil es auch um paritätische Schlichtungs- und Schiedsverfahren ging, setzten sich viele der akademischen Sozialreformer, Naumann oder Tönnies z.B., für die Streikenden ein. Waldersee, kommandierender General in Altona, forderte schärfste Maßnahmen im Sinne der Konflikt- und Staatsstreichpolitik und fand damit wieder viel Sympathie beim Kaiser. In seinen Reden, so am 26. Februar 1897, war wieder vom „Kampf gegen den Umsturz mit allen Mitteln" die Rede. Und intern äußerte er seine Entschlossenheit, bei einer Ablehnung der damals anstehenden Marine-(Kreuzer)vorlage mit Reichstag und allgemeinem Wahlrecht „Schluß" zu machen. Die Beschimpfungen des Reichstags und jetzt zumal der Zentrumsabgeordneten häuften sich. Noch einmal sollte konkret das preußische Vereinsgesetz bei Gelegenheit der Aufhebung des Koalitionsverbots verschärft werden, es sollte der Polizei alle möglichen neuen Vollmachten geben und wäre eine Art kleines Sozialistengesetz geworden. Mit knapper Mehrheit (209 : 205) fiel die Vorlage im Abgeordnetenhaus freilich durch, auch die Nationalliberalen waren dagegen.

In weiteren Reden, am 17. Juni 1897 in Bielefeld und am 6. September 1898 in Oeynhausen, kündigte der Kaiser Maßnahmen gegen die Behinderung „Arbeitswilliger" bei Streiks an, in der letzten Rede mit der Maßgabe, dergleichen mit Zuchthaus zu bestrafen. Zweifellos warfen Streiks neue Regelungsprobleme auf. Aber gesamtpolitisch war entscheidend, daß der Anti-Sozialismus damit ein neues Aktionsfeld fand. Daraus entstand die sogenannte Zuchthausvorlage (April 1899), in der die unglückliche Regierung versucht hatte, die Spontanäußerung des Kaisers in einem Paragraphen für einen durchaus unwahrscheinlichen Extremfall unterzubringen und zu neutralisieren. Öffentlichkeit und Reichstagsmehrheit aber waren strikt gegen diese Vorlage, jetzt auch die Nationalliberalen. Der Kaiser dagegen wollte weiter die Vorlage durchsetzen, gegebenenfalls über eine Auflösung des

Reichstags; andererseits – und etwas später – ließ er sich von Posadowsky zu einer Reform des Vereinsrechts – Aufhebung des Koalitionsverbots, Verbesserung der Rechtsstellung von Gewerkschaften – überreden. Trotz dieses sozialpolitischen Neuansatzes fiel die Zuchthausvorlage im November 1899 mit Pauken und Trompeten durch. Die Konservativen waren jetzt allein, die Ära Stumm war zu Ende, Stumm selbst hatte das Zutrauen verloren, daß der Kaiser wirklich zu einem energischen Kampf gegen die Sozialdemokraten in der Lage sei. Es gelang Hohenlohe sogar, vom Kaiser – unter Androhung seines Rücktritts – die Zustimmung zur Aufhebung des Koalitionsverbots, ursprünglich nur als Kompensation für die Annahme der Zuchthausvorlage gedacht, zu erwirken. Doch der Kaiser war schon fest entschlossen, seinen Protagonisten Bülow zum Kanzler zu machen, Hohenlohe hatte ausgedient.

Ein zweiter Sachkomplex, über den das persönliche Regiment die Regierung und das Verhältnis zwischen ihr und dem Parlament beeinflußte, war die Reform des Militärstrafprozesses. Wir haben davon in unserem Militärkapitel gehandelt, hier genügt eine kurze Erinnerung. Es ging um die Vereinheitlichung der Ländergesetze und um eine moderate Liberalisierung, um Mündlichkeit und Öffentlichkeit des Verfahrens, um Unabhängigkeit der Richter. Der Kaiser sah darin, vor allem im Prinzip der Öffentlichkeit, eine Gefahr für die Tradition des Militärstaats und für seine Kommandogewalt, dabei wurde er vom Militärkabinett und einer Reihe Kommandierender Generale – gegen das Kriegsministerium und andere hohe Militärs – unterstützt. Er verbiß sich mit gewaltigem Starrsinn in diese Frage, darum wurde aus dem militärpolitischen Miniproblem – die mit vielen Kautelen bewehrte Öffentlichkeit des Militärprozesses konnte die Autorität des Monarchen nicht im geringsten mindern – auf groteske Weise über vier Jahre ein Zentralthema der deutschen Politik, ein Anlaß zu tiefer Krise. Der Kaiser stilisierte es zu einer Sache der prinzipiellen Überzeugung und der Macht, der notwendigen Eindämmung des Liberalismus. Wir haben am Anfang dieses Abschnittes gesehen, wie zuerst der reformgegnerische Minister Köller und dann der reformerische Kriegsminister darüber stürzten. Minister und Staatssekretäre sahen in der „Reform" kein sachliches Problem und hätten sie gerne vom Tisch gehabt. Aber sie wollten auch keinen Konflikt mit dem Monarchen. Der Kanzler freilich, der 1869 als Ministerpräsident den bayerischen Militärprozeß liberalisiert hatte, bestand auf dem Öffentlichkeitsprinzip und erklärte das auch vor dem Reichstag; auch der Bronsart ersetzende Kriegsminister Goßler wollte die Reform und jedenfalls grundsätzlich die Öffentlichkeit. Die Gegensätze führten zu einer immer neu aufflammenden Krise, der Kanzler drohte mit Rücktritt, der Kaiser und die Scharfmacher in seiner Umgebung spielten einmal mehr mit dem Gedanken an den Staatsstreich. Ein zusätzliches Problem entstand, weil Bayern sich einem einheitlichen obersten Reichsmilitärgericht nicht fügen wollte. Schließlich, im Sommer 1897 während des großen Revirements der Staatssekretäre und während der bevorstehenden Konflikte um das Vereins- und um das Flottengesetz, fand sich im Reichstag eine Kompromißformel – Ausschluß der Öffentlichkeit bei „Gefährdung der Disziplin" –, die den Grundsatz der Öffentlichkeit festschrieb und doch einigermaßen aushöhlte; Bayern erhielt einen eigenen Senat beim Reichsmilitärgericht. Aber es dauerte noch bis zum 1. Dezember 1898, bis das Gesetz und die Unterschrift des Monarchen zustande kamen.

Das dritte Thema, das mit dem persönlichen Regiment verbunden war, war der Bau der Flotte. Das wurde nun eine zentrale Neuorientierung aller deutschen Politik, der Öffentlichkeit, der Mentalität der Nation. Von den militärischen und weltpolitischen Gründen und Absichten des Flottenbaus haben wir berichtet. Hier geht es um die innenpolitische Seite der Sache, um das Ringen zwischen Regierung und Reichstag. Hollmann, Staatssekretär des Reichsmarineamtes von 1890 bis 1897, lange vom vollen Vertrauen Wilhelms getragen, war der Verfechter einer Kreuzerflotte gewesen. Unter ihm war die Flotte schon durchaus vergrößert worden, aber im jährlichen Etatkampf mit dem Reichstag, der den Undurchsichtigkeiten und der anscheinenden Planlosigkeit, den „uferlosen Flottenplänen" (Eugen Richter) distanziert gegenüberstand. Der Kaiser hatte Hollmann im Sommer 1897 entlassen, weil er einige Streichungen an seiner letzten Vorlage hatte hinnehmen müssen. Der Kaiser erklärte, er sei jetzt zu einem „Kampf auf Leben und Tod" für die Flotte entschlossen.

Tirpitz, der Verfechter des Schlachtflottenbaus, des Gedankens der Abschreckung (Risiko) und des Druckpotentials, der starke Mann und der Mann des Kaisers zugleich, wurde Staatssekretär. Er wollte einen langfristigen Plan, der auch die Ersatzbauten festlegte und auf die Zahl der Geschwader und Schiffe, nicht auf die – künftigen, steigenden – Kosten bezogen war; er wollte damit das Parlament festlegen und die Marine weitgehend von ihm unabhängig machen. Die Technik machte die Flottenplanung zu einer langfristigen Sache, über die nicht wie in älteren Zeiten jedes Jahr neu entschieden werden konnte. Für den Reichstag war die langfristige Festlegung natürlich auch eine Selbstbindung der Regierung, das Abrücken von „uferlosen" Flottenplänen, so schien es wenigstens einstweilen. Tirpitz inszenierte mit dem sofort beim Reichsmarineamt errichteten Nachrichtenbüro, mit der Hilfe der „Flottenprofessoren", mit dem 1898 gegründeten Flottenverein und manchen anderen Maßnahmen eine Großkampagne in der Öffentlichkeit für den Flottenbau. Ende 1897 legte er das (erste) Flottengesetz vor; quantitativ waren die Anforderungen noch eher moderat, das entscheidend Neue waren der Übergang zur Schlachtflotte und die langfristige Festlegung. Der Kaiser drohte für den Fall einer Ablehnung mit der Auflösung des Reichstags. Entschieden für den Flottenplan waren eigentlich nur die Nationalliberalen und – trotz mancherlei Bedenken – die winzige Freisinnige Vereinigung. Die Konservativen sahen in der „gräßlichen Flotte" (D. Hahn, der Direktor des Bundes der Landwirte) und in der forcierten „Weltpolitik" einen Schritt auf dem Wege zum Industrie- und Exportstaat, zur Schwächung der Landwirtschaft, ja auch Preußens, aber sie konnten sich in einer „nationalen

Sache" nicht offen gegen Monarch und Regierung stellen – jedenfalls verlangten sie kräftige Kompensationen für die Landwirtschaft. Entscheidend für die Mehrheit wurde die Haltung des Zentrums. Wir haben in unserem Parteienkapitel erörtert, wie die bürgerliche Parteiführung unter Lieber die Flottenpolitik unterstützte – um den Staatsstreichdrohungen des Kaisers zu begegnen, um dem Zentrum einen dominierenden Einfluß auf die Reichspolitik zu verschaffen, um die Ausgrenzung aus der „Nation" zu überwinden. Lieber setzte einige Änderungen der Vorlage durch, die die Regierung für die Zukunft stärker binden und die Haushaltsrechte des Reichstags besser wahren sollten; mit der Zeit stellte sich heraus, daß diese Änderungen keinen wirklichen Effekt hatten, die sofortige Festlegung auf sechs, die langfristige auf 20 Jahre waren substantiell und in ihrer Bindungswirkung für die Zukunft kaum eindeutig eine Konzession der Regierung; nur die Zusage, daß die Deckung nicht über die Besteuerung des Massenkonsums erfolgen solle, hatte reale Bedeutung; einstweilen freilich sollte die Flotte über Anleihen finanziert werden. 61 von 101 Zentrumsabgeordneten haben für das Gesetz gestimmt, die Gegner, zum Teil nicht anwesend, vertraten zumeist agrarische Interessen, zumal aus Bayern.

Schon 1899 begann die Propaganda für ein zweites Flottengesetz. Eine Kaiserrede in Hamburg (18. Oktober 1899, „bitter not ist uns eine starke deutsche Flotte") zwang die eher zögernde Regierung zum Handeln. Mit zweimaligen direkten Anweisungen setzte der Kaiser durch, daß ein Gesetzentwurf ganz schnell (zuletzt innerhalb einer Woche) vorgelegt wurde. Es ging jetzt um eine Verdoppelung der Planzahlen bis 1917 – die deutsche Flotte wäre dann nach denen Englands und Frankreichs die drittstärkste Flotte der Welt gewesen – und um eine entsprechende Steigerung des Bautempos. In den Planungen und Äußerungen der Marineführung kam jetzt die anti-englische Tendenz des Flottenbaus deutlicher heraus, in der öffentlichen Debatte spielte die anti-englische Stimmung im Zusammenhang mit dem Burenkrieg (und einer englischen Aktion gegen einen deutschen Postdampfer) eine große Rolle. Dennoch waren die Parteien des Reichstags zunächst sehr zurückhaltend, sie warnten vor zuviel und gar anti-englischer Weltpolitik; von Bebel und Richter bis zu Lieber wurde das „persönliche Regiment" in der Flottenfrage kritisiert, die Konservativen sprachen von der Not der Landwirtschaft. Aber in den Ausschußverhandlungen ergab sich dann ähnlich wie beim ersten Gesetz nach mancherlei Veränderungen eine Mehrheit: Die geforderten Auslandskreuzer wurden gestrichen, trotz langfristiger Festlegung wurde die jährliche Etatbewilligung schärfer herausgestellt, die erforderlichen Mittel sollten durch Reichssteuern, die nicht die Massen trafen, beschafft werden; der Bundesrat stellte mit Blick auf die Rechte, die Agrarier, höhere Zölle für die Landwirtschaft in Aussicht, das umschrieb den Zusammenhang von Flotten- und Zollpolitik. Diesmal stimmte die große Mehrheit der Zentrumspartei zu, obwohl nicht einmal die Aufhebung des Jesuitengesetzes, ein Herzenswunsch des Zentrums, durchgesetzt wurde.

Im ganzen war das ein glatter Sieg der Flottenpolitik des Kaisers und des Admirals Tirpitz, zuerst in der Reichsleitung – das Auswärtige Amt wie das Schatzamt mußten einfach folgen – und dann in der Öffentlichkeit und über den Reichstag. Unmittelbar war damit die Periode der Staatsstreichdrohungen vorüber, die, wenn auch mehr lautstark als realistisch, immerhin ein Einschüchterungs- und Lähmungspotential gewesen waren. Langfristig waren die beiden alten Spannungsfelder zwischen Regierung und Parteien, militärische Rüstung und die dafür nötigen Ausgaben, zergangen. Im Zeichen von Imperialismus und Flotte und im Zuge einer langfristigen Strategie der Einflußsicherung war auch das Zentrum, 1893 noch eine Säule der Militäropposition, in eine neue Mehrheit des nationalen Konsenses übergeschwenkt. Freilich, eine Entmachtung des Reichstags, wie Tirpitz sie als Nebeneffekt seiner Flottengesetze angesteuert hatte (angeregt von Kehr, hat eine Schule von Historikern vor allem seit Berghahn das gar für die Hauptsache gehalten), ist nicht eingetreten. Die Frage nach der Aufbringung der Kosten wurde vielmehr mittelfristig zum Hebel eines neuen Machtgewinnes von Reichstag und Parteien. Natürlich war auch sonst die Flottenfrage nicht isoliert, sie hing mit den Hauptkomplexen der Innen- und Gesellschaftspolitik zusammen, die Motive der Zentrumsführung und die Absicht von Regierungen wie Flottenmehrheit, den Agrariern bei den anstehenden Zolltarifen entgegenzukommen, sind dafür charakteristisch, das sozialpolitische „Feigenblatt" des Zentrums – keine Konsumsteuern – wurde längerfristig besonders wichtig.

Schließlich bleibt festzuhalten, daß einzelne Parteien der neuen Mehrheit den Weg zur imperialistischen Weltpolitik nur mit einigem Zögern und im Grunde aus anderen als imperialistischen und z. B. eben innen- und wirtschaftspolitischen Gründen eingeschlagen haben. Flottenagitation und dadurch geformte öffentliche Stimmung haben sie darin bestärkt; die Zustimmung zu Flotte und Weltpolitik, aus welchen Motiven immer, wurde schnell internalisiert, wurde zu einem festen Bestand des Konsenses, der das System trug.

Ein letztes Gesetzgebungsvorhaben, das mit dem persönlichen Regiment verbunden war, war das preußische Projekt, einen Mittellandkanal (vom Rhein zur Elbe) zu bauen. Über dieses Großprojekt und auch seine Teilstücke gab es unendliche Konflikte zwischen Regionen und Wirtschaftsgruppen; vor allem die ostelbisch agrarischen Konservativen wurden zu erbitterten Gegnern: Sie sahen im Kanal eine Bevorzugung des Westens und ein Einfallstor für amerikanische Getreideimporte bis nach Mittel- und Ostdeutschland. Die Sache wurde zu einem Quasi-Verfassungsproblem, weil der Kaiser den „modernen" Kanal zu seiner eigensten Sache machte, die Zustimmung zu einer Frage der Loyalität. Dennoch lehnte die Mehrheit des preußischen Abgeordnetenhauses, Konservative und Zentrum, die Vorlage 1899 ab. Hohenlohe wollte das Parlament auflösen, der Kaiser, der das ursprünglich auch erwogen hatte, kam davon ab, auch unter dem Einfluß von Miquel, der nicht mit den Konservativen brechen wollte. Auf Befehl des Kaisers wurden die Beamten, Landräte vor allem, die gegen den Kanal gestimmt hatten, die „Kanalrebellen", zwar nicht, wie zunächst beabsichtigt, entlassen, aber zur Disposition gestellt – ein verfassungsrechtlich mehr als zweifelhaftes Verfahren. Freilich, die Mehrzahl (12 von 20) ist später wieder in Gnaden aufgenommen, ja befördert worden. Ein Rumpfstück des Kanals bis Hannover kam im dritten Anlauf 1905 dann doch zustande. Die Geschichte zeigt, daß der Kaiser – trotz allen persönlichen Engagements, trotz seiner Gegnerschaft gegen die Agrarier – letzten Endes den Bruch mit seiner „Hausmacht", den Konservativen, vermied, selbst wenn sie Opposition trieben. Hier war die Machtverteilung im System stärker als die Selbstherrlichkeit des Monarchen.

Neben diesen durch das persönliche Regiment so stark mitgeprägten Großkomplexen der Politik gibt es so etwas wie Normalpolitik, in der Nah- wie in der Fernperspektive nicht minder wichtig und fundamental. Wir konzentrieren uns auf zwei Bereiche. Zunächst die Rechtspolitik. Hier wird zum einen 1896 das BGB vom Reichstag verabschiedet, das dann 1900 in Kraft tritt, der letzte Akt der Vereinheitlichung und Modernisierung des Rechtswesens nach der Reichsgründung. Über die rechtspolitische Bedeutung dieser Kodifikation, ihre Problematik und die mit ihr verbundenen Kontroversen haben wir im Kapitel über die Justizverfassung gehandelt. Für den Gang der Innenpolitik wichtig war, daß sich das Bündnis von Reichsbürokratie und moderatem Liberalismus durch den Fachkonsens der juristischen Profession durchsetzte, gegen feudal-agrarische Interessen rechts, radikale sozialrechtliche Neuerungen links, katholische Ehedogmatik beim Zentrum: Alle Beteiligten sahen sich unter Erfolgszwang, die Verbindung von nationaler Einheit und liberal-individualistischer Gesellschaftspolitik setzte sich noch einmal durch. Parteistrategisch wichtig sodann war, daß das Zentrum auf die Linie moderater Kooperation – zunächst mit den Nationalliberalen – einschwenkte, ein Vorklang der dann bald dominierenden Neuorientierung der Partei.

Die zweite rechtspolitische Entscheidung, die hier zu nennen ist, eine Novelle zum Strafgesetz über Sittlichkeitsdelikte, die sogenannte Lex Heinze von 1899/1900, ist eigentlich nur ein marginales Phänomen, aber symptomatisch für die fortdauernde emotionalisierte Kulturkampferregung in Deutschland. Eigentlich ging es – im Anschluß an einen großen Prozeß – um die Bekämpfung des Zuhälterwesens, aber Zentrum und Konservative hatten Bestimmungen über Schriften, Abbildungen und Theaterstücke eingefügt, die „ohne unzüchtig zu sein", das „Schamgefühl gröblich verletzen". Dagegen erhob sich ein Sturm der liberalen intellektuell-künstlerischen Öffentlichkeit, die „Freiheit der Kultur" war bedroht. Ein Goethe-Bund wurde als Speerspitze dieser außerparlamentarischen Opposition gegründet und organisierte Versammlungen, Resolutionen, Petitionen. Die Regierung signalisierte die Bereitschaft zu Änderungen, im Reichstag aber setzte sich die moralistische Mehrheit in der zweiten Lesung durch, daraufhin griff die Minderheit zum Mittel der Obstruktion. Die Mehrheit gab, auch angesichts des angekündigten Vetos des Bundesrates, nach, der „Kunstparagraph" wurde klar auf Jugendschutz beschränkt – es war ein Zentrumsantrag, der diese „Lösung" herbeiführte.

Der andere Bereich der Normalpolitik war die Wirtschafts- und Sozialpolitik. Die 90er Jahre standen, wir haben es geschildert, im Zeichen einer Fundamentalpolitisierung der Wähler, im Zeichen der populistischen Bewegungen, im Zeichen der Organisation von Interessenkämpfen. Der um sich greifende Protest gegen Autoritäten und Establishment wie gegen die, jeweils unbequemen, Folgen der Modernisierung, diese Grundwelle artikulierte sich an wirtschaftspolitischen Fragen. Gleichzeitig führte der Interventionsstaat die Ökonomisierung der Politik zu immer intensiveren Spannungen in den gesellschaftlichen Führungsgruppen und deren Interessenverbänden: Die Auseinandersetzungen über Agrar- versus Industriestaat, oder genauer über die Modalitäten des Übergangs zum Industriestaat, das Problem einer Mittelstandspolitik, die das kapitalistische Marktprinzip einschränkte, um die anti-sozialistische Front zu stärken, das waren Auseinandersetzungen, die nun auch vom Populismus geprägt wurden. Sie bestimmten weitgehend das Schicksal der Parteien und den Teil der Politik, der die Wähler und Massen – mehr als die Eskapaden des Kaisers, mehr auch als die Flotte – bewegte. Dahinter stand, stets sichtbar, das Grundproblem der Innenpolitik: der Aufstieg der Sozialdemokraten und die unterschiedlichen Strategien ihrer Gegner, ihm zu begegnen.

In der Politik der 90er Jahre ging es vor allem um zwei Komplexe. Zuerst um das Auffangen des agrarischen Protests, die Beruhigung des au fond konservativen Landes, ein Arrangement mit der doch herrschafts- und systemtragenden Schicht der preußischen Junker. Die Handelsverträge waren geschlossen, die „großen Mittel" der Agrarier kamen auch im konservativen Beamtenstaat als Systembruch nicht in Frage, weder ein staatliches Getreidehandelsmonopol („Antrag Kanitz") noch die national isolierte Einführung einer Doppelwährung, des „Bimetallismus". Also mußte man es mit „kleinen Mitteln" versuchen: Börsenreform (Verbot des Getreideterminhandels), Anziehen des Seuchenschutzes bei Fleisch- und Viehimporten, vielerlei Subventionen, Nachgeben beim Wildschadenrecht (zugunsten der Jäger und Jagdpächter). Die Tendenz, den 1903 zur Disposition stehenden Zolltarif zugunsten der Landwirtschaft zu verändern, war deutlich. Aber weder die Regierung noch etwa die Nationalliberalen konnten darüber hinwegsehen, daß Deutschland auf dem Wege zum Industriestaat war und also den Forderungen der Agrarier voll entsprechen. Die Rücksicht auf die Masse der Konsumenten, unorganisiert oder sozialdemokratisch, spielte natürlich auch eine Rolle, sie waren ja immerhin Wähler. Wegen der Begünstigung der ländlichen Wahlkreise war das Gewicht der „Agrarier", wie man jetzt sagte, im Reichstag größer als im Volk. In der Öffentlickeit tobte der Streit um Landwirtschaft, Industrie, Konsumenten. In Regierungskreisen spielte auch der Unterschied von Reichsleitung und preußischem Ministerium eine wichtige Rolle. Das preußische Staatsministerium war – nicht nur in Rücksicht auf den Landtag – deutlich konservativer, Miquel war der Mann der Verständigung mit den Konservativen, des Entgegenkommens gegenüber den Agrariern, Hohenlohe war in dieser Hinsicht viel reservierter, aus Sachgründen, aus Rücksicht auf den Reichstag, aus Reserve gegen eine Ausdehnung der preußischen Hegemonie und auch der persönlichen Machtstellung Miquels.

Der zweite Komplex war Mittelstands- und Sozialpolitik. Mit der Ära „Stumm" war die aktive Sozialreform zunächst einmal auf Eis gelegt, der preußische Handelsminister Berlepsch wurde 1896 durch einen industrienahen Nachfolger abgelöst. Agrarfrage und Mittelstandspolitik hatten Vorrang. Erst seitdem Posadowsky das Reichsamt des Inneren übernahm und das Zentrum, das für seine Agrar- und Mittelstandspolitik eine soziale Kompensation brauchte, dominierenden Einfluß auf die Reichspolitik gewann, ging es mit der Sozialpolitik wieder weiter, zögerlich freilich, nach einer Art Stop-and-go-Modell. In den späten 90er Jahren aber war das Handwerk Ziel einer neuen Politik, Handwerkskammern (1897) und die Stärkung von Innungen waren entsprechende Maßnahmen, die weitergehenden Handwerksforderungen ein Zentralstück der Auseinandersetzungen mit der Regierung wie unter den Parteien.

In diesem vielfältigen Gegeneinander, das auch die Partei- und Verbandsverhältnisse prägte, von intellektuellen Beobachtern gern als ein Zustand der Zerfahrenheit und Perspektivelosigkeit beurteilt, hat Miquel die Parole von der „Sammlung" ausgegeben (15. Juli 1897), damals und seither viel beredet. Es sollte um die „Sammlung" der „produzierenden Klassen", um ein „Kartell der staatserhaltenden und produktiven Stände" gehen, das hieß um harmonischen Ausgleich zwischen Landwirtschaft und Industrie, vielleicht auch Handel, und konkret darum, die Landwirtschaft durch positive Maßnahmen angesichts ihrer Bedrohung auch zu erhalten, ohne die Exzesse der Agrarier mitzumachen, kurz die Polarisierung zwischen Industrie- oder Agrarstaat durch eine Synthese zu unterlaufen. Darin sollte natürlich auch der gewerbliche Mittelstand einbezogen werden, der nichtsozialistische Anti-Kapitalismus und der Kapitalismus des Marktsystems sollten versöhnt werden. Neben dem Aufruf an die großen Wirtschaftssektoren zur Konfliktbegrenzung und Einigung war die Parole gerichtet gegen eine Priorität von Verbraucherinteressen, wie sie die Linke vertrat, und natürlich gegen die Kräfte des Umsturzes, gegen die Sozialdemokratie. Implizit war das Programm auch eine Absage an die Sozialpolitik, an die Sozialreformer, die die Arbeiterschaft doch noch wieder in die nationale Gesellschaft, ja in das monarchische System zu integrieren hofften. Demgegenüber ging es bei der Miquelschen Sammlung darum, Systemerhaltung und Produzenteninteressen zu verbinden. Das knüpfte an Bismarcks Perspektiven der 80er Jahre an und an das – legendäre – Bündnis von Roggen (beziehungsweise Fleisch) und Eisen von 1879. Miquel hatte den Ernst der innenpolitischen Lage und der Gefährdung des Systems deutlicher als andere erkannt, weder die Anrufung alter Loyalitäten noch der neue Imperialismus allein noch gar irgendwelche Staatsstreichillusionen schienen ihm ein hinreichendes Konzept. Es ging ihm um die Sammlung der streitenden Elemente des gesellschaftlich herrschenden Establishments und um die Mobilisierung bäuerlich-mittelständischer Unterstützung gegen die systemfeindlichen industriellen Massen, um die Stabilisierung und Neulegitimierung des Systems. Insoweit war das letzten Endes ein konservatives Konzept, auch wenn es die konservative Parteienge durchaus überstieg, war klassenkampfgeprägt. Im Vorfeld der 1898 anstehenden Wahlen war es der Versuch eines Wahlprogramms; im Vorfeld des ersten Flottengesetzes – dem Miquel aus parlamentstaktischen Gründen zunächst skeptisch gegenüberstand – war es ein Angebot, die imperialistische Umprägung der deutschen innenpolitischen Kräfte gesellschafts- und verfassungspolitisch zu stützen und zu ergänzen, die pro-agrarische Zollrevision, die den Konservativen als Kompensation für die Flotte in Aussicht stand, wahlstrategisch abzusichern, Sammlung also auch im Zeichen des Imperialismus – auch wenn das mehr zum Hintergrund gehörte.

Man kann „Sammlung" als Kategorie für bestimmte Tendenzen der Regierung wie der Parteien und Verbände, ja auch für bestimmte Konstellationen durchaus benutzen. Einen unmittelbaren Erfolg aber hatte die Parole nicht, Realität wurde die Sammlung nicht, weder als Konflikteinhegung noch gar als Kartell. Agrarier und Konservative sahen in Miquels Vorschlägen einen Anschlag auf ihre eigentlichen Forderungen, Doppeltarif und entschieden erhöhte Mindestzölle, die große Industrie umgekehrt zuviel Begünstigung der Landwirtschaft und die Exportindustrie Gefährdung neuer Handelsverträge, das Zentrum einen Angriff auf seine konfessions- und verfassungspolitischen Ziele, ja auch die sozialpolitischen; statt „Sammlung" waren Konflikte vorprogrammiert. Hohenlohe glaubte nicht, daß die Regierung auf diese Weise die Wahlen günstig beeinflussen könnte, die Reichsämter erstrebten einen Kompromiß, der den Agrariern zwar den „Doppel"-(Minimal-Maximal-)Tarif gewährte, nicht aber die von ihnen geforderten hohen Mindestzölle. Als die Regierung später dementsprechend ihren Entwurf vorlegte, war es mit der Sammlung schon zu Ende, auch im „bürgerlichen" Lager dominierte der Streit. Dennoch ist die „Sammlung" mehr als eine taktische Aushilfe oder Parole dieser Jahre: Die Systemverteidigung gegen die Sozialdemokratie, die Dominanz der Produzenteninteressen und die – über Wahlkreiseinteilung wie Verbindung mit dem monarchisch-politischen Herrschaftssystem – starke Stellung der Landwirtschaft waren und blieben eine deutsche Realität, diese drei Faktoren zu kombinieren, blieb für alle etablierten Kräfte trotz aller Differenzen ein kaum aufgebbares Ziel.

Die Wahlen von 1898 sind nicht durch irgendeine Sammlung geprägt worden, im Ergebnis haben sie nicht viel geändert; wie immer gab es wegen der wachsenden Ungleichheit der Wahlkreise und der Stichwahlkonstellation starke Diskrepanzen nicht nur zwischen Stimm- und Mandatsanteilen, sondern auch zwischen den Veränderungen bei Stimm- oder Mandatsanteilen. Die Sozialdemokraten gewannen (von 23,3 auf 27,2% der Stimmen, von 44 auf 56 Mandate), die beiden konservativen Parteien verloren, von 19,2 auf 15,5% der Stimmen, von 100 auf 79 Mandate, das wurde durch Antisemiten und parteifreie Agrarier – ein Gewinn von 3,4 auf 3,7%, aber ein Verlust von 16 auf 13 Mandate – nicht ausgeglichen. Das Zentrum sank von 19,1 auf 18,8%, aber vermehrte seine Mandate von 96 auf 102, die Nationalliberalen nahmen von 13 auf 12,5% ab, zudem von 53 auf 46 Mandate, die Linksliberalen von 14,8 auf 11,1%, stiegen aber von 48 auf 49 Mandate (das lag an der bürgerlichen Unterstützung in Stichwahlen gegen die Sozialdemokraten). Man kann annehmen, daß die Verschiebungen eher auf die sozio-ökonomischen Veränderungen – Verstädterung und Industrialisierung – als auf das spezifische Verhalten der Parteien zurückgehen, abgesehen vielleicht von den Mobilisierungserfolgen der Sozialdemokraten. Was in der Wahlstatistik nicht zu sehen ist: Die agrarisch orientierten oder festgelegten Abgeordneten haben doch zugenommen – bei Nationalliberalen und im Zentrum, ja selbst bei den von den Gouvernementalen „gereinigten" Konservativen. Da endlich alle nicht-sozialdemokratischen Parteien vom Aufstieg der Sozialdemokraten zumeist direkt, sonst aber indirekt bedroht waren, war die anti-sozialdemokratische Frontstellung in den Wahlen klar. Die Parteien, die gegen die mögliche Koalition der Produzenten und ihre Zollpläne standen, Sozialdemokraten und Linksliberale, hatten an Stimmanteilen nichts gewonnen, wohl aber 3 Mandate – aber nur ein gutes Viertel der Reichstagsmandate insgesamt. Schließlich: Die ausschlaggebende Stellung des Zentrums war befestigt.

c) Die Kanzlerschaft Bülows bis 1906

Man mag es als altmodisch ansehen, wenn wir in drei Abschnitten dieses Kapitels die deutsche Innenpolitik nach den amtierenden Kanzlern gliedern. Natürlich, große Themen, Auseinandersetzung mit den Sozialdemokraten, Flotte und Imperialismus, Wirtschafts- und Gesellschaftspolitik gehen durch, die Kanzler haben demgegenüber fast etwas Zufälliges. Aber schon die Verfassungswirklichkeit – das persönliche Regiment, das Verhältnis von Regierung und Reichstag oder Parteienkonstellationen – gliedert sich bis 1906 zwanglos nach den Kanzlern. Und für die von uns hier gewählte mittlere, nicht zu nahe, nicht zu ferne Perspektive ist dieses Gliederungsprinzip erst recht angemessen; es fängt die Kette der Ereignisse wie die strukturellen Wandlungen am besten ein.

Am 18. Oktober 1900 wurde der Diplomat Bernhard von Bülow zum Reichskanzler ernannt, lange schon war er vom Kaiser als sein Mann, als Nachfolger des Übergangskanzlers Hohenlohe, ausersehen, seit 1897 hatte er als Staatssekretär des Auswärtigen in den Startlöchern gestanden. Bülow war weltgewandt und diplomatisch, war beredt und verstand es, sich glanzvoll in Szene zu setzen, er war von „angenehmer Oberflächlichkeit" (M. Stürmer); sein Karriereehrgeiz, sein Macht- und Prestigewille waren ungewöhnlich, es mangelte ihm an Ernst und tieferem Verantwortungsgefühl.

Bülow war zum einen von Anfang an ein starker Kanzler, anders als sein Vorgänger, anders auch als Caprivi. Er hat die Regierungs- und Ressortanarchie, die unter Hohenlohe eingerissen war und die ja mit der Durchsetzung des persönlichen Regiments zusammenhing, schnell und energisch beseitigt. Die Richtlinien- und Entscheidungskompetenz des Kanzlers gegenüber den Staatssekretären wurde wieder hergestellt, allein Tirpitz blieb in einem selbständigen Ausnahmebezug zum Kaiser. Die eigentümliche Anfrage von Hohenlohes Stellvertreter Posadowsky, ob auch er um seine Entlassung einkommen solle – ein Indiz für das Einrücken der Staatssekretäre in eine Quasi-Ministerposition –, hatte der Kaiser unwirsch abgelehnt. Der Leiter des Reichsamts des Inneren blieb, er wurde zum engsten Mitarbeiter Bülows in der Innenpolitik, relativ selbständig, aber an der bis dahin oft üblichen Sonderpolitik strikt gehindert. Auch im preußischen Ministerium, das sich zu einer Art zweiter Regierung zu entwickeln schien, während die Minister zugleich ihre Kontroversen in aller Öffentlichkeit austrugen, zog Bülow die Zügel straffer. Die Monarchie basiere auf Preußen, und nichts werde gegen dessen Interessen geschehen, aber die preußische Regierung müsse auch auf die Bedürfnisse der Reichsleitung Rücksicht nehmen, das war fürs erste das konkret Wichtige. Taktisch geschickt hat er den mächtigen Mann in Preußen, den Vizekanzler Miquel, in eine Niederlage bei einer Neuvorlage der Kanalpläne laufen lassen – Bülow lehnte es ab, die Konservativen, wie Miquel wollte, durch Festlegung in den Zolltariffragen zu gewinnen, darauf lehnten diese die neue Kanalvorlage abermals ab. Unter Bülows Druck mußte Miquel den Abschied nehmen. Bülow besetzte die Stelle eines Vizepräsidenten nicht mehr, die Minister wurden seine Leute. Einstweilen gab es keine schweren Diskrepanzen mehr zwischen Reich und Preußen.

Auf der anderen Seite war Bülow der Kanzler des persönlichen Regiments, das war seine Stärke und seine Schwäche. Er genoß das Vertrauen des Kaisers, er wußte den Kaiser zu nehmen und zu manipulieren. Die ständigen „spontanen" personellen und substantiellen Einmischungen des Kaisers hörten auf, alles wurde „ruhiger", er selbst gelangweilter und distanzierter gegenüber der Innenpolitik des Tages. Seitdem der Flottenbau lief, seitdem klar war, daß es für irgendeine Gewaltpolitik gegen die Sozialdemokraten keine verfassungsmäßige Mehrheit gab, hörten auch die Drohungen mit Staatsstreich oder Reichstagsauflösung auf. Kaiserliche Eskapaden und Interventionsversuche konnte Bülow zumeist neutralisieren. Es blieben die Reden mit ihren alarmierenden „Befehlen" und Störeingriffen in die amtliche Politik, es blieb der Zorn der öffentlichen Meinung und der Parteien.

Im Januar 1903 z. B. kam es nach provozierenden Ausfällen des Kaisers gegen das bayerische Zentrum (und mit einem öffentlichen Telegramm an den bayerischen Prinzregenten, einem Verstoß gegen jeden guten Stil in einem föderalistischen Gemeinwesen) wie zuvor schon gegen Sozialdemokraten oder Agnostiker zu einer polemischen Debatte des Reichstags über das Regiment des Kaisers. Jede Kaiserrede brächte seiner Partei 100000 Stimmen, meinte Bebel. Selbst Nationalliberale und Konservative baten den Kanzler, auf größere Zurückhaltung des Kaisers hinzuwirken und ihn auf die Grenzen der Verfassung hinzuweisen, Reichstagsdebatten über Kaiserreden seien sonst unvermeidlich. Bülow lehnte schon bei der Entgegennahme diese Erklärung ab, im Reichstag verteidigte er vehement das Recht des Kaisers auf eigene Meinungsäußerung und eigenen Einfluß, er wolle das Beste, „ein Philister" sei er nicht. Er hat die Besorgnisse auch jener treu monarchischen Parteiführer nicht vorzubringen gewagt. Das alles führte zu wenig; die provokativen öffentlichen Äußerungen Wilhelms nahmen in den Folgejahren zwar durchaus ab, aber die Besorgnisse waren nur ein Vorklang der Krise von 1908.

Die Schwäche Bülows lag darin, daß er den Kaiser nur mit Diplomatie, Schönfärberei, Schmeichelei „zähmte" – der Kaiser meinte mehrfach, Bülow wolle seine eines Friedrichs des Großen oder aller alten Hochmeister würdigen Reden auf Format und Stil eines Oberlehrers an höheren Töchterschulen herunterredigieren; die Schwäche bestand aber vor allem darin, daß Bülow ihm nach dem Munde redete oder das Wesentliche an Einwand und Kritik nicht vorbrachte, nicht mit Ernst und Sachlichkeit. Er war zuerst um seine Stellung und um die Gunst des Monarchen besorgt. Das, was wir früher als negatives persönliches Regiment bezeichnet haben, die Tabu- und Barrierewirkung der zahllosen kaiserlichen Vorurteile, befestigte sich.

Aus der Gesetzgebung, die für das Verhältnis von Regierung und Parlament natürlich entscheidend war, sind nur wenige Punkte zu erwähnen. Am wichtigsten war die Verabschiedung des Zolltarifs von 1902. Für die Regierung ging es um die Interessen der Landwirtschaft, der volkswirtschaftlich so wichtigen Exportindustrien und des Lebensstandards der Konsumentenmassen, der über die Löhne natürlich auch die Exportchancen tangierte. Die Regierung wollte eine „Diagonale" des Ausgleichs. Sie hatte im Sinne der „Sammlungspolitik" einen von agrarischen und schwerindustriellen Interessenten dominierten „Wirtschaftlichen Ausschuß" zur Vorbereitung eingesetzt. Sie selbst schlug dann einen „lückenlosen" Tarif und eine Erhöhung der Getreidezölle von (im wesentlichen) 3,50 Mark pro dz auf 5,00 Mark vor, das waren die Mindestzölle bei künftigen Handelsverträgen, die Höchstzölle lagen noch einmal 1 Mark höher. Darüber erhoben sich große Konflikte, die die Öffentlichkeit, die Parteien, die Verbände und vor allem die Menschen bewegten. Linksliberale und Sozialdemokraten waren gegen die Zölle, sprachen vom „Brotwucher" und sahen speziell in den Getreidezöllen eine Maßnahme zum Schutz der politischen Stellung der verhaßten Junker, die Bauern galten als demagogisch verführte bloße Gefolgsleute. Auf der anderen Seite standen die Agrarier, vor allem der Bund der Landwirte, aber auch die katholischen Bauernvereine und der Bayerische Bauernbund: Sie hielten die Mindestzölle für viel zu niedrig – Konzessionen an Konsumenten und Industrie – und wollten 7,50 Mark Tarif-Zoll. Die Regierung stand so gegen links und gegen rechts; sie blieb aus außen- wie innenpolitischen Rücksichten auch unter den Zollsätzen der Vorlage der – agrarisch beeinflußten – Reichstagskommission. Als die linken Zollgegner mit allen Mitteln der Obstruktion die Annahme der Vorlage zu verhindern suchten, beschloß die Mehrheit, die Geschäftsordnung zu ändern, das Gesetz wurde am 14. Dezember 1902 morgens um vier en bloc mit 202 : 100 Stimmen angenommen, gegen die größere linke und die kleinere rechte Opposition. 1905 sind dann auf der Basis dieses Tarifs die wesentlichen Handelsverträge abgeschlossen und vom Reichstag ratifiziert worden.

Wir haben im vorigen Band bei der Erörterung über Landwirtschaft und Wirtschaftspolitik dargelegt, daß dieser Tarif nicht die Katastrophe für Konsumenten und Export oder für die Landwirtschaft darstellte, die die Gegner prophezeiten, daß die Belastung der Volkswirtschaft sich in Grenzen hielt; alle deutschen Handelspartner haben auf der Basis des neues Tarifs neue Handelsverträge geschlossen, zu einer Beeinträchtigung der deutschen Exporte kam es nicht, ebensowenig haben die Agrarzölle das Reich prohibitiv gegen agrarische Importe abgeschottet. Eigentlich gab es keine realistische, durchsetzbare und vernünftige agrarpolitische Alternative. Die Rede mancher Historiker (im Gefolge der linksliberalen und sozialdemokratischen Polemik der Zeit) vom gewaltigen Sieg der Agrarier, vom erneuten Sündenfall der deutschen Politik zugunsten des Junkerregimes ist obsolet. Das Bauerninteresse und das Junkerinteresse waren eben untrennbar. Daß dieser Tarif die Ökonomie der ostelbischen Großgrundbesitzer, ein Stück weit doch die Basis ihrer politischen Macht, stärkte, ist unbestreitbar: Das war aber mehr Folge als Absicht des Gesetzes. Die Junker und die große Landwirtschaft hatten die 14 Jahre der Caprivi-Verträge, mit 10–15 Mark weniger Zoll pro Tonne und miserablen Weltmarktpreisen, durchaus überstanden und waren 1902/05 mitnichten am Ende. Das Entscheidende war, daß das deutsche System – wie viele Systeme der Welt, Frankreich und die USA z. B. – nicht ohne Rücksicht auf die Landwirtschaft zu regieren war.

Man muß jetzt die Wahlen von 1903 ins Auge fassen, sie standen für die allermeisten Wähler im Zeichen der Zolltarifentscheidungen. Die Wahlbeteiligung stieg von 68,1 auf 76,1 %. Durch die Parole vom Brotwucher gestärkt, gewannen die Sozialdemokraten erneut an Gewicht, von 27,2 auf 31,7 %, von 56 auf immerhin 81 Mandate, die Konservativen sanken von 15,5 auf 13,5 %, freilich nur um 4 Mandate von 79 auf 75, die Opposition der Superagrarier, auch in konservativen Wahlkreisen, war abgeschlagen. Antisemiten und Agrarier sanken von 3,7 auf 2,6 %, von 13 auf 11 Mandate, das Zentrum – hohe Wahlbeteiligung mobilisierte die Anhänger – stieg leicht von 18,8 auf 19,7 %, die Mandatszahl sank von 102 auf 100, die freihändlerischen Linksliberalen sanken von 11,1 auf 9,3 %, von 49 auf 36 Mandate. Der Versuch

Naumanns mit seiner Nationalsozialen Partei scheiterte gänzlich, die Nationalliberalen stiegen von 12,5 auf 13,8%, von 46 auf 51 Mandate. Zwischen Zollanhängern und Freihändlern hatte sich nichts Wesentliches geändert, die Mandatsgewinne der Sozialdemokraten (25) gingen per Saldo in der Hauptsache auf Kosten der Linksliberalen (13) und der Fraktionslosen (7). Noch einmal wie 1898 blieb das Zentrum die ausschlaggebende Partei.

Ein zweiter wichtiger Komplex dieser ersten Bülow-Ära wurde die Sozialpolitik. Posadowsky nahm sie wieder auf; das Zentrum engagierte sich, auch um seine Agrar- und Mittelstandspolitik zu kompensieren; in der Führung der Nationalliberalen Partei (Bassermann) schlug die akademische Tendenz zur Sozialreform durch, die Integration der Arbeiterschaft galt als ihr wesentliches Ziel. Die positiven Ergebnisse der Sozialpolitik, Ausdehnung von Arbeiter- und Kinderschutz, Ausbau der Sozialversicherungen, Einführung von „Kaufmanns-Gerichten", d.h. Arbeitsgerichten für den Handel, waren jeweils für sich nicht sehr erheblich, Bülow war uninteressiert und wollte in erster Linie jede Schwierigkeit vermeiden, der preußische Handelsminister war ein Bremsfaktor und ebenso die Landtagsmehrheit; die großen Probleme, Koalitionsrecht und paritätische Schlichtungs- und Arbeitskampfregelungen blieben – trotz einer Vorlage von 1905 – einstweilen ungelöst. Aber das Problem stand wieder auf der Tagesordnung, das Zentrum setzte beim Zolltarif von 1902 die Zusage durch, künftig eine Witwen- und Waisenversicherung einzuführen. Und der große Streik der Ruhrbergarbeiter von 1905 löste – trotz der Niederlage der Streikenden – eine von Posadowsky diesmal auch mit Hilfe Bülows und des Kaisers durchgesetzte preußische Berggesetznovelle aus, Arbeiterausschüsse und ein Maximalarbeitstag waren wichtige Neuerungen.

Die Agrar- und Mittelstandspolitik blieb auf der moderaten Linie der Hohenlohezeit: Relatives Entgegenkommen gegenüber den konservativen Gesellschaftsgruppen, aber Beibehaltung des – so geschmähten – liberalen Systems, wir lassen das hier beiseite. Die Verschärfung der preußischen Polenpolitik, die schon nach Caprivi wieder eingesetzt hatte, führte zu immer neuen und härteren Spannungen, wir haben davon erzählt.

Das Kulturkampfklima dauerte fort und mündete immer wieder in die innere Politik. Da der Kanzler auf das Zentrum angewiesen war, versprach er eine Revision des Jesuitengesetzes (§2), den Wegfall von Ausweisung oder Aufenthaltsbeschränkung und setzte das mit unendlichen Mühen und knappster Mehrheit 1904 auch im Bundesrat durch. Das erregte eine wilde Opposition sowohl der Super-Protestanten wie der Liberalen, die sich mit einer Polemik gegen katholische Wissenschaft (Fall Spahn) und der neuen Kritik an kirchlichen anti-modernistischen und anti-protestantischen Verlautbarungen verband.

Ein Komplex ist schließlich noch zu erwähnen. Vom Dilemma der Reichsfinanzen haben wir im Zusammenhang mit der Finanzverfassung berichtet – seit dem zweiten Flottengesetz spätestens (erst recht mit dem Beginn des

Dreadnoughtbaus 1905) wuchsen Verschuldung und Zinsbelastung des Reiches rapide. Eine Reform war nötig. Aber wegen der vielfältigen Schwierigkeiten wurde sie immer wieder verschoben. 1904 wurde immerhin die Franckensteinsche Klausel teilweise aufgehoben, die das Reich gezwungen hatte, die meisten Zolleinnahmen an die Bundesstaaten zu überweisen bzw. mit deren Matrikularbeiträgen zu verrechnen. Eine „große" Reform von 1906 führte nur zu ganz mageren Ergebnissen – nur die Einführung einer Reichserbschaftssteuer auf entfernte Deszendenten war prinzipiell von Bedeutung –, erwies sich finanziell als Fehlschlag. Das Verhältnis von Reich und Bundesstaaten und die Steuerunwilligkeit wie die divergierenden Interessen der Parteien waren die großen Hindernisse, das Fortwursteln mit einem Defizit ging weiter und trieb auf eine größere Krise zu, solange jedenfalls die Regierung keine sonderliche Energie entfaltete und die Bundesstaaten wie die Parteien unter einen Handlungszwang setzte. Wichtig bei diesem Fehlschlag ist, daß es dem Zentrum – als Kompensation für seine Unterstützung der Regierung – gelang, die Forderung der Reichstagsmehrheit nach Abgeordnetendiäten durchzusetzen (1905/06), auch Kaiser und Bundesrat gaben jetzt widerstrebend nach, die Reichsleitung war – oft genug auf die Beschlußfähigkeit des Reichstags angewiesen – an einer Verbesserung der Präsenz auch durch Diäten nicht uninteressiert. Der Vorgang zeigt, wie auch und gerade in dieser innenpolitisch eher ruhigen Zeit die Bedeutung des Reichstags wuchs.

Wenn man nach dem Verhältnis von Regierung und Parteien fragt, so regierte Bülow nicht gegen oder ohne die Parteien, auch nicht mit einer sicheren parlamentarischen Koalition, aber doch in loser Kooperation mit wichtigen mehrheitsfähigen Parteien der Rechten und der rechten Mitte, Zentrum, Konservativen und Nationalliberalen, wobei ein Ausscheren einzelner Gruppen immer möglich war. Zumal das Zentrum gelangte in die Position quasi einer regierenden Partei: Nichts ging ohne das Zentrum, und das hatte durchaus seinen Preis. Bülow und die Staatssekretäre mußten bei allen Maßnahmen, bei denen die Zustimmung des Reichstags erforderlich war, in Vorverhandlungen mit den wichtigeren Parteiführern eintreten. Das bestimmte den neuen Stil. Die Abstützung auf das Zentrum ermöglichte auch das Zusammenbestehen eines streng konservativen Preußens mit dem moderater zu regierenden Reich. Man mag mit Fritz Hartung von einem „halbparlamentarischen" System im Reich sprechen. Den Einschlag des absolutistischen persönlichen Regiments aber darf man trotz seiner Zähmung nicht aus dem Auge verlieren.

Sieht man auf die Zeit seit Bismarcks Entlassung zurück, so waren die Spannungen der 90er Jahre abgeklungen – die populistisch gespeiste Opposition der Parteien gegen die Regierung und erst recht das Spiel mit dem Statsstreich im Zuge des sich ausbildenden persönlichen Regimentes. Ein modus vivendi, relativ statisch und ohne weitgreifende Perspektiven, pendelt sich ein; die Parteien leben im System, das System lebt mit den Parteien. Eine

Voraussetzung dafür ist gewiß der Aufstieg der Sozialdemokraten, das drängte bürgerliche Parteien und obrigkeitsstaatliches System zueinander. Von den Faktoren, die diesem modus vivendi Halt gaben, war gewiß die „Sammlung" der produzierenden Klassen der instabilste, da gerade liefen Bruchlinien. Gemeinsamkeit stiftete vor allem der Imperialismus, die Welt- und Flottenpolitik. Bülows Politik-Idee war letzten Endes die eines plebiszitären Imperialismus, der Nutzung der Außenpolitik zur Popularitätssicherung des Systems im Inneren: Das ging eine Zeitlang, auch bei mäßigen weltpolitischen Erfolgen, gut, auf die Dauer freilich engte es die Bewegungsfreiheit der Außenpolitik erheblich ein, der innenpolitische Erfolgszwang schob die rationalen Kalküle der Außenpolitik zurück, die Politik im ganzen verfing sich in ihrer Dialektik. Davon werden wir noch reden. Aber einstweilen hielt das System, im Zeichen des wachsenden Wohlstands einer schier ewigen Hochkonjunktur und einer leicht – nicht mehr, nicht weniger – zunehmenden Verteilungsgerechtigkeit.

3. Das Reich in der Krise: Innenpolitik von 1907 bis 1914

a) Der Bülow-Block 1907–1909

Das anscheinend beruhigte politische Gefüge zwischen Reichstag und Regierung wurde Ende 1906 unerwartet erschüttert. Es kam zu einem Konflikt über die Kolonialpolitik. Der Aufstand der Hereros und dann der Nama (Hottentotten) in Südwestafrika 1904/07 hatte erhebliche Kosten verursacht, die in Nachtragsetats vom Reichstag bewilligt werden mußten. Das intensivierte die lange schwelende Kolonialkritik: an Mißständen der Verwaltung, Begünstigung der Interessenten, Skandalen und Kolonialgreueln. Bülow suchte zunächst einen Konflikt zu vermeiden und ernannte im Frühjahr 1906 den (jüdischen) Bankier Dernburg zum Kolonialdirektor, er galt als Liberaler, ja hatte auch das Vertrauen der Linksliberalen. Er ging energisch gegen alle Mißstände vor, er wollte eine neue „aufgeklärte" Kolonialpolitik. Aber er verteidigte auch entschieden die Regierungspolitik oder das „sachlich Notwendige" gegen „parlamentarische Nebenregierung". Der Konflikt mit den Kolonialkritikern dauerte fort. Die beiden Zentrumsabgeordneten Roeren und vor allem Erzberger, in der leicht demagogischen Rolle als Kolonialexperten und Skandalaufklärer, brachten durch aggressive Rhetorik im Reichstag ihre Fraktion, eigentlich gegen den Willen der Fraktionsführung, dazu, den Nachtragsetat für Südwestafrika in zweiter Lesung am 13. Dezember 1906 abzulehnen, das ergab eine knappe Mehrheit (177 : 168) gegen die Regierung; die vielfach erwartete Verständigung zwischen Reichsleitung und Zentrumsführung kam in der polarisierten Hektik der Situation, dem Vorstoß Erzbergers und der harten Antwort Bülows, nicht zum Tragen.

Bülow löste den Reichstag auf. Er hatte sich am 11. Dezember die Zustimmung des preußischen Staatsministeriums gesichert, gegen Bedenken von Posadowsky und Tirpitz, die gern mit dem Zentrum weiterregieren wollten, der Kaiser war in dieser Sache ganz auf seiner Seite. Die Gründe für diese scharfe und schnelle Reaktion, die jeden Versuch ausschloß, nach Kompromißmöglichkeiten zu suchen – angesichts eines eher zweitrangigen Konfliktgegenstandes und der Tatsache, daß der oppositionelle, linke oder demokratische Flügel noch keineswegs eine irgend stabile Mehrheit im Zentrum hatte –, waren mehrfältig. Bülow hatte nicht mehr das volle und vorbehaltlose Vertrauen des Kaisers, der mißtrauisch eine Tendenz zur Einflußausweitung des Reichstags konstatierte und dem Kanzler zu große Nachgiebigkeit vorwarf; vor allem das Zentrum war Gegenstand seiner heftigen Abneigung. Als Bülow wegen Krankheit 1906 fast ein halbes Jahr ausfiel, den Kaiser nicht mehr mündlich lenken konnte und schriftliche Memoranden wirkungslos waren, verstärkte sich dessen Gereiztheit gegen die Schwäche oder Weichheit der Politik des Kanzlers, seine internen und auch seine öffentlichen Eskapaden nahmen wieder zu; „Schwarzseher" dulde er nicht, sie sollten gefälligst auswandern. Der Zorn der Öffentlichkeit über das persönliche Regiment und die Anfänge der Enthüllungen Hardens über die Kamarilla (November 1906) lösten beim Kaiser die paradoxe Reaktion aus, Bülow verantwortlich zu machen. Als Bülow im Spätherbst 1906 die Geschäfte wieder aufnahm, hatte er mit dieser Konstellation zu rechnen. In großen Teilen der Öffentlichkeit und auch in weiten Kreisen des hohen Establishments gab es ein wachsendes Unbehagen über die indirekte „Zentrumsherrschaft". Das ließ sich politisch benutzen; der Kanzler konnte jetzt seine Position durch eine Wendung gegen das Zentrum stärken. Wenn das Zentrum seine Unentbehrlichkeit in Opposition, gar mit den Sozialdemokraten, ummünzte, wollte er dergleichen entschieden und grundsätzlich zurückweisen. Schließlich zeichnete sich seit dem Tode Eugen Richters (10. März 1906) eine Unterstützung der Regierung durch die linksliberale Volkspartei ab, bei der Flottennovelle von 1906 stimmte sie zum ersten Mal mit der Regierungsmehrheit.

Indem Bülow den Reichstag auflöste und ein neues System ansteuerte, profilierte er sich beim Kaiser als starker Mann und vor der nicht-katholischen Öffentlichkeit als Befreier vom „Zentrumsjoch". Bei den nun anstehenden Wahlen spielte die Regierung eine wesentliche Rolle, wie eigentlich seit 1887 nicht mehr. Sie propagierte eine in „nationalen Fragen" zuverlässige Mehrheit. Das richtete sich mit großer Entschiedenheit und erneuerter Vehemenz gegen die Sozialdemokraten, die Monarchie, Autorität, Religion und Eigentum bedrohten, das Vaterland, den nationalen Staat. Das richtete sich auch gegen die Urheber der Krise, das national „unzuverlässige" Zentrum. Und das richtete sich auf ein Zusammengehen der nationalen Parteien, der Kartellparteien der Bismarckzeit mit den nun neu national bekehrten und bewährten Linksliberalen. Sie sollten sich vaterländisch, anti-sozialistisch, anti-klerikal zu einem „Block" zusammenfinden, wie man im Anschluß an die französische Parlamentssprache jetzt sagte. Das war eine Öffnung nach links. Unter starker Mitwirkung der Regierung kam es zu Wahlabsprachen unter den Blockparteien, fast durchgängig für die Stichwahlen, aber in kritischen Wahlkreisen manchmal auch schon bei den Hauptwahlen. Ein neu gegründeter Reichsverband gegen die Sozialdemokratie spielte in der Agitation, aber auch in der Koordination eine bedeutende Rolle.

Für das Wahlergebnis waren drei Dinge besonders wichtig: Die gewaltige „nationale" Mobilisierung – Bebels Wort von den „Hottentottenwahlen" hat sich eingeprägt – hat die Wahlbeteiligung auf die Rekordhöhe von 84,7% (1903: 76,1%) gebracht. Die beiden angegriffenen „Lager", Zentrum und Sozialdemokraten, erwiesen sich, was die Stammwähler betraf, zwar als durchaus stabil, aber doch anfällig gegen die Mobilisierung bisheriger Nichtwähler. Die höhere Wahlbeteiligung hat die strukturellen Verluste der Rechten wie der Liberalen durchaus überkompensiert. Und die Wahlabsprachen des Blocks begünstigten ihn bei der Mandatsverteilung. Die beiden konservativen Parteien stiegen bei etwa gleichbleibendem Stimmenanteil von 75 auf 84 Mandate, die Nationalliberalen von 51 auf 54 (Stimmenanteil 13,8% – 14,5%), die Linksliberalen sogar von 36 auf 49, von 9,1% auf 10,9%. Insgesamt – wenn man einige der kleinen Parteien und Wilde hinzunimmt – kam der Block auf 220 von 397 Reichstagssitzen. Die Verlierer waren die Sozialdemokraten, sie gewannen zwar noch eine Viertel Million Stimmen hinzu, aber die enorme Wahlbeteiligung und die nationalistische Hochstimmung verminderten ihren Stimmanteil von 31,7% auf 29%, ihr struktureller Zuwachs schien aufgehalten. Angesichts der Stichwahlkonstellation gewannen sie nur 43 (1903: 81) Mandate. Das Zentrum verlor nur wenig an Stimmanteilen (von 19,7% auf 19,4%), vermehrte aber die Zahl seiner Mandate von 100 auf 105; die Oppositionsrolle und die Feindschaft der Regierung kam ihm bei seinen Milieuwählern zugute; auch die ihm nahe Polenfraktion stieg von 16 auf 20 Mandate.

Der Block war von vornherein nicht nur als Wahlbündnis, sondern als fortdauerndes Parlamentsbündnis gedacht. Bülow wollte mit dieser Koalition regieren, ja er band sein politisches Schicksal an den Block und sein Gelingen; er löste die Minister, die auf die frühere Zusammenarbeit mit dem Zentrum eingeschworen waren, Posadowsky und den preußischen Kultusminister Studt, ab. Darum gehört der Block in die Geschichte der Parlamentarisierung des Reiches, als eine Station oder, wie wir sehen werden, fehlschlagende Alternative.

Aber über diesen verfassungsgeschichtlichen Kernpunkt hinaus ist noch ein systempolitischer Punkt zu erwähnen. Der Block war, anders als das Kartell der Bismarckzeit, nicht nur Ausgeburt einer Regierungspolitik, nicht nur Gefolgschaft, und er bestand nicht mehr allein aus eng benachbarten Parteien, deren subtile Differenzen nur von Doktrinären und Taktikern ins Prinzipielle gesteigert wurden. Der Block war ein Experiment, aus der Situation vom Dezember 1906 und aus der Initiative der Regierung entstanden, er war aus selbständigen und neuen Partnern gebildet, eine eigenwillige Koalition divergierender Partner für eine gemeinsame Politik, die die Flügel miteinander verband oder ihnen jeweils Profil und Erfolge ließ. Es war, wie Bülow sich blumig ausdrückte, „die Paarung des konservativen Geistes mit liberalem Geist". Das entscheidend Neue war die Öffnung gegenüber dem Linksliberalismus, die Erweiterung der „staatstragenden Gruppen" ins fortschrittliche gebildete und wirtschaftende Bürgertum, das aus der älteren – negativen – Opposition gegen den Nationalstaat Bismarckscher Prägung herausgetreten war. Das konnte – über die taktischen Bedürfnisse der Mehrheitsbildung hinaus – eine neue Weichenstellung werden, einstweilen blieb das eine offene Frage. Jedenfalls war der Block eine neue Konstellation, die in die eingefahrenen Bahnen der letzten acht Jahre eine ganz neue Bewegung brachte, für diejenigen, die mit der bisherigen Konstellation unzufrieden waren, ein Aufbruch aus einer Stagnation. „Nicht Rückschritt und nicht Stillstand, sondern Fortschritt" war die Losung, die sogar Bülow im Reichstag ausgab.

Der dritte allgemeine Gesichtspunkt: Der Block war schwach, die Erwartungen links und rechts waren gegensätzlich, die Neigung der Konservativen, einen Preis für eine Mehrheitserweiterung nach links zu zahlen, gering, zumal ihnen die Möglichkeit blieb, wieder mit dem Zentrum, wenn dieses leicht nach rechts sich bewegte, zu einer arbeitsfähigen Mehrheit zu kommen. Über dies und jenes hätten die Konservativen vielleicht mit sich reden lassen, wie sie es bei den ersten gemeinsamen Maßnahmen des Blocks taten, eine wirkliche Kursänderung wollten sie nicht, ja wollten sie auf jeden Fall verhindern. Natürlich wußten die Linksliberalen, daß an eine Systemveränderung, in einem parlamentarischen oder demokratischen Sinne etwa, nicht zu denken war, sie lebten nicht in Illusionen. Freilich, um Zugeständnisse wäre es schon gegangen, um eine Relativierung der Vormacht der Konservativen, ja einen Verzicht – dazu aber waren diese, wir wiederholen es, nicht bereit. Die Gegnerschaft gegen das national unzuverlässige Zentrum genügte nicht; die Konservativen wollten keine liberalen Gesetzesvorlagen der Regierung durchbringen, die Liberalen fanden deren Liberalismus ganz unzureichend.

Der unvermeidbare Hauptstreitpunkt war Preußen. Die Liberalen, die Linken zumal wollten den Block auf Preußen übertragen, wollten eine Liberalisierung dieser konservativen Machtbastion; für Naumann und andere Ideologen war die grundlegende demokratische Reform des preußischen Wahlrechts die Lebensfrage, ja der „Sinn" des Blockes, aber auch für die pragmatische Mehrheit und für die Nationalliberalen, die alles andere als eine Alles-oder-Nichts-Politik treiben wollten, stand eine Wahlrechtsreform auf der Tagesordnung. Die Konservativen wollten in dieser für sie existentiellen Frage keinen Fußbreit nachgeben. Und im Hintergrund stand die Frage nach dem Hauptgegner; für die Linken war das jetzt das Zentrum, weil es die konservative Herrschaft aufrechterhielt, für die Konservativen waren es die Sozialdemokraten. Kurz, die Flügelpartner des Blocks verfolgten sehr gegensätzliche Interessen und standen zum Sprengen des Blocks bereit, sobald er ihnen zuviel zumutete, zu wenig bot. Wie immer in Koalitionen war die Mittelpartei, waren die Nationalliberalen es, die sich am meisten mit dem Block identifizierten, ihn zu erhalten und zum Erfolg zu führen suchten.

Es gab zwei Klammern, die den Block einstweilen festigen mochten, das Engagement des Reichskanzlers – in den ersten Krisen rief er die Parteiführer zu sich und suchte sie mit Androhung seines Rücktritts auf den Block einzuschwören – und die Gegnerschaft der Besiegten, des Zentrums und der Sozialdemokraten, obwohl das Zentrum schnell seine Taktik darauf einstellte, Risse im Block zu nutzen, um ihn zu sprengen.

Die ersten beiden Jahre des Blocks verliefen noch ohne scharfe Brüche. Minister wurden wie gesagt ausgewechselt, vor allem wurde Posadowsky durch Bethmann Hollweg ersetzt, bis dahin preußischer Innenminister, der wurde zugleich Vizekanzler und Vizepräsident des Staatsministeriums. Die bisherige Kolonialabteilung wurde zum eigenen Reichsamt mit dem liberalen und populären Reformer Dernburg als Staatssekretär. Abgesehen von der Zustimmung zu den Kolonial- und Flottenetats – nationale Fragen, über die sich der Block gebildet hatte – hat er zwei wichtigere Reformen als Gesetz durchgebracht, zwei Konzessionen an die Linke. Das insgesamt liberale Reichsvereinsgesetz von 1908 ordnete das Vereins-, ja auch weitgehend das Versammlungsrecht neu und einheitlich und trat an die Stelle von undurchsichtigen, altmodisch behindernden Partikularvorschriften. Auch Frauen und Jugendliche erhielten jetzt – mit leichten Einschränkungen – das Recht zu öffentlicher politischer Kundgebung. Das Koalitionsrecht blieb ausgeklammert. Versammlungen mußten, außer bei Wahlen und Streiks, weiterhin polizeilich angemeldet werden. Streit gab es über das etatistisch autoritäre und natürlich nationalistisch motivierte Verbot des Nicht-Deutschen als Verhandlungssprache in öffentlichen Versammlungen. Ein Kompromiß setzte die Sprachbestimmung in Bezirken mit über 60% nicht deutsch Sprechenden für 20 Jahre aus. Der Block hielt – auch gegen das Zentrum, das in diesen Fragen ganz links mit den Sozialdemokraten zusammenging. Einige Radikal-Liberale, wie der alte Theodor Barth und der jüngere ehemals Christlich-Soziale Hellmut von Gerlach, verließen aus Protest ihre Freisinnige Vereinigung und gründeten eine demokratische Splitterpartei, im Kopf die „Front von Bassermann bis Bebel“, doch das blieb ohne Bedeutung. Die Mehrheit der Linksliberalen wie der Konservativen hatte das Gefühl, für den Blockkompromiß Opfer gebracht zu haben. Eine ähnliche „Liberalisierung“ hatte es vorher, Januar 1908, bei einer Neufassung der Normen für Majestätsbeleidigung gegeben – die Bagatellfälle fielen endlich weg. Schließlich wurde das Börsengesetz, in den 90er Jahren auf Drängen der Agrarier ganz restriktiv umgestaltet, wieder „liberalisiert“, der Terminhandel in Wertpapieren und Waren, außer bei Getreide und Mehl, wieder erlaubt, Staatskommissar und gerichtlich genehmigtes Börsenregister fielen. Der Sache nach führte das zu einer Stärkung der Börsen und einer Erleichterung der Kredite, politisch war es eine Konzession an den Freisinn, der am stärksten Bank- und Handelsinteressen vertrat.

In der Frage einer preußischen Wahlrechtsreform lavierte der Kanzler; er mahnte die Liberalen zur Zurückhaltung, um nicht die Konservativen ins Abseits zu drängen und den Block zu sprengen. Inmitten der anlaufenden sozialdemokratischen Demonstrationskampagne zum Wahlrecht versprach die Thronrede vom 20. Oktober 1908 eine „organische" Weiterentwicklung des Wahlrechts – das sei eine der „wichtigsten Aufgaben" der Gesetzgebung. Das war Rhetorik und wenig Substanz; man dachte über ein Pluralwahlrecht nach, immerhin, König und Regierung hatten die Reformbedürftigkeit des Wahlrechts anerkannt, die Frage auf die Tagesordnung gesetzt. Der Block war nicht auf Preußen übertragen, aber er wirkte auf Preußen, das intensivierte die liberalen Ansprüche und die konservativen Widerstände, verstärkte die Bruchlinie und die Polarisierung.

Der eigentliche Prüfstein für den Block sollte die anstehende große Reichsfinanzreform mit neuen Belastungen und neuer Lastenverteilung werden. Aber ehe es darüber zum Schwur kam, entwickelte sich im Herbst 1908 eine schwere Krise der Monarchie, des Systems, des Reiches. Seit dem Herbst 1906 hatte Maximilian Harden in der „Zukunft" den Angriff auf die Kamarilla gestartet, auf Eulenburg und die Liebenberger Tafelrunde (im Schloß Eulenburgs), auf dessen Freund Kuno Moltke, den Stadtkommandanten von Berlin, und das persönliche Regiment. Holstein war schon im April 1906 verabschiedet worden und darüber mit Eulenburg zerfallen, er trat jetzt in Verbindung zu Harden. In einer Reihe von Sensationsprozessen (1907/08) konnte Harden sein Material über die Homosexualität führender Offiziere ausbreiten, mehrere wurden verabschiedet oder beurlaubt. Im Januar 1907 begann er, Eulenburg anzugreifen, auch das führte zu wilden Sensationsprozessen, Eulenburg wurde des Meineids angeklagt (erster Prozeßtermin Juli 1908) und war öffentlich vernichtet. Die Umgebung des Kaisers war unter Beschuß, im Reichstag wurde die Sache schon im November 1907 debattiert, Bülow bestritt hier entschieden die Existenz einer „Kamarilla". Doch das Ansehen des Kaisers und der Herrschaftsschicht waren schwer erschüttert.

Am 28. Oktober 1908 erschien im Daily Telegraph ein „Interview", eine Zusammenfassung verschiedener Gespräche des Kaisers mit einem englischen Offizier. Die beteiligten Engländer wie der Kaiser wollten die deutsch-englischen Beziehungen verbessern. Die Wirkung war in beiden Ländern verheerend. Die Äußerungen waren taktlos und ganz und gar im Stil des persönlichen Regiments: Er, Wilhelm, gehöre als Englandfreund zu einer kleinen Minderheit in Deutschland; er habe während des Burenkriegs den französisch-russischen Vorschlag einer gemeinsamen Intervention abgelehnt, ja der Königin Victoria mitgeteilt, er habe den Engländern einen Feldzugsplan übersandt, der tatsächliche Feldzug habe dem entsprochen und sei, daher, siegreich gewesen; die Flotte könne einmal gemeinsam mit der englischen im Fernen Osten benötigt werden – offenbar gegen das mit England verbündete Japan. Kurzum, eine Sammlung diplomatischer Affronts ohne jede politische Vernunft. Der Kaiser hatte zwar den Text – wie es den Normen des Konstitutionalismus entsprach – dem Kanzler zur Stellungnahme vorgelegt, aber aus Trägheit, Schlamperei und Feigheit und wegen der Urlaubszeit hatten die Verantwortlichen ihn nicht gelesen, sondern sich mit der mediokren Feststellung eines nachgeordneten Beamten des Auswärtigen Amtes begnügt, es bestünden nach einigen Korrekturen keine Einwände; das Urteil bezog sich allein auf „Tatsachen" und ignorierte die politische Bedeutung und Opportunität eines solchen „Interviews" vollständig. Öffentlichkeit und Parteien im Reich waren ob der Taktlosigkeiten und politischen Selbstherrlichkeiten, der letzten in einer langen Kette, entsetzt, die Linken wegen der Verletzung der Verantwortlichkeit der konstitutionellen Regierung, die Rechten wegen der fortschreitenden Selbstdiskreditierung der Monarchie. Selbstverständlich war auch der Kanzler, der politisch in dieser Sache so gänzlich versagt hatte – er hatte das „Interview" zweimal ungelesen passieren lassen und nicht für eine politische Prüfung gesorgt –, in die Krise hineingezogen.

Weder stellte Bülow sich rückhaltlos vor den Kaiser, noch nutzte er den Anlaß von sich aus, eine Selbstbeschränkung des Kaisers durchzusetzen. In einem – schriftlichen – Bericht an den Kaiser vom 30. Oktober distanzierte sich Bülow vorsichtig von dem Artikel, verschleierte geschickt seine eigene Mitschuld, übernahm aber rhetorisch die Verantwortung und bat, sofern ihm Fehlverhalten zuzurechnen sei, um seine Entlassung; wenn er weiterhin das Vertrauen des Kaisers habe, so bitte er – nicht etwa um künftige Zurückhaltung, sondern – um die Erlaubnis, seine Darstellung zu veröffentlichen. Die Presseangriffe auf den Kaiser seien „vollkommen ungerecht". Der Kaiser mochte weiterhin wähnen, er habe sich nichts vorzuwerfen. Am 31. Oktober trat Bülow mit der entsprechend gewundenen Erklärung vor die Öffentlichkeit. Das war Selbstrechtfertigung; die Schuld fiel – trotz pathetischer Versicherung des Gegenteils – auf den Kaiser. Er war allein das Ziel leidenschaftlicher Kritik der gesamten Öffentlichkeit. Selbst der Vorstand der Konservativen bat den Kaiser – in öffentlicher Erklärung – um größere Zurückhaltung.

In der Presse wurden wilde Forderungen laut, Maximilian Harden sprach privat von möglicher Abdankung oder Entmündigung – das war vielleicht das letzte Ziel seiner Antikamarilla-Kampagne – und jedenfalls unverbrüchlicher Selbstbescheidung. Am 21.Oktober hieß es in seinem dritten Artikel „Gegen den Kaiser" in der „Zukunft", und hier lohnt es sich, einmal ausführlich zu zitieren: „Wilhelm II. hat der Nation nie nützliches geleistet und für seinen Willen dennoch die höchste Geltung verlangt. Nun sieht er die Ernte. Wenn's ihm, nach allem Geschehen, möglich dünkt, wird er die

Krone auf seinem Haupt behalten. Doch niemals wieder darf an seinem Willen das Schicksal des Deutschen Reiches, deutscher Menschheit hängen." In einem Abschnitt „Gerichtstag" sprach er von der Zerrüttung, die dem Reich „von dem unsteten Sinn und der Kurzsicht" des Kaisers drohe. Jeder Minister, Geheimrat, Offizier, Industriedirektor, Geschäftsführer mit gleicher Belastung „müßte vom Platz weichen"! Im dritten Abschnitt besagte schon die Überschrift alles: „Le roi s'amuse". „Nicht der Jagd nur, den Einzugsfreuden und dem Bänkelvergnügen waren die dunklen Novembertage geweiht". „Die Nation", so der Schluß, „glaubt nicht, daß der fast Fünfzigjährige sich ändert, sich Zurückhaltung auferlegen könne... Das Reichsgeschäft fordert ein politisches Temperament, nicht ein dramatisches. Für einen Jupiter, der aus der Wolke hervorblitzt, danken wir. Wollen... Leuten, die an die Staatsspitze nicht taugen, nicht auf ewig unlöslich verbunden sein. Uns die Möglichkeit wahren, taktlose, ungeschickte oder kompromittierte Menschen wegzujagen. Solche Möglichkeit bleibt nur, wenn diese Menschen nicht in Purpur geboren sind... Wir haben genug ... Wir wollen nicht mehr. Wilhelm II. hat bewiesen, daß er zur Erledigung politischer Geschäfte ganz und gar ungeeignet ist; hundertmal bewiesen, daß ihm selbst bei günstigster Marktkonjunktur kein Abschluß gelingt. Er mag viele Fähigkeiten haben; diese fehlt ihm völlig ... Der Kaiser ist nicht Monarch. Das Reich ist souverän; nicht der Kaiser. Der darf das Reich nicht ohne die Zustimmung Sachverständiger binden. Und diese Sachverständigen dürfen nicht gezwungen sein, drei Viertel ihrer Kraft immer erst an die Beantwortung der Frage zu verwenden, wie ihr vernünftiges Planen dem Kaiser plausibel zu machen ist. Wir wollen nicht Tag vor Tag in unserem Kulturgefühl gebildeter Europäer durch Rede und Schrift beleidigt sein. Wir wollen Staatsgeheimnisse wahren. Fremden weder schmeicheln noch drohen. Unwahrhaftigkeit, Gaukelspiel, Byzantinerprunk verachten. Wieder bündnisfähig werden. Uns vor Händeln hüten, unvermeidliche aber ohne feiges Zagen ausfechten. Uns nie ohne Deckung zu weit vorwagen, nie aber auch vor einer Gefahr oder einem Bluff zurückweichen. Dieser Wille schon zwingt die alte Reichskraft herbei. Und die alte Achtung kehrt wieder, seit bewiesen ist, daß der Deutsche auch gegen den Kaiser noch zu wollen wagt."

Am 10. und 11. November hatte der Reichstag die Affäre debattiert, alle forderten Zurückhaltung des Kaisers, eine dahingehende Erklärung, ja Garantien. Aber die Motive und Ziele der Konservativen waren ganz andere als die der Linksliberalen, zu einer gemeinsamen Erklärung kam es nicht, nur die sozialdemokratische Opposition wollte auch den Sturz des Kanzlers. Bülow lavierte. Er hatte sich weder zu einer offensiven Verteidigung des Kaisers (gegen die böse Presse) noch zu einem harten Druck auf ihn entscheiden können, er hoffte auf „Klärung" und „Warnung". Zu einer Aussprache zwischen Kaiser und Kanzler war es in diesen Tagen nicht gekommen – freilich, der Kaiser hatte in der Krise nichts Besseres zu tun gewußt, als in Donaueschingen bei seinem Freunde Fürstenberg zu jagen; hier wurde der Kabinettschef Hülsen-Haeseler bei einem Auftritt als Balletteuse vom Schlag getroffen; die Jagdreise des Kaisers allein schon erhöhte die öffentliche Verbitterung. Vor dem Reichstag hat der Kanzler die laue Linie seiner ersten Erklärung weiterverfolgt; zu den wilden Angriffen auf den Kaiser schwieg er, er äußerte die „feste Überzeugung", der Kaiser werde sich künftig auch in Privatgesprächen zurückhalten, sonst könne weder er noch ein Nachfolger die Verantwortung tragen – das war nicht viel. Aber er persönlich überstand die Reichstagsdebatte; Freikonservative und Nationalliberale, die Blockmitte, sahen sich mehr oder minder genötigt, dem Kanzler ein Vertrauensvotum zu geben. Bülow mochte die Stimmung auch der Rechten wie der Öffentlichkeit zu einem gewissen Druck auf den Kaiser benutzen. Auch die beiden anderen ja gut konservativen Machtzentren des Systems, preußisches Staatsministerium und Bundesrat, drängten ihn in diese Richtung. Die öffentliche Unruhe – mehr der politischen Klasse und der Bildungsschicht – legte sich überraschend schnell. Die endlich am 17. November zustande gekommene Aussprache mit dem Kaiser führte nur zu einem mageren Ergebnis. Wilhelm verpflichtete sich weiterhin auf die Stetigkeit der Politik des Reiches und die verfassungsmäßige Verantwortung. Er billigte Bülows Reichstagsrede und sprach ihm das Vertrauen aus. Die Verpflichtung war recht vage, mitnichten eine Unterwerfungserklärung (so Huber); den Kanzler, den die Öffentlichkeit kaum kritisiert hatte, konnte der angegriffene Kaiser in diesem Moment – zudem in einer außenpolitischen Krise über die bosnische Annexion – nicht fallenlassen, da waren die Grenzen seiner Macht. Wenige Tage nach diesem Gespräch immerhin erlitt der Kaiser einen Nervenzusammenbruch – er soll kurze Zeit mit Abdankungsabsichten gespielt haben, denen Bülow widerriet, er hätte sein Amt verloren. Der Kaiser erholte sich und stilisierte sich – ermutigt durch eine kaisertreue Anti-Bülow-Fronde – als Märtyrer; mit seinem lauen Kanzler, der ihn verraten hatte, war er „fertig", so sagte er dann fünf Monate später. Freilich, sein Selbstgefühl beim öffentlichen Auftreten hatte seither einen Knick.

Die Krise und ihre Zuspitzung im Reichstag mündeten in Erwägungen über eine Verfassungsreform. Linksliberale, Sozialdemokraten und zunächst auch die Nationalliberalen wollten den Verfassungsartikel über die Verantwortlichkeit des Reichskanzlers konkretisieren, z. B. – altes liberales Rezept – die Ministeranklage vor einem Staatsgerichtshof einführen oder durch die Geschäftsordnung Entschließungen bei Interpellationen ermöglichen, also insbesondere Tadels-, ja Mißtrauensvoten, auch wenn daraus verfassungsrechtlich noch nichts folgte. Letzten Endes wären diese Präzisierungspläne auf eine Parlamentarisierung hinausgelaufen. Aber es blieb eher bei Rhetorik als bei Aktion. Die Nationalliberalen wollten jede Änderung auf die Eingrenzung kaiserlicher Machteskapaden beschränken. Die Konservativen waren gegen jede Änderung. Zunächst wurden die entsprechenden Anträge in Kommissionsberatungen begraben, das Zentrum kam nach 1909 für eine größere Reform nicht mehr in Betracht.

Das Entscheidende war ein Doppeltes: Die Kritik am Kaiser hatte Öffentlichkeit und Parteien erregt. Die Masse des Volkes, die Menge der Wähler war davon viel weniger berührt, darum legte sich zum Erstaunen ausländischer Beobachter die Unruhe so schnell; eine irgend revolutionäre Konfliktstimmung gab es – außer bei radikalen Sozialdemokraten – nicht. Die Kaiser- und Systemkritik schuf nur eine negative Einheit, keine positive Gemeinsamkeit; auch wenn man die Konservativen beiseite läßt, waren Nationalliberale und die Mehrheit des Zentrums eingebunden ins Konstitutionelle und wollten zwar manche wichtigen Reformen, aber keine Parlamentarisierung der Verfassung, wie sie bei den Reformanträgen debattiert wurde. Die Krise war eine Krise des Monarchen und der Monarchie, ein Vorklang auf ihr Ende 1918, ein Menetekel seither, aber für die Frage nach der Machtverteilung zwischen Regierung und Parlament, nach einer Veränderung des Systems und der herrschenden Eliten blieb sie beinahe Episode. Unmittelbar wichtig waren nur zwei Dinge: Der Kaiser war noch mehr als in den ersten Bülowjahren aus seinen öffentlichen Interventionen und aus der Innenpolitik herausgedrängt; aber Bülow hatte die Basis seiner Machtstellung, das Vertrauen des Kaisers, verloren.

Man kann fragen, ob Bülow im November 1908 überhaupt reale Alternativen hatte. Der lang gepflegte und eingerissene – leicht byzantinische – Umgangsstil des Kanzlers mit dem Kaiser hatte sich schon bei der Behandlung des Kaiserinterviews durch die Ämter ausgewirkt, er verhinderte eine entschiedenere Position gegenüber dem Monarchen, machte Kanzlerwiderspruch zum Stilbruch. Es ist nicht sehr wahrscheinlich, daß ein anderes Auftreten des Kanzlers den Kaiser – nach 20jähriger Herrschaft – hätte „ändern" können; nur um Eindämmung mochte es noch gehen.

Das innenpolitische Großproblem, das nach den Turbulenzen vom November 1908 wieder ins Zentrum rückte, war die Finanzreform. Wir erinnern uns an die unfertige Finanzverfassung, die zu einem verwickelten Ineinander von Bundesstaaten und Reich, Matrikularbeiträgen und Zollüberweisungen geführt hatte. Die wachsenden Lasten des Reiches, vor allem für die Rüstung, hatten zu immer mehr Schulden und Zinsbelastungen geführt, schließlich auch zu Haushaltsdefiziten. Die Lastenverteilung zwischen Besitz und Konsum, Landwirtschaft, städtischem Gewerbe und Handel war eines der zentralen gesellschaftspolitischen Probleme, die Frage der Entscheidungsmacht – Landtage des Besitzwahlrechts, Reichstag des allgemeinen Wahlrechts – und die Frage, ob das Reich künftig über direkte Steuern verfügen sollte oder wie bisher nur die Bundesstaaten, waren entscheidende verfassungspolitische Probleme der Zeit, Föderalismus wie Parlamentsmacht waren davon berührt. Die langjährige Taktik des Aufschiebens war 1908 definitiv zu Ende gekommen, die Reform von 1906 hatte nur unbedeutende Erträge gebracht, immerhin das Prinzip eines Zwei-Drittel-Anteils der Erbschaftssteuer für das Reich, der aber Ehegatten und Kinder nicht unterlagen.

Bei der anstehenden Reform waren 500 Millionen Mark pro Jahr neu aufzubringen. Alle Liberalen verlangten einen Anteil von direkten Steuern. Im Zeichen der Blockpolitik nahm Bülow den Rücktritt des steuerpolitisch konservativen Staatssekretärs Stengel an, einen Nachfolger aus der freien Wirtschaft, wie Bülow sich wünschte, fand er nicht, sondern wieder einen anderen – fähigen – Beamten (aus dem Reichspostamt), Sydow, also keinen Politiker – so war das deutsche System.

Der Regierungsentwurf für die Finanzreform sah zu vier Fünfteln Konsumsteuern (Bier, Schnaps, Tabak etc.) vor, zu einem Fünftel eine Besitzsteuer, nämlich die auf Ehegatten und Kinder ausgedehnte Erbschafts-(Nachlaß)steuer, das war das einzige, was bei den Bundesstaaten noch eben durchging. Die Vorlage berührte nun den Nerv des fragilen Blocks. Bei einer so großen Finanzvorlage dominierte der Interessenpartikularismus der Parteien, ihre negative Politik: Sie waren nicht Regierung oder potentielle Regierung, trugen keine Verantwortung, für Koalition und Integration gab es keinen Preis. Steuerdiskussion und Steuerstreit zogen sich in Kommission und Öffentlichkeit lange hin, die Interessenverbände nahmen lautstark daran teil. Die Sache spitzte sich politisch auf eine einzige Kernfrage zu, die der Erbschaftssteuer. Die Konservativen lehnten sie ganz und gar ab, sie sahen darin, von der Demagogie des Bundes der Landwirte getrieben, einen Anschlag auf den landwirtschaftlichen Besitz, die Familie, eine „Waisen- und Witwensteuer", ja den Anfang von Enteignung, sie wollten dem demokratischen Reichstag keinerlei Zugriff auf Besitzsteuern einräumen; daran konnten keine landwirtschaftsfreundlichen Kautelen etwas ändern. Sie waren entschlossen, ohne Rücksicht auf den Block die Steuer zu Fall zu bringen. Spahn, der Hauptredner des Zentrums, bekräftigte sogleich, seine Partei werde gewiß nicht „Geburtshelfer" für die Erbschaftssteuer spielen, ein weiterer Zentrumsredner sah „auch Parteikonstellationen, die ohne Mitwirkung der linksliberalen Parteien eine Finanzreform zustande bringen könnten".

Das war deutlich genug: Das taktisch versierte und agrarisch eingefärbte Zentrum stieß in die Bruchlinie des Blocks hinein. Daß damit Bülow stürzen würde, gehörte zu seinem Kalkül; von ihm mußte es liberale Konzessionen beim preußischen Wahlrecht befürchten. Die Öffentlichkeit polarisierte sich, gegen die agrarische Demagogie schlossen sich die modernen, die städtischen Wirtschafts- und Gesellschaftssektoren der Bürgerwelt zusammen, die Gründung des Hansa-Bundes war dafür symptomatisch. Bülow engagierte sich vehement für die Reformvorlage der Regierung und drohte für den Fall der Ablehnung mit seinem Rücktritt. Vergeblich, Paragraph für Paragraph, bei der entscheidenden Frage des Gatten- und Kindererbes mit der knappen Mehrheit von 194 : 186, wurde die Erbschaftssteuer abgelehnt – die Polen hatten aus Zorn über die preußische Enteignungsvorlage gegen Bülow gestimmt, die Sozialdemokraten für diese – spezielle – Steuervorlage der Regierung. Der Kaiser war einen Moment lang wie ehedem von wilder Wut über die Reichstagsmehrheit und von Staatsstreichideen erfüllt, aber das ging vorbei. Bülow bat zwei Tage nach der Niederlage, am 26. Juni, um seinen Abschied; um den Eindruck der unmittelbaren Verknüpfung mit der parlamentarischen Niederlage zu relativieren, wurde der noch – bis zum 14. Juli 1909 – aufgeschoben, die Finanzreform sollte in anderer Form und mit anderer Mehrheit noch über die Bühne. Sydow, der von vornherein eine Zusammenarbeit mit dem Zentrum in Betracht gezogen hatte, und der Bundesrat schwenkten auf die neue Lage ein, sie wollten, Ressort-, nicht Systempolitiker, die Finanzen sanieren, sei es auch nach den Maßgaben der neuen Koalition von Konservativen und Zentrum. Diese ersetzte die Erbschaftssteuer durch weitere Verbrauchssteuern und sogenannte „Verkehrssteuern" (Scheck-, Wechsel-, Stempelsteuern, eine Vorform der Mehrwertsteuer, etc.), sie blieben indirekte Steuern, aber sie sollten das städtische Kapital, sollten Handel und Banken belasten. Der Besitz und die Landwirtschaft wurden geschont. Finanztechnisch war die Sanierung der Reichsfinanzen erreicht, 500 Millionen neue Steuern und eine Fixierung der Matrikularbeiträge auf 0,80 Mark pro Kopf. Politisch war die ursprünglich erstrebte „moderne" Lösung mit den Parteien der Mitte gescheitert.

Das Auseinanderbrechen des Blockes illustrierte zum einen das Mißlingen des Versuchs, im Zeichen der Weltpolitik eine neue Basis des Regierens zu finden, mit begrenzter Modernisierung und unter Einschluß der bürgerlichen Linken.

Zum anderen, der Block endet mit dem Sturz eines Kanzlers. Bülows Abschied – mit ihm ging Sydow – hat etwas Irritierendes. Er trat zurück, weil sein Kurs in einer zentralen Frage von der Mehrheit der Abgeordneten überstimmt wurde, also wegen einer entscheidenden Niederlage im Reichstag. Das war quasi-parlamentarisch und ganz sicher ein Zeichen für die gewachsene Macht des Reichstags, auch wenn Bülow strikter Anhänger des konstitutionellen Systems blieb. Für ihn hatten Sozialdemokraten und Linksliberale gestimmt; die Mehrheit gegen seinen Kurs, die genau wußte, daß ihre Abstimmung zu seinem Sturz führen würde, und das durchaus wollte, war eine anti-parlamentarische, eine konservative Mehrheit; dennoch hat sie dann dem Reichsschatzamt und dem Bundesrat die neue Fassung der Gesetze aufoktroyiert. Die Konservativen haben etwas durchgesetzt, was objektiv als ein Schritt in Richtung der Parlamentarisierung erscheinen mußte. Natürlich, all das hing auch mit dem Kaiser zusammen. Er wollte Bülow seit November 1908 los werden, die Konservativen wußten das spätestens seit dem März 1909. Aber im November hätte der Monarch Bülow nicht entlassen „können", erst der Verlust der parlamentarischen Mehrheit gab ihm diese Freiheit. Ob er ihn im Juni/ Juli 1909 hätte „halten" können, ist trotz der formalen Verfassungslage mehr als zweifelhaft, und der Kanzler war, auch ohne den Verlust des kaiserlichen Vertrauens, nicht mehr frei zu bleiben. Gewiß, auch Bismarcks Entlassung 1890 war nach einer parlamentarischen Niederlage und einer verlorenen Wahl erfolgt, aber hier war das Verhältnis zwischen Kaiser und Kanzler doch ganz anders entscheidend als

1909. Das Reich stand jetzt nicht vor der Parlamentarisierung, aber der Reichstag hatte an Macht gewonnen, gegen ihn konnte ein Kanzler in einer Krise, einer entscheidenden Weichenstellung sich nicht behaupten.

b) Wachsende Polarisierung 1909–1912

Der Bruch des Blocks führte zu einer seit den 70er Jahren nicht mehr gekannten Polarisierung der deutschen Innenpolitik auch bei den nicht-sozialdemokratischen Parteien, der bürgerlichen Öffentlichkeit. Der Kampf um die Besitzsteuer wurde, weit über deren konkrete Bedeutung hinaus, als Symbol- und Systemkampf aufgefaßt und erlebt: Die Politik der Konservativen galt als nackte egoistische Interessenpolitik und die des Zentrums ebenso als Agrarierpolitik, zudem als blanker Macht-Opportunismus – als Anschlag der „reaktionär-klerikalen Koalition" auf Bürgertum und städtische Welt, die Dominanz der Junker und des agrarischen Interesses wurde als das erfahren, was das „System" charakterisierte. Die Parole des Hansa-Bundes, das Bürgertum gegen die ausbeuterische Herrschaft von Junkern und Agrariern zu sammeln, entsprach einer weitverbreiteten öffentlichen Stimmung voll emotionalisierter tiefer Verbitterung. Kurz, aus einer Detailfrage entwickelte sich ein elementarer Protest, eine erhebliche Polarisierung. Das „System" stand zur Frage. Die konservative Steuerpolitik, die den Kopf des Kanzlers gefordert hatte, brachte das Faß zum Überlaufen; insoweit stellte sich bald heraus, daß der Sieg der Konservativen ein Pyrrhus-Sieg war. Das Gros der Öffentlichkeit und die liberalen Parteien, auch die Nationalliberalen, wandten sich zunächst nach links.

Diese Proteststimmung, diese Polarisierung gegen das Junkersystem, gegen den „schwarz-blauen Block", verebbte keineswegs nach einiger Zeit – auch die erhöhten Konsumsteuern hielten sie natürlich wach –, sondern dauerte bis zu den Reichstagswahlen von 1912, ja darüber hinaus fort. Eine Kette von Nachwahlen brachte einen deutlichen Linksruck, das kam in größeren Städten und in Industriebezirken vor allem der Sozialdemokratie zugute, in ländlichen Wahlkreisen – zumal in Ostelbien – schien sich zu zeigen, daß die konservativen Bastionen bei großen (und finanziell gut gestützten) liberalen Kampagnen keineswegs unangreifbar waren. Der Zusammenhalt des anti-konservativen Protestes war allerdings fragil und fraglich, stark war er, schon angesichts der Wahlkreiseinteilung, nur bei einem Mitte-Links-Bündnis von Liberalen und Sozialdemokraten. Das war die Idee des sogenannten Großblocks „von Bassermann bis Bebel", Friedrich Naumann z. B. hat diese Verbindung propagiert. Aber die potentiellen Flügelpartner, Nationalliberale und Sozialdemokraten, Bassermann und Bebel, wollten dergleichen ganz und gar nicht, nur in Baden hat vorübergehend eine solche Kombination wirklich bestanden. Die Frage, ob der Kampf gegen die „Agrarier" Vorrang vor dem Kampf gegen die Sozialdemokraten haben sollte oder umgekehrt, blieb vor allem bei den Nationalliberalen offen. Darum dauerten auch die Bemühungen um die Wiederherstellung einer rechtsbürgerlichen Sammlung fort.

Nachfolger Bülows wurde der bisherige Staatssekretär des Inneren und ehemalige preußische Innenminister und Oberpräsident Bethmann Hollweg, ein Mann aus der inneren Verwaltung. Bülow hatte ihn über den Chef des Zivilkabinetts Valentini empfohlen, der Kaiser hatte erst nach „konservativeren“, alt-preußischen, militärischen Figuren sich umgesehen, aber niemand Verfügbaren gefunden, darauf übernahm er, der mit der Familie des Kandidaten in persönlichen Beziehungen stand, Bülows Vorschlag. Bethmann Hollweg war kein echter Junker – sein Vater, Professor und Politiker aus der Frankfurter Bankierfamilie, hatte erst 1855 ein Gut erworben –, aber ein preußischer Konservativer, auch er wollte die Monarchie und das bestehende System erhalten und festigen, das schloß für ihn moderate Reformen und einen elastischen Kurs ein, er war ein bürokratischer Reformkonservativer, ein „Philosoph“ und kein „Polizeiknüppel“, so nannte ihn Heydebrand. Sein Ziel war und mußte sein, den Reichstag wieder zurückzudrängen und die Position der Krone zu festigen, die entstandene Polarisierung abzubauen, auszugleichen, und konkreter: den Linksschwenk der Liberalen, vor allem der Nationalliberalen zu hindern oder zu revidieren, eine Sammlung um die rechte Mitte zwischen Konservativen, Nationalliberalen und Zentrum wieder zu stabilisieren. Zur Anti-Bülow-Mehrheit der Finanzreform, dem schwarz-blauen Block, hielt er Distanz – auch weil der Kaiser nun gegenüber solchen parlamentarischen Experimenten ganz ablehnend war –, er wollte kein konservatives Parteiregiment, aber er wollte auch die Konservativen nicht entfremden, sie von ihrem Extremkurs wieder mehr zur Mitte ziehen, sie „vor sich selbst schützen“, darum im ganzen: Reformen, aber konservativ begrenzte Reformen. Bethmann Hollweg verstand seine Regierung auch 1909 im klassisch konstitutionellen Sinn als Regierung „über den Parteien“. De facto freilich bedeutete das, wichtige Probleme, die nur im Konflikt zu lösen waren, vor sich herzuschieben. Das persönliche Regiment, das ja jedem Kanzler des fatalen Monarchen zu schaffen machte, suchte er nach außen abzuschirmen, nach innen einzuhegen, in seiner Auswirkung zu begrenzen. Das strukturelle Problem dieser Jahrzehnte, mit dem Reichstag der Mitte und dem streng konservativen Preußen zugleich zu regieren, suchte er durch Ausklammern der preußischen Fragen und Einbindung des preußischen Staatsministeriums zu entschärfen.

Bei der Neubesetzung von Führungsämtern scheiterte er zwar – zunächst – damit, den Botschafter Kiderlen-Waechter zum Staatssekretär des Auswärtigen zu machen, das gelang erst im Juni 1910, als der Kanzler inzwischen die Richtlinien der Außenpolitik wesentlich mitbestimmte. Dagegen setzte er sich bei den Innenressorts sogleich durch, am wichtigsten war die Ernennung des bisherigen preußischen Handelsministers Clemens Delbrück zum Staatssekretär des Inneren und zum Vizekanzler. Auf die Wiederbesetzung des Vizepräsidiums im preußischen Staatsministerium verzichtete er, um einen konservativen Anciennitätskandidaten und künftige Reibungen zu vermeiden; daß das Staatsministerium insgesamt eher hochkonservativ blieb, gehörte zu den Gegebenheiten des Systems, später wurde die Ernennung von Reichsstaatssekretären zu Ministern ein Versuch, Preußen stärker an die Reichsleitung zu binden.

Zwei große verfassungspolitische Probleme standen auf der Tagesordnung. Das eine war die seit 1908 angekündigte Reform des preußischen Wahlrechts. Der Kanzler wollte im Zuge seiner begrenzten Reformpolitik zur defensiven Systemerhaltung die krassesten Absonderlichkeiten dieses Wahlrechts beseitigen; die Reform sollte die Nationalliberalen gewinnen, den Konservativen noch annehmbar sein, beide Gruppen wieder mehr zusammenführen. Darum nahm die Regierungsvorlage 1910 in Aussicht: die direkte Wahl, eine neue Festlegung der Stimm- (und Drittelungs)bezirke, die Limitierung der anrechenbaren Steuern, Aufstieg in eine höhere Klasse für Gebildete und Militärgediente und -ränge – das lief auf leichte Einschränkung der Plutokratie und Verstärkung der Mittelklassen hinaus (7 statt 3,8 % der Wähler hätten in der ersten, 17 statt 13,8 % in der zweiten Klasse gewählt). Die Linksliberalen und die Sozialdemokraten wollten nichts anderes als das Reichstagswahlrecht, die Sozialdemokraten (mit nur sieben Mandaten in Preußen) überdeckten ihre inneren Auseinandersetzungen und ihre parlamentarische Ohnmacht mit gewaltigen Wahlrechtsdemonstrationen und der Androhung eines Massenstreiks. Aber auch den Nationalliberalen, Freunden der Privilegierung von „Kulturträgern" oder eines Pluralwahlrechts, waren diese Reformen zu geringfügig, die Konservativen dagegen lehnten schon das direkte Wahlrecht entschieden ab, allenfalls wollten sie die geheime Wahl bei der Wahlmännerwahl zugestehen. Das Zentrum zielte, unter dem Schein auch demokratischer Rhetorik, auf einen Kompromiß mit den Konservativen, auf Herrschaftsteilung anstelle von Reform. Doch dagegen opponierte das Herrenhaus und forderte einen plutokratisch-traditionellen Drittelungsmodus, diese Version kam wieder ins Abgeordnetenhaus. Als auch Vermittlungsvorschläge der Regierung vom schwarz-blauen Block abgelehnt wurden, verzichtete sie, taktisch unklug, auf Weiterberatung der Vorlage. Obschon die Differenzen nicht so groß waren, die Regierung wollte keine Reform ohne und gegen die Nationalliberalen. Für den Kanzler war das eine Niederlage. Zu einem Konflikt mit den Konservativen war er nicht bereit, nicht in der Lage. Sein strategisches Ziel einer Annäherung zwischen Nationalliberalen und Konservativen war nicht zu realisieren, einstweilen dominierte auch in dieser Frage der schwarz-blaue Block. Auch eine kleine Modernisierung der preußischen Machtbastion schien nicht möglich. Daß die liberalen Parteien auf diese Vorgänge erneut mit einer scharfen antikonservativen Wendung reagierten, war kein Wunder.

Das zweite Reformprojekt war der Erlaß einer Verfassung für Elsaß-Lothringen, die die innere Struktur des Landes und seine Stellung im Reichsgefüge normalisieren, den Bewohnern das Gefühl nehmen sollte, Staatsbürger zweiter Klasse zu sein, und so die Integration ins Reich fördern sollte. Wir haben darüber im zweiten Abschnitt dieses Bandes gehandelt. Die Regierungsvorlage sah immerhin das allgemeine Wahlrecht (wenn auch mit Pluralstimmen bei bestimmtem Alter) vor, dessen Wirkung freilich durch eine neu konstruierte erste Kammer – aus Vertretern gesellschaftlicher Gruppen und Honoratioren – ausbalanciert werden sollte. Diese Vorlage wurde im Reichstag durch eine Mehrheit der Linken und der Mitte wesentlich verändert, die Regierung gab in entscheidenden Punkten nach (ja verhandelte sogar – zum ersten Mal – mit einem Sozialdemokraten): Das allgemeine Wahlrecht wurde eingeführt, das Land erhielt drei Stimmen im Bundesrat, die vom Kaiser instruiert und von seinem Statthalter geführt wurden, freilich sollten sie nicht gezählt werden, wenn sie zugunsten Preußens den Ausschlag gegeben hätten, das war die Folge der föderalistischen Künstlichkeiten in der Zusammensetzung des Bundesrates. Anders als in Preußen war dieses Reichsgesetz moderat progressiv, im einzelnen war es von den Parteien geprägt und umgeprägt worden. Die Sozialdemokraten stimmten zum ersten Mal einem großen Gesetz zu, das – anders als die ebenfalls unterstützte Bülowsche Steuerreform-Vorlage – auch realisiert wurde. Angesichts des vorausgegangenen Magdeburger Parteitages, der Zustimmungen zum Budget noch scharf verurteilt hatte, manifestierten sie damit – trotz radikaler Rhetorik – ihren Glauben an die Nützlichkeit reformistischer parlamentarischer Mitarbeit, und das war auch ihre Rechtfertigung: Das geheime und gleiche Wahlrecht innerhalb des Reichslandes werde den Einfluß der Sozialdemokratie im Reichstag weiter stärken und auf Preußen ausstrahlen. Wegen des allgemeinen Wahlrechts und wegen der Zustimmung der Sozialdemokraten löste das Verfassungsgesetz die wilde Feindschaft der Konservativen aus, die sich nun auch mit Vehemenz und auf Dauer gegen den Kanzler wandten.

In der Wirtschafts- und Finanzpolitik kam es der Regierung darauf an, Konflikte zu vermeiden, weder den anti-konservativen Protest zu nähren noch die Konservativen zu entfremden. Einstweilen reichte die Finanzreform zur Sanierung hin, ergänzend kam 1911 die schon 1909 ins Auge gefaßte Wertzuwachssteuer (für Grundstücke) ohne sonderliche Kämpfe zustande. An der pro-agrarischen Schutzzollpolitik hielt man, auch in Einzelheiten, der Vieh- und Fleischeinfuhr z. B., fest. Nur die Sozialpolitik ging etwas kräftiger voran. Zwar, ein Arbeitskammergesetz, das eine paritätische Vertretung der Arbeiter vorsah, wenn auch mit einem anti-sozialdemokratischen und -gewerkschaftlichen Stachel durch den Ausschluß „betriebsfremder“ Funktionäre, kam wegen rechter und linker Opposition nicht zustande. Aber 1911 wurde die Sozialversicherung durch die Reichsversicherungsordnung und die Angestelltenversicherung ausgebaut, der Kreis der Berechtigten stark erweitert, zumal die Witwen- und Waisenversicherung eingeführt und die Leistungen erheblich verbessert. Wir haben auch davon im ersten Band berichtet. Freilich gab es Bestimmungen, die die Macht sozialdemokratischer Krankenkassenvorstände einschränken sollten; das – und die versicherungsrechtliche Privilegierung der Angestellten – betonte die anti-sozialdemokratische Richtung auch in der Sozialpolitik. Für den Ausbau des Arbeiterschutzes waren die Novelle zum Berggesetz und das Heimarbeitergesetz wichtig, das Stellenvermittlungsgesetz von 1910 regelte den Arbeitsmarkt. Kurz, die bürokratische Reform lief weiter, das Zentrum blieb sozialpolitisch auf seinem früheren Reformkurs.

Drei Punkte sind, jenseits der einzelnen Maßnahmen und Sachbereiche, jenseits der polarisierten Erbitterung zwischen Liberalen und „Schwarz-Blauen", für das innenpolitische Klima wichtig.

1911 kam im Zuge der Marokkokrise die gewaltige nationalistische Erregung auf ihren Höhepunkt, die entstehende Opposition von rechts formierte sich endgültig. Das hatte natürlich auch innenpolitische Wirkungen. Die Konservativen stellten sich nun außen- und nationalpolitisch in radikale Opposition zur Regierung, sie suchten ihre innenpolitische Isolierung so zu übertönen und widersetzten sich jetzt erst recht allen Versuchen des Kanzlers, sie „vor sich selbst zu schützen" und an seinen Reformkonservativismus heranzuziehen. Und die Nationalliberalen wetteiferten mit den Konservativen in den lautesten chauvinistischen Kampf- und Machttönen und in Hochrüstungsforderungen. In dieser Hinsicht gehörten sie zur Rechten, gehörte das Zentrum hingegen zur Mitte. Die Trennlinien in den beiden wichtigsten Fragen – Imperialismus und Verfassungs- und Gesellschaftspolitik – überschnitten sich. All das hing auch mit der obrigkeitlichen Regierungspraxis zusammen: Weil die Parteien über Außenpolitik nicht informiert wurden, blieb ihnen die Möglichkeit der unverantwortlichen Demagogie. Auf die Dauer mußte das freilich das System selbst gefährden.

Natürlich ging die Auseinandersetzung der Herrschafts- wie der Bürgerwelt mit den Sozialdemokraten weiter. Daß die Sozialdemokratie reformistischer wurde, war zwar vielen Einsichtigen, linksliberalen Akademikern, aber auch Regierungsbeamten, klar; aber die Radikalen waren auch eine Macht, und die radikale Rhetorik der Zentristen war erst recht lautstark genug. Die bürgerliche Öffentlichkeit lebte mit den gewaltigen sozialdemokratischen Demonstrationen – gegen das preußische Wahlrecht, gegen die „Fleischteuerung" – und einer Vielzahl von größeren, härter werdenden Streiks. Die Regierung und alle Parteien rechts von den Linksliberalen blieben strikt anti-sozialdemokratisch bei einer Linie der Ab- und Ausgrenzung, etwa bei Kommunalämtern oder bei den Beschäftigten der öffentlichen Dienste. In welchem Verhältnis die Gegnerschaft einerseits zu den Konservativen, den Schwarz-Blauen, andererseits zu den Sozialdemokraten stand, was Vorrang haben sollte, blieb für alle Liberalen ein zentrales Problem. Und die Konservativen wurden nicht müde, gerade gegenüber ihren liberalen Gegnern die anti-sozialistische Trommel zu rühren.

Schließlich muß man sich erinnern, daß es eine eigene Politik in den nichtpreußischen Bundesstaaten gab, die auf die Reichsöffentlichkeit zurückwirkte: In den süddeutschen Staaten war das Wahlrecht demokratisiert worden, die Kooperation zwischen Liberalen und Sozialdemokraten, der „Großblock" von Bassermann bis Bebel, war ein beherrschendes Thema und in Baden zeitweise Wirklichkeit. Die Kritik an den spezifisch preußischen Verhältnissen wuchs im Süden und auch im Westen.

Die Wahl von 1912 stand noch überwiegend im Zeichen des Protestes gegen den schwarz-blauen Block. Zwar, auf der Verbandsebene lockerte sich die anti-agrarische Front, Teile der rheinisch-westfälischen Schwerindustrie und Teile des Handwerks verließen das anti-konservative Lager und den Hansa-Bund, der Kampf gegen die Sozialdemokratie hatte Priorität; voll Mißtrauen gegen eine liberale Demokratisierung und Systemänderung fühlte man sich angewiesen auf die Bundesgenossenschaft der Konservativen, trotz aller wirtschaftlichen und gesellschaftlichen Gegensätze. Im Juni 1911 war der Vorsitzende des Centralverbands Deutscher Industrieller Roetger aus dem Präsidium des Hansa-Bundes ausgetreten – der Bund hatte bei Stichwahlen zwischen Konservativen und Sozialdemokraten nicht für die Konservativen Partei nehmen wollen; im September hatte sich ein Reichsdeutscher Mittelstandsverband gebildet, konservativ und gegen die liberaleren Mittelständler im Hansa-Bund. Dieses Abwandern der Rechten erhöhte das Gewicht der bürgerlichen Linken im Hansa-Bund. Von den Parteien wurden die Nationalliberalen von diesen Gegensätzen innerparteilich am meisten erschüttert. Aber Parteiführung und Mehrheit blieben einstweilen gegen schwerindustriell-agrarisch geprägte Rechtstendenzen fest beim liberal-antikonservativen Bassermann-Kurs. Die liberalen Parteien suchten durch Wahlabsprachen, zumal natürlich für die Stichwahlen, ihre Chancen zu verbessern. Das Zentrum verzichtete, wo konservative Erfolge möglich waren, auf seine üblichen Zählkandidaturen. Die Regierung, deren Ausgleichs- und Versöhnungskonzept gescheitert war, hielt sich im Wahlkampf, pessimistisch resigniert, im wesentlichen zurück.

Das Ergebnis der Wahlen war in mancher Hinsicht sensationell. Die Wahlbeteiligung stieg auf die Rekordhöhe von 84,9% (1907: 76,1%). Die Konservativen verloren erheblich im Osten, aber konnten im Südwesten und Süden – als Landbündler, zum Teil mit Hilfe des Zentrums – Gewinne verbuchen, ihr Anteil sank nur wenig von 9,4 auf 9,2%; aber die Freikonservativen verloren erheblich. Das Zentrum verlor stark, von 19,4 auf 16,4%, zumal im Westen; auch wenn dabei der Wegfall der Zählkandidaturen eine Rolle spielt, die Parole „Kirche in Gefahr" hatte die wirtschaftlich-soziale Unzufriedenheit nicht auffangen können, neben Abwanderung zur Sozialdemokratie spielte Wahlenthaltung eine Rolle. Die Nationalliberalen verloren, nach rechts wie – vor allem – nach links, von 14,5 auf 13,6%; die Linksliberalen, zum ersten Mal in einer einheitlichen Partei, gewannen dagegen, von 10,9 auf 12,3%. Den größten Erfolg erzielten die Sozialdemokraten, von 29,0 auf 34,8% – 1903 waren es 31,7% gewesen; über dieser Sensation entging der öffentlichen Aufmerksamkeit, was sich bei genauerer Analyse zeigte: Die Sozialdemokratie als Klassenpartei war an die Grenzen ihres Wählerpotentials gestoßen. Der schwarz-blaue Block kam nach Stimmenanteil nur noch auf knapp ein Drittel, die Sozialdemokraten auf ein reichliches Drittel, „die" Liberalen auf ein gutes Viertel. Noch dramatischer, wenn auch verzerrt, waren die Ergebnisse der Stichwahlen, die Veränderungen bei den Mandaten. Die Liberalen unterstützten sich gegenseitig und wurden gegen die Sozialdemokraten mehrheitlich – wenn auch nicht durchgängig – von rechts unterstützt, aber die linkeren Liberalen stützten die Rechten nicht mehr. Die Parteiführungen der Fortschrittlichen Volkspartei und der Sozialdemokratie schlossen im Hause des Bankiers Mommsen ein Stichwahlabkommen: Die Sozialdemokraten „dämpften" in einer Reihe von Wahlkreisen ihren Wahlkampf gegen den Fortschritt – zur wilden Wut der Radikalen –, die Fortschrittler empfahlen in anderen Wahlkreisen Stimmabgabe für die Sozialdemokraten. Im Ergebnis führte die Taktik der Sozialdemokraten dazu, daß die Fortschrittler die Mehrzahl der möglichen Wahlkreise gewannen; die liberalen Wähler haben sich kaum nach der Parteilinie gerichtet, also sozialdemokratisch gestimmt, aber viele blieben zuhause. Das Abkommen war insgesamt insoweit nicht sehr wirkungsvoll, weil es bei den beiderseitigen Anhängern unpopulär war, dennoch ist es ein einschneidendes Ereignis auf dem Weg zu einer Gemeinsamkeit der Linken, zur späteren Weimarer Koalition, ein Schritt weg vom Berührungsverbot zwischen den beiden Parteien, ein Schritt zur Parlamentarisierung.

Die Konservativen gewannen immerhin 15 von 16 Stichwahlen gegen den Fortschritt, 10 von 20 gegen die Sozialdemokraten, das Zentrum 8 von 14 gegen liberale Parteien, 5 von 9 gegen Sozialdemokraten; die Nationalliberalen 13 von 39 gegen Sozialdemokraten, die Fortschrittler 8 von 29, die Sozialdemokraten umgekehrt 10 von 20 gegen Konservative, 26 von 39 gegen Nationalliberale, 21 von 29 gegen den Fortschritt. Im Ergebnis freilich erlitten die Parteien des schwarz-blauen Blocks erhebliche Mandatsverluste (im Vergleich zu 1907 ohne Berücksichtigung der Nachwahlen): Die Konservativen sanken von 60 auf 43, die Freikonservativen von 24 auf 14, Antisemiten und Wirtschaftliche Vereinigung von 22 auf 10, das Zentrum von 105 auf 91, die Gesamtgruppierung von 211 auf 158. Nur beim Zentrum lag – trotz der Verluste – der Mandatsanteil immer noch wesentlich über dem Stimmenanteil, das war die Folge von Mehrheitswahlrecht, Wahlkreiseinteilung und regionaler Konzentration der katholischen Wähler. Für beide liberalen Parteien war das Ergebnis schlecht, die Nationalliberalen sanken von 54 auf 45, die Fortschrittspartei – trotz ihrer Gewinne am Stimmenanteil – von 49 auf 42. Die sensationellen Gewinner waren die Sozialdemokraten, statt 43 hatten sie jetzt 110 Mandate, ihr Mandatsanteil lag dabei immer noch 7 Punkte niedriger als ihr Stimmenanteil. Der Erdrutsch zugunsten der Sozialdemokraten machte sie aus einer Außenseiterminderheit im Reichstag zu einem kaum mehr zu übergehenden Faktor aller künftigen parlamentarischen Konstellationen; die Partei, die einmal Partei der Revolution gewesen war, stand vor der Wegscheide zu einer parlamentarischen Mehrheitskoalition.

c) Die stabile Krise 1912–1914

Das Ergebnis der Erdrutschwahl war in zweierlei Hinsicht eindeutig: Der schwarz-blaue Block hatte entschieden verloren, er hatte, auch mit seinen Hilfstruppen, keine Mehrheit und auch keinerlei Mehrheitsaussicht mehr; die Sozialdemokraten hatten einen gewaltigen Sieg errungen, sie waren mit weit mehr als einem Viertel der Sitze stärkste Fraktion, jede mögliche Parlamentskonstellation war von diesem Grundfaktum abhängig. Die Tatsache dagegen, daß die Anti-Schwarz-Blauen einen Sieg und mit 197 Sitzen beinahe die Mehrheit (199) errungen hatten, war im Ergebnis zweideutig, denn diese Anti-Koalition, das Phantom des Großblocks, war ohne Zusammenhalt, war als Handlungsmacht nicht existent. Die möglichen Gruppierungen des Reichstags blockierten sich gegenseitig und damit das Parlament. Das kam sogleich in einer Krise über eine Symbol-Aktion zum Ausdruck, bei der Wahl des Reichstagspräsidiums. Die nicht-konservativen Fraktionen erkannten in ihrer Mehrheit die neue Stellung der Sozialdemokraten an, sahen sie zum ersten Mal gleichberechtigt und wählten zwar nicht Bebel zum Präsidenten, aber den Sozialdemokraten Scheidemann zum ersten Vizepräsidenten – neben Spahn vom Zentrum und Paasche von den Nationalliberalen. Ein Sturm der Öffentlichkeit und vor allem der jeweils innerparteilichen Opposition veranlaßte die beiden Bürgerlichen zum Rücktritt. Zwei Fortschrittler wurden nachgewählt. Jetzt verweigerte Scheidemann den Antrittsbesuch beim Kaiser – das in der Partei tabuisierte und verfemte „Zu-Hofe-Gehen", eine ganz emotionalisierte Symbolhandlung –, das führte zu seinem Rücktritt und zum Eintritt wieder eines Nationalliberalen in das Präsidium. In einer Geschäftsordnungsfrage, symbolisch überlastet, war ein Zusammengehen zwischen Mittelparteien und Sozialdemokraten im wesentlichen an der Basis gescheitert.

Das Ergebnis der Wahlen war nicht nur eine Blockade des Reichstags, sondern auch eine Blockade zwischen Regierung und Reichstag. Der Kanzler hatte keine Parteikombination, auf die er sich mit relativer Verläßlichkeit stützen konnte. Es blieb ihm nur die Möglichkeit, seine Politik „über den Parteien" fortzusetzen, eine Politik der „Diagonale" aus den bestehenden Kräften, wie er jetzt gern sagte. Das entsprach der Lage, aber auch seinen konstitutionellen Überzeugungen. De facto ergab das ein Lavieren gegen Ansprüche der Reichstagsmehrheit auf mehr parlamentarische Mitbestimmung und gegen alle ultrakonservativen Tendenzen, aber möglichst ohne jede offene Stellungnahme gegen die Konservativen; so vermied es der Kanzler bei der ersten „kleinen" Wehrvorlage 1912, für die Deckung auf Besitz- bzw. Erbschaftssteuern zurückzukommen – der Staatssekretär des Reichsschatzamtes Wermuth, einer der fähigsten Beamten der Reichsleitung, trat daraufhin zurück. Bethmann Hollwegs Diagonale war also eine rechtsbelastete Diagonale, er stand unter dem Druck des bestehenden, d. h. konservativen Systems. Die Rechte aber wandte sich gegen den „weichen" Kanzler, dem man liberale Konzessionen beim preußischen Wahlrecht oder dem 1917 anstehenden Zolltarif zutraute, dem man die Ablehnung neuer anti-sozialistischer Gesetze vorwarf, Nachgiebigkeit gegenüber der Demokratie des Reichstags, ja der Sozialdemokratie. Der Kanzler mußte mit dieser Gegnerschaft von rechts in seinem prekären Verhältnis zum Kaiser und dessen Umgebung seither rechnen. Und natürlich, Preußen und auch der Kaiser blockierten jede Kooperation mit dem Reichstag, mögliche Reformen liefen an der Verknotung der Probleme und der Machtverteilung zwischen Preußen und dem Reich auf. Angesichts der Mehrheitsverhältnisse im Parlament, der konservativen Machtbastionen in Preußen und in der kaiserlichen Umgebung ergab sich in der Praxis vielfach eine Politik des Durchwurstelns, des Aufschiebens, kurz, eine Politik ohne Perspektive.

Ehe wir nun auf die faktische Politik der Regierung und auf ihre konkreten Beziehungen zum Reichstag eingehen, müssen wir die Verschiebungen im Gewoge der Stimmungen, Meinungen und Positionen der Parteien und Verbände, von denen wir früher im einzelnen berichtet haben, zusammenfassen. Am wichtigsten war, wie die politischen Gruppierungen auf die rote „Sintflut", den Erfolg der Sozialdemokraten reagierten. Das galt zunächst für die Mittelparteien. Im Zentrum verlor der rechte Flügel die Führung, die Partei rückte von der Bindung an die Konservativen ab, suchte wieder die Mitte zu gewinnen – etwa durch mancherlei taktische Verständigung mit den Nationalliberalen –, ja wollte, unter dem Schock der Wählerabwanderung, bei wählerwirksamen Entscheidungen den Anschluß nach links nicht verlieren.

Umgekehrt rückten die Nationalliberalen, deutliche Verlierer dieser Wahl, nach rechts, genauer: ihr rechter „altliberaler", großindustriell-agrarischer und preußischer Flügel wurde stärker, betonte den Vorrang des Antisozialismus, die Gemeinsamkeit mit den Konservativen. Die Parteiführung, vor allem um die Einheit der Partei besorgt, gab dieser Richtung ein Stück weit nach und verschärfte die Abgrenzung gegen links, auch gegen die großblockfreundlichen Linksliberalen, die Gesamtpartei suchte sich mit betont imperialistischen und rüstungspolitischen rechten Trompetentönen gegen die „laue" Haltung der Regierung zu profilieren. Der linke Flügel, die sogenannten Jungliberalen (Stresemann), und auch die Mehrheit der Linksliberalen suchten sich der Polarisierung zwischen einer Kooperation mit Konservativen oder Sozialdemokraten zu entziehen, ein anti-sozialdemokratischer Block kam allemal den Konservativen zugute, aber auch die Vorbehalte gegen eine Kooperation mit den Sozialdemokraten wuchsen, sie konnte den Liberalismus schwächen, konnte einen backlash zugunsten der Rechten bewirken, an der Basis waren die Trennlinien scharf. Ein Stück weit galt das sogar noch für die Fortschrittspartei.

Bei den Sozialdemokraten lehnten Radikale und Zentristen dergleichen Kooperation mit den „Bürgerlichen" entschieden ab. Das Auseinanderdriften von Liberalen und Sozialdemokraten selbst in Baden, das Ende des einzigen, auch über Wahlen hinaus existierenden „Großblocks", war dafür symptomatisch. Die Sozialdemokraten mochten für eine Parlamentarisierung des Systems eintreten, sie selbst sahen sich auch dann in der Oppositionsrolle, das war für die andern nicht verlockend.

Die Konservativen sahen sich isoliert, fühlten sich an die Wand gedrückt, manchmal von unaufhaltsamem Machtverlust bedroht (so der Parteiführer von Heydebrand, der ungekrönte König von Preußen, zu dem Nationalliberalen Paasche). Dagegen gab es drei Strategien; zum einen den Versuch, die anti-konservative Front aufzusprengen, die Rechtsliberalen, das rechte Zentrum als Partner zu gewinnen, aus Agrariern, Großindustrie und konservativem „Mittelstand" eine rechte Verbandskoalition zu schmieden (das „Kartell der schaffenden Stände" 1913), kurz die alte Sammlungsfront wieder herauszustellen; zum andern die populistische Abstützung auf die neue nationalistische und außerparlamentarische Opposition von rechts, Wehrverein, Alldeutsche und den 1913 gegründeten „Preußenbund", und den Appell an die ultrakonservativen Elemente im Herrschaftsestablishment gegen die reformkonservative Beamtenwelt; schließlich die Einigelung in den preußischen Machtpositionen, die Abwehr aller Interventionen des Reiches – bis hin zur Ernennung von Reichsstaatssekretären zu preußischen Ministern; die Regierbarkeit Preußen-Deutschlands, die Einheitlichkeit der „Regierung" war nicht die Sorge der Konservativen. Ob die Konservativen objektiv im Rückzug waren oder – mit dem Rücken an der Wand – eine wachsende präventiv-konterrevolutionäre Gefahr, kann man offen lassen.

Auch die Welt der Verbände war von der Unruhe der Umschichtung erfüllt. Der Hansa-Bund hatte nach dem Abfall des rechten, großindustriellen und zünftlerischen Flügels und dem für die liberale Mitte wenig erfreulichen Wahlergebnis von 1912 seinen Höhepunkt überschritten; er mußte zwischen den Konzepten der neuen Mitte und der vereinigten Linken lavieren. Das „Kartell der schaffenden Stände" war nicht sehr viel mehr als ein Papiertiger; der Bund der Landwirte blieb weiterhin eine der mächtigsten Organisationen in Deutschland, inzwischen auch in Württemberg und Hessen, aber er war deutlich in der Defensive; das zünftlerische Handwerk spielte für Wahlkreisentscheidungen keine große Rolle; die Industrie war, auch innerhalb der beiden Großverbände, gespalten und ambivalent, gegen die Sozialdemokraten gewiß und gegen die Agrarier, aber mit jeweils unterschiedlichen Strategien.

Im ganzen kann man – schon seit 1909 – von einer Repolitisierung der bürgerlichen Gruppen sprechen, divergierende Interessen und Einzelbereiche der Politik waren jetzt stärker in gesamtpolitische Konzepte integriert. Und da das vor allem Sache der Parteien war, gingen sie den Verbänden gegenüber gestärkt aus diesen Verschiebungen hervor. Aber trotz dieser Integration blieben die politischen Lager diffus. Der Bülow-Block war zerfallen, der schwarz-blaue Block zerfiel, die alte Sammlung (rechts von der Mitte) war nicht wieder herzustellen, der „Großblock" hatte jenseits von

Wahlen eigentlich keine Existenz, eine Weimarer Koalition war noch nicht in Sicht. In „nationalen" Fragen gab es eine Konstellation ohne und gegen die Sozialdemokratie, in steuer- und sozialpolitischen Fragen eine gegen die Konservativen. Verfassungs- und zollpolitisch waren die Verhältnisse fließend. Für die Mitte mag man von einer „Koalition im Werden" (Gustav Schmidt) sprechen. Jedenfalls, die Regierung war ohne Rückhalt im Reichstag. Das erhöhte das Gewicht der rivalisierenden Gruppierungen im Herrschaftsestablishment, minderte die Unabhängigkeit des Kanzlers.

Ein wichtiger Bereich der Auseinandersetzungen war und blieb, angesichts des so ins Auge fallenden Aufstiegs der Sozialdemokratie, die Sozialpolitik. Wir haben gesehen, daß sie bis 1911 noch relativ dynamisch weiterlief. 1912/13 entstand eine ambivalente Situation, die Arbeitskämpfe und die Macht der Arbeitskampfparteien verstärkten sich, zumal durch die strikt anti-gewerkschaftliche Organisation der Schwerindustrie. Die Parteien der bürgerlichen Sozialreform und auch der reformgeneigte Teil der Reichsbürokratie wollten die Integration der Arbeiterschaft in die Gesellschaft durch Sozialpolitik ohne direkte Veränderung der politischen Machtverhältnisse, allein durch den politischen Machtgewinn der Bürger. Richtung und Intensität solcher Sozialpolitik waren unterschiedlich, immer auf mehr soziale Sicherheit und ökonomische Verbesserung aus, manchmal auf Mitsprachemöglichkeiten und Schlichtungsverfahren im Arbeitsrecht. Das letzte Ziel war es, den Sozialismus auch in den Augen der Arbeiter überflüssig zu machen oder die Sozialdemokraten zu einer reformistischen Partei des Arbeiterinteresses umzuformen. Auch die National- und Verfassungspolitik der bürgerlichen Linken und der Mitte hatte den zusätzlichen Sinn, diese Integration der Arbeiter zu fördern. Die Regierung, die letzten Endes ebenso eine Integration der Arbeiterschaft erhoffte, setzte dabei anders als die Mittelparteien viel schärfere anti-sozialistische, anti-gewerkschaftliche Akzente. Daß sie die Existenz der Sozialdemokratie anerkannte, war ziemlich formal, in der Praxis suchte sie sie weiter zu isolieren. Die Rechte forderte wenn nicht ein Anti-Sozialistengesetz, dann Arbeitskampf- und Koalitionsgesetze gegen die zunehmende Gewerkschaftsmacht. Und sie forderte ein Ende der sozialpolitischen Neubelastungen der Unternehmer. Mit dem Erfolg der Sozialdemokraten von 1912 kam die reformerische Sozialpolitik zunehmend in Rechtfertigungszwänge, geriet in die Defensive.

Das Ergebnis war zunächst und hauptsächlich die Abwehr aller Versuche einer Anti-Gewerkschaftsgesetzgebung und einer Verschärfung des Streik- und des Koalitionsrechts, im Namen etwa der Abwehr des Koalitionszwangs, des „Arbeitswilligenschutzes". Die schwerindustrielle Unternehmerpolitik wurde ausdrücklich nicht zur Norm der Sozialpolitik. Das Ergebnis war sodann auch, daß es zu einem pro-gewerkschaftlichen Ausbau des Koalitionsrechts, des paritätischen Schlichtungs- oder Tarifvertragsrechts nicht kam. Freilich, der faktische Ausbau der Gewerkschaften, der Tarifverträge, der – z. B. kommunalen – Schlichtungseinrichtungen ging weiter. Der

Staatssekretär des Innern Delbrück hat Anfang 1914 von einer Pause der Sozialpolitik gesprochen –, aber das war eine taktisch gemeinte Beruhigungsrede nach rechts, dagegen erhob sich eine Front der Mitte und der Linken (einschließlich der Freien Gewerkschaften); ob die Regierungsrhetorik, der Versuch, die Rechte nicht weiter zu vergraulen, den Kurs bestimmt hätte, das blieb angesichts des Kriegsausbruchs unentschieden. Jedenfalls, jetzt war Sozialpolitik aus einer Sondersphäre von Kompensations- und Beruhigungspolitik ein zentrales Stück der Machtpolitik geworden. Sie sollte die Konfrontation der Klassenkampfparteien, der revolutionären Sozialisten und der reaktionären Scharfmacher aufheben, das war das Konzept der Mitte, bis zu einem gewissen Grade auch das der Regierung – die war freilich durch ihre konservative Über-Rücksicht gehemmt. Wichtig ist hier, daß das Zentrum wieder in die Mitte, ja in manchem in die linke Mitte zurückgekehrt war. Die – „nationalen" – Christlichen Gewerkschaften, nachdem sie die Gefahr kurialer Verdammung überstanden und sich im großen Ruhrarbeiterstreik 1912 „bewährt" hatten, waren der Ansatzpunkt einer positiven Arbeiterpolitik, und sie spielten im Zentrum eine wieder zunehmende Rolle.

Zum zentralen Komplex der deutschen Gesamt- und eben auch der Innenpolitik wurde in den Vorkriegsjahren die Rüstungspolitik und ihre „Deckung", also die Finanzpolitik. Wir greifen einiges wieder auf, was wir im Rahmen der Militär- wie der Außenpolitik schon berührt haben. Tirpitz, die militärische Umgebung des Kaisers und die scharfmacherischen Ultranationalisten in der Öffentlichkeit wollten 1911 die deutsche Niederlage in der zweiten Marokkokrise und den gewaltigen „nationalen" Unmut zu einer neuen Flottenvorlage benutzen, um die 1908 beschlossene Verlangsamung des Bautempos 1912 wieder rückgängig zu machen. Bethmann Hollweg und sein Staatssekretär des Auswärtigen Amtes, Kiderlen-Waechter, wollten im Interesse einer deutsch-englischen Entspannung, ja weltpolitischen Kooperation Zurückhaltung, sie lehnten die Politik von Hochrüstung und Abschreckung gegenüber England ab. Im Herbst 1911 gelang es dem Kanzler noch, die Sache zu vertagen, den Widerstand des Reichsschatzamtes zu mobilisieren und beim Kriegsminister eine Heeresvorlage anzuregen, die die Flottenvorlage begrenzen mußte. Der Kaiser schwenkte zunächst auf die Priorität der Heeresrüstung ein.

Aber die Mission Haldane im Februar 1912 war intern vom Kampf zwischen Zivilisten und Militärs um die vorbereitete Flottenvorlage, um Verzicht oder Durchsetzung bestimmt. Als der Kaiser nach der Abreise Haldanes dem Londoner Botschafter Anweisungen zu einer Drohpolitik gegenüber der englischen Regierung gab und die Veröffentlichung der Wehrvorlagen geplant wurde, kam Bethmann Hollweg um seinen Abschied ein, als Kanzler könne er nicht die Verantwortung übernehmen, „einen Krieg heraufzubeschwören". In dieser Krisenzuspitzung lenkte der Kaiser zunächst ein, einen Kanzlerwechsel wollte er nicht und konnte er sich nicht leisten. Aber das war keine Entscheidung auf Dauer. Der Kaiser lehnte die vagen englischen

Formeln über Neutralität – als Kompensation für eine Begrenzung der Flottenrüstung – schroff ab, Tirpitz ließ die Flottenvorlage in die Presse kommen. Bethmann Hollweg sah sich nicht mehr in der Lage, den Sieg des harten Kurses über seine elastische Option aufzuhalten. Die Heeres- wie die Flottenvorlage wurden beide im Reichstag eingebracht und im Mai mit großer Mehrheit, auch der Stimmen von Linksliberalen und Zentrum, angenommen. Die Flottenvorlage war zwar bescheidener als ursprünglich beabsichtigt – drei Schlachtschiffe vor allem sollten bis 1920 neu gebaut werden –, aber die Erhöhung der Mannschaftsstärke ermöglichte die Aktivierung eines fünften Geschwaders, das erhöhte die Einsatzfähigkeit der Flotte sogleich bei einer Mobilmachung. Die Heeresvorlage verstärkte die Armee um 29000 Mann. Die Kosten sollten durch die Verlängerung einer Zuckersteuer und den Wegfall der „Liebesgabe" – der Begünstigung der agrarischen Brenner – bei der Schnapssteuer aufgebracht werden; ein Kartell der Großbrenner machte dieses „Opfer" für die Agrarier wesentlich leichter. Freilich, die Regierung mußte sich für 1913 zur Vorlage einer Besitzsteuer verpflichten, so hatten es Nationalliberale und Zentrum beantragt und durchgesetzt (Lex Bassermann-Erzberger); die Entscheidung des Zentrums kündigte eine antikonservative, eine linke Wendung der Partei an – zum Schrecken der Konservativen.

Die rapide Verschlechterung der außen- und rüstungspolitischen Lage des Reiches, zumal nach dem ersten Balkankrieg, veranlaßte die Militärs zu einer neuen Rüstungsvorlage. Der Generalstab, vor allem der dynamische Oberst Ludendorff, wollten endlich die deutsche Wehrkraft voll ausschöpfen, alle Dienstfähigen mobilisieren. Die Denkschrift Ludendorffs vom Dezember 1912 verlangte eine Erhöhung der Präsenzstärke (von zwei Jahrgängen) um 300000 Mann. Der Kriegsminister war – wie lange schon – gegen eine solche abrupte Verstärkung, das mußte Ausbildung und Organisation durcheinanderbringen, das Offizierskorps verbürgerlichen. Der Kanzler überließ diesen Konflikt den Militärs, er hielt eine Rüstungsvorlage für nötig, aber wollte jeden Konflikt mit dem Generalstab vermeiden und zugleich eine neue Flottenvorlage verhindern. Die Militärs einigten sich – trotz der Preisgabe der konservativen Widerstände gegen Ludendorff – im Januar auf eine Vermehrung von ca. 117000 Mann und 19000 Offizieren und Unteroffizieren.

Als Deckung kamen nur Besitzsteuern in Frage. Aber der Kanzler wollte die Konservativen (und vielleicht auch das Zentrum) nicht durch Neuaufgreifen der Erbschaftssteuer isolieren oder gar bei Neuwahlen dezimieren, das würde das „konservative Prinzip" schwächen, er wollte sich nicht auf einen linken Großblock (von Bassermann bis Bebel) stützen und auch nicht auf die bürgerliche Linke, die ihm viel zu sehr von den Sozialdemokraten abhängig war. Die einmaligen Kosten sollten – gleichsam ohne Präzedenzwirkung – durch eine Vermögensabgabe, einen Wehrbeitrag in Höhe von einer Milliarde Mark aufgebracht werden, die laufenden Kosten, 50–180 Millionen, durch indirekte Steuern und Matrikularbeiträge, die freilich aus

Besitzsteuern stammen sollten – diese Konzession an den Föderalismus und die Landtage sollte den Widerstand der Konservativen neutralisieren. Die Reaktion der Parteien war außerordentlich eigenständig, das zeigte die sich verändernde Machtlage. Sie verlangten für die – vertraulichen – Beratungen endlich offene und detaillierte außen- und militärpolitische Begründungen. Die Mehrheit verlangte, daß man bestimmte „militaristische" Zöpfe abschaffe, bei der Garde, den Hofadjutanten, den Generalsprivilegien, im Duellwesen z. B., verlangte eine Reform des Militärstrafgesetzes, in der zweiten Lesung lehnte sie drei von sechs Kavallerieregimentern – Symbole des Militärfeudalismus – ab. Der Kaiser sah darin einen Eingriff in seine „Kommandogewalt" und schäumte, wie in alten Zeiten, vor Wut. Angesichts der Drohung mit Neuwahlen fanden sich die Parteien zu einem Kompromiß, vor allem im Sinne der Regierungsvorlage, bereit. In der Deckungsfrage aber setzte die Mehrheit gegen Regierung und Konservative für die laufenden Lasten eine progressive Vermögenszuwachssteuer (das schloß den Erbanfall ein) durch, die Einbeziehung des Fürstenvermögens freilich mußte sie fallenlassen. Die Wehrvorlage wurde von den bürgerlichen Parteien angenommen, die Deckungsvorlage von der Mitte und der Linken, d. h. gegen die Konservativen und mit den Sozialdemokraten. Das war, in beiden Hinsichten, eine Sensation. Bethmann Hollweg schien es eine „immerhin merkwürdige Sache, daß dieser so demokratische Reichstag eine solche Riesenmilitärvorlage annimmt". Es gab eine neue handlungsfähige Mehrheit, die Konservativen hatten die Regierungsavancen ausgeschlagen, sie waren beiseite gedrängt, ja fühlten sich einmal mehr an die Wand gedrückt. Das war im Kaiserreich eine unerhört neue Situation, auch wenn das nur der Reichstag war und vielleicht die Öffentlichkeit, nicht Preußen, nicht die etablierte Machtstruktur. Und die Konservativen versuchten jetzt, ihre Mittel als außerparlamentarische Opposition zu mobilisieren.

Während Wehrbeitrag und Deckungsvorlage 1913 der Regierung neue eigentümliche Mehrheiten brachten und zunächst auch zu einem positiven Verhältnis zwischen Regierung und den beiden liberalen Parteien wie dem Zentrum beitrugen, hatte das zweite große parlamentarische Ereignis zwischen 1912 und 1914, die Erörterung der Zabern-Affäre Anfang Dezember 1913, den gegenteiligen Effekt. Wir erinnern uns an unsere Kapitel über Militarismus und über Nationalitätenprobleme: Ein preußischer Leutnant hatte die Elsässer beleidigt, hatte willkürlich – unter dem Vorwand und der Anmaßung von Selbstjustiz – Zivilisten verhaftet und war darin von der Militärhierarchie vollkommen gedeckt worden; das entsprach der neurotischen Reaktion des Offizierskorps auf Spannungen im Reichsland und auch auf die moderate Versöhnungspolitik der zivilen Behörden, des Statthalters und des Kanzlers. Die leitenden Militärs und der Kaiser machten die Affäre, die anfänglich durch eine Versetzung oder Maßregelung des Leutnants leicht zu bereinigen gewesen wäre, zu einer Grundsatzfrage der arkan-mystischen Kommandogewalt, des Verhältnisses von ziviler und militärischer Macht, des Militarismus. Der Kanzler scheute in dieser Frage den Konflikt mit dem Kaiser. Im Reichstag stellte er sich – am 3. Dezember 1913 – mit gewundenen Äußerungen über die Gesetzeslage entschieden vor das Militär und die schroff provokativen Äußerungen des preußischen Kriegsministers. Voller Empörung sprach die riesige Mehrheit des Reichstags (293 : 54) dem Kanzler deswegen das Mißtrauen aus; das war nach einer Änderung der Geschäftsordnung inzwischen möglich. Der Kanzler erklärte das sogenannte Mißbilligungsvotum für eine leere Deklamation einer bloß negativen Mehrheit, es bestätige, daß Regierung über den Parteien notwendig sei; Zentrum und Nationalliberalen warf er vor, in einer „nationalen Sache" mit den Sozialdemokraten zusammenzugehen. Die aufgeflammte Forderung nach einer Erweiterung der Parlamentsrechte, nach der Wirksamkeit eines „Mißtrauensvotums" blieb rhetorisch. Der Kanzler stellte lediglich in Aussicht, die Rechtsverhältnisse militärischer Interventionen in zivile Zuständigkeiten zu klären. Das Ende der Affäre blieb ambivalent: Die Offiziere wurden – unter lautem Beifall – gerichtlich freigesprochen, der moderate Statthalter wurde verabschiedet und durch einen konservativen Altpreußen ersetzt; das polizei-ähnliche Eingreifen des Militärs wurde nicht durch Gesetz oder Verordnung, wohl aber auf Grund der ominösen kaiserlichen Kommandogewalt fest und gesetzlich begrenzt. Das mochte ein Sieg der zivilen Rechtsstaatlichkeit sein, öffentlich hatten sich Kommandosphäre und privilegierte Exklusivität der Militärs behauptet.

Man kann mit Recht die innenpolitische Lage des Reiches 1912, das Patt zwischen den Parteien und zwischen Regierung und Reichstag, mit dem Begriff der Stagnation bezeichnen, kann sagen, daß das Kaiserreich in einer Sackgasse war, am Rande der Unregierbarkeit. Ob es freilich ganz generell in „der" Sackgasse war, paralysiert sozusagen, in einer ausweglosen Lage, einer akuten Existenzkrise, vor der Alternative Revolution oder Krieg gar, darüber besteht Streit. Ich plädiere, wie zuletzt Gustav Schmidt, dafür, die wechselseitige Blockade als eine stabile, nicht akute Krise zu beschreiben, die nicht auf eine Gewaltlösung zutrieb. Am Ende war das Kaiserreich noch nicht, so wenig ein Ausweg zu erkennen ist.

Die mögliche Mitte-Links-Koalition wollte vielleicht bestimmen, aber sie konnte es nicht: Die internen Spannungen zwischen mindestens Liberalen und Sozialdemokraten waren zu stark, und ebenso die Gegenmacht der in ihrer Bedrängtheit aggressiven Rechten und die Status-quo-Bindung der Regierung. Die Mitte war erst eine „Koalition im Werden", sie wollte zwar keine durchgreifende Verfassungsreform, aber sie ließ sich nicht mehr militarismus-fromm oder vom Bürgerschreck Sozialismus einschüchtern, sie wollte eine Verbürgerlichung im System, mehr Rechte des Reichstags, wenn auch nicht mehr Demokratie, wollte die Konservativen allenfalls in eine Seniorpartnerschaft zurückdrängen. Sie wollte die Angewiesenheit der Regierung auf sich zu einer Kursreform nutzen. Allerdings, die extreme Möglichkeit eines Haushaltsboykotts zog sie – er hätte die eigene Klientel betroffen und die Verantwortung für eine Existenzkrise des doch nationalen Staates bedeutet – nicht in Betracht, so radikal war sie nicht, so eindeutig war ihr Machtwille nicht. Aber gegen das strukturelle Gewicht der konservativen Führungsgruppen im deutschen System und ihren Widerstand waren Reformen einstweilen nicht durchzusetzen. Die Regierung konnte die eigentlich gewollte bürokratisch reformkonservative Linie – auch mit der Mitte des Reichstags – nicht durchsetzen, ja nicht einmal verfolgen, sie war zu fest in dem borussisch-militaristisch-höfischen Komplex eingebunden, eine nennenswerte Eigenständigkeit der Beamtenregierung – wie 1807/13 – war, auch wenn man sich einen anderen Kanzler vorstellt, in diesem System, zu dieser Stunde und zumal mit diesem Kaiser wohl nicht möglich, obschon man natürlich nicht weiß, was ein persönlich und politisch profilierterer Kanzler als der „Philosoph" Bethmann Hollweg hätte gar an Systemveränderung bewirken können. Die Regierung beugte sich nicht dem Parteidruck der Konservativen, aber konnte auch nicht gegen sie operieren. Sie mußte die Fälle Wehrbeitrag und elsaß-lothringische Verfassung, die Fälle der sozialdemokratischen Beteiligung an der Mehrheit unbedingt die Ausnahme bleiben lassen, sonst hatte sie mit ihrem Sturz zu rechnen. Insoweit waren die Möglichkeiten ihres Regierens eng begrenzt. Die Konservativen und die außerparlamentarischen Ultras, auf deren Linie jene immer mehr einschwenkten, fühlten sich in einer belagerten Festung und sannen auf Ausbruch, auf Staatsstreich, wie der ihnen nahestehende Kronprinz 1913 wollte, und die Alldeutschen erst recht, auf eine präventive Konterrevolution, auf Ablenkung von allen inneren Reformen und Blockierung durch immer mehr Imperialismus und Rüstungspolitik, manche träumten vom Krieg als dem Heilmittel gegen alle inneren Gebrechen. Der Staatsstreich war eine Chimäre, der Kaiser selbst hat den Kronprinzen vehement zur Ordnung, zur Verfassung zurückgerufen, und danach war davon nicht mehr die Rede. Das konservative Regierungsestablishment, und nicht nur Bethmann Hollweg, hat eine innenpolitisch motivierte Flucht in den Krieg durchaus abgelehnt; es war ja mehr als illusionär, von einem Krieg wesentlich konservative Wirkungen zu erwarten. Die Alternative Krieg oder Revolution ist darum eine Konstruktion, die weder der objektiven Lage gerecht wird noch der Haltung der Mitte, der moderaten Sozialdemokraten und Konservativen der Regierung, es war (und ist) die Entweder-oder-Polarisierung von Ultras.

Stabile Krise und Stagnation konnten dauern, alle verhielten sich primär defensiv, von den Konservativen bis zu den Sozialdemokraten, die Regierung konnte weiter versuchen, sich durchzuwursteln. Freilich, zwei Probleme erforderten auf die Dauer – grundsätzliche – Entscheidungen oder mußten in eine offene und akute Krise führen. Das war einmal die Aufbringung der Rüstungskosten, die ja mit den Gesetzen von 1913 nicht endgültig vom Tisch war. Deckung war nur mit einer linken Mehrheit möglich, darum war das rüstungspolitische Engagement der Rechten so ungemein zweischneidig, es mußte die eigene Klasse belasten, ihre Interessen, ja ihre ökonomische Basis tangieren. Das andere Problem war die 1917 anstehende Erneuerung des Zolltarifs, Kernpunkt der Wirtschaftspolitik, der Konflikte zwischen Land- und Stadtwirtschaft, der Kluft zwischen den Partnern der „Sammlung". Produzenten und Konsumenten, Verbände und Parteien bereiteten sich auf diese Schlacht vor. Die Agrarier waren in der Defensive, angesichts der Spaltung der Industrie – selbst die Großindustrie hatte Vorbehalte gegen die Höhe der Agrarzölle, die das Lohnniveau beeinflußten –, angesichts der Linksverschiebungen bei Zentrum und Nationalliberalen, der Regierungsfurcht vor einem weiteren Anwachsen der Sozialdemokraten war es nicht sehr wahrscheinlich, einen konservativ-agrarischen Tarif wie 1903 noch einmal durchzubekommen; das aber hätte an die ökonomischen Wurzeln der Junkermacht gerührt und ihre möglichen großindustriellen Bundesgenossen entfremdet. Jeder Kompromiß hätte nach der einen oder anderen Seite ausgeschlagen. Gewiß, das sind Spekulationen, und die Wirklichkeit wäre wie immer für Überraschungen gut gewesen. Aber daß eine Richtungsentscheidung anstand, die nicht zu vertagen, nicht zu umgehen war, das ist sicher. Mögen diese beiden Punkte die Gefährdung der konservativen Macht anzeigen, in der offenen Frage preußisches Wahlrecht bissen alle Reformer auf Granit. Und da König und Regierung nichts gegen die preußischen Konservativen unternehmen würden, schien hier die Blockade unaufhebbar.

VI.

Der Erste Weltkrieg

Der Erste Weltkrieg ist mehr als das bloß chronologische oder nur dramatische Schlußstück der Geschichte des deutschen Kaiserreichs. Er ist die „Urkatastrophe" unseres Jahrhunderts für Europa, für die Welt und auch für Deutschland. Alle Probleme des Kaiserreichs bündeln sich unter dem Druck und in den Verwicklungen des Krieges. Wir müssen daher in diesem Kapitel viele Fäden unserer Erzählung zusammenziehen, sie ein letztes Mal in ihrem Nach- und Miteinander, ihrer Abfolge und ihrem Zusammenwirken offenlegen. Wir blicken dabei zunächst „von oben" auf die Geschichte dieses Krieges, die „großen" Operationen, die politischen und militärischen Strategien, die Organisation des Staates. Das ist unverzichtbar. Um aber die Lebensgeschichte der Deutschen im Krieg zu verstehen, bedarf es des ergänzenden Blicks „von unten", darum erzählen wir dann auch von den Menschen und ihren Wahrnehmungen, ihren Wirklichkeiten des Krieges und im Krieg.

Der Krieg ist zuerst die Stunde des Militärs, damit setzen wir ein.

1. Kriegführung 1914–1916

Wir erinnern uns zu Beginn an die militärischen Kräfteverhältnissse beim Ausbruch des Krieges und nennen für die wichtigsten Mächte die Friedensstärke des Heeres im Jahre 1914. Sie betrug in Deutschland 761 000 Mann, in Österreich-Ungarn 478 000, in Frankreich 927 000, in Rußland 1 445 000. Zusammen konnten die Mittelmächte eine Kriegsstärke von 3,5 Millionen Soldaten aufbieten, davon stellte Deutschland 2 147 000 Mann. Ihnen standen 5,7 Millionen Soldaten der Entente gegenüber. Ein Blick auf das Bevölkerungsreservoir macht zudem deutlich, daß die Unterlegenheit der Mittelmächte langfristig noch sehr viel größer war. Aber 1914 rechnete man allgemein mit einem kurzen Krieg.

Natürlich ist die militärische Stärke nicht einfach nach Truppenzahlen zu bemessen. Die Kampfkraft der russischen Armee, mit Millionen von Analphabeten, ohne starke Motivation, oder auch der österreichisch-ungarischen, mit 13 Regimentssprachen und sehr unterschiedlich loyalen Nationalitäten, war mit der der französischen oder deutschen Truppen nicht einfach gleichzusetzen. Waffentechnisch waren die Westalliierten bei der Feldartillerie, die Deutschen bei der mittleren und vor allem der schweren Artillerie überlegen. Sonst waren die deutsche und die französische Armee technisch annähernd gleich gut ausgerüstet, während Österreicher und Russen, z. B. bei den Maschinengewehren, zurücklagen; aber auch in den technisch gut ausgerüsteten Armeen gab es pro Regiment nur eine Kompanie mit sechs Maschinengewehren. Die Nachrichtentechnik war überall erst dürftig und unzureichend entwickelt.

Wichtig ist dann ein Blick auf die Fronten. Im Westen standen für den ersten Aufmarsch 70 deutsche Infanteriedivisionen gegen 92 alliierte, im Osten 63 Divisionen der Mittelmächte gegen über 100 russische Divisionen. Der deutsche Aufmarsch im Westen zeigte die Effektivität der deutschen Organisation, er war innerhalb von 10 Tagen vollendet; das gelang vor allem mittels der genau geplanten Eisenbahntransporte: 2150 Züge rollten zwischen dem 2. und dem 18. August über die Kölner Hohenzollernbrücke, durchschnittlich alle zehn Minuten ein Zug.

Obwohl der Krieg ein Koalitionskrieg war, lag die Kriegführung auf beiden Seiten bei den nationalen Führungsinstanzen, zwischen den jeweils Verbündeten gab es nur Absprachen. Die deutsche Führungsstruktur war ein Produkt der Besonderheiten der deutschen Militärverfassung, deren Probleme – wir haben davon berichtet – sich nach Kriegsausbruch gewaltig zuspitzten. Zwar blieb formell die höchste Kommandogewalt beim Kaiser, aber de facto bestimmte der Chef des Generalstabs die Operationen des Feldheeres. Mit seinem Stellvertreter, dem Generalquartiermeister, bildete er das, was sogleich Oberste Heeresleitung hieß, die OHL. Chef des Generalstabs war im August 1914 der hochgebildete, aber kränkliche und entscheidungsschwache Generaloberst von Moltke (der „jüngere" Moltke). Am 1. November 1914 wurde eine besondere Kommandostelle des Oberbefehlshabers Ost („Oberost") mit den Generälen Hindenburg und Ludendorff an der Spitze gebildet, sie unterstand aber zunächst eindeutig der Obersten Heeresleitung. Die OHL, mit einer Reihe von Stäben, war ein Teil des sogenannten Großen Hauptquartiers. Dazu gehörten der Kaiser und seine Kabinettschefs, der Reichskanzler und der Staatssekretär des Auswärtigen, der preußische Kriegsminister, der Staatssekretär des Reichsmarineamts und der Chef des Admiralstabs, die Militärbevollmächtigten der Bundesstaaten und der Verbündeten, schließlich der Hof, das Gefolge des Kaisers. Das war kein Beratungs- und Entscheidungsgremium, aber das war das Umfeld für Beratungen und Entscheidungen. Freilich gingen der Kanzler und der Chef des Auswärtigen Amtes nach den ersten Monaten wieder zurück nach Berlin, die Regierungsgeschäfte waren anders nicht zu führen, ins Hauptquartier kamen sie jeweils nur zu den notwendigen Besprechungen, aber das minderte ihren Einfluß. Seit 1916 hatte die zivile Reichsleitung überhaupt keinen ständigen Vertreter in höherem Rang mehr im Hauptquartier. Das war gleichsam der organisatorische Ausdruck der Machtverteilung, der Verselbständigung des Militärs. Daß der Kaiser nicht in Berlin war, sondern in diesem seltsamen Hauptquartier, sollte den Eindruck erwecken, er leite persönlich die Operationen. Das war indes von vornherein eine Fiktion – die längst irreale Fassade der Militärmonarchie; sie erschwerte nur die Koordination der Entscheidungen und blockierte die Fortentwicklung der Verfassung. Der Kaiser verlor mehr und mehr an Macht. Auch die vor 1914 so wichtigen Kabinettschefs des Kaisers verloren an Macht; je mehr sie politische (und nicht nur militärische) Gesichtspunkte vorbrachten, desto mehr gerieten sie in Gegensatz zur OHL. Und wenn der Kaiser an Macht verlor, dann natürlich auch seine Berater.

a) Der Kriegsverlauf 1914/15

Militärisch beginnt der Krieg mit der deutschen Offensive im Westen gemäß dem Schlieffen-Plan: Die deutsche Armee marschiert in Belgien und Nordfrankreich ein, um das französische Heer von Norden und dann in der geplanten großen Zangenbewegung auch von Westen her zu umfassen. Diese große Operation scheitert mit dem Abbruch der Marne-Schlacht Anfang September. Für eine allgemeine Darstellung wie die unsere sind zwei Dinge wichtig.

1. Der Einmarsch in Belgien traf auf Widerstand, der dazu beitrug, daß der rechte Flügel der deutschen Offensivfront nicht so schnell vorrückte, wie es zum Erfolg des kühnen Schlieffen-Plans erforderlich war. Der Widerstand selbst und die deutschen Reaktionen darauf zerstörten die Illusion, Kriegs- und Zivilangelegenheiten seien zu trennen. Die Tatsache vor allem, daß alle belgischen Wehrfähigen, die nicht in der Armee dienten, als „Bürgerwacht" mobilisiert und von anderen bewaffneten Zivilisten und Heckenschützen, den „Franktireurs", nicht zu unterscheiden waren, führte zu Schwierigkeiten, zu einer starken Nervosität bei den Deutschen. Einheiten, die sich angegriffen glaubten, reagierten manchmal mit planloser Härte und „kurzem Prozeß". Kleine Zwischenfälle, die sich später nicht wiederholten, und Kampfschäden an Kulturdenkmälern wurden von der immer gewaltigeren Propaganda der Kriegsparteien hochstilisiert zu „hunnischer Barbarei gegen Frauen und Kinder" oder „deutschen Greueltaten" bzw. umgekehrt zu „belgischen Greueltaten gegen Verwundete". Propaganda wurde gleichsam mit Kriegsbeginn eine Waffe im Kampf um die Neutralen, in der Rechtfertigung der eigenen Sache auch vor den eigenen Bürgern. Während sich die alliierte Propaganda als Beschützer des „kleinen belgischen Volkes" gefiel, stellten sich die Deutschen als Protektor der „flämischen Nation" dar. Aber im ganzen waren die Deutschen darin ihren Gegnern unterlegen, das lag nicht zuletzt auch an der schlechten Kooperation zwischen zivilen und militärischen Behörden, auch und gerade wenn letztere die Pressezensur in der Hand hatten.

2. Warum ist die deutsche Offensive gescheitert, jenseits von Schlachtenglück, Stärke oder Geschick der Gegner? a) Das deutsche Nachrichtenwesen war nicht auf die Anforderungen dieser Offensive vorbereitet, das wirkte sich beinahe katastrophal aus. Zwischen Generalstab/Oberkommando und den Armeen des doch entscheidenden rechten Flügels gab es keine Telefonverbindung, ja auch zwischen den Armeen des rechten Flügels nicht,

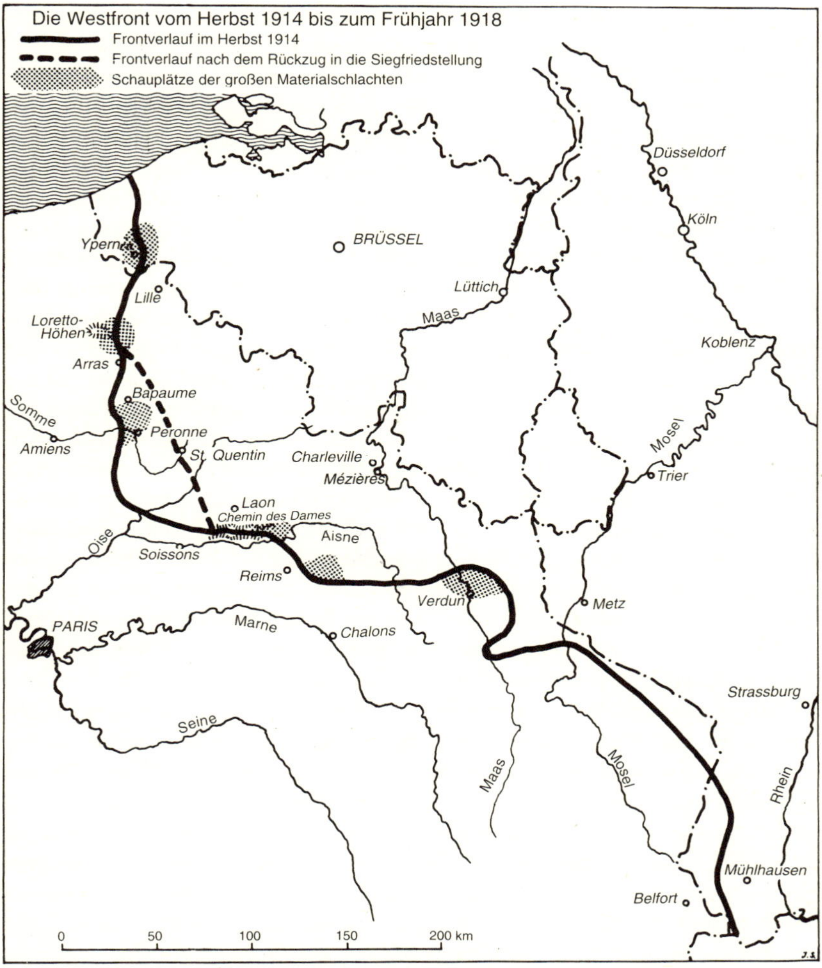

Quelle: Peter Graf Kielmansegg, Deutschland und der Erste Weltkrieg. Stuttgart: Klett-Cotta, 2. Aufl. 1980. Gezeichnet von Johannes B. Schüren

Flugzeuge wurden nicht zur Nachrichtenübermittlung eingesetzt, ihre Aufklärungsergebnisse wurden nur ganz unzureichend ausgewertet und weitergegeben. b) Der Oberkommandierende Moltke war kein Feldherr – das ist nicht immer zu verlangen; er war aber auch nervös-pessimistisch und vor allem entscheidungsschwach, er hatte sich in kluger Selbsterkenntnis gegen seine Ernennung durch den Kaiser gewehrt. Er hat in wichtigen Momenten der Offensive die Entscheidung den einzelnen Armeeführern überlassen, insofern zerfiel die einheitliche Großoffensive bis zu einem gewissen Grade in Bruchstücke. Auch die Vereinigung der Flügel und der Mitte zu je einem Armeekorps wurde nicht erwogen. Und die Armeeführer waren zum größeren Teil zu alt – eine Folge des Adels- und Senioritätsprinzips bei der Beförderung – und keine Strategen. c) Moltke hat nicht als Dogmatiker des Schlieffen-Plans gehandelt, das war nicht per se ein Nachteil. Aber er hat das normale strategische Gebot und die einzige Chance, nämlich alle Kräfte auf einen Entscheidungspunkt zu konzentrieren, immer wieder verletzt. Anfangserfolge im Mittelabschnitt hat er stark überschätzt und darum dort Truppen in ordinärer Verfolgung gebunden. Bis zu Beginn der Marne-Schlacht war der rechte Flügel nur noch halb so stark, wie er laut Plan hätte sein müssen; die Anfangserfolge des rechten Flügels, dessen Truppen sich zwar Paris näherten, aber nur zum Rückzug des Gegners, nicht zu der notwendigen Umfassung führten, hat er wiederum überschätzt und daraufhin Truppenteile nach Ostpreußen und gegen Antwerpen (wohin das Gros der belgischen Truppen abgedrängt worden war) abgezogen. Zwischen dem geplanten strategischen Ausgreifen und Umfassen und übervorsichtigen Rückzügen und Umplanungen der Angriffe gab es keine klare Linie. d) Anfang September war es nicht mehr möglich, den rechten Flügel, so wie geplant, westlich um Paris herumzuführen, dazu reichten die Kräfte nicht mehr, die Gefahr eines französischen Flankenangriffs von Westen war zu groß. Nach dem Schlieffen-Plan hätten die Soldaten, zumal des rechten Flügels, 30–40 km pro Tag marschieren müssen; das war jetzt nicht mehr zu schaffen. Der rechte Flügel marschierte nur südöstlich an Paris vorbei, um das Anfangsziel der Umfassung vom Rücken des Gegners her doch noch zu erreichen. Mit dem befürchteten Angriff der Franzosen auf die Westflanke der deutschen 1. Armee begann der strategisch bedeutende und niemals zu erschütternde französische Befehlshaber Joffre die Marne-Schlacht. Die Deutschen warfen ihre Masse in die Verteidigung der Flanke und waren erfolgreich, doch die Franzosen und Engländer stießen in eine Lücke zwischen der 1. und der anschließenden 2. deutschen Armee. Die Lage war noch durchaus offen, ja aussichtsreich – Moltke und sein Sonderbevollmächtigter Hentsch allerdings beurteilten sie ganz pessimistisch und ordneten den Rückzug beider Armeen an. Der große „Plan" war gescheitert. Moltke brach zusammen. Falkenhayn vertrat ihn seither und löste ihn bald ab. e) Ein Nach-Gedanke ist besonders wichtig. Daß aus dem Fast-Sieg an der Marne eine Niederlage wurde, mag an Fehlern der deutschen Führung gelegen

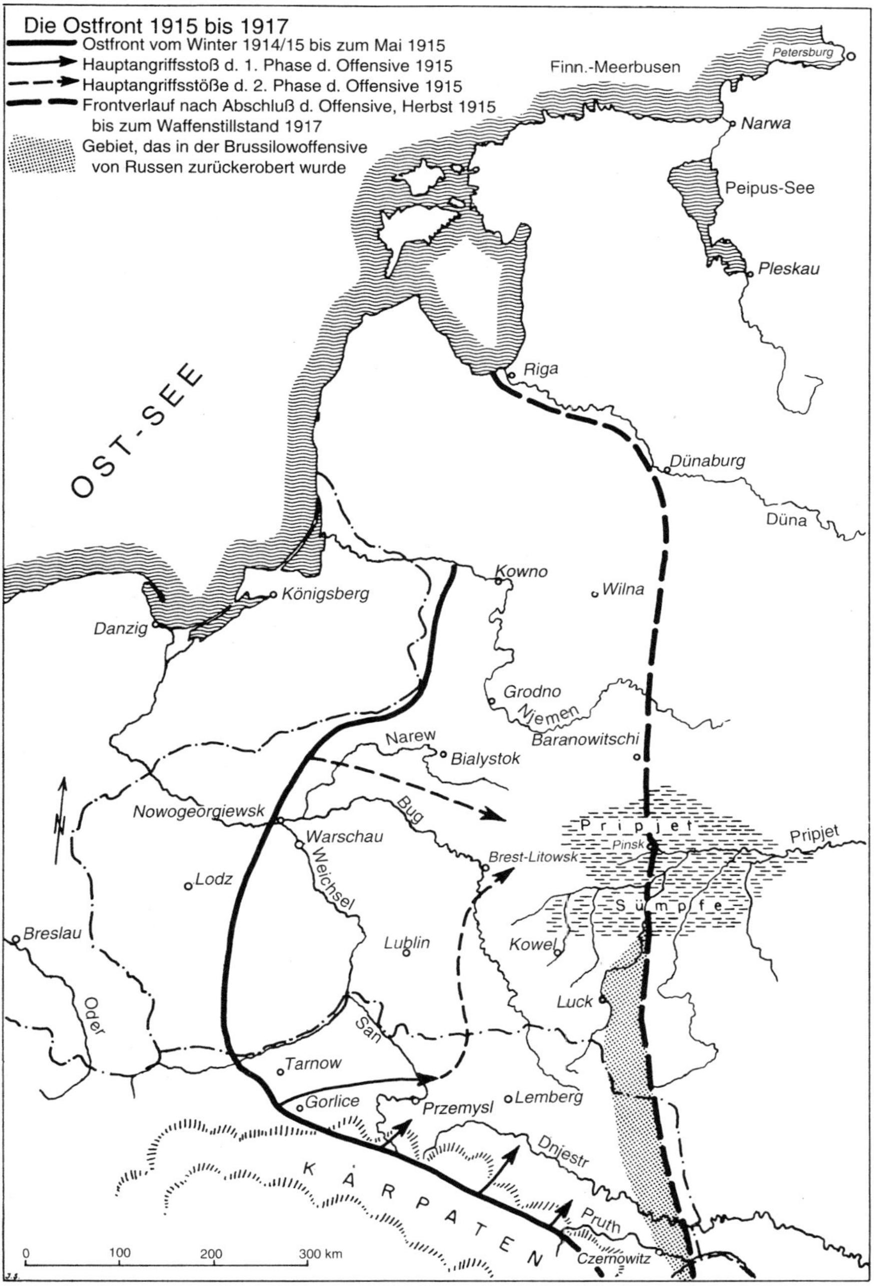

Quelle: Peter Graf Kielmannsegg, Deutschland und der Erste Weltkrieg. Stuttgart: Klett-Cotta, 2. Aufl. 1980. Gezeichnet von Johannes B. Schüren

haben. Aber auch ein Sieg an der Marne wäre aller Wahrscheinlichkeit nach niemals der „Blitz-“ oder gar Totalsieg geworden, den die Deutschen angestrebt hatten. Das war im Zeitalter des Massenkrieges eine Illusion.

Nachdem die Front Mitte September an der Marne zum Stehen gekommen war, begann der „Wettlauf zum Meer“. Zunächst wollte Falkenhayn in einem zweiten Anlauf noch einmal durch eine Umfassungsschlacht zwischen Oise und dem Meer in Nordfrankreich den entscheidenden Sieg im Westen erzwingen. Es war anzunehmen, daß auch die Alliierten eine ähnliche Initiative planten. Die Erschöpfung der Kräfte auf beiden Seiten schien gleich groß, darum war das Durchhalten des Angriffswillens so wichtig. Aber der deutsche Angriff Ende September scheiterte, an der Stärke des Gegners, der Erschöpfung der eigenen Kräfte, dem Mangel an Artilleriemunition. Auch der dritte Versuch zu einer Umfassungs-Offensive im letzten für einen Bewegungskrieg offenen Raum zwischen Lille und der Küste ist im Oktober gescheitert. Die Deutschen, die inzwischen auch Antwerpen erobert hatten, waren zwar rein zahlenmäßig überlegen, aber dazu zählten vor allem neu aufgestellte Verbände mit hohem Anteil von Freiwilligen, die nach zwei Monaten erst ganz unbefriedigend ausgebildet waren (die Engländer lehnten es ab, vergleichbare Truppen im Herbst 1914 schon einzusetzen). Bei der Schwäche der eigenen Artillerie, in der jedem Angriff ungünstigen Landschaft, gegen die Verstärkungen der französischen und gegen die englische Schiffsartillerie, zuletzt gegen das Öffnen der Schleusen bei Flut (Nieuport), und erst recht angesichts der ungeheuren Verluste blieb die deutsche Offensive stecken; daß auch der Gegner am Rande des Zusammenbruchs war, änderte daran nichts, seine Front hatte gehalten.

Der letzte vergebliche Angriff auf Ypern (10.-18. November) verfolgte – neben taktischen Zielen der Frontbegradigung – schon vornehmlich das Ziel eines symbolischen Sieges, um die demoralisierenden Konsequenzen einer Niederlage abzuwenden. Damit war der deutsche Angriffsplan auch im dritten Anlauf gescheitert, der Bewegungskrieg im Westen war zu Ende, seither stand die Front im wesentlichen bis 1918, als System von entgegengesetzten Verteidigungslinien, von Schützengräben und Stacheldraht. Ende des Jahres verlief die Frontlinie im Westen von der Kanalküste bei Nieuport an der Somme vorbei, nördlich von Soissons an der Aisne und Reims durch den Argonnerwald bis Verdun und von dort nach Süden durch die Vogesen und bis zur Schweizer Grenze. Man kann den Entschluß Falkenhayns, die letzte Chance des Bewegungskrieges zu nutzen, verstehen. Aber er unterschätzte den Gegner und die Ungunst der Bedingungen, überschätzte die eigenen Möglichkeiten, auch er hat nicht konsequent alle Kräfte im noch offenen Raum konzentriert; wie auch immer, weniger noch als im Fall der Marne-Schlacht hätte ein deutscher Durchbruch in Flandern die erstrebte Kriegsentscheidung gebracht.

Die Schlacht um Flandern hat sich tief in das Gedächtnis der Völker eingegraben, der rote Mohn von Flandern ist noch heute die Blume des

Memorial Day in Großbritannien – wenngleich sie auch Symbol für die vielen noch folgenden Schlachten in diesem Raum ist. Am meisten galt das für das Gedächtnis der Deutschen. Der Sturm von Regimentern mit einem hohen Anteil von Kriegsfreiwilligen auf Langemarck (10. November), der unter schwersten Verlusten zusammenbrach, wurde sogleich und dann für eine folgende Generation zum Symbol der fraglosen Opferbereitschaft der Jugend von 1914 im Glauben an das Vaterland, für uns von fremdartiger Größe und von kaum mehr verstehbarem Heroismus.

An der zweiten deutschen Front im Osten standen gemäß dem Schlieffen-Plan nur schwache Truppenteile. Sie sollten, ehe die russische „Dampfwalze" zwischen Posen und Breslau gegen Berlin in Bewegung kam, den Gegner in Ostpreußen angreifen und damit auch die erwartete österreichische Offensive aus Galizien stützen. Da die Russen mit zwei Armeen gegen Ostpreußen vorgingen, lag die einzige Chance darin, diese getrennt zu schlagen. Ein deutscher Gegenangriff gegen die Nordarmee bei Gumbinnen wurde trotz erfolgreicher Anfänge aus Sorge vor der Südarmee abgebrochen und der Rückzug auf die Weichsel, das heißt die Aufgabe Ostpreußens, eingeleitet. Daraufhin wechselte Moltke das Armeekommando aus, der pensionierte General Paul von Hindenburg wurde zum Oberbefehlshaber, der hochtalentierte, unruhige Erich Ludendorff zu seinem Generalstabschef. Die deutschen Truppen werden nun schnell und unter großen Risiken gegen die russische Südarmee konzentriert, diese wird in einer klassischen Umfassungsschlacht, die von Hindenburg den Namen Tannenberg bekommt, vernichtet, zerschlagen und gefangengenommen (26.-31. August). Schließlich gelingt auch der Sieg über die Nordarmee an den Masurischen Seen (6.-15. September), die Russen müssen sich zunächst einmal weitgehend aus Ostpreußen zurückziehen.

Dagegen beginnt die Auseinandersetzung zwischen Österreichern und Rußland mit einer Niederlage: Österreich konzentriert starke Kräfte zuerst gegen Serbien, die Anfangschancen einer Überlegenheit in Galizien werden schon damit vertan. Die russische Offensive dort ist erfolgreich, die Österreicher müssen sich auf die Karpaten zurückziehen. Eine deutsche Entlastungsoffensive in Südwestpolen ändert nicht die Gesamtlage. Rußland freilich konzentriert auf Drängen Frankreichs seinen weiteren Offensivplan auf Deutschland (Schlesien), ein deutscher Gegenstoß von Norden bleibt zwar ohne durchschlagenden Erfolg, fängt aber die russische Offensive doch ab, es bildet sich eine feste Front. In diesem Hin und Her spielen die Schwierigkeiten eines Koalitionskrieges eine große Rolle; ein gemeinsames Oberkommando der Mittelmächte, auch nur für einzelne Abschnitte, kommt nicht zustande. Nur zum Teil werden die Operationen gemeinsam unternommen, die Kooperation ist schlecht, von Mißtrauen und gegenseitigen Anklagen erfüllt. Österreich, vor allem der Generalstabschef Conrad von Hötzendorf, fühlt sich im Stich gelassen, überheblich behandelt, umgekehrt sehen die Deutschen die Schwäche und Ineffektivität der Bundesgenossen – die große

Zahl der Gefangennahmen z. B., die darauf beruht, daß tschechische Soldaten nicht kämpfen oder gar überlaufen; die Deutschen treten auch bei legitimen Meinungsunterschieden als Besserwisser auf.

Nach dem endgültigen Scheitern der Westoffensive und dem Ende des Bewegungskrieges stand für die deutsche Führung die zentrale Frage wieder zur Diskussion: Wie der Zwei-Fronten-Krieg weiter zu führen, wo eine noch mögliche Entscheidung zu suchen sei. Zwei Meinungen stießen im immer bitterer werdenden Konflikt aufeinander. Falkenhayn hatte noch Anfang November mit seinem Vorstoß auf Ypern für den Vorrang der Westfront optiert, der mittelpolnischen Offensive des Ostheeres keine Verstärkungen zugebilligt. Nach dem Scheitern des Angriffs auf Ypern zog er die Konsequenz, der Krieg sei militärisch nicht mehr zu gewinnen – angesichts der Tiefe des Raumes auch im Osten nicht; der Kanzler solle nach einem Sonderfrieden mit Rußland suchen. Diesem in deutschen Führungskreisen ungewöhnlichen Realismus stand freilich eine eigentümliche, nicht allein rational erklärbare Fixierung auf den Westen gegenüber: Keinerlei Schwächung der deutschen Truppenstärke sei hier hinnehmbar, jeder Fußbreit Boden müsse behauptet werden, sogar neue Offensivschläge im Sinne der späteren Zermürbungstaktik wurden geplant. In dieser Fixierung steckte die – sonst eher bei der Marine und in der Öffentlichkeit dominierende – Überzeugung, daß England der eigentliche (und „böse") Gegner Deutschlands sei. Gegen dieses Kriegskonzept stand zunächst die Meinung des relativ selbständigen Oberkommandos Ost: Man müsse die eigene Position im Osten stärken – Ende Oktober standen immer noch nur 24 deutsche 50 russischen Divisionen gegenüber; man müsse den Niedergang der österreichischen Armee aufhalten, den drohenden russischen Einbruch nach Ungarn verhindern, schon um die noch schwankenden Neutralen, Italien und Rumänien, nicht zu Gegnern werden zu lassen; man müsse die Operationsfreiheit im Osten für einen entscheidenden Sieg ausnutzen. Das sei schließlich auch für den von beiden Seiten in seiner Wichtigkeit hoch eingeschätzten Krieg auf dem Balkan – Serbien und die Türkei – wesentlich. Dieser Meinung, von Hindenburg und Ludendorff mit wachsender Vehemenz vorgebracht, schloß sich einigermaßen vorsichtig, aber letztlich doch auch der Kanzler an; neben der Rücksicht auf den Bundesgenossen und die Lage auf dem Balkan spielte für ihn vor allem das Argument eine Rolle, nur ein bedeutender Sieg könne Rußland zu einem Sonderfrieden bewegen. Versuche von Hindenburg, Ludendorff und auch Bethmann Hollweg, eine Ablösung Falkenhayns zu ereichen, scheiterten am Kaiser, dessen Entscheidungsmonopol hier noch einmal eine wesentliche Rolle spielte. Freilich konnte Falkenhayn seinen Sieg nur mit Nachgeben in der Sache erreichen, er mußte sich zur deutlichen Unterstützung einer Ost-Offensive entschließen.

Das erste Stück einer solchen Offensive, die Winterschlacht in Masuren, war nur zum Teil erfolgreich. Ostpreußen, seit dem Herbst 1914 zum Teil noch einmal russisch besetzt, war seither gesichert, aber der nachhaltige und entscheidende Umfassungserfolg, den sich das Oberkommando Ost versprochen hatte, blieb aus; die Deutschen wurden wieder in die Defensive gedrängt. Im April 1915 fiel dann nach langem Schwanken die Entscheidung für eine große Offensive – nicht im Westen, nicht gegen Serbien, sondern im Osten, und zwar für einen Durchbruch im Raum östlich von Krakau (Tarnow-Gorlice), im Rücken der russischen Karpatenstellungen. Das gelang im Mai 1915, die russische Bedrohung Ungarns war ausgeschaltet, fast ganz Galizien wurde zurückgewonnen. Der Erfolg stimulierte zu weiteren Zielsetzungen. Ein deutscher Angriff von Norden her brachte die russische Front in Nordpolen zum Einsturz, die Russen mußten sich aus Polen und Teilen Westrußlands und auch aus Kurland zurückziehen, sie verloren rund 850000 Gefangene (unsere Zahlen in diesem Abschnitt beruhen fast immer auf Schätzungen). Diese Sommeroffensive der Mittelmächte wurde zu ihrem größten militärischen Kriegserfolg überhaupt. Die geplante Zangen- und Einkesselungsbewegung der deutschen Armeen jedoch scheiterte, es blieb nur eine frontale Verfolgung; die unterschiedlichen Planungen von Hindenburg/Ludendorff und Falkenhayn spielten dabei eine Rolle, das führte wieder zu bittersten Vorwürfen und Schuldzuweisungen. Im September 1915 kam die Offensive zum Erliegen, teils weil andere Fronten jetzt wichtiger waren, teils weil die Angriffskraft der erschöpften Truppen an ihre Grenzen kam und die Versorgungsprobleme übermächtig wurden: Das Bahnnetz – ohnehin nicht dicht und mit einer anderen Spur im Hinterland – war zum Teil zerstört, das war vor der Motorisierung ein Zentralfaktum; die Versorgung mit Pferden und Wagen war anachronistisch und unzureichend.

Im Westen hatte sich Mitte November 1914 die neue Form des Krieges durchgesetzt: der Stellungskrieg zweier gewaltiger Verteidigungsfronten. Die tief gegliederten Systeme der Schützengräben und Unterstände prägten nun den Frontverlauf und das Leben der Soldaten. Dazu gehörten neue Waffen: Minen- und Flammenwerfer und Handgranaten, Schnellfeuerwaffen mit verlängerten Schußweiten (damit wurde jeder Angriff noch schneller und von weitem abgewehrt), Gasgranaten und Gasmasken (im April 1915 hatte es bei Langemarck den ersten Giftgasangriff gegeben); dazu gehörten die Luftaufklärung, die intensivierte Koordination von Infanterie, leichter und schwerer Artillerie. Die einzige Möglichkeit für jedwede Veränderung, für Initiative, Übergang von Defensive zu Offensive, war der Versuch des „Durchbruchs" mit ungeheurem Materialeinsatz auf kleinem Raum und unter Inkaufnahme hoher Verluste. Das gegnerische Stellungssystem sollte artilleristisch so zerstört werden, daß der klassische Infanterieangriff, der angesichts der neuen Waffe, des Maschinengewehrs, fast sinnlos geworden war, doch ermöglicht wurde.

Nachdem die Deutschen sich dem Osten zugewandt hatten, lag die Initiative im Westen bei den Alliierten, vor allem den Franzosen. Sie suchten, das war Teil der Bündnisstrategie wie des Streites unter den Alliierten, durch

Entlastungsangriffe zuerst russische Offensiven zu stützen und dann russische Niederlagen einzudämmen. Nach einem ersten Versuch schon im Dezember 1914 hat die französische Führung mit drei Großangriffen 1915 die Zeit der Materialschlachten und Durchbruchsversuche eingeleitet, im Februar/März in der Champagne, im Mai/Juni nördlich von Arras (Lorettohöhe) und Ende September in beiden Regionen zugleich, jetzt mit den neu ausgebildeten englischen Divisionen stark überlegen. Alle drei Anläufe sind gescheitert. Die Schlachtfelder wurden zum Inferno, die Verluste gewaltig, allein in der letzten Doppelschlacht 250000 Soldaten auf seiten der Alliierten, 150000 auf der der Deutschen, aber es gelangen nur kurze Einbrüche, nie ein Durchbruch.

Wir müssen jetzt kurz von den alten und neuen Nebenfronten berichten. Der Krieg der Großmächte stellte für die mittleren Mächte die Frage nach Teilnahme oder Neutralität. Im Kalkül der Großmächte und des sich abzeichnenden Machtpatts des Stellungskrieges sollten sie als Bundesgenossen gewonnen werden oder zumindest daran gehindert werden, ins feindliche Lager abzuschwenken; die Neutralen selbst, soweit kriegswillig, waren von Hoffnung auf Beute, auf Landgewinn geleitet; die Zusagen der Großmächte belasteten auf die Dauer jede Chance eines Verständigungsfriedens.

Am wichtigsten war zunächst der Raum, dessen Konflikte den Krieg ausgelöst hatten, der Balkan. Relativ klar war schon bald die Position der Türkei. Rußland wollte die Meerengen, und die Alliierten versprachen sie ihm. Deutschland dagegen hatte großes Interesse an der Sperrung der Meerengen, um Rußland vom Westen zu isolieren, zudem hoffte man über den Sultan die Moslems in den englischen und französischen Kolonien mobilisieren zu können. Als die Russen anfingen, in türkischen Gewässern Minen zu legen, war der Anlaß zum Krieg da (2. November 1914). Die Ausrufung eines heiligen Krieges erwies sich zwar als wirkungslos, aber die Sperrung der Meerengen war eine Chance für die Mittelmächte. Sie zu ergreifen, setzte freilich eine funktionierende Eisenbahnverbindung für Munitionstransporte etc. nach Konstantinopel voraus, entweder durch Serbien oder durch Rumänien und Bulgarien. Damit rückte die Balkanstrategie noch schärfer ins Zentrum der Planungen und Auseinandersetzungen zwischen dem Reich und seinen Verbündeten, aber auch innerhalb der Reichsleitung. Der Balkan war eine Lebensfrage für die Doppelmonarchie und schon deshalb für das Reich eine strategische Frage ersten Ranges.

Neben der Frage des Weges nach Konstantinopel ging es vor allem um zwei Probleme. Einmal um die Neutralität Rumäniens, Bulgariens, auch Griechenlands. Rumänien war wegen seiner Ansprüche auf das ungarische Siebenbürgen auf dem Sprung in das Lager der Alliierten; die Mittelmächte, auch auf rumänisches Öl und Getreide angewiesen, versuchten, das Land durch Angebote russischer Gebiete daran zu hindern. Bulgarien wollte seine Niederlage im zweiten Balkankrieg wettmachen und stellte Ansprüche auf serbische, griechische und türkische Gebiete; bei einem Anschluß an die Mittelmächte mußte das Reich nach einem Ausgleich mit den Interessen seines Bundesgenossen Türkei und des wohlwollend neutralen Griechenland suchen.

Das andere Problem war Serbien; hier war der österreichische Angriff ziemlich kläglich gescheitert. Nur mit deutscher Hilfe war Serbien niederzuringen. Das Auswärtige Amt und der Kanzler gaben einer deutschen Intervention – wegen der anderen Balkanprobleme – hohe Priorität. Falkenhayn war angesichts der begrenzten Reserven und der Probleme der beiden Hauptfronten reservierter, der österreichische Generalstabschef Conrad plädierte für die unbedingte Priorität der russischen Front, ein Sieg dort werde die politische Lage auf dem Balkan entscheiden; wie fast alle Österreicher hatte er leichte Vorbehalte, den starken deutschen Bundesgenossen in die doch so „ur-österreichische" serbische Frage hineinzuziehen. Im Frühjahr 1915 wurde das serbische „Problem" dringlicher. Die türkische Offensive im Kaukasus brach zusammen, in Ägypten und im Irak blieb jeder Erfolg aus; vor allem aber starteten die Alliierten den Angriff auf die Dardanellen (19. Februar 1915). Zwar mißlang ein erster Flottendurchbruchsversuch, aber am 25. April landeten alliierte Truppen bei Gallipoli. Die Gegensätze im Lager der Mittelmächte waren nicht geklärt, Rumänien und Bulgarien weiterhin unentschieden. Inzwischen war die große Ost-Offensive angelaufen, und man hoffte auch auf ihre politischen Wirkungen. Als Italien im Mai dennoch in den Krieg eintrat, wollte Conrad der neuen italienischen Front Vorrang einräumen. Bulgarien zögerte, weil Serbien ihm, von den Alliierten gedrängt, hohe Angebote machte; Verhandlungen mit Rumänien führten, da Österreich keine territorialen Konzessionen machen wollte, zu nichts, auch Friedensangebote Wiens an Serbien, die Überlassung Montenegros und Nordalbaniens, führten zu keinem Ergebnis. Während des Sommers 1915 konnten sich die Türken auf Gallipoli erstaunlicherweise behaupten. Anfang September endlich schloß sich Bulgarien den Mittelmächten an und erklärte am 14. Oktober Serbien den Krieg: Jetzt begann die gemeinsame Offensive gegen Serbien, dessen Armee Anfang November nach vielen Schwierigkeiten und Reibungen der verbündeten Truppen vernichtend geschlagen wurde; allerdings entkamen Teile zur Adria und wurden von den Alliierten zunächst nach Korfu verbracht. Gegen die Serbien-Offensive waren die Alliierten Anfang Oktober in Saloniki gelandet – unter fadenscheinigen Vorwänden brachen sie die griechische Neutralität, Griechenland blieb mit seiner Armee neutral, konnte aber die alliierte Besetzung Salonikis nicht hindern. Indes vermochten die Alliierten Serbien nicht zu retten. Aber hier gab es jetzt bis 1918 eine neue „Front". Am 20. Dezember gaben die Alliierten das Gallipoli-Unternehmen, das sie 142000 Tote gekostet hatte, auf.

Trotz der Erfolge der Mittelmächte hörten ihre Innenkonflikte nicht auf; Österreich besetzte seine Interessengebiete Montenegro und Albanien und forderte (erfolglos) eine deutsch-bulgarische Saloniki-Offensive; gegenüber Serbien wollte Österreich Annexion oder Aufteilung, Deutschland einen

Ausgleichsfrieden. Deutschland mußte weiterhin zwischen bulgarischen Expansionswünschen und der Erhaltung der griechischen Neutralität lavieren.

Der andere Kriegsschauplatz des Jahres 1915 ergab sich aus dem Kriegseintritt Italiens. Daß der Dreibund Italien nicht wirklich band, war seit langem klar, die national-revisionistischen Forderungen an Österreich standen dagegen. Ob Italien die Neutralität aufgeben und sich den Alliierten anschließen werde, das war im Winter 1914/15 die Frage. Auch das serbische „Problem" spielte herein, weil der Dreibund bei Machtgewinn Österreichs auf dem Balkan ein Mitspracherecht Italiens (und Kompensationen) vorsah. Österreich war auch unter deutschem Druck zu Zugeständissen an Italien bereit, im April 1915, verzweifelt über die drohende Intervention, sogar zur Aufgabe des Trentino (Welschtirols), des westlichen Isonzo-Ufers, zu einem Sonderstatus für Triest. Aber gegen die Beuteversprechungen der Entente und das schnelle Anwachsen der italienischen Forderungen kam Wien jetzt nicht mehr an. Zudem glaubte die italienische Kriegspartei, so der abgefallene Sozialist Mussolini, daß der Status Italiens als Großmacht nur durch Intervention aufrechtzuerhalten sei. Am 23. Mai 1915 trat Italien in den Krieg ein, das war – vor allem für die Österreicher – der „Verrat" Italiens. Falkenhayn hatte Conrad davon überzeugt, daß nur eine Verteidigungsstrategie möglich sei. Die Österreicher wehrten im Laufe des Jahres die vier großen Durchbruchsangriffe der Italiener am Isonzo (nördlich von Triest, im Raum von Görz) erfolgreich ab, wenn auch unter hohen Verlusten.

Militärisch war das Fazit des Jahres 1915 für die Mittelmächte sehr positiv, sie hatten ihre Ziele erreicht, in Serbien, in Rußland, alle alliierten Offensiven waren gescheitert, im Westen, in Gallipoli, in Italien. Sie hatten alle Bedrohungen abgewehrt und ein hohes Maß an Handlungsfreiheit zurückgewonnen. Dennoch waren ihre Aussichten nicht gut: Im Osten war die Vernichtung des Gegners nicht nur nicht gelungen, sondern hatte sich – entgegen der Meinung des Oberkommandos Ost, mit ein paar Divisionen mehr wäre das zu erreichen gewesen – als zu dieser Zeit unmöglich erwiesen; der Beitritt Italiens zur Entente war ein gewaltiger Schritt zur Bildung einer Weltkoalition (auch im Blick auf den Wirtschaftskrieg), die Bildung der Saloniki-Front war eine neue schwere Bedrohung.

Wir werfen schließlich einen Blick auf die Flotte in den ersten Kriegsjahren. Die Flottenplanung der Vorkriegszeit ist 1914 gescheitert. Weder hat die Abschreckung (Risikogedanke) England aus dem Krieg herausgehalten, noch griff England zu der erwarteten Nahblockade, die man mit Einzelvorstößen hätte irritieren können, oder suchte gar die große Seeschlacht. Der deutsche Überseehandel war nicht zu schützen, der englische nicht zu beeinträchtigen, ungeachtet der abenteuerlichen und sich in die Gedächtnisse eingrabenden Kaperfahrten der deutschen Auslandskreuzer 1914/15. Zu einem Einsatz der Flotte im Kanal gegen das Übersetzen des englischen Expeditionsheeres oder zu Angriffen auf französische und belgische Kanalhäfen kam es nicht; wir erinnern uns, es gab keine irgend geordnete, ja gar keine Kooperation der Flotte mit dem Heer. Selbst innerhalb der Flotte arbeiteten Reichsmarineamt, Admiralstab und Führung der Hochseeflotte neben- und gegeneinander. England ging zur „Fernblockade" der beiden Nordseeausgänge im Kanal und zwischen Schottland und Südnorwegen über und konzentrierte seine Flotte, den Deutschen unerreichbar, zwischen Schottland und den Orkney-Inseln.

Die englische Flotte war mit 32 Großkampfschiffen der deutschen mit nur 21 weit überlegen, bei den leichteren Schiffen galt das erst recht; und angesichts der Neubauten und der Neubaukapazitäten wuchs die britische Überlegenheit. In der Entwicklung von U-Booten war Deutschland seit der Produktion des 850-PS-Dieselmotors der MAN führend, aber einstweilen waren das wenige Boote, deren Einsatz gegen Kriegsschiffe trotz eines sensationellen Anfangserfolgs (U 9, Kapitänleutnant Weddigen) nicht aussichtsreich war. Über all dem darf man nicht übersehen, daß die deutsche Flotte doch eine enorme Abschreckungswirkung hatte: Es gab keinerlei Angriff auf die deutschen Küsten, und der Zugang zur Ostsee blieb für den Westen gesperrt, das isolierte Rußland und sicherte die deutsche Erzzufuhr aus Schweden. Die russische Flotte blieb auf die nördliche Ostsee beschränkt, die Deutschen konnten sich mit Hilfe des Kaiser-Wilhelm-Kanals immer zurückziehen oder Verstärkung hinzuziehen.

Aus dieser Lage erwuchs die Erfahrung, wie überflüssig die Hochseeflotte war. Der Kaiser, in Marinesachen auf seinen Oberbefehl noch erpicht, hatte eine schier irrationale Sorge um die Erhaltung der Flotte für den Friedensschluß. Darum waren auch kleinere Aktionen nicht möglich. Das erzeugte ein hohes Maß von Frustration in den Einheiten wie auf der Kommandoebene. Wir kommen darauf zurück. Im ganzen also blieb im Krieg die deutsche Flotte – das Prestigeobjekt zumal des Kaisers und Tirpitz', der Stolz der Nation – bedeutungslos. Eher zufällig kam es 1916 nach wiederholtem Vorstoßen der deutschen Hochseeflotte zu einer wirklichen Konfrontation mit der englischen Flotte, zur Seeschlacht am Skagerrak (31. Mai/1. Juni); aber die Schlacht wurde bei unentschiedenem Gesamtergebnis und einem Überwiegen von deutschen Erfolgen, höheren englischen Verlusten an Schiffen und Mannschaften, abgebrochen. Strategisch hat sich die Lage dadurch um keinen Deut geändert. Fatal war, daß sie für viele die Notwendigkeit zum unbeschränkten U-Boot-Krieg zu bestätigen schien.

Unmittelbar mit den Flottenproblemen hing eine neue Dimension dieses Krieges zusammen. Der Krieg wurde wie nie zuvor ein Handelskrieg, das war vor allem die Strategie Englands. Zum einen fiel die ältere Unterscheidung zwischen Feindstaaten und dem Privateigentum ihrer Staatsangehörigen weg, alles feindliche Eigentum, einschließlich von Patenten etc., wurde konfisziert oder enteignet, die nationalistisch willfährigen Gerichte halfen dabei. Gegenüber der Totalität des Kriegswillens verschwanden die bürgerlichen Vorstellungen des 19. Jahrhunderts von der internationalen Geltung von Eigentum und Privatrecht. Zum anderen radikalisierte England den Seekrieg auch gegenüber dem Handel der Neutralen in einem bis dahin unbekannten Ausmaß. Vor dem Krieg hatte man sich international auf einer Londoner Konferenz über eine Deklaration zum Seekriegsrecht geeinigt, aber sie war wegen des britischen Zögerns nicht ratifiziert worden. Im Sommer 1914 ging man trotzdem zunächst von ihrer Geltung aus, vom Schutz des neutralen Handels; nur bei Rüstungsgütern für den Feind und bei einer Reihe von anderen Gütern, sofern sie für die Verwaltung oder das Militär des Feindstaates bestimmt waren (Konterbande), und nur bei Aufbringung auf hoher See war die Beschlagnahme erlaubt. Sie war durch eine Prisenordnung geregelt. Eine Reihe von Gütern waren frei, darunter viele „kriegswichtige", z. B. Kautschuk.

England nun ließ sich durch diese Bestimmungen nicht binden. Es erklärte alle Güter ohne Unterschiede für Konterbande, und es unterwarf alle Neutralen generell strikter Zwangskontrolle, um jeden Zwischenhandel mit Deutschland auszuschließen; dazu gehörten die Rationierung neutraler Rohstoffimporte, drakonische Sanktionen gegen neutralen Handel mit den Mittelmächten, die Kontrolle neutraler Häfen, die Festlegung eines riesigen Blockaderaums, mit nur wenigen vorgeschriebenen und darum noch einmal leicht kontrollierbaren Handelsstraßen. Schließlich erklärten die Alliierten 1916 unter Berufung auf die rebus-sic-stantibus-Klausel die Londoner Deklaration für nichtig. Das war ungeheuer erfolgreich. Es brachte die deutsche Wirtschaft in fast ausweglose Schwierigkeiten und schuf unerwartet das Problem, die eigene Bevölkerung zu ernähren. Die Blockade wirkte auf die Dauer als „Hungerblockade". Der Krieg war nicht auf Armeen beschränkt, er wirkte zurück auf die Gesellschaft, das Leben innerhalb der kriegführenden Staaten, er wurde in seinen Wirkungen umfassend, wurde total; wir kommen darauf noch zurück. In diesem Krieg waren die Deutschen von vornherein unterlegen. Die Deutschen haben mit dem Einmarsch in Belgien jedes Recht verwirkt, sich auf die internationale Achtung der Rechte der Neutralen zu berufen. Dennoch kann man feststellen, daß die Alliierten mit massivem Machtdruck die bisherigen Rechte, sogar die Souveränität der Neutralen, entschieden einschränkten; auch sie nahmen unter der Unbedingtheit des Siegeswillens ein Recht der Notwehr in Anspruch.

Angesichts des englischen Handelskrieges kam die Idee auf, U-Boote gegen den feindlichen Handel einzusetzen. Deutschland verfügte 1914 zwar erst über 20 U-Boote, und die Bauplanungen hatten keineswegs alles Gewicht für die nächsten Jahre auf diese Waffe gelegt. Aber die Deutschen waren doch in der Entwicklung des neuen Schiffstyps am weitesten fortgeschritten. Die ursprüngliche Vorstellung, mit ihnen eine Waffe gegen feindliche Großkampfschiffe zu besitzen, trat trotz der anfänglichen Erfolge bald zurück, sie entsprach nicht der Realität. Freilich, für den seekriegsrechtlich „erlaubten" Kaperkrieg nach der Prisenordnung (Auftauchen, Entern, Durchsuchen, Beschlagnahmen, in eigenen Hafen dirigieren, notfalls versenken, aber nur wenn die Sicherheit von Passagieren und Besatzung garantiert war) waren die U-Boote vor allem wegen ihrer Verwundbarkeit und des normalen „Zwangs“ zur Versenkung, ungeeignet. Die Engländer haben solchen Einsatz zudem unmöglich gemacht, indem sie ihre Schiffe von bewaffneten Schiffen begleiten ließen, Handelsschiffe zum Rammen der U-Boote ausrüsteten und bald dann bewaffneten, Handelsschiffe zu „U-Boot-Fallen“ machten, zudem den Unterschied zu neutralen Schiffen dadurch aufhoben, daß sie unter neutraler Flagge fuhren.

Gegen die englische Deklaration, entgegen dem bisherigen Seekriegsrecht die gesamte Nordsee zum Blockadegebiet zu erklären, schlugen deutsche Admirale schon im November 1914 vor, die Gewässer um England zum „Sperrgebiet“ zu erklären und dort feindliche und neutrale Handelsschiffe „warnungslos“ zu versenken. Die Tatsache, daß das Seekriegsrecht U-Boote nicht kannte und daß England mit seiner Großblockade allein schon gegen es verstieß, schienen eine genügende Legitimation; mit der Zeit kamen andere Argumente hinzu: Man müsse die amerikanischen Waffenlieferungen – auch wenn sie nicht verboten waren – verhindern, man sei berechtigt, gegen die Hungerblockade und angesichts der Hungertoten ähnliche Kriegsmittel einzusetzen. Das Ganze war keine Rechtsfrage, obwohl so argumentiert wurde. Die politische Frage war die nach der Rückwirkung solcher Maßnahmen auf die neutrale Weltmacht, die USA. Deren Präsident Wilson führte die Diskussion zunächst als Grundsatzfrage des Völkerrechts. Gegen die deutsche Begründung argumentierte er, die englische Blockade gefährde nicht das Leben Neutraler, das tue nur die deutsche warnungslose Versenkung. Sie sei es, die gegen das Völkerrecht verstoße.

Über dieses Problem des „unbeschränkten U-Boot-Krieges“ entstand der bitterste Streit des Weltkriegs, an dem jegliches Bemühen um den Burgfrieden zerbrach. Die Rechte, Anhänger dieser Kriegführung, gewann die öffentliche Meinung, bei allgemeiner Unkenntnis jeglicher Zahlen nährte sie die Hoffnung auf die „Wunderwaffe“, den Gegnern wurde Schwäche oder Anglophilie vorgeworfen, ja die Konservativen benutzten die U-Boot-Frage, um den wegen der Wahlrechtsreformabsichten verhaßten Kanzler zu stürzen. Zuerst im Februar 1915 hat Bethmann Hollweg dem Drängen vor allem der Marine nachgegeben, für die Gewässer um Großbritannien wurde der warnungslose U-Boot-Krieg erklärt. Aber es gab damals nur 21 Boote in der Nordsee, Ende 1915 waren es erst 40, nur ein Drittel war jeweils auf See, noch weniger vor den westenglischen Häfen. Die Marineerwartungen hatten sich auch mehr auf einen Schock bei den Neutralen als auf reale Versenkungen gerichtet. Wegen des Protestes der USA kam es dazu, die erkennbar neutralen Schiffe von diesen Maßnahmen auszunehmen. Dennoch, es kam zu „Zwischenfällen“; bei der Versenkung des englischen Passagierdampfers Lusitania Anfang Mai 1915, der, wie man später wußte, auch Munition transportierte, kamen 120 Bürger der USA ums Leben. Nach wilden amerikanischen Protesten setzten der Kanzler und Falkenhayn ein Nachgeben durch, (große) Passagierdampfer wurden von der Versenkung ausgenommen. Aber der Streit ging weiter, einerseits zwischen den politischen Instanzen, Kanzler und Auswärtigem Amt und Marine, andererseits zwischen dem Reich und den USA. Wilson schlug vor, die Deutschen sollten gegen Aufhebung der Lebensmittelblockade auf den U-Boot-Krieg verzichten, aber das war nicht mehr als eine Geste, denn er war nicht gewillt – über amerikanische Export-, Finanz- und Verkehrsregulierungen –, den möglichen Druck auf England auszuüben. Auch die Bestimmung über Passagierschiffe verhinderte nicht, daß es im Sommer 1915 zu neuen Zwischenfällen kam. Im August 1915 setzte sich Bethmann Hollweg gegen Tirpitz durch, von Falkenhayn und auch dem Chef des Admiralstabs unterstützt, der unbeschränkte U-Boot-Krieg wurde Mitte September 1915 abgebrochen – seine Erfolge übrigens waren bis dahin nicht sonderlich groß gewesen.

Aber das war nur eine Zwischen-Entscheidung. Seit dem Winter 1915/16 ging der Konflikt wieder unvermindert weiter. Jetzt trat auch Falkenhayn in seiner Dezemberdenkschrift, auf die wir gleich noch näher eingehen, für den Einsatz dieser Waffe ein – der Balkan sei gesichert, der Kriegseintritt der USA nicht mehr gefährlich, nur der U-Boot-Einsatz könne die Verdun-Strategie zum Erfolg führen, oder, so hieß es nach ihrem Scheitern, die Kapitulation verhindern. Die öffentliche Meinung, die bürgerlichen Zeitungen, von Tirpitz beeinflußt, agitierten in derselben Richtung, die Mehrheitsparteien im Reichstag schlossen sich dem an. Die einzige Alternative – das energische Verfolgen eines Verhandlungsfriedens – hat der Kanzler nicht ergriffen, konnte er nicht ergreifen. Bethmann Hollweg argumentierte, diese Kriegführung bringe die ganze Welt gegen Deutschland auf und führe zum Kriegseintritt der USA, diese Katastrophe müsse man, solange es irgendeine andere Chance gebe, verhindern; außerdem habe der U-Boot-Einsatz keineswegs die behaupteten Erfolgschancen. Die U-Boot-Protagonisten argumentierten, England werde nur friedensbereit sein, wenn es besiegt sei, es sei nur mit den U-Booten zu besiegen. Im Februar 1916 entschied man, bewaffnete Handelsschiffe – wie immer die erkennbar sein sollten – wieder warnungslos zu versenken. Wilson lehnte es ab, Reisen auf solchen Schiffen zu verbieten. Nach einem neuen Zwischenfall Ende März 1916 wurde auch diese Kriegführung wieder abgebrochen. Im März war es Bethmann Hollweg gelungen, die endgültige Hauptentscheidung noch einmal aufzuschieben, auch mit Hilfe des Chefs des Kaiserlichen Marinekabinetts, des Admiralstabs und jetzt des Reichsmarineamtes, ja er gewann zu dieser Zeit – durch vertrauliche Aufklärung über Risiken und Chancen – anscheinend sogar die Reichstagsmehrheit. Der gleichzeitige Sturz von Tirpitz (15. März 1916), der die kaiserliche Gunst im Krieg lange schon verloren hatte, begünstigte das.

Aber aus der Frage des U-Boot-Krieges hat sich bekanntlich zuletzt doch der uneingeschränkte U-Boot-Krieg und der Eintritt der USA in den Krieg, und damit wohl die Entscheidung des Krieges entwickelt. Wir müssen deshalb später nochmals darauf zurückkommen.

b) Verdun und die Massenschlachten von 1916

Nach dem Blick auf die Flotte, den Handels- und U-Boot-Krieg kehren wir zurück zum kontinentaleuropäischen Kriegsschauplatz. Wie war die Situation, wie entwickelte sie sich weiter? Trotz der gewaltigen Mißerfolge der Alliierten, der Selbstbehauptung und der Großerfolge der Mittelmächte waren – gesamtstrategisch, wir sagten es – ihre Aussichten Ende 1915 nicht gut, das Kräfteverhältnis entwickelte sich gegen sie. Als Generalstabschef Falkenhayn Ende 1915 die Lage – in einer Denkschrift – analysierte, waren seine politischen Hoffnungen von Anfang des Jahres verflogen. Ein Sonderfriede mit Rußland war unerreichbar. Auch ein Verständigungsfriede im Westen schien ihm unmöglich. Hier aber falle die Entscheidung, hier gebe es angesichts der unbedingten britischen Gegnerschaft, von der er ausging, nur Kampf oder Kapitulation. Wie es Falkenhayn verklausuliert, aber letztlich das eigene Scheitern zugebend formulierte, hatte Deutschland darauf „verzichten" müssen, „die Operationen im Westen soweit zu führen, daß den Franzosen und Engländern keine Hoffnung mehr blieb, einen Umschlag zu ihren Gunsten zu erzwingen ...". Immerhin definierte er das deutsche Ziel ziemlich realistisch, es müsse darum gehen, den Willen des Gegners zum Sieg zu brechen, es ging also nicht mehr um den eigenen Sieg. Aber die Zeit arbeite, so führte er aus, gegen Deutschland, alle Verteidigungserfolge könnten daran nichts ändern. Die Politik, die auf einen Verständigungsfrieden hinarbeiten mochte, zog der General nicht in Betracht. Er dachte, wie es im engeren Sinne seines Amtes war, auf der Basis dieser Analyse nur militärisch weiter. Um den feindlichen Siegeswillen zu brechen, mußte Deutschland initiativ werden; England konnte es nicht treffen (außer durch den uneingeschränkten U-Boot-Krieg), in Rußland war ein Entscheidungssieg nicht zu erringen und ebensowenig in Italien. Es bliebe nur Frankreich, das – nach der unrichtigen Meinung des Generals – an den Grenzen seiner Leistungsfähigkeit angelangt sei. Jetzt kommt die unwahrscheinliche, die schreckliche Wendung: Falkenhayn setzt auf eine „Ermattungsstrategie" – Frankreich vor allem, der britische „Festlandsdegen", soll „ausgeblutet" werden. Damit soll auch England zu einem verfrühten Entlastungsangriff provoziert und ein deutscher Gegenangriff mit Durchbruchsaussichten eingeleitet werden. Die Absicht, in einer anhaltenden „Blutmühle" Frankreich „weißzubluten", zielt auf einen Eckpunkt der feindlichen Front: Falkenhayn, dem die Sinnlosigkeit der „Materialschlachten" durchaus bewußt ist, plant den Angriff auf Verdun, nicht einen Durchbruch, sondern das bloße Zurückdrängen der Franzosen. Frankreich müsse, wenn es dem moralischen Zusammenbruch entgehen wolle, die Festung Verdun um jeden Preis halten.

Kielmannsegg hat die Künstlichkeit dieser Planargumente gut zusammengefaßt: Das Ziel der Aktion blieb in doppelter Hinsicht unklar: Einnahme von Verdun oder Abnutzung des Gegners, Verdun oder der Durchbruch gegen die Engländer; und solche Unklarheiten bestimmten dann die operativen Entscheidungen. Aber mehr noch: Die einfache Konsequenz, daß auch die eigene Widerstandskraft in dieser neuen Materialschlacht ebenso zerbrechen und verbluten könne, ja werde, blieb unbedacht. Daß die Kräfte der Mittelmächte im Westen wie im Osten zu schwach waren, konnte die Kunst-Überlegung nicht verdecken. Aber die Alternative, daß Deutschland den stärkeren Gegner nicht mehr zur Aufgabe seines Siegeswillens bringen könne und daß darum ein Verständigungsfriede angestrebt werden müsse, für den bestimmte militärische Siege durchaus nützlich sein mochten, diese Alternative lag jenseits des Blickfeldes auch eines kühlen und klugen Militärs. Die Strategie zielte auf Sieg (im beschriebenen Sinn), sie ließ der Politik keine Möglichkeit, es war in diesem Reich nicht Sache der Politik, ein anderes Ziel zu setzen und danach die Strategie zu wählen, und zu dieser Zeit schon gar nicht.

Die deutschen Armeen bereiten Anfang 1916 den Angriff auf die Festung Verdun vor, mit einer gewaltigen Massierung von Artillerie und Infanterie; wegen der Neben-Idee der späteren Durchbruchschlacht werden aber nicht alle verfügbaren Kräfte konzentriert. Der deutsche Angriff verzögert sich wegen miserablen Wetters um Tage bis zum 21. Februar, darum geht das Überraschungsmoment verloren, nur Teilerfolge werden erzielt. Jetzt verbeißen sich die gegnerischen Truppen ineinander. In der Materialschlacht haben zuerst die Verteidiger Vorteile, das sind die Franzosen, im einzelnen und später ist jede Seite immer wieder Angreifer und Verteidiger. Obschon der gewaltige Kräfteverbrauch im April und Mai jede andere Aktion im Westen unmöglich macht, hält die Heeresleitung am Angriffsplan fest. Es kommt zwar zu einer Krise der französischen Armee, aber die Deutschen können – angesichts einer russischen Offensive im Osten, des drohenden englischen Angriffs weiter nördlich, an der Somme – das Unternehmen nicht durchhalten, es ist fast nur noch ein sinnlos hin- und herwogender Kampf um Symbolplätze: das Fort Douaumont (am 25. Februar in deutscher Hand, am 22. Mai wieder in französischer), die Höhe 304, Fort Vaux. Ende Juni ist die deutsche Offensive erstickt, im Juli wird sie abgebrochen, aber an der verkeilten Front gehen die Kämpfe weiter, im Oktober und Dezember erobern die Franzosen in enorm erfolgreichen Angriffen alle deutschen Geländegewinne zurück. 317000 französische, 282000 deutsche Tote, Verwundete und Vermißte, das ist die grauenhafte Bilanz der Unheilsschlacht. Die Deutschen sind gescheitert, die Franzosen haben sich behauptet.

Verdun – seine Forts und Hügel: Douaumont, Toter Mann, Höhe 304 – haben sich in beiden Völkern tief ins Gedächtnis einer Generation eingegraben. Die Darstellung des Historikers kommt hier an Grenzen – nicht nur eine Geschichte der Kriegführung, wie dieses Kapitel sie präsentiert, eine „Geschichte von oben“, sondern auch jede „Geschichte von unten“, weil Analyse und Abstraktion dieser Art jene konkrete Wirklichkeit nicht erreichen. Die „Hölle von Verdun“, von Tod und Blut, haben die Miterlebenden gesagt: Ein kleines Gelände von wenigen Quadratkilometern, voller Forts mit Betondecken und Panzertürmen, Schutzgräben, MG-Stellungen, Drahtverhauen, Beobachtungspunkten; auf diesen Raum wurde die auf beiden Seiten massierte schwere und leichtere Artillerie konzentriert, monatelang wurde er immer wieder von Granaten durch und durch aufgewühlt, alle Soldaten lagen unter diesem ständigen mörderischen Dauerfeuer, in weithin zerstörtem Gelände, zwischen Wasserlöchern, Granattrichtern und Schlamm, kaum versorgt; alle brachen immer wieder zu Sturmangriffen und Gegenangriffen auf, immer im Wissen und Sehen, wie der Nebenmann zerfetzt oder verschüttet wurde; und all das, Lebensgefahr und Nervenanspannung, hörte nie auf, auch in rückwärtigen Stellungen lagen die Soldaten unter dem schweren Granatfeuer, und sie wußten, daß der Gang in die Hölle nach vorn wieder bevorstand. Im Innern der Forts kämpfte man mit Flammenwerfern und Rauch, Gasgeschossen und Sprengladungen. Die Deutschen wurden nur selten und kurz abgelöst, die Divisionen blieben relativ lang in der Schlacht – das erhöhte den Zermürbungseffekt. Die Franzosen wurden öfter abgelöst, das auch im großen, insgesamt durchliefen fünf Sechstel der französischen Armee die „Hölle von Verdun". Die Schlacht macht dem Strategiehistoriker von heute klar, was von den beteiligten Soldaten damals erlebt wurde: Eine Strategie, die aufs Verbluten zielte, mußte Moral und normale (soldatische) Loyalitäten erschüttern, die darauf beruhten, daß der Sinn eines Opfers noch „irgendwie" einsichtig wurde, daß ein gemeinsames Ziel die extremen Leiden rechtfertigte. Das war nicht mehr der Fall. In der Materialschlacht ist der „Patriotismus" von 1914 zergangen. Was Armeen jetzt zusammenhielt, war eigentlich nur noch die Disziplin und dann der neu entstehende Frontgeist.

Das Flugzeug hat in diesen Materialschlachten zur Leitung der Artillerie sehr schnell an Bedeutung gewonnen, zu den Beobachtungsflugzeugen traten die sie schützenden Kampf- oder Jagdflugzeuge, später auch Bombenflugzeuge für den Fronteinsatz. Die Deutschen zogen mit der Quantität und der Qualität der Flugzeuge nach anfänglicher Unterlegenheit schnell nach. Große Flugzeugführer wurden die letzten „Helden" und „Ritter" in der wachsenden Anonymität des Krieges – Richthofen, Boelcke, Immelmann –, auch vom Gegner auf merkwürdig archaische Weise geachtet.

Die große Entlastungsoffensive der Engländer kam spät, im Juni, an der Somme. Sie erzielte zwar keinen durchschlagenden Erfolg, sondern drängte die deutsche Front nur ein wenig zurück; als die deutsche Luftwaffe eine Art Parität gewann, stabilisierte sich die Front. Aber die englische Offensive dauerte bis zum November und strapazierte die deutschen Kräfte bis an den Rand der Erschöpfung, bedeutete für die deutsche Kriegführung eine schwere, immer wieder sich verdichtende Dauerkrise. Auch diese Schlacht, die größte Material- und Menschenschlacht des Weltkrieges überhaupt, führte zu gewaltigen Verlusten – allein am ersten Tag verloren die Briten 60000 Mann, am Ende waren es 270000 auf alliierter, 200000 auf deutscher Seite. (Wie immer gibt es unterschiedliche Angaben, manche sprechen von

700000 alliierten und 500000 deutschen Soldaten als Gesamtverlust, andere von zusammen einer Million. Am schrecklichen Ausmaß im ganzen ändert das nichts.)

Im Osten suchte Rußland, von den Westmächten angetrieben, 1916 wieder die Offensive. Im März war ein Angriff östlich Wilna gescheitert, im Juni gelang aber dem General Brussilow im südlichen Abschnitt ein unerwarteter Erfolg, die österreichische Armee brach vollständig zusammen, die nichtdeutschen Einheiten waren nicht mehr einsatz- und widerstandsfähig – 50% der österreichischen Verluste waren Gefangene, bei den Deutschen waren es 8%. Die ganze Front schien im Wanken, mit Mühe ließ sie sich durch deutsche Einheiten und wegen der russischen Erschöpfung stabilisieren. Die österreichische Militärkrise belastete natürlich auch die Kooperation der Armeeführungen erheblich; schon vorher war es so gewesen, daß Falkenhayn seinen Verdun-Angriff plante, ohne Österreich zu informieren, und Conrad im Frühjahr eine eigene – vergebliche – italienische Offensive begonnen hatte.

Im August schien sich die Lage noch weiter zu verschlechtern. Angesichts der kritischen Lage der Mittelmächte und von einem Ultimatum der Entente gedrängt, sich sofort für sie zu entscheiden oder alle Beuteansprüche zu verlieren, trat Rumänien in den Krieg ein. Dieses seit 1915 erwartete Ereignis provozierte noch einen schier unglaublichen Erfolg der Mittelmächte, bis zum Jahresende konnte fast das ganze Land besetzt werden; allerdings entkam die rumänische Armee zum größten Teil nach Rußland, an der russischen Grenze entstand eine neue Front im Stellungskrieg. Entlastungsvorstöße aus Saloniki und aus Rußland blieben schwach oder erfolglos. Eine Folge war, daß Griechenland jetzt mit Gewalt zur Aufgabe seiner Neutralität gezwungen wurde.

2. Innere Probleme während der ersten Kriegsjahre

a) Burgfriede und innenpolitische Konstellationen

Im August 1914 ergriff eine gewaltige Woge der Kriegsbegeisterung die Deutschen. Für sie war der Krieg ein Verteidigungskrieg. Das Vaterland war in Gefahr, man mußte es schützen. Man war bereit, sein Leben zu opfern. „Heilig Vaterland in Gefahren, Deine Söhne stehn, Dich zu wahren ... Sieh uns all entbrannt, Sohn bei Söhnen stehn: Du sollst bleiben, Land! Wir vergehn." (Rudolf Alexander Schröder) Die Nation war jetzt der oberste aller Werte. Die nationale Zusammengehörigkeit im Moment von Bedrohung und Krise war ein Urerlebnis. Der Krieg selbst hatte etwas Befreiendes, war ein Aufbruch aus einer als erstickend empfundenen Atmosphäre der Spannungen, der Bürgerlichkeit, der Klassenkonflikte. Kaum jemand konnte sich dieser Stimmung, diesem „Erlebnis" des August 1914 entziehen, nicht die einfachen Leute, Bauern oder Arbeiter, und erst recht nicht die Bürger, und die Intellektuellen faßten das alles in – viele – Worte; ein Zeitgenosse schätzt die Zahl der Kriegsgedichte 1914 auf sage und schreibe eineinhalb Millionen. Hunderttausende junge (und manchmal auch ältere) Leute meldeten sich freiwillig, wurden „Kriegsfreiwillige", über eine Million im August 1914. Und alle jubelten, wenn die Soldaten in ihren Eisenbahnzügen (mit euphorischen oder krassen Aufschriften: „Wiedersehen in Paris", „Russischer Kaviar, Französischer Sekt, Deutsche Hiebe, ei, das schmeckt") auszogen. Das alles ist keine patriotische Legende, und das war kein besonders deutscher nationalistischer Taumel. In den betroffenen Ländern des Westens und der Mitte war es überall genauso, die Kriegsbegeisterung und der Nationalpatriotismus von 1914 sind etwas durch und durch Gemeineuropäisches.

Auf diesem Boden des August-Erlebnisses vollzog sich dann die ideenpolitische Stilisierung des Krieges und seines Sinnes, der eigenen Nation und ihrer „Mission", die Ideologisierung von Kriegszielen; Literatur, Intellektuelle und Professoren waren groß darin, und die Publizistik hat vieles davon verbreitet und zum Gemeingut derer, die auf Dauer Kriegsanhänger blieben, gemacht. Wir haben im Zusammenhang mit der Professorenideologie vor 1914 und mit den Schattenlinien im vorigen Band von der Herkunft dieser Kriegsideologie gesprochen, sie spitzte manche älteren Ideenkomplexe zu oder rückte sie vom Rand ins Zentrum. Der Krieg sei der Weg der Nation zu sich selbst, so redete der Philosoph Max Scheler, er erwecke, das war ein alter Topos, die sittlichen Kräfte des Menschen, ja gebe in aller Verflachung der Moderne dem Leben wieder Tiefe und Sinn. Die Deutschen verteidigten Seele und Kultur gegen die bloße Zivilisation des Westens und seinen individualistischen Utilitarismus. Der Nationalökonom Plenge (und der Schwede Kjellén) erfanden dann die „Ideen von 1914", die man gegen die Ideen von 1789 stellen konnte, die deutsche Freiheit der Individualität, der Pflicht und Gemeinschaftsbindung, gegen die egoistisch-hedonistische Freiheit des Westens, das war auch eine Antwort auf die West-Ideologie von der deutschen Barbarei; W. Sombart hat dergleichen dann rhetorisch anti-englisch mit der Antinomie von „Händler und Helden" zugespitzt. Noch ein so nachdenkliches und bis heute nachdenkenswertes Buch wie Thomas Manns konservative „Betrachtungen eines Unpolitischen", 1918 erschienen, ist voll von solchen Reflexionen, obwohl ihre große Zeit, je länger der Krieg dauerte, zu Ende ging.

Der patriotische Enthusiasmus schob zunächst alle inneren Gegensätze und Spannungen beiseite. Das war der Sinn dessen, was sogleich proklamiert wurde, des Burgfriedens. „Ich kenne keine Parteien mehr, ich kenne nur noch Deutsche" – so, mit diesen vielzitierten Sätzen, Bethmann Hollweg hatte sie vorgeschlagen, hat der Kaiser am 4. August vor den Reichstagsabgeordneten den Burgfrieden formuliert. Die Konflikte zwischen Parteien und Verbänden, Klassen und Konfessionen sollten um der nationalen Geschlossenheit im Existenzkampf willen zurückstehen. Neuwahlen wurden verschoben, Nachwahlen, indem man das Mandat der Partei des bisherigen Mandatsinhabers überließ, neutralisiert. Für die Dauer des Krieges wollte man auf das Durchsetzen und Austragen von Dissensen und gegensätzlichen Meinungen verzichten, auf Wahlkämpfe, auf Innenpolitik gewissermaßen. Das war in allen kriegführenden Ländern ähnlich (union sacrée hieß es in Frankreich), aber in den parlamentarischen Ländern führte das Prinzip zu einer All-Parteien-Koalition und war darum leichter durchzuhalten.

Ausdruck und Symbol für den Burgfrieden war die Reichstagssitzung vom 4. August. Der Reichstag war verfassungsrechtlich an den Kriegserklärungen gar nicht beteiligt. Aber er mußte den für die Kriegführung notwendigen Krediten zustimmen. Daß die „bürgerliche" Mehrheit für die Kredite stimmen würde, war klar. Worauf es politisch ankam, war die Haltung der Sozialdemokratie. Die moralpolitische Einheit der Nation hing an ihrer Zustimmung, ja die Ermöglichung der Kriegführung, die auf die Zustimmung der Arbeiterschaft angewiesen war. Der Reichstag hat am 4. August 5 Milliarden Kriegskredite bewilligt, einstimmig, der sozialdemokratische Fraktions- (und Partei)vorsitzende Haase, ein Gegner der Bewilligung, trug die Zustimmung seiner Fraktion vor. Gleichzeitig wurde, wiederum einstimmig, ein Ermächtigungsgesetz verabschiedet, das den Bundesrat in allen Wirtschaftsfragen zur Gesetzgebung qua Verordnung bevollmächtigte.

In Deutschland implizierte die Politik des Burgfriedens vor allem zwei Probleme: Einmal begünstigte sie den Status quo und die ihm verbundenen Kräfte; das wurde, sobald das Thema einer durch den Krieg notwendigen „Neuorientierung" der Politik akut wurde, schwierig. Sodann zeigte sich, daß die am meisten antagonistischen Tendenzen, die aus der Debatte über Kriegsziele, über Außenpolitik gleichsam, entstanden und von da auf die Innenpolitik zurückwirkten, nur aus dem Parlament und der Partei-Öffentlichkeit herausverlagert wurden – ins Halböffentliche, das erwies sich bald als höchst unglückliche Situation.

Der Reichstag behielt trotz des Ermächtigungsgesetzes vom 4. August 1914 schon wegen der Kreditbewilligungen eine notwendige Funktion, er wurde auch nicht geschlossen, sondern nur vertagt, sein Haushaltsausschuß gewann dann die Funktion eines regelmäßig und häufiger tagenden Hauptausschusses. Der Konsenszwang lockerte sich, seit 1915 gab es wieder richtige Debatten und auch Kampfdebatten, seit 1916 stieg der Reichstag erneut zu einer Machtinstanz auf.

Die inneren Probleme des Reiches 1914 waren, wenn wir sie als Reformprobleme charakterisieren, die anstehende Parlamentarisierung, die Integration der Sozialdemokratie, der Umbau des Föderalismus, der Abbau der preußischen Hegemonie, die Reform des preußischen Wahlrechts, der Abbau des Sonderstatus der Militärgewalt. Jetzt, nachdem das Reich im Krieg war, sollten sich alle Probleme nochmals zuspitzen; sehen wir zu.

Am wichtigsten war zunächst die Tatsache, daß die Sozialdemokraten sich mit der Bewilligung der Kriegskredite vom 4. August 1914 in die einheitliche nationale Front eingereiht haben. Während der Julikrise war es noch nicht sicher gewesen, wie sich die Sozialdemokraten zum Krieg stellen würden, ob sie ihrem verbalen Internationalismus folgen würden oder nicht. Der Verlauf der Krise, das, was an die Öffentlichkeit drang, Bethmann Hollwegs Strukturierung der Zeitabfolge der letzten Tage und seine Informationspolitik wurden da ganz wichtig. Die Sozialdemokraten waren an sich Kriegsgegner, aber keine Pazifisten, sie waren Gegner des nationalistisch-imperialistischen Krieges, nicht Gegner eines Verteidigungskrieges. Die Friedensbemühungen der sozialistischen Internationale waren in der Julikrise gescheitert. Die deutschen Sozialdemokraten waren zwar speziell den Ambitionen Österreich-Ungarns gegenüber ganz ablehnend und brachten das durch Massenkundgebungen und Proteste auch zum Ausdruck. Aber die Abneigung gegen Rußland und die Angst vor ihm waren viel stärker. Rußland war nicht nur eine Gefahr für die Einheit und Unabhängigkeit der deutschen Nation, sondern für Freiheit und Fortschritt. Daß Rußland zuletzt als der eigentliche Angreifer dastand, daß der Krieg ein Verteidigungskrieg war, das war entscheidend. Die Regierung hatte schon am 24. Juli auf alle Präventivmaßnahmen gegen die Sozialdemokraten verzichtet, sie suchte Ende Juli Kontakt zur sozialdemokratischen Parteiführung, sie verzichtete jetzt ausdrücklich auf – geplante – repressive Maßnahmen; die Parteiführung durch ihren Beauftragten Südekum verzichtete auf massive Antikriegs-Aktionen wie Streiks und versprach, die Parteipresse zu mäßigen.

Ähnlich hatten die Gewerkschaften schon früh signalisiert, daß sie nichts weniger wollten als den Kriegsausbruch mit einem Streik beantworten. Am 2. August hatten sie alle schwebenden Arbeitskämpfe eingestellt. Und die Regierung hatte auch ihnen signalisiert, daß keine präventive Massenverhaftung, weder sozialdemokratischer noch gewerkschaftlicher Führer, geplant sei. Der Kanzler hatte umgekehrt seine ganze innen-, ja einen Teil seiner außenpolitischen Strategie darauf abgestellt, daß Deutschland nur Krieg führen konnte, wenn es zu keinem Konflikt mit der Sozialdemokratie kam, und das hieß letzten Endes, er wollte es der Sozialdemokratie ermöglichen, sich zur nationalen Solidarität zu bekennen, den Krieg mitzutragen. Das gelang. Ende Juli und Anfang August hatte sich zunächst die Mehrheit des Parteivorstandes und dann die Reichstagsfraktion (mit 78 : 14 Stimmen) für die Bewilligung der Kriegskredite – das war der symbolische wie reale Test der nationalen Einheit – entschieden. Die Entschlossenheit der französischen Sozialisten, für Kriegskredite zu stimmen, spielte eine wichtige Rolle.

Es ist nicht Bethmann Hollweg gewesen, der die Sozialdemokraten in den Krieg hineinmanipuliert hat. Es gab, wie gesagt, die sozialdemokratische Tradition, im klaren Verteidigungsfall das Vaterland zu verteidigen. Vor allem aber gab es ein Vierteljahrhundert Hineinwachsen der Sozialdemokratie in das, was wir früher den Normal-Nationalismus genannt haben, unter oder vor aller internationalistisch-antinationalen Rhetorik. Das kam in einer nationalen Krise jetzt zum Tragen, die Einbindung, die jene Ausgrenzung und Diskriminierung untergründig immer begleitet hatte. Die „Massen", Arbeiter und unter ihnen auch die Sozialdemokraten, reagierten, als der Krieg da war, „patriotisch"; weder haben Führer die Massen verraten noch die Massen zögernde Führer zum Bewilligen der Kriegskredite gezwungen, beide gingen in dieselbe Richtung. Am 4. August hat die sozialdemokratische Fraktion im Reichstag, wie gesagt, geschlossen für die Kriegskredite gestimmt, in der Fraktionssitzung zuvor waren nur 14 (darunter Karl Liebknecht) dagegen gewesen, gegen 24 Stimmen hatte man Fraktionszwang beschlossen. Der eher linke Vorsitzende Haase, der dem „nationalen Kurs" und der Bewilligung der Kredite kritisch gegenüberstand, begründete die Entscheidung vor dem Plenum: „Wir lassen in der Stunde der Gefahr das eigene Vaterland nicht im Stich." Diese Haltung fand vielfältigen Ausdruck. Der Reichstagsabgeordnete Ludwig Frank, Führer der badischen Sozialdemokratie, einer der maßgeblichen Reformisten, Jude, meldete sich freiwillig zur Front und ist am 3. September gefallen.

Der Kurswechsel der Sozialdemokraten, denn darum handelte es sich letzten Endes doch, hat die Struktur der deutschen inneren Politik fundamental verändert, aus einem unbedingten Gegner der Regierung und der „bürgerlichen Parteien" war, für die Zeit des Krieges jedenfalls, ein Partner geworden. Welche Folge diese epochale Veränderung haben solle und werde, wurde zu einer der zentralen Fragen der – nun doch – deutschen Innenpolitik im Kriege. Der Kanzler und der Staatssekretär des Innern, Delbrück, sahen in der Entscheidung vom 4. August die Basis eines späteren Ausgleichs, einer kommenden Integration der Arbeiter in den bestehenden, den nationalen, ja den monarchischen Staat. Wenn die Partei sich zur Nation bekannte und die Absage an Monarchie und Militär mäßigte, dann konnte, dann mußte man sie „anerkennen", sie zu „positiver Arbeit", zur Teilnahme an der Nation gewinnen. Bethmann Hollweg wollte die damit fällige „Neuorientierung" der deutschen Politik erst nach dem Krieg, Delbrück dagegen erkannte, daß die Regierung mit der Neuorientierung im Krieg anfangen müsse, um die Kräfte der Veränderung in der Sozialdemokratie zu stärken. Die Rechte bekämpfte diese Neuorientierung, sie mißtraute der sozialdemokratischen Wendung vom 4. August, ja sie lehnte jede Neuorientierung, etwa in sozialer und demokratischer Hinsicht, auch für eine kommende Friedenszeit ab. Die Regierung dagegen wollte die beginnende Integration gerade auch im Blick auf die Zukunft konsolidieren und damit das schwerste Problem der Vorkriegspolitik, Klassenzwiespalt und Ausgrenzung der Sozialdemokraten und de facto der Arbeiter, zu lösen beginnen.

Es gab wichtige Maßnahmen auf den unteren Ebenen, im Alltag. Die Diskriminierung von Sozialdemokratie und Gewerkschaften und ihren Mitgliedern wurde offiziell aufgehoben, beim Militär (Verbreitung von Schriften), bei der Besetzung von Gemeindewahlämtern, bei der Zulassung zum öffentlichen Dienst, etwa zum Eisenbahn- und Postpersonal. Die grundsätzlicheren Fragen waren die der Wirtschafts- und Sozialpolitik, der Wahlrechtspolitik vor allem in Preußen, der Verfassungsreform im Reich. Aber hier geschah einstweilen nichts. Bethmann Hollwegs harmonistisches Ideal einer Politik der Diagonale, mit der er niemandem weh tun wollte oder alles verzögerte und vertagte, half da nicht, Neuorientierungsrhetorik und Aufschub aller wirklichen Aktion provozierte und entfremdete die Rechte wie die Linke, das war das Dilemma der Regierung.

Das Neuorientierungsdilemma belastete auch die Sozialdemokraten. Die eigentlichen Reformisten sahen in den Kriegskrediten auch eine „Vorleistung", für die sie eine Gegenleistung beanspruchen konnten. Das waren jetzt die „Rechten" um Eduard David und Albert Südekum, um die Gewerkschaftsvorsitzenden Carl Legien, Gustav Bauer, Robert Schmidt; sie waren bereit, jenseits von Marxismus und Klassenkampf zur nationalen Arbeiterpartei zu werden, aber sie wollten erst recht auch große Reformen, Gleichberechtigung der Arbeiter und Demokratisierung des Systems, einschließlich der Reform des preußischen Wahlrechts. („Statt eines Generalstreiks", so notierte gar Eduard David Ende August 1914, „führen wir für das preußische Wahlrecht einen Krieg.") Die große Mehrheit in Partei und Gewerkschaften hielt am Burgfrieden, an der Politik des 4. August fest, sie wollte nicht eigentlich die Partei verändern, aber sie wollte große Reformen. Sie hoffte, durch Kooperation mit der Regierung ihren Reformzielen näherzukommen, und sie stützte und schonte in dieser Hoffnung den Kanzler, in seinem Kampf gegen die Rechte, ja tolerierte sein Zögern in der Neuorientierung. Jeder Nachfolger würde weniger reformgeneigt sein. Diese Taktik erzeugte bei manchen freilich auch die Furcht, bei einer Kriegsniederlage würden Bürgerliche und Regierung doch der gesamten Linken die Schuld daran zuschieben, insoweit war die sozialdemokratische Politik hinsichtlich der Neuorientierung auch an die Erwartung eines Kriegsausgangs der Selbstbehauptung geknüpft; da das ein unbestimmter Begriff war, ergaben sich daraus manche erneuten Anpassungen an die Regierung und neue Reibungen mit den Radikalen.

Aber die Sozialdemokratie hat sich bekanntlich im Kriege gespalten (wie freilich in vielen anderen Ländern auch). Das fing im Grunde schon 1914 an. Es gab die Radikalopposition, die unbedingt gegen den seinem Wesen nach „imperialistischen" Krieg war und für den Vorrang der proletarisch-sozialistischen Revolution vor jedem anderen Ziel, den alten Vorrang der Klasse vor dem der Nation; sie war repräsentiert durch Karl Liebknecht, der im Reichstag schon im Dezember als erster offen gegen die Kredite stimmte, und durch Rosa Luxemburg und die um sie gescharte „Gruppe Internationale", die in der Mehrheit aus Parteiintellektuellen bestand. Sie beide gaben seit 1916 die Spartakusbriefe heraus, aus ihrer Gruppe bildete sich im Januar 1916 der Spartakusbund, eine Keimzelle der späteren Kommunistischen Partei. Die Parolen der Radikalen machen ihre Ziele deutlich: „Klassenkampf gegen den Krieg", „Der Hauptfeind steht im eigenen Land" (1915). Konkret war in den Kriegsjahren wichtiger, was seit 1917 Unabhängige Sozialdemokratische Partei Deutschlands hieß (USPD). Das waren Sozialdemokraten, die den Schwenk der Mehrheit zu Vaterland und Nation und das tragende Argument, es handele sich um einen Verteidigungskrieg, nicht oder nicht auf die Dauer so ohne weiteres mitmachten, die Grenzen der Vaterlandsverteidigung betonten, zumal als in der Kriegszieldebatte die Annexionsforderungen nach vorn rückten; auch gegenüber der mehrheitssozialdemokratischen Politik für einen Frieden ohne Annexionen betonten sie den imperialistischen Charakter des Krieges und der deutschen Kriegspolitik, manche die internationalistisch-pazifistische oder klassenkämpferische Gegnerschaft gegen den Krieg. Praktisch war es, wenn man von einzelnen pazifistischen Anti-Annexionisten wie Bernstein (und auch von Kautsky) absieht, vor allem der alte linke Flügel, der sich dem Wandel zur nationalen Reformpartei widersetzte, der auch und gerade in der Extremsituation des Krieges Revolutionspartei sein und bleiben wollte, freilich in einen radikaleren und einen unbestimmt moderateren, jedenfalls legalistischen Flügel geteilt. Auch Teile der alten linken Mitte, vor allem um den Parteivorsitzenden Haase, schlugen diesen Kurs ein. Bei der Mehrheit gab es einen sehr sichtbaren nationalreformistischen rechten Flügel, zu vielen Konzessionen bereit, einen linken Flügel, der wesentlich nur aus Parteiloyalität bei der Mehrheit blieb, und die starke Mitte, die zwar nun offen reformistisch geworden war, mit sozialen und demokratischen Fortschritten, der Gleichberechtigung, unter keinen Umständen warten wollte, die aus der Parole vom Verteidigungskrieg ganz entschieden die Forderung nach einem „Frieden ohne Annexionen" entwikkelte.

Die anfangs eher untergründigen Auseinandersetzungen in der Gesamtpartei steigerten sich schon im Sommer 1915 zur offenen Polemik. Der Testfall blieben die Kredite. Kreditbewilligung war Festhalten an der Politik des 4. August, Ablehnung war Kampfansage an Regierung und nationale Solidarität, Aufkündigung des Burgfriedens. Die Spaltung der Reichstagsfraktion zeichnete sich ab: Von den 44 Abgeordneten, die im Dezember 1915 in der Fraktion gegen die Kriegskredite gestimmt hatten, stimmten 20 auch im Plenum dagegen, die anderen verließen den Saal. Die Fraktion lehnte einen Ausschluß der 20 Opponenten ab und beließ es bei einer Mißbilligung. Am 16. Januar 1916 dann wurde Liebknecht aus der Fraktion ausgeschlossen, sein Gesinnungsgenosse Rühle folgte daraufhin von sich aus. Als die „Gruppe Haase" im März 1916 einen Notetat ablehnte und Haase im Plenum eine scharfe Rede gegen die Mehrheit seiner Fraktion hielt, schloß die Fraktion die 18 Rebellen aus, Haase legte den Parteivorsitz nieder. Die Ausgeschlossenen bildeten als „Sozialdemokratische Arbeitsgemeinschaft" eine Fraktion. Weil bekannte Parteimitglieder außerhalb der Fraktion, wichtige Ortsvereine wie in Berlin und einige der großen Parteizeitungen, „Vorwärts", „Leipziger Volkszeitung", „Bremer Bürgerzeitung" z.B., die Arbeitsgemeinschaft unterstützten, war sie im Grunde eine Partei in der Partei. Die gegenseitige Verbitterung zwischen Mehrheit und Minderheit, den Regierungssozialisten, Sozialimperialisten, Sozialismus-Verrätern und den Sonderbündlern und Parteispaltern wuchs; die Maßnahmen des Parteivorstands, die wichtigsten Zeitungen wieder in die Hand zu bekommen, waren zwar einigermaßen erfolgreich, nur die „Leipziger Volkszeitung" blieb in der Hand der Unabhängigen, aber verschärften auch die Gegensätze. Die Opposition veranstaltete im Januar 1917 eine eigene Reichskonferenz, dabei setzte sich die Arbeitsgemeinschaft gegen die aktionistisch revolutionären Radikalen, Spartakusbund und andere Splittergruppen, durch (116 : 41). Doch der alte Parteivorstand beschloß die „Unvereinbarkeit" der Zugehörigkeit zur Partei und zur „Opposition" und ließ die Anhänger der Opposition ausschließen, bzw. vorstandsloyale Gegenorganisationen gründen. Das verhinderte die Zielsetzung und Taktik der Mehrheit der Opposition, weiterhin innerhalb der Gesamtpartei zu wirken. Sie mußte ihre eigene Organisation bilden.

Vom 6. bis 8. April 1917, jetzt auch unter dem Auftrieb, den die russische Februarrevolution der linken Opposition gab, fand in Gotha der Gründungsparteitag der Unabhängigen Sozialdemokratischen Partei Deutschlands (USPD) statt. Auch der Sprecher des linken Flügels, der Reichstagsabgeordnete Ledebour, grenzte die neue Partei scharf gegen den Spartakus-Radikalismus ab, gegen anti- und außerparlamentarische und revolutionäre Massenaktionen, gegen den unrealistischen „Verteidigungsnihilismus" gegenüber gegnerischem Vernichtungswillen. Zwar machte das von Kautsky verfaßte Gründungsmanifest einige verbale Konzessionen an die radikale Position, aber das führende Zentralkomitee bestand nur aus „richtigen" USPD-Leuten. 20 Reichstagsabgeordnete zählten zu der neuen Partei, bis 1918 kamen sechs hinzu, zwei USPD-Mandate gingen dann bei Nachwahlen verloren.

Die radikale Linke bekämpfte zwar die USPD als unentschieden und kompromißlerisch, sie propagierte quasi-revolutionäre Aktionen (ihre führenden Figuren wie K. Liebknecht und R. Luxemburg waren verhaftet oder agierten wie L. Jogiches im Untergrund), sie suchte auf internationalen Konferenzen (Zimmerwald, Kiental) die Gemeinsamkeit einer entstehenden europäischen Linken, die freilich einstweilen nicht handlungsfähig war. Aber zugleich suchte sie doch die Nähe zur linken USPD zu wahren und fand dort auch vage Sympathien.

Die Mitglieder der USPD kamen zwar aus verschiedenen Traditionsflügeln der Vorkriegspartei, von Bernstein bis Kautsky, aber insgesamt doch eher aus dem alten radikalen Flügel oder dem linken Zentrum. 1917 waren es nicht nur die Kriegspolitik, sondern auch der generelle Kooperations- und Regierungskurs der Mehrheit, ja der Unterschied moderaterer und entschiedener sozialistischer Ziele, die trennten. Das sieht man vor allem an Ortsgruppen und örtlichen Funktionären. Die Mehrheitssozialdemokraten, wie sie jetzt hießen, haben zwar einerseits betont, die Kriegsgegner wollten

Deutschland vernichten, deshalb bleibe der Krieg ein Verteidigungskrieg. Aber andererseits wurden sie seit 1916, mit der Konkurrenz an der Seite, entschiedener in der Einforderung der Reformen; die lange Zagheit gegenüber Bethmann Hollweg hatte nichts gebracht, sie brauchten vorweisbare Erfolge.

Ob die Spaltung der Sozialdemokratie im Kriege vermeidbar war und ob sie nicht eher Schlußpunkt der Vorkriegsentwicklung als Kriegsfolge war, darüber wird viel debattiert. Man darf diese Fragen nicht im Schatten der Oktoberrevolution von 1917 sehen, dieser Epoche der Weltgeschichte, die die Arbeiterbewegungen in aller Welt gespalten hat. Darum handelt es sich im deutschen Fall nicht eigentlich und noch nicht. Gewiß war die Partei – im Grunde seit ihrer doppelten Gründungsphase und erst recht seit der Debatte um Revisionismus und Reformismus – immer von inneren Gegensätzen geprägt gewesen; insofern können die Abspaltungen der Kriegsjahre nicht überraschen, ja sie blieben ohne diese Vorgeschichte unerklärlich. Aber die Trennungslinien der Kriegszeit liefen doch nicht nur parallel zu denen der Vorkriegszeit. Bernstein und Kautsky haben wir mit ihrem Bekenntnis zur USPD erwähnt, der Kriegsausbruch hat auch entschiedene Linke wie Konrad Haenisch und Paul Lensch zu „Rechten" werden lassen. Es waren spezifische Themen und Konflikte des Krieges – Kriegskredite, Burgfrieden, Einfluß auf die „Neuorientierung" der Regierungspolitik –, die neben den Altlasten der Partei und ihrem allzu starren Dogma von der „Einigkeit nach außen" zur Spaltung Anlaß und Grund gaben.

Nach diesem Durch- und Vorblick müssen wir noch einmal zu zwei fundamentalen Veränderungen der Innenstruktur des Reiches zurückkehren. Zum Burgfrieden gehörte als Pendant der Kriegs- und verschärft der Belagerungszustand. Unter dem Belagerungszustand waren eine Reihe von Grundrechten außer Kraft gesetzt. Schon am 31. Juli war der Kriegszustand bekanntgegeben worden. Damit ging die exekutive Gewalt auf die Militärbefehlshaber über – den Oberbefehlshaber in den Marken und 23 Stellvertretende Kommandierende Generale (neben weiteren Kommandanten). Daß sich die entsprechenden Militärbezirke nicht mit den Verwaltungsbezirken deckten, daß es keine zentrale Leitung dieser Generäle gab, daß all dies auf einem völlig antiquierten Gesetz beruhte – dies mag auf den ersten Blick als bloß verwaltungstechnisches Problem erscheinen. Für die Verfassungswirklichkeit des Deutschen Reiches im Krieg war es mitentscheidend, kam den Militärbefehlshabern doch eine enorme Verfügungs- und Verordnungsgewalt zu – sie besaßen gewissermaßen diktatorische Vollmachten. Das betraf den gesamten Bereich der persönlichen und korporativen Freiheit, der öffentlichen Sicherheit und alle „kriegswirtschaftlichen" Angelegenheiten. Sie waren Herren des Versammlungs-, Vereins- und Presserechts, sie waren Herren der Zensur. Schon die „Partikularisierung" des Kriegszustandsrechts unter den 24 Generalen, die unmittelbar nur dem Kaiser unterstanden, führte zu erheblichen

Spannungen. Der Versuch des preußischen Kriegsministers, durch „Empfehlungen" einzuspringen, hatte keine große Wirkung. Erst die Gesetze zur Kriegswirtschaft und zur Arbeitsordnung schufen jedenfalls in ihren Bereichen mehr Einheitlichkeit. Die Handhabung des Kriegszustandes, die Anwendung militärähnlicher Normen durch Militärs auf zivile Tatbestände, auf eine durchgebildete und individualistische politische und soziale Kultur, führte erst recht zu Spannungen. Das traf vor allem die Sozialdemokraten. Die Offiziere waren, auch wenn sie sich um Neutralität bemühten, au fond natürlich anti-sozialdemokratisch eingestellt, das zeigte sich in der Praxis. Seit 1915 griffen die Sozialdemokraten entsprechende Vorfälle immer wieder auf und an. Kurz, der Belagerungszustand, so natürlich er im Kriege war, barg wegen der Sonderstellung der Militärs und ihrer Partikularisierung, barg als Ausformung des deutschen Militarismus dauernden Konfliktstoff.

Sodann etwas ganz anderes, aber für das Gesamtsystem Grundlegendes. Der Krieg hat den Kaiser ganz und gar in den Hintergrund gedrängt, seine Position wurde – trotz der wichtigen Reste der Personalhoheit, dem Recht zu Ernennung und Entlassung – schwächer und schwächer. Er war weder der „oberste Kriegsherr" oder der Koordinator der Militärgewalten, noch bestimmte er in den Auseinandersetzungen zwischen politischer und militärischer Führung wirklich, auch wenn seine Meinung formal noch den Ausschlag gab. Er lebte in der höfischen Isolierung seines „Hauptquartiers" bei Kriegsbeginn in Koblenz, später oft in Belgien, fern von Berlin, fern aber auch von den Realitäten des Krieges, im wesentlichen von Stimmungen beherrscht, jenseits der Realität, die ohne Arbeit gar nicht anzueignen war. Der Kaiser hat sich durch sein Verhalten selbst ausgeschaltet. Politisch hat die Schwäche des Kaisers dazu geführt, daß er auch das, was er hätte tun können, nicht tat, nämlich den Kanzler zu stützen. Der Kanzler wurde auch deshalb schwach, weil der Kaiser so schwach war. Und deshalb konnte auch jene Institution immer mehr Macht erlangen, die im Krieg sowieso schon stark war, die Oberste Heeresleitung. Sie gewann auf quasi-plebiszitäre Weise die Legitimität, die die Monarchie verlor. Der Aufstieg Ludendorffs, von dem wir erzählen werden, ist nur möglich gewesen, weil der Kaiser so schwach war. Bis 1917 freilich, bis zu der Entscheidung über den uneingeschränkten U-Boot-Krieg und der Entlassung Bethmann Hollwegs, hat der Kaiser den Aufstieg der OHL noch verzögert und eher die „Zivilisten" gestärkt, er wollte seiner Entmachtung jetzt auf diese Weise noch gegensteuern. Aber es war zu spät.

b) Wirtschaft und Arbeit

Zu den wichtigsten akuten inneren Problemen des Krieges gehörten die wirtschaftlichen Schwierigkeiten und die Versuche, mit ihnen fertig zu werden. Der Krieg war, wir haben es gesagt, von vornherein ein Wirtschaftskrieg. Die Blockade und ihre Folgen machten die Sicherung von Ernährung und Rohstoffversorgung zu zentralen Problemen. Dazu kamen die Umstellung auf die absolute Priorität der Rüstungswirtschaft, und in deren Folge und angesichts der Erschöpfung der deutschen Reserven die Probleme des Mangels, der Mobilisierung und der Verwaltung von Arbeitskräften. Vor dem Krieg und in seinen Anfängen galt noch als die zentrale Prämisse von Planen und Handeln, daß es sich um einen kurzen Krieg handeln werde, und das gerade galt auch für die Wirtschaft – auf einen längeren Krieg, wie er sich bald abzeichnete, war man ökonomisch überhaupt nicht eingestellt. Erst von daher wird verständlich, warum sich alle wirtschaftlichen Probleme so rasch und so gravierend zuspitzten. Daher auch wurde eines unumgänglich: Die Kriegswirtschaft wurde staatlich, wurde von oben organisiert, der Staat wurde zum bestimmenden Faktor der Wirtschaftsentwicklung, wirtschaftliche Fragen wurden politische Fragen. Damit wurde der Staat auch für die Gestaltung der industriellen Arbeitsbeziehungen maßgeblich.

Verfassungsrechtlich und -praktisch hat der Reichstag am 4. August 1914 den Bundesrat, faktisch die Reichsleitung, mit einem merkwürdig unscheinbaren Gesetz über Scheck- und Wechselfristen „ermächtigt", Wirtschafts- und Sozialpolitik durch gesetzesgleiche Verordnungen zu regeln, und das Ausmaß dieser Ermächtigung war weit. Der Krieg wurde die Stunde der Exekutive, der Reichstag trat formal und zunächst ganz zurück. Gerade darum nahmen aber Wirtschafts- und Arbeitnehmerverbände, und in ihrem Gefolge dann wiederum die Parteien, am Ringen um die Ausgestaltung dieser Politik durchaus teil. Man hat in diesem „Ermächtigungsgesetz" vom August 1914 sogar ein „Verfassungsereignis von epochemachendem Rang" gesehen (Huber), verschob sich doch damit die Gesetzgebungsbefugnis klar zugunsten der Exekutive. Aber man muß auch sagen, daß das Gesetz dem Wortlaut nach Maßnahmen zur „Abhilfe wirtschaftlicher Schädigungen" betraf, damit zwar weit gefaßt, aber keineswegs schrankenlos war.

Zunächst ein paar Worte zur Finanzierung des Krieges, einem der großen, auch politischen, Probleme. Deutschland hat den Krieg im wesentlichen über Kredite und Anleihen, über die Erhöhung der Geldmenge finanziert. Das haben fast alle kriegführenden Staaten so gemacht, nur England hat einen nennenswerten Teil der Kosten durch Steuern aufgebracht. Im allgemeinen wurden die Lasten der Zukunft aufgebürdet. In Deutschland kam zu dieser Grundneigung hinzu, daß die problematische Steuerverfassung jede neue Steuer zu einem politischen Konfliktfall erster Ordnung machte – die Linke wollte Besitz-, die Rechte Konsumsteuern, die Bundesstaaten waren gegen Eingriffe in ihr Quasi-Monopol auf Besitzsteuern; ökonomisch waren die Besitzsteuern zudem problematisch, weil sie auf die Konsumenten, z. B. den Rüstungsgüter kaufenden Staat, abgewälzt werden konnten. Vielleicht neun Milliarden von 155 Milliarden Mark Kriegskosten insgesamt sind durch Steuern aufgebracht worden, Konsumsteuern und eine neu eingeführte Kriegsgewinnsteuer. Daß die Kriegsgewinnsteuer für Kapitalgesellschaften erst im Juni 1916 eingeführt wurde (allerdings dann allen über den

Friedensdurchschnitt hinausgehenden Kriegsgewinn progressiv von 10 bis 50% besteuerte), ist oft kritisiert worden; für Stimmung und Gerechtigkeitsgefühl war das viel zu spät, die Erregung über die Kriegsgewinnler hat die Einführung der nicht sehr effektiven Steuer nicht gemindert. Die Anleihen wurden im deutschen Fall natürlich im Inland untergebracht, das war bis 1916 sozusagen problemlos im erstrebten Umfang möglich, das Bürgertum legte seine Ersparnisse in Kriegsanleihen an, das war patriotische Pflicht.

Mit der Anleihen-Finanzierung ging bei allen Kriegführenden die Meinung einher, daß die Kriegsgegner den Krieg bezahlen müßten und würden; je länger er dauerte, desto dringlicher wurde diese Forderung. Das bedeutete politisch, auf einen Siegfrieden zu setzen und nicht auf einen Verständigungsfrieden, bei dem die Kriegslast ja nicht hätte abgewälzt werden können.

Auf die finanzpolitischen Einzelheiten müssen wir hier verzichten. Das Reich hatte einen unbegrenzten Notenbankkredit, kurzfristige Kredite wurden durch Anleihen getilgt. Die „Dritteldeckung" des Notenumlaufs (durch Gold, Devisen etc.) war nur formal noch gültig, der Sache nach stark durchlöchert. Damit waren die Ausgangsbedingungen einer Inflation gesetzt. Die – unbegrenzte – Staatsnachfrage schuf zusätzliches Geld und zusätzliche Kaufkraft, während die Produktion für den zivilen Bedarf sank; die Rüstungsproduktion war, zur sofortigen Vernichtung bestimmt, unproduktiv. Bis 1916 wurde die überschüssige Kaufkraft noch durch die Anleihen abgeschöpft, nach 1916 wuchsen Verschuldung des Reiches und Geldmenge gleichsam ungebremst. Das löste inflationäre Preissteigerungen aus, bis zum Kriegsende ca. 250%. Dazu kam, daß der Staat nicht in der Lage war, die Preispolitik der industriellen Erzeuger im Gesamtbereich der Rüstungswirtschaft zu dämpfen oder gar zu kontrollieren, als Abnehmer mußte er die geforderten Preise, einschließlich der Inflationszuschläge, die die Unternehmen wie selbstverständlich forderten, bezahlen. Gewinnspannen und Löhne stiegen, und zwar zu Lasten des Abnehmers Staat. Während Produzenten und in begrenztem Maß die Arbeiter der Rüstungsindustrie durch Gewinn- und Lohnsteigerung mit der Inflation Schritt halten konnten, waren vor allem die Bezieher fester Einkommen (darunter alle, die von Renten lebten) Opfer der Inflation. Wir kommen auf die Lohn- und Einkommensverhältnisse insgesamt am Ende dieses Abschnittes zurück.

Der Krieg war von vornherein, und zumal auf Betreiben Englands, ein Wirtschaftskrieg. Die deutsche Volkswirtschaft lebte nicht nur von Exporten – die mochten eine Zeitlang ruhen –, sondern sie war in hohem Maße auf Importe angewiesen. Die Blockade, die sofort einsetzte und immer intensiver, ja nahezu total wurde, schnitt Deutschland weitgehend von diesen Einfuhren ab. Infolgedessen herrschten Knappheit und Mangel. Die wichtigsten Wirtschaftsgüter wurden die Rüstungsgüter, der wichtigste (und in dieser Hinsicht einzige) Abnehmer wurde der Staat. Zugleich war er auf die ausreichende Produktion existentiell angewiesen, er konnte sie nicht den Produzenten allein überlassen. Darum änderten sich Wirtschaftsverfassung und Wirtschaftspolitik. Der Markt, das Spiel von Angebot und Nachfrage und freier Preisbildung, war nicht mehr funktionsfähig. Es ging um Bedarfsdekkung und um einerseits gleichmäßige, andererseits nach Kriegswichtigkeit gestaffelte Versorgung, es ging um eine wirtschaftliche Mobilmachung. Kriegswirtschaft wurde Planwirtschaft, Zentralverwaltungswirtschaft. Staatliche Prioritäten und Kontingente waren für Herstellung und Verteilung (und bis zu einem gewissen Grad auch für die Preise) maßgeblich, auch wenn man sich weiterhin der Privatwirtschaft bediente und wichtige ihrer Prinzipien unangetastet ließ – Eigentum, Kapitaleinsatz, Risiko und Rentabilitätsstreben –, die staatliche Lenkung und das Gemeininteresse sollten dominieren. Die Zeitgenossen haben diese Wirtschaft als Kriegssozialismus oder Gemeinwirtschaft bezeichnet und darin eine über den Krieg hinausweisende neue Wirtschaftsform gesehen. Freilich, diese neue Wirtschaft ist nicht auf einen Schlag, sondern nur langsam, Zug um Zug und unvollkommen eingeführt worden. Das verstärkte die mit ihr verbundenen Probleme.

Die eigentliche Rüstungsproduktion war von den Militärverwaltungen geplant und geleitet worden, 1914 gingen 60% der Rüstungsaufträge an private, 40% an staatliche Betriebe (zumal für die Marine). Die Notwendigkeiten des Krieges wiesen auf Umstellung von Friedens- auf Rüstungsproduktion hin und auf Sicherung der rüstungswirtschaftlich notwendigen Materialien.

Darüber hinaus: Die deutsche Industrie war zunächst von Rohstoff-Importen abhängig, zumal bei Nichtedel-Metallen, bei Woll- und Baumwollfasern, bei Kautschuk und Salpeter (für die Munitions- wie die Düngemittelindustrie), bei Schwefel und Erdöl. Auf Anregung von Walther Rathenau wurde schon im August 1914 eine Kriegsrohstoffabteilung beim Kriegsministerium gebildet, die Zentrale der Rohstoffbewirtschaftung, bis zum Frühjahr 1915 unter seiner Leitung. Die Bewältigung der Rohstoffprobleme durch diese Organisation war relativ erfolgreich. Sie bildete mit den betroffenen Industriezweigen „Kriegsgesellschaften", eine interessante Kooperation von Selbst- und Staatsverwaltung, zur Beschaffung und Verteilung, z. B. eine Kriegschemikalien-, eine Kriegsmetall-, eine Kriegswasserstoff- oder eine Kriegsmanganerz-AG; 200 waren es bei Kriegsende. Über diese und auch direkt griff sie zu zwangswirtschaftlichen Methoden: Beschlagnahmung, Ankauf, Verteilung, Ersatzproduktion und Planung. Die Ausbeutung aller Vorkommen und der Zugriff auf alle Vorräte auch in den besetzten Gebieten brachten schon viel. Das Haber-Bosch-Verfahren zur Gewinnung von Stickstoff und Salpetersäure, die für die Munitionsherstellung unentbehrlich waren, wurde schon im ersten Kriegshalbjahr in die erforderlichen Produktionskapazitäten umgesetzt; die „Leuna-Werke", Ergebnis der Zusammenarbeit von Bayer, Hoechst und BASF in einer Interessengemeinschaft (IG), sind eines der berühmten und bleibenden Zeugnisse dieser Politik. Relativ bald wurde auch synthetisches Hartgummi entwickelt, andere

Materialien kamen dazu, „Ersatz" wurde als deutsche Realität ein internationaler Begriff. Später hat man Altmetalle gesammelt und auch mehr oder minder beschlagnahmt, das Einschmelzen von Glocken war ein bewegendes Ereignis. Als im Herbst 1916 das total überlastete deutsche Eisenbahnsystem zeitweise zusammenbrach und damit die bis dahin vom Rheinisch-Westfälischen Kohlesyndikat organisierte Kohleversorgung, und gleichzeitig das neue große Rüstungs-, das Hindenburg-Programm anlief, wurden auch Kohle und Eisen der Bewirtschaftung unterworfen; sie waren, zumal wegen fehlender Arbeitskräfte, knapp geworden. Der Reichskohlekommissar (1917) wurde zur Schlüsselinstitution der gesamten Kriegswirtschaft und der Planung der industriellen Produktion.

Noch viel problematischer als im Rohstoffsektor waren die deutsche Importabhängigkeit auf dem Ernährungssektor und die staatlichen Möglichkeiten einer „Bewirtschaftung". Trotz der international hohen Produktivität und der weit entwickelten Anbautechnik in den letzten Jahrzehnten vor dem Weltkrieg war der Selbstversorgungsgrad der deutschen Ernährungswirtschaft zunehmend gesunken. Abgesehen vom Einsatz auswärtiger Arbeitskräfte lag das am zunehmenden Import von Futtermitteln und Futtergrundstoffen, von Stickstoffdüngemitteln und Rohphosphaten und nicht zuletzt von Nahrungsmitteln für die Bevölkerung, besonders Pflanzenfetten und Milchprodukten. Mit dem Kriegsbeginn und der Blockade wurde Deutschland von 20% seiner Nahrungsgüter abgeschnitten. Parallel dazu sank die eigene Agrarproduktion aufgrund des zunehmenden Mangels an Arbeitskräften, an Arbeitstieren (vor allem Pferden, die das Militär requirierte), an Maschinen sowie an Düngemitteln; die neue Kunstproduktion von Salpeter (Stickstoff) diente zunächst überwiegend der Rüstungsindustrie zur Munitionsherstellung.

Manche Bodenflächen wurden für neue Kulturen bisher importierter Güter verwendet, erfolgreich z. B. beim Gemüse, während etwa Körner und Kartoffeln auch zum Füttern (von Geflügel und Schweinen zumal) statt der bislang importierten Futtermittel genommen wurden. Sie fehlten dann bei der menschlichen Ernährung. Insbesondere das Verfüttern von Kartoffeln an Schweine, mit denen die Bauern bessere Preise erzielten, führte dann zum populären Aufschrei gegen die Schweine als „Nahrungskonkurrenten" und 1915 zu staatlichen Zwangsschlachtungen – dem berüchtigten „Schweinemord", dem nach Schätzungen neun Millionen Tiere, etwa ein Drittel des Bestandes, zum Opfer fielen. Dies wiederum wirkte sich zusätzlich negativ auf die Fleisch- und Fettproduktion aus, die ohnehin zusammen mit der Milchproduktion erheblich sank. Insgesamt ist ein starker Rückgang der landwirtschaftlichen Erträge zu verzeichnen; so sinkt die Weizenproduktion von rund 4418000 Tonnen im Jahre 1913 auf 2458400 im Jahre 1918, die Kartoffelernte von über 52 Millionen (1913) auf 29 Millionen (1918), die Bestände an Rindern, Kühen und Schweinen nehmen zum Teil dramatisch ab und ebenso Schlachtgewicht und Milchleistung. Allein 1916 drückte zudem eine Mißernte die Kartoffelproduktion – mißt man sie am Stand von 1915 – auf die Hälfte herab, 1917 erreicht sie erst wieder 64% dieses Niveaus, 1918 sinkt sie erneut auf 46%. Die Folgen der Mißernte wurden noch durch eine unüberlegte Preispolitik verschärft, beides veranlaßte die Bauern 1916, statt Kartoffeln nun Kohlrüben anzubauen; dies alles führte zum berüchtigten „Kohlrübenwinter" von 1916/17 – „... schon fünf Wochen keine Kartoffeln, Mehl und Brot knapp... Nur die ewigen Rüben, ohne Kartoffeln, ohne Fleisch, alles in Wasser gekocht", so lautet die typische Klage einer Frau aus Hamburg. Neben der Kohlrübe wurde der Markt von einer Fülle an minderwertigen „Ersatzlebensmitteln" überschwemmt, 1918 zählte man über 11000 derartige Produkte. Andere elementare Nahrungsstoffe wurden verdünnt (Milch) oder „gestreckt" wie das Brot, das schon seit Anfang 1915 überwiegend unter erheblichem Zusatz von Kartoffelmehl gebacken wurde („K-Brot").

In dieser Lage hat der Staat versucht, selbst die Bewirtschaftung zu organisieren und zu regeln, aber der Versuch erfolgte spät und langsam, blieb unvollkommen, mit Lücken und Fehlern, und konnte sich gegen mächtige Widerstände nur zum Teil durchsetzen. Die „Erfolge" der Bewirtschaftung blieben zweifelhaft. Zunächst hatte es noch in der überschwenglichen Erwartung eines kurzen Krieges eine fast verschwenderische Sorglosigkeit gegeben. Aber schon im Winter 1914 kam es zu skeptischeren Prognosen und vor allem zu Mangelerscheinungen im Lebensmittelsektor. Jetzt setzten erste staatliche Zwangsmaßnahmen ein, vor allem hinsichtlich der Ausmahlquote und der Preisfixierung von Getreide, wenig später wurden auch Höchstpreise für Zucker, Butter, Fleisch, schließlich für alle elementaren Lebensmittel festgelegt. Diese Politik der Preisbindung war eine Antwort auf die Klagen der städtischen Konsumenten, aber es waren keine ökonomisch überlegten Maßnahmen: Viele Landwirte verlagerten die Erzeugung jetzt auf andere, noch „freie" Produkte, das schuf gerade keine bessere Balance, oder sie boten ihre Güter auf dem „Schwarzmarkt" an, der sich als Kehrseite von amtlichen Höchstpreisen sofort entwickelte; oft verschwand nach der Festlegung eines Höchstpreises das entsprechende Produkt zumindest für einige Zeit gänzlich vom Markt.

Ein anderer Ansatz der staatlichen Bewirtschaftung war die Schaffung neuer, zentraler Verwaltungen: „Reichsstellen" wurden für einzelne Produkte zuständig. Im Januar 1915 wurde z. B. die „Reichsgetreidestelle" eingerichtet, 1916 eine „Reichszuckerstelle", im Mai des gleichen Jahres – in gewisser Weise als Antwort auf den verbreiteten Ruf nach einem „Lebensmitteldiktator" – das Kriegsernährungsamt. In dessen Vorstand rückten mit August Müller und Adam Stegerwald sogar ein Sozialdemokrat und ein christlicher Gewerkschaftler. Aber das Kriegsernährungsamt blieb ohne größeren Erfolg, nicht zuletzt, weil es zu wenig Kompetenzen gegenüber den Produzenten, den Bundesstaaten und den unteren Verwaltungen erhielt, nicht auch, wie zunächst erwogen, eine militärische Behörde, etwa unter dem General Groener, war. Aber es war darüber hinaus klar, daß die Bewirtschaftung und Zwangserfassung landwirtschaftlicher Güter im Stall, auf dem Feld, im Gartenland und selbst beim Handel mit vielen Kompetenzen ungeheuer schwierig und bürokratisch kaum zu kontrollieren war. Wie immer, der Konflikt um „bessere" Bewirtschaftung vergiftete im allgemeinen Unglück die Atmosphäre zusätzlich.

Entscheidend für die Lage der Bevölkerung war, daß sie schon bald nach Kriegsbeginn mit einer Rationierung der Nahrungsmittel, mit immer begrenzteren Zuteilungen leben mußte. So führte im Februar 1915 Berlin als erste deutsche Stadt die Brotkarte ein. Die Rationierung ergriff schnell alle zunächst noch „freien" Güter, wie vor allem Fleisch und Milch; auch dafür gab es dann Lebensmittelkarten. Eine Steuerung über den Preis (Produktionsprämien) hat man nicht erwogen, das Beispiel der gewaltigen Preissteigerungen bei den zunächst noch „freien" Gütern, beim Fleisch, wirkte abschreckend genug; eine solche Marktlösung war unmöglich, sie war schon sozial einfach ausgeschlossen.

Die Knappheit wurde seit 1916 zum Hunger, zum massenhaften Nahrungsmangel. Dies hat wie nichts sonst die Menschen in Deutschland und ihre Kriegsbereitschaft zermürbt. Wir wollen deshalb davon – und von dem Protest gegen den Hunger – noch in einem eigenen Teil berichten.

Faßt man die Lage der Landwirtschaft und der ländlichen Gesellschaft zusammen, so kommt man zu einem ambivalenten Urteil. Die Lebenswirklichkeit auf dem Land war zwar nicht von Hunger und Armut, aber von härtester Arbeitsfron vor allem der Frauen bestimmt, dazu vom Widerstand gegen die Gendarmenkontrolle, die als Schikane erlebt wurde. Zweifellos konnten sich Bauernschaft und Großgrundbesitz im Krieg kurzfristig gut behaupten, nicht zuletzt wegen der massiven Nachfrage nach agrarischen Produkten und deren Preissteigerung. Allerdings steht den Gewinnen der Landwirtschaft über höhere Preise auch gegenüber, daß alle Produktionsmittel enorm im Preis anstiegen, vor allem aber die Löhne. Überdies mußten sich die Verringerung der Ackerfläche und die Mängel des Anbaus mittelfristig negativ auswirken. Insgesamt verlor die Landwirtschaft Arbeitskräfte an die Städte und mit sinkender Produktivität auch den bisherigen Anteil am Sozialprodukt. Am Ende des Krieges war klar, daß er eine einschneidende Zäsur in der jüngeren deutschen Agrargeschichte bedeutete – mit der einstmals „goldenen", privilegierten Zeit der deutschen Landwirtschaft war es vorbei.

Ein wesentlicher und bestimmender Sektor der Kriegswirtschaft war das Rüstungswesen. Die Steigerung der Rüstungsproduktion erwies sich als notwendig, sie wurde bis 1916 schrittweise (in Abstimmung der unterschiedlichen Sektoren) vorgenommen und war relativ erfolgreich. Die bisher stark export- und konsumorientierte Industrieproduktion mußte auf Rüstungsgüter umgestellt werden. Rohstoff- und Energiezuteilungen und Verlagerung der Arbeitskräfte waren die Hauptwege dieser Umstellung, gelegentlich gab es auch Betriebsstillegung durch den Staat (gegen Entschädigung). Es gab keine Militärdiktatur in diesem Bereich, das Militär suchte die Beschaffung von Rüstungsgütern in Kooperation mit der Industrie zu sichern. Es wäre für das zuständige Kriegsministerium schwierig gewesen, die Rüstungsproduktion an sich zu ziehen, und es war schwierig, sie zu regulieren, etwa im Kampf um Preise und Gewinne. Hier war die Industrie stärker. Die Preise waren hoch, gewiß auch wegen hoher Löhne, aber die Gewinne und Gewinnsteigerungen waren vergleichsweise noch höher. Ein unvorhergesehenes Problem zwischen Militär und Industrie war die Zurückstellung von Facharbeitern vom Kriegsdienst, das ist nur langsam geregelt worden.

Die dritte Oberste Heeresleitung, Hindenburg/Ludendorff, nun forderte im Herbst 1916 mit dem sogenannten Hindenburg-Programm eine drastische Produktionserhöhung, in wenigen Monaten und um jeden Preis. Das war der Geist des totalen Krieges. Energie und Wille allein freilich konnten dieses nicht durchkalkulierte Programm kaum realisieren, im Winter 1916/17 erwies es sich zunächst als unerfüllbar angesichts der Arbeitskräftesituation und des beginnenden Kohlemangels und einer unerwarteten, zwar vorübergehenden, aber schweren Transportkrise. Halbfertige Fabriken zeugten vielerorts noch lange davon. Erst und immerhin doch im Frühjahr 1918 waren die Planziele von 1916 erreicht. Gleichzeitig mit dem neuen Programm wurde das Beschaffungswesen vereinheitlicht – Vorbild war das englische Munitionsministerium –, im Oktober/November 1916 wurde das für die ganze Rüstungswirtschaft zuständige Kriegsamt gegründet; es wurde zwar nicht, wie Ludendorff gegen Reichskanzler, Kriegsminister und Kommandierende Generale gewollt hatte, der OHL unterstellt, mit quasi-diktatorischen Kompetenzen versehen, sondern eine Abteilung des Kriegsministeriums, aber Ludendorff setzte dort einen Personalwechsel durch (auch der Minister wurde ausgewechselt). Groener, damals noch ein Ludendorff-Mann, wurde Chef des neuen Amtes, das durchaus effektiv dazu beitrug, daß die staatliche Regulierung der Industrie auf dem entscheidenden Rüstungssektor zunahm.

Mit dem Engagement der Militärs in der Rüstungsproduktion und ihrem Interesse an „Menschenreserven" für Front und Rüstung hing es nun zusammen, daß die Armee ein prägender Faktor in der Umgestaltung der Arbeitsbeziehungen während des Krieges wurde. Das ergab sich zunächst aus einer Reihe von Detailproblemen. Bis Ende 1914 war allein ein Drittel der gesamten Industriearbeiterschaft eingezogen, die Heeresstärke stieg im Verlauf des Krieges von 5 auf 10,9 Millionen und damit von 7,5 % auf 16,4 % der Gesamtbevölkerung. Langsam wurde die Zurück-(Frei)stellung vom Kriegsdienst geregelt, wenn Betriebe Arbeiter als unabkömmlich anforderten. Das war wegen des besonders gravierenden Mangels an Facharbeitern notwendig. Was aber sollte geschehen, wenn solche Arbeiter den Arbeitsplatz wechselten? Ganz allgemein setzte sich die starke Arbeitskräftewanderung in die

Rüstungsindustrie – wegen der hohen (Lock-)Löhne – auch in hoher zwischenbetrieblicher Mobilität fort. Alle Beteiligten suchten sie einzudämmen und zu regulieren. Das Kriegsministerium nun hielt eine solche Regelung nur bei Mitwirkung der Gewerkschaften für wirksam. In Berlin wurde 1915 dazu eine paritätische, von Unternehmern und Gewerkschaften gebildete Kommission eingerichtet, der „Kriegsausschuß der Metallbetriebe Groß-Berlins". Die Einrichtung dieses Kriegsausschusses leitete eine neue Phase des Verhältnisses von Militär und Arbeiterschaft ein, brachte er doch die Militärvertreter in die Position eines „unparteiischen" Schiedsrichters bei Arbeitskonflikten. Viele Industrielle (zumal im Westen und in Oberschlesien) und auch Militärbefehlshaber – sie waren auch für Einberufungen und Zurückstellungen zuständig – lehnten wegen der Anerkennung der Gewerkschaften die Ausschüsse ab. So kam es 1916 in Preußen nur vereinzelt, dagegen im Süden Deutschlands, in Thüringen und in Sachsen, durchaus zur Gründung vergleichbarer Kommissionen.

In veränderter Form spitzte sich diese Frage nochmals zu, als die OHL im Zuge des Hindenburg-Programms im Herbst 1916 eine erneute, radikale Mobilisierung der Arbeitskräfte in Angriff nahm. Die OHL forderte nun die „totale" Kriegsanstrengung, ein neues Kriegsleistungsgesetz, ja eine allgemeine Arbeits- und Dienstpflicht, die nur wirksam sein könne, wenn sie rücksichtslos durchgeführt werde und auch die Frauen einbeziehe. Bethmann Hollweg, Helfferich, der Staatssekretär des Inneren, und das Kriegsministerium widersetzten sich zunächst den radikalen Plänen für einen solchen „Vaterländischen Hilfsdienst". Unter Vermittlung Groeners einigte man sich auf den Plan; nur die Dienstpflicht der Frauen sollte entfallen. Zu dieser Entscheidung gehörte nun, daß der Hilfsdienst in Form eines Gesetzes eingeführt werden sollte. Gerade auch Ludendorff und die OHL drängten darauf. Man wollte keine Verordnung, keinen Oktroi, sondern eben ein Gesetz. Das hatte politische Gründe: Man wollte Reichstag und Parteien in die Verantwortung einbinden und damit die notwendige Massenloyalität sichern. Daß ein solches Gesetz ohne Mitwirkung der Verbände nicht funktionieren könne, war allen Beteiligten klar. Die Gewerkschaften wollten gleichsam als Preis für ihre Kooperation bei diesem Gesetz, das ja vor allem die Arbeiterschaft belastete, die Einführung von Betriebs- und von paritätischen Schlichtungsausschüssen erreichen. Weil der Reichstag eingeschaltet war, konnten Sozialdemokraten, Linksliberale und Zentrum das durchsetzen, auch die Nationalliberalen und die Freikonservativen stimmten zu. Der Reichstag hat die von OHL und Regierung erarbeitete Vorlage in diesem Sinne wesentlich erweitert und verändert.

Das „Gesetz über den vaterländischen Hilfsdienst" vom 5. Dezember 1916 verfügte die Arbeitspflicht für alle männlichen Deutschen zwischen dem 17. und 60. Lebensjahr, schränkte die Freiheit des Arbeitsvertrages und die Freizügigkeit weitgehend ein, um die Arbeiter rüstungswichtigen Betrieben zuteilen zu können. Das Gesetz erlaubte den Wechsel des Arbeitsplatzes nur mit Genehmigung eines paritätisch besetzten Schlichtungsausschusses. Freilich wurde auch die „angemessene Verbesserung der Arbeitsbedingungen" als Grund für einen Arbeitsplatzwechsel anerkannt. Für alle gewerblichen Betriebe mit mindestens 50 Beschäftigten wurden ständige Arbeiter- und Angestelltenausschüsse eingerichtet, Vorläufer der Betriebsräte. Das war ein Erfolg für das korporative Arbeitsrecht und die Idee der Betriebsverfassung, für die bürgerliche Sozialreform und vor allem für die Gewerkschaften, die jetzt einen erheblichen Einfluß auf die rechtliche Regelung der Arbeitsbeziehungen erlangten. Wegen dieser Neben-Bestimmungen bedeutete das Gesetz eine epochale Umformung der deutschen Sozialverfassung, ja die staatliche Anerkennung der Gewerkschaften kann man schon als Revolution bezeichnen. Hier hat die vielberedete Neuorientierung Realität gewonnen.

Das Gesetz hat keine große unmittelbare Wirkung gehabt, es gab praktisch kein Reservoir an männlichen potentiellen Arbeitskräften. Aber es berührte indirekt noch einmal die Arbeitsbeziehungen und ihre politische Gestaltung; unbeabsichtigt führte es zu einer Steigerung der Fluktuation und drückte damit auch die Löhne nach oben. Als das erkennbar wurde, wollte Groener, ebenso wie alle anderen Maßgeblichen, das ändern, aber nur zusammen mit den Gewerkschaften – nicht weil er sie liebte, sondern weil alles andere unrealistisch oder ineffektiv sei. Im Juli 1917 glaubte er, das Gesamtproblem nur noch durch eine Begrenzung von Gewinnen und Löhnen, ja eine staatliche Zwangsverwaltung bei Kohle, Eisen und Stahl lösen zu können. Die Schwerindustrie, die schon die Gleichberechtigung der Gewerkschaften im Blick auf die Nachkriegszeit mit tiefem Mißtrauen betrachtete, demonstrierte vehement dagegen bei Ludendorff; dessen enger Mitarbeiter, Oberst Bauer, war ein Vertrauensmann der Industrie. Groener wurde durch Versetzung „gestürzt". Der Umbau der Sozialverfassung sollte scharf begrenzt, wenn nicht ein- und zurückgedämmt werden. Die Groener-Linie, Kooperation mit den Gewerkschaften unter dem Primat der optimalen Leistung für den Krieg, blieb in der Minderheit, freilich nachdem sie Tatsachen geschaffen hatte. Die Mehrheit der Generalität hat sich mit dem harten Flügel des schwerindustriellen Unternehmertums verbündet. Auch sonst kam das Heer der Industrie entgegen: Im Januar 1918 waren 1,2 Millionen Industriearbeiter zurückgestellt, 15% der Wehrpflichtigen, 1916 waren es nur 0,74 Millionen gewesen.

In den Zusammenhang der Arbeitsbeziehungen und des Verhältnisses von Militär und (Rüstungs-)Industrie gehörten schließlich die faktische Stellung der Gewerkschaften und das Problem der Streiks im Weltkrieg. Das wurde ein zentrales Problem für den Zusammenhalt dessen, was später „Heimatfront" hieß. Im Aufbruch des Burgfriedens hatten Arbeitgeber und Arbeitnehmer auf Arbeitskampfmaßnahmen verzichtet, die Gewerkschaften schon am 2. August 1914. Das entsprach 1914/15 auch durchaus der Stimmung der Arbeiterschaft. Die Freien Gewerkschaften und ihre Führer waren und blieben innerhalb der sozialdemokratischen Arbeiterbewegung eine der Säulen der „Politik des 4. August“. Angesichts der Abspaltung der radikalen Opposition, der späteren USPD, und unter den Bedingungen des Hungers aber entstanden dann auch Tendenzen zur Radikalisierung der Arbeiterschaft, gegen die Kooperation der Gewerkschaften mit Regierung und Unternehmern, gegen die Kriegsbedingungen, im weiteren Sinn gegen die Fortdauer der bestehenden Klassenverhältnisse in Wirtschaft und Politik, ja gegen den Krieg. Es entstand eine innergewerkschaftliche linke Opposition, etwa bei den Metallarbeitern; in Berlin organisierten die „Revolutionären Obleute“, der linken USPD nahe mit manchen ultraradikalen Sympathien, in den Rüstungsbetrieben ein funktionierendes Netzwerk. Solche Tendenzen fanden in den beiden letzten Kriegsjahren ihren Ausdruck in im Grunde „politischen“ Streiks. Die Freien Gewerkschaften konnten trotz ihrer Kooperation mit der Regierung, ihrem entschiedenen Festhalten an der Politik des Burgfriedens und ihrer grundsätzlichen Ablehnung von Streiks im Kriege solche Streiks nicht ignorieren oder bekämpfen, wenn sie sich nicht ausmanövrieren lassen wollten. Sie mußten an Streiks teilnehmen, ihnen eine Ventilfunktion zuerkennen. Sie entwickelten zwischen der Anti- und der Pro-Streik-Position eine schwierige Doppelstrategie. Dies wird auch aus ihrer schwierigen Lage während des Krieges verständlich. Alle Gewerkschaften litten unter den Einberufungen und den Umschichtungen innerhalb der Arbeiterschaft. Von 1913 bis 1916 sank die Zahl der Gewerkschaftsmitglieder um fast drei Millionen auf 1,18 Millionen, allerdings ist nach diesem Tief und bis Kriegsende wieder ein Anstieg auf über 3,5 Millionen zu verzeichnen. Das hängt auch mit dem Aufschwung der Streikbewegung zusammen. Schon 1915/16 hatte es Proteststreiks vor allem gegen die „ungerechte“ Lebensmittelversorgung gegeben. Im April 1917 kam es dann zu Massenstreiks, die Hunderttausende von Arbeitern mobilisierten. Die Brotration war herabgesetzt worden, aber auch die russische Februarrevolution hatte die Lage verändert, und der Kampf gegen den Zarismus konnte nicht mehr den Krieg legitimieren; neue demokratische und sozialistische Hoffnungen wurden geweckt. Amtliche Zusagen fingen im wesentlichen die Streiks auf, die Radikalen scheiterten noch in den Gewerkschaften und bei den Mitgliedern und Arbeitern, Reststreiks wurden durch militärische Maßnahmen aufgelöst. Immerhin, 1915 hatte es nur 15 240 Streikende gegeben, 1917 waren es rund 668 000, in 562 Streiks.

Die Zusammenarbeit zwischen Gewerkschaften und Regierung dauerte fort, sie war freilich heikel und provisorisch, sie stieß immer wieder an Grenzen. Zwar gab es Regierungskreise, die in der Kriegskooperation auch die Basis für veränderte Verhältnisse nach dem Krieg sahen, andere dagegen wollten das gerade nicht und machten Konzessionen nur widerstrebend, nur um die Rüstungsindustrie momentan von Konflikten freizuhalten, und so dachten die bestimmenden Kräfte der Schwerindustrie. Die Gewerkschaftsführung setzte über den fundamentalen Patriotismus und den im Krieg notwendigen Arbeitsfrieden hinaus genau auf das, was die Gegner fürchteten, eine paritätische Neuordnung der Arbeitsverhältnisse nach dem Krieg. Auch darum kooperierte sie gegen Scharfmacher von rechts mit der Regierung, und darum wurde sie das Ziel schärfster Angriffe von links. Bei den großen Streiks im Januar 1918, von denen noch die Rede sein wird, waren die Gewerkschaften noch immer leidenschaftliche Streik-Gegner; aber 1918 verhärtete sich auch ihre Position gegenüber der Industrie.

Wenn man von den Arbeitsbeziehungen im Weltkrieg, zumal in der Industrie, spricht, so darf deren geschlechtsspezifische Dimension nicht übersehen werden. Man hat lange die „revolutionierende" Wirkung des Weltkrieges für den Anstieg der Frauenlohnarbeit betont. Sicherlich entsprach dies den unmittelbaren, offensichtlichen Wandlungen in der Arbeitswelt; seit 1914 tauchten immer mehr Frauen in „klassischen" Männerberufen auf – ob in den öffentlichen Dienstleistungsbereichen, als Schaffnerinnen oder Briefträgerinnen, oder gar im Straßenbau oder der Munitionsherstellung. All dies steht außer Frage und ist erklärlich, schließlich war ein Drittel der arbeitstauglichen Männer eingezogen. Verfolgt man indes die großen säkularen Trends auch der Vor- und Nachkriegszeit, so relativiert sich der erste Eindruck. Wir haben bereits im ersten Band davon erzählt, daß die Frauenerwerbsquote vor allem zwischen 1895 und 1907 stark ansteigt. Bezieht man die Zahlen der 20er Jahre mit ein, so wird deutlich, daß sich im Krieg lediglich die Vorkriegstendenz fortsetzt – und das keineswegs überdurchschnittlich. Die männliche Erwerbsquote steigt zwischen 1907 und 1925 sogar stärker als die weibliche. Dies bedeutet, daß die massiven Versuche, Frauen für den Arbeitseinsatz im Krieg zu mobilisieren, nicht die erhofften Erfolge hatten.

Dies gilt auch für die zweite Phase der deutschen Kriegswirtschaft nach 1916: Der Plan der OHL, Frauen in den „Vaterländischen Hilfsdienst" einzubeziehen, scheiterte in der Beratungsphase; selbst die zentrale Organisation der Frauenarbeit durch das Kriegsamt, in das Groener geschickt zwei Exponenten der Frauenbewegung, Marie-Elisabeth Lüders und Agnes von Harnack, als zuständige Referentinnen holte, konnte nicht den Arbeitskräftemangel der Kriegsindustrie beheben. Dies hatte viele Gründe; wichtig war die Ineffizienz der allgemeinen Organisation, daneben die Reserve der Betriebe gegenüber Frauen bei der Suche nach Facharbeitern, zudem zogen die Frauen selbst, zumal die Mütter, die Heimarbeit vor, ein Arbeitsplatz in der Kriegsproduktion schien ihnen nur kurzfristig sicher. Aber auch dies darf nicht verdecken, daß in der Kriegsindustrie die Frauenerwerbsquote zweifellos stark angestiegen ist. Nur war dies mehr ein Umstieg als ein Einstieg: Die neuen weiblichen Arbeitskräfte der Kriegsindustrie wurden vorwiegend aus Frauen rekrutiert, die schon vorher erwerbstätig waren, eben in anderen Sektoren oder in nicht-industriellen Bereichen. Dies betraf hauptsächlich Dienstmädchen, Landarbeiterinnen oder Arbeiterinnen aus den nicht profitablen „Zwischen-" und „Friedensindustrien". Aber auch hier ist es schwierig zu beurteilen, inwieweit sich nicht schon bestehende Vorkriegstendenzen fortsetzten. Wie wichtig diese Frage für Regierung und Bürokratie war, zeigt sich auch darin, daß bis Anfang 1918 neben je einem Frauenreferat bzw. einer Frauenarbeitshauptstelle in allen Armeekorpsbereichen noch 51 Frauenarbeitsnebenstellen und 424 Fürsorgevermittlungsstellen mit ca. 1 000 beschäftigten Mitarbeiterinnen im Reich arbeiteten. Auch wenn der Anstieg der Frauenlohnarbeit also nicht so „revolutionär" war, wie man lange gemeint hat, ist es schlechterdings nicht zu übersehen, daß der Krieg im einzelnen die Frauenarbeit und auch die sozialpolitische Stellung der Frauen entscheidend beeinflußt hat.

Blicken wir nochmals insgesamt auf die großen Veränderungen der Wirtschafts- und Sozialstruktur, die durch den Krieg verursacht oder zumindest verstärkt wurden. Blicken wir zunächst auf die Industrie. Insgesamt nehmen im Krieg – außerhalb der Rüstungsindustrie – Investitionen und Innovationen ab, dazu auch die Konkurrenzfähigkeit und die Marktorientierung – Staatseingriff und Knappheit sind statt dessen die Normen. Sodann, die Großindustrie nimmt zu Lasten der kleineren Unternehmen stark zu: Die industrielle Konzentration, vertikal und horizontal, intensiviert sich. Ferner gibt es strukturelle Verschiebungen zwischen den verschiedenen Industriesektoren; die für Rüstung und Kriegsverbrauch produzierenden Industrien profitieren sehr viel stärker von der Kriegskonjunktur als die für den zivilen Verbrauch arbeitenden. Nimmt man die Umverteilung der Beschäftigten seit 1914, so gewinnen die chemische Industrie 170%, Maschinenbau und Elektroindustrie 49%, Holzindustrie 13% und die metallverarbeitende Industrie 8%. Dagegen verlieren jeweils über 50% die Bereiche Steine/Erden, Textil- und Baugewerbe, insgesamt die Konsumgüter- und eher handwerklichen Industrien.

Man kann die strukturellen Verschiebungen auch an der Entwicklung der ausgeschütteten Dividenden erkennen: Während die allgemeine Dividende von 1913/14 bis 1916/17 von 7,96 auf 6,52% sinkt, steigt sie in der Chemie von 5,94 auf 11,81% und bei Eisen und Stahl von 8,33 auf 14,58%.

Die Frage, wie sich Einkommen und Lebensbedingungen der verschiedenen Schichten und Gruppen entwickelten, mündet in die Hauptfrage, ob sich hier im Kriege die Proportionen verschoben haben. Kocka meint, daß sich die Zweiklassenscheidung in Deutschland verschärft habe. Die Unternehmerschaft der Kriegsproduktion (geschätzt auf 120000 Personen) habe ihre ökonomische Position und ihre Einkommen wesentlich verbessert, die Reallöhne der Arbeiter seien gesunken. Der Mittelstand sei polarisiert worden: Die Angestellten hätten an Einkommen und Status wesentlich verloren, seien proletarisiert worden. Höhere Beamte, Handwerk und Kleinhandel, Rentenbezieher hätten zwar ebenfalls objektiv entschieden verloren, sich aber dennoch – weiterhin – eher mit den Unternehmern als mit der Arbeiterschaft solidarisiert, also mit den Besitzenden.

Die Thesen zur Einkommensentwicklung treffen zwar die Wirklichkeit, müssen aber doch relativiert werden, das Zweiklassenschema im ganzen ist nicht überzeugend. Was zunächst Unternehmer und Kapitaleigner betraf, so muß man sehen, daß der Anstieg der Dividenden (und vermutlich auch der Gewinne) weit hinter dem der Preise zurückblieb. Natürlich gab es Kriegsgewinnler, die die Kriegsumstände auszunutzen und die Steuern zu umgehen wußten. Aber das war nicht die Norm im wirtschaftenden Bürgertum. Ob freilich die generelle Verarmung der Deutschen diese Kreise relativ weniger stark als andere betraf, muß offenbleiben, möglich ist es durchaus, ja wahrscheinlich. Gewiß ist, daß bei dem hohen Ausgangsniveau auch ein Einkommensverlust viel weniger schwer zu tragen war als in anderen Schichten.

Die Bauern haben vermutlich ihr Einkommensniveau trotz Höchstpreisen und Kostenanstieg über Selbstversorgung und schwarzen Markt halten können. Der größte Teil des Handwerks und der kleinen Dienstleistungsbetriebe dagegen erlitt erhebliche Einbußen, sie waren verbraucherorientiert und für die Einschränkungen des Verbrauchs anfällig. Die Zahl der Selbständigen, zumal in Handel und Verkehr, ist auch deutlich zurückgegangen.

Wie sah es nun mit der Einkommensentwicklung der Unselbständigen aus, mit Gehältern und Löhnen? Zum einen erlitt der „neue Mittelstand", das waren vor allem die Angestellten, deutliche hohe Einbußen in Realeinkommen und Kaufkraft und blieb klar zurück hinter dem steigenden Lebenshaltungsindex und auch hinter den Arbeiterlöhnen. Zum anderen war es die Beamtenschaft, die die höchsten Einkommensverluste hinnehmen mußte. Davon waren am stärksten betroffen die höheren Beamten, deren reale Einkommen (gemessen am Stand von 1913) bis 1918 um über 53% sanken, bei mittleren Beamten waren es 45%, bei unteren Beamten 30%. Da Gehaltszuschläge für Beamte nicht prozentual abgestuft, sondern in fixen Summen bezahlt wurden, hatten die unteren Beamten hier noch „Vorteile". Ein anderes Bild ergibt sich in bezug auf die Arbeiterlöhne während des Krieges. Drei Entwicklungen sind besonders wichtig: Erstens nahmen die Lohnunterschiede zwischen gelernten und ungelernten, männlichen und weiblichen Arbeitern beträchtlich ab, die Reallöhne der ungelernten wuchsen; das bewirkte eine Homogenisierung der Arbeiterschaft. Diese wurde allerdings durch wachsende Lohnunterschiede zwischen den verschiedenen Industriesektoren zu einem Teil wieder konterkariert. Zweitens stiegen die durchschnittlichen Nominallöhne der Arbeiter in allen Sparten zwischen 1914 und 1918 deutlich an – am stärksten in den sogenannten Kriegsindustrien (Metall, Maschinenbau, Chemie, Elektro), nämlich um 152% bei den Männern und 186% bei den Frauen, am schwächsten in den sogenannten Friedensindustrien (Nahrungsmittel, Textil, Bekleidung, Graphisches Gewerbe), um 81 bzw. 102%. Drittens aber darf dies nicht über das spürbare Absinken der Reallöhne insgesamt hinwegtäuschen: In den Kriegsindustrien sank der durchschnittliche reale Jahresverdienst eines Arbeiters zwischen

1914 und 1918 um fast 23 % (bei Frauen 12 %), in den Friedensindustrien um 44 % (bei Frauen 39 %). Dabei konnte in der letzten Kriegsphase seit 1917 der Negativtrend leicht aufgehalten werden, zum Teil ist in dieser Periode sogar ein geringer Anstieg der Reallöhne zu verzeichnen. Man muß freilich auch hier beachten, daß zum einen die Statistik die durchaus vorhandenen Spitzenlöhne bestimmter Arbeitergruppen (und die Naturalleistungen in der Rüstungsindustrie in den letzten Kriegsjahren) verdeckte, daß zum anderen aber, und das ist durchaus wichtiger, Not, Elend und Hunger die Arbeiter auch bei nur relativem Absinken der Reallöhne besonders hart trafen. Nur, relativ zu anderen Bevölkerungsgruppen gelang eine gewisse Stabilisierung; das lag daran, daß die Arbeiter die Chancen des leergefegten Arbeitsmarktes nutzen konnten, daß die verbesserte Stellung der Gewerkschaften vor allem seit dem Hilfsdienstgesetz hier durchschlug. Mit der ökonomischen Verhandlungsposition der Arbeiterschaft hat sich dann auch ihr politisches Gewicht verstärkt.

Schließlich versuchen wir, Organisation von Wirtschaft und Arbeit in Deutschland während des Weltkrieges zusammenfassend zu charakterisieren: 1. Der Staat übernahm Funktionen in der Leitung, Planung und Kontrolle der Wirtschaft. Das war „Kriegssozialismus“. Sozialdemokraten sahen darin einen friedlichen Weg zur Vergesellschaftung der Produktionsmittel, Sozialreformer einen Dritten Weg zwischen Privateigentum und Sozialisierung – wie immer, das war eine fundamentale Veränderung der Wirtschaftsverfassung. 2. Dieses System stieß an die Grenzen, die die Verteilung der Klassenmacht vor 1914 gesetzt hatte. Es gab keine wirksame staatliche Intervention gegen die überhöhten Kriegsgewinne der Rüstungs- und Schwerindustrie. Die Interessen der Landwirtschaft blieben ein wichtiges Gegenelement gegen zuviel Staat in der Ernährungswirtschaft. 3. Was die sozialen Beziehungen anbetrifft, so stiegen zunächst die Gewerkschaften auf; sie wurden als Partner anerkannt, ohne ihre Mitwirkung ließ sich keines der anstehenden Probleme lösen. Aber das hatte seine Grenzen, die Klassenkampffronten blieben erhalten, das galt während des Krieges vor allem für die Rechte und die Schwerindustrie, und das hatte für die innenpolitische Polarisierung von 1917/18 erhebliche Bedeutung. Immerhin ist das berühmte Abkommen zwischen Stinnes und Legien, als Sprecher der Unternehmer und Gewerkschaften, vom 15. November 1918 über Tarifverträge und die Anerkennung der Gewerkschaften („Zentralarbeitsgemeinschaft“), also über die Einhegung von Arbeits- und Klassenkonflikten, ein Ergebnis der Neuansätze des Krieges, der Beginn einer – wenn auch noch fragilen – Sozialpartnerschaft.

3. Kriegsziele und Friedensversuche

a) Der Streit um die Kriegsziele

Ehe wir uns mit den großen verfassungspolitischen Themen der inneren Entwicklung des Reiches beschäftigen, wenden wir uns zunächst der Auseinandersetzung über die Kriegsziele zu. Gewiß hat sie für die „große Politik“ von Regierung und militärischer Führung, für Kriegsbeendigungs- und/ oder Friedenspolitik gegenüber Gegnern und Neutralen, für Bündnis- und Besatzungspolitik eine zentrale Rolle gespielt, davon reden wir noch. Aber zugleich hat die Frage der Kriegsziele die innere Entwicklung in Deutschland bestimmt, die gewaltige Polarisierung anstelle des Burgfriedens, die Schritte zur Parlamentarisierung des Reiches. Und natürlich hängen über dieser Frage „Innen-“ und „Außen“politik im Krieg aufs engste zusammen, beeinflussen sich wechselseitig. Wir beginnen mit der innerdeutschen Kriegszieldiskussion.

Am Anfang gibt es einen schnellen und eigentümlichen Umschlag. Die Deutschen hatten im August 1914 das Gefühl, Opfer eines feindlichen Überfalls zu sein, der Krieg galt als Verteidigungskrieg, und eigentlich bedurfte es keines über den Status quo hinausgehenden Kriegszieles. Ein „natürliches“ Kriegsziel, wie es Elsaß-Lothringen für die Franzosen, Trient (Welschtirol), oder Istrien für Italien, die Meerengen für Rußland waren, hatten die Deutschen nicht. Aber auch sie begannen sogleich, nach Kriegszielen zu suchen; nach so gewaltigen Opfern war und wurde es immer mehr undenkbar, als Ziel die Rückkehr zum Status quo zu fordern. Wir sind gebrannte Kinder, und wir wissen, welche aberwitzige Hybris sich daraus entwickelte, doch muß man eine gewisse innere Logik im Ansatz der deutschen Erwägungen verstehen. Auch alle anderen kriegführenden Nationen haben ja eine Fülle von annexionistischen und hyper-annexionistischen Kriegszielen entwickelt, die Verträge der Westalliierten mit Rußland, Italien, Rumänien und Griechenland waren davon ebenso bestimmt wie die internen Abkommen über die Aufteilung der türkischen Beute und der deutschen Kolonien.

Den Deutschen schien der Kriegsausbruch die heillos isolierte und gefährdete Lage des Reiches vor 1914 erwiesen zu haben, es lag nahe, von einem künftigen Frieden Garantien gegen die strukturelle Bedrohung zu erwarten. Und da für das politische Denken des zeitgenössischen Europas und der Deutschen zumal Macht der Kern der politischen Existenz war, folgte, daß Selbstbehauptung nur durch Machtexpansion möglich sei. Oder, die Deutschen wollten mehr und bessere Sicherheit, Sicherheiten auch; daß ein solches – aufs Absolute zielendes – Sicherheitsverlangen alle Gegensätze der Staaten und Völker verschärfen und letzten Endes das Reich und gar das Reich in der Mitte schwächen mußte, diese Einsicht in die Dialektik der Politik war, wie Kielmannsegg gezeigt hat, der Mehrheit der Deutschen fremd. Dieser Sicherheitskomplex wurde nun verstärkt durch den Weltmachtwillen der Vorkriegszeit, das Gefühl, das Zu-kurz- und Zu-spät-Gekommensein überwinden zu müssen. Deutschland wollte sich als Weltmacht zwischen Rußland und den angelsächsischen Mächten behaupten, das war seine Mission. Freilich ergab sich eine eigentümlich abrupte Brechung dieses Weltmachtwillens. Vor 1914 wollten die Deutschen „Weltgeltung" und Mitsprache in Übersee. Jetzt fanden sie sich auf den Kontinent zurückgeworfen.

Bethmann Hollweg hat erst langsam die Unbedingtheit des englischen Kriegs- und Siegeswillens (etwa beim totalen Wirtschaftskrieg) erkannt. Am 9. September 1914, bei relativen Erfolgen im Westen, noch vor der Entscheidung der Marne-Schlacht, hat er in einer berühmten, von seinem Adlatus Riezler konzipierten Denkschrift erste Erwägungen angestellt; das war eine vorläufige Aufzeichnung zur Einleitung einer Diskussion. Die Erwägungen liefen auf eine deutsche Mitteleuropa-, ja Kontinentalhegemonie hinaus, Abdrängung Rußlands von der deutschen Grenze und Ende seiner Herrschaft über die nicht-russischen „Vasallenvölker", Bildung von Pufferstaaten im Osten, einen Vasallenstatus für Belgien, kleinere Annexionen von belgischem und französischem Gebiet, Anschluß Luxemburgs, hohe Kriegsentschädigung, Knebelung Frankreichs (Schwächung so, „daß es als Großmacht nicht neu erstehen kann") und auf einen kontinentalen Wirtschafts- und Zollblock mit formell gleichberechtigten Mitgliedern, aber unter „deutscher Führung". Der Widerspruch zwischen dem „Zollbündnis" und der deutschen Hegemonie über Frankreich und die kleineren Staaten war auffällig. Im Grunde ging die Denkschrift von der Fortdauer der englischen, ja auch der russischen Weltmachtstellung aus, erst recht natürlich der amerikanischen, und suchte für das Reich einen „sicheren Platz" in dieser Konstellation. Diese Denkschrift enthält nicht einfach, wie man im Anschluß an Fritz Fischer gemeint hat, die „wahren" Ziele Deutschlands, und gar die Motive, die hinter dem Kriegsausbruch standen, Kriegsgrund und Kriegsziel sind überall und immer zweierlei. Die Septemberziele waren das Ergebnis einer ganz anderen und neuen Lage als der vom Juli, und sie waren insoweit ein offener Denkversuch über Möglichkeiten und Positionen. Man kann diese Ambivalenz auch daran sehen, daß die Reichsämter in den folgenden Monaten nur über den Zollbund sich Gedanken gemacht und ihn – mehr oder minder – zugunsten der traditionellen weltwirtschaftlichen Verflechtung des Reiches verworfen haben. Aber gewiß haben maßgebliche Männer im Reich die Expansions-Ideen vorher wie nachher als reales Programm vertreten, insoweit waren sie mehr als ein bloßes Planspiel.

Unter den Deutschen begann schon im Herbst 1914 der Burgfriede über der leidenschaftlichen Auseinandersetzung über die Kriegsziele zu zerfallen. Bethmann Hollwegs Versuche, durch ein Verbot aller Kriegszielerörterung den Burgfrieden zu bewahren, scheiterten de facto, obwohl er die Presse wesentlich beeinflußte. Unter dieser Maxime freilich verlor die Regierung an Handlungsfreiheit, sie konnte sich, um niemand zu entfremden, nicht festlegen, konnte keine öffentliche Führung, auch keine vertrauliche, gegenüber

Parteien und Verbänden übernehmen. Dazu kam ein weiteres Handicap. Die Regierung war nicht in der Lage, die OHL nicht willens, die Partei- und Verbandsführer realistisch über die deutsche Situation zu informieren. Diese bewegten sich – nur auf der Basis der Heeresberichte, nicht einmal unter Zuhilfenahme der immer zugänglichen ausländischen und gegnerischen Presse – in einer Welt von Illusionen, fern aller Wirklichkeit, voll ruchlosem Optimismus; das macht diese Diskussion, schon seit Herbst 1914, geradezu gespenstisch. Realismus, auch von seiten einsichtiger Militärs, hatte keine Chance, sondern galt als „Flaumacherei". Die Regierung glaubte sich an Aufklärung gehindert, weil es gelte, die Siegeszuversicht zu erhalten und den Siegeswillen der Feinde nicht zu stärken. Gewiß hatte Bethmann Hollweg recht, wenn er meinte, die Deutschen seien 25 Jahre durch „Renommisterei" vergiftet worden, dennoch bleibt sein Verhalten in dieser Sache hilflos; freilich, es war auch eine Folge des Verfassungsverhältnisses von abgehobener Beamtenregierung gegenüber der mächtigen Öffentlichkeit, den nicht verantwortlichen Parteien und Verbänden, eine Folge der Immunisierung des Kaisers und des Systems gegenüber Kritik. Auch gegenüber den – doch professionell rationalen – Wirtschaftsführern wurde nicht anders verfahren.

Es bildete sich in der Partei- und Verbandsöffentlichkeit vor allem, jenseits der Regierung, die Frontstellung von entschiedenen Expansionisten, „Annexionisten", und eher Moderaten und Verständigungsbereiten. Zu den Kerngruppen der Annexionisten gehörten die rheinisch-westfälische Schwerindustrie, aber auch viele andere Wirtschaftsgruppen, die Alldeutschen (die trotz ihrer Sektenexistenz an Einfluß gewannen), ein Großteil der Professoren und Intellektuellen und die neuen Radikal-Nationalisten, dazu Nationalliberale und Freikonservative, mit ganz leichten Einschränkungen, aber doch ohne jeden Zweifel, die Konservativen und – zunächst – die klare Mehrheit des Zentrums, sowohl der rechte Flügel (Peter Spahn) wie der linke (Matthias Erzberger). Selbst bei den Linksliberalen und auf dem rechten Flügel der Sozialdemokratie gab es eine annexionistische Minderheit. Auf der Gegenseite standen vor allem die ganz große Mehrheit der Sozialdemokraten, die als Sprecher der Arbeiter, ohne die kein Krieg zu führen war, jetzt eine ganz andere Stellung hatten als vor dem 4. August 1914, dazu im wesentlichen auch die linksliberale Fortschrittspartei. Die Annexionisten waren zumeist auch Gegner innen- und verfassungspolitischer Reformen – mit Ausnahme des Stresemannflügels der Nationalliberalen; sie glaubten, ihre Kriegsziele könnten die Nation integrieren, ein Siegfrieden das System stabilisieren, ohne Sieg werde es zur gefürchteten Revolution kommen. Diese Logik war nicht in jedem Fall einleuchtend, wie immer, faktisch entstand auf die Dauer eine Identität der Annexionisten mit der Rechten. Bethmann Hollweg versuchte, sich in den Auseinandersetzungen nicht festzulegen, auszuweichen, um des Burgfriedens, der Kriegsloyalität der Sozialdemokraten und seiner internationalen Handlungsfreiheit willen; darum geriet er in die seltsame Lage, eher bei den Status-quo-orientierten Anti-Annexionisten als bei den „dynamischen" Annexionisten seinen Platz zu finden. Die Rechte begann im Winter 1914/15 schon die Großkampagne gegen ihn als Zögerer und Schwächling, Englandfreund, Verräter an der Zukunft Deutschlands. Das war auch in einem weiteren Sinn charakteristisch. Die Radikal-Nationalisten setzten ihre politisch-strategischen Ziele absolut und erklärten Andersdenkende für nicht-national, ja schlossen sie intellektuell-emotional aus der Nation aus. Das hat Gegensätze, eigentlich doch die Normalität der Politik, hoffnungslos verschärft und moralistisch verbittert, hat zum Bruch der nationalen Einheit geführt, hat aus dem Burgfrieden schon bald eine Fiktion gemacht.

Es gab mancherlei Varianten von Annexionsforderungen. Reale Garantien für die deutsche Sicherheit und Entschädigung, das waren weitverbreitete allgemeine Formeln, die vieles decken konnten. Den entschiedenen Annexionisten war gemeinsam, daß sie mit dem populären kriegsnationalistischen Haß gegen das „perfide Albion" England als eigentlichen Haupt- und Weltfeind der Deutschen ansahen und daß sie neben der politischen die wirtschaftliche Dimension des Konfliktes und jeder zukünftigen Weltpolitik betonten. Sie glaubten, die Sicherheitsziele angesichts der deutschen Mittellage nur durch kontinentale Hegemonie über abhängige Mittelstaaten erreichen zu können, vor allem durch die Abhängigkeit Belgiens und eine deutsche Position an der Kanalküste als Zugang zum Meer gegen künftige Blockade, und im Osten durch Satellitenstaaten und gegebenenfalls deutsche Annexionen zu Siedlungszwecken. Eine radikale Denkschrift der Alldeutschen vom September 1914 schon forderte große Annexionen im Westen und im Osten, die französische Kanalküste und den Festungsgürtel Belfort–Verdun, das Baltikum und weite Teile Russisch-Polens. Bethmann Hollweg ließ sie beschlagnahmen, aber sie war trotzdem bei unterschiedlichen Führungszirkeln wirkungsvoll. Erzberger, mit dem Thyssen-Konzern verbunden, forderte Anfang September französische Küsten und Erzgebiete, ein mittelafrikanisches Kolonialreich, Satellitenstaaten im Osten. Die Vertreter der Industrie forderten die Verbreiterung der deutschen Rohstoffbasis auf dem Kontinent, vor allem bedeutende Annexionen im Westen, neben Belgien war besonders das Erzbecken von Longwy-Briey, die Hauptlagerstätte des französischen Eisenerzes, das Deutschland von Importen unabhängig machen sollte, wichtig, dazu auch Gebiete im Osten.

Der Kanzler legte sich nicht fest, weder auf Verzicht noch auf Expansion, das schien außenpolitisch im Interesse einer deutschen Verhandlungsposition wie gegenüber den Neutralen und auch innenpolitisch angesichts der mächtigen Antagonismen geboten. Dieses „Ausweichen", dazu Gerüchte um seine Friedensbemühungen, seine stille Kooperation mit den Sozialdemokraten (etwa im Dezember 1914), kurz, sein Bestreben, es auch mit der Linken nicht zu verderben, provozierten die Rechte; dazu trat schon die Kontroverse über den uneingeschränkten U-Boot-Krieg. Obwohl der Kanzler sich keineswegs gegen „die Rechte" stellte, sondern auch ihr Vertrauen sich erhalten wollte, verlor er mit dieser Politik der mittleren Linie gerade ihr Vertrauen, erst recht scheiterte er mit dem Versuch, die öffentliche Kriegszieldiskussion zu verhindern. Zwar wurde sie in der Presse durch Zensur verboten, die Parteien waren an den „Burgfrieden" gebunden, aber es gab – auch vor dem Ende der Zensur der Kriegszieldiskussion im Herbst 1916 – andere Mittel und Wege. Die Kampagne gegen den Kanzler gewann 1915 an Tempo. Das Hochkommen der annexionistischen Forderungen provozierte den Anti-Annexionismus der Sozialdemokraten, deren ganze Kriegspolitik auf dem Prinzip des Verteidigungskrieges, des Friedens ohne Annexionen beruhte. Man versuchte, Bundesfürsten, z. B. den bayerischen König, gegen den Kanzler einzunehmen. Im März und Mai 1915 legten fünf, dann sechs führende Wirtschaftsverbände – Centralverband und Bund der Industriellen, Reichsdeutscher Mittelstandsverband, Bund der Landwirte, der nationalliberale Deutsche Bauernbund und die Christlichen Bauernvereine – eine Eingabe, der Form nach eine „Petition", vor, die von dem nationalliberalen Abgeordneten im preußischen Landtag Hirsch entworfen war, der den Alldeutschen nahestand. Es ging um Annexionen im Westen: Belgien, ein Stück der französischen Kanalküste, das Erzbecken von Longwy-Briey und andere Verschiebungen, dazu Kriegsentschädigungen und handelspolitische Zukunftssicherungen (Einzeleingaben von Industriellen befaßten sich auch mit Annexionen und Satellitenbildung im Osten). Auch spielten systempolitische Motive, die Verhinderung von Verfassungsreformen, die die politische und soziale Machtverteilung berührt hätten, eine wichtige Rolle. Ähnliche Forderungen erhob im Juli 1915 eine Eingabe von 1347 Intellektuellen, darunter 352 Professoren, im Zusammenwirken mit Hugenberg und Kirdorf, aber auch Claß, unter Führung des lange schon völkisch-nationalen konservativen Theologen Reinhold Seeberg und des alldeutschen Historikers Dietrich Schäfer, aber auch Weltkapazitäten wie der Altphilologe Wilamowitz-Moellendorff und der Althistoriker Eduard Meyer machten mit; bei vielen war es die Enttäuschung über England, die sie zu einer Art alldeutschen Wende veranlaßte. Hier spielten neben den Annexionen im Westen auch die im Osten eine wichtige Rolle, der Anschluß des Baltikums – den die Baltenlobby auch im Hinblick auf die Erhaltung der deutsch-baltischen Existenz und Dominanz seit langem gefordert hatte – und die Idee deutscher Bauernsiedlung als Schutzwall wie als gesellschaftspolitisches Ideal, eine charakteristische Mischung pangermanischer und sozialdarwinistischer Ideenkomplexe. Krieg – auch in Zukunft – galt als natürliches Schicksal der Völker, der Frieden sollte die Position für einen künftigen Krieg verbessern.

Diese Erklärung provozierte freilich eine Gegenerklärung, von dem reformerischen Liberal-Konservativen Hans Delbrück und Adolf von Harnack, baltischer Herkunft und Verfasser des kaiserlichen Kriegsaufrufs vom August 1914, initiiert. Das war eine Absage an Annexionen im Westen und die Forderung, Deutschland möge sich für autonome Volksnationen im Osten in

Anlehnung an das Reich einsetzen. Dergleichen gewann zwar nicht die Mehrheit, 141 Personen, darunter 80 Professoren – von Schmoller bis zu Max Weber und Troeltsch – unterschrieben, dazu Industrielle wie Bosch und Siemens, hohe Diplomaten und Staatssekretäre, Clemens Delbrück und Wilhelm Solf, der Chef des Kaiserlichen Zivilkabinetts von Valentini, damit war die Lager-Bildung auch jenseits von Sozialdemokratie und Linksliberalismus vollzogen und offensichtlich geworden. Das hielt sich auch in den Fragen der Verfassung und einer allgemeinen Friedenspolitik durch. Daß auch die deutschen Einzelstaaten eigene, heute geradezu kurios anmutende (territoriale) Ansprüche formulierten, bayerische Forderungen zielten etwa auf Elsaß-Lothringen, Belgien und Polen, verdeutlicht, welche weiten Kreise die Kriegszieldebatte zog.

Der Kanzler steuerte, wie gesagt, einen komplizierten und oft schwankenden Mittelkurs. Es gelang ihm zwar, durch geschickte und unbestimmte Formeln – „reale Garantien und Sicherheiten" – der eindeutigen Stellungnahme auszuweichen und im Reichstag noch relative Zustimmung zu finden (Mai 1915); noch im Dezember 1915, als die Mehrheitssozialdemokratie eine Anti-Annexions-Interpellation einbrachte und jede Annexion Belgiens verwarf und als die bürgerlichen Parteien demgegenüber doch von erforderlichen Gebietserwerbungen sprachen, gewannen die weichen Formeln des Kanzlers die Zustimmung auch der Sozialdemokratie, ja auch im April 1916 stimmten ihm im Reichstag bis auf die Unabhängigen alle Fraktionen zu. Aber letzten Endes saß er zwischen allen Stühlen, die Gegnerschaft der Rechten, zumal außerhalb des Parlamentes, verschärfte sich, das war deshalb so wichtig, weil sie dieselbe Linie vertrat wie im Grunde alle wichtigen führenden Militärs, auch der Pessimist Falkenhayn setzte auf Sieg im Westen und auf grundlegende „Verbesserung" der deutschen Sicherheitslage für einen künftigen Krieg.

Versucht man, Bethmann Hollwegs wirkliche Stellung zu den Kriegszielen – jenseits aller notwendigen Taktik – zu klären, dann mag man sagen: Er war skeptisch im Blick auf die Stärke des Reiches und gar auf einen Sieg, aber Rückkehr zum Status quo, der schließlich ja die Ursache des Krieges war, wäre auch für ihn eine schwere Niederlage gewesen; er setzte auf einen Verhandlungsfrieden nach Selbstbehauptung des Reiches und gegenseitiger Erschöpfung. Dafür wollte er gewisse „Sicherheiten" im Westen, kleine strategische Annexionen und Einschränkungen der vollen Souveränität Belgiens, aber da alles das von der Lage bei Kriegsende abhing, wollte er nichts an „Bedingungen" festlegen; im Osten rechnete er (April 1916) mit der „Befreiung" der nicht-russischen Randvölker, blieb aber unbestimmt, da er bis Ende 1916 noch auf einen Sonderfrieden mit Rußland hoffte, den man möglichst wenig vorbelasten durfte. Daran, seine Grundidee von der Notwendigkeit, angesichts der deutschen Schwäche einen Verhandlungsfrieden anzustreben, offensiv zu vertreten, hinderte ihn die Überlegung, daß jede deutsche Politik dieser Art als Schwäche gewertet und den Willen der Gegner zum totalen Sieg intensivieren würde, hinderte ihn sein zögerndes Wesen, aus Friedensstimmungen zu einem Entschluß zu kommen, hinderte ihn vor allem die Machtverteilung in der deutschen Führung; hier hatte er nur eine Stimme gegen andere, zumal die gewichtigen des Militärs. Auf den Fortgang der innenpolitischen Auseinandersetzung werden wir anläßlich der Krise und Wende von 1916/17 später zurückkommen.

Es gab nun zwei Regionen, die jenseits der Kriegszieldebatten für die deutsche Politik Realitäten darstellten, über die so und so entschieden werden mußte. Das waren Belgien und Polen. Fast alle Deutschen glaubten – auf Grund von der Regierung veröffentlichter, freilich ganz einseitig, ja irreführend ausgewählter Dokumente –, Belgien habe vor Kriegsausbruch seine Neutralitätspflicht mehr oder minder schwerwiegend verletzt. Die Annexionisten fixierten sich in merkwürdiger Weise auf Belgien. In ihm wollte man die gehaßte englische Vormacht treffen und zerstören, darum sollte die belgische Küste, Zugang nach Übersee und Drohung gegen England, unter deutsche Herrschaft kommen – so dachten vor allem die Marine und wichtige Teile der Wirtschaft; wie man über Belgien englisches Wohlverhalten oder gar in einem neuen Krieg freien Zugang zu den Weltmeeren sichern wollte, blieb freilich unklar. Andere Annexionisten hatten im Blick auf Belgien mehr kontinentale – militärstrategische und wirtschaftserobernde – Motive. Gegenmeinungen, wie sie H. Delbrück formulierte, die Erhaltung Belgiens gerade sei ein elementares Gebot jeder deutschen Politik, die irgendwann auf einen Frieden mit England angewiesen sei, blieben ohne große Resonanz. Der Kanzler, der im August 1914 vom „Unrecht an Belgien" gesprochen hatte und damit von künftiger Wiedergutmachung, nahm, wie so oft, eine Zwischenposition ein: Das deutsche Sicherheitsinteresse verlange, daß Belgien nicht Vasall einer deutschfeindlichen Entente werde, es müsse eine „gesicherte" Neutralität entstehen mit realen Garantien, Deutschland müsse Kontrollrechte und eine wirtschaftliche Vormachtrolle erhalten. So hat er es auch öffentlich im Reichstag am 5. April 1916 gesagt: Die Position Belgiens könne nicht nach der Maxime des Status quo geregelt werden, sondern nur nach der von „Garantien".

Im Winter 1915/16 hatte es sehr ernsthafte deutsch-belgische Friedensfühler gegeben, und zwar über den belgischen König; dieser kam zwar dem deutschen Sicherheitsverlangen sehr entgegen, lehnte aber die Forderung der Militärs nach dauernder militärischer Kontrolle, Besetzung und Durchmarschrecht, ja nach Kontrolle der Eisenbahnen ab. Weil die deutschen Forderungen vom Militär – und dessen Fixierung auf einen künftigen Krieg – geprägt waren, scheiterten diese „Verhandlungen" schon im Vorfeld.

Nun hatte die deutsche Armee den größten Teil Belgiens besetzt, für die „Besatzungspolitik" war ein deutscher Generalgouverneur zuständig. Zwei Dinge waren wichtig und wirkten fort. Die Deutschen versuchten im Interesse einer künftigen pro-deutschen Lösung auf die flämische Opposition zu setzen, wir haben schon im Zusammenhang mit der Kriegspropaganda zu Kriegsbeginn davon berichtet. Aber die deutsche Flamenpolitik – nicht von vornherein aussichtslos – scheiterte, teils weil sie nur die flämischen Autonomisten, nicht aber die Separatisten stützen wollte, teils weil diese Autonomisten in konkreten Punkten starke Reserven gegenüber einer Kooperation mit der Besatzungs- und Invasionsmacht hatten. Hinzu kam ein zweites Problem. Die Besatzung beutete Belgiens Rohstoffe, Vorräte und zum Teil den Maschinenpark aus, während im Lande infolge der Blockade die Industrie brachlag, die Arbeitslosigkeit anstieg. Das Kriegsministerium hatte gar die Idee, belgische Arbeitslose nach Deutschland zu deportieren, und es setzte sich nach langem Widerstand des Gouverneurs im Oktober 1916 durch, 60000 wurden deportiert; aber das Entsetzen und der gewaltige Protest in Belgien und der Welt führten im Februar 1917 zum Stopp der Aktion. Damit war es mit irgendeinem „positiven" Ergebnis der deutschen Politik vorbei.

Das andere reale Problem jeder Nachkriegsplanung war Polen, seit dem Sommer 1915 in deutscher und österreichischer Hand. Seitdem die Einheit der drei ursprünglichen Teilungsmächte zerfallen war, war das ein Dilemma; jede Neuordnung in Russisch-Polen berührte auch die unmittelbaren Interessen der deutschen und österreichischen Teilungsmächte, die oft sogar gegen irgendeine Neuordnung standen. Für das Reich ergab sich die Frage, ob ein autonomes Polen im Rahmen einer neuen Mitteleuropakonzeption anzustreben sei.

Es gab daneben aber auch deutsche Annexionsinteressen, die sich auf einen – mehr oder minder großen – „Grenzstreifen" zum Schutze Ostpreußens bezogen. Dabei spielen die ersten furchtbaren Pläne zu einer Bevölkerungsverschiebung eine Rolle. Die deutsche Siedlungspolitik vor 1914 hatte die Verdrängung der Minderheiten vom Boden beabsichtigt, Rußland hatte mit massivem Druck versucht, deutsche Siedler zu vertreiben, und im Krieg begonnen, 200000 Deutsche aus Wolhynien zwangsweise umzusiedeln; es gab ein Rückwandererproblem in Deutschland. Auch ganz unabhängig von diesen Vorgängen waren die wilden Nationalisten in Deutschland besessen von der Vorstellung eines Siedlungslandes, und sie planten für das Annexionsgebiet die Aussiedlung der Polen, das hieß zwar damals noch Auskauf oder gesetzliche Enteignung gegen Entschädigung, aber jeder weiß ja, was daraus geworden ist. Die Frage der Annexion des Grenzstreifens blieb während des Krieges ungelöst und blieb ein Störfaktor gegen jede politische gesamtpolnische Lösung. War das radikalisierte Tradition, so sahen dagegen viele – wie Friedrich Naumann 1915 („Mitteleuropa") – in einer wirklichen Neuordnung Polens, in der Befreiung, dem Schutz und der Einbindung Ostmitteleuropas eine Sache der Zukunft, eine eigentlich deutsche Aufgabe, endlich ein positives Ziel.

Aber zunächst war Polen eine Frage der Regierungspolitik, und zwar beider Mittelmächte. Zwei Möglichkeiten wurden diskutiert: Entweder sollte das russische Kongreßpolen mit Galizien verbunden werden und als

Teilreich in die österreichisch-ungarische Monarchie eintreten; das war die „austropolnische" Lösung und das vorwiegende Interesse Österreichs, obschon es auch in Österreich Gegner der damit einhergehenden „Slawisierung" der Gesamtmonarchie gab. Oder man bildete aus Kongreßpolen einen selbständigen autonomen Staat in Anlehnung an das Deutsche Reich. Das war die herrschende Meinung in der deutschen Führung, konnte allerdings die preußischen Polen nicht unberührt lassen; darum wollte z. B. der Staatssekretär des Auswärtigen Jagow nichts wissen vom polnischen Danaergeschenk, das die preußische Polenfrage zur Explosion bringen werde.

Im ersten Kriegsjahr waren solche Fragen akademisch, aber seit dem Herbst 1915 war Polen besetzt, es gab das deutsche Gouvernement Warschau, das österreichische Lublin, die Frage war akut. Bethmann Hollweg wollte im Blick auf den immer noch erstrebten Sonderfrieden das Problem vertagen, Österreich wollte dagegen jetzt handeln. Seither wurde die „polnische Frage" zum dornigen Zentralproblem der deutsch-österreichischen Bündnisbeziehungen. Die Berliner Politik suchte zeitweise eine militärische und zollpolitische Union mit Österreich unter deutscher Führung durchzusetzen und war bereit, dafür die austropolnische Lösung zu konzedieren, im ersten Halbjahr 1915 schien es zu einer Einigung zu kommen. Aber die deutschen Militärs, voller wachsendem Mißtrauen gegen die Effizienz des Bundesgenossen, wollten die Anlehnung Kongreßpolens an das Reich. Und sie drängten zusätzlich auf eine solche Lösung, weil sie eine seltsam übertriebene Hoffnung auf mit den Mittelmächten verbündete polnische Truppen gesetzt hatten und weil sie ein russisches Autonomieversprechen für Polen fürchteten. Kanzler und Regierung schwenkten 1916 auf diese Position ein. Das Reich und Österreich brachten im Herbst 1916 nur einen faulen Kompromiß zustande, man wollte ein Königreich Polen proklamieren, das nach dem Krieg errichtet werden sollte, bei deutsch-österreichischer Kontrolle von Militär und Außenpolitik. Es gab viele Reserven in der deutschen Führung, Bethmann Hollweg, das preußische Staatsministerium und Ludendorff hatten jeweils eigene Interessen.

Wie immer, am 5. November 1916 wurde das Königreich Polen proklamiert, zuletzt hatte das die OHL als Kompensation für ihre Zustimmung zum deutschen Friedensangebot – von dem wir noch erzählen werden – gefordert. Bedeutende Konsequenzen hatte dieser Schritt nicht. Zum einen ging der Streit zwischen Berlin und Wien weiter. Zum andern war ein Bündnis der konservativen Mächte mit der nationalrevolutionären Bewegung in Polen, wie es das Projekt in Aussicht nahm, zutiefst widersprüchlich, schon die vorgesehene Etablierung einer Monarchie nach deutschem Modell paßte schlechterdings nicht für die polnische Lage. Erst recht vertrugen sich polnische Autonomie und deutsche Hegemonie nicht, für die deutsche Führung rangierte die – exzessiv ausgelegte – eigene Sicherheit immer vor einer risikoreichen Partnerschaft. Dazu kam, daß Polen als Besatzungsgebiet wie Feindesland behandelt wurde. Das alles hing letzten Endes mit den konservativen Strukturen des preußisch-deutschen Systems zusammen. Sie schlossen eine positive Polenpolitik aus. Auch der polenfreundliche Generalgouverneur Beseler z. B. verfolgte einen aufgeklärt und patriarchalisch absolutistischen Kurs, das war auch in Polen zu Beginn des 20. Jahrhunderts ein Anachronismus.

Das dringlichste deutsche Anliegen sogleich wurde zur Probe aufs Exempel: Die Aufstellung polnischer Freiwilligenverbände erwies sich als ein Fehlschlag. Das hätte nicht so sein müssen, in Österreich gab es eine Art polnischer Legion, an der auch der Nationalrevolutionär Piłsudski teilnahm; Militäreinheiten als Keimzelle eines künftigen Staates, das war für viele Nationalisten (z. B. die Zionisten) eine durchaus attraktive Idee. Aber im künftigen Königreich sollte die Mobilisierung von Verbänden ohne polnische Beteiligung vor sich gehen, Ludendorff wollte sogar zunächst – gegen Beseler – diese Truppen unbedingt auf den deutschen Kaiser vereidigen, kurz, er nahm auf Autonomie keine Rücksicht, wollte nicht einmal den Anschein davon aufrechterhalten. Das Experiment scheiterte. Die Einrichtung eines polnischen Staatsrates (mit Piłsudski), eines Regentschaftsrates, einer Regierung führten wenig weiter, sie hatten kaum Kompetenzen, die Wiedereröffnung der Universität Warschau blieb ein isolierter Akt. Dazu änderte sich die Lage mit der russischen Februarrevolution. Die Deutschen zögerten noch einmal mit dem polnischen Experiment; die zunächst kooperationsbereiten, weil anti-zaristischen Polen sahen sich in einer ganz neuen Lage, konnten plötzlich ihre nationale Hoffnung statt auf die Mittelmächte auf die westlichen Demokratien setzen, die ihnen auch die preußisch-polnischen Gebiete in Aussicht stellten.

Gleichzeitig mit diesen Spannungen dauerte der Konflikt zwischen den Bundesgenossen über Polen – inmitten aller friedenspolitischen Erwägungen – fort. Im Herbst 1917 kam Wien auf die austropolnische Lösung zurück, um im cisleithanischen Reichsrat die neue tschechisch-polnische Mehrheit durch Ausgliederung Galiziens auszuschalten; dafür wollte es in den Fragen einer engeren Union Berlin entgegenkommen. Die OHL dagegen wollte in ihrer Sicherheitsbesessenheit die deutsche Kontrolle über Polen auf jeden Fall erhalten, und dazu wollte sie nun große „Grenz"gebiete annektieren, eine vierte Teilung Polens; das stieß freilich auf den energischen Widerstand aller anderen Machtinstanzen, vor allem des Kanzlers und des Kaisers. Aber der Gegensatz zwischen OHL, und insofern dem Reich, und Österreich in der polnischen Frage blieb bis zum letzten Kriegstag bestehen.

Ein Nebenproblem war das der baltischen Länder; es hatte sich schon früh entwickelt und wurde gegen Ende des Krieges immer wichtiger. Die mächtige Baltenlobby – darunter Persönlichkeiten wie Theodor Schiemann und Paul Rohrbach – proklamierte den mehr oder minder festen Anschluß der baltischen Länder an das Reich, vor allem Kurlands und Livlands, aber auch Litauens. Der Schutz der deutschen „Kultur", der deutsch-baltischen Oberschicht war ein wichtiges nationalpolitisches Argument. Dazu kam einerseits die Idee, hier gebe es bäuerlichen Siedlungsraum, Raum für eine Germanisierung auch, und andererseits, bei den Nicht-Annexionisten, die Idee einer notwendigen nationalen Neuordnung der Region unter deutscher Schirmherrschaft. Beides regte die Phantasie der radikalen wie der moderaten Nationalisten weit über die reale Bedeutung der Region hinaus an. Die Besetzung Litauens und Kurlands (durch einen politisch motivierten Vorstoß) und die direkte Verwaltungskontrolle durch Ludendorff bewirkten, daß die Frage aktuell blieb. Aber wie so oft gab es keine einheitliche Politik, die Militärs setzten auf Annexion, das Auswärtige Amt auf Pufferstaaten, der Kanzler wollte wegen eines Sonderfriedens überhaupt keine übereilte Lösung, die Möglichkeit des Verzichts mußte gewahrt werden. Hatte sich im Verlauf des Jahres 1916 in der deutschen Politik schließlich der Gedanke durchgesetzt, Rußland endgültig auch aus Kurland und Litauen zu verdrängen, so sollte sich dies 1918 nach Brest-Litowsk und unter den Bedingungen der russischen Revolution nochmals verfestigen.

b) Diplomatische Friedensbemühungen 1914–1916

Bekanntlich sind die wenigen Bemühungen um einen Verhandlungsfrieden im Weltkrieg gescheitert, sie spielten – anders als in früheren, eher eingegrenzten Kriegen – keine entscheidende Rolle. Die Gegner sahen sich nicht in bloße Interessenkonflikte, die man hätte ausgleichen können, verstrickt, sondern in unaufhebbare Existenzgegensätze. Der Feind mußte als Macht vernichtet werden, es schien nur das Entweder-Oder von Sieg oder Niederlage zu geben und darum die unbedingte Entschlossenheit zum Siege. Jeder Verzicht darauf, die Gegensätze auszutragen, war Selbstaufgabe. Auch die Vorstellungen von einem künftigen Frieden waren von der Perspektive eines anderen, späteren Krieges bestimmt, darum von der Niederhaltung des gegenwärtigen und potentiell späteren Gegners und der Verbesserung der eigenen Positionen. Insoweit visierten die „Kriegsziele" nicht eine künftige Friedensordnung an, sondern eine Fortsetzung des Krieges mit anderen Mitteln. Diese Radikalisierung des Krieges über alle Normal- und Friedenspolitik hinaus war das typisch Moderne: Die Teilnahme der Massen, die gewaltigen Opfer, die ungeheuren Emotionen, die Ideologisierung von Leidenschaft und Haß, all das gehörte dazu und intensivierte sich ziemlich schnell. Das war in allen kriegführenden Ländern gleich – nur in Rußland eher auf die politischen Eliten beschränkt; und die schrecklichen Zeugnisse des Kriegsfanatismus und des von keinen Zweifeln angefochtenen brutalen Sieges- und Zerschmetterungswillens sind Legion. Auch eine Selbstkritik der Deutschen kann nur in dieser Perspektive Sinn haben. In Deutschland freilich fällt die unbedingte Entschlossenheit zu Krieg und Sieg, die verbreitete und lange Ablehnung jeder Kriegsbeendigung ohne Sieg deshalb besonders auf, weil sie so wenig der Wirklichkeit der strukturellen Unterlegenheit entsprach.

Die politische und zunächst auch die militärische Führung in Deutschland wußten, anders als die sich in Illusionen bewegende öffentliche Meinung, daß die Siegesaussichten hochprekär waren, der Gedanke an einen Friedensschluß lag darum nie ganz fern. Am einfachsten war es mit der Konsequenz, die Tirpitz, Falkenhayn und Bethmann Hollweg Ende 1914 aus der Lage zogen: Weil Deutschland den Krieg nicht gewinnen könne, komme es auf einen Sonderfrieden an, das hieß auf einen Sonderfrieden mit Rußland. Dahinter stand die Meinung, daß der eigentliche Weltgegner England sei. Bethmann Hollweg und andere waren zwar, wie schon vor 1914, an sich der Meinung, daß Rußland die eigentliche Gefahr für das Reich darstelle, aber es war unbestreitbar, daß im Westen, zumal gegenüber England, keinerlei Sonderfriedensaussicht bestand. Bethmann Hollweg war freilich mit Friedensfühlern gegenüber Rußland gehemmt, er wollte vermeiden, daß sie als Schwächezeichen mißdeutet würden, er hätte lieber mit solchen Fühlern erst nach deutlicheren Niederlagen Rußlands begonnen. Objektiv waren solche Versuche belastet, weil sie den Bundesgenossen Österreich – dessen Landesteil Ostgalizien im Winter 1914/15 ja noch russisch besetzt war – beunruhigen mußten. Vor allem war schwer zu sehen, was ein unbesiegtes Rußland zu einem Sonderfrieden hätte bewegen sollen, bei dem es anstelle der fetten Siegesprämien, welche die Entente versprach, nur den mageren Status quo und vielleicht einen Meerengenkompromiß mit der Türkei erhalten hätte. Ein Frieden hätte auch keineswegs die drohende Revolution aufgehalten, ein siegloser Friede konnte sie vielmehr gerade provozieren. Es gab in Rußland nichts, was als Friedenspartei gelten konnte. Mancherlei Friedensfühler – z. B. über Dänemark 1914/15 – haben die Vergeblichkeit entsprechender Erwartungen erwiesen. Und auch als Berlin, nach resoluten Bekenntnissen Rußlands zur Westallianz und Ablehnung jeden Gedankens an einen Sonderfrieden angesichts der guten militärischen Lage, solche Versuche fortsetzte, blieben sie wiederum vergeblich. Ähnlich wie in den Gesprächen mit Belgien lag auch solchen Fühlern immer ein gewisses Gefühl von deutscher Überlegenheit, ein gewisses Maß der Erwartung von „natürlichen" Konzessionen der Gegenseite zugrunde. Aber nicht daran sind die Friedensfühler im Osten gescheitert; man muß die hier offenkundige Überschätzung der deutschen Gesamtmöglichkeiten sehen.

Für einen ganz allgemeinen Verständigungsfrieden ist trotz der pessimistischen Lagebeurteilung 1914/15 niemand in der deutschen Führung eingetreten, da standen auch die illusionären Sonderfriedenshoffnungen dagegen. Im Frühjahr 1915 hat Bethmann Hollweg gemeint, ein allgemeiner Verständigungsfriede auf der Basis des Status quo sei politisch in Deutschland nur machbar, wenn das Militär, d. h. die OHL, Entsprechendes verlange. Im Herbst 1915 hat er Friedensinitiativen erwogen, aber jetzt war Falkenhayn, trotz seines Pessimismus, dagegen: Deutschland habe keine Wahl als zu kämpfen, ja Belgien bleibe der unabdingbare Siegespreis. Friedens„stimmungen" des Kanzlers führten unter solchen Machtverhältnissen niemals zu konkreten Entschlüssen.

Wenn also von Deutschland keine Initiative zu einem Verhandlungsfrieden ausging (und von den Kriegsgegnern ebensowenig), so blieb immer die große neutrale Weltmacht, die USA, als potentielle Vermittlungsinstanz. In den USA gab es auf der einen Seite ein moralisches Überlegenheitsgefühl gegenüber den Machtegoismen der europäischen Staaten und Völker; sofern es sich nicht mit isolationistischer Neutralität begnügte, konnte daraus eine Weltmachtverpflichtung zu besserer Friedensordnung entwickelt werden. Auf der anderen Seite war die Bindung der politischen Klassen (der Ostküste) an England, ja das Engagement für den Sieg der alliierten Sache selbstverständlich und fest, der wirklich neutralistische Staatssekretär des Äußeren, der große Populistenheld Bryan, sah sich schon bald zum Rücktritt gezwungen. Daß man weder in der englischen Blockade noch in eigenen Waffenlieferungen an England eine Einschränkung der Neutralität sah, stand dafür. Trotz dieser Sympathien gab es einen beachtlichen Friedens- und Vermittlungswillen, der auch beim Präsidenten Wilson, z.B. gegenüber seinen ganz und gar anglophilen Beratern House, Page und Lansing, besonders ausgeprägt war.

Schon Anfang des Krieges hatte Oberst House, der Freund und Berater Wilsons, in Europa Erkundigungen eingeholt, die eine Vermittlung hätten ermöglichen können. Im Winter 1914/15 lehnten die Alliierten dergleichen ab; wenn Deutschland Verhandlungen vorschlage, werde man über die Bedingungen beraten, die man stellen werde. Und ebenso lehnten die Deutschen Vermittlungen ab, alle setzten noch auf Sieg. Als House Anfang 1915 nach Europa kam, vermied er es, die Alliierten in die Lage zu bringen, eine Vermittlung abzulehnen; als Alliiertenfreund, der er war, ließ er die Annexionsforderungen Frankreichs und Rußlands und auch die englische Ablehnung des Status quo im dunkeln. Man sprach in London über zukünftige Abrüstung, das Seerecht und einen Völkerbund, und ähnlich war es in Berlin. Es gab damals keine auch nur indirekte Gesprächsbereitschaft zwischen London und Berlin. Nach längeren Korrespondenzen mit dem britischen Außenminister Grey nahm House den Faden dann im Mai 1916 wieder auf. Er wollte einer amerikanischen Vermittlung bestimmte Bedingungen (z.B. die Rückgabe Elsaß-Lothringens an Frankreich) zugrunde legen, die Deutschland annehmen müsse; wenn es ablehne, würden die USA in den Krieg eintreten. London wich aus, Paris lehnte ab, beide wollten den in Aussicht gestellten Kriegseintritt der USA, ohne sich an Bedingungen zu binden, deren Erfüllung gar die USA beurteilt hätten. Da die USA grundsätzlich eindeutig für die Alliierten waren, hatten sie keine Möglichkeit, Druck auszuüben. In Deutschland war man angesichts dieser Lage zunächst gegen eine „Vermittlung" des alliierten Parteigängers und „Heuchlers" Wilson.

4. Die Wende von 1916/17

1917 sind die USA in den europäischen Krieg eingetreten, die Oktoberrevolution hat Rußland verwandelt und den Bolschewismus zu einer neuen Weltmacht, voll Verheißung oder Bedrohung, werden lassen. Weltgeschichtlich hat dieses Jahr Epoche gemacht, da fängt unsere Gegenwart an. Aber auch für eine universale Geschichte des Ersten „Welt"kriegs ist 1917 das Epochenjahr. Und so ist die deutsche Geschichte im Ersten Weltkrieg ursächlich mit dem Kriegseintritt der USA aufs engste verflochten. In Deutschland sind es zudem Entscheidungen des Halbjahres 1916/17 gewesen, die dem Krieg eine neue Richtung und einen neuen Charakter gegeben haben, sie stellen den Scheitelpunkt der Weltkriegsentwicklung dar. Hier sind vor allem drei Komplexe wichtig: Zunächst der Sturz Falkenhayns und die Berufung Hindenburgs und Ludendorffs, dann das deutsche Friedensangebot und das Scheitern der amerikanischen Friedensvermittlung, schließlich der deutsche Entschluß zum uneingeschränkten U-Boot-Krieg. Sehen wir zu.

Für den Übergang zur zweiten Phase der deutschen Kriegspolitik seit 1916 ist zunächst ein entscheidendes Ereignis der Sturz Falkenhayns, die Übernahme der Obersten Heeresleitung durch Hindenburg und Ludendorff. Diese anscheinend rein interne Angelegenheit verband sich mit der Entwicklung der Kriegslage insgesamt und mit der Frage nach den Alternativen der deutschen Politik. Und das war ein längerer Prozeß. Im Sommer 1916 wurde die militärische Krise der Mittelmächte offenkundig: das Scheitern vor Verdun, der englische Angriff an der Somme, die Brussilow-Offensive und der drohende Zusammenbruch Österreich-Ungarns, der bevorstehende Kriegseintritt Rumäniens. Es war klar, daß die Position des verantwortlichen Militärs, Falkenhayns, der zudem als Initiator das Unternehmen Verdun ganz und gar zu verantworten hatte, zur Disposition stand. Hindenburg und Ludendorff, das Oberkommando Ost, und andere hohe Militärs gaben der Kritik ihre Stimme und forderten beim Kaiser, noch immer die letzte Instanz, und darum auch in seiner Umgebung die Ablösung Falkenhayns. Es war unausgesprochen klar, daß nur sie selbst als Nachfolger in Frage kamen. Interessant ist nun, daß auch der Kanzler sich dieser Forderung anschloß. Er hatte länger schon bei strittigen Fragen der militärischen Autorität Hindenburgs zugeneigt. Aber jetzt kam etwas ganz anderes und Wichtigeres hinzu. Hindenburg war zu einem Mythos des Volkes geworden, das wollte Bethmann Hollweg benutzen. Er glaubte, Hindenburg, unangreifbar auf Grund des ihn umgebenden Mythos, werde ihm als Chef der Obersten Heeresleitung den Freiraum für den einzig erreichbaren Frieden, einen Verständigungsfrieden, schaffen. Nur mit Hindenburg, unter seinem Namen und Schutz, werde das deutsche Volk einen solchen Frieden akzeptieren. Eine Gefahr für seine Handlungsfreiheit sah Bethmann Hollweg mit Hindenburg und Ludendorff nicht – er sollte es bald anders erfahren.

Wer sich gegen den Wechsel der Führung wehrte, war der Kaiser, unterstützt von einem Teil seiner Entourage. Der Kaiser sah klar den Ehrgeiz und den Machtwillen Ludendorffs, und er sah die populär-integrative Position, in die Hindenburg hineinwuchs. Darum war sein Argument gegen den Wechsel, daß er nicht „abdanken" wolle. Die scharfe Auseinandersetzung um die Führung erfüllte mit schrillen Tönen schon den Sommer 1916. Ein Kompromiß, nach dem Hindenburg zum Oberbefehlshaber der Ostfront ernannt wurde, freilich nur den kleineren Teil der österreichischen Ostarmeen unterstellt bekam, hielt nicht lange. Ludendorff widersetzte sich allen Befehlen der OHL zur Abgabe von Reserven. Der Sache nach ging es nämlich noch einmal um eine Schwerpunktbildung im Osten, und Falkenhayn lehnte dergleichen ab, weil sonst die Westfront zusammenbreche; das Reich verfüge nicht mehr über Kräfte, mit denen man alternative Schwerpunkte setzen könne. Als Rumänien am 27. August 1916 Österreich-Ungarn den Krieg erklärte, wurde dies der Anlaß, Falkenhayn fallenzulassen, auch der Kaiser mußte seinen Widerstand aufgeben. Die Oberste Heeresleitung wurde Hindenburg und dem nun fast gleichberechtigten Generalquartiermeister Ludendorff am 29. August übertragen. Das hat die Kriegführung noch einmal radikalisiert – bis in die Nähe eines totalen Krieges und bis zur Alternative von Sieg oder Untergang. Das hat die politische Führung geschwächt, die Kräfte der Reform und die Realisten, die eher einer Friedens-, ja Verständigungspolitik zuneigten.

Kommen wir zum zweiten Punkt. Seit dem Herbst 1916 wünschte Bethmann Hollweg aus der Einsicht, daß Deutschland den Krieg nicht gewinnen könne, endlich doch eine Vermittlung Wilsons – freilich ohne die erwähnten ominösen (Vor-)„Bedingungen" und ohne die Teilnahme des Präsidenten an einer Friedenskonferenz. Dahinter stand auch die Tendenz, den Annexionisten und den inzwischen schier übermächtigen Befürwortern des uneingeschränkten U-Boot-Krieges durch eine politische Aktion zu entkommen. Der Kanzler signalisierte seine Bereitschaft zu Friedensverhandlungen. Wilson ging darauf nicht ein; wenn die Alliierten die Vermittlung ablehnten, schied sie für ihn schlechterdings aus. Zudem standen im November 1916 die Präsidentenwahlen an. Das Zögern Wilsons machte Bethmann Hollweg skeptisch, ob es je zu einer Aktion Amerikas kommen werde.

Darum entschloß er sich nach dem erfolgreichen Ausgang des rumänischen Feldzugs im Oktober 1916 zu dem „Friedensangebot" der Mittelmächte. Die OHL machte nach vielen Widerständen den Weg dazu erst frei, als die Einigung über die Proklamation des Königreiches Polen und das Hilfsdienstgesetz sicher schienen. Bei der zu erwartenden Ablehnung durch die Alliierten würde die Resonanz auf die Erklärung des uneingeschränkten U-Boot-Krieges bei den Neutralen verbessert – das war ihr taktisches Kalkül. Auch der Kaiser hatte zugestimmt. Aber der Plan stieß zunächst auf heftigen Widerstand Österreichs. Das wollte einerseits konkrete Friedensziele und andererseits Garantien für seinen Gebietsstand (z. B. das Trentino),

Bethmann Hollweg lehnte das ab. Er wollte zwar Sicherheiten in Belgien, vielleicht auch das Erzbecken Longwy-Briey, wollte ein unabhängiges Polen und ein von Rußland gelöstes Baltikum – aber vor allem wollte er dergleichen vor irgendwelchen Verhandlungen offenlassen. Nur mit Mühe einigte man sich auf einen lockeren Kompromiß. Auch die OHL schien nun wieder mit neuen Einwänden zu kommen. Der Kanzler entschloß sich zum Handeln. Am 12. Dezember erklärte er öffentlich vor dem Reichstag – immerhin also dem Forum des Parlamentes –, Deutschland rege an, unter der Bedingung einer freien und gesicherten Zukunft, aber ohne irgendwelche Konkretisierung, in alsbaldige Friedensverhandlungen einzutreten. Die Reichstagsmehrheit verzichtete gegen die nationalliberal-konservative Rechte wie die unabhängige Linke auf eine Debatte. Gleichzeitig wurde das Friedensangebot im Namen der Mittelmächte den Kriegsgegnern mitgeteilt. Diese lehnten das Angebot, weil es keine konkreten Bedingungen nenne, als Schein-Angebot ab, sie wollten keinen Verhandlungs- und Verständigungsfrieden; in London, Paris und Petersburg gab es neue, wild kriegs- und siegesentschlossene Regierungen.

Am 18. Dezember nun erging das so lange hinausgezögerte Vermittlungsangebot von Wilson, der über den vorausgegangenen deutschen Schritt keineswegs glücklich war: Alle, so seine Anregung, sollten ihre Bedingungen nennen. Die Alliierten formulierten zwar (am 10. Januar 1917) solche Bedingungen, die Rückgabe Elsaß-Lothringens, aber auch die Zerschlagung Österreich-Ungarns und der Türkei, die Annexion der polnischen Gebiete Österreichs und Deutschlands durch Rußland, erklärten aber den gegenwärtigen Zeitpunkt für den von ihnen erstrebten Frieden für ungeeignet; das konnten sie sich leisten, weil sie Amerika auf ihrer Seite wußten. Die deutsche Antwort vom 26. Dezember war ausweichend ablehnend. Sie schlug zwar die Eröffnung direkter Verhandlungen vor, aber Bedingungen, wie sie Wilson erbeten hatte, nannte sie nicht. Zugeständnisse und Verzichte würden, so glaubte man, Kompensationsmöglichkeiten ausschließen, die eigene Verhandlungsposition nachhaltig verschlechtern. Dieses Schweigen, schon in der eigenen Note, war angesichts der Tatsache, daß die Alliierten Bedingungen kurz darauf nannten, befremdlich – aber weder zwischen den Bündnispartnern noch innerhalb der deutschen Führung bestand ja darüber eine einhellige Meinung. Wilson ließ nach rein vertraulicher Mitteilung der Ziele fragen und erklärte sich weiter (22. Januar) zur Vermittlung eines Friedens ohne Sieg bereit, das war eine – ganz leichte – Distanz zu den Alliierten. Die OHL wollte jetzt exzessive Bedingungen nennen, das hinderte den Kanzler am Fortspinnen des Verhandlungsfadens, er mußte ausweichen. Immerhin, Ende Januar nahm er Wilsons Vorschlag an. Die „Bedingungen“ wolle er vertraulich nennen, wenn die Alliierten den Verhandlungsvorschlag vom 12. Dezember angenommen hätten, er deutete vage „gemäßigte“ Bedingungen an: Grenzberichtigungen, Garantien in Belgien, ein autonomes Polen. Aber zugleich erklärte die Regierung den Übergang zum uneingeschränkten

U-Boot-Krieg, wir werden das sogleich näher erörtern. Damit jedoch war die tastende Suche nach Vermittlung und Verhandlung zu Ende. Das Scheitern eines Vermittlungsfriedens gab in Deutschland den Annexionisten – unter der Parole Sicherheit und Entschädigung – wieder Auftrieb. Die rechte Opposition gegen Bethmann Hollweg intensivierte sich zu einer neuen Kampagne.

Die Vereinigten Staaten brachen auf Grund der Erklärung des uneingeschränkten U-Boot-Krieges am 3. Februar 1917 die diplomatischen Beziehungen zum Reich ab. Die Veröffentlichung deutscher Pläne, Mexiko für den Kriegseintritt zu gewinnen und ihm die ehemals mexikanischen Südweststaaten der USA in Aussicht zu stellen, empörte zusätzlich die öffentliche Meinung. Mit der amerikanischen Neutralität war es zu Ende. Das lag nicht nur am völkerrechtlich-doktrinären Moralismus Wilsons in der U-Boot-Frage und an der unbedingt pro-britischen und pro-alliierten Einstellung seiner außenpolitischen Berater, sondern entsprach der Stimmung und Meinung im Kongreß und in der Öffentlichkeit. Altmodisch gesagt, stand die Ehre der USA gegen die deutsche Herausforderung auf dem Spiel. Modern: Das neutrale Abseitsstehen von der Weltpolitik hatte sich ob der vielen Bezüge zu Europa als unmöglich erwiesen, die neue Weltmacht konnte sich der Mitentscheidung über das Weltschicksal nicht entziehen, ohne „abzudanken". Die russische Februarrevolution zudem hatte die ideenpolitischen Fronten geklärt: Man brauchte nicht mehr – wie die Westmächte bislang – für den finsteren Zarismus einzutreten; die Moralisierung der Machtinteressen und der anti-deutschen Stimmung in der Polarisierung von Demokratie gegen Autokratie erschien möglich.

Am 6. April erklärten die USA dem Deutschen Reich den Krieg, und sie stilisierten ihren Krieg als Kreuzzug, als letzten Krieg gegen den Krieg, „to make the world safe for democracy" (Wilson). Solche ideologische Moralisierung des Gegensatzes hat den Krieg noch einmal unheimlich ins Absolute (von Gut und Böse, Himmel und Hölle) gesteigert, das wurde bezeichnend für die Totalisierung von Konflikten im 20. Jahrhundert auch im Namen des Friedens; es ist wichtig festzuhalten, daß das vor dem Aufkommen der beiden aggressiven Weltideologien des 20. Jahrhunderts, des Bolschewismus und des Nationalsozialismus, der Fall war. Die Kritik an diesem unglücklich idealistischen Moralismus Wilsons, der den Machtegoismus und Chauvinismus, den Imperialismus, den Expansions- und Ausdehnungswillen der Alliierten und ihre Vergewaltigung kleiner Völker ignorierte, der Demokratie und Friedlichkeit seltsam identifiziert – auch ein parlamentarisiertes Deutschland aber hätte den Krieg mit ähnlichen Zielen und ähnlicher Entschlossenheit geführt –, ist einfach; der Vorwurf der Heuchelei, der in Deutschland, der Vorwurf des blanken Zynismus oder des Nachgebens gegen die Rüstungsindustrie, der im desillusionierten Amerika der Zwischenkriegszeit erhoben wurde, ist nicht unverständlich. Aber die Moralpolitik Wilsons hat ihre eigene Legitimität. Auch in der zweiten Hälfte unseres so fortgeschrittenen Jahrhunderts sind wir alle mit dem Dilemma von Machtpolitik und Moralpolitik nicht gerade überzeugend zurechtgekommen; niemand wird im Ernst die Legitimität der Moralpolitik, z. B. gegenüber Hitler und Stalin, und niemand wird ihre Grenzen, in Zentralamerika oder Südostasien, leugnen können. Darum ist ein einfaches, ist ein pauschal negatives Urteil über Wilson gänzlich unangebracht.

Der Eintritt der USA in den Krieg wurde kriegsentscheidend, ihr schier unerschöpfliches Kräftereservoir hat den Siegeswillen der Alliierten endgültig befestigt und absolut gemacht. Den Mittelmächten half nun auch das ungeheure und unerwartete Ereignis der russischen Revolution nichts mehr, der Wegfall der Zweifrontensituation.

Hat es bis zum Winter 1916/17 eine Friedenschance gegeben? Zunächst ist die klare Antwort: nein. Der Ausgang des Krieges war zwar trotz der Unterlegenheit der Mittelmächte offen, aber beide Seiten setzten auf die Chance des Sieges; Wilsons Friedens-Utopie, Frieden ohne Sieg, lehnten sie ab. Auch das Reich ist nicht entschlossen für einen Verhandlungsfrieden eingetreten, obschon wenigstens Bethmann Hollweg klar war, daß eigentlich nur Verhandlungen einen für Deutschland noch akzeptablen Frieden herbeiführen konnten. Bethmann Hollweg hatte lange gemeint, das werde erst das Ergebnis gegenseitiger Erschöpfung sein. In Deutschland verwiesen – wie überall – die nationalistischen, aber spezifisch auch die militärischen Traditionen auf Konflikt, auf das Austragen eines Konfliktes. Die Isolierungs- und Bedrohungssituation, das „Feinde-Ringsum"-Syndrom verschärften das. Und das Zukunftsbild war nicht davon bestimmt, die Wiederholung des gegenwärtigen Konfliktes, sondern die Isoliertheit und Schwäche des Reiches zu vermeiden. Die Deutschen glaubten, wir haben es gesagt, sich nur über gewaltige Sicherheiten und damit eine hegemoniale Stellung als Großmacht behaupten zu können, die Hypertrophie des Sicherheitsdenkens machte künftige Konflikte, denen sie begegnen wollten, geradezu unvermeidlich. Für die Situation des Krieges hieß das: Selbstbehauptung war nur über einen Sieg möglich. Bei dieser Deutung von Selbstbehauptung war ein Sieg notwendig, aber zugleich war er realiter unmöglich. Das führte zu dem Entweder-Oder von Sieg oder Untergang. Es mag zwar sein, daß diese irrationale Besessenheit von Sicherheit mit deutschen Vorprägungen zusammenhing, konservativen und militärischen Mentalitäten und Systemgewöhnungen – ein „offenes System" war keine deutsche Erfahrung, kein deutsches Ideal. Aber die – demokratischen – Alliierten dachten nicht anders, sie wollten Sicherheit durch dauerndes Niederhalten des gewesenen und zukünftigen Gegners. Den Alliierten war es leichter möglich, ihre Ziele und Machtegoismen moralisch zu drapieren, die „Rechte kleiner Völker" und die Selbstbestimmung der Nationalitäten in den Vordergrund zu schieben, und wo nicht, berief man sich auf Ausnahmegegebenheiten.

Alle Kriegführenden waren also im Grunde gegen einen Verhandlungsfrieden. Der deutsche Reichskanzler, der die Schwäche der Mittelmächte erkannte, der kein Sicherheitsfetischist war, hat immerhin danach gesucht; er hoffte, zwischen Sieg und Kapitulation, in Verhandlungen z. B., die Koalition der Gegner aufbrechen zu können. Er ist damit an inneren Widerständen gescheitert, ein Konsens über Verhandlungsbedingungen kam nicht zustande, der Entschluß zum uneingeschränkten U-Boot-Krieg war der Entschluß zum Krieg bis zum Sieg oder Untergang. Der Kanzler war kein Kämpfer, er mobilisierte keine Kräfte für einen Verständigungsfrieden, denn er war konservativ und blieb in das konservative Herrschaftssystem eingebunden. Sein Friedensangebot war nicht eine machiavellistische Maskerade des Entschlusses zum unbeschränkten U-Boot-Krieg (so F. Fischer), es war ein wirklicher Versuch der Deeskalation, aber daran wurde seine eigene Ohnmacht deutlich.

Wenn man das Problem ins Hypothetische forttreibt, kann man sagen: Angesichts der real miserablen Aussichten des Reiches wäre ein Angebot der Rückkehr zum Status quo vernünftig gewesen, und zwar als Vorleistung eines Verzichtes auf alles andere Mögliche; das wäre doch eine Selbstbehauptung Deutschlands gewesen. Die Alliierten hätten das nicht akzeptiert, schon die revisionistischen Forderungen nach Elsaß-Lothringen und Südtirol standen dagegen. Aber ein solcher Schritt hätte, zusammen mit dem Verzicht auf die Verschärfung des U-Boot-Krieges, Wilson in der einen seiner Tendenzen, der zu Neutralität und Frieden, bestärkt, vermutlich den Kriegseintritt der USA verhindert. Das Reich hätte auf den möglich-unmöglichen Sieg verzichten müssen, um dem Risiko der radikalen Niederlage zu entkommen. Aber Bethmann Hollweg hat den Kurs eines Verteidigungskrieges und eines Verständigungsfriedens nie konsequent festgehalten, er hat bis zuletzt laviert, die Auseinandersetzung mit seinen Gegnern, der OHL und der Rechten, vermieden. Eine Politik des Verständigungsfriedens setzte eigentlich eine begründete Hoffnung auf Verständigungsbereitschaft der anderen Seite voraus – darauf hätte man verzichten müssen. Eine solche Politik hätte nur Erfolg gehabt, wenn sie von vornherein und dann konsequent betrieben worden wäre. Vor allem hätte eine solche Politik die sichere und energische Unterstützung durch den Kaiser vorausgesetzt. So war nun einmal das deutsche System. Der Kaiser aber war in den Zustand politischer Schwäche zurückgefallen. Und die Beamtenregierung war nicht darauf angelegt, sich im Parlament oder der öffentlichen Meinung eine tragende Kräftekoalition für den Frieden zu schaffen; solche Friedenspolitik hätte das konstitutionelle System gesprengt. Insofern hängen die Friedens- und die Verfassungsfrage zusammen.

Wir müssen noch einmal zurückgreifen. Die dritte große deutsche Entscheidung des Winters 1916/17 war der Entschluß zum uneingeschränkten U-Boot-Krieg, der dann unmittelbar zum Kriegseintritt der USA und damit zur eigentlichen Entscheidung des Krieges führte. Wir haben von den langjährigen Auseinandersetzungen um die Führung des U-Boot-Krieges 1914/

16 im ersten Abschnitt dieses Weltkriegs-Kapitels berichtet. Im Herbst 1916 wurde die Frage durch die neue OHL, neue Initiativen der Marineführung und einen noch einmal verstärkten Druck der öffentlichen und parlamentarischen Meinung erneut akut. So katastrophal diese Entscheidung war, man kann zunächst versuchen, auch die Argumente derer zu verstehen, die sie mit aller Energie forderten und durchsetzten. Zweimal hatte Deutschland in Rücksicht auf die USA zurückgesteckt. Nach dem Haager Seekriegsrecht – an das England sich nicht hielt, aber auf dem die USA bestanden –, genauer nach der Prisenordnung zur Beschlagnahme oder Vernichtung von feindlichen oder Kriegsgüter transportierenden Handelsschiffen, war der U-Boot-Krieg nur schwer zu führen: Die Unterscheidung von feindlichen und neutralen Schiffen schon war angesichts des von England praktizierten Flaggenmißbrauchs unbrauchbar. Ebenso war die Unterscheidung zwischen unbewaffneten und bewaffneten Handelsschiffen in der Praxis kaum vollziehbar, zudem hatte England seine Handelsschiffe bewaffnet und verlangte auch von den Neutralen solche Bewaffnung. Aber entscheidend war, daß die USA gegenüber Deutschland auf der herkömmlichen Prisenordnung bestanden, allenfalls vielleicht die Versenkung bewaffneter Handelsschiffe zugestanden hätten – aber wie sollte man die erkennen –, während sie England gegenüber nicht in der Lage und auch nicht willens waren, die Beachtung des älteren Seeblockaderechts durchzusetzen. Das war die Machtlage, dagegen half keine rechtliche oder moralpolitische Argumentation, für die die Deutschen sowieso nicht sonderlich legitimiert waren.

Nun war freilich auch der „eingeschränkte" U-Boot-Krieg mit Überwasserangriffen, nach der Prisenordnung, durchaus nicht ohne Erfolge: Vom Oktober 1916, als diese Art der Kriegführung wieder aufgenommen worden war, bis Januar 1917 sind ca. 400000 Bruttoregistertonnen (BRT) pro Monat versenkt worden, nur elf Boote gingen verloren. Die Marine erwartete vom uneingeschränkten U-Boot-Krieg 600000 BRT Versenkungen im Monat, also nicht so extrem viel mehr, und die mögliche Konzession der USA wegen der Versenkung bewaffneter Handelsschiffe hätte die Lage noch etwas verändert. Auch eine Verstärkung der Zahl der einsatzfähigen U-Boote stand nicht zu erwarten. 1916 wurden zwar 108 Boote neu in Dienst gestellt, aber die Zahlen mußten dann 1917/18 erheblich sinken, bei den langen Bauzeiten wirkte sich das Zögern des Reichsmarineamtes gerade 1914/15 aus – es gab zwar viele Gründe dafür, aber eine Hauptsache war, daß die Marineleitung vor 1916 keineswegs auf den U-Boot-Bau als Hauptaufgabe gesetzt hatte.

Es gab also militärische Gründe gegen den bloß begrenzten und für den uneingeschränkten U-Boot-Krieg, aber sie scheinen von heute her doch nur relativ. Dennoch, im Spätsommer 1916 haben die neue OHL und die Marineleitung sowie ein gut Teil der Presse, die sie mobilisieren konnten, die Forderung nach dem uneingeschränkten U-Boot-Krieg zur Hauptsache der Kriegspolitik gemacht. Im Entscheidungsprozeß kam ein beinahe irrationales Element hinzu; man glaubte mit den höheren Versenkungszahlen trotz eines Kriegseintritts der USA England über eine Hungersnot in die Knie zwingen zu können, und zwar in nur fünf Monaten. Der radikale U-Boot-Krieg, so meinte man, sei das einzige Mittel, das Deutschland bliebe, sei kriegsentscheidend. Man muß sich die Kriegslage im Spätsommer und Herbst 1916 vor Augen führen: den Verlust der Initiative, das mühsame Sich-gerade-noch-Behaupten im Westen und Osten, das Verbluten der eigenen Armeen, den gesteigerten und unbedingten Sieges- und Unterwerfungswillen der Gegner und die eigene Ausweglosigkeit, die beginnende Hunger-Krise und den Ruf nach Rache gegen die „Aushungerer", gegen England mit seiner „rechtswidrigen" totalen Blockade. Darum schien es gerechtfertigt, mit jedem Mittel den Gegner an seiner verwundbarsten Stelle zu treffen, zumal wenn schier alle Fachleute dieses Mittel als unmittelbar kriegsentscheidend ansahen.

Aus dieser Stimmung entwickelten die Anhänger der radikalen Kriegsform eine wilde und geradezu giftige Kampagne gegen den allmählich letzten Gegner, den Reichskanzler, der mit der sicheren Folge einer solchen Entscheidung, dem Kriegseintritt der USA, die deutsche Niederlage für unabwendbar hielt, und de facto auch gegen den Kaiser, der einstweilen den Kanzler ja deckte. Zu der – inzwischen wieder einhelligen – Marineleitung und der machtbewußten und festentschlossenen OHL traten die Mehrheitsparteien des Reichstags, einschließlich des Zentrums. Zunächst konnte der rechte Flügel des Zentrums in der eigenen Fraktion eine Resolution durchsetzen, wonach sich der Reichskanzler in der Entscheidung über den U-Boot-Krieg „wesentlich auf die Entscheidung der Obersten Heeresleitung zu stützen" habe. Das ist wichtig zu wissen, entzog das Zentrum doch hiermit dem Reichskanzler die Rückendeckung gegenüber der OHL. Auch der Hauptausschuß des Reichstags debattierte am 10. Oktober 1916 über den U-Boot-Krieg, Konservative und Nationalliberale drängten darauf, ihn zu eröffnen. Zwar konnte die Regierung mit Hilfe auch von Fortschrittspartei und Sozialdemokratie die Mehrheit dazu bewegen, auf eine Abstimmung im Plenum zu verzichten, aber am folgenden Tag wurden im Reichstag doch die konträren Positionen nochmals artikuliert. Bemerkenswert dabei ist, daß auch E. David von der Mehrheitssozialdemokratie für die Anwendung „jedes tauglichen Mittels, das uns wirklich einem siegreichen Ende des Krieges näherbringt", sprach.

Die Militärs erklärten zudem mit immer noch wachsender Sicherheit, dieser Waffeneinsatz und nur er bringe die Wende, und Ende 1916 waren die Erfolgsaussichten der Gegner zunächst wieder weniger greifbar geworden. Bethmann Hollweg setzte jetzt nur noch auf Zeitgewinn, um eine Friedensvermittlung mit den USA in Gang zu bringen. Ende Dezember war dieser Versuch, wie wir gesehen haben, gescheitert. Sowohl Ludendorff als auch Hindenburg hatten massiv interveniert, militärisch habe das zu geschehen, was die OHL „für richtig halte" – und das bedeutete jetzt den uneingeschränkten U-Boot-Krieg. Es war nun keine „Frage des rational kalkulierten Risikos“ (Huber) mehr, vielmehr ging es um die reine Entscheidung, um den faktischen Entscheidungsprimat. Bethmann Hollweg verlor den Kampf, völlig isoliert gab er schließlich auf, nachdem die OHL und Marineführung auch den Kaiser auf ihre Seite gebracht hatten. Am 9. Januar 1917 fiel im Kaiserlichen Hauptquartier in Pleß die Entscheidung, den uneingeschränkten U-Boot-Krieg am 1. Februar (wieder) zu eröffnen, d. h. im Sperrgebiet alle Schiffe warnungslos zu versenken. Die Ablehnung des deutschen Friedensangebotes verwies anscheinend darauf, den Krieg nun mit dem letzten Mittel zu führen. Die illusionäre These der Marine, in fünf Monaten den Krieg beenden zu können, implizierte, daß der Kriegseintritt der USA sich noch nicht auswirken könne; das war eine der verhängnisvollen Fehlkalkulationen, eine gewaltige Unterschätzung Amerikas. Bethmann Hollwegs Hoffnung, noch einen Verhandlungsfrieden bei gegenseitiger Erschöpfung im Westen erzielen zu können, war damit dahin. Ob diese Entscheidung an der Schwäche des deutschen Kanzlers im konstitutionellen und militärdominierten System lag, muß man – zumal angesichts der Reichstagsmehrheit – offenlassen. Daß freilich nicht nur wie überall der Krieg das Wahrnehmen der Wirklichkeit erschwerte, sondern das deutsche System die Entscheidung der Stärke begünstigte, ist eher gewiß. Und gewiß ist, daß Bethmann Hollwegs Systemloyalität ihn daran hinderte zu tun, was man von einem Politiker erwarten mußte: zurückzutreten.

5. Entscheidungen und aufgeschobene Entscheidungen 1917

a) Kriegführung 1917

Der am 1. Februar eröffnete uneingeschränkte U-Boot-Krieg brachte zunächst anscheinend gewaltige und unvorhergesehene Erfolge. Obwohl nur 20 U-Boote im ständigen Einsatz vor der (eigentlich wichtigen) Westküste Englands waren, wurden in den ersten vier Monaten alle Erwartungen übertroffen: Weit mehr als die anvisierten 600 000 BRT pro Monat wurden versenkt (die Schätzungen gehen auf 3 bis 3,5 Millionen BRT), danach und bis zum Jahresende lagen die Zahlen noch um die 600 000 BRT pro Monat, erst ab Juni 1918 sank die monatliche Versenkungsziffer unter 400 000 BRT. Zu Anfang glichen sich auch Verluste der U-Boote und Ersatz noch aus. Aber entscheidend wurde etwas anderes: England war nicht am Ende – nicht nach fünf Monaten und auch nicht später. Einerseits kam die gesamte Handelstonnage der USA England zugute und sodann auch die der Neutralen, die England – unerwartet – mit massiver Gewalt in seine Dienste zwang. Andererseits entwickelte man Abwehrmaßnahmen gegen die U-Boote, von denen am wichtigsten und erfolgreichsten das Geleitzugsystem war.

An der Westfront hatte die OHL angesichts der alliierten Überlegenheit und der Hoffnung auf den U-Boot-Krieg keine eigenen Initiativen geplant, sich auf Abwehr eingerichtet. Dazu gehörten der Rückzug auf die gut ausgebaute Siegfriedstellung und damit die Begradigung eines großen Frontbogens, neue Richtlinien für die Verteidigungstaktik, z. B. gegen das unbedingte Halten der ersten Linie (schon ganz auf Sparsamkeit mit Menschen und Material orientiert), gehörten auch neue Waffen; allerdings, Lastwagen blieben knapp, und die Tank-Produktion hatte man in Rücksicht auf die begrenzten Gesamtkapazitäten erst gar nicht aufgenommen. Wichtig war, daß auch die personellen Ressourcen immer knapper, die Fragen des Heeresersatzes und der Mobilisierung von Reservisten immer dringlicher wurden. Im August 1914 hatten 2,8 Millionen Soldaten bei den Waffen gestanden, Ende 1915 waren es nicht weniger als 6,2 Millionen. Aber der Rückgriff auf Ungediente, auf Reservisten, auf junge Wehrpflichtige war damit ausgeschöpft. Seit der Somme-Schlacht im Sommer 1916 bestand eine „Ersatzkrise". Der Ersatz reichte nicht mehr, um die Verluste, die ja – zeitweise oder auf Dauer – die Verwundeten einschlossen, auszugleichen. Man mußte die nachwachsenden Jahrgänge früher einziehen, die älteren länger behalten, die „Tauglichkeitskriterien" weiter fassen, ja die nur beschränkt („Garnisons-") Verwendungsfähigen an die Front ziehen. Auch beim Offizierskorps ergab sich eine wichtige Verschiebung: Die unteren Ränge bis zum Kompaniechef waren schon im dritten Kriegsjahr fast alle mit Reserveoffizieren besetzt; in der Not schwanden die alten Barrieren. Bei den höheren Offizieren verfuhr das Militärkabinett freilich auch im Krieg nach dem formalistischen und jetzt etwas anachronistischen Anciennitätsprinzip.

Die Franzosen führten 1917 im April den ersten Angriff, mit dem Ziel eines Durchbruchs zwischen Reims und Soissons (Chemin-des-Dames), noch ehe, so rechnete man, Rußland ganz ausfiel. Die Offensive scheiterte unter gewaltigen Verlusten. In der Folge kam es zu schweren Meutereien in der französischen Armee, die von Pétain aufgefangen wurden; die Franzosen kalkulierten seither nur noch mit dem Eintreffen der amerikanischen Truppen. Die Deutschen verzichteten in Unkenntnis dieser Meutereien auf einen Gegenangriff, um die Reserven zu schonen. Die Engländer gingen in Flandern zur Großoffensive über, auch um die deutschen U-Boot-Basen auszuschalten; dies geschah ohne funktionierende Kooperation mit den Franzosen und gegen den Wunsch der Politiker, die Schwerpunkte an die italienische oder die Balkanfront, also gegen den schwächsten Kriegsgegner, zu verlagern. Auch diese Offensive zwischen Juli und Oktober 1917 ist gescheitert, schränkte allerdings die deutsche Handlungsfreiheit erheblich ein. Mit jeweils 320000 Toten auf beiden Seiten waren die Verluste noch einmal unvorstellbar gewaltig.

Im Osten hatte sich die linksdemokratische Kerenski-Regierung trotz des Zerfalls der Armee im Sommer noch einmal zu einer Offensive in Galizien und am Karpatenrand entschieden (und von den Alliierten treiben lassen);

sie hatte gegenüber österreich-ungarischen Einheiten anfängliche Erfolge, blieb aber dann schnell stecken, ebenso ging es mit Angriffen gegen die inzwischen militärisch stark ausgedünnte Ostfront; eine Gegenoffensive gewann Ostgalizien, im September wurde Riga besetzt. Die russische Armee löste sich auf, Versorgung und Transport brachen zusammen, die Nationalitäten machten sich selbständig, Soldaten ermordeten Offiziere und desertierten in zunehmender Zahl.

Angesichts der Entlastung im Osten beschlossen die Mittelmächte für den Herbst eine Offensive gegen Italien, wo die zahlreichen Angriffsschlachten der Italiener am Isonzo seit 1915 alle abgeschlagen worden waren. Die Österreicher betrachteten diese Front trotz ihrer Schwäche als ihre eigenste Angelegenheit – das machte viele Schwierigkeiten im Bündnis, immerhin akzeptierten sie diesmal deutsche Hilfe. Durch Überraschung und gewaltige kurze Artilleriekonzentration gelang ein Durchbruch in die Ebene, die Italiener verloren 400000 Mann (davon die meisten Gefangene) und gewaltiges Material, 30 Divisionen waren in Auflösung begriffen, aber am Piave kam die Front wieder zum Stehen. Zum großen strategischen Nachstoß fehlten den Mittelmächten Transportmöglichkeiten und Reserven. Es war noch einmal ein gewaltiger Erfolg: Die Engländer mußten die Flandernoffensive abbrechen, und auch für die Zukunft waren englische, französische und amerikanische Truppen nötig, um der italienischen Front Halt zu geben; Österreich, eigentlich dicht vor dem Zusammenbruch, konnte sich noch längere Zeit behaupten. Aber mehr als ein defensiver Sieg war es nicht, die Gesamtlage konnte er nicht ändern.

b) Die russische Revolution und der Friede im Osten

Das weltgeschichtliche Ereignis der russischen Revolution(en) hätte beinahe noch das Kriegsschicksal des Reiches wenden können, beendete es doch das, was deutsche Politik seit Bismarck fürchten mußte und was die Situation seit 1914 so bedrängend machte: den Zweifrontenkrieg. Es gab Frieden und Erfolge im Osten, aber wie wir sehen werden, es war zu spät.

Schon die Februarrevolution war von schweren Transport- und Versorgungskrisen in Rußland mit ausgelöst worden. Die neue Regierung und die mehrheitlich bürgerlich-nationale Duma wollten den Krieg fortsetzen; die Alliierten, froh, statt mit dem Zwangspartner Zarismus jetzt mit einer Demokratie verbunden zu sein, trieben sie zum Festhalten am Krieg. Dagegen propagierte der Petersburger Arbeiter- und Soldatenrat, das zweite Machtzentrum der Revolution, den schnellen Frieden. Die Deutschen verzichteten auf militärische Aktionen, um die Zersetzung der russischen Armee nicht zu stören, suchten sie sogar mit Flugblättern, „Frontkontakten" und zeitweiser Waffenruhe zu fördern. Damit förderte man auch die Revolution in Rußland, sie versprach den Frieden. Ältere Kontakte zur sozialistischen Emigration, etwa über den russisch-deutschen Sozialdemokraten

Parvus-Helphand, wurden jetzt wichtig. Die deutsche Regierung und die Diplomatie in den neutralen Ländern unterstützten den Wunsch der russischen Emigranten, nach Rußland zurückzukehren, und setzten besonders auf die unbedingt kriegsgegnerische radikale Linke, auf Lenin und die Bolschewisten. Zwischen dem 9. und 11. April 1917 sind Lenin und einige seiner Genossen aus dem Schweizer Exil in einem verschlossenen Wagen durch Deutschland gereist, um über Schweden und Finnland Petersburg/Petrograd zu erreichen. Mehrere hundert andere Emigranten, darunter auch rechte und entente-freundliche Sozialisten, sind auf ähnliche Weise nach Rußland gelangt, später wurden die Revolutionäre auch mit Geld unterstützt. Die Weltbedeutung der Revolution hat damals niemand geahnt, Klassen- oder Systemsolidarität gab es nicht mehr, es kam allein auf den nationalen Gesichtspunkt und den Vorteil im Krieg an; auch die Alliierten haben durch ihre Aktionen zur Fortführung des Krieges die bolschewistische Revolution mit befördert.

Die gesamte russische Linke nun propagierte den Frieden ohne Annexionen und Kontributionen und das Selbstbestimmungsrecht der Völker. Lenin selbst hat unmittelbar nach der Ankunft in Petersburg in seinen „Aprilthesen" den „Frieden um jeden Preis" gefordert. Das hatte z. B. bei der Linken in Deutschland und auch in anderen kriegführenden Ländern seine Wirkung. Auch die Mehrheitssozialdemokraten spitzten nun die Ablehnung von Eroberungen, die doch manchen Spielraum gelassen hatte, zur Forderung nach dem Frieden „ohne Annexionen und Entschädigungen" zu. Deutschland mußte sich nun der Frage nach einem Frieden im Osten stellen, ob in dieser oder einer anderen Version. Dabei hatte der Kanzler einmal mehr ebenso auf die Sozialdemokraten und die kriegsmüden Massen wie auf Annexionisten und zumal die OHL Rücksicht zu nehmen; und schließlich auf die Bundesgenossen, unter denen vor allem der österreichische Außenminister Czernin auf einen schnellen Frieden drängte. Daß die Alliierten einen annexionslosen Frieden ablehnten, war eine Tatsache, daß sie ein deutsches Einschwenken auf eine solche Linie als Signal für das Ende der deutschen Widerstandskraft nehmen würden, war zu erwarten.

Bethmann Hollweg erklärte öffentlich, Deutschland sei für einen „ehrenvollen" Frieden mit Rußland, ohne sich auf das Prinzip der Nicht-Annexion festzulegen; es werde aber nicht für den Zarismus intervenieren. Angesichts einer bevorstehenden Friedenserklärung des Kanzlers verlangte die OHL endlich die Festlegung der Kriegsziele, darunter Kurland und Litauen, und eine Absage an den Frieden ohne Annexionen und damit an die Sozialdemokratie, deren Friedensforderungen der OHL gar den Anlaß boten, beim Kaiser die Entlassung Bethmann Hollwegs zu fordern. Wilhelm selbst war zu dieser Zeit wenig mehr als ein Sprachrohr der Militärs, das wurde durch seine Präsenz im militärischen Hauptquartier nur verstärkt. Der Kanzler wollte über die Errichtung von Pufferstaaten aus dem Dilemma „ohne Annexionen" und „Status quo" herauskommen. Auf einer Führungskonferenz in Kreuznach am 23. April 1917 wurde wie schon vorher in den Verhandlungen mit Österreich im wesentlichen das OHL-Programm festgelegt, wobei die Forderungen vor allem im Osten noch weit über die ersten Kriegszielplanungen von 1917 hinausgingen; selbst der Chef des Marinekabinetts sah die „völlige Maßlosigkeit" dieses Programms. Der Kanzler fügte sich – mit dem ausweichenden Vorbehalt im Protokoll, diese Ziele seien nur durchzusetzen, wenn Deutschland den Frieden diktieren könne. Kurz, der Entschluß zu einem Verhandlungs- und Verzichtfrieden war in der deutschen Führung unmöglich. Bethmann Hollweg mußte eine Art „Eiertanz" aufführen, im Reichstag wich er – im Mai – zwischen einer konservativen und einer mehrheitssozialdemokratischen Interpellation wieder einer präzisen Nennung der Friedensbedingungen aus. Seine Politik der Diagonale hatte jetzt die Unterstützung der Sozialdemokratie verloren, nur die linke Mitte stand noch dafür. Aber der solange verdeckte Gegensatz bürgerlicher Halbannexionisten und entschiedener linker Annexionsgegner lag jetzt offen zu Tage. Ob freilich eine entschiedenere Friedensoffensive bei der neuen russischen Regierung irgendwelche Resonanz gefunden hätte, bleibt zweifelhaft, offiziell lehnte sie jede Art von Sonderfrieden ab, sie wußte wohl von den deutschen Annexionsabsichten, sicher von den Plänen zur Schaffung von Pufferstaaten.

Man kann spekulieren: Hätte Bethmann Hollweg, hätte sich das Reich und die Mehrheit des Reichstags an die Spitze einer Bewegung für den Frieden ohne Annexionen gesetzt, so hätte es mit starker Resonanz bei den kriegführenden Völkern, vielleicht auch bei den USA, rechnen können, allerdings auch mit einer inneren Zerreißprobe um die Führung des Reiches. Aber wie immer, ein solcher revolutionärer Schritt hätte zum einen die Möglichkeiten des deutschen Systems gesprengt, zum anderen war der politisch schwache und angegriffene Kaiser dazu überhaupt nicht der Mann.

Wir müssen hier einen kleinen Einschub machen. Auf einen Frieden mit Rußland drängten die Österreicher. Im November 1916 war Kaiser Franz Joseph gestorben, und damit fiel die letzte Säule der Doppelmonarchie. Der Nachfolger Karl wechselte die Minister, er fühlte sich nicht sonderlich an Deutschland gebunden, er sah, wie sich die innere Krise der Monarchie auf einen Zusammenbruch hin zuspitzte, er strebte nach Friedensschluß sei es mit, sei es ohne Bundesgenossen. Ein dilettantisches Unternehmen über zwei belgische Brüder seiner Frau, vor allem den Prinzen Sixtus, brachte nur das Beharren Frankreichs auf der „Rückgabe" Elsaß-Lothringens und die Abtretung des Trentino, Südtirols und Istriens an Italien zu Tage, dazu vage, beinahe illusionäre Aussichten auf einen Sonderfrieden mit Österreich. Die Entente konnte seither auf einen möglichen Bündnisabfall Österreichs spekulieren, das blockierte ein andermal jegliche allgemeine Verständigung. Wer immer aber einen Sonderfrieden versucht hätte, hätte den Zorn der Deutsch-Österreicher und erst recht den Zerfall des Reiches riskiert. Der Außenminister Czernin strebte nun nach einem allgemeinen Frieden, er suchte

Deutschland zur Aufgabe Elsaß-Lothringens oder zu einem Gebietstausch Oberelsaß/Longwy-Briey zu überreden, zum Ausgleich sollte es allein Polen und auch Kurland bekommen, Österreich sollte für die Abtretung des Trentino und den Verzicht auf Polen in und mit Rumänien entschädigt werden. Das waren mehr als abenteuerliche Ideen. Immerhin, in einer deutsch-österreichischen Konferenz (17./18. März) einigte man sich über den Osten und Südosten in dieser Weise, wenn auch die Frage der wirtschaftlichen Ausbeutung rumänischer Rohstoffe durch Deutschland in diesen Kreuznacher Abmachungen ungelöst blieb. Czernin glaubte mit dieser Rumänienoption weder einen Frieden mit Rußland noch einen allgemeinen Status-quo-Frieden ohne Annexionen zu gefährden, die Option war von ihm nur für den Eventualfall eines Sieges gedacht. Im April stellte er den Zusammenbruch seines Landes für den Herbst 1917 in Aussicht, ja erwartete letzten Endes die Revolution in beiden Kaiserreichen. Die von ihm und dann auch vom Kaiser Karl vorgebrachten Hinweise auf einen notwendigen Verzicht auf Elsaß-Lothringen lehnten Bethmann Hollweg wie Kaiser Wilhelm schlechterdings ab. Die Reichsleitung hoffte gegen den Wiener Pessimismus auf den Frieden mit Rußland oder auf dessen Zerfall. Im Mai wurde die Kriegszielvereinbarung vom März im wesentlichen bestätigt, die akute Krise des Zweibundes, Österreichs Depression und Sonderpolitik waren zunächst überwunden. Der mögliche Friede schien zunächst durch die Kerenski-Offensive des Sommers und auch nach deren Scheitern durch die inneren Ungewißheiten in Rußland aufgeschoben.

Die bolschewistische Revolution erst brachte die Dinge wieder in Bewegung. Sogleich proklamierte der Rat der Volksbeauftragten und der Allrussische Sowjet wieder den Frieden ohne Annexionen und das Selbstbestimmungsrecht der Völker, das nun auch ein Separationsrecht der Nationalitäten sein sollte. Rußland brauchte Frieden, aber diese Friedensproklamation war zugleich ein Akt der Weltrevolution, ein Appell an die Massen, gegen die Regierungen. Die Mittelmächte immerhin hatten eines ihrer strategischen Kriegsziele, ein Friedensangebot im Osten, erreicht; daß die Westmächte auf den Appell zum allgemeinen Frieden nicht eingehen würden, wußte man, und es zeigte sich sofort. Mit der Formel vom Frieden ohne Annexionen mußte die Regierung in Berlin dagegen schon in Rücksicht auf die Sozialdemokratie, die linke Opposition, die Hunger-Unruhen vorsichtig umgehen. Berlin rang sich nach einigem Zögern dazu durch, die Formel als mögliche „Basis" für Friedensverhandlungen anzuerkennen. Am 15. Dezember 1917 wurde ein Waffenstillstand geschlossen, am 22. Dezember begannen die Friedensverhandlungen in Brest-Litowsk. Die Russen wollten unter der Leitung Trotzkis die Verhandlungen zu einer allgemeinen Friedenskonferenz auf der Grundlage der Nicht-Annexion erweitern; der deutsche Vertreter, der Staatssekretär Kühlmann, und die anderen Vertreter der Mittelmächte stimmten überraschend zu, freilich unter der Bedingung, daß die Entente bis zum 5. Januar ihre entsprechende Bereitschaft erklärte; das war ein allgemeines Friedensangebot. Mit seiner Annahme war freilich nicht zu rechnen, so daß das eigentliche deutsche Ziel, ein Sonderfrieden, durchaus nicht aus dem Blick geriet.

Für die deutsche Delegation sind zwei Dinge wichtig. Das erste: Es war das Ziel der deutschen Politik, das Selbstbestimmungsrecht zur Änderung des Status quo zugunsten Deutschlands, zur Errichtung von Puffer-Satellitenstaaten zu benutzen. Das war einerseits selbstverständlich. Der Abfall der russischen Nationalitäten- und Randgebiete mußte Rußland schwächen und in der gegebenen Lage Deutschland zugute kommen, es wurde die einzige Macht, die eine neue staatliche Ordnung sichern konnte. Und es ist kein Zufall, daß die Entstehung Zwischen- und Ostmitteleuropas auch in Versailles – nun allerdings gegen Deutschland und unter der Ägide der Entente – Bestand gewann, auch die Jahre von 1945 bis 1989 haben das nicht rückgängig gemacht. Aber das Selbstbestimmungsrecht war für die deutsche Führung (wie 1919 für die Alliierten) doch vorwiegend ein Mittel, den eigenen Einfluß auszudehnen, man konnte, so zeigte sich, dieses Recht durchaus „manipulieren"; zudem blieb ein Widerspruch, wir haben das bei der Polenfrage erörtert, zwischen diesem Recht der Völker und Nationalitäten und dem deutschen autoritären System. Die praktische Frage war, wie das Selbstbestimmungsrecht realisiert werden sollte. Die Deutschen gingen davon aus, daß Polen seinen Willen bereits kundgetan habe; in Kurland hatte ein deutsch-baltischer Landrat Deutschland um Schutz ersucht, in Litauen war eine Versammlung zu einem ähnlichen Schritt mehr oder minder genötigt worden, beides galt wiederum als ausreichende Willensbekundung – obwohl in Kurland nur etwa 7% der Bevölkerung deutschstämmig waren, in Litauen gab es eine solche Gruppe gar nicht. Und um in Livland und Estland ähnliches zu erreichen, forderte man den Abzug der russischen Truppen. Einen Rückzug der eigenen Truppen aus diesen Gebieten schloß man aus. Allenfalls mochte es noch eine nachträgliche Bekräftigung solcher Willensbekundungen geben. Die russische Seite sprach zunächst dagegen davon, daß eine legitime Basis der Selbstbestimmung nur nach Abzug aller Truppen ein Referendum sein könne, forderte also erst Räumung, dann Volksabstimmung; später – nachdem die Bolschewisten die verfassunggebende Versammlung in Petersburg gesprengt hatten, am 20. Januar – nahm sie die ursprüngliche Zusage eines generellen Separationsrechts zurück, das solle vielmehr an die Zustimmung des zentralen Exekutivkomitees der Arbeiter- und Soldatenräte gebunden werden.

Das zweite Problem – jenseits der Spannungen mit Österreich – waren die Gegensätze innerhalb der deutschen Führung: Auf der einen Seite standen der Reichskanzler (jetzt Hertling, der auf Bethmann Hollweg und Michaelis gefolgt war, wir berichten noch davon) und der Staatssekretär Kühlmann, die an die schnelle Herbeiführung des Friedens und seine Dauer dachten und auf die Sozialdemokratie und die Reichstagsmehrheit, ja auf die Volksstimmung Rücksicht nehmen mußten, die auch verschleierten Annexionen gegenüber kritisch waren. Auf der anderen Seite standen die OHL und die Rechte, die weiterhin auf der Linie von Sieg- und Annexionsfrieden operierten. Sie wollten Litauen und Kurland nicht nur wie die Reichsleitung mit deutschen Dynastien lenken, sondern durch Personalunion mit Preußen verbinden (was jeglicher Art von Autonomie Hohn sprach) und eine enge Anlehnung Polens; sie wollten überdies aus Estland und Livland einen zweiten baltischen Staat anschließen und andere „Beutegebiete", wie die Ukraine, verselbständigen, und sie wollten noch immer den „polnischen Grenzstreifen" annektieren, umso größer, wenn es zu einer austro-polnischen Lösung kommen sollte. Sie wollten keinerlei – nachträgliche – Volksabstimmung zulassen, keinerlei Gebiete auch nur zeitweise räumen. Dazu traten sie für exzessive Wirtschaftsforderungen ein, was den Interessen der großen Industrie entsprach. Voller Wut z. B. über das formale Zugeständnis eines Friedens ohne Annexionen und die Rücksicht auf die Sozialdemokraten wollten sie die Regierung an ihre Zügel legen. Im Dezember 1917 und Januar 1918 tobten die wildesten Auseinandersetzungen in der deutschen Führung, mit Rücktrittsdrohungen Hindenburgs und Ludendorffs; die OHL setzte durch, daß der Kaiser wenn zwar nicht Kühlmann, so doch den Chef seines Zivilkabinetts, Valentini, entlassen und durch einen OHL-Mann ersetzen mußte – der Kern der monarchischen Souveränität galt den Systemverfechtern nichts mehr. Die OHL witterte zu Recht, daß Kühlmann auch im Westen auf Annexionsverzicht und Verständigungsfrieden aus war. Im Ergebnis konnten sich Kanzler und Staatssekretär zwar formal behaupten, aber der Sache nach mußten sie der OHL ganz erhebliche, substantielle Konzessionen machen.

Der Versuch Trotzkis, der den Ausbruch der Revolution in Deutschland erwartete, die Verhandlungen durch endlose Diskussionen hinzuziehen, bestärkte die Mittelmächte, auf die Unabhängigkeitsbewegungen gegen Petersburg zu setzen und mit einer ukrainischen Regierung zu verhandeln. Nachdem ein ukrainisches Parlament – von bolschewistischen Truppen bedrängt – am 22. Januar die Ukraine erneut für selbständig erklärt hatte, schlossen die Mittelmächte am 9. Februar mit der Kiewer Regierung einen separaten Friedensvertrag, der vor allem die Zusage umfangreicher Getreidelieferungen vorsah („Brotfriede"). Die OHL drängte, angesichts von Schutzverlangen der liv- und estländischen Ritterschaft, auf ein Räumungsultimatum gegenüber Rußland. Kühlmann stellte die Fortsetzung der Verhandlungen in Frage. In dieser Lage erklärte Trotzki am 10. Februar, Rußland betrachte den Kriegszustand als beendet und werde nicht mehr weiter verhandeln. Ludendorff wollte jetzt den Frieden wieder mit Waffen erzwingen, Kühlmann Rußland sich selbst überlassen. De facto behielt Ludendorff die Oberhand: Am 19. Februar begann der erneute Vormarsch des deutschen Ostheeres von Finnland bis zur Ukraine, vom Peipussee bis zum Asowschen Meer, am 23. Februar wurde ein neues, verschärftes Ultimatum bekanntgegeben. Innerhalb der sowjetischen Führungsgruppe setzte sich jetzt Lenin gegen Trotzki und Bucharin, der für den revolutionären Krieg eintrat, durch: Auch die harten Bedingungen müßten akzeptiert werden, um sich des Außendrucks zu entledigen und eine Atempause für die Revolution zu gewinnen; ohnehin stehe auch in Deutschland die Revolution bevor, sie werde den Vertrag hinfällig machen. Am 1. März wurden daraufhin die Verhandlungen in Brest-Litowsk erneut aufgenommen, und am 3. März wurde der Friedensvertrag unterzeichnet.

Der Friede von Brest-Litowsk erweiterte die Randterritorien, verzichtete auf die Pflicht, Abtretungen durch freie Abstimmungen zu sanktionieren, sogar auf Fristen für die militärische Räumung der ehemals russischen Gebiete. Der Friede war ein deutscher Machtfriede; das mußte sich seit 1919 alle deutsche Versailles-Kritik zu Recht vorhalten lassen. Natürlich war das Selbstbestimmungsrecht eines seiner Elemente, aber es war vom Streben nach imperialer Hegemonie überlagert. Die Hilfe gegen die bolschewistische Revolution, die natürlich dazutrat, war kaum ein eigener Zweck (bei aller tiefen Feindschaft), sie sollte vor allem geplante Entente-Interventionen verhindern, und sie sollte die materielle Basis für den großen Westangriff sichern. Auch bei Ludendorff rangierten Kriegsnotwendigkeit und Hegemonie vor seinem zweifellos vorhandenen Anti-Bolschewismus.

Einige Monate später, am 7. Mai, kam es in Bukarest auch zu einem Frieden mit Rumänien, nach gewaltigen Spannungen zwischen Bulgarien und der Türkei, Österreich und dem Reich, Kühlmann und wieder der OHL: Rumänien mußte die Dobrudscha abtreten, sein Transportwesen der Kontrolle der Mittelmächte unterwerfen und große Öl- und Getreidelieferungen zusagen. Die Friedensverträge wurden im Reichstag zur Ratifizierung vorgelegt, das war nicht nach dem Wortlaut der Verfassung, wohl aber politisch notwendig; der Machtgewinn des Parlamentes wird daran evident. Beim russischen Vertrag enthielt sich die Mehrheitssozialdemokratie, für sie war es doch ein „Gewaltfriede“, freilich wußte jeder, daß die Annahme des Vertrages durch die Mehrheit sicher war.

Wie ging es im Osten bis zum Kriegsende weiter, im Chaos zwischen Weltkrieg und Bürgerkrieg? Deutschland gewährte der neuen finnischen Regierung Truppenhilfe (März 1918), um die Bolschewisten wie die Entente abzuhalten. Es gab absurd anachronistische Pläne, Kronen zu verteilen: Kur-, Liv- und Estland in Personalunion an Preußen, Litauen an einen sächsischen, Polen an einen württembergischen Prinzen. Gleichzeitig begann ein Widerstand der baltischen Nationen. In den ukrainischen Wirren besetzten deutsche Truppen das Eisenbahnnetz gegen die Bolschewisten. Wegen des kriegsbedingten Niedergangs der Produktion und der Schwäche der sogenannten Regierung blieben die Getreidelieferungen dürftig; der jetzt hier zuständige Groener suchte nach direktem Zugriff durch die Besatzung, setzte die eher linke Regierung ab und ersetzte sie durch eine rechte, aber auch er konnte nur wenig Getreide organisieren. Im Zuge des Ukraine-Unternehmens nun griffen die Deutschen weit nach Süden und Osten aus, auf die Krim, über den Don bis in den Kaukasus – weit hinaus auch über das, was in Brest-Litowsk vereinbart worden war. Die Lage, die Furcht vor englischen Interventionen, wirtschaftsimperiale Ziele und, wenn auch weniger, Hilfsverlangen wie solche aus Georgien trieben die Deutschen bis zum Ende des Krieges in diese abenteuerlichen Fern-Unternehmen. Im Kaukasus kam es noch zu harten Zusammenstößen mit der Türkei über das Öl von Baku, die Deutschen verbanden sich sogar mit der Petrograder Regierung gegen die Türken, um aus einem russischen Baku ihre Lieferungen zu beziehen. Ende August 1918 kam es im Sinn der Kooperationslinie, wie sie vor allem Admiral von Hintze, der Nachfolger Kühlmanns, befürwortete, zu einem Wirtschaftsvertrag mit der bolschewistischen Regierung, der Deutschland große Vorteile zu garantieren schien. Die Politik gegenüber der bolschewistischen Regierung blieb zwiespältig: Das Auswärtige Amt setzte auf Einhaltung der Friedensbestimmungen und Kooperation – schon weil der Bolschewismus Verlängerung des Chaos versprach; Ludendorff und der erste deutsche Gesandte in Moskau, Helfferich, wollten eine anti-bolschewistische Strategie und eine imperiale Expansion z. B. in eine großkaukasische Einflußsphäre, Deutschland und nicht die Entente müsse die Gegenrevolution anführen; aber sein Imperialismus schloß ein Bündnis mit der Gegenrevolution gerade aus. Schließlich ging das alles – mit leichter Verspätung in Finnland und im Baltikum – im Untergang des Deutschen Reiches zu Ende.

c) Der Aufstieg des Reichstags bis zum Sommer 1918

Mit der Einsetzung der neuen OHL war Ludendorff zum mächtigsten Mann in Deutschland aufgestiegen. Auch in anderen Ländern hat sich im Krieg eine gewaltige Machtkonzentration vollzogen: Lloyd George in England und Clemenceau in Frankreich sind zu unbestrittenen und bei der Durchsetzung ihres Willens kaum beschränkten Führern, zu den eigentlich mächtigen Männern ihrer Nation und deren politisch-militärischem Establishment aufgestiegen. Sie waren ganz und gar kriegs- und siegesentschlossen. Aber sie waren Politiker, Zivilisten; Ludendorff war Militär, das machte den einen Unterschied: In Deutschland standen die militärischen Entscheidungen nicht unter dem Primat der Politik, umgekehrt hatten die Politiker kaum Handlungsspielraum gegenüber dem, was die Militärs für „erforderlich" und möglich oder kriegsnotwendig hielten. Das war für die Deutschen besonders verhängnisvoll, das ist der andere Unterschied, weil das Reich objektiv die weit schwächere Macht im Krieg war, militärisch kaum Siegeschancen hatte und deshalb mehr als jede Normalmacht auf kluge und unabhängige Politik angewiesen gewesen wäre. Die dritte OHL griff seit dem Herbst 1916 massiv in die Innen-, die Außen- und die Personalpolitik ein; der Sturz des Bethmann-Freundes Jagow, des Staatssekretärs des Auswärtigen, im November 1916 und sein Ersatz durch den eher scharfmacherischen Zimmermann waren ein eklatantes Beispiel.

Dennoch ist es irreführend, die außerordentliche Macht der OHL und Ludendorffs, zumal nach dem Sturz von Bethmann Hollweg, einfach als Militär-Diktatur zu charakterisieren. Gewiß hatten er und Hindenburg eine kaum zu erschütternde Machtposition, sie waren schier unentbehrlich, sie waren die einzigen Hoffnungsträger und darum unschlagbar populär, konkurrenzlos unter den Militärs und Politikern. Der schwache Kaiser war von ihnen abhängig, im Notfall suchten sie ihren Willen durch Rücktrittsandrohungen durchzusetzen. Ihre faktische Machtstellung grenzte ans Diktatorische. Aber es gab die zivile Reichsleitung, deren eigene Ansichten waren nie ganz auszuschalten; es gab auch noch unmittelbare, nicht OHL-hörige Berater des Kaisers, sogar in seinen Kabinetten und unter den hohen Militärs. Vor allem aber stieg, erstaunlich genug, der Reichstag zu relativer Macht auf. Die Notwendigkeit, auf den inneren Frieden, das funktionierende Verhältnis zu den Mehrheitssozialdemokraten, auf die Volksstimmung zu achten, Hungerunruhen und Streiks einzudämmen, war für die zivile Reichsleitung wie auch die OHL klar. Je schwieriger die Kriegslage wurde, desto mehr gewann der Reichstag – ohnehin Sprachrohr des Volkes wie Medium zwischen Regierung und Volk – auch als selbständige und eigenwillige Institution an Macht. Aber das Verhältnis von Reichstag und OHL blieb ambivalent. Ludendorffs Hauptversuch einer Diktatur im Inneren durch das Hilfsdienstgesetz zur Mobilisierung der Bevölkerung zum totalen Krieg, ist gescheitert. Auf der anderen Seite aber hat er, wir werden davon noch mehr berichten, jeden Versuch einer Friedenspolitik auch des Parlaments im wesentlichen und die Verfassungsreformen zum guten Teil blockiert, und in der so extrem wichtigen Personalpolitik hat er seine führenden Gegner – Bethmann Hollweg, den Staatssekretär des Auswärtigen von 1917/18 Kühlmann, selbst den kaiserlichen Kabinettschef Valentini – stürzen, wenn auch nicht immer durch „eigene Leute" ersetzen können. Nicht die Macht schlechthin, aber das größte Maß an Macht war bei der OHL konzentriert. Man kann sagen, die Bedingung für diese Stellung war das Machtvakuum, das im Reich eingetreten war: Der Monarch war kaum mehr in der Lage, die Entscheidungsmacht auszuüben, das Parlament besaß sie noch nicht, war allenfalls bei einem „Halbparlamentarismus" angelangt. Das war die Stunde der militärischen Führung.

Die Militärs bestimmten unter Berufung auf ihre militärische Verantwortung die Politik, sie sahen die Zukunft des Reiches allein unter dem Aspekt der militärischen Sicherheit in künftigen Kriegen, der Friede war darum für sie kein eigenständiger und möglichst dauernder Zustand.

Seit dem Winter 1916/17 ändert sich die innenpolitische Lage. Die weggeschobenen und im „Burgfrieden" von 1914 scheinbar aufgehobenen politischen Probleme und Konflikte, die Forderungen politischer Bewegungen werden wieder aktuell. Das Friedensthema wird ein Streitthema der Parteien, über dem sich die Mehrheiten verschieben; das Reformthema – bezogen auf das (preußische) Wahlrecht, den Einfluß des Parlaments, ja die politische und soziale Verfassung überhaupt – wird aktuell. Das hing zuerst mit der bedrängten Lage des Reiches seit dem Winter 1916/17 zusammen. Verdun hatte die Aussichtslosigkeit aller deutschen Siegeshoffnungen im Westen erwiesen, das Friedensangebot vom Dezember 1916 war ohne Ergebnis geblieben, der radikalisierte U-Boot-Krieg führte im April 1917 zum Kriegseintritt der USA, im Innern wurden der Hunger und die Versorgungsmängel schrecklicher und schrecklicher, in der Bevölkerung wuchs Proteststimmung. Die Suche nach einem Ausweg aus dem Krieg wurde dringlicher. Dazu kam nun die russische Februarrevolution. Sie verschärfte – wie auch der Hunger – die Unzufriedenheit, verschärfte die Forderung nach inneren Reformen, nach Demokratie.

Diese Forderung spitzte sich zunächst auf das preußische Wahlrecht zu, es war einer der wichtigsten tragenden Pfeiler des Systems, der Machtverteilung. Die Sozialdemokraten hatten seit Kriegsbeginn in dieser Reform die Gegenleistung für ihre nationale Loyalität gesehen; der Reichskanzler sah das zwar als notwendig an, wollte die Sache aber aus taktischer Rücksicht auf die Konservativen und aus Scheu vor einem großen Konflikt auf die Zeit nach dem Krieg vertagen. Diese zögerliche Haltung, Reformrhetorik ohne Aktion, provozierte bei der Linken wie bei der Rechten auf Dauer steigende Wut. Die Sache war schwierig, weil zunächst jedenfalls der konservative preußische Landtag mit Abgeordneten und Herrenhaus „zuständig" war; ein königlicher Oktroi wäre ein Staatsstreich gewesen, ein Reichsgesetz, das das Wahlrecht in allen Bundesstaaten hätte normieren müssen, wäre im Bundesrat gescheitert. Für eine demokratische Wahlrechtsreform traten neben den Sozialdemokraten die Fortschrittler entschieden ein, bei den Nationalliberalen stand einer Reformmehrheit in der Reichs-Partei der vor allem im preußischen Landtag starke, zum guten Teil schwerindustriell bestimmte rechte Flügel entgegen. Auch das preußische Zentrum war gespalten, der rechte Flügel malte die Möglichkeit einer radikal anti-kirchlichen Mehrheit aus Sozialdemokratie und Fortschritt an die Wand. Die Konservativen und maßgebliche Teile des preußischen Staatsministeriums, wie der Innenminister Loebell, waren strikt dagegen. Als das Problem sich zuspitzte, nahm der Kanzler endlich doch eine Lösung noch im Krieg in Aussicht. Das erregte den wilden Zorn der Konservativen, die er auch durch Lavieren, z.B. die Wiedervorlage eines pro-konservativen Fideikommißgesetzes, nicht beruhigen konnte, damit erregte er vielmehr den Zorn der Linken.

Ende Februar 1917 kündigte der Kanzler im Reichstag immerhin die Reform an, das entspreche dem Zusammenwachsen der Nation, dem „Geist des 4. August", die Konservativen kündigten harten Widerstand an. Der Kanzler hielt das gleiche Wahlrecht für unvermeidlich, der Druck der Hungerstreiks und das Drängen der mit der Konkurrenz der entstehenden USPD ringenden loyalen Mehrheitssozialdemokratie machten ihm die Sache dringlich. Am 5. April 1917 legte er dem Staatsministerium einen Entwurf zur Einführung des gleichen Wahlrechts vor. Aber er konnte weder das Staatsministerium noch die sich auch in Verfassungsfragen ganz konservativ einmischende OHL, noch die höfische Umgebung des Kaisers, den Kabinettschef Valentini, gewinnen. Eine „Osterbotschaft" des Kaisers war nicht mehr als ein dilatorischer Formelkompromiß; sie kündigte zwar die Einführung des geheimen und direkten Wahlrechts und die Abschaffung des Klassenwahlrechts an, ja auch eine „Reform" des Herrenhauses, stellte aber, das war das Auffallende, das gleiche Wahlrecht nicht in Aussicht; die Konservativen und alle „Halb-Rechten" setzten auf ein Pluralwahlrecht. Indem die Osterbotschaft zwischen der Vorbereitung der Reform während des Krieges und ihrer Durchführung erst nach dem Krieg unterschied, betonte sie noch einmal den Charakter der Unentschiedenheit, des Ausweichens.

Für die Haltung der Parteien waren natürlich die Prognosen über die Zusammensetzung des Abgeordnetenhauses bei Einführung des gleichen Wahlrechts von Bedeutung. Die beiden konservativen Parteien hätten 75 % ihrer bisherigen Mandate verloren, die Nationalliberalen 30, das Zentrum 20, der Fortschritt 10 %. Die Polen hätten ihre Mandatszahl verdreifacht, die Sozialdemokraten verdreizehnfacht. Nur eine Koalition von Sozialdemokraten, Zentrum und Fortschritt (oder Polen) hätte eine Mehrheit gehabt. Auch angesichts dieser Lage gelang es dem Freikonservativen Zedlitz, bis Mai 1917, Konservative, Zentrum und Nationalliberale auf einen Pluralwahlrechtskompromiß zu einigen, und das im Bündnis mit dem frondierenden Innenminister Loebell gegen den Kanzler; es sollte bis zu fünf Pluralstimmen geben, davon – nur – zwei „demokratisch", d. h. für alle zugänglich, nämlich Alters- und Familienstandsstimmen. Freilich, im Strudel der innenpolitischen Krise des Sommers 1917 gingen diese Pläne unter. Die Reformkräfte der Reichstagsparteien setzten jetzt auf eine reichsrechtliche statt eine nur preußische Regelung der Wahlrechtsfrage.

Auch andere Verfassungsfragen gerieten in Bewegung. Am wichtigsten war die Aufwertung des Reichstags. Er hatte nach Kriegsbeginn außer bei den Kreditbewilligungen keine große Rolle gespielt. 1912 hatte es eine bürgerliche Mehrheit gegen die Sozialdemokraten, eine Besitzsteuerreformmehrheit gegen die Konservativen gegeben, in allen anderen Fragen waren die Mehrheitsverhältnisse labil, zwischen Reform und Reaktion. Im Krieg überdeckte zwar zunächst der Eintritt der Sozialdemokraten in den nationalen Konsens die erste Frontstellung, aber es blieben die Situationen einer „bürgerlichen" Mehrheitsbildung. Vor allem hat der Kriegs- und Kriegszielnationalismus zunächst eine „rechte" Mehrheit von Konservativen, Nationalliberalen und Zentrum zusammengefügt und -gehalten.

Allerdings wuchsen schon seit Frühjahr 1915 die Kompetenzen des Reichstags. Dies manifestierte sich im Haushaltsausschuß, in dem jetzt alle Fraktionen vertreten waren und der allmählich die Geschäftsordnungspraxis in zwei politisch ganz wichtigen Punkten modifizierte: Zum einen trat er wiederholt auch dann zusammen, wenn der Reichstag vertagt war, zum anderen befaßte er sich auch mit Vorlagen, die ihm formell gar nicht zugewiesen waren. Beschleunigt vor allem durch die Auseinandersetzungen über den U-Boot-Krieg, fand dieser Prozeß im Herbst 1916 seinen vorläufigen Abschluß. Von den Liberalen kam der Anstoß, einen ständigen Ausschuß für auswärtige Angelegenheiten einzurichten und diesen zu ermächtigen, jederzeit zusammentreten zu können. Am 27. Oktober wurde ein entsprechender Antrag, in der vom Zentrum vorgeschlagenen Fassung, mit überwältigender Mehrheit (302:31 Stimmen) im Plenum des Reichstags angenommen und am 4. November durch kaiserliche Verordnung bestätigt. Damit wurde aus dem Haushaltsausschuß der sogenannte Hauptausschuß mit dem Recht zu ständiger Beratung über die Kriegslage und die Außenpolitik.

Das war zwar zunächst mehr Anspruch als Wirklichkeit, die Abgeordneten waren ziemlich uninformiert und voll von naivem Vertrauen in die Regierung, außerdem gab es bei der Spaltung und dem Schwanken von Zentrum und Nationalliberalen keine stabile Mehrheit, aber ein Ansatz für ein gänzlich neues Verhältnis von Regierung und Parlament war es schon. Die Reichsleitung sah sich nun einer ständigen Vertretung des Reichstags gegenüber, der sie Rede und Antwort stehen mußte. Der Hauptausschuß selbst wurde zu einem relativ selbständigen Instrument parlamentarischer Artikulation und Kontrolle, in Ansätzen zu einer Art „Arbeitsparlament" (Max Weber), das zudem Sozialdemokraten, Liberalen und Zentrum ein Forum für engere Zusammenarbeit bot. Diese Funktionen sollten dann im Verlauf des nächsten Jahres auf den Interfraktionellen Ausschuß übergehen, dazu kommen wir gleich. Im Herbst 1916 ergab sich immerhin schon beim Hilfsdienstgesetz eine „linke" sozialreformerische Mehrheit, wir haben im Zusammenhang mit der Kriegswirtschaft davon berichtet. Bethmann Hollwegs Versuch der „Politik der Diagonale" und des innenpolitischen Status quo im Zeichen des Burgfriedens ließ sich nicht mehr durchhalten. Wie bei der Wahlrechtsfrage provozierte die Neuorientierungsrhetorik, der außer der Anerkennung der Gewerkschaften im Hilfsdienstgesetz und der Zulassung von Sozialdemokraten zu Gemeindeämtern und öffentlichem Dienst keine Taten folgten, einerseits den Widerspruch und Widerstand der Mehrheitssozialdemokraten, diese forderten im Oktober 1916 und seither außer dem gleichen Wahlrecht die Parlamentarisierung des Reiches und die entschiedene Abwehr des Klassenkampfes von oben, den die Rechte propagierte; andererseits rief sie auch den Widerspruch der Rechten hervor, wie das etwa in herausfordernden Reden im preußischen Herrenhaus zu Tage trat. Die Installierung der dritten OHL, ihre quasi-diktatorischen Machtansprüche und ihr verfassungspolitischer Konservatismus, intensivierte die Reformdebatte. Im Oktober 1916 und dann im Februar/März 1917 bestimmte sie die Reichstagssitzungen. Wichtig war, daß sich die Nationalliberalen unter Führung von Stresemann für die Parlamentarisierung als Weg zu einer starken Regierung, als Versöhnung von Volk und Staat, einsetzten. Der Kanzler bekannte sich im März 1917 mehr als je zuvor zur Notwendigkeit durchgreifender Reformen. Die russische Februarrevolution (14. März 1917 nach westlichem Kalender) verschärfte die Polarisierung: Die Sozialdemokratie verlor die Parole „Gegen den Zarismus", „Demokratisierung" erhielt durch dieses Vorbild mehr Auftrieb, die Besorgnis der Rechten gegenüber der Demokratisierung wuchs.

Im März 1917, auch unter dem Eindruck der Hungerunruhen und angesichts von scharfen Wortwechseln zwischen dem Kanzler und konservativen Führern des preußischen Herrenhauses, zeigten sich Sozialdemokraten, Fortschrittspartei und auch Nationalliberale überzeugt, daß die Erhaltung des Kriegswillens die Gewährung politischer Rechte erfordere; sie stellten getrennt Anträge zur Wahlrechtsreform und zur Reform der Reichsverfassung. Für diese Fragen setzte der Reichstag auf Antrag Stresemanns im März/April 1917 einen gesonderten Verfassungsausschuß ein. Er suchte die Einmütigkeit eines Reformblocks von Stresemann bis Scheidemann herzustellen; auf die Erörterung der preußischen Wahlrechtsfrage, z. B. ihrer Regelung durch ein Reichsgesetz, verzichtete er zunächst. Er beriet zum einen über die Einführung der Gegenzeichnung des Kriegsministers bei Militär- und Militärpersonalsachen; deren Fehlen war – wir erinnern uns – die Exemtion des Militärischen vor der konstitutionellen Verantwortung (auch vor dem Parlament), also eine Säule des „Militarismus". Und er beriet zum anderen über eine Verfassungsänderung, nach der Reichskanzler und Staatssekretäre nicht nur als Mitglieder des Bundesrates im Reichstag auftreten konnten, ja – so etwa die Nationalliberalen im Plenum – Parlamentarier auch Bundesratsmitglieder sein können sollten, d. h. aus dem Reichstag genommene Reichsstaatssekretäre auch preußische Bundesratsbevollmächtigte und Staatsminister, wie es nach der Verfassungs- wie Machtlage bei der Aufnahme von Parteiführern in die Reichsleitung notwendig gewesen wäre. Dazu wurde u. a. die Einführung von Zusatzmandaten und Verhältniswahlrecht in sehr großen Reichstagswahlkreisen und die Einführung eines Kanzler-Anklage-Verfahrens besprochen. Man sieht, es ging noch nicht, wie die USPD beantragt hatte, um eine Einführung des Parlamentarismus – die Mittelparteien zeigten sich während der Ausschußverhandlungen dem vollen Parlamentarismus gegenüber sehr viel zurückhaltender als in manchen Plenarreden –, aber es ging um eine allmähliche Ausweitung der Rechte des Reichstags, auch das war viel. Diese Versuche wurden von einer sich intensivierenden öffentlichen Debatte über die Parlamentarisierung (Max Weber, Hugo Preuß) begleitet. Der lange passive Reichstag wurde zunehmend initiativ, es herrschte eine „verfassungspolitische Aufbruchstimmung" (Rauh), Regierung und Kanzler, vom Widerstand der Rechten gelähmt, hatten sich die Initiative entwinden lassen. Unmittelbar, durch eine Resolution des Plenums, wurde die Reform des Reichstagswahlrechts zum Mehrheitsbeschluß erhoben. Diese und andere Vorschläge freilich versandeten in den Gegensätzen zwischen Regierung, Bundesrat und Reichstag und zwischen den Mehrheitsparteien selbst.

Mitte 1917 verbinden sich die verschiedenen Probleme zu einer großen innenpolitischen Krise. Der U-Boot-Krieg hatte den versprochenen Erfolg bis jetzt nicht gebracht, die USA waren in den Krieg eingetreten, ein russischer Friede war einstweilen nicht zustande gekommen, die Massen schienen kriegsmüde. Wahlrechts- und Verfassungsreform kamen nicht oder kaum voran. Über Kriegsziele und Friedenspolitik wuchs der Dissens. Der Kriegspessimismus im Reichstag nahm zu. Die USPD erklärte, am Nichtzustandekommen eines Friedens seien die Annexionisten schuld, und damit setzte sie die Mehrheitssozialdemokraten unter Druck. Diese forderten im Juni 1917 die sofortige Einführung des gleichen Wahlrechts in Preußen, eine Verfassungsreform und die Verpflichtung des Kanzlers auf einen Frieden ohne Annexionen und Entschädigungen, andernfalls wollten sie die Kredite nicht mehr bewilligen, das war ein Ultimatum. Die Fortschrittspartei teilte diese Position, die Nationalliberalen forderten die inneren Reformen, aber lehnten den Annexionsverzicht ab. Gleichzeitig widersetzten sich die OHL und die Rechte jeder Konzession bei den Reformen wie der Friedensfrage. Sie wollten den Kanzler, der ja letzten Endes auch für Reformen und einen Verständigungsfrieden war, stürzen. Der Kaiser hielt ihn im Grunde nicht mehr, die Mehrheitssozialdemokraten wollten einen auf die Konzepte der Rechten verpflichteten Kanzler jetzt nicht mehr stützen.

Verfassungs- und Friedensfrage mündeten in eine Kanzlerkrise. In einer Besprechung mit den Parteiführern am 2. Juli wich Bethmann Hollweg, gerade aus dem Hauptquartier zurückgekehrt, den linken Parteiforderungen aus, daraufhin forderten die Sozialdemokraten und Links- und Nationalliberalen die Zusage der Wahlrechtsreform, die Sozialdemokraten zudem ein Ja zur russischen Friedensformel. Linke und Nationalliberale waren überzeugt, die Regierung sei angesichts der Hauptprobleme nicht mehr handlungsfähig, der Reichstag müsse selbst eine Initiative ergreifen. Sozialdemokraten, Fortschritt und Zentrum führten in den ersten Julitagen Quasi-Koalitionsverhandlungen, zuletzt auch mit den Nationalliberalen. In dieser Situation war nun entscheidend, daß das Zentrum auf die Seite von Sozialdemokraten und Fortschritt trat. Und zwar war es der Abgeordnete Erzberger, der diese Wendung herbeiführte. Lange Jahre ein führender Annexionist, hatte er, gut informiert (z.B. über den Mißerfolg des U-Boot-Kriegs und den drohenden Zusammenbruch Österreich-Ungarns), sich zum Realisten entwickelt; nur das Ziel eines Verhandlungsfriedens könne weitere Kriegsanstrengungen des Volkes und der Arbeiterschaft legitimieren. Am 6. Juli benutzte er die Sitzung des Hauptausschusses zu einem Generalangriff auf die Kriegspolitik der Regierung; er forderte einen sofortigen Friedensschritt des Reichstags für einen Verständigungs- und Status-quo-Frieden. Das von ihm gezeichnete düstere Bild überraschte seine eigene Partei, aber er zog sie, diesmal auch ihren rechten Flügel, mit; das Zentrum bewegte sich nach links, schloß sich der Koalition von Fortschritt und Sozialdemokraten an. Deren Parteiführer traten noch am selben Tag mit der nationalliberalen Spitze zusammen, um über gemeinsame Aktionen zu beraten. Dieser Gesprächskreis hieß bald der „Interfraktionelle Ausschuß" und wurde das wichtigste Machtzentrum des Reichstags.

Der Interfraktionelle Ausschuß war Ausdruck und in gewissem Sinne vorläufiger Endpunkt einer Entwicklung, die sich seit der wilhelminischen Zeit abgezeichnet hatte: Der Gegensatz im parlamentarischen Bereich zwischen Befürwortern und Gegnern des Kaiserreichs wurde überwunden im gemeinsamen Bemühen um die Reform des Regierungssystems; bezeichnenderweise befürworteten alle Parteien des Interfraktionellen Ausschusses bis zum November 1918 cum grano salis die Monarchie. Aber: Sie wollten doch ein funktionierendes und entwicklungsfähiges Gleichgewicht von Parlament und Regierung. Daß die Parteien dabei nicht wirklich konsequent eine Parlamentarisierung anstrebten, daß es an entschiedenem politischen Willen dazu fehlte, darf man freilich nicht übersehen. Und die Verdichtung der parlamentarischen Aktivität in kleinen Gremien des Reichstags barg auch die Gefahr der Isolierung der Parteispitzen von ihrer Anhängerschaft in sich. Dies sollte später, im November 1918, offenkundig werden. Kehren wir aber zum Jahr 1917 zurück.

Die Einheit der Friedens- und Reform-„Koalition" war fraglich. Die Nationalliberalen widersetzten sich einer einfachen Resolution für einen Frieden ohne Annexionen, Zentrum und Fortschritt stimmten einer solchen bei vielen Vorbehalten, um der Kooperation mit den Sozialdemokraten willen, zu; sie sollte die Sozialdemokraten vor dem Abseits der Kreditablehnung bewahren. Daraus entstand die Friedensresolution vom 19. Juli 1917. In der Wahlrechtsfrage gab es zwischen den Linken und der Mitte weiter viele Spannungen. Dagegen trat unter den Reformfragen die Parlamentarisierung der Reichsleitung in den Mittelpunkt (zumal auf Betreiben Stresemanns und seines Kollegen Richthofen), der Personalwechsel müsse am Beginn eines Systemwechsels stehen, das gelte auch für die Friedensfrage, jede Friedensinitiative des Reichstags sei nur wirkungsvoll, wenn dieser durch Eintritt von Parlamentariern in die Regierung auch an Macht gewänne. Freilich, zu konzisen Gemeinsamkeiten kam es auch in den Verfassungsfragen noch nicht. Die Mehrheitssozialdemokraten waren nur im Grundsatz für Parlamentarisierung, in eine Koalitionsregierung wollten sie nicht eintreten, sie wollten Einfluß haben und – schon wegen der Konkurrenz mit den Unabhängigen – Opposition zugleich sein. Niemand konnte die Zustimmung zum Budget als Gegenleistung für eine Parlamentarisierung fordern.

Der Reichskanzler stellte zunächst nur Entgegenkommen in der Wahlrechtsfrage in Aussicht, in der Friedensfrage sah er in jeder Deklaration eher ein Hindernis für den erstrebten Verständigungsfrieden. Fortschritt und Sozialdemokratie hofften ihn dennoch für eine Resolution zu gewinnen, um ihn dann vielleicht halten zu können. Erzberger und Stresemann dagegen wollten ihn stürzen, auch weil er nicht der richtige Mann sei, um zu einem passablen Frieden zu kommen. Der in einem Sonderausschuß des Interfraktionellen Ausschusses erarbeiteten Friedensresolution stimmten nur Sozialdemokraten und Fortschritt und auch das Zentrum zu, die Nationalliberalen lehnten sie ab. Ihr Hauptziel in der Krise war – darum wollten sie auch keinerlei Kompromißfassung, der der Kanzler hätte beitreten können – der Sturz des Kanzlers, war die Parlamentarisierung der Regierung; die neue Regierung sollte dann eine Friedensinitiative (ohne gewaltsame Gebietsabtretungen) ergreifen. Kurz, die Parteien nahmen nach Motiven wie Zielen weiterhin unterschiedliche Positionen ein. Nach hektischem Hin und Her einigten sich Sozialdemokraten, Fortschritt und Zentrum am 12. Juli auf den Wortlaut einer Friedensresolution (der Reichstag erstrebe einen Frieden der Verständigung und der dauernden Versöhnung – ohne erzwungene Gebietserweiterungen, politische, wirtschaftliche oder finanzielle Vergewaltigungen) und verlangten vom Reichskanzler, sich dieser Resolution ohne Wenn und Aber anzuschließen.

Die Reichstagsinitiative überkreuzte sich mit der sich verschärfenden Kanzlerkrise. Stresemann und Erzberger waren entschiedene Gegner Bethmann Hollwegs, sie hielten ihn für schwach und den notwendigen Entscheidungen nicht gewachsen, Erzberger hielt ihn zudem nicht für den geeigneten Friedenskanzler. Die Sozialdemokraten konnten als letztes Druckmittel zur Verweigerung der anstehenden Kriegskredite greifen, also die bisherige nationale Einheitsfront aufkündigen. Und Bethmann Hollweg verhielt sich in der Tat der neuen Parteienkonstellation gegenüber ausweichend und zögernd, er schien immer noch mehr oder minder auf seine Politik der Diagonale eingeschworen; er kämpfte nicht, er suchte nicht, seine Position durch Werben um eine Verständigung mit den Mehrheitsparteien zu stärken, verspielte vielmehr deren Vertrauen. Er erzwang zwar nach einem Kronrat am 9. Juli beim Kaiser die Bewilligung des gleichen Wahlrechts für Preußen, teilte das aber den Parteien zunächst nicht mit (nur den Sozialdemokraten sehr verklausuliert). Er stellte am 10. Juli noch eine Verständigung über die Friedensresolution in Aussicht, wenn sie von einer breiten Mehrheit getragen werde und den Ruch der „Vorleistung“ verliere, und schlug wegen der Verfassungsprobleme anstelle direkter „Parlamentarisierung“ einen institutionalisierten parlamentarischen „Kriegs“-Beirat des Kanzlers vor. Aber das war jetzt nicht so entscheidend. Die Mehrheitssozialdemokraten standen der Parlamentarisierung und der damit verbundenen Koalitionsbildung und der Übernahme der Verantwortung, sei es mit, sei es ohne Regierungsbeteiligung, wie gesagt, ambivalent gegenüber; wenn sie sich in der Wahlrechts- und in der Friedensfrage durchsetzten, konnten sie auf die Parlamentarisierung einstweilen verzichten. Die Frage blieb offen.

Am 11. Juli schien es, als ob Zentrum, Fortschritt und Sozialdemokraten den Kanzler – schon wegen des Fehlens jeder einleuchtenden Alternative – halten wollten. Jetzt wurde auch der Königliche Erlaß über die Einführung des gleichen Wahlrechts in Preußen veröffentlicht. Aber am 12. Juli setzte sich doch die Anti-Bethmann-Fronde der Rechten durch, die Mitte schloß sich ihr an. Zunächst intervenierte der Kronprinz, er empfing eine Reihe von Parteiführern und fragte sie, ob sie für das Verbleiben des Kanzlers im Amt seien. Daraufhin erklärte sich nur der Führer der Fortschrittspartei klar für ihn, der Sozialdemokrat David „enthielt" sich; freilich waren vor allem die bekannten „Kanzlerstürzer" gebeten worden, die Fraktionen insgesamt suchten eher noch nach einem Kompromiß. Der Kronprinz wirkte im Sinne der eingeholten und erwarteten Meinungen auf den Kaiser ein. Aber entscheidend war die OHL, sie hatte sich schon durch ihre Abgesandten sofort zu Beginn der Krise mit den wichtigen Parteiführern in Verbindung gesetzt und beim Kaiser den Rücktritt des Kanzlers verlangt; zu diesem Zeitpunkt lehnte der Kaiser diese „Einmischung" noch ab, während bei den Parteien des Interfraktionellen Ausschusses nicht diese Einmischung, wohl aber ihre Zurückweisung zu „großer Entrüstung" (E. David) führte. Am 12. Juli griffen sie erneut ein, die vorbereitete Friedensresolution war der letzte Anstoß. Ludendorff ließ den Parteiführern mitteilen, er sei zum Abschied entschlossen, wenn Bethmann Hollweg im Amt bleibe; am Abend trafen die Abschiedsgesuche von Hindenburg und Ludendorff ein: Sie könnten mit dem Kanzler, für dessen Verbleiben im Amt sich der Kaiser entschieden habe, nicht weiterhin zusammenarbeiten. Die Generale setzten ihren obersten Kriegsherren unter einen bis dahin unerhörten Druck. Die Mittelparteien, die Nationalliberalen und das Zentrum, von Stresemann und Erzberger überzeugt, ließen den Kabinettschef des Kaisers wissen, sie seien nicht für Bethmann Hollweg. Der gab in dieser Situation zwischen der ultimativen Forderung der Reichstagsmehrheit, die Friedensresolution anzunehmen, und dem mit einem Abschiedsgesuch verschärften Mißtrauensvotum der OHL auf; am 12./13. Juli ersuchte er um seine Entlassung. Am Nachmittag des 13. Juli gab der Kaiser diesem Gesuch statt. Es war eine merkwürdige Konstellation, daß die Parteien des Interfraktionellen Ausschusses, Nationalliberale und Zentrum, ja ein Teil der Sozialdemokratie, den einzigen Bundesgenossen, den sie in der Reichsleitung, in den Reformfragen wie der Politik des Verständigungsfriedens hatten, kurzsichtig mitstürzen halfen oder es zuließen, daß die entschiedenen Gegner von Verständigungsfrieden und Verfassungsreform, die OHL und die Rechte, den „flauen" Kanzler stürzten, sich dabei aber auf die Parteien berufen konnten.

Man mag es – nachträglich klug – als einen Fehler ansehen, daß die Reformmehrheit den Kanzler mitstürzte und also die Geschäfte der OHL, ihres entschiedenen Gegners besorgte, statt mit ihm zu kooperieren. Aber dagegen steht, wie wir früher schon gesehen haben, die Eingebundenheit des Reformkonservativen Bethmann Hollweg in das alte System: Er war nicht nur zaghaft und unentschlossen, er war und blieb der königliche Beamte, der nicht auf den Reichstag baute, sich nicht an die Spitze einer Mehrheit stellte, sie überzeugte und hinter sich brachte; statt dessen verspielte er die Sympathie auch seiner Anhänger. Das erlaubte seinen – allerdings fest entschlossenen – parlamentarischen Gegnern, Stresemann und vor allem Erzberger, ihre Parteien gegen ihn auszuspielen. Die Kompetenz des Monarchen, über die Entlassung des Kanzlers zu entscheiden, hat in dieser Lage keine Rolle mehr gespielt, der Kaiser mußte sich dem Druck von OHL, Kronprinz und Parteien der Rechten wie der Mitte fügen.

Mit dem Sturz Bethmann Hollwegs war zugleich der Versuch einer überparteilichen Regierung gescheitert – der Reichskanzler hatte die „Diagonale" überspannt, am Ende besaß er bei keiner der politisch relevanten Gruppen mehr Rückhalt und konnte seinen Leitungsanspruch eben nicht mehr durch Lavieren und Ausweichen begründen. Angesichts einer Obersten Heeresleitung, die faktisch selbst die Suprematie beanspruchte, und einer immer selbstbewußter agierenden parlamentarischen Parteienkonstellation hätte er sich für einen festen Partner entscheiden und die zum Prinzip erklärte „Bindungslosigkeit" aufgeben, auf einem Stuhl sitzen müssen statt zwischen allen – aber das konnte und wollte er nicht, und jetzt hatte man ihm auch die Stühle weggezogen.

Über die Nachfolge waren alle Beteiligten zunächst ratlos, auch die Anhänger der Parlamentarisierung hatten für das Kanzleramt keinen einzigen Kandidaten aus ihren Reihen. Bülow, den Erzberger, Stresemann und die OHL favorisierten, war beim Kaiser unannehmbar, Hertling galt als zu alt und lehnte auch mit diesem Hinweis ab. Der Kaiser, der in dieser Frage noch sein Entscheidungsrecht sehr real wahrnahm, folgte dem Rat des Vizekanzlers Helfferich und griff auf einen Verwaltungsmann, einen homo novus, der bisher nicht in die diversen Parteiungen verwickelt war, zurück: den moderat konservativen Unterstaatssekretär Michaelis; er war allerdings ohne innen- oder außenpolitische Erfahrung (oder auch Vorbelastung). Die Kanzlerfronde aus den Parteien war von der Exekutive und der OHL in der Nachfolgefrage mit Leichtigkeit überspielt worden. Freilich, der Reichstag begegnete Michaelis mit Mißtrauen. Seine Kanzlerschaft beendete nicht die Regierungskrise, sondern verzögerte sie. Die Verfassungsfrage, ob es sich noch um eine konstitutionelle Regierung handle, wie weit schon um eine parlamentarische, blieb offen, der neue Kanzler verstand sich – konservativ – vom Vertrauen des Kaisers getragen, nicht auf das Vertrauen des Parlaments angewiesen.

Die OHL, voll des Triumphes über den Sturz Bethmann Hollwegs, gab weiteren Kampf gegen den Wortlaut der Friedensresolution des Reichstags auf. Am 19. Juli wurde diese Resolution mit 212:126 Stimmen, bei 17 Enthaltungen, verabschiedet; es war, wie gesagt, eine Resolution für einen Frieden des Status quo und der Verständigung, ohne Annexionen oder wirtschaftlich-finanzielle „Vergewaltigungen". Der neue Kanzler meinte, mit der Resolution „wie ich sie auffasse" leben und dennoch seine volle parlamentsunabhängige Handlungsfreiheit wahren zu können, das entsprach der OHL-Ansicht. Ein Erfolg des Reichstags war die Resolution nicht, sie blieb deklamatorisch, blieb ein Formelkompromiß, die sie tragenden Parteien waren auf die Dauer sehr unterschiedlicher Ansicht. Die Ablehnung erzwungener Gebietsabtretungen oder wirtschaftlicher Vergewaltigungen ließ „Vereinbarungen" natürlich zu, z. B. in einem Friedensvertrag mit einem besiegten Gegner wie Rußland, das war die Zweideutigkeit der Resolution, sie konnte als Rückkehr zum Status quo wie als Hinwendung zu „realen Garantien" ausgelegt werden.

Die Krise endete zunächst mit dem gegensätzlichen Doppelerfolg der OHL und des Reichstags und mit einer Niederlage der Konservativen. Reichs„regierung" und vor allem das preußische Ministerium wurden umgebildet, der entscheidende Wahlreformgegner, Innenminister Loebell, durch einen bürgerlichen Reformprotagonisten, Bill Drews, abgelöst, ein Nationalliberaler wurde Reichsstaatssekretär, ein Zentrumspolitiker preußischer Minister; aber von einer auch nur personellen „Parlamentarisierung" der Reichsleitung oder einer besonderen Bindung an die Parteien der Friedensresolution konnte nicht die Rede sein. Verlierer der Krise war aber auch der Kanzler, sein Amt hatte gegenüber der OHL und auf längere Sicht auch gegenüber dem Reichstag an Macht verloren und auch an Gewicht beim Kaiser; die persönliche Schwäche der Nachfolger Bethmann Hollwegs, Michaelis und Hertling, kam dazu. Freilich, die Stärkung des Reichstags war nur relativ: Gegen den Willen des Reichstags konnte niemand Kanzler bleiben und auch nicht werden, konnte der Kanzler auch nicht mehr handeln; aber positiv konnte der Reichstag die Regierungsbildung, das Regierungshandeln nicht beeinflussen. Das lag vor allem an dem eigentümlichen Zwischenzustand zwischen Konstitutionalismus und Parlamentarismus, der relativen Führungsanarchie im Reich. Dazu aber kam etwas anderes.

Zwar war der Interfraktionelle Ausschuß auf dem Wege zu einer Koalition, aber der Zusammenhalt und die Durchsetzungsfähigkeit der verbundenen Parteien waren schwach, die Friedensresolution erwies sich, auch wegen ihrer Uneindeutigkeit, nicht als feste Basis einer Koalition. Fortschritt und Zentrum waren doch durchaus, als sich die Gelegenheit bot, für die deutsche Hegemonie im Osten. Als die Nationalliberalen schon im August 1917 sich wieder dem Interfraktionellen Ausschuß anschlossen, beharrten sie auf der Ablehnung der Friedensresolution, ja lehnten es ab, sich etwa in Fragen der inneren Reformen Mehrheitsbeschlüssen zu unterwerfen. Sie blieben in Distanz.

Die Friedensresolution war, wie nicht anders zu erwarten, international ohne Wirkung und Bedeutung. In der deutschen Innenpolitik dagegen war ihre Wirkung gewaltig. Die Gegner des Verständigungsfriedens und der Reformen im Kriege gründeten unter Mithilfe auch Ludendorffs die „Vaterlandspartei", das war ein außerparlamentarisch oppositioneller nationalistischer Gesamtverband, von den Konservativen, Teilen des Establishments, wichtigen Industriellen und Rechtsintellektuellen getragen, stark vor allem im preußischen Osten; versprengte Nationalisten der Mitte und der Linken schlossen sich der neuen Gruppierung an. Tirpitz übernahm den Vorsitz, der eigentliche Initiator Wolfgang Kapp, Generallandschaftsdirektor in Ostpreußen, Sohn eines alten 48er Liberalen, war der zweite Vorsitzende; bei ihm lag die Hauptaktivität der Partei. Weil er wie viele in England den eigentlichen Weltgegner Deutschlands sah, wurde für die neue Sammlung die Frage einer anti-englischen deutschen Bastion in Belgien so zentral. Mit viel Geld entfalteten diese Leute eine lautstarke Propaganda und gewannen in über zweieinhalbtausend Ortsgruppen etwa 1,25 Millionen Mitglieder. Dagegen – wenn auch deutlich schwächer – bildete sich vor allem auf Betreiben liberaler Reformprotagonisten der „Volksbund für Freiheit und Vaterland". Politisch reichte er vom linken Zentrum bis zur rechten Sozialdemokratie, von den drei Gewerkschaftsverbänden bis zur liberalen Intelligenz. Die Vaterlandspartei trieb die lange schon anwachsende innere Polarisierung auf neue Gipfel des Hasses. Siegfrieden, manchmal auch: „Hindenburgfrieden", oder „Scheidemannfrieden", das war eine Parole; der Zusammenbruch der Gegner stehe unmittelbar bevor, wenn denn Deutschland nur durchhalte, das war die andere Parole. Im Sinne der Rechten trat die Gruppierung für die Vertagung aller inneren Reformen in die Zeit nach dem Krieg ein, der Sieg mochte sie überflüssig machen.

Die Regierung Michaelis stieß bald auf den Widerspruch der Reichstagsmehrheit. Der Kanzler galt als unfähig, anti-parlamentarisch, friedens- und reformunwillig, OHL-hörig. Im Oktober 1917 kam es zu heftigen Zusammenstößen, z. B. über die massive anti-sozialdemokratische und pro-vaterlandsparteiliche und alldeutsche Propaganda beim Militär und in der Bürokratie; die Regierung griff die USPD – nach den Marinemeutereien – wegen Staatsgefährdung an, ohne Beweise vorlegen zu können. Die Mehrheitssozialdemokraten stimmten für ein Mißtrauensvotum der Unabhängigen. Bis Ende Oktober spitzte sich der Gegensatz zur Forderung nach einem Kanzlerwechsel zu. Die Parteien des Interfraktionellen Ausschusses suchten Michaelis zur „freiwilligen" Demission zu bewegen. Dann intervenierten sie beim Kaiserlichen Kabinettschef Valentini. Mit dem Verlangen nach Abberufung von Michaelis verbanden sie die Forderung, ein Nachfolger möge sich vor seiner Ernennung mit ihnen über ein Regierungsprogramm und das Regierungspersonal verständigen. Einen Kanzlerkandidaten konnten sie indes nicht benennen. Immerhin, diese Forderung der Reichstagsmehrheit zielte auf den Umsturz des konstitutionellen Systems. Nach dem offensichtlichen Scheitern von Michaelis war ein neuer Kanzler nur noch im Einvernehmen mit der Parlamentsmehrheit denkbar, regierungsfähig.

Am 26. Oktober bat Michaelis um seine Entlassung, als Nachfolger schlug er dem Kaiser den bayerischen Ministerpräsidenten und ehemaligen Zentrumsführer Hertling vor, dabei wollte er aber das Amt des Reichskanzlers von dem des preußischen Ministerpräsidenten, das er selbst dann behalten hätte, trennen, also ihn in seinen Kompetenzen wesentlich beschränken. Der Kaiser bot Hertling das Kanzleramt an, der erklärte sich entschieden gegen die Trennung der beiden Führungsämter. In Verhandlungen mit den Parteien des Interfraktionellen Ausschusses nahm er zwar deren Programmforderungen an, die Parteien der Friedensresolution waren aber eher gegen ihn, er war alt und im Grunde konservativ, vor allem widersprach er der formalen Parlamentarisierung der Reichsleitung, einem Gesetz, das die Inkompatibilität der Zugehörigkeit zum Bundesrat und zum Reichstag aufgehoben hätte. Seine Kandidatur schien gescheitert, aber die Minister und Staatssekretäre bedrängten ihn weiter. Er verständigte sich nun mit dem Zentrum und den anderen Parteien des Interfraktionellen Ausschusses über einen System-Kompromiß, die faktische Aufnahme von Parlamentariern in die Reichsleitung und das preußische Kabinett; die linken Parteien gaben in der Frage einer formellen Verfassungsänderung nach; dabei spielte dann auch die Sorge vor einer „Militärdiktatur" eine wichtige Rolle. Am 1. November wurde Hertling vom Kaiser ernannt. Zunächst gab es über die Aufnahme von Parteivertretern in die Regierung noch harte Konflikte, Hertling wollte sein Amt konstitutionell, nicht parlamentarisch führen, aber er mußte dem Druck der Parteien nachgeben, den Kandidaten des Parlaments, den Fortschrittler Payer als Vizekanzler akzeptieren; Helfferich, zwar ein Mann der Reform- und Friedenspolitik, aber ein strenger Konstitutionalist und wegen seines leicht provozierenden Gebarens bei den Parteiführern wenig beliebt, mußte gehen. Payer freilich mußte, als er zum Bundesratsbevollmächtigten ernannt wurde, sein Reichstagsmandat aufgeben. Vizepräsident des preußischen Ministeriums wurde der nationalliberale Fraktionsführer Friedberg, er sollte die Wahlrechtsreform voranbringen.

Bei diesem Kanzlerwechsel hatten die Parteien anders als beim Sturz Bethmann Hollwegs, bei dem sie mit der OHL kooperierten, die entscheidende Rolle gespielt, aber einen Kanzlerkandidaten hatten sie nicht präsentieren können. Das deutsche System erzeugte kein Reservoir von politischen Führern, gar solche, die auf Koalitionskonsens sich stützen konnten. Bei der Besetzung des Vizekanzleramts setzte das Parlament dann seinen eigenen Kandidaten durch; darum war diese Entscheidung, nachdem sich Hertling schon auf das Programm der Parlamentsmehrheit hatte festlegen müssen, für die fortschreitende Parlamentarisierung besonders wichtig. Die Parteien hatten in der Krise die Hauptrolle gespielt. Aber Hertling war doch kein parlamentarischer Kanzler. Er selbst, alt und müde, wie er war, faßte sein Amt konstitutionell auf, im Zweifel unabhängig von den Parteien. Die Mehrheitssozialdemokraten standen seiner Regierung distanziert tolerierend gegenüber.

Die Machtposition der Mehrheitsparteien, im Herbst 1917 so auffallend, stagnierte, ja ging bis zum Sommer 1918, noch einmal einer Periode von Siegeshoffnungen, zurück. Die OHL war stärker; sie hinderte z. B. jede Friedensinitiative des Reichstags. Der Kanzler blieb ein widerstrebender, retardierender Faktor. Die Mehrheitssozialdemokraten waren nicht Regierungs-, nicht Koalitionspartei geworden, schon im Blick auf die Konkurrenz der Unabhängigen, sie stützten die Regierung nur von außen, halbe Oppositionspartei, doch auch darum gab es keine richtige Regierungskoalition, darum konnte der Kanzler seine relative Unabhängigkeit erhalten. In jeder Hinsicht war das System Hertling nur ein halber Parlamentarismus. Weder die Wahlreform noch die erstrebte Lockerung des Belagerungszustandes kamen entscheidend weiter, neue Reforminitiativen produzierten die Parteien nicht, nur die Koalitionsfreiheit wurde verstärkt, der § 153 der Gewerbeordnung entfiel. So gewiß die Parteien die Regierungsbildung beeinflußt hatten, die Regierungspolitik der Folgemonate blieb ziemlich unabhängig von ihnen, auch unter Hertling versuchte die Regierung, Konflikte zwischen OHL und Mehrheitsparteien zu vermeiden oder zu kalmieren. Von den diskutierten Verfassungsreformen wurden nur die Vermehrung der Mandate und die Einführung der Verhältniswahl in den großen Wahlkreisen beschlossen. Ob unsere verfassungspolitische Charakterisierung dieser Monate als Stagnationsphase zwingend ist, mag dahinstehen, mehr als eine allenfalls untergründige Gewichtsverschiebung war es jedenfalls nicht.

Der Entwurf zur Wahlrechts- und Herrenhausreform in Preußen z.B. (November 1917) scheiterte im Landtag, der rechte Flügel der Nationalliberalen blieb ablehnend, das Zentrum wollte erst Sicherungen gegen eine antiklerikale Mehrheit. Durch einen geschickten Schachzug gelang es den Konservativen schließlich im Frühsommer 1918, für ein Pluralwahlrecht mit einer möglichen (Alters-)Zusatzstimme und einer berufsständischen Stimme, vornehmlich für Selbständige und Leitende, eine Mehrheit der Rechten und der Mitte zu finden, mit der guten Hälfte der Nationalliberalen und einem Drittel des Zentrums. Die Regierung war mit der Reform gescheitert, damit die Selbstkorrektur des Systems. Auch Reichstags- und Reichsgremien der Nationalliberalen und des Zentrums hatten die als Verfassungsnotwendigkeit erachtete Reform in ihren preußischen Fraktionen nicht durchsetzen können. Auflösung des Abgeordnetenhauses und Neuwahlen, etwa mit dem Einsatz der Verwaltung für die Regierungsreform und gar einem Pairsschub im Herrenhaus, wollten Regierung und vor allem die OHL während des Krieges nicht. Damit entfiel auch die Möglichkeit, mit solchen Neuwahlen wenigstens zu drohen.

Daß bis zum Ende des Krieges der Widerspruch zwischen dem fortschrittlichen Reichstagswahlrecht und dem anachronistischen, undemokratischen Wahlrecht in Preußen bestand, ist für die Frage, welche Chancen es für die Parlamentarisierung des Reiches in dessen letzten Jahren gab, von entscheidender Bedeutung. Solange das preußische Wahlrecht demjenigen des Reichstags nicht angepaßt war, mußte – so hat Rauh zu Recht argumentiert – die völlige Parlamentarisierung des Reiches als unsinnig gelten, ja hätte zu einem Verfassungs- und Regierungschaos geführt. Ein von der Mehrheit des Reichstags – und damit unweigerlich auch von der Sozialdemokratie – abhängiger Kanzler wäre außerstande gewesen, als preußischer Ministerpräsident mit der konservativ-nationalliberalen Mehrheit des preußischen Landtags zu arbeiten.

Im Januar 1918 kam es zu größeren Streiks in der Rüstungsindustrie, vor allem in Berlin. Führend war eine linke Gewerkschaftsopposition, die „revolutionären Obleute". Es ging aber in der Hauptsache nicht, wie vor allem die Spartakusleute wollten, um Revolution, sondern es waren politische Demonstrationen für einen „russischen Frieden", die Wahlrechtsreform, die Lockerung des Belagerungszustands, eine Amnestie, und es waren natürlich auch Hungerdemonstrationen. „Frieden, Freiheit und Brot", das war die Parole. Im ganzen standen die Streikenden der Linie der USPD nahe, und deren linker Flügel unterstützte den Streik nachdrücklich. In Berlin streikten zwischen 180000 und 300000 Arbeiter (14 bis 23% der Gesamtarbeiterschaft). Der Streik griff auch auf andere Teile Deutschlands über, etwa eine Million Arbeiter waren insgesamt beteiligt; mit den militärischen Mitteln des Belagerungszustands wurde der Streik erfolgreich unterdrückt. Die Sozialdemokraten waren im Sinne ihrer Doppelstrategie, die Opposition von links aufzufangen und Loyalität aufrechtzuerhalten, mit Ebert, Scheidemann und Otto Braun in die Streikleitung eingetreten, um zu mäßigen und zu befrieden. Das freilich führte zu wütenden, ja haßerfüllten Angriffen der „Bürgerlichen" und zumal der Rechten gegen die Sozialdemokraten. Aber auch die Julimehrheit der Friedensresolution war erschüttert, die Mehrheitssozialdemokraten hatten mit den Unabhängigen gemeinsame Sache gemacht und das Kabinett Hertling schärfstens angegriffen; Zentrum und Fortschritt sahen in diesem Verhalten einen Verstoß gegen die Prinzipien der bisherigen Koalition, nur mit Mühe konnte die Kooperation wiederhergestellt werden. Die Krisensymptome intensivierten sich.

Wir wollen zum Abschluß dieses Kapitels noch erwähnen, wie es 1917/18 um die Ansätze zu einem Frieden stand. Im Sommer 1917 mußte die OHL einräumen, daß das Versprechen vom Frühjahr, mit dem U-Boot-Krieg in fünf Monaten den Sieg herbeizuführen, gescheitert war; man konnte nur die Frist verlängern oder – voller Illusionen – auf die katastrophenträchtigen inneren Probleme der Feinde hinweisen. Objektiv war der Krieg an einem toten Punkt. Die Deutschen hatten nach Verdun und dem U-Boot-Krieg kein Mittel mehr, einen strategischen Sieg zu erreichen. Zwar war auch die Lage der Alliierten einstweilen kaum besser, aber sie konnten auf die USA warten. Deutschland hatte vor der bolschewistischen Revolution keine vergleichbare Erwartung. Insofern war ein Verhandlungsfrieden eine politische Notwendigkeit. Kontakte mit Frankreich im Sommer 1917 führten zu nichts, die Franzosen stellten „Versailler" Bedingungen, die für Deutschland schlechterdings unannehmbar waren. Auch aus diplomatisch-taktischen Gründen gab es Vorbehalte gegen eine deutsche „Vorleistung", man wollte immer noch und immer wieder Belgien als Objekt und Preis in die Verhandlungen einbringen.

Gleichzeitig begann der Vatikan über den Nuntius in München, Pacelli, mit Friedenssondierungen; er wollte bei einem Einverständnis Deutschlands allgemein vermitteln. Deutschland sollte vorher die Räumung Frankreichs und Belgiens und die Unabhängigkeit Belgiens zusagen, über alles andere sollte dann verhandelt werden. Während Bethmann Hollweg zustimmend reagierte, stellte sein Staatssekretär Zimmermann wieder die „Garantien" in Belgien heraus und war den kurialen Formulierungsvorschlägen gegenüber sehr distanziert. Aber das alles, Zustimmung wie Reserve, wurde in dem Wirbel um den Sturz Bethmann Hollwegs zurückgestellt. Die OHL blieb bei ihren massiven Annexions- und Hegemonieforderungen, ihre Vorstellung von Frieden war immer auf einen nächsten Krieg bezogen. Michaelis vertrat ein leicht abgeschwächtes OHL-Programm, insofern hatte er kein aktives Interesse an der päpstlichen Vermittlung. Nur der neue Staatssekretär Kühlmann verfolgte grundsätzlich auch das Programm eines Verständigungsfriedens, glaubte allerdings, so etwas nicht multilateral, sondern nur bilateral, nur mit England realisieren zu können. Darum müsse man alle belgischen Ambitionen klar aufgeben; aber das wollte er nur geheim anbieten, Belgien also doch noch eine Weile gleichsam als diplomatisches Faustpfand benutzen, um den Verzicht erst bei einer Zusage der Integrität des Reiches in den Grenzen vor 1914 auszusprechen. Insofern war er, wegen seiner anderen Taktik, an den päpstlichen Vermittlungsvorschlägen nicht sonderlich interessiert, jedenfalls solange der Vatikan auf eine vorhergehende Zusage wegen Belgien drängte. Nur Czernin zeigte an dem päpstlichen Schritt Interesse.

Am 1. August faßte der Papst seine Vorschläge in einer formellen Friedensnote zusammen. Frankreich und Italien lehnten – wegen ihrer territorialen Forderungen der „Des-Annexion" Elsaß-Lothringens, der Annexion des Trentino, Südtirols, Istriens und Dalmatiens – den päpstlichen Vorschlag rundweg ab, und ebenso die moralistischen USA – mit Unrechttuern und Autokraten könne man nicht verhandeln; nur England gab sich etwas zögernd: Es forderte die Erfüllung von Vorbedingungen durch Deutschland, aber im Grunde war es, an seine Alliierten gebunden, auch ohne ernsthaften Verhandlungswillen. Der Papst drängte weiter auf einen deutschen Belgienverzicht. Die Reichsleitung sah zwar die Unvermeidbarkeit des Verzichts, aber wollte in Illusionen befangen jede „Vorleistung" vermeiden, verlangte „paritätische" Verhandlungen gegen die Kapitulationsbedingungen und die Schuldzuweisungen der Alliierten. Ein von Michaelis gebildeter besonderer „Freier Ausschuß" aus sieben Bundesrats- und sieben Reichstagsmitgliedern stimmte am 10. September 1917 dem Tenor des deutschen Antwortentwurfs in diesem Sinne zu, nur die Friedensresolution des Reichstags sollte erwähnt werden und keinerlei friedensgefährdende Bedingungen; die Dringlichkeit des kurialen Wunsches nach einer Äußerung zu Belgien war den Parlamentariern, angesichts der diplomatischen Sprechweise der Regierungsvertreter, keineswegs klar geworden. In einem Kronrat am 11. September wurde die Verhandlungslinie sanktioniert, die OHL fand sich anscheinend mit dem Verzicht auf Belgien ab; freilich die Kautelen über Wirtschaftsfragen, die

Garantien gegen eine pro-britische Orientierung Belgiens blieben unklar, zweideutig, widersprüchlich. Die deutsche Antwort an den Vatikan vom 13. September dann bekundete zwar allgemeine Friedensbereitschaft und bezog sich auch auf die Friedensresolution, aber sie schwieg über Belgien. Ein Brief an den Nuntius Pacelli (24. September) forderte die Anerkennung der Gleichberechtigung bei Verhandlungen als Vorbedingung vor einem möglichen Zugeständnis in der belgischen Frage. Der Vatikan, enttäuscht, ja zornig, sah seine Vermittlungsbemühungen als gescheitert an. Die vom Papst vorgeschlagene Konferenz aller Mächte galt zudem als unvorteilhaft für Deutschland; Kühlmann setzte, wie gesagt, auf bilaterale Verhandlungen, ein Aufbrechen der Koalition. Aber seine Kontaktversuche mit England scheiterten, teils aus Ungeschick – England erfuhr von dem Verzicht auf Belgien gar nicht –, teils (und wichtiger) weil es sich nicht vom verhandlungsabgeneigten Frankreich trennen lassen wollte. Mit dem Frieden war es nichts – nicht vor allem wegen Belgien, sondern wegen Elsaß-Lothringen.

Zu Beginn des Jahres 1918 gab es nur noch einen merkwürdigen Austausch von Reden. Am 5. Januar 1918 lehnte Lloyd George in einer großen Rede jeden Verhandlungsfrieden ab, mit Rechtsbrechern verhandle man nicht; für den Frieden stellte er „Versailles"-Bedingungen in Aussicht, England kämpfe bis zum Sieg. Dahinter stand die – altmodische – Meinung, nur ein Sieg könne, gerade jetzt nach dem russischen Zusammenbruch, die deutsche Hegemonie brechen. Am 8. Januar dann ein weltpolitischer und propagandistischer Paukenschlag: Der amerikanische Präsident Wilson verkündete vor dem Kongreß seine 14 Punkte, das war auch eine Antwort auf die russische Friedensoffensive und auf die Veröffentlichung der Geheimverträge der europäischen Alliierten mit ihren machiavellistischen Annexionsversprechen, das war – jenseits aller Fragwürdigkeiten und inneren Widersprüche – auch der Entwurf einer neuen Weltfriedensordnung. Das Selbstbestimmungsrecht sollte gelten, Elsaß-Lothringen allerdings mußte französisch werden und Polen – mit preußischen Gebieten – einen Zugang zum Meer erhalten. Die moralische Einfärbung in dieser Erklärung blieb freilich erhalten, darum die Verwerfung von Kompromiß oder Verhandlungen mit den bösen und tyrannischen Gegnern. Die Härte der deutschen Forderungen in Brest-Litowsk hat dazu beigetragen, daß für andere Erwägungen kein Raum blieb. Hertling antwortete im Reichstag am 24. Januar (vor dem Hauptausschuß) und noch einmal am 25. Februar. Er stellte Übereinstimmungen in den Grundideen zu einer neuen Ordnung fest und plädierte für den Frieden, übte aber Kritik an Einzelpunkten und anti-deutschen Konsequenzen, betonte vor allem die territoriale Integrität der Mittelmächte als Vorbedingung von Verhandlungen und deutete eine deutsche Ordnung Osteuropas an. In bezug auf das zentrale belgische Problem wies er Annexionsabsichten von sich, ebenso aber jede Vorwegnahme gegen die Interessen Deutschlands. Das relativierte den eindrucksvollen Friedensappell, mit dem er schloß. In späteren bilateralen Kontakten ging er in bezug auf Belgien zwar etwas weiter, aber das führte zu nichts. Kurz, einen Verhandlungsfrieden wollte Deutschland nur bedingt; die Alliierten, auch und gerade Wilson, lehnten ihn schlechterdings ab.

Am 24./25. Juni 1918 noch distanzierten sich nicht nur die Konservativen, sondern auch Nationalliberale und Zentrum von einer Rede Kühlmanns im Reichstag, in der er über einen Verständigungs- und Status-quo-Frieden, vor allem durch Verhandlungen mit England, reflektiert hatte; den Rechten galt das als verkapptes Friedensangebot, als Flaumacherei, die Illusionen blühten. Kühlmanns Alleingang führte zu einer Krise. Die OHL stürzte den verhaßten Friedensdiplomaten Kühlmann, am 9. Juli erhielt er seine Entlassung; Admiral von Hintze wurde zum Nachfolger ernannt.

6. Erfahrungen

Man darf über den gewaltigen und umwälzenden militärischen, politischen, wirtschaftlichen, sozialen Geschehnissen nicht vernachlässigen, wie der Weltkrieg das Leben aller einzelnen umgeprägt hat durch neue und unvergeßliche Erfahrungen vor allem, und dann durch einen beschleunigten Wandel der Vorkriegsnormen. Da Erfahrungen uns durch Schreibende vermittelt sind, ist es schwer, durch die Vielzahl der erinnernden zeitgenössischen Deutungen zu den Realitäten vorzustoßen, zumal auch die „unmittelbare" Erfahrung des durchschnittlichen Menschen immer schon gedeutete Erfahrung ist. Einige Hauptpunkte wollen wir festhalten.

Das erste ist die Erfahrung des massenhaften Todes und Sterbens. Fast zwei Millionen deutsche Soldaten – es gibt nur schwankende Schätzungen – sind gefallen, das waren mehr als 15 % der während des Krieges Mobilisierten. Für die Soldaten wurde der mögliche Tod zur Normalität des Fronteinsatzes, der wirkliche Tod und das Sterben der Kameraden zur täglichen Erfahrung, ja der Tod ganzer Einheiten etwa in den Materialschlachten des Westens. Die Angst vor dem Tod und das Fertigwerden mit ihr, das Leben mit den Fallenden, Sterbenden, Toten, den Leichen, das Leben mit den „Verlusten" derer, mit denen man umging, das wurde Normalität. Die Lebenden wurden Überlebende, in den Schrecken der Massaker von Verdun oft schlechterdings terrorisiert und geschockt. Zu Hause war der Tod noch nicht, vor dem Bombenkrieg späterer Zeiten, so unmittelbar und sichtbar, aber auch hier war er allgegenwärtig. Der Mann, der Vater, der Sohn, der Bruder, der Verlobte – die waren nicht selten gefallen, es gab kaum eine Familie, die unbetroffen blieb, und die Daheimgebliebenen mußten mit dem Tod derer draußen immer rechnen. Kriegswitwen und -waisen wurden eine große Gruppe des Volkes, und wer nicht selbst betroffen war, lebte doch mit ihnen. Leid und Trauer blieben ungemessen – sie waren die elementare Grunderfahrung des Krieges.

Die Gefallenen, die toten Soldaten wurden sogleich und mehr als je zuvor in Kriegen zu Symbolgestalten. Der Tod konfrontierte mit der Frage nach dem Sinn, mit der Frage nach einer überindividuellen Unsterblichkeit. Familien mochten den Tod schon in der Stilisierung der Traueranzeigen deuten. Die Postkarten-Kitschindustrie, im Krieg gewaltig florierend, tendierte zu einer sentimentalen oder superpatriotischen Trivialisierung des Todes. Aber es ist klar, daß es vor allem die berufenen (oder selbsternannten) Sinndeuter und Sinnstifter waren, die der Allgemeinheit den individuellen wie den massenhaften Tod deuteten, national und mit religiösem Oberton als „Opfer“ auf dem „Altar des Vaterlandes“, für die Gemeinschaft der Nächsten, der Brüder, für das unvergängliche, unsterbliche, ewige Deutschland, für das Reich oder – weniger betont – Kaiser und Reich. Der Siegespatriotismus der Anfänge vergeht, was bleibt, ist die idealistische, dunkel getönte Monumentalisierung, Heroisierung des Todes. Dafür werden die Gräber, die Friedhöfe, die Mahnmale wichtig – das einfache und für alle gleiche Holzkreuz, der Hain von Bäumen, das einfache Mal, das wird typisch. Alle Toten sind gleich, der Tod ist demokratisiert, und er wird entindividualisiert, in die Unsterblichkeit der Nation aufgehoben. Der Kriegstod wird zum Zentrum eines neuen nationalen Kultes. Der pazifistische Aufschrei ob der Grauen des Todes, der Protest gegen ihn und gar die idealistische Überhöhung kommen vor dem Kriegsende nur am Rande, zumal in der künstlerischen Avantgarde, zum Ausdruck.

Neben dem Tod ist die Verwundung Merkmal des Krieges, schon über die Lazarette auch immer in der Heimat präsent. Man schätzt, daß über vier Millionen Soldaten während des Krieges verwundet worden sind. Die Giftgas-Betroffenen, wie der Gefreite Adolf Hitler, und die Verschütteten sind neue besondere Fälle. Für die Dauer am wichtigsten, augenfällig und handgreiflich, waren die Kriegsversehrten, die Invaliden, die Krüppel und Blinden. Sie wurden zum jedermann sichtbaren Ausdruck des Kriegselends – sie und ihre Angehörigen mußten mit der Verkrüppelung leben, alle anderen waren mit diesem Tatbestand konfrontiert. Die Bilder von Beckmann, Dix oder Grosz aus der Endphase des Krieges wie der ersten Nachkriegszeit machen nicht zufällig den Kriegsbeschädigten zur Symbolgestalt der Katastrophe des Krieges.

Die anderen Grunderfahrungen des Krieges sind nicht so allgemein wie die Erfahrung des Todes oder der Invalidität. Man muß zunächst an das denken, wovon wir gerade auch gesprochen haben, an den Unterschied von Front und Heimat – mit der Zwischenform der Etappe. Natürlich, „die Heimat“ arbeitete für die Front, und die Leute an der Front wollten wieder nach Hause, aber das Auseinandertreten zweier Lebenswelten wurde doch ein Grundphänomen. Wer von der Front kam, fühlte sich in der Heimat nicht selten unverstanden oder gar fremd, dort hatte man nicht die eigenen Erfahrungen, und nichts war auch mehr so „wie früher“. Die Spannungen, die sich in der Weimarer Zeit zwischen der Kriegs-, der Frontgeneration und „den anderen“ entwickeln, fangen hier an.

Wir beginnen mit den Erfahrungen der Soldaten, den Erfahrungen der Front, dem „Fronterlebnis“. Hier sind die verbalen Deutungen wie auch die

Erinnerungen der Überlebenden gegensätzlich: Auf der einen Seite steht die Furchtbarkeit, das Grauen, das Leiden oder auch der trübe und immer todgeprägte Stumpfsinn von Frontalltagen, auf der anderen Seite der heroische Kampf und das Überstehen, das Nie-Wieder-Krieg-Pathos und der Stolz der Frontkämpfer. Vermutlich ist beides oft gemischt gewesen, und keineswegs läßt sich die eine Perspektive den Offizieren, die andere den Mannschaften zuordnen, ebensowenig der Studenten- und der Arbeiterperspektive. Keines der „großen" Kriegsbücher der heroischen Linie, wie die Bücher Ernst Jüngers, läßt Furchtbarkeit und Grauen irgend aus, andererseits gibt es bei den Angehörigen des kommunistischen Frontkämpferbundes (unter allem ideologischen Überbau) und bei Mitgliedern anderer Veteranenvereine eine positiv gefilterte Erinnerung der Überlebenden; der Gefreite Hitler wird ein Kriegsheroisierer, ein adliger sächsischer Offizier, Kommunist geworden, schreibt unter dem Pseudonym Ludwig Renn ein kriegsgegnerisches Buch des einfachen Mannes. Alle haben haben beide Seiten des Krieges erlebt, was sie erinnern und betonen und wie sie es deuten, das macht die Unterschiede.

Es ist nicht der Krieg im Osten oder Südosten, Bewegungskrieg doch zumeist, nicht der See- oder gar der Luftkrieg gewesen, der die Erfahrung einer ganzen Generation geprägt hat und von den Mitlebenden und den Jungen aufgenommen worden ist, sondern der Krieg im Westen, der Stellungskrieg und die Materialschlachten, der Infanteriekampf. Das wird das Kernstück aller schrecklichen oder heroisierten Erinnerung.

Der Stellungskrieg war gekennzeichnet durch den Schützengraben, genauer das ausgebreitete und tiefgestaffelte System der Schützengräben mit Front-, Bewegungs- und Versorgungslinien, mit durch Holzplanken und -stämmen gesicherten Schutzräumen, manchmal bis zu neun Meter unter der Erde, mit Stacheldrahtverhau zum Schutz gegen Angriffe, mit vorgeschobenen Posten für ein oder zwei Schützen. Der Spaten wird so wichtig wie das Gewehr, das Eingraben so wichtig wie das Kämpfen, die Feuchtigkeit, der Regen und der Schlamm werden so feindlich wie der Gegner. Auch in einem einmal „ruhigen" Frontabschnitt („Im Westen nichts Neues"), in der Routine des Abwartens, der gegenseitigen Bedrohung, die jederzeit in Angriff umschlagen konnte, war das Leben nerven- und kräftezehrend, dunkel, naß, voller Ungeziefer und Ratten, ohne zureichende Entsorgung, immer des feindlichen Artilleriebeschusses oder eines Gasangriffes gegenwärtig und der gegnerischen Maschinengewehre – wenn einer falsch den Kopf hob, immer „in Deckung", der Feind blieb unsichtbar, die Wahrnehmung war aufs bloß Hörbare reduziert. Offiziere wie Soldaten erlebten das auch als unpersönlich, als anonym; das wich von allen traditionsgeprägten Erwartungen ab, das war kein „richtiger Krieg". Es gab die seltenen Perioden des Aussteigens, einen Modus von „live and let live" zwischen den Gegnern, Feuerpausen oder „Neben-die-Gräben-Schießen" auf Gegenseitigkeit.

Dazu die Schlachtlandschaft, das Niemandsland zwischen den Linien, infernalisch, surrealistisch, von Gräben und Furchen, Granattrichtern und Einschüssen zerwühlt, voll von abgebrochenen Bäumen, Befestigungstrümmern, verstümmelten faulenden Leibern und zerrissenen Gliedmaßen, Kot und Unrat, wieder und wieder zerpflügt durch permanenten Beschuß.

Diese neue Form des Krieges, der Stellungskrieg, hat, mehr noch als die Materialschlacht, der Sturmangriff oder die Abwehr der feindlichen Angriffe, die Aufbruchstimmung des Kriegsanfangs gebrochen und umgeformt. Schon zwischen Einrücken und Fronteinsatz lag viel Ernüchterndes; Warten, Routine, harscher Drill, lange Fahrten und Märsche. Und der Stellungskrieg hat dann in anderer Weise diese Ernüchterung weiter intensiviert, der graue Alltag des Krieges wird eine neue, ungeahnte Wirklichkeit. Die später eingezogenen Jahrgänge rücken schon wie selbstverständlich in diese Wirklichkeit nach.

Der andere Teil der Fronterfahrung war die Schlacht, die Materialschlacht, der eigene Angriff und der Widerstand gegen den feindlichen Angriff. Dazu gehörten die pausenlosen und unaufhörlichen Feuerwalzen der Artillerie, Gasangriffe, Gaswolken, die auch gegen die eigene Truppe trieben, und die Einschläge der Granaten und ihre Splitter, dazu gehörten der Sturmangriff im Feuer der alles niedermähenden feindlichen Maschinengewehre, mit Handgranaten, Flammenwerfern und Bajonetten, die Abwehr des feindlichen Sturmangriffs meistens aus der zweiten oder dritten Linie und der Gegenstoß, das Anlegen der Gasmasken, das Verschüttetsein, gehörten einsames Schreien zwischen den Trichtern, das Fallen, Sterben oder Verwundetwerden der Nebenmänner, ganzer Einheiten, die Sammlung der Versprengten, der Abtransport der Verwundeten, gehörten Stoß- und Spähtrupps, „Meldegänger“ (im Zeitalter vor den Funkausrüstungen), gehörten Atemholen und Angsthaben, wenn man kurz aus den Zentren der Schlacht, der Hölle von Verdun z. B., herausgekommen war – das sind die Wirklichkeiten.

Zwischen dem durch Artillerie und Maschinengewehr industrialisiert-technisierten und anonymen Töten und Fallen und dem Überleben bleibt der Kampf Mann gegen Mann eines der Urerlebnisse – grausam, wild und elementar, trotz aller Angst voll von lang aufgestauter, spontan durchbrechender, gewalttätiger Aggressivität. Gewiß, nachdem der Enthusiasmus und die idealistische Opferbereitschaft des Kriegsanfangs verflogen waren, waren es Disziplin und Routine, die das Durchhalten der Soldaten in der Hölle der Materialschlachten ermöglicht haben. Aber jener elementare Kampfwille vor Ort spielt auch seine Rolle. Und natürlich ging in die Erfahrung ein, daß der Krieg ein technisierter, mechanisierter Krieg war, maschinenmäßig, eine „Industrie gewerbsmäßigen Menschenschlachtens“ (so der Brief eines gefallenen Studenten). Angesichts der Dominanz der Technik entsteht eine neue Figur, der Krieger im technischen Zeitalter. Ernst Jünger hat – „In Stahlgewittern“ – auch das Erlebnis des technischen Rausches zur Sprache gebracht.

Daß Prosa, Bitternis und Grauen des Stellungskrieges wie der Schlacht nicht dahinter verschwinden, das bleibt selbstverständlich.

Eine dritte Grunderfahrung der Front – nach Schützengraben und Materialschlacht – war die der Gruppe, der „Schützengrabengemeinschaft". Der einzelne mußte unter extrem harten Bedingungen und im Kampf mit anderen leben, war von ihnen abhängig und auf sie angewiesen, wie sie von ihm und auf ihn, das bildete eine Gruppensolidarität, die auch die Schwächeren einbezog und mitnahm, motivierte und alle Außenseiter brutal hineinzwang; Solidarität oder „Kameradschaft" war eine Bedingung des Überlebens, war ein Ergebnis des Überlebenswillens. Wer konnte und wer mußte (wie die Verwundeten), wollte heraus, aber normativ galt ein Wir-Gefühl, stolz oder vom Wir-Frontschweine-Typ, dazu gehörte die Verachtung der „Drückeberger", die Verachtung der „Etappe" und der „Etappenhengste". Diese Gemeinsamkeit griff über die Trennlinien des normalen zivilen Lebens hinaus, über die zwischen Land und Stadt, zwischen Arbeitern, Bauern und zum Teil auch „Bürgern", Protestanten und Katholiken, Sozialdemokraten und den anderen. Vor dem Tod, im Kampf, beim Überleben wurde dergleichen irrelevant. In der Perspektive der Offiziere, der Akademiker, der Bürger hat sich so etwas wie „Volksgemeinschaft" gebildet. In dieser Form ist das zweifelhaft. Das Hierarchiegefälle auch zwischen den Front- (Zug- und Kompanie-)Offizieren und den Mannschaften blieb, die Mannschaftenrebellion vom November 1918, wenn sie auch mehr die Etappe betraf, zeigt das; zwischen dem Code der Gebildeten und Nicht-Gebildeten blieb eine Kluft, und oft auch zwischen Berufssoldaten und Freiwilligen. Dennoch ist jene Deutung nicht ganz falsch. Die Schützengraben- und Kampfsituation hat die formalisierte Hierarchie aufgelockert, das Nachrücken bürgerlicher und junger Reserveoffiziere nach den großen Offiziersverlusten des Kriegsanfanges hat ähnlich gewirkt, und das Zusammenleben unter extremen Umständen hat auch die Bildungsschranken relativiert. Das Kernelement der politisierten Klassenscheidung freilich blieb.

Die Erfahrungen der Front waren denen des bürgerlichen Lebens ganz entgegengesetzt. Dessen Normalität war sozusagen außer Kraft gesetzt, es galten andere Ordnungen und Werte. Das Leben war, unter der Glocke des Grauens, kostbarer, gefährdeter, intensiver, verdichteter, weniger durchschnittlich, abenteuerlich vielleicht. Es war ein Männerleben, männlich und männisch zugleich; der Traum von zu Hause, die Zote, die Huren der Etappe, flüchtige Abenteuer erfüllten die Welt aufgestauter Sexualität. Man hatte seine eigene Sprache und seine Codes von Verhalten und Signalen, ungeglättet von der Zivilisation der Friedens- und Arbeitswelt, der „verbürgerlichten" Normen. Das wurde für manche, Junge und Uneingepaßte, Berufsversager wie Adolf Hitler, aber auch aus der Prosa der Arbeits- und Familienwelt Verführte, zur eigentlichen Lebensform, sie wurden Landsknechte, hatten es schwer, mit der Heimat zurechtzukommen. Aber die Diskrepanz zwischen dem Ausnahmeleben des Krieges und dem Normalleben des Friedens war für beinahe alle ein Problem. Für die von der Front nahm die Entfremdung von der Heimat, etwa beim Urlaub, zu. Auch Eltern, Frau, Kinder und Freunde unterlagen dieser Entfremdung, mit der Fronterfahrung war der Soldat allein, das war schwer.

Die zentrale besondere Erfahrung der Heimat nun ist der Hunger. Wir haben davon in Zusammenhang mit Wirtschaft und Bewirtschaftung erzählt und die Auswirkungen auf die Stimmung und auf entstehende Protesthaltungen erörtert. Lebensmittel sind knapp, sie werden seit dem Winter 1914/15 und dann zunehmend und schließlich umfassend rationiert, die Zuteilungen sinken, vor allem im Winter 1916/17 und seither, weit unter den Durchschnittsverbrauch der Vorkriegszeit, auf 60% beim Brot (bei einer Ausmahlquote von 94% anstelle von 72–75%, also deutlich verschlechterter Qualität), unter 50% bei Kartoffeln (im Steckrübenwinter 1916/17) und bei pflanzlichen Fetten 1916/17 auf 40%, bei Fleisch auf 30%, Ende 1918 auf 17 bzw. 12%. Durchschnittlich gab es 1916, also einschließlich der Monate vor dem rapiden Absturz, pro Woche, berechnet Hardach, 3,5 kg Kartoffeln, 160–220 g Mehl (nicht Brot), 100–250 g Fleisch, 60–75 g Fett, 0,7 l Milch, 200 g Zucker und 270 g zuckerhaltigen Aufstrich, 1 Ei, 120 g Fisch. Dabei schwankten alle diese Werte, je nach lokaler und temporärer Versorgungslage, stark und sanken zeitweise durchaus unter den ominösen Durchschnitt. Der Kalorienwert der Zuteilungen sinkt 1917 auf unter 1000, das ist knapp die Hälfte des physiologisch Notwendigen wie des Vorkriegsdurchschnitts.

Das war die objektive Lage. Die Deutschen sind zwar nicht verhungert, aber sie haben massiv gehungert. Hunger war eine tägliche, wachsende, zermürbende Erfahrung, eine aufdringlich massive Wirklichkeit. Dazu treten andere Mangelerfahrungen, vor allem der Mangel an ausreichend Brennstoff, an Kohle, an Wärme, zum Teil auch an Beleuchtung, sie machten den Hunger noch schwerer erträglich; dann der Mangel an Reinigungsmitteln, an Seife vor allem, an Textilien und Schuhen. Diese Mangelgüter konkurrierten auf dem schwarzen Markt mit Lebensmitteln.

Am breiten Rand, bei bestimmten Bevölkerungsgruppen waren Hunger, Unterernährung und Mortalität eng verschwistert; wo der Hunger herrschte, griff der Tod um sich. Säuglinge, Kleinkinder, Alte, Kranke und Schwache und Frauen und natürlich alle auf Kollektivinstitutionen Angewiesenen waren besonders anfällig. Untergewicht von 15–20% wird bei der Großstadtbevölkerung zur Regel, die schnelle Ermüdbarkeit der Erwachsenen wie der Schulkinder haben viele Beobachter festgestellt. Die Statistiker kommen auf 760000 Todesopfer des Hungers, der Unterernährung; die Zahl z. B. der Tuberkulose-Toten hat sich verdrei- bis vervierfacht; die Mortalität liegt (ohne Kriegseinwirkung) bei 150% des Vorkriegsniveaus.

Zum täglichen Leben mit dem Hunger gehörten die vielen unabdingbaren Strategien, ihn zu mindern. Zunächst war es schon schwierig, das Zugeteilte zu erwerben, keineswegs gab es alles auch zu jeder Zeit und an jedem Platz (von den wenigen freien Gütern abgesehen). Man mußte erkunden und wissen, was es wann und wo gab, dafür mußte man sich, manchmal vor Morgengrauen, anstellen, Schlange stehen. Kauf und Versorgung wurden ein aufwendiges Hauptproblem, voller Mühsal und Frustration. Die „Schlangen" werden Gerüchteküchen, Herde des Mißmutes und der Unruhe. Zu erwähnen sind dann das Ausweichen auf – zuletzt fast nährstofflosen – „Ersatz", am berühmtesten die Steckrüben im Winter 1916/17 und seither, die Einführung „fleischfreier" oder fettfreier Tage, die Ausbreitung von Volksküchen in den Großstädten, die wenig gehaltvolle Suppen lieferten, der Gemüseanbau im Garten. Zum Leben mit dem Hunger gehörte das „Hamstern", der Versuch, bei landwirtschaftlichen Produzenten des Umlandes Lebensmittel zu erwerben – gegen Geld, gute Worte oder Tauschobjekte. Zum Hunger gehörte endlich der Weg auf den „Schwarzen Markt", zum „Schleichhandel". Gegen Ende des Krieges rechnet man, daß etwa ein Drittel der verfügbaren Nahrungsmittel, der „amtlichen" Verteilung entzogen, auf den schwarzen Markt kam. Dazu gehörte zwar auch der Tauschhandel, aber vor allem natürlich der Kauf zu ganz überdurchschnittlichen Preisen. Man schätzt, daß 1918 die „offiziellen" Lebenshaltungskosten um 200% über dem Vorkriegsniveau lagen (also dreimal so hoch waren), auf dem Schwarzmarkt lag die Steigerung bei bis zu 700%, Eier kosteten rund 45 Pfennig, Butter bis zu acht Mark.

Wichtig ist dann die Erfahrung, daß man immer mehr von einer sich ausbreitenden, mangelverwaltenden Bürokratie abhängig wird. Wichtiger noch, daß die Bewirtschaftung des Mangels durch die „Ämter" ineffektiv und daß die Verteilung ungerecht ist. In der Situation der allgemeinen Knappheit rückt das Verteilungsproblem nach vorn. Gegen die Hungerblockade kann man nichts tun, wohl aber gegen Fehler der Mängelbewirtschaftung. Es gab viele Sonderregelungen – Zulagen für Schwer- und Schwerstarbeiter, Milch für Mütter und Säuglinge, das galt wohl als akzeptabel. Ein Problem wurde der Unmut der Städter über die Landbevölkerung, der Benachteiligten gegen, so schien es, die Bevorzugten, die Klage gegen den Produzentengeiz der Bauern, die Säumigkeit der staatlichen Kontrollen. Und das mündete natürlich auch in Differenzen in der Stadt, zwischen Menschen mit oder ohne Landbeziehungen. Dann verschärfte sich das Gefälle zwischen den Einkommensgruppen, zumal zwischen Arbeitern und gewerblichen oder kaufmännischen Unternehmern und Vermögenden. Die Möglichkeiten, am Schwarzen Markt teilzunehmen, bestimmten das Leben. Wer qua Vermögen oder Einkommen etwas zuzusetzen hatte, konnte seine Lage auf dem Schwarzen Markt verbessern, vom Extremfall der Kriegsgewinnler ganz abgesehen. Zwar treten auch die Arbeiter der Rüstungsindustrie und zumal in den letzten beiden Kriegsjahren die Rüstungsbetriebe auf dem Schwarzen Markt auf, Arbeiter sind da stärker als kleinbürgerliche Angestellte und Beamte, eine lebenspraktische Linie trennt Leute „mit Beziehungen" und die „ohne", aber psychologisch ändert das wenig an dem als ungerecht empfundenen Gefälle zwischen oben und unten, zwischen denen, denen es schlecht und denen, denen es noch besser geht. Daraus wird eine ohnmächtige Wut.

Der Kampf ums Überleben wird auch im Wettbewerb anstrengender, auch in der Arbeitswelt, in der die „Eingezogenen" zu ersetzen sind, nimmt der „Stress" zu. Die Kriegsgesellschaft der Heimat ist durch die Abwesenheit der eingezogenen Männer und Väter charakterisiert. Die Zahl der Heiraten und der Geburten sinkt entsprechend, bis zum Kriegsende entsteht ein Frauenüberschuß aus Ledigen und Verwitweten von über zwei Millionen. Zwei Gruppen sind besonders betroffen. Die eine sind die Frauen. Auch wenn man ihre Mobilisierung für die industrielle Arbeit heute nicht mehr so hoch anschlägt wie bisher und mehr vom Umstieg als vom Einstieg in die Rüstungsindustrie ausgeht, ihre Arbeitslast hat sich gewaltig erhöht; die Bauersfrau ist ein berühmtes Beispiel, aber auch für die Fabrikarbeiterin gilt es, die Doppelbelastung durch Lohnarbeit und die immer zeitaufwendigere Haushaltsführung zu sehen. Soldatenfrauen und Kriegerwitwen sind finanziell miserabel gestellt, sie verarmen. Genauso wichtig: Frauen von Soldaten sind allein und einsam, werden selbständiger, sie verfügen über das Geld, sie führen den Haushalt, sie erziehen die Kinder. Sie stehen ihren Mann. Die andere Gruppe ist die Jugend. Sie wächst vaterlos auf, etwas autoritätsentbunden, der Beschäftigungsgrad wächst, die arbeitende Jugend verfügt früher über – mehr – Geld, der bürgerlichen Jugend fehlt in den Schulen die Generation der jüngeren Lehrer. An den Universitäten studieren Zurückgestellte, Verwundete, Mädchen. Insgesamt lockern sich die Konventionen, die bürgerlichen, patriarchalischen jedenfalls, Not und Selbständigkeit mindern ihre Zwänge. Das gilt auch für die Sexualität.

Für alle, an der Front wie in der Heimat, rücken im Krieg andere Werte nach vorn, Opfer, Solidarität, Tapferkeit, die Einordnung des Individuellen und Privaten in das gemeinsame Ganze, ja ihre Unterordnung, die Disziplin auch; Vaterland und Nation, lange schon oberste Werte, wurden im Angesicht von Tod und empfundener Bedrohung ganz neu vitalisiert. Und dementsprechend sind Feigheit, Egoismus, Verrat nun besonders verwerfliche Untugenden, der Drückeberger und der Kriegsgewinnler werden neue Negativ-Figuren. Daß bei solch normativer Anspannung von Opferbereitschaft und -mut, von Gemeinsinn und Solidarität, von Freiwilligkeit und Disziplin natürlich auch das Gegenteilige auffällig emporschoß, der natürliche und der raffinierte Egoismus, ist nicht mehr als selbstverständlich.

Natürlich hat sich all das im Laufe des Krieges auch verändert. Erfahrungen sind intensiver und dunkler geworden, die Normen weniger idealistisch getönt und auch schwächer. Versucht man, die Gesamtstimmung zu charakterisieren, so mag man drei Phasen unterscheiden: den großen und enthusiastischen Aufbruch, für den die Kriegsfreiwilligen von 1914 stehen, die Erwartung des baldigen Kriegsendes, Sieg oder Selbstbehauptung; dann das Durchhaltepathos im Stellungskrieg und in den Entbehrungen der Blockade; schließlich der gegen Ende des Krieges zunehmende Fatalismus, noch immer, da man ohne Informationen lebte und in einer realitätsblinden Welt von Illusionen, von Wunschdenken erfüllt, von Gerüchten und Wundererwartungen.

Der Krieg ist vom ersten bis zum letzten Tag immerzu gedeutet worden, nicht nur von den Propagandaleuten und den Journalisten der Zeitungen und Zeitschriften. Von der Kriegsideologie der Professoren und Literaten haben wir gesprochen. Der Krieg habe, so der Tenor, den Egoismus der isolierten Individuen in ein Ganzes zurückgebunden, „geistige", nämlich nationale Interessen über materielle gestellt, das rechtfertigte ein andermal die Ideen von 1914. Ein Erfolgsbuch aus der Freiwilligen-Perspektive der Front wurde Walter Flex' „Wanderer zwischen beiden Welten". Sein Leutnant Wurche verbindet ein seltsames Konglomerat von Idealismen – Goethe, Nietzsche und ein Christus der Stärke und des Selbstvertrauens – mit dem Geist der Jugendbewegung, Lebenserneuerung und Selbstverwirklichung, mit der Hingabe an Vaterland und Staat. Thomas Mann hat noch 1918 seine – trotz allem – geistvolle Begründung der Ideen von 1914, der Sonderexistenz der deutschen Kultur und Politik, die „Betrachtungen eines Unpolitischen", publiziert. Die gewaltige Erschütterung für die Bewußtheit wie für die Gefühle von Humanität, Zivilisation und Fortschritt, von Sicherheit und Stabilität, die doch breite Kreise auch jenseits des Bildungsbürgertums trotz allen Nationalismus erfüllten, ist erst spät ins Bewußtsein getreten, nach Kriegsende und Niederlage vor allem. Daß immerhin der erste Teil von Oswald Spenglers „Untergang des Abendlandes" im Herbst 1918 erschien, ist, obwohl das Buch in einer anderen, einer Vorkriegstradition der Krisengefühle wurzelt, symptomatisch. Ein Teil der Dichter, der Lyriker hat sich nach dem Anfangsjahr ins Schweigen zurückgezogen, so Rilke und George. Nur am Rande gab es Gegnerschaft, in der avantgardistischen „Aktion" von Franz Pfemfert, in den „Weißen Blättern" des Elsässers René Schickelé; Hermann Hesse und später andere entschiedene Pazifisten emigrierten in die Schweiz.

7. Das Ende 1918

a) Die Entscheidung im Westen

Der U-Boot-Krieg, den die Militärs im Winter 1916/17 – nach Verdun – als letzte strategische Möglichkeit Deutschlands zum Sieg betrachteten, war im Spätsommer 1917 trotz aller Erfolge gescheitert, wir haben es gesagt. Aber der Zusammenbruch Rußlands im Herbst 1917 änderte radikal die Welt- und Kriegslage und schien noch einmal eine Chance zu gewähren: Es gab keine Ostfront mehr, das Konzept von 1914, alle Kräfte im Westen zu konzentrieren und dort die Entscheidung zu suchen, wurde wieder möglich. Wenn man, wie die OHL, sich allein vor einem Entweder/Oder, Sieg oder Untergang sah, dann war die Westoffensive, die im Spätherbst 1917 beschlossen wurde, die letzte und einzige Möglichkeit, den Krieg noch zu gewinnen. Diese Offensive stand unter gewaltigem Zeitdruck, sie mußte mit den letzten Reserven geführt werden – und vor dem Eingreifen der US-Reserven zum Erfolg führen. Danach war der Zusammenbruch der Deutschen schon aus Erschöpfung sicher. Objektiv waren die deutschen Chancen auf einen erfolgreichen Angriff nicht gut, auch wenn durch die Verlegung zahlreicher Truppen an die Westfront ein ungefähres Gleichgewicht der Truppenzahlen, gar eine leichte Überlegenheit der Deutschen gegeben war. Fast alle deutschen Divisionen aus dem Osten und Südosten wurden im Westen zusammengezogen, 200 Divisionen waren es im ganzen, mit über vier Millionen Soldaten. Die deutsche Armee war aber schlechter ausgerüstet, und sie war vor allem viel weniger beweglich, z. B. besaß sie ungleich viel weniger Transportmittel (Lastwagen) als die Alliierten, und der Mangel an Tanks, deren Bedeutung die Deutschen im Gegensatz zu den Alliierten unterschätzt hatten, schränkte von vornherein auch die operative Beweglichkeit stark ein. Aber die Überzeugung der OHL war, was notwendig sei, müsse auch möglich sein, müsse ermöglicht werden. Die Reichsleitung ist bezeichnenderweise dem Entschluß zur Offensive gefolgt. Nicht nur der Kanzler, sondern auch Kühlmann, der letzte Protagonist eines Verständigungsfriedens, waren nach dem Fehlschlag ihrer Friedensbemühungen einverstanden. Ohne erfolgreiche Offensive stand – angesichts der Erschöpfung der Reserven, des Hungers, des bevorstehenden Zusammenbruchs der Bundesgenossen – die Kapitulation bevor, ein Verständigungsfriede war angesichts der siegentschlossenen Regierungen Clemenceau und Lloyd George, die nun die USA hinter sich wußten, nicht mehr möglich. Und die OHL hatte jede derartige Möglichkeit ja immer ausgeschlossen, zuletzt mit dem Gewaltfrieden von Brest-Litowsk. Das gab dem Offensiventschluß aus der deutschen Führungssicht seine unausweichliche Notwendigkeit.

Die Offensive sollte sich gegen die englischen Truppen richten. Ludendorff entschloß sich zum Angriff am Südflügel der englischen Front (Cambrai-St. Quentin), und zwar auf einem 80 km breiten Abschnitt – eine bis dahin unerhörte Breite. Die Truppen waren noch ausgeruht und auf eine neue Angriffstaktik hervorragend vorbereitet. Man wollte das Überraschungsmoment mit einer kurzen, mehrstündigen, allerdings gewaltigen Artilleriefeuerwalze voll ausspielen. Am 21. März begann das Unternehmen „Michael“: 6600 Geschütze feuerten fünf Stunden lang, der Durchbruch gelang zwar nicht ganz wie geplant, aber doch nach drei Tagen am Südabschnitt. Das war der Anfang eines bedeutenden Erfolges. Die Alliierten fanden sich in einer schweren Krise, eine ganze englische Armee war in der Auflösung, die Kooperation zwischen Engländern und Franzosen klappte nicht, der deutsche Durchbruch schien sie voneinander abzuschneiden. Aber die Deutschen überschätzten ihren Erfolg, unterschätzten die Widerstandskraft der Gegner. Die Offensive scheiterte bis zum 5. April vor Amiens, obwohl sie 60 km weit vorgedrungen war. Das hatte vor allem zwei Gründe. Die Alliierten etablierten unter dem gewaltigen Druck der Krise am 26. März einen einheitlichen Oberbefehl unter Marschall Foch, erst jetzt war es möglich, mit französischen Reserven die englische Front zu stabilisieren; und die deutsche Offensive blieb stecken: Die OHL hatte die knappen Kräfte nicht voll auf den Durchbruch konzentriert, sondern auch im Norden und Süden des Durchbruchkeils taktische Ziele verfolgt; die Deutschen konnten den Elan des Anfangsschwungs nicht halten, es war kaum möglich, die miserabel motorisierte Artillerie voranzubringen, die Versorgung aufrechtzuerhalten; die Verluste waren gewaltig (230000 Mann in den ersten 15 Tagen), die technische Überlegenheit der Gegner, vor allem ihre endgültige Luftüberlegenheit, wurde allmählich entscheidend für den Schlachtverlauf.

Die große Offensive, die die eigentliche Entscheidung erzwingen sollte, war gescheitert. Ludendorff glaubte zwar noch, durch kleinere Zermürbungsoffensiven („Hammerschläge") zum Erfolg zu kommen. Aber dazu hatte man nicht mehr genügend Reserven und angesichts der kommenden US-Truppen nicht mehr genügend Zeit. Ein erster derartiger Schlag war eine neue Flandern-Offensive im April – wieder mit einem überwältigenden Großerfolg am Anfang und dem Steckenbleiben danach –, wieder waren Artillerienachzug und Versorgung unzureichend, die deutschen Truppen schnell ermüdet. Auch mit einer dritten Offensive an der Aisne, seit dem 27. Mai, ging es ähnlich. Diese Offensivversuche führten bei den Alliierten noch immer zu Krisen; deren Verluste waren noch höher als die der Angreifer, die US-Truppen – immerhin mit einem Zuwachs von 100000 Mann pro Monat – waren noch nicht voll einsatzfähig. Aber der vierte deutsche Schlag, am 15. Juli gegen Reims, scheiterte schon im Ansatz. Die deutschen Truppen hatten keinerlei Reserven mehr, das Material war immer knapper, die Truppe war erschöpft, enttäuscht, kriegsmüde, depressiv. Am 18. Juli begann die erste französische Gegenoffensive am Frontbogen der Marne, die zweite große Marne-Schlacht dieses Krieges nach 1914. Die Deutschen mußten zurückgehen, aber eine radikale Frontverkürzung wurde nicht versucht, z. T. aus vernünftigen militärischen Erwägungen, z. T. aus dem „Wirklichkeitsverlust" der OHL – Ludendorff bekam nur noch „erwünschte" Berichte, unterdrückte jede Anwandlung von Skepsis, kurz, er wollte den Beginn der Niederlage nicht wahrhaben. Am 8. August zerbrach eine zweite Gegenoffensive bei Amiens unter massivem Einsatz englischer Tanks die deutsche Linie – das war der berüchtigte „schwarze Tag" der deutschen Armee. Der Widerstand erlahmte, die Zahl der Gefangenen war hoch, – die Bataillone verfügten am Ende nur noch über 50% der Sollstärke. Weitere pausenlose Angriffe zwischen Reims und Amiens drängten die Deutschen mehr und mehr zurück, zuletzt eine Großoffensive am 26. September. Die OHL befahl, Gelände immer nur schrittweise aufzugeben. Immerhin, bis Anfang November noch hielt die immer weiter zurückweichende Front, und man nahm an, daß das noch bis zum Frühjahr 1919 gelingen könnte.

Die OHL hat, in Illusionen und Willensfanatismus befangen, nur sehr langsam die veränderte Lage sich eingestanden und der Reichsleitung mitgeteilt. Parallel zu den Ereignissen im Westen zeichnete sich der Zusammenbruch der Bundesgenossen ab. Nach dem Abziehen deutscher Truppen war die Balkanfront Sache der Bulgaren, und die waren schwach, kriegsmüde und von Zweifeln am deutschen Bündnis geplagt. Bei einem alliierten Angriff an der Saloniki-Front brach der bulgarische Widerstand zusammen, am 29. September schlossen die Bulgaren einen Waffenstillstand. Die Türkei, seit 1917 schon von englischen Offensiven im Irak und Palästina schwer bedrängt, brach ebenfalls zusammen, eine englische Großoffensive im September 1918 führte zur Eroberung von Beirut und Damaskus; am 30. Oktober 1918 schloß die Türkei einen sozusagen bedingungslosen Waffenstillstand. Der Zusammenbruch Österreich-Ungarns war abzusehen; nach der von Kaiser Karl im Oktober verfügten Föderalisierung der Monarchie zogen die Ungarn überall „ihre" Truppen ab, andere Nationalitäten gingen von selbst nach Hause. Eine letzte Offensive der Italiener seit dem 24. Oktober war – trotz ihrer merkwürdigen Bedeutung für das italienische Selbstbewußtsein – nur ein Nach-Schlag, am 27. Oktober ersuchte Wien um Waffenstillstand, am 3. November wurde er geschlossen.

Entscheidend waren die Vorgänge in Deutschland. In einem Kronrat vom 14. August war die Sprachregelung der OHL noch: Zwar sei der gegnerische Kriegswille offensiv nicht mehr zu brechen, die „strategische Defensive" aber solle und könne den gegnerischen Kriegswillen allmählich lähmen. Auch über eine neutrale Vermittlung im geeigneten Moment wurde gesprochen, aber zu einem eindeutigen Entschluß kam es nicht; trotz Realisierung von „Kriegsmüdigkeit" und des kommenden Zusammenbruchs der Bundesgenossen setzte man auf eine Stabilisierung der Lage. Die Nicht-Militärs waren gänzlich uninformiert, ja ahnungslos über den wahren Stand der Dinge. Am 9. September gab die OHL zwar dem Auswärtigen Amt die Vollmacht, nach Vermittlungen in Richtung auf den Frieden zu suchen, aber auch das blieb noch sehr unklar. Erst am 28./29. September verlangte Ludendorff, nach dem Zusammenbruch Bulgariens, nun plötzlich kategorisch, die Regierung müsse sofort um Frieden und Waffenstillstand auf der Basis der 14 Punkte Wilsons nachsuchen – und: die Regierung müsse parlamentarisiert werden; „Revolution von oben" – dieser Formulierung des Staatssekretärs Hintze stimmten Hindenburg und Ludendorff jetzt ohne Zögern zu. Nach zwei Monaten der nervösen Wirklichkeitsflucht gab Ludendorff den Krieg verloren. Ein Kronrat am 29. September faßte entsprechende Beschlüsse.

Warum nahm Ludendorff diesen radikalen Schwenk zum Eingeständnis der Niederlage vor? Sicher wollte er die Armee, in der es nach seinen Worten seit dem 8. August „rapide abwärts" gegangen war, vor der weiteren inneren Zersetzung bewahren – aus außenpolitischen, aber auch aus innenpolitisch-militärischen Gründen. Von einem sich auflösenden Heer, das „schon schwer verseucht" sei „durch das Gift spartakistisch-sozialistischer Ideen", sollte nicht der Funken zur Revolution im Innern kommen. Nicht zuletzt ging es aber Ludendorff in der militärisch ausweglosen Situation auch schon darum, die Verantwortung abzuwälzen und mit der Forderung nach Regierungswechsel zugleich die neue und eben parlamentarische Regierung durch die Last der Niederlage zu schwächen. Er habe, so Ludendorff am 1. Oktober vor seinen Offizieren, den Kaiser gebeten, „jetzt auch diejenigen Kreise an die Regierung zu bringen, denen wir es in der Hauptsache zu verdanken haben, daß wir soweit gekommen sind... Die sollen nun den Frieden schließen, der jetzt geschlossen werden muß. Die sollen die Suppe jetzt essen, die sie uns eingebrockt haben!" Man hat in dieser zynischen Haltung Ludendorffs etwas überspitzt, aber nicht ganz zu Unrecht eine „subtile Form des Staatsstreichs auf Raten" (Mai) gesehen; in Militärkreisen hoffte man jedenfalls auch darauf, daß die Entrüstung über die zu erwartenden Friedensbedingungen wieder zum Sturz der neuen Regierung führen werde.

b) Parlamentarisierung, Revolution, Kriegsende

In Berlin breitete sich seit August trotz der erschreckenden Uninformiertheit – jedermann hätte seit 1914, wenn er denn wollte, ausländische Zeitungen lesen können – das Gefühl der Wende des Krieges aus. Die Parteiführer wurden am 21. August über die kritische Kriegslage und die Notwendigkeit von Friedensschritten informiert, freilich in der undeutlichen Stilisierung der OHL vom 14. August.

Vor diesem Hintergrund bahnte sich nun auch die Parlamentarisierung des Reiches an. Zentrale Bedeutung kam dabei nicht nur der OHL und dem Außendruck durch Wilsons Notenoffensive zu, sondern auch den wiedererstarkten Reformbestrebungen der Mehrheitsparteien im Reichstag. Hier wurde der Interfraktionelle Ausschuß zum entscheidenden Verhandlungs- und Entschlußgremium. Im Interfraktionellen Ausschuß nahmen am 12. September die Sozialdemokraten und auch Erzberger scharf gegen die Regierung Hertling Stellung: Sie füge sich immer wieder der OHL, z. B. im Osten, sie verschleppe die Wahlreform, übe z. B. keinen Druck auf das Herrenhaus aus, sie sei nicht in der Lage, den, wie man glaubte, noch möglichen Verhandlungsfrieden zu schließen. Aber auch die Mehrheitsparteien waren sich nicht einig. Darum zog sich die von ihnen eingeleitete Sache zuerst drei Wochen hin. Zentrum und Fortschritt wünschten den Eintritt der Sozialdemokraten in die Regierung, machten also einen parlamentarischen Anspruch auf die Neugestaltung der Regierung deutlich; die Mehrheitssozialdemokraten aber wollten keinesfalls in eine Regierung Hertling eintreten, forderten also den Sturz Hertlings und verlangten die – mit ihm nicht realisierbare – volle Parlamentarisierung. Die große Mehrheit des Zentrums (und auch ein Teil der Nationalliberalen) aber wollte Hertling halten, nicht stürzen. Zwar war man sich ansonsten über die Grundsätze der Friedenspolitik und die preußische Wahlrechtsreform einig, aber die Hauptfrage der Parlamentarisierung eben war strittig; das Zentrum widersetzte sich auch hier dem Begehren der beiden Linksparteien, den Artikel 9(2) der Reichsverfassung, der die Inkompatibilität von Reichstagsmandat und Bundesratszugehörigkeit festsetzte, zu ändern. Dieser Passus spielte eine seltsam zentrale Rolle, die Möglichkeit, Reichsleitung und Bundesrat gänzlich zu trennen, stand nicht im Blick. Hertling wehrte sich aus konstitutionellen und aus föderalistischen Gründen erst recht gegen die Parlamentarisierung. Der Bruch der bisherigen „Koalition“ der Friedensresolution, zwischen Zentrum und Sozialdemokratie, war fast unausweichlich, und Hertling schien sich in der Krise behaupten zu können.

Aber die plötzlich näherrückende Niederlage und das Umschwenken der OHL änderten die Lage. Man kann sich den Schock, den die OHL-Forderung auslöste, nicht groß genug vorstellen; der immer noch herrschende illusionäre Optimismus von Regierung, Parlament und Öffentlichkeit war mit einem Schlag zusammengebrochen. Am 27. September erfuhren die Parteiführer vom bulgarischen Zusammenbruch. Am selben Tag forderten die Nationalliberalen die volle Parlamentarisierung (und die Aufhebung des Artikels 9); das Zentrum vollzog am 28. September eine Schwenkung: Es sei, falls es zu dieser Änderung komme, dann zum Mitmachen bereit. Auch die Forderung nach einem Wechsel im Reichskanzleramt akzeptierte es wohl oder übel. Das teilten die Parteien dem Reichskanzler mit. Am selben Tag forderte die OHL – im Zusammenhang mit dem Waffenstillstandsersuchen – die Umbildung der Regierung, die Verbreiterung ihrer Grundlage, kurz, die Parlamentarisierung; mit einer „Revolution von oben“ müsse man, wie gesagt, die mit dem Zusammenbruch anstehende Revolution von unten verhindern, nur eine parlamentarische Regierung habe Aussicht, mit dem Waffenstillstands- und Friedensersuchen bei Wilson weiterzukommen. Das Verlangen nach Parlamentarisierung war in einem festen Junktim mit dem Waffenstillstandsersuchen verbunden.

Nach der Parlamentarisierungsforderung der OHL und dem entsprechenden Beschluß des Kronrats vom 29. September trat Hertling zurück. Das konstitutionelle System war zu Ende. Es sollte in ein parlamentarisches System umgewandelt werden, so wollte es die Mehrheit des Reichstags, so wollte es, wenn auch mit Hintergedanken, die OHL, so ordnete es der Kaiser an.

Alle eben noch so lautstarken Reformgegner – die Konservativen und die preußischen Landtagsfraktionen des Zentrums und der Nationalliberalen – waren jetzt zum Schweigen verurteilt. Die Benennung eines neuen Kanzlers lag de facto nicht mehr beim Kaiser, sondern sollte zwischen der bisherigen Regierung und den Parteien ausgemacht werden. Daß die drei Parteien der Friedensresolution die Regierung tragen sollten, war klar, über den Vizepräsidenten des preußischen Ministeriums nahmen auch die Nationalliberalen, freilich nur indirekt, an der Regierung teil. Der Interfraktionelle Ausschuß beschloß ein Regierungsprogramm. Darauf konnte man sich einigen. Schwierig wurde es mit dem Kanzlerkandidaten. Die bisherige Regierung hatte keinen akzeptalen Kandidaten. Fehrenbach vom Zentrum lehnte – aus Loyalität gegenüber dem gestürzten Hertling – ab, der Fortschrittler Payer scheiterte als Vizekanzler der Regierung Hertling am Widerspruch der Mehrheitssozialdemokraten. Man kam in Verhandlungen der Regierung, des Vizekanzlers und des Staatssekretärs Roedern und der Parteien am 30. September – der fortschrittliche Abgeordnete Haußmann wohl hat ihn zuerst ins Gespräch gebracht – auf den Prinzen Max von Baden; er war ein dezidierter Vertreter von Reformen und Verständigungsfrieden, kein Mann der Pareteien, sondern ein Reform-Monarchist, aber ein starker Politiker war er nicht. Ludendorff setzte sich für ihn ein, er mochte Waffenstillstand und erträglichen Frieden zustande bringen. Der Kaiser schlug ihn formal vor, nach – zögerlicher – Zustimmung der Parteien ernannte er ihn am 3. Oktober.

Die neue Regierung, Reichsleitung wie preußisches Staatsministerium, blieb Beamtenregierung, einige Erzkonservative wurden abgelöst. Der Reichsleitung gehörten neben elf Beamten sieben Parlamentarier der linken Mehrheit an, zwei Sozialdemokraten, zwei Fortschrittler, drei vom Zentrum; nur drei übernahmen Ressorts, vier wurden Staatssekretäre ohne Portefeuille; das war vor allem dem Einfluß des Interfraktionellen Ausschusses zuzurechnen. Freilich, in einem inneren Kreis, dem „politischen" oder Kriegskabinett, hatten die Parlamentarier die Mehrheit. Auch dieses erste deutsche Quasikabinett war schwerfällig und schwach.

Daß der neue Kanzler ein Prinz war, machte ihn trotz seiner Überzeugungen nicht eben zu einem Repräsentanten der Wende, er blieb der Mann der untergehenden Monarchie; aber andere Führungsfiguren gab es nicht. Der neue Kanzler hätte es bevorzugt, mit den Reformen zu beginnen. Aber die OHL drängte nach der Verzögerung durch die Regierungskrise mit Nachdruck auf das Waffenstillstandsangebot an Wilson. So geschah es in der Nacht vom 3. zum 4. Oktober.

Die folgenden Wochen standen zunächst unter dem Druck, daß Wilson das deutsche Waffenstillstandsersuchen nicht einfach annahm, sondern unter dem Druck seiner Verbündeten in einen verzögernden langen Notenaustausch eintrat und die Forderungen höherschraubte. In der ersten Antwort vom 8. Oktober heißt es (in der Form rhetorischer Fragen), die Deutschen müßten die 14 Punkte anerkennen, d. h. die Abtretung Elsaß-Lothringens und des polnischen Korridors, sie müßten die besetzten Gebiete im Westen räumen; daneben wird die hintersinnige Frage formuliert, in wessen Namen der Kanzler denn spreche – ob nur im Namen der bisherigen kriegführenden Gewalten. Die Regierung erklärte sich mit den 14 Punkten und mit der Räumung einverstanden und verwies auf das sie tragende Vertrauen des Reichstages. Die zweite Note Wilsons vom 14. Oktober machte – auch mit ihrem Ton von Härte und moralischer Verurteilung – die Taktik schon deutlicher; es sei Sache der Alliierten, die Bedingungen, z. B. die Räumung im

Westen, festzulegen; ohne eine deutsche Rückkehr zu den Kriegsregeln zivilisierter Nationen könne es keinen Waffenstillstand geben, der U-Boot-Krieg sei einzustellen; schließlich hieß es dunkel, das deutsche Volk solle die Macht der Willkür, der es bisher unterstehe, beseitigen. Das war die Forderung nach der bedingungslosen Kapitulation und der Verfassungsrevision, dem Sturz des Monarchen als Bedingung eines Friedens. Der Hauptgrund für Wilsons Verhärtung war, daß England und Frankreich solche Verzögerung wünschten, die deutsche Lage sollte sich so verschlechtern, daß statt Verhandlungen nur Kapitulation blieb. Die Regierung antwortete am 21. Oktober entgegenkommend und gab den U-Boot-Krieg auf; sie zwang dem Kaiser und den widerstrebenden Militärs ihre Haltung auf. Sie unterstrich, daß es im Reich jetzt und künftig eine von der Mehrheit des Volkes getragene Regierung gebe. Aber die Taktik der Scheinverhandlungen über Noten, um eine Kapitulation zu erreichen, ging weiter: Der Waffenstillstand, so sagte Wilson in seiner dritten Note (23. Oktober), müsse jede Wiederaufnahme des Krieges unmöglich machen, Bedingung des Waffenstillstands sei die Vernichtung der deutschen Kampffähigkeit, also noch deutlicher die bedingungslose Kapitulation; die eingetretene Verfassungsänderung sei kein wirklicher Systemwechsel, die autokratische und militärische Führung des Reiches sei kein Partner für Friedensverhandlungen.

Schon seit der zweiten Wilson-Note stellte sich in Deutschland die Alternative von Unterwerfung oder einem letzten nationalen Widerstandskampf. Ludendorff hatte schon Mitte Oktober eher für eine Fortsetzung des Krieges plädiert, er beurteile, so sagte er, die Lage jetzt anders, verwies freilich auf die „Stimmung“ in der Heimat. Welche eigentümlichen Meinungsgleichheiten es gab, zeigt ein flammender Zeitungsartikel für den äußersten nationalen Widerstand (die levée en masse) schon vom 7. Oktober – sein Verfasser war Walther Rathenau. Nach der dritten Note mit ihrer Kapitulationsforderung reagierte die OHL am 24. Oktober: Jetzt müsse der Kampf mit allen Mitteln fortgeführt werden, das war auch der Inhalt einer Kundgabe an die Truppe. Ludendorffs plötzlicher Durchhaltewille war nur noch von der Tradition der militärischen Ehre bestimmt, aber danach konnte man nicht über das Schicksal eines Volkes entscheiden, wie ihm Payer mit Recht entgegenhielt. Die OHL verlangte von der Regierung den Abbruch der Verhandlungen, die Regierung – durch eine Erkrankung des Kanzlers nicht sonderlich aktionsfähig – weigerte sich. Sie las aus der Note heraus, daß eine dauerhafte und entschieden parlamentarische Regierung mit einem Verhandlungsfrieden rechnen könne; sie wollte sich gegen die OHL durchsetzen, den Vorrang der politischen Gewalt gegen das Hineinregieren der OHL, das jede Friedensaussicht zerstöre; sie forderte die Entlassung der OHL und drohte andernfalls mit Rücktritt. Der wilde Zusammenstoß endete mit der Entlassung Ludendorffs durch den Kaiser am 26. Oktober. Hindenburg blieb, das nahm der Sache viel von ihren dramatischen Auswirkungen nach innen, Groener wurde Nachfolger Ludendorffs. Seine Energie und sein Geschick befestigten die Stellung der OHL noch einmal. Die Alternative eines nationalen Verzweiflungskampfes spielte keine bedeutende Rolle mehr – zumal Österreich-Ungarn um einen Sonderfrieden ersuchte. Die Regierung, die sich noch einmal als Volksregierung legitimieren wollte, erbat am 27. Oktober konkrete Vorschläge für den Waffenstillstand. Die Antwort Wilsons vom 5. November forderte die Entsendung einer Delegation zur Entgegennahme der „Waffenstillstandsbedingungen"; daß es sich nicht mehr um „Verhandlungen" handeln konnte, war klar.

Der desolate Zustand der Armee ließ für die Alternative Kapitulation oder Verzweiflungskampf kaum eine Wahl. Die Soldaten waren tödlich erschöpft, kriegsmüde und kriegsunwillig. Von den 760000 Mann Verlusten der letzten vier Kriegsmonate entfielen 350000 auf Gefangene (und Vermißte), das war eine gänzlich andere Proportion als im bisherigen Verlauf des Krieges. Im Hinterland gab es Mengen von Deserteuren und – absichtlich – Versprengten. Bei den Ersatztruppen und hinter der Front verfiel die Disziplin zusehends; die von der Ostfront, aus russischer Kriegsgefangenschaft oder aus Rüstungsfabriken noch an die Front Befohlenen hatten selbstverständlich „keine Lust" mehr. Auch die Spannungen zwischen Offizieren und Mannschaften nahmen unter dem Elend und den Vorzeichen des Endes zu. Man hat später in Deutschland viel Wesens von linkssozialistischer und bolschewistischer Propaganda gegen Krieg und Autorität gemacht. Im ganzen ist deren Wirkung unmittelbar nicht groß gewesen, erst wo sie mit der Erschöpfung und dem Gefühl, daß der Krieg verloren und zu Ende sei, zusammentraf, hatte sie eine zusätzliche Wirkung. Man muß das alles aber noch weiter relativieren. Der harte Kern der kämpfenden Front hat bis November ohne Auflösungsprobleme durchgehalten. Einen „Dolchstoß" hat es nicht gegeben. Der Krieg war an den Fronten verlorengegangen, angesichts der Übermacht der Gegner vor allem, angesichts vielleicht auch der Unfähigkeit der Führung, zu einer politischen Lösung zu finden – wenn sie denn gegenüber dem unbedingten Siegeswillen der Gegner überhaupt, vielleicht vor dem Frühjahr 1917, je möglich gewesen war. Man braucht die Frage, ob Deutschland noch ein paar Monate länger den Krieg hätte fortsetzen können, nicht zu erörtern, denn – so hat Kielmansegg mit Recht argumentiert – das hätte am Ausgang gar nichts geändert, wäre insoweit sinnlos gewesen.

Parallel zum Notenwechsel mit Wilson und von dessen Forderungen angetrieben, brachte die Regierung Max von Baden die Verfassungsreform auf den Weg. Dies war nur möglich in Absprache mit den Parteien der Reichstagsmehrheit, die im September die Initiative ergriffen und den Reformprozeß vor allem über den Interfraktionellen Ausschuß vorangetrieben hatten; insofern greift der Begriff der „Revolution von oben" zu kurz. Die Parteien ließen sich nicht zur Revolution befehlen, sie stellten eigene Forderungen, und sie waren es, die Veränderungen erzwangen. Sie entwickelten eine eigene parlamentarische Stoßkraft, und zwar über den Interfraktionellen Ausschuß. Dieser wurde zu einer Art Koalitionsausschuß, am 4. Oktober sprach Ebert dort sogar von einem „Regierungsblock". Die Mehrheitssozialdemokratie ließ sich allerdings in Verhandlungen mit dem Zentrum und den Linksliberalen noch von ihren rigorosen Forderungen in bezug auf die Verträge von Brest-Litowsk sowie die Aufhebung des Artikels 9 abbringen. Nachdem der Interfraktionelle Ausschuß die entscheidenden Entwürfe angefertigt und der Reichstag am 24. Oktober dem Reichskanzler sogar förmlich das Vertrauen ausgesprochen hatte, verabschiedete das Plenum am 26. Oktober gegen die Stimmen von Konservativen und Unabhängigen zwei Gesetze, die formell den Übergang zur parlamentarischen Monarchie markierten. Zwei Tage später traten diese „Oktoberreformen" in Kraft. Das wichtigste war die Bindung der Regierung an den Reichstag. Der Reichskanzler war jetzt vom Vertrauen des Reichstags und des Bundesrats abhängig; bei einem Mißtrauensvotum des Reichstags mußte er zurücktreten, der Kaiser mußte ihn entlassen. Auch die Staatssekretäre waren dem Reichstag jetzt unmittelbar verantwortlich, wenn auch formal über Mißtrauen und Rücktrittszwang nichts bestimmt war. Für die Nominierung des Kanzlers, darüber war nichts gesagt, lag die Initiative noch beim Monarchen. Die Verklammerung Bundesrat-Reichstag wurde aufgehoben, Parlamentarier in der Regierung mußten ihr Mandat nicht mehr niederlegen, der Reichstag hatte anders als bisher Vorrang vor dem Bundesrat. Dazu kam ein Bündel von Maßnahmen, welche die wichtigen und politisch bedeutungsvollen Akte der militärischen Kommandogewalt und die Aufsicht über das Militär der politischen Führung zuordneten und somit auch in die parlamentarische Verantwortlichkeit einbanden; Offiziersernennungen waren an die Verantwortlichkeit des Kriegsministers gebunden, die der kommandierenden Generale und höheren Chargen an die des Kanzlers. Für den Kriegszustand waren jetzt Minister zuständig. Inhaftierte Kriegsgegner wurden amnestiert und wie K. Liebknecht entlassen. Sodann war schon Anfang August nach mehrmonatiger Beratung die Zahl der Wahlkreise zugunsten der Großstädte erhöht und somit eine Reform des verzerrenden Wahlkreissystems für den Reichstag eingeleitet worden. Endlich stimmte auch das Preußische Herrenhaus der Einführung des gleichen Wahlrechts in Preußen zu, wenngleich zunächst nur in erster Lesung; das weitere Verfahren ging in den Wirren der Revolution unter.

Auch der Kaiser hat sich am 28. Oktober in einer Kundmachung ganz hinter die Reform, die Parlamentarisierung gestellt. Es blieben „Reste" des konstitutionellen Systems. Die Kommandogewalt war zwar in wichtigen Punkten „parlamentarisiert", aber doch nicht gänzlich aufgehoben. Die Kommandobehörden, zumal OHL und Seekriegsleitung, standen noch in einem immediaten Verhältnis zum Monarchen. Daß der Reichskanzler für Handlungen von politischer Bedeutung zuständig war, war keine eindeutige Grenzziehung; auch bei der Handhabung des Kriegszustandes blieb den bisherigen Kommandostellen mancher Einfluß. Die Monarchie war noch mit der Militärmacht verbunden. Genauso wichtig war, daß die Nominierung des Kanzlers (vielleicht sogar ein Einfluß auf die Zusammensetzung des Kabinetts) in der Sphäre des Monarchen blieb. Die Stellung des Bundesrates, dessen Mitglieder ja vom preußischen Monarchen instruiert wurden, blieb noch unklar. Das neue System war improvisiert und nicht ohne Inkonsequenzen. Politisch war die Frage, ob der Kaiser und vor allem die bisher so mächtigen Militärs die aus der drohenden Niederlage geborene Parlamentarisierung wirklich und auf Dauer akzeptieren, sich zur „Revolution von oben" bekennen wollten oder sie nur als eine Art Stabilisierung der Militär-Position betrachteten. Wichtiger aber noch ist, daß sich in dieser Situation, als das parlamentarische System gerade eingeführt war und die Regierung versuchte, das Ende des Krieges herbeizuführen, die innenpolitische Lage zuspitzte: Die Oktoberreformen hatten keine eigenständige Wirkung mehr, sondern gingen auf in der Radikalisierung der Novemberrevolution.

Bevor wir die revolutionären Vorgänge selbst schildern und zum Schlußpunkt unserer Geschichte kommen, wollen wir noch einen Moment innehalten, um nach dem Verhältnis von Oktoberreformen und Novemberrevolution zu fragen – und damit nach der Notwendigkeit oder der Offenheit der Entwicklung in Deutschland zwischen Parlamentarisierung und Zusammenbruch der Monarchie. Gewiß, eigentlich mußte die Demokratie nicht mehr eingeführt werden – zumal nicht durch eine Revolution; mit den Verfassungsreformen waren die Forderungen der Mehrheitsparteien weitgehend erfüllt. Das Reich war ein parlamentarischer Staat geworden, das war auch nicht rückgängig zu machen. Und es drohte im November 1918 auch weder eine sozialistische Revolution gegen die Eigentumsverhältnisse noch eine bolschewistische Revolution gegen die Demokratie, das wissen wir heute. War also die Revolution des Novembers ein Mißverständnis, überflüssig und eigentlich schädlich für die demokratisch-parlamentarische Entwicklung, die nun doch eingeleitet war? So haben viele Zeitgenossen und manche Historiker gedacht. Für die (Mehrheits-)Parteien – und die rechte Opposition ohnehin – machte die Revolution jedenfalls wenig Sinn, sie blieb ungeliebt, und sie hat die neue Ordnung als Frucht einer Revolution weit, weit mehr mit der emotionalen Feindschaft vieler Bürger belastet, als die Oktoberreform und die Parlamentarisierung es getan hätten. Freilich, das ist nur eine Sicht, es gibt andere Perspektiven.

Die Revolution war nicht überflüssig und nicht „zufällig", sie hatte ihre eigene Notwendigkeit. Ihr Ausbruch ist verständlich genug. Für die Lebenswelt der Menschen war der Obrigkeitsstaat mehr, viel mehr, als daß er durch einige, wenn auch fundamentale Änderungen von Verfassungsnormen hätte aus der Welt geschafft werden können. Die Monarchie, das autoritäre System mit seinen Hierarchien und Privilegien, die Kastengesellschaft, vor allem der Militarismus (im internen Militärbetrieb wie gegenüber der Zivilgesellschaft), – das waren die großen Realitäten und auch die großen Symbolsysteme des Lebens. Sie zu überwinden, dazu reichte eine Verfassungsreform jedenfalls in kurzen oder mittleren Fristen nicht. Noch einmal, sie kam zu spät, sie brachte mit ihrer Prosa für die Lebenswelt und die so wichtigen Symbole zu wenig, sie ergriff nicht das Meta-Politische, um das es damals ging. Die Menschen wollten nicht einen bloßen Übergang von alter zu neuer Ordnung, mit all den Halbheiten solchen Übergangs. Sie wollten die Absage an das Alte, den Bruch mit der Kontinuität, sie wollten einen – verzweifelten – Aufbruch zum Neuen. Auch wenn die Verfassungsreform Machtwechsel war, genügte sie nicht.

Ein zweites Motiv dafür, daß die Reform, die „Revolution von oben", von der Revolution von unten überholt wurde, war der Eindruck, daß der parlamentarische Staat nicht gesichert sei. Man konnte Halbheiten bemerken, die Restkompetenzen von Kaiser und Militär. Die Abreise, die „Flucht" des Kaisers von Berlin nach Spa, zu seinen Militärs, der letzte anscheinend eigenmächtige Aktionsplan der Seekriegsleitung, dann die Tatsache, daß nicht ein „Volksmann", sondern ein Prinz Reichskanzler war – das alles ließ die Neuordnung zusätzlich im Zwielicht.

Objektiv können wir nicht wissen, ob sich das Reich als parlamentarische Monarchie auf der Basis der Oktoberreformen hätte entwickeln und behaupten können. Für die Lebensrealität der meisten Menschen hatten die Oktoberreformen kaum Bedeutung. Daß das politische System umgestaltet wurde, war keine lebendige Erfahrung – es kam zu spät. Jahrzehnte des Obrigkeitsstaates, der im Krieg nochmals nach außen und innen seine Macht gezeigt hatte, waren so schnell nicht aus dem Bewußtsein zu vertreiben. Das Militär-System dauerte anscheinend ungebrochen fort.

Natürlich, die Revolution hing – mehr als die Oktoberreform – im Kern mit Krieg und Niederlage zusammen. Die Vorkriegsordnung, die sich 1914 erst so über Erwarten stabil und integrativ gezeigt hatte, hat im Krieg Legitimität und Halt verloren. Breite Schichten, die das System getragen hatten, wurden ihm sozial-ökonomisch entfremdet, Bauern und unterer Mittelstand vor allem. Bei den Arbeitern haben die Not und die Existenz einer „Linken" die alte Vorkriegsdistanz zum System wieder verschärft; da waren vier Kriegsjahre nicht in sechs Wochen Mitregieren wettzumachen.

Das ganze politisch-soziale System und seine Ordnung waren durch den langen Krieg schon schwer erschüttert, die ungelösten Spannungen der Vorkriegswelt, zumal zwischen Feudalwelt, Bürgern und Arbeitern, waren intensiver geworden, aber lange hatten Stabilität und Norm die Zusammenbrüche und Proteste aufgefangen.

Nun, 1918, war es die lange heraufziehende, jetzt bevorstehende Niederlage, die die Entscheidung zur Revolution brachte. Es gab ein paar Revolutionäre, Spartakisten, revolutionäre Obleute, linke Unabhängige, Rosa Luxemburg, Karl Liebknecht oder Georg Ledebour; aber bis zum Herbst 1918 waren sie, trotz leichter Konzentration in der Rüstungsindustrie, eine winzige Minderheit, ohne Resonanz, ohne Chance. Erst die totale Erschöpfung und die Erfahrung der Vergeblichkeit aller Anstrengungen führten im

Herbst 1918 zum Zusammenbrechen des Systems, seiner Führungsautorität und seiner Legitimität, führten ineins damit zu Aufstand und Revolution. Erst jetzt wurden Feindbilder der Radikalen allgemein, Feudalismus, Militarismus, Autokratie, ja auch Kapitalismus, jetzt erst gewannen Programmziele der revolutionären Radikalen allgemein Resonanz, vor allem Frieden um jeden Preis, und das hieß zugleich Beseitigung des Militarismus, mehr und radikalere Demokratie und eine – irgendwie – „sozialistische" Verbesserung und Neuordnung der Gesellschaft. Das Volk wollte die Abkehr vom alten System. Selbst daß sich der Waffenstillstand wegen der Verzögerungspolitik der Alliierten hinschleppte, blieb bei den Massen unbemerkt, es wurde der alten und auch der neuen Führung angelastet, sie schien den Frieden zu verzögern oder zu verweigern, das trieb die Revolution voran.

Ein wichtiger Faktor der Innen- und Verfassungspolitik, der die Situation radikalisierte, war überdies die Frage der Abdankung Wilhelms II.; sie wurde vor allem durch die Wilson-Noten zum beherrschenden Thema dieser Wochen. Arbeiter, linksliberale Bürger, realistische Wirtschaftsführer waren für die Abdankung, weil das neue System einen neuen Repräsentanten brauchte, weil Wilhelm II. sich nicht nicht vom Militärsystem löste, und viele auch, weil man sich davon bessere Waffenstillstandsbedingungen erhoffte. Der Sturz des Monarchen, wenn nicht der Monarchie, schien eine Vorbedingung des Friedens. Selbst Monarchisten glaubten, nur durch Opfer der Person die Institution erhalten zu können. Und auf der Linken dachten die vielen „Vernunftmonarchisten", Fortschrittler und Mehrheitssozialdemokraten, die den Übergang zur Demokratie nicht durch den „formalen" Streit um Republik oder Bürger-Monarchie belasten wollten, ähnlich. Die Abdankung sollte zudem die drohende Revolution vermeiden.

Zwar hatten während des Krieges das Amt wie die Person des Monarchen fast jedes politische Gewicht und auch an Achtung verloren, an Autorität wie Legitimität, die nicht-rationalen Wurzeln des monarchischen „Gedankens" waren angenagt. Aber ein halbes Jahrhundert deutschen Kaisertums und viele Jahrhunderte der territorialen Monarchien, 25 Jahre Wilhelm II. – das waren Symbol-Tatbestände geworden, die das Bewußtsein im Guten wie im Bösen nachhaltiger prägten. Die Idee der Reform- und Vernunftmonarchisten war es, die Staatsform Monarchie durch eine ganz freiwillige Abdankung des Monarchen zu retten. Aber dazu kam es nicht.

Ende Oktober ergriffen die Sozialdemokraten die Initiative, sie forderten den Kanzler auf, dem Kaiser die Abdankung zu empfehlen. Auch die süddeutschen Regierungen drängten in diesem Sinne. Der Kaiser galt als Hindernis des Friedens. Max von Baden hielt die Abdankung ebenfalls für notwendig, aber er verfolgte die Sache nicht sehr nachdrücklich, entscheidende Tage war er krank. Die führenden Politiker hofften noch, durch eine Regentschaft wenigstens das Kaisertum retten zu können. Der Kaiser reiste inzwischen am 29. Oktober aus Berlin wieder in das schwer erreichbare Spa, das war eine Flucht aus dem Kreis und Einfluß seiner zivilen Berater in das vom

Militär geprägte Hauptquartier. Er folgte damit dem Rat seiner militärischen Berater, die ihn vor seinem eigenen Schwanken zu schützen suchten; die OHL erwies sich in dieser Situation noch immer als maßgeblicher politischer Faktor. Der Kaiser wollte sich von „seinem" Militär nicht trennen. Sein Bekenntnis zur Bürgermonarchie rückte noch weiter ins Zwielicht. Dem vom Kabinett nach Spa entsandten preußischen Innenminister Drews gegenüber verweigerte Wilhelm II. am 1. November jede Diskussion der Frage. Auch die neue OHL Hindenburg/Groener sprach sich entschieden gegen eine Abdankung aus. Daß Anfang November die Kaiserfrage offen war und der Waffenstillstand immer noch nicht geschlossen, spitzte die Lage revolutionär zu. Vermutlich hätte jetzt auch eine freiwillige Abdankung die Revolution nicht mehr aufhalten können. Die Militärmacht war verhaßt; der Kaiser war ein quid pro quo.

Von drei Zentren ging die deutsche „Novemberrevolution" aus. Zunächst von der Flotte. Die Untätigkeit der Flotte hatte die Stimmung und zumal das – altmodische – Verhältnis von Offizieren und Mannschaften stark belastet. Im August 1917 schon war es in Wilhelmshaven zu Meutereien gekommen; die „Rädelsführer" standen den Positionen der USPD nahe und hatten Kontakte mit der Parteiführung, ihre Aktion freilich war durchaus spontan. Die harten Strafen gegen die Meuterer, darunter zwei vollstreckte Todesurteile, hatten verbitternd gewirkt. Linkssozialistische und spartakistische Propaganda nahm dergleichen auf. Aber entscheidend war etwas anderes. Die Seekriegsleitung wollte die gesamte Flotte in einer letzten großen Schlacht einsetzen, durch einen Angriff auf Themsemündung und flandrische Küste die englische Flotte zum Gegenangriff zwingen. Die militärische Ratio war zwar vorhanden, aber etwas dürftig: Die englischen Verluste würden die Lage Deutschlands bei Waffenstillstand und Frieden verbessern, die Westfront könne durch die zeitweilige Unterbrechung der Kanalverbindung entlastet werden. Das durchaus stärkere Motiv war die gebietende Norm der Ehre der Soldaten, der Krieger, der Offiziere. Die Flotte war nach solchen Vorstellungen angesichts des bevorstehenden Kriegsendes zu einem letzten heroischen Kampf, gegebenenfalls zum ruhmvollen Ende, verpflichtet; entsprechend dieser doppelten Motivation spielten sowohl ein geplanter Rückzug nach Erreichung der strategischen Ziele als auch die Möglichkeit der Selbstaufopferung eine Rolle. Der Reichskanzler und selbst der Kaiser waren über den Plan nicht ausdrücklich informiert oder hatten ihm gar zugestimmt, allgemein gehaltene dunkle Äußerungen des Chefs der Seekriegsleitung über geplante Aktionen und das Schweigen von Kaiser und Kanzler gegenüber solchen Andeutungen konnten eine wirklich politisch-militärische Entscheidung der Reichsleitung nicht ersetzen, die Aktion behielt den Geruch einer „Admiralsrebellion". In der vor Wilhelmshaven versammelten Flotte griffen wilde Gerüchte um sich: Es gehe um eine Todesfahrt, der Waffenstillstand solle vereitelt, die parlamentarische Regierung überrundet werden.

In der Nacht vom 29. zum 30. Oktober verhinderten einzelne Befehlsverweigerungen das befohlene Auslaufen der Flotte. Die „Meuterei der Matrosen" richtete sich gegen die vermutete „Rebellion der Admirale". Die Flottenleitung griff dagegen nicht mehr durch, sie verzichtete auf die Aktion, aber sie meinte, die Unruhen unter Kontrolle zu haben; die „Rädelsführer" wurden festgenommen und kamen nach Kiel in Haft, die Flotte wurde aufgeteilt, eine große Einheit kam nach Kiel. Demonstrationen von Matrosen aus den Schiffs- wie Landeinheiten in Kiel führten am 3. November zu Zusammenstößen und zu Sympathiestreiks von Arbeitern. Die Marineführung in Kiel schwankte, sie nahm Forderungen der Matrosen an, die Disziplin brach vollkommen zusammen, Kiel geriet in die Hand der meuternden Matrosen. Sie bildeten einen „Soldatenrat". „Politische" oder gar sozialistische Ziele im eigentlichen Sinne verfolgten die Matrosen in den Anfängen noch nicht, ihre Forderungen sollten freilich die Rechte der Militärführung entscheidend begrenzen. Am 4. November kam der sozialdemokratische Reichstagsabgeordnete Noske, langjähriger Marinesprecher seiner Partei, zusammen mit dem Fortschrittler Haußmann im Auftrag der Regierung nach Kiel. Die Regierungsbeauftragten verhandelten mit den Aufständischen. Es gelang Noske, zuerst Vorsitzender des Soldatenrates und dann „Gouverneur" von Kiel zu werden und eine provisorische Ordnung zu etablieren. Aber am 5./6. November griffen die Unruhen auf andere Marinehäfen über, in Hamburg ergab sich ein Zusammenwirken mit streikenden Arbeitern, örtlichen Funktionären vor allem der USPD und der Gewerkschaften. Die Bewegung breitete sich wie eine Lawine auf viele andere Großstädte Norddeutschlands aus, überall gaben Matrosen – jetzt schon mit roten Fahnen – das Signal zum Aufstand. Arbeiter solidarisierten sich, man bildete „Arbeiter- und Soldatenräte"; die Autorität der Offiziere – Achselstücke und Rangabzeichen waren Symbole der Ungleichheit und wurden abgerissen –, ja die ganze alte Ordnung (von Gesetz oder von Befehl und Gehorsam) brach zusammen.

Man hat den Matrosenaufstand schon früh als Mißverständnis, ja als Unglück bewertet, habe er doch den vollen „Sieg der bürgerlichen Revolution" (A. Rosenberg) verhindert. Dagegen muß man aber auch die inneren Gründe für diesen Aufstand sehen, den Widerstand der Matrosen gegen die Antireform-Strategie der Seekriegsleitung. Der Aufstand richtete sich nicht gegen die Parlamentarisierung, sondern gegen jene Macht, die einer solchen gerade zuwider handelte.

Ein zweites Zentrum der Revolution wurde erstaunlicherweise München. Rüstungs- und Eisenbahnarbeiter waren hier ein Potential der Unruhe. Die Kriegsmüdigkeit und die Empörung gegen die Zwangswirtschaft hatten auf dem Lande eine massiv antiborussisch-antizentralistische rebellische Stimmung erzeugt, das machte die Stadt-Bewegung im ländlichen Staat und Umland zusätzlich möglich. Bei der Münchener Demonstration konnte der gerade aus der Haft entlassene USPD-Publizist Kurt Eisner die Führung übernehmen, die spontan ziellosen Unruhen in eine linke Bewegung gegen die Monarchie zuspitzen. Am 8. November proklamierte er die Republik. Die erste Monarchie in Deutschland war gestürzt.

Das dritte Zentrum war Berlin. Hier spielte die Idee einer linkssozialistisch-bolschewistischen Revolution eine Rolle, die Propaganda des Spartakusbundes, seit dem 21. Oktober vor allem der aus der Haft entlassene Karl Liebknecht, der linke pro-revolutionäre Flügel der USPD, z.B. mit Georg Ledebour, und die revolutionären Obleute in den Metallbetrieben unter der Führung von Richard Müller. Die Regierung ging erst am 4. November gegen die radikale Agitation mit Versammlungsverbot und einigen Verhaftungen vor. Aber das war vergeblich. Jetzt beschlossen die bis dahin noch zögernden Linken Generalstreik und Revolution. Es kam zu Streik, Meuterei und Aufstand, zu Großdemonstrationen, zur Bildung eines Arbeiter- und Soldatenrates, zum Übertritt von ganzen Militäreinheiten auf die Seite der Revolution.

Ein letzter Versuch der Sozialdemokraten, sich mit der OHL über die Abdankung zu verständigen, scheiterte noch am 6. November. Groener lehnte in Berlin jeden Gedanken an Regentschaft und Abdankung ab. Das Konzept der Mehrheitssozialdemokratie, der Führung, durch Abdankung die Monarchie zu retten, war gescheitert. Unter dem Druck der norddeutschen Aufstände und der Revolutionsvorbereitung der Radikalen forderten die Sozialdemokraten vom Reichskanzler daraufhin die Abdankung des Kaisers bis zum 8. November – zudem das gerade am 7. noch für Berlin verfügte Versammlungsverbot aufzuheben und die preußische Regierung, gegen das Dreiklassenparlament, zu parlamentarisieren –, andernfalls stehe die Revolution bevor, sie würden aus dem Kabinett austreten. Der Kanzler antwortete mit seinem Abschiedsgesuch; da das die Mehrheitssozialdemokraten in eine prekäre Lage gebracht und den Waffenstillstand verzögert hätte, verlängerten sie das Ultimatum bis zum 9. November, ja bis zum Abschluß des Waffenstillstands. Der Kanzler konnte aber die Abdankung, die auch von den bürgerlichen Parteien gefordert wurde, – noch – nicht erwirken; auch das Doppel-Argument, andernfalls stehe der Bürgerkrieg bevor, andernfalls sei der Waffenstillstand gefährdet, blieb wirkungslos. In Spa, zwischen dem Kaiser, seinen Beratern und der OHL, wurde am 8. November beschlossen, der Kaiser solle an der Spitze des Heeres in die Heimat zurückkehren und die Ordnung wiederherstellen, gegen die Revolution. Aber der Zusammenbruch der Militärgewalt in den deutschen Großstädten überzeugte die OHL noch am Abend des gleichen Tages, daß das unmöglich sei.

Vor allem setzte sich die Revolution am 9. November in Berlin durch. Die Mehrheitssozialdemokraten, Revolutionäre wider Willen, setzten sich an die Spitze der Bewegung und beschlossen daraufhin, „gemeinsam mit den Arbeitern und Soldaten" vorzugehen und nach Absprache mit den Unabhängigen die Regierungsgewalt zu übernehmen; die sozialdemokratischen Staatssekretäre traten aus der Regierung aus. Inzwischen wurde in Spa der Plan eines bewaffneten Kampfes gegen die Revolution aufgegeben, die Revolutionäre verfügten schon über die Nachschubbasen und -linien. Auch der Ersatzplan, der Kaiser solle nach dem Waffenstillstand an der Spitze des Heeres „friedlich" in die Heimat zurückkehren, entfiel. Eine Befragung der Truppenkommandeure ergab, daß die Truppe nicht mehr in ihrer Mehrheit hinter dem Monarchen stand. Der schwankende Kaiser zögerte noch immer mit dem endgültigen Entschluß zur Abdankung. Am Mittag gab der Reichskanzler – nach mehreren Telefongesprächen mit Spa –, aber ohne eigentlichen und genauen Auftrag, Stunden vor dem eigentlichen Entschluß Wilhelms, die Abdankung des Kaisers wie des Kronprinzen bekannt. Die schnurrige Idee des Kaisers, König von Preußen zu bleiben, hatte er vom Tisch gewischt, eine Regentschaft werde eingesetzt. Er nahm diesen Vorgriff auf sich, weil ein weiterer Aufschub nur die Revolution intensiviert hätte. Das war quasi ein Staatsstreich. Auf die Einsetzung eines Reichsverwesers oder Regenten – er selbst wäre dafür in Frage gekommen – hatte der Kanzler unter dem Zwang der Umstände und der Sozialdemokraten verzichtet, dazu war es „zu spät". Die Idee, mit der Abdankung die Monarchie zu retten, an die man im Oktober realistisch hätte denken können, war jetzt vor den Ereignissen längst irreal geworden. Max von Baden übertrug – ohne legale Kompetenz, aber mit der Ausnahmelegitimität der notwendigen Tat – das Kanzleramt an Friedrich Ebert – das war Kontinuität in der Revolution. Ebert erklärte sich zur Übernahme der Kanzlerschaft bereit, die Unabhängigen sollten, wenn sie es wünschten, in die Regierung aufgenommen werden, die Bürgerlichen – Zentrum und Fortschritt – mochten als Minderheit in der Regierung bleiben, er versprach die Einberufung einer verfassunggebenden Versammlung. Die Militärführung gab jeden Widerstand gegen die Revolution auf; der letzte Kriegsminister, der General Scheuch, blieb im Amt. Der Kaiser freilich übertrug noch seine Kommandogewalt auf die Chefs der OHL.

Um 2 Uhr „rief" vom Reichstagsgebäude aus mit einem rhetorischen Hoch Scheidemann die deutsche Republik „aus" – gegen den Willen seiner Partei im Gespür für die Volksmeinung, in einem situationsbedingten Alleingang – zwei Stunden später vor dem Schloß Liebknecht die „sozialistische" Republik.

Auf Betreiben von Hindenburg und dem Staatssekretär Hintze vom Auswärtigen Amt ging der Kaiser am 10. November nach Holland. Das war nicht eben heroisch und schon gar nicht sehr preußisch, aber es vermied den Bürgerkrieg. Man hat auch ein Frontunternehmen des Monarchen, Selbstaufopferung und „Königstod", erwogen, um die „Ehre" der Monarchie zu wahren, ja sie als Staatsform zu retten, aber aus guten Gründen verworfen; die Sache hätte mit der Gefangennahme des Monarchen enden können, das Ganze hätte als Schuldzugeständnis und Selbstmord oder als inszeniertes Schaustück gewirkt. Am 28. November hat Wilhelm auch formell auf den Thron verzichtet und alle Beamten und alle Soldaten von dem ihm geleisteten Treueid entbunden.

Am Abend des 10. Novembers notierte Theodor Wolff, der große Journalist und intime Kenner der politischen Szene Deutschlands, in seinem Tagebuch, noch niemals sei eine derart „festgebaute, mit soliden Mauern umgebene Bastille so in einem Anlauf genommen“ worden: „Die größte aller Revolutionen hat wie ein plötzlich losbrechender Sturmwind das kaiserliche Regime mit allem, was oben und unten dazu gehörte, gestürzt.“ In allen deutschen Residenzen dankten die Dynastien angesichts der Revolutionen sang- und klanglos ab, keiner ihrer Anhänger dachte daran, sie noch zu verteidigen. Die alte Führungsschicht, deren Autorität und Macht weggebröckelt war, gab kampflos auf.

Die Sozialdemokraten wollten mit „ihrer“ Revolution die linkssozialistische, bolschewistische Revolution verhindern, von der sie nichts als Chaos und Unrecht, den Einmarsch der Alliierten und den Zerfall des Reiches erwarteten. Ebert wollte einerseits einige der beamteten Staatssekretäre im Amt halten, auch um die Funktionsfähigkeit der Verwaltung zu sichern, und er wollte die Koalition jedenfalls mit der Fortschrittspartei erhalten; beides hätte ein Gegengewicht gegen ultra-radikale Forderungen dargestellt. Andererseits und vor allem aber wollten er und die anderen Führer der Mehrheitssozialdemokratie das Bündnis mit den Unabhängigen, das mußten sie wollen. Nur so konnten sie gegenüber dem spontanen revolutionären Aufbruch der Massen eine Führungsposition halten. Die Unabhängigen waren in einer schwierigen Lage. Auch sie hatten die Revolution weder gemacht, noch hatten sie sie in der Hand. Und sie waren in eine kooperationswillige Mitte und eine revolutionsgeneigte Linke gespalten. Die Linke wollte mit Liebknecht eine „Rätediktatur“ anstelle des bürgerlich demokratischen Verfassungsstaates. Das Ergebnis der Verhandlungen zwischen den beiden sozialdemokratischen Parteien (9./10. November) war ein Kompromiß: Die Unabhängigen entschieden sich für das Bündnis mit den Mehrheitssozialdemokraten und traten in das von Ebert geführte Kabinett, jetzt „Rat der Volksbeauftragten“, ein, freilich in gleicher Stärke; die Frage des „Rätesystems“ blieb offen, die politische Gewalt sollte bei den Arbeiter- und Soldatenräten liegen, aber eine verfassunggebende Nationalversammlung war vorgesehen, wenn auch einstweilen aufgeschoben. Auch das einzig handlungsfähige Räteorgan, die Vertrauensmänner der Großberliner Räte, stimmten gegen die Linke dieser Lösung zu, die Räte stützten die neue Regierung der Volksbeauftragten. Obwohl also Wichtiges offenblieb und die Linke bedeutende Konzessionen in den Fragen Rätesystem und Nationalversammlung erreicht hatte, war das Ganze doch, zumal auf die Dauer, ein Erfolg der Mehrheitssozialdemokraten und ihres Konzepts einer parlamentarischen Demokratie; das Rätesystem und die mit ihm erstrebte Herrschaft einer Minderheit blieben sekundär und interimistisch.

Die OHL, unbestritten die Führung des Feldheeres, hat sich in einem berühmten Gespräch zwischen Ebert und Groener in der Nacht vom 9. zum 10. November auf die Seite der neuen Regierung gestellt im Interesse von

Ruhe und Ordnung, der Vermeidung des Bürgerkrieges und des Kampfes gegen den Bolschewismus, und das sogleich, noch am 9. November, bekannt gemacht; der Rat der Volksbeauftragten trat in den nächsten Tagen der Vereinbarung der Sache nach bei. Die OHL erkannte damit die Revolution an, die Regierung erkannte das Bestehen der Militärgewalt an, verzichtete auf eine Weiterführung der Revolution.

Am 8. November war schließlich die deutsche Waffenstillstandsdelegation unter Führung Erzbergers nach Compiègne zugelassen worden, um von Foch die Bedingungen entgegenzunehmen. Neben der Räumung der besetzten Gebiete und des linken Rheinufers und der weitgehenden Entwaffnung mußte Deutschland die Abgabe immenser Transportkapazitäten zugestehen; die Blockade sollte fortdauern. Zu verhandeln gab es nichts. Am 11. November wurde der Waffenstillstandsvertrag unterschrieben, am gleichen Tag um 11 Uhr trat er in Kraft.

Der Krieg war zu Ende. Das Kaiserreich hatte zu existieren aufgehört.

Schluß

Die Geschichte einer Welt, und so unsere Geschichte der deutschen Welt zwischen 1866 und 1918, ist ein Ensemble von Geschichten, die wir erzählen, von Wirklichkeiten, die wir beschreiben und analysieren. Das Ganze des Lebens erschließt sich in der Fülle seiner Bereiche, seiner Abfolge. Und so haben wir am Ende auch keine Formel oder These, auf die sich alles bringen läßt. Wir stehen vor dem Panorama der vielen Ergebnisse und Teilbereiche. Das Ganze der Wirklichkeit ist nur im Durchgang durch diese Bereiche zu haben, dieser Gang gehört zum Begreifen der Wirklichkeit. Das kann ich dem Leser nicht ersparen, die Wahrheit ist das Ganze. Aber wie die Teile des Ganzen zusammenhängen, wollen wir hier zum Schluß erörtern.

Wir beginnen mit drei Vorerörterungen, die das Ganze unserer Geschichte gleichsam in einer Vogelperspektive in den Blick nehmen. Zunächst, wir haben unseren Gegenstand „deutsche Geschichte" genannt. Es ist nicht eine Geschichte des Deutschen Reiches, des Kaiserreiches – das hätte die politischen Strukturen und Ereignisse, die politischen Bedingtheiten von Wirtschaft, Gesellschaft und Kultur ins Zentrum gerückt. Es ist aber auch nicht eine Geschichte der Deutschen, das hätte – ganz abgesehen davon, daß dazu auch die Deutschen außerhalb der Grenzen des Reiches gehören – die Lebenswelten nach vorn gerückt, die Menschen, und die Institutionen an den Rand. „Deutsche Geschichte" hält die Mitte zwischen einer „Geschichte von oben" und einer „Geschichte von unten". Unter den vielen möglichen Geschichten, den Geschichten von Konfessionen, Klassen und Gruppen, den Geschichten von Regionen oder von größeren Räumen, Europas oder des Westens z. B., ist die deutsche Geschichte im Zeitalter der nationalstaatlich verfaßten und orientierten Gesellschaften eine Einheit von besonderer Bedeutung. Daß Nation und Nationalstaat eine besondere Zusammengehörigkeit konstituieren, liegt vor Augen und bedarf keiner weiteren Begründung. Ja, in unserem Zeitabschnitt ist diese Zusammengehörigkeit die stärkste der menschlichen Zusammengehörigkeiten, darüber darf man sich durch Unterschiede, wie sie die Nahperspektive zeigt, z. B. zwischen „Reichsfreunden" und „Reichsfeinden", nicht täuschen lassen.

Nun muß man aber zweitens das andere, von dem in unserer Geschichte nicht ausführlich und explizit die Rede sein konnte, betonen: Unsere Geschichte ist auch Teil der europäischen und der Weltgeschichte: Sie ist Teil und Ausdruck der großen übernationalen Entwicklungen, Problemlagen und Krisen, mit denen die Staatenwelt und die Gesellschaften vor allem Westeuropas in unserer Zeit konfrontiert waren und die sie durchlebten. Was auf den ersten Blick als nationale Besonderheit erscheint, ist bei genauem

Hinsehen oft zugleich Ausfluß dieser gemeineuropäischen Problemlagen. Und umgekehrt: Was gemeinsam ist, wird von jenen Besonderheiten überlagert und eingefärbt, wird zur nationalen Variante eines Gemeinsamen. Deutschland lag in der Mitte Europas, geographisch wie politisch zwischen Ost und West, zwischen dem euro-asiatischen Riesenreich Rußland und der neuaufsteigenden Weltmacht, den Vereinigten Staaten. Trotz aller Distanzen, die von zeitgenössischen und nachgeborenen Ideologen auf beiden Seiten, zumal im Zusammenhang mit dem Weltkrieg, liebevoll betont wurden, ist es klar, daß Deutschland zum Westen gehörte, nicht zum Osten und auch nicht zu einer – angeblichen – Eigenwelt der Mitte. Das galt wie selbstverständlich für die Kultur; einen gewissen ökonomischen und dann auch gesellschaftlichen „Rückstand" hat Deutschland „aufgeholt"; politisch freilich blieb es hinter den westlichen Modellen von Parlamentarismus und Demokratie „zurück", aber es gehörte deshalb nicht zur anderen Welt des Ostens oder zu den Grenzwelten des Südostens. Noch 1914 waren für die meisten Engländer die Deutschen, im Unterschied zu den so fremden Russen, etwas zurückgebliebene Vettern, mochte man auch ihre Chancen zum Aufholen unterschiedlich beurteilen; gerade ihre Nähe machte sie gefährlich. Insgesamt ist die deutsche Geschichte sehr viel stärker in die westeuropäischen Entwicklungen eingebettet, als Nahperspektiven und die auf einen deutschen „Sonderweg" konzentrierte Nabelschau sehen lassen. Die Gemeinsamkeiten relativieren die Besonderheiten. Deutsche Geschichte, auch in der Hochzeit von Nationalismus und Imperialismus, ist nicht nur im geographischen Sinne zunächst und zumeist ein Teil der europäischen Geschichte. Aber natürlich, das National-Besondere ist das individualisierende Prinzip, das beansprucht wie von selbst primär Aufmerksamkeit und Interesse.

Unsere dritte Vorerörterung geht von der Tatsache aus, daß deutsche Geschichte von 1866 bis 1918 in der Kontinuität der neueren deutschen Geschichte steht, zwischen einem Vorher und einem Nachher, zwischen Entstehungsbedingungen und Folgen. Die Frage ist, welche Bedeutung solche Perspektiven haben. Der Blick zurück scheint, wenn man denn nicht ins Uferlose eines halben oder ganzen Jahrtausends schweift, unproblematisch. Niemand mehr wird, wie die national-liberale Generation der Reichsgründungszeit und die nationale Historie der folgenden Jahrzehnte, im Kaiserreich die Erfüllung der deutschen Geschichte sehen, und niemand mehr, wie die frühen Gegner und die späten Kritiker der Bismarckschen Gründung, in diesem Kaiserreich so etwas wie eine „Verfehlung" der Geschichte, einen „Irrweg".

Wir sehen die Kontinuitäten: den Aufstieg der bürgerlichen Kultur, die fortdauernde und sich beschleunigende Industrialisierung mit all ihren gesamtgesellschaftlichen Folgen, die Mächtigkeit des Nationalstaatsgedankens durch alle Generationen des Jahrhunderts, die Tradition des Föderalismus und das Gewicht der Einzelstaaten auch im Reich, das Weiterleben des deutschen Konstitutionalismus, die Fortdauer der obrigkeitlichen und bürokratischen, der feudalen und militaristischen Traditionen, die anhaltende Bedeutung der so gegensätzlichen sozio-kulturellen Milieus, der Spannungen zwischen den Konfessionen, zwischen Stadt und Land, zwischen Bürgertum und Adel. Und wir sehen ebenso die Diskontinuitäten – die Teilung des alten Deutschlands durch das Ausscheiden Österreichs – und die neuen Konstellationen: den Vorrang des Nordens vor dem Süden, ja des Ostens vor dem Westen, das Übergewicht der Protestanten vor den Katholiken durch den kleindeutsch-preußischen Charakter der Reichsgründung, die Schwächung der liberalen Kräfte und den Aufstieg einer sozialistischen Massenpartei, ja das Entstehen eines durch das allgemeine Wahlrecht begünstigten politischen Massenmarkts bislang unbekannten Zuschnitts. Kontinuität und neue Konstellationen dürfen freilich kein statisches Bild ergeben, es gibt Umformungen, Weiterbildungen der Kontinuitäten und ebenso Revisionen der neuen Konstellationen.

Im Vergleich, zumal mit Westeuropa, war die Nationalstaats-, die Nationsbildung der Deutschen spät, „verspätet", wie die berühmte Formel von Helmuth Plessner heißt. Auch wenn man nicht an eine Normal-Uhr und einen Normal-Fahrplan der Weltgeschichte glaubt, im Vergleich zu ihren westlichen Nachbarn konnten und mußten sich die Deutschen als Spätkommer fühlen. Und dieses Spätkommen stellt historisch eine besondere Problematik dar. Das Gemisch von Kontinuitäten und Diskontinuitäten, das wir gerade angesprochen haben, war im Falle der Deutschen, ihrer Nation und ihres Nationalstaats, wohl komplizierter und spannungsvoller als in der „normalen" historischen Realität.

Dazu kam die Häufung, die Gleichzeitigkeit von Problemen – Staats- und Nationsbildung, Liberalisierung und gar Demokratisierung der Verfassung, Bewältigung der sozialen Probleme der Klassengesellschaft –, die in älteren (vielleicht „glücklicheren") Gesellschaften nacheinander zur Lösung angestanden hatten, kam das verdichtete Tempo der Modernisierung, ihrer Schübe wie ihrer Verluste. Das Spät-Sein war eine Belastung, denn indem mehrere Probleme gleichzeitig auf die Tagesordnung rückten, zerfiel die Gesellschaft über die möglichen Lösungen in jeweils verschiedene Lager, die sich verstärkten und überkreuzten, die Nation und ihr Staat wiesen deshalb mehr Sprünge und Risse auf als vergleichbare historische Gebilde. Aber diese Problematik kann nicht die Tatsache in Zweifel rücken, daß die Nation von 1871 und ihr Reich jedenfalls ein nicht weiter verwunderliches Ergebnis der deutschen Geschichte des 19. Jahrhunderts gewesen sind, das nicht aus der Kontinuität dieser Geschichte herausfällt, auch wenn es eine qualitativ neue Dimension besaß.

Schwieriger ist es mit dem, was damals Zukunft war. Die deutsche Geschichte in der Zeit des Kaiserreichs ist nicht nur eine Nach-Geschichte, sondern auch eine Vor-Geschichte. Und da drängt sich prominent das Jahr 1933 nach vorn und alles, wofür es historisch und symbolisch steht. Sind im Kaiserreich nicht Grundlagen, gar die Grundlagen für das Scheitern der

Weimarer Republik, ja für den Aufstieg des Nationalsozialismus und für seine Machtergreifung gelegt worden? Ist nicht der zweite Weltkrieg eine Neuauflage des deutschen Kampfes um Weltmacht und Hegemonie? Hitler, mit seinen monströsen Verbrechen das Verhängnis unseres Jahrhunderts, unserer Welt, hat in Deutschland seinen Aufstieg vollzogen, unter deutschen Bedingungen und Vorgegebenheiten, nicht anderswo. Ist Hitler nicht das unüberspringbare Faktum, von dem all unser historischer Rückblick auf die jüngere deutsche Geschichte ausgehen muß? Ist das nicht das Erbe aus der Zeit des Kaiserreichs, gemischt aus Schuld und Verhängnis, Erbe seiner „Schattenlinien"? Muß das nicht unsere Perspektive bestimmen? Diese Perspektive ist legitim, sie ist fruchtbar, ja sie ist notwendig. Wer sich ihr entziehen wollte, verfiele der einsichtslosen Apologie der Vergangenheit.

Aber wo diese Perspektive allein gelten will, ist sie auch ganz und gar einseitig, in die Irre führend. Ich habe sie in diesen beiden Bänden bewußt und betont kurz gehalten, in ihren Einseitigkeiten auch ausdrücklich abgewiesen. Ein Stück Geschichte ist immer – auch – ein Stück Vorgeschichte von etwas anderem; aber es gibt vieles, wovon es Vorgeschichte ist. Was unter der Perspektive von 1933 gewiß Vorgeschichte ist, ist Vorgeschichte auch von vielem anderen, es hat viele Nachgeschichten. Das Kaiserreich ist auch Vorgeschichte von Weimar, ja auch von unserer Nachkriegswelt, denkt man an die Modernisierungsschübe in Lebensstilen und Kultur oder an Sozialverfassung und Interventionsstaat. Die vom Kaiserreich geprägten Menschen blieben nach dessen Untergang Anti-Republikaner, oder sie wurden Republikaner, Nationalsozialisten, Kommunisten, Emigranten, Leute des Widerstands – sie konnten an viele und eben sehr unterschiedliche Traditionen und Gegnerschaften anknüpfen. Jede geschichtliche Zeit, das ist die allgemeine Konsequenz aus diesen Beobachtungen, steht in einem Netzwerk von Vorgeschichten, dadurch relativieren sich die einzelnen Vorgeschichten gegenseitig. Mit wachsendem Abstand erst recht gibt es keine Priorität. Man muß lernen, mit der Vielfalt von Kontinuitäten und Diskontinuitäten zu leben, wenn man den Ort des Kaiserreichs in der deutschen Geschichte bestimmen will.

Dazu kommt aber ein weiteres, und davon vor allem lebt die Darstellung dieser beiden Bände. Eine geschichtliche Zeit wie die des Kaiserreichs ist mehr als ein Ensemble von Vorgeschichten. Sie ist sie selbst. Das wollte Ranke mit der altertümlich religiösen (und uns nicht mehr unmittelbar zugänglichen) Formel sagen, jede Epoche sei unmittelbar zu Gott. Für unseren Fall und in unserer Sprache heißt das: Das Kaiserreich ist mittelbar zu Hitler, zu Weimar, zum Nachkriegsdeutschland, auch zur Weltkultur des späten 20. Jahrhunderts, aber unmittelbar ist das Kaiserreich es selbst. Um das sichtbar zu machen, muß man jene Vorgeschichtsperspektiven hinter sich lassen. Deshalb auch geht es nicht darum, mit den Urgroßeltern vor dem Ersten Weltkrieg kritisch und besserwisserisch zu rechten, sondern darum, ihnen Gerechtigkeit widerfahren zu lassen. Das ist die Tugend des Historikers, das ist das Anliegen dieser beiden Bände. Anders gesagt: Der Historiker und sein Leser müssen der Vergangenheit wiedergeben, was sie einmal hatte, was jede Zeit und auch unsere Gegenwart hat, nämlich eine offene Zukunft.

Wenn wir davon ausgehen, kann man in dem Geflecht der Kontinuitäten Begriffe zu verwenden suchen, die möglichst viele dieser Kontinuitäten sichtbar machen und verbinden. Wir haben Begriffe wie Modernisierung und Modernität verwandt. Hinter dem Begriff der Modernisierung verbirgt sich ein ganzer Komplex an Prozessen, die den Wandel von Staat und Gesellschaft im 19. Jahrhundert und darüber hinaus beschreiben. Wir haben diese Prozesse in den drei Bänden unserer Darstellung des 19. Jahrhunderts alle Revue passieren lassen: Industrialisierung, Entstehung der modernen Klassengesellschaft, Urbanisierung und Verstädterung, Bürokratisierung, Heraufziehen des modernen Interventions- und Wohlfahrtsstaates, Rationalisierung und Säkularisierung, Ausdehnung der Partizipation der Massen – manches mehr könnte man hinzufügen. Viele dieser Prozesse kulminieren im Kaiserreich, das als Epoche ebenso den Höhepunkt der Wanderungsmobilität erlebt wie den Durchbruch eines neuen generativen Verhaltens, das dauerhafte Eindringen der Massen in die Politik, den entscheidenden Umbruch von der agrarisch zur industriell geprägten Wirtschaft wie den Übergang von der ländlichen zur städtischen Gesellschaft.

Es ist kein Zufall, daß wir immer wieder zur Beschreibung dieser Phänomene den Begriff der „Revolution" benutzt und von einer „Demographischen Revolution" oder einer „Leserevolution" gesprochen haben: Das Kaiserreich ist in vielem eine Zeit dramatischer Beschleunigung des historischen Wandels – Quantität, kann man sagen, schlägt hier um in eine neue Qualität. Daß die genannten Prozesse sich nicht nur in den kalten Zahlen von Statistiken widerspiegeln, sondern auch in der Wahrnehmung der Menschen, die diese Zeit durchschritten haben, ist wichtig, um zu verstehen, warum wir dann von den „Modernitätsverlusten" und dem „Modernitätsleiden" dieser „Übergangsmenschen" gesprochen haben. Der beschleunigte Wandel hat viele Menschen in ihrer Identität erschüttert und sie in ihren Gewißheiten verunsichert – er hat sie nicht nur von ihren gesellschaftlichen Wurzeln entfremdet, sondern auch überkommene Weltbilder, traditionelle Wertevorstellungen und bislang selbstverständliche Verhaltensmuster ins Wanken gebracht. Die Reaktionen hierauf waren vielfältig: Anti-Modernitätsaffekte, bewußtes Festhalten an den angefochtenen Traditionsbeständen, Statusunsicherheit, aber auch radikales Abstoßen des Bisherigen, freiwerdende Kreativität in den Künsten und Suche nach neuen Sinnstiftungen – man denke nur an die Lebensreform oder an die modernen Ersatzreligionen des Nationalismus und des Sozialismus. Was wir beobachten, ist die Diskrepanz zwischen dem ökonomischen und auch sozialen Wandel auf der einen und dem Wandel der Mentalitäten und Einstellungen auf der anderen Seite. Dafür steht seit Ernst Bloch das Diktum von der Ungleichzeitigkeit des Gleichzeitigen.

Schließlich, auf ein solcherart reibungsvolles Aufeinandertreffen verschiedener Entwicklungstempos stoßen wir auch, wenn wir unseren Blick auf den Bereich der Politik richten. Wir haben oben bereits das zähe Fortleben der Traditionen von Obrigkeitsstaat, Militärmonarchie, bürokratischer Herrschaft und Dominanz der alten Eliten erwähnt. Das waren Barrieren gegen die Modernisierung auch des politischen Systems, sie erzeugten Spannungen im gesellschaftlichen Gefüge, hier also taucht neuerlich das Problem des komplizierten Gemischs von Kontinuitäten und Diskontinuitäten auf. Der historische Ort des Kaiserreichs läßt sich, alles in allem, als aufhaltsame, gebremste und widersprüchliche Modernisierung, als Zwiespalt der Modernität bestimmen. Die Moderne unseres, des 20. Jahrhunderts aber, so fassen wir nochmals zusammen, ist mehr als das, was es immer schon gegeben hat, das jeweils Neue gegenüber einem vergangenen Alten, sie hat eine eigene weltgeschichtliche Qualität. Der Umbruch zu dieser spezifischen Modernität ist es, der durch alle Vorgeschichten und Kontinuitäten hindurch den Ort des Kaiserreichs bestimmt.

In diesem Zusammenhang müssen wir das Sonderproblem erwähnen, das der Erste Weltkrieg für die Periodisierung unseres Abschnitts deutscher Geschichte darstellt. Ich habe lange geschwankt, ob man unsere Geschichte 1914 oder 1918 beenden solle. Für beides gibt es gute Gründe. 1914 ist eine Welt zu Ende, ja das 19. Jahrhundert, 1914 beginnt ein neues Zeitalter, das Zeitalter der Weltkriege; Gründe für das Scheitern von Weimar und für den Aufstieg Hitlers sind in diesem Krieg neu entstanden. Aber genauso wahr ist, daß das Kaiserreich erst 1918 zu Ende geht, daß sich im Ersten Weltkrieg alle seine Probleme noch einmal verdichten. Wie immer, das von uns gesetzte Ende gibt natürlich eine Perspektive auf das Ganze unserer Geschichte. Aber hier gilt nun dasselbe, was wir eben über Vorgeschichte und über Geschichte „unmittelbar zu Gott" gesagt haben. Die Geschichte des Bismarck- und des wilhelminischen Reiches ist Vorgeschichte des Weltkriegs, der nationalen Gemeinsamkeit vom August 1914 und des Zusammenbruchs vom November 1918 wie der Neugründung des Reiches als Republik. Das Ende gehört dazu – nicht weil wir es so sehen wollen, sondern objektiv. Und zugleich ist die Geschichte dieses Reiches auch eine Geschichte unabhängig vom faktischen Ende, ohne die zwingende Notwendigkeit dessen, was faktisch geschah; mit offenen, möglichen, alternativen Enden. Der Weltkrieg war von der Zeit des Kaiserreichs her weder ein Zufall noch eine Notwendigkeit, er war eine tragische Möglichkeit, aus Schuld und Verhängnis geknüpft, und er war mehr ein europäisches Ereignis als ein deutsches. Das Kaiserreich steht im Schatten von Krieg und Untergang und, indem wir das kunstvoll ausblenden, im Licht seiner eigenen Existenz. Diese schwierige Doppelperspektive durchzuhalten ist die Aufgabe des Historikers wie des Lesers und ist auch ihr Vergnügen.

Daß der Erste Weltkrieg am Ende unserer Geschichten steht, gibt der Politik einen Vorrang vor den anderen Bereichen des geschichtlichen Lebens, den wir im Gesamtaufbau unserer Darstellung, in dem Abstellen auf die „totale" Geschichte gerade haben vermeiden wollen. Aber in der Extremsituation entspricht das der Wirklichkeit, dann bestimmt der Krieg alles, das Leben, die Wirtschaft, die Gesellschaft, die Kultur, dann ist – mit Napoleon gesprochen – die Politik das Schicksal.

Nach diesen gleichsam von außen kommenden Blicken auf das Ganze unserer Darstellung suchen wir nun, uns dieses Ganzen noch einmal von innen zu vergewissern, indem wir uns den Teilbereichen und Teilperioden und ihren Beziehungen zuwenden. Die historische Wirklichkeit einer Nation, einer Gesellschaft, eines Gemeinwesens ist durch die Trias von Politik, Deutung und Gesellschaft konstituiert, oder wenn man etwas metaphorischer sprechen will, durch Herrschaft, Sprache und Arbeit (J. Habermas). Wir können diese Grundbestände mit Jacob Burckhardt „Potenzen" nennen (er nannte neben Staat und Kultur die Religion, die „Arbeit" stand noch nicht in seinem Blick).

Wir beginnen mit dem, wovon dieser zweite Band gehandelt hat, mit der Politik. Wir konzentrieren uns auf das Verhältnis der Teilbereiche der Politik und auf das Ganze der zeitlichen Abläufe, das Verhältnis von Anfang, Fortgängen und Ende. Es gibt die Außen- und die Innenpolitik, und in beiden laufen autonome Entwicklungen und Entscheidungsprozesse ab. Das wußten die Zeitgenossen, das wissen die Historiker. Jede voreilige oder sophistische Vermischung der Sphären, die altmodische, spezifisch deutsche Meinung vom „Primat der Außenpolitik", der Bedingtheit von Verfassung und Grundzügen der Innenpolitik durch die Außenpolitik, oder die neumodische Umkehrtheorie von einem „Primat der Innenpolitik", der sozio-ökonomischen Strukturen, der Systemerhaltung und der Machtbehauptung von jeweils herrschenden Eliten, führt in schreckliche Einseitigkeiten oder ins Tohuwabohu. Erst wenn man die primäre Autonomie der Teilbereiche, zumal der Außenpolitik, konstatiert, kann man sich – und wir haben das immer wieder getan – den Wechselwirkungen zuwenden, den innenpolitischen Motiven und Absichten auch außenpolitischer Entscheidungen, den innenpolitischen Voraussetzungen und Folgen von Außenpolitik.

Für unsere Schlußüberlegung nun ist entscheidend, daß sich diese Wechselwirkungen gewaltig intensivieren und daß die Außenpolitik für die Gesamtpolitik relativ dominierend wird. Gewiß, die Deutschlandpolitik der Reichsgründungszeit war schon zwischen „innerer" und „internationaler" Politik angesiedelt gewesen. Im Nationalismus der beiden Jahrzehnte nach der Reichsgründung haben sich die Akzente verschoben: Neben das Bewußtsein der gemeinsamen Kultur und Geschichte, neben den Willen zum gemeinsamen Staat und zur gemeinsamen Verfassung trat verstärkt die Orientierung an der nationalen Macht im Kreise der anderen Nationen, der Gedanke der Nation kehrte sich nach außen. Aber prägend war doch zunächst der nach innen gerichtete Wille zur nationalen Geschlossenheit – gegen Partikularisten und Reichsfeinde, gegen Minderheiten, Katholiken,

Sozialisten, für den „Schutz der nationalen Arbeit". Zwar kamen Bedrohtheitsgefühle auf, anti-britische zu den fortdauernden anti-französischen Ressentiments, Machtansprüche nach außen wie im kurzfristig aufflammenden Kolonialenthusiasmus der 80er Jahre, aber das waren noch keine Hauptfaktoren der Politik. Die Außenpolitik war fest in der Hand Bismarcks. Er hat Krisen innenpolitisch genutzt, hat erfolgreich an nationale Sentiments appelliert, aber seine Außenpolitik blieb, wo es darauf ankam, unabhängig von innenpolitischen Erwägungen, von popularen Meinungen und Stimmungen; das Experiment der Kolonialpolitik wurde abgebrochen, als es 1885 außenpolitisch notwendig schien, die Präventivkriegsstimmung gegen Rußland 1887/88 wurde abgefangen, ja unterdrückt. Und das hier Beschriebene gilt auch umgekehrt: Die „Innenpolitik" war für die Kräfte der deutschen Gesellschaft unabhängig von der Außenpolitik.

Das ändert sich im Zeichen der „Weltpolitik", des Hochimperialismus. Macht- und Weltpolitik bestimmen nun weitaus stärker die inneren Triebkräfte der Nation, ja werden in vielem die dominierenden Dimensionen der Politik. Imperialismus und Nationalismus prägen die Rhetorik, die politischen Ideen, die Deutungsmuster, begründen sozial- wie verfassungspolitische Zielsetzungen, beeinflussen die Wirtschaftspolitik, beherrschen Rüstungs- und zumal Flottenpolitik. Die wachsenden Kosten des Imperialismus und der Rüstung rücken die Finanz- und Steuerprobleme in den Mittelpunkt der politischen Auseinandersetzung. Damit aber ist die Frage nach der Fortdauer des konservativ-preußischen Machtkartells gestellt – das Auseinanderklaffen einer rechten Rüstungsmehrheit und einer linken Steuermehrheit 1913 ist symptomatisch –, und letzten Endes also die Verfassungsfrage aufgeworfen, die Kosten von Macht- und Weltpolitik gefährden das System. Insofern läßt sich sagen, Imperialismus und Nationalismus lösen die eigentliche innenpolitische Dynamik der Jahre vor dem Weltkrieg aus, denn beide legitimieren zwar das System, leiten über die Finanzprobleme aber auch seine Veränderung ein. Die Innenpolitik verliert an Autonomie, gerät in den Bannkreis der Weltpolitik.

Zwar blieben konkrete außenpolitische Entscheidungen und Informationen arcana imperii, Sache eines kleinen Machtzirkels, abgehoben von Öffentlichkeit, Parteien, „inneren" Bewegungen; im einzelnen also gab es, weit mehr als heute, Autonomie der Außenpolitik. Aber wir haben gezeigt, wie stark die indirekte Wirkung der imperialistisch gestimmten Öffentlichkeit auf den Generalkurs der Außenpolitik wurde. Man braucht nur die Handlungsfreiheit Bismarcks mit den Handlungszwängen zu vergleichen, unter denen Bethmann Hollweg stand. Gerade weil die Außenpolitik Massen ergreift, spielt sie zur Ablenkung innenpolitischer Spannungen keine wesentliche Rolle mehr. Diese machiavellistische Möglichkeit ist mit der Relativierung der außenpolitischen Autonomie gerade vorbei, Ablenkungstheorien verkennen den Strukturwandel, der Innen- wie Außenpolitik miteinander zur Gesamtpolitik verband.

Es ist kein Zufall, daß die Erörterung des Verhältnisses von Innen- und Außenpolitik zu den Fragen nach „Politik von oben" und „Politik von unten" führt. In beiden Fällen geht es um gegenseitige Durchdringung. Der Imperialismus ist nicht einfach eine Ablenkungsstrategie der herrschenden Klassen zur Erhaltung ihrer Macht und ihres Systems und nicht eine „Methode" zur Beschaffung von Legitimation gewesen. Er war nicht Mittel zu einem Zweck, sondern selbst Zweck. Das haben wir im einzelnen gezeigt. Natürlich gibt es Unterschiede, manche fangen an, andere folgen. Die machtstrategischen Gründe, die eine Großmacht wie das Deutsche Reich in den Imperialismus führten, waren zuerst Sache des kleinen außenpolitischen Establishments, die ökonomischen Motive für das imperialistische Engagement in der Welt schlugen zuerst bei den wirtschaftlichen Eliten durch, die imperialistischen Ideologien und ihre national-kulturellen Rechtfertigungen, die Ansichten von einer deutschen „Kulturmission" bei der Gestaltung der Welt, entstanden zuerst bei den gebildeten Schichten. Die so wichtige und so verhängnisvolle Flottenpolitik ist in ihrem Ausmaß und in ihrer Konzentration auf eine „Schlachtflotte" ohne das Marine-Establishment und seinen Exponenten Tirpitz und erst recht ohne das subjektive Hobbyengagement des Kaisers, seine Weltmachtphantasien und seine Haßliebe zu England, nicht zu denken; sie wäre aber ohne Flottenprofessoren und Rüstungsindustrie nicht so schnell vorangekommen. Der Imperialismus war kein Kunstprodukt, von oben initiiert und weitergetrieben, sondern ein Massen-Phänomen, Resonanz und Erfolge der ersten Initiativen stehen dafür. Der Flottenverein entsprach eben einer allgemeinen Stimmung, man denke nur an die Matrosenanzüge und -kleider; ohne diese Stimmung bliebe es auch ganz unbegreiflich, daß es parteistrategische Erwägungen waren, die die deutschen Katholiken ins Lager der Welt- und Flottenpolitik gezogen haben. Die Weltpolitik also war nicht die des Kaisers oder die des „Herrschaftskartells", sondern die der Deutschen; die Flotte war die Flotte des Kaisers, gewiß, aber sie war auch die Flotte der Deutschen. Die deutschen Mittelschichten sind freiwillig und von sich aus imperialistisch geworden, haben sich vom Raum- und Machtrausch ergreifen lassen, und das hat bis ins kleine Bürgertum, bis in die Masse der Landbevölkerung und auch in Teile der Arbeiterschaft hineingewirkt. Auch die „kleinen Leute" also – und die Katholiken – waren Anhänger und Mitträger des nationalen Imperialismus und seines Systems. Dabei aber blieben sie, das ist wichtig, Gegner des Systems von Junkern und Militaristen. Sie haben die konkrete Politik nicht „gemacht", und sie haben sie auch nicht vorangetrieben – so waren die Rollen in Deutschland nicht verteilt –, aber sie haben, über gewählte Parteien, die Lasten des Imperialismus getragen und ihm zugestimmt.

Der Imperialismus hat das deutsche politische System – über den Nationalpatriotismus hinaus und den Grundbestand von Rechtlichkeit, ökonomischer Sicherheit und sozialem „Fortschritt" – neu und intensiver legitimiert. Die Deutschen mögen – später – die außen- und weltpolitischen Fehler und

Irrwege ihrer Regierung und die Tatsache, daß sie auf Grund des Systems zu Illusionen und Realitätsblindheit tendierten, beklagt haben – Verführte waren sie nicht, sie haben Geist und Substanz der imperialen Weltpolitik des Reiches mitgetragen. Nur die Auswüchse der Flotten-Hochrüstung, tabuisiert und von der erratisch-irrationalen Person des Kaisers bestimmt, sind eine Sonder-Wirklichkeit, in der das Moment „von oben" weit, weit das „von unten" überwiegt.

Auch die linksbürgerlichen Gruppen und Intellektuellen, die das Regierungsestablishment, den verhängnisvollen Kaiser, die Alldeutschen und andere Super-Patrioten bekämpften, waren nicht anti-imperialistisch, nicht gegen deutsche Weltpolitik; sie wollten eine andere, nämlich rationalere, besser kalkulierte, weniger lautstarke Politik, andere Wege und Mittel, nicht eigentlich andere Ziele. Max Weber steht dafür.

Wenn wir das Ganze der Politik in den Jahrzehnten des Kaiserreichs bisher durch die Dominanz der Welt- und Außenpolitik über die Innenpolitik im Zeichen des Imperialismus charakterisieren, so müssen wir dazu das Spezifische des deutschen Imperialismus näher bestimmen. Imperialismus war ein europäisches Phänomen, ja ein Weltphänomen, auch die neuen außereuropäischen Mächte, Japan und die USA, wurden imperialistisch. Alle Hauptvölker der Welt sind vom imperialistischen Fieber ergriffen worden, überall haben sich die Prioritäten ähnlich wie bei den Deutschen verschoben. Der Übergang vom kalten (oder „trockenen") Krieg zum heißen Krieg 1914 lag bei allen im Bereich des Möglichen, ja des Erwarteten. Die Deutschen waren nicht, wie manche Nationalkritik es will, imperialistischer, machtbesessener, kriegswilliger als andere.

Aber es gibt doch äußere wie innere Faktoren, die den deutschen Imperialismus spezifizieren. Zuerst: Die Deutschen waren imperialistische Spätkommer, wie in Europa nur die Halbgroßmacht Italien und sonst die beiden neuen Weltmächte, Japan und die USA, aber die alle waren Mächte am Rande, nicht im Zentrum der politischen Welt. Die objektive Tatsache des Spätkommens bewirkte subjektiv bei den Deutschen das Gefühl, zu kurz gekommen zu sein, die Welt schien vergeben. Das gab ihrem Imperialismus etwas Hektisches und Parvenuhaftes, Vordrängendes und auch Auftrumpfendes. Die Politik war von der seltsamen Maxime des Überall-dabei-sein-, des Überall-mitreden-Wollens geleitet. Die öffentliche Stimmung unterschied sich da nicht von den Aktionen der Diplomatie und des Kaisers. Der Übereifer nun war begleitet von der deutschen Perfektion und Effizienz, dem Ergebnis von Disziplin, Organisation und Begabung. Der fulminante und rasante Aufstieg der deutschen Wirtschaft und die Eroberung von Exportmärkten sind symptomatisch für diese Effizienz. Spätgekommen, übereifrig und schrecklich effizient, das machte die Deutschen nicht eben beliebt in der Welt, bei ihren älteren und jüngeren Konkurrenten. Schließlich, die Deutschen und ihr Reich wurden imperialistisch auf der Basis ihrer machtgeographisch gefährlichen, ja vertrackten Mittellage. Sie hatten es auch ohne

Imperialismus schon mit kontinentalen Gegnern zu tun, mit Sicherheits-, ja Existenzbedrohung durch einen Zweifrontenkrieg. Ihre Basis zu imperialistischem Weltausgriff, zu dem sie die Wahrung ihrer (Groß-)Machtposition auf dem Kontinent drängte, war notwendig schmal und schwach. Deshalb war Bismarck letzten Endes Kontinentalpolitiker geblieben, deshalb noch einmal geriet der deutsche Imperialismus so schnell ins Angestrengte und Forcierte. Die Staatsräson war da besonders schwer zu wahren. Kurz, Normalität geriet ihnen wieder leicht an die Grenzen des Anomalen. Mit der abenteuerlichen Flottenpolitik dann haben sie, von ihrem selbstherrlichen Kaiser mißgeleitet, diese Grenzen überschritten, haben sich aus Macht- und Geltungssucht in eine hoffnungslose Abschreckungspolitik hineinmanövriert, die ihre begrenzten imperialen Chancen zusätzlich verspielte.

Wir erwägen das Ganze der politischen Geschichte, die wir in diesem Bande vorgestellt haben. Ist das Kaiserreich in erster Linie ein System, das eine Geschichte hat, oder ist es vor allem selbst erst seine Geschichte, von Prozeß und Veränderung geprägt? Dominiert die Einheit des Ganzen, die auch die Spätphase z. B. an die Gründungsphase bindet, wie wir mit dem Ausdruck Kaiserreich suggerieren, das Sich-Durchhaltende also, oder dominieren die Unterschiede, die Veränderungen und Übergänge, wie es die Wahl von Ausdrücken wie Bismarck- oder Reichsgründungszeit und Wilhelminische Zeit nahelegt? War Deutschland vor 1910 politisch ein wesentlich anderes Land als das Deutschland von 1875? Oder, um die abstrakten Erwägungen zu konkretisieren: Hat der labile Kompromiß der Reichsgründung sich dynamisch entwickelt oder hat Bismarcks Einhegung der Bewegungskräfte fortgedauert oder jedenfalls maßgeblich fortgewirkt? Solche Fragen sind nicht einfach mit Ja oder Nein zu beantworten. Zunächst muß man die Einheitlichkeit, das politische System betonen. Die Verfassung gibt einer Gesellschaft für einige Zeit die politische Form, setzt die Rahmenbedingungen für politisches Handeln, für Ereignisse und Prozesse. Und die Anfänge, die Gründungskonstellation eines historischen Gebildes bestimmen lange und nachhaltig, wie es sich entwickelt und wie es sich entwickeln kann. Wenn wir das Deutsche Reich von 1871 bis 1918 z. B. als Obrigkeitsstaat charakterisieren, so geben wir damit eine solche Grundprägung an. Und manche andere wäre benennbar.

Wir neigen dazu, vor allem von den Belastungen zu reden, die mit einem System gegeben sind, seiner Krisenanfälligkeit, seinen Funktionsmängeln, seiner Entwicklungsunfähigkeit. Wir erinnern daran, daß solche Anfälligkeiten und Mängel schrecklich normal sind und nicht der Aufregung der Intensiv-Betrachter und Nabelschauer wert. Ob das Deutsche Reich krisenanfälliger war, schlechter funktionierte als andere Staaten und Gesellschaften, ist schwer zu ermessen. Im Vergleich etwa zum parlamentarischen Frankreich mit seinen dauernden Regierungswechseln mochte das Deutsche Reich stabil und funktionsfähig erscheinen. Immerhin, das, was wir die „stabile Krise" vor 1914 genannt haben, und viele andere Probleme weisen auf Risse im Bau des Reiches hin, auf Belastungen also. Schwierig ist es mit der Frage nach Entwicklungsmöglichkeiten. Probleme und Belastungen kommen da erst in den Blick, wenn man ein zukünftiges Ziel der Entwicklung vorgibt. Wir haben uns dagegen immer wieder verwahrt, gegen den ungeschichtlichen Anachronismus, gegen den Maßstab von außen und von hinterher, die Moralisierung nach Gut und Böse, gegen das Rechten mit den Urgroßvätern, gegen die Kritik der Vergangenheit im Namen einer idealgesetzten Zukunft oder Gegenwart. Es ist nicht die Aufgabe des Historikers, zu zeigen, wie es eigentlich nicht gewesen ist, aber hätte sein sollen. Und das ist auch nicht das Interesse des Lesers. Daß nichts so schön war, wie es hätte sein sollen, wie es vielleicht hätte werden können, daß es vielmehr schlecht und unvollkommen war, daß die Staaten und Gesellschaften zur Zeit Bismarcks keine Patent-Demokratien waren, ist weiter keines Aufhebens wert. Wir sind nicht in einen Plan der Weltgeschichte eingeweiht, wir wollen nicht unsere „Errungenschaften" früheren Zeiten zum Maß setzen, im Namen einer von uns anvisierten Zukunft Probleme und Belastungen vergangener Welten deklarieren, so sehr wir als moralische Wesen immer wieder dazu neigen.

Trotzdem ist die Frage nach der Entwicklungsfähigkeit eines historischen Gebildes, so auch des Deutschen Reiches von 1871, legitim. Denn die Zeitgenossen selbst standen vor Alternativen, und vergleichbare Nachbarländer boten solche Alternativen. Die bürgerlich-nationale und -liberale Bewegung, so haben wir gesagt, war der Juniorpartner der Reichsgründung, sie erstrebte eine mähliche Verbürgerlichung, eine Liberalisierung und Parlamentarisierung des „Systems". Das Thema tritt seit den 80er Jahren zurück, wird aber im Ersten Weltkrieg und auch schon vor 1914 wieder aktuell. Darum ist die Frage nach der bürgerlich-liberalen oder gar demokratischen Entwicklungsfähigkeit des deutschen Obrigkeitsstaates nicht anachronistisch, ist legitim, darum sind Erwägungen über Belastungen, Hemmungen, Barrieren und Chancen, mögliche und reale Entwicklung nützlich.

Die Reichsgründung und Bismarcks Verfassung wie Verfassungspraxis haben das Gewicht der Traditionsmächte in Deutschland erhalten und neu befestigt. Bismarcks Reichsgründung „von oben", nach drei Kriegen und nach dem durchgestandenen Verfassungskonflikt mit dem Parlament, hat den konservativen Mächten Preußens, dem unabhängigen Königtum und dem Adel, der Bürokratie und dem Militär ihr starkes Gewicht erhalten, hat die preußischen Traditionen, die man als „borussisch" bezeichnen kann, bestärkt. Das Reich war eine preußische Geburt, nord- und ostdeutsch dominiert. Die Hoffnung der Kleindeutschen, Preußen in einem nationalen Reich zu entborussifizieren, hat sich nicht erfüllt. Bismarck hat versucht, gerade durch sein Bündnis mit den Mächten der Zeit, der liberalen und nationalen Bürgerbewegung, Monarchie und Adelsmacht, Militär- und Beamtenstaat neu zu befestigen. Seine Verfassung hat Monarchie und preußische Hegemonie über seine Konstruktion des Föderalismus, mit dem Bundesrat, neu zementiert, die andrängende Parlamentsmacht eingehegt und begrenzt; er hat durch die frühe Einführung des allgemeinen Wahlrechts Massen jenseits des bürgerlichen Parlamentarismus mobilisiert, hat durch den Ausschluß der Parteien von der politischen Verantwortung und seinen gewalttätigen Umgang mit ihnen ihre Zerspaltenheit und Regierungsunfähigkeit verstärkt. Das hat die Inhomogenität der deutschen Gesellschaft und die antagonistischen Lager und Milieus – Ergebnis einer langen Geschichte – weiter befestigt. Es ist die Modernität der Bismarckschen Modernitätsbarrieren gewesen, die sie so stark gemacht hat.

Aber Bismarck hat auch die deutschen Verhältnisse revolutioniert, das Reich gegen seine Herkunftspartei gegründet, sich mit den stärksten Kräften der Bewegung verbunden, den national-liberalen, die zum Juniorpartner aufrückten; der Reichstag war eine Macht, das allgemeine Wahlrecht wurde doch auch zur Quelle seiner Stärke und seiner Legitimität, das Prinzip der Kanzlerverantwortlichkeit war das Einfallstor möglicher Systemveränderung. Das Reich von 1871 war keine großpreußische Gründung, keine monarchische, obrigkeitliche, feudale, militaristische Festung, es war ein Kompromiß; es hatte trotz aller Weichenstellungen eine offene Zukunft, nichts war auf Dauer und unwiderruflich blockiert, vieles war und blieb möglich. Das Reich hatte eine Geschichte vor sich.

Manche Historiker betonen allein die Kontinuität und die Erstarrung der Herrschaftsverfassung; das großpreußisch-konservative Übergewicht der Gründung habe alles weitere festgelegt. Die Geschichte des Kaiserreichs, zumal nach der sogenannten „zweiten Reichsgründung", also der großen Wende von 1878/79, wird so reduziert auf Systemerhaltung, auf die darauf zielenden „Strategien" des Herrschaftskartells, auf die zunehmende Altmodischkeit des Herrschaftssystems in einer immer moderner werdenden Wirtschafts- und Klassengesellschaft. Ausgrenzung und Unterdrückung der Reichsfeinde, plebiszitäre Wählermobilisierung durch nationalistische und anti-sozialistische Parolen, Staatsstreichdrohungen, Protektionismus, die Versuche zur „Sammlung" der bürgerlichen Eliten und später auch ihres Massenanhangs, Welt- und Flottenpolitik als Großmanöver zur Ablenkung von inneren Spannungen, zur Integration der bürgerlichen Gesellschaft in das konservativ beherrschte System – das waren solche Strategien. Letzten Endes lief dann die Geschichte vor 1914 auf die Alternative von sozialistischer Revolution und konterrevolutionärem Staatsstreich hinaus, alle innere Dynamik der Zeit bleibt vom „System" umfangen. Es gibt vieles, was sich mit diesem Interpretationsmuster zusammenschließen und erklären läßt. Wir aber haben unsere Geschichte anders erzählt: Das „Machtkartell" war kaum je eine Einheit, und kaum je war eine der vielen Sammlungen eine solche. Die systemerhaltende Machtstrategie ist jeweils eine Konstruktion, konkrete Politik, von den Zöllen bis zur Sozialversicherung und zur Flotte, hatte andere Wurzeln, das persönliche Regiment paßt nicht in das Muster. Die einzelnen nicht-sozialistischen Bewegungen, ob agrarisch, mittelständisch oder imperialistisch, sind nicht von oben gemacht worden, die Bauern waren nicht das Stimmvieh der Junker, die Bürger waren viel bürgerlicher als vermutet. Keineswegs stand das „System" ständig vor der Entscheidung über ein polarisiertes Entweder/Oder, vor extremen Möglichkeiten und Existenzkrisen, sein primärer Zustand war Normalität. Alles war vielschichtiger, widersprüchlicher, unbeständiger – kurz, die Geschichte des Kaiserreichs ist, so jedenfalls unsere These, nicht primär als konservative Systemerhaltung zu charakterisieren.

In der Politik ging es zunächst um die Bewältigung gemeineuropäischer Probleme im Übergang zur industriebestimmten Wirtschaftsgesellschaft, zur politisierten Massengesellschaft, zum bürokratischen Interventions- und Sozialstaat, im Antagonismus der Klassengesellschaft, in der imperialistischen Konzentration der nationalen Kräfte; es ging um Steuern und Zölle, Sozialpolitik und Bildungsexpansion, Verrechtlichung und Bürokratie, um das Verhältnis von Staat und Kirche, Nation und Minderheiten. Verbürgerlichung und Demokratisierung, Pluralismus und politischer Massenmarkt sind ebenso gemeineuropäisch wie die großen Frontstellungen zwischen Stadt und Land, Bürgern und Proletariat, Katholiken und Antiklerikalen. Selbst was uns als verhängnisvolle deutsche Entwicklungshemmung in die Augen springt, die Schwäche des Liberalismus und seine langsame Wendung nach rechts, ist kein spezifisch deutsches Phänomen. Das Zutrauen in Fortschritt und Modernität geriet ins Zwielicht, Modernisierungsleiden und Modernitätszweifel gewannen an Gewicht, das Tocqueville-Dilemma, Freiheit und Gleichheit zu versöhnen, die Max Weber-Frage nach Führerauslese und politischer Legitimation und nach individueller Personalität in der Massengesellschaft charakterisieren eine gemeinliberale Krise. Auch das, was noch mehr als deutsche Besonderheit in die Augen springt, der Überhang von Adelsmacht und die Sonderstellung des Militärs, haben etwa in England und vor der Dreyfus-Affäre in Frankreich ihre Parallelen.

Nimmt man das spezifisch Deutsche in den Blick, so darf man das, was vor Augen liegt, nicht zugunsten der Einheit eines Systems beiseite schieben, daß nämlich zwei Persönlichkeiten die beiden Hauptabschnitte des Zeitalters mitbestimmt haben: Bismarck und Wilhelm II., der Unglücksmann. Sie haben den Strukturen und Prozessen erst Richtung und Akzent gegeben. Gewiß, es war das System, das einen starken Kanzler, einen selbstherrlichen Monarchen ermöglichte, aber das macht die Individualitäten nicht gleichgültig, Kaiser Friedrich (III.) oder Caprivi waren bei gleichem Herkunftsmilieu Alternativtypen. Individualitäten, nicht nur Systeme sind es, aus denen Geschichte gewoben ist.

Aber wichtiger noch: Die politische Welt in Deutschland hat sich wesentlich gewandelt. Das Reich ist, auch wenn Bismarck für eine „innere Reichsgründung" wenig getan hat, bis 1914 zusammengewachsen. Die Partikularisten und Regionalisten werden in seinem gelungenen Föderalismus eingebunden, die zu Anfang als Reichsfeinde stigmatisierten Katholiken und Linksliberalen werden seine Mitträger, selbst die lange ausgegrenzten Sozialdemokraten fühlen sich bei Ausbruch des Ersten Weltkriegs emotional und politisch dem Reich zugehörig; die Weimarer Koalition aus Sozialdemokraten, Zentrum und Linksliberalen, die das Reich, und sogar Preußen, erhält, ist die Koalition der Reichsfeinde und der Opposition der Gründungszeit. Das ist eine bemerkenswerte Entwicklung. Schließlich, das Reich ist auch politisch bürgerlicher, demokratischer geworden, aus den Staatsstreichbestrebungen wurde nichts, der Reichstag hat erheblich an Macht gewonnen – freilich nicht die entscheidende, die ganze Macht –, die Parteien fangen an, sich in Koalitionen zu fügen. Gewiß, Bismarck, der an die Beständigkeit politischer Ordnungen – auch der von ihm mitgestalteten – nicht geglaubt hat, hätte 1914 die Fortdauer der monarchisch-preußischen Prävalenz mit Genugtuung konstatiert, aber sich zugleich und mehr noch über die eingetretenen Veränderungen gewundert. Wir wissen nicht, ob die Stagnationskrise vor 1914 zu einer Systemveränderung geführt hätte. Aber das „Herrschaftskartell" wußte sehr wohl, wie gewaltig sich die Lage geändert hatte.

Kurz, die Geschichte des Reiches von 1871 bis 1914 ist eine Geschichte gemeineuropäischer Normalität, gelungener Problemlösungen ebenso wie gescheiterter Reformbestrebungen und gehemmter Modernisierung, gewaltigen Wandels jedenfalls und gewaltiger Gewichtsverschiebungen.

Historiker, die sich darum mühen, der Vergangenheit gerecht zu werden, die Urgroßväter nicht apologetisch zu loben und nicht kritisch zu verdammen, ergeben sich dem Abwägen, dem Einerseits/Andererseits, dem entgegensetzenden Aber-doch, dem einschränkenden Freilich, dem zwiespältigen Sowohl-als-auch, sie betonen die Uneindeutigkeiten, die Ambivalenzen der Wirklichkeit und der vermeintlichen Wirklichkeitssysteme. Das gilt auch für unseren Fall, damit müssen wir den Leser wieder strapazieren. Wir müssen die beiden vorgestellten Betrachtungsperspektiven noch einmal variieren.

Es gab das „System" und es gab die Belastungen und Entwicklungsbarrieren, sie dauerten fort, sie prägten auch die Modernisierungen. Bismarck hat dem bürgerlichen Selbstbewußtsein einen lang nachwirkenden Stoß versetzt, der siegesdeutsche Nationalismus und die Orientierung am Typus des Erfolgsdeutschen haben das verstärkt. Bismarcks Umgang mit den Parteien zielte auf Anpassung und hat sie in ihrer Negativ-Politik, ihrer „Unverantwortlichkeit" fixiert. Die sicherheitspolitischen Probleme des Reiches haben bewirkt, daß seine militärstaatliche Grundprägung sich durchhielt. All das hat dem Juniorpartner von 1871 den langen Atem genommen, ihm die Aufstiegs-Anwartschaft entzogen. Und die Lebenstragik des Kronprinzen Friedrich hat die liberale Strategie, Bismarck wenigstens unbeschädigt auszusitzen, zunichte gemacht. Die in der Bismarckzeit eingelebte Struktur hatte langwirkende Folgen.

Es ist aber zunächst nicht die Gründungskonstellation, sondern die Häufung von Problemen, welche gleichzeitig zur Lösung anstanden, die die deutsche Situation belastet hat: Die Auseinandersetzung des Bürgertums mit dem Adel wurde durch die neue Klassenkampffront gegen das Proletariat überlagert, das Wahlrecht wurde demokratisiert und früh eine sozialistische Arbeiterpartei gegründet, so daß der Liberalismus nach rechts rückte, in Konfrontation zu den neuen Massenparteien geriet, ehe er seine Stunde gehabt hatte, die Verfassungsfragen wurden durch den Nationalismus erst überholt und dann wieder aktualisiert. Bei soviel Krisen und Problemen schien sich der obrigkeitliche Beamtenstaat über den Parteien zu bewähren. Er war rechtsstaatlich und reformfähig, Gegengewicht gegen den ungebändigten Interessenpluralismus, die Bedrohungen des Klassenkampfes, Haltepunkt für den unsicheren und labilen deutschen Nationalismus. Unter seinem Dach dann hat sich auch die kryptoweltanschauliche Fixierung der Parteien, die Bildung von Lagern und politischen Glaubensbekenntnissen intensiviert, die Parteien haben, noch einmal, nicht an volksparteilicher Integrationsfähigkeit und nicht an gesamtstaatlicher Kompromiß- und Verantwortungsfähigkeit gewonnen. Wirtschaftskrise und Staatsintervention riefen unter den Bedingungen des politischen Massenmarktes die Vielzahl der konkurrierenden Interessen auf den Plan, darunter auch starke sozial-ökonomisch konservative Kräfte etwa in Landwirtschaft und Mittelstand. Diese moderne und sozusagen normale Entwicklung kam unter den Rahmenbedingungen des politischen Systems und der Art, wie Bismarck es seit 1878 gehandhabt hat, dem Status quo zugute, blockierte zusätzlich einen Machtgewinn des Reichstags, verschärfte die desintegrative Wirkung der Parteienpluralität.

Metapolitisch haben wir deshalb gesagt: Die Modernisierung verlief in Deutschland in vieler Hinsicht schnell und hektisch, viel Ungleichzeitiges war darum gleichzeitig und viele Spannungen intensivierten sich, Modernisierungsverluste und -leiden überholten zum Teil und zu Zeiten die Modernisierungsgewinne, vor allem die des wirtschaftlichen Wachstums. Moderne Destabilisierungen kamen dem System vormoderner Stabilitäten zugute. Diese Problemhäufung bestärkte den politischen Status quo, teils von selbst, teils durch Ausnutzung der Systemmöglichkeiten in diesem Sinne, zumal des allgemeinen Wahlrechts. Wir können die Entwicklung als gezähmte und geteilte, eingeschränkte Modernisierung charakterisieren. Die verspätete Nation hatte es schwer, politisch eine relative Ruhelage zu gewinnen. Kurz, wenn wir diesen unseren zweiten Gang durch das „Einerseits" zusammennehmen: Die Stärke der alten Mächte und ihres Systems wie dessen moderne Elemente – Wahlrecht, Verbände, Sozialstaat z. B. – haben im Verein mit dem spezifisch deutschen Problemdruck der Verspätung bewirkt, daß der Obrigkeitsstaat von 1871 Obrigkeitsstaat blieb und ebenso der Antagonismus der Milieus erhalten blieb.

Und dagegen noch einmal das „Andererseits" der Veränderungen. Was 1871 unproblematisch war, ist bis 1914 zum Problem geworden: die Einheit der Führung und die Rekrutierung dieser Führung aus der Beamtenschaft; die selbstverständliche Legitimität der Monarchie schwindet und ähnlich die des Beamtenstaates Preußen, er erstarrt zum Kastenstaat und wird unerträglich; die alten Eliten werden anachronistisch; aus dem spannungsvollen Nebeneinander von Regierung und Parlament entsteht eine Lage, in der die Regierbarkeit zur Frage steht; die Ausgrenzung der Sozialdemokratie dauert fort, gewiß, wird jedoch vom bürgerlichen Bemühen einer neuen Integration abgelöst, und die Sozialdemokratie selbst wird reformistisch. Die Verfassung und die Machtverteilung haben sich gewandelt, der Reichstag hat an Macht gewonnen, zuletzt infolge der Dialektik des Militarismus und des Imperialismus, die Rüstung mußte bezahlt werden. Seit der Bildung des Blocks 1907, aber auch nach seinem Zerfall liegt der stille Verfassungswandel zutage. Nicht nur das alte System ist problematisch geworden. Ein neues zieht herauf. Wirtschaft und Recht sind verbürgerlicht, die Teilnahme der Bürger an der Politik ist gewachsen und fest konsolidiert, das Volk ist politisch mobilisiert, das stärkt, bei aller Ambivalenz, auch den Reichstag. Neben den Obrigkeitsstaat tritt – auch im Politischen – die Bürgergesellschaft. Am Ende steht eine Blockade, die doch keine Paralyse ist. Der Machtstaat steht vor der Demokratie.

Vor 1914 stand es mit dem Reich weder gut noch schlecht. Die Republik konnte auf seine Spätphase zurückgreifen, und so konnten es die Anti-Republikaner, das war die Ambivalenz. Wenn man von 1871 her sieht, dann ist nicht die Fortdauer eines Systems das Auffallende und Bestimmende, sondern seine Entwicklung, seine Veränderung. Das Kaiserreich ist seine Geschichte.

Wir kommen zum anderen Teil unserer Schlußüberlegungen. Wenn wir die beiden Bände dieser Geschichte zusammennehmen, so haben wir es erst recht mit einem Ensemble von Geschichten zu tun.

Wir beginnen mit einer allgemeinen Erwägung. Man muß zuerst ganz energisch festhalten, daß Teilwirklichkeiten einer Lebenswelt auch schlicht nebeneinander bestehen, unabhängig voneinander. Die Welt der exakten Wissenschaften oder die Welt der Kunst z. B. existieren zunächst und vor allem für sich, nebeneinander, und so auch die Welt des Landes und die Welt der Stadt, die Welt der Bürger und die Welt der Arbeiter. Man muß sich der natürlichen Tendenz unseres Denkens, unseres Begreifenwollens widersetzen, ein einheitliches Prinzip auszumachen, das solche Welten im Innersten zusammenhält: einen Zeitgeist, einen Nationalcharakter, eine Klassensituation, ein Wirklichkeitsmuster, einen Systemzwang. Man muß das Nebeneinander zuerst als Nebeneinander anerkennen. Daß Nebeneinander natürlich auch Miteinander ist, ist erst ein zweiter, ein nachgeordneter Gesichtspunkt. Daß darum z. B. die deutsche „Kultur" der Kaiserzeit einen positiven, die Politik einen wenig positiven Eindruck hinterläßt, daß sich daraus eine Erfolgs- und eine Problem- oder gar Unglücksgeschichte ergibt, ist nicht sonderlich verwunderlich oder gar paradox, auch wenn sich über das Verhältnis nachzusinnen lohnt. Wenn wir nun neben den unterschiedlichen Formen des

Nebeneinanders unserer „Potenzen“ und den Gründen, die es dafür gibt, das Miteinander bedenken, so bietet sich dafür die Leitfrage nach den Wechselwirkungen und Bedingtheiten an.

Wir beginnen mit der Deutungswelt, mit der Kultur. Kultur verbindet die Deutschen zunächst mit den anderen, Kultur ist gemeineuropäisch. Säkularisierung und Rationalisierung und Abstraktion, Rationalitätskritik, Kunstautonomie und Funktionalismus, das sind Stichworte, die gemeineuropäische Trends angeben. Daß der Beitrag der Deutschen zu und ihre Teilnahme an der europäischen Kultur spezifisch deutsch geprägt sind, versteht sich von selbst, europäische Kultur ist durch nationale Pluralität charakterisiert. Daß die Deutschen in bestimmten Bereichen, den Wissenschaften, der Musik, ja auch den Denk-, Erkenntnis- und Kunstumbrüchen nach 1900 eine besondere, manchmal führende Rolle spielten, haben wir gesagt. Kulturelle Leistungen und Errungenschaften, zumal in den Kernbereichen von Kunst und Wissenschaften, gehören in eine Erfolgsbilanz der Deutschen – ihre Weltgeltung, wenn es sie denn gibt, beruhte von damals bis heute darauf. Dabei vollendet sich in dieser Kultur – von Wagner bis zu Fontane und Theodor Mommsen – ebenso das 19. Jahrhundert in all seiner Größe, wie sich der Aufbruch ins 20. Jahrhundert – von Nietzsche über Max Weber bis zum Blauen Reiter – vollzieht. Dieser Auf- und Umbruch vor allem ist es, der bis heute, noch einmal, in der Welt so gewaltig nachwirkt, die Entstehung der Moderne aus der Unruhe einer Bürgerkultur.

Es ist wichtig zu wiederholen, daß es eine Sonderung, wie sie manchmal beliebt ist, in gute und böse deutsche Kultur nicht gibt und nicht geben kann, in das, was uns in unseren fortschrittlichen Selbstverständlichkeiten gefällt oder jedenfalls nicht stört, und das, was wir moralpolitisch mißbilligen, des Prä-Faschismus bezichtigen. Nietzsche ist das Welt-Genie, das quer zu solchen Besserwissereien steht. Aber es gibt Schattenlinien.

Kultur ist autonom, ist nicht Politik, ja Nicht-Politik, und zwar deshalb, weil Politik Grenzen hat, weil sie nicht und nicht immer einfach das Schicksal ist, wie Napoleon es uns angesagt hatte, weil das vielmehr nur in Existenzkrisen gilt, im Weltkrieg und zwischen den Weltkriegen z. B. Weil dieser Tatbestand von Intellektuellen so schnell beiseitegeschoben, ja verdächtigt wird, deshalb betonen wir so emphatisch diese Stellung der Kultur in der Lebenswelt. Daß sie keine Oase ist, keine Idylle, ist klar; sie antwortet auch – wir betonen: auch – auf die Probleme der politisch-sozialen Welt, deutet sie oder will Gegen-Welt sein, bezieht sich auf sie und wirkt auf sie zurück – aber vor all solchen Bezügen und Wirkungen rangiert die Autonomie, der Eigenweltcharakter der Kultur. Kunst ist gewiß Produkt ihrer Zeit, ihrer Gesellschaft und deren Wirklichkeitserfahrung wie -deutung. Aber man muß sich gegen einen Reduktionismus zur Wehr setzen, der Kunst, klug und erleuchtend durchaus, in ein Konglomerat von gesellschaftlichen und ideenpolitischen Bezügen verwandelt. Kunst ist zuerst Kunst, eine eigene Form und eine eigene elementare Erfahrung von Leben und Welt, ist Geheimnis,

Mythos und Weltentwurf, manchmal auch Antwort auf frühere, auf bisherige Kunst. Wissenschaft – als Teil der Kultur – ist zuerst Wissenschaft, Arbeit an der fortgehenden Erkenntnis ihrer Gegenstände und jeweils Stadium der Problembewältigung. Darauf beruht ihre Wahrheit, beruht ihre Geltung. Daß Institutionen, ideologische Perspektiven der Forscher, ideologische Erwartungen ihrer Zeitgenossen eine Rolle im Zusammenhang der Entdeckungen spielen, ist gewiß, aber es ist nicht die Hauptsache. Max Weber ist ein Produkt der deutschen, der wilhelminischen Bürger-Gesellschaft, gewiß, aber vor allem ist er ein Bahnbrecher von Einsichten in die gesellschaftliche Wirklichkeit des 20. Jahrhunderts, ein Meister dieser Einsichten. Selbst Religion, so innig sie an die gesellschaftlichen Gebilde der Kirchen gebunden ist, hat ihre Autonomie.

Kultur ist nicht Politik, nicht Gesellschaft, ist ein Anderes als Politik, als Gesellschaft. Wenn man das zuspitzt, ist sie das Andere der Politik, der Gesellschaft. Aus der selbstverständlichen Unterscheidung wird ein besonderer Akzent. Das Nicht-Politische wurde im Gegensatz zum Politischen zum Unpolitischen. Dies ist für die deutsche Situation charakteristisch. Kultur in Deutschland lebt in dieser Dimension des Unpolitischen, das prägt sie, das prägt ihre Rolle. Man kann das in zweierlei Hinsicht entfalten. Zum einen: Weil die Deutschen nicht in einer parlamentarischen Demokratie lebten, weil Politik als Sphäre, an der Gestaltung der Welt mitzuwirken, keine sonderliche Rolle spielte – trotz aller Wahlbeteiligung und allem Verbandsengagement – weil es für den normalen Bürger keine politischen Karrieren gab, deshalb war Kultur für die Deutschen so wichtig, deshalb waren produktive Menschen der gebildeten Schichten in diesem Bereich so aktiv, daran so besonders interessiert, deshalb hatten Kulturberufe und Kultur im deutschen Leben einen so hohen Rang. Der relative Ausschluß von der Politik drängte die obere Mittelschicht zur Kultur. Zum andern: Weil Kultur so unabhängig neben – oder gar vor – Politik rangierte, weil zwischen Politischem und Unpolitischem ein so deutlicher Abstand existierte, das „Unpolitische" so unangefochten und so stark war, war die kulturkritische Reflexion auf die Modernität, auf Modernitätsverlust und -krise besonders intensiv, war das wissenschaftliche, bei den Protestanten auch das theologische Nachdenken über die Umbrüche der Welt zwischen Tradition und Modernität und über die Zwiespältigkeit der Moderne und die Kunst-Erfahrung dieser Brüche und ihre Verarbeitung so ausgeprägt. Die Abgehobenheit von der Praxis wirkte sich in avantgardistischer Witterung und Theoriereflexion aus, und beides war in der Gesellschaft durchaus anerkannt. Man kann das dialektisch formulieren: Die unglückliche politische Verfassung, die die Deutschen – trotz allem – im Unpolitischen hielt, war eine der Bedingungen ihrer spezifischen Kultur, ihrer Größe und ihres Ranges im Gesamthaushalt des Lebens. Große Kultur, Modernitätsreflexion und ästhetische Moderne sind natürlich auch in ganz anderen Systemen, in denen keine Trennlinie zwischen Politischem und Apolitischem läuft, möglich – wie in Frankreich –, und der größte deutsche Krisentheoretiker der Moderne, Max Weber, war gewiß nicht wie der Thomas Mann von 1918 ein „Unpolitischer", aber das spezifisch Interessante der deutschen Kultur liegt gerade an ihrer Verwurzelung im Unpolitischen.

Auf diesen Abstand, diese Unbeziehung zwischen Politik und Kultur beziehen sich zwei kritische Fundamentaleinwände gegen das Kaiserreich, die wir hier erwähnen müssen. Einmal, so hat zuerst Helmuth Plessner und dann, zurückhaltender und abgewogener, Theodor Schieder argumentiert, habe dem deutschen Nationalismus und Nationalstaat, dem Reich eine Kulturidee, eine universalisierbare Missionsidee gefehlt – wie sie die westlichen Weltvölker, Engländer und Franzosen, besaßen oder ausbildeten, um ihre Ansprüche der Welt gegenüber human zu legitimieren. Es ist wahr, die Deutschen hatten keine solche Idee, und die „Ideen von 1914" und ihre Vorformen blieben hilflos partikular. Und: Das Reich hat nicht in großen Werken der Kunst einen symbolischen Ausdruck gefunden (wie die westeuropäischen Staaten der frühen Neuzeit). Auch Wagners „Ring" und Bayreuth haben diese Rolle nicht gespielt, die Kunstintelligenz und die produktiven Denker blieben in der Mehrzahl dem Reich und seiner politischen Form gegenüber skeptisch, wenn nicht kritisch. Kultur und Reich haben sich gegenseitig „verfehlt" (Th. Schieder). Aber die Frage ist, ob das wirklich Einwände sind. Das Fehlen einer universalistischen Zivilisationsidee mit all ihren Überheblichkeiten und Anspruchsüberladungen erscheint uns heute eher als Vorteil. Die vorsichtige Formel Max Webers, daß auch das „Menschentum" der Deutschen, ihre Lebensgestaltung, Anteil an der Formung der Welt haben sollte, ist eine Gegenposition. Daß viele Deutsche dann in kruden nationalistischen Partikularismus verfallen sind – „am deutschen Wesen solle die Welt genesen", ein Satz, dessen ursprünglich philosophischer Sinn, bei Fichte, schlechterdings unverständlich geworden war –, lag gewiß nicht am Fehlen einer universalistischen Hypertrophierung des Nationalen. Und das Fehlen von Reichskunst scheint mir eher auf den spezifischen Kunstproblemen mit Repräsentation in den letzten 150 Jahren zu beruhen als auf einer weiter beklagenswerten Entfremdung zwischen Kunst und Macht, Kultur und Politik im Kaiserreich.

Der zweite Fundamentaleinwand sammelt sich in Thomas Manns, des nicht mehr Unpolitischen, Formel von der „machtgeschützten Innerlichkeit". Innerlichkeit, man höre die englischen Übersetzungen soulfulness, inwardness mit, ist kritisch gewendet gegen das Abschneiden von Politik, den Verzicht auf Politik, die Potenzierung des simpel Nicht-Politischen zum betont Un-Politischen. Aber Innerlichkeit, seither jedenfalls, richtet sich auch gegen das Eigenrecht des Nicht-Politischen, ist ein Kampfwort im Dienste der Politisierung der Welt und des Lebens, insofern kein historisch beschreibender Begriff. „Machtgeschützt" verweist auf die objektiven Grundlagen der „unpolitischen" Existenz, darauf, daß man anderen den inneren und äußeren „Schutz" überläßt, seien es auch vorbürgerliche Gewalten, weist auf eine Teilung zwischen freier Kultur und Herrschaftsausübung hin und unterstellt natürlich zugleich eine böse Machtverehrung und Untertänigkeit der „guten" Kulturmenschen. Freiraum und Glanz der Kultur waren auch so etwas wie Kompensation für die eingeschränkte Beteiligung an der politischen Macht, insofern kam der Schutz der Innerlichkeit der Identifikation mit dem Staat und also dem Staat selbst zugute; die nationale und nationalistische Euphorie ist auch eine Kehrseite der Kultur des Unpolitischen. Die Formel Thomas Manns gibt die Problematik der „unpolitischen" Kultur durchaus an, mit ihrer kritisch-polemischen Zuspitzung aber gibt sie nicht das Ganze der Wirklichkeit.

Zweifellos, die Kultur und ihre Werke spiegeln und repräsentieren die gewaltigen Umbrüche der Gesellschaft, der Wirtschafts- und Arbeitswelt und auch der politischen Rahmenbedingungen. Die Mobilisierung der Traditionsbestände, die Modernisierung von Leben und Welt ergreift Erfahrungen und Wertungen, Gefühle und Verhaltensweisen und damit Denken und Kunst, Wirklichkeits- und Lebensdeutung. Die Heftigkeit der Modernisierungsschübe, die Probleme der Ungleichzeitigkeiten und der Modernisierungsverluste und -leiden, der Krisen, Spannungen und Zwiespältigkeiten suchen geradezu in den symbolischen Formen der Kultur nach Ausdruck, treiben ihren Wandel voran. Ja, der Wandel der Normenkultur ist ein Teil des Wirklichkeitswandels, Kultur ist, noch einmal, kein Sonderbereich, sondern in das Ganze der Lebenswelt integriert. Die modernen Erschütterungen der Bestände („alles wackelt", hieß es bei Troeltsch) bestimmen die deutsche Kultur und das experimentierende Suchen nach neuen Wegen, jenseits z. B. der konventionellen Unterscheidung von rechts und links.

Wir müssen noch einen weiteren Punkt im Verhältnis von Deutungswelt und Politik erörtern. Viel wirkungsvoller und insoweit auch viel bedeutender noch als die esoterischen Bereiche von Kunst und Wissenschaften ist die Religion. Man scheut sich zu Recht, sie unter Kultur einzuordnen, unser Begriff der Deutungswelt verbindet sie mit der säkularen Kultur. Bei aller meist unterschätzten Selbstbehauptung der Religion und aller quasi-modernen Umbildung nun gibt es einen säkularen Bedeutungsverlust der Religion, natürlich bei den Agnostikern, dann aber auch bei den Protestanten und am Rande schon bei den Katholiken. Religion rückt aus dem Zentrum des Lebens, verliert die Funktion der höchsten und vor allem einzigen Instanz, die den Sinn des Lebens vorgibt oder die Fragen danach beantwortet. Das hat Folgen für die Politik, genauer für das, was wir zum Befremden mancher Leser „Meta-Politik" nennen, die letzten Gründe entscheiden ja über den Wert und Unwert des Politischen im Insgesamt des Lebens. Wenn der religiöse Sinn des Lebens schwindet oder an den Rand rückt, wenn das Schwinden des Letzten nun viel Platz für all das Vorletzte läßt, dann ist die Frage, was an seine Stelle tritt. Die säkulare Kultur bietet sich entweder – wie die Kunst – ihren Teilhabern selbst als Sinn an oder doch als sinnvermittelnde Instanz, aber das bleibt nur Sache von Eliten, ohne vitale Kraft in der Bewältigung von Zufall (Kontingenz) und Unglück. Zur Modernität des 19. Jahrhunderts nun gehört es, daß politische Ziele fundamentale Sinnorientierung beanspruchen, politische Bewegungen Glaubensbewegungen werden, Politik Funktionen erfüllt, die ehedem die Religion wahrnahm – all das, bevor die Erfolge der Marktgesellschaft und die Enttäuschungen der Politik Wohlstand und Selbstverwirklichung auf den Thron gesetzt haben. Nationalismus und Sozialismus sind die beiden großen Beispiele politischer Religion, aber auch im liberaldemokratischen Fortschrittsglauben läßt sich Ähnliches feststellen. Wie immer, der Religionsschwund hat auch im Deutschland der Unpolitischen die Möglichkeiten des politischen Glaubens und der Weltanschauungs-Politik eröffnet. Die religiös-kulturelle Lage bestimmt die Meta-Politik.

Auch jenseits der Dialektik von Deutungswelt, Unpolitischem und Politik nun hat die „Kultur" eine zentrale Bedeutung für das Ganze unserer Geschichten, und zwar gerade dann, wenn man nun anders über die esoterisch-elitären Sphären von Künsten und Wissenschaften hinausgreift. Die gesellschaftliche Schichtung der Deutschen, so haben wir in unserem ersten Band gezeigt, ist von den sozial-kulturellen Milieus bestimmt, das Milieu mehr vom kulturellen Normengefüge als von der Stellung im Produktionsprozeß oder der Einkommensverteilung, die Zugehörigkeit zu einer Schicht hängt wesentlich vom Bildungsstatus, also vom Schulabschluß ab, solche Abschlüsse waren Barrieren wie Schleusen. Der Zusammenhalt einer Schicht war bedingt durch die kulturgeprägten Sprach- und Verhaltenscodes. Daran kann der politische Glaube eines Lagers eine Milieuwelt anschließen. Kurz, die Geschichte der gesellschaftlichen Umschichtungen und Umorientierungen ist eine Geschichte auch des kulturellen Wandels.

In diesem Zusammenhang ist die Dominanz der Bürger wichtig. Wir nennen die Kultur der Kaiserzeit bürgerliche Kultur, die Bürger sind ihre Träger und Repräsentanten, Konsumenten und Teilhaber. Um den Kern der „großen Kultur" (und ihre Werke), um den Kern der produktiven Bildungsschicht, um den Kern der wirklich Gebildeten lagert sich die bürgerliche Kultur mit all ihren Konventionen und Trivialitäten. Die Anerkennung dessen, was gilt, zwingt auch die Banausen, der Sprachcode der kulturellen Bürgerlichkeit und ebenso die Verhaltenscodes gelten auch für die „Halbgebildeten". Versteht man „bürgerliche Kultur" im weiten Sinn, dann ist einer der wichtigsten Prozesse während der Jahrzehnte des Kaiserreichs der Aufstieg dieser Kultur zur dominierenden, zur „hegemonialen" Kultur. Das gehört zentral zur allgemeinen Verbürgerlichung des Systems. Das Land, die Bauern und größere Teile der Arbeiterschaft, die „respektable" Arbeiterschaft, die Facharbeiter, die Arbeiter in der organisierten Arbeiterkultur, von den kleinen Angestellten und Beamten nicht zu reden, geraten in den Sog der kulturellen Verbürgerlichung; wie man sich einrichtet, wie man freie Zeit gestaltet, wie man mit Gesundheit und Krankheit, Fortpflanzung und Geburt umgeht, wie man seine Gefühle ausdrückt, wie man Arbeit, Leistung und Familie zu Zentralwerten des Lebens macht, das alles ist „bürgerlich" oder dabei, es zu werden.

Zugleich überschreiten Bildungsbürger die Grenzen der Kultur ins Unbürgerliche. Das altromantische Thema des Anti-Bürgers weitet sich aus. Neben die Bürger, die sich in die Traditionen und Konventionen oder gar in den wilhelminischen Stil einhausen, treten die anti-wilhelminischen, die rebellischen Bürger. Es sind die Protagonisten einer sachlich modernen Industriekultur im Bauen und in der Formgebung, eines anti-realistischen Ausdrucks der Formkunst, der modernen Komplexitäten und Ambivalenzen und ihrer Leiden, einer nach-positivistischen Wissenschaft, jenseits der isolierenden Spezialisierungen. Zu den anti-wilhelminischen Bürgern gehören auch die Vertreter all der Lebensreformbewegungen um 1900, ja auch der Frauenbewegung. Es mag sein, daß in Deutschland das Traditionelle deshalb eine besondere Festigkeit hatte, weil es eng mit dem jeweils Respektablen und seinen Institutionen verbunden war, mit der Monarchie und ihren militärischen, feudalen und bürokratischen Hierarchien, mit dem Nationalismus, mit der Orientierung der deutschen Bürger mehr an Ordnung als an Freiheit, mit dem daraus folgenden Mißtrauen gegen zuviel Pluralitäten, Dissense, Experimente und Ausbrüche. Darum wiederum hatten die Auf- und Ausbrüche, die die bürgerliche Kultur erzeugte, ihre besondere Vehemenz und Energie. Und noch einmal, weil die deutsche Gesellschaft relativ un-politisch war, deshalb waren die kulturelle Modernität und die daraus folgenden Lebensreformen so wichtig. Darin mündete auch die deutsche protestantische Tradition der Innerlichkeit, in der es nicht auf Institutionen und Macht zuerst, sondern auf Gesinnung und Werte ankommt.

Das sind die Grundbestimmungen, die das Verhältnis von Kultur und Politik, von Kultur und Gesellschaft, Kultur und Alltag ausmachen. Kultur ist nicht ein gesonderter, sondern ein integraler Bestand im Insgesamt des deutschen Lebens, der Gesellschaft und auch der Politik. Von den vielfältigen Wechselwirkungen darüber hinaus wollen wir hier nur die wichtigsten nennen. Der Staat war Kulturverwaltungsstaat, bot der Kultur ein Gehäuse, trug und finanzierte sie zu einem guten Teil. Es gab staatsnahe Bereiche wie die Schule und mit einigen Einschränkungen die protestantischen Kirchen, in denen Autorität, nationale Loyalität und Konsensnötigung eine dominierende Rolle spielten. Es gab staatsferne, darum mehr pluralistische, widerspruchsvolle und -bereite Bereiche wie die Künste, und dazwischen Wissenschaften und Universitäten. Die Inhomogenität der deutschen Gesellschaft ließ mehr Dissensräume zu als einheitlichere Gesellschaften, das kompensierte den Konsensdruck des Staates. Daß der Staat das Prestige der Kultur, der etablierten jedenfalls, anerkannte, strahlte auf Wirtschaft und Gesellschaft aus. Die Geltungsskala einer ökonomisch kargen, bürokratisch formierten Gesellschaft mit ihrer Hochwertung von Bildung und Bildungsabschlüssen – neben Feudalität und Militär – setzte sich auch in der Welt der florierenden Wirtschaft von der großen Bourgeoisie bis zu den Aufsteigern fort. Kultur blieb eine Kategorie des Feinen, der „besseren Leute".

Nach dieser Grundüberlegung über Deutungswelt und Kultur, Politik und Gesellschaft können wir uns mit der Erörterung der Wechselwirkungen zwischen den anderen Bereichen kürzer fassen. Daß die gesellschaftlichen Grundphänomene, Klassen und Zwischenklassen, Schichten oder Gruppen, die großen Verschiebungen zwischen ihnen, die sozialen Distanzen und die den Einzelnen mögliche Mobilität nicht nur und auch nicht absolut dominierend ökonomisch bedingt waren, haben wir im ersten Band gezeigt. Wir haben gerade noch einmal die Kultur – zumal die Religion, dann auch die Moral – als Macht der sozialen Gliederung hervorgehoben, und wir erinnern noch einmal daran, wie stark die gesellschaftliche Gliederung auch durch die Stellung im Herrschaftsgefüge, also politisch geprägt war. Klassen und Klassenzugehörigkeit also waren dreifach: sozioökonomisch, soziokulturell und soziopolitisch gegründet. Alle drei Momente haben sich dann wechselseitig verstärkt und befestigt.

Ähnliches gilt für das, was wir im weiteren Sinn unter Alltag und unter Familien-Geschlechter-Generationenverhältnissen abgehandelt haben. Die ökonomisch-soziale, die kulturelle und auch die politische Bedingtheit dieser Wirklichkeit liegt vor Augen und ebenso ihre Rückwirkung auf Ökonomie, Kultur und politische Ordnung. Zwei Aspekte sind in diesem Rückblick zu betonen. Zum einen: Im Alltag geht es um die Bewältigung von Grundsituationen, die Erfüllung von Grundbedürfnissen. Menschen essen und trinken, kleiden sich, werden krank, arbeiten und haben freie Zeit, so haben wir unsere Abschnitte angefangen, Menschen sind geschlechtliche Wesen, jung und alt, ringen mit dem Glück und dem Unglück. Auch die kleinen Welten des Alltags haben Geschichte, ihre eigene Geschichte und die von den „großen Welten" gewirkten Geschichten. Aber solange die Weltgeschichte von Kargheit und Not, von naturalen Zwängen vornehmlich geprägt war, sind es doch die anthropologischen Konstanten, die in der Welt des Alltags in die Augen springen, die elementaren Lebenswirklichkeiten gegenüber den durch Wandel charakterisierten „höheren" Strukturen, darum stärker von Dauer bestimmt. Die Alltagswelt ist das Andere der großen Welten und Schicksale, aber in dieser Spannung gerade gehört sie zur geschichtlichen Welt eines Zeitalters. Zum andern: wenn wir diese Sonderstellung des Alltags für eine Weile außer acht lassen, dann gehört der Alltag in der Triade unserer „Potenzen" Gesellschaft, Politik und Deutung zu dem Gesamtbereich, den wir als den des Nicht-, des Un-Politischen, also zu Gesellschaft und Deutung zusammenfassen können. Hier gibt es nun eine ähnliche Dialektik wie die zwischen unpolitischer Kultur und Politik. Im Alltag geht es um Glück und Unglück des Einzelnen, um Normalität und Ausnahme, um Gruppenkonformität und Individualisierung, um Lebensbilanz und Erwartung, um die Haltbarkeit und die Grenzen von vorgegebenen

Deutungen und Normen. Wie der Alltag gelingt, wie der jeweils versprochene Lebenssinn in ihm präsent wird, das ist in der nachrevolutionären Welt nicht mehr überprivat irrelevant, das begründet eine Erwartung an die Politik – und natürlich auch an die Wirtschaft –, einen Erwartungsdruck, eine Legitimationsnötigung, auf die ein – politisches – System reagieren muß. Diesen dialektischen Zusammenhang von Alltag und Politik kann man noch einmal mit dem Terminus Meta-Politik beschreiben.

Zuletzt soll noch von dem Kernbereich unserer „Potenz" Gesellschaft (Arbeit) die Rede sein, von der Wirtschaft. Einmal muß man (gegen traditionelle Historiker und gegen dem Zeitgeist folgende soziologisch Orientierte) mit Schärfe die Autonomie der Wirtschaftsabläufe betonen, sie haben ihre eigenen Gesetze, die wir unter der Signatur des Marktes beschreiben. Erst dann, wirklich erst dann darf man den Blick auf die nicht-ökonomischen Rahmenbedingungen richten: auf die politischen Vorgaben, z. B. der Rechts-, der Geld- und Finanz-, der Arbeits-, der Außenwirtschaftsordnung und der staatlich geregelten Infrastrukturen, auf die kulturellen Vorgaben, den Wissenschaftseinfluß und -fortschritt, die Schulbildung und das Arbeitsethos, auf die Mentalitäten und Verhaltensmuster, die für wirtschaftliches Verhalten wichtig waren. Dazu gehört die Fortdauer von vormarktwirtschaftlichen und vorindustriellen Wirtschaftsmoralen, von sozial-patriarchalischer Tradition, gehört der Überhang der Standards der Beamten und der Bildungsbürger.

Wichtiger als diese wohlbekannten Bedingtheiten des Sektors Wirtschaft sind seine revolutionierenden Auswirkungen. Es entsteht die industrielle – und städtische – Gesellschaft. Sie fängt die Bevölkerungsvermehrung auf und beendet die Auswanderung, die ländliche Not von Hunger und Unterbeschäftigung, sie erleichtert das Alltagsleben, begründet die Steigerung der Lebenserwartung und des Lebensstandards und die ungeheuren Gewinne an Lebenschancen, sie mobilisiert die Menschen über nahe und weite Räume. Sie wird eine Gesellschaft, in der Leistung und Bildungsqualifikationen für den sozialen Status zunehmend wichtiger werden, sie mobilisiert Traditionsbestände, Norm-Selbstverständlichkeiten, Verhaltensweisen, sie produziert auch Proletarisierungskrisen, Destabilisierung, Entfremdung, Verunsicherung – kurz: ungeheure Modernisierungsgewinne und zugleich auch für den Mitlebenden schmerzliche und problematische Modernisierungsverluste. Diese Gesellschaft verändert auch den Staat, macht ihn zum Interventions- und zum Sozialstaat. Sie treibt die Klassenbildung und -abgrenzung voran und differenziert und pluralisiert dann sehr schnell die Klassen; in ihr ist die Zersetzung des Bürgertums angelegt und die daraus folgende politische Schwächung. Daran wollen wir hier nur erinnern.

Für die Vogelperspektive unserer Schlußerörterung sind jetzt zwei Punkte wesentlich. Das eine: Die wichtigste Wirkung der Wirtschaft für das Ganze ist in ihrem Erfolg begründet. Das wird von den kritischen und krisensüchtigen Nachgeborenen zu leicht und zu schnell übersprungen. Die wachsende und funktionierende Wirtschaft hat, gemessen an den Maßstäben der Zeit, ein hohes Maß an Sicherheit und steigendem Lebensstandard, auch für die Arbeiter, produziert. Das war schon Erfahrung, und das wurde auch Erwartung an die Zukunft, die eigene und, mit Blick auf den individuellen Aufstieg, die der Kinder. Sicher, im Vergleich zu heute war fast alles karg und eng, notvoll und notbedroht; was ausstand und was man schon hoffen und erwarten konnte, war gewaltig. Aber der Abstand zur Welt der Väter und Großväter, erlebte und erinnerte Erfahrung, war eben auch gewaltig. Darum war die Erwartung an die Zukunft eher optimistisch, und darum waren Politik und politische Krisen nicht so wichtig, es ging einem ja besser als früher, vielleicht sogar „gut". Auch die Proletarier hatten mehr zu verlieren als ihre Ketten, jeder wußte es, selbst ein Stückchen sozialer Gerechtigkeit war Wirklichkeit geworden. Daß der politische Glaube der sozialistischen Arbeiterschaften auf Ungerechtigkeit und Not, und auf das, was ausstand, konzentriert blieb, ist wahr, aber Revolution war vor 1914 abgesagt. Im ganzen haben die wirtschaftlichen Erfolge vor 1914 in Deutschland ein positives Grundgefühl erzeugt und getragen. Aber in diese „Erfolge" ging das gewaltige Element von Glück und Zufall ein, die langandauernde und kaum unterbrochene Hochkonjunktur von 1895 bis 1914. Das relativierte die innen- und außenpolitischen Krisen, die Brüche und Spannungen der Gesellschaft und des Systems. Die Erschütterung durch einen massiveren Konjunktureinbruch ist dem System erspart geblieben, das hat seine Stabilität und seinen Legitimationserfolg wesentlich mitbegründet. Gewiß war das System nicht so stark von wirtschaftlich-sozialer Sicherung und entsprechenden Erfolgen abhängig wie heutige Gemeinwesen. Der Nationalpatriotismus und Nationalismus, vielleicht auch der Imperialismus waren ein eigener Kitt, eine eigene Legitimation. Aber Wirtschaftswachstum und andauernde Hochkonjunktur haben das System befestigt und ihm für die Mit-(und manchmal Nach-)Lebenden seinen Glanz gegeben.

Das andere ist viel öfter erörtert worden. Das ist die Diskrepanz zwischen ökonomischer (und technisch-organisatorischer) Modernität und „vormodernen" politischen Strukturen, manchmal auch vor-modernen gesellschaftlichen (oder gar kulturellen) Strukturen und Mentalitäten. Seit der amerikanische Soziologe Thorstein Veblen im Ersten Weltkrieg dieses Modell zur Erklärung der deutschen Frage, der bösen, der erfolgreichen, der gefährlichen Deutschen, zuerst entwickelt hat, erfreut es sich fortdauernder Beliebtheit. Zwar haben die Erfahrungen unseres Jahrhunderts, und noch die vom Zusammenbruch des kommunistischen Systems, die hinter jener These stekkenden Erwartungen von einer auch nur relativen Gleichläufigkeit von wirtschaftlicher und politischer Entwicklung weniger bestätigt als widerlegt. Der Glaube an ein weltgeschichtliches Gesetz von der Konvergenz der Sektoren unter dem Leitprinzip des Fortschritts ist uns geschwunden, die Verwunderung über Diskrepanzen ist im Blick auf Entwicklungs- oder gar Schwellenländer nicht mehr selbstverständlich. Dennoch, bei der überwiegenden

Ähnlichkeit der deutschen mit den „westlichen" Gesellschaften bleibt die „Diskrepanz" ein Schlüsselbegriff aller Interpretation. Und die Frage nach den Bedingungen für den Aufstieg Hitlers führt bekanntlich nicht in die Widersprüche des Kapitalismus, sondern in die Überhänge der Macht von vorindustriellen Traditionseliten und Traditionsmentalitäten in Deutschland und von Modernisierungsängsten, die aus dem Fehlen bürgerlicher Liberalität stammen. Die Diskrepanz zwischen moderner Wirtschaft und eher vormodern geprägter Herrschaft ist ein Grundphänomen, sie springt im Rückblick ins Auge. Unsere Darstellung weist dieses Modell nicht ab, aber sie verändert es und formt es um. Der Durchbruch der industriellen Gesellschaft, der Leistungs-, Arbeits- und Bildungsgesellschaft, hat Bürger und Arbeiter zu den bestimmenden gesellschaftlichen Mächten gemacht, hat objektiv die Spannungen zu den älteren herrschenden Eliten, die Erwartung auf einen Umbau des politischen Systems erhöht. Dazu ist es bekanntlich nicht gekommen. Die Frage ist, warum die vorindustriellen Eliten so stark waren, warum die bürgerlich-industriellen Eliten politisch schwach waren oder gar auf jenen Umbau Verzicht leisteten. In diesem Schlußabschnitt haben wir darüber im Zusammenhang mit der Politik gehandelt. Hier wollen wir nur einen Punkt – noch einmal – herausstellen, das ist der Zwiespalt der Modernität, der auch jene einfache Gegenüberstellung durchkreuzt und überlagert. Tempo und Intensität der Modernisierung der Wirtschaft und Gesellschaft, Produktionsstrukturen, Erfahrungen und Einstellungen haben die Modernitätsverluste, die Modernitätsbrüche und -leiden scharf hervorgetrieben und haben die vorindustrielle Segmentierung der deutschen Gesellschaft neu und modern befestigt. Modernisierungsgeschädigte und -fürchtige in einer besonders modernen Wirtschaftsgesellschaft stützten das alte „System", das ihnen dazu ganz moderne Machtinstrumente bot. Darum war dieses Herrschaftssystem auch in der Lage, organisatorisch effizient und ökonomisch fortschrittlich zu sein. Die Diskrepanz-These weist also eigentlich auf zwei gebrochene Formationen hin, auf gebrochene Modernität und auf gebrochene Vormoderne. Diese doppelte Ambivalenz ist es, die das Verhältnis von Wirtschaftsgesellschaft und Herrschaft prägt.

Der Obrigkeitsstaat lebte auch vom Zwiespalt der Moderne, den Gewinnern und den Verlierern oder Bedrohten zugleich. Der imperiale Machtstaat dagegen war trotz seines vormodernen Militarismus nicht Produkt vormoderner Überhänge, sondern ebenso Produkt der Modernität, alle großen Mächte waren trotz ihrer unterschiedlichen Systeme da nicht sonderlich verschieden.

Wir schließen mit einer Frage, die unserem Ansatz einer totalen Geschichte, einer Erfassung des Ganzen einer historischen Welt angemessen ist und die zugleich unserer Skepsis gegen eindeutige und abschließende Antworten entspricht. Es ist die Frage Max Webers, welche Chancen das „System" aus Arbeit, Herrschaft und Deutung zur Durchsetzung eines bestimmten

„Menschentums“ bot. Wie hat sich der Charakter der Deutschen gewandelt, der ja nicht einfach Nationalcharakter ist, wie langdauernde Fremd- und Selbstbilder nahelegen mögen, sondern vor allem historisch bedingter Sozialcharakter? Die Schwierigkeiten mit der Antwort liegen darin, daß wir über Bauern, Arbeiter, kleine Leute zu wenig wissen und daß wir für die Bürger (und Adligen) neben stilisierten und eben ganz individuellen Selbstzeugnissen auf die Romanliteratur angewiesen sind, in der sich Beobachtungen und zeit- und gesellschaftskritische Absichten oder Vormeinungen der Autoren schier ununterscheidbar mischen, manchmal an die Karikatur streifen.

Objektivierbare Beobachtungen ergeben ein zwiespältiges, ein mehrfältiges Bild. Es gibt nicht einen Typus, ein Menschentum, einen Charakter, sondern mehrere. Unbestreitbar gibt es lang in die Geschichte zurückreichende Gemeinsamkeiten der Menschen einer Nation. Disziplin, Organisationsbegabung und -loyalität, Fleiß, Arbeitssinn und darum Effektivität – das ist eine Seite. Innerlichkeit, grüblerische Unruhe (das nie beruhigte schlechte Gewissen der Lutheraner und ihrer Erben oder Nachfahren), Distanz zu Institutionen und „äußerem Betrieb“, „Romantik“, das Verlangen nach weltanschaulich-metapolitischer Tiefe und „Theorie“, die Mischung aus Anti- und Superpragmatismus und Trendanfälligkeit bilden eine andere Seite. Pedanterie, Mangel an Weltläufigkeit, Unsicherheit und dementsprechende Überkompensationen ist ein drittes. Aber schon hier muß man vorsichtig sein, das Auftreten der Deutschen im Ausland wird oft nach dem Modell überkompensierter Unsicherheit beschrieben, aber selbstkritische englische Erörterungen über den Erfolg deutscher Exporteure sprechen vom Eingehen auf fremde Wünsche, von Anpassungsfähigkeit und Höflichkeit. Ob die Unbeliebtheit der Deutschen ein Produkt solcher Eigenschaften ist oder einfach der Abneigung gegen einen effizienteren Konkurrenten, den „Schultyp“, oder nur Produkt politischer Gegebenheiten, ist sehr fraglich.

Das Leben der „kleinen Leute“ bleibt geprägt von Arbeit und Kargheit, familiärer, sozialer und politischer Autorität und Einfügung. Aber: Die städtische Welt drängt Gemeinschafts- und Nachbarschaftsbindungen zurück, rationalisiert und entemotionalisiert die Lebensführung. Das Streben nach einem besseren Leben für sich selbst oder für die Kinder wird wichtiger. Die Macht der Religion, die Trennung von Diesseits und Jenseits zumal, schwindet. Diese drei Fundamentalprozesse, Individualisierung, Rationalisierung, Säkularisierung, ändern den Charakter. Darum auch wird das Verhältnis zwischen den Generationen schwieriger. In den mittleren und oberen Schichten wird der traditionellere Charakter altmodisch, wie es Raabe oder Fontane beschreiben, bescheiden resignativ, solide und ehrenwert in der vorindustriellen und vornationalen, vorgroßstädtischen Lebenswelt, sein Schicksal war noch wenig von der Arbeitswelt und der Gesellschaft bestimmt, sondern privat individuell zwischen Familie, Liebe und Religion. Das Unelastisch-Starre, das Unanpasserisch-Knorrige fällt bei den Älteren auf, das gilt als Erbe früherer und jetzt vergangener Prägungen. Dagegen stehen die modernen Charaktere. Einmal nach dem kritisch negativen Muster: der Erfolgsdeutsche zuerst der Gründerjahre, dann der wilhelminischen Zeit, der Parvenu, der Anpasser, der Opportunist und Karrierist. Geltung und Prestige verdrängen das altpreußische Mehr-sein-als-scheinen. Gewiß hat es alle diese Charaktere auch vorher (und in älteren Romanen) gegeben, aber was die um Objektivität bemühten Beobachter feststellen, ist ihre Zunahme. Und dazu kamen die Charakterprägungen durch den um sich greifenden Stil der Schneidigkeit, des Militärisch-Unzivilen, der Kompensationen von Unsicherheiten und Minderwertigkeitsgefühlen durch Arroganz, Auftrumpfen, bramarbasierendes Pathos, dazu tritt der „Knick" im Selbstbewußtsein der Bürger „nach oben", das Problem mit der Zivilcourage, die Unterordnung des Individuums unter das Kollektiv der Nation. Das herrschende gesellschaftlich-politische „Klima" hat solchen Stil und die ihm entsprechenden Charakterzüge begünstigt. Aber solches Negativbild ist wie immer nur ein Teil, nur eine Seite der Wirklichkeit. Die Menschen sind damals nicht einfach schlechter geworden.

Denn zum modernen, auch deutschen Charakter gehören ebenso die größere Komplexität und Sensibilität, die größere und einfühlsame Elastizität im Umgang mit anderen und mit sich selbst, die größeren Schwierigkeiten und Ambivalenzen – bis hin zum Mann ohne Eigenschaften –, gehören die Lockerungen der Konventionen und dann die Rebellionen gegen sie, gehören die Freisetzung von Gefühlen aus den strengen Einbindungen. Nicht nur Einpassung, sondern auch Bürgerstolz auf die Modernität und ihre Leistungen prägte die Charaktere. Der manchmal gezogene Schluß, der Sozialcharakter der wilhelminischen Zeit sei ein Vorläufer eines Sozialcharakters der Nazis – z. B. über die Instanz der „autoritären" Familie – ist nicht einleuchtend. Weder gibt es „den" Nazicharakter, noch gibt es solche Kontinuität; die in der wilhelminischen Zeit groß Gewordenen gingen, wir haben es betont, ganz verschiedene Wege, waren ganz verschiedene Menschentypen.

Die Menschen unterschieden sich nicht in gute und böse, das Kaiserreich war nicht gut und nicht böse oder nach Gutem und Bösem deutlich unterscheidbar: Die Grundfarben der Geschichte sind nicht Schwarz und Weiß, ihr Grundmuster nicht der Kontrast eines Schachbretts; die Grundfarbe der Geschichte ist grau, in unendlichen Schattierungen.

Anhang

Nachwort

Über meine Absichten mit diesen Bänden habe ich im Nachwort zum ersten Band das Hinreichende gesagt. Ich hoffe, daß ich die Zeit des Kaiserreiches erzählend und beschreibend unverzerrt vergegenwärtigt habe.

Ich danke Gott, der es mir vergönnt hat, diesen letzten Band meiner Werke zum 19. Jahrhundert einer schweren und fortschreitenden Krankheit noch abzuringen. Und ich wiederhole, was ich früher gesagt habe: Was wir sind und schaffen, sind und schaffen wir nicht von uns selbst. Wir leben von unseren Vorgängern, Mitstreitern, auch unseren Gegnern und Kritikern, und von unseren Schülern, von unseren Freunden, von den persönlichen und öffentlichen Umständen, die ein Leben glücken lassen und die meinem Leben in diesen Jahren das unverhoffte Glück der Vereinigung Deutschlands haben zuteil werden lassen.

Wieder habe ich einer Reihe von Institutionen zu danken: dem Center for Advanced Studies in the Behavioral Sciences in Stanford, der Andrew Mellon Foundation, der Thyssen- und der Gerda-Henkel-Stiftung für die Ermöglichung eines Forschungssemesters in Stanford, meiner Fakultät, dem Bayerischen Kultusministerium und der Volkswagenstiftung für den dafür nötigen Sonderurlaub, dem Institute for Advanced Study in Princeton – meiner alten akademischen Heimat – für einen viermonatigen Aufenthalt, dem Wissenschaftskolleg in Berlin und seinem Rektor Wolf Lepenies für vier Wochen zum Entwurf des Schlußkapitels. Ich danke der Thyssen-Stiftung, die mir für das Endstadium der Arbeit mit Mitarbeiterstellen geholfen hat. Ich danke dem hervorragenden Team meiner Mitarbeiter, an der Spitze meinen Assistenten, den Magistern Andreas Daum, Christiane Dienel und Wilfried Rudloff, sowie Claudia Langen und Lutz Sauerteig, für ihre Menschlichkeit, ihre Kritik, ihre Hilfe. Darüber hinaus: Ohne ihren Einsatz wäre der Text nicht in diesem Jahr schon druckfertig geworden.

Mehr als man sagen kann, danke ich noch einmal meiner Frau und meinen Kindern, die nun dreizehn Jahre der Arbeitsaskese getragen und überstanden und dennoch mit Freude gefüllt haben. Sie haben am Glück des Abschlusses den meisten Anteil.

Icking, am 3. Oktober 1991, dem Tag der deutschen Einheit.

Thomas Nipperdey

Literaturhinweise

Diese Literaturhinweise beanspruchen keine Vollständigkeit; sie wenden sich zunächst an den neugierigen, „normalen“ Leser, nicht an die Fachleute; in ihrer Abfolge lehnen sie sich weitgehend an den Aufbau des Buches an. Sie wollen nur auf einige Bücher hinweisen, zumeist auf neuere, da über diese der Leser die ältere Literatur erschließen kann. Aufsätze aus Zeitschriften oder Sammelbänden sowie Quellensammlungen sind nur in wenigen Fällen aufgenommen. Im allgemeinen werden die erste und die letzte Auflage angeführt; Übersetzungen sind nur mit dem deutschen Titel angegeben.

Allgemeine Literatur

Handbuch der europäischen Geschichte (Hrsg. *Th. Schieder*). Bd. 6: *ders.* (Hrsg.), Europa im Zeitalter der Nationalstaaten und europäische Weltpolitik bis zum Ersten Weltkrieg. 1968. Bd. 7,1–2: *ders.* (Hrsg.), Europa im Zeitalter der Weltmächte. 1979. – Propyläen Geschichte Europas. Bd. 5: *ders.*, Staatensystem als Vormacht der Welt 1848–1918. 1977 (ND TB 1982). – Fischer Weltgeschichte. Bd. 27: *G. Palmade* (Hrsg.), Das bürgerliche Zeitalter. 1974. Bd. 28: *W. J. Mommsen*: Das Zeitalter des Imperialismus. 1969.

L. Dehio, Deutschland und die Weltpolitik im 20. Jahrhundert. 1955. – *L. Gall*, Europa auf dem Weg in die Moderne 1850–1890. 1984, ^{2}1989. – *G. Schmidt*, Der europäische Imperialismus. 1985. – *G. Schöllgen*, Das Zeitalter des Imperialismus. 1986, ^{2}1991.

The New Cambridge Modern History. Cambridge. Bd. 10: *J. P. T. Bury* (Hrsg.), The Zenith of European Power 1830–1870. 1960, ^{2}1964. Bd. 11: *F. H. Hinsley* (Hrsg.), Material Progress and World-Wide Problems 1870–1898. 1962. Bd. 12: *C. L. Mowat* (Hrsg.), The Shifting Balance of World Forces 1898–1945. ^{2}1968. – History of Modern Europe. London. *N. Rich*, The Age of Nationalism and Reform 1850–1890. 1970. *F. Gilbert*, The End of the European Era 1890 to the Present. 1970.

E. J. Hobsbawm, Die Blütezeit des Kapitals (1848–1875). (1975) deutsch 1977. – *ders.*, Das imperiale Zeitalter (1875–1914). (1987) deutsch 1989 (trotz marxistischer Position des Autors ganz herausragend). – *L. Farrar, Jr.*, Arrogance and Anxiety. The Ambivalence of German Power, 1848–1914. Iowa City 1981. – *N. Stone*, Europe Transformed 1878–1919. Glasgow 1983. – *A. J. Mayer*, Adelsmacht und Bürgertum. Die Krise der europäischen Gesellschaft 1848–1914. (1981) deutsch 1984 (TB 1988) (einseitig und interessant).

Ch. Morazé, Das Gesicht des 19. Jahrhunderts. (1957) deutsch 1959.

Gebhardt. Handbuch der Deutschen Geschichte. 9. Aufl. *H. Grundmann* (Hrsg.). Bd. 3: Von der Französischen Revolution bis zum Ersten Weltkrieg. 1970 (TB 1975) (darin: *Th. Schieder*, Vom Deutschen Bund zum Deutschen Reich. *K. E. Born*, Von der Reichsgründung bis zum Ersten Weltkrieg. *W. Treue*, Gesellschaft, Wirtschaft und Technik Deutschlands im 19. Jahrhundert). Bd. 4: Die Zeit der Weltkriege. 1973 (TB 1980) (darin: *K. D. Erdmann*, Der Erste Weltkrieg). – Handbuch der Deutschen

Geschichte. *O. Brandt, A. O. Meyer, L. Just* (Hrsg.). Bd. 3/II: *W. Bußmann*, Das Zeitalter Bismarcks. 1956, ^{4}1968. Bd. 4/I: *W. Frauendienst*, Das Deutsche Reich von 1890 bis 1914 (1909). *W. J. Mommsen*, Die latente Krise des Deutschen Reiches 1909–1914. *W. Hubatsch*, Der Weltkrieg 1914/18. 1973.

E. R. Huber, Deutsche Verfassungsgeschichte seit 1789. Bd. 3: Bismarck und das Reich. 1963, ^{3}1988. Bd. 4: Struktur und Krisen des Kaiserreichs. 1969, ^{2}1982. Bd. 5: Weltkrieg, Revolution und Reichserneuerung 1914–1919. 1978 (ganz umfassender Verfasssungsbegriff, zuverlässiges Handbuch zur inneren Geschichte; konservativ). – *E.-W. Böckenförde, R. Wahl* (Hrsg.), Moderne deutsche Verfassungsgeschichte 1815–1918. 1972, ^{2}1981.

K. E. Born, Wirtschafts- und Sozialgeschichte des Deutschen Kaiserreichs (1867/71–1914). 1985.

J. Ziekursch, Politische Geschichte des neuen deutschen Kaiserreiches. 3 Bde. Bd. 1: Die Reichsgründung. 1925. Bd. 2: Das Zeitalter Bismarcks (1871–1890). 1927. Bd. 3: Das Zeitalter Wilhelms II. (1890–1918). 1930 (ältere liberale Darstellung). – *H. Plessner*, Die verspätete Nation. Über die politische Verführbarkeit bürgerlichen Geistes. 1935, ^{3}1962 (TB 1974). – *G. Mann*, Deutsche Geschichte des 19. und 20. Jahrhunderts. 1958, ^{17}1983 (TB 1992). – *H.-U. Wehler*, Das deutsche Kaiserreich 1871–1918. 1973, ^{6}1988 („kritisch") (dazu: *Th. Nipperdey*, Wehlers „Kaiserreich". In: *ders.*, Gesellschaft, Kultur, Theorie,. 1976). – *H.-U. Wehler*, Krisenherde des Kaiserreichs 1871–1918. 1970, ^{2}1979 (Aufsätze). – *M. Stürmer*, Das ruhelose Reich. Deutschland 1866–1918. 1983. – *S. Haffner*, Von Bismarck zu Hitler. 1987 (TB 1989). – *W. J. Mommsen*, Der autoritäre Nationalstaat. Verfassung, Gesellschaft und Kultur des deutschen Kaiserreiches. 1990 (Aufsätze). – *G. Eley*, Wilhelminismus, Nationalismus, Faschismus. Zur historischen Kontinuität in Deutschland. deutsch 1991.

G. A. Ritter (Hrsg.), Das Deutsche Kaiserreich 1871–1914. Ein historisches Lesebuch. 1975, ^{4}1981. – *M. Stürmer* (Hrsg.), Das kaiserliche Deutschland. Politik und Gesellschaft 1870–1918. 1970, ^{2}1976. – *D. Langewiesche* (Hrsg.), Ploetz – Das deutsche Kaiserreich 1867/71 bis 1918. 1984. – *A. Nitschke, G. A. Ritter, D. J. K. Peukert, R. vom Bruch* (Hrsg.), Jahrhundertwende. Der Aufbruch in die Moderne 1880–1930. 2 Bde. 1990.

Lehrbuch der deutschen Geschichte. Bd. 7: *E. Engelberg*, Deutschland von 1849 bis 1871. 1959, ^{3}1972. Bd. 8: *ders.*, Deutschland 1871–1897. 1965. Bd. 9: *F. Klein*, Deutschland von 1897/98 bis 1917. 1961, ^{5}1989. – Deutsche Geschichte in 12 Bänden. Hrsg. v. *H. Bartel u. a.* Bd. 5: *G. Seeber* (Hrsg.), Der Kapitalismus der freien Konkurrenz und der Übergang zum Monopolkapitalismus im Kaiserreich von 1871 bis 1897. 1988.

W. Carr, A History of Germany 1815–1985. London 1969, ^{3}1987. – *J. J. Sheehan* (Hrsg.), Imperial Germany. New York, London 1976. – *G. A. Craig*, Deutsche Geschichte, 1866–1945. (1978) deutsch ^{3}1982. – *V. R. Berghahn*, Modern Germany. Society, Economy, and Politics in the 20th Century. Cambridge 1982, ^{2}1987. – *D. Blackbourn, G. Eley*, The Peculiarities of German History. Oxford 1984. – *J. R. Dukes, J. Remak* (Hrsg.), Another Germany. A Reconsideration of the Imperial Era. Boulder, London 1988.

R. Poidevin, Die unruhige Großmacht. Deutschland und die Welt im 20. Jahrhundert. (1983) deutsch 1985.

E. Eyck, Bismarck. 3 Bde. 1941–1944 (linksliberal). – *W. Mommsen*, Bismarck. 1959 (TB 1966). – *L. Gall*, Bismarck. Der weiße Revolutionär. 1980, ^{5}1981. – *ders.*, (Hrsg.),

Bismarck in der deutschen Geschichte. 1970. – *ders.* (Hrsg.), Das Bismarck-Problem in der Geschichtsschreibung nach 1945. 1971. – *F. Stern*, Gold und Eisen. Bismarck und sein Bankier Bleichröder. deutsch 1978. – *E. Crankshaw*, Bismarck. (1981) deutsch 1983. – *E. Engelberg*, Bismarck. Bd. 1: Urpreuße und Reichsgründer. 1985 (TB 1991). Bd. 2: Bismarck. Das Reich in der Mitte Europas. 1990 (der Verfasser ist ein unorthodoxer Marxist). – *O. Pflanze*, Bismarck and the Development of Germany. Princeton 1990. Bd. 1: The Period of Unification 1815–1871. 1963, ^{2}1990. Bd. 2: The Period of Consolidation, 1871–1880. Bd. 3: The Period of Fortification, 1880–1898.

F. Herre, Kaiser Wilhelm I. 1980. – *K. H. Börner*, Kaiser Wilhelm I. 1797–1888. 1984. – *W. Richter*, Friedrich III. ^{2}1981 (journalistisch). – *E. Eyck*, Das persönliche Regiment Wilhelms II. 1948. – *M. Balfour*, The Kaiser and His Times. London 1964. – *I. V. Hull*, The Entourage of Kaiser Wilhelm II, 1888–1918. Cambridge 1982. – *J. C. G. Röhl, N. Sombart* (Hrsg.), Kaiser Wilhelm II. Cambridge 1982. – *J. C. G. Röhl*, Kaiser, Hof und Staat. Wilhelm II. und die deutsche Politik. 1987, ^{3}1988. – *ders.* (Hrsg.), Der Ort Kaiser Wilhelms II. in der deutschen Geschichte. 1991. – *L. Cecil*, Wilhelm II. Chapel Hill 1989.

I. Der Weg zur Reichsgründung: Deutschland 1866–1871

H. v. Sybel, Die Begründung des Deutschen Reiches durch Wilhelm I. 7 Bde. 1889–1894. – *E. Marcks*, Der Aufstieg des Reichs. Deutsche Geschichte von 1807–1871/78. 2 Bde. 1936. – *Th. Schieder*, Das deutsche Kaiserreich von 1871 als Nationalstaat. 1961. – *H. Böhme*, Deutschlands Weg zur Großmacht. Studien zum Verhältnis von Wirtschaft und Staat während der Reichsgründungszeit 1848–1879. 1966, ^{2}1972. – *ders.* (Hrsg.), Die Reichsgründung. 1967. – *ders.* (Hrsg.), Probleme der Reichsgründungszeit 1848–1879. 1968. – *Th. S. Hamerow*, Restoration, Revolution, Reaction. Economics and Politics in Germany 1815–1871. Princeton 1958, ^{6}1972. – *ders.*, The Social Foundations of German Unification, 1858–1871. 2 Bde. Princeton 1969/72. – *E. Zechlin*, Die Reichsgründung. 1967. – *E. Deuerlein, Th. Schieder* (Hrsg.), Reichsgründung 1870/71. 1970. – *H. Bartel, E. Engelberg* (Hrsg.), Die großpreußisch-militaristische Reichsgründung 1871. 2 Bde. 1971. – *M. Stürmer*, Die Reichsgründung. Deutscher Nationalstaat und europäisches Gleichgewicht im Zeitalter Bismarcks. 1984, ^{2}1988. – *W. Siemann*, Gesellschaft im Aufbruch. Deutschland 1849–1871. 1990.

W. E. Mosse, The European Powers and the German Question 1848–71, with Special Reference to England and Russia. Cambridge 1958. – *R. Dietrich* (Hrsg.), Europa und der Norddeutsche Bund. 1968. – *W. Hofer* (Hrsg.), Europa und die Einheit Deutschlands. 1970. – *D. Beyrau*, Russische Orientpolitik und die Entstehung des deutschen Kaiserreichs 1866–1870/71. 1974. – *H. Lutz*, Österreich-Ungarn und die Gründung des Deutschen Reiches. 1979. – *E. Kolb* (Hrsg.), Europa und die Reichsgründung. Preußen-Deutschland in der Sicht der großen europäischen Mächte 1860–1880. 1980. – *ders.* (Hrsg.), Europa vor dem Krieg von 1870. 1987.

O. Becker, Bismarcks Ringen um Deutschlands Gestaltung. Hrsg. u. erg. v. *A. Scharff*. 1958. – *K. G. Faber*, Die nationalpolitische Publizistik Deutschlands von 1866 bis 1871. 2 Bde. 1963. – *K. E. Pollmann*, Parlamentarismus im Norddeutschen Bund 1867–1870. 1985.

W. O. Henderson, The Zollverein. 1959, London ^{3}1968. – *A. Meyer*, Der Zollverein und die deutsche Politik Bismarcks. Eine Studie über das Verhältnis von Wirtschaft und Politik im Zeitalter der Reichsgründung. 1986, [2]1987.

L. Gall, Der Liberalismus als regierende Partei. Das Großherzogtum Baden zwischen Restauration und Reichsgründung. 1968. – *G. Runge*, Die Volkspartei in Württemberg von 1864–1871. 1970. – *D. Langewiesche*, Liberalismus und Demokratie in Württemberg zwischen Revolution und Reichsgründung. 1974. – *R. Wilhelm*, Das Verhältnis der süddeutschen Staaten zum Norddeutschen Bund, 1867–1870. 1978.

H. Maatz, Bismarck und Hannover 1866–1898. 1970. – *W.-A. Kropat*, Frankfurt zwischen Provinzialismus und Nationalismus. Die Eingliederung der „Freien Stadt" in den Preußischen Staat (1866–1871). 1971 – *S. A. Stehlin*, Bismarck and the Guelph Problem 1866–1890. Den Haag 1973. – *N. M. Hope*, The Alternative to German Unification. The Anti-Prussian Party. Frankfurt, Nassau, and the Two Hessen 1859–1867. 1973. – *A. Anderhub*, Verwaltung im Regierungsbezirk Wiesbaden 1866–1885. 1977. – *H. Barmeyer*, Hannovers Eingliederung in den preußischen Staat. Annexion und administrative Integration 1866–1868. 1983. – *H.-G. Aschoff*, Welfische Bewegung und politischer Katholizismus 1866–1918. 1987.

E. Scheeben, Ernst II., Herzog von Sachsen-Coburg und Gotha. 1987.

O. Hauser, Staatliche Einheit und regionale Vielfalt in Preußen. Der Aufbau der Verwaltung in Schleswig-Holstein nach 1867. 1967.

G. G. Windell, The Catholics and German Unity, 1866–1871. Minneapolis 1954. – *A. M. Birke*, Bischof Ketteler und der deutsche Liberalismus. Eine Untersuchung über das Verhältnis des liberalen Katholizismus zum bürgerlichen Liberalismus in der Reichsgründungszeit. 1971. – *J. Becker*, Liberaler Staat und Kirche in der Ära von Reichsgründung und Kulturkampf. Geschichte und Strukturen ihres Verhältnisses in Baden 1860–1876. 1973.

E. Bammel, Die Reichsgründung und der deutsche Protestantismus. 1973.

H.-A. Winkler, Preußischer Liberalismus und deutscher Nationalstaat. Studien zur Geschichte der deutschen Fortschrittspartei 1861–1866. 1964. – *R. Berdahl*, The Transformation of the Prussian Conservative Party, 1866–1876. Ann Arbor/Mich. 1965. – *W. Conze, D. Groh*, Die Arbeiterbewegung in der nationalen Bewegung. Die deutsche Sozialdemokratie vor, während und nach der Reichsgründung. 1966.

M. Howard, The Franco-Prussian War. The German Invasion of France 1870/71. London/New York 1961, [3]1962 (TB 1981). – *J. Dittrich*, Bismarck, Frankreich und die spanische Thronkandidatur der Hohenzollern. Die „Kriegsschuldfrage" von 1870. 1962. – *E. Kolb*, Der Kriegsausbruch 1870. Politische Entscheidungsprozesse und Verantwortlichkeiten in der Julikrise 1870. 1970. – *ders.*, Der Weg aus dem Krieg. Bismarcks Politik im Krieg und die Friedensanbahnung 1870/71. 1989. – *W. v. Groote, U. v. Gersdorff* (Hrsg.), Entscheidung 1870. Der deutsch-französische Krieg. 1970. – *F. L'Huillier* (Hrsg.), L'Alsace en 1870–1871. Paris 1971. – *F. Roth*, La guerre de 1870. Paris 1990.

II. Grundstrukturen und Grundkräfte im Reich von 1871

II.1. und IV.1. Staat und Verfassung

O. Hintze, Das monarchische Prinzip und die konstitutionelle Verfassung. In: *ders.*, Gesammelte Abhandlungen. (Hrsg. v. *G. Oestreich*). Bd. 1: Staat und Verfassung. [2]1962. – *E. Deuerlein* (Hrsg.), Der Reichstag. 1963. – *G. A. Ritter* (Hrsg.), Gesellschaft, Parlament und Regierung. Zur Geschichte des Parlamentarismus in Deutschland. 1974. – *ders.* (Hrsg.), Regierung, Bürokratie und Parlament in Preußen und Deutschland von 1848 bis zur Gegenwart. 1983. – *E.-W. Böckenförde, R. Wahl* (Hrsg.), Moderne deutsche Verfassungsgeschichte (1815–1918). 1972, [2]1981. – *E. R. Huber*, Deutsche Verfassungsgeschichte seit 1789. Bd. 3: Bismarck und das Reich. 1963, [3]1988. Bd. 4: Strukturen und Krisen des Kaiserreichs. 1969, [2]1982. – *H. Boldt*, Deutsche Verfassungsgeschichte. Bd. 2: Von 1806 bis zur Gegenwart. 1990.

O. Becker, Bismarcks Ringen um Deutschlands Gestaltung. Hrsg. u. erg. v. *A. Scharff*. 1958. – *K. E. Pollmann*, Parlamentarismus im Norddeutschen Bund 1867–1870. 1985.

H. Goldschmidt, Das Reich und Preußen im Kampf um die Führung. Von Bismarck bis 1918. 1931. – *K.-E. Born*, Preußen und Deutschland im Kaiserreich. 1967. – *O. Hauser* (Hrsg.), Zur Problematik „Preußen und das Reich". 1984.

M. Stürmer, Regierung und Reichstag im Bismarckstaat 1871–1880. Cäsarismus oder Parlamentarismus. 1974.

E. Eyck, Das persönliche Regiment Wilhelms II. Politische Geschichte des Deutschen Kaiserreiches von 1890 bis 1914. Erlenbach-Zürich 1948. – *F. Hartung*, Das persönliche Regiment Kaiser Wilhelms II. 1952. – *W. Frauendienst*, Demokratisierung des deutschen Konstitutionalismus in der Zeit Wilhelms II. In: Zeitschrift für die gesamte Staatswissenschaft 113 (1957) (umstritten, unscharf). – *E. Fehrenbach*, Wandlungen des deutschen Kaisergedankens 1871–1918. 1969. – *J. C. G. Röhl*, Deutschland ohne Bismarck. Die Regierungskrise im Zweiten Kaiserreich 1890–1900. (1967) deutsch 1969. – weitere Literatur zu Wilhelm II. siehe unter allgemeiner Literatur.

E. Zechlin, Staatsstreichpläne Bismarcks und Wilhelms II., 1890–1894. 1929. – *W. Pöls*, Sozialistenfrage und Revolutionsfurcht in ihrem Zusammenhang mit den angeblichen Staatsstreichplänen Bismarcks. 1960.

P. Molt, Der Reichstag vor der improvisierten Revolution. 1963. – *D. Grosser*, Vom monarchischen Konstitutionalismus zur parlamentarischen Demokratie. Die Verfassungspolitik der deutschen Parteien im letzten Jahrzehnt des Kaiserreiches. 1970. – *M. Rauh*, Föderalismus und Parlamentarismus im wilhelminischen Reich. 1973. – *ders.*, Die Parlamentarisierung des Deutschen Reiches. 1977.

H. A. Winkler (Hrsg.), Organisierter Kapitalismus. 1974.

II.2. Verwaltung

K. G. A. Jeserich u.a. (Hrsg.), Deutsche Verwaltungsgeschichte. 6 Bde. Bd. 3: Das Deutsche Reich bis zum Ende der Monarchie. 1984. – *B. Wunder*, Geschichte der Bürokratie in Deutschland. 1986.

L. W. Muncy, The Junker in the Prussian Administration under William II., 1888–1914. Providence 1944, [2]1972. – *W. Schärl*, Die Zusammensetzung der bayerischen Beamtenschaft von 1806 bis 1918. 1955. – *N. v. Preradovich*, Die Führungsschichten in Österreich und Preußen (1804–1918). 1955. – *R. Morsey*, Die oberste Reichsverwaltung unter Bismarck, 1867–1890. 1957. – *K. Schwabe* (Hrsg.), Oberbürgermeister. 1981. – *ders.* (Hrsg.), Die preußischen Oberpräsidenten 1815–1945. 1985. – *T. Süle*, Preußische Bürokratietradition. Zur Entwicklung von Verwaltung und Beamtenschaft in Deutschland 1871–1918. 1988.

U. Stump, Preußische Verwaltungsgerichtsbarkeit 1875–1914. 1980.

E. R. Huber, Selbstverwaltung der Wirtschaft. 1958. – *H. Heffter*, Die deutsche Selbstverwaltung im 19. Jahrhundert. 1950, [2]1969. – *H. Croon, W. Hofmann, G.-Ch. v. Unruh*, Kommunale Selbstverwaltung im Zeitalter der Industrialisierung. 1971.

A. Funk, Polizei und Rechtsstaat. Die Entwicklung des staatlichen Gewaltmonopols in Preußen 1848–1918. 1986. – *R. Jessen*, Polizei im Industrierevier. Modernisierung und Herrschaftspraxis im westfälischen Ruhrgebiet 1848–1914. 1991.

E. Hamburger, Juden im öffentlichen Leben Deutschlands. Regierungsmitglieder, Beamte und Parlamentarier in der monarchischen Zeit, 1848–1918. 1968. – *W. Bleek*, Von der Kameralausbildung zum Juristenprivileg. Studium, Prüfung und Ausbildung der höheren Beamten des allgemeinen Verwaltungsdienstes in Deutschland im 18. und 19. Jahrhundert. 1972. – *B. Wunder*, Die Rekrutierung der Beamtenschaft in Deutschland. 1979. – *H. Hattenhauer*, Geschichte des Beamtentums. 1980. – *H. Henning*, Die deutsche Beamtenschaft im 19. Jahrhundert. 1984.

L. Cecil, The German Diplomatic Service, 1871–1914. Princeton 1976. – *K. Schwabe* (Hrsg.), Das Diplomatische Korps 1871–1945. 1985.

II.3. Bürgerliche Selbstverwaltung und Lebensform: Die Stadt

J. Reulecke (Hrsg.), Die deutsche Stadt im Industriezeitalter. 1978, [2]1980. – *H.-J. Teuteberg* (Hrsg.), Urbanisierung im 19. und 20. Jahrhundert. 1983. – *ders.* (Hrsg.), Stadtwachstum, Industrialisierung, Sozialer Wandel. 1986. – *H. Matzerath*, Urbanisierung in Preußen 1815–1914. 1985. – *J. Reulecke*, Geschichte der Urbanisierung in Deutschland. 1985. – *W. R. Krabbe*, Die deutsche Stadt im 19. und 20. Jahrhundert. 1989.

E. Maschke, J. Sydow (Hrsg.), Stadterweiterung und Vorstadt. 1969. – *I. Thienel*, Städtewachstum im Industrialisierungsprozeß des 19. Jahrhunderts. Das Berliner Beispiel. 1973. – *H. Matzerath* (Hrsg.), Städtewachstum und innerstädtische Strukturveränderungen. 1984. – *St. Bleek*, Quartierbildung in der Urbanisierung. Das Münchner Westend 1890–1933. 1991.

R. Hartog, Stadterweiterungen im 19. Jahrhundert. 1962. – *G. R. Collins, C. C. Collins*, Camillo Sitte. The Birth of Modern City Planning. London 1965, [2]1986. – *L. Grote* (Hrsg.), Die deutsche Stadt im 19. Jahrhundert. Stadtplanung und Baugestaltung im industriellen Zeitalter. 1974. – *G. Albers* (Hrsg.), Entwicklungslinien im Städtebau. 1975. – *J. Posener*, Berlin auf dem Wege zu einer neuen Architektur. Das Zeitalter Wilhelms II. 1890–1918. 1979. – *W. Th. Kantzow*, Sozialgeschichte der deutschen Städte und ihres Boden- und Baurechts bis 1918. 1980. – *G. Fehl u.a.* (Hrsg.), Städtebau um die Jahrhundertwende. 1980. – *G. Fehl, J. Rodríguez-Lores* (Hrsg.), Stadterweiterung 1800–1875. 1983. – *G. Piccinato*, Städtebau in Deutschland 1871–1914. 1983. – *J. Rodríguez-Lores, G. Fehl* (Hrsg.), Städtebaureform 1865–1900. Von Licht, Luft und Ordnung in der Stadt der Gründerzeit. 2 Bde. 1985. – *St. Fisch*, Stadtplanung im 19. Jahrhundert. Das Beispiel München bis zur Ära Theodor Fischer. 1988. – *Th. Hafner*, Kollektive Wohnreformen im Deutschen Kaiserreich 1871–1918. 1988.

D. Berger-Thimme, Wohnungsfrage und Sozialstaat. Untersuchungen zu den Anfängen staatlicher Wohnungspolitik in Deutschland (1873–1918). 1976. – *K. Hartmann*, Deutsche Gartenstadtbewegung. 1976.

H. Heffter, Die deutsche Selbstverwaltung im 19. Jahrhundert. 1950, ²1969. – *H. Croon*, Die gesellschaftlichen Auswirkungen des Gemeindewahlrechtes in den Gemeinden und Kreisen des Rheinlandes und Westfalens im 19. Jahrhundert. 1960. – *S. Grassmann*, Hugo Preuß und die deutsche Selbstverwaltung. 1965. – *J. Bolenz*, Wachstum und Strukturwandlungen der kommunalen Ausgaben in Deutschland 1849–1913. 1965. – *W. Hofmann*, Zwischen Rathaus und Reichskanzlei. Die Oberbürgermeister in der Kommunal- und Staatspolitik des Deutschen Reiches von 1890 bis 1933. 1974. – *K.-H. Naßmacher* (Hrsg.), Kommunalpolitik und Sozialdemokratie. 1977. – *K. Schwabe* (Hrsg.), Oberbürgermeister. 1981. – *H. Hoebink*, Mehr Raum – mehr Macht. Preußische Kommunalpolitik und Raumplanung im rheinisch-westfälischen Industriegebiet 1900 bis 1933. 1990.

H. Gröttrup, Die kommunale Leistungsverwaltung. 1973. – *H.-D. Brunckhorst*, Kommunalisierung im 19. Jahrhundert, dargestellt am Beispiel der Gaswirtschaft in Deutschland. 1978. – *J. Sydow* (Hrsg.), Städtische Versorgung und Entsorgung im Wandel der Geschichte. 1981. – *H. Naunin* (Hrsg.), Städteordnungen des 19. Jahrhunderts. 1984. – *W. R. Krabbe*, Kommunalpolitik und Industrialisierung. Die Entfaltung der städtischen Leistungsverwaltung im 19. und frühen 20. Jahrhundert. 1985 (über Dortmund und Münster). – *H. H. Blotevogel* (Hrsg.), Kommunale Leistungsverwaltung und Stadtentwicklung vom Vormärz bis zur Weimarer Republik. 1990.

K. Bergmann, Agrarromantik und Großstadtfeindschaft. 1970. – *A. Lees*, Cities Perceived. Urban Society in European and American Thought, 1820–1940. Manchester 1985. – *H. J. Teuteberg* (Hrsg.), Homo habitans. Zur Sozialgeschichte des ländlichen und städtischen Wohnens in der Neuzeit. 1985.

H. Beckstein, Städtische Interessenpolitik. Organisation und Politik der Städtetage in Bayern, Preußen und im Deutschen Reich, 1896–1923. 1991.

II.4. Finanz- und Steuerverfassung

W. Gerloff, Die Finanz- und Zollpolitik des Deutschen Reiches nebst ihren Beziehungen zu Landes- und Gemeindefinanzen von der Gründung des Norddeutschen Bundes bis zur Gegenwart. 1913. – *ders., F. Neumark* (Hrsg.), Handbuch der Finanzwissenschaft. ¹1929 (darin Bd. 3: *W. Gerloff*, Der Staatshaushalt und das Finanzsystem Deutschlands). ²1952 (darin Bd. 1: *F. Terhalle*, Geschichte der deutschen öffentlichen Finanzwirtschaft vom Beginn des 19. Jahrhunderts bis zum Schlusse des zweiten Weltkrieges. *E. v. Beckerath*, Die neuere Geschichte der deutschen Finanzwissenschaft). ³1977. – *H. Herzfeld*, Johannes von Miquel. 2 Bde. 1939. – *H. Leidel*, Die Begründung der Reichsfinanzverwaltung. 1964. – *A. Jeck*, Wachstum und Verteilung des Volkseinkommens. 1970. – *P.-Ch. Witt*, Die Finanzpolitik des Deutschen Reiches von 1903 bis 1913. 1970. – *ders.*, „Patriotische Gabe“ und „Brotwucher“. Finanzverfassung und politisches System im Deutschen Kaiserreich 1871–1914. In: *U. Schultz* (Hrsg.), Mit dem Zehnten fing es an. Eine Kulturgeschichte der Steuer. 1986. – *P.-M. Prochnow*, Staat im Wachstum. Versuch einer finanzwirtschaftlichen Analyse der preußischen Haushaltsrechnungen 1871–1913. 1977. – *V. Hentschel*, Wirtschaft und

Wirtschaftspolitik im wilhelminischen Deutschland. 1978. – *R. Becker*, Der Reich-Länder-Finanzausgleich im Bismarck-Reich und in der Weimarer Republik. 1980. – *F. Blaich* (Hrsg.), Staatliche Umverteilungspolitik in historischer Perspektive. 1980. – *R. Kroboth*, Die Finanzpolitik des Deutschen Reiches während der Reichskanzlerschaft Bethmann Hollwegs und die Geld- und Kapitalmarktverhältnisse (1909–1913/14). 1986. – *E. Müller*, Theorie und Praxis des Staatshaushaltsplans im 19. Jahrhundert. 1989 (für Preußen, Bayern, Sachsen, Württemberg).

St. Wagner, Die staatliche Grund- und Gebäudesteuer in der preußischen Rheinprovinz von 1815–1895. Entwicklung von Steuerrecht, -aufkommen und -belastung. 1980. – *S. F. Franke*, Entwicklung und Begründung der Einkommensbesteuerung. 1981. – *P. Linzbach*, Der Werdegang der preußischen Einkommensteuer unter besonderer Berücksichtigung ihrer kausalen Entwicklungsfaktoren. 1984.

F. Karl, 150 Jahre Staatsschuldenverwaltung. 1970. – *Deutsche Bundesbank* (Hrsg.), Deutsches Geld- und Bankwesen in Zahlen 1876–1975. 1976. – *E. Nowotny* (Hrsg.), Öffentliche Verschuldung. 1979.

S. Andic, J. Veverka, The Growth of Government Expenditure in Germany Since the Unification. In: Finanzarchiv NF 23 (1963/64). – *O. Weitzel*, Die Entwicklung der Staatsausgaben in Deutschland. 1968. – *P.-Ch. Witt*, Finanzpolitik und sozialer Wandel. Wachstum und Funktionswandel der Staatsausgaben in Deutschland, 1871–1933. In: *H.-U. Wehler* (Hrsg.), Sozialgeschichte Heute. 1974. – *L. Köllner*, Militär und Finanzen. Zur Finanzgeschichte und Finanzsoziologie von Militärausgaben in Deutschland. 1982.

K. Kuhn, Die historische Entwicklung der Gemeindesteuern seit 1803 und der Bayerische Landtag (1869–1910) im Königreich Bayern. 1962. – *J. Bolenz*, Wachstum und Strukturwandlungen der kommunalen Ausgaben in Deutschland 1849–1913. 1965. – *H. Führbaum*, Die Entwicklung der Gemeindesteuern in Deutschland (Preußen) bis zum Beginn des 1. Weltkriegs. 1970. – *Th. Köster*, Die Entwicklung kommunaler Finanzsysteme am Beispiel Großbritanniens, Frankreichs und Deutschlands 1790–1980. 1984.

II.5. Recht und Justiz

E. Döhring, Geschichte der deutschen Rechtspflege seit 1500. 1953. – *H. Hattenhauer*, Die geistesgeschichtlichen Grundlagen des deutschen Rechts. [3]1983. – *A. Laufs*, Rechtsentwicklungen in Deutschland. [3]1984. – *K. Kroeschell*, Deutsche Rechtsgeschichte. Bd. 3: Seit 1650. 1989. – *H. Coing, W. Wilhelm* (Hrsg.), Wissenschaft und Kodifikation des Privatrechts im 19. Jahrhundert. 6 Bde. 1974–82. – *H. Coing*, Europäisches Privatrecht. Bd. 2: 19. Jahrhundert. Überblick über die Entwicklung des Privatrechts in den ehemals gemeinrechtlichen Ländern. 1989.

E. Schmidt, Einführung in die Geschichte der deutschen Strafrechtspflege. [3]1965. – *W. Schubert, J. Regge* (Hrsg.), Entstehung und Quellen der Strafprozeßordnung von 1877. 1989.

H. Zehr, Crime and the Development of Modern Society. Patterns of Criminality in Nineteenth Century Germany and France. London 1976. – *E. A. Johnson*, Patterns of Crime in Imperial Germany. Pennsylvania 1976. – *ders.*, The Roots of Crime in Imperial Germany. In: Central European History 15 (1982). – *V. E. McHale, E. A. Johnson*, Urbanization, Industrialization and Crime in Imperial Germany. 2 Parts. In: Social Science History 1 (1976/77). – *dies.*, Socioeconomic Aspects of the Delinquency Rate in

Imperial Germany 1882–1914. In: Journal of Social History 13 (1980). – *D. Blasius*, Kriminalität und Alltag. Zur Konfliktgeschichte des Alltagslebens im 19. Jahrhundert. 1978. – *R. Schulte*, Das Dorf im Verhör. Brandstifter, Kindsmörderinnen und Wilderer vor den Schranken des bürgerlichen Gerichts Oberbayern 1848–1910. 1989.

A. Lobe (Hrsg.), Fünfzig Jahre Reichsgericht. 1929. – *P. Landau*, Die Reichsjustizgesetzgebung von 1879 und die deutsche Rechtseinheit. In: Vom Reichsjustizamt zum Bundesministerium der Justiz. Hrsg. v. Bundesministerium der Justiz. 1977. – *ders.*, Schwurgerichte und Schöffengerichte in Deutschland im 19. Jahrhundert bis 1870. In: *A. P. Schioppa* (Hrsg.), The Trial Jury in England, France, Germany 1700–1900. 1987. – *U. Stump*, Preußische Verwaltungsgerichtsbarkeit, 1875–1914. 1980. – *W. Schubert*, Die deutsche Gerichtsverfassung (1869–1877). 1981.

E. Carsten, Die Geschichte der Staatsanwaltschaft in Deutschland bis zur Gegenwart. 1932. – *D. Rüschemeyer*, Juristen in Deutschland und in den USA. (1973) deutsch 1976. – *Th. Kolbeck*, Juristenschwemmen. Untersuchungen über den juristischen Arbeitsmarkt im 19. und 20. Jahrhundert. 1978. – *R. Schröder*, Die Richterschaft am Ende des zweiten Kaiserreichs unter dem Druck polarer sozialer und politischer Spannungen. In: Festschrift für Rudolf Gmür. 1983. – *W. Schubert* (Hrsg.), Entstehung und Quellen der Rechtsanwaltsordnung von 1878. 1985. – *H. Siegrist* (Hrsg.), Bürgerliche Berufe. Zur Sozialgeschichte der freien und akademischen Berufe im internationalen Vergleich. 1988 (darin: *H. Rottleuthner* über die Richter).

M. John, Politics and the Law in Late Nineteenth-Century Germany. The Origins of the Civil Code. Oxford 1989.

E. Buchwaldt, Das kollektive Arbeitsrecht im Spiegel der Rechtslehre und Rechtsprechung 1848–1914. 1969. – *J. Umlauf*, Die deutsche Arbeiterschutzgesetzgebung 1880–1890. 1980. – *R. Schröder*, Die Entwicklung des Kartellrechts und des kollektiven Arbeitsrechts durch die Rechtsprechung des Reichsgerichts vor 1914. 1988.

D. Blasius, Ehescheidung in Deutschland 1794–1945. 1987.

II.6. Militär

H. O. Meisner, Der Kriegsminister 1814–1914. 1940. – *G. Ritter*, Staatskunst und Kriegshandwerk. 4 Bde. 1954–68. – *ders.*, Der Schlieffenplan. 1956. – *M. Howard* (Hrsg.), Soldiers and Governments. London 1957. – *K.-E. Jeismann*, Das Problem des Präventivkriegs im europäischen Staatensystem mit besonderem Blick auf die Bismarckzeit. 1957. – *J. L. Wallach*, Das Dogma der Vernichtungsschlacht. Die Lehren von Clausewitz und Schlieffen und ihre Wirkungen in zwei Weltkriegen. 1967. – *Militärgeschichtliches Forschungsamt* (Hrsg.), Handbuch zur deutschen Militärgeschichte 1648–1939. Bd. 4: Militärgeschichte im 19. Jahrhundert, 1814–1890. 1975/76. Bd. 5: Von der Entlassung Bismarcks bis zum Ende des Ersten Weltkrieges (1890–1918). 1968. Bd. 8: Deutsche Marinegeschichte der Neuzeit. 1977. Bd. 9: Gründzüge der militärischen Kriegführung. 1979. – *W. Deist* (Hrsg.), Militär und Innenpolitik im Weltkrieg 1914–1918. 1970. – *ders.*, Militär, Staat und Gesellschaft. 1991. – *M. Kitchen*, A Military History of Germany. From the Eighteenth Century to the Present Day. London 1975. – *B. F. Schulte*, Europäische Krise und Erster Weltkrieg. Beiträge zur Militärpolitik des Kaiserreichs, 1871–1914. 1983. – *J. Dülffer, K. Holl* (Hrsg.), Bereit zum Krieg. Kriegsmentalität im wilhelminischen Deutschland 1890–1914. 1986. – *Militärgeschichtliches Forschungsamt* (Hrsg.), Tradition in deutschen Streitkräften. 1986.

R. Höhn, Die Armee als Erziehungsschule der Nation. 1963. – *ders.*, Sozialismus und Heer. 2 Bde. 1959. – *St. Förster*, Der doppelte Militarismus. Die deutsche Heeresrüstungspolitik zwischen Status-quo-Sicherung und Aggression 1890–1913. 1985. – *H. P. Zimmermann*, Der feste Wall gegen die rote Flut. Kriegervereine in Schleswig-Holstein 1864–1914. 1989. – *Th. Rohkrämer*, Der Militarismus der „kleinen Leute". Die Kriegervereine im Deutschen Kaiserreich 1871–1914. 1990. – *M. S. Coetzee*, The German Army League. Popular Nationalism in Wilhelmine Germany. Oxford 1990.

R. P. Chickering, Imperial Germany and a World without War. The Peace Movement and German Society 1892–1914. Princeton, New Jersey 1975. – *K. Holl*, Pazifismus in Deutschland. 1988.

Der Weltkrieg 1914 bis 1918. Bearb. im Reichsarchiv. Abteilung 3: Kriegsrüstung und Kriegswirtschaft. Bd. 1: Die militärische, wirtschaftliche und finanzielle Rüstung Deutschlands von vor der Reichsgründung bis zum Ausbruch des Weltkrieges. 1930. – *L. Burchardt*, Friedenswirtschaft und Kriegsvorsorge. 1968. – *V. R. Berghahn*, Rüstung und Machtpolitik. 1973. – *M. Geyer*, Deutsche Rüstungspolitik 1860–1980. 1984. – *H.-J. Bontrup, N. Zdrowomyslaw*, Die deutsche Rüstungsindustrie. 1988.

G. A. Craig, Die preußisch-deutsche Armee, 1640–1945. (1955) deutsch 1960. – *B.-F. Schulte*, Die deutsche Armee 1900–1914. 1977.

E. Kehr, Schlachtflottenbau und Parteipolitik 1894–1901. 1930, ND 1965. – *W. Marienfeld*, Wissenschaft und Schlachtflottenbau in Deutschland, 1897–1906. 1957. – *J. Steinberg*, Yesterday's Deterrent. Tirpitz and the Birth of the German Battle Fleet. London 1965. – *V. R. Berghahn*, Der Tirpitz-Plan. Genesis und Verfall einer innenpolitischen Krisenstrategie unter Wilhelm II. 1971. – *E. Böhm*, Überseehandel und Flottenbau. Hanseatische Kaufmannschaft und deutsche Seerüstung 1879–1902. 1972. – *H. Schottelius, W. Deist* (Hrsg.), Marine und Marinepolitik im kaiserlichen Deutschland, 1871–1914. 1972. – *C.-A. Gemzell*, Organization, Conflict and Innovation. A Study of German Naval Strategic Planning, 1888–1940. Lund 1973. – *W. Deist*, Flottenpolitik und Flottenpropaganda. Das Nachrichtenbureau des Reichsmarineamtes 1897–1914. 1976. – *G. Eley*, Reshaping the German Right. Radical Nationalism and Political Change after Bismarck. New Haven, London 1980. – *H. H. Herwig*, „Luxury" Fleet. The Imperial German Navy 1888–1918. London 1980. – *I. N. Lambi*, The Navy and German Power Politics, 1862–1914. London 1984. – *M. Epkenhans*, Die wilhelminische Flottenrüstung 1908–1914. 1991.

D. Bald, Der deutsche Generalstab 1859–1939. 1977.

K. Demeter, Das Deutsche Offizierkorps in Gesellschaft und Staat 1650–1945. [4]1965. – *H. H. Herwig*, Das Elite-Korps des Kaisers. Die Marineoffiziere im Wilhelminischen Deutschland. (1974) deutsch 1977. – *H. H. Hofmann* (Hrsg.), Das deutsche Offizierkorps 1860–1960. 1980. – *H. John*, Das Reserveoffizierkorps im Deutschen Kaiserreich 1890–1914. 1981. – *D. Bald*, Der deutsche Offizier. Sozial- und Bildungsgeschichte des deutschen Offizierkorps im 20. Jahrhundert. 1982. – *H. Ostertag*, Bildung, Ausbildung und Erziehung des Offizierkorps im deutschen Kaiserreich 1871–1918. 1990.

II.7. und IV.5. Nationalismus

H. A. Winkler (Hrsg.), Nationalismus. 1978, ^{2}1985. – *P. Alter*, Nationalismus. 1985. – *C. Fink, I. V. Hull, MacG. Knox* (Hrsg.), German Nationalism and the European Response, 1890–1945. Norman/Okla. 1985. – *E. J. Hobsbawm*, Nations and Nationalism since 1780. Programme, Myth, Reality. Cambridge u. a. 1990. – *Th. Schieder*, Nationalismus und Nationalstaat. Studien zum nationalen Problem im modernen Europa. 1991.

H. Plessner, Die verspätete Nation. Über die politische Verführbarkeit bürgerlichen Geistes. 1935, ^{3}1962. – *Th. Schieder*, Das Deutsche Kaiserreich von 1871 als Nationalstaat. 1961. – *P. Joachimsen*, Vom deutschen Volk zum deutschen Staat. Eine Geschichte des deutschen Nationalbewußtseins, bearb. und bis in die Gegenwart fortgesetzt von *J. Leuschner*. ^{3}1956. – *L. L. Snyder*, German Nationalism. The Tragedy of a People. Port Washington, New York 1962, ^{2}1969. – *H.-U. Wehler*, Sozialdemokratie und Nationalstaat. Nationalitätenfragen in Deutschland 1840–1914. 1962, ^{2}1971 – *O. Büsch, J. J. Sheehan* (Hrsg.), Die Rolle der Nation in der deutschen Geschichte und Gegenwart. 1985. – *M. Hughes*, Nationalism and Society. Germany 1800–1945. London u. a. 1988.

W. Conze, D. Groh, Die Arbeiterbewegung in der nationalen Bewegung. Die deutsche Sozialdemokratie vor, während und nach der Reichsgründung. 1966. – *W. Zorn*, Sozialgeschichtliche Probleme der nationalen Bewegung in Deutschland. In: *Th. Schieder* (Hrsg.), Sozialstruktur und Organisation europäischer Nationalbewegungen. 1971. – *H. Schulze*, Der Weg zum Nationalstaat. Die deutsche Nationalbewegung vom 18. Jahrhundert bis zur Reichsgründung. 1985, ^{2}1986.

G. L. Mosse, Die Nationalisierung der Massen. Politische Symbolik und Massenbewegungen in Deutschland von den Napoleonischen Kriegen bis zum Dritten Reich. (1975) deutsch 1976. – *H. Hattenhauer*, Geschichte der deutschen Nationalsymbole. 1984, ^{2}1990. – *F. Schellak*, Nationalfeiertage in Deutschland von 1871 bis 1945. 1990. – *W. Hardtwig*, Geschichtskultur und Wissenschaft. 1990 (darin Aufsätze zu nationalen Geschichtsbildern, Symbolen und Denkmälern in Deutschland).

P. S. Anderson, The Background of Anti-English Feeling in Germany, 1890–1902. Washington 1939. – *K. Wernecke*, Der Wille zur Weltgeltung. Außenpolitik und Öffentlichkeit im Kaiserreich am Vorabend des Ersten Weltkrieges. 1969, ^{2}1970. – *P. M. Kennedy*, The Rise of Anglo-German Antagonism, 1860–1914. London 1980. – *J. Dülffer, K. Holl* (Hrsg.), Bereit zum Krieg. Kriegsmentalität im wilhelminischen Deutschland, 1890–1914. 1986.

A. Galos, F.-H. Gentzen, W. Jakobczyk, Die Hakatisten: Der Deutsche Ostmarken-Verein (1894–1934). deutsch 1966. – *G. Weidenfeller*, VDA, Verein für das Deutschtum im Ausland. Allgemeiner Deutscher Schulverein (1881–1918). 1976. – *H.-U. Wehler*, Funktion und Struktur nationaler Kampfverbände im Kaiserreich. In: *W. Conze u. a.* (Hrsg.), Modernisierung und nationale Gesellschaft im ausgehenden 18. und 19. Jahrhundert. 1979. – *P. M. Kennedy, A. J. Nicholls* (Hrsg.), Nationalist and Racialist Movements in Britain and Germany before 1914. London 1981. – *G. Eley*, Reshaping the German Right. Radical Nationalism and Political Change after Bismarck. New Haven/Conn. 1980. – *R. Chickering*, We Men who Feel Most German. A Cultural Study of the Pan-German League, 1886–1914. Boston u. a. 1984. – *M. S. Coetzee*, The German Army League. Popular Nationalism in Wilhelmine Germany. Oxford 1990. – *Th. Rohkrämer*, Der Militarismus der „kleinen Leute". Die Kriegervereine im Deutschen Kaiserreich 1871–1914. 1990.

II.8. Probleme des Nationalstaates: Minderheiten und Kolonien

O. Hauser, Polen und Dänen im Deutschen Reich. In: *Th. Schieder, E. Deuerlein* (Hrsg.), Reichsgründung 1870/71. 1970. – *W. W. Hagen*, Germans, Poles and Jews. The Nationality Conflict in the Prussian East 1772–1914. Chicago 1980. – *R. Blanke*, Prussian Poland in the German Empire 1871–1900. Boulder, New York 1981.

H. Rothfels, Bismarck, der Osten und das Reich. 1960. – *M. Broszat*, Zweihundert Jahre deutsche Polenpolitik. 1963, ^{2}1972. – *A. Galos, F.-H. Gentzen, W. Jakobczyk*, Die Hakenisten. Der Deutsche Ostmarkenverein 1894–1934. 1966. – *R. Jaworski*, Handel und Gewerbe im Nationalitätenkampf. Studien zur Wirtschaftsgesinnung der Polen in der Provinz Posen (1871–1914). 1986. – *B. Balzer*, Die preußische Polenpolitik 1894–1908 und die Haltung der deutschen konservativen und liberalen Parteien unter besonderer Berücksichtigung der Provinz Posen. 1990. – *L. Treziakowski*, The „Kulturkampf" in Prussian Poland. New York 1990.

Ch. Kleßmann, Polnische Bergarbeiter im Ruhrgebiet 1870–1945. 1978.

W. Hubatsch, Masuren und Preußisch-Litauen in der Nationalitätenpolitik Preußens 1870–1920. 1966.

O. Klose (Hrsg.), Geschichte Schleswig-Holsteins. Bd. 8: *O. Hauser*, Provinz im Königreich Preußen. 1966. – *L. Blatt*, Die rechtliche Behandlung der dänischen Minderheit in Schleswig-Holstein von 1866–1914. 1980.

Das Reichsland Elsaß-Lothringen 1871–1918. Hrsg. i. A. des Wissenschaftlichen Instituts der Elsaß-Lothringer im Reich an der Universität Frankfurt. 4 Bde. 1931–38 (deutsches „Reichsland-Werk"). – *J. Rossé* (Hrsg.), Elsaß von 1870–1932. Hrsg. i. A. der Freunde des Abbé Dr. Haegy. 4 Bde. Colmar 1936–38 („Haegy-Werk").

F. Bronner, 1870/71 Elsaß-Lothringen. Zeitgenössische Stimmen für und wider die Eingliederung in das Deutsche Reich. 2 Bde. 1970. – *D. P. Silverman*, Reluctant Union. Alsace-Lorraine and Imperial Germany, 1871–1918. University Park, London 1972. – *F. Igersheim*, L'Alsace des notables 1870–1914. La bourgeoisie et le peuple alsacien. Strasbourg 1981. – *H. Hiery*, Reichstagswahlen im Reichsland. Ein Beitrag zur Landesgeschichte von Elsaß-Lothringen und zur Wahlgeschichte des Deutschen Reiches, 1871–1918. 1986.

D. Schoenbaum, Zabern 1913: Consensus Politics in Imperial Germany. London 1982.

J. E. Craig, Scholarship and Nation Building. The Universities of Strasbourg and Alsatian Society, 1870–1939. Chicago 1984.

R. v. Albertini, Europäische Kolonialherrschaft 1880–1940. Zürich 1976. (darin: *A. Wirz* über deutsche Kolonien in Afrika). – *K. J. Bade* (Hrsg.), Imperialismus und Kolonialmission. Kaiserliches Deutschland und koloniales Imperium. 1982. – *H. Gründer*, Geschichte der deutschen Kolonien. 1985, ^{2}1991.

F. Schinzinger, Die Kolonien und das Deutsche Reich. Die wirtschaftliche Bedeutung der deutschen Besitzungen in Übersee. 1984.

H. Bley, Kolonialherrschaft und Sozialstruktur in Deutsch-Südwestafrika 1894–1914. 1968. – *D. Bald*, Deutsch-Ostafrika 1900–1914. Eine Studie über Verwaltung, Interessengruppen und wirtschaftliche Erschließung. 1970. – *K. Hausen*, Deutsche Kolonialherrschaft in Afrika. Wirtschaftsinteressen und Kolonialverwaltung in Kamerun vor 1914. Zürich u. a. 1970. – *A. J. Knoll*, Togo under Imperial Germany, 1884–1914. Stanford/Calif. 1978. – *R. A. Voeltz*, German Colonialism and the South West Africa Company, 1884–1914. Athens/Ohio 1988.

J. A. Moses, P. M. Kennedy (Hrsg.), Germany in the Pacific and Far East, 1870–1914. St. Lucia 1977.

II.9. Antisemitismus

H. Greive, Geschichte des modernen Antisemitismus in Deutschland. 1983 (TB 1988) (konventionell). – *H. Berding*, Moderner Antisemitismus in Deutschland. 1988.

P. W. Massing, Vorgeschichte des politischen Antisemitismus. 1959, [2]1986. – *P. G. J. Pulzer*, Die Entstehung des politischen Antisemitismus in Deutschland und Österreich 1867–1914. (1964) deutsch 1966. – *U. Tal*, Christians and Jews in Germany. Religion, Politics, and Ideology in the Second Reich. Ithaca, London 1975. – *W. E. Mosse* (Hrsg., unter Mitwirkung v. *A. Paucker*), Juden im Wilhelminischen Deutschland. 1976. – *W. Jochmann*, Gesellschaftskrise und Judenfeindschaft in Deutschland 1870–1945. 1988 (einseitig). – *S. Volkov*, Jüdisches Leben und Antisemitismus im 19. und 20. Jahrhundert. 1990.

W. Frank, Hofprediger Adolf Stoecker und die christlich-soziale Bewegung. 1928, [2]1935. – *R. S. Levy*, The Downfall of the Anti-Semitic Political Parties in Imperial Germany. London 1975. – *I. Hamel*, Völkischer Verband und nationale Gewerkschaft. Der Deutschnationale Handlungsgehilfen-Verband, 1893–1933. 1967. – *H.-J. Puhle*, Agrarische Interessenpolitik und preußischer Konservativismus im Wilhelminischen Reich 1893–1914. 1967, [2]1975. – *N. Kampe*, Studenten und „Judenfrage" im Deutschen Kaiserreich. 1988.

H. Arendt, Elemente und Ursprünge totaler Herrschaft. 1955. – *F. Stern*, Kulturpessimismus als politische Gefahr. Eine Analyse nationaler Ideologie in Deutschland. 1963 (TB 1986). – *G. L. Mosse*, Ein Volk – Ein Reich – Ein Führer. Die völkischen Ursprünge des Nationalsozialismus. (1964) deutsch 1979. – *W. Schüler*, Der Bayreuther Kreis von seiner Entstehung bis zum Ausgang der wilhelminischen Ära. Wagnerkult und Kulturreform im Geist völkischer Weltanschauung. 1971.

E. Zechlin, Die deutsche Politik und die Juden im Ersten Weltkrieg. 1969. – *W. E. Mosse, A. Paucker* (Hrsg.), Deutsches Judentum in Krieg und Revolution 1916–1923. 1971.

II.10. und IV.3. Die deutschen Parteien 1867–1914

Siehe hierzu auch die Literatur zum Kapitel IV.2. Wahlen.

W. Treue (Hrsg.), Deutsche Parteiprogramme seit 1861. 1954, [4]1968. – *Th. Nipperdey*, Die Organisation der deutschen Parteien vor 1918. 1961. – *H. Grebing*, Geschichte der deutschen Parteien. 1962. – *D. Grosser*, Vom monarchischen Konstitutionalismus zur parlamentarischen Demokratie. Die Verfassungspolitik der deutschen Parteien im letzten Jahrzehnt des Kaiserreichs. Den Haag 1970. – *G. A. Ritter* (Hrsg.), Deutsche Parteien vor 1918. 1973 (darin: *M. R. Lepsius*, Parteiensystem und Sozialstruktur). – *G. A. Ritter* (unter Mitarbeit v. *M. Niehuss*), Wahlgeschichtliches Arbeitsbuch. Materialien zur Statistik des Kaiserreichs 1871–1918. 1980. – *D. Fricke u. a.* (Hrsg.), Lexikon zur Parteiengeschichte. 4 Bde. 1983–86. – *G. A. Ritter*, Die Deutschen Parteien 1830–1914. 1985.

Die Liberalen

F. C. Sell, Die Tragödie des deutschen Liberalismus. 1953, ²1981. – *L. Gall* (Hrsg.), Liberalismus. 1976, ²1980. – *J. J. Sheehan*, Deutscher Liberalismus. (1979) deutsch 1983. – *D. Langewiesche*, Liberalismus in Deutschland. 1988.

P. Gilg, Die Erneuerung des demokratischen Denkens im wilhelminischen Deutschland. 1965. – *G. Seeber*, Zwischen Bebel und Bismarck. Zur Geschichte des Linksliberalismus in Deutschland 1871–1893. 1965. – *ders., W. Wittwer*, Kleinbürgerliche Demokratie im Bismarck-Staat. 1971. – *D. Düding*, Der Nationalsoziale Verein 1896–1903. 1972.

H.-A. Winkler, Preußischer Liberalismus und deutscher Nationalstaat. Studien zur Geschichte der deutschen Fortschrittspartei 1861–1866. 1964. – *L. Gall*, Der Liberalismus als regierende Partei. Das Großherzogtum Baden zwischen Restauration und Reichsgründung. 1968. – *J. Becker*, Liberaler Staat und Kirche in der Ära von Reichsgründung und Kulturkampf. Geschichte und Strukturen ihres Verhältnisses in Baden 1860–1876. 1973. – *D. Langewiesche*, Liberalismus und Demokratie in Württemberg zwischen Revolution und Reichsgründung. 1974. – *J. C. Hunt*, The People's Party in Württemberg and Southern Germany, 1890–1914. 1975. – *D. S. White*, The Splintered Party. National Liberalism in Hessen and the Reich, 1867–1918. Cambridge/Mass., London 1976.

W. Gagel, Die Wahlrechtsfrage in der Geschichte der deutschen liberalen Parteien, 1848–1918. 1958. – *B. A. Heckart*, From Bassermann to Bebel. The Grand Bloc's Quest for Reform in the Kaiserreich, 1900–1914. New Haven, London 1974. – *K. Holl, G. List* (Hrsg.), Liberalismus und imperialistischer Staat. 1975. – *H.-A. Winkler*, Liberalismus und Antiliberalismus. 1979. – *K. Holl, G. Trautmann, H. Vorländer* (Hrsg.), Sozialer Liberalismus. 1986.

H. Oncken, Rudolf von Bennigsen. 2 Bde. 1910. – *Th. Heuß*, Friedrich Naumann. 1937, ³1968. – *K. Wegner*, Theodor Barth und die Freisinnige Vereinigung. 1968. – *I. S. Lorenz*, Eugen Richter. 1981. – *M.-L. Weber*, Ludwig Bamberger. 1987.

Die Konservativen

M. Greiffenhagen, Das Dilemma des Konservatismus in Deutschland. 1971. – *W. Ribhegge*, Konservative Politik in Deutschland. 1989.

G. Ritter, Die preußischen Konservativen und Bismarcks deutsche Politik 1858 bis 1876. 1913, ND 1976. – *H. Heffter*, Die Kreuzzeitungspartei und die Kartellpolitik Bismarcks. 1927. – *H. Booms*, Die Deutschkonservative Partei. 1954. – *R. Berdahl*, The Transformation of the Prussian Conservative Party, 1866–1876. Ann Arbor/Mich. 1965. – *H.-J. Puhle*, Agrarische Interessenpolitik und preußischer Konservatismus im wilhelminischen Reich (1893–1914). 1967, ²1975. – *J. N. Retallack*, Notables of the Right. The Conservative Party and Political Mobilization in Germany, 1876–1918. Boston 1988.

G. Brakelmann, M. Greschat, W. Jochmann, Protestantismus und Politik. Werk und Wirkung Adolf Stoeckers. 1982.

Das Zentrum

K. Bachem, Vorgeschichte, Geschichte und Politik der Deutschen Zentrumspartei, 1815–1914. 9 Bde. 1927–32. – *A. Rauscher* (Hrsg.), Der soziale und politische Katholizismus. 2 Bde. 1981. – *H. Hürten*, Kurze Geschichte des Deutschen Katholizismus 1800–1960. 1986. – *G. Rüther* (Hrsg.), Geschichte der christlich-demokratischen und christlich-sozialen Bewegung in Deutschland. 2 Bde. 1984, ³1989. – *K.-E. Lönne*, Politischer Katholizismus im 19. und 20. Jahrhundert. 1986.

W. Loth, Katholiken im Kaiserreich. Der politische Katholizismus in der Krise des wilhelminischen Deutschlands. 1984. – *D. Blackbourn*, Class, Religion and Local Politics in Wilhelmine Germany. The Centre Party in Württemberg before 1914. London, New Haven 1980. – *W. Becker* (Hrsg.), Die Minderheit als Mitte. Die deutsche Zentrumspartei in der Innenpolitik des Reiches 1871–1933. 1986.

J. Schauff, Das Wahlverhalten der deutschen Katholiken im Kaiserreich und in der Weimarer Republik. Untersuchungen aus dem Jahre 1928. Hrsg. u. eingel. v. *R. Morsey*. 1975. – *H. Heitzer*, Der Volksverein für das katholische Deutschland im Kaiserreich 1890–1918. 1979. – *J. Sperber*, Popular Catholicism in Nineteenth-Century Germany. Princeton 1984.

K. Epstein, Matthias Erzberger und das Dilemma der deutschen Demokratie. (1959) deutsch 1962. – *A. M. Birke*, Bischof Ketteler und der deutsche Liberalismus. 1971. – *R. Morsey u. a.* (Hrsg.), Zeitgeschichte in Lebensbildern. Aus dem deutschen Katholizismus des 19. und 20. Jahrhunderts. 6 Bde. 1973–84. – *M. L. Anderson*, Windthorst. Zentrumspolitiker und Gegenspieler Bismarcks. (1981) deutsch 1988. – *R. Kiefer*, Karl Bachem. 1989.

DIE SOZIALDEMOKRATEN

H. Grebing, Geschichte der deutschen Arbeiterbewegung. 1966, [11]1981. – *Institut für Marxismus-Leninismus beim ZK der SED* (Hrsg.), Geschichte der deutschen Arbeiterbewegung. Bd. 1: Von den Anfängen der deutschen Arbeiterbewegung bis zum Ausgang des 19. Jahrhunderts. Bd. 2: Vom Ausgang des 19. Jahrhunderts bis 1917. 1966. – *H. Wachenheim*, Die deutsche Arbeiterbewegung 1844 bis 1914. 1967. – *H. Mommsen* (Hrsg.), Sozialdemokratie zwischen Klassenbewegung und Volkspartei. 1974. – *D. Lehnert*, Sozialdemokratie zwischen Protestbewegung und Regierungspartei 1848–1983. 1983.

C. E. Schorske, Die große Spaltung. Die deutsche Sozialdemokratie 1905 bis 1917. (1955) deutsch 1981. – *G. A. Ritter*, Die Arbeiterbewegung im Wilhelminischen Reich. 1959, [2]1963. – *ders.*, Staat, Arbeiterschaft und Arbeiterbewegung in Deutschland. 1980. – *ders.*, Die Sozialdemokratie im deutschen Kaiserreich in sozialgeschichtlicher Perspektive. In: Historische Zeitschrift 249 (1989). – *G. Roth*, The Social Democrats in Imperial Germany. Totowa, New Jersey. 1963. – *W. Conze, D. Groh*, Die Arbeiterbewegung in der nationalen Bewegung. Die deutsche Sozialdemokratie vor, während und nach der Reichsgründung. 1966. – *V. L. Lidtke*, The Outlawed Party. Social Democracy in Germany, 1878–1890. Princeton 1966. – *D. Groh*, Negative Integration und revolutionärer Attentismus. Die deutsche Sozialdemokratie am Vorabend des Ersten Weltkrieges. 1973. – *D. Fricke*, Handbuch zur Geschichte der deutschen Arbeiterbewegung 1869 bis 1917. 2 Bde. 1987.

S. Miller, Das Problem der Freiheit im Sozialismus. 1964, [5]1977. – *H.-J. Steinberg*, Sozialismus und deutsche Sozialdemokratie. 1967, [5]1977. – *V. L. Lidtke*, The Alternative Culture. Socialist Labour in Imperial Germany. New York, Oxford 1985. – *B. Meurer*, Bürgerliche Kultur und Sozialdemokratie. 1988.

R. H. Dominick, Wilhelm Liebknecht and German Social Democracy 1869–1900. Chapel Hill 1973. – *B. Seebacher-Brandt*, Bebel. 1988. – *F. L. Carsten*, August Bebel und die Organisation der Massen. 1991. – *P. Gay*, Das Dilemma des Demokratischen Sozialismus. Eduard Bernsteins Auseinandersetzung mit Marx. (1953) deutsch 1954. – *I. Gilcher-Holtey*, Das Mandat des Intellektuellen. Karl Kautsky und die Sozialdemokratie. 1986. – *J. P. Nettl*, Rosa Luxemburg. (1966) deutsch 1967. – *R. Abraham*, Rosa Luxemburg. Oxford u. a. 1989.

III. Die Bismarckzeit

III. 1. und 2. Innenpolitik 1871–1890

W. Bußmann, Das Zeitalter Bismarcks. (Handbuch der Deutschen Geschichte, hrsg. v. *O. Brandt, A. O. Meyer, L. Just*, Bd. 3/II). 1956, ^{4}1968. – *H. Böhme*, Deutschlands Weg zur Großmacht. Studien zum Verhältnis von Wirtschaft und Staat während der Reichsgründungszeit 1848–1881. 1966, ^{3}1974. – *ders.* (Hrsg.), Probleme der Reichsgründungszeit 1848 bis 1879. 1968. – *H. Rosenberg*, Große Depression und Bismarckzeit. Wirtschaftsablauf, Gesellschaft und Politik in Mitteleuropa. 1967, ^{3}1976. – *O. Pflanze* (Hrsg.), Innenpolitische Probleme des Bismarck-Reiches. 1983.

Zu Bismarck, Wilhelm I. und Friedrich III. siehe auch unter allgemeiner Literatur.

G. A. Rein, Die Revolution in der Politik Bismarcks. 1957. – *H.-U. Wehler*, Bismarck und der Imperialismus. 1969, ^{4}1976. – *H. Rothfels*, Bismarck. 1970. – *A. Hillgruber*, Otto von Bismarck. Gründer der europäischen Großmacht Deutsches Reich. 1978.

H. Herzfeld, Johannes v. Miquel. 2 Bde. 1939. – *F. B. M. Hollyday*, Bismarck's Rival. A Political Biography of General and Admiral Albrecht von Stosch. North Carolina 1960.

E. Förster, Adalbert Falk. 1927. – *G. Franz*, Kulturkampf. Staat und katholische Kirche in Mitteleuropa von der Säkularisation bis zum Abschluß des preußischen Kulturkampfes. 1954. – *E. Schmidt-Volkmar*, Der Kulturkampf in Deutschland 1871–1890. 1962. – *J. Becker*, Liberaler Staat und Kirche in der Ära von Reichsgründung und Kulturkampf. Geschichte und Strukturen ihres Verhältnisses in Baden 1860–1876. 1973. – *R. Lill*, Die Wende im Kulturkampf. Leo XIII., Bismarck und die Zentrumspartei 1878–1880. 1973.

W. Gerloff, Die Finanz- und Zollpolitik des deutschen Reiches nebst ihren Beziehungen zu Landes- und Gemeindefinanzen von der Gründung des Norddeutschen Bundes bis zur Gegenwart. 1913. – *I. N. Lambi*, Free Trade and Protection in Germany, 1868–1879. 1963. – *K. W. Hardach*, Die Bedeutung wirtschaftlicher Faktoren bei der Wiedereinführung der Eisen- und Getreidezölle in Deutschland 1879. 1967. – *J. C. Hunt*, Peasants, Grain Tariffs, and Meat Quotas. Imperial German Protectionism Reexamined. In: Central European History 7 (1974). – *R. G. Moeller*, Peasants and Tariffs in the Kaiserreich. How Backward were the Bauern. In: Agricultural History 55 (1981).

W. Pöls, Sozialistenfrage und Revolutionsfurcht in ihrem Zusammenhang mit den angeblichen Staatsstreichplänen Bismarcks. 1960. – *W. Pack*, Das parlamentarische Ringen um das Sozialistengesetz Bismarcks 1878–1890. 1961.

Zu den Sozialversicherungen siehe die Literatur in *Th. Nipperdey*, Deutsche Geschichte 1866–1918. Bd. 1. 1990, ^{2}1991.

H. Heffter, Die Kreuzzeitungspartei und die Kartellpolitik Bismarcks. 1927. – *M. Freund*, Das Drama der 99 Tage: Krankheit und Tod Friedrichs III. 1966. – *J. A. Nichols*, The Year of the three Kaisers. Bismarck and the German Succession, 1887–1888. Urban/Ill. 1987.

III.3. und V.1. Außenpolitik

F. Haselmayr, Diplomatische Geschichte des Zweiten Reiches von 1871 bis 1918, Teil I. 3 Bde. 1955–57. – *P. Renouvin* (Hrsg.), Histoire des relations internationales. Bd. 6: Le XIXe siècle, Teil II: De 1871 à 1914. L'apogée de l'Europe. Paris 1955, ^{2}1970. – *I. Geiss*, German Foreign Policy 1871–1914. London, Boston 1976. – *R. Girault*, Diplomatie européenne et impérialisme. Bd. I: 1871–1914. Paris u. a. 1979. – *K. Hildebrand*, Deutsche Außenpolitik 1871–1918. 1989.

R. Ibbeken, Das außenpolitische Problem Staat und Wirtschaft in der deutschen Reichspolitik 1880–1914. 1928. – *H. Oncken*, Das Deutsche Reich und die Vorgeschichte des Weltkrieges. 2 Bde. 1933. – *W. L. Langer*, European Alliances and Alignments 1871–1890. New York 1931, ^{2}1956. – *ders.*, The Diplomacy of Imperialism 1890–1902. 2 Bde. New York 1935, erw. 1965. – *L. Dehio*, Gleichgewicht oder Hegemonie. Betrachtungen über ein Grundproblem der neuen Staatengeschichte. 1948. – *ders.*, Deutschland und die Weltpolitik im 20. Jahrhundert. 1955. – *G. W. F. Hallgarten*, Imperialismus vor 1914. Die soziologischen Grundlagen der Außenpolitik europäischer Großmächte vor dem Ersten Weltkrieg. 1951, erw. 2 Bde. ^{2}1963. – *N. Rich*, Friedrich von Holstein. Politics and Diplomacy in the Era of Bismarck and Wilhelm II. 2 Bde. Cambridge 1965. – *E. M. Carroll*, Germany and the Great Powers 1860–1914. A Study in Public Opinion and Foreign Policy. New York 1938, Hamden/Conn. 1966. – *A. Hillgruber*, Deutschlands Rolle in der Vorgeschichte der beiden Weltkriege. 1967, ^{3}1986. – *ders.*, Kontinuität und Diskontinuität in der deutschen Außenpolitik von Bismarck bis Hitler. 1969. – *ders.*, Deutsche Großmacht- und Weltpolitik im 19. und 20. Jahrhundert. 1977 (Aufsätze). – *ders.*, Die gescheiterte Großmacht. Eine Skizze des Deutschen Reiches 1871–1945. 1980. – *D. P. Calleo*, Legende und Wirklichkeit der deutschen Gefahr. Neue Aspekte zur Rolle Deutschlands in der Weltgeschichte von Bismarck bis heute. (1978) deutsch 1980. – *L. L. Farrar jr.*, Arrogance and Anxiety. The Ambivalence of German Power, 1848–1914. Iowa City 1981. – *C. J. Bartlett*, The Global Conflict. The International Rivalry of the Great Powers, (1880–1970). London, New York 1984, ^{5}1989. – *E. R. May* (Hrsg.), Knowing One's Enemies. Intelligence Assessment Before the Two World Wars. Princeton 1984.

H.-U. Wehler, Bismarck und der Imperialismus. 1969, ^{4}1976. – *A. Hillgruber*, Bismarcks Außenpolitik. 1972, ^{2}1981. – *K. O. v. Aretin* (Hrsg.), Bismarcks Außenpolitik und der Berliner Kongreß. 1978. – *K. Canis*, Bismarck und Waldersee. Die außenpolitischen Krisenerscheinungen und das Verhalten des Generalstabes 1882 bis 1890. 1980. – *K. J. Bade* (Hrsg.), Imperialismus und Kolonialmission. Kaiserliches Deutschland und koloniales Imperium. 1982. – *St. Förster, W. J. Mommsen, R. Robinson* (Hrsg.), Bismarck, Europe, and Africa. The Berlin Conference 1884–1885 and the Onset of Partition. London 1988.

W. J. Mommsen, Das Zeitalter des Imperialismus. 1969, ^{15}1987. – *ders.*, Imperialismustheorien. 1976, ^{3}1987. – *R. Cornevin*, Geschichte der deutschen Kolonisation. (1969) deutsch 1974. – *W. Baumgart*, Deutschland im Zeitalter des Imperialismus 1890–1914. 1972, ^{5}1986. – *P. Winzen*, Bülows Weltmachtkonzept. Untersuchungen zur Frühphase seiner Außenpolitik 1897–1901. 1977. – *P. M. Kennedy* (Hrsg.), The War Plans of the Great Powers, 1880–1914. London 1979. – *R. Langhorne*, The Collapse of the Concert of Europe. International Politics 1890–1914. London-Basingstoke 1981. – *E. Oncken*, Panthersprung nach Agadir. Die deutsche Politik während der Zweiten Marokkokrise 1911. 1981. – *G. Barraclough*, From Agadir to Armageddon. Anatomy of a Crisis. London 1982. – *W. Gutsche*, Der gewollte Krieg. Der deutsche Imperialismus und der Erste Weltkrieg. 1984 (DDR-Position). – *ders.*, Monopole, Staat und Expansion vor 1914. Zum Funktionsmechanismus zwischen Industriemonopolen, Großbanken und Staatsorganen in der Außenpolitik des Deutschen Reiches 1887 bis Sommer 1914. 1986. – *G. Schmidt*, Der europäische Imperialismus. 1985. – *E. Zechlin*, Europa 1914 – Krieg oder Frieden. 1985. – *R. Lahme*, Deutsche Außenpolitik 1890–1894. Von der Gleichgewichtspolitik Bismarcks zur Allianzstrategie Caprivis. 1990.

J. Dülffer, Regeln gegen den Krieg? Die Haager Friedenskonferenzen von 1899 und 1907 in der internationalen Politik. 1981.

F. Fischer, Griff nach der Weltmacht. Die Kriegspolitik des kaiserlichen Deutschland 1914/18. 1961, ^{4}1977 (TB 1984). – *ders.*, Krieg der Illusionen. Die deutsche Politik von 1911 bis 1914. 1969, ^{2}1970, ND 1987. – *ders.*, Bündnis der Eliten. Zur Kontinuität der Machtstrukturen in Deutschland 1871–1945. 1979, ^{2}1985. – *P. Graf Kielmannsegg*, Deutschland und der Erste Weltkrieg. 1968, ^{2}1980. – *I. Geiss* (Hrsg.), Julikrise und Kriegsausbruch 1914. 2 Bde. 1964, ^{2}1976 (Fischerschule). – *ders.*, Das Deutsche Reich und die Vorgeschichte des Ersten Weltkriegs. 1978 (TB 1985). – *ders.*, Der lange Weg in die Katastrophe. Die Vorgeschichte des Ersten Weltkriegs 1815–1914. 1990, ^{2}1991. – *ders., H. Pogge v. Strandmann* (Hrsg.), Die Erforderlichkeit des Unmöglichen. Deutschland am Vorabend des Ersten Weltkrieges. 1965. – *W. Schieder*, Erster Weltkrieg. Ursachen, Entstehung und Kriegsziele. 1969. – *K. Wernecke*, Der Wille zur Weltgeltung. Außenpolitik und Öffentlichkeit im Kaiserreich am Vorabend des Ersten Weltkrieges. 1970. – *W. Laqueur, G. L. Mosse* (Hrsg.), Kriegsausbruch 1914. deutsch 1970. – *V. R. Berghahn*, Germany and the Approach of War in 1914. London 1973. – *ders.*, Rüstung und Machtpolitik. Zur Anatomie des „Kalten Krieges" vor 1914. 1973. – *K. H. Jarausch*, The Enigmatic Chancellor. Bethmann Hollweg and the Hybris of Imperial Germany. New Haven, London 1973. – *L. Albertini*, The Origins of the War of 1914. 3 Bde. London u. a. 1952–57, ND 1980. – *B. F. Schulte*, Europäische Krise und Erster Weltkrieg. 1983. – *J. Joll*, Die Ursprünge des Ersten Weltkriegs. (1984) deutsch 1988 (beste abgewogene Analyse). – *H. W. Koch* (Hrsg.), The Origins of the First World War. Great Power Rivalry and German War Aims. London 1972, ^{2}1984. – *A. Grasser*, Preußischer Militärgeist und Kriegsentfesselung 1914. Drei Studien zum Ausbruch des Ersten Weltkrieges. Basel 1985 (Fischer nah). – *H. Pogge v. Strandmann, R. J. Evans* (Hrsg.), The Coming of the First World War. Oxford 1988. – *G. Schöllgen* (Hrsg.), Flucht in den Krieg? Die Außenpolitik des kaiserlichen Deutschlands. 1991.

Zur Flottenpolitik siehe die Literatur unter Kapitel II.6. Militär.

W. N. Medlicott, Bismarck, Gladstone and the Concert of Europe. London 1956, ^{2}1957. – *R. J. Sontag*, Germany and England. Background of Conflict 1848–1894. New York 1938, ND 1964. – *G. Hollenberg*, Englisches Interesse am Kaiserreich. Die Attraktivität Preußen-Deutschlands für konservative und liberale Kreise in Großbritannien 1860–1914. 1974. – *P. M. Kennedy*, The Rise of the Anglo-German Antagonism, 1860–1914. London u. a. 1980. – *G. Schöllgen*, Imperialismus und Gleichgewicht. Deutschland, England und die orientalische Frage 1871–1914. 1984.

P. R. Anderson, The Background of Anti-English Feeling in Germany, 1890–1902. Washington 1939, ND 1969. – *P. Winzen*, Die Englandpolitik Friedrich von Holsteins 1895–1901. 1975. – *Z. S. Steiner*, Britain and the Origins of the First World War. London 1977.

L. A. Puntila, Bismarcks Frankreichpolitik. deutsch 1971. – *G. F. Kennan*, Bismarcks europäisches System in der Auflösung. Die französisch-russische Annäherung

1875–1890. (1979) deutsch 1981. – *ders.*, Die schicksalhafte Allianz. Frankreich und Rußland am Vorabend des Ersten Weltkrieges. (1984) deutsch 1990. – *R. Poidevin, J. Bariéty*, Frankreich und Deutschland. Die Geschichte ihrer Beziehungen 1815–1975. 1982. – *H. Deininger*, Frankreich – Rußland – Deutschland 1871–1891. Die Interdependenz von Außenpolitik, Wirtschaftsinteressen und Kulturbeziehungen im Vorfeld des russisch-französischen Bündnisses. 1983.

W. L. Langer, The Franco-Russian Alliance 1890–1894. Cambridge/Mass., London 1929, ND 1967. – *P. Grupp*, Deutschland, Frankreich und die Kolonien. Der französische „Parti colonial" und Deutschland von 1890–1914. 1980. – *J. F. Keiger*, France and the Origins of the First World War. London 1983.

H. Hallmann (Hrsg.), Zur Geschichte und Problematik des deutsch-russischen Rückversicherungsvertrages von 1887. 1968. – *U. Liszkowski* (Hrsg.), Rußland und Deutschland. 1974. – *A. Hillgruber*, Deutsche Rußlandpolitik 1871–1918. In: Saeculum 27 (1976). – *H. Müller-Link*, Industrialisierung und Außenpolitik. Preußen-Deutschland und das Zarenreich von 1860 bis 1890. 1977. – *K. O. v. Aretin, W. Conze* (Hrsg.), Deutschland und Rußland im Zeitalter des Kapitalismus 1861–1914. 1977. – *U. Lappenküper*, Die Mission Radowitz. Untersuchungen zur Rußland-Politik Otto von Bismarcks 1871–1875. 1990.

B. Vogel, Deutsche Rußlandpolitik. Das Scheitern der deutschen Weltpolitik unter Bülow 1900–1906. 1973. – *D. Lieven*, Russia and the Origins of the First World War. London 1983.

F. R. Bridge, From Sadowa to Sarajevo. The Foreign Policy of Austria-Hungary, 1866–1914. London 1972. – *N. der Bagdasarian*, The Austro-German Rapprochement 1870–1879. London u. a. 1976. – *I. Diószegi*, Die Außenpolitik der Österreich-Ungarischen Monarchie 1871–1877. Wien u. a. 1985.

F. Fellner, Der Dreibund. Europäische Diplomatie vor dem Ersten Weltkrieg. 1960. – *M. Behnen*, Rüstung, Bündnis, Sicherheit. Dreibund und informeller Imperialismus 1900–1908. 1985.

C. J. Lowe, F. Marzari, Italian Foreign Policy 1870–1940. London 1975. – *R. Bosworth*, Italy and the Approach of the First World War. London 1983

R. Melville, H.-J. Schröder (Hrsg.), Der Berliner Kongreß von 1878. Die Politik der Großmächte und die Probleme der Modernisierung in Südosteuropa in der zweiten Hälfte des 19. Jahrhunderts. 1982.

B. F. Schulte, Vor dem Kriegsausbruch 1914. Deutschland, die Türkei und der Balkan. 1980. – *M. Kent* (Hrsg.), The Great Powers and the End of the Ottoman Empire. London u. a. 1984.

K. Loulos, Die deutsche Griechenlandpolitik von der Jahrhundertwende bis zum Ausbruch des Ersten Weltkrieges. 1986.

H. Kuo (Hrsg.), Von der Kolonialpolitik zur Kooperation. Studien zur Geschichte der deutsch-chinesischen Beziehungen. 1986. – *U. Ratenhof*, Die Chinapolitik des Deutschen Reiches 1871 bis 1945. 1987.

R.-H. Wippich, Japan und die deutsche Fernostpolitik 1894–1898. 1987.

R. Fiebig-von Hase, Lateinamerika als Konfliktherd der deutsch-amerikanischen Beziehungen 1890–1903. 2 Bde. 1986. – *R. Pommerin*, Der Kaiser und Amerika. Die USA in der Politik der Reichsleitung 1890–1917. 1986.

IV. Strukturprobleme nach 1890

IV.2. Wahlen

J. Schauff, Das Wahlverhalten der deutschen Katholiken im Kaiserreich und in der Weimarer Republik. Untersuchungen aus dem Jahre 1928. Hrsg. u. eingel. v. *R. Morsey*. 1975. – *H. Fenske*, Wahlrecht und Parteiensystem. 1972. – *O. Büsch, M. Wölk, W. Wölk* (Hrsg.), Wählerbewegungen in der deutschen Geschichte. Analysen und Berichte zu den Reichstagswahlen, 1871–1933. 1978. – *G. A. Ritter* (unter Mitarbeit v. *M. Niehuss*), Wahlgeschichtliches Arbeitsbuch. Materialien zur Statistik des Kaiserreichs, 1871-1918. 1980. – *St. Suval*, Electoral Politics in Wilhelmine Germany. Chapel Hill 1985 (besonders wichtig und neu). – *K. Rohe*, Elections, Parties and Political Traditions. New York 1990.

G. D. Crothers, The German Election of 1907. New York 1941. – *J. Bertram*, Die Wahlen zum Deutschen Reichstag vom Jahre 1912. Parteien und Verbände in der Innenpolitik des Wilhelminischen Reiches. 1964.

H. Dietzel, Die preußischen Wahlrechtsreformbestrebungen von der Oktroyierung des Dreiklassenwahlrechts bis zum Beginn des Weltkrieges. 1934. – *R. Patemann*, Der Kampf um die preußische Wahlreform im Ersten Weltkrieg. 1964. – *H. Hiery*, Reichstagswahlen im Reichsland. Ein Beitrag zur Landesgeschichte von Elsaß-Lothringen und zur Wahlgeschichte des Deutschen Reiches, 1871–1918. 1986. – *K. Rohe*, Vom Revier zum Ruhrgebiet. Wahlen, Parteien, politische Kultur. 1986. – *M. Neugebauer-Wölk*, Wählergenerationen in Preußen zwischen Kaiserreich und Republik. Versuch zu einem Kontinuitätsproblem des protestantischen Preußen in seinen Kernprovinzen. 1987. – *B. Liebert*, Politische Wahlen in Wiesbaden im Kaiserreich, 1867–1918. 1988.

IV.4. Organisierte Interessen

H.-P. Ullmann, Interessenverbände in Deutschland. 1988

D. Stegmann, Die Erben Bismarcks. Parteien und Verbände in der Spätphase des Wilhelminischen Deutschlands. 1970 (einseitig). – *H. A. Winkler*, Pluralismus oder Protektionismus? Verfassungspolitische Probleme des Verbandswesens im Deutschen Kaiserreich. 1972. – *F. Blaich*, Staat und Verbände in Deutschland 1871–1945. 1979.

D. Warren jr., The Red Kingdom of Saxony. Lobbying Grounds for Gustav Stresemann, 1901–1909. Den Haag 1964. – *H. Nussbaum*, Unternehmer gegen Monopole. Über Struktur und Aktionen antimonopolistischer bürgerlicher Gruppen zu Beginn des 20. Jahrhunderts. 1966. – *H. Kaelble*, Industrielle Interessenpolitik in der Wilhelminischen Gesellschaft. Centralverband Deutscher Industrieller 1895–1914. 1967. – *H.-P. Ullmann*, Der Bund der Industriellen. Organisation, Einfluß und Politik klein- und mittelbetrieblicher Industrieller im Deutschen Kaiserreich, 1895–1914. 1976. – *S. Mielke*, Der Hansa-Bund für Gewerbe, Handel und Industrie 1909–1914. Der gescheiterte Versuch einer antifeudalen Sammlungspolitik. 1976.

A. Gerschenkron, Bread and Democracy in Germany. Berkeley 1943. – *H.-J. Puhle*, Agrarische Interessenpolitik und preußischer Konservatismus im wilhelminischen Reich (1893–1914). 1967, ^{2}1975. – *J. Flemming*, Landwirtschaftliche Interessen und Demokratie. Ländliche Gesellschaft, Agrarverbände und Staat 1890–1925. 1978.

R. Gellately, The Politics of Economic Despair: Shopkeepers and German Politics, 1890–1914. London 1974. – *S. Volkov*, The Rise of Popular Antimodernism in Germany. The Urban Master Artisans, 1873–1896. Princeton 1978.

H. Horn, Der Kampf um den Bau des Mittellandkanals. Eine politologische Untersuchung über die Rolle eines wirtschaftlichen Interessenverbandes im Preußen Wilhelms II. 1964. – *F. Blaich*, Der Trustkampf (1901–1915). Ein Beitrag zum Verhalten der Ministerialbürokratie gegenüber Verbandsinteressen im Wilhelminischen Deutschland. 1975.

IV.6. Die deutschen Bundesstaaten

Aufgrund der engen institutionellen und personellen Verflechtungen zwischen dem Reich und Preußen ist die preußische Geschichte meist im Zusammenhang mit der Reichsgeschichte erörtert worden. Deshalb werden zu Preußen hier nur noch einige speziellere Titel genannt.

O. Hintze, Die Hohenzollern und ihr Werk. 1915 (ND 1979) (trotz des Titels hervorragend). – *H. Goldschmidt*, Das Reich und Preußen im Kampf um die Führung. Von Bismarck bis 1918. 1931. – *H. Schneider*, Der Preußische Staatsrat 1817–1918. Ein Beitrag zur Verfassungs- und Rechtsgeschichte Preußens. 1952. – *K. E. Born*, Preußen und Deutschland im Kaiserreich. 1967. – *H. Herzfeld* (Hrsg.), Berlin und die Provinz Brandenburg im 19. und 20. Jahrhundert. 1968. – *H.-J. Schoeps*, Preußen und Deutschland. Wandlungen seit 1763. 1970. – *O. Büsch, W. Neugebauer* (Hrsg.), Moderne Preußische Geschichte, 1648–1947. 3 Bde. 1981. – *G. Heinrich*, Geschichte Preußens. Staat und Dynastie. 1981. – *K. Rosenau*, Hegemonie und Dualismus. Preußens staatsrechtliche Stellung im Deutschen Reich. 1986.

H.-W. Eckardt, Privilegien und Parlament. Die Auseinandersetzungen um das allgemeine und gleiche Wahlrecht in Hamburg. 1980. – *W. Jochmann u.a.* (Hrsg.), Hamburg. Geschichte der Stadt und ihrer Bewohner. 2 Bde. 1982–86. – *F. M. Wiegand*, Die Notablen. Untersuchung zur Geschichte des Wahlrechts und der gewählten Bürgerschaft in Hamburg, 1859–1919. 1987. – *R. J. Evans*, Tod in Hamburg. Stadt, Gesellschaft und Politik in den Cholera-Jahren 1830–1910. (1987) deutsch 1990.

K. Czok (Hrsg.), Geschichte Sachsens. 1989.

U. Hess, Geschichte Thüringens von 1866 bis 1914. 1991.

J. Becker u.a. (Hrsg.), Badische Geschichte. Vom Großherzogtum bis zur Gegenwart. 1979.

K. E. Demandt, Geschichte des Landes Hessen. 1959, ^{3}1980. – *W. Heinemeyer* (Hrsg.), Das Werden Hessens. 1986.

G. H. Kleine, Der württembergische Ministerpräsident Frhr. Hermann von Mittnacht. 1969. – *R. Menzinger*, Verfassungsrevision und Demokratisierungsprozeß im Königreich Württemberg. 1969. – *D. Blackbourn*, Class, Religion and Local Politics in Wilhelmine Germany. The Centre Party in Württemberg before 1914. London, New Haven 1980. – *K. Weller, A. Weller*, Württembergische Geschichte im südwestdeutschen Raum. ^{10}1989.

K. Möckl, Die Prinzregentenzeit. Gesellschaft und Politik während der Ära des Prinzregenten Luitpold in Bayern. 1972. – *D. Thränhardt*, Wahlen und politische Strukturen in Bayern 1848–1953. 1973. – *M. Spindler* (Hrsg.), Handbuch der bayerischen Geschichte. Bd. 4/I: Das neue Bayern 1800–1970. 1974, [2]1979 (darin: *D. Albrecht*, Von der Reichsgründung bis zum Ende des Ersten Weltkrieges).

O. Brandt, Geschichte Schleswig-Holstein. 1925, [8]1981. – *O. Klose* (Hrsg.), Geschichte Schleswig-Holsteins. Bd. 8: *O. Hauser*, Provinz im Königreich Preußen. 1966. – *O. Hauser*, Staatliche Einheit und regionale Vielfalt in Preußen. Der Aufbau der Verwaltung in Schleswig-Holstein nach 1867. 1967

K. Rohe, Vom Revier zum Ruhrgebiet. Wahlen, Parteien, politische Kultur. 1986. – *W. Köllmann u. a.* (Hrsg.), Das Ruhrgebiet im Industriezeitalter. 2 Bde. 1990.

H. Maatz, Bismarck und Hannover, 1866–1898. 1970. – *S. A. Stehlin*, Bismarck and the Guelph Problem, 1866–1890. A Study in Particularist Opposition to National Unity. Den Haag 1973. – *H.-G. Aschoff*, Welfische Bewegung und politischer Katholizismus 1866–1918. 1987.

F. Petri, G. Droege (Hrsg.), Rheinische Geschichte. Bd. 2: Neuzeit. 1976.

W. Kohl (Hrsg.), Westfälische Geschichte. Bd. 2 und 3: Das 19. und 20. Jahrhundert. 1983–84. – *K. Düwell u. a.* (Hrsg.), Rheinland-Westfalen im Industriezeitalter. Bd. 2: Von der Reichsgründung bis zur Weimarer Republik. 1984.

F. Tipton, Jr., Regional Variations in the Economic Develpoment of Germany During the Nineteenth Century. Middletown/Conn. 1976. – *R. Fremdling, R. H. Tilly* (Hrsg.), Industrialisierung und Raum. Studien zur regionalen Differenzierung im Deutschland des 19. Jahrhunderts. 1979. – *H. Kiesewetter u. a.* (Hrsg.), Staat, Region und Industrialisierung. 1985. – *J. Bergmann u. a.*, Regionen im historischen Vergleich. Studien zu Deutschland im 19. und 20. Jahrhundert. 1989.

V. Die wilhelminische Zeit

V. 2. und 3. Innenpolitik 1890–1914

G. Ritter, Staatskunst und Kriegshandwerk. Das Problem des „Militarismus“ in Deutschland. Bd. 2. 1960, [3]1973. – *I. Geiss, H. Pogge von Strandmann* (Hrsg.), Die Erforderlichkeit des Unmöglichen. Deutschland am Vorabend des 1. Weltkrieges. 1965. – *E. Kehr*, Der Primat der Innenpolitik. Hrsg. von *H.-U. Wehler*. 1965, [2]1970 (Aufsätze). – *J. C. G. Röhl*, Deutschland ohne Bismarck. Die Regierungskrise im zweiten Kaiserreich, 1890–1900. (1967) deutsch 1969. – *F. Fischer*, Krieg der Illusionen. Die deutsche Politik von 1911–1914. 1969, ND 1987. – *M. Stürmer* (Hrsg.), Das kaiserliche Deutschland. Politik und Gesellschaft 1870–1918. 1970, [2]1977. – *V. R. Berghahn*, Germany and the Approach of War in 1914. London 1973. – *R. J. Evans* (Hrsg.), Society and Politics in Wilhelmine Germany. London 1978.

Zu Wilhelm II. siehe unter allgemeiner Literatur.

E. Zechlin, Staatsstreichpläne Bismarcks und Wilhelms II. 1890–1894. 1929. – *H. O. Meisner*, Der Reichskanzler Caprivi. 1955, ND 1969. – *J. A. Nichols*, Germany after Bismarck. The Caprivi Era, 1890–1894. Cambridge/Mass. 1958. – *P. Leibenguth*, Modernisierungskrisis des Kaiserreichs an der Schwelle zum wilhelminischen Imperialismus: Politische Probleme der Ära Caprivi (1890–1894). 1975. – *W. Stribrny*, Bismarck und die deutsche Politik nach seiner Entlassung (1890–1898). 1977. – *M. Hank*, Kanzler ohne Amt. Fürst Bismarck nach seiner Entlassung 1890–1898. 1977. –

R. Weitowitz, Deutsche Politik und Handelspolitik unter Reichskanzler Leo von Caprivi. 1890–1894. 1978.

E.-T. P. W. Wilke, Political Decadence in Imperial Germany. Personnel-Political Aspects of the German Government Crisis, 1894–1897. Urbana/Ill. 1976.

Th. Eschenburg, Das Kaiserreich am Scheideweg. Bassermann, Bülow und der Block. 1929. – *J. Haferkorn*, Bülows Kampf um das Reichskanzleramt im Jahre 1906. 1939. – *W. Schüßler*, Die Daily-Telegraph-Affaire. Fürst Bülow, Kaiser Wilhelm und die Krise des Zweiten Reiches 1908. 1952. – *K. A. Lerman*, The Chancellor as Courtier. Bernhard von Bülow and the Governance of Germany, 1900–1909. Cambridge 1990.

H.-G. Zmarzlik, Bethmann Hollweg als Reichskanzler 1909–1914. 1957. – *E. v. Vietsch*, Bethmann Hollweg. 1969. – *K. H. Jarausch*, The Enigmatic Chancellor. Bethmann Hollweg and the Hybris of Imperial Germany. New Haven, London 1973.

J. Bertram, Die Wahlen zum Deutschen Reichstag vom Jahre 1912. Parteien und Verbände in der Innenpolitik des Wilhelminischen Reiches. 1964. – *H. Horn*, Der Kampf um den Bau des Mittellandkanals. 1964. – *D. Stegmann*, Die Erben Bismarcks. Parteien und Verbände in der Spätphase des Wilhelminischen Deutschlands. Sammlungspolitik 1897–1918. 1970 (einseitig). – *B. Heckart*, From Bassermann to Bebel. The Grand Bloc's Quest for Reform in the Kaiserreich, 1900–1914. New Haven 1974.

H.-J. Puhle, Agrarische Interessenpolitik und preußischer Konservatismus im wilhelminischen Reich (1893–1914). 1967, ²1975. – *F. Blaich*, Kartell- und Monopolpolitik im kaiserlichen Deutschland. 1973. – *K. D. Barkin*, The Controversy over German Industrialization 1890–1902. Chicago 1970. – *S. R. Tirrell*, German Agrarian Politics after Bismarck's Fall. New York 1951. – *K. Graf Westarp*, Konservative Politik im letzten Jahrzehnt des Kaiserreiches. Bd. 1: 1908–1914. 1935.

K. E. Born, Staat und Sozialpolitik seit Bismarcks Sturz. 1957. – *P.-Ch. Witt*, Die Finanzpolitik des Deutschen Reiches von 1903 bis 1913. 1970. – *K. Saul*, Staat, Industrie, Arbeiterbewegung im Kaiserreich. Zur Innen- und Sozialpolitik des Wilhelminischen Deutschland 1903–1914. 1974 (einseitig). – *V. Hentschel*, Wirtschaft und Wirtschaftspolitik im wilhelminischen Deutschland. 1978. – *H. J. v. Berlepsch*, „Neuer Kurs" im Kaiserreich? Die Arbeiterpolitik des Freiherrn von Berlepsch 1890–1896. 1987.

Zum Schlachtflottenbau siehe unter Literatur zu Kapitel II.6. Militär.

A. Thimme, Hans Delbrück als Kritiker der wilhelminischen Epoche. 1955. – *H. Rogge*, Holstein und Harden. Politisch-publizistisches Zusammenspiel zweier Außenseiter des Wilhelminischen Reiches. 1959. – *H. F. Young*, Maximilian Harden. (1959) deutsch 1971. – *W. J. Mommsen*, Max Weber und die deutsche Politik 1890–1920. 1959, ²1974. – *P. Mast*, Künstlerische und wissenschaftliche Freiheit im Deutschen Reich 1890–1901. 1980. – *D. Schoenbaum*, Zabern 1913. Consensus Politics in Imperial Germany. London 1982. – *A. Bucholz*, Hans Delbrück and the German Military Establishment. Iowa City 1985. – *J. Kuczynski*, 1903. Ein normales Jahr im imperialistischen Deutschland. 1988.

VI. Der Erste Weltkrieg

Deutschland im Ersten Weltkrieg. Von einem Autorenkollektiv unter Leitung von *F. Klein*. 3 Bde. Bd. 1 ^{3}1971, Bd. 2 u. 3 ^{2}1970. – *P. Graf Kielmansegg*, Deutschland und der Erste Weltkrieg. 1968, ^{2}1980. – *H. Herzfeld*, Der Erste Weltkrieg. 1968, ^{7}1985. – *G. Mai*, Das Ende des Kaiserreichs. Politik und Kriegführung im Ersten Weltkrieg. 1987.

M. Ferro, Der große Krieg 1914–1918. (1969) deutsch 1988 (noch immer ausgezeichnet, vergleichend). – *J. M. Winter*, The Experience of World War I. London 1988 (international vergleichend).

G. Schulz, Revolutionen und Friedensschlüsse 1917–1920. 1967, ^{6}1985.

K.-H. Janßen, Der Kanzler und der General. Die Führungskrise um Bethmann-Hollweg und Falkenhayn (1914–1916). 1967. – *G. E. Silberstein*, The Troubled Alliance. German-Austrian Relations 1914 to 1917. Lexington 1970. – *H. Kraft*, Staatsräson und Kriegsführung im kaiserlichen Deutschland 1914–1916. Der Gegensatz zwischen dem Generalstabschef von Falkenhayn und dem Oberbefehlshaber Ost im Rahmen des Bündniskrieges der Mittelmächte. 1980. – *W.-U. Friedrich*, Bulgarien und die Mächte 1913–1915. 1985.

G. Ritter, Staatskunst und Kriegshandwerk. Bd. 3: Die Tragödie der Staatskunst. Bethmann Hollweg als Kriegskanzler (1914–1917). 1964. Bd. 4: Die Herrschaft des deutschen Militarismus und die Katastrophe von 1918. 1968. – *K. Hildebrand*, Bethmann Hollweg. Der Kanzler ohne Eigenschaften? 1970, ^{2}1979. – *D. Grosser*, Vom monarchischen Konstitutionalismus zur parlamentarischen Demokratie. Die Verfassungspolitik der deutschen Parteien im letzten Jahrzehnt des Kaiserreichs. Den Haag 1970. – *M. Rauh*, Die Parlamentarisierung des Deutschen Reiches. 1977. – *H. Böhme, F. Kallenberg* (Hrsg.), Deutschland und der Erste Weltkrieg. 1987.

K. Schwabe, Wissenschaft und Kriegsmoral. Die deutschen Hochschullehrer und die politischen Grundfragen des Ersten Weltkrieges. 1969. – *K. Vondung*, Die Apokalypse in Deutschland. 1988. – *K.-P. Philippi*, Volk des Zorns. Studien zur „poetischen Mobilmachung" in der deutschen Literatur am Beginn des Ersten Weltkriegs, ihren Voraussetzungen und Implikationen. 1979. – *R. N. Stromberg*, Redemption by War. The Intellectuals and 1914. Lawrence 1982.

H. Missalla, „Gott mit uns". Die deutsche katholische Kriegspredigt 1914–1918. 1968. – *K. Hammer*, Deutsche Kriegstheologie 1870–1918. 1971.

W. Deist (Bearb.), Militär und Innenpolitik im Weltkrieg 1914–1918. 2 Bde. 1970.

K. Koszyk, Deutsche Pressepolitik im Ersten Weltkrieg. 1968. – *H.-D. Fischer* (Hrsg.), Pressekonzentration und Zensurpraxis im Ersten Weltkrieg. 1973.

K.-P. Müller, Politik und Gesellschaft im Krieg. Der Legitimitätsverlust des badischen Staates 1914–1918. 1988 (sehr gute Regionalstudie).

H.-J. Bieber, Gewerkschaften in Krieg und Revolution. Arbeiterbewegung, Industrie, Staat und Militär in Deutschland 1914–1920. 2 Bde. 1981. – *F. L. Carsten*, War against War. British and German Radical Movements in the First World War. London 1982. – *K. Schönhoven* (Bearb.), Die Gewerkschaften in Weltkrieg und Revolution 1914–1919. 1985.

C. E. Schorske, Die große Spaltung. Die deutsche Sozialdemokratie 1905–1917. (1955) deutsch 1981. – *E. Matthias, E. Pikart* (Bearb.), Die Reichstagsfraktion der deutschen Sozialdemokratie 1898 bis 1918. 1966. – *S. Miller*, Burgfrieden und Klassenkampf. Die deutsche Sozialdemokratie im Ersten Weltkrieg. 1974. – *H. Krause*,

USPD. Zur Geschichte der Unabhängigen Sozialdemokratischen Partei Deutschlands. 1975. – *A. Blänsdorf*, Die Zweite Internationale und der Krieg. Die Diskussion über die internationale Zusammenarbeit der sozialistischen Parteien 1914–1917. 1979.

G. D. Feldman, Armee, Industrie und Arbeiterschaft in Deutschland 1914–1918. deutsch 1985. – *G. Hardach*, Der Erste Weltkrieg. 1973. – *R. B. Armeson*, Total Warfare and Compulsory Labor. A Study of the Military-Industrial Complex in Germany during World War I. Den Haag 1964. – *K. Roesler*, Die Finanzpolitik des Deutschen Reiches im Ersten Weltkrieg. 1967. – *F. Zunkel*, Industrie und Staatssozialismus. Der Kampf um die Wirtschaftsordnung in Deutschland 1914–1918. 1974. – *H. G. Ehlert*, Die wirtschaftliche Zentralbehörde des Deutschen Reiches 1914–1919. Das Problem der „Gemeinwirtschaft" in Krieg und Frieden. 1982.

M. Schumacher, Land und Politik. Eine Untersuchung über politische Parteien und agrarische Interessen 1914–1923. 1978. – *J. Flemming*, Landwirtschaftliche Interessen und Demokratie. Ländliche Gesellschaft, Agrarverbände und Staat 1890–1925. 1978.

G. Mai (Hrsg.), Arbeiterschaft in Deutschland 1914–1918. Studien zu Arbeitskampf und Arbeitsmarkt im Ersten Weltkrieg. 1985. – *V. Ullrich*, Die Hamburger Arbeiterbewegung am Vorabend des ersten Weltkrieges bis zur Revolution 1918/19. 2 Bde. 1976. – *G. Mai*, Kriegswirtschaft und Arbeiterbewegung in Württemberg 1914–1918. 1983.

J. Kocka, Klassengesellschaft im Krieg. Deutsche Sozialgeschichte 1914–1918. 1973, [2]1978 (TB 1988). – *A. Marwick, C. Emsley, W. Simpson* (Hrsg.), War and Change in Twentieth Century Europe. Milton Keynes/Phil. 1989. – *A. Kunz*, Civil Servants and the Politics of Inflation in Germany, 1914–1924. Berlin/New York 1986.

U. v. Gersdorff, Frauen im Kriegsdienst 1914–1945. 1969. – *A. Seidel*, Frauenarbeit im Ersten Weltkrieg als Problem der staatlichen Sozialpolitik. Dargestellt am Beispiel Bayerns. 1980. – *M. R. Higonnet u. a.* (Hrsg.), Behind the Lines. Gender and the Two World Wars. New Haven, London 1987. – *U. Daniel*, Arbeiterfrauen in der Kriegsgesellschaft. 1989. – *B. Guttmann*, Weibliche Heimarmee. Frauen in Deutschland 1914–1918. 1989.

F. Fischer, Griff nach der Weltmacht. Die Kriegszielpolitik des kaiserlichen Deutschland 1914/18. 1961, [3]1964. – *K.-H. Janßen*, Macht und Verblendung. Kriegszielpolitik der deutschen Bundesstaaten 1914/18. 1963. – *B. Mann*, Die baltischen Länder in der deutschen Kriegszielpublizistik 1914–1918. 1965.

F. Wende, Die belgische Frage in der deutschen Politik des Ersten Weltkrieges. 1970. – *L. Wieland*, Belgien 1914. Die Frage des belgischen „Franktireurkrieges" und die deutsche öffentliche Meinung 1914–1936. 1984.

W. Conze, Polnische Nation und deutsche Politik im Ersten Weltkrieg. 1958. – *W. Basler*, Deutschlands Annexionspolitik in Polen und im Baltikum 1914–1918. 1962. – *H. Lemke*, Allianz und Rivalität. Die Mittelmächte und Polen im Ersten Weltkrieg (bis zur Februarrevolution). 1977.

W. Steglich, Die Friedenspolitik der Mittelmächte 1917/18. Bd. 1. 1964. – *L. L. Farrar*, Divide and Conquer. German Efforts to Conclude a Separate Peace, 1914–1918. Boulder, New York 1978. – *W. Ribhegge*, Frieden für Europa. Die Politik der deutschen Reichstagsmehrheit 1917/18. 1988.

M. Kitchen, The Silent Dictatorship. The Politics of the German High Command under Hindenburg and Ludendorff 1916–1918. London 1976. – *R. Parkinson*, Tormented Warrior. Ludendorff and the Supreme Command. London 1978.

W. Baumgart, Deutsche Ostpolitik 1918. Wien 1966.

R. Patemann, Der Kampf um die preußische Wahlrechtsreform im Ersten Weltkrieg. 1964. – *U. Bermbach*, Vorformen parlamentarischer Kabinettsbildung in Deutschland. Der Interfraktionelle Ausschuß 1917/18 und die Parlamentarisierung der Reichsregierung. 1967. – *R. Schiffers*, Der Hauptausschuß des Deutschen Reichstags 1915 bis 1918. Formen und Bereiche der Kooperation zwischen Parlament und Regierung. 1979.

R. Morsey, Die Deutsche Zentrumspartei 1917–1923. 1966. – *H. Franz*, Das Problem der konstitutionellen Parlamentarisierung bei Conrad Haußmann und Friedrich von Payer. 1977. – *M. Koch*, Die Zentrumsfraktion des Deutschen Reichstages im Ersten Weltkrieg. 1984.

D. W. Morgan, The Socialist Left and the German Revolution. A History of the German Independent Social Democratic Party 1917–1922. Ithaca, London 1975.

M. Eksteins, Tanz über Gräben. Die Geburt der Moderne und der Erste Weltkrieg. (1989) deutsch 1990.

P. Fussel, The Great War and Modern Memory. New York 1975, [2]1977. – *K. Vondung* (Hrsg.), Kriegserlebnis. Der Erste Weltkrieg in der literarischen Gestaltung und symbolischen Deutung der Nationen. 1980. – *B. Hüppauf* (Hrsg.), Ansichten vom Krieg. Vergleichende Studien zum Ersten Weltkrieg in Literatur und Gesellschaft. 1984 (einseitig).

M. Lurz, Kriegerdenkmäler in Deutschland. Bd. 3: 1. Weltkrieg. 1985. – *G. L. Mosse*, Fallen Soldiers. New York 1990.

St. Ward (Hrsg.), The War Generation. Port Washington 1975. – *E. J. Leed*, No Man's Land. Combat and Identity in World War I. Cambridge 1979. – *T. Ashworth*, Trench Warfare 1914–1918. The Live and Let Live System. London, Basingstoke 1980. – *W. Whalen*, Bitter Wounds. German Victims of the Great War, 1914–1939. Ithaca, London 1984.

K.-L. Ay, Die Entstehung einer Revolution. Die Volksstimmung in Bayern während des Ersten Weltkrieges. 1968. – *J. Williams*, The Other Battleground. The Home Fronts. Britain, France and Germany 1914–1918. Chicago 1972. – *V. Ullrich*, Kriegsalltag. Hamburg im Ersten Weltkrieg. 1982.

R. Wall, J. M. Winter (Hrsg.), The Upheaval of War: Family, Work and Welfare in Europe, 1914–1918. Cambridge 1988.

A. Skalweit, Die deutsche Kriegsernährungswirtschaft. 1927. – *C. P. Vincent*, The Politics of Hunger. The Allied Blockade of Germany 1915–1919. Athens/Ohio 1985. – *A. Roerkohl*, Hungerblockade und Heimatfront. Die kommunale Lebensmittelversorgung in Westfalen während des Ersten Weltkrieges. 1991. – *A. Offer*, The First World War. An Agrarian Interpretation. Oxford 1989.

E. Domansky, Politische Dimensionen von Jugendprotest und Generationenkonflikt in der Zwischenkriegszeit in Deutschland. In: *D. Dowe* (Hrsg.), Jugendprotest und Generationenkonflikt in Europa im 20. Jahrhundert. 1986. – *G. Fiedler*, Jugend im Krieg. Bürgerliche Jugendbewegung, Erster Weltkrieg und sozialer Wandel 1914–1923. 1989.

E.-H. Schmidt, Heimatheer und Revolution 1918. Die militärischen Gewalten im Heimatgebiet zwischen Oktoberreform und Novemberrevolution. 1981. – *G. P. Groß*, Die Seekriegführung der Kaiserlichen Marine im Jahre 1918. 1989.

F. L. Carsten, Revolution in Mitteleuropa 1918/19. (1972) deutsch 1973. – *R. Rürup*,

Probleme der Revolution in Deutschland 1918/19. 1968. – *U. Kluge*, Die deutsche Revolution 1918/19. Staat, Politik und Gesellschaft zwischen Weltkrieg und Kapp-Putsch. 1985.

H. A. Winkler, Von der Revolution zur Stabilisierung. Arbeiter und Arbeiterbewegung in der Weimarer Republik 1918–1924. 1984. – *E. Kolb* (Hrsg.), Vom Kaiserreich zur Weimarer Republik. 1972. – *K. Schwabe*, Deutsche Revolution und Wilson-Frieden. Die amerikanische und deutsche Friedensstrategie 1918/19 zwischen Ideologie und Machtpolitik. 1971.

U. Kluge, Soldatenräte und Revolution. Studien zur Militärpolitik in Deutschland 1918/19. 1975. – *E. Kolb*, Die Arbeiterräte in der deutschen Innenpolitik 1918 bis 1919. 1962, [2]1978.

Personenregister

Das Register nennt von Personen des behandelten Zeitraums Namen und Lebensdaten, in eckigen Klammern außerdem bei Herrschern das Jahr ihres Regierungsantritts und gegebenenfalls auch das ihrer Demission sowie bei Nobilitierten das Jahr ihrer Erhebung in den Adel.

Buchanzeigen

Thomas Nipperdey im Verlag C. H. Beck

Deutsche Geschichte 1800–1866
Bürgerwelt und starker Staat
6., durchgesehene Auflage. 1993.
838 Seiten. Leinen

Deutsche Geschichte 1866–1918
Erster Band: Arbeitswelt und Bürgergeist
3. Auflage. 1993. 885 Seiten. Leinen

Deutsche Geschichte 1866–1918
Zweiter Band: Machtstaat vor der Demokratie
2. Aufl. 1993. 948 Seiten. Leinen

Das Werk „dokumentiert, was Geschichtsschreibung zu leisten vermag, wenn sie beides verbindet: Schärfe und Genauigkeit der wissenschaftlichen Erkenntnis und die Suche nach dem Übergreifenden, nach den Zusammenhängen unseres Lebens, soweit sie sich mit den Mitteln der Wissenschaft erfassen und in der ihr eigenen literarischen Form vermitteln lassen."
(Lothar Gall)

Religion im Umbruch
Deutschland 1870–1918
1988. 167 Seiten. Paperback
Beck'sche Reihe Band 363

Nachdenken
über die deutsche Geschichte
Essays
2. Auflage. 1986. 236 Seiten. Leinen

Verlag C. H. Beck München